南京都市圈创新与发展年鉴

第一卷

2022卷

主编 潘法强

执行主编 孙克强 盛永祥

INNOVATION AND DEVELOPMENT YEARBOOK OF NANJING METROPOLITAN COORDINATING REGION

江苏大学出版社
JIANGSU UNIVERSITY PRESS
镇江

图书在版编目(CIP)数据

南京都市圈创新与发展年鉴. 2022卷 / 潘法强主编
. — 镇江 : 江苏大学出版社, 2023.2
ISBN 978-7-5684-1888-1

Ⅰ. ①南… Ⅱ. ①潘… Ⅲ. ①城市经济－经济发展－南京－2022－年鉴 Ⅳ. ①F299.275.31

中国版本图书馆CIP数据核字(2022)第226046号

南京都市圈创新与发展年鉴(2022卷)
Nanjing Dushiquan Chuangxin yu Fazhan Nianjian(2022 Juan)

主　　编/潘法强
责任编辑/任建波　米小鸽　王　晶
出版发行/江苏大学出版社
地　　址/江苏省镇江市京口区学府路301号(邮编: 212013)
电　　话/0511-84446464(传真)
网　　址/http://press.ujs.edu.cn
排　　版/镇江市江东印刷有限责任公司
印　　刷/镇江恒华彩印包装有限责任公司
开　　本/889 mm×1 194 mm　1/16
印　　张/46.75
字　　数/1500千字
版　　次/2023年2月第1版
印　　次/2023年2月第1次印刷
书　　号/ISBN 978-7-5684-1888-1
定　　价/658.00元

如有印装质量问题请与本社营销部联系(电话:0511-84440882)

编撰委员会

中国软件谷云密城全景

中国（南京）软件谷位于南京市雨花台区，占地总面积 73 平方千米，是中国第一家软件谷，中国最大的通信软件产业研发基地，国家重要的软件产业和信息产业中心，综合实力位列全国园区前三强，也是中国首个千亿级软件产业基地，全国首批、江苏唯一的国家新型工业化（软件和信息服务业）示范基地。

软件谷已经形成了通信软件、服务外包和信息服务三大特色产业集群，汇聚了 IBM 中国软件授权培训中心、戴尔、润和软件、三胞集团、中兴通讯、华为科技、东软研发、软通动力、文思创新、泰晟科技、水利部南京水利水文自动化研究所等国内外知名软件企业。软件谷被批准为国家火炬计划现代通信软件产业基地、国家服务外包示范区、国家级科技企业孵化器。2020 年 4 月，软件谷入选国家数字服务出口基地。2021 年，软件谷的软件业务收入突破 2500 亿元，约占南京市软件业务收入的 40%。

为促进软件产业的超常规发展，软件谷正在加快建设并逐步完善“八大平台”，为软件企业发展和科技人才创业，提供有力的支撑条件和良好的外部环境。

一是人才服务平台。组建江苏软件人才培训联盟，建成北大微电子学院实训基地。

二是企业孵化平台。在现有国家级科技企业孵化器基础上，落实南京市委科技创业特别社区各项政策，建设 2 处总面积为 500 万平方米的软件产业创业特别社区，孵化企业超过 1200 家。

中国（南京）软件谷

中兴全球云计算中心

三是基础设施和服务设施平台。按照40万软件从业人员发展要求，规划建设约150万平方米的人才公寓，配套建设方便、快捷的生活、商务设施，优化工作生活环境。

四是公共技术服务平台。建设公共数据中心，建成中科院软件所（南京）成果孵化中心、江苏省赛联信息产业研究院、江苏省创新成果孵化中心、江苏省云计算服务中心。目标是建设5个国家级实验室、15个省级以上工程中心或工程技术研究中心、2个大学科技园，建成十四所创新中心。

五是创新服务平台。建设和完善知识产权保护管理体系、执法体系、服务体系，畅通科技成果转移转化渠道，营造创新受鼓励、创业受扶持、创优受尊敬的良好环境，激发全社会创新创业的活力。

六是交流合作平台。发挥软件商会、归国留学人员联谊会等平台功能，推进中以（南京）智慧园、南京美加软件园、深港产学研基地等项目，打造一批国际合作交流新载体。

七是投资融资平台。创新科技创业投融资政策，搭建科技创业金融服务平台，促进金融资本要素向科技创业企业和创新创业人才集聚，目前已经引进3家风投公司，培育20家上市企业，放大资本市场服务实体经济发展的功能。

八是综合服务平台。创新行政服务体制和工作机制，重大项目实行并联推进、首问负责、责任追究等制度，规范完善中介服务，提供技术创新、技术合作、成果转化、知识产权评估和交易等服务，为软件产业超常规发展提供“催化剂”。

丹阳高新区党工委书记荆东根
在重点项目集中签约仪式上致辞

慧创医疗获2022年“创客中国”江苏省中小企业
创新创业大赛一等奖

国家轨道交通电气化
与自动化工程技术研究（丹阳）中心

江苏省丹阳高新技术产业开发区

江苏省丹阳高新技术产业开发区（简称“丹阳高新区”）创建于2013年，2018年9月正式获省政府批复设立省级高新区，行政管辖总面积72平方千米，重点建设区域49平方千米，辖16个行政村、28个社区，常住人口近22万，是丹阳市委、市政府重点打造的高科技、创新型、生态型园区。2021年，丹阳高新区实现地区生产总值232.5亿元，同比增长9.6%，一般公共预算税收收入9.16亿元，同比增长15.9%，制造业投资9.8亿元，同比增长18.4%，工业应税销售125.5亿元，同比增长17.4%，在全省30家省级高新区中综合排名第13位。

丹阳高新区区位交通优势明显。高新区地处沿江发展带、沪宁合杭甬发展带的交汇区域，毗邻上海、南京都市圈，东距上海200千米，西距南京68千米，地理位置十分优越。目前，高新区

高新区领导就出台科技政策征集企业意见

江苏省高性能合金材料研究院

江苏省高性能合金材料研究院实验室

已形成高铁、高速、航空、水运立体化的交通格局，境内京沪高铁、沪宁城际纵贯南北；G312、S122、S241纵横交错，直通沪蓉高速、扬溧高速；距常州奔牛国际机场20分钟车程，南京禄口国际机场1小时车程，上海浦东国际机场2小时车程；京杭大运河穿城而过，距镇江港仅18千米。

丹阳高新区主导产业特色鲜明。高新区主导产业明确、产业辐射带动效应明显。目前，核心区已集聚鱼跃医疗、恒宝股份等各类工业企业400余家，重点打造江苏省丹阳市高端装备智能产业园、丹阳高新区激光产业园、江苏力合智能制造产业园三大园区，创成国家级新材料特色产业基地，形成了高端装备制造、电子信息和生产性服务业“2+1”主导产业。2019—2021年，丹阳高新区一般公共预算税收收入年均增长8.7%，制造业投资年均增长36%，工业应税销售年均增长25%。

丹阳高新区一瞥

便利畅达的交通

丹阳高新区创新体系日趋健全。近年来，高新区以创新驱动战略为引领，加快推进创新平台载体建设。园区拥有 1 个国家级科技企业孵化器，2 个省级众创空间，先后获得国家小微企业双创基地、江苏省创业示范基地、江苏省军民科技协同创新示范基地等荣誉称号。园区已入驻北京航空航天大学丹阳研究院、苏南（丹阳）高端装备制造研究所等前瞻性高端产业公共研发平台 6 家，高分子复合材料、高性能金属材料等产品技术创新战略联盟 5 家，省级工程技术研究中心等各类研发平台 21 家。累计引进国家千人计划 21 人，江苏省双创人才 47 人，江苏省双创团队 4 个，承担国家、省市级项目 100 余项，获评高

北京航空航天大学丹阳研究院

温馨的园区人才公寓

丹阳高新区科技创新中心一角

丹阳高新区众创空间

丹阳高新区“心连心2022”专场招聘会

层次人才项目60余项。园区创新氛围浓厚，目前已累计孵化160余家科技创业公司，园区企业先后荣获国家科学技术进步奖、国家创新创业大赛优秀奖等荣誉。其中，慧创医疗在第七届“创客中国”暨2022年江苏省中小企业创新创业大赛总决赛中荣获一等奖。

丹阳高新区功能配套加快完善。近年来，高新区大力推进南部新城开发建设。围绕打造10分钟品质生活圈目标，高新区实验小学、幼儿园，高新区实验中学、吕叔湘中学、中医院等全市优质的教育医疗资源在此聚集，高档社区、邻里中心、商业综合体等项目有序推进，凤凰步道、丹凤公园、体育公园等休闲配套火热实施，园区生态品质实现了全效提升。

大全集团科技园中的集团总部大楼

2018 年 7 月 22 日大全集团董事长徐广福为考取清华大学职工子女颁发奖学金

亚洲首条全自动乔格铁芯生产线

大全集团有限公司（简称“大全集团”）总部设在江苏省扬中市，是国家大型一类企业、国家重点高新技术企业、国家电气行业重点骨干企业，也是高低压成套电气、智能元器件、船用直流供配电系统、轨道交通设备、新能源等领域的领先制造商，为用户提供系统解决方案和服务。其产品广泛应用于人民大会堂、天安门广场、中央电视台、国家大剧院、北京亚运会比赛场馆、奥运会比赛场馆、长江三峡工程、防城港核电工程等众多大国工程，为国家电网、交通能源、石化冶金、电力电子、数据中心等带来澎湃动能。

大全集团在全国建有江苏省扬中市、南京江宁开发区、重庆万州区、北京高新区 4 个生产基地，建有 3 个

大全集团有限公司

研究院、23家制造企业，与德国西门子、瑞士赛雪龙等国际公司合作设有多家合资企业，在美洲、欧洲、东南亚、中东、非洲建立20多家分支机构，集团拥有超1万名员工。

大全集团是中国机械工业100强企业、国家创新型企业、国家首批绿色工厂、全国文明单位、全国五一劳动奖表彰单位；获得国家技术发明二等奖、国家科学技术进步奖一等奖、国家科学技术进步奖特等奖等重大科技奖项，获得中国质量奖提名奖、全国质量标杆企业、智能制造试点示范企业、中国工业大奖等重要荣誉。在电气设备领域，大全集团位居中国电气行业前列；在新能源领域，大全新能源产品产量和品质跻身世界同类企业前列；在轨道交通领域，大全赛雪龙直流牵引供电设备市场占有率超过50%。

大全集团坚持党建文化引领企业文化，坚持企业发展成果与社会共享的理念，关心

2020年1月10日国家科学技术进步奖特等奖颁奖现场，大全集团总裁徐翔手捧证书留影

行走的红色课堂

2021年7月22日大全能源在上海证券交易所科创板上市

弱势群体，关注民生，拥军优属，支持地方教育事业，积极参与社会公益活动，成立“大全教育基金”“扬中市慈善总会大全集团分会”“大全手拉手互助基金会”，为社会、为员工提供切实帮助。获得全国文明单位、全国五一劳动奖状、中华慈善事业突出贡献奖、江苏省慈善奖“最具爱心慈善捐赠单位”等多项荣誉。

大全集团积极响应习近平总书记“创新驱动高质量发展”号召，坚定落实“数字大全”战略，全力推动数字制造，近年来公司整体呈稳健增长态势，运营各环节数字化水平持续提

2020年2月大全集团驰援雷神山组图

车间组图

高，各项经济指标创历史最好水平。

凝心聚力擘画复兴新蓝图，团结奋进创造历史新伟业。党的二十大胜利召开，更加坚定了大全集团坚持实业报国、科技报国的理念，勇攀科技高峰的信心。奋进新征程，建功新时代。下一个百年，大全集团将继续坚持以习近平新时代中国特色社会主义思想为指引，秉持“诚信、敬业、创新”的企业核心价值观，强化使命和担当，引领行业创新发展，以“数字大全”赋能绿色智造，以持续创新助力国家“双碳”战略，用实际行动聚集起中华民族伟大复兴的磅礴力量，为中国制造业的振兴发展不懈努力，为中国经济的腾飞注入新的动能和活力，为中国制造增光添彩！

罗思韦尔公司外景正面

2016 年罗思韦尔公司在韩国证券交易所上市

江苏罗思韦尔电气有限公司（简称“罗思韦尔”）位于江苏省扬州市蜀冈东路 166 号，是国家级高新技术企业，2016 年在韩国证券交易所上市。企业专业从事汽车电子、智能网联、网通通信产品的研发、制造和销售，旗下拥有汽车电子电气、车联网智能终端、家端网通通信三大产品品牌，与国内 20 余家知名整车企业和国内通信头部企业建立了广泛的合作伙伴关系。

江苏罗思韦尔电气有限公司

罗思韦尔2006年注册成立；2009年被认定为高新技术企业，建成“省级汽车电子控制系统工程技术研究中心”；2010年承担国家火炬计划项目和江苏省科技支撑计划项目，成立北京罗思韦尔汽车零部件有限公司；2011年建成省级企业院士工作站；2012年建成汽车电子CNAS实验室，被认定为“省级企业技术中心”；2013年被认定为“省级五星级数字企业”“省级两化融合产品或装备智能化示范企业”；2014年建成“省级企业研究生工作站”；2015年成立新能源事业部，被认定为“江苏省汽车电子自动化工程中心”“科技小巨人企业”；2016年在韩国证券交易所成功上市，承担江苏省重大成果转化科技项目，建成“省级博士后创新实践基地”；2017年获得部级技术发明二等奖，获评邗江区区长质量奖；2018年获评中国驰名商标、“江苏省示范智能车间”，获准建设“博士后企业科研工作站”；2019年获评“江苏省互联网标杆工厂”“江苏省工业企业质量信用AAA级企业”；2020年获评江苏省科学技术奖二等奖；2021年进入网通通信领域，建设互联网标杆工厂。

罗思韦尔以“科技＆未来之美”为愿景，坚持“追求卓越、全员参与、客户满意、精益求精”的发展理念，以“致力成为智能网联领域卓越的智慧、科技、绿色企业”为使命，以“成就客户、持续创新、开放进取、至诚守信”为企业精神，以“客户导向、统一规划、集中决策、业绩牵引、分层落地”为经营理念，秉持“同向共进、聚焦价值、精益运营、转型创新”的工作目标，实现企业高质量发展。

自动化生产线

5G网通车间

一号厂房生产线

三坐标检测仪

罗思韦尔荣获国家级高新技术企业、江苏省创新型企业、江苏省五星级数字企业、江苏省两化融合产品或装备智能化示范企业、江苏省创新管理优秀企业、扬州市市长质量奖、江苏省科技小巨人企业、江苏省工业企业质量信用AAA级企业等多项国家、省、市重要荣誉。

电子车间

新能源事业部

企业主要领导荣誉：

公司董事长、总经理：周祥东，江苏省扬州市人，高级经济师，江苏省第十三届人大代表，先后获得扬州市“劳动模范”、扬州市“有突出贡献青年专家”、首届“江苏省青年创业奖”金奖、江苏省第四期和第五期“333 高层次人才培养工程”培养对象、江苏省“领军型新生代企业家”、江苏省“科技企业家”等荣誉。

员工文体活动

公司设立院士专家工作站揭牌仪式

江苏明月镜片股份有限公司

与中国眼谷合作

江苏明月镜片股份有限公司（简称“明月镜片”）成立于2002年，是中国镜片领导品牌，在上海和江苏丹阳建立双总部，上海负责品牌营销，丹阳负责供应链。下属4个工厂，其中2家是国家高新技术企业。

明月镜片将“用心呵护视觉健康”作为使命，以“夺取中国镜片第一品牌、与客户共同赢得竞争、广受社会尊敬的企业、员工引以为傲的企业”为愿景，以“百亿销售、千亿市值”为发展目标，连续多年全国销量领先，合作门店近3万家，累计用户近5亿人次。

2021年明月镜片在深圳证券交易所创业板上市

与中国航天基金会签约

明月镜片于 2021 年在深圳证券交易所挂牌上市，上市后，虽受疫情影响，仍表现出了十足的韧性，公司继续实现快速增长。2021 年公司营业收入 5.76 亿元，同比增长 6.7%，净利润 8209 万元，同比增长 17.3%，依然保持稳定高质量发展。

明月镜片旗下拥有海顿、剑牌、沙克等多个系列品牌，由著名演员陈道明、新生代青年演员刘昊然代言。荣获“国家级绿色工厂”“镇江金山奖”“镇江市市长质量奖”等荣誉，作为眼镜行业国内头部企业，参与了 QB/T 2506—2017《眼镜镜片　光学树脂镜片》、T/DYGA 002—2019《非球面树脂镜片》等标准的制定，自 2017 年宣布启动镜片价值回归后，带领整个行业驶入良性轨道。

公益捐赠

定制加工

“好镜片，材料是关键。”明月镜片汇聚全球优势资源，与日本三井、韩国KOC合作建立全球领先的镜片原料研发生产中心，是全球为数不多实现原料自给的镜片企业。自主研发生产的1.71、KR树脂、KR超韧、PMC超亮等优质原料除自用外，还开放供应给同行，惠及全行业。

明月镜片拥有行业领先的研发实力，公司与中国眼谷、中科院长春光学精密机械与物理研究所等机构及上海理工大学、南京工业大学等高校开展研发合作，建立了行业示范性的院士工作站和眼镜工程技术中心，还入选了国家工业和信息化部认定的2017年首批绿色制造示范单位，获评绿色工厂。

明月镜片笃信专注的力量，以“用心呵护视觉健康”为己任，心无旁骛、不走捷径、厚积薄发，持续引领行业升级，不负时代赋予的成长为百亿企业和世界级镜片品牌的历史机遇！

明月镜片厂区俯瞰图

公司董事长谢公晚任中国眼镜协会常务理事、中国医疗保健国际交流促进会常务委员、镇江市温州商会执行会长、镇江市政协委员、镇江市高促会理事、丹阳市人大代表，先后被授予“镇江市劳动模范”“丹阳市优秀政协委员”等荣誉称号。

公司总裁谢公兴任全国光学和光学仪器标准化技术委员会委员、中国眼谷产业项目审评委员会委员、江苏省眼镜协会副会长、江苏金陵眼镜职业技术学校名誉校长、镇江市温州商会副会长、丹阳市温州商会副会长，先后荣获全国眼镜标准化工作先进个人、参政议政先进个人、优秀政协委员等荣誉。

模具仓库

产品检验

阿路美格新材料产业园一景

江苏阿路美格新材料股份有限公司

江苏阿路美格新材料股份有限公司（简称“阿路美格”）是国家高新技术企业，是国内专注于新型建筑材料防火、节能保温、绿色低碳产品的研发、生产和销售的国家高新技术企业，是中国建筑材料联合会第六届理事会理事单位，掌握世界最先进的A级金属复合板制造技术，引领中国制造超越德国技术。阿路美格建有新材料产业园，配套13万平方米厂房和16条全自动化生产线，员工300余人，年产能5000万平方米，实现产值约30亿元。阿路美格拥有发明专利17项，国际发明专利1项，集团子公司是行业标准主编单位，“阿路美格”商标为中国驰名商标。

企业团队

阿路美格核心产品A2级防火芯卷、A2级防火金属复合板、保温一体板，防火安全性能等各项指标均达到国标GB 8624和GB/T 17748的标准并通过欧盟检测，全面替代进口。A级防火金属复合板被评为国家重点新产品，获得江苏省科学技术进步奖三等奖，通过住建部科技成果鉴定为国内首创，填补国内行业空白，处于国内领先和国际先进水平，并被推荐应用于防火要求高的大型公共场馆的室内外装饰。

阿路美格2008年成为中国第一家成功研发出A级防火金属复合板设备及产品的企业。企业是中国A级防火金属复合板国家标准起草单位，中国唯一一家通过了住建部科技成果鉴定的A级防火金属复合板生产企业；拥有中国A级防火金属复合板生产设备发明专利、中国A级防火金属复合板发明专利、中国A级防火金属复合板芯材发明专利；其产品A级防火金属复合板产能世界第一，产量国内第一。企业2009年被认定为国家高新技术企业；是中国A级防火金属复合板设备国家重点新产品证书唯一获得者，中国A级防火金属复合板产品国家重点新产品证书唯一获得者。

“阿路美格”商标被认定为中国驰名商标

生产车间

公司一景

江苏时代新能源科技有限公司（简称"江苏时代"）是宁德时代新能源科技股份有限公司（简称"宁德时代"）的全资子公司，注册资本10亿元，于2016年6月成立，主要从事新能源汽车动力电池系统、储能系统的研发、生产和销售推广。公司先后获评国家高新技术企业、江苏省智能制造示范工厂并通过两化融合管理体系贯标评定认证。

2016年宁德时代在溧阳投资建设锂离子电池长三角生产基地，2018年增加投资到120亿元建设（三期）扩能项目，2021年总投资不超过120亿元的江苏时代动力及储能锂电池研发与生产项目（四期）开工建设。同时，宁德时代与上汽集团在动力电池及电池系统技术方面强强合作，在溧阳先后投资建设了上汽时代和时代上汽先进动力电池产业化一期、二期两个超百亿项目。至此，宁德时代在溧阳累计总投资近500亿元，设计产能达126 GWh。2021年江苏时代完成销售收入249.1亿元，上缴税收10.44亿元，同比分别增长197.5%、433.1%。2021年宁德时代锂电池产能为170 GWh，溧阳产能约占总产能的30%。江苏时代是宁德时代除福建总部以外全国最大的生产制造基地，也成为宁德时代全球战略布局中的"桥头堡"。未来溧阳锂离子电池产能可望突破160 GWh，将成为长三角地区最大的动力电池研发与生产基地。

江苏时代新能源科技有限公司

公司全景鸟瞰图

国家发展改革委关于同意南京都市圈发展规划的复函

发改规划〔2021〕174号

江苏省、安徽省发展改革委：

你们《关于报请批复〈南京都市圈发展规划〉的请示》（苏发改规划发〔2020〕1007号）收悉。按照经国务院同意的《国家发展改革委关于培育发展现代化都市圈的指导意见》有关要求，经商城镇化工作暨城乡融合发展工作部际联席会议有关成员单位，现函复如下：

一、原则同意《南京都市圈发展规划》（以下简称《规划》），请及时发布并认真组织实施。

二、《规划》实施要以习近平新时代中国特色社会主义思想为指导，全面贯彻党的十九大和十九届二中、三中、四中、五中全会精神，坚持稳中求进工作总基调，立足新发展阶段，贯彻新发展理念，构建新发展格局，以推动高质量发展为主题，以深化供给侧结构性改革为主线，以改革创新为根本动力，以提升都市圈整体实力和竞争力为目标，以促进中心城市与周边城市同城化发展为主攻方向，以健全同城化发展机制为突破口，着力推动基础设施一体高效、创新体系协同共建、产业专业化分工协作、公共服务共建共享、生态环境共保共治、城乡融合发展，把南京都市圈建设成为具有全国影响力的现代化都市圈，助力长三角世界级城市群发展，为服务全国现代化建设大局作出更大贡献。

三、请江苏、安徽两省共同推进规划实施，指导推动政策会商和项目对接，解决规划实施中的突出问题，适时开展规划实施情况评估，及时总结经验做法。南京市及都市圈其他城市是南京都市圈建设的责任主体，要切实加强对规划实施的组织领导，完善都市圈党政联席会议机制，共同编制专项规划，科学制定年度计划，谋划推进合作事项，推动各项任务落到实处。《规划》涉及的重大事项、重大政策和重大项目按规定程序报批。

四、我委将会同城镇化工作暨城乡融合发展工作部际联席会议有关成员单位加强对《规划》实施的指导，在有关规划编制、体制机制创新、重大项目建设等方面给予积极支持，为《规划》实施创造良好环境。

国家发展改革委

2021年2月2日

南京都市圈发展规划

前　言

南京都市圈地处长江下游，是长三角城市群的重要组成部分，是连通东部中部两大板块、衔接长江淮河两大流域的枢纽区域，也是我国最早启动建设的跨省都市圈，具有重要的战略地位。根据《长江三角洲区域一体化发展规划纲要》，按照《国家发展改革委关于培育发展现代化都市圈的指导意见》要求，推动南京都市圈高质量发展，编制本规划。

南京都市圈由以江苏省南京市为中心、联系紧密的周边城市共同组成，主要包括：江苏省南京市，镇江市京口区、润州区、丹徒区和句容市，扬州市广陵区、邗江区、江都区和仪征市，淮安市盱眙县，安徽省芜湖市镜湖区、弋江区、鸠江区，马鞍山市花山区、雨山区、博望区、和县和当涂县，滁州市琅琊区、南谯区、来安县和天长市，宣城市宣州区，面积 2.7 万平方公里，2019 年末常住人口约 2000 万；规划范围拓展到南京、镇江、扬州、淮安、芜湖、马鞍山、滁州、宣城 8 市全域及常州市金坛区和溧阳市，总面积 6.6 万平方公里，2019 年末常住人口约 3500 万。

本规划是当前和今后一个时期推动南京都市圈高质量发展的指导性、约束性文件，是制定相关规划和政策的依据。规划期至 2025 年，远期展望到 2035 年。

第一章　规划背景

党的十八大以来，南京都市圈经济社会发展持续向好，一体化程度持续提高，已具备培育形成现代化都市圈的基础条件。经济实力雄厚，在汽车及零部件、装备制造、信息技术、航运物流等领域形成一批国际竞争力较强的产业集群，以南京为中心、沿江和京沪两大通道为主干的现代综合运输体系基本形成，2019 年人均 GDP 达到 11.3 万元，接近高收入国家水平。科创优势突出，普通高等院校达到 100 所，国家重点实验室达到 25 家，国家工程研究中心等创新平台持续增加，南京国家科技体制综合改革试点及创新名城建设稳步推进，苏南和合芜蚌国家自主创新示范区叠加优势明显。城镇体系完备，以南京为中心的通勤圈、产业圈、生活圈正在形成，产业人口梯度分布、优势互补、协同发展的空间结构更加清晰，城乡发展协调性稳步提高。一体化程度较高，多层次务实合作不断深化，都市圈城市发展联盟成立，宁淮特别合作区加快建设，江宁—博望、顶山—汊河、浦口—南谯跨界一体化发展示范区启动共建，人员资金往来更加密切。与此同时，都市圈整体实力、空间效率、同城化水平等与发达国家成熟都市圈相比仍有不小差距，特别是城市间分工协作水平有待提升，成本共担、利益共享的合作机制和常态化协调协商机制尚未完全形成。

专栏1　南京都市圈发展大事记

1986年6月，在南京召开南京区域经济协调会第一次会议，成立南京区域经济协调会。

2002年12月，江苏省人民政府批准《南京都市圈规划》。

2007年4月，第一届南京都市圈市长峰会召开，有关城市市长签署《南京都市圈共同发展行动纲领》。

2010年6月，经国务院批复同意，国家发展改革委印发《长江三角洲地区区域规划》，要求加快南京都市圈建设。

2013年8月，南京都市圈第一届党政联席会议召开，成立南京都市圈城市发展联盟，发布《南京都市圈区域规划》。

2016年6月，经国务院批复同意，国家发展改革委、住房城乡建设部联合印发《长江三角洲城市群发展规划》，要求推动南京都市圈同城化发展。

2018年12月，南京都市圈第三届党政联席会召开，审议通过《南京都市圈一体化高质量发展行动计划》。

2019年5月，中共中央、国务院印发《长江三角洲区域一体化发展规划纲要》，要求加快南京都市圈建设，提升都市圈同城化水平；7月，宁淮特别合作区揭牌；10月，南京与滁州签署《共同落实长三角区域一体化发展战略合作框架协议》和《跨界一体化发展示范区共建框架协议》；南京与马鞍山签署《江宁—博望跨界一体化发展示范区共建框架协议》。

当今世界正经历百年未有之大变局，我国全面建成小康社会胜利在望，即将开启全面建设社会主义现代化国家新征程，共建"一带一路"、长江经济带发展和长三角一体化发展等重大战略深入推进，党的十九届五中全会对现代化都市圈建设作出明确部署，为南京都市圈建设带来新机遇。在这样的历史背景下，推动南京都市圈高质量发展，有利于支撑长三角城市群建设，助力长三角区域率先形成新发展格局；有利于接续带动皖江经济带和淮河经济带发展，促进东部地区和中部地区协同联动；有利于形成跨省级行政区区域治理新模式，为我国现代化都市圈建设积累经验、提供示范。

第二章　总体要求

第一节　指导思想

以习近平新时代中国特色社会主义思想为指导，全面贯彻党的十九大和十九届二中、三中、四中、五中全会精神，坚持稳中求进工作总基调，立足新发展阶段，贯彻新发展理念，构建新发展格局，以推动高质量发展为主题，以深化供给侧结构性改革为主线，以改革创新为根本动力，以提升都市圈整体实力和竞争力为目标，以促进中心城市与周边城市同城化发展为主攻方向，以健全同城化发展机制为突破口，着力推动基础设施一体高效、创新体系协同共建、产业专业化分工协作、公共服务共建共享、生态环境共保共治、城乡融合发展，把南京都市圈建设成为具有全国影响力的现代化都市圈，助力长三角世界级城市群发展，为服务全国现代化建设大局作出更大贡献。

第二节　基本原则

深化改革、创新共建。以强化制度、政策和模式创新为引领，推动科技创新与产业发展深度融合，促进人才流动和科研资源共享，整合区域创新资源，联合开展卡脖子关键核心技术攻关，打造区域创新共同体，共同完善技术创新链，形成区域联动、分工协作、协同推进的技术创新体系。

各扬所长、协调共进。树立一盘棋思想，处理好中心和区域的关系，进一步发挥南京龙头带动作用，成员城市各扬所长，加强政策协调和规划衔接，优化区域功能布局，推动城乡区域融合发展和跨界区域合作，提升区域整体竞争力，形成分工合理、优势互补、各具特色的协调发展格局。

数字牵引、绿色共保。把数字牵引作为推动高质量发展的强劲动能，打造新型智慧都市圈。践行绿水青山就是金山银山的理念，强化能源消费总量和强度双控，推进长江大保护和生态环境共保联治，共同打造绿色发展底色，探索经济发展和生态环境保护相辅相成、相得益彰的新路子。

市场主导、开放共赢。打造高水平开放平台，对接国际通行的投资贸易规则，放大改革创新叠加效应，培育国际合作和竞争新优势，营造市场统一开放、规则标准互认、要素自由流动的发展环境，构建互惠互利、求同存异、合作共赢的开放发展新体制。

均衡普惠、民生共享。增加优质公共服务供给，扩大配置范围，不断保障和改善民生，使改革发展成果更加普惠便利，让都市圈居民在同城化发展中有更多获得感、幸福感、安全感，促进人的全面发展和人民共同富裕。

第三节　发展定位

具有重要影响力的产业创新高地。以南京创新名城建设为引领，瞄准世界科技和产业发展前沿，联手打造基础研究、应用研发、成果转化和产业化联动的协同创新空间网络，打造全球产业技术创新网络的重要节点和高新技术产业培育策源地，建设成为长三角强劲活跃增长极的重要支撑。

长江经济带重要的资源配置中心。依托南京空港、海港、高铁港枢纽地位，联动芜湖、镇江、淮安、扬州等都市圈枢纽资源，加快完善连通全球的海陆联运、航空运输和信息通信网络，加快营造一流的法治化国际化便利化营商环境，打造长三角向内辐射中西部、向外连接全世界的枢纽型都市圈。

全国同城化发展样板区。充分发挥南京都市圈跨苏皖两省、跨东中部的合作示范作用，健全特大城市与大中小城市优势互补、协同发展的体制机制，率先实现基础设施互联互通、科创产业深度融合、投融资协同、生态环境共保共治、公共服务普惠共享。

高品质宜居生活圈。坚持以人民为中心的发展思想，加快构建绿色低碳、集约高效的生产生活方式和城市建设运营模式，提高公共服务均衡化标准化智慧化水平，缩小地方发展差距，塑造地方特色文化品牌，营造友善向上的人文环境。

第四节　发展目标

到 2025 年，人均 GDP 超过 15 万元，基础设施一体化程度大幅提高，阻碍生产要素自由流动的行政壁垒和体制机制障碍总体消除，成本分担和利益共享机制更加完善，同城化建设水平全国领先。

——基础设施互联互通水平位居全国前列，城际“断头路”全面消除，省际航道更加畅通，都市圈轨道交通基本成网，南京与各城市之间实现 1 小时通达。

——产业创新融合协同水平位居全国前列，南京具有全球影响的创新名城建设取得重大突破，区域创新链与产业链深度融合，一批具有国际高端引领性的超千亿、万亿级地标性特色产业集群基本形成，高新技术产业产值占规上工业产值比重提高到 55%以上。

——生态环境共保联治水平位居全国前列，生态网络基本形成，山水林田湖草系统治理成效显现，突出环境问题得到有效治理，区域水环境质量明显改善，地级及以上城市空气优良天数比例达到85%以上。

——公共服务便利共享水平位居全国前列，率先实现基本公共服务均等化，劳动年龄人口平均受教育年限稳步提高，人均预期寿命达到80岁。

——体制机制改革创新水平位居全国前列，多层次多领域协商合作机制更加健全，营商环境大幅提高，协同创新、园区共建、产业分工协作、生态补偿和环境损害赔偿、重大自然灾害防御、重大疫情防控和公共卫生应急管理等协调机制更加完善。

到2035年，在全球价值链和产业分工体系中的位置大幅跃升，综合竞争力和国际影响力显著增强，资源配置中心的枢纽作用更加凸显，同城化机制更加健全，具有国际影响力的现代化都市圈基本建成。

第五节 空间格局

坚持极核带动、同城先行、轴带辐射、多点支撑，提高区域发展协调性，促进城乡融合发展，构建"一极两区四带多组团"的都市圈空间格局。

一极。发挥南京我国东部地区重要中心城市的龙头作用，提升城市创新、产业支撑、资源组织、融通辐射和服务保障能力，强化辐射服务功能，引领都市圈更高质量同城化发展。

两区。指宁镇扬和宁马滁两个同城化片区。以基础设施一体化和公共服务一卡通为着力点，打破行政壁垒，强化基础设施、创新创业、产业体系、公共服务、生态环境等领域的同城共建，成为我国都市圈同城化发展的示范区域。

四带。指以南京为中心向外辐射形成的沪宁合、沿江、宁淮宣、宁杭滁四条发展带。其中，沪宁合创新服务中枢发展带，依托沿线中心城市密布和创新资源密集优势，不断提升基础研究和技术研发能力，强化区域创新驱动和转型升级的引擎作用。沿江绿色智造发展带，坚持"共抓大保护，不搞大开发"，加强南京、马鞍山、芜湖等沿江港产城资源统筹与合作发展，推动沿江产业布局优化、绿色转型和高效发展。宁淮宣和宁杭滁生态经济发展带，推动淮安、宣城及金坛、溧阳等地生态产业化和产业生态化，打造美丽中国样板区。

多组团。指县城、重点镇。推进县城补短板强弱项，促进县城特色化专业化发展，强化重点镇的人口吸引力，带动城乡融合发展。加强城市周边城镇与城市发展的统筹规划和功能配套，逐步发展成为卫星城。建设一批休闲旅游、商贸物流、智能制造、科技教育、民俗文化等专业镇。

第三章 提升基础设施互联互通水平

坚持优化提升、适度超前，统筹推进重大基础设施建设，畅通对外联系通道，提升内部通勤能力，协同建设新一代信息基础设施，形成布局合理、功能完善、互联互通、运行高效的基础设施体系，共同打造"畅达都市圈"。

第一节 协同建设一体化综合交通体系

强化交通网络和枢纽建设。加强铁路、公路、航道统筹规划建设，形成以南京为中心，以沿江、沪宁—宁合、宁蚌—宁杭、宁淮—宁宣等通道为射线的综合交通网络；依托淮扬镇宣、合蚌淮盐、合芜宣杭等通道，形成都市圈外环。培育空港和高铁枢纽功能，提升沿江港口联动下游、辐射带动中上游能力，加快打造南京国际性综合交通枢纽，统筹提高海港、空港、高铁枢纽地位和客货运功能，进一步推动"三港联动"。推进芜湖全国性综合交通枢纽建设。提升镇江、扬州、马鞍山、滁州、宣城等区域性综合交通枢纽建设水平和协同服务能力。

共建轨道上的都市圈。落实《长江三角洲地区交通运输更高质量一体化发展规划》等，统筹干线铁路、城际铁路、市域（郊）铁路、城市轨道建设，打造互联互通、便捷通勤的轨道交通运输体系。加快南沿江、宁句等项目建设，推进沿江高铁合肥至南京至上海段、合肥至新沂段、南京至淮安、南京至宣城、南京经仪征至扬州、镇江市域句容至茅山线、扬镇宁马城际镇江至马鞍山段等项目建设。推动中心城市市域（郊）铁路向周边城市（镇）延伸和客运服务公交化。支持南京、芜湖等城市轨道交通建设。加快建设南京北站综合客运枢纽，统筹研究仙林综合客运枢纽能力提升，推动轨道交通引入机场，加快建设一批区际客运与城市公共交通换乘枢纽，推进多种交通方式无缝衔接。

专栏 2　轨道上的都市圈重点项目

在建项目：南沿江铁路、南京至淮安铁路、南京至句容铁路、南京至滁州铁路滁州段、宣城至绩溪铁路、巢湖至马鞍山铁路；

规划建设项目：沿江高铁合肥至南京至上海段、合肥至新沂铁路、南京至宣城、扬镇宁马铁路镇江至马鞍山段、南京经仪征至扬州、南京至滁州至蚌埠铁路、南京至马鞍山铁路、南京至滁州铁路南京段，以及宁芜铁路扩能改造工程等；

规划研究项目：宁杭二通道、宁和城际二期、宁天城际二期。

共建便捷通达公路网络。优化都市圈对外公路通道，完善省际高速公路网络，加快推进京沪、合芜宣、宁合（南京段）、宁芜等高速扩容改造，规划建设宁盐、沪蓉高速复线（安徽段）、沪陕高速复线（安徽段）等高速公路。优化都市圈内路网结构，加快镇江五峰山大桥南北接线、南京—滁州、盱眙—明光、金湖—宝应等高速公路建设和 G312、G328、G205 等改扩建。推进天长—潜山、仪征—禄口机场、仪征—天长等高速规划建设和连接成环，构建南京都市圈环线高速公路。完善过江通道布局，加快推进芜湖城南、南京和燕路等在建通道建设，积极推进芜湖龙窝湖过江隧道、马鞍山长江公铁大桥、南京锦文路过江通道、宁仪城际过江通道等规划建设，推进芜湖华电大道过江通道、马鞍山龙山路过江通道、润扬第二过江通道等研究和论证。加快实施“断头路”贯通工程，改造扩容“瓶颈路”。

专栏 3　综合交通运输通道布局

射线通道

——沿江通道：加快马滁扬高速公路建设和宁芜高速南京段、苏皖省界—铜陵钟鸣枢纽段改扩建，天长—潜山高速、沪汉高速无为—岳西段，G312 宁镇段、扬天公路、滁天公路快速化改造；推进 G347 浦乌路、黑扎营大桥、六来公路跨滁河大桥、中李大桥等规划和建设；开展宁和高速公路、和无高速建设研究。

——沪宁—宁合通道：加快宁合高速公路及 G104、G328、G312 等改扩建；推进南京都市圈环线高速公路禄口至全椒段、沪蓉高速复线（安徽段）、沪陕高速复线（安徽段）等规划和建设；开展宁常高速研究。

——宁蚌—宁杭通道：加快南京—滁州（来安—六合）高速、溧宁高速等建设；推进长深高速南京—溧阳段拓宽、宁杭高速二通道等规划建设。

——宁淮—宁宣通道：加快宁盐高速公路天长南北向干线公路对接、G235 改扩建；推进 G205 快速化改造规划建设；开展仪征—天长、宁黄高速等研究。

环线通道

——淮扬镇通道：加快仪征—禄口机场高速及北延线高速公路建设，以及京沪高速扩容及南延；推进 G344 京沪高速以东段、阜溧高速（丹阳—金坛段）、金杭高速（金坛—宜兴段）建设，以及 G233 南延等规划和建设。

——合芜宣杭通道：加快芜溧高速、芜黄高速等建设，G5011 芜合高速林头—二坝段、G50 芜宣广高速芜湖段改扩建；推进芜宣广高速改扩建，以及宣商高速等规划建设；开展合芜宣杭二通道等建设，以及芜溧高速西延等研究。

——合蚌淮盐通道：推进盐蚌高速公路及其与宁洛高速连接线、宁洛高速（安徽段）改扩建、蚌埠—淮安—盐城滨海水运通道、金湖—宝应高速公路、盱眙—明光高速公路等规划和建设。

专栏 4　过江通道建设

在建通道：芜湖城南过江隧道、南京建宁西路过江通道、南京和燕路过江通道、南京仙新路过江通道、南京龙潭长江大桥、马鞍山长江公铁大桥等；

规划建设通道：芜湖龙窝湖过江隧道、芜湖北京路过江隧道、芜湖泰山路长江公铁大桥、南京锦文路过江通道、南京地铁（4、13、14、17 号线）过江通道、南京汉中西路过江通道、南京市域快速轨道过江通道、南京上元门过江通道、南京七乡河过江通道、宁仪城际过江通道等；

需进一步论证的通道：芜湖华电大道过江通道、芜湖天门山过江通道、马鞍山龙山路过江通道、马鞍山九华路过江通道、马鞍山湖北路过江通道、马鞍山慈湖过江通道、金山过江通道、润扬第二过江通道、润扬第四过江通道等。

专栏 5　打通城际“断头路”重点推进项目

高速公路：宁宣高速、溧宁高速溧阳段、宁芜高速公路改扩建、南京—滁州高速公路、宁和高速公路、宁杭高速二通道等；

国省干线：苏 264 省道淮安段、苏 328 国道改建工程、苏 422 省道江北大道至头桥东段改扩建工程、苏 356 省道西江路—苏皖省界段、苏 338 省道江宁段、南京新浦合公路、皖 446 省道博望区段、235 国道盱眙段、苏 269 省道固城湖大桥至水阳江段等；

其他路桥：和县香泉镇杨庄—S206 道路、水阳大桥等。

共建江河海联动航运中心。围绕打造南京区域性航运物流中心，加快建设长江南京以下江海联运港区、芜湖马鞍山江海联运枢纽。打造淮安淮河水运中心和滁州、宣城内河港口集散中心。开展水阳江航道规划衔接和前期工作，打造以长江航道为主体，以芜申线、秦淮河航道、驷马山干渠、合裕线等高等级内河航道为骨干，以其他航道为补充的通江达海内河干线航道网络。积极推进南京港与中上游港口城市间外贸中转业务，加强城市间口岸合作，推进近洋航线发展，提升口岸中转服务水平。

协同打造现代化机场群。优化空港布局和功能协调，形成以南京禄口国际机场为枢纽，扬州泰州、淮安涟水、芜湖宣州等周边机场为辅助的机场体系。加快提升南京禄口国际机场客货运功能，实施扬州泰州机场二期扩建工程，开展滁州机场前期工作，提升芜湖宣州、淮安航空货运功能，统筹建设一批功能协调、兼容互补的通用机场。强化南京禄口机场国际客货运全球联结、洲际直达能力，加快都市圈城市候机楼规划建设和功能提升，推进溧水空港大通关基地建设。

专栏 6　通用机场群建设

南京江宁、南京高淳、南京六合、溧阳、金坛、镇江大路、淮安金湖、滁州明光、滁州天长、马鞍山和县、芜湖无为、宣城旌德、宣城郎溪、宣城绩溪等。

提升运输服务与信息化水平。打造一体化公路客运网络，推动城市（镇）开行城际公交，全面推行联网售票一网通和交通一卡通。深化收费公路制度改革，推广车辆安装使用 ETC 通行高速公路，探索对高频次通行车辆实施高速公路收费优惠政策。全面取缔跨行政区道路非法设置限高、限宽等路障设施。打造“通道+枢纽+网络”物流运行体系，大力发展铁水、公铁、空铁、江河海联运和“一单制”联运服务。

第二节　共同打造数字智慧都市圈

共同打造数字都市圈。加快建设高速泛在信息网络，加速 5G 网络建设应用。推动网间互联带宽扩容，推进骨干网、城域网、宽带接入网的 IPv6 升级改造，建设南京江北新区等纯 IPV6 示范区，支持芜湖等城市建设广域量子保密通信干线网。打造无线宽带都市圈，实现免费高速无线局域网覆盖热点区域和重点交通线路。推动数据中心和存算资源协同布局，共同争取国家级数据服务中心、呼叫中心、云计算中心，推进芜湖云计算中心与长三角其他数据资源中心资源整合。加快推进千兆高速光纤网络和超高清互动数字家庭网络全覆盖。

合力建设智慧都市圈。大力发展基于物联网、大数据、人工智能、云计算的专业化服务，实施一批综合性网络应用工程、公益性信息服务工程、信息化与工业化融合工程。共建开放互通的智慧城市建设平台，提升“我的南京”App 对都市圈群体的服务能力。依托南京建设基于人工智能和 5G 物联的城市大脑，建成协同服务的都市圈城市大脑集群。协同发展“互联网+先进制造业”，打造跨行业跨区域工业互联网平台，推动企业上云和工业 App 应用。支持北斗导航系统率先应用，建设南京位置服务数据中心。完善信息资源共建共享机制，推动大数据标准统一、互联共享，实现都市圈大数据开放应用。

共保都市圈网络安全。根据网络安全法律法规落实网络安全等级保护制度，强化通信网络、重要信息系统和数据资源保护，加强网络安全设施建设和网络安全管理，实施区域无线电协同监管。全面建立工业互联网安全保障体系，遴选推广一批创新实用的网络安全试点示范项目，支持南京参与网络通信与安全国家实验室建设、芜湖参与建设广域量子保密干线网。建立健全网络与信息安全信息通报预警机制，构建网络安全综合防御体系。

第三节　共建能源资源安全保障体系

统筹能源供需基础设施建设。完善区域煤炭储运和利用设施，统筹推进南京、镇江、扬州、芜湖等沿江港口煤炭储运基地建设。优化区域油气设施布局，推进浙苏、苏皖、青（青岛）宁（南京）天然气管道联通，加快金坛天然气储备调峰基地有序推进，芜湖等 LNG 内河储转设施建设，支持 LNG 运输船舶在长江江苏、安徽段开展航运试点。探索建设都市圈石油流通枢纽，研究天然气交易中心可行性。推进沿江和天然气管道沿线地区电源点建设，加快省际联络线增容工程建设。加快金坛压缩空气储能发电项目示范建设，规划建设句容、宁国抽水蓄能电站，鼓励新能源龙头企业跨省投资。统筹建设电力、燃气、热力等能源市政设施。

加强跨区域重大水利设施建设。实行最严格水资源管理制度，加强水资源开发利用“三条红线”管理，推动经济社会发展与水资源水环境承载能力相协调。统筹重大水利设施布局和防洪排涝设施建设，研究实施长江干堤、重要支流堤防加固和崩塌河段整治工程，启动实施秦淮东河等治理重大工程，联合治理低洼易涝地区和山洪灾害易发区，提升重点城镇和重要堤围防洪标准。加快水资源调蓄和配置工程建设，实施长江、淮河及太湖、洪泽湖等重要水体联合调度，强化石臼湖、固城湖等跨界湖泊水量保障，开展跨区域水利设施项目的联合审批和协同监管。加强供水安全保障，鼓励都市圈城市供水互为备用和水源地共建共享。统筹雨洪资源开发利用和灾害防范，实施水阳江流域防洪治理等工程。推进防汛防旱指挥系统联网，共建区域灾害监测预警、联防联控和应急调度系统。

专栏7　重点水利项目

长江堤防防洪能力提升工程、秦淮东河一期工程、秦淮河赤山湖及附近生态湿地蓄滞洪工程、滁河治理完善工程、水阳江高宣圩、胜利圩和永丰圩堤防加固工程、马鞍山市当涂闸和芜湖市芜湖闸建设、水阳江入江口芜湖、当涂口门控制闸及固城湖补水工程等。

第四章　促进都市圈协同创新

深入实施创新驱动发展战略，不断深化都市圈创新合作，构建开放型、网络型、融合型区域协同创新体系，联合打造创新都市圈和科创共同体。

第一节　围绕产业链布局创新链

打造区域研究—研发—应用创新链。充分发挥南京科学技术研究和各城市产业化优势，围绕信息技术、汽车、智能装备、生物医药、新材料、节能环保、现代农业等产业，构建基础研究、技术开发、成果转化和产业化一体的全流程创新链。加强信息科学、生物科学、材料科学、地球科学等基础研究和应用基础研究，引导实施专利导航项目，强化关键核心技术攻关，培育一批拥有自主知识产权的高价值专利组合，引进和培育一批新型研发机构，建设瞄准国际科技前沿、面向国家重大战略需求、服务区域经济社会发展的科学研究基地和科技成果孵化转化基地。

专栏8　产业关键领域创新方向

信息技术：重点突破集成电路、新一代宽带无线移动通信网、软件、网络操作系统等核心技术，提高关键制造装备和核心零部件自给率。

汽车：重点提升发展内燃机技术，推进先进变速器产业化、关键零部件产业化，促进新能源和智能汽车技术赶超，控制降低制造成本。

智能装备：重点研发智能机器人、高端成套装备、三维（3D）打印等装备，夯实制造基础保障能力。

生物医药：重点加强重大疫苗、基因芯片、抗体药物、新型诊断、粒子治疗等研制。

新材料：重点研制碳纤维及其复合材料、新型显示、高温合金、硅基新材料、先进半导体材料、高端装备用特种合金等新材料，突破制备、评价、应用等核心关键技术。

节能环保：重点突破水—土—气协同治理、工—农—城资源协同循环、区域环境协同管控的核心技术，形成区域环境综合治理系统解决方案。

共建都市圈协同创新平台。强化重大科创平台的创新资源集聚能力，支持南京建设具有全球影响力的创新名城，推进扬州新兴科创名城、淮安智慧谷、滁州高教科创城、宣城宛陵科创城等创新平台建设，推动有关地方设立南京都市圈科创专项资金。建立科技资源共享服务平台，联合打造技术产权交易、科创板服务、科技资源共享、知识产权运营、科技成果转化应用平台。

加快高新园区、科技创业园、城市“硅巷”等多层次双创载体建设，鼓励企业、创投机构建立和运营专业化孵化器、加速器、众创空间。

优化都市圈创新创业生态。深化区域科技体制机制改革，有效整合有利于协同创新的各种政策机制、资源成果、人才团队，联手营造优质创新生态。充分发挥南京资本市场和金融服务功能，构建多元化、国际化、跨区域的科技创新投融资体系，优化创业投资发展环境，发挥创业投资促进创新创业创造的积极作用。支持企业、高校、科研院所共建产学研创新联盟，促进重大科技项目共同研发、创新成果在都市圈内部无障碍转化，建立科技型企业创新产品首购首用共享机制。

第二节　增强南京科学研究能力

提升原始创新能力。发挥南京科教资源优势，集成跨学科、跨领域的科学研究力量，聚焦人工智能、集成电路、生命健康、量子信息、空天科技、资源环境等前沿领域，加强科技创新前瞻布局，突出关键共性技术、前沿引领技术、现代工程技术、颠覆性技术创新，形成若干全球领先的重大原创成果。深化与中国科学院战略合作，组建水土研究院、地球演化及行星科学研究院等前沿基地。按照国家研究中心的标准，建设空间天文、水土环境、化学和生物医药等3~5个前沿科学与交叉技术研究中心。

积极建设重大科技载体。加快推动南京紫东地区发展，依托麒麟科学城、仙林和江宁大学城等集聚高端科研机构和人才，争取国家级科技基础设施和科创平台布局。推动未来网络试验设施集群化发展，推进南京农业大学作物表型组学实验设施、南京大学质子源、东南大学生物医学大数据、中国南极昆仑站天文台、信息高铁试验装置、人体细胞图谱重大装置等建设。

强化协同创新引领作用。支持高校院所联合组建若干跨学科、综合交叉的科研攻关团队，推动一批高水平大学、科研院所和学科进入世界一流行列。鼓励校校、校所、校企间在优势学科群建设、人才培养、科研仪器设备共建共享等方面加强合作。优先布局国家重大战略项目，积极参与国际大科学计划和国际大科学工程。

第三节　共建产业创新中心

提升产业创新活力。支持南京开展人工智能、集成电路、新能源汽车、生物医药、节能环保等领域产业技术创新，芜湖开展新能源汽车、机器人及智能制造、通用航空、新型显示等领域产业技术创新。推动开展科技联合攻关，鼓励行业领军企业构建高水平研发机构，支持有条件的企业联合组建产业创新中心。支持芜湖等培育一批分行业产业创新中心。

专栏 9　科技创新领域重点项目

设立南京都市圈科创专项资金：以市场化方式设立南京都市圈科创专项资金。加快都市圈科创一体化建设，支持原始创新和关键技术攻坚，推动产业协同和创新资源集聚，为都市圈开展创新合作提供财政支持。

扬子江生态文明创新中心建设：围绕长江大保护的要求，建设扬子江生态文明创新中心，共同推动长江流域环境保护，为科学决策、环境管理、精准治污、便民服务提供支撑。

临床医学研究中心建设：实施国家级临床医学研究中心培育计划，建设4个国家级培育中心，争创1~2个国家临床医学研究中心或区域分中心。提升都市圈医疗科技服务水平，为都市圈城市居民提供优质医疗服务。

省技术产权交易市场分中心建设：积极协调省技术产权交易市场，设立都市圈各城市的技术产权交易分中心，加速技术经理人向南京集聚，促进科技成果转移转化。

科技创新资源开放共享：积极协调省科技资源统筹服务中心，引导都市圈各城市科技创新资源开放共享，共建大型科研仪器服务平台等科技资源共享服务平台。

高新园区合作：开展都市圈高新园区合作，探索园区合作新模式，围绕集成电路、新能源汽车、人工智能、软件和生物医药等产业地标，支持毗邻高新园区共建产业集群。

新型研发机构合作：推动新型研发机构的合作交流，充分发挥南京新型研发机构模式建设优势，并推动新型研发机构合作交流，开放共享资源，贯通创新链和产业链。

建设企业研发中心：支持都市圈各城市规模企业在宁设立研发中心，探索建立“研发在南京，生产在周边”的合作机制，支持企业开展研发创新。

建设高水平产业创新载体。实施科技成果应用示范工程，提升江苏产业技术研究院辐射带动能力，支持优先在都市圈其他城市布局分院。建设共性技术研发平台，重点打造一批产业技术创新平台、制造业创新中心和企业技术中心。支持企业联合设立海外协同创新中心和境外实验室。明确都市圈内部高新园区、科技园区功能定位，引导创新成果和科技创业企业向最具优势和效益的园区落户。

第五章　促进城市间产业分工协作

以市场需求和专业化分工协作为导向，促进城市功能互补、产业错位布局和特色化发展，形成以先进制造业为主体、服务经济为特色、现代农业为基础的现代产业体系。

第一节　共建现代产业体系

协同打造国际先进制造业基地。以实体经济为着力点，以提高供给体系质量为主攻方向，推进新兴产业规模化和传统产业高端化。围绕电子信息、生命健康、新材料、智能装备、节能环保、新能源汽车、智能家居等重点领域，强化区域优势产业协作，培育一批具有国际竞争力的万亿级、五千亿级产业集群。以资源整合、分工协作、链接融合为重点，推动中小城市融入中心城市产业布局，有序引导中小城市承接产业转移，推动制造业规模化、特色化、集群化发展。

合力发展现代服务业。加快服务业内容、业态和商业模式创新，共同打造区域现代服务业品牌。围绕现代金融、电子商务、航运物流、科技服务、文化和旅游、软件和信息服务、健康养老等领域，推动生产性服务业向专业化和价值链高端延伸、生活性服务业向高品质和精细化转变。

专栏 10　各城市产业发展重点

南京：重点发展信息技术、绿色智能汽车、高端智能装备、生物医药与节能环保新材料、软件和信息服务、金融和科技服务、文化和旅游、健康、现代物流与高端商务商贸等优势产业，建设国家先进制造业示范基地和国家现代服务业示范基地。

镇江：重点发展装备制造、新材料、现代旅游等特色产业，建设全国重要的高端装备制造和新材料产业基地、区域物流基地、技术研发基地、创意生活休闲中心。

扬州：重点发展航空、汽车及零部件、高端装备、新型电力设备、软件和信息服务、高端纺织和服装、海工装备和高技术船舶、生物医药和新型医疗器械、新能源、食品、文化和旅游、健康休闲养老、会议会展等特色产业，建设区域性先进制造业和现代服务业基地。

淮安：重点发展新一代信息技术、新能源汽车及零部件、食品、现代物流、现代商贸、生态旅游、特优高效种植业、特种绿色水产、特色休闲观光农业，建设先进制造业基地、历史文化和生态旅游目的地、绿色农产品生产加工供应基地和生态经济示范城市。

芜湖：重点发展汽车、机器人、通用航空、节能环保、智能家居、现代物流、旅游等特色产业，建设全国重要的先进制造业基地、国家级旅游目的地、现代物流中心和绿色农产品生产加工供应基地。

马鞍山：重点发展电子信息、新能源、生物医药、新材料、航运物流、绿色食品等特色产业，建设国内重要的先进制造基地、江海联运物流基地、运动健康休闲中心和绿色农产品生产加工供应基地。

滁州：重点发展先进装备、智能家电、新能源、新型化工、硅基材料、绿色食品、旅游等特色产业，打造承接产业转移的新型载体，建成都市圈重要的先进制造业基地、绿色农产品生产加工供应基地和新兴旅游目的地。

宣城：重点发展汽车及装备制造、新能源新材料、食品医药、电子信息、休闲旅游等特色产业，打造都市圈重要的新兴制造业基地、休闲旅游基地、电子商务示范基地和绿色农产品生产加工供应基地。

溧阳和金坛：重点发展新一代信息技术、新能源及新能源汽车、智能电网、生态旅游、健康养老、绿色食品等产业，打造宁杭生态经济带康养休闲旅游度假胜地、新兴制造业基地和绿色农产品生产加工供应基地。

专栏 11　现代服务业部分重点领域创新发展方向

现代金融：加快推进金融信息、支付清算、信用体系、外汇管理一体化，提高金融市场一体化程度，提升金融服务实体经济功能。

电子商务：发展第三方电子商务服务平台，加强移动电商平台建设。大力发展互联网平台经济。

智慧物流：加快云计算、物联网、北斗导航、地理信息、气象信息等物流关键技术的研发和应用，打造一批区域和行业智慧物流公共信息平台。加快发展"互联网+"高效物流，促进物流企业向第三方、第四方物流模式转型，积极发展快捷物流、精益物流，探索发展低碳绿色物流。

科技服务：构建全价值链科技服务业态，推进研发设计、创业孵化、技术转移、科技金融、知识产权、科技咨询、检验检测认证、科学技术普及等重点领域提档升级。支持开展知识和技术密集型研发设计服务，加快发展基于互联网的在线技术交易。

提升现代农业发展水平。大力推进高标准农田建设，加快补齐农业基础设施短板。积极发展现代都市农业，依托沿山环湖及广大农村地区建设都市圈"米袋子""菜篮子"，推进环南京1小时鲜活农产品流通圈建设。支持苏皖毗邻地区共建一批全国领先的农产品加工联合体和农产品加工区，共同打造长三角绿色农产品生产加工供应基地。加快建设江苏南京国家农业高新技术产业示范区、南京国家现代农业科技创新示范园区，支持高淳、淮安、金坛、高邮建设国家农业高新技术开发区，支持安徽小岗国家农业科技园区建设，打造"农业硅谷"。推动南京、句容、洪泽、南陵、当涂、全椒、郎溪等国家现代农业示范区转型升级，加快和县、天长国家现代农业产业园建设，支持有条件的市县创建国家现代农业产业园，按照"生产+加工+科技+品牌"

一体化发展要求，推进农业全产业链发展，不断提升种养规模化、加工集群化、科技集成化、营销品牌化水平。

共同培育产业发展新动能。推动互联网、大数据、人工智能和实体经济深度融合，积极发展平台经济、共享经济、体验经济、数字经济，加快形成新的经济增长点。推动先进制造业和现代服务业、创新链和产业链深度融合，加快形成错位分工、交叉渗透、跨界融合的都市圈产业生态系统，推动产品创新、技术工艺创新、商业模式创新、组织方式创新。

第二节　提升中心城市产业能级

发挥地标性产业引领作用。依托南京国家先进制造业示范基地建设，推动产业链横向整合、纵向延伸、侧向链接，重点打造集成电路、新能源汽车、生物医药、人工智能、软件和信息服务等产业地标，培育机器人、智能网联汽车、资源环境、区块链等未来产业。强化区域产业链引领能力，鼓励龙头企业跨行业、跨区域、跨所有制兼并重组，培育提供全方位、一站式系统解决方案的旗舰型企业，推动加工组装等非核心环节向都市圈其他城市转移。

增强服务带动能力。依托南京国家现代服务业示范基地建设，提升软件和信息服务、金融和科技服务、现代物流与商务商贸等产业发展水平。大力推动服务业跨界发展，为中小城市产业升级提供研发设计、供应链管理、检验检测、市场营销等多元化专业化服务，为周边城市提供高品质的文化教育、医疗健康、保险就业、养老安老服务，提升品牌商圈服务品质和辐射能力。推动南京南部新城、禄口空港地区高端商务、会展、交通功能深度融合，高水平打造国际组织和总部经济聚集区。

有序引导传统产业功能升级与疏解。推动低效园区和楼宇等空间载体高效利用、高水平开发。支持钢铁、汽车、石化、家用电器等传统优势产业转型升级，推动制造业从加工生产环节向研发设计、品牌营销、再制造等价值链高端环节延伸。加快制造业绿色改造升级，大力发展再制造产业。共同探索推进沿江重化产业统筹优化布局的新路径。

第三节　推动产业分工协作发展

重点推进宁淮智能制造产业园、中新苏滁高新技术产业开发区等共建园区建设，规划建设宁马、宁滁、宁溧等合作产业园，加快建设一批重大经贸平台。整合沿江开发区，协同加快沿江 1 公里范围内化工企业和园区转移转型，打造绿色产业集群。协同推进南京临空经济示范区建设，提升发展皖江城市带承接产业转移示范区。推动成立重点产业发展联盟，鼓励行业协会交流合作。推动国家级开发区建设具有国际竞争力的高水平园区，支持符合条件的省级开发区申报国家级开发区，支持申报国家知识产权试点示范园区。

专栏 12　南京都市圈产业合作平台建设重点项目

面向华东区域的工业互联网平台应用创新体验中心建设：南京、镇江、扬州、马鞍山等城市，面向特定行业、特定区域、特定工业场景等建立工业互联网平台应用创新体验中心，提供工业互联网在模式创新、应用服务等方面的沉浸式体验，形成一批用于技术验证和推广的工具集、一批应用标准、一批系统解决方案落地模式，推动工业互联网平台应用普及。

产业创新发展联盟：南京都市圈各城市，以政府为主导推动，开展产业发展总联盟前期组建工作，并逐步吸纳若干企业、科研机构、高等院校等单位，分产业组建专业联盟。

第六章　促进更高水平开放合作

深入实施共建“一带一路”、长江经济带发展和长三角一体化发展战略，深化开放合作，优化营商环境，塑造开放新优势，在更大范围提高资源配置能力和效率，共同打造“开放都市圈”。

第一节　共建高水平开放平台

提升开放示范能力。积极推进中国（江苏）自由贸易试验区南京片区建设，打造长江经济带对外开放合作重要平台，争取在服务贸易、对台金融合作等方面先行先试。支持中国（安徽）自由贸易试验区芜湖片区建设。鼓励有条件地区建设自贸试验区联动创新区。

协力办好国际性展会活动。放大南京软博会、世界智能制造大会、海峡两岸企业家紫金山峰会、淮安国际食品博览会、镇江国际低碳大会、中国（芜湖）科普产品交易博览会、海峡两岸（马鞍山）电子博览会、中国扬州烟花三月国际经贸旅游节、世界运河城市论坛、大运河文化旅游博览会等国际性展会活动品牌效应，以联合举办、互设分会场、共同宣传推介等方式，强化都市圈品牌展会活动和相关贸易投资活动协调联动，提升整体效果和影响力。加强综合服务、专业贸易等线下展示交易平台建设，共同策划和开展投资贸易配套活动。

推动综合保税区高质量发展。支持确有需求且符合条件的地区新设综合保税区。支持各综合保税区在高端制造、研发设计、物流分拨、检测维修、销售服务等方面创新发展，对标国际先进水平，注重要素整合和产业配套，统筹利用好国际国内两个市场两种资源，培育和提升国际竞争新优势。支持有条件的地区按规定申报设立保税物流中心（B型）。

提升合作园区发展质量。加快建设南京两岸产业协同发展和创新试验区，推动中新南京生态科技岛、中瑞镇江生态产业园、中欧（马鞍山）、安徽中德（芜湖）国际合作智能制造生态产业园等中外合作园区发展。

第二节　合力打造营商环境高地

共同打造国际一流市场环境。加快建立与国际高标准投资和贸易规则相适应的制度规则，减少行政干预，加强市场综合监管，形成稳定、公平、透明、可预期的市场环境。全面实施外商投资准入前国民待遇加负面清单管理制度，放宽外资准入，健全事中事后监管体系。

深化“放管服”改革。加快转变政府职能，创新“互联网+政务服务”模式，加快清理整合分散、独立的政务信息系统，提高行政服务效率，推广“不见面审批”。深化商事制度改革，推进“证照分离”改革全覆盖，探索“一照多址、一证多址”改革，推动各类审批流程标准化和审批信息互联共享。构建都市圈政务服务“一网通办”平台，推动涉企便民服务事项异地通办。

加快大通关一体化。深化国际口岸合作，共同建设具有国际先进水平的省域国际贸易“单一窗口”，推进物流和监管等信息采集。共建进出口商品全流程质量安全溯源管理平台，开发信息化电子标签，整合生产、监测、航运、通关数据共享和业务协同，实现全链条监管。

打造法治化营商环境。支持在南京设立都市圈国际商事法庭等司法机构，发展国际商事仲裁、调解等司法替代性解决机制。建立健全行业协会法人治理结构，充分发挥行业协会商会在制定技术标准、规范行业秩序、开拓国际市场等方面的积极作用。共同加强知识产权保护，加大侵权违法行为联合惩治力度。

第三节　强化国家战略支撑作用

服务共建“一带一路”高质量发展。联合“一带一路”沿线国家打造高水平国际产能合作平台，为企业在境外建设生产基地、参与基础设施建设提供优质服务。联合开展具有南京都市圈品牌特色的海外经济文化交流活动，深化国际人文合作。建设高水平境外经贸合作园区，推进中国（南京）智慧城建设。加快南京国家级跨境电子商务综合试验区建设，鼓励跨境电商企业在“一带一路”沿线国家建设电商产业园和公共海外仓。引导支持优势农业产业化龙头企业到“一带一路”沿线农业资源丰富国家投资共建农业合作园区。

引领长江经济带绿色发展。共建沿江绿色生态廊道，协同建设水韵生态人文风光带，打造八卦洲生态绿岛。协同推进长江突出环境问题整改，统筹推进船舶污染防治与港口岸电设施建设和使用，着力提升化学品洗舱水处置能力并强化危险废物联单监管，深入实施《长江岸线保护和开发利用总体规划》，稳步提升长江生态岸线比例。引导产业有序转移，推动资源加工型、劳动密集型产业和以内需为主的资金、技术密集型产业加快向中上游地区转移，联合推进沿江产业绿色化发展。加快南京长江区域性航运物流中心建设，鼓励通过相互参股方式加强都市圈港口与长江中上游港口合作。

强化与长三角其他都市圈合作。强化与上海大都市圈互动，积极融入上海卓越全球城市建设，主动承接上海科技成果转化和功能疏解，推动南京江北新区、两省自贸试验区与上海浦东新区、中国（上海）自贸试验区联动发展。促进与苏锡常都市圈分工合作，探索建立设施互联、功能对接、产业互补、市场共享的合作新机制，借力融入全球生产网络和服务体系。强化与合肥都市圈协同，联动沪宁产业创新带与G60科创走廊，先行布局一批开放式创新平台和综合性产业创新中心，积极探索重大事项协调推进机制，实现两圈融合发展、共建共享。促进与杭州都市圈联动，推动在数字经济领域全面合作，推进宁杭生态经济带建设，探索建立区域性生态资源、生态技术、碳排放交易平台，推动生态资源资产化。

第七章　加快建设统一市场

发挥市场在资源配置中的决定性作用，逐步打破地域分割和行业垄断，清除市场壁垒，公平市场准入，营造规则统一开放、标准互认、要素自主有序流动的市场环境。

第一节　建立统一的人力资源市场

加强人力资源协作。推动人力资源信息共享和服务政策有效衔接，共建公共就业服务平台。联合开展高层次人才和技术技能型人才定向培养、职业技术技能培训，打造一批教育培训基地。按程序复制推广上海海外人才永久居留、外国人来华工作许可、出入境便利服务等试点经验，推进吸引外国人才政策等方面先行先试。

建立人才共同招引和柔性使用机制。加强高层次人才协调管理，建立一体化人才保障服务标准，允许地方高校按照国家有关规定自主开展人才引进和职称评定。联合举办高层次人才专场招聘会、技能人才招聘会和中国留学人员南京国际交流与合作大会。探索建立柔性人才流动机制，试行第二居所和职住交换计划，推动户籍准入年限同城化累积互认。

第二节　建立统一的技术市场

推动技术市场互联互通。建立技术交易市场联盟，构建都市圈综合性技术交易市场以及专业化技术产权交易平台，培育一批科技中介机构。探索建立企业需求联合发布机制和财政支持科技成果共享机制。清理城市间因技术标准不统一形成的各种障碍。探索建设网上技术交易平台，实现技术成果、投资需求等信息共享和股权变更、产权交易、交易鉴证等相关技术产权交易业务同城化办理。加强知识产权信息公共服务资源供给，提供高质量知识产权信息公共服务。

构建多层次知识产权交易市场。加强基础信息及各类运营、交易、维权资源整合和共享，建设知识产权保护联盟和知识产权交易平台，促进科技成果规范有序交易流转。加强知识产权行政执法协作，健全行政执法与刑事司法衔接机制。鼓励发展跨地区知识产权交易中介服务，支持优质知识产权服务机构异地布局分支机构。实施“创新券”互认工程，统一科技创新券服务标准、内容和平台，建立网上注册、合同备案、创新券申领兑付一体化服务协同机制。

第三节　建立统一的金融资本市场

协同布局都市圈金融机构。加快金融领域协同改革和创新，完善信用保证体系。稳步推进信贷管理一体化，依法合规扩大发行企业债券、绿色债券、创新创业债券。推动建立统一的抵押质押制度，推进区域异地存储、信用担保等业务同城化。促进商业票据承兑、贴现、转贴现、再贴现业务发展。

推进资本市场和产权市场合作。建立都市圈共推企业上市的工作联动机制，推动优质企业到境内外上市融资，打造证券市场的“南京都市圈板块”。全面对接上海科创板，搭建科创企业上市融资全方位服务平台。支持知识产权金融产品创新。探索知识产权证券化、知识产权保险、知识产权质押等新型运用模式。在知识产权已确权并能产生稳定现金流前提下，规范探索知识产权证券化。构建土地、房产、矿产等统一的产权信息网络服务和管理平台，统一信息批露、交易统计和项目推介格式标准，逐步实现产权要素市场“资源同城化、规则同城化、信息同城化”。

强化金融监管合作和风险联防联控。加大数字技术在金融领域应用程度，借助金融科技手段提高金融风险管理能力。建立金融统计数据和工作信息共享制度，加强资金流动监测分析合作。建立紧密的金融稳定信息交流和风险评估结果定期交流和共享机制。建立金融风险联合处置机制，合力打击金融违法违规活动。完善系统性风险预警、防范和联合处置机制，共同维护都市圈金融系统安全。

第四节　统一市场准入标准

建立都市圈市场服务平台。全面实施全国统一的市场准入负面清单制度，依托全国一体化在线政务服务平台，以大数据、信息化手段试点开展市场准入效能评估，推动实现市场准入环节高效能治理。发挥南京都市圈新媒体联盟作用，及时发布共享产业合作项目与技术需求、优惠政策和投资环境等信息。以网络基础设施、支付平台、安全平台、管理平台等为重点，加大电子商务共享平台建设，联合创建区域产品和服务品牌。

打造诚信都市圈。完善区域信用制度，探索建立交通出行、社会保障、分享经济、电子商务、税收、青年志愿者等重点领域信用分级分类制度。聚焦生态环境、食品安全、交通安全、产品质量、旅游等重点领域，依法依规建立都市圈守信联合激励和失信联合惩戒机制。建设都市圈公共信用信息共享平台，培育一批专业化、特色化信用骨干服务机构，打造区域信用服务业产业基地。

建立都市圈市场监管协调机制。健全行政执法与司法相衔接的市场监管机制，加强跨区域执法协作与信息共享机制，推进法定检验单位鉴定结果互认。建立行业行政许可互认机制，推动食品药品等检疫检测结果互认。联合打击侵权假冒行为，定期开展打击侵犯高知名度商标专用权的专项执法行动。探索建立食品药品联动实时监控平台，推进食品安全检验检测结果互认。依托全国12315互联网平台，构建消费投诉协作工作机制，强化执法合作与联动协查。

第八章　推进公共服务便利共享

坚持以人民为中心，推动教育医疗文化等优质服务资源一卡通共享，扩大公共服务辐射半径，加快社会治理一体化发展，推动优质公共服务一体化、连锁化供给，共同打造幸福都市圈。

第一节　共享优质公共服务资源

打造健康都市圈。统筹推进都市圈医疗卫生资源优化布局，鼓励采取合作办院、组建专科联盟、远程医疗协作、对口支援等形式，扩大优质资源覆盖范围，推进医疗卫生大数据开放共享。整合远程诊疗系统资源，鼓励各远程医疗中心高效对接。完善都市圈医疗协作体系和预约挂号平台，推动检验检查结果共享和互认。开展疑难疾病联合攻关，建立疑难重症会诊和转诊绿色通道，统筹规划建设信息共享、网络连通的急救医疗体系和公共卫生应急管理体系。完善医疗保险异地就医结算信息沟通和应急联动机制，扩大异地就医直接结算联网定点医疗机构数量，有序推动药品目录、诊疗项目目录等统一。放大南京建设世界体育名城效应，建立都市圈体育产业联盟，推动联合举办各类重大体育赛事，加强筹备活动的合作交流。建设体育公园，打造全民健身新载体。推进健康服务产品共享，积极支持品牌康养机构、产业资本开展合作，建设康养服务业集聚区和养老养生基地。

推动教育合作发展。协同扩大优质教育资源供给，促进资源优势互补和有序流动，推动各级各类教育高质量发展，率先实现区域教育现代化。依托各城市优质学前教育、中小学学校资源，推动建立区域和跨区域教育集团、学校联盟，鼓励开展城乡区域学校牵手帮扶，引导名校在都市圈内开办分校，推进校长、骨干教师交流。建立都市圈职业教育联盟，加快实现与产业链相配套的中高职学校紧缺专业贯通招生，推进师资、产学研、实习就业等全方位合作。加强高等教育交流，探索组建教育科研协作联盟，有序探索跨行政区设立分支机构及各类教育、实践基地。推进各地教育信息系统互联互通，依托信息化平台推广网络同步课堂。

第二节　推动文化旅游合作发展

保护与传承历史文化。传承弘扬地方优秀传统文化，加强优秀传统手工艺保护和传承，强化重要文化和自然遗产系统性保护。推动大运河代表性文物保护利用项目规划建设，共建大运河国家文化公园和大运河文化带，构建大运河国家记忆体系。加强文物古籍、古建筑保护、研究、利用，共建都市圈文物资源大数据库和共享平台。制定都市圈考古工作规划和政策，联合开展考古研究和文化遗产保护，实现城市地下文物遗存的预防性和主动性保护。加强历史文化名城、名镇、名村和历史文化街区保护，推动南京明城墙、江南水乡古镇保护和申报世界文化遗产。联合开展传统文化“走出去”行动，推动中外文化交流互鉴。

共筑文化发展高地。推广南京都市圈公共博物馆合作联盟、宁镇扬公共图书馆合作联盟等经验，推动各类公共文化设施统筹规划建设运营和向都市圈居民平等开放。加强文化事业交流，推动人才联合培养和文化资源、信息共享。探索建立都市圈演艺联盟，鼓励优秀文艺作品联合创作和演出，共同打造一批文化精品工程和文化龙头企业。统筹开发利用各类文化遗产资源，实施地方戏曲振兴、传统工艺传承、当代文学提升、影视精品打造、网络文艺发展、基层文艺繁荣等文化工程。依托长三角文化产业国际博览会等平台，联手打造和推介都市圈文化形象。

共建国际一流旅游目的地。依托名河、名湖、名山、名城和红色文化等特色资源，推进全域旅游和大众旅游发展，共同打造一批高品质休闲度假旅游区和度假胜地，融入大运河文化带一体化建设格局。联合打造都市圈旅游形象品牌，依托新媒体开展多种形式的旅游联合推广活动，探索推出“畅游都市圈”“惠民一卡通”“高铁+旅游”等产品。继续举办宁镇扬马滁旅游联合促销年会，共同办好南京名城会、扬州世园会、宣城文房四宝文化旅游节、滁州中国农民歌会、中国盱眙国际龙虾节、马鞍山中国李白诗歌节等活动。推进智慧旅游体系建设，探索建设文旅大数据平台、旅游信息库，建立假日旅游、旅游景区大客流预警等信息联合发布机制，实现信息互联互通。大力发展“旅游+”，推动文化事业、文化产业、旅游业、体育康养融合发展，支持江苏省园博园、栖霞山文化休闲旅游度假区、南京老山生态旅游体验园等重大项目建设。协同推进旅游交通、旅游服务规范与质量标准、旅游市场管理等各领域协同发展和一体化建设。

第三节　共推高质量就业与社会保障

统筹推进就业服务。建立统一的都市圈人力资源服务平台，推动各城市引才引智服务优势互补、业务平台互联互通。打造统一的公共就业服务平台，建立信息共享、协调统一的人力资源市场，完善跨区域转移就业协作机制，统筹推进劳动力职业技能培训。加强城市间人力资源合作，促进人力资源在都市圈自由流动。建立跨区域劳动人事争议互通信息和协同处理机制，完善跨区域工伤认定和劳动能力鉴定等互认制度，协助办理有争议或投诉案件。健全劳动保障监察一体化协作执法机制，共同打击跨界欠薪逃匿和非法职业中介等违法行为。

加快社会保障接轨。提高社会保险关系转移效率，加快推进养老保险关系和失业保险关系顺畅转移。加强异地居住退休人员养老保险信息交换，开展养老服务补贴异地结算试点，鼓励各城市开展多种形式的养老合作。推动公共租赁住房保障范围覆盖全部常住人口，建立住房公积金异地信息交换和核查机制，推行住房公积金异地转移接续，在区域内探索实行互认互贷。推动以社会保障卡为载体的“一卡通”业务延伸到城市“五险一金”及其他公用事业缴费领域。

第四节　共建公平包容社会环境

完善跨区域社会治理体系。加强都市圈社会治理合作，深入推进依法行政和社会治理精细化，加强跨界地区城市管理联动、边界联检和信息共享。共建公共安全保障体系，推进重点农产品试点全程追溯，联合开展交通、消防和安全生产检查。完善民生档案跨区查询服务，建立互认互通的档案专题数据标准体系。深化精神文明建设，倡导文明礼仪新风，共同提升社会文明程度。推进社区服务互联互通，推动社区代办政务服务全域通办，鼓励开展专业社会工作服务、志愿服务等交流合作，打造一批具有都市圈特色的专业社会工作服务品牌。

推动跨区域应对突发事件合作。健全区域性重大自然灾害、事故灾难、公共卫生事件、社会安全事件等联防联控机制，完善区域性应对突发事件专项预案。建立都市圈应急协调平台，加强跨地区信息共享和应急演练、紧急救援合作，推动防灾减灾救灾一体化。建立健全安全生产责任体系和联动长效机制，有效防范和坚决遏制重特大安全生产事故及次生环境事故。建立健全治安维稳、行政执法等协作机制，完善安全隐患排查和社区人居环境综合整治机制。加强重大活动期间突发事件预警和应急合作。

第九章　强化生态环境共保联治

坚持共抓大保护、不搞大开发，把保护修复长江生态环境摆在压倒性位置，共同加强生态保护，协同推动环境治理，切实提升整体生态环境质量，打造绿色都市圈。

第一节　共同加强生态保护

共建“一带三片”区域生态格局。依托长江水体、洲滩湿地以及临江丘陵，强化生态空间协同保护和修复，协同实施长江两岸造林绿化，合力打造长江生态保护带。共建东北部水网、西部江淮丘陵、南部江南丘陵三片生态保护区域，东北部水网区重点提升水源涵养、径流补给等功能，江淮和江南丘陵区重点维护水土保持等功能，严格控制矿产资源开发，加大生态修复治理力度。推动共建网络化生态廊道和绿道体系，加快建设江淮生态大走廊，打造京杭运河、淮河—洪泽湖等水生态廊道，完善交通通道沿线防护林建设，建设高标准农田林网，推进生态廊道、绿道有机衔接。

合力严管生态保护红线。实施好长江十年禁渔，加强自然保护地生态保护建设，维护和保育生物多样性。严格保护秦淮河、滁河、青弋江、水阳江源头地区，加强长江河湖、湿地保护，严格控制水面开发，严禁非法侵占河道。加强风景名胜区、地质遗迹保护区等利用管理，不再开展不符合主体功能定位的各类开发活动。严控蓄滞洪区、行洪区及其他生态敏感区域人工景观建设。共建共保跨界重要生态功能区，开展林长制试点，探索实施天目山、宁镇山脉和洪泽湖、石臼湖等跨界山体湖泊的协同治理，实施洪泽湖、固城湖、高邮湖等退圩还湖工程。

第二节　持续改善环境质量

共同改善区域大气环境质量。探索推动实施标准统一，协同治理大气污染。强化大气污染联治，加强多污染物协同管理，统筹防治臭氧、细颗粒物（$PM_{2.5}$），严控氮氧化物、VOCs 等主要污染物。强化能源消费总量和强度“双控”，合理控制煤炭消费总量，推进煤炭清洁利用，提高清洁能源利用比例。协同开展工业源、移动源治理等专项行动，加快推进钢铁、水泥、化工等行业治理和燃煤锅炉超低排放改造。统一标准淘汰老旧车辆，加强成品油市场监管，提高油品质量，逐步推动各地高污染车辆信息纳入统一信息平台管理。

推进跨界水环境协同治理。联合保护长江生态环境，积极预防与处置跨界水污染纠纷，统筹开展流域工业污染源治理、城镇污水处理和农业面源污染防治。全面推进工业园区污水管网排查整治和污水集中处理设施建设，推动雨污分流改造和初期雨水收集处理，化工、电镀、污染、制革等园区实施明管化改造，推动建设污水“零直排”园区。推广南京—马鞍山石臼湖共治联管工作机制，协同开展洪泽湖、高邮湖、固城湖等水环境评估和污染源诊断。推进长江、京杭大运河、滁河等跨界水体水质信息共享和联保联治，强化污染源协同管理和集中式饮用水源地协同保护，联合清理整治沿江排污口、化工园区与危化品码头。协同推进船舶污染物接收设施与城市公共转运处置设施的有效衔接。

统筹推进固体废物污染防治。严格执行固体废弃物污染防治标准，提高综合利用和无害化处置能力和水平，优化危险废物集中处置中心布局，统筹规划建设资源回收基地。加快健全大宗固体废物和危险废物一体化监管体系，建立跨区域非法倾倒监管联动机制、源头追溯机制，完善废物跨区域非法倾倒的快速响应处置机制，探索建立固体废弃物跨区域转移合作与利用处置补偿机制。

共育绿色低碳发展方式。提高气候变化应对能力，大力推进温室气体减排，加强生态系统碳汇功能建设，推广清洁生产和节能环保先进技术，实施零排放试点示范工程。加快构建绿色产业体系，推进制造业绿色化发展，培育发展低碳服务业，降低能耗、物耗和污染物排放。推动居民生活方式加快向绿色低碳转变，结合老旧小区改造等加快推进既有建筑节能改造。

第三节　建立健全共保联治机制

完善跨区域生态环境监管机制。按照国家要求，统一布局、规划建设覆盖生态状况、环境质量、重点污染源的生态监测网络。建立健全监测数据集成共享机制，建设生态环境监测信息传输与数据共享平台，推动各城市环保大数据有效集成、互联共享。推进环境质量监测预报预警合作，逐步实现大气环境、流域水质等变化趋势分析预测和风险预警。强化排污许可监督，建立区域互查执法工作机制，以跨界地区水源地保护、大气和水污染防治为重点联合开展专项检查。建立临界市区县级生态环境协作和跨省联防联控机制，推进信息共享、环保标准协调和联合监管惩戒。将建设用地土壤环境管理要求纳入城市有关规划和供地管理。

健全环境风险协同应对机制。严格防范区域环境风险，建立风险源管控清单，对排放重金属、危险废物、持久性有机污染物和生产使用危险化学品的典型企业和重点地区开展环境风险评估。推动建立共同防范、互通信息、联合监测、协同处置的应急管理体系，开展跨界突发环境事件应急演练，强化重大活动环境安全的跨区域协作保障。

健全生态补偿和环境损害赔偿机制。推广南京与镇江、常州等水环境质量超标补偿、达标收益的双向补偿经验，实施长江流域（滁河）生态补偿机制，推动建立洪泽湖生态补偿机制，引导跨行政区的生态受益地区与保护地区之间开展多元化生态补偿。建立资源有偿使用和排污权交易制度，开展地区间水资源使用权、碳排放权等交易。探索建立跨区域环境损害赔偿制度，率先形成鉴定评估管理和技术体系、资金保障和运行机制。

专栏 13　绿色都市圈重点项目

长江生态环境保护：长江集中式饮用水源地协同保护与应急水源建设，劣Ⅴ类入江支流整治，江豚协同保护，沿江取水口优化布局与排污口整改，沿江化工园区与化工企业协同治理，长江岸线利用协同规划与整治，长江环境事故应急协作。

大气污染防治：煤炭消费总量控制与耗煤项目煤炭等量或减量替代，港口岸电设施建设和船舶燃料油硫含量控制、清洁能源替代，工业锅炉和窑炉整治，“散乱污”企业及集群整治，钢铁等行业超低排放改造，秋冬大气污染协同管控和重污染天气应急管理。

水污染治理：县级及以上饮用水源保护区内违法项目和排污口清理，污水处理厂排放标准提升。

固废危废污染防治：工业固废处理处置及资源化利用，“无废城市”建设，水源地过境危化品船舶信息和货品信息数据共享，危化品运输船舶污染事件应急及联动处置。

第四节　加强环境影响评价

密切跟踪规划实施和项目建设对区域生态系统、环境、人民群众健康产生的影响，重点对资源占用、生态影响、污染排放等方面可能产生的不良影响进行监测评估。对纳入规划的重大基础设施建设项目依法履行环评审批程序，严格土地、环保准入，合理开展项目选址或线路走向设计。建立统一、高效的环境监测体系和跨行政区环境污染与生态破坏联合防治协调机制。把环境影响问题作为规划中期评估的重要内容，视中期评估结果对规划相关内容作相应完善。

第十章　率先实现城乡融合发展

全面推动城乡融合发展体制机制改革，加快提升城市品质，扎实推进乡村振兴，构筑功能一体、空间融合的城乡体系，在都市圈率先实现城乡融合发展。

第一节　促进城乡要素合理配置

深化户籍制度改革。完善南京积分落户制度，逐步将就业居住年限作为积分的主要依据，推动长期工作生活的人口便捷落户，全面放宽紧缺技能类人才落户限制。全面放开其他城市和建制镇的落户限制。实行城乡统一的户口迁移政策，探索实施南京都市圈内城乡居民户口通迁制度。全面落实支持农业转移人口市民化的财政政策、城镇建设用地增加规模与吸纳农业转移人口落户数量挂钩政策。

激励人才入乡创新创业。建立城乡人才合作交流机制，探索通过岗编适度分离等多种方式，推进城市科教文卫体等工作人员定期服务乡村。鼓励企业家、专家学者、科技人员、技能人才等，到乡村投资兴业、行医办学和提供顾问服务。加强都市圈内涉农学校与地方政府合作，结合各地产业特色和文化特色，开发一批特色专业和技能培训课程，定向委托培养一批实用专业人才。

推动科技成果入乡转化。健全涉农技术创新市场导向机制和产学研用合作机制，整合都市圈农业技术服务资源，共建技术转移机构和技术服务网络。南京围绕战略性、前瞻性重大科学和前沿技术问题，组织实施一批区域性科技计划项目，开展农业技术攻关和装备研发，其他城市依托重要农产品主产区、特色优势农产品产区等开展科技创新成果转化与集成应用，共建都市圈农业科技创新产业链。

建立多元化乡村投入机制。支持政府和社会资本合作，区分项目的公益性、准公益性、经营性，创新乡村基础设施和公共服务建设运营模式，强化政府对公益性事业的投入责任。完善乡村金融服务体系，引导社会资本投入，鼓励企业通过出资捐赠、实物援建、结对帮扶等方式参与都市圈乡村建设。

搭建城乡融合发展平台。以国家城乡融合发展试验区江苏宁锡常接合片区为重点，积极探索实施农村集体经营性建设用地入市制度，加快建立科技成果入乡转化机制，形成一批可复制可推广的典型经验。培育共建一批联结城乡的科技、商贸流通、生活服务等功能性平台，完善科技助农服务、科普服务、农业项目对接等功能，解决优质农产品进入城市的“最后一公里”问题。健全农产品市场流通体系，统筹布局都市圈产地初级市场、交易批发市场和零售市场，加大对农产品流通市场建设支持力度。

专栏 14　城乡融合发展功能性平台

农业科技合作平台。整合各城市涉农高校和科研机构相关成果，对接都市圈涉农企业、农业合作社、家庭农场等经营主体，围绕农业新品种和关键技术集成交流合作，促进都市圈城市科技和农业生产主体衔接融合。

涉农人才教育培养平台。以南京农业大学为依托，扬州大学、安徽农业大学、各市农业农村管理部门协同推进，针对各市现有农业技术人才、管理人才及经营人才提供培训服务，对各市提出的人才需求开展定向培养。

信息交流共享平台。重点建设城际农业项目联合申报、农业产业化开发、农产品流通监管、农业标准制定、农产品展示及价格等为主要内容的数据库和服务网络，促进都市圈农业产业协作和信息资源共享。

农村电子商务平台。推动优质农产品、民俗产品、乡村休闲旅游产品等上线营销，促进涉农信息发布平台向在线交易平台转型。整合现有市县电商资源，支持建设以盱眙龙虾、固城湖螃蟹、芜湖大米、宣城茶叶等为特色的都市圈农村电商平台。

基层综合公共服务平台。推进乡村与邻近城镇基层公共服务资源有效整合和设施共建共享，打造联结城乡的基层公共服务平台，完善基本公共服务、社会治理、其他服务三类功能。

第二节　提升城市功能品质

优化城市空间开发结构。强化空间管控，统筹划定落实生态保护红线、永久基本农田和城镇开发边界，防止“摊大饼”式扩张。做强做优城市中心城区，大力发展服务经济、知识经济，推动内部功能重组。合理控制南京中心城区开发强度、建设用地容积率，控制大型展览类设施、综合性医疗机构等布局，增加绿地和开敞空间，推动降低人口密度。加快南京江北新区发展，科学布局建设郊区新城。引导和支持南京中心城区高等教育、优质医疗等资源适度有序向新城新区和都市圈范围内其他城市转移。

实施城市更新行动。建立健全城市更新体制机制，对不适应现代化发展、利用效率低下、环境品质不高的存量片区进行更新改造，全面推进城镇老旧小区改造，有序推动老旧街区、老旧厂区、城中村等改造，完善水、电、路、信、厕、消防等基础设施，为市民提供舒适便利的环境。注重社区建设和公众参与，运用微更新、渐进式更新等手段实现产业重振、社区复兴、区域再生。

提高城市绿色人文水平。开展重点地区城市设计，加强对城市空间立体性、平面协调性、风貌整体性、文脉延续性等方面的规划和管控。加强历史文化名城保护，积极探索历史文化资源在保护前提下的活化利用，通过设施嵌入、功能融入、产业植入等举措，提升街巷空间品质和文化魅力，规范发展步行街。加强城市建筑风貌管理，彰显中国建筑文化特色，避免贪大求洋。严格管控超大体量公共建筑、超高层地标建筑、重点地段建筑。完善城市生态绿地和廊道系统，建设高品质绿色建筑，构建慢行网络，推动形成绿色低碳的城市建设运营模式。强化城市国际交往功能，努力打造“无障碍”的国际化环境，建设国际化城市。

增强城市发展韧性。加强城市风险防控，健全防灾减灾基础设施，提升各类设施平战转换能力，对城市生命线系统、应急救援和物资储备系统等进行超前规划布局，加快完善应急预案体系，提高公共卫生预警救治能力和城市抵御冲击、应急保障、灾后恢复的能力。按照建设海绵城市、韧性城市的要求，以长江沿岸城市内涝严重城市和重点防洪城市为重点，加强河湖水系和生态空间治理与修复，加大排水管网、排涝通道和泵站改造与建设力度，实施防洪提升工程，系统建设城市防洪排涝工程体系。

提升城市治理现代化水平。完善城市信息基础设施，充分运用新一代信息技术，整合共享公共数据资源，搭建智慧城市运行管理平台，推进智慧交通、智慧水务、智慧能源、智慧政务等发展，提升城市治理效率。深化街道管理体制改革，健全社区管理服务机制，加强社会工作者队伍建设，提高居住小区物业服务质量和标准化水平，建设现代社区。

第三节　建设特色田园乡村

推动一二三产融合发展。积极打造集“农业科技—种源繁育—生态种养—健康食品—绿色物流—市场消费”于一体的全产业链，推动科学技术应用由城到乡，优质农产品消费由乡到城。促进农村一二三产业融合发展，积极发展休闲观光、旅游度假、养生养老、体验农业、创意产品、乡村手工、电子商务等富民产业，打造“一县一特”“一镇一业”“一村一品”升级版。加强区域公用品牌、企业品牌和产品品牌创建，推动全面纳入追溯管理。

提升村庄规划建设水平。注重分类引导，按照水乡韵味、田园风光、生态山村、滨湖渔村特色，因地制宜推动村庄发展。借鉴传统乡村营建智慧，提炼传统民居元素，用好乡土建设材料，探索形成“小组微生”模式。依托科学技术入乡和城乡社区结对，加强知识农民培养，不断提高村民增收致富本领和文明素质，全面参与社区规划建设。

加快农村人居环境整治。强化农村生活垃圾收集处理，有序推进垃圾就地分类减量和资源回收利用，探索设立垃圾兑换超市。推进城镇污水处理设施和服务向邻近村庄延伸，鼓励郊野村庄因地制宜建设分散化污水处理设施，建立管护机制。大力实施农村改厕提升工程，加快维修服务、清运服务、处理利用三体系建设。实施村庄生态化有机更新，构建民居、院落与田地、山林、河湖为一体的乡村整体生态景观格局。

建立健全乡村治理体系。建立健全党组织领导的自治、法治、德治相结合的乡村治理体系，发挥群众参与治理主体作用。坚持自治为基，全面推进村级民主选举、民主协商、民主决策、民主管理和民主监督。坚持法治为本，加强基层司法所、法律服务所建设，健全基层公共法律服务体系。坚持德治为先，深入挖掘传统乡贤文化，全面构建乡村社会新型道德规范。

第十一章　健全都市圈同城化发展体制机制

强化全面深化改革的动力引领作用，加快破解行政壁垒和体制障碍，探索从区域项目协同走向同城化制度创新，加快形成可复制可推广的先进经验。

第一节　创新都市圈一体化协调机制

健全常态化协商机制。切实发挥好决策层、协调层、执行层三级运作机制作用，定期召开都市圈党政领导联席会议、市长联席会议，形成高层常态化沟通机制，促进项目信息定期沟通和交流。实质性推动都市圈各专业委员会工作，聚焦科技创新、产业发展、交通基础设施建设等领域，搭建高水平区域分工协作体系，推动联合编制有关专项规划、空间规划，做好项目推进等工作。

建立政策协同机制。建立重点领域制度规则和重大政策沟通协调机制，提高政策制定统一性、规则一致性和执行协同性。江苏、安徽两省人民代表大会及其常务委员会探索研究制定都市圈有关地方性法规。协同建立都市圈标准化联合组织，负责统一标准的立项、发布、实施、评价和监督。推广宁镇扬住房联动发展合作机制，推动都市圈房地产市场平稳健康发展。

建立成本共担利益共享机制。探索建立联合招商、共同开发、利税共享的产业合作发展机制，根据有关规定建立产业转移承接地间经济指标分算机制。探索建立都市圈税收分享机制和征管协调机制，在法定权限内加强税收优惠政策协调。

第二节　推动省际毗邻区域一体化发展

借鉴长三角生态绿色一体化发展示范区经验，推进顶山—汊河、浦口—南谯、江宁—博望等省际毗邻区域一体化发展，探索建立规划管理、土地管理、重大项目管理、生态环境、公共服务等一体化机制。

顶山—汊河。充分发挥南京江北门户的区位优势和紧邻老山的生态环境优势，加快提升顶山的城市综合服务功能和汊河的居住配套功能，加强科技研发、产业孵化协同协作，联合打造江北宜居宜业新组团。

浦口—南谯。严格保护生态环境，推动跨省重要生态廊道连接贯通，探索建立跨界河道联合河长机制，共建滁河生态保护区，打造“河畅、水清、岸绿、景美”的滁河生态经济带，打造省际绿色发展示范区。

江宁—博望。完善跨区域社会治理体系，加强跨界地区城市管理联动和信息共享，加快社会治理一体化发展，打造长三角省际毗邻地区社会治理体制创新示范区。重点发展以智能制造为主的先进制造业，打造山水相依、风情浓郁、配套完善、环境优良的省际同城化发展示范区。

第三节　探索建设跨区域合作发展平台

探索跨区域合作发展机制，推动社会资本以市场化方式参与建设，联合打造一批产城融合、生态绿色的重大功能性合作平台。

融合发展型。推动以南京江北新区和淮安盱眙为主体的宁淮南北共建园区建设，把南京江北新区产业发展、科技创新、体制机制优势与盱眙空间资源、生态环境、劳动力等优势相结合，探索创新运作机制、管理模式、支持政策等，实现共建、共享、共赢，打造跨区域协同发展典范。

科技创新型。推动南京紫东地区和镇江句容同城共建，依托南京仙林大学城、麒麟科技城、镇江宝华打造跨界科技创新城，依托两市科教资源沿 G312 打造宁镇科技创新走廊，强化人才服务和生活配套，提升科教研发、创新经济及生产性服务业发展水平，推动科技与城市融合发展。

临港共建型。充分发挥长江黄金水道和港口资源优势，以临港经济为重点，共建南京龙潭—镇江下蜀滨江新城，构建一体化的交通体系、共建共享的市政设施，加快产业功能提升与城镇功能培育，促进产城融合发展。

园区联动型。推动南京、马鞍山、滁州等国家级省级开发区加强联动，围绕集成电路、新能源汽车、新材料、生物医药等高新技术与战略性新兴产业，探索共建合作园区，推动产业转移转型发展。

生态经济型。加快建设苏皖合作示范区，推动南京汤山—镇江黄梅、南京溧水—常州溧阳、南京高淳—宣城宣州、南京六合—滁州天长、南京六合—扬州仪征等跨区域生态经济区建设，做大做强绿色产业，共建全域旅游，共享民生福祉。

第十二章　规划实施

坚定不移加强党的全面领导，明确各级党委和政府职责，细化各项政策措施，建立健全实施保障机制，确保规划主要目标和任务顺利实现。

第一节　加强组织领导

南京市及其他有关城市是南京都市圈建设的责任主体，要切实加强对规划实施的组织领导，明确工作分工，完善工作机制，共同编制专项规划，科学制定年度计划，把各项任务落到实处。江苏、安徽两省要加强对规划实施的指导、跟踪、督促，协调解决规划实施中的突出问题，推动政策会商、项目对接、利益协调，适时开展规划实施情况评估，及时总结经验做法。

第二节　完善实施机制

完善都市圈党政联席会议机制，谋划推进具体合作事项。由南京市牵头，有关城市共同组建南京都市圈建设办公室，推动协调协商机制化常态化。加强地方各级财政预算与规划实施的衔接协调，完善建设性资金保障机制，形成竣工一批、启动一批、储备一批的项目滚动推进机制。

第三节　扩大社会参与

加强舆论引导，创新宣传方式，营造有利于都市圈建设的良好氛围。鼓励智库参与都市圈建设决策咨询，建立健全第三方评估机制，鼓励社会团体和民众对规划实施进行监督。增强社会各方的认同感和积极性，汇聚形成推动都市圈建设的强大合力。

目 录

Contents

第九篇 绿色发展
Part 9 Protecting and promoting a green environment

第一篇

南京都市圈概况

一、基本情况

南京都市圈，是以南京为中心的经济区域带，位于中国东部、长江中下游沿江城市地带核心地区，地跨苏皖两省，是中国第一个规划建设的跨省都市圈。南京都市圈成员为南京市、镇江市、扬州市、淮安市、芜湖市、马鞍山市、滁州市、宣城市和常州市的溧阳市、金坛区，包含33个市辖区、11个县级市和16个县，总面积6.6万平方千米。截至2021年，南京都市圈常住人口3590.05万人，地区生产总值46665.65亿元。

南京都市圈连南接北、承东启西，地理位置特殊，城市类型丰富，是长三角带动中西部地区发展的重要传导区域，在国家长江经济带发展战略中具有重要地位。南京都市圈基础产业实力雄厚、金融体系完整、科教优势明显、文化底蕴深厚，是国家重要的基础产业、制造业、旅游业、金融业、科教和文化中心，历史上是吴楚文化的交汇地带、南北文化的交融区域，同时也是近代文明兴起之地，集历史、近代、现代特色文化于一身，融吴楚文脉、南北文化、中西文明于一体，具有兼容并蓄、富有活力和创新精神的多元文化特征。

1986年，国家计划委员会研究报告提出南京组织跨省经济圈试点；同年，“南京区域经济协调会”第一次会议召开，南京经济区成立。2000年7月，江苏省提出打造以省会南京为中心的南京都市圈。2003年1月，江苏省政府批准《南京都市圈规划（2002—2020）》，该规划荣获该年度国家建设部优秀城市规划设计一等奖。2021年2月，国家发展改革委关于同意南京都市圈发展规划的复函发布，南京都市圈成为中国第一个由国家发改委正式批复规划的都市圈。

南京都市圈是中国第一个自我认知探索形成的跨省协作的都市圈，是中国都市圈的先行者，是江苏省委、省政府提出着重建设的三大都市圈之一，其范围锁定在南京周边100千米左右，由于驱车往来只需1个多小时，故又被称为“南京一小时都市圈”。“南京都市圈”不是行政区划意义上的城市概念，而是一个被发达的交通网络紧密联系起来的城市群落。

南京都市圈是一个跨省城市群，地跨苏皖两省，在吸收江苏省部分城市外，又纳入安徽省部分城市，其实质是以南京为中心形成一个经济区域带，在这个区域带里共同发展，共同做强做大，即以一个城市为龙头来带动一大批城市及周围城镇发展。

随着经济全球化和区域一体化的深入推进，长三角城市群和皖江城市带等区域发展战略的深入实施，以及都市圈城镇的快速发展和重大基础设施的建设，长三角区域空间格局重组进程明显加快，南京与周边城市同城化和一体化发展诉求日趋强烈。

南京都市圈源于国家计划委员会一份关于中国大都市圈的研究报告。这份报告提出：南京可以联合安徽几个城市和扬州、镇江、淮安共同构造一个长江中下游大都市圈。报告认为，以南京为中心的都市圈地区具有相对完整的大工业体系，这里与上海有一定距离，又与安徽经济往来密切，在人口、地理位置和经济总量等方面都具备形成大都市圈的条件。

南京都市圈内各城市在产业分工、城市功能、技术水平、市场化建设等越来越多的领域和层面显现出区域合作与发展的迫切愿望，同城化的诉求越来越强烈。南京作为都市圈的中心城市和江苏省的省会城市，其科教和人才资源丰富，高新技术产业和金融、物流、电子商务等现代服务业优势明显。但南京土地资源稀缺，劳动力价格较高，导致传统产业生产成本居高不下，以都市型经济为主的经济结构则导致农副产品自给率低；而周边城市的要素成本较低，在土地供给、劳动力价格、农业经济、生态资源等方面具有较大优势，与南京具有较强的互补性。

二、行政区划

根据《南京都市圈发展规划》，该区域主要包括江苏省的南京市、镇江市、扬州市、淮安市和常州市的溧阳市、金坛区，安徽省的芜湖市、马鞍山市、滁州市和宣城市。南京都市圈各地级市行政区划见表 1-1，2021 年各市（区）基本信息见表 1-2。

表 1-1　南京都市圈各地级市行政区划

地级市	市辖区	县级市	县
南京	玄武区、秦淮区、鼓楼区、建邺区、雨花台区、浦口区、六合区、栖霞区、江宁区、溧水区、高淳区		
镇江	京口区、润州区、丹徒区	丹阳市、扬中市、句容市	
扬州	邗江区、广陵区、江都区	仪征市、高邮市	宝应县
淮安	清江浦区、淮阴区、淮安区、洪泽区		涟水县、盱眙县、金湖县
芜湖	镜湖区、弋江区、鸠江区、湾沚区、繁昌区	无为市	南陵县
马鞍山	博望区、花山区、雨山区		当涂县、含山县、和县
滁州	南谯区、琅琊区	天长市、明光市	全椒县、来安县、定远县、凤阳县
宣城	宣州区	宁国市、广德市	郎溪县、泾县、绩溪县、旌德县
常州	金坛区	溧阳市	
总计	33 个	11 个	16 个

表 1-2　2021 年南京都市圈各市（区）基本信息

市（区）	面积/km^2	建成区面积/km^2	常住人口/万人	地区生产总值/亿元
南京	6587.02	822.97	942.34	16355.32
镇江	3840.00	227.11	321.72	4763.42
扬州	6591.21	245.62	451.56	6696.43
淮安	10072.00	198.00	456.22	4550.13
芜湖	6026.00	208.11	367.02	4302.63
马鞍山	4049.00	100.00	215.70	2439.33
滁州	13398.00	151.56	454.00	3362.10
宣城	12340.00	125.67	248.70	1833.90
溧阳	1535.87	33.10	78.55	1261.30
金坛	975.46	35.00	54.24	1101.09
总计	65421.54	2147.14	3590.05	46665.65

三、经济发展

2021 年，南京都市圈 10 个地区共实现地区生产总值 46665.65 亿元，经济总量较上年增加 4915 亿元；全年规模以上工业企业营业收入 48529.45 亿元，比上年增长 22.2%；全体居民人均可支配收入增幅均达到或超过全国。

1．地区生产总值共计 46665.65 亿元，占全国的比重为 4.1%

2021 年，南京都市圈经济社会发展持续向好，各地区统筹推进疫情防控和经济社会发展各项工作，主要经济指标运行在合理区间，在基础建设、产业经济、公共服务等领域不断取得新成效。

2. 规模持续扩大，高质量发展稳步前行

总量规模稳定增长。2021 年，南京都市圈 10 个地区共实现地区生产总值 46665.65 亿元，经济总量较上年增加 4915 亿元，占全国的比重为 4.1%。都市圈 10 个地区中有 8 个地区的地区生产总值增速高于全国。

产业结构趋于均衡。2021 年南京都市圈第一产业增加值 2032.60 亿元，占全国比重 2.4%；第二产业增加值 20330.06 亿元，占全国比重 4.5%；第三产业增加值 24303.01 亿元，占全国比重 4.0%。随着南京都市圈产业强链补链协同推进，产业结构持续优化。

3. 从生产领域看，工业生产稳步发展，服务业持续恢复

工业成为地区经济稳定的关键。2021 年，南京都市圈 10 个地区的规模以上工业增加值增速均高于全国。全年规模以上工业企业营业收入 48529.45 亿元，占全国比重 3.8%，增长 22.2%，增幅高出全国 2.8 个百分点。规模以上工业企业利润总额 3164.66 亿元，占全国比重 3.6%；规模以上工业利润总额增长 30.6%，增幅低于全国 3.7 个百分点。

南京都市圈服务业持续恢复。2021 年都市圈第三产业增加值 24303.01 亿元，10 个地区第三产业占比超过 40%。全年都市圈规模以上服务业营业收入 10212.17 亿元，增长 18.3%，低于全国 0.4 个百分点。都市圈规模以上服务业利润总额 640.13 亿元，增长 18.7%，高于全国 5.3 个百分点。

4. 从需求领域看，投资消费持续恢复，外贸外资较快增长

固定资产投资稳步回升。2021 年，南京都市圈 10 个地区投资增幅均高于全国。分投资领域看，工业投资保持较快增长，都市圈 10 个地区中有 9 个地区的工业投资增幅高于全国；房地产开发投资趋于理性，都市圈 10 个地区中有 5 个地区的房地产投资增幅高于全国。

消费占全国比重提升。2021 年南京都市圈实现社会消费品零售总额 18384.33 亿元，占全国比重 4.2%，较上年提高 0.1 个百分点。

外贸外资较快增长。2021 年南京都市圈实现进出口总额 10736.47 亿元，同比增长 20.9%，增速低于全国 0.5 个百分点。全年都市圈实际利用外资 186.54 亿美元，同比增长 8.1%，增幅低于全国 12.1 个百分点。

5. 从发展质效看，财政金融运行稳定，居民收入稳步提升

财政收入稳定增长。2021 年，南京都市圈实现一般公共预算收入 3836.95 亿元，占全国比重 1.9%，较上年下降 0.1 个百分点。都市圈一般公共预算收入中税收收入 3028.08 亿元，增长 7.6%，低于全国 4.3 个百分点。

金融规模稳步扩张。从存款看，2021 年末南京都市圈金融机构本外币存款余额 82941.76 亿元，同比增长 11.1%。从贷款看，2021 年末南京都市圈金融机构本外币贷款余额 78298.83 亿元，同比增长 14.2%；本外币贷款余额占全国比重 3.9%，占比与上年同期持平。

居民收入稳步提升。2021 年，都市圈 10 个地区的全体居民人均可支配收入增幅均达到或超过全国。从城镇居民收入看，南京都市圈中 9 个地区的收入增幅高于全国；从农村居民收入看，南京都市圈中 6 个地区的收入增幅高于全国。

6. “东进”“西融”，强化毗邻区政策协同落地

2021 年，南京都市圈各地区将按照“十四五”规划目标，坚持稳中求进工作总基调，精准布局，深耕发展，培育新经济引擎，加快区域深度融合。

一是推进都市圈区域一体化建设。以全国同城化发展样板区为目标，围绕公共服务共享、基础设施网络建设、健全区域产业链等方面的一体化发展，推动都市圈同城化建设。除了都市圈内各城市融合发展外，还应加强与上海都市圈、苏锡常都市圈、杭州都市圈的合作共建，实现都市圈之间的优势互补，助力长三角世界级城市群发展。

二是加强都市圈产业链融合发展。在产业布

局上，顺应产业发展潮流，整合都市圈各地区现有产业基础和优势资源，构建合理的产业结构梯度，实现产业的错位分工、功能互补和产业链的转移优化、延伸，形成完整产业链和优势产业集群。以宁淮两市打造的宁淮智能制造产业园建设为试点，高质量推进顶山—汊河、浦口—南谯、江宁—博望等跨界一体化发展示范区建设，探索建设跨区域合作发展平台。

三是强化毗邻区政策协同落地。破除“一亩三分地”的思维定式，为更快实现南京都市圈“东进”“西融”，都市圈毗邻区各级政府、部门需协同制定区域发展规划、交通建设规划、公共服务供给开放共享政策等，通过多方参与、互联互通的治理体系，创新都市圈常态化协商、政策协调、成本共担、利益共享等协同机制。发挥南京的科教资源丰富、服务型经济发达、技术密集型制造业占优势等方面优势，带动其他地区共同打造合作分工、共建共享、创新发展的都市圈格局。

四、交通运输

1. 公路

2011 年末，南京市、镇江市、扬州市、芜湖市、马鞍山市、滁州市和宣城市 7 城市境内公路里程共 66219.52 千米，其中高速公路 1735.84 千米，约占江苏、安徽两省高速公路总里程的 25%。7 城市拥有民用汽车 211.02 万辆，占两省总和的 21.6%；拥有私人汽车 163.82 万多辆，占两省总和的 35.2%。

2012 年，南京与都市圈各市全部实现高速公路连通，快速干线公路覆盖所有县级城市，加快构建沿江两岸交通网络，形成以沪宁合为主通道，以淮宁宣、滁宁杭、淮扬镇、巢马溧、宁盐高速公路为辅通道的“一主五辅”综合交通骨架。具体规划为，2012 年前，建成江六、南京绕越、溧马、芜太等高速公路，全面完成宁镇、宁滁、宁杭、宁宣、浦泗、淮江等干线公路改造，“十二五”开工建设宁巢、宁宣高速。

2017 年底，南京长江四桥、南京扬子江隧道、溧芜高速公路、溧马高速公路、江六高速公路等重点项目已陆续建成通车，都市圈高速公路骨干网络正在加快形成。122 省道宁句公路、104 国道江宁段及江北段、宁滁快速通道、扬滁公路南京段等城际高等级公路建设也在加快推进。

2021 年，深化南京都市圈环线高速公路及宁盐、宁广、宁滁等项目研究，宁合高速改扩建工程、商合杭高铁芜湖长江公铁大桥、五峰山过江通道公路接线等建成通车，G312 宁镇段快速化等一批省际“断头路”“瓶颈路”改造工程加快推进。建成宁宣高速、宁马高速改扩建等 5 个项目；续建 126 省道等 13 个项目；新建宁滁高速、312 国道快速化东延段等 6 个项目。

2021 年，南京都市圈高速公路建设取得突破。沪蓉高速汤山互通、阳山互通已于上半年建成，宁合高速改扩建工程 2021 年 12 月 25 日正式通车，宁马高速、宁宣高速推进路基路面施工，总体进度已超 60%。干线公路网络不断加密：312 国道仙隐北路至绕越高速段主线通车，338 省道板桥段开工建设，126 省道雨花段、002 省道江宁段改扩建工程加快推进。过江通道建设推进有力：和燕路过江通道左线盾构已贯通，右线盾构完成近 90%；建宁西路过江通道左线盾构按计划推进，右线盾构已始发；仙新路、龙潭过江通道加快推进主塔基础施工。农村道路通行条件不断改善：267 千米农村公路安全生命防护工程实际完成 280 千米，计划实施的 12 座农路桥梁、147 千米农村公路提档升级及 267 千米村庄对外连接道路建设工程均已完成。

2. 铁路

南京都市圈铁路客运专线系统形成“一环十射三纵三横”的网络格局；普速铁路系统形成“一环八射一纵两横”的网络格局；快速轨道形成以南京为核心的“八条射线”网络格局。2021 年，南沿江城际铁路路基、桥梁施工全面推进，宁芜铁路扩能改造工程开工建设，北沿江铁路立项获批。南京都市圈各市（区）火车站建设及规划情况见表 1-3，南京都市圈铁道线路见表 1-4。

表 1-3　南京都市圈各市（区）火车站建设及规划情况

城市	主要火车站	规划火车站
南京	南京站、南京南站、南京东站、江宁站、溧水站、仙林站、六合站、林场站、中华门站	南京北站、禄口机场站、溧水西站、高淳站
镇江	镇江站、镇江东站、镇江南站、镇江西站、丹阳站、丹阳北站、句容西站	大港站、衡山站
扬州	扬州站、扬州东站、仪征站、江都站	扬州东站、宝应站、高邮高铁站、高邮界首站
淮安	淮安站、淮安东站、淮安南站、涟水站	
芜湖	芜湖站、弋江站、芜湖东站、南陵站、繁昌西站、湾沚南站、芜湖北站、无为站	新芜湖站
马鞍山	马鞍山站、马鞍山东站、当涂站	新马鞍山站
滁州	滁州南站、滁州北站、全椒站、明光站、定远站、凤阳站	
宣城	宣城站、郎溪南站、广德南站、广德站、泾县站、旌德站、绩溪县站、绩溪北站、宁国站	宣城北站、宁国南站
溧阳	溧阳站	

注：截至 2021 年底，金坛区未通火车。

表 1-4　南京都市圈铁道线路

铁路分类	铁道线路
普速铁路	京沪铁路、宁芜铁路、宁启铁路、新长铁路、宁西铁路、淮南铁路、皖赣铁路、宣杭铁路
高速铁路	京沪高速铁路、沪宁高速铁路、沪汉蓉高速铁路、宁杭高速铁路、宁安城际铁路、连镇高速铁路、江苏南沿江城际铁路、北沿江高速铁路、宁淮城际铁路、宁宣城际铁路、宣绩高速铁路、商杭高速铁路

3. 航运

南京都市圈水运资源丰富，是港口口岸资源丰富的地区。南京都市圈范围内港口码头数量众多，其中南京港、镇江港被列为全国沿海主要港口，芜湖港、马鞍山港被列为国家内河主要港口，在区域经济发展中有着重要的地位和作用（表 1-5）。南京都市圈构建以长江航道为主体，以高等级内河航道为骨干，以其他航道为补充的通江达海的内河干线航道网络，主要承担都市圈大宗散货、集装箱和进出口物资运输，形成“六纵七横”的航道网布局。2012 年南京都市圈港口完成吞吐量近 6 亿吨，其中集装箱吞吐量近 350 万标箱。

表 1-5　南京都市圈港口简介

港口名称	港口简介
南京港	南京港是亚洲第一大内河港口，也是长江流域水陆联运和江海中转的枢纽港，经济地位突出，交通条件优越，处于铁路、公路、管道、航空和水运的交会点。南京港早在三国时就成为军港和商港，自元代起是南粮北运起运港口之一，也是郑和下西洋的基地港。今天的南京港已成为我国华东地区及长江流域江海换装、水陆中转、货物集散和对外开放的多功能江海型港口。南京港立足华东地区和长江流域、面向世界，成为现代化、多功能的江海型主枢纽港；并与上海国际航运中心协同发展，成为中国国家长江航运中心和国家现代物流中心
镇江港	镇江港位于京杭大运河与长江十字交汇处。上距南京 87 千米，下距长江入海口 279 千米，是中国的主要港口之一，是长江三角洲地区对外开放的重要贸易口岸之一。港口分为高资港区、龙门港区、镇江港区、谏壁港区、大港港区、高桥港区、扬中港区。镇江港主要为镇江市、江苏省的经济发展和对外贸易服务，为镇江市沿江经济带的开发服务，为长江中、上游地区大宗原材料和外贸物资中转运输服务。镇江港共建有生产性码头泊位 176 个，其中万吨级以上泊位 58 个，设计通过能力 1. 59 亿吨，集装箱通过能力 100 万标箱。镇江港主要提供江海直达、铁水联运、水陆换装、散杂货与集装箱换装、多式联运服务等货物中转装卸服务。2020 年，镇江港完成货物吞吐量 3. 51 亿吨，首次跻身全国十大港口，全球排名第 14 位，江苏排名第 2 位

续表

港口名称	港口简介
扬州港	扬州港建于京杭大运河与长江北岸交汇处，为国家一类开放港口，是中国沿海地区重要港口。扬州港为“一港四区”（四区为高邮港区、六圩港区、江都港区、仪征港区），拥有各类码头泊位 39 个，其中万吨级码头泊位 13 个，千吨级码头泊位 17 个，间接腹地辐射苏、鲁、皖、川、鄂、赣、沪等省市，通达世界十多个国家和地区。其中扬州港主港区占地 480 亩，占用岸线 1.8 千米，现有码头泊位 8 个，其中万吨级泊位 3 个，客运泊位 1 个，拥有库场 20 余万平方米，装卸运输设备 100 多台（辆），最大起重能力 60 吨
淮安港	淮安港处于江苏省“四沿战略”中的沿江、沿海、沿东陇海三个产业带的中心位置，在“苏中崛起”“苏北振兴”中发挥着重要作用。截至 2015 年，淮安港已形成拥有 7 个港区（包括金湖港区、盱眙港区、洪泽港区、涟水港区）、545 个码头泊位、码头总长度 1.99 万米、最大靠泊能力 2000 吨、货物吞吐量 3606 万吨的港口群，在能源、建材等大宗物资运输方面发挥着重要作用
芜湖港	芜湖港地处中国东部沿海经济发达地区和西部内陆地区的结合部，是长江水运第五大港、煤炭能源输出第一大港和安徽省最大的货运、外贸、集装箱中转港，国家一类口岸，年通过能力 5000 万吨。截至 2015 年，芜湖港有码头 55 座，库场面积 60 多万平方米，拥有各类装卸设备 200 台（套）。芜湖港已和世界上几十个国家及地区建立了业务往来，主营货物装卸、仓储、中转服务、多式联运、集装箱装卸运输、物流配送、电子商务和实业投资
马鞍山港	马鞍山是中国重要的钢铁基地，马鞍山地区具有明显的区域优势和良好的港口条件，沿江近海，集疏运便利，承东启西，经济腹地广阔，是安徽的东大门，皖江的第一站。马鞍山港是一个以服务于钢铁、电力工业为主，并为马鞍山市及皖东、皖中地区内外物资运输服务的多功能综合港口，是城市和腹地经济发展的重要交通枢纽，在完善和拓展城市功能，发展外向型经济，以及促进对上海经济区的协调发展方面，具有重要的战略地位
滁州港	滁州港是安徽省八大区域性重要港口之一，地处江淮要冲、长江三角洲边缘，属东南沿海与中西部内陆地区的衔接部，建港条件较好，货源充足。近年来，已成为滁州市乃至皖东地区经济发展的重要依托和平台
宣城港	宣城港规划范围为水阳江、芜申运河、汪联河、郎川河、新郎川河、浑水河、梅渚河、毕桥河、南漪湖、青龙湖水库等航道岸线及相关水域、陆域，规划货运泊位 159 个、旅游客运泊位 74 个。规划到 2030 年，港口吞吐量达到 3500 万吨，集装箱吞吐量达到 5 万标箱

4. 航空

南京都市圈现拥有南京禄口国际机场（4F）、扬州泰州国际机场（4E）、淮安涟水国际机场（4C）、芜湖宣州机场（4C）四座民用机场，其中南京禄口国际机场、扬州泰州国际机场、淮安涟水机场均为国家一类航空口岸。

南京主城到禄口机场的地铁南京地铁 S1 号线已于 2014 年 7 月 1 日开通运营。

5. 轨道交通

南京都市圈轨道交通（表 1-6）分城圈、郊圈、核心圈、紧密圈及以远四个层次来建设。城圈即主城，规划中有 15 条地铁线；郊圈指都市圈发展区半径 30 千米，主要是地铁的延线及江北、江西部经济发展的转换地带，南方与北方经济发展的交融区域，具有战略性的江宁、仙林内部地铁；核心圈指的即是宁镇扬马滁等半径在 100 千米左右的，有宁高线、宁句线、宁仪线、宁扬线、宁马线、宁滁线、宁和线；紧密圈及以远指半径为 200 千米左右的，有京沪高铁、沪宁城际、宁常城际、宁杭城际、宁安城际、宁合客运、宁淮城际、宁通城际。待这些城际铁路建成后，南京到镇江、扬州、淮安、马鞍山、滁州、巢湖、宣城、芜湖、合肥的时间将分别缩短至 19 分钟、30 分钟、60 分钟、16 分钟、19 分钟、48 分钟、25 分钟、30 分钟、47 分钟。

2021 年 12 月 28 日，江苏省首条跨市地铁便已开通，南京句容开启了“轨道上”的双城生活。宁扬、宁马和宁滁三条城际轨道也开工建设，公路网络持续优化，重大枢纽建设持续推进，“一日生活圈”“一小时通勤圈”加速形成。

2021 年 12 月 28 日，宁马、宁滁、宁扬三条城际线相继开工：从中华门站至当涂南站，宁马城际铁路将实现南京、马鞍山两市中心城区间 30 分钟直接通达；从南京北站至滁州高铁站，宁滁城际铁路建成后，从南京江北新区到滁州大约 30 分钟；从南京仙林湖站至扬州西站，宁扬城际铁路建成后，大站快车全线单程旅行仅需 34 分钟。“轨道上的南京都市圈”正在连点成线、接线成网、结网成环，“圈内”各城市的联系也越来越紧密。

表 1-6　南京都市圈轨道交通（截至 2021 年 12 月）

城市	轨道交通名称	轨道交通类别	运营线路	线路里程/千米
南京	南京地铁	地铁	南京地铁 1 号线、南京地铁 2 号线、南京地铁 3 号线、南京地铁 4 号线、南京地铁 10 号线、南京地铁 S1 号线、南京地铁 S3 号线、南京地铁 S6 号线、南京地铁 S7 号线、南京地铁 S8 号线、南京地铁 S9 号线	427.1
	南京有轨电车	轻轨	南京河西有轨电车、南京麒麟有轨电车	17
淮安	淮安有轨电车	轻轨	淮安现代有轨电车 1 号线	20
芜湖	芜湖轨道交通	单轨	芜湖轨道交通 1 号线、芜湖轨道交通 2 号线	47

6. 过江通道

南京都市圈过江通道信息见表 1-7。

表 1-7　南京都市圈过江通道

已建成过江通道	在建过江通道
南京长江大桥（1968 年 9 月通车）	龙潭过江通道（预计 2024 年建成）
芜湖长江大桥（2000 年 9 月 30 日通车）	仙新路过江通道（预计 2024 年建成）
南京八卦洲长江大桥（2001 年 3 月 26 日通车）	和燕路过江通道（预计 2023 年建成）
润扬长江公路大桥（2005 年 4 月 30 日通车）	马鞍山长江公铁大桥（预计 2024 年建成）
南京应天大街长江隧道（2010 年 5 月 28 日通车）	南京地铁 4 号线长江隧道（预计 2024 年建成）
南京大胜关长江大桥（2011 年 1 月 11 日通车）	
南京栖霞山长江大桥（2012 年 12 月 24 日通车）	
马鞍山长江大桥（2013 年 12 月 31 日通车）	
南京地铁 10 号线长江隧道（2014 年 7 月 1 日运营启用）	
南京地铁 3 号线长江隧道（2015 年 4 月 1 日运营启用）	
南京定淮门长江隧道（2016 年 1 月 1 日通车）	
芜湖长江公路二桥（2017 年 12 月 30 日通车）	
芜湖长江三桥（2020 年 6 月 28 日通车）	
南京江心洲长江大桥（2020 年 12 月 24 日通车）	
五峰山长江大桥（2021 年 6 月 30 日通车）	

五、社会事业

1. 教育事业

南京都市圈是长江三角洲地区重要的科教文化基地之一，优质教育资源丰富，各市（区）的本科院校名称（截至 2019 年）见表 1-8。

表 1-8　南京都市圈本科院校（截至 2019 年）

城市	本科院校名称
南京	南京大学、东南大学、南京航空航天大学、河海大学、南京农业大学、南京理工大学、南京师范大学、南京工业大学、南京医科大学、南京邮电大学、南京林业大学、南京财经大学、南京审计大学、南京中医药大学、中国药科大学、南京艺术学院、南京体育学院、南京信息工程大学、南京晓庄学院、南京工程学院、江苏警官学院、三江学院、金陵科技学院、南京森林警察学院、南京特殊教育师范学院、江苏第二师范学院、南京传媒学院、南京工业职业技术大学、中国人民解放军理工大学、中国人民解放军海军指挥学院、中国人民解放军南京陆军指挥学院、中国人民解放军南京政治学院、中国人民解放军国际关系学院、中国人民解放军南京炮兵学院、东南大学成贤学院、南京理工大学紫金学院、南京大学金陵学院、南京审计大学金审学院、南京工业大学浦江学院、南京航空航天大学金城学院
镇江	江苏大学、江苏科技大学、江苏大学京江学院、中国人民解放军镇江船艇学院、南京师范大学中北学院、南京财经大学红山学院
扬州	扬州大学、南京邮电大学通达学院、扬州大学广陵学院
淮安	淮阴师范学院、淮阴工学院、南京林业大学淮安校区
芜湖	安徽师范大学、安徽工程大学、皖南医学院、安徽师范大学皖江学院、安徽工程大学机电学院
马鞍山	安徽工业大学、河海大学文天学院、安徽工业大学工商学院
滁州	安徽科技学院、滁州学院
宣城	合肥工业大学宣城校区
溧阳	南京航空航天大学溧阳校区

注：金坛区无本科院校。

2021 年，南京市普通高等学校 53 所（不含部队院校），在校生（不含研究生）77.85 万人，比上年增加 2.14 万人。在宁高校及研究生培养机构在学研究生 17.79 万人，比上年增加 1.69 万人；普通中学 264 所，在校生 28.85 万人，比上年增加 1.30 万人；中等职业学校 22 所，在校生 6.17 万人，比上年增加 0.14 万人；特殊教育学校 15 所，在校生 0.18 万人，与上年持平；小学 392 所，在校生 50.01 万人，比上年增加 2.91 万人；幼儿园 1035 所，在园幼儿 28.34 万人，比上年增加 0.49 万人。新改扩建幼儿园 30 所，新开办义务教育学校 12 所。新增基础教育学位超过 3 万个。全市义务教育学校标准化达标率达 100%。

2021 年末，镇江市共有普通高校 9 所，本专科招生 4.75 万人，在校生 14.43 万人，毕业生 4.04 万人；研究生教育招生 0.59 万人，在校生 1.72 万人，毕业生 0.38 万人。中等职业学校 6 所，在校生 2.00 万人。普通中学 110 所，在校生 11.44 万人，毕业生 3.46 万人。小学 111 所，在校生 16.85 万人，毕业生 2.47 万人。九年义务教育巩固率 100%，高中阶段教育毛入学率 100%。全市共有幼儿园 284 所，比上年增加 11 所，在园幼儿 8.43 万人（表 1-9）。

表 1-9　镇江市各类教育学校、招生和在校生情况

指标	学校数/所	毕业生数/人	招生数/人	在校生数/人
高等教育学校（机构）	9	44288	53441	161413
# 普通高校（不含成人教育）	9	29648	38465	127199
中等职业学校	6	5543	6493	20020
普通中学	110	34584	38954	114356
高中阶段	19	11826	14101	41518

续表

指标	学校数/所	毕业生数/人	招生数/人	在校生数/人
初中阶段	91	22758	24853	72838
普通小学	111	24744	29705	168539
特殊教育学校	5	110	117	634
幼儿园	284	29017	25322	84315

2021 年，扬州市共有普通高校 8 所。普通高等教育招生 3.82 万人，在校生 12.04 万人，毕业生 2.6 万人，其中研究生教育招生 0.45 万人，在校生 1.3 万人，毕业生 0.25 万人。高等教育毛入学率达 66.5%，比上年提高 0.7 个百分点。高中阶段教育毛入学率达 100%。中等职业教育在校生 2.94 万人（不含技工学校）。特殊教育招生 0.02 万人，在校生 0.1 万人。全市小学在校生 22.78 万人，普通中学在校生 17.61 万人。全市共有幼儿园 378 所，比上年增加 10 所；在园幼儿 10.96 万人，比上年减少 0.55 万人。学前三年教育毛入园率达 99.5%。

2021 年，淮安市共有各级各类学校 984 所，比上年增加 22 所；在校生 92.55 万人，比上年减少 1.47 万人；专任教师 6.66 万人，比上年增加 0.06 万人。其中，成规模幼儿园 495 所，在园幼儿 14 万人，教师 1.03 万人；小学 249 所，小学生 35.11 万人，教师 2.42 万人；初中 171 所（含 44 所九年一贯制学校），初中生 17.35 万人，教师 1.55 万人；普通高中 40 所，高中生 9.83 万人，教师 0.88 万人；中等职业学校 14 所，学生 4.49 万人，教师 0.28 万人；高校 8 所，大学生 11.66 万人，教师 4758 人；特殊教育学校 7 所，学生 0.11 万人，教师 0.02 万人。

2021 年，芜湖市拥有普通高等院校 10 所，专任教师 0.77 万人，在校生 19.36 万人，招生 5.87 万人，毕业生 5.50 万人；普通中学 207 所，专任教师 1.38 万人，在校生 16.08 万人；中等职业学校 17 所，在校生 4 万人；小学 245 所，专任教师 1.28 万人，在校生 20.51 万人；幼儿园 577 所，在园幼儿 10.11 万人。小学学龄儿童入学率 100%，初中阶段适龄人口入学率 100%。

2021 年，马鞍山市全年财政用于教育的支出费用为 40.37 亿元。全市高等院校 6 所；中小学及其他各类学校 606 所，其中，幼儿园 300 所，小学 188 所，特殊教育学校 4 所，普通中学 105 所。省一类幼儿园 10 所，省示范高中 11 所，省特色初中 1 所，省特色小学 2 所，国家重点职业学校 5 所。中小学及其他各类学校在校生 30.59 万人，教职工 2.56 万人。高中阶段在校生 6.7 万人，高中阶段教育毛入学率 107.87%。马鞍山师范高等专科学校挂牌滨江校区。马鞍山理工学校、马鞍山幼儿师范学校等 4 所中职学校通过安徽省首批办学水平评估。

2021 年，滁州市各级各类学校（不含高等教育）共有 1123 所，在校生 59.7 万人，教职工 4.8 万人，专任教师 4.0 万人。其中幼儿园 622 所，在园幼儿 12.3 万人，教职工 1.3 万人，专任教师 0.8 万人；小学 225 所，在校生 24.5 万人，教职工 1.3 万人，专任教师 1.5 万人；普通中学 261 所，在校生 18.8 万人，教职工 2.0 万人，专任教师 1.6 万人；中等职业教育学校 9 所，在校生 4.0 万人，教职工 0.2 万人，专任教师 0.2 万人。特殊教育学校 6 所，在校生 820 人，教职工 152 人，专任教师 133 人。

2021 年，宣城市有中等职业教育学校 11 所，在校生 2.6 万人，毕业生 0.7 万人；普通高中 21 所，在校生 3.5 万人，毕业生 1.1 万人；初中 126 所，在校生 6.9 万人，毕业生 2.1 万人；小学 136 所，在校生 13.2 万人，毕业生 2.3 万人；幼儿园 396 所，在园幼儿 7.0 万人。高中阶段毛入学率、初中阶段适龄入学率、小学学龄儿童入学率均达到 100.0%。合肥工业大学宣城校区招生 2676 人，在校生 9347 人，毕业生 2198 人。宣城市职业技术学院招生3702人，在校生8542人，毕业生2772人。

2021年，溧阳市共有各类学校153所，学生数98849人（含幼儿），专任教师7780人（含编外）。中学33所，其中完全中学1所、高中6所（含民办1所）、初中26所。初中在校生19299人，高中在校生10663人。小学44所（另特教学校1所，学生149人），在校生42617人。中专2所，在校生4446人。幼儿园72所，其中民办23所，在园幼儿21675人。另有青少年活动中心1所。高考本科总上线率达93.55%。

2021年，金坛区拥有各级各类学校109所，在校生69442人，专任教师5474人。3人在常州市班主任基本功竞赛中获一等奖、4人获二等奖；新增常州市中小学特级班主任2人、高级班主任5人、骨干班主任11人。小升初考生3A率达30%，中考640分以上73人，600分以上767人，均创历史新高；高考600分以上51人，高分段较上年有较大增幅提升；本一（特招）达线753人，达线率60%，较上年增加5个百分点。省华中本一达线率首次破八，达83%。

2. 科学技术

2021年南京市科创平台加速建设。全市当年新增市级新型研发机构80家，累计达401家；新型研发机构及孵化引进企业实现营业收入285.82亿元；累计建成并投入使用“城市硅巷”143万平方米。全市拥有省级以上重点实验室91家，其中国家级31家。2021年新认定市级工程技术研究中心150家，省级工程技术研究中心64家。全年净增高新技术企业1300家、总数达7800家；入库科技型中小企业16805家。

南京市科技实力持续增强。年度江苏省科学技术奖南京地区授奖公示161项，其中，一等奖35项，二等奖47项，三等奖79项。年末在宁“两院”院士97名，其中中国科学院院士52人，中国工程院院士45人。全年专利授权量91964件，比上年增长20.5%，其中发明专利授权21568件、增长44.8%。万人发明专利拥有量达95.42件，比上年末增长15.2%。拥有有效发明专利88932件。全年技术合同成交额超750亿元。

镇江市全年研究与试验发展（R&D）经费支出占地区生产总值的比重达2.4%。财政性科技投入14.32亿元，占一般公共预算支出的2.6%。全年争取省以上科技计划项目超340项，资金2.4亿元。认定高新技术企业376家，新增381家企业进入高新技术企业培育库。新增省级科技企业加速器2家，省级众创空间3家；新建市级孵化器9家、众创空间8家；新建省级院士工作站1家、省级工程技术研究中心24家，市级新型研发机构2家、企业重点实验室2家。与中国技术交易所联合建设中技所（镇江）绿色技术交易服务中心。2021年专利授权量22695件，其中发明专利授权量2808件；年末全市有效发明专利拥有量15561件，比上年增加16.5%；万人有效发明专利拥有量达48.46件，比上年增加16.2%。全市拥有国家知识产权示范企业11家。

2021年，扬州市完成专利授权量28942件，发明专利授权1948件。每万人发明专利拥有量22件。PCT（专利合作条约，英文为Patent cooperation treaty，简称PCT）国际专利申请79件。商标申请量20340件，注册量18364件。新增地理标志7件。全年认定国家高新技术企业499家，有效高新技术企业累计数达1587家。2471家企业通过国家科技型中小企业认定。全年高新技术产业产值占规模以上工业总产值的比重达51.1%，较上年提升3个百分点。

2021年，淮安市年新增专利授权量14831件，比上年增长26.0%，年末有效发明专利量4374件，万人发明专利拥有量9.59件。新增国家高新企业160户、专精特新“小巨人”企业8户、两化融合贯标企业47户和省级企业工程技术研究中心12家、众创空间1个，市级以上“两站三中心”93个。成功获批开展国家创新型城市建设。全市拥有专业技术人才41.86万人，当年新增3.52万人；高技能人才20.02万人，当年新增1.63万人。共有省级以上技能大师工作室项目9个，高技能人才公共实训基地项目6个，江苏省首席技师项目57个。海外留学回国人员540人，其中当年新增48

人。享受国务院政府特殊津贴专家117名，省级突出贡献中青年专家61名。国家级博士后科研工作站10家，省级博士后创新实践基地27家。

2021年，芜湖市拥有省级及以上工程技术研究中心99个；省级及以上企业技术中心219个，其中国家级15个。省级及以上重点（工程）实验室15个；省级及以上质检中心5个，其中国家级3个。院士工作站10个。拥有高新技术企业1298家，其中当年新认定319家；拥有省级高新技术产品1449个，其中当年新认定516个。国家知识产权示范企业10家、优势企业31家，省级知识产权优势企业35家、优势培育企业37家。全市有省级以上科技企业孵化器18家，其中国家级孵化器5家；省级以上众创空间25家，其中国家级6家。全年组织实施各类科技项目451项，其中国家级9项；全年获省级以上科技奖39项。专利授权量16963件，其中发明专利3296件。万人有效发明专利拥有量53.5件。拥有中国驰名商标44件。

2021年，马鞍山市全年高新技术产业增加值比上年增长16.2%，高新技术企业712家。有效发明专利拥有量8784件，增长25.6%。承担实施省级以上科技计划项目43项，建成省级以上科技企业孵化器2家、省级以上众创空间4家。马钢集团智慧料厂项目入选工信部“5G+工业互联网”五个重点行业实践示范，为安徽省唯一云轨信息公司轨道交通客流大数据分析入选工信部企业应用示范项目。建成市外“研发飞地”8个、安徽省技术创新中心2个。2021年度安徽省智能制造现场会在马鞍山召开。

2021年，滁州市拥有省级以上研发平台207家；国家高新技术企业750家，比上年增加150家；国家级科技孵化器2家；国家级众创空间4家；省级孵化器4家；省级众创空间13家；市级众创空间10家；省级院士工作站9家；国家农业科技园区2个；省级高新区2个。全年获省级科技成果登记2976项，省级科技进步奖10项。

2021年，宣城市共授权专利6921件，其中发明专利728件；拥有有效发明专利4472件，每万人口发明专利拥有量17.9件，比上年增长19.3%。全年技术合同交易额271.3亿元，增长1倍。组织申报各类科技计划项目350项，其中列入国家和省科技计划14项。全年登记科技成果235项。新招引高层次人才团队3个。年末全市有获得资质认定的检验检测机构87个，国家质量监督检验中心1个，获得强制性产品认证的企业66个。累计制定、修订地方标准89项。累计拥有国家地理标志产品7个，有效注册商标3.1万件。制造业产品质量合格率98.56%。

2021年，溧阳市拥有高新技术企业196家，全市高新技术产业产值同比增长53.7%，占规模以上工业产值比重达38.8%，较2020年提升6.8个百分点。累计建成省级以上“三站三中心”166家，常州市级以上众创空间、孵化器、加速器34家。新搭建重大科技创新平台4家。

2021年，金坛区科研创新活力激发。全年万人发明专利拥有量24.52件，有效发明专利累计1435件，同比增长31.5%。黄金村软米地理标志证明商标通过国家知识产权局核准，“长荡湖螃蟹”和“指前标米”申报国家地理标志证明商标。常州市金坛瑞凌焊接器材有限公司获国家专利优秀奖；江苏鹿山新材料有限公司、中航锂电科技有限公司获江苏省知识产权战略推进计划项目立项；“金坛雀舌”获江苏省地理标志保护项目立项。全年认定高新技术企业106家，认定科技型中小企业202家。蜂巢能源、中航锂电获评江苏省独角兽企业；永臻科技、久诺建材、鹿山新材料获评江苏省潜在独角兽企业。校企合作深入拓展。与常州工学院签订全面合作协议，常州工学院在金坛设立技术转移中心金坛分中心，7家企业与常州工学院科研团队签订产学研委托项目合作协议。深化与河海大学产学研合作，出台全面深化校地融合合作方案，加快承接河海大学科技成果转化项目。永臻科技、万纳普新材料、普泽环境、常友环保等6家企业分别与四川大学、江苏理工学院、常州大学等高校建立科技副总合作。清华大学研究生实践江苏金坛基地再次获评为五星级基地。

3. 医疗卫生

2021年，南京市拥有卫生机构3450个，其中医院277个、社区卫生服务中心118个、卫生院15个，妇幼保健院（所、站）14个，专科疾病防治院（所、站）5个。全市各级各类卫生机构实有床位数6.61万张，其中医院5.97万张，社区卫生服务中心3637张，卫生院739张。全市各级各类医疗卫生机构卫生技术人员10.46万人，其中执业（含助理）医师3.93万人，注册护士4.79万人。

2021年末，镇江市拥有各类卫生机构（医疗卫生机构）1094个，其中医院57个，卫生院37个，社区卫生服务中心31个，疾病预防控制中心7个，妇幼保健机构8个，村卫生室306个，社区卫生服务站101个。年末拥有卫生机构床位1.77万张，其中医院1.30万张，卫生院0.18万张，社区卫生服务中心0.16万张。年末拥有卫生技术人员2.29万人，其中执业医师及执业助理医师9082人，注册护士9980人。全年共投入7269万元完成市传染病医院改造，全市累计接种新冠疫苗626.33万剂次，全市人群覆盖率达88.6%。全市731个村（居）民委员会全部设置公共卫生委员会。全年共引进6个医学领军人才团队、22名医学博士。新建2家农村区域性医疗卫生中心、4家省社区医院，新增国家服务能力推荐标准达标基层机构6家。

2021年，扬州市拥有各类卫生机构1899个，其中医院96个，疾病预防控制中心7个，妇幼卫生保健机构8个。各类卫生机构拥有病床26950张，其中医院拥有病床19576张。全市共有卫生技术人员31898人，其中医院卫生技术人员17836人，疾病预防控制中心卫生技术人员658人，妇幼卫生保健机构卫生技术人员1313人。全市共有乡镇卫生院53个，床位数4395张，乡镇卫生技术人员4936人，乡村医生1415人。

2021年，淮安市共有各类卫生机构（不含村卫生室）884个，其中疾病预防控制机构8个，卫生监督机构8个，综合医院37个，专科医院17个，中医院7个，妇幼保健机构8个，卫生院109个，社区卫生服务中心（站）79个。各类卫生机构实有病床30222张，其中医院18918张，卫生院8591张。卫生技术人员3.69万人，其中执业（助理）医师14429人，注册护士16724人；疾病预防控制机构卫生技术人员615人，卫生监督机构卫生技术人员196人，妇幼保健机构卫生技术人员2060人。每千常住人口拥有执业（助理）医师数、注册护士数、床位数分别为3.16人、3.67人、6.62张。

2021年末，芜湖市拥有各类卫生机构1037个（不含村卫生室），其中，医院97所，基层医疗卫生机构897所，专业公共卫生机构36所。基层医疗卫生机构中，社区卫生服务中心（站）136所，乡镇卫生院53所，门诊部133所，诊所、卫生所和医务室575所。专业公共卫生机构中，疾病预防控制中心10所，卫生监督机构9所，妇幼保健机构9所，专科防治机构5所，急救中心1所，采供血机构2所。卫生机构拥有床位27586张，其中医院23670张。卫生技术人员27650人，其中执业（助理）医生11312人，注册护士12895人。

2021年，马鞍山市拥有卫生机构1051个，其中医院、卫生院103个，社区卫生服务机构97个，标准化村卫生室430所；拥有病床1.48万张，卫生技术人员1.52万人。以乡镇为单位，四苗、五苗接种率99.61%，乙肝疫苗首针接种率99.91%。贫困人口大病专项救治率达98.37%。12家医养结合机构获评省级医养结合示范创建单位。

2021年末，滁州市共有卫生机构1911个。其中，医院、卫生院165个，疾病控制中心9个，妇幼保健机构9个。全市卫生机构实有床位26027张，比上年减少1%，其中医院、卫生院实有床位24967张，比上年减少259张。卫生机构从业人员3.32万人。其中，医院、卫生院技术人员2.32万人，执业医生7215人，注册护士11506人。

2021年末，宣城市共有医疗卫生机构1435个，其中医院59个，基层医疗卫生机构1346个，专业公共卫生机构29个。基层医疗卫生机构中，卫生院80个，社区卫生服务中心（站）85个，村卫生室832个；专业公共卫生机构中，疾病预防控制中心8个，妇幼保健院（站、所）8个，专科疾病防治院（站、所）2个，卫生监督所8个。年末卫生技术人员17759人，其中执业医师5808人，执业助理医师1085人，注册护士8121人。医疗卫生机构床位15891张，其中医院12184张，卫生院3131张，社区卫生服务中心437张。全年医疗卫生机构总诊疗1963.8万人次。全市拥有提供新冠病毒核酸检测服务机构28个，全年检测181.6万人次。

2021年，溧阳市共有各级各类医疗机构296家，其中市级以上公立医院2家，民营医院14家，乡镇卫生院17家，其他社会办医疗机构102家，村卫生室（含社区卫生服务站）156家。全市三级综合性医院1家，专科医院3家，二级综合性医院3家。全系统卫健从业人员6959人，其中卫技人员5527人，每千常住人口执业（助理）医师数2.96人，每万人常住人口全科医生数5.75人；每千人常住人口医疗卫生机构床位数5.58张。

2021年末，金坛区拥有各类医疗卫生机构221家，其中区属医院3家，卫生院12家，城市社区服务中心2家，民营医院8家；拥有卫生技术人员3981人，其中执业（助理）医师1692人，注册护士2002人。“院府合作”正式达成，与上海一院签约合作共建金坛第一人民医院，为百姓提供更高端优质的医疗服务。提档家庭医生签约服务能力，共组建高效率的家庭医生团队99个，全区总签约220314人。

4. 文化、体育

2021年末，南京市共有文化馆14个，公共图书馆15个，文化站101个，博物馆72个，市级以上文物保护单位516处。拥有国家级历史文化街区2个，省级历史文化街区9个，国家级历史文化名镇（村）3个。全市共有市级以上文化产业园区145家，其中国家级12家，省级30家，市级103家。达到省级标准的社区综合性文化服务中心1214个。每万人常住人口拥有公共文化设施面积达到3520平方米。

南京市2021年完成9个大型体育公园和104.6千米健康步道建设，新建改建50个室外灯光球场。在第十四届全国运动会上共培养输送159名运动员代表江苏省参赛，获得14金、9银、13铜。

2021年末，镇江市共有艺术表演团体5个，文化馆8个，公共图书馆9个，文化站59个，博物（纪念）馆14个，美术馆2个。年末有线电视用户59.82万户，其中数字电视用户59.34万户。年末拥有省级以上重点保护文物单位67处，其中全国重点保护文物单位13处。全年开展“四百”系列红色演出1163场、红色展览2098场、唱革命歌曲艺术辅导2192场、红色惠民旅游活动943场。高质量举办第十五届中国镇江金山文化艺术·国际旅游节，精心策划“幸会舞台”“全民派对”“寻魅镇江”“焕彩之城”四大板块61项子活动。2023年，镇江市入选“东亚文化之都”候选城市，成为江苏省唯一入选城市。

2021年，镇江市新建镇（街道）及以上规模体育公园5个、健身步道30千米；成功举办镇江市第十六届运动会；体育会展中心被确定为省公共体育场馆开放使用第一批综合试点单位；在陕西全运会上，镇江市运动员取得4金、2银、1铜的历史佳绩。镇江籍学生连续两年在江苏省大一新生身体素质测试中名列第一。

2021年，扬州市共有艺术表演团体8个，文化馆7个，公共图书馆8个，博物馆17个，美术馆3个，电影院68家。共有综合档案馆7个，向社会开放档案13.47万卷、2.19万件。共有广播电台电视台4座，广播综合人口覆盖率和电视综合人口覆盖率均达100%。建成开放城市书房60家、村（社区）综合文化服务中心1333个，创成省书香城市示范市。舞剧《朱自清》荣获“荷花奖”，实现江苏省零的突破。扬州籍运动员参加2021年第十四届全国运动会获得7项冠军。

2021年，淮安市共有市级、县（区）级文化馆8个，公共图书馆9个（含少儿图书馆），美术馆2个。其中，国家一级文化馆7个，公共图书馆7个。乡镇街道文化站95个，村（社区）基层综合性文化服务中心1552个，村（社区）综合性文化服务中心覆盖率100%。经省文物局备案的博物馆（含纪念馆）11个。广播电视综合人口覆盖率100%，有线数字电视总户数42.42万户。

成功举办 2021 淮安西游乐园马拉松、2021 年中国·淮安大运河铁人三项赛、全国第十四届运动会田径（场地）资格赛、2021 年全国蹦床冠军赛暨第十四届全运会资格赛等国家高水平体育赛事。52 名运动员参加第十四届全运会，获得 4 枚金牌、5 枚银牌、5 枚铜牌。新建 20 个体育公园、125 千米健身步道。

2021 年末，芜湖市拥有国有艺术表演团体 1 个，文化馆 8 个；公共图书馆 10 个，馆藏图书 282.6 万册，其中市区藏书 179.3 万册；档案馆 9 个，向社会开放档案数 19.52 万件。广播电台 5 座，电视台 5 座，广播综合人口覆盖率和电视综合人口覆盖率均达到 99.98%，数字电视用户 33.74 万户。全国重点文物保护单位 13 处，省级重点文物保护单位 32 处。列入国家级非物质文化遗产名录 3 项，省级名录 30 项。全年举办文化活动 115 场次，群众性文化活动 852 场次，送文化下乡演出（含送戏进万村）1476 场次。

2021 年，芜湖市运动员在省级以上国内外重要赛事中共获得奖牌 307 枚，其中金牌 100 枚。向省级及以上专业队和体育院校输送运动员 102 人，审批二级运动员 129 名、二级社会体育指导员 113 名。全市举办全民健身活动 3000 次，参加活动人员 60 万人次。全市共有体育场地 9115 个，人均场地面积 2.14 平方米。体育社团组织 230 个。社会体育指导员 9155 人。销售体育彩票约 5.24 亿元。

2021 年，马鞍山市成功举办第 33 届马鞍山中国李白诗歌节、第 15 届马鞍山李白户外旅游节等群众活动。年末拥有公共图书馆 7 家，藏书 245 万册；专业艺术表演团体 35 个；文化馆 6 家；综合档案馆 7 家，总建筑面积 3.1 万平方米，档案资料 259.75 万卷（册）。广播人口覆盖率、电视人口覆盖率均为 100%。

2021 年，马鞍山市运动员参加安徽省常规项目比赛获得奖牌 331.5 枚；其中，金牌 126.5 枚、银牌 94 枚、铜牌 111 枚。全运会获得佳绩。2021 年第十四届全国运动会，孟苏平等 23 名马鞍山培养输送运动员获得银牌 1 枚、铜牌 2 枚，群众项目获得银牌 1 枚、铜牌 1 枚。

2021 年末，滁州市公共图书馆藏书量 246.4 万册，电子图书 533.1 万册。全市广播电视台 7 个。全市广播综合覆盖率 100%，电视综合覆盖率 99.8%。广播全年播放时间 4.2 万小时，其中自办栏目播放时间 2.4 万小时；电视全年播放时间 5.6 万小时，其中自办栏目播放时间 1.2 万小时。

2021 年，滁州市组织开展各类群众体育活动 976 场次，组织千人以上群体活动 10 场次。2021 年新增体育场地 813 个、面积 58.9 万平方米。截至 2021 年底全市共有体育场地 13694 个、面积 895.9 万平方米，人均体育场地面积 2.25 平方米。新成立体育社团 13 个，目前共有体育协会数 182 个、俱乐部 59 个。2021 年新增社会体育指导员 1037 个，共有社会体育指导员 12577 人，其中国家级 66 人，一级 1240 人，二级 1320 人，三级 9951 人。

2021 年，滁州市共有国家级体育传统特色学校 122 所，国家级特色幼儿园 20 所，省级体育传统项目学校 17 所，市级体育传统特色学校 171 所。国家级青少年体育俱乐部 12 所，省级青少年体育俱乐部 25 所。全年输送后备人才 53 人。举办中小学体育比赛 12 次，开展传统体育进校园活动 32 场次，开展扶贫定点帮扶活动 2 次。承接了 2021 年安徽省青少年锦标赛排球、足球、手球、体操共 15 个比赛项目，组织了 59 支代表队 1082 人参加，共获得金牌 71 枚、银牌 60 枚、铜牌 84 枚。

2021 年末，宣城市拥有文化馆 8 个，公共图书馆 8 个，博物馆 13 个，乡镇街道综合文化站 95 个。全国重点文物保护单位 19 处，省级重点文物保护单位 101 处。国家级非物质文化遗产名录 8 项，省级名录 64 项。

2021 年，溧阳市完成送书下乡 30000 册、送戏下乡 96 场、送电影下乡 3744 场，组织开展各类社会教育活动 100 场，公益培训 50 场。累计接待线下读者约 110 万人次，线上读者 10 万人次，外借图书 265437 册次，办理读者证 8527 张，开展阅读推广活动 30 余项 110 余场次。

溧阳市成功举办了 2021 中国·溧阳 1 号公路红色传承风光跑、乐钓嘉年华全国钓鱼比赛、2021

全国桨板锦标赛、2021中国国际标准舞（体育舞蹈）青少年锦标赛等一系列国内重大体育比赛。举办第九届运动会暨第六届全民健身节，共有1.5万多名运动员参加40多个大项300余个小项比赛。

2021年末，金坛区拥有电影院7座，放映场次85644场，观影人数70.9万人次；综合性图书馆1座，藏书71.7万册，接待读者32.8万人次。全区群众文化工作者、群众文艺爱好者和群众文艺团队创作表演、音乐、舞蹈、戏剧、曲艺和美术类作品参加首届常州市公共文化“青果奖”评选，选送的舞蹈作品《奶奶门前那口井》成功获奖。举办“梨园百花进万家”戏曲进农村巡演、江苏省庆祝中国共产党成立100周年“百年百场”优秀群众文艺作品巡演等各类主题展演活动。开展精品儿童剧创作，青春剧《野蜂飞舞》在江苏大剧院首演，区锡剧团（江苏省儿童艺术剧院）被表彰为江苏省文化和旅游系统先进集体。

2021年，金坛区体育事业蓬勃发展。贯彻“文化+”“体育+”“旅游+”战略，开展各类体现文体旅融合的赛事活动，举办2021金坛茅山山地半程马拉松赛，承办2021年江苏省青少年田径中长跑竞走项群赛。为推动体育高质量发展，完成20个全民健身场地、1家体育公园和2千米健身步道的民生实事项目建设，人均体育场地面积进一步提高。开展全民健身赛事活动，成功举办文体惠民城乡行、国家体育锻炼标准达标测验、体育四季联赛，组织参加江苏省健身气功·八段锦网络公开赛，全民健身形式更加丰富多样。

5. 社会保障

2021年，南京市参加企业职工基本养老保险人数372.94万人，比上年末增加35.34万人。参加城乡居民基本养老保险人数108.23万人。参加基本医疗保险人数818.57万人。参加失业保险人数345.89万人，比上年末增加16.65万人。参加工伤保险人数395.18万人，增加54.82万人。参加生育保险人数339.57万人，比上年末增加16.36万人。年末全市城乡共有4.83万人享受最低生活保障（城市2.17万人、农村2.66万人）。企业退休人员养老金标准提高到每月3282元，比上年末提高94元；城乡低保标准统一增至每月985元。全市养老床位7.45万张，其中本年新增养老床位3153张。每千名户籍老人拥有床位45.7张。社区养老服务设施配建达标率100%。

2021年，镇江市完成一般公共预算民生类支出404.53亿元，占比74.4%。全市职工最低工资标准为2280元/月，城乡居民基础养老金标准提高至每人每月210元，城乡最低生活保障标准提高至每人每月820元，失业保险金最低标准提高至每人每月1230元。全市有1.12万户、共计1.64万人享受低保，全年发放低保金1.28亿元。年末全市基本养老保险参保人数73.5万人；城镇职工基本医疗保险参保人数110.70万人，比上年增加4.32万人；失业保险、工伤保险、生育保险参保人数分别为57.3万人、70.2万人、66.71万人。年末全市共有养老机构150家，养老机构床位数18622张，共建成街道老年人日间照料中心30家，实现街道老年人日间照料中心全覆盖，城乡标准化社区居家养老服务中心覆盖率分别达81%和53%。福利彩票2021全年销售2.27亿元，同比下降10.8%。

2021年，扬州市城乡基本养老、基本医疗、失业、工伤和生育保险参保人数分别为327.39万人、428.99万人、77.07万人、95.02万人和93.26万人。城乡居民基本养老保险基础养老金最低标准由每人每月175元提高到205元。城乡居民医保人均财政补助最低标准提高到每人每年620元。试点实施长期护理保险制度，新增颐养示范社区29个，建成区域性养老服务中心6个。扬州城乡低保月人均标准提高到740元，累计发放低保资金1.93万人次1.16亿元。

2021年，淮安市城乡居民基本养老保险参保人数198.68万人，比上年减少0.59万人。职工养老保险参保人数129.76万人（含离退休待遇领取人数），比上年减少16.68万人。工伤保险参保职工人数71.92万人，比上年增加9.13万人。失业保险参保人数56.21万人，比上年增加2.23万人。无雇工的个体工商户、灵活就业人员企业职工基本养老保险参保人数21.64万人。全年共支付企业离退休人员养老金 101.50 亿元，养老金按时足额 100%社会化发放。

2021 年，芜湖市企业职工基本养老保险（含离退休）参保人数 104.53 万人，比上年增加 5.88 万人；城镇职工基本医疗保险（含生育保险）参保人数 90.88 万人，增加 4 万人；失业保险参保人数 56.05 万人，增加 4.55 万人；工伤保险参保人数 55.37 万人，增加 4.87 万人。城乡居民养老保险参保人数 155.96 万人。城乡居民参加基本医疗保险参保人数 288.73 万人。有 3.1 万城镇居民、6.3 万农村居民享受最低生活保障。市区最低工资标准达到 1500 元/月，失业保险金标准达到 1350 元/月，企业离退休人员人均养老金水平 2349 元/月，提高 116 元/月。全市拥有各类福利机构 134 个，床位 1.8 万张，收养各类人员 0.71 万人。全年销售社会福利彩票 3.42 亿元，筹集市级公益 4020.02 万元。直接接收慈善捐款 1581.76 万元。

2021 年，马鞍山市城镇职工养老保险参保人数 73.11 万人，失业保险参保人数 28.80 万人，工伤保险参保人数 32.09 万人。城镇居民医疗保险参保人数 161.74 万人，新型农村社会养老保险参保人数 91.71 万人，参保率 99.35%。被征地农民养老保障实现即征即保，参保人数 18.21 万人。城镇职工养老保险待遇实现“十七连增”。

2021 年，滁州市基本养老保险参保人数 319.3 万人，其中，企业职工养老保险参保人数 59.3 万人，机关事业养老保险参保人数 12.9 万人，城乡居民养老保险参保人数 247.2 万人。失业保险参保人数为 27.9 万人，工伤保险参保人数为 37 万人。全市城镇职工医疗保险参保人数 57.7 万人，城乡居民基本医疗保险参保 362.1 万人。2021 年城市低保人数 2.2 万人，累计救助 27.3 万人，发放救助金 1.5 亿元，人均救助 545 元；农村低保人数 11 万人，累计救助 132.6 万人，发放救助金 5.9 亿元，人均救助 442 元。

2021 年，宣城市参加城镇职工基本养老保险 71.1 万人，比上年增加 3.4 万人。参加城乡居民基本养老保险 145.6 万人，比上年减少 1.7 万人。参加城镇职工基本医疗保险 46.8 万人，增加 4.1 万人。参加城乡居民基本医疗保险 222.1 万人，减少 6.2 万人。参加失业保险 29.2 万人，增加 4.5 万人。参加工伤保险 37.2 万人，增加 2.1 万人。参加生育保险 34.7 万人，增加 2.9 万人。年末全市共有 0.9 万人享受城市最低生活保障，6.1 万人享受农村最低生活保障。年末全市共有各类提供住宿的社会服务机构 178 个，其中养老机构 162 个，儿童服务机构 16 个。社会服务床位 19837 个，其中养老服务床位 19571 个，儿童服务床位 266 个。年末共有社区服务站 861 个。

2021 年，溧阳市城镇职工基本养老、医疗和失业“三大保险”综合覆盖率均超 98%。城镇企业职工基本养老保险参保 19.14 万人，新增参保人数 0.9 万人，城乡居民养老参保 6.7 万人；城镇职工基本医疗保险参保 26.79 万人，居民基本医疗保险参保 47.19 万人；失业保险参保人数 13.81 万人；工伤保险参保 23.5 万人，生育保险参保人数 16.02 万人。全市共有农村特困对象 1799 人，其中集中供养 423 人、分散供养 1376 人。

2021 年，金坛区持续推进全民参保计划，企业职工基本养老保险净增参保 10288 人，城乡社会保险覆盖率达 98%以上。城乡居民基础养老金标准从 280 元/月提高到 315 元/月，被征地农民养老补助金标准从 680 元/月提高到 740 元/月。实施社保精准扶贫，为重残、建档立卡等四类人员代缴居民养老保险 1554 人。

六、历史文化

南京文化（金陵文化）以国家历史文化名城古都南京为中心。东晋至南朝的 300 年不仅使得长江流域历史性地成为中国经济的重心，也在中原主流文化与南方文化融合的基础上形成了金陵文化，其显性特征是南北交汇、兼容并蓄、开放包容，可谓独树一帜。金陵文化主要包括六朝文化、明文化和民国文化，而这三大块历史文化又可统属于“都城文化”。主流的都城文化并不排斥其他文化，如盛极一时的秦淮文化，不仅反映了红粉文化、市井风情，而且包含了民族气节和爱国精神。

镇江文化（京口文化）地处金陵文化、吴文化和淮扬文化的接合部，融汇吴文化和中原文化，可以概括为“多元积淀型”，具有兼容并包、多元多样的特点。

淮扬文化的中心城市是国家历史文化名城扬州。淮扬地区河多水多，船多桥多，呈现出古、文、水、绿、秀的地域风貌，在南北文化交流中形成了清新优雅与豪迈超俊相结合的显性特征。淮扬文化中的历史文化遗产主要有：龙虬庄遗址、九里—千墩汉墓群、瓜洲古渡、文昌阁、御码头、隋炀帝陵、大明寺等；扬剧、木偶戏、扬州弦词、扬州清曲、扬州漆器、扬州玉器等。

淮安文化地处楚汉文化、淮扬文化接合部和中国南北文化的接合部。明清时期，淮安因中枢漕运、集散淮盐、河道治理地位显赫而成为“运河之都”，京杭大运河贯穿淮安，兼有南北文化特点的运河文化也随之而生。

芜湖素有“江东名邑”“吴楚名区”之美誉，近代为“江南四大米市”之首。芜湖的地域文化主要包括徽商文化、宗教文化和茶文化。

马鞍山素有“金陵屏障、建康锁钥”之称。万里长江自天门山起折为北上，“碧水东流至此回”，江南变为江东，马鞍山由此得名“江东第一城”。

滁州吴风楚韵，自古有“金陵锁钥、江淮保障”之称，“形兼吴楚、气越淮扬”“儒风之盛、夙贯淮东”之誉。早在先秦时期为棠邑之地（今南京市六合区）。

宣城是徽文化的核心区，徽文化的发祥地之一。徽文化主要包括：以绩溪徽菜为代表的徽菜文化；以敬亭山为标志的宣城诗歌文化；以宣纸、宣笔为代表的书画文化；以查济、江村为代表的宣城古建筑文化；以开元寺、广教寺为代表的宣城佛教文化；以敬亭绿雪为代表的宣城茶文化；以宣酒为代表的宣城酒文化。

溧阳市是中国江苏省西南端的一座县级市，隶属于地级常州市。秦始皇二十六年（公元前221年）设溧阳县，三国吴黄武元年（222年）废县，改称平陵，属永平县。西晋太康元年（280年）恢复原名。隋开皇十八年（598年）溧阳并入溧水县。唐武德三年（620年）析溧水再置溧阳县。元至元十四年（1277年）曾升为溧州，后又改为溧阳府、溧阳路、溧阳州。明洪武二年（1369年）废州复县。1990年撤县设市。溧阳位于江苏和安徽两省交界处，亦临近浙江省，属于长江三角洲地区。李白曾数度来此，并留有乐府《猛虎行》。城郊的天目湖和南山竹海是著名旅游度假区。别桥的虞氏宗祠堂壁上，书有《淳化阁帖》，临摹了许多宋代以前的名家、名人书法作品。名胜古迹还有高静园等。溧阳地处茅山和太湖之间，丘陵和平原约各占一半土地面积，非金属矿储量丰富，有石灰石、方解石、膨润土、瓷土、耐火土、石英石、叶蜡石。中药材有太子参、桔梗、玉竹、夏枯草、益母草等。土特产品有板栗、红花、墨饭、白芹菜。

“年轻”的新城区金坛拥有深厚的历史底蕴。三星村遗址见证了中华文明起源；金坛刻纸等世界非物质文化遗产记录了金坛厚重民俗；储光羲、王肯堂、段玉裁、华罗庚等一批杰出之士蔚然深秀。进入新时代，又涌现出周英仙、陆旭东、严清华等一批道德模范、身边好人、先进典型。目前，金坛共有文化遗产192个，非物质文化遗产项目55个，其中国家级非物质文化遗产5项，分别为金坛刻纸、金坛抬阁、董永传说、金坛封缸酒酿造技艺、直溪巨龙。

七、风景名胜

南京都市圈拥有丰富的旅游资源，发放的“南京都市圈旅游一卡通”“南京都市圈旅游消费一本通”“南京都市圈旅游交通图”和宁镇扬公园年卡等，加速了南京都市圈旅游一体化的实质性进展。

南京市地处宁镇扬丘陵地区，低山缓岗、龙盘虎踞，万里长江穿城而过，栖霞山、牛首山、幕府山、狮子山、清凉山、鸡笼山环峙城区，秦淮河、玄武湖、莫愁湖星罗棋布，造就以山、水、城、林为大格局的奇致景观。作为拥有灿烂文化和深厚历史底蕴的古都，孕育出众多的名胜古迹。

南京自古就有金陵四十景或四十八景之说，春游“牛首烟岚”，夏赏“钟阜晴云”，秋登“栖霞圣境”，冬观“石城霁雪”。至2021年底，南京有世界文化遗产1项、世界文化遗产预备名单2项，国家级非物质文化遗产代表性项目13项。市级以上文物保护单位516处591点，其中全国重点文物保护单位55处112点，省级文物保护单位114处126点，市级文物保护单位347处353点。中国历史文化街区2个、江苏省历史文化街区9个，中国历史文化名镇1个、中国历史文化名村2个。国家等级旅游景区56家，其中AAAA级以上景区27家，钟山风景名胜区—中山陵园风景区、夫子庙—秦淮风光带风景名胜区为国家AAAAA级旅游景区和中国旅游胜地“四十佳”。1项世界文化遗产为明孝陵，2个中国历史文化街区分别为南京梅园新村街区、颐和路街区，1个中国历史文化名镇为南京市高淳区淳溪镇，2个中国历史文化名村为南京市高淳区漆桥镇漆桥村、江宁区湖熟街道杨柳村，25家AAAA级景区分别为雨花台风景区、中国近代史遗址博物馆（总统府景区）、阅江楼景区、玄武湖景区、朝天宫景区、明文化村（阳山碑材）景区、梅园新村纪念馆、栖霞山风景区、侵华日军南京大屠杀遇难同胞纪念馆、南京科技馆、红山森林动物园、高淳老街历史文化景区、珍珠泉风景区、溧水白马如意文化艺术中心（周园）、南京博物院、南京高淳国际慢城、游子山休闲旅游区、金牛湖景区、汤山紫清湖旅游区、牛首山文化旅游区、大报恩寺遗址公园景区、雨发生态旅游区、天生桥景区、莫愁湖景区、平山森林公园。

镇江市属于江苏省南部的设区市，地处沿海，也是著名的江南鱼米之乡。因镇江市内有着众多的名胜古迹，尤以“镇江三山”（金山、焦山、北固山）最著名。镇江有三山景区、茅山景区等2家AAAAA级景区，还有宝华山等多家AAAA级景区。镇江也是全国比较热门的旅游城市。西津渡景区是镇江的代表景区之一，漫步在1000多米长的西津渡古街当中，还可以见到许多历史遗留下来的痕迹。如今的西津渡景区重现了历史的繁荣，在街道上重建了客栈、饭馆等场所，吸引了无数人前来游玩。在白娘子爱情文化园中记录了许仙与白娘子的爱情故事，在这附近就是水漫金山的“金山寺”。现如今，白娘子爱情文化园已发展为集观光、旅游、休闲为一体的景区。金山寺是一座有着一千六百多年历史的佛教圣地，这里有法海洞、中冷泉、慈寿塔、白蛇洞等众多佛教文化旅游景区。焦山是镇江的三大名山之一，它处于长江流域之中，游客们站在此处会有一种身临长江之感，可以充分体验长江之水天际流的美妙意境。茅山风景名胜区的主峰大茅峰高372.5米，与二茅峰、三茅峰依次相连，显得逶迤起伏。茅山的形态独特，风景秀丽，是一处休闲旅游的绝妙之地。南山国家森林公园是我国的AAAA级景区，这里群山环抱，青峦错落，绿树葱茏，苍松翠柏，展现出一幅绝美的画卷。在公园内还有很多著名的景点，比如增华阁、读书台、济祖殿、文心阁等。太平禅寺建于清朝康熙年间，距今已有300多年的历史。这里原有大大小小上百间的佛教殿堂，可惜后来被严重破坏，最后只留下了一座后殿，直到1995年，才重建了东岳庙，并被命名为太平禅寺。

宝华山是一座闻名遐迩的佛教圣地，这里层峦叠翠、逶迤环绕、形似莲花，它的主峰海拔高达437.2米，宛如莲花的花蕊，踞群山之中，远远观望，十分曼妙。镇江博物馆是一座地方历史综合艺术博物馆，依山而建，显得十分错落有致。在该馆中收藏了近3万件的文物，包括原始社会至明清各个时期的文物，种类十分繁多，值得一观。镇江香醋闻名遐迩，中国镇江醋文化博物馆是国内首个专业性主题醋文化博物馆，博物馆主要分为醋史馆、老作坊、陈列馆三大主体展馆，全馆采用的是声、光、电等现代表现形式，帮助游客更加深入地了解醋文化。

扬州市位于中国东南，江苏中部。在地理上，它处于长江和运河的交叉点，是名副其实的交通枢纽。在经济上，它产生过富可敌国的明清盐商，如今是集工商、科教、旅游、生态为一体的地域中心城市。在文化上，它拥有各种技术、艺术、学术精华，素以富裕、文明、秀美著称。扬州旅游资源丰富，名胜古迹众多。扬州旅游景点以扬州的园林如瘦西湖、大明寺、个园、何园等最为著名。除扬州园林外，还包括其他主要的旅游景点，如唐城遗址、汉陵苑、世界动物之窗、蜀冈西峰生态公园、扬州八怪纪念馆、朱自清故居、普哈丁墓园，马可波罗纪念馆、“双东”历史街区、凤凰岛、瓜洲古渡、润扬森林公园等。扬州瘦西湖是国家重点风景名胜区，国家 AAAAA 级旅游区，始建于南北朝，清代康乾时期即已形成“两堤花柳全依水，一路楼台直到山”的湖上园林，总面积近 2000 亩，其中水面面积约 750 亩。园林建筑融南方之秀、北方之雄于一体，风韵独具而蜚声海内外。在古城扬州北郊，蜀冈如卧龙般蜿蜒绵亘，名扬四海的千年古刹大明寺就雄踞在蜀冈中峰之上。大明寺及其附属建筑，因集佛教庙宇、文物古迹和园林风光于一体而历代享有盛名，是一处历史文化内涵十分丰富的民族文化宝藏。清代扬州曾有“园林甲天下”之誉，至今还保留着许多优秀的古典园林，其中历史最悠久、保存最完整、最具艺术价值的，要数坐落在古城北隅的个园了。1988 年个园被国务院授予“全国重点文物保护单位”。个园以竹石取胜，为中国四大名园之一。

淮安市共有各级文物保护单位 100 多处，馆藏文物 4 万余件，已开发或正在开发的旅游景区、景点达 50 多处。2014 年，中国大运河正式列入世界文化遗产名录。淮安作为大运河申遗的重要节点之一，共有 2 处遗产区（清口枢纽、漕运总督遗址），河道 1 段（淮扬运河淮安段）、遗产点 5 处（清口枢纽、双金闸、清江大闸、洪泽湖大堤、总督漕运公署遗址）被列入。淮安市清江浦区积极开发运河文化旅游，推进里运河文化长廊、世界运河文化旅游区建设，争建“中国漕运之城”“世界运河之都”。淮安自然景观优美。有烟波浩渺的全国第四大淡水湖——洪泽湖，水上长城——洪泽湖大堤，有被誉为“江苏九寨沟”的铁山寺自然保护区，有国家级森林公园盱眙第一山，有农业观光好去处金湖万亩荷花荡。淮安人文景观众多，清晏园、浦楼、韩信故里、水下泗州城、明祖陵、吴承恩故居、漂母祠、周恩来纪念馆、周恩来故居、马头甘罗城遗址、张纯如纪念馆、1415 街区等一批新的景区景点相继建成对外开放。

芜湖市山水相映，有半城山半城水之称。代表景色有芜湖十景，截至 2015 年 8 月，芜湖共有 A 级景区 27 家，其中 AAAAA 级景区 1 家（芜湖方特旅游度假区），AAAA 级景区 6 家，AAA 级景区 9 家。主要景点有方特旅游度假区、镜湖公园、鸠兹广场、赭山公园、雨耕山、丫山风景区、鸠兹古镇、松鼠小镇、滨江公园、马仁奇峰国家森林公园、天井山国家森林公园、广济寺、王稼祥纪念园、中江塔、繁昌窑遗址等。

马鞍山市是一座具有江南山水特色的现代化城市，市区雨山湖周围九山环绕，形成了“九峰环一湖，翠螺出大江”的秀丽景色，呈现出城中有园、园中有城，四季花香，丹青锦绣的美丽景观，是中国国家级园林城市。马鞍山旅游资源丰富。位于市区西南的古镇采石，是马鞍山名胜古迹集萃之地。翠螺山突兀江畔，采石矶绝壁临江，集“雄、奇、险、秀”于一体，风景奇幽，被誉为长江三矶之首，素有“千古一秀”之誉，同时又是古代的江防要塞、关津渡口，历来为兵家必争之地。千百年来，无数骚人墨客在此流连忘返，留下许多不朽诗篇。李白、刘禹锡、白居易、王安石、苏轼、陆游、文天祥等都曾来此漫歌赋诗。尤其是唐代大诗人李白，曾多次登矶游览，写下《横江词》《牛渚矶》《夜泊牛渚怀古》等脍炙人口的诗篇。这一带至今还流传着李白“跳江捉月”“骑鲸升天”的动人传说。如今这里已建成安徽省省级风景名胜区，有太白楼、李白衣冠冢、然犀亭、三元洞、赤乌井等众多景点。

滁州市拥有国家森林公园 4 座，国家、省、市级文物保护单位 59 个，各类景区景点 40 余个，A 级旅游景区 36 个。琅琊山位于滁州市西南约 5 千米、现滁州市的西郊。主峰小丰山，海拔 317 米，总面积 240 平方千米。享有“蓬莱之后无别山”“皖东明珠”之美誉。因盛产多种中药材，而被人们誉为“天然药圃”。境内有醉翁亭、琅琊阁、城西湖、姑山湖、胡古等景点。小岗村隶属于滁州市凤阳县小溪河镇，位于凤阳县城东部25千米处，距宁洛高速（G36）凤阳出口15千米。是中国农村改革发源地，中国十大名村之一，国家AAAA级旅游景区，沈浩精神起源地。1978年，十八位农民以“托孤”的方式，冒着极大的风险，立下生死状，在土地承包责任书上按下了红手印，创造了“小岗精神”，拉开了中国改革开放的序幕。明皇陵位于滁州市凤阳县城南七千米处，明皇陵是明朝开国皇帝朱元璋为其父母和兄嫂而修建，初建之时占地约2万余亩，于丙午年（1366年）始建，洪武十二年（1379年）竣工。洪武二年，荐号英陵，后改称皇陵。明皇陵主要有皇城、砖城、土城三道，殿宇、房舍千余间，陵丘、石刻群等。明末以来，由于人为破坏和风雨侵蚀，宫阙殿宇废为遗址，现仅存陵丘及石刻群，立有朱元璋撰写大明皇陵之碑。

宣城市旅游资源丰富，A级景区总数位居安徽省前列，其中AAAA以上景区23处。近来，宣城市文化和旅游局依托旅游资源，大力发展四条经典旅游线路，推动宣城旅游线路精品化、高质量发展。红色旅游是宣城旅游的重要方面，宣城特别推出皖南岁月红色之旅。线路包括皖南事变烈士陵园、新四军军部旧址、王稼祥故居、江村、龙川等。皖南事变烈士陵园里，周总理题写的“千古奇冤 江南一叶”，诉说着战士当年英勇就义的故事。旧址上，残留着八十年前的斑驳印记。白墙黑瓦的王稼祥故居内，随处可见的，是这位战士的风华年代，荣光岁月。宣城文房四宝之城的名号响彻全国，宣城根据特有文房四宝文化打造出文房四宝研学之旅。宣纸，以“宣”命名，2009年入选联合国人类非遗名录，享有“千年寿纸”之美誉，坐落在泾县的中国宣纸文化园，仍旧保留着1500年前的传统工艺，108道全手工工艺，只为做出一方好纸。在这里还有宣砚文化园、三兔宣笔厂、良才墨业……一代代匠人传承技艺，潜心劳作，成就了宣城“中国文房四宝之城”的美名。在皖南有一条可与“川藏线”相媲美的自驾游线路，宣城依托这条热门线路，积极推出皖南川藏线自驾之旅。它既有川藏线之险峻，又具皖南山水之韵味，多次被评为长三角十大自驾游线路、华东自驾穿越金牌线路、安徽自驾游特色线路。沿途拥有储家滩、红杉林、青龙湾、水墨汀溪、月亮湾等景区，堪称“人间仙境”。

溧阳市旅游资源丰富，拥有独特的山水资源。溧阳是国家级优秀旅游城市，风景秀丽的天目湖旅游度假区，如一颗宝石镶嵌在江南大地，秀美、野趣、“三绝”。天目湖山水园，国家AAAAA级景区。天目湖的核心景区是山水园景区，拥有慈孝文化园、状元文化区、奇石馆、精灵国、彩蝶谷、中国茶岛等景点。游船是景区的经典项目，可以满足千余人同时游览天目湖。南山竹海，国家AAAAA级景区。景区以竹文化和寿文化为主题，拥有3.5万亩翠竹。有静湖娱乐区、竹文化博物馆、古官道、长寿文化区、南山寿翁、吴越弟一峰、鸡鸣村、熊猫馆、竹文园等景点。御水温泉，国家AAAAA级景区，2011年3月被评为“中国十大温泉”之一，位于江苏省常州市溧阳市南山景区管委会、戴埠镇李家园村888号。群山环绕，位于万亩竹林之中。曹山旅游度假区，2018年1月被江苏省人民政府批准为省级旅游度假区。度假区以“七彩曹山”为主题，融生态农业、乡村文化、运动休闲、养生度假于一体，全国性的舞龙舞狮赛、自行车赛、中国象棋赛、垂钓赛、广场舞比赛等赛事活动在曹山举办。度假区内有汽车来斯主题公园，紫薇谷自行车公园等主题游乐场所。新四军江南指挥部纪念馆，国家AAAA级景区。位于竹箦镇水西村内，依托新四军江南指挥部旧址而建。旧址系1939年11月至1940年6月新四军江南指挥部司令部驻地，陈毅、粟裕等老一辈革命家曾在此办公、住宿。纪念馆有司令部旧址、史料展览馆、纪念广场等六大景点，为全国红色旅游经典景区、全国爱国主义教育示范基地、全国重点文物保护单位、国家级抗战纪念设施遗址。史侯祠，国家AAA级景区。位于埭头镇，始建于东汉初年，是为纪念东汉名将、溧阳侯史崇而建的祭祀建筑群，距今有2000多年历史。重建的史侯祠内有中国族谱博物馆、史氏名人艺术馆、清廉堂等景点。傩文化博物馆，位于社渚镇，为“中国傩文化研究基地”。主要包括博物馆、原生态表演舞台和休闲度假区。天目湖湿地公园，位于天目湖镇。天目湖景区和天目湖湿地首尾相连，湿地公园占地面积约7平方千米。长荡湖湿地公园，位于上黄镇，是国家级湿地公园（试点）。规划面积2500亩，涵盖长荡湖西南沿湖防浪埂滩涂。瓦屋山，位于北山风景区，属茅山山脉，有宝藏禅寺、神女湖、北山竹海、丫髻山等景点，为江苏省森林公园。紧邻宁杭高速溧阳北（上兴镇）道口，104国道从旁边穿过，距溧阳市区约40千米。据史料记载，瓦屋山与安徽的九华山在宗教史上具有关系，瓦屋山山顶兴修有宝藏禅寺。

金坛区生态环境优美，地理位置优越，物产资源丰富，旅游资源得天独厚。目前，金坛区拥有省级旅游度假区2个、国家A级旅游景区4个、国家级乡村旅游重点村1个、省级乡村旅游重点村1个、省级工业旅游示范区1家。东方盐湖城坐落于江苏省金坛茅山旅游度假区，一期“盐泉小镇—道天下”项目占地27.8平方千米。景区融中国道教名山茅山的“山、水、茶、盐、药、泉”六大自然资源及道文化、金坛地缘文化，以一期道天下景区为“一核”，加上茅东风情小镇、山地运动公园和道养生休闲公园为“三区”的规划分区。

花谷奇缘旅游景区，位于茅山旅游度假区内的花海小镇，是华东地区“花”主题原创旅游景区。景区总占地面积5000亩，拥有花神园、法国花园、荷兰花园、玫瑰花园、茉莉花园、厨房花园、儿童花园、音乐花园等十大特色花园及两大原生花海，同时配有风情商业街、星空露营地、亲子游乐园、生态农业区、体验牧场、艺术展览中心等互动游乐产品。

茅山森林世界围绕“野趣”主题，拥有极限滑草、网红秋千、高空挑战塔、玻璃滑道、天空步道、丛林漂流等近四十项山野游乐项目，有艺术、盆景、赏石茶艺等三大博物馆，茅山肴、大灶台、野趣烧烤、石锅饭等饮食，以及野趣度假酒店、星空球形帐篷酒店、茶田帐篷酒店、竹林山居、知青客栈五大山野美宿。

华罗庚公园建于清宣统三年（1911年），由私家花园命名“雅约园”。1928年，为纪念孙中山先生逝世三周年更名为“中山公园”，“文革”期间改为“人民公园”。1992年为纪念华罗庚先生命名为华罗庚公园。公园内有古城墙、护城河、华罗庚纪念馆、世纪钟广场等。

长荡湖旅游度假区，以长荡湖为中心，面积约188平方千米。以金坛区儒林镇为核心旅游小镇，建设渔乡田园、活力水岸、生态湿地三大功能片区。

长荡湖湿地是太湖流域一处重要的平原湿地。水景是长荡湖湿地最主要的旅游资源，湿地水域面积近万亩，内有沼泽、滩涂、芦苇等景观。

金坛博物馆位于城南风景区，占地面积3万平方米，建筑面积3500平方米，属于典型的水乡仿古建筑。馆内有馆藏文物1万余件，其中达国家一级文物标准20余件，达国家二级文物标准100余件，达国家三级文物标准300余件，藏品有陶瓷器、铜器、玉石器、书画等，共分六个展厅陈列。

第二篇

南 京 都 市 圈 总 论

一、南京都市圈发展历程

1986年，国家计划委员会的研究报告建议南京组织跨省经济圈试点；同年，“南京区域经济协调会”第一次会议召开，南京经济区的成立为日后南京都市圈的发展埋下了伏笔。

2000年7月，江苏城市工作会议提出打造以省会南京为中心的经济联合体——南京都市圈。

2001年3月21日，在江苏省计划委员会的召集下，江苏省的南京、镇江、扬州和安徽省的芜湖、马鞍山、滁州6个城市计划委员会负责人首度就“南京都市圈”建立和发展问题进行了研讨。6城市达成共识：“南京都市圈”范围锁定在南京南边100千米左右，即1小时车程以内，以南京为核心城市，其余5城市为“中间传导”，并确定了今后以政府引导与市场相结合的方式来实现“圈内资源共享，提高整体竞争力”的目标。此后，6城市频繁商讨的议题包括：如何消除政策障碍、行政及市场壁垒，如何真正实现资源共享、相互开放市场、科技人才流动、产业密切合作及跨区域的基础设施共建，等等。

2002年3月，苏皖南京、镇江、扬州、芜湖、马鞍山、滁州6城市计委负责人汇集江城芜湖，就启动共建南京都市圈展开具体的规划研究。南京都市圈实现的是一个开放型的城市一体化进程，这在中国尚为首次尝试，也是当时中国唯一的跨省都市圈。

2003年1月15日，江苏省政府批准了《南京都市圈规划（2002—2020）》，该规划荣获了该年度建设部优秀城市规划设计一等奖。

2004年6月，中国·南京重大项目投资洽谈会首次由南京都市圈6城市（南京、镇江、扬州、芜湖、马鞍山、滁州）联办。在1300多亿元的项目总投资中，给镇江、扬州、芜湖、马鞍山、滁州5市带来的项目投资总额超过了700亿元。

2005年5月，中国·南京重大项目投资洽谈会，除主办城市南京外，周边的江苏镇江、淮安以及安徽芜湖、马鞍山、滁州、宣城、淮南等7个城市参与联办，形成“一加七”模式，共同发布了总投资额达1500多亿元的368个重点招商项目，吸引了海内外众多客商前来洽谈，也初显了南京都市圈经济联动的活力。

2006年底，南京都市圈8市经济总量超过7300亿元，成为全国重要的区域经济平台。

2007年4月28日下午，在南京都市圈市长论坛上签署了《南京都市圈共同发展行动纲领》，明确南京都市圈发展目标是区域经济联合体，确定了在交通、物流、金融、市场、产业、公共服务等9个方面的合作重点。

2007年12月8日，第五届南京都市圈发展论坛在扬州举行，南京、扬州、镇江、泰州、滁州、芜湖、马鞍山、铜陵等8市政府和企业代表参加，主题是南京都市圈“文化产业的创新与互动”。

2008年4月29日，南京都市圈交通发展论坛上，南京、巢湖、马鞍山、滁州、芜湖、扬州、镇江、淮安8市的交通局签署框架协议，“十一五”期间将对8个市之间所有的公路收费站进行精简式整合，市域内公路收费站全部外移，而跨区域同一公路原则上将只设一个收费站。

2008年11月28日，第六届南京都市圈发展论坛在滁州市举行。苏、皖两省专家、学者及滁州、南京、扬州、镇江、芜湖、马鞍山、巢湖等都市圈城市的政府官员和相关部门负责人，围绕“合作分工、共建共享、创新发展”主题进行了深入探讨。

2010年4月29日，来自南京都市圈南京、镇江、扬州、淮安、马鞍山、滁州、芜湖、巢湖8市的市长会聚南京举行第四届南京都市圈市长峰会，会上启动了“南京都市圈农副产品信息交换平台”，并签署了5项合作协议。

2010年5月24日，国务院颁布《长江三角洲地区区域规划》，规划中明确提出要加快南京都市圈建设，编制南京都市圈区域规划。

2010年11月28日，“2010年南京都市圈发展论坛”在南京举行。此次论坛由南京市人民政府、南京财经大学、安徽省社科院和江苏城市发展研究院主办，江苏省政府何权副省长，南京都市圈南京、镇江、扬州、淮安、芜湖、马鞍山、滁州、巢湖等 8 市市政府负责人，苏皖两省发展改革系统负责人，以及国家宏观院和苏皖两地有关专家学者参加了会议。论坛围绕“南京都市圈与长三角经济区互动发展研究”这一主题展开深入研讨。

2011 年 4 月 26 日下午，由南京、镇江、扬州、淮安、芜湖、马鞍山、滁州、巢湖等 8 市人民政府共同举办的第五届南京都市圈市长峰会在南京紫金山庄会议中心举行。本届市长峰会是“2011 中国·南京重大项目投资洽谈会”的重大专场活动之一。会议以“加强规划衔接，共绘发展蓝图”为主题，旨在开启编制南京都市圈区域规划，使南京都市圈一体化建设上升为国家战略。国家发改委及江苏、安徽两省发改委领导，南京市领导，都市圈其他各市市长，以及各市有关部门负责人出席了会议。

2011 年 7 月，第五届长三角南京都市圈建设论坛在南京召开，会上南京、镇江、扬州、淮安、芜湖、马鞍山、滁州、巢湖等 8 市签署“南京宣言”：到 2015 年基本建成以南京为中心、内接都市圈 7 城市、外连全国各中心城市的现代化轨道交通网和以禄口国际机场为中心，服务都市圈区域，通往全国、亚太和欧美的现代化航空运输网。

2012 年 4 月 26 日，第六届南京都市圈市长峰会在南京金陵会议中心举行，峰会上市长们签署了《共同编制南京都市圈区域规划合作协议》，并且宣布该规划将于 2012 年 5 月底前完成初稿，争取年底前上报国务院。

2013 年 8 月 3 日，南京都市圈第一届党政领导联席会议暨南京都市圈城市发展联盟成立大会在南京举行，此次大会名为“南京都市圈第一届党政领导联席会议暨南京都市圈城市发展联盟成立大会”，来自苏皖南京、镇江、扬州、淮安、芜湖、马鞍山、滁州、宣城 8 市的党政主要领导出席。宣城市正式加入南京都市圈。南京都市圈市长峰会升格为南京都市圈党政联席会。这是南京都市圈建圈以来规模最大、规格最高的一次大会，会上确立的一系列合作新机制将南京都市圈推上了新起点，会上宣城正式成为南京都市圈新成员。

2014 年 5 月 11 日，南京都市圈第二届党政领导联席会议在安徽芜湖召开，来自江苏南京、镇江、扬州、淮安和安徽芜湖、马鞍山、滁州、宣城的党政主要领导参加会议。国家发改委地区经济司领导作为特邀代表参会并致辞。会议总结回顾了第一届南京都市圈党政领导联席会议召开以来的工作，提出了下一步工作思路，审议通过了《南京都市圈近两年工作推进纲要》。会上，还专题介绍了南京承办第二届青年奥林匹克运动会的筹备情况，8 市市长签署了《南京都市圈八市共襄“青奥”备忘录》。

2014 年 8 月，江苏省人民政府发布《宁镇扬同城化发展规划》，这是江苏省首个区域同城化发展规划。

2015 年 3 月，南京市委办公厅和南京市政府办公厅联合下发《健全南京都市圈协同发展机制改革实施方案》。

2018 年 12 月 21 日，南京都市圈党政领导联席会议在南京召开，南京都市圈 8 市及常州市（特邀）、溧阳市（特邀）党政主要领导，国家发改委规划司、江苏省发改委领导及 8 市发改、经信、科技、交通、规划、卫计、商务、环保、旅游、教育、文化、地铁、宁镇扬三市住房等单位负责人参加了会议，南京市市长主持会议。经联席会议共同商议，初步同意将溧阳吸纳为南京都市圈成员。

2019 年 5 月 30 日，南京都市圈城市人大常委会主任协商联席会第一次会议在南京召开，共同签署了建立南京都市圈城市人大常委会协商合作机制的协议，协议的签署和共同宣言的发表，标志着南京都市圈城市人大常委会主任协商联席会议机制正式建立。

2019 年 6 月 19 日，蚌埠市发改委主任一行赴南京发改委对接蚌埠市整体加入南京都市圈有关事项，南京市发改委领导参加座谈交流。

2019 年 6 月，中国十大最具发展潜力都市圈排名公布，南京都市圈位列全国第五，仅次于上海、北京、深莞惠、广佛肇四大都市圈。

2020 年 4 月，国家发改委印发关于《2020 年新型城镇化建设和城乡融合发展重点任务》的通知，其中明确提到“支持南京等都市圈编制实施发展规划”。

2020 年 12 月 5 日，江苏、安徽两省南京、镇江、扬州、淮安、芜湖、马鞍山、滁州、宣城及常州等 9 市党政主要领导齐聚镇江，参加 2020 南京都市圈党政联席会议，会议审议通过了《南京都市圈城市发展联盟章程（修订稿）》，正式宣布吸纳常州市溧阳市、金坛区加入都市圈。会上签订了《共同打造高质量发展区域增长极框架协议》《共建宁淮宣生态经济带框架协议》《宁马城际共建合作协议》《南京都市圈人力资源和社会保障一体化发展合作协议》等 12 个项目。

2021 年 2 月，国家发改委关于同意南京都市圈发展规划的复函发布，成为中国第一个由国家发改委正式批复的都市圈规划，从国家层面确定了南京跨省发展的方向。

二、南京都市圈建设意义

南京都市圈的建设有利于全国区域协调发展总体战略的实施。中国区域协调发展战略总的精神是：继续推进西部大开发，振兴东北地区等老工业基地，促进中部地区崛起，鼓励东部地区率先发展。由于南京都市圈具有连接东部与中部地区、衔接长江下游与中游的区位特点，因而在国家区域发展战略中具有特殊重要性。从地缘上讲，都市圈中的江苏省 4 市（南京市、镇江市、扬州市和淮安市）属东部的长三角地区，安徽省 4 市（芜湖市、马鞍山市、滁州市和巢湖市）属中部地区，这种城市组成属性使得南京都市圈一体化建设具有东中部互动合作的典型意义。同时，作为南京都市圈一体化发展重要内容的产业合作与优化整合，将促进产业由东部向中部有序转移，促进技术、资本等要素由中心城市向中小城市扩散，促进市场体系由区域中心向周边扩展，从而增强长三角对中西部地区的辐射带动作用，推动中西部地区发展开放和区域协调发展。

南京都市圈的建设有利于长三角一体化发展战略的实施。《关于进一步推进长江三角洲地区改革开放和经济社会发展的指导意见》的出台标志着长三角一体化已经成为国家战略。南京都市圈中南京、镇江、扬州、淮安是长三角城市群重要成员，都市圈 8 市又同为泛长三角西部城市群——南京经济区成员。从本质上讲，南京都市圈是泛长三角地区的一个独立的城市群，同时也是长三角的有机组成部分。南京都市圈一体化建设，是长三角一体化发展的重要组成部分。南京都市圈一体化建设的创新实践，将为长三角区域合作在体制创新、机制建设、产业合作、政策衔接等诸多领域提供先行先试经验，从而为加快长三角地区一体化发展提供新动力。

南京都市圈的建设有利于提升南京的区域影响力。《关于进一步推进长江三角洲地区改革开放和经济社会发展的指导意见》提出南京要扩大辐射半径，提升服务功能，南京作为区域中心城市的区位优势再次凸显。要将南京的潜在区位优势转化为现实区域影响力与综合竞争力，一方面要练好内功，加快南京经济发展，另一方面要用大区域的观点来谋划南京的发展，从全国、长江流域、东部地区、泛长三角的高度来审视南京的发展。从国内外区域经济发展的理论与实践看，城市群发展与建设已经成为提升国家竞争力、地区竞争力的重要方式与手段。推进南京都市圈一体化就是要在长三角地区打造具有较强国际竞争力、较优城市空间布局、较合理产业分工体系、较先进交通基础设施网络，对周边地区尤其是泛长三角西部地域具有辐射、服务、带动作用，在全国具有一定影响的城市群，并通过南京都市圈一体化建设来充分彰显南京作为国家区域中心城市的地位和作用，充分发挥南京对苏北地区的带动作用、对泛长三角地区的辐射带动作用、对长江上中游的传导作用，在国家经济社会发展战略格局中承担更大责任、发挥更大作用。

南京都市圈规划是一个上下联动、两省协作的高质量成果，对于更高层级更大力度推进南京都市圈同城化发展、加快建设现代化都市圈具有重大意义，有利于支撑长三角城市群建设，助力长三角区域率先形成新发展格局；有利于接续带动皖江经济带和淮河经济带发展，促进东部地区和中部地区协同联动；有利于形成跨省级行政区区域治理新模式，为我国现代化都市圈建设积累经验、提供示范。

三、南京都市圈战略定位

南京都市圈“承东启西、承南接北”，地处中国重要的沿海和沿江发展轴线的交会点，处于枢纽地位；都市圈核心城市南京是国家重要的经济、金融、科教、文化、信息和航运中心，南京都市圈地跨江苏苏南、苏中、苏北，对促进苏中地区快速崛起并融入苏南板块、进一步加快苏北地区发展等江苏省区域共同发展战略具有重大意义。

南京都市圈历史上是吴楚文化的交汇地带、南北文化的交融区域，同时也是近代文明兴起之地，集历史、近代、现代特色文化于一身，融吴楚文脉、南北文化、中西文明于一体，具有兼容并蓄、富有活力和创新精神的多元文化特征；南京都市圈地处长江三角洲的北翼，基础产业实力雄厚、金融体系完整、科教优势明显、文化底蕴深厚，是国家重要的基础产业、制造业、旅游业、金融业、科教和文化中心。

南京都市圈的战略定位为：辐射中西部的国际性重要门户；国际先进制造业中心和现代服务业基地；泛长三角转型与合作发展示范区；具有较强竞争力的国家级都市圈。推动都市圈的经济、市场发展一体化，培育平等、互利的发展环境；针对市场、产业、基础设施、城市化等方面的共同发展制定相应策略，扩大区域合作，创造多种灵活的合作方式，形成区域一体化发展格局；大力发展循环经济，走新型工业化道路，促进都市圈区域可持续发展；以长江为纽带、沿江城市为依托，联合培育都市圈信息生产和信息服务中心，构建国际性的沿江先进制造业集群和以历史文化、山水城林为特色的城市带（表 2-1）。

表 2-1　南京都市圈 8 市战略定位

城市	城市定位
南京	定位于具有国际影响的金融商务中心、科技创新中心和影视、文化创意中心；联动海陆空港及信息港，打造航运物流中心，引领宁镇扬同城化，带动南京都市圈发展
镇江	发挥港口和产业优势，建设全国重要的先进制造业和战略性新兴产业基地以及区域性物流中心
扬州	依托产业基础，推动转型升级与承接苏南产业转移相结合，建设长三角北翼重要的先进制造业和现代服务业基地
淮安	依托产业基础和历史文化资源，建设区域性商贸物流中心、先进制造业基地和现代农业生产基地，成为都市圈北翼带动苏北地区崛起的新兴增长极和淮河流域中心城市
芜湖	建设全国重要的先进制造业基地、现代物流商贸中心、皖江地区金融中心以及长江流域重要的现代化滨江大城市
马鞍山	打造皖江城市带承接产业转移的龙头城市，建成都市圈的核心增长极和区域中心城市
滁州	着力打造承接产业转移的新型载体，建成都市圈重要的先进制造业基地、现代农业生产基地和新兴旅游宜居城市
宣城	建成都市圈重要的新型加工制造基地、旅游休闲度假基地、优质农产品加工供应基地和苏浙皖边界地区重要的交通物流枢纽

四、南京都市圈发展目标

（一）总体目标

根据规划，到 2015 年，南京都市圈要基本建成中国重要的高新技术与战略性新兴产业基地、长江国际航运物流中心、区域性金融商务集聚区；初步建成区域“协同创新”体系；建成对外便捷共享、区内无缝对接的交通网络体系，到 2015 年基本形成较为完善的都市圈高速和快速公路网络，到 2020 年基本形成都市圈轨道网络；到 2020 年，基本实现基础教育和基本医疗卫生体系均衡发展，建成基本均等、统筹统建的公共服务体系；到 2030 年，建成对中西部地区具有较强辐射带动力的门户地区和具有较强竞争力的国家级都市圈。

（二）经济目标

近期（2002—2005 年），都市圈省内部分实现全面小康，人均地区生产总值要达到 2.4 万元；远期（2006—2020 年），建成经济发达、社会文明、空间集约、生态优良、经济社会一体化的现代化都市圈，省内部分人均地区生产总值要达到 11.2 万元。

（三）社会目标

近期：恩格尔系数 38%（江苏省内 35%），高等教育毛入学率 25%（江苏省内 30%），宽带网入户率 35%（江苏省内 45%），每千人拥有卫生技术人员 5 人以上（江苏省内 6 人以上），人口自然增长率小于 5‰（江苏省内小于 3‰），人均期望寿命大于 75 岁，城镇登记失业率控制在 4% 左右（江苏省内约 3%），城市最低生活保障覆盖率达到 100%。建成大型综合医院与各类专业性医院相结合的都市圈共享的医疗服务体系；建设都市圈大型综合性体育设施和体育专项场馆，具备举办全国运动会的能力。

远期：建成华东地区乃至全国的重要会展中心、长江下游的医疗服务中心；大型体育设施达到承办相当于亚运会规模的国际性大型运动会的能力；创建具有国际影响力的大学园区，建成国家教育科研基地；建设大型文化设施，成为长江中下游区域文化中心；传承都市圈独特文化与山水城林景观，建设成为独具特色的文化型都市圈。

（四）环境目标

城镇与产业发展要加强生态建设和环境保护；利用高新技术改造传统产业，发展循环经济；区域生态环境得到改善，资源利用效率显著提高，可持续发展能力不断增强。

以保护长江、京杭运河等区域供水水源，南水北调取水水源及输水廊道水质为重点，以建立都市圈整体执法监督和环境管理体制为保障，以改善城镇环境质量和保护人民群众健康为根本出发点，全面控制污染物排放总量，维护生态平衡，促进区域经济、社会、环境的协调发展。

（五）城市化目标

“做强、做优、做美、做特”各级城市，重点“做大”核心城市，择优培育重点中心镇，全面提高城镇发展质量，完善都市圈的城镇空间结构。

强化核心城市的主导地位，加快都市圈沿江城市带规划和建设的整体协调，有序培育城镇发展轴和通道地区的特色中小城市，进一步提高都市圈城市化水平，将都市圈建成国内城市化和经济社会最发达的区域之一。

近期总人口 2600 万人，城市化水平达到 52% 左右（江苏省内 58%），城市人均住房建筑面积 18 平方米（江苏省内 20 平方米），人均公共绿地 8 平方米（江苏省内 12 平方米）；远期总人口 3200 万人，城市化水平达到 66% 左右（江苏省内 74%）。

五、南京都市圈发展规划

（一）结构布局

1. 结构

南京都市圈形成一个核心、两个圈层的空间结构，重点发展一带一轴三通道。

一个核心：包括南京主城和以主城为核心、半径约 30 千米范围的城镇和潜在的城镇发展地区，即规划中的南京都市发展区。该区域是南京城市功能重组和集聚新兴城市功能的重点区域。

两个圈层：包括核心圈层和紧密圈层。

核心圈层：与核心城市联系紧密、接受核心城市强烈辐射，城市间相互作用最强、最广泛的区域。规划范围包括核心城市和距核心城市中心约 50 千米范围内的城市（镇）和区域，包括南京市、仪征市、句容市、马鞍山市、滁州市区、来安县、全椒县。

紧密圈层：与核心城市联系密切，接受核心城市的辐射，圈层地带节点城市具有相当的发展规模，且相互之间具有较强的经济社会联系的功能地域。规划范围为核心圈层外围、距核心城市中心约 100 千米范围内的城市（镇）和区域，包括扬州市、镇江市、芜湖市、滁州市的北部、巢湖市的北部、淮安市的南部地区。

一带一轴三通道：“一带”即沿江城市带，包括南京、扬州、镇江、马鞍山、芜湖等 5 个设区市以及仪征、江都、当涂、和县等县（市）。“一轴”即城镇发展轴，北从金湖、盱眙开始，经天长、南京、溧水至高淳。三通道包括南京至句容并延伸到苏锡常都市圈环太湖地区、宜（兴）溧（阳）金（坛）丘陵山区通道，南京至滁州、明光、凤阳通道，南京至全椒、合肥通道。

2. 布局

在总体布局上，南京都市圈将构建“一核、一带、一区、四片”，具体而言：

一核：南京作为都市圈发展核心引擎，将发挥省会城市及南京都市圈核心城市的优势，积极发展服务经济，争创国家中心城市。

一带：沿江综合发展带，连接南京、镇江、扬州、马鞍山、芜湖等沿江中心城市，打造沿江产业城镇集聚带。成为辐射长江中上游地区的重要延伸通道。

一区：宁镇扬同城化先行区。

四片：江南产业转型提升片（南京、芜湖、马鞍山）、江北承接转移与转型融合片（南京、芜湖、马鞍山的江北地区）、江南产业转移承接片（宣城市）、江北产业转移承接片（滁州、淮安、扬州北部地区）。

四大功能区域：优化提升区域包括南京城区、江宁区、镇江城区、丹徒区、扬中市、马鞍山市区和芜湖市区等。

重点拓展区域包括浦口区、六合区、广陵区、江都区、邗江区、仪征市、滁州市区、全椒县、来安县、天长市、淮安市区、涟水县、当涂县、和县、含山县、无为县、繁昌县、芜湖县、宣城市区、郎溪县、广德县、宁国市等。

适度开发区域包括溧水区、高淳区、句容市、丹阳市、宝应县、高邮市、盱眙县、金湖县、洪泽区、南陵县、凤阳县、明光市、定远县、绩溪县、旌德县、泾县。

生态保护区域指山体、湖泊、河流等重要生态功能区，包括长江、大运河、洪泽湖、石臼湖、高邮湖、白马湖、邵伯湖、固城湖、老山、茅山、琅琊山及第一山等。

（二）跨界新城

临港新城：将依托岸线港口资源，共建江南龙潭—下蜀滨江新城及江北六合—仪征跨界新城。江南龙潭—下蜀滨江新城包括南京龙潭、镇江下蜀及宝华东北部片区，重点建设长江国际航运物流中心核心区、临港先进产业集聚区和现代化新城。江北六合—仪征跨界新城包括六合的龙袍、东沟和仪征的青山、真州，打造江北沿江现代化工贸新城。

临空新城：以南京禄口国际机场为核心，以禄口—柘塘—博望新城和湖熟—郭庄新城为重点。禄口—柘塘—博望新城包括禄口、横溪、铜山、柘塘、博望等，打造全国航空物流主枢纽及以临空型产业、战略性新兴产业为重点的新型产业集聚区，同时积极培育休闲旅游、高档居住等功能。湖熟—郭庄新城包括江宁湖熟与句容郭庄，将发挥城际枢纽及邻近禄口国际机场的区位优势，吸引现代服务业和先进制造业集聚发展。

科学城：将推进仙林—宝华科学城建设，具体包括仙林大学城和句容宝华西部片区。

产业新城：包括南京—宣城产业新城、苏滁现代产业园、南京—淮安产业新城等。

（三）空间组织

加强各行政区域、各景区景点的协调，结合资源特点进行旅游布局和开发，形成点、线、面结合，有利于组织都市圈旅游线路的大旅游空间布局。重点建设沿长江旅游带、沿城镇发展轴线旅游带、沿运河旅游带、环南京休闲度假旅游带，进一步密切与苏锡常都市圈环太湖地区旅游发展的联系。

沿江地区的旅游开发应突出密集的城市人文优势，发挥众多过江通道及周边地区潜在的旅游价值，保护风景旅游岸线，发挥沿江港口的旅游联动作用，大力发展观光旅游、都市旅游、文化旅游、商务旅游，将南京都市圈沿江旅游带建设成为我国重要的旅游目的地之一。

沿城镇发展轴线旅游带的开发应结合旅游对地方经济的带动作用，突出丰富的自然资源、地方特色农副产品等资源优势，大力发展休闲度假旅游、农业观光旅游、地方特色旅游等。促进沿城镇发展轴线生态旅游开发与沿江人文旅游开发的联动。

沿运河旅游带是江苏大运河旅游带的核心和精华，应突出沿运河地区丰富的历史文化和特有的民俗风情，挖掘扬州、镇江、高邮等历史文化名城在京杭运河历史上高品位的人文胜迹，从地域上、文化上、主题上整合沿线的旅游产品，形成独特的竞争优势，成为都市圈开拓国际旅游市场的重要品牌。

环南京休闲度假旅游带要结合当前短距离休闲度假旅游的兴起，加快整合南京都市圈核心圈层及镇江、扬州的部分地区的相关旅游资源，集中发展休闲度假旅游品牌产品。

进一步密切南京旅游圈与苏锡常都市圈旅游核心区域环太湖地区旅游发展的联系，加快建设南京至环太湖地区的旅游专用道路，增加沪宁线区域性快速通道，快速便捷地联系南京、苏锡常两大都市圈重点旅游区域。

（四）国家战略

2021年2月，国家发改委关于同意南京都市圈发展规划的复函发布。南京都市圈规划推动基础设施一体高效、创新体系协同共建、产业专业化分工协作、公共服务共建共享、生态环境共保共治、城乡融合发展，把南京都市圈建设成为具有全国影响力的现代化都市圈，助力长三角世界级城市群发展，为服务全国现代化建设大局作出更大贡献。

2012年4月26日召开的南京创洽会重点专场活动之一第六届南京都市圈市长峰会上，围绕“共同的规划、共同的明天”主题，与会都市圈各市负责人共商推进都市圈融合式发展、一体化发展大计，并共同签署了《共同编制南京都市圈区域规划合作协议》。委托中国科学院南京地理与湖泊研究所作为技术单位编制《南京都市圈区域规划（2012—2020）》。在2012年5月底前，该规划完成初稿，并送各市征求意见；2012年7月底前组织专家评审；2012年9月底前都市圈各市政府联合向江苏、安徽两省政府上报；2012年底前由江苏、安徽两省政府联合上报国务院。

打造南京都市圈是国务院颁布的长三角规划当中的一项重要内容。历届市长峰会主题的确定和内容安排，都是围绕“共建、共享、同城化”的目标，如2009年突出交通基础设施与旅游一体化，2010年提出相邻地区融合发展，2011年提出发展规划对接。2012年，南京都市圈市长峰会的一项重要内容就是决定合作编制都市圈规划，力争使南京都市圈建设上升为国家战略。《共同编制南京都市圈区域规划合作协议》将南京都市圈的建设定位为承接放大长三角辐射的门户枢纽、长江流域先进制造业中心和现代服务业基地、中国转型发展与承接产业转移相结合的示范区和具有较强竞争力的国家级都市圈。

2013年8月3日在安徽宣城召开的南京都市圈第一届党政联席会议上，8市党政主要领导共同审议了《南京都市圈区域规划（2012—2020）》。

《南京都市圈区域规划（2012—2020）》（简称《规划》）根据都市圈的自然地理格局、空间开发基础及适宜性，确定“一核一带两区”的总体空间格局。其中，“一核”指由宁镇扬组成的同城化都市核心区，是区域综合服务功能集聚中心；“一带”指沿江综合发展带，是产业城镇集聚带和区域发展引擎；“两区”指江南产业转型提升区和江北产业转移承接区。

在“一核一带两区”空间格局的基础上，《规划》还确定了重点推进高新技术与战略性新兴产业、临港基础产业以及现代服务业与现代农业的产业体系。《规划》提出要营造适宜人才创新创业的工作和生活环境，加速集聚创新型、创业型和营销型高端人才；建立创新源、创新成果应用、创新成果产业化转化的创新空间，设立国家科学城，加速提高科技产品营销水平，提升政产学研合作效能。

同时，《规划》还对都市圈内的基础设施建设、社会发展与公共服务、资源与生态环境等提出了具体的目标及要求。其中构建联系南京与核心交通圈层各节点城市之间的八大内部通道，形成周边城市至南京中心城区半小时购物、1 小时通勤交通圈，成为各方关注的焦点。而交通可达性的改善，也加快了都市圈内大型公共设施互补共享工程的建设，教育、医疗、社保等领域都有望在未来实现全方位对接。不仅如此，《规划》还提出了打造“一带、两片、十二团块”的生态空间架构，充分结合现有地形、水系、植被等自然资源特征，完善区域生态廊道和绿道网络，提高不同生态功能板块之间的连通性。

第三篇

南京都市圈“十四五”规划解读

2021年2月，《南京都市圈发展规划》获得国家发改委批复，“十四五”时期将成为南京都市圈发展的最关键阶段。目前，南京都市圈的8个设区市和溧阳市、金坛区都在“十四五”规划中，对未来五年的发展进行了分析与研究。

一、“十四五”南京都市圈各市（区）的发展定位

1. 南京市的定位：南京经济社会发展的总目标是，聚力建设具有全球影响力的创新名城、加快形成以创新为第一驱动力的增长方式，聚力建设以人民为中心的美丽古都、探索走出绿色低碳发展新路子，打造富于现代化内涵、推动高质量发展的区域增长极，成为常住人口突破千万、经济总量突破两万亿元的超大城市。具体表现为“四个高”：

——建设高质量发展的全球创新城市。对标国际一流创新城市和地区，深入实施创新驱动发展“121”战略，构筑高质量发展动力系统，创建综合性国家科学中心取得实质性成效，形成一批原创性的重大科研成果；建成科技产业创新中心，形成以高新技术企业为主体、高新技术产业为支撑的现代产业体系，全社会研发经费支出占地区生产总值比例达到4%左右，高新技术产业产值占规模以上工业产值比重达到54.5%，整体创新能力进入全球创新型城市行列。

——建设高能级辐射的国家中心城市。经济在高质量轨道上实现稳健增长，发展速度继续走在全国同类城市前列，综合实力稳居全国前十强，地区生产总值达到2万亿元以上，年均增长6.5%左右。战略性新兴产业支撑作用更加突出，基本实现交通运输现代化，初步建成国际消费中心城市和全国重要的金融中心、物流中心、商务中心、数据中心，国际要素集聚能力、生产服务功能和开放引领作用明显增强，更好发挥在都市圈、长三角区域的辐射带动作用。

——建设高品质生活的幸福宜居城市。全体居民人均可支配收入达到9万元左右，增速与经济增长同步，教育、医疗、养老、社保、住房、交通、体育等基本公共服务体系现代化、均等化、多元化走在前列。社会主义核心价值观更加深入人心，城市文化软实力进一步增强。长江南京段绿色低碳发展成效明显，市域生态环境质量持续改善，空气质量优良天数比例保持80%。城市人居品质显著提高，乡村振兴战略高水平推进，城乡融合发展水平明显提升。

——建设高效能治理的安全韧性城市。市域治理和服务更加精准化、精细化，本质安全水平显著提升，建成国家安全发展示范城市。政府治理同社会调节、居民自治良性互动，社会治理社会化、法治化、智能化、专业化水平明显提高，治理效能迈上新台阶，法治建设满意度达到90%。国家安全和防范化解重大风险体制机制更加健全，平安南京、法治南京建设取得更大成果，市民幸福感安全感进一步提高，公众安全感达到95%。

2. 镇江市的定位：综合考虑国家、省发展目标和镇江发展条件，坚持目标导向和问题导向相结合，坚持守正和创新相统一，围绕谱写“强富美高”新篇章要求，在经济强、百姓富、环境美、社会文明程度高上不断取得新成就，力争在全国城市综合实力排名中实现争先进位。

——一体化发展呈现更优格局。产业创新、基础设施、区域市场、绿色发展、公共服务、市内全域“六个一体化”基本实现，跨界区域、城市乡村等区域板块一体化发展达到较高水平，在区域共治、平台共建、要素共享上取得实质性突破，一体化发展体制机制更加有效，成为长三角一体化发展重要支撑板块。

——高质量发展迈向更高层次。全面融入新发展格局，在质量效益明显提升的基础上保持经济增速高于全国、全江苏省平均水平，产业结构持续优化，重点产业链进入价值链中高端，科技创新能力明显增强，内需潜力不断释放，开放发展水平取得新突破，现代综合交通运输体系更加完善，现代化经济体系建设取得重大进展。

——高品质生活展现新面貌。居民收入稳步增长，就业更加充分更有质量，基本公共服务均等化水平明显提高，教育现代化水平保持全省前

列，健康镇江建设取得重大进展，社会保障体系、卫生健康体系、公共服务体系、养老服务体系更加完善；社会文明达到新水平，社会主义核心价值观深入人心，人民精神文化生活日益丰富，文化软实力达到新高度；生态环境质量持续向好，城乡宜居品质明显提升，美丽镇江建设实现新跃升。

——高效能治理取得更大成果。重点领域和关键环节改革深入推进，各方面制度更加成熟更加定型，国家市域社会治理现代化试点形成“镇江经验”；社会主义民主法治更加健全，社会公平正义进一步彰显，政府行政效率和公信力显著提升；防范化解重大风险体制机制不断健全，突发公共事件应急能力显著增强，发展安全保障更加有力；党的建设制度化、规范化、标准化水平明显提高。

3. 扬州市的定位：坚决扛起“争当表率、争做示范、走在前列”重大使命，奋力把扬州这个“好地方”建设好发展好。彰显特色优势，找准定位、全面探索、攻坚突破，着力在领先环节持续发力、在关键领域聚力突破、在创新方面先行先试，创造更多扬州经验、扬州典型、扬州样板，在现代化新征程中更好满足世界人民对扬州的向往，让扬州好上加好、越来越好。

——在改革创新、推动高质量发展上争当表率，打造长江经济带特色产业绿色发展江苏典范。深入践行习近平生态文明思想，坚持生态优先、绿色发展，全面推进长江经济带发展和江淮生态大走廊建设，统筹做好治污、添绿、留白三篇文章，大力推动江河湖联动、水土气一体综合整治，推动长江大保护常态化、长效化，一体推进美丽宜居城市和美丽田园乡村建设，努力展现城园一体、水绿交融的“新鱼米之乡”时代风貌。自觉践行“两山”理念，加快建立生态产品价值实现机制，着力发展生态农业、全域旅游、文化创意等绿色产业，探索生态资源保护、治理、开发的新经验和新模式，促进生态优势转化为发展优势和竞争优势，推动产业富民、生态富民和资产富民，绿色颜值与金色产值共生共赢。聚焦实体经济，按照产业绿色化发展导向，坚持产业科创和科创产业双向发力，加快推动汽车及零部件、高端装备、新型电力装备等“323+1”先进制造业集群结构优化和绿色、智能转型，大力发展生产性服务业，前瞻布局数字经济、大健康、集成电路等战略性新兴产业。

——在服务全国构建新发展格局上争做示范，树立大运河文化带建设标杆样板。认真贯彻总书记“让古运河重生”的重要指示精神，进一步放大“三都”品牌效应，让运河文化更有分量、更有价值，努力在大运河文化保护传承利用上争做示范、走在前列。争做运河生态治理修复的示范，加大大运河流域生态保护力度，推进全流域水生态修复和城乡生态环境建设，努力再现舟行碧波、两岸拂绿、风吹稻香的美好画卷。争做运河文化保护传承的示范，进一步完善以遗产河道、遗产点为重点的保护体系，全力打造以扬州中国大运河博物馆为标志的三湾核心展示园，规划建设好运河沿线文化展示区，让运河文化可观可感。争做运河文旅融合发展的示范，围绕展示运河风情、淮扬文化独特魅力，构建以运河为轴、市域全覆盖的文旅产业带，加快推进瓜洲古渡小镇、邵伯运河风情小镇等重大文旅项目，让千年大运河这张城市名片叫好又叫座。

——在率先实现社会主义现代化上走在前列，建设特色鲜明、共同富裕的现代化形态。顺应现代化建设规律，全面开展新时代中国特色社会主义现代化创新实践，坚持以人民为中心的发展思想，聚焦人民对美好生活的向往，坚持以共同富裕为根本追求，在缩小城乡差距、区域差距和收入分配差距上下功夫，持续增进人民群众福祉，统筹推动城乡居民收入增长和公共服务品质提升，逐步实现全体人民共同富裕。尊重差异、注重公平、鼓励创造，努力为全体人民提供多种可能的职业发展、能力提升和价值实现机会，提高人的文化素质和精神素养，让扬州成为新时代追梦、筑梦、圆梦的理想城市，推动实现人的全面发展。坚定不移地走生产发展、生活富裕、生态良好的文明发展道路，实现经济绿色转型发展与人民生活品质提升、生态环境保护修复统筹推进、相得益彰，推动人与自然和谐共生。

4. 淮安市的定位：高水平全面建成小康社会成果全方位巩固，在全面建设社会主义现代化新征程上迈出坚实步伐，“创新淮安、开放淮安、美丽淮安、幸福淮安”建设由宏伟蓝图变成美好现实，“绿色高地、枢纽新城”打造展现蓬勃生机，长三角北部重要中心城市地位基本确立。

——建设要素涌动、活力迸发的“创新淮安”。构建“333”主导产业体系，主导产业地位更加凸显，农业基础更加稳固，产业基础高级化和产业链现代化水平有效提升，产业链与创新链有效对接、深度融合，自主创新能力不断增强，主要创新指标后来居上，创新驱动、融合发展的现代产业体系逐步形成，建成国家创新型城市。经济体制改革牵引作用充分发挥，重要领域和关键环节改革取得重大突破，全面深化改革形成更多有影响的“淮安经验”。

——建设和合南北、通济江淮的“开放淮安”。推动长三角区域一体化、大运河文化带、淮河生态经济带等重大战略在淮安加快落地转化，“空铁水公管”现代综合交通运输体系更趋完善，建成具有重要影响力的航空货运枢纽，长三角区域综合交通枢纽地位基本确立。各级开发园区、各类特色园区综合承载力与竞争力显著增强，台资集聚示范区功能效应更加彰显，开放型经济迈上新台阶，在以国内大循环为主体、国内国际双循环相互促进的新发展格局中培育形成更多新增长极。

——建设清新疏朗、自然水韵的“美丽淮安”。全域国土空间开发保护格局明显优化，中心城市品质和首位度全面提高，城乡区域发展协调性明显增强，生产生活方式绿色低碳转型成效显著，生态环境质量不断改善，生态系统质量稳步提升，生态环境质量改善目标达到省定要求，生态文明理念深入人心，创建国际湿地城市、美丽江苏建设示范市取得重要成果，“水懂我心、自然淮安”全域旅游品牌更有影响力，生态文旅水城特色更加彰显，成为江苏美丽中轴和绿心地带的明星城市。

——建设共建共享、文明和谐的“幸福淮安”。民生福祉达到新水平，居民收入与经济发展同步提升，中等收入群体比重明显提高，低收入群体增收长效机制逐步健全，乡村振兴战略取得显著成效，就业创业更有质量更加充分，基本公共服务体系更加优质均衡，覆盖全民的多层次社会保障体系更加健全，高品质生活需求不断得到满足。全国文明城市创建成果持续巩固，社会文明程度全面提高，社会主义核心价值观深入人心，公共文化服务体系更加完善。社会大局和谐稳定，军民共建持续融合，民主法治更加健全，市域社会治理体系和治理能力现代化水平明显提升。风险监测预警和防御能力大幅提升，突发公共事件应急能力显著增强，发展安全保障更加有力。

5. 芜湖市的定位：服务构建新发展格局，坚持稳中求进工作总基调，以推动高质量发展为主题，以深化供给侧结构性改革为主线，以改革创新为根本动力，以满足人民日益增长的美好生活需要为根本目的，深入实施五大发展行动计划，扎实推进长三角更高质量一体化发展，加快构建现代化经济体系，统筹发展和安全，推进治理体系和治理能力现代化，实现经济行稳致远、社会安定和谐，奋力打造智造名城、创新名城、开放名城、生态名城，加快建设人民群众获得感、幸福感、安全感明显增强的省域副中心城市和长三角具有重要影响力的现代化大城市，建设人民城市。

——全国率先迈向中高端的智造名城。依托芜湖良好的产业基础，把握长江经济带、长三角一体化深入推进和江北区高质量发展契机，全力打造高能级发展平台。加快产业创新赋能，推动实体经济与互联网融合，培育若干千亿级战略性新兴产业基地，形成若干具有国际、国内和行业影响力的优势产业集群。鼓励企业向技术研发创新和自主品牌营销拓展，提高产业链供应链稳定性和现代化水平，推动“制造”向“智造”转型。

——长江经济带具有重要影响力的创新名城。发挥芜湖国家创新型城市及合芜蚌国家自主创新示范区优势，深度参与G60科创走廊建设，打造一批省内一流、国内先进的重点研发创新平台。围绕产业链部署创新链、围绕创新链布局产业链，参与构建高度开放的协同创新网络，集聚整合创新要素，争创综合性国家产业创新中心、国家技术创新中心、国家制造业创新中心。着力创建全域孵化区，打造区域性创新高地。

——联通长三角和中部地区枢纽型的开放名城。依托芜湖港口及开放平台优势，高位推进安徽自贸试验区芜湖片区、跨境电商综合试验区以及港口型国家物流枢纽、航空货运枢纽建设，加快高铁货运枢纽、内河航运要素大市场建设，积极构建现代物流枢纽城市，全面融入长三角一体化和国家全面开放新格局，努力打造国内国际双循环的重要节点和战略链接。

——长三角中心区有特色有魅力的生态名城。依托芜湖山水兼备、生态环境本底良好的基础优势，把握新阶段现代化美丽长江（安徽）经济带建设契机，将构筑长江流域重要生态屏障和打造经济增长引擎相融合，"治水—治岸—治渔"相统筹，深入推进沿江环境综合治理。牢固树立生态优先、绿色发展理念，不断完善生态文明制度，促进经济社会发展全面绿色转型，建设人与自然和谐共生的美好家园。

——加快建设人民群众获得感、幸福感、安全感明显增强的省域副中心城市和长三角具有重要影响力的现代化大城市，建设人民城市。依托"四个名城"建设，把握"双循环"新发展格局构建、多重国家战略叠加和市域行政区划调整等重大历史性机遇，加快优化宜居宜业宜游的城市环境，营造开放包容的城市文化，提升城市发展质量和功能品质。聚焦"欢乐芜湖"品牌，建设长三角文化旅游新热点城市。以建设综合性国家产业创新中心、区域消费中心、先进智造中心、现代物流中心和区域教育中心、医疗中心等为主要抓手，加快提升省域副中心城市辐射带动能力，大幅提升芜湖在长三角的影响力。坚持共同富裕方向，加强民生保障和社会建设，力争居民收入增长高于经济增长。聚焦人民群众的需求，合理安排生产、生活、生态空间，让城市建设成果为人民所共享，让城市治理效能体现在人民群众获得感、幸福感、安全感的增强上，谱写新时代人民城市新篇章。

6. 马鞍山市的定位：以奋力打造安徽的"杭嘉湖"、长三角的"白菜心"的新发展定位为总目标，坚持改革开放，坚持高质量发展，保持历史耐心和战略定力，一张蓝图绘到底，加快生态转型、产业转型、城市转型、社会转型，在构建新发展格局中实现更大作为，为加快建设新阶段现代化美好安徽作出贡献。

——生态环保高水准。生态环保工作走在全国前列，成功创建全国生态文明建设示范市，主要生态环境指标达到或接近"杭嘉湖"平均水平，资源能源利用效率大幅提高，主要污染物排放总量持续减少，主要河道地表水环境质量达到Ⅳ类以上，绿色产业加快发展，充分推动生态产品价值实现。建设长江经济带绿色发展示范区，长江马鞍山段生态保护修复取得显著成效，干流及主要支流水环境和水生态质量持续改善，生态系统功能明显增强。国土空间开发保护格局得到优化，大气、水、土壤、森林、湿地环境持续改善，生产生活方式绿色转型成效显著。

——经济发展高质量。坚持联大融强增总量、招大引强上增量、扶优扶强活存量，在质量效益明显提升的基础上实现经济持续健康较快发展，主要经济指标增幅高于安徽省平均水平、位于长三角城市前列，地区生产总值年均增长8.5%左右，突破3500亿元，向4000亿元冲刺，努力实现"总量双进位，人均争第一"，地区生产总值与一般公共预算收入在安徽省位次前移，人均地区生产总值力争安徽省第一、跻身长三角城市前15位。产业优化升级实现重大突破，制造业增加值占地区生产总值比重37%左右，数字经济增加值占地区生产总值比重明显上升。科技创新能力明显增强，市场主体更加充满活力，全社会研发投入强度居安徽省前列。全市域与沪苏浙一体化发展水平全面提升，思想观念、体制机制、政策环境等全面对接，江宁—博望等省际毗邻地区新型功能区形成可复制可推广经验，实现与南京同城化，与南京都市圈、合肥都市圈协同联动发展取得新成效。

——城乡建设高颜值。加快建设长三角中心区现代化城市。城市能级显著提升，老城区面貌明显改善，现代化新城区形态初显，一江两岸、城乡融合发展的新格局基本形成，力争常住人口城镇化率达到77%，户籍人口城镇化率达到56%以上。乡村振兴取得突破，城市基础设施向乡镇村延伸、公共服务设施向乡镇村覆盖，农村人居环境大幅改善。初步形成便捷、绿色、智能、安全的现代化基础设施体系，智慧城市建设扎实推进，“城市大脑”初步建成，城市治理科学化、精细化、智能化水平显著提升。

——人民生活高品质。民生投入力度持续加大，实现更加充分更高质量就业，居民收入增长高于经济增长，城乡居民人均可支配收入继续保持安徽省首位，基本公共服务均等化水平明显提高，居民主要健康指标水平居安徽省前列。全民受教育程度不断提升，多层次社会保障体系更加健全，健康马鞍山建设全面推进，卫生健康体系更加完善。社会主义核心价值观深入人心，文明城市成果进一步拓展。社会治理水平明显提高，建成全国首批市域社会治理现代化试点合格城市。法治马鞍山、法治政府、法治社会建设取得积极进展，重大风险防范化解能力、突发公共事件应急能力、防灾减灾救灾能力得到增强，人民群众获得感、幸福感、安全感更加充实、更有保障、更可持续。

7. 滁州市的定位：贯彻落实国家和省发展战略，综合考虑滁州市发展条件，未来五年要高标准建设长三角中心区现代化城市，奋力实现“568”发展目标，即到“十四五”末，全市经济总量突破5000亿元，财政收入达到600亿元，人均地区生产总值达到长三角平均水平的80%以上，跻身全国前80强。重点打造“十个滁州”：

——实力滁州。在质量效益明显提升的基础上实现经济持续健康发展，主要指标增速保持安徽省前列，经济结构更加优化，农业基础更加稳固，工业支撑作用更加凸显，服务业增加值占地区生产总值比重达50%左右。涌现更多在全国全省有重要影响力的经济强县（市、区）、经济强镇。

——活力滁州。重点领域改革探索新经验，产权制度改革和要素市场化配置改革取得重大进展，市场主体更加充满活力。深度融入南京都市圈、合肥都市圈，大江北协同发展区、西部大工业基地等重点板块建设取得示范化成果，“亭满意”营商环境品牌影响力不断提升，打造长三角更高质量一体化发展样板区。滁州综合保税区等一批开放合作平台相继建成，进出口总额持续增长，更高水平开放型经济新体制基本形成。

——制造滁州。坚持制造立市，实施“千百十”工程，形成智能家电、先进装备、硅基材料、绿色能源、新型化工、健康食品6个千亿级产业，培育20家百亿级企业，招引1200个以上10亿元以上工业项目，制造业增加值占地区生产总值比重达到35%以上。

——创新滁州。以打造沪宁合创新带节点城市为目标，深度融入区域创新大格局，“三区四城一带一基地”创新主平台建设取得重大进展，创新能力在长三角中心区稳步提升，全社会研发投入强度、高新技术企业数、万人发明专利拥有量等主要创新指标明显上升，人才强市建设取得更大进展，产业基础高级化、产业链现代化水平明显提高，争创国家创新型试点城市。

——绿色滁州。国土空间开发保护格局得到优化，生产生活方式绿色转型成效显著，能源资源配置更加合理、利用率大幅提高，主要污染物排放总量持续减少，污染治理取得突破性进展，生态环境持续改善，生态安全屏障更加牢固，城乡人居环境明显改善，成功创建国家生态文明建设示范市、全国绿化模范城市。

——数字滁州。高质量融入“数字长三角”建设，打造数字园区，发展数字产业，建设数字社会、数字政府，数字经济增加值占地区生产总值比重达40%，建成全国一流、省内领先的新型智慧城市，创成国家数字经济示范城市。

——通达滁州。综合立体交通网络基本形成，建成以滁城为中心的“时钟型”高速公路网，实现“县县通高铁”。现代流通体系更加完善，产业循环、市场循环、经济社会循环更加顺畅，服务构建新发展格局能力显著提升。

——健康滁州。现代医疗卫生体系更加完善，引进更多优质医疗资源，城乡普惠性医疗实现全覆盖，全民健康与全民健身深度融合，卫生健康体系更加健全，重大疫情防控救治体制机制更加完善，创成国家卫生城市。

——法治滁州。法治滁州、法治政府、法治社会建设取得积极进展，社会公平正义进一步彰显，行政效率和公信力显著提升，社会治理特别是基层治理水平明显提高。平安滁州建设不断深化，防范化解重大风险体制机制不断健全，突发公共事件应急能力显著增强，自然灾害防御水平明显提升，统筹发展和安全更加有力。

——文明滁州。社会主义核心价值观深入人心，公民思想道德素质、科学文化素质和身心健康素质明显提高，公共文化服务体系和文化产业体系更加健全，人民精神文化生活日益丰富，文明城市创建成果更加巩固。民生福祉达到新水平，人民生活品质持续提高。

8. 宣城市的定位：以推动高质量发展为主题，以深化供给侧结构性改革为主线，以改革创新为根本动力，以满足人民日益增长的美好生活需要为根本目的，以“对标沪苏浙、争当排头兵”为抓手，深入推进生态立市、工业强市、创新活市、文化名市、开放兴市，大力实施乡村振兴战略，更加注重拉长长板和补齐短板相结合、自主创新和承接产业转移有机融合、先进制造业和现代服务业“双轮驱动”，以一体化带动数字化、城镇化、现代化和国际化，奋力推动宣城经济社会各项事业实现新发展、迈上新台阶，努力在安徽实现“更大作为、更大进展”中奋力争先进位、贡献更大力量，为新阶段现代化美好宣城建设开好局、起好步。

——综合实力全面提升。经济增速在安徽省奋力争先，经济总量在安徽省、长三角争先进位。地区生产总值达 2500 亿元，年均增长 7.5%以上。中心城区首位度持续提升，县域经济活力和竞争力持续增强，城乡区域发展协同性明显提高，皖苏浙省际交汇区域中心城市地位加速确立。

——对标融入全面深化。对外合作不断拓展，“一地六县”合作区建设取得明显成效，长三角一体化高质量发展安徽排头兵地位进一步凸显。综合交通枢纽等叠加优势迸发，要素资源加速集聚。重点领域和关键环节改革深入推进，形成若干在长三角有影响力的改革成果。开放型经济水平不断提升，实际利用外资和进出口总额年均增长分别达 7%和 5%。

——创新驱动全面加速。区域创新能力不断提升，科技进步对经济发展支撑作用不断增强，研发经费投入年均增长 12%，高新技术产业增加值年均增长 15%以上，战略性新兴产业产值年均增长 15%以上。突破一批产业核心关键技术，产业链供应链稳定性和现代化水平持续提高。推动数字经济和实体经济深度融合，打造数字强市、云上宣城。

——生态环境全面领先。坚定不移走生态立市之路，主要生态环境指标保持安徽省前列，生产生活方式绿色转型成效显著，生态环境质量持续提高，生态文明制度体系更加完善，形成美丽中国“宣城样板”。

——民生福祉全面增强。居民收入增长高于经济增长，城乡居民人均可支配收入达到全国平均水平，就业形势总体稳定，社会保障体系更加完善，社会公共服务体系更加健全，社会文明程度显著提高，人民群众获得感、幸福感、安全感显著增强。

——社会治理全面升级。深化平安宣城、法治宣城建设，深入推进法治乡村建设，加快数字赋能社会治理体系和社会治理能力现代化，创成全国市域社会治理现代化试点合格城市，突发事件应急能力增强，防灾减灾水平不断提升，基本形成共建共治共享新格局。

9. 溧阳市的定位：以习近平新时代中国特色社会主义思想为指导，全面贯彻党的十九大和十九届二中、三中、四中、五中全会精神，统筹推进“五位一体”总体布局和协调推进“四个全面”战略布局，把握新发展阶段，贯彻新发展理念，构建新发展格局，以推进高质量发展为主题，以深化供给侧结构性改革为主线，以改革创新为根本动力，以满足人们日益增长的美好生活需要为根本目的，确立“一个目标”、明确“两个定位”、坚定“三个导向”、坚持“四个协同”、争创“五个示范”，发展“四大经济”，统筹发展和安全，把保护生态环境摆在更加突出的位置，推动经济社会高质量发展、可持续发展，着力在改革创新、推动高质量发展上争当表率，在服务全国构建新发展格局上争做示范，在率先实现社会主义现代化上走在前列，开启“处处绿水青山、家家金山银山、人人寿比南山”的绿色现代化建设新征程，全力打造美丽江苏“溧阳样板”。

——确立“一个目标”，即建设长三角生态创新示范城市。长三角生态创新示范城市是“十三五”确定的宁杭生态经济带最美副中心城市的更高追求，是“十四五”乃至更长时期把生态作为溧阳最大生产力和核心要素，系统打通绿水青山就是金山银山的价值实现路径，以生态推动区域分工协作、城市能级提升，为长三角地区生态创新发展提供溧阳样板。

——明确“两个定位”，即美丽宁杭新支点、城乡融合试验田。美丽宁杭新支点指溧阳是宁杭经济带上的生态支点，是长三角城市群从西部区域进入东部区域的交通支点，也是南京科技创新资源南下和杭州科技创业资本北上的科技支点，更是实现绿色崛起、跨越发展的经济支点，并推动“一岭六县”共同成为宁杭生态经济带美丽发展的坚强支撑。

城乡融合试验田指溧阳以推动城乡经济协合、城乡环境契合、城乡生活翕合、城乡治理匡合“四项融合”为重点，统筹推动新型城镇化建设、城乡公共服务、城乡治理、农村宅基地制度改革、城市基层党建工作等，从体制机制、治理体系、生态价值实现等方面探索全国县域发展的制度样本。

——坚定“三个导向”，即生态优先、产业优升、开放优容。生态优先指生态是溧阳发展的基础变量，是迈向长远发展的最大优势和最核心竞争力。溧阳要坚持节约优先、保护优先、自然恢复为主，以建设美丽宜居城市为方向，着力构建“疏密有度、显山露水、全域即景”的城乡界面，朝着全域美丽的目标迈进。

产业优升指产业是溧阳发展的叠加因子，是经营城市的核心力量。溧阳要做强“四大经济”（先进制造经济、高端休闲经济、现代健康经济、新型智慧经济）、建强产业集群、育强载体功能，突出先进制造主体地位，巩固壮大实体经济根基，推动数字经济和实体经济深度融合，助力全产业链优化升级，推进产业基础高级化、产业链现代化，提高经济质量效益和核心竞争力。

开放优容指开放是溧阳发展的倍增指数，是增强城市活力的根本出路。溧阳要坚持共商共建共享、平等协商、互利共赢，更加坚定不移地扩大开放，打造灵动山水，擦亮“生态旅游名片”，扩大比较优势，擦亮“创新创业名片”，放大叠加效应，擦亮“区域合作名片”，提升城市知名度、影响力，实现高质量引进来和高水平走出去。

——坚持“四个协同”，即空间拓展与崛起长三角协同谋划、生态涵养与提升知名度协同推进、产业培育与深度城镇化协同互动、民生共享与增强辐射力协同发展。

空间拓展与崛起长三角协同谋划指溧阳以交通互联和产业协作为纽带，主动聚焦上海、接轨南京，积极对接杭州、联动皖南，融入国家长三角一体化发展战略。

生态涵养与提升知名度协同推进指把山水秀美的生态优势转化成兴产业、聚人气、名扬海内外的发展优势，建设生态创新示范城市。

产业培育与深度城镇化协同互动指以产业为基础推进“产、城、人”融合发展，推动新型城镇化示范县城建设，迈向绿色发展的“幸福经济”。

民生共享与增强辐射力协同发展指把满足群众需求形成的就业、教育、医疗和养生服务转化成辐射带动周边地区的重要能力，进一步集聚资源要素，提升城市能级。

——争创“五个示范”，即公园城市示范、全域旅游示范、产业集群示范、乡村建设示范、区域协作示范。公园城市示范指以探索生产生活生态“三生融合”为方向，以生态美丽、产业美好、文化美妙、生活美满“四美并进”为目标，建设“人城境业”和谐统一、人与自然和谐共生的示范城市。

全域旅游示范指以创成国家全域旅游示范区为起点，继续实施全域联动发展战略，优化旅游产品结构，加快旅游产业与其他产业深度融合，促进城乡旅游要素整合，不断丰富和提升旅游产品质量，成为县域全域旅游发展的领军者。

产业集群示范指把发展经济着力点放在实体经济上，培育壮大新能源汽车、智能电网、智能装备等产业集群，特别是着力在动力电池、精品不锈钢和智慧建筑安装等培育千亿级产业上实现链式突破，带动制造业质量变革、效率变革、动力变革，实现产业高质量发展。

乡村建设示范指把乡村建设摆在社会主义现代化建设的重要位置，统筹推进城镇和村庄规划建设，保护传统村落和乡村风貌，进一步完善乡村基础设施建设，实施乡村环境综合整治，改善农村人居环境，建成江苏省美丽田园乡村示范。

区域协作示范指融入上海大都市圈、南京都市圈，深化苏皖合作示范区建设，携手“一岭六县”共同打造长三角产业合作区，持续推进更高水平对外开放。

10. 金坛区的定位：坚持党的全面领导，坚持以人民为中心，坚持新发展理念，坚持深化改革开放，坚持系统观念，以“在苏南板块持续快速崛起”为总目标、总要求，大力弘扬“苦干实干、正气大气”的时代精神，坚持不懈推进“两个加快”，坚定不移推进改革创新，夺取高质量发展新胜利，把“建设常州西部新城区、打造发展重要增长极”的定位干成地位，奋力开创金坛跨越发展新局面。

——建设常州西部新城区。持续推进与主城区“五个接轨”，东部重点发展中德（常州）创新产业园和生态绿色城，南部与西太湖联袂发展，成为常州城区拓展新空间。健全国土空间规划体系，加快构建适应常金同城化、生产空间节约高效、生活空间宜居适度、生态空间山清水秀的高品质城市空间格局。提升城市规划水平、建设品质、治理能力，加快开发建设滨湖新城，有序改造更新金沙老城，完善生活配套、环境配套，提升城市文化素养等软实力，增强对外来人口的吸引力。精心打造茅山、长荡湖两大旅游度假区，推进美丽田园乡村建设，争创国家级全域旅游示范区。系统推进生态修复和建设，创造良好的花园城市、田园城市环境，积极打造宜居宜业宜游的新城区。

——打造发展重要增长极。紧抓南沿江高铁建设机遇，发挥金坛资源承载优势，积极参与沪宁产业创新走廊、南沿江发展走廊建设。坚持产业强区，聚焦“三新一特”、智能制造、绿色经济、生态旅游，加大创新要素投入，与苏锡常都市圈、南京都市圈等开展产业分工与协作。工业注重推动新兴产业与传统产业的裂变和聚变，提升产业链供应链现代化水平；农业坚持走精品路线，整合完善研发、生产、加工、经销各个环节；依托城市发展，大力发展现代服务业。继续保持总量不断进位、增幅始终领先的态势，实现高质量发展基础上的高速度增长，打造创新创业创造的增长极，成为常州经济新引擎，不断提升金坛区经济占常州大市的比重。

二、“十四五”南京都市圈各市（区）的发展目标及主要措施

（一）南京市“十四五”的发展目标及主要措施

1. 南京市“十四五”发展目标

南京市“十四五”经济社会发展主要目标见表 3-1。

表 3-1　南京市“十四五”经济社会发展主要目标

类别	序号	指标	单位	规划目标		属性
				2025 年目标	年均增速（累计）	
高质量发展的全球创新城市	1	地区生产总值	亿元	20000 以上	6.5%左右	预期性
	2	研发经费支出占地区生产总值比重	%	4 左右	—	预期性
	3	每万人口拥有高价值发明专利数	件	45	—	预期性
	4	高新技术产业产值占规模以上工业产值比重	%	54.5	—	预期性
	5	劳动年龄人口平均受教育年限	年	13.2	—	约束性
高能级辐射的国家中心城市	6	常住人口城镇化率	%	85	—	预期性
	7	制造业增加值占比	%	30	—	预期性
	8	数字经济核心产业增加值占地区生产总值比重	%	>10	—	预期性
	9	全员劳动生产率	万元	34	—	预期性
高品质生活的幸福宜居城市	10	全体居民人均可支配收入	元	90000 左右	与经济增长同步	预期性
	11	城镇调查失业率	%	5	—	预期性
	12	人均预期寿命	岁	>83.5	—	预期性
	13	每千人口拥有执业（助理）医师数	人	5.5	—	预期性
	14	城乡基本养老保险参保缴费率	%	90	—	预期性
	15	每千人口拥有 0~3 岁婴幼儿托位数	个	4.5 左右	—	预期性
	16	接受上门服务的居家老年人数占比	%	18 左右	—	预期性
	17	单位地区生产总值能源消耗降低	%	完成省下达指标	—	约束性
	18	单位地区生产总值二氧化碳排放降低	%	[20]	—	约束性
	19	非化石能源占一次能源消费比重	%	12	—	约束性
	20	地表水国省考断面水质达到或优于Ⅲ类水体比例	%	90	—	约束性
	21	空气质量达到优良天数比例	%	80	—	约束性
高效能治理的安全韧性城市	22	林木覆盖率	%	31.6	—	约束性
	23	耕地保有量	万公顷	完成省下达指标		约束性
	24	粮食综合生产能力	万吨	95	—	约束性
	25	生产安全事故起数和死亡人数下降	%		[>15]	约束性
	26	社会文明程度测评指数	—	90	—	预期性
	27	法治建设满意度	%	90	—	预期性
	28	公众安全感	%	95	—	预期性

2. 南京市“十四五”发展措施

一是深化创新名城建设，增强高质量发展核心动能。坚持创新在现代化建设全局中的核心地位，贯彻科技自立自强要求，突出“四个面向”，以新型研发机构为抓手、企业为主体、人才为支撑、体制机制改革为动力，持续推进“121”战略，加快建设具有全球影响力的创新名城。

二是推动产业集群化高端化发展，加快建设现代产业体系。坚守实体经济根本，深化落实制造强国、质量强国、网络强国、数字中国部署，全力推进产业基础高级化、产业链现代化，培育壮大地标产业，抢占未来产业制高点，提高经济质量效益和核心竞争力。

三是坚持扩大内需战略基点，积极服务和支撑构建新发展格局。深化供给侧结构性改革，注重需求侧管理，形成需求牵引供给、供给创造需求的更高水平动态平衡，有效链接国内国际双循环，打造服务全国构建新发展格局的重要枢纽。

四是坚定不移全面深化改革，构筑高水平对外开放新高地。坚持以社会主义市场经济体制改革为牵引全面深化改革，充分发挥市场在资源配置中的决定性作用，更好发挥政府作用，实施更大范围、更宽领域、更深层次对外开放，为加快高质量发展注入新动力、塑造新优势。

五是促进城乡区域协调发展，提升城市辐射带动能力。落实国家区域重大战略、区域协调发展战略、主体功能区战略，优化国土空间布局和支撑体系，完善城市功能品质，更大力度促进城乡融合发展，加快提升城市综合承载和资源优化配置能力。

六是推动文化繁荣发展，彰显历史文化名城独特魅力。坚持马克思主义在意识形态领域的指导地位，坚定文化自信，坚持以社会主义核心价值观引领文化建设，围绕举旗帜、聚民心、育新人、兴文化、展形象的使命任务，推动精神文明与物质文明、文化事业与文化产业、古都文化与现代文明协调发展，努力建设社会主义文化强市和世界历史文化名城。

七是深入践行“两山”理念，打造美丽中国示范城市。坚持以习近平生态文明思想引领经济社会发展全面转型，坚持尊重自然、顺应自然、保护自然，坚持节约优先、保护优先、自然恢复为主，深入实施可持续发展战略，全面构建市域生态文明治理体系，加快建设人与自然和谐共生的现代化。

八是创造高品质生活，促进人的全面发展和社会全面进步。坚持以人民为中心的发展思想，围绕建设覆盖全生命周期的幸福人生，坚持尽力而为、量力而行，扎实推动富民增收，持续提高基本公共服务供给质量与均等化水平，努力满足人民群众的美好生活需要。

九是统筹发展和安全，提高城市安全韧性发展水平。贯彻落实总体国家安全观和国家安全战略，把安全发展贯穿城市发展各领域和全过程，完善社会矛盾和安全隐患大排查大整治工作机制，防范和化解城市现代化建设进程中的各种风险，建设国家安全发展示范城市，高水平建成平安南京。

（二）镇江市“十四五”的发展目标及主要措施

1. 镇江市“十四五”发展目标

镇江市“十四五”经济社会发展主要目标见表 3-2。

表 3-2 镇江市“十四五”经济社会发展主要目标

类别	序号	指标	单位	2020 年实绩	2025 年目标	属性
经济强	1	地区生产总值增长	%	3.5	年均 6 左右	预期性
	2	全员劳动生产率增长	%	3.5	年均 6 左右	预期性
	3	固定资产投资增速	%	3	年均 10 左右	预期性
	4	制造业增加值占比	%	38.8	高于省平均 1 个点	预期性
	5	高新技术产业产值占规模以上工业产值比重	%	46	48	预期性
	6	数字经济核心产业增加值占地区生产总值比重	%	—	10 以上	预期性
	7	研发经费投入增长	%	6	年均 7 左右	预期性
	8	每万人口拥有高价值发明专利数	件	13	16	预期性

续表

类别	序号	指标	单位	2020 年实绩	2025 年目标	属性
经济强	9	社会消费品零售增长率	%	—	6 以上	预期性
	10	实际利用外资总额	亿美元	8	14 左右	预期性
	11	进出口总额占全省比重	%	1.6	1.75	预期性
	12	常住人口城镇化率	%	73	75	预期性
百姓富	13	居民人均可支配收入增长	%	4.3	略高于经济增速	预期性
	14	城镇登记失业率	%	1.71	3 以内	预期性
	15	人均预期寿命	岁	78.75	80 左右	预期性
	16	每千人口拥有执业（助理）医师数	人	2.8	3.0	预期性
	17	城乡基本养老保险参保缴费率	%	90	保持在 90 以上	预期性
	18	每千人口拥有 0~3 岁婴幼儿托位数	个	1.8	4.5 左右	预期性
	19	接受上门服务的居家老年人数占比	%	11.84	18 左右	预期性
环境美	20	单位地区生产总值能源消耗降低	%	3.52	完成省下达任务	约束性
	21	单位地区生产总值二氧化碳排放降低	%	4.42	完成省下达任务	约束性
	22	非化石能源发电装机容量	万千瓦	99	260	约束性
	23	地表水国考断面水质达到或优于Ⅲ类比例	%	100	完成省下达任务	约束性
	24	空气质量达到优良天数比例	%	81.4	完成省下达任务	约束性
	25	林木覆盖率	%	25.14	稳定在 25 左右	约束性
社会文明程度高	26	劳动年龄人口平均受教育年限	年	11.6	12.3	约束性
	27	法治建设满意度	%	90	保持在 90 以上	预期性
	28	社会文明程度测评指数	—	90	保持在 90 以上	预期性
安全保障	29	耕地保有量	万公顷	—	完成省下达任务	约束性
	30	粮食综合生产能力	万吨	95.4	稳定在 100 左右	约束性
	31	生产安全事故起数和死亡人数下降	%	43.5/51.2	完成省下达任务	约束性
	32	公众安全感	%	98.17	保持在 96 以上	预期性

2. 镇江市“十四五”发展措施

一是实施产业强市战略，构建更具竞争力的现代产业体系。坚持创新发展、融合发展、特色发展，着力推进产业基础高级化、产业链现代化，积极构建现代产业发展新体系，提高服务实体经济效率与水平，打造以先进制造业为主体，现代服务业、特色农业协同发展的区域性重要产业基地。

二是坚持创新驱动发展，深化创新型城市建设。突出创新在现代化建设全局中的核心地位，深入实施创新驱动发展战略，坚持“四个面向”，强化创新主体地位、做优创新载体平台、优化创新生态、培育创新文化，打造沪宁线重要创新创业城市。

三是坚持扩大内需和深化开放，加快融入国内国际双循环。坚持扩大内需战略基点，把实施扩大内需战略同深化供给侧结构性改革有机结合，注重需求侧管理，坚持实施更大范围、更宽领域、更深层次对外开放，全面融入国内国际双循环。

四是推进数字镇江建设，推动经济社会数字化转型。抢抓以新一代信息技术为核心的科技和产业创新机遇，充分发挥数据资源和应用场景优势，推动经济数字化、生活数字化、治理数字化，建设数字城市和数字社会，提升智慧镇江发展水平，不断增强城市吸引力、创造力、竞争力。

五是坚定不移全面深化改革，激发现代化建设动力与活力。坚持和完善社会主义基本经济制度，推动有效市场和有为政府更好结合，持续深化重点领域和关键环节改革，不断提出深化改革的新举措、新行动、新方案，打造形成更多镇江改革经验和改革品牌。

六是深化一体化发展，区域发展格局全面优化。坚持把全面融入新发展格局和区域协调发展有机结合，紧抓国家和区域重大战略叠加机遇，加快打造长江经济带重要节点城市，深度融入长三角一体化、宁镇扬一体化，加快提升市域一体化发展水平，在区域协同发展中彰显镇江优势和特色。

七是全面推进乡村振兴，加快农业农村现代化。坚持把解决好“三农”问题作为重中之重，全面实施乡村振兴战略，强化以工补农、以城带乡，推动形成工农互促、城乡互补、协调发展、共同繁荣的新型工农城乡关系，加快农业农村现代化进程，努力成为乡村振兴的示范样本。

八是推进新型城镇化建设，全面提高城镇化发展质量。深入实施以人为核心、以提高质量为导向的新型城镇化战略，加快推进县域城镇化补短板强弱项，完善城市治理体系，构建协调发展的城镇新格局。

九是统筹基础设施建设，提高服务保障和支撑能力。坚持城市和城镇协调发展、城乡融合发展，落实江苏交通强国建设试点要求，推动交通设施布局合理、功能完善、互联互通、运行高效，系统推进能源、水利等设施建设，切实提高对经济社会发展的服务保障和支撑能力。

十是全面提升人口素质，促进人的全面发展。坚持以人民为中心，大力推动教育现代化，全方位全周期保障人民健康，进一步提升人口的科学文化和身心健康素质，不断促进人的全面发展，努力成为健康中国的模范生、样板地。

十一是全力保障和改善民生，增强人民群众幸福感。坚持把实现好、维护好、发展好最广大人民根本利益作为发展的出发点和落脚点，尽力而为、量力而行，健全基本公共服务体系，推动共建共享改革发展成果，提升人民生活品质，不断增强获得感、幸福感、安全感。

十二是深入推进美丽镇江建设，促进人与自然和谐共生。坚持绿水青山就是金山银山的理念，坚持尊重自然、顺应自然、保护自然，推动实现生态环境质量根本性好转，促进经济社会发展绿色转型，建设人与自然和谐共生的现代化，努力建成美丽中国的先进示范。

十三是繁荣发展文化事业和文化产业，提升城市文化软实力。坚持以社会主义核心价值观引领文化建设，坚定文化自信，围绕举旗帜、聚民心、育新人、兴文化、展形象的使命任务，促进满足人民文化需求和增强人民精神力量相统一，推进更高水平文明城市建设，不断提高文化软实力。

十四是聚焦民主法治建设，加快推进市域社会治理现代化。深入贯彻习近平法治思想，坚持党的领导、人民当家作主、依法治国有机统一，构建系统完备、科学规范、运行有效的市域社会治理体系，把制度优势更好转化为社会治理效能，不断提升市域治理体系和治理能力现代化水平。

十五是守住安全发展底线，建设更高水平的平安镇江。坚持总体国家安全观，更高水平统筹发展和安全，把安全发展贯穿经济社会发展各领域和全过程，守牢公共安全底线，防范和化解各种风险挑战，建设基础更牢、领域更广、水平更高、群众更认可的平安镇江。

（三）扬州市“十四五”的发展目标及主要措施

1. 扬州市“十四五”发展目标

扬州市“十四五”经济社会发展主要目标见表3-3。

表 3-3　扬州市“十四五”经济社会发展主要目标

<table>
<tr><th>类别</th><th colspan="2">指标</th><th>单位</th><th>2025 年目标</th><th>年均增长（五年累计）</th><th>属性</th></tr>
<tr><td rowspan="12">经济强</td><td colspan="2">地区生产总值增长率</td><td>%</td><td>—</td><td>6 左右</td><td>预期性</td></tr>
<tr><td colspan="2">全员劳动生产率增长率</td><td>%</td><td>—</td><td>6 左右</td><td>预期性</td></tr>
<tr><td colspan="2">全社会 R&D 支出占地区生产总值比重</td><td>%</td><td>2.7 左右</td><td>0.04</td><td>预期性</td></tr>
<tr><td colspan="2">每万人口拥有高价值发明专利数</td><td>件</td><td>25</td><td>7.6%</td><td>预期性</td></tr>
<tr><td colspan="2">工业投资增幅*</td><td>%</td><td>—</td><td>6.5</td><td>预期性</td></tr>
<tr><td colspan="2">制造业增加值占地区生产总值比重</td><td>%</td><td>37</td><td>0.4</td><td>预期性</td></tr>
<tr><td colspan="2">高新技术产业产值占规模以上工业产值比重</td><td>%</td><td>50</td><td>0.4</td><td>预期性</td></tr>
<tr><td colspan="2">数字经济增加值占地区生产总值比重</td><td>%</td><td>>10</td><td>—</td><td>预期性</td></tr>
<tr><td colspan="2">文化产业增加值占地区生产总值比重*</td><td>%</td><td>6</td><td>—</td><td>预期性</td></tr>
<tr><td colspan="2">全社会消费品零售总额增长率*</td><td>%</td><td>5</td><td>—</td><td>预期性</td></tr>
<tr><td colspan="2">实际利用外资*</td><td>亿美元</td><td>18</td><td>—</td><td>预期性</td></tr>
<tr><td colspan="2">常住人口城镇化率</td><td>%</td><td>≥72</td><td>—</td><td>预期性</td></tr>
<tr><td rowspan="9">百姓富</td><td rowspan="3">居民收入</td><td>居民人均可支配收入增长率</td><td>%</td><td>—</td><td>6 左右</td><td>预期性</td></tr>
<tr><td>城镇居民人均可支配收入增长率*</td><td>%</td><td>—</td><td>6 左右</td><td>预期性</td></tr>
<tr><td>农村居民人均可支配收入增长率*</td><td>%</td><td>—</td><td>6 左右</td><td>预期性</td></tr>
<tr><td colspan="2">城镇调查失业率</td><td>%</td><td>5.0 左右</td><td>—</td><td>预期性</td></tr>
<tr><td colspan="2">人均预期寿命</td><td>岁</td><td>80 左右</td><td>—</td><td>预期性</td></tr>
<tr><td colspan="2">每千人口拥有执业（助理）医师数</td><td>人</td><td>3.9</td><td>—</td><td>预期性</td></tr>
<tr><td colspan="2">城乡基本养老保险参保缴费率</td><td>%</td><td>>90</td><td>—</td><td>预期性</td></tr>
<tr><td colspan="2">每千人口拥有 0~3 岁婴幼儿托位数</td><td>个</td><td>4.5 左右</td><td>—</td><td>预期性</td></tr>
<tr><td colspan="2">接受上门服务的居家老人人数占比</td><td>%</td><td>18 左右</td><td>—</td><td>预期性</td></tr>
<tr><td rowspan="6">环境美</td><td colspan="2">单位地区生产总值能源消耗降低</td><td>%</td><td>完成省下达目标</td><td>—</td><td>约束性</td></tr>
<tr><td colspan="2">非化石能源占一次能源消费比重</td><td>%</td><td>13</td><td>4</td><td>约束性</td></tr>
<tr><td colspan="2">单位地区生产总值二氧化碳排放降低</td><td>%</td><td>完成省下达目标</td><td>—</td><td>约束性</td></tr>
<tr><td colspan="2">地表水达到或好于Ⅲ类水体比例</td><td>%</td><td>完成省下达目标</td><td>—</td><td>约束性</td></tr>
<tr><td colspan="2">空气质量达到优良天数比例</td><td>%</td><td>完成省下达目标</td><td>—</td><td>约束性</td></tr>
<tr><td colspan="2">林木覆盖率</td><td>%</td><td>保持相对稳定</td><td>—</td><td>约束性</td></tr>
<tr><td rowspan="3">社会文明程度高</td><td colspan="2">劳动年龄人口平均受教育年限</td><td>年</td><td>12.3</td><td>—</td><td>约束性</td></tr>
<tr><td colspan="2">法治建设满意度</td><td>%</td><td>>90</td><td>—</td><td>预期性</td></tr>
<tr><td colspan="2">社会文明程度测评指数</td><td>—</td><td>≥91.5</td><td>—</td><td>预期性</td></tr>
<tr><td rowspan="4">保障安全</td><td colspan="2">耕地保有量</td><td>万公顷</td><td>完成省下达目标</td><td>—</td><td>约束性</td></tr>
<tr><td colspan="2">粮食综合生产能力</td><td>亿斤</td><td>完成省下达目标</td><td>—</td><td>约束性</td></tr>
<tr><td colspan="2">生产安全事故起数和死亡人数下降</td><td>%</td><td>—</td><td>[>15]</td><td>约束性</td></tr>
<tr><td colspan="2">公众安全感</td><td>%</td><td>≥97</td><td>—</td><td>预期性</td></tr>
</table>

注：带*的指标为扬州研究确定的主要指标；其余为江苏省规划《纲要》设定的 28 个相关指标。

2. 扬州市“十四五”发展措施

一是实施创新驱动战略，建设长三角区域有竞争力的产业科创名城。深入实施创新驱动战略，强化产业创新发展，更大力度推动人才优先发展，探索开展适应性创新，加快建设产业创新发展新空间、新平台、新载体，畅通技术成果转移转化路径，打造能够扎根的区域特色产业创新高地。

二是积极拓展内外市场，加快融入新发展格局。牢牢把握扩大内需战略基点，以优化供给质量助推消费活力提升，不断拓展投资新空间，健全完善消费环境和政策体系，加快建设长三角区域消费中心城市。

三是抢抓重大战略机遇，深入推进区域一体化发展。坚持因地制宜、协调联动原则，统筹推进实施国家重大区域发展战略，大力培育区域特色发展新空间，不断提升扬州在国家和江苏区域经济格局中的战略地位。

四是全面推进乡村振兴，加快农业农村现代化。坚持四化同步，深化农业供给侧结构性改革，推进农村一、二、三产业融合发展，建立健全乡村产业体系，提高农业现代化水平。

五是推进美丽扬州建设，打造全国有影响的生态宜居名城。发挥长江、大运河经济地理特征，优化市域生态空间形态，加强生态保护与修复，筑牢生态安全屏障，在服务南水北调东线工程上争挑重担，纵深推进江淮生态大走廊建设，全面彰显“水韵江苏”“幸福河湖”扬州生态人文魅力风采。

六是注重文化引领，建设享誉国内外的文化旅游名城。坚定文化自信，推动传统文化创造性转化、创新性发展，继承革命文化，发展社会主义先进文化，坚持不懈推动文化建设高质量发展，为现代化建设提供强大思想保证、舆论支持、精神动力。

七是推动共同富裕，努力创造幸福美好生活。深入实施就业优先战略，坚持就业创业并重，扩大就业总量，创造更多优质就业岗位，优化公共就业服务，推动共建共享改革发展成果，切实增强人民群众获得感、幸福感、安全感。

八是全面深化改革，激发现代化建设动力活力。健全规范要素市场运行机制，构建公平开放透明的要素市场规则和服务体系，实现要素价格市场决定、流动自主有序、配置高效公平，建成高标准市场体系。

九是统筹发展与安全，推进市域治理体系和治理能力现代化。深入贯彻中国特色社会主义法治理论，大力推进科学立法、严格执法、公正司法、全民守法，不断提升法治政府和法治社会建设水平，努力建成“人民满意、社会公认”的法治名城。

（四）淮安市“十四五”的发展目标及主要措施

1. 淮安市“十四五”发展目标

淮安市“十四五”经济社会发展主要目标见表3-4。

表3-4 淮安市“十四五”经济社会发展主要目标

类别	序号	指标	单位	2020年实绩	2025年目标	“十四五”累计或年均增速	属性
经济强	1	地区生产总值	亿元	4025.37	5280	年均增长6%	预期性
	2	人均地区生产总值*	美元	11500	15300	年均增长6%	预期性
	3	一般公共预算收入	亿元	264.21	306	年均增长3%	预期性
	4	全员劳动生产率*	万元/人	14.1	17.5	年均增长5%	预期性
	5	社会消费品零售总额	亿元	1675.85	2300	年均增长7%	预期性
	6	规模以上固定资产投资增长率	%	—	—	年均增长7%	预期性
	7	研发经费支出占地区生产总值比重*	%	1.82	2.3	提高0.38个百分点	预期性

续表

类别	序号	指标	单位	2020 年实绩	2025 年目标	“十四五”累计或年均增速	属性
经济强	8	科技进步贡献率	%	57.4	65	提高 7.6 个百分点	预期性
	9	高新技术产业产值占规模以上工业产值比重*	%	26	35	提高 9 个百分点	预期性
	10	绿色优质农产品比重	%	70	80	提高 10 个百分点	预期性
	11	外贸进出口总额	亿美元	47.3	65	年均增长 5%以上	预期性
	12	常住人口城镇化率*	%	64.5	68	提高 3.5 个百分点	预期性
	13	普通国省公路乡镇节点覆盖率	%	91.59	95	提高 3.41 个百分点	预期性
	14	高速铁路运营里程	千米	163	239	增加 76 千米	预期性
	15	机场货邮吞吐量	万吨	1.2	17	增加 15.8 万吨	预期性
	16	干线航道达标里程	千米	227.6	307.8	增加 80.2 千米	预期性
百姓富	17	居民人均可支配收入增长率*	%	8.7	6	年均增长 6%	预期性
	18	居民消费价格指数（CPI）	%	增长 2.4	增长 3 左右	保持年均增长 3 左右	预期性
	19	人均预期寿命*	岁	77.69	79 左右	增加 1.3 岁左右	预期性
	20	城乡基本养老保险参保缴费率*	%	90 以上	90 以上	—	约束性
	21	每千人口拥有执业（助理）医师数*	人	2.97	完成省定指标	—	预期性
	22	城镇常住人口保障性住房覆盖率	%	27.8	30	提高 2.2 个百分点	约束性
	23	每千人口拥有 0～3 岁婴幼儿托位数*	个	2.4	完成省定目标	—	预期性
环境美	24	单位地区生产总值能源消耗降低*	%	17	完成省定目标	—	约束性
	25	单位地区生产总值二氧化碳排放降低*	%	20.5	完成省定目标	—	约束性
	26	单位地区生产总值用水量降低	%	27	完成省定目标	—	约束性
	27	非化石能源占一次能源消费比重*	%	11	完成省定目标	—	约束性
	28	空气质量优良天数比例*	%	80.3	完成省定目标	—	约束性
	29	地表水国省考断面水质达到或优于Ⅲ类比例*	%	90	完成省定目标	—	约束性
	30	林木覆盖率*	%	24.2	保持稳定	—	约束性
社会文明程度高	31	法治建设满意度*	%	90	完成省定目标	—	预期性
	32	劳动年龄人口平均受教育年限*	年	10.8	11.5	增加 0.7 年	约束性
	33	社会文明程度测评指数*	—	持续提升	持续提升	—	预期性
安全保障	34	粮食综合生产能力*	万吨	490	保持稳定	—	约束性
	35	耕地保有量*	万亩	762.46	完成省定目标	—	约束性
	36	生产安全事故起数和死亡人数下降*	%	69.9 65.7	五年降幅 15 以上	年均降幅 3.2 以上	约束性
	37	公众安全感*	%	98	98	—	预期性

注：带＊的指标为省规划指标，其他为淮安特色指标。

2. 淮安市“十四五”发展措施

一是增强自主创新能力，从构建现代产业新体系、提升协同创新水平、培育经济增长新动能新空间、持续激发内生动力和活力等 4 个方面，对创新淮安建设提出具体举措。

二是融入国内国际双循环，从深层次对接融入重大战略、全方位拓展优化开放通道、多维度推动对外开放升级、打造更加优越营商环境等 4 个方面为开放淮安建设提供路径选择。

三是彰显绿色生态优势，从优化市域空间布局、建设美丽宜居城市、建设美丽田园乡村、改善生态环境质量、打响生态文旅品牌等 5 个方面对美丽淮安建设作出总体安排。

四是落实以人为本思想，从促进人的全面发展、提升居民生活品质、提高全社会文明程度、推进市域社会治理现代化、建设更高水平的平安淮安等 5 个方面，对幸福淮安建设进行展望描绘。

（五）芜湖市“十四五”的发展目标及主要措施

1. 芜湖市“十四五”发展目标

芜湖市“十四五”经济社会发展主要目标见表 3-5。

表 3-5　芜湖市“十四五”经济社会发展主要目标

类别	指标	单位	2020 年实绩	2025 年目标	年均增长（累计）	属性
经济发展	1. 地区生产总值年均增长	%	—	—	8%	预期性
	2. 人均地区生产总值	元	100000	145000	7%	预期性
	3. 全员劳动生产率年均增长	%	—	—	7%	预期性
	4. 制造业增加值占地区生产总值比重	%	35	35	—	预期性
	5. 常住人口城镇化率	%	67	70	—	预期性
	6. 固定资产投资年均增长	%	9. 4	—	10%	预期性
	7. 进出口总额	亿美元	84. 28	>110	>5. 5%	预期性
	8. 社会消费品零售总额	亿元	1584. 35	2200	7%	预期性
创新驱动	9. 研发经费投入年均增长	%	11	—	>9	预期性
	10. 战略性新兴产业产值占规模工业总产值比重	%	42. 2	45	—	预期性
	11. 每万人口高价值发明专利拥有量【每万人口发明专利拥有量】	件	6【42】	15【50】	—	预期性
	12. 数字经济核心产业增加值占地区生产总值比重	%	—	>10	—	预期性
	13. 高新技术企业数	个	1000	2200	—	预期性
民生福祉	14. 居民人均可支配收入年均增长	%	8. 9	—	力争高于经济增长	预期性
	15. 城镇调查失业率	%	—	—	5. 5%左右	预期性
	16. 劳动年龄人口平均受教育年限	年	10. 4	11. 3	—	约束性
	17. 每千人口拥有执业（助理）医师数	人	2. 7	3. 2	—	预期性
	18. 基本养老保险参保人数	万人	262. 82	完成省下达目标	—	预期性
	19. 每千人口拥有 0~3 岁婴幼儿托位数	个	0. 13	4. 6	—	预期性
	20. 人均预期寿命	岁	80. 6	80. 8	—	预期性

续表

类别	指标	单位	2020年实绩	2025年目标	年均增长（累计）	属性
绿色生态	21. 单位地区生产总值能耗降低	%	17	完成省下达目标	—	约束性
	22. 单位地区生产总值二氧化碳排放下降	%	19	完成省下达目标	—	约束性
	23. 城市空气质量优良天数比例	%	88.3	完成省下达目标	—	约束性
	24. 地表水达到或好于Ⅲ类水体比例	%	100	完成省下达目标	—	约束性
	25. 森林覆盖率	%	25.8	不低于26	—	约束性
安全保障	26. 粮食综合生产能力	亿斤	27	稳定在27	—	约束性
	27. 能源综合生产能力	万吨标准煤	70	80	—	约束性

注：地区生产总值、人均地区生产总值、全员劳动生产率的增速均按不变价计算，人均地区生产总值绝对值按现价计算；固定资产投资、进出口总额、社会消费品零售总额、研发经费投入、居民人均可支配收入的增速，以及进出口总额、社会消费品零售总额的绝对值均按现价计算。

2. 芜湖市“十四五”发展措施

一是坚持人才优先发展，构建科技创新生态体系。坚持“四个面向”，系统推进人才引育、企业培育、平台建设和环境打造，提升科技创新和产业创新能力，对标省科技创新攻坚力量“256”体系，争创综合性国家产业创新中心、国家技术创新中心。

二是坚持产业立市，加快建设现代产业体系。把做实做强做优实体经济作为主攻方向，坚定不移建设质量强市，突出数字化引领、撬动、赋能作用，推进产业基础高级化、产业链现代化，打造全国率先迈向中高端的“智造名城”。

三是聚焦融通赋能，打造双循环重要节点和战略链接。坚持扩大内需这个战略基点，以“大交通、大物流、大贸易、大投资、大价值”体系建设为引领，把落实需求侧改革同深化供给侧结构性改革有机结合，以创新驱动、高质量供给引领和创造新需求，努力在构建以国内大循环为主体、国内国际双循环相互促进的新发展格局上积极作为。

四是加强数字引领，全面推进智慧芜湖建设。落实“数字江淮”部署，加快推进数字产业化和产业数字化，推动数字经济、数字政府、数字社会和数字生态建设，提升智慧芜湖发展水平，增强经济发展新支撑、提升智慧政务新高度、促进社会治理新发展、建设数字发展新生态。

五是强化枢纽地位，构建高质量基础设施体系。优化综合运输通道布局，加强高铁货运和国际航空货运能力建设，形成内外联通、安全高效的物流网络。加快建设布局合理、功能完善、互联互通、运行高效的现代化基础设施体系，为全市经济社会发展提供坚强支撑。

六是坚持深化改革，激发各类市场主体活力。坚持和完善社会主义基本经济制度，充分发挥市场在资源配置中的决定性作用，更好发挥政府作用，推动有效市场和有为政府更好结合。

七是优化空间布局，加快建设现代化大城市。坚定不移走以人为核心的新型城镇化道路，规范有序实施土地征收成片开发，推进构建高质量发展的国土空间布局和支撑体系，不断提高城市功能品质，强化城市人口集聚，壮大城市发展能级，增强城市辐射和带动能力。

八是推进乡村振兴，实现农业农村现代化。全面推进乡村振兴战略，以农业现代化、农村现代化一体设计、一并推进为主线，持续推进锻长板、补短板、固底板，全力激发农村内生动力，不断提高乡村振兴工作成效，在安徽省全省争做示范、走在前列，实现巩固拓展脱贫攻坚成果同乡村振兴有效衔接。

九是促进文化繁荣，加快建设新时代文化强市。坚持以社会主义核心价值观引领文化建设，围绕“举旗帜、聚民心、育新人、兴文化、展形象”的使命任务，促进满足人民文化需求和增强人民精神力量相统一，将文明城市建设推向更高水平，建设社会主义文化强市。

十是坚持绿色发展，建设现代化美丽长江（芜湖）经济带。坚持绿水青山就是金山银山的理念，坚持尊重自然、顺应自然、保护自然，坚持节约优先、保护优先、自然恢复为主，统筹推进山水林田湖草系统保护，科学优化生态空间格局，构建生态文明体系，促进经济社会发展全面绿色转型，打造长三角中心区有特色、有魅力的生态名城。

十一是全面开放合作，打造更高水平内陆开放新高地。坚持实施更宽领域、更高层次对外开放，提高统筹利用国际国内两个市场、两种资源的能力，塑造新时代开放发展的新优势和新亮点，打造联通长三角和中部地区枢纽型的开放名城。

十二是坚持以人为本，提升优质公共服务供给水平。深刻把握人口发展趋势，全方位增强人口服务能力，大力推动教育现代化，增强卫生健康服务能力，完善各类人口支持体系，促进人口素质提升，加快实现人的全面发展。

十三是突出共建共享，加强民生保障和社会治理。坚持共同富裕方向，促进社会公平，强化民生兜底保障，推进基本公共服务常住人口全覆盖，扩大优质公共服务供给，不断满足人民群众对更加幸福美好生活的向往。

十四是统筹发展和安全，建设更高水平平安芜湖。坚持总体国家安全观，统筹传统安全和非传统安全，把安全理念贯穿发展各领域和全过程，防范和化解影响现代化进程的各种风险。

十五是坚持民主法治，营造公平正义发展环境。坚持党的领导、人民当家作主、依法治国有机统一，发扬社会主义民主，以习近平法治思想为引领，坚定不移走中国特色社会主义法治道路，推动科学立法、严格执法、公正司法、全民守法，提升民主法治化水平，建设更加崇法善治公正的法治芜湖。

（六）马鞍山市“十四五”的发展目标及主要措施

1. 马鞍山市“十四五”发展目标

马鞍山市“十四五”经济社会发展主要目标见表 3-6。

表 3-6　马鞍山市“十四五”经济社会发展主要目标

类别	序号	指标	单位	2020 年实绩	2025 年目标	年均增长	属性
经济发展	1	地区生产总值增长率	%	4.2	8.5	8.5%	预期性
	2	人均地区生产总值	元	—	160000	8.5%以上	预期性
	3	全员劳动生产率增长	%	—	—	8.5%以上	预期性
	4	制造业增加值占地区生产总值比重	%	35.3	37	—	预期性
	5	常住人口城镇化率	%	69.5	77	—	预期性
	6	固定资产投资增长	%	8.4	10	10%	预期性
	7	社会消费品零售总额	亿元	795.79	1045	8%	预期性
创新驱动	8	研发经费投入增长	%	—	—	9%以上	预期性
	9	战略性新兴产业产值占规模以上工业产值比重	%	34.6	45	—	预期性
	10	每万人口发明专利拥有量	件	28.6	29	—	预期性
	11	数字经济核心产业增加值占地区生产总值比重	%	5	10	—	预期性
	12	高新技术企业数	个	586	1000	—	预期性

续表

类别	序号	指标	单位	2020 年实绩	2025 年目标	年均增长	属性
开放合作	13	外商直接投资	亿美元	28.2	32.6	3%	预期性
	14	进出口总额	亿美元	58.1	64	—	预期性
	15	利用沪苏浙亿元以上项目到位资金	亿元	741.4	920	—	预期性
	16	港口货物吞吐量	万吨	11114.4	11483	—	预期性
民生福祉	17	居民人均可支配收入增长	%	高于经济增长	—	高于经济增长	预期性
	18	城镇登记失业率	%	2.8	4 以内	—	约束性
	19	劳动年龄人口平均受教育年限	年	10.12（2019 年）	10.7	—	约束性
	20	每千人口拥有执业（助理）医师数	人	2.45	3.2	—	预期性
	21	基本养老保险参保人数	万人	64.31	69.67	—	预期性
	22	每千人口拥有 0~3 岁婴幼儿托位数	个	0.3	4.6	—	预期性
	23	人均预期寿命	岁	79.28	79.43	—	预期性
	24	老旧小区改造	户	16914	11821	—	预期性
绿色生态	25	单位地区生产总值能源消耗降低	%	21.3（累计）	完成省下达目标	—	约束性
	26	单位地区生产总值二氧化碳排放降低	%	20（累计）	完成省下达目标	—	约束性
	27	空气质量优良天数比例	%	88.3	完成省下达目标	—	约束性
	28	地表水达到或好于Ⅲ类水体比例	%	100	完成省下达目标	—	约束性
	29	森林覆盖率	%	16.43	16.68	—	约束性
安全保障	30	粮食综合生产能力	亿斤	21.4	21.75	—	约束性
	31	能源综合生产能力	万吨标准煤	29	完成省下达目标	—	约束性

2. 马鞍山市“十四五”发展措施

充分发挥马鞍山区位优势、产业优势、生态优势、人文优势，乘势而上、抢抓机遇，以创建经济社会发展绿色转型示范区为总抓手，实施生态环保、一体化发展、产业转型、城乡融合、社会治理五大提升行动，在生态转型、产业转型、城市转型、社会转型上取得突破性、标志性成果，为安徽省打造经济社会发展全面绿色转型区探索新路、作出示范。

——实施生态环保提升行动，在长江生态保护上作示范。坚定不移走生态立市之路，以创建国家生态文明建设示范市、长江经济带绿色发展示范区为主线，全面启动山水林田湖草生态保护修复重大工程，深化“三大一强”专项攻坚行动，统筹实施“五气、五水、五废共治”，建设绿色矿山。突出生态产业化，打造长三角生态旅游胜地、长三角绿色农产品生产加工供应基地。到“十四五”末，建成长江（马鞍山段）两岸生态修复示范带，实现生产岸线向生活岸线、生态岸线、景观岸线、文旅岸线转变，整体开发、做优做强两岸及江心洲太白岛生态文旅产业，城市生态客厅更加靓丽，中心城区主要河道水质达到准Ⅳ类以上，向山地区综合整治成为践行“两山理念”生动样本。

——实施一体化发展提升行动，在推进都市圈一体化建设上作示范。以高质量为目标引领、以一体化为实现路径、以当标兵为使命担当，努力做强“桥头堡”、当好“先锋军”“排头兵”，扮靓“东大门”。抢抓长三角一体化发展战略机遇，全面推进南京都市圈、合肥都市圈一体化建设，不断提升基础设施互联互通水平，积极融入G60科创走廊，充分发挥江宁—博望等毗邻地区新型功能区、芜湖马鞍山江海联运枢纽的支撑带动作用。到“十四五”末，打造与南京半小时通勤圈取得更大成效，形成与合肥1小时通勤圈，实现与南京、合肥产业链供应链配套，推动更多政务服务事项“跨市通办”、公共服务资源“跨市共享”，江宁—博望新型功能区成为省际毗邻地区融合发展的示范样板。

——实施产业转型提升行动，在先进制造业集群发展上作示范。坚持立足钢、延伸钢，不唯钢、超越钢，按照“理产业思路、育产业人才、抓产业布点、建产业集群、促产业升级、搭产业平台”要求，深化亩均效益评价、“标准地”改革成果运用，培育制造业龙头企业，加快工业企业数字化转型，发展先进制造业集群。到“十四五”末，全市“1+3+N”产业集群（基地）总产值超6000亿元，年产值超100亿元、年产值50亿~100亿元、20亿~50亿元的企业分别达到5家、7家和15家以上，制造业智能化水平居安徽省前列。

——实施城乡融合提升行动，在推进新型城镇化上作示范。坚持城乡统筹、融合发展，推动城市建设从外延扩张向内涵提升转变，城市格局从“九山环一湖”向“一江两岸”转变，统筹优化城乡布局，做大做强中心城区，高品位规划建设新城区，改造提升老城区，加快棚户区和老旧小区改造，推进过江通道建设与205国道外迁，建设安全韧性城市、绿色人文城市。城市方位从皖江城市带向长三角一体化世界级城市群转变，加快建设宜业宜居宜游的美丽家园。到“十四五”末，以环雨山湖等区域为重点的城市更新初见成效，秀山新区功能更加完善，高铁新城初具形态，城市内环快速通勤圈与跨江外环通道建设取得积极进展，美丽乡村建设实现全覆盖。

——实施社会治理提升行动，在市域治理现代化上作示范。健全党委领导社会治理的体制机制，建立共建共治共享的社会治理制度，提高社会治理法治化水平。以解决社会治理问题为重点，做强基层网格，深化矛盾纠纷多元化解机制建设，推进社区现代化治理。坚持总体国家安全观，坚决守住不发生系统性风险底线，完善和落实安全生产责任制，强化安全生产专项整治，加快构建完善公共卫生体系、社会治安防控体系、自然灾害防治体系。到“十四五”末，社会治理基层基础进一步夯实，高质量完成市域社会治理现代化试点任务，成功创建国家安全发展示范城市。

（七）滁州市“十四五”的发展目标及主要措施

1. 滁州市“十四五”发展目标

滁州市“十四五”经济社会发展主要目标见表3-7。

表3-7 滁州市“十四五”经济社会发展主要目标

类别	序号	指标	单位	2020年	2025年目标	年均增长	属性
经济发展	1	地区生产总值	亿元	3032.1	5000	7.5%左右	预期性
	2	人均地区生产总值	元	73841	116000	9%以上	预期性
	3	全员劳动生产率增长	%	—	—	8.5%左右	预期性
	4	财政收入	亿元	371.8	600	10%以上	预期性
	5	制造业增加值占地区生产总值比重	%	—	35以上	—	预期性
	6	常住人口城镇化率	%	57	65	—	预期性
	7	固定资产投资增长	%	10以上	—	10%	预期性
	8	进出口总额	亿美元	38	52	7%左右	预期性
	9	社会消费品零售总额	亿元	1182.6	1600	8%	预期性

续表

类别	序号	指标	单位	2020 年	2025 年目标	年均增长	属性
创新驱动	10	研发经费投入增长	%	—	—	>14%	预期性
	11	战略性新兴产业产值占规模以上工业产值比重	%	42	48	—	预期性
	12	每万人口高价值发明专利拥有量	件	4	达到全省平均水平	—	预期性
	13	数字经济核心产业增加值占地区生产总值比重	%	5 左右	达到全省平均水平	—	预期性
	14	高新技术企业数	个	600	1000	—	预期性
民生福祉	15	居民人均可支配收入增长	%	9.2	—	高于经济增长	预期性
	16	城镇调查失业率	%	5.5 左右	—	5.5%左右	预期性
	17	劳动年龄人口平均受教育年限	年	10.5	11.5	—	约束性
	18	每千人口拥有执业（助理）医师数	人	2.13	3.2	—	预期性
	19	基本养老保险参保人数	万人	313.5	316	—	预期性
	20	每千人口拥有 0~3 岁婴幼儿托位数	个	0.9	4.6	—	预期性
	21	人均预期寿命	岁	78.5	79	—	预期性
绿色生态	22	单位地区生产总值能源消耗降低	%	完成省下达目标	完成省下达目标	—	约束性
	23	单位地区生产总值二氧化碳排放降低	%	完成省下达目标	完成省下达目标	—	约束性
	24	地级及以上城市空气质量优良天数比例	%	>80	完成省下达目标	—	约束性
	25	地表水达到或好于Ⅲ类水体比例	%	85.7	完成省下达目标	—	约束性
	26	森林覆盖率	%	36.23	36.4	—	约束性
安全保障	27	粮食综合生产能力	亿斤	93.2	稳定在 100 左右	—	约束性
	28	能源综合生产能力	万吨标准煤	141.9	完成省下达目标	—	约束性

注：地区生产总值、人均地区生产总值、全员劳动生产率的增速均按不变价计算，人均地区生产总值绝对值按现价计算；固定资产投资、进出口总额、社会消费品零售总额、研发经费投入、居民人均可支配收入的增速，以及进出口总额、社会消费品零售总额的绝对值均按现价计算。

2. 滁州市“十四五”发展措施

一是深度融入长三角一体化，打造高质量发展强劲增长极。认真落实长三角一体化发展国家战略，紧扣“高质量”和“一体化”两个关键词，实施扎实推进长三角一体化发展专项行动，率先建成长三角更高质量一体化发展样板区，共同打造高质量发展强劲增长极。

二是着力构建高水平科技创新体系，打造长三角有影响力的创新滁州。坚持创新核心地位，着力下好创新先手棋，推进产业与创新深度融合，提升区域协同创新能力和承接科技成果转移转化能力，促进科技创新势能转化为经济发展新动能，努力在科技创新、产业创新和管理创新等方面走在安徽省前列，建成长三角有影响力的创新滁州。

三是加快发展现代产业体系，打造具有核心竞争力的制造滁州。坚持把做实做强做优实体经济作为主攻方向，坚定不移推进制造强市战略，一手抓传统产业升级，一手抓战略性新兴产业发展壮大，打好产业基础高级化和产业链现代化攻坚战，打造“6+10”先进制造业升级版，推进“4+5”现代服务业加速突破，加快形成链条完整、竞争力强的现代产业体系，建设具有核心竞争力的制造滁州。

四是持续拓展市场空间，勇当新发展格局的

安徽排头兵。坚定不移把扩大内需战略同深化供给侧结构性改革有机结合起来，充分发挥消费的基础作用、投资的关键作用，以创新驱动、高质量供给引领和创造新需求，统筹利用国内国际两个市场、两种资源，勇当构建新发展格局的安徽排头兵。

五是加速推动数字化赋能，打造具有区域领先优势的数字滁州。加快数字基础设施建设，大力发展数字经济，推进数字产业化和产业数字化，高质量融入“数字长三角”建设，建成安徽省数字科技创新先行区和在长三角有影响力的数字经济产业集聚区，创成国家数字经济示范城市，打造智山慧水的数字滁州。

六是健全完善高质量基础设施体系，打造安全便捷的通达滁州。坚持适度超前、优化提升的发展原则，统筹推进基础设施建设，构筑与城市功能相协调，与城乡发展生态环境相适应，系统完备、高效实用、智能绿色、安全可靠的现代基础设施体系，打造安全便捷的通达滁州。

七是全面深化重点领域改革，建设富有强劲动能的活力滁州。坚持和完善社会主义基本经济制度，高举“大包干”精神旗帜，以集成改革为抓手，集中攻坚、重点突破，充分发挥市场在资源配置中的决定性作用，更好发挥政府作用，推动有效市场和有为政府更好结合，建设富有强劲动能的活力滁州。

八是扎实推进农业农村现代化，打造安徽乡村振兴示范标杆。坚持把解决好“三农”问题作为重中之重，全面推进、分类实施乡村振兴战略，强化以工补农、以城带乡，推动形成工农互促、城乡互补、协调发展、共同繁荣的新型工农城乡关系，促进农业高质高效、乡村宜居宜业、农民富裕富足，加快农业农村现代化，推动由农业大市向农业强市转变，打造安徽乡村振兴示范标杆。

九是深入挖掘新型城镇化发展动能，建设长三角中心区现代化城市。统筹推进人的城镇化和城市现代化，促进更多农业转移人口融入城市，构建以中心城市为引领、以县城为重要载体的城镇化空间布局，争创国家城乡融合发展试验区，高品质打造宜居宜业宜游的长三角中心区现代化城市。

十是精心描绘绿色发展画卷，打造山清水秀的绿色滁州。坚持绿水青山就是金山银山的理念，纵深推进“三大一强”专项攻坚行动，优化生产生活生态空间，夯实绿色发展生态本底，促进经济社会发展全面绿色转型，争创国家生态文明建设示范市，建设人与自然和谐共生的绿色滁州。

十一是提升扩大开放水平，打造合宁双城都市圈的开放新高地。主动融入“一带一路”、长江经济带建设，推进更大范围、更宽领域、更深层次对外开放，依托强大国内市场和区域市场，加快培育国际经济合作和竞争新优势，打造合宁双城都市圈的开放新高地。

十二是持续增进民生福祉，打造宜居宜业的幸福之城。坚持以人民为中心的发展思想，聚焦人民群众对就业、教育、医疗、养老等民生重点领域和关键环节的期盼，改善人民生活品质，最大限度满足人民群众的美好生活需要，打造宜居宜业的幸福之城。

十三是加快建设文化强市，打造更高水平的文明滁州。坚持社会主义核心价值观引领文化建设，加强新时代公民道德建设，倡导社会文明新风尚，加快完善公共文化服务体系，繁荣和发展滁州文化，提升文化软实力，加快建设文化事业兴盛、文化产业发达、文化艺术繁荣、社会文明达到新高度的文明滁州。

十四是全力营造安全稳定社会环境，打造和谐善治的平安之城。全面贯彻总体国家安全观，更加注重统筹发展和安全，维护国家安全，加强公共安全体系建设，提升社会治理现代化水平，一体推进法治滁州、法治政府、法治社会建设，打造和谐善治的平安城市。

（八）宣城市“十四五”的发展目标及主要措施

1. 宣城市“十四五”发展目标

宣城市“十四五”经济社会发展主要目标见表 3-8。

表 3-8　宣城市“十四五”经济社会发展主要目标

类别	序号	指标	单位	2020 年实绩	2025 年目标	年均增长	属性
经济发展	1	地区生产总值	亿元	1607.5	2500	7.5 以上	预期性
	2	人均地区生产总值	万元	突破 6	10 左右	8%左右	预期性
	3	全员劳动生产率	万元/人	8 左右	12 左右	—	预期性
	4	规模以上工业增加值增长	%	6.2	—	8%左右	预期性
	5	常住人口城镇化率	%	57 左右	60	—	预期性
	6	固定资产投资增长	%	6.7	—	10%左右	预期性
	7	进出口总额	亿美元	19.4	25	5	预期性
	8	社会消费品零售总额	亿元	626.6	926	8%左右	预期性
创新驱动	9	研发经费投入增长	%	—	—	12%	预期性
	10	战略性新兴产业产值增长	%	13.3	—	15%以上	预期性
	11	战略性新兴产业产值占规模以上工业产值比重	%	51.8	53	—	预期性
	12	数字经济核心产业增加值占地区生产总值比重	%	—	达到全省平均水平	—	预期性
	13	每万人口高价值发明专利拥有量	件	3.2	达到全省平均水平	—	预期性
	14	高新技术企业数	个	380	1000	—	预期性
	15	高新技术产业增加值增长	%	15.9	—	15%以上	预期性
民生福祉	16	城镇居民人均可支配收入	元	42134	—	高于经济增长	预期性
	17	农村居民人均可支配收入	元	18928	—	高于经济增长	预期性
	18	五年城镇新增就业人数	万人	[24.5]	[20 以上]	—	预期性
	19	城镇登记失业率	%	2.7	4.5 以内		预期性
	20	每千常住人口拥有 3 岁以下婴幼儿托位数	个	1.6	4.6	—	预期性
	21	每千常住人口拥有执业（助理）医师数	个	2.38	3.3	—	预期性
	22	人均预期寿命	岁	79	高于 79	—	预期性
	23	劳动年龄人口平均受教育年限	年	10.2	达到全省平均水平	—	约束性
资源环境	24	单位地区生产总值能源消耗降低	%	比 2015 年降低 16%	完成省下达目标	—	约束性
	25	单位地区生产总值二氧化碳排放降低	%	比 2015 年降低 18%	完成省下达目标	—	约束性
	26	城市空气质量优良天数比例	%	92.6	完成省下达目标	—	约束性
	27	地表水达到或优于Ⅲ类水体比例（国控断面）	%	85.7	完成省下达目标	—	约束性
	28	森林覆盖率	%	60	高于 60	—	约束性
安全保障	29	粮食综合生产能力	万吨	126.68	127	—	约束性
	30	能源综合生产能力	万吨标准煤	165.5	完成省下达目标	—	约束性

注：“[ ]”代表 5 年累计变化数。

2. 宣城市“十四五”发展措施

一是加快“一地六县”合作区建设，奋力争当长三角一体化高质量发展安徽排头兵。坚持把“一地六县”合作区作为全市融入长三角一体化高质量发展的“一号工程”，坚持上海龙头带动、扬宣所长，探索合作共赢新路径，拓展合作发展新空间，奋力争当长三角一体化高质量发展安徽排头兵，在推动长三角一体化发展中展现“宣城担当”。

二是加快发展现代产业体系，打造经济高质量发展新引擎。坚持把发展经济着力点放在实体经济上，坚定不移实施“工业强市”战略，推动产业基础高级化和产业链现代化，加快打造一批战略性新兴产业基地和特色产业链，建设高能级产业平台，形成制造业与服务业互融互促的现代产业体系，提高全市经济质量效益和核心竞争力。

三是坚持创新驱动发展，加快创建国家创新型城市。坚持创新在现代化建设全局中的核心地位，以建设国家创新型城市为统揽，加快推动以科技创新为核心的全面创新，增强自主创新能力，促进创新链、产业链、人才链、资金链深度融合，构建具有宣城特色的区域创新体系。

四是把握扩大内需战略机遇，在服务构建新发展格局中展现宣城作为。坚持实施扩大内需战略同深化供给侧结构性改革有机结合，以创新驱动、高质量供给引领和创造新需求，更好利用国际国内两个市场、两种资源，更好服务全国构建新发展格局。

五是全面推动数字化发展，加快建设新时代数字宣城。以数字科技创新为核心动力，聚焦数字经济、数字政府、数字社会等核心领域，推动数字经济和实体经济深度融合，提升城市数字化智能化水平，打造数字强市、智慧宣城，力争数字城市综合发展水平迈入全国前列。

六是统筹市域协调发展，加快建设皖苏浙省际交汇区域中心城市。抢抓长三角一体化高质量发展机遇，统筹谋划市域发展布局，加快完善城市集聚、辐射和服务功能，提高中心城区首位度，打造长三角中心区现代化城市，加速确立皖苏浙省际交汇区域中心城市地位。

七是深入实施乡村振兴战略，加快推进农业农村现代化。坚持农业农村优先发展，全面实施乡村振兴战略，强化以工补农、以城带乡，深入推进城乡融合和乡村特色发展，加快农业农村现代化。

八是推进全域生态文明示范，全力打造美丽中国“宣城样板”。坚持绿水青山就是金山银山的理念，尊重自然、顺应自然、保护自然，完善生态文明统筹协调机制，积极参与长三角绿色生态屏障建设，不断提升生态环境质量，促进人与自然的和谐共生，全力打造美丽中国“宣城样板”。

九是繁荣文化事业和文旅产业，打造彰显传统特色和时代特征的文化宣城。坚定文化自信，坚持社会主义核心价值观引领，巩固提升全国文明城市创建成果。深度挖掘宣城特色历史文化旅游资源，加快皖南国际文化旅游示范区和国家全域旅游示范区建设，积极推动优秀传统文化创造性转化、创新性发展，全面提升城市文化软实力。

十是改善人民生活品质，全面建设更具幸福感城市。坚持把实现好、维护好、发展好最广大人民根本利益作为发展的出发点和落脚点，尽力而为、量力而行，提高民生工程精准度，健全基本公共服务体系，完善共建共治共享的社会治理制度，扎实推动共同富裕，不断增强人民群众获得感、幸福感、安全感。

十一是全面深化改革，切实增强发展内生动力。坚持社会主义市场经济改革方向，深入推进重点领域和关键环节改革，形成若干在长三角有影响力的改革成果，进一步激发市场活力，为经济发展提供体制机制保障。

十二是统筹发展和安全，建设更高水平的平安宣城。全面落实总体国家安全观，统筹传统安全和非传统安全，深入落实防范化解重大风险“1+9+*N*”方案体系，提高预测预警预防能力，全方位防范和化解影响现代化进程的各种风险，努力建设更高水平的平安宣城。

十三是加强民主政治建设，营造公平正义法治环境。发扬社会主义民主，全面推进法治宣城建设，更好体现人民意志、保障人民权益、激发人民创造，更加注重维护社会公平正义，在法治轨道上推进新阶段现代化美好宣城建设。

（九）溧阳市“十四五”的发展目标及主要措施

1. 溧阳市“十四五”发展目标

溧阳市从经济发展、居民收入、生态环境、社会文明程度、安全保障等方面制定“十四五”时期的经济社会发展目标。溧阳市“十四五”经济社会发展主要目标如表 3-9 所示。

表 3-9　溧阳市“十四五”经济社会发展主要目标

类别	序号	指标	单位	2015 年实绩	2020 年实绩	“十三五”年均增速	2025 年目标	“十四五”年均增速	资料来源部门
经济强	1	地区生产总值*	亿元	738.15	1086.36	8%	1600	8%	统计局
	2	人均地区生产总值*	万元	9.7	14.2	7.9%	19.2	6.2%	统计局
	3	“四大经济”增加值占地区生产总值比重○	%	34.6	51.8	提高 17.2 个百分点	60	提高 8.2 个百分点	统计局
	4	公共财政预算收入*	亿元	56.19	73.8	5.6%	100	6.3%	财政局
	5	工业应税销售收入*	亿元	1034.8	1912	13.1%	3000	10%	工信局
	6	全社会固定资产投资*	亿元	249.8	366.3	8%	540	8%	统计局
	7	工业投入*	亿元	153.8	194.2	4.8%	310	10%	工信局
	8	社会消费品零售总额*	亿元	234.2	317.5	6.3%	450	7%	统计局
	9	研发经费支出占地区生产总值比重△	%	2.37	2.8	提高 0.43 个百分点	3	提高 0.2 个百分点	科技局
	10	高新技术产业产值占规模以上工业总产值比重△	%	26	32	提高 6 个百分点	40	提高 8 个百分点	科技局
	11	规上工业企业单位数*	户	356	497	净增 141 户	700	净增 203 户	工信局
	12	每万劳动力中高技能人才数*	人	779	1180	8.7%	1300	2%	人社局
	13	“1230”限时办结率○	%	—	80	—	100	提高 20 个百分点	行政审批局
百姓富	14	城镇新增就业人数*	人	13066	14300	1.8%	15000	1%	人社局
	15	基础教育发展水平*	%	76.3	83.7	提高 7.4 个百分点	95	提高 11.3 个百分点	教育局
	16	每千名老人拥有养老床位数△	张	40	45	增加 5 张	52	增加 7 张	民政局
	17	人均接受文化场馆服务次数*	次	—	4.91	—	7	提高 2.09 次	文旅局
	18	每千常住人口拥有执业医师数*	人	2.34	2.88	提高 0.54 人	3.2	提高 0.32 人	卫健局
	19	城镇棚户区（危旧房）改造覆盖率*	%	32.62	82.25	提高 49.63 个百分点	88.58	提高 6.33 个百分点	住建局
	20	城乡居民人均可支配收入*	元	30133	45140	8.4%	66500	8%	国调队
	21	城乡居民基本养老保险保障水平*	元	180	280	8%	411	8%	人社局

续表

类别	序号	指标	单位	2015 年实绩	2020 年实绩	“十三五”年均增速	2025 年目标	“十四五”年均增速	资料来源部门
环境美	22	耕地保有量△	万亩	117.5	97.2	-3.7	97.2	持平	自然资源局
	23	单位地区生产总值建设用地使用面积*	公顷/亿元	37.3	27.11	较 2015 年下降 27.3 个百分点	17.9	较 2020 年下降 34 个百分点	自然资源局
	24	林木覆盖率*	%	30.52	31.6	提高 1.08 个百分点	32.3	提高 0.7 个百分点	自然资源局
	25	城市建成区绿化覆盖率△	%	42.66	41.7	下降约 1 个百分点	41.75	提高 0.05 个百分点	城管局
	26	垃圾分类集中处理率*	%	43	90	提高 47 个百分点	95	提高 5 个百分点	城管局
	27	地表水达到或好于Ⅲ类水体比例*	%	66.7	100	提高 33.3 个百分点	100	持平	生态环境局
	28	空气质量优良天数比例△	%	72.2	82	提高 9.8 个百分点	82	持平	生态环境局
	29	$PM_{2.5}$ 年均浓度*	微克/立方米	55	35	较 2015 年下降 36.4 个百分点	33	较 2020 年下降 5.1 个百分点	生态环境局
社会文明程度高	30	全民阅读指数*	—		77.55		82.55	上升 5	宣传部
	31	社会文明程度测评指数*	—	87.95	92.69	提高 4.74 个百分点	90 以上	—	宣传部
	32	注册志愿者人数占城镇常住人口比重*	%	15	18.8	提高 3.8 个	20	提高 1.2 个百分点	宣传部
	33	人均体育场地面积*	平方米	3.19	5	提高 1.81 平方米	5.5	提高 0.5 平方米	文旅局
保障安全	34	粮食产量△	万吨	53.9	44.75	-3.65%	44.75	持平	农业农村局
	35	网格规范达标率*	%	—	95.9	—	95 以上	—	政法委
	36	公众安全感△	%	92	98.96	提高 6.96 个百分点	95 以上	—	政法委
	37	法治建设满意度△	%	92.5	93.4	提高 0.9 个百分点	92	提高 0.6 个	司法局
	38	单位地区生产总值生产安全事故死亡率*	人/亿元	0.017	0.0028	下降 0.0142	0.002	下降 0.0008	应急管理局

注：“*”为与高质量发展相关指标，“△”为其他常规指标，“○”为溧阳个性指标。

2. 溧阳市“十四五”发展措施

一是聚焦特色优势。建设长三角生态创新示范城市。争创“公园城市示范”，坚持生态为基、协调发展，以推进国家城乡融合发展试验区和新型城镇化建设示范县城为抓手，统筹推进美丽宜居城市建设和特色田园乡村建设。到“十四五”期末，生产生活生态空间相宜、“人城境业”高度和谐统一、公园形态和城市空间有机融合的公园城市美丽格局初步奠定，成为美丽江苏建设的示范样板、全国“两山理论”的实践创新样板。

二是争创全域旅游示范。坚持品质为先、绿色发展，构建以“溧阳1号公路”、溧阳琴廊和森林走廊“一路两廊”为骨架，以“三山两湖一团城”为重点的全域旅游空间格局，打造国际生态旅游目的地，成为国内外游客体验中国乡村生活、品味江南乡村韵味的首选地。

三是争创产业集群示范。坚持产业为核、创新发展，把科技创新、绿色发展作为驱动高质量发展的主引擎，以发展先进制造为主体，坚定不移抓龙头、铸链条、建集群，培育集聚总部经济，努力把溧阳打造成中国的“电谷”和新能源之都。

四是争创乡村建设示范。坚持乡村为要、优先发展，深入实施乡村振兴战略，推动四化同步、城乡融合，强化以工补农、以城带乡，形成工农互促、城乡互补、共同繁荣的新型工农城乡关系。

五是争创区域协作示范。坚持开放为魂、开放发展，“聚焦上海、远拓京深，联动六县、融宁接杭”，努力打造长三角产业合作区，推动产业共建、交通共联、生态共护、服务共享，构建资源要素流动顺畅、主体功能约束有效、基本公共服务均等、资源环境可承载的协调发展新格局。

六是促进城乡居民增收，拓宽富民增收渠道。适应经济转型升级需要，完善职业技能培训体系，扩大就业创业规模，实现就业能力和工资水平联动提升；实施以新生代农民工为重点的职业技能提升计划，积极开发适应农业转移人口的就业岗位；健全农民持续增收体制机制，推动农业增收、就业增收、创业增收和物业增收；开展就业技能培训、岗位技能提升培训，加强职业培训载体建设，努力实现居民收入增长与经济增长同步、劳动报酬提高与劳动生产率提高同步，让人民群众拥有更满意、更可靠的收入。

七是改善人民生活品质。坚持把实现好、维护好、发展好最广大人民根本利益作为发展的出发点、落脚点，不断增强人民群众获得感、幸福感、安全感。

八是提高公民文明素质。弘扬社会主义核心价值观。坚持马克思主义在意识形态领域的指导地位，坚定文化自信，加强社会主义精神文明建设，推进社会主义核心价值观培育和弘扬，凝聚共识、汇聚力量；以建设高水平的全国文明城市为目标，完善教育引导、文化熏陶、实践养成、舆论监督等长效机制，传承好“团结、实干、开放、创新”的新时代溧阳精神，增强人民精神力量。

九是全面推进依法治市。推进“八五”普法。全面开展第八个五年法治宣传教育工作，力争“全国‘八五’普法先进县（市、区）”荣誉称号。加大宪法、民法典普法宣传力度，推进法治乡村建设，加强全市法治文化特色小镇建设，持续开展基层民主法治示范村（社区）创建工作，进一步提升基层干部法治思维和法治能力，夯实法治溧阳建设根基。

十是深化平安溧阳建设。创新矛盾化解机制。建立健全党委和政府主导的维护群众权益机制、社会利益协调机制、预防和化解社会矛盾机制、社会稳定风险评估机制、突发事件监测预警机制，创新打防管控措施，努力打造基础更牢、水平更高、人民群众更满意的平安溧阳；充分利用江南铁军教育学院平台，加强提升国防动员和国防教育工作；巩固新时期军政军民关系，积极创建新一轮“江苏省双拥模范城”。

（十）金坛区“十四五”的发展目标及主要措施

1. 金坛区“十四五”发展目标

金坛区“十四五”经济社会发展主要目标见表3-10。

表 3-10 金坛区“十四五”经济社会发展主要目标

类别	序号	指标		单位	2020 年实绩	2025 年目标	属性
经济强	1	地区生产总值		亿元	973.15	1500，争取 1600	预期性
	2	一般公共预算收入		亿元	55.82	100，争取 120	预期性
	3	工业实际投入		亿元	218.5	累计 1000，争取 1200	预期性
	4	工业应税销售收入		亿元	1625.02	3500，争取 4000	预期性
	5	制造业增加值占地区生产总值比重		%	41.1	46	预期性
	6	社会消费品零售总额增速		%	0.5	8	预期性
	7	每万家企业法人中高新技术企业数		个	227	500	预期性
	8	规上工业研发活动企业占比及投入强度		%	44 1.78	60 1.93	预期性
	9	每万人拥有发明专利数		件	19.36	26.77	预期性
	10	货物进出口总额		亿元	220.3	350	预期性
	11	高技术产品出口额		亿元	54.1	80	预期性
	12	实际使用外资		亿美元	3.36	4.5	预期性
	13	常住人口城镇化率		%	—	67	预期性
	14	绿色优质农产品比重		%	—	75	预期性
百姓富	15	户籍人口		万人	54.75	60 以上	预期性
	16	常住人口		万人	—	80 以上	预期性
	17	居民人均可支配收入增长率		%	5.1	高于经济增长率	预期性
	18	基础教育发展水平		%	90.05	94	预期性
	19	普通高中资源供给比例		%	95	100	预期性
	20	每千常住人口拥有执业（助理）医师数		人	2.83	3.2	预期性
	21	城乡居民基本养老保险保障水平		元	310	430	预期性
	22	养老助困服务保障水平		%	养老 10.7 救助 99.5	养老 20 救助 100	预期性
	23	城镇常住人口保障性住房覆盖率		%	—	34	约束性
	24	退役军人服务保障水平		%	—	99	预期性
	25	城乡万人公共交通车辆拥有量		标台	8.1	8.5	预期性
环境美	26	空气质量	空气质量优良天数比例	%	76.6	不低于 80	约束性
			$PM_{2.5}$ 浓度	微克/立方米	41.3	35	约束性
	27	地表水国考断面达到或好于Ⅲ类水体比例		%	—	完成省、市下达目标	约束性
	28	单位地区生产总值能耗降低		%	—	完成省、市下达目标	约束性
	29	单位地区生产总值建设用地使用面积		公顷/亿元	19.66	13.04	约束性
	30	林木覆盖率		%	27.81	28	约束性
	31	垃圾分类集中处理率		%	94.54	100	约束性
	32	美丽宜居乡村建成率		%	84	100	预期性

续表

类别	序号	指标	单位	2020 年实绩	2025 年目标	属性
社会文明程度高	33	社会文明程度测评指数	—	90.25	91	预期性
	34	人均体育场地面积	平方米	—	4.9	预期性
	35	人均接受文化场馆服务次数	次	4.14	5 以上	预期性
	36	注册志愿者人数占城镇常住人口比重	%	—	18	预期性
	37	全民阅读指数	—	—	80 以上	预期性
保障安全	38	单位地区生产总值生产安全事故死亡率	人/亿元	0.018	0.014	约束性
	39	网格规范达标率	%	92.4	93	预期性

2. 金坛区“十四五”发展措施

一是坚持创新驱动，加快发展现代产业体系，打造“金坛智造”现代化产业集群，开创现代服务业发展新格局，提高现代农业质量效益和竞争力，突出自主创新示范引领作用。

二是促进城乡融合，打造城乡融合试验样板，构建“2+4+6+3”产城空间布局，持续完善城乡基础设施，推进城乡深度融合发展，深入推进乡村振兴战略。

三是强化区域协同，融入区域发展新格局，加快打造区域快速通勤地，全面融入区域一体化发展。

四是提升绿色发展，构建可持续生态环境，绘制美丽金坛生态蓝图，发展绿色循环美丽经济。

五是深化双向开放，提升现代化治理能力，深化重大体制机制改革，提高对外开放水平，推进治理体系和治理能力现代化。

六是推动民生共享，提高人民群众满意度，促进教育优质均衡发展，推进卫生健康事业发展，完善社会保障与老年人保障体系，打响文化体育金坛名片，提升公共安全保障水平。

第四篇

重要政策研究

继续发挥东部地区龙头作用（节选）

沈　迟

（国家发改委城市和小城镇改革发展中心副主任）

从国际视角看，当前世界正经历百年未有之大变局，新一轮科技革命和产业变革深入发展，要实现下一个百年奋斗目标，必须要大幅度提升国际竞争力。我国东部地区，京津冀、长三角、粤港澳大湾区三大城市群无论是人口规模、经济总量还是科技创新能力，都在全球城市群中拥有一席之地，有实力参与到全球高端产业链竞争中。东部地区的国际化水平领先全国，广交会、进博会、消博会、服贸会等无不依托东部地区的便利条件举办。东部地区在金融服务、人力资本作用的发挥上也具有自己的优势。而在基础设施建设水平方面，东部地区更有领先全球的优势。因此，东部地区率先发展对于我国占领国际竞争制高点有着不可替代的作用。

在国内，适应高质量发展新阶段，我国重点领域关键环节改革任务仍然艰巨，创新能力还不能完全适应高质量发展要求，发展不平衡不充分等问题仍很突出。我国地域广阔，各地自然条件和资源禀赋的空间差异巨大，在空间上必然会呈现梯度发展格局。东部地区无论是在改革开放、制度创新，还是在经济转型、高质量发展等方面，一直是国家改革开放发展的试验田和排头兵。

长期以来，东部地区一直在支援中西部地区中发挥重要作用。东部地区改革创新的率先探索、高强度的外向型经济和财富积累，为扎实推进西部大开发、中部崛起和东北振兴的区域发展战略奠定坚实基础。“十四五”期间，东部地区依然要继续承担科技创新领头羊、国家治理能力现代化样板的重任。

2000年后，随着西部大开发、东北振兴、中部崛起等区域发展战略的实施，区域经济走上协调发展轨道。党的十八大以来，区域协调发展进一步受到重视。党的十八届五中全会强调推动区域协调发展，塑造要素有序自由流动、主体功能约束有效、基本公共服务均等、资源环境可承载的区域协调发展新格局。党的十九大报告强调，建立更加有效的区域协调发展新机制。通过“一带一路”建设、京津冀协同发展、长江经济带发展、粤港澳大湾区建设等重大战略，区域发展协调性显著增强，发展差距逐渐缩小。

2020年，东部地区的国内生产总值超过了全国的50%，而东部地区的总人口不到全国的40%。京津冀、长三角、粤港澳大湾区三个经济圈的经济总量已达到我国经济总量的44%。长三角地区正在隆起为科创高地，从政策协同、资源共享到创新要素流动都步入快车道，从世界工厂向全球创新高地转变，进入一体化创新和产业深度融合阶段，集聚创新能力持续释放，世界级产业集群加快形成，长三角以研发经费投入占全国近30%，发明专利授权量占全国30%，高新技术企业占30%，人工智能、生物医药先导产业规模超30%等“四个30%”强势崛起，成为中国高质量发展创新动力的主引擎之一。据世界知识产权组织发布的全球创新指数报告，长三角地区有上海—苏州、南京、杭州、合肥等4个科技集群进入全球百强，分别位列第6、13、14、55位，正在改变着世界产业版图和创新版图。以长三角经济圈的南京都市圈为例，2021年2月，国家发展改革委复函，批复同意国家首个跨省域的南京都市圈发展规划，总面积6.5万平方千米，当年南京都市圈内8市2区（市），人口约3529万人，约占全国总人口的2.5%，实现地区生产总值46666亿元，占全国比重约 4.1%，占长三角地区生产总值比重约 16.9%，人均地区生产总值 13.2 万元。2021 年经济总量较 2020 年继续扩大 4915 亿元。东部地区除了在经济技术、管理经验、资金项目等方面外溢以外，还要继续深化以人为本的新型城镇化改革，为更多跨省就业的进城务工人员和跨城就业人员提供方便的户籍迁移和更加普惠的公共服务。

（本文原载《光明日报》2021 年 11 月 5 日第 6 版，作者作了修改）

推进市域社会治理现代化的地方创新实践（摘要）

党的十九届四中全会提出，加快推进市域社会治理现代化。市域治理是国家治理承上启下的一环，具有产业、财税、立法、行政、司法、执法、服务等方面的综合治理能力，是统筹推进城市治理与乡村治理的关键。在城镇常住人口占总人口比重超过60%的当下中国，城市的人口、资本、技术、产业等要素更加集聚，各要素间关联更加紧密，城市社会矛盾也更加突出，城市面临的常规与突发风险更为复杂多样，推进市域社会治理现代化的重要任务十分紧迫。市域社会治理现代化追求社会秩序与社会活力的统一，是一项系统性工程，需要系统治理、综合施策，需要统筹解决与市域社会稳定紧密相关的党建引领、政府治理、产业转型、债务管理、公共服务、重难点治安议题、科技支撑一揽子问题。围绕这些方面，南京市栖霞区等发达地区进行了多样化、集成性的基层创新，形成了一些有益经验，也反映出我国市域社会治理现代化面临的诸多重要挑战，亟待认真总结，深入剖析，为形成更加成熟的市域社会治理现代化制度体系提供基础支撑。

一、南京市栖霞区推进市域社会治理现代化的成功经验

南京栖霞区等地就市域社会治理进行了多维度、集成化的创新探索，具有重要借鉴意义。其主要经验涉及七个方面：一是通过政治引领具体化、组织引领网格化、机制引领系统化、能力引领精准化，发挥党建引领作用；二是依托“不见面审批”“全科政务”、综合执法、“网格化+”，发挥行政体制改革服务作用；三是通过促增长、稳就业、产城融合、绿色转型，发挥产业转型驱动作用；四是超前布局防范，强化财务与大数据监管，推动债务透明化，创新融资方式，有力化解地方债务风险；五是借力优质资源提升公共服务均等化水平，发挥公共服务助推作用；六是落实主体责任，加强源头管控与网格化管理，有力打击传销行为；七是在政务集成、轨迹记录、分析预警中推动智能治理，发挥科技支撑作用。

二、推进市域社会治理现代化存在的共性问题

从全国来看，市域社会治理同时存在一些障碍与不足，突出表现为：党建引领社会治理的认识有待提高、组织保障有待加强、机制有待创新、能力有待提升；放权仍存在较大空间，综合监管仍显滞后，服务型政府的意识与能力均有待加强，多元共治机制尚未普遍形成；产业稳就业的基础还不牢靠，产业粗放导致的生态环境类纠纷化解任务重，产城融合不充分隐含潜在风险；违规举债时有发生，一些地区债务规模大，影响公共服务供给连续性与质量；一些地区教育、医疗、养老等服务资源不足、质量不高、发展不均衡，卫生、治安状况差的区域大量存在；传销形态发生较大转变，整治工作面临反制能力变强、专业打击力量不足、部门联动不畅等问题；科技支撑治理面临技术权力垄断、治理体制与规则滞后、多方利益平衡难题及国家安全风险。

三、推进市域社会治理现代化的政策建议

市域是一个完整的生态系统，市域社会治理现代化需要多方面、多维度现代化的集成。当前推进市域社会治理现代化，需要创新党建引领治理形式，深入推进行政体制改革，大力推进产业转型升级，高度防范地方债务风险，扎实推进公共服务均等化，建立传销打击长效机制，推进科技与治理深度融合。

（一）创新党建引领治理形式

1. 转变思维，科学把握党建引领市域社会治理的内涵

社会治理是一门科学，要辩证认识党建与社会治理的关系，抓关键、找重点，对方向性领域加以引领，准确把握和调整党建对社会治理引领的“度”。要着力完善党建引领下的“三事分流”制度，合理区分大事、小事和私事，有效引导政府部门协同解决辖区“大事”，引导辖区社会力量参与共治解决“小事”，引导基层群众自治解决“私事”，实现党委领导、政府负责、社会协同和公众参与的良性互动。

2. 强化共建，夯实市域社会治理的组织基础

建立区县党组织管总、街道党工委牵头、社区（村）党组织执行、网格党组织“微操作”的四级联动组织机构。依托网格化党建，实现各部门党组织干部职工的交叉任职，建立常态化信息交流和人员互动机制，提升党组织统筹各类组织合力推进基层社会治理的枢纽性作用。进一步织密网格化党建中的“网”，既要注重实体空间的网格化治理，也要探索虚拟空间的网格化治理，真正实现全覆盖、无死角，把党组织的触角充分延伸到社会末梢神经。全面推行建设基层“大党工委”，建设“红色党建联盟”，逐步形成区域化党建联盟圈、协同圈、朋友圈。

3. 加强共治，实现党建与社会治理的有效融合

提升网格化综合治理服务中心的权威，逐步赋予其部分财权、人权、事权，进一步做实做强网格化党组织对社会治理的领导和服务能力。打造涵盖基层社会治理各领域、各层级的综合性网格化管理信息平台，统一数据标准，依法有序推动人口、住房、治安、就业等数据端口与综合信息平台的对接，为网格化党建引领社会治理提供强大数据支撑。进一步优化线上线下双网融合模式，探索将部分党建引领下的社会治理业务以政府购买方式，交由社会组织承担，形成多元主体积极参与社会治理的利益驱动机制。

4. 实现共享，全面激发市域社会治理活力

推动各类组织和机构的党建融合发展，充分发掘和引导基层各类组织中的精英、专业人员及“田秀才”“土专家”“泥腿子监理”等人才，为提升公共治理能力和水平献智献力。在基层党组织领导下，建立各类组织间的“契约合作”机制，强化面临共同治理问题时的责任共担、资源整合、利益共享。积极拓展“网格化党建+治理”范围和领域，把更多功能嵌入网格平台，以功能整合带动资源整合，发挥资源积聚效应，形成教育联管、治安联防、群众互助、环境联治、文明联创等大治理、大服务、大共享格局。

5. 加强人才和科技支撑，提升市域社会治理能力

抓关键少数，重点培养一批党性强、业务精的基层党组织书记。大力拓展引才渠道，内育外引，打造具备驾驭复杂局面、处理复杂问题本领的基层党组织干部队伍。选优配备基层党组织党建专职人员，在编制和岗位设置上，形成制度化安排。加强网格长和网格员队伍建设，将其工资交由社区考核发放，择优者选拔为社区干部，拓宽其上升渠道。适应信息时代的技术需要，广泛引进大数据、云计算和人工智能等新一代信息技术，加强基层干部科技支撑智能治理的培训。

（二）深入推进行政体制改革

1. 强化改革政策落地，提升社会治理整体效能

应聚焦“明放暗不放、放虚不放实、放责不放权”，以及放权后上级机构通过其他方式掣肘下级机构的突出问题，着力完善行政执行体制、机制和制度建设，完善政治问责制和行政问责制。及时对改革进展和成效进行必要的第三方评估。不断创新行政审批方式，优化项目报建审批流程，推行联合审批、多图联审等方式。注重行政审批制度改革与投资体制、财税金融体制、社会治理体制和行政管理体制的深度结合。

2. 建立完善法律制度体系，深化综合执法体制改革

注重改革进程与法治建设相协同，为改革试点提供及时的法律支撑，加快市域治理相关的法律制度建设，增强法律法规的可操作性和执行性，形成上下贯通的社会治理法律制度体系。最大限度减少不必要的行政执法事项，进一步整合行政执法队伍，继续探索跨领域、跨部门综合执法，推动执法重心下移，统筹配置监管职能和执法资源，妥善处理综合行政执法和专业行政执法的关系，形成综合监管与专业监管分工协作、优势互补的综合监管新格局。

3. 增加公共服务有效供给，加快建设服务型政府

推进政务供给结构优化、重心下移、全科服务等方面的改革，促进公共资源向基层延伸、向农村覆盖、向弱势群体倾斜，下沉社会治理资源和服务，更好提供专业化、精细化、高效化服务。加快提升“一窗受理、集成服务”能力，确保居民在任何窗口都能接受规范的全科政务服务。重点突破数据共享的体制壁垒，建立统一标准体系，构建对内一体化的政务信息系统和对外一体化的信息资源共享平台，提升政务服务数据共享水平。

4. 扩大常态化社会参与渠道，推进多元协同共治

加快推动从政府行政管理本位向“多元协同共治”的体制转变，改进和完善宏观调控，积极向社会和地方放权，赋予社会组织更多职能、更多发展空间。大力推进政社、政事、政企分开，拓展社会力量参与社会治理的路径和方式，充分调动群众在基层治理中自我管理、自我服务、自我监督的积极性。拓展公民尤其是流动人口参与社会治理的途径和方式。

（三）大力推进产业转型升级

1. 加快产业转型升级，夯实社会治理的经济基础

积极培育和引进高层次人才，推动各类创新要素和资源向高新技术产业集聚。提升高新技术产业开发区发展质量，积极打造以“智能制造”为主导的现代产业体系，提高产业链现代化水平。创新科技成果转化市场化运作方式，着力发挥科技创新的重要驱动作用。注重产业转型升级与区域资源禀赋的匹配，积极扩大有效投资，稳步推动经济增长和高质量发展，为社会治理奠定扎实的经济基础。

2. 扩大就业容量，通过稳就业来稳社会

大力促进数字经济、平台经济、创意经济、流量经济等新经济发展，加快推动智能制造产业、高技术产业、现代服务业发展，推动产业链、价值链和供应链延伸，拓展用工需求空间。激发中小企业和民营企业的发展活力，充分发挥多元经济模式和市场主体就业吸纳作用。探索产业结构升级与就业结构升级相协调的增长模式，加快形成有利于创新创业的发展环境，带动就业容量不断扩大。

3. 引领绿色集约发展，提升生态环境满意度

坚持生态优先和绿色发展原则，发挥好产业规划引领生态建设的作用。坚持产业转型升级的市场效益与社会效益协同思维，推动产业结构高级化，积极培育发展绿色新兴产业，减少污染排放。推动“粗放”发展的工业企业进驻园区集聚集约发展，加大产业技改和环保专项投资，通过集聚发展和集中治理，提升生态环保监管效率，不断提高生态环境的质量，满足人民日益增长的对美好生态环境的需求。

4. 推动产城深度融合发展，减少产城错配导致的社会矛盾

强化政府政策的功能性作用，准确研判所在地区经济发展水平和产业基础能力，提升城市承载新产业、新模式、新业态的能力，为产业转型升级搭平台、创条件。继续完善城市服务功能，为产业园区发展提供多元性、精准性的公共服务。学习借鉴栖霞区产业转型、以产兴城、产城互动的经验，积极培育主导产业和特色产业，不断推动产业迈向中高端，提升城市品质和发展活力，避免因产城不匹配、产城分割导致的社会矛盾纠纷。

（四）高度防范地方债务风险

我国处于经济中高速增长阶段，民生建设又需要适当超前，社会对公共服务的需求大，政府融资压力增大。历史地看，地方政府通过举债发展经济具有一定积极意义，但是应认识到地方债务风险防控工作任重道远，尤其要防范其对市域社会治理的负面影响。基于各地防范债务风险的实践，我们提出如下建议：一是强化债务管理，严格控制新增债务，妥善处理好债务偿还和在建项目后续融资。二是拓宽融资渠道，分批发行国资公司融资债券，与政策性银行合作，探索政府和社会资本合作（PPP）等融资方式，优化融资结构。三是完善财务监管，实现财务大数据管理，逐步将平台资产负债率调控至合理范围内。四是整合闲置资金，建立资金调剂使用机制，提高资金使用效率，降低财务成本。五是规范融资平台，落实偿债责任和剥离融资业务。六是禁止违规担保，不得以机关事业单位及社会团体的国有资产为其他单位和企业融资进行抵押或质押等。七是健全融资机制，抓紧研究建立地方政府债务风险预警机制，将地方政府债务收支纳入预算管理。八是加强人大监督，强化对地方政府举债的硬约束和依法监管力度。

（五）扎实推进公共服务均等化

1. 坚持经济社会协同发展

栖霞区的改革实践表明，只强调经济发展而忽视社会建设，走先发展后治理的道路行不通，经济社会协同发展是统筹化解社会矛盾的有效思路。要着力增强化解社会风险的能力，推动社会治理重点领域改革，构建和谐、稳定、安全、充满活力的社会秩序，为经济长期可持续发展赋能助力。同时，在保持城市经济高质量发展的基础上，结合城市化发展需要，积极防范经济增速放缓可能带来的公共服务供给能力不足问题。

2. 以民生需求为出发点和落脚点

当前我国许多地方社会力量发育不充分，政府在社会治理中的主体地位不可或缺，在改善民生和保障基本公共服务方面更是如此。要坚持以人民为中心，抓住城市居民最关心、最直接、最现实的利益问题，在不断加大保障和改善民生福祉的过程中，把医疗、教育、养老、社会保障等基本民生改革纳入市域社会治理范畴考量，使人民群众获得感、幸福感、安全感更充实、更有保障、更可持续，从根本上预防和化解社会矛盾。要突出问题意识和目标导向，关心人民群众最关心、最直接、最现实的利益诉求，将发展重点放在老百姓看得见、摸得着、用得上的公共服务上，抓重点、补短板、强弱项，增强居民获得感，提升居民满意度。

3. 以标准化推动制度体系建设

制度体系建设是确保公共服务可持续发展的基本前提。以标准化促进基本公共服务均等化、普惠化、便捷化，是提高公共服务供给质量、寓治理于服务的必然要求。要高度重视标准化制度体系建设，以服务标准化为抓手，全面建立标准体系，在改革中规范体系，在创新中形成制度。

4. 借助外力实现跨越式发展

栖霞区的创新实践证明，在基础薄弱的区域提升公共服务供给能力面临很多困难和瓶颈，仅仅依靠自身资源难以短期取得成效，也无法满足人民群众日益增长的需要。要加快公共服务供给方式创新，鼓励民间资本和社会组织参与公共服务生产供给，扩大公共服务有效供给和优质供给。要主动借力，善于让资源为我所用，发展医联体、教育共同体、连锁养老机构，构建灵活多元的公共服务供给和响应机制。

（六）建立传销打击长效机制

1. 加强部门联动综合治理

一是加强传销执法部门与相关行政管理部门的协作治理。重点加强公安机关与通信服务机构、网络运营机构、银行金融机构的合作，根据侦查线索快速定位涉传信息、封锁账户、封存证据，并第一时间与行政执法和刑事司法系统对接。二是加强不同部门间信息互联互通，对存在明显交叉的涉案线索进行多案串并处置，避免重复立案，提高侦查侦办效率。三是定期在全国范围统一开展专项联动整治工作，由中央整体部署实施，加大政策协调力度，提高联动治理能力，增强联动整治成效。

2. 加大重点区域专项治理

一是加强重点区域专业打击传销力量，长期跟踪、分析研判传销信息，健全标准化、规范化、专业化办案流程。二是加大专项侦查力度，引入网络化、信息化侦查手段，加强社区网格、通信、网信等信息平台的综合运用。三是建立全国性涉及传销人员综合管理信息化系统，动态收集和掌握涉及传销人员情况。

3. 加强基层传销系统治理

加强统筹部署与系统施策，坚持打、防、控、管相结合，强化部门间治理协作。加强基层网格管理平台、传销监测分析预警平台、传销犯罪信息共建共享平台建设，健全传销人员黑名单数据库，提升基层传销治理的专业化、平台化、精细化、智能化水平。

4. 强化宣传教育源头治理

一是大力开展传销治理相关法律法规与政策宣传。通过多种形式的主题教育，提升社会公众法律意识、防范意识与辨别能力。重点提升大学生、离退休中老年群体、务工人员对传销危害性的认知，将传销犯罪遏制在思想观念上。二是持续丰富宣传内容与宣传路径。结合传统媒体与网络媒体渠道，及时报道不同类型传销犯罪案例，拓展人民群众了解传销犯罪的路径。三是在传销人员聚集区与原籍地加强警示教育，通过传销人员陈述展示传销犯罪的危害，揭露传销犯罪真相，根治传销活动土壤。

5. 健全传销治理机制支撑

一是健全流动人口管理机制，在统一清查登记的基础上，完善基层组织防控体系，强化属地管理与重点部门协作治理。二是完善出租房屋与其他租住空间管理机制，联合住建、人社等部门加大对违规出租房屋的清查力度，对涉传房屋房产，严格追究户主与房屋中介机构责任，依法惩罚容留传销犯罪人员的房主与房屋中介机构。三是完善日常联合打击机制，重点针对传销组织链、资金链进行实时防控打击。

（七）推进科技与治理深度融合

1. 应用与治理并重

新技术参与治理是一把双刃剑，应避免单纯的乐观与悲观主义，客观理性权衡新技术参与社会治理的利弊，坚持发展与治理并重，在发展中优化治理。努力丰富市域智能治理应用场景，建设多样化的智能治理应用平台，围绕居民需求进行精准服务、精准治理、精准反馈。在鼓励技术参与治理应用的同时，及时关注和跟踪出现的问题，适时制定与修订有关规范，通过法律规范有关行为、明确各方责任义务、保护各种主体权益，减少社会风险、化解社会矛盾。

2. 技术创新与治理创新并重

技术参与治理的问题部分可通过技术创新克服，鼓励工程师与公共管理专家合作，加大技术参与社会治理的跨学科研发支持力度，充分挖掘区块链技术在解决数据可信度等问题上的作用。新技术参与治理引发的权力垄断、治理异化、利益失衡等问题，本质上是人的关系问题，应鼓励人人参与、人人尽责，用治理所倡导的多元参与、民主协商、共建共治共享的思路来解决，由社会治理共同体来规范。在信息安全的前提下，提升城市各类数据信息的整合覆盖、分级管理、统筹利用和互认共享水平，实现城市社会数据资源的有效整合与共享。

3. 政府监管与行业自律并重

技术赋能政府治理与平台治理，但政府与商业平台本身需要基于公共利益的治理。技术治理具有复杂性、专业性与信息不对称性特点，决定了需要政府监管与行业自律并重。政府要致力于政策法规创制与有效监管，围绕信息和数据的资产地位确立、管理体制机制、安全与隐私保护等内容，完善制度法规和标准规范，促进技术参与治理后的社会信任与社会创新，保护公共权益、增进民生福祉。行业与企业是技术参与治理的直接主体，最熟悉业务，要引导行业共同体自律，建设行业规范、增强社会责任、回应社会关切，提升技术参与治理的社会认可度。

（文章摘选自《国务院发展研究中心调查研究报告》2020年《推进市域社会治理现代化的地方创新实践》；作者单位：国务院发展研究中心公共管理与人力资源所“新时代我国社会治理创新发展研究——以南京市栖霞区为例”课题组。推荐单位：中共南京市栖霞区委研究室）

彰显传统文化优势 凝聚人才创新创业

——以文化向心力激发南京都市圈内生发展动能

逮成[1] 洪波[2]

（江苏大学[1] 江苏科技大学[2]）

中华优秀传统文化是中华民族的精神命脉，是涵养社会主义核心价值观、进行爱国主义教育的重要源泉，是我们增强“四个自信”，在世界百年未有之大变局和文化激荡中站稳脚跟，实现中华民族伟大复兴的坚实根基。国家高度重视中华优秀传统文化的弘扬、传承和保护。南京都市圈优秀地方传统文化资源丰富，地缘深厚，特色鲜明。南京都市圈是国家2021年批准的全国第一个跨省域都市圈，都市圈有江苏省的南京、镇江、扬州、淮安四个设区市，以及常州下辖的溧阳市、金坛区二市（区），安徽省的芜湖、马鞍山、滁州、宣城四个设区市，共有八个设区市和两个市（区）。近年来，都市圈各城市根据自身发展特点，汇聚省内外专家学者，纷纷推出弘扬传承优秀地方传统文化的系列文化著作，诸如江苏省推出的《江苏地方文化史》等，这类著作规模大、质量优、特色鲜明，对传承中华优秀传统文化、红色文化，弘扬当代社会主义核心价值观，加强爱国主义教育具有重要意义，在国内产生了积极影响。

南京都市圈不仅是经济圈、生活圈，更是文化圈。自古以来，以南京为中心的地区就是江淮文化、吴文化和楚文化的交汇之地，形成了独特的文化圈层，这种深厚的地方文化是都市圈发展的内生动力。进入新时代，我国开启现代化建设新征程。如何加大宣传力度，保护、传承、弘扬地方优秀传统文化、红色文化，增强优秀文化的吸引力、感召力，用地方优秀传统文化、红色文化激励人、感染人、培塑人，吸引更多人才留在当地发展，用文化软实力培育都市圈高质量发展新动能，激发各城市齐心协力谋发展的潜力，争得南京都市圈发展荣光，是当前都市圈创新发展面临的新课题。为此，我们提出三方面建议。

一、彰显优秀传统文化软实力，集聚都市圈发展新优势

优秀传统文化是城市发展的重要软实力，是城市弯道超越的重要法宝。南京都市圈内的城市大多是国家历史文化名城，地比邻，人相亲，文脉近，都为中华优秀传统文化发展做出过杰出贡献。各城市历史悠久，优秀传统文化底蕴深厚，绚丽多姿，丰富多彩。江苏境内的南京等四个设区市以及溧阳市、金坛区二市（区）中，南京为六朝古都；镇江是座有着3000多年文字记载历史的城市；《尚书·禹贡》记述扬州为古九州之一；淮安，秦统一六国后推行郡县制，市境即置楚州；常州有确切时间记载的历史超过2500年。安徽境内的四市中，芜湖历史文化资源十分丰厚，繁昌区的“人字洞”是古人类考古学上的重大发现，发现的远古人类制作的石器、骨器和品种多样的哺乳动物化石，时间断代约在距今250万年至200万年，把人类在亚洲活动的历史上溯了四五十万年，引起世界瞩目；马鞍山历史悠久，西周时属吴国，曾为六朝畿辅、十代京畿，自古就有“金陵屏障、建康锁钥”之称；滁州吴风楚韵，气贯淮扬，接壤金陵西北，为六朝京畿之地，自古有“金陵锁钥、江淮保障”之称；宣城为历史文化名城，古称宛陵、宣州，秦初正式置县，人文荟萃，文化底蕴深厚，晋永嘉年间，首开文化昌盛之风，其文脉悠长。进入新时代，长三角城市间的良性互动不断加强，各城市纷纷打优秀地方文化牌，

做强文化软实力，增强城市感召力，吸引人才到当地发展。

中华优秀传统文化的吸引力、感召力日益凸显，越来越多的高校学生从地方文化发展历史中了解城市、熟悉城市、热爱城市、融入城市，留城发展。为更好发挥优秀传统文化、红色文化在强化学生爱国主义教育，培塑学生社会主义核心价值观，增强城市发展自信方面的作用，实现地方优秀传统文化创造性转化与创新性发展，目前各地陆续开展形式多样、内容丰富多彩的地方优秀传统文化“进机关、进党校、进校园、进企业、进社区、进农村”等活动，在增强城市吸引力、凝聚力方面取得显著成效。建议抓源头、强基础，重点加强都市圈优秀传统文化“进校园”工作，齐心协力打造都市圈优秀传统文化教育的品牌，组织地方专家和学校名师，在学校师生中宣讲都市圈各地优秀传统文化，培育壮大都市圈优秀传统文化软实力，弥补都市圈各地发展硬件之不足，营造都市圈发展的良好人文环境，为都市圈各市在新一轮人才竞争中争得先机，合力创造出新优势。

经济要发展，人才是关键，人才是经济高质量发展的核心要素，是城市发展的核心竞争力。当今社会，城市间对人才的竞争到了白热化程度。新一轮人才竞争，各地都有比较优势。仅以镇江为例，镇江属于中等城市，市域内有江苏大学等 9 所高校，在校大学生总规模超过 10 万人，在全省设区市中有比较优势。近水楼台先得月，近年来，镇江市委、市政府充分认识到留住在镇高校大学生的重要性，利用在镇高校多、大学生规模大的优势，出台积极政策，吸引在镇大学毕业生就地发展，成效显著，留镇发展大学毕业生比例在不断提高，为镇江“产业强市”战略提供了人才支撑。我们在研究中注意到一个新趋势，即南京都市圈内各城市越来越重视各类人才的引进，千方百计吸引大学毕业生落户当地，推出的各项举措力度越来越大，对毕业生的吸引力越来越强。以常州为例，地处苏南经济发达地区的常州，与周边城市相比，在吸引人才的硬实力，诸如城市规模、产业支撑、科技创新、财政投入、人才待遇等方面推出了一系列扎实有效的举措。大学受教育程度是判断人口素质与人口质量的核心指标，2021 年公布的江苏省第七次人口普查数据显示，常州市 2010—2020 年十年间，每 10 万人口中具有大学文化程度的有 20690 人，与南京都市圈内其他城市相比，常州的人口素质和人才质量具有一定的比较优势，极大地支撑了南京都市圈内溧阳、金坛的产业发展。吸引并留住更多所在城市大专院校学生就地发展，做大城市规模，提高城市品质，提升人口质量，事关城市发展的地位和前途，南京都市圈内各市在这项工作上与周边城市相比还有较大提升空间。都市圈内各市需要有危机感，错位竞争，在文化软实力方面寻求突破，争取更大的比较优势。

二、推进优秀传统文化进高校，汇聚都市圈发展新动能

习近平总书记指出：“文化自信，是更基础、更广泛、更深厚的自信。”中华优秀传统文化是我们的突出优势和最深厚的文化软实力。当前我国正处在历史性交替的重大节点上，胸怀两个大局，全面客观正确认识国内外发展大势，科学有序、积极推进都市圈优秀传统文化进高校工作，对地方、高校、学生三方都是重大利好。这项举措不仅对城市开启“十四五”新征程、“两个一百年”奋斗目标，在变局中开新局，奋力书写中华民族伟大复兴的宏伟篇章具有重大意义；还对都市圈各市高校扩大影响力，提高竞争力，实现高质量发展、高品质提升有积极意义；对学生更多接受都市圈各市优秀传统文化熏陶，培根铸魂，拓宽视野，及早融入社会、健康成长同样具有重要意义。

近年来，各市在吸引高校学生留城方面举措频频，适时推出“十四五”期间引进高层次人才、集聚青年人才计划和方案。这些计划和方案的顺利落地，除了需要优化经济发展硬环境外，更需要发挥文化软实力作用。心之所向，素履以往，留人需要先留心。当代大学生的特点是视野宽、

知识面广、接收新知识能力强，但对所处都市圈城市了解不够深入。我们需要采取有效举措，根据学生特点，从历史根基、当代价值、国际视野、人类高度等方面宣传都市圈地方优秀传统文化、红色文化、先进文化，以文感人、以文化人，以地方优秀传统文化为纽带，用文化的力量感染和召唤，让高校学生所在城市成为他们心目中的理想发展城市。这就要求都市圈各市做好相应的服务工作。

一是加强领导，精心组织。都市圈优秀传统文化进校园是一项系统的文化创新工程，政治性强，质量要求高，成功关键是加强领导，在都市圈层面需要做好顶层设计。各市党委、政府和高校要立足城市发展全局，建立领导班子，加强组织领导；要明确指导思想，明确工作目标，履行工作职责，调度各方力量，全面组织实施；要组织专家团队，对授课内容进行严格审核把关，加强对授课教师的培训，避免出现差错。

二是科学规划，循序渐进。要把地方优秀传统文化进校园活动纳入高校教学课程改革“十四五”规划，科学规划，精心组织，积极推进。都市圈内有的城市尝试乡土文化进校园，有一定的经验借鉴，其他城市应结合实际加强研究，在试点成功的基础上再行逐步推广。根据人才竞争新格局新态势，地方与高校联合，以专家讲座的形式，首先在入学新生中开展地方优秀传统文化宣传教育，让他们早日融入当地，坚定留城创业发展信心。

三是财政支持，确保成功。百年大计，教育为本。优秀传统文化进校园，需要组织专家团队，重点梳理都市圈特别是各市的优秀传统文化，编撰适合各市的乡土教材。这些工作需要一定的资金投入，地方财政应积极支持。

三、传承红色文化先进性，凝聚都市圈发展新合力

中华优秀传统文化是人民的精神家园，它塑造着民族精神，体现着国家、民族的价值取向，影响着人们的思维方式和行动方向，是推动经济和社会持续发展的精神动力。坚定文化自信，离不开对优秀传统文化、红色文化、先进文化的深刻理解、广泛宣传、科学传承。南京都市圈优秀传统文化有许多共性特征，其中一个重要特征就是爱国主义文化非常鲜明、十分突出。抗日战争期间的1938年7月—1941年1月，安徽泾县云岭是中国共产党领导的新四军军部所在地。1938年7月初，新四军军部进驻泾县云岭后，指挥南方8省14个地区的红军游击队整编成新四军，迅速壮大人民抗日武装力量，成为华中抗战的中流砥柱。新四军建立的以茅山为中心的苏南抗日根据地，不畏强敌、不怕牺牲、浴血奋战，为中华民族抗击日寇入侵，取得抗战伟大胜利做出了不可磨灭的贡献。《新华日报》在2021年4月9日刊文《打开江苏地方文化史的“红色篇章”》，重点推介了镇江、淮安等城市的地方红色文化，充分肯定镇江“勇往直前、报国为民”的地方红色文化重要特色，并指出“镇江的学者们用大量笔墨，展现近代以来，镇江人民为了国家统一和民族存亡，为了免遭外敌蹂躏，保家卫国、不惜牺牲的精神”。南京都市圈各城市把握重点，抓住关键，千方百计探索弘扬传承红色文化的有效路径方式方法，把弘扬传承重点放在学校，开展形式多样的地方优秀传统文化、红色文化进校园活动，取得较好成效。

持续推进这项活动，必须突出重点，精心谋划，精准试点，取得经验，循序推进，久久为功。要针对以下五个重点环节，制定切实可行方案推进。

一是优化教材。优秀传统文化教育需要立足长远，不断推进。这类教材应突出重点，将展示爱国主义的内容摆在突出地位，传承红色基因，弘扬民族精神，让学生感知中华优秀传统文化的亮丽底色。要让在校学生通过学习都市圈地方优秀传统文化，做到明理增信，就必须按照教学规律和教学要求，组织高校和地方专家团队，依据学生特点，以爱国主义教育为主线，对地方优秀传统文化的内容，在科学性、政治性、系统性、规范性、可读性等方面进行必要的整合，突出红

色文化主题，压缩规模、取其精华，形成适合高校进行爱国主义教育的乡土教材。

二是课程设置。优秀传统文化进校园，课程设置十分重要。高校可以根据大学生专业特点、兴趣爱好，结合实际需要来设置课程。建议开设优秀传统文化、红色文化、先进文化选修课程，辅以必要的专家专题讲座。

三是师资队伍。文史类专业的专业课教师或思政课教师都能胜任这项工作，学校师资力量如有不足，也可以外聘地方专家学者。

四是积极开展现场教学。南京都市圈地处长三角经济发达区，企业间同质化竞争明显，各地为了在国内国际双循环中赢得竞争新优势，脱颖而出，做强做优企业，都在使尽浑身解数，各出奇招，另辟蹊径，招揽人才，留住人才。江苏汇鸿集团下属冷链公司为留住人才，以地方优秀传统文化现场教育为抓手，探索寻找到了红色文化、传统文化、先进文化和企业文化工作的契合点，每年将新招聘人才带到地方博物馆，让他们切身感受地方红色文化、优秀传统文化的魅力，增强新入职人员的获得感、幸福感和自豪感，自愿扎根企业谋发展。江苏汇鸿集团下属冷链公司的经验值得借鉴。南京都市圈各市优秀历史文化遗存丰厚，展示红色文化的各类场馆较多，内容也丰富多彩，让学生深入现场，实地感知，亲身体会，现场教学效果往往事半功倍。高校可根据教学需要，设置现场教学模式，充分调动学生学习积极性，正向激发学生建设热情。

五是考评体系。高校可以建立优秀传统文化、红色文化课程考核制度，各专业、各年级的考核评价体系相对独立。把教学内容、教学课时数、学习成果、学生出勤率等纳入综合考评范围，得出综合考评结果，计入学分。学分分值由各高校自行确定。

让优秀传统文化入脑入心，这不仅仅是文化问题，更是事关国家前途和命运的政治问题。必须在习近平新时代中国特色社会主义思想指导下，全面把握都市圈发展阶段的新任务、新要求，站在新时代起跑线上，校地双方勇于担当，各司其职，齐心协力，充分发挥各市优秀传统文化在加强高校爱国主义教育、培塑社会主义核心价值观、增强地方优秀传统文化向心力和凝聚力等方面的作用。地方优秀传统文化进高校活动，既能让学生接受都市圈优秀传统文化熏陶，激发爱国主义情怀，树立正确的人生观、价值观，又能增强学生留城发展的信心，为都市圈各市创新发展提供人才支撑。

第五篇

区域发展

第一章　江苏省 2021 年经济和社会发展

2021 年，江苏省上下坚持以习近平新时代中国特色社会主义思想为指导，认真落实党中央、国务院决策部署和省委、省政府要求，坚持稳中求进工作总基调，扎实做好“六稳”“六保”工作，有效应对复杂多变的外部环境和各项风险挑战，综合实力再攀新台阶，结构转型实现新突破，发展动能彰显新优势，构建新发展格局取得新进展，高质量发展展现新成效，实现“十四五”良好开局，“强富美高”新江苏现代化建设迈出坚实步伐。

第一节　经济发展总体情况

一、综合经济

（一）经济总量

经济总量跃上新台阶。2021 年江苏省全年实现地区生产总值 116364.2 亿元（图 5-1-1），迈上 11 万亿元新台阶，比上年增长 8.6%。其中，第一产业增加值为 4722.4 亿元，增长 3.1%；第二产业增加值为 51775.4 亿元，增长 10.1%；第三产业增加值为 59866.4 亿元，增长 7.7%。全年三次产业结构比例为 4.1：44.5：51.4。全省人均地区生产总值为 137039 元，比上年增长 8.3%。经济活力增强，全年非公有制经济实现增加值 87622.2 亿元，占地区生产总值比重达 75.3%，比上年提高 0.4 个百分点；私营个体经济增加值占地区生产总值比重达 53.2%，民营经济增加值占地区生产总值比重达 57.3%。年末工商部门登记的私营企业为 357.4 万户，全年新登记私营企业为 64.0 万户；年末个体经营户为 951.0 万户，全年新登记个体经营户为 184.8 万户。区域经济发展支撑有力，扬子江城市群对全省经济增长的贡献率达 76.9%，沿海经济带对全省经济增长的贡献率达 18.1%。

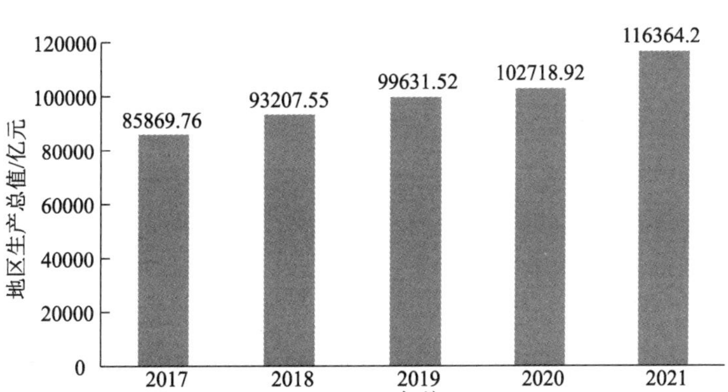

图 5-1-1　2017—2021 年江苏省地区生产总值情况

（二）各设区市经济发展情况

2021年，江苏省13个设区市整体实现了大幅普涨，有12个设区市的地区生产总值名义增速超过10%，4个设区市的地区生产总值总量超过了1万亿元，5个设区市的地区生产总值总量介于5000亿元至9000亿元（表5-1-1）。

表5-1-1　江苏省13个设区市2021年地区生产总值增长情况

排序	城市	2021年地区生产总值/亿元	2020年地区生产总值/亿元	增量/亿元	名义增速/%	实际增速/%
1	苏州市	22718.34	20170.50	2547.84	12.63	8.7
2	南京市	16355.32	14817.95	1537.38	10.38	7.5
3	无锡市	14003.24	12370.48	1632.76	13.20	8.8
4	南通市	11026.94	10036.30	990.64	9.87	8.9
5	常州市	8807.58	7805.30	1002.28	12.84	9.1
6	徐州市	8117.44	7319.77	797.67	10.90	8.7
7	扬州市	6696.43	6048.33	648.10	10.72	7.4
8	盐城市	6617.39	5953.88	663.51	11.14	7.7
9	泰州市	6025.26	5312.80	712.46	13.41	10.1
10	镇江市	4763.42	4220.10	543.32	12.87	9.4
11	淮安市	4550.13	4025.37	524.76	13.04	10.0
12	连云港市	3727.92	3277.07	450.85	13.76	8.8
13	宿迁市	3719.01	3262.40	456.61	14.00	9.1
江苏省		116364.20	102719.00	13645.20	13.28	8.6

数据来源：各地市统计局。

（1）苏州2021年地区生产总值达到22718.34亿元，继续是江苏省唯一地区生产总值超过2万亿元的城市，继续排名全国第六，地区生产总值名义增速为12.63%，略高于同层次城市。与2020年相比，苏州与重庆的距离略有缩小，相对于成都的领先优势略有扩大，全年实现了高速发展，表现十分稳健。

（2）南京2021年地区生产总值为16355.32亿元，继续力压天津排名全国第十位，全年表现相对比较一般，地区生产总值名义增速仅有10.38%，仅高于略显低迷的南通，与苏州的地区生产总值差距也扩大了不少。

（3）无锡2021年地区生产总值为14003.24亿元，地区生产总值名义增速为13.20%，是江苏省4个万亿城市中地区生产总值增速最高的，与南京的距离正在不断拉近。值得注意的是，无锡2021年度的一般公共预算收入增速同样为四大万亿城市中最高的，两项关键经济指标增速均领跑四大万亿城市，经济发展速度与质量并重，实现了高速发展。

此外，从全国范围来看，无锡与宁波的差距略有扩大，2021年宁波的地区生产总值达到了14594.9亿元，地区生产总值名义增速高达17.62%。

（4）南通2021年地区生产总值为11026.94亿元，地区生产总值名义增速为9.87%，是江苏省唯一地区生产总值名义增速低于10%的城市，在全国20强城市的竞争中略有不利。

（5）常州2021年地区生产总值为8807.58亿元，徐州2021年地区生产总值为8117.44亿元，同时突破8000亿元，但常州的地区生产总值增速明显比徐州高，如果能够保持如此状态，2022年常州必将突破万亿，届时江苏省将会拥有5座万亿地区生产总值城市，而徐州的发展则依旧不温不火，在苏北持续高速增长的背景下略显低迷。

（6）扬州2021年地区生产总值为6696.43亿元，盐城2021年地区生产总值为6617.39亿元，泰州2021年地区生产总值为6025.26亿元，与2020年相比盐城、泰州均突破了6000亿元，且盐城已经无限接近扬州，仅比扬州少79.04亿元。

（7）镇江2021年地区生产总值为4763.42亿元，淮安2021年地区生产总值为4550.13亿元，连云港2021年地区生产总值为3727.92亿元，宿迁2021年地区生产总值为3719.01亿元。

宿迁的崛起之势已经无法掩盖和阻挡，2021年宿迁地区生产总值名义增速为14%，是江苏省最高的，而宿迁2021年一般公共预算收入同比增长21.1%、税比高达86.8%，同样是江苏省最高的，经济发展速度与质量同时兼顾，均实现了高速增长，为随时升至全省第12位打下了坚实的基础。

（三）财政收支

2021年江苏省财政收入突破万亿元。2021年江苏省全年完成一般公共预算收入10015.2亿元，比上年增长10.6%（表5-1-2）；其中，税收收入8171.3亿元，增长10.2%；税收占一般公共预算收入比重达81.6%，继续保持较高水平。

表5-1-2　2021年江苏省财政收入分项情况

指标	绝对数/亿元	比上年增长/%
一般公共预算收入	10015.2	10.6
#增值税	3319.6	12.7
企业所得税	1566.0	16.1
个人所得税	456.4	15.8
上划中央四税	7100.3	12.8
国内消费税	886.3	16.5

支出结构持续改善。全年一般公共预算支出14586.0亿元，比上年增长6.6%。一般公共预算支出中，教育支出2562.1亿元，增长6.5%；公共安全支出908.4亿元，增长2.7%；卫生健康支出1182.7亿元，增长17.4%；社会保障和就业支出1895.6亿元，增长6.5%；住房保障支出777.8亿元，增长17.6%。

（四）物价指数

居民消费价格温和上涨。江苏省2021年全年居民消费价格比上年上涨1.6%，其中城市上涨1.6%，农村上涨1.5%。分类别看，食品烟酒类上涨0.9%，衣着类上涨1.5%，居住类上涨1.3%，生活用品及服务类上涨1.1%，交通和通信类上涨4.3%，教育文化和娱乐类上涨1.8%，医疗保健类上涨1.0%，其他用品和服务类下降1.1%。食品中，粮食上涨0.8%，食用油上涨6.3%，鲜菜上涨6.8%，水产品上涨14.0%，蛋类上涨12.5%，畜肉类下降15.0%。全年工业生产者出厂价格比上年上涨6.3%，工业生产者购进价格上涨13.8%。

2021年江苏省居民消费价格指数及其构成情况见表5-1-3。

表 5-1-3　2021 年江苏省居民消费价格指数及其构成情况（以上年为 100）

指标	全省	城市	农村
居民消费价格	101.6	101.6	101.5
食品烟酒	100.9	101.0	100.5
衣着	101.5	101.4	101.8
居住	101.3	101.3	101.7
生活用品及服务	101.1	101.1	101.1
交通和通信	104.3	104.4	103.9
教育文化和娱乐	101.8	101.9	101.3
医疗保健	101.0	101.1	100.8
其他用品和服务	98.9	99.0	98.4

（五）固定资产投资

投资增速稳步提升。2021 年江苏省全年固定资产投资比上年增长 5.8%。其中，国有及国有经济控股投资增长 3.1%，外商及港澳台商投资增长 7.2%。民间投资增长 6.3%，占全部投资比重达 69.2%。分类型看，项目投资增长 7.6%，房地产开发投资增长 2.3%。全年商品房销售面积 16551.8 万平方米，比上年增长 7.3%。其中，住宅销售面积 14361.5 万平方米，增长 3.7%。

投资结构持续优化。2021 年全年高技术产业投资比上年增长 21.6%，增速高出全部投资 15.8 个百分点，拉动全部投资增长 3.5 个百分点。主要行业中，医疗仪器设备及仪器仪表制造、电子及通信设备制造、医药制造、信息服务等行业投资增长较快，分别增长 25.6%、21.5%、14.6% 和 15.7%。制造业投资增长 16.1%，高出全部投资增速 10.3 个百分点，拉动全部投资增长 6 个百分点。服务业投资中，信息传输软件和信息技术服务业投资增长 27.8%、科学研究和技术服务业投资增长 24.9%、卫生和社会工作投资增长 18%。

二、农林牧渔业

种植业结构持续优化。2021 年江苏省全年粮食播种面积 542.8 万公顷，比上年增加 2.2 万公顷；棉花种植面积 0.6 万公顷，比上年减少 0.3 万公顷；油料种植面积 29.6 万公顷，比上年增加 1.8 万公顷；蔬菜种植面积 145.3 万公顷，比上年增加 0.9 万公顷。农业综合生产能力持续增强，全年粮食总产量再创新高，达 3746.1 万吨，比上年增加 17.0 万吨，增长 0.5%（表 5-1-4）。其中，夏粮 1380.7 万吨，增长 0.5%；秋粮 2365.4 万吨，增长 0.4%。粮食亩产 460.1 公斤，比上年增加 0.2 公斤，增长 0.1%。

林牧渔业生产总体平稳。2021 年全年造林面积 1.1 万公顷。全年猪牛羊禽肉产量 304.1 万吨，比上年增长 14.6%；禽蛋产量 230.3 万吨，比上年下降 0.7%；牛奶总产量 64.9 万吨，比上年增长 3.1%。水产品总产量 495.5 万吨（不含远洋捕捞），比上年增长 1.3%，其中，淡水产品 366.7 万吨、海水产品 128.8 万吨，分别增长 3.2% 和下降 3.9%。

表 5-1-4　2021 年江苏省主要农产品产量情况

产品名称	产量/万吨	比上年增长/%
粮食	3746.1	0.5
棉花	0.8	-25.7
油料	97.8	5.2

续表

产品名称	产量/万吨	比上年增长/%
#油菜籽	56. 4	10. 1
花生	40. 3	-0. 9
蔬菜	5856. 6	2. 2
茶叶	1. 1	-2. 7
水果（含瓜果类）	969. 1	-0. 5
猪牛羊禽肉	304. 1	14. 6
水产品（不含远洋捕捞）	495. 5	1. 3

现代农业发展较快。2021 年江苏省全省新建高标准农田 390 万亩，农作物耕种收综合机械化率超过 83%，比全国平均水平高近 11 个百分点。全省有效灌溉面积达 423. 2 万公顷，新增有效灌溉面积 0. 8 万公顷。

三、工业和建筑业

工业生产稳定恢复。2021 年江苏省全年规模以上工业增加值比上年增长 12. 8%，其中轻工业增长 12. 4%，重工业增长 12. 9%。分经济类型看，国有控股企业增加值增长 7. 9%，集体企业增加值增长 8. 2%，股份制企业增加值增长 14. 4%，外商及港澳台商投资企业增加值增长 10. 7%，私营企业增加值增长 15. 5%。分门类看，采矿业增加值增长 2. 1%，制造业增加值增长 12. 8%，电力、热力、燃气及水生产和供应业增加值增长 12. 8%。

2021 年江苏省主要工业产品产量情况见表 5-1-5。

表 5-1-5　2021 年江苏省主要工业产品产量情况

产品名称	单位	产量	比上年增长/%
纱	万吨	347. 2	8. 8
布	亿米	53. 3	-1. 0
化学纤维	万吨	1625. 3	7. 7
卷烟	亿支	1049. 6	1. 0
智能手机	万台	3406. 2	-30. 1
彩色电视机	万台	753. 6	-5. 4
#智能电视	万台	450. 0	-3. 5
家用电冰箱	万台	1372. 1	8. 5
房间空调器	万台	596. 1	46. 4
粗钢	万吨	11925. 0	-1. 5
钢材	万吨	15701. 9	1. 3
十种有色金属	万吨	87. 9	-9. 7
水泥	万吨	15374. 2	0. 7
硫酸	万吨	331. 3	31. 0
纯碱	万吨	474. 0	-2. 1
乙烯	万吨	243. 7	10. 6
化肥（折 100%）	万吨	178. 3	-10. 6

续表

产品名称	单位	产量	比上年增长/%
汽车	万辆	77.6	2.5
#轿车	万辆	34.1	12.3
#新能源汽车	万辆	22.5	198.0
民用钢质船舶	万载重吨	1587.3	6.8
太阳能电池	万千瓦	7791.8	32.0
发电设备	万千瓦	1473.3	5.9
光纤	万千米	14074.1	6.8
光缆	万芯千米	8828.1	-4.4
微型电子计算机	万台	5472.2	10.4
集成电路	亿块	1186.1	39.1

先进制造业增势良好。2021年江苏省全省高技术产业、装备制造业增加值分别比上年增长17.1%和17.0%，分别高于规模以上工业4.3个百分点和4.2个百分点；对规模以上工业增加值增长的贡献率分别达30.5%和67.3%。分行业看，电子、医药、汽车、专用设备等先进制造业增加值分别增长17.3%、11.0%、14.7%和15.9%。代表智能制造、新型材料、新型交通运输设备和高端电子信息产品的新产品产量实现较快增长。新能源汽车、城市轨道车辆、3D打印设备、集成电路、服务器等新产品产量分别比上年增长198%、5.9%、64.3%、39.1%和67.3%。

2021年江苏省制造业企业100强企业及其营业收入信息见表5-1-6。

表5-1-6　2021年江苏省制造业企业100强企业及其营业收入

序号	企业名称	营业收入/万元	所属地区
1	恒力集团有限公司	69533561	苏州市
2	江苏沙钢集团有限公司	26678565	苏州市
3	盛虹控股集团有限公司	26523669	苏州市
4	南京钢铁集团有限公司	15715916	南京市
5	中天钢铁集团有限公司	14003355	常州市
6	无锡产业发展集团有限公司	13801604	无锡市
7	亨通集团有限公司	11700579	苏州市
8	海澜集团有限公司	10521688	无锡市
9	江苏永钢集团有限公司	10096904	苏州市
10	扬子江药业集团有限公司	10062428	泰州市
11	协鑫集团有限公司	10039029	苏州市
12	江苏悦达集团有限公司	9262176	盐城市
13	江苏德龙镍业有限公司	8227026	盐城市
14	红豆集团有限公司	7500322	无锡市
15	中天科技集团有限公司	7183181	南通市

续表

序号	企业名称	营业收入/万元	所属地区
16	三房巷集团有限公司	6325015	无锡市
17	江苏新长江实业集团有限公司	5848383	无锡市
18	江苏华西集团有限公司	4614720	无锡市
19	远景能源有限公司	4555397	无锡市
20	东方润安集团有限公司	4537856	常州市
21	远东控股集团有限公司	4349782	无锡市
22	金浦投资控股集团有限公司	4149067	南京市
23	法尔胜泓昇集团有限公司	4098825	无锡市
24	江苏扬子江船业集团	4026258	无锡市
25	澳洋集团有限公司	4016403	苏州市
26	双良集团有限公司	3983063	无锡市
27	江苏华宏实业集团有限公司	3977545	无锡市
28	江苏阳光集团有限公司	3961174	无锡市
29	江苏天工工具有限公司	3885141	镇江市
30	江苏中利控股集团有限公司	3862221	苏州市
31	江苏江润铜业有限公司	3803819	无锡市
32	江苏大明金属制品有限公司	3510130	无锡市
33	建华建材（中国）有限公司	3509414	镇江市
34	江苏金峰水泥集团有限公司	3407848	常州市
35	金东纸业（江苏）股份有限公司	3374874	镇江市
36	攀华集团有限公司	3363066	苏州市
37	波司登股份有限公司	3288516	苏州市
38	永鼎集团有限公司	3287071	苏州市
39	江苏沃得机电集团有限公司	3227795	镇江市
40	华芳集团有限公司	3150194	苏州市
41	天合光能股份有限公司	2941797	常州市
42	苏州东山精密制造股份有限公司	2809340	苏州市
43	江苏恒瑞医药股份有限公司	2773459	连云港市
44	江苏国强镀锌实业有限公司	2748437	常州市
45	常熟市龙腾特种钢有限公司	2738731	苏州市
46	江苏省镔鑫钢铁集团有限公司	2734481	连云港市
47	江苏长电科技股份有限公司	2646399	无锡市
48	大亚科技集团有限公司	2607501	镇江市
49	震雄铜业集团有限公司	2570876	苏州市
50	江苏中超投资集团有限公司	2568080	无锡市

续表

序号	企业名称	营业收入/万元	所属地区
51	江苏新海石化有限公司	2559236	连云港市
52	兴达投资集团有限公司	2534870	无锡市
53	雅鹿集团股份有限公司	2491301	苏州市
54	长江润发集团有限公司	2473139	苏州市
55	江苏三木集团有限公司	2466685	无锡市
56	新阳科技集团	2436694	常州市
57	江苏东渡纺织集团有限公司	2425625	苏州市
58	阿特斯阳光电力集团有限公司	2419000	苏州市
59	连云港亚新钢铁有限公司	2384132	连云港市
60	连云港兴鑫钢铁有限公司	2350149	连云港市
61	江阴江东集团公司	2326296	无锡市
62	苏州创元投资发展（集团）有限公司	2257325	苏州市
63	江苏洋河酒厂股份有限公司	2110105	宿迁市
64	无锡新三洲特钢有限公司	2098717	无锡市
65	江苏西城三联控股集团有限公司	1998714	无锡市
66	江苏上上电缆集团有限公司	1975791	常州市
67	雅迪集团控股有限公司	1936031	无锡市
68	红太阳集团有限公司	1861622	南京市
69	盐城联鑫钢铁有限公司	1758731	盐城市
70	无锡小天鹅电器有限公司	1742668	无锡市
71	江苏金昇控股有限公司	1716042	常州市
72	淮海控股集团有限公司	1712442	徐州市
73	大全集团有限公司	1642044	镇江市
74	江苏江南实业有限公司	1616409	常州市
75	江阴模塑集团有限公司	1500437	无锡市
76	淮海特钢股份有限公司	1370900	淮安市
77	南京高速齿轮制造有限公司	1339402	南京市
78	江南集团有限公司	1333519	无锡市
79	扬州市秦邮特种金属材料有限公司	1305257	扬州市
80	瑞声光电科技（常州）有限公司	1271147	常州市
81	无锡华东重机科技集团有限公司	1259489	无锡市
82	江苏鼎胜新能源材料股份有限公司	1242655	镇江市
83	苏州市相城区江南化纤集团有限公司	1201676	苏州市
84	香塘集团有限公司	1171218	苏州市
85	江苏康缘集团有限责任公司	1148791	连云港市

续表

序号	企业名称	营业收入/万元	所属地区
86	江苏核电有限公司	1143237	连云港市
87	江苏文凤化纤集团有限公司	1125573	南通市
88	阿尔法（江阴）沥青有限公司	1109126	无锡市
89	通富微电子股份有限公司	1076870	南通市
90	江苏常发实业集团有限公司	1071989	常州市
91	好孩子儿童用品有限公司	1055415	苏州市
92	鑫缘茧丝绸集团股份有限公司	1023606	南通市
93	益海（泰州）粮油工业有限公司	1022778	泰州市
94	江苏中广润新材料科技有限公司	995524	无锡市
95	苏州胜利精密制造科技股份有限公司	959521	苏州市
96	无锡市华美电缆有限公司	891476	无锡市
97	江苏豪森药业集团有限公司	883678	连云港市
98	江苏鱼跃科技发展有限公司	812181	镇江市
99	江苏今创控股集团有限公司	811235	常州市
100	江苏新春兴再生资源有限责任公司	800105	徐州市

工业企业盈利能力提升。2021 年江苏省全年规模以上工业企业实现利润总额约 9358.1 亿元，比上年增长 25.7%。分经济类型看，国有控股企业利润 1370.3 亿元，增长 37.7%；集体企业利润 6.7 亿元，增长 54.9%；股份制企业利润 5507.1 亿元，增长 30.4%；外商及港澳台商投资企业利润 3681.5 亿元，增长 19.9%；私营企业利润 3361.2 亿元，增长 30.6%。分门类看，采矿业利润 18.9 亿元，比上年增长 3.2%；制造业利润 9072.0 亿元，增长 30.5%；电力、热力、燃气及水生产和供应业利润 267.3 亿元，下降 43.6%。规模以上工业企业营业收入利润率、成本费用利润率分别为 6.2%、6.7%，分别比上年提高 0.2 个百分点和 0.3 个百分点。全年规模以上工业企业产销率达 98.2%。

建筑业稳定健康发展。2021 年江苏省全年签订建筑合同额 61443.0 亿元，比上年增长 5.8%；实现建筑业总产值 38244.5 亿元，比上年增长 8.5%；竣工产值 27063.7 亿元，比上年增长 6.2%，竣工率达 70.8%。建筑业劳动生产率为 36.9 万元/人，比上年增长 2.1%。

四、服务业

（一）国内贸易

消费品市场稳健复苏。2021 年江苏省全年社会消费品零售总额 42702.6 亿元，比上年增长 15.1%。按经营地统计，城镇消费品零售额 37850.2 亿元，比上年增长 13.6%；乡村消费品零售额 4852.4 亿元，比上年增长 28.9%。全年限额以上单位商品零售额中，基本生活类销售稳步提升，日用品类、服装鞋帽针纺织品类、粮油食品类分别增长 22.6%、16.7%、16.0%；升级类消费需求持续释放，体育娱乐用品类、智能家用电器和音像器材、智能手机、金银珠宝类分别增长 39.8%、35.2%、25.9%、22.4%；出行类销售延续平稳势头，石油及制品类、汽车类分别增长 26.6%、9.9%，其中，新能源汽车增长 105.4%。全年实物商品网上零售额 9527 亿元，比上年增长 5.2%，占社会消费品零售总额比重为 22.3%。

（二）交通运输和邮电

交通运输业总体平稳。2021年江苏省铁公水空管等五种运输方式完成货物运输量（表5-1-7）比上年增长6.5%，货物周转量增长7.8%；旅客运输量下降22.5%，旅客周转量增长5.1%。全省机场飞机起降43.7万架次，比上年下降1.8%；旅客吞吐量3941.4万人次，比上年增长0.5%；货邮吞吐量65.3万吨，比上年下降2.8%。全省港口完成货物吞吐量32.1亿吨，比上年增长8.2%，其中外贸货物吞吐量5.9亿吨，比上年增长6.6%；集装箱吞吐量2180.1万标准集装箱，比上年增长15%。年末全省公路里程15.9万千米，比上年末增加414千米，其中，高速公路里程5028千米。铁路营业里程4221.9千米，其中，高速铁路里程2212千米，比上年增加191千米；铁路正线延展长度7591.7千米，比上年增加366.3千米。年末民用汽车保有量2187万辆，比上年末增长7%，净增142.6万辆。年末私人汽车保有量1862.7万辆，比上年末增长6.6%，净增114.8万辆；其中，私人轿车保有量1253.5万辆，比上年末增长5.5%，净增90.5万辆。

表5-1-7　2021年江苏省各种运输方式完成运输量情况

运输方式	货物周转量		货运量		旅客周转量		客运量	
	绝对数/亿吨千米	比上年增长/%	绝对数/万吨	比上年增长/%	绝对数/亿人千米	比上年增长/%	绝对数/万人	比上年增长/%
总计	12441.7	7.8	30.7	6.5	1142.1	5.1	66156.3	-22.5
铁路	345.2	7.6	8187.7	19.3	678.1	30.8	19074.9	26.8
公路	3687.8	4.6	186707.7	6.9	301.6	-27.2	43789.0	-35.3
水路	7743.3	10.0	98231.9	5.1	0.8	-36.2	2139.8	37.0
民航	2.8	-4.2	23.5	-4.1	161.5	5.8	1152.5	3.6
管道	662.6	1.6	14025.0	3.6	—	—	—	—

邮政电信业快速发展。2021年江苏省全年邮电业完成业务总量2270.1亿元，比上年增长25.9%；实现业务收入2136.6亿元，比上年增长9.6%。分行业看，邮政行业完成业务总量972.7亿元，比上年增长20%；实现业务收入1001.1亿元，比上年增长8.9%。其中，快递业完成业务量86.1亿件，比上年增长23.4%。电信业完成业务总量1297.5亿元，比上年增长30.8%；实现业务收入1135.5亿元，比上年增长10.3%。年末固定电话用户1250.5万户，比上年末减少59.9万户；年末移动电话用户10179.5万户，比上年净增282.4万户；电话普及率达134.3部/百人。年末长途光缆线路总长度3.96万千米，比上年末减少856.4千米；年末互联网宽带接入用户4071.6万户，比上年末增长8.4%，净增314.8万户；移动互联网传输流量146.1万亿GB，比上年增长33.9%。

（三）旅游业

旅游业快速恢复。2021年江苏省全年接待境内外游客7.1亿人次，比上年增长49.6%；实现旅游业总收入11672.7亿元，比上年增长41.5%。接待入境过夜旅游者61.9万人次，比上年下降19.7%。其中，接待国外游客39.8万人次，比上年下降23%；接待港澳台同胞22.1万人次，比上年下降12.9%。旅游外汇收入11.4亿美元，比上年下降31%。国内旅游快速增长。接待国内游客7.1亿人次，比上年增长49.7%；实现国内旅游收入11593.9亿元，比上年增长42.5%。

（四）金融、证券和保险业

金融信贷规模扩大。2021年江苏省全省金融机构人民币存款余额189433.1亿元，比上年末增长 9.8%，比年初增加 16852.9 亿元。其中，住户存款增加 7988.8 亿元，非金融企业存款增加 4725.6 亿元。2021 年末金融机构人民币贷款余额 177970.1 亿元，比上年末增长 15.2%，比年初增加 23446.8 亿元。其中，中长期贷款增加 17623.8 亿元，短期贷款增加 3725.3 亿元（表 5-1-8）。

表 5-1-8　2021 年末江苏省金融机构人民币存贷款情况

指标	绝对数/亿元	比年初增加/亿元	比上年末增长/%
各项存款余额	189433.1	16852.9	9.8
# 住户存款	74361.9	7988.8	12.0
非金融企业存款	68703.9	4725.6	7.4
各项贷款余额	177970.1	23446.8	15.2
# 短期贷款	49894.4	3725.3	8.0
中长期贷款	116462.2	17623.8	17.9
# 消费贷款	51552.7	6052.7	13.3
# 住房贷款	42182.2	4378.6	11.6

证券市场较快发展。2021 年末江苏省境内上市公司 571 家，辅导企业数 380 家，省内企业通过发行、配股、增发公司债在资本市场筹集资金 7578.2 亿元。江苏企业境内上市公司总股本 4474.4 亿股，比上年增长 6.0%；总市值 75537.5 亿元，比上年增长 20.3%。年末全省共有证券公司 6 家，证券营业部 1035 家；期货经纪公司 9 家，期货经纪公司营业部 193 家；证券投资咨询机构 3 家。全年证券交易额 100.2 万亿元，比上年增长 13.0%。全年期货经营机构代理交易额 32.7 万亿元，比上年增长 63.4%。

保险业稳定增长。2021 年江苏省全年保费收入 4051.1 亿元，比上年增长 5.2%。分类型看，财产险收入 1002.2 亿元，比上年增长 2.3%；人寿险收入 2345.0 亿元，比上年增长 5.5%；健康险收入 609.6 亿元，比上年增长 8.8%；意外伤害险收入 94.4 亿元，比上年增长 10.3%。全年赔付支出 1254.8 亿元，比上年增长 18.4%。其中，财产险赔付 625.8 亿元，比上年增长 12.5%；人寿险赔付 257.3 亿元，比上年下降 8.7%；健康险赔付 345.4 亿元，比上年增长 74.4%；意外伤害险赔付 26.3 亿元，比上年下降 9.3%。

五、开放型经济

（一）对外贸易

改革开放全面深化。2021 年江苏省紧扣服务和融入新发展格局新要求，加快打造改革开放新高地，对外合作和竞争新优势日益凸显。“一带一路”交汇点建设高质量推进。中哈物流合作基地、中阿（联酋）产能合作示范园、柬埔寨西港特区保持良好发展势头，中韩盐城产业园、中以常州创新园建设步伐加快，连云港新亚欧陆海联运通道建设取得新成效，中欧班列开行 1800 列、增长 29%，对“一带一路”沿线国家和地区进出口增长 22%、占比提升到 25.4%。

2021 年江苏省实现进出口总额 52130.6 亿元，比上年增长 17.1%。其中，出口 32532.3 亿元，比上年增长 18.6%；进口 19598.3 亿元，比上年增长 14.8%。从贸易方式看，一般贸易进出口总额 29328.3 亿元，增长 23.3%；占进出口总额比重达 56.3%，超过加工贸易 24.7 个百分点。从出口主体看，国有企业、外商投资企业、私营企业出口额分别增长 22.4%、11.4%和 27.7%。从出口市场看，对美国、欧盟、日本出口分别增长 14.4%、21.9%和 6.3%，对印度、俄罗斯、东盟出口分别增长 38%、38.2%和 15.7%。从出口产品看，机电产品、高新技术产品出口额分别增长 17.8%、10.4%。对“一带一路”沿线国家出口保持较快增长，出口额 8924.9 亿元，比上年增长 20.8%；占全省出口总额的比重为 27.4%，对全省出口增长的贡献率为 30.1%（表 5-1-9）。

表 5-1-9　2021 年江苏省进出口贸易主要分类情况

指标	绝对数/亿元	比上年增长/%
出口总额	32532.3	18.6
# 一般贸易	18869.5	24.6
加工贸易	10005.5	1.8
# 工业制成品	32123.1	18.6
初级产品	409.2	21.1
# 机电产品	21595.4	17.8
# 高新技术产品	11285.9	10.4
# 国有企业	2532.9	22.4
外商投资企业	15602.3	11.4
私营企业	14085.0	27.7
进口总额	19598.3	14.8
# 一般贸易	10458.8	21.0
加工贸易	6452.9	9.6
# 工业制成品	15626.5	10.7
初级产品	3971.8	34.5
# 机电产品	11074.6	10.3
# 高新技术产品	7959.5	9.7
# 国有企业	2141.3	23.4
外商投资企业	11791.2	7.3
私营企业	5299.9	30.9

（二）利用外资

利用外资稳步增长。2021 年，江苏省新设立外商投资企业 4237 家，比上年增长 18.6%；实际使用外资 288.5 亿美元，比上年增长 22.7%。全年新批境外投资项目 726 个，中方协议投资额达 66.8 亿美元；新签对外承包工程合同额 55.9 亿美元，新签对外承包工程完成营业额 59.5 亿美元。推进“一带一路”交汇点建设，全年新增“一带一路”沿线对外投资项目 191 个，中方协议投资额达 15.9 亿美元。

第二节　社会发展总体情况

一、人口、人民生活

人口总量保持增长。2021 年末，江苏省常住人口 8505.4 万人，比上年末增加 28.1 万人，增长 0.3%。在常住人口中，男性人口 4316.2 万人，女性人口 4189.2 万人；0～14 岁人口 1249.4 万人，15～64 岁人口 5806.4 万人，65 岁及以上人口 1449.6 万人。全年人口出生率 5.7‰，比上年下降 1.0 个千分点；人口死亡率 6.8‰，比上年上升 0.3 个千分点；人口自然增长率-1.1‰，比上年下降1.3个千分点。新型城镇化建设步伐加快，2021年末常住人口城镇化率达73.94%，比上年末提高0.5个百分点。

居民收入稳定增长。据城乡一体化住户调查，2021年江苏省居民人均可支配收入约47498元，比上年增长9.5%。其中，工资性收入26721元，比上年增长8.4%；经营净收入6215元，比上年增长9.0%；财产净收入5316元，比上年增长12.2%；转移净收入9247元，比上年增长11.5%。按常住地分，城镇居民人均可支配收入57743元，比上年增长8.7%；农村居民人均可支配收入26791元，比上年增长10.7%（图5-1-2）。城乡居民收入差距进一步缩小，城乡居民收入比由上年的2.19∶1缩小为2.16∶1。全省居民人均消费支出31451元，比上年增长19.9%。按常住地分，城镇居民人均消费支出36558元，比上年增长18.4%；农村居民人均消费支出21130元，比上年增长24.1%。

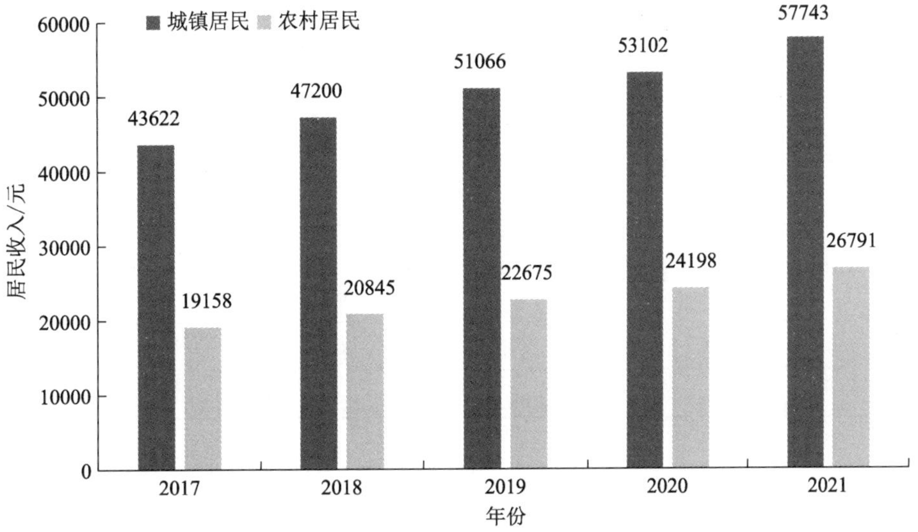

图5-1-2　2017—2021年江苏省城乡居民收入情况

二、就业和社会保障

（一）就业

2021年，江苏省延续实施减负稳岗扩就业政策措施，全年城镇新增就业140.2万人，比上年增加7.4万人，同比增长5.6%。城镇调查失业率控制在预期目标以内。着力保障重点群体就业，高校毕业生年末就业率95.6%，新开发公益性岗位安置就业困难人员5.4万名。推进“创响江苏”系列活动，支持成功自主创业39.7万人，创业倍增效应持续释放。

（二）社会保障

社会保障体系更加健全。退休人员基本养老金人均提高4.5%，失业保险进一步扩围提标，基本医保市级统筹全面实现，困难群众基本生活得到更好保障。参加城乡基本养老、失业、工伤保险人数分别达5964.0万人、1967.0万人、2340.7万人；领取失业保险金人数29.2万人，比上年末下降12.1%。参加城乡居民基本医疗保险人数4817.8万人，参加职工基本医疗保险人数3246.0万人；城乡基本医疗保险参保率达98.5%，比上年同期提高0.5个百分点。

“一老一小”服务保障得到加强，养老服务体系加快建设，每千名老年人拥有养老床位超40张；落实三孩生育政策，新增普惠托育托位超8000个。至2021年末江苏共有各类注册登记的提供住宿的社会服务机构3639个，其中养老机构2494个，儿童服务机构44个。社会服务床位45.5万张，其中养老服务床位44.0万张，儿童服务床位0.4万张。年末共有社区服务中心2971个，社区服务站1.3

万个。

三、教育和科学技术

（一）教育事业

2021 年，江苏省教育现代化水平不断提升，基础教育优质资源供给持续增加，“双减”和规范民办义务教育发展工作有序推进，现代职业教育体系进一步健全，新高考方案平稳落地，新一轮高水平大学建设起步坚实。

2021 年，江苏省共有普通高等学校 168 所（含独立学院）。普通高等教育本专科招生数 65.2 万人，在校生数 211.1 万人，毕业生数 52.4 万人；研究生招生数 9.5 万人，在校生数 27.2 万人，毕业生数 6.3 万人（表 5-1-10）。全省中等职业教育在校生数 64.1 万人（不含技工学校）。特殊教育学校招生数 0.3 万人，在校生数 2.0 万人。全省共有幼儿园 8116 所，比上年增加 213 所；在园幼儿 252.5 万人，比上年减少 1.6 万人。

表 5-1-10　2021 年江苏省各阶段教育学生数量及增长情况

指标	招生数		在校生数		毕业生数	
	绝对数/万人	比上年增长/%	绝对数/万人	比上年增长/%	绝对数/万人	比上年增长/%
普通高等教育	74.6	-2.2	238.2	5.5	58.6	2.9
#研究生教育	9.5	5.7	27.2	11.4	6.3	9.8
普通高中教育	44.9	6.1	125.2	8.4	34.6	11.1
普通初中教育	90.4	33.0	263.9	3.8	79.1	5.8
小学教育	97.2	0.1	585.7	0.8	91.4	3.1

（二）科技与创新

科技创新能力不断增强。2021 年，江苏省专利授权量 64.1 万件，比上年增长 28.4%。其中，发明专利授权量 6.9 万件，比上年增长 49.7%；PCT 专利申请量 7168 件，比上年下降 25.4%。年末全省有效发明专利量 34.9 万件，比上年末增长 19.7%；万人发明专利拥有量 41.2 件，比上年增长 13.9%。科技进步贡献率 66.1%，比上年提高 1 个百分点。全年共签订各类技术合同 8.3 万项，技术合同成交额达 3013.6 亿元，比上年增长 29%。省级以上众创空间达 1075 家。

高新技术产业发展加快。集成实施 225 项产业前瞻与关键核心技术研发、重大科技成果转化项目，突破了一批产业技术瓶颈制约。2021 年当年认定国家高新技术企业超过 1.2 万家，国家级企业研发机构达 163 家，位居全国前列。全省已建国家级高新技术特色产业基地 172 个。

科研投入力度加大。全社会研究与试验发展（R&D）活动经费支出占地区生产总值比重达 2.95%，研究与试验发展（R&D）人员 92.4 万人。全省拥有中国科学院院士和中国工程院院士 118 人。各类科学研究与技术开发机构中，政府部门属独立研究与开发机构达 446 个。建设国家和省级重点实验室 186 个，省级以上科技公共服务平台 260 个，工程技术研究中心 4464 个，院士工作站 144 个，经国家认定的技术创新中心 2 家。

四、文化、卫生和体育

（一）文化事业

2021 年，江苏省文化事业蓬勃发展，“文艺苏军”整体实力、影响力不断提升，高水平建成开放扬州中国大运河博物馆，国家级文旅创建成果数量居全国前列。

全省共有文化馆、群众艺术馆 116 个，公共图书馆 122 个，博物馆 366 个，美术馆 48 个，综合档案馆 112 个，向社会开放档案 341.3 万卷。共有广播电台 4 座，电视台 4 座，广播电视台 10 座，中短波广播发射台和转播台 21 座，广播综合人口覆盖率和电视综合人口覆盖率均达100%。全省有线电视用户1384.3万户。2021年全年生产电视剧12部433集；审查电影36部，其中故事性电影31部，纪录片电影3部，动画片电影2部；出版报纸18.7亿份，出版期刊1.2亿册，出版图书7.3亿册。

（二）卫生事业

医药卫生体制改革持续深化，公共卫生服务水平进一步提升，疾控机构建设全面加强，健康城市建设样板市总数、县级医院医疗服务能力达标率均居全国第一。推出与基本医保相衔接的普惠性商业医疗保险，群众医药负担明显降低。

2021年末全省共有各类卫生机构36446个，其中医院2029个，疾病预防控制中心115个，妇幼卫生保健机构118个。各类卫生机构拥有病床54.8万张，其中医院拥有病床42.9万张。共有卫生技术人员68.8万人，其中执业医师、执业助理医师27.2万人，注册护士30.8万人，疾病预防控制中心卫生技术人员0.9万人，妇幼卫生保健机构卫生技术人员1.8万人。

（三）体育事业

体育事业蓬勃发展。群众体育和竞技体育、体育事业和体育产业协调发展，江苏健儿在东京奥运会和第十四届全运会上取得优异成绩。在东京奥运会上2人次获2枚金牌、6人次获5枚银牌、2人次获2枚铜牌，创1项世界纪录，创1项奥运会纪录。在第十四届全运会上获得42枚金牌、35枚银牌、39枚铜牌，破2项全国纪录。在其他世界最高水平比赛（除奥运会外）中，7人次获3枚金牌、5人次获3枚银牌、3人次获3枚铜牌。

五、城乡统筹发展

城乡区域发展更趋协调。坚持优势互补、协同联动，城乡区域协调发展新格局加快形成。乡村振兴战略深入实施。把握“三农”工作重心历史性转移，有机衔接脱贫致富奔小康与乡村振兴，农业农村现代化步伐持续加快。农业综合生产能力进一步提升，新建高标准农田390万亩，粮食总产量达749.2亿斤、创历史新高。乡村建设行动全面启动，实施新一轮农村人居环境整治，新改建道路2937千米、改造桥梁979座，新增“四好农村路”全国示范市3个、示范县11个，在全国率先基本实现城乡供水一体化。农村宅基地制度改革和集体经营性建设用地入市试点深入开展，国家城乡融合发展试验区改革探索迈出坚实步伐。

区域一体化发展扎实推进。深入落实长三角一体化发展国家战略，成功举办长三角地区主要领导座谈会，长三角生态绿色一体化发展示范区建设取得积极进展，共同推动形成新一批41项制度创新成果，水乡客厅等65个重大项目顺利推进。大力实施扬子江城市群和江淮生态经济区、沿海经济带、徐州淮海经济区中心城市“1+3”重点功能区战略，《南京都市圈发展规划》成为首个国家批复的跨省域都市圈规划，沿海地区发展规划获国务院批准实施。

现代综合交通运输体系加快构建。连徐高铁开通运行，花果山机场建成投运，苏锡常南部高速公路、宜兴至长兴高速公路江苏段建成通车，太仓港集装箱年吞吐量突破700万标箱，连云港入选“十四五”首批国家物流枢纽，张皋过江通道开工建设，新孟河延伸拓浚、江河支流治理等重大水利基础设施建设全面推进。

对口支援协作合作进一步加强，实施援助项目超过2100个，为受援地巩固脱贫攻坚成果贡献了江苏力量。

六、生态建设

生态文明建设持续推进。把碳达峰碳中和纳入经济社会发展整体布局，生态环境质量创21世纪以来最高水平。污染防治攻坚战成效明显。全省$PM_{2.5}$年均浓度33 $\mu g/m^3$，同比下降13.2%，空气质量优良天数比例达82.4%，同比上升1.8个百分点，首次以省为单位达到国家空气质量二级标准，实现历史性突破。

水环境国考断面优Ⅲ类比例达87.1%，同比提高3.8个百分点，劣Ⅴ类水全面消除，均超额完成国家考核任务。太湖治理连续 14 年实现饮用水安全和不发生大面积湖泛“两个确保”。近岸海域海水优良比例同比大幅上升，全省近岸海域海水优良比例达 87.4%，同比上升 41.1 个百分点；劣Ⅳ类海水比例达 17%，同比下降 7.9 个百分点。土壤污染详查工作全面完成。长江生态环境保护修复扎实推进，牢牢把握“共抓大保护、不搞大开发”的战略导向，巩固提升沿江岸线整治成果，长江干流江苏段水质保持Ⅱ类，自然岸线比例提高到 73.2%。2020 年国家警示片披露问题全部完成整改，全力推进长江“十年禁渔”，多年不见的江豚又活跃在长江江苏段。

城乡环境进一步优化。全省林木覆盖率达 24%，国家生态文明建设示范区增至 27 个，省级特色田园乡村增至 446 个，累计建成国家生态园林城市 9 个，数量居全国第一。大力推动化工钢铁煤电行业转型升级优化布局，关闭退出低端落后和环境敏感区化工生产企业 354 家。

七、安全生产

安全生产形势持续向好，专项整治“三年大灶”高标准推进，生产安全事故起数和死亡人数在上年大幅下降基础上，又分别下降 35%和 30%。平安江苏、法治江苏建设深入开展，社会治安防控体系不断完善，扫黑除恶专项斗争常态化推进，电信网络诈骗案件高发势头得到有力遏制，食品药品安全监管进一步加强，信访形势平稳有序，防汛抗台取得全面胜利，社会大局保持安全稳定。

第三节　2021 年主要工作

一、积极推进经济协调发展

2021 年，江苏省积极应对各种风险挑战，经济运行稳定恢复、稳中向好。全省地区生产总值突破 11 万亿元，达到 11.6 万亿元，比上年增长 8.6%，总量再上一个万亿元台阶，人均达 13.7 万元；一般公共预算收入比上年增长 10.6%，总量迈上万亿元台阶，达到 10015 亿元，税收占比为 81.6%。实体经济根基更加稳固，制造业增加值占地区生产总值比重达 35.8%，占比全国最高。内需潜力进一步释放，固定资产投资比上年增长 5.8%，其中制造业投资和民间投资分别比上年增长 16.1%、6.3%，220 个省重大项目完成投资超 6000 亿元；社会消费品零售总额突破 4 万亿元，达到 4.27 万亿元，居全国第二，比上年增长 15.1%。金融服务实体经济的能力进一步增强，金融机构人民币存、贷款余额分别达到 18.9 万亿元和 17.8 万亿元，分别比上年增长 9.8%和 15.2%；新增北交所上市公司 13 家、科创板上市公司 29 家，均居全国第一，新增 A 股上市公司 92 家，创历史新高。

二、加快科技和产业创新步伐

2021 年，江苏省把科技自立自强作为战略支撑，自主可控的现代产业体系建设取得新进展。自主创新能力进一步增强。全社会研发投入占比达 2.95%，接近创新型国家和地区中等水平；万人发明专利拥有量达 41.2 件，约为全国平均水平的 2 倍。苏南国家自主创新示范区建设取得新突破，紫金山实验室纳入国家战略科技力量体系，南京建设引领性国家创新型城市和苏州国家新一代人工智能创新发展试验区、国家生物药技术创新中心、国家第三代半导体技术创新中心成功获批，国家创新型城市创建在全国率先实现设区市全覆盖。新当选“两院”院士 16 位，获得国家科学技术通用奖励 39 项，居各省、自治区之首。产业结构持续优化升级。着力强链、固链、补链、延链，软件、物联网等 6 个产业集群入围国家先进制造业集群，数量居全国第一。工业战略性新兴产业、高新技术产业产值占规模以上工业比重分别提高到 39.8%和 47.5%。高新技术企业累计超过 3.7 万家，新增国家专精特新“小巨人”企业

172家。推动先进制造业与现代服务业融合发展，软件和信息技术服务业、科学研究和技术服务业、互联网及相关服务业营业收入分别增长19.2%、26%和30.9%。加快推进数字赋能传统产业升级，新建成一批智能制造示范工厂、示范车间、行业级工业互联网标杆企业，成功举办世界物联网博览会、世界智能制造大会，获批创建全国首个区块链发展先导区。大力推动化工钢铁煤电行业转型升级、优化布局，关闭退出低端落后和环境敏感区化工生产企业354家，连云港盛虹炼化一体化项目顺利建成。

三、积极推进城乡区域增加收入发展

2021年，江苏省坚持优势互补、协同联动，城乡区域协调发展新格局加快形成。乡村振兴战略深入实施。把握“三农”工作重心历史性转移，有机衔接脱贫致富奔小康与乡村振兴，农业农村现代化步伐持续加快。农业综合生产能力进一步提升，新建高标准农田390万亩，粮食总产量达749.2亿斤、创历史新高。乡村建设行动全面启动，实施新一轮农村人居环境整治，新改建道路2937千米、改造桥梁979座，新增“四好农村路”全国示范市3个、示范县11个，在全国率先基本实现城乡供水一体化。农村宅基地制度改革和集体经营性建设用地入市试点深入开展，国家城乡融合发展试验区改革探索迈出坚实步伐。区域一体化发展扎实推进。深入落实长三角一体化发展国家战略，成功举办长三角地区主要领导座谈会，长三角生态绿色一体化发展示范区建设取得积极进展，共同推动形成新一批41项制度创新成果，水乡客厅等65个重大项目顺利推进。大力实施扬子江城市群和江淮生态经济区、沿海经济带、徐州淮海经济区中心城市“1+3”重点功能区战略，《南京都市圈发展规划》成为首个国家批复的跨省域都市圈规划，沿海地区发展规划获国务院批准实施。现代综合交通运输体系加快构建。连徐高铁开通运行，花果山机场建成投运，苏锡常南部高速公路、宜兴至长兴高速公路江苏段建成通车，太仓港集装箱年吞吐量突破700万标箱，连云港入选“十四五”首批国家物流枢纽，张皋过江通道开工建设，新孟河延伸拓浚、江河支流治理等重大水利基础设施建设全面推进。对口支援协作合作进一步加强，实施援助项目超过2100个，为受援地巩固脱贫攻坚成果贡献了江苏力量。

四、持续推进生态文明建设

2021年，江苏省把碳达峰碳中和纳入经济社会发展整体布局，生态环境质量创21世纪以来最高水平。污染防治攻坚战成效明显。紧盯源头打好蓝天、碧水、净土保卫战，$PM_{2.5}$平均浓度下降到33 $\mu g/m^3$，空气优良天数比例达82.4%；水环境国考断面优Ⅲ类比例达87.1%、劣Ⅴ类水全面消除，均超额完成国家考核任务，县以上城市建成区黑臭水体基本消除，太湖治理连续14年实现饮用水安全和不发生大面积湖泛“两个确保”；土壤污染详查工作全面完成。长江生态环境保护修复扎实推进。牢牢把握“共抓大保护、不搞大开发”的战略导向，巩固提升沿江岸线整治成果，长江干流江苏段水质保持Ⅱ类，自然岸线比例提高到73.2%。2020年国家警示片披露问题全部完成整改，全力推进长江“十年禁渔”，多年不见的江豚又活跃在长江江苏段。城乡环境进一步优化。国家生态文明建设示范区增至27个，省级特色田园乡村增至446个，国家生态园林城市、获中国人居环境奖城市数量均居全国第一，林木覆盖率达24%，“美丽江苏”底色更加鲜明、更加可观可感。

五、全面深化改革开放

2021年，江苏省紧扣服务和融入新发展格局新要求，加快打造改革开放新高地，对外合作和竞争新优势进一步增强。“一带一路”交汇点建设高质量推进。中哈物流合作基地、中阿（联酋）产能合作示范园、柬埔寨西港特区保持良好发展势头，中韩盐城产业园、中以常州创新园建设步伐加快，连云港新亚欧陆海联运通道建设取得新成效，中欧班列开行1800列，比上年增长29%，对“一带一路”沿线国家和地区进出口增长22%，占比提升到 25.4%。外贸外资稳中提质。跨境电商、市场采购贸易等新业态蓬勃发展，进出口规模达 5.2 万亿元，增长 17.1%，再创历史新高。全年实际使用外资达 288.5 亿美元，比上年增长 22.7%，规模继续保持全国首位。开放载体建设力度加大。高标准推进自贸试验区建设、联动创新发展区改革和生物医药全产业链开放创新，自贸试验区形成 81 项新的制度创新成果。苏州工业园区实现国家级经济技术开发区综合排名“五连冠”。“放管服”改革持续深化。“不见面审批”“一件事”等改革深入推进，“证照分离”改革实现全覆盖，网上政务服务能力、社会信用体系建设和营商环境位居全国前列。财税金融、国资国企、农业农村、教育医疗、资源环境等重点领域改革任务加快落地，全省深化事业单位改革试点顺利完成，宿迁“四化”同步集成改革示范区建设全面启动。完善和落实惠企政策，新增减税降费超 1000 亿元，新登记市场主体 258.5 万户，总量达 1358.9 万户，市场主体活力不断增强。

六、进一步提升人民生活品质

2021 年，江苏省坚持财力向民生、向基层倾斜，民生支出占一般公共预算支出比重达 78.4%，15 类 52 件民生实事全面完成，群众的“幸福指数”更有质感、更有温度。多渠道促进富民增收，城镇居民和农村居民人均可支配收入分别增长 8.7%和 10.7%，城乡收入比缩小至 2.16∶1。延续实施减负稳岗扩就业政策措施，城镇新增就业 140.2 万人，占全国近 1/9，城镇调查失业率控制在预期目标以内。“一老一小”服务保障得到加强，养老服务体系加快建设，每千名老年人拥有养老床位超 40 张；落实三孩生育政策，新增普惠托育托位超 8000 个。社会保障体系加快完善，退休人员基本养老金人均提高 4.5%，失业保险进一步扩围提标，基本医保市级统筹全面实现，困难群众基本生活得到更好保障。教育现代化水平不断提升，基础教育优质资源供给持续增加，“双减”和规范民办义务教育发展工作有序推进，现代职业教育体系进一步健全，新高考方案平稳落地，新一轮高水平大学建设起步坚实。新开工城镇棚户区改造 31.09 万套，改造城镇老旧小区 1402 个，惠及居民超过 160 万人，三年累计改善苏北 30 多万户农民住房条件。医药卫生体制改革持续深化，公共卫生服务水平进一步提升，疾控机构建设全面加强，健康城市建设样板市总数、县级医院医疗服务能力达标率均居全国第一。推出与基本医保相衔接的普惠性商业医疗保险，群众医药负担明显降低。文化事业产业蓬勃发展，“文艺苏军”整体实力、影响力不断提升，高水平建成开放扬州中国大运河博物馆，国家级文旅创建成果数量居全国前列。体育强省建设加快推进，江苏健儿在东京奥运会和第十四届全运会上取得优异成绩。安全生产形势持续向好，专项整治“三年大灶”高标准推进，生产安全事故起数和死亡人数在上年大幅下降基础上，又分别下降 35%和 30%。平安江苏、法治江苏建设深入开展，社会治安防控体系不断完善，扫黑除恶专项斗争常态化推进，电信网络诈骗案件高发势头得到有力遏制，食品药品安全监管进一步加强，信访形势平稳有序，防汛抗台取得全面胜利，社会大局保持安全稳定。

第二章　安徽省2021年经济和社会发展

2021年是党和国家历史上具有里程碑意义的一年。安徽全省上下坚持以习近平新时代中国特色社会主义思想为指导，认真学习贯彻党的十九大和十九届历次全会精神，深入贯彻习近平总书记系列重要讲话指示批示，全面落实党中央、国务院及省委、省政府决策部署，坚持稳中求进工作总基调，完整、准确、全面贯彻新发展理念，精准实施宏观政策，加快打造具有重要影响力的“三地一区”，经济社会保持平稳健康发展，实现了“十四五”良好开局。

第一节　经济发展总体情况

一、经济发展基本情况

2021年安徽省全省地区生产总值42959.2亿元，比上年增长8.3%，两年平均增长6%。三次产业协同发展。第一产业增加值3360.6亿元，增长7.4%。第二产业增加值17613.2亿元，增长7.9%；其中工业增加值13081.7亿元，增长8.9%，制造业增加值11354.1亿元，占全省地区生产总值比重为26.4%，比上年提升0.6个百分点。第三产业增加值21985.4亿元，增长8.7%。三次产业结构由上年的8.4∶40.0∶51.6调整为7.8∶41.0∶51.2。预计全年全员劳动生产率132467元/人，比上年增加15463元/人。按常住人口计算，人均地区生产总值70321元（折合10900美元），比上年增加7910元。2017—2021年安徽省地区生产总值情况见图5-2-1。

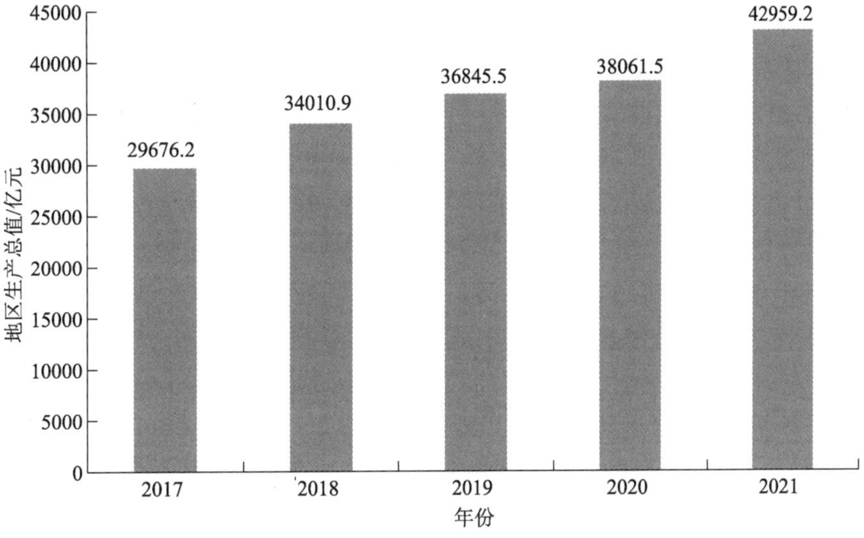

图5-2-1　2017—2021年安徽省地区生产总值情况

2021 年末安徽省常住人口 6113 万人（图 5-2-2），比上年末增加 8 万人；常住人口城镇化率为 59.4%，比上年提高 1.1 个百分点（表 5-2-1）。

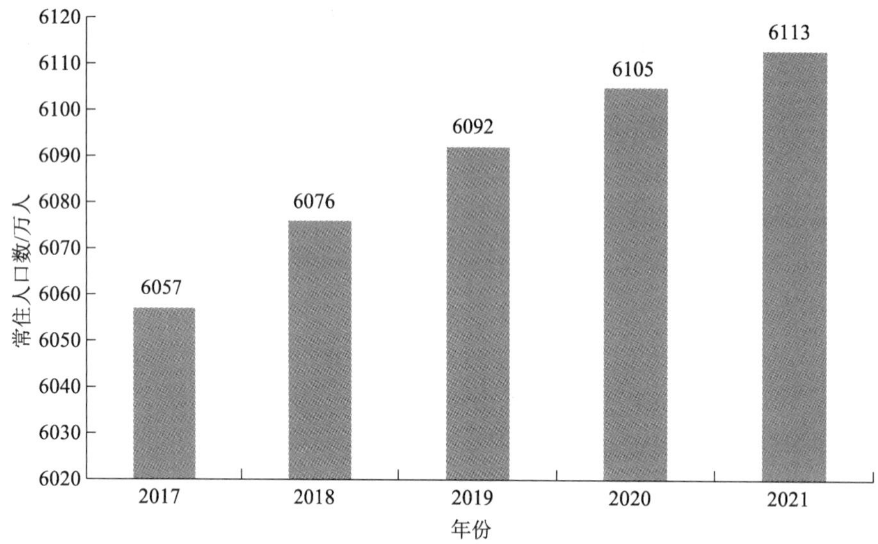

图 5-2-2　2017—2021 年末安徽省常住人口数

表 5-2-1　2021 年末安徽省常住人口及其构成

指标	年末数/万人	比重/%
年末常住人口	6113	—
其中：城镇	3631	59.4
乡村	2482	40.6
其中：男性	3121	51.1
女性	2992	48.9
其中：0~15 岁（含不满 16 周岁）	1218	19.9
16~59 岁（含不满 60 周岁）	3749	61.3
60 周岁及以上	1146	18.8
其中：65 周岁及以上	944	15.4

2021 年全年城镇新增就业 70.9 万人，失业人员再就业 26.7 万人。年末城镇调查失业率控制在年度目标以内，城镇登记失业率 2.46%，比上年下降 0.37 个百分点。全省农民工共 1981.3 万人，其中外出农民工 1311.1 万人。

2021 年全年居民消费价格比上年上涨 0.9%，其中食品烟酒价格下降 0.5%。商品零售价格上涨 1.6%。工业生产者出厂价格上涨 7.7%，工业生产者购进价格上涨 11.5%。农产品生产价格上涨 1.3%。

2021 年安徽省居民消费价格比上年涨跌幅度见表 5-2-2。

表 5-2-2　2021 年安徽省居民消费价格比上年涨跌幅度

单位:%

指标	全省		
		城市	农村
居民消费价格	0.9	1.1	0.7

续表

指标	全省	城市	农村
其中：食品烟酒	-0.5	-0.1	-1.2
衣着	1.1	0.9	1.3
居住	0.7	0.6	0.8
生活用品及服务	0.1	0.2	0.0
交通通信	4.8	4.9	4.4
教育文化娱乐	2.8	2.6	3.3
医疗保健	0.5	0.7	0.3
其他用品及服务	-3.9	-3.9	-3.9

新兴动能不断增强。规模以上工业中，高技术制造业增加值比上年增长 27.4%，占规模以上工业增加值比重为 13.6%；装备制造业增加值比上年增长 15.5%，占规模以上工业增加值比重为 33.8%。战略性新兴产业中，新一代信息技术产业、新能源汽车产业产值分别增长 31.2%和 31%。市场销售中，网上零售额 3049.8 亿元，比上年增长 15.9%。其中，实物商品网上零售额 2571.3 亿元，比上年增长 11.8%。固定资产投资中，高技术产业投资增长 13.9%，高于全部投资 4.5 个百分点。全年新登记市场主体 113.6 万户，日均新登记企业 1100 户，年末市场主体总数达 660.9 万户。

区域协调发展扎实推进。合肥都市圈生产总值 27305.5 亿元，比上年增长 8.6%；皖北地区生产总值 13239.1 亿元，比上年增长 6.2%；合芜蚌国家自主创新示范区生产总值 17704.4 亿元，比上年增长 8.3%；皖江城市带承接产业转移示范区生产总值 29000.4 亿元，比上年增长 9.4%；皖西大别山革命老区生产总值 5012.4 亿元，比上年增长 8.3%；皖南国际文化旅游示范区生产总值 14359.9 亿元，比上年增长 9.4%。

二、设区市经济发展

安徽省 16 座城市 2021 年经济成绩单显示，各城市经济平稳健康发展，实现了“十四五”良好开局。其中，合肥地区生产总值首次突破 1.1 万亿元大关；芜湖经济增速领跑全省，地区生产总值同比增长 11.6%，两年平均增长 7.6%。

2021 年安徽省各设区市地区生产总值情况见图 5-2-3。

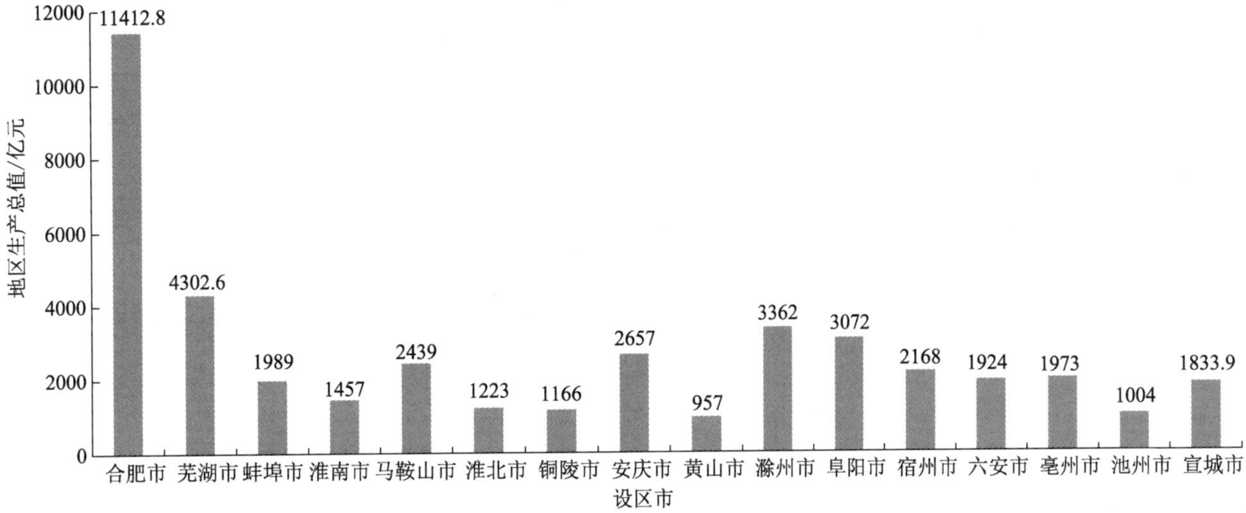

图 5-2-3　2021 年安徽省各设区市地区生产总值情况

1. 合肥地区生产总值突破 1.1 万亿元，芜湖地区生产总值增速领跑全省

从经济总量方面来看，合肥 2021 年地区生产总值位居全省第一，达到 11412.8 亿元，站上 1.1 万亿元新台阶；芜湖地区生产总值位居第二，达到 4302.63 亿元；滁州地区生产总值位居第三，为 3362.1 亿元。此外，阜阳地区生产总值首次突破 3000 亿元，池州地区生产总值首次突破 1000 亿元。

从经济增速方面来看，芜湖以 11.6%的地区生产总值增速领跑全省；其后，六安以 11.0%的地区生产总值增速位列第二，池州以 10.2%的地区生产总值增速位列第三。同时，芜湖地区生产总值两年平均增速达到 7.6%，依旧领跑全省；紧随其后的是六安，地区生产总值两年平均增速达到 7.5%。此外，滁州、安庆、蚌埠、淮北、铜陵、池州暂未披露两年平均增速。

2. 八城人均 GDP 超 1 万美元，合肥人均地区生产总值高居全省第一

从人均地区生产总值方面来看，以第七次全国人口普查数据计算，合肥人均地区生产总值高居全省第一，由 2020 年的 10.72 万元增至 12.18 万元。其后，芜湖以 11.81 万元人均地区生产总值位居全省第二，马鞍山以 11.29 万元人均地区生产总值位居全省第三。

按照国家外汇交易中心披露的 2021 年人民币与美元平均汇率 6.4515 计算，合肥、芜湖、马鞍山、铜陵、滁州、池州、宣城、黄山八座城市人均地区生产总值超过 1 万美元，占比一半。

3. 马鞍山、铜陵第二产业占比近五成，合肥第三产业占比超六成

从第一产业占比来看，宿州第一产业占比最高，达到 15.3%；亳州、蚌埠紧随其后，第一产业占比分别为 13.8%、13.7%。

从第二产业占比来看，马鞍山、铜陵第二产业占比并列第一，达到 49.5%；滁州、宣城紧随其后，第二产业占比分别为 48.9%、48.6%。

从第三产业占比来看，合肥第三产业占比最高，达到 60.4%；黄山第三产业占比紧随其后，达到 56.6%。此外，蚌埠、亳州、淮北第三产业占比均超过 50%。

4. 阜阳第一产业增加值超 400 亿元，稳居全省第一

从第一产业增加值来看，阜阳以 417.3 亿元的第一产业增加值稳居全省第一。其后，合肥以 351.05 亿元的第一产业增加值位居全省第二，宿州以 332.1 亿元的第一产业增加值位居全省第三。

从第一产业增速来看，淮北、亳州、六安位居全省前三，增速分别为 9.6%、9.1%、8.9%。

5. 合肥第二产业增加值超 4000 亿元，领跑全省

从第二产业增加值来看，合肥第二产业增加值达到 4171.21 亿元，领跑全省；芜湖、滁州各以 2048.96 亿元、1644.8 亿元的第二产业增加值分别位列第二、第三。

从第二产业增速来看，六安增速最亮眼，达到 12.2%。其后，芜湖第二产业增速为 11.9%，位居第二；宣城、池州第二产业增速均为 11.1%，并列第三。

6. 合肥第三产业增加值超 6500 亿元，高居全省第一

从第三产业增加值来看，合肥第三产业增加值达到 6890.54 亿元，高居全省第一。其后，芜湖以 2084.09 亿元的第三产业增加值位居第二，阜阳以 1503 亿元的第三产业增加值位居第三。

从第三产业增速来看，芜湖增速最亮眼，达到 11.7%；其后，滁州、六安增速均超过 10%，分别为 11.0%、10.6%。

三、农业发展

2021 年，安徽省粮食播种面积 10964.4 万亩，比上年增加 30.1 万亩。粮食产量 4087.6 万吨，比上年增长 1.7%。其中，夏粮 1699.9 万吨，比上年增长 1.7%；早稻 99.2 万吨，比上年增长 8.8%；秋粮 2288.5 万吨，比上年增长 1.4%。油料产量 167.1 万吨，比上年增长 2.9%。棉花产量 2.9 万吨，比上年下降 28.7%（表 5-2-3）。

表 5-2-3　2021 年安徽省主要农产品产量及增速

产品名称	产量/万吨	比上年增长/%
粮食	4087.6	1.7
油料	167.1	2.9
其中：花生	71.8	-0.7
油菜籽	91.1	6.7
棉花	2.9	-28.7
烤烟	2.0	-1.5
茶叶	13.7	6.7
蔬菜	2445.3	4.9
水果	778.1	4.9

2021 年，安徽省生猪存栏 1582.5 万头，比上年增长 11.5%；全年生猪出栏 2797.8 万头，比上年增长 30.1%。猪牛羊禽肉产量 455.2 万吨，比上年增长 15.2%。禽蛋产量 177.1 万吨，比上年下降 3.9%。牛奶产量 47.6 万吨，比上年增长 26.3%。水产品产量 236.5 万吨，比上年增长 1.8%。

2021 年，安徽省农业机械总动力 6924 万千瓦，比上年增长 1.8%。主要农作物耕种收综合机械化率 82.1%。累计建成高标准农田 5510 万亩。新增节水灌溉面积 35.3 万亩。

四、工业和建筑业发展

2021 年，安徽省规模以上工业企业 19553 户，比上年增加 1184 户。全年规模以上工业增加值比上年增长 8.9%。分经济类型看，国有及国有控股企业增加值增长 11.8%，股份制企业增加值增长 8.5%，外商及港澳台商投资企业增加值增长 12.3%。分门类看，采矿业增加值增长 3.6%，制造业增加值增长 8.8%，电力、热力、燃气及水生产和供应业增加值增长 15.5%。分行业看，41 个工业大类行业中有 28 个保持增长。其中，计算机、通信和其他电子设备制造业增加值增长 33.2%，汽车制造业增加值增长 17.4%，金属制品业增加值增长 14.9%，电气机械和器材制造业增加值增长 11.3%，黑色金属冶炼和压延加工业增加值增长 9.2%。工业产品中，汽车、微型计算机设备、移动通信手持机产量增加值分别增长 29.5%、19.1%和 5.7%。

2021 年安徽省规模以上工业主要产品产量及增速见表 5-2-4。

表 5-2-4　2021 年安徽省规模以上工业主要产品产量及增速

产品名称	单位	产量	比上年增长/%
饮料酒	亿升	11.9	-4.3
卷烟	亿支	1218.2	1.2
微型计算机设备	万台	3694.8	19.1
移动通信手持机	万台	96.6	5.7
工业机器人	套	12906.0	-4.0
家用电冰箱	万台	2381.4	-2.3
房间空气调节器	万台	3385.5	7.8
家用洗衣机	万台	2627.4	10.4

续表

产品名称	单位	产量	比上年增长/%
彩色电视机	万台	1224.8	0.03
能源生产总量	万吨标准煤	9089.8	4.5
原煤	万吨	11274.1	1.7
发电量	亿千瓦时	2911.8	7.9
十种有色金属	万吨	297.5	28.9
水泥	亿吨	1.5	4.0
平板玻璃	万重量箱	4637.0	3.3
化学肥料总计（折纯）	万吨	208.0	-9.0
合成洗涤剂	万吨	102.9	1.8
汽车	万辆	150.3	29.5
其中：新能源汽车	万辆	25.2	127.0
电力电缆	百万米	1834.9	-5.6

2021 年，安徽省煤炭产能 12876 万吨，发电装机容量 8465.7 万千瓦，其中燃煤火电装机 5274.1 万千瓦，新能源和可再生能源发电装机 2964.6 万千瓦。

2021 年，安徽省规模以上工业企业利润约 2669.9 亿元，比上年增长 13.6%。分经济类型看，国有控股企业利润 811.6 亿元，比上年增长 12.2%；股份制企业 2273.2 亿元，比上年增长 13.6%；外商及港澳台商投资企业 340.4 亿元，比上年增长 15.6%；私营企业 846.3 亿元，比上年增长 9.2%。分门类看，采矿业利润 259.4 亿元，比上年增长 45.4%；制造业 2381.5 亿元，比上年增长 18.4%；电力、热力、燃气及水生产和供应业 28.9 亿元，比上年下降 81.8%。全年规模以上工业企业每百元营业收入中的成本为 85.29 元，比上年增加 0.27 元；营业收入利润率为 5.96%，比上年下降 0.16 个百分点。

2021 年安徽省制造业企业 100 强见表 5-2-5。

表 5-2-5　2021 年安徽省制造业企业 100 强

序号	企业名称	所属地区
1	阳光电源股份有限公司	合肥市
2	芜湖美的厨卫电器制造有限公司	芜湖市
3	芜湖美智空调设备有限公司	芜湖市
4	信义光伏产业（安徽）控股有限公司	芜湖市
5	通威太阳能（合肥）有限公司	合肥市
6	合肥美的暖通设备有限公司	合肥市
7	安徽中鼎控股（集团）股份有限公司	宣城市
8	山鹰国际控股股份公司	马鞍山市
9	安徽迎驾集团股份有限公司	六安市
10	安徽鸿路钢结构（集团）股份有限公司	合肥市
11	安徽金瑞投资集团有限公司	滁州市

续表

序号	企业名称	所属地区
12	安徽丰原集团有限公司	蚌埠市
13	长江精工钢结构（集团）股份有限公司	六安市
14	安徽环新集团股份有限公司	安庆市
15	合肥华凌股份有限公司	合肥市
16	芜湖长信科技股份有限公司	芜湖市
17	安徽华米信息科技有限公司	合肥市
18	格力电器（合肥）有限公司	合肥市
19	黄山永佳集团股份有限公司	黄山市
20	安徽珍珠水泥集团股份有限公司	滁州市
21	合肥华泰集团股份有限公司	合肥市
22	国轩高科股份有限公司	合肥市
23	安徽口子酒业股份有限公司	淮北市
24	安徽楚江科技新材料股份有限公司	芜湖市
25	滁州惠科光电科技有限公司	滁州市
26	芜湖伯特利汽车安全系统股份有限公司	芜湖市
27	安徽美芝精密制造有限公司	芜湖市
28	安徽天康（集团）股份有限公司	滁州市
29	合肥美的洗衣机有限公司	合肥市
30	铜陵精达特种电磁线股份有限公司	铜陵市
31	合肥美亚光电技术股份有限公司	合肥市
32	铜陵化学工业集团有限公司	铜陵市
33	中科电力装备集团有限公司	蚌埠市
34	立讯精密工业（滁州）有限公司	滁州市
35	安徽昊源化工集团有限公司	阜阳市
36	志邦家居股份有限公司	合肥市
37	联宝（合肥）电子科技有限公司	合肥市
38	安徽理士电源技术有限公司（安徽理士电源技术有限公司、安徽力普拉斯电源技术有限公司、安徽理士新能源发展有限公司）	淮北市
39	安徽广信农化股份有限公司	宣城市
40	安徽安科生物工程（集团）股份有限公司	合肥市
41	会通新材料股份有限公司	合肥市
42	合肥晶澳太阳能科技有限公司	合肥市
43	安徽省司尔特肥业股份有限公司（含所辖未上市企业）	宣城市
44	安徽华铂再生资源科技有限公司	阜阳市
45	安徽天大企业（集团）有限公司	滁州市

续表

序号	企业名称	所属地区
46	六安钢铁控股集团有限公司	六安市
47	安徽金田高新材料股份有限公司	安庆市
48	安徽富煌建设有限责任公司	合肥市
49	安徽盘景水泥有限公司	马鞍山市
50	安徽巨一科技股份有限公司	合肥市
51	三只松鼠股份有限公司	芜湖市
52	安徽新亚特电缆集团有限公司	芜湖市
53	信义节能玻璃（芜湖）有限公司	芜湖市
54	安徽福莱特光伏玻璃有限公司	滁州市
55	安徽金星钛白（集团）有限公司	马鞍山市
56	合肥晶弘电器有限公司	合肥市
57	全威（铜陵）铜业科技有限公司	铜陵市
58	天能电池集团（安徽）有限公司	阜阳市
59	合肥同智机电控制技术有限公司	合肥市
60	安徽超威电源有限公司	池州市
61	安徽永恒动力科技有限公司	安庆市
62	安徽晋煤中能化工股份有限公司	阜阳市
63	合肥海尔电冰箱有限公司	合肥市
64	星恒电源（滁州）有限公司	滁州市
65	安徽曙光化工集团有限公司	安庆市
66	安徽国星生物化学有限公司	马鞍山市
67	安徽英科医疗用品有限公司	淮北市
68	安徽皖南电机股份有限公司	宣城市
69	安徽省萧县林平纸业有限公司	宿州市
70	安徽安利材料科技股份有限公司	合肥市
71	黄山永新股份有限公司	黄山市
72	安徽华尔泰化工股份有限公司	池州市
73	安徽兴乐健身器材有限公司	滁州市
74	安徽三安光电有限公司	芜湖市
75	长电科技（滁州）有限公司	滁州市
76	安徽万朗磁塑股份有限公司	合肥市
77	铜陵上峰水泥股份有限公司	铜陵市
78	安徽和佳医疗用品科技有限公司	宿州市
79	安徽中天石化股份有限公司	安庆市
80	安徽星星服装股份有限公司	六安市

续表

序号	企业名称	所属地区
81	六安江淮电机有限公司	六安市
82	安徽艾可蓝环保股份有限公司	池州市
83	铜陵市富鑫钢铁有限公司	铜陵市
84	安徽开润股份有限公司	滁州市
85	芜湖东方雨虹建筑材料有限公司	芜湖市
86	安徽正宇面粉有限公司	亳州市
87	安徽应流机电股份有限公司	合肥市
88	合肥杰事杰新材料股份有限公司	合肥市
89	合肥常青机械股份有限公司	合肥市
90	安徽百通达科技医疗用品有限公司	宿州市
91	杰锋汽车动力系统股份有限公司	芜湖市
92	安徽鑫科新材料股份有限公司	芜湖市
93	安徽森泰木塑集团股份有限公司	宣城市
94	合肥海尔洗衣机有限公司	合肥市
95	安徽应流集团霍山铸造有限公司	六安市
96	百丽鞋业（宿州）有限公司	宿州市
97	巢湖云海镁业有限公司	合肥市
98	同路生物制药有限公司	合肥市
99	黄山华惠科技有限公司	黄山市
100	安徽德信佳生物医药有限公司	阜阳市

2021 年，安徽省建筑业增加值 4559.3 亿元，比上年增长 5.2%。年末具有资质等级的总承包和专业承包建筑业企业 7274 家，比上年增加 1396 家。全年房屋建筑施工面积 53888.6 万平方米，比上年增加 4511.6 万平方米；房屋竣工面积 14012.9 万平方米，比上年减少 593.4 万平方米。

五、服务业发展

2021 年，安徽省批发和零售业增加值 4073.9 亿元，比上年增长 10.8%；交通运输、仓储和邮政业增加值 2056.9 亿元，比上年增长 8.2%；住宿和餐饮业增加值 798.5 亿元，比上年增长 17.2%；金融业增加值 2779.5 亿元，比上年增长 5.9%；房地产业增加值 3300.2 亿元，比上年增长 6.4%；信息传输、软件和信息技术服务业增加值 964 亿元，比上年增长 10.6%；租赁和商务服务业增加值 1267.4 亿元，比上年增长 9.8%。全年规模以上服务业企业营业收入比上年增长 16.8%，其中以互联网信息技术、商务服务等新兴行业为代表的其他营利性服务业营业收入比上年增长 18.4%。

2021 年，安徽省货物运输量 40.1 亿吨，比上年增长 7.2%。货物运输周转量 11023.9 亿吨千米，比上年增长 8%。全年港口货物吞吐量 5.8 亿吨，比上年增长 7.8%。全年旅客运输量 2.8 亿人次，比上年下降 15%。旅客运输周转量 784.7 亿人千米，比上年增长 7.7%。全省民航机场旅客吞吐量 1100.1 万人次，比上年增长 6.5%；其中合肥新桥机场旅客吞吐量 879.5 万人次，比上年增长 2.3%。

2021 年安徽省主要运输方式完成货物运输量及增速见表 5-2-6，2021 年安徽省主要运输方式完成旅客运输量及增速见表 5-2-7。

表 5-2-6　2021 年安徽省主要运输方式完成货物运输量及增速

指标	单位	绝对数	比上年增长/%
货物运输量	亿吨	40. 1	7. 2
其中：铁路	亿吨	0. 8	0. 9
公路	亿吨	25. 9	6. 4
水运	亿吨	13. 5	9. 2
货物运输周转量	亿吨千米	11023. 9	8. 0
其中：铁路	亿吨千米	782. 5	11. 6
公路	亿吨千米	3727. 9	9. 3
水运	亿吨千米	6513. 3	6. 8

表 5-2-7　2021 年安徽省主要运输方式完成旅客运输量及增速

指标	单位	绝对数	比上年增长/%
旅客运输量	亿人次	2. 8	-15. 0
其中：铁路	亿人次	1. 1	16. 3
公路	亿人次	1. 6	-28. 5
水运	万人次	161. 3	45. 7
旅客运输周转量	亿人千米	784. 7	7. 7
其中：铁路	亿人千米	603. 5	14. 5
公路	亿人千米	147. 8	-12. 1
水运	万人千米	2130. 4	40. 2

2021 年末，安徽省民用汽车拥有量 1064. 4 万辆，比上年增长 7. 4%；其中私人汽车 939. 8 万辆，比上年增长 7. 7%。民用轿车拥有量 597. 8 万辆，比上年增长 7. 3%；其中私人轿车 571 万辆，比上年增长 7. 8%。到 2021 年末，全省高速公路 5146 千米、一级公路 6171 千米、铁路营业里程 5263 千米（高速铁路营业里程 2445 千米）。

2021 年，安徽省邮政行业业务总量 393. 6 亿元，比上年增长 31. 8%。快递业务量 31. 3 亿件，快递业务收入 216. 8 亿元，分别比上年增长 42%和 23. 9%。电信业务总量 594. 1 亿元，比上年增长 24. 1%。年末全省电话用户总数 6984. 8 万户，其中移动电话用户 6443. 8 万户。移动电话普及率 105. 6 部/百人。固定互联网宽带接入用户 2383. 9 万户，比上年末增加 238. 7 万户；其中固定互联网光纤宽带接入用户 2185. 2 万户，比上年末增加 229. 7 万户。全年移动互联网用户接入流量 82. 3 亿 GB，比上年增长 33. 9%。

2021 年，安徽省国内游客 5. 8 亿人次，比上年增长 23. 4%。国内旅游收入 5578. 4 亿元，比上年增长 32. 1%。皖南国际文化旅游示范区旅游总收入 2854. 6 亿元，比上年增长 31. 7%。年末全省有 A 级及以上旅游景点（区）657 处。

六、固定资产投资

2021 年，安徽省固定资产投资（不含农户）比上年增长 9. 4%。其中，工业企业技术改造投资增长 17. 8%，基础设施投资增长 7. 4%，民间投资增长 7. 3%。分产业看，第一产业投资增长 39. 1%，第二产业投资增长 13. 5%，第三产业投资增长 6. 9%。工业投资增长 13. 5%，其中制造业投资增长 14. 6%。2021 年安徽省三次产业投资占固定资产投资（不含农户）比重见图 5-2-4，分行业固定资产投资（不含农户）增速见表 5-2-8。

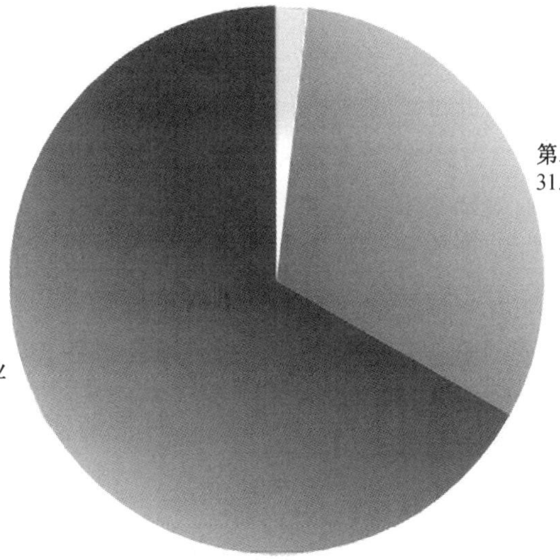

图 5-2-4　2021 年安徽省三次产业投资占固定资产投资（不含农户）比重

表 5-2-8　2021 年安徽省分行业固定资产投资（不含农户）增速

行业	比上年增长/%
农、林、牧、渔业	35. 9
采矿业	23. 3
制造业	14. 6
电力、热力、燃气及水生产和供应业	3. 7
建筑业	7. 5
批发和零售业	2. 3
交通运输、仓储和邮政业	6. 6
住宿和餐饮业	7. 9
信息传输、软件和信息技术服务业	46. 5
金融业	19. 4
房地产业	3. 3
租赁和商务服务业	16. 4
科学研究和技术服务业	31. 6
水利、环境和公共设施管理业	6. 8
居民服务、修理和其他服务业	31. 2
教育	27. 5
卫生和社会工作	62. 4
文化、体育和娱乐业	1. 7
公共管理、社会保障和社会组织	-8. 8

2021 年，安徽省房地产开发投资 7263. 2 亿元，比上年增长 3. 1%。商品房销售面积 10460. 9 万平方米，比上年增长 9. 7%；商品房销售额 8143. 2 亿元，比上年增长 10. 8%；年末商品房待

售面积1713.4万平方米，比上年增长11.1%。

“双招双引”成果丰硕，十大新兴产业签约项目2123个、开工1614个。组织9批2101个重大投资项目集中开工，2021年安徽省新开工亿元以上重点项目3695个、竣工2084个。合肥新桥智能电动汽车产业基地、合肥新桥机场改扩建、马鞍山吉利新能源重卡、芜湖海鹰航空无人机产业基地、宁洛国家高速公路明光至蚌埠段改扩建工程等3695个省重点项目开工，合肥晶合一期、亳州北京同仁堂现代中药生产、滁州永臻年产10GW光伏边框、安九高铁、天然气宣城—黄山干线等2084个省重点项目竣工。

七、市场消费

2021年，安徽省社会消费品零售总额约21471.2亿元，比上年增长17.1%。按经营地统计，城镇消费品零售额17721.8亿元，比上年增长16.9%；乡村消费品零售额3749.3亿元，比上年增长18.2%。按消费类型统计，商品零售额18550.3亿元，比上年增长14.5%；餐饮收入2920.9亿元，比上年增长37.3%。

限额以上企业商品零售额中，吃、用类商品零售额分别比上年增长16.3%和18.5%；粮油类增长11.1%，肉禽蛋类增长11%，服装类增长8%，日用品类增长17.3%，中西药品类增长15.6%，家用电器和音像器材类增长14.2%，家具类增长27.4%，通信器材类增长33.3%，建筑及装潢材料类增长42.4%，汽车类增长9.8%，石油及制品类增长13.2%。

八、对外经济

2021年，安徽省进出口总额6920.2亿元，比上年增长26.9%。其中，出口4094.8亿元，比上年增长29.5%；进口2825.4亿元，比上年增长23.4%。从出口商品看，机电产品、高新技术产品分别比上年增长35.5%和37.5%。对“一带一路”沿线国家进出口1790.1亿元，比上年增长36%。其中，出口1285.9亿元，比上年增长30.7%；进口504.1亿元，比上年增长51.7%。2021年安徽省出口主要分类及地区分布见表5-2-9。

表5-2-9　2021年安徽省出口主要分类及地区分布

指标	绝对数/亿元	比上年增长/%
出口额	4094.8	29.5
其中：机电产品	2526.8	35.5
其中：高新技术产品	1218.2	37.5
其中：一般贸易	3146.1	36.2
加工贸易	793.6	9.7
其中：对亚洲	1609.8	27.9
对欧洲	959.6	34.0
对北美洲	750.2	11.6
对非洲	196.6	37.8
对拉丁美洲	498.0	67.6
对大洋洲	80.7	9.3

2021年全年新批/备案外商直接投资项目475个，比上年增长20.9%；合同利用外资68.8亿美元，比上年增长33.1%；实际利用外商直接投资193亿美元，比上年增长5.4%。年末来皖投资的境外世界500强企业达89家。

2021年全年对外承包工程新签合同金额44.4亿美元，比上年增长58%；完成营业额23.9亿美元，比上年下降4.7%；当年外派劳务人员6514

人，比上年增长 2.9%。全年新批境外企业（机构）98 个，实际对外投资 15.2 亿美元，比上年增长 5.6%；其中对“一带一路”沿线国家和地区投资 3.6 亿美元，比上年增长 40.9%。

九、财政和金融

2021 年，安徽省一般公共预算收入 3498.2 亿元，比上年增长 8.8%；其中税收收入 2389.9 亿元，比上年增长 8.7%。一般公共预算支出 7591.1 亿元，比上年增长 1.6%。重点支出项目中，科学技术支出增长 12.5%，社会保障与就业支出增长 4.8%，教育支出增长 4.3%，城乡社区支出下降 0.3%。全年 33 项民生工程累计投入 1288.3 亿元。新增减税降费 334.3 亿元。

2021 年全年社会融资规模增量 9712.1 亿元，比上年增加 460.3 亿元。年末全省金融机构人民币各项存款余额 66271.9 亿元，比上年末增加 6374.1 亿元，增长 10.6%；人民币各项贷款余额 58151 亿元，比上年末增加 6630.5 亿元，增长 12.9%（表 5-2-10）。

表 5-2-10　2021 年末安徽省金融机构人民币各项存贷款余额及增速

指标	年末数/亿元	比上年增长/%
人民币存款	66271.9	10.6
其中：非金融企业存款	17312.7	7.9
住户存款	34329.8	14.0
机关团体存款	9637.1	2.5
人民币贷款	58151.0	12.9
其中：境内短期	14061.9	6.9
境内中长期	39985.1	14.8
其中：企（事）业单位贷款	33594.6	11.9
住户贷款	24513.8	14.1

2021 年全年上市公司通过境内市场累计筹资 662.9 亿元，比上年增加 311.3 亿元。其中，首次公开发行 A 股 18 只（含 1 只首次在北交所公开发行股票），筹资 117.5 亿元；A 股再筹资（包括配股、公开增发、非公开增发、认股权证）424.5 亿元；上市公司通过发行可转债、公司债筹资 120.9 亿元。年末全省有 A 股上市公司 149 家，比上年增加 23 家；上市公司市价总值 23042 亿元，比上年增长 22.7%。

2021 年全年保险业原保险保费收入 1379.7 亿元，比上年增长 6.1%。其中，财产险业务原保险保费收入 436.8 亿元，比上年下降 4.6%；人身险业务原保险保费收入 942.9 亿元，比上年增长 11.9%。赔款和给付 519.3 亿元，比上年增长 12.1%。其中，财产险业务赔款支出 293.6 亿元，比上年增长 7.8%；人身险业务赔款和给付支出 225.7 亿元，比上年增长 18.3%。

第二节　社会发展总体情况

一、人民生活和社会保障

2021 年，安徽省常住居民人均可支配收入 30904 元，比上年增长 10%，扣除价格因素实际增长 9%。人均消费支出 21911 元，比上年增长 16.1%。恩格尔系数为 32.6%。

按常住地分，2021 年城镇常住居民人均可支配收入 43009 元，比上年增长 9%，扣除价格因素实际增长 8%。人均消费支出 26495 元，比上年增长 16.8%。其中，食品烟酒支出增长 14.4%，衣着支出增长 15.9%，居住支出增长 8.9%，生活用品及服务支出增长 23%，交通和通信支出增长 13.7%，教育文化娱乐支出增长 38.9%，医疗保健支出增长 15.5%。城镇常住居民恩格尔系数为 32%，比上年下降 0.6 个百分点。年末城镇常住居民人均住房建筑面积 42.3 平方米，比上年末增加 0.2 平方米。

2021 年农村常住居民人均可支配收入 18368 元（图 5-2-5），比上年增长 10.5%，扣除价格因素实际增长 9.8%。人均消费支出 17163 元，比上年增长 14.2%。其中，食品烟酒支出增长 12.1%，衣着支出增长 21.5%，居住支出增长 2.2%，生活用品及服务支出增长 17.3%，交通和通信支出增长 14.1%，教育文化娱乐支出增长 39.1%，医疗保健支出增长 14.7%。农村常住居民恩格尔系数为 33.6%，比上年下降 0.7 个百分点。年末农村常住居民人均住房建筑面积 54.7 平方米，比上年末增加 0.1 平方米。

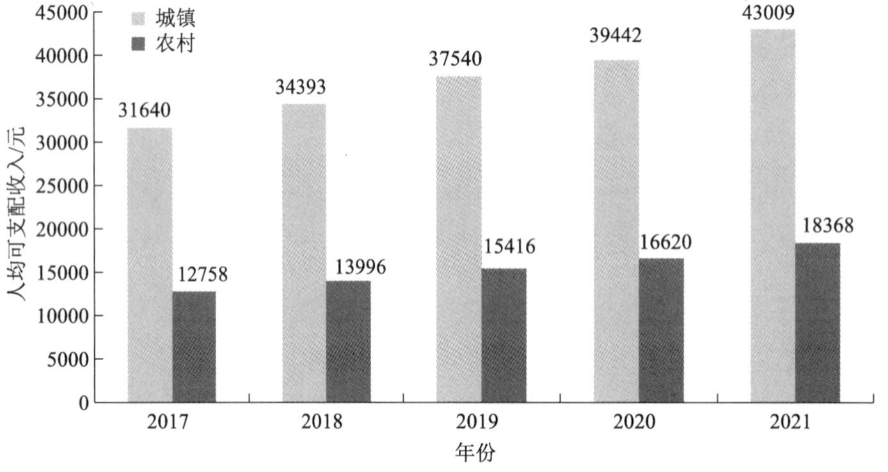

图 5-2-5　2017—2021 年安徽省城乡居民人均可支配收入

2021 年末，安徽省参加城镇职工基本养老保险人数为 1384.2 万人。参加城乡居民基本养老保险人数为 3457.6 万人。参加失业保险人数为 616.6 万人，全年为 15.6 万名失业人员发放了不同期限的失业保险金。参加工伤、生育保险人数分别为 718.1 万人和 700.1 万人。年末全省参加基本医疗保险人数为 6662.9 万人。

2021 年末 31.7 万人享受城市居民最低生活保障，176.9 万人享受农村居民最低生活保障，农村特困供养对象 33.4 万人。

2021 年末全省有各类提供住宿的社会服务机构 2690 个，床位 38.8 万张，收养救助人员 13.3 万人；不提供住宿的社会服务机构和设施 2.5 万个，其中社区服务站 1.6 万个。全年销售社会福利彩票 44.4 亿元，筹集社会福利资金 14.5 亿元。

二、教育、科学技术和文化

2021 年末，安徽省有研究生培养单位 21 个，普通高校（含独立学院）121 所，各类中等职业教育学校（不含技工学校）271 所。普通高中 679 所，高中阶段毛入学率 93.8%。初中 2825 所，初中阶段适龄人口入学率 99.99%。小学 6964 所，小学学龄儿童入学率 99.99%。九年义务教育巩固率 96.4%。2021 年安徽省各级各类教育发展情况见表 5-2-11。

表 5-2-11　2021 年安徽省各级各类教育发展情况

单位：万人

指标	招生数	在校生数	毕业生数
研究生	3.7	9.9	2.1
普通本专科	47.3	150.5	32.7
中等职业教育	29.8	75.2	26.3
普通高中	39.1	116.3	36.0
初中	76.2	229.9	70.1
小学	76.7	468.7	75.7

2021 年末，安徽省专业技术人才总量 451.4 万人，其中高层次人才 47.5 万人。全省共有科研机构 6769 个，从事研发活动人员 27.9 万人。

全省已建成全超导托卡马克、稳态强磁场、同步辐射等 3 个国家大科学装置。有国家重点实验室（含国家研究中心）12 个，省重点实验室 171 个；有省级以上工程技术研究中心 521 家，其中国家级 9 家；有省级以上高新技术产业开发区 20 个，其中国家级 6 个。有高新技术企业 11368 家，比上年净增 2809 家。

2021 年全年登记科技成果 17755 项，其中各类财政资金支持形成的科技成果 896 项。全省 12 个项目获 2020 年度国家科学技术奖，包括：基于量子信息技术研究量子物理基本问题，拉曼光谱快速检测毒品毒物的增强基片、方法及仪器的关键技术，绿茶自动化加工与数字化品控关键技术装备及应用，城镇污水处理厂智能监控和优化运行关键技术及应用等。授权专利 15.3 万件，比上年增长 28.2%。年末全省有效发明专利 12.2 万件。全年输出技术合同成交额 1754.6 亿元，比上年增长 136.3%；吸纳技术合同成交额 2175.6 亿元，比上年增长 92.3%。

2021 年末全省有获得资质认定的检验检测机构 1637 个，国家质量监督检验中心 23 个；产品、服务、管理体系认证机构 55 个（包含在皖分部、分公司），获得强制性产品认证的企业 1231 个；法定及授权计量检定技术机构 226 个，全年强制检定计量器具 624.3 万台（件）。累计主导或参与制定国际标准 47 项、国家标准 3954 项，制定、修订地方标准 3333 项。累计拥有国家地理标志产品 84 个、有效注册商标 101.1 万件。

安徽省测绘档案资料馆全年为社会各界提供各种比例尺地形图 74893 幅、测绘基准成果 3711 点（次），航空航天遥感 695 万平方千米、数据量 13599GB；完成国家基本比例尺地形图生产与更新 23615 幅、地理国情监测面积 14 万平方千米、“天地图 · 安徽”地图网站更新数据 326.3GB。

2021 年末全省拥有文化馆 123 个，公共图书馆 131 个，博物馆 230 个（含非国有博物馆），乡镇街道综合文化站 1505 个。全国重点文物保护单位 175 处，省级重点文物保护单位 915 处。国家级非物质文化遗产名录 99 项，省级名录 479 项。

2021 年末全省广播电视台 78 座，广播节目综合人口覆盖率 99.9%，电视节目综合人口覆盖率 99.9%。有线电视用户 771.7 万户。全年出版报纸 88 种，总印数 5.6 亿份；期刊 181 种，总印数 0.34 亿册；图书 10126 种，总印数 3.2 亿册。年末全省有各级国家综合档案馆 125 个，馆藏档案资料 5554.8 万卷（件、册），档案馆总建筑面积 63.1 万平方米。

三、卫生健康

2021 年末，安徽省有医疗卫生机构 29547 个，其中医院 1338 个、基层医疗卫生机构 27629 个、专业公共卫生机构 459 个、其他卫生机构 121 个。基层医疗卫生机构中，卫生院 1356 个，社区卫生服务中心（站）1814 个，村卫生室 15630 个；专业公共卫生机构中，疾病预防控制中心 122 个，专科疾病防治院（所、站）41个，妇幼保健院（所、站）126个，卫生监督所（中心）106个。年末卫生技术人员43.3万人，其中执业（助理）医师17.3万人，注册护士20.1万人。乡村医生和卫生员2.7万人。医疗卫生机构床位42万张，其中医院31.9万张，基层医疗卫生机构床位9万张。全年医疗卫生机构共诊疗3.6亿人次。

四、资源、环境和应急管理

2021年，安徽省已发现的矿种为128种，查明资源储量已上表统计的矿种110种（不含石油、铀、煤层气），其中能源矿种2种，金属矿种25种，非金属矿种81种，水气矿种2种。全年地质勘查部门开展各类地质（科研）项目（省级）46项。新增查明资源储量的大中型矿产地5处。

2021年全年生态保护和环境治理业投资比上年增长0.5%。已建成国家级自然保护区8个，省级自然保护区32个。人工造林面积36.7千公顷。

年末全省共有省、市、县级生态环境监测机构86个。全省$PM_{2.5}$年均浓度为34.9 μg/m^3，比上年下降10.7%。全省16个省辖市空气质量平均优良天数比例为84.6%，比上年提高1.8个百分点；有10个市空气质量达到二级标准，比上年增加5个。

淮河干流安徽段水质以Ⅱ~Ⅲ类为主，总体水质为优。长江干流安徽段水质为Ⅱ类，总体水质为优；主要支流总体水质为优。巢湖湖区整体水质轻度污染，主要环湖支流整体水质良好。新安江干流、支流水质为优。全省城市集中式饮用水水源地水量达标率为98.7%。

2021年全年亿元生产总值生产安全事故死亡人数为0.0263人，同比下降14.1%；煤矿百万吨死亡人数为0.0089人，同比下降80.3%。全年发生道路交通事故10286起。

第三节　2021年主要工作

一、坚持稳中求进，强化政策落实，推动经济持续恢复向好

2021年，安徽省全面落实“六稳”“六保”工作要求，出台促进经济平稳健康发展“30条”等系列政策举措，下达各类直达资金1254亿元，努力以政策有效实施对冲经济下行压力。把保市场主体摆在突出位置，积极化解大宗商品价格上涨、能源供应偏紧等突出问题，新增减税降费超300亿元，推行“免申即享”方式拨付稳岗奖补资金4.6亿元、惠及企业21.6万户，普惠小微企业贷款增长21.8%。把扩大有效投资贯穿到经济工作全链条，组织9批2101个重大项目集中开工，全年新开工亿元以上重点项目3695个、竣工2084个。合肥新桥机场改扩建、淮北—宿州—蚌埠城际铁路、G3铜陵长江公铁大桥等工程开工建设。芜宣机场通航，高速公路实现县县通，天然气宣城—黄山干线建成投运。江淮大数据中心建成运行，5G网络实现县城以上主城区全覆盖。全面开拓消费需求，积极开展“皖美消费·乐享江淮”系列活动，限额以上网上商品零售额增长32.9%，新能源汽车销售额增长4.1倍，智能家电销售额增长52.3%，国内旅游收入增长32.1%。经济运行稳中加固、稳中有进，展现出强大韧性和活力。

二、坚持创新驱动，强化项目引领，加快科创与产业融合发展

2021年，安徽省科技创新攻坚力量体系建设全面展开，合肥综合性国家科学中心能级实现新提升。重大科技基础设施建设步伐加快，能源、人工智能、大健康研究院组建运行，新认定省新型研发机构38家。合芜蚌国家科技成果转移转化示范区获批建设，安徽科技大市场挂牌运行。深化科技体制改革，揭榜11项国家新一轮全面创新改革任务，居各试点省市首位。推出新阶段高质量发展人才“30条”等政策，引进扶持高层次科

技人才团队47个。江淮—大众战略合作项目加快推进，新桥智能电动汽车产业园、蜂巢新能源动力电池等一批重大项目开工建设，晶合一期、安芯功率器件芯片等项目竣工投产。制造业数字化、网络化、智能化加快发展，培育重点工业互联网平台53家，安徽省首家工业互联网综合服务平台“羚羊”上线运行，新增“皖企登云”企业7300家。

大力开展招商引资、招才引智，把“双招双引”作为经济工作“第一战场”，坚持“顶格倾听、顶格协调、顶格推进”，在更大市场空间内汇聚资源。建立十大新兴产业省级专班推进机制，逐一编制“双招双引”路线图、施工图。坚持市县为主、省级赋能，建成省市县三级贯通的“投资安徽”调度平台。强化平台招商、产业链招商、基金招商，新组建行业商协会222家。安徽省政府及各部门顶格推进“双招双引”和项目建设，全省十大新兴产业签约项目2123个、开工1614个。

三、坚持城乡统筹，强化产业带动，推进乡村全面振兴

2021年，安徽省保持帮扶政策总体稳定，着力防范化解返贫致贫风险，脱贫攻坚成果得到巩固和拓展。粮食等重要农产品稳产保供能力进一步提升，生猪存栏恢复到2017年底水平。种业强省建设取得明显成效，水稻种子出口量居全国第1位。10个千亿级绿色食品全产业链启动建设，新创建长三角绿色农产品生产加工供应基地140个，新增国家级龙头企业21家。乡村建设行动扎实推进，完成农村改厕40万户，农村生活垃圾无害化处理率达75%，提质改造农村公路4489千米，村快递服务覆盖率达97.8%。农村改革持续深化，实施“三变”改革的村占比提高到72%，集体经济强村占比提高到12%。

四、坚持改革开放，强化市场导向，持续增强发展动力活力

2021年，安徽省扎实推进长三角一体化发展，等高对接沪苏浙体制机制和营商环境，对标学习并推出改革创新政策和举措548项。与虹桥国际开放枢纽实现联通链接，长三角绿色农产品展示交易服务中心、芜马江海联运枢纽建设加快推进。实施科技创新联合攻关项目19项，组建长三角人工智能产业链联盟。120项服务事项实现长三角“一网通办”。打造链接东中部市场合作平台，发起组建中部地区国际商会联盟。为增强皖北等长三角欠发达区域高质量发展动能，国家长三角办联合安徽省举办推进大会，我们同时召开皖北地区高质量发展大会，沪苏浙结对帮扶皖北城市机制建立运行，中央财政专项支持等政策相继落地。

开放型经济发展水平进一步提高。全面实施自贸试验区专项推进行动计划，出台自贸试验区特别清单，推出制度创新成果44项，首批6个联动创新区启动建设，新增注册企业12842家、签约入驻项目795个。对“一带一路”沿线国家和地区进出口总额增长45.9%。外商直接投资额增长20%以上。合肥中欧班列开行668列。跨境电商交易额增长40%以上。安庆综合保税区通过验收，亳州国家加工贸易产业园获批建设。高水平举办世界制造业大会、首届中国（安徽）科技创新成果转化交易会、“天下徽商”圆桌会、世界显示产业大会、国际新材料产业大会，国际化展会平台和市场化展会机制加快构建。

纵深推进重点领域改革，进一步激发市场主体活力。“放管服”改革持续深化，省级权力事项再精简20%以上，“证照分离”改革实现全覆盖。零基预算改革实质性推开。“亩均论英雄”改革启动实施，“标准地”改革全面推开，省级政府建设用地审批权委托下放。国企改革三年行动扎实推进，国有资产资本化、证券化步伐加快，省生态环境产业集团和省通航公司组建。低空空域管理改革试点获批实施。编制周转池制度向教育、卫生等领域深度拓展。出台支持民营经济高质量发展“25条”，新增各类市场主体113.6万户、增长8.5%。发展多层次资本市场是2020年的重要发力点，安徽省制定实施行动方案，开展万家企业资本市场业务培训，新增境内上市企业23家，创历史最高水平，直接融资增长17.8%。

五、坚持生态优先，强化环境保护，推动经济社会发展全面绿色转型

2021 年，安徽省深入推进污染防治，钢铁、水泥行业超低排放改造进度加快，挥发性有机物污染治理成效明显，重点流域水生态环境保护进一步加强，建设用地、农用地土壤污染风险管控全面展开。长江（安徽）经济带生态环境污染治理“4+1”工程深入实施，中央生态环保督察反馈问题、国家长江经济带生态环境警示片披露问题整改扎实推进。长江“十年禁渔”取得阶段性成果，新一轮巢湖综合治理、骆岗中央公园等重大生态工程加快实施，“四廊两屏”工程、马鞍山“白菜心”工程启动建设，完成造林绿化 182 万亩。稳妥有序开展碳达峰碳中和工作，新增可再生能源发电并网容量 448 万千瓦。新安江流域跨省生态补偿机制不断深化，在全国率先出台省级林长制法规。生态理念植进更多安徽老百姓心中，绿色成为“十四五”开局最动人的底色。

六、坚持人民至上，强化社会建设，努力改善民生福祉

2021 年，安徽省支持重点群体就业创业，稳定提供公益性岗位 5.5 万个，脱贫人口务工就业 187 万人。社会保障体系不断完善，420 万孤老残幼等困难群体基本生活得到保障。新建、改扩建公办幼儿园 401 所。“双减”工作扎实推进，乡村中小学智慧学校实现全覆盖。高考综合改革全面启动。“双一流”和地方高水平大学建设力度加大，省属高校入选国家级一流本科专业建设点 110 个。卫生健康领域补短板工程启动实施，2 个国家级、9 个省级区域（专科）医疗中心提速建设，4 个中医药传承创新工程加快推进，“两癌”免费筛查农村适龄妇女 75 万人次。三孩生育政策落地实施，新备案 3 岁以下婴幼儿照护服务机构 469 家，新增托位 3.6 万个。新建养老机构 117 家。用心用情办好一批群众身边的实事，民生工程投入 1288 亿元，完成农村危房改造 7062 户，改造棚户区 15.6 万套、老旧小区 1341 个，村级综合文化服务中心覆盖率超 98%。让皖北地区群众喝上引调水，作为重要民生工程付诸实施。文化建设成果丰硕，桐城市、黟县获批国家历史文化名城，凌家滩遗址入选“百年百大考古发现”，新增国家级非物质文化遗产项目 11 个，电视剧《觉醒年代》等主旋律作品深受好评。新入选全国道德模范、中国好人数均居全国第 1 位。哲学社会科学、文学艺术、参事文史、档案方志等工作持续加强。安徽省体育健儿在第十四届全运会上取得历史最好成绩。民族宗教、援藏援疆、气象、地震等工作取得新进展。妇女儿童、残疾人、红十字、慈善、志愿服务等事业得到加强。

七、统筹发展和安全，平安安徽建设深入推进

2021 年，安徽省常态化疫情防控有力有序有效，成功处置零散突发疫情，接种新冠病毒疫苗 1.2 亿剂次，全程接种率达 82.4%。2021 年安全生产事故总量比上年下降 9.3%，食品药品安全群众满意度稳步上升。城市生命线安全工程“合肥模式”在全国推广。广泛开展领导干部公开接访下访，积极推进信访积案攻坚，解决了一大批群众难心事、烦心事。扎实推进扫黑除恶专项斗争和“守护平安”系列行动，命案发生率全国最低，平安建设工作连续 10 年获评全国先进。

八、在“十四五”开局之年，省政府加强自身建设，推进自我革命，履职效能进一步提升

2021 年，安徽省坚持以党的建设为引领，以伟大建党精神激发奋进力量，扎实开展党史学习教育，积极开展“我为群众办实事”实践活动，以实际行动衷心拥护“两个确立”、忠诚践行“两个维护”。坚持有效市场和有为政府更好结合，加强公务人员市场意识和开放思维的锤炼，选派干部到沪苏浙企业和产业园区跟班学习，建立企业家参与涉企文件制定机制，让政策和服务精准滴灌到市场主体最渴望之处。坚持把专业化建设作为提升政府效能的关键，加强专业学习平台建设，

开展工业互联网、专精特新企业发展等专项培训。坚持法治是最好的营商环境，全面开展“八五”普法，制定、修改和废止省政府规章8件，提请省人大常委会审议地方性法规27件，全省办结行政复议案件8136件，行政机关负责人出庭应诉率提升到100%。自觉接受人大监督、政协民主监督和社会各方面监督，强化审计监督，办理省人大代表建议1150件、省政协提案760件。深入推进党风廉政建设和反腐败斗争，严格执行中央八项规定精神及省委实施细则，在全国率先出台省级政府督查工作实施办法，省政府文件和督查检查考核分别减少5.5%和11.1%。

第三章　南京市2021年经济和社会发展

2021年，在市委、市政府的坚强领导下，南京市全市上下坚持以习近平新时代中国特色社会主义思想为指引，深入学习贯彻习近平总书记对江苏工作重要讲话指示批示精神，深刻领会中央经济工作会议和省、市党代会部署要求，扛起“争当表率、争做示范、走在前列”三大光荣使命，坚持稳中求进工作总基调，立足新发展阶段、贯彻新发展理念、构建新发展格局，统筹疫情防控和经济社会发展，全市经济发展健康平稳，发展动能加快转换，城市品质不断提升，生态环境持续改善，改革开放深入推进，民生福祉更有质感，“强富美高”新南京现代化建设迈出坚实步伐，实现“十四五”发展良好开局，为全面建设人民满意的社会主义现代化典范城市打下了坚实基础。

第一节　经济发展概况

一、综合经济

（一）经济总量

2021年，南京市在攻坚克难中着力推动经济平稳健康发展。扎实做好“六稳”“六保”工作，全力推动疫后恢复，经济运行稳中加固、稳中向好。稳企业、保就业扎实推进。全年实现地区生产总值16355.32亿元，比上年增长7.5%。分产业看，第一产业增加值303.94亿元，比上年增长0.8%；第二产业增加值5902.65亿元，比上年增长7.6%；第三产业增加值10148.73亿元，比上年增长7.6%。三次产业结构调整为1.8∶36.1∶62.1。人均地区生产总值174520元，按全年平均汇率计算，达到27051美元。2017—2021年南京市地区生产总值及其增速见图5-3-1，三次产业结构情况见图5-3-2。

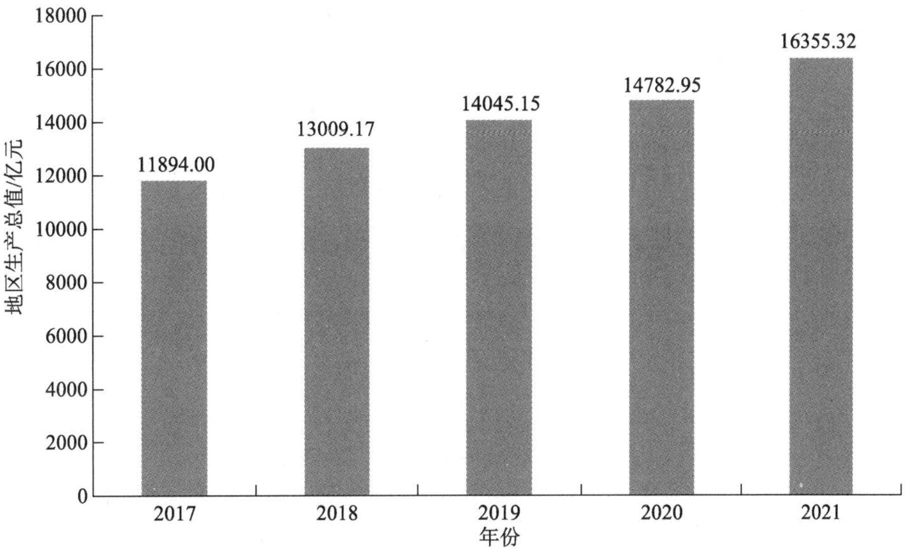

图 5-3-1　2017—2021 年南京市地区生产总值情况

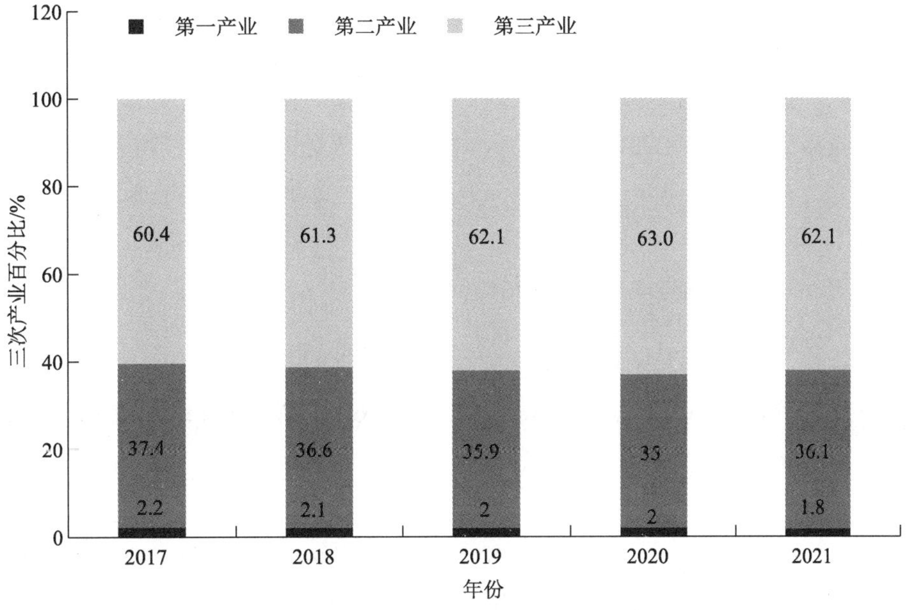

图 5-3-2　2017—2021 年南京市三次产业结构情况

（二）县区经济发展

2021 年，南京继续以 16355. 32 亿元的地区生产总值总量位居全国第十。随着江苏省进一步加大对南京的支持力度，未来南京将基本稳居全国前十。根据地区生产总值总量的高低，依次为江宁区（2810. 47 亿元）、江北新区（2561. 7 亿元）、鼓楼区（1921. 08 亿元）、栖霞区（1708. 88 亿元）、秦淮区（1324. 42 亿元）、建邺区（1214. 95 亿元）、玄武区（1205. 94 亿元）、雨花台区（1015. 55 亿元）、溧水区（1000. 95 亿元）、六合区（567. 56 亿元）、高淳区（560. 24 亿元）、浦口区（490. 48 亿元）（图 5-3-3）。

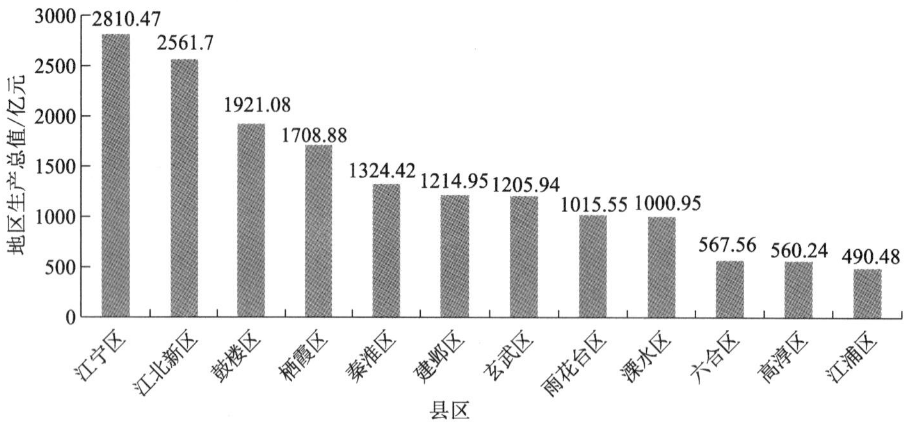

图 5-3-3　2021 年南京市各县区地区生产总值情况

处于第一的是江宁区，2021 年江宁区的地区生产总值总量为 2810. 47 亿元，同比于 2020 年的 2509. 32 亿元，增长了 301. 15 亿元，名义增速为 12%，高出全市 10. 38%的平均增速。南京近几年经济的快速增长都离不开江宁的贡献。如今的江宁区早已经在地区生产总值总量上领先于玄武区、秦淮区、建邺区、鼓楼区、栖霞区和雨花台区六大主城区。

2021 年江北新区以 2561. 7 亿元的地区生产总值总量处于全市第二，仅次于江宁区。从增速来看，高达 21. 75%，增量达到 457. 72 亿元，比江宁区高 156. 57 亿元。目前，江宁区仅比江北新区的地区生产总值高出 248. 77 亿元，按照这样的趋势，江北新区有望两年内赶超江宁，成为南京第一。

第三至九名，它们的地区生产总值也都在 1000 亿元以上，其中，鼓楼区以 1921. 08 亿元领跑，溧水区以 1000. 95 亿元垫底。不得不说，南京的六大主城区的实力还是强的，尽管面积小，但是个个都是地区生产总值过千亿的。溧水区是第二至九名过千亿的区域中唯一一个不是主城区的。

六合区、高淳区和浦口区三个区的地区生产总值未能突破千亿，处于全市各区的后三位。

（三）财政收支

2021 年，南京市财政收支持续改善。全年实现一般公共预算收入 1729. 52 亿元，比上年增长 5. 6%。其中，税收收入 1473. 31 亿元，比上年增长 5. 6%，税比 85. 2%。全年一般公共预算支出 1817. 73 亿元，同口径增长 7%。其中，社会保障和就业支出比上年增长 7. 3%，教育支出增长 5. 4%，科学技术支出增长 7. 3%，卫生健康支出增长 24. 4%。

（四）物价指数

2021 年，南京市居民消费价格温和上涨。全年居民消费价格比上年上涨 1. 5%。分类别看，食品烟酒类上涨 1. 4%，衣着类上涨 1. 0%，居住类上涨 1. 0%，生活用品及服务类上涨 1. 5%，交通通信类上涨 4. 0%，教育文化娱乐类上涨 0. 5%，医疗保健类上涨 0. 9%，其他用品及服务类上涨 1. 4%（表 5-3-1）。全年工业生产者出厂价格比上年上涨 11. 1%。其中，轻工业上涨 3. 5%，重工业上涨 12. 8%；生产资料价格上涨 12. 9%，生活资料价格上涨 4. 3%。工业生产者购进价格比上年上涨 11. 9%。

表 5-3-1 2021 年南京市居民消费价格上涨情况

指标	2020 年上涨率/%	2021 年上涨率/%
居民消费价格	2.4	1.5
一、食品烟酒	9.4	1.4
二、衣着	-2.4	1.0
三、居住	0.2	1.0
四、生活用品及服务	0.3	1.5
五、交通通信	-4.1	4.0
六、教育文化娱乐	1.3	0.5
七、医疗保健	-0.3	0.9
八、其他用品及服务	8.0	1.4
商品零售价格	1.4	2.1

（五）固定资产投资

2021 年，南京市投资结构持续优化。全年完成固定资产投资 5675.24 亿元，比上年增长 6.2%。分领域看，工业投资增长 13.5%，其中高技术制造业、工业技改投资分别增长 28.6%、5.5%，占工业投资比重分别为 55.8%、48.72%。高技术制造业投资中电子及通信设备制造业、医药制造业、医疗仪器设备及仪器仪表制造业、信息化学品制造业投资分别增长 33.2%、29.3%、26.2%、42.8%。基础设施投资增长 13.2%，卫生和社会工作投资增长 34.6%。

二、农业

2021 年，南京市农业产值平稳增长。全年农林牧渔业总产值 504.01 亿元，比上年增长 2.9%。其中，农业产值 271.53 亿元，比上年增长 5.4%；林业产值 22.44 亿元，比上年增长 6.6%；牧业产值 21.02 亿元，比上年下降 25%；渔业产值 150.19 亿元，比上年增长 2.2%；农林牧渔专业及辅助性活动产值 38.84 亿元，比上年增长 7.2%。

粮食生产实现“双增”。全年粮食播种面积 204.88 万亩，比上年增长 1.2%，增加 2.5 万亩。粮食总产量 98.48 万吨，比上年增长 0.7%。其中，夏粮产量 21.0 万吨，比上年增长 1.6%；秋粮产量 77.5 万吨，比上年增长 0.4%。油料总产量 4.88 万吨，比上年增长 52.7%。蔬菜及食用菌总产量 278.15 万吨，比上年下降 0.6%。

现代农业实现较快发展。全年完成耕地质量提升片区项目建设 31.46 万亩，新增高标准农田 5.1 万亩，耕地质量提升综合示范区 1 万亩，设施蔬菜园艺 1.58 万亩，新培育家庭农场 500 家，新认定市级龙头企业 63 家。休闲农业接待游客 3310 万人次，实现综合收入达 125.8 亿元。

三、工业和建筑业

（一）工业

2021 年，南京市工业生产稳定恢复。全年规模以上工业增加值比上年增长 10.0%。其中，国有控股企业增加值增长 9.0%，股份制企业增加值增长 9.9%，外商及港澳台商投资企业增加值增长 9.6%，私营企业增加值增长 17.2%。大中型企业增加值增长 7.6%，小微企业增加值增长 17.6%。智能、绿色、高附加值产品产量增长较快，工业机器人、新能源汽车、锂离子电池、集成电路等产品产量分别比上年增长 122.5%、119.1%、47.4%、45.4%（表 5-3-2）。

表5-3-2　2021年南京市规模以上工业主要产品产量及增速

产品名称	单位	产量	比上年增长/%
水泥	吨	7316292	-2.9
生铁	吨	17487606	0.2
粗钢	吨	19626984	0.2
钢材	吨	18905168	9.0
汽车用发动机	千瓦	68411281	19.5
医疗仪器设备及器械	台	1607424	-9.0
工业机器人	套	22260	122.5
汽车	辆	356605	-2.0
#新能源汽车	辆	50473	119.1
城市轨道车辆	辆	2204	5.9
民用钢质船舶	载重吨	105060	-46.6
光纤	千米	4893228	-24.8
光缆	芯千米	14220586	10.1
锂离子电池	只	1695080783	47.4
电子计算机整机	台	798833	10.1
显示器	台	8134304	12.2
智能电视	台	1659840	-5.4
集成电路	万块	524128	45.4
光电子器件	万只（片、套）	21071	-2.4
电子元件	万只	491070	21.7

产业结构继续优化。规模以上高技术制造业增加值比上年增长15.5%，占全市规模以上工业增加值比重为27.7%，比上年提高2.2个百分点。其中，电子及通信设备制造业增加值增长15.8%，航空、航天器及设备制造业增加值增长7.5%，医疗仪器设备及仪器仪表制造业增加值增长8.4%。装备制造业增加值比上年增长13.6%，占全市规模以上工业比重为51.0%，比上年提高0.6个百分点。其中，通用设备制造业、电气机械及器材制造业、通信设备计算机及其他电子设备制造业、专用设备制造业增加值分别增长23.0%、10.5%、20.2%、15.6%。规模以上高新技术产业产值占全市规模以上工业总产值比重为55.1%。

工业企业盈利能力提升。全年规模以上工业企业实现营业收入比上年增长19.6%，利润总额比上年增长51.1%。分经济类型看，国有控股企业利润总额增长198.4%，股份制企业增长58.5%，外商及港澳台商投资企业增长46.8%，私营企业增长1.8%。规模以上工业企业营业收入利润率达7.2%，比上年提高1.6个百分点。全年规模以上工业企业产销率达98.5%。

（二）建筑业

2021年，南京市建筑业发展总体平稳。全年实现建筑业增加值913.07亿元，比上年增长1.4%。列入统计具有资质等级的总承包和专业承包建筑业企业完成建筑业总产值4918.04亿元，比上年增长8.5%。其中，本市建筑业企业在外省完成建筑业总产值1705.74亿元，比上年增长8.7%。全年建筑业企业签订的合同总额为10232.30亿元，比上年增长6.3%；房屋施工面积26469.92万平方米，比上年下降4.4%。

四、服务业

（一）国内贸易

2021年，南京市全体居民人均消费支出39118元，比上年增长19.1%，其中食品烟酒和居住方面消费支出排前二，分别为10187元和8776元（表5-3-3）。

消费品市场稳健复苏。全年批发和零售业增加值1449.69亿元，比上年增长7.0%。完成社会消费品零售总额7899.41亿元，比上年增长9.7%，其中，限额以上社会消费品零售总额4662.27亿元，比上年增长14.8%。限额以上贸易单位中，粮油食品类、饮料类、日用品类、中西药品等日常消费类商品零售分别比上年增长12.2%、17.9%、48.6%和4.2%；与家庭装修等有关的五金电料类、家具类、建筑及装潢材料类等分别同比增长39.6%、18.6%和39.3%（表5-3-4）。

表5-3-3　2021年南京市居民人均消费支出构成情况

指标	绝对值/元	比上年增长/%
居民人均消费支出	39118	19.1
食品烟酒	10187	18.7
衣着	2601	22.8
居住	8776	16.0
生活用品及服务	2439	18.5
交通通信	5321	20.5
教育文化娱乐	6192	20.2
医疗保健	2410	21.2
其他用品及服务	1193	23.3

网络消费占比提升。限额以上批发零售、住宿餐饮业通过公共网络实现零售额同比增长25.0%，占全市商品零售总额的比重为22.4%，比上年提升3.0个百分点。“无店铺”零售额增长19.3%，其中网上商店零售额增长20.4%。

表5-3-4　2021年南京市按商品分类限额以上批发零售企业消费品零售情况

指标	绝对值/亿元	比上年增长/%
粮油食品类	607.53	12.2
饮料类	49.32	17.9
烟酒类	138.96	11.5
服装、鞋帽、针纺织品类	351.21	16.7
化妆品类	59.39	-10.5
金银珠宝类	135.36	6.0
日用品类	355.47	48.6
五金电料类	40.11	39.6
体育、娱乐用品类	27.44	18.0
书报杂志类	110.17	8.2

续表

指标	绝对值/亿元	比上年增长/%
电子出版物及音像制品类	0.47	-3.2
家用电器和音像器材类	517.95	10.8
中西药品类	96.10	4.2
文化办公用品类	217.11	11.0
家具类	28.42	18.6
通信器材类	243.56	-1.4
石油及制品类	361.25	21.1
建筑及装潢材料类	141.99	39.3
机电产品及设备类	19.39	19.1
汽车类	802.36	11.0

（二）交通运输和邮电业

2021 年，南京市交通运输业平稳运行。全年货物运输总量 49342.25 万吨，比上年增长 2.6%（表 5-3-5）；货物周转量 3843.74 亿吨千米，比上年增长 3.1%。全年新增地铁线路长度 49 千米，总长达 427 千米，位居全国第六位。

表 5-3-5　2021 年南京市各种运输方式完成货物运输量情况

指标	计量单位	绝对量	比上年增长/%
货物运输总量	万吨	49342.25	2.6
公路	万吨	24418.67	3.4
水运	万吨	18974.89	1.3
铁路	万吨	684.69	2.1
民航	万吨	5.77	-13.5
管道	万吨	5258.23	3.6
机场货邮吞吐量	万吨	35.91	-7.8
港口货物吞吐量	万吨	26938.10	7.1
其中：外贸吞吐量	万吨	3208.60	0.2
港口集装箱吞吐量	万标箱	310.98	2.9
货物运输周转量	万吨千米	38437447.52	3.1
公路	万吨千米	3291339.47	0.9
水运	万吨千米	34651600.46	3.3
铁路	万吨千米	—	—
民航	万吨千米	8467.61	-8.6
管道	万吨千米	486039.98	8.1

全年旅客运输总量 11481.54 万人次，比上年增长 0.9%；旅客运输周转量 159.25 亿人千米，比上年下降 10.6%（表 5-3-6）。全年地铁实现客运量 8.79 亿人次，比上年增长 10.2%，地铁线网日均客流量为 246 万乘次，单日最高客流量为 393 万乘次。

表 5-3-6　2021 年南京市各种运输方式完成旅客运输量情况

指标	计量单位	绝对量	比上年增长/%
旅客运输总量	万人次	11481. 54	0. 9
其中：公路	万人次	5608. 48	-6. 8
铁路	万人次	5004. 94	10. 2
水运	万人次	42. 22	224. 3
民航	万人次	825. 90	2. 8
机场旅客吞吐量	万人	1760. 69	-11. 6
旅客运输周转量	万人千米	1592522. 12	-10. 6
其中：公路	万人千米	439982. 32	-36. 0
铁路	万人千米	—	—
水运	万人千米	134. 39	644. 1
民航	万人千米	1152405. 41	5. 2

机动车保有量稳步提升。年末全市机动车保有量（不包含拖拉机）305. 59 万辆，比上年末增长 4. 9%，增加 14. 24 万辆。民用汽车 293. 62 万辆，比上年末增长 4. 9%，增加 13. 67 万辆，其中本年新注册 27. 58 万辆。私人汽车 222. 85 万辆，增长 3. 2%，增加 6. 82 万辆；私人汽车中轿车 152. 43 万辆，增长 1. 7%，增加 2. 20 万辆，其中本年新注册轿车 13. 65 万辆。

邮电业务稳中有升。全年完成邮电业务总量（按 2020 年价格计算）294. 55 亿元，比上年增长 17. 0%。其中，邮政业务总量 117. 80 亿元，比上年增长 2. 0%；电信业务总量 176. 75 亿元，比上年增长 29. 7%。全年完成邮电业务收入（按现价计算）291. 24 亿元，比上年增长 1. 6%。其中，邮政业务收入 126. 44 亿元，比上年下降 7. 3%；电信业务收入 164. 80 亿元，比上年增长 9. 7%。全年完成国际国内快递业务量 9. 17 亿件，比上年下降 3. 6%。

（三）旅游业

国内旅游逐步恢复。2021 年，南京市实现旅游总收入 2130. 45 亿元，比上年增长 16. 9%。其中，旅游外汇收入 2. 64 亿美元，比上年下降 31. 5%；国内旅游收入 2112. 25 亿元，比上年增长 17. 6%。接待海内外旅游者 1. 08 亿人次，比上年增长 11. 7%。其中，接待入境过夜旅游者 13. 40 万人次，比上年下降 18. 6%。

（四）金融和保险业

信贷规模持续扩大。2021 年末金融机构本外币各项存款余额 44708. 68 亿元，比上年末增长 11. 6%，比年初增加 4652. 23 亿元，同比多增 131. 85 亿元。其中住户存款 10830. 65 亿元，比年初增加 1129. 45 亿元。年末金融机构本外币各项贷款余额 43305. 40 亿元，比年初增加 5115. 41 亿元，增长 13. 4%。其中住户贷款 15469. 76 亿元，比年初增加 2015. 36 亿元（表 5-3-7）。从贷款行业结构看，工业贷款 3992. 92 亿元，比年初增加 518. 85 亿元。全年新增上市公司 15 家，总数达到 140 家。

保险业发展基本平稳。全年实现保费收入 895. 44 亿元，比上年增长 0. 6%。分类型看，寿险收入 556. 73 亿元，比上年增长 0. 3%；财产险收入 205. 57 亿元，比上年增长 2. 4%；健康险收入 115. 31 亿元，比上年下降 1. 0%；意外险收入 17. 84 亿元，比上年下降 0. 4%。

表5-3-7　2021年南京市金融机构本外币存贷款情况

指标	绝对值/亿元	比上年末增长/%
金融机构本外币存款余额	44708.68	11.6
其中：住户本外币存款余额	10830.65	11.6
金融机构人民币存款余额	43524.28	11.4
其中：住户人民币存款余额	10636.78	12.0
金融机构本外币贷款余额	43305.40	13.4
其中：住户本外币贷款	15469.76	15.0
金融机构人民币贷款余额	42718.95	13.6
其中：住户人民币贷款	15469.30	15.0

（五）房地产业

2021年，南京市房地产市场基本平稳。全年完成房地产开发投资2719.80亿元，比上年增长3.4%；其中，住宅投资1932.13亿元，比上年增长3.7%。全年商品房销售面积1510.95万平方米，比上年增长14.1%；其中，住宅销售面积1371.39万平方米，比上年增长13.0%。年末商品房待售面积274.39万平方米，其中，商品住宅待售面积117.26万平方米，比上年减少28.31万平方米。新开工各类保障房682万平方米，基本建成保障房324万平方米，筹集保障性租赁住房4万套（间），筹集市场化租赁住房8万套（间）。

五、开放型经济

（一）对外贸易

2021年，南京市对外贸易增速较快。据海关统计，全年进出口总额6366.83亿元，比上年增长19.2%。其中，出口3989.89亿元，比上年增长17.4%；进口2376.94亿元，比上年增长22.4%。从商品构成看，机电产品出口比上年增长9.1%，高新技术产品出口比上年下降1.0%；高新技术产品进口比上年增长12.5%，农产品进口比上年增长33.1%，金属矿及矿砂进口比上年增长86.6%。从贸易方式看，一般贸易进出口总额比上年增长25.6%，加工贸易进出口总额比上年下降5.7%。从企业主体看，国有企业进出口总额比上年增长23.9%，外商投资企业进出口总额比上年增长5.9%，民营企业进出口总额比上年增长28.1%（表5-3-8）。

表5-3-8　2021年南京市进出口情况

指标	金额/亿元	比上年增长/%
进出口总额	6366.83	19.2
出口额	3989.89	17.4
其中：一般贸易	3188.10	23.4
加工贸易	678.90	-5.6
其中：机电产品	1933.80	9.1
高新技术产品	789.60	-1.0
其中：国有企业	751.70	13.9

续表

指标	金额/亿元	比上年增长/%
外商投资企业	1113.50	9.0
民营企业	2123.20	23.9
进口额	2376.94	22.4
其中：一般贸易	1880.70	29.6
加工贸易	332.00	-5.9
其中：机电产品	1184.70	11.5
高新技术产品	630.80	12.5
其中：国有企业	1142.20	31.5
外商投资企业	812.90	1.9
民营企业	418.60	54.4

2021 年，南京市新兴市场份额提升。从市场结构看，新兴市场中，南京市对拉丁美洲、非洲进出口总额分别比上年增长 38.0%、46.1%，二者合计占全市的比重为 10.9%。对“一带一路”市场进出口总额增长 25%，占全市比重为 27.4%，较上年提升 1.3 个百分点。传统市场中，南京全市对欧盟、东盟、美国、韩国、日本进出口总额分别比上年增长 12.7%、32.1%、12.6%、12.5%、21.3%，五者合计占全市进出口总额的 62.6%。2021 年南京对主要国家、地区贸易情况见表 5-3-9。

表 5-3-9　2021 年南京对主要国家、地区贸易情况

国别和地区	出口额/亿元	比上年增长/%	进口额/亿元	比上年增长/%
合计	3989.9	17.4	2376.9	22.4
一、亚洲	1726.6	21.2	1304.5	18.6
# 日本	183.4	21.3	289.2	21.3
# 韩国	278.7	17.8	414.4	9.2
# 东南亚国家联盟	577.8	24.7	312.7	48.3
二、非洲	236.8	40.4	88.8	63.7
三、欧洲	863.0	9.5	533.2	15.4
# 欧洲联盟	651.9	10.2	458.9	16.5
四、拉丁美洲	277.0	46.5	89.9	17.0
五、北美洲	784.9	7.8	168.9	41.3
# 美国	713.8	10.1	106.3	33.2
六、大洋洲	101.6	3.0	188.2	50.7

（二）利用外资

2021 年，南京市实际使用外资实现突破。全年实际使用外资 50.14 亿美元，比上年增长 11.1%。分产业看，第二产业使用外资 13 亿美元，比上年增长 101.7%，其中制造业使用外资 11 亿美元，比上年增长 168.9%；第三产业使用外资 37.1 亿美元，比上年下降 4.1%。全年吸收外商直接投资新设立企业 686 家，比上年增长 15.9%。新增合同外资 93.65 亿美元，比上年下降 39.0%。来自

“一带一路”沿线主要国家实际投资 1.07 亿美元，比上年增长 20.8%。

（三）对外投资

2021 年，南京市对外投资总体平稳，全年新增境外投资项目 91 个，中方协议投资额 4.5 亿美元。受境外疫情影响，全市新签对外承包工程合同额 18.9 亿美元，比上年下降 12.8%；完成营业额 24.1 亿美元，比上年增长 6.3%。在“一带一路”沿线 24 个国家，完成营业额 14.2 亿美元。全市服务外包执行额 196 亿美元，比上年增长 7.7%。

第二节　社会发展概况

一、人口、人民生活

人口总量稳步增加。2021 年末，南京市常住人口 942.34 万人，比上年末增加 10.37 万人，比上年末增长 1.11%。其中城镇人口 818.89 万人，占总人口比重（常住人口城镇化率）86.90%。全年常住人口出生率为 6.25‰，死亡率 4.65‰，自然增长率 1.60‰。

居民收入继续增长。2021 年全年全体居民人均可支配收入 66140 元，比上年增长 9.1%。其中，工资性收入 41414 元，增长 9.6%；经营净收入 6954 元，增长 7.6%；财产净收入 6865 元，增长 9.3%；转移净收入 10908 元，增长 8.4%。按照常住地分，城镇居民人均可支配收入 73593 元，增长 8.9%；农村居民人均可支配收入 32701 元，增长 10.4%。

2017—2011 年南京市城乡居民收入情况见图 5-3-4。

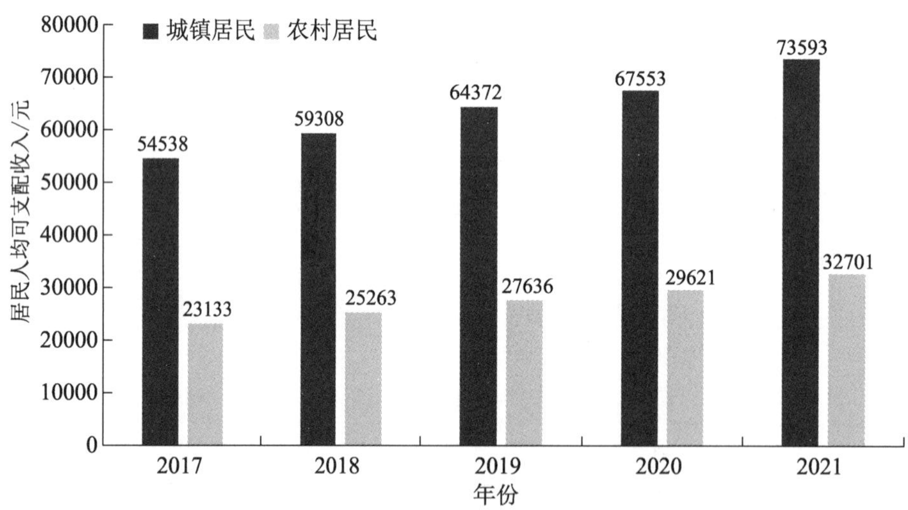

图 5-3-4　2017—2021 年南京市城乡居民收入情况

居民消费较快增长。2021 年南京市全体居民人均消费支出 39118 元，比上年增长 19.1%。按常住地分，城镇居民人均消费支出 42487 元，增长 18.5%；农村居民人均消费支出 24006 元，增长 23.6%。全体居民恩格尔系数为 26.0%，其中城镇为 25.6%，农村为 29.8%。城镇居民人均住房面积 40.7 平方米，农村居民人均住房面积 66.5 平方米，分别比上年增加 0.2 平方米、2.1 平方米。

二、就业与社会保障

（一）就业

就业创业形势稳定。2021 年，南京市城镇新增就业 34.52 万人。年末城镇登记失业率控制在省定标准内。新增就业参保大学生 41.04 万人，比上年增长 2.2%。培育自主创业者 4.76 万人，大学生创业 6788 人，扶持农民自主创业 6283 人，创业带动就业 19.98 万人。

（二）社会保障

社会保障日益完善。2021 年末，南京市参加企业职工基本养老保险人数 372.94 万人，比上年末增加 35.34 万人。参加城乡居民基本养老保险人数 108.23 万人。参加基本医疗保险人数 818.57 万人。参加失业保险人数 345.89 万人，比上年末增加 16.65 万人。参加工伤保险人数 395.18 万人，比上年末增加 54.82 万人。参加生育保险人数 339.57 万人，比上年末增加 16.36 万人。年末全市城乡共有 4.83 万人享受最低生活保障（城市 2.17 万人、农村 2.66 万人）。企业退休人员养老金标准提高到每月 3282 元，比上年末提高 94 元；城乡低保标准统一增至每月 985 元。全市养老床位 7.45 万张，其中 2021 年新增养老床位 3153 张。每千名户籍老人拥有床位 45.7 张。社区养老服务设施配建达标率达 100%。

三、教育和科学技术

（一）教育事业

“双减”政策有效落实，教育现代化建设水平获评江苏省“六连冠”。2021 年，南京市在宁普通高等学校 53 所（不含部队院校），在校学生（不含研究生）77.85 万人，比上年增加 2.14 万人。在宁高校及研究生培养机构在学研究生 17.79 万人，比上年增加 1.69 万人。普通中学 264 所，在校学生 28.85 万人，比上年增加 1.30 万人；中等职业学校 22 所，在校学生 6.17 万人，比上年增加 0.14 万人；特殊教育学校 15 所，在校学生 0.18 万人，与上年持平；小学 392 所，在校学生 50.01 万人，比上年增加 2.91 万人；幼儿园 1035 所，在园幼儿 28.34 万人，比上年增加 0.49 万人。新改扩建幼儿园 30 所，新开办义务教育学校 12 所。新增基础教育学位超过 3 万个。全市义务教育学校标准化达标率达 100%。

（二）科学技术和创新

在创新驱动中加快推进发展动能转换。2021 年，南京市强化科技创新“主引擎”作用，引领性国家创新型城市行动方案获科技部批复。科创平台加速建设。紫金山实验室进入国家战略科技力量体系，6G 太赫兹无线通信创全球实时传输最高纪录。国家第三代半导体技术创新中心南京分中心启动建设，中科院大学南京学院正式启用。全市当年新增市级新型研发机构 80 家，累计达 401 家；新型研发机构及其孵化引进企业实现营业收入 285.82 亿元；累计建成并投入使用“城市硅巷”143 万平方米。全市拥有省级以上重点实验室 91 家，其中国家级重点实验室 31 家。2021 年新认定市级工程技术研究中心 150 家，省级工程技术研究中心 64 家。全年净增高新技术企业 1300 家，总数达 7800 家；入库科技型中小企业 16805 家，比上年增长 67.3%。

科技实力持续增强。2021 年度江苏省科学技术奖南京地区授奖公示 161 项，其中，一等奖 35 项，二等奖 47 项，三等奖 79 项。年末在宁“两院”院士 97 名，其中中国科学院院士 52 人，中国工程院院士 45 人。全年专利授权量 91964 件，比上年增长 20.5%；其中发明专利授权 21568 件，比上年增长 44.8%。万人发明专利拥有量达 95.42 件，比上年末增长 15.2%。拥有有效发明专利 88932 件。全年技术合同成交额超 750 亿元。

创新生态持续优化。雨花国家双创示范基地建设获国务院通报表扬。东南大学国际创新港落户江北新区，南航、南理工大学创新港提速建设。新增留学回国人员 7224 人，2000 余名海外高层次人才入驻“海智湾”国际人才街区。实施紫金山英才计划，集聚顶尖人才 30 名，引进高层次创新创业人才 234 名，培养创新型企业家 200 名。扩大“宁科贷”覆盖面，科技创新基金规模超 90 亿元。

四、文化、卫生和体育

（一）文化事业

文体事业繁荣进步。2021 年，南京市积极推进世界文学之都、博物馆之城建设，建成南京城墙博物馆。推出《雨花台——信仰的力量》等精品力作，成功举办第 30 届中国戏剧梅花奖颁奖典礼、森林音乐会等重大活动，蝉联中国十佳数字阅读城市。

2021 年末南京市共有文化馆 14 个，公共图书馆 15 个，文化站 101 个，博物馆 72 个，市级以上文物保护单位 516 处。拥有国家级历史文化街区 2 个，省级历史文化街区 9 个，国家级历史文化名镇（村）3 个。全市共有市级以上文化产业园区 145 家，其中国家级 12 家，省级 30 家，市级 103 家。达到省级标准的社区综合性文化服务中心 1214 个。每万人拥有公共文化设施面积达到 3520 平方米。

（二）卫生事业

卫生事业稳步发展。2021 年，南京市拥有卫生机构 3450 个，其中医院 277 个，社区卫生服务中心 118 个，卫生院 15 个，妇幼保健院（所、站）14 个，专科疾病防治院（所、站）5 个。全市各级各类卫生机构实有床位数 6.61 万张，其中医院实有床位 5.97 万张，社区卫生服务中心实有床位 3637 张，卫生院实有床位 739 张。全市各级各类医疗卫生机构卫生技术人员 10.46 万人，其中执业（含助理）医师 3.93 万人，注册护士 4.79 万人。

建立实施失能人员照护保险制度，建成紧密型医共体 12 家，异地就医结算渠道进一步畅通。

（三）体育事业

体育事业有序推进。2021 年，南京市完善社区 10 分钟体育健身圈，更好满足群众多层次需求。全年完成 9 个大型体育公园和 104.6 千米健康步道建设，新建、改建 50 个室外灯光球场。在第十四届全国运动会上共培养输送 159 名运动员代表江苏省参赛，获得 14 金、9 银、13 铜。

五、城乡建设

在统筹融合中实现城乡功能品质稳步提升。2021 年，南京市有序推进国土空间总体规划编制，加快构建“南北田园、中部都市、拥江发展、城乡融合”发展格局，区域发展更加协调。基础设施更趋完善。入选国家“十四五”重点建设国际性综合交通枢纽城市，宁合高速改扩建、扬子江大道快速化改造、地铁 2 号线西延等一批重点项目建成通车，和燕路等 4 条过江通道稳步推进。宁芜铁路扩能改造工程开工建设，北沿江高铁南京段前期工作有序开展，23 个跨区“断头路”贯通项目全部开工。完成主城、江北片区应急水源地建设，新增污水处理能力 30 万吨/日，更新改造污水管网 40 千米。

城市面貌持续改善。2021 年，南京市入选全国首批城市更新试点，累计完成棚户区改造 330 多万平方米、背街小巷整治 200 条、老旧小区改造项目 108 个，为既有住宅加装电梯 157 部。新建公共停车场 18 处，新增泊位 5257 个，机关事业单位及国企带头开放共享泊位 8.6 万个。新增社区公园、游园 21 个，新设“梧桐语”小型城市客厅 10 处。加快完善垃圾收运体系，小区垃圾分类收集基本实现全覆盖。

乡村振兴不断深入。2021 年，南京市编制完成 62 个“多规合一”村庄规划，新入选国家级乡村旅游重点村镇 2 处，新增省级特色田园乡村 11 个，建设市级美丽宜居村 475 个，美丽宜居乡村建成率位居江苏省第一。获评国家“四好农村路”建设市域突出单位，完成 147 千米农村公路提档升级和 700 个自然村污水处理设施建设。大力促进农业稳产增效，新建高标准农田 5.1 万亩，粮食播种面积 204.9 万亩、产量 19.7 亿斤。高水平建设国家级农高区、农创中心，培育市级以上农业龙头企业 236 家，休闲农业综合收入达 120 亿元。

六、能源消费和生态环境

能源消费基本平稳。2021 年，南京市单位地区生产总值能耗下降 2% 以上。全社会用电量 683.57 亿千瓦时，比上年增长 8.0%；其中，工业用电量 350.33 亿千瓦时，比上年增长 3.4%。全年规模以上工业综合能源消费量 3876.53 万吨标准煤，比上年增长 2.0%。

全面加强生态文明建设，持之以恒推动生态环境改善。长江大保护坚决有力。坚持把修复长江生态环境摆在压倒性位置，2021 年长江经济带生态环境警示片披露问题全部完成整改，28 条入江支流水质达标率保持 100%。率先成立长江禁渔联动执法中心，严格落实“十年禁渔”长效管控。完成沿江湿地修复 1500 亩、矿山生态修复 427 万平方米，“一江两岸”滨江绿道基本建成。

生态环境质量持续提升。出台生态环境保护责任清单。实施 $PM_{2.5}$ 和臭氧双控双减，$PM_{2.5}$ 平均浓度下降 8.5%。全域推进幸福河湖建设，42 个国省考断面水质优良比例保持 100%，水环境质量位居江苏省第一。强化污染地块再开发利用监管，安全利用率保持 100%。

节能降碳有序推进。编制完成“双碳”工作方案和“十四五”低碳发展规划。坚决遏制“两高”项目盲目发展，加快江北新材料科技园等重点区域“两高”企业关停转退，全市单位地区生产总值能耗下降 2%以上。

完成造林 1.77 万亩，实施森林抚育 5 万亩，林木覆盖率达 31.9%。成功举办江苏省第十一届园艺博览会。

七、安全生产

深化安全生产专项整治三年行动，安全生产持续稳定。2021 年南京市共发生生产安全事故 104 起，死亡 59 人，在上年度分别下降 74.58%、73.63%的基础上，又分别下降 30.67%、23.38%，连续 10 年未发生 10 人以上重大安全事故。

第三节　2021 年主要工作

一、进一步做好疫情防控工作

面对突然来袭的禄口机场聚集性疫情，在党中央、国务院和江苏省委、省政府坚强领导下，2021 年，南京市全市上下沉着应对、科学处置，以最快速度开展流调溯源、核酸筛查、转运隔离、社会面管控，尽最大努力进行医疗救治，实现 235 例本土和 325 例市外来宁医治患者“全治愈、零病亡”，在较短时间内控制住疫情。深刻总结反思疫情防控教训，及时调整完善防控措施，全面加固常态化防控体系。坚决守牢外防输入关口。组建实体化运作的禄口机场、港口联防联控指挥部，全面堵塞口岸疫情防控漏洞。建立专班运作的外防输入机制，加强对中高风险地区来宁人员、冷链物流、进口货物全过程管控。落细落实常态化防控措施。压紧压实“四方”责任，强化重点场所、重点单位、重点人员、重大活动管理。大力推进 42 家发热门诊规范建设，加强基层医疗卫生机构管理，着力形成更加灵敏的哨点体系。加快构建免疫屏障，完成新冠疫苗接种 1800 多万剂次。着力提升疫情处置能力。加强公共卫生体系建设，扩建市公共卫生医疗中心，提升市、区疾控中心功能。“宁归来”首站公寓、“宁搏疫”疫情防控信息平台建成投用，完成 89 个急救站点规范建设，储备集中隔离医学观察场所近 4 万间，核酸检测能力大幅提高。全市公共卫生应急处置能力的稳步提升，为有效应对 2021 年疫情打下了基础、争取了主动。

二、着力推动经济平稳健康发展

扎实做好“六稳”“六保”工作，全力推动疫后恢复，经济运行稳中加固、稳中向好。稳企业、保就业扎实推进。及时出台支持企业稳定发展的“惠企十条”，累计为企业减负 250 亿元，惠及市场主体 20 余万家。深化驻厂服务机制，为重点企业提供“一对一”服务保障。实施市场主体倍增计划，新登记市场主体 29.6 万户，同比增长 19.9%。全力抓好高校毕业生等重点群体就业，城镇新增就业超 34 万人。扩内需、稳外需协同发力。定期组织重大项目现场观摩，建立常态化会办推进、重点招商项目调度工作机制，389 个市级重大项目投资超过年度计划，工业投资增长 13.5%，签约亿元以上项目 2547 个。启动实施创建国际消费中心城市三年行动计划，举办消费促进活动 450 余场，引进品牌首店、旗舰店超 100 家，人均社会消费品零售总额位列全国重点城市第一。外贸进出口逆势增长 19.2%，实际使用外资超过 50 亿美元，比上年增长 11.1%。抓服务、强制造双轮驱动。推动现代服务业提质发展，新增服务业集聚区 5 家，服务业主导产业营业收入增长 11%；新增上市企业 15 家，金融业增加值突破 2000 亿元；软件和信息服务业收入 7200 亿元，规模保持江苏省第一、全国前列。推动产业补链固链强链，智能电网等入选首批国家先进制造业集群。新增国家级专精特新“小巨人”企业 29 家、国家制造业单项冠军企业 6 家，净增规模以上工业企业 500 家以上。入选国家新能源汽车换电模式试点城市。

三、加快推进发展动能转换

2021 年，南京市强化科技创新“主引擎”作用，引领性国家创新型城市行动方案获科技部批复。创新水平加快提升。紫金山实验室进入国家战略科技力量体系，6G 太赫兹无线通信创全球实时传输最高纪录。国家第三代半导体技术创新中心南京分中心启动建设，中科院大学南京学院正式启用。南京地区新增“两院”院士 14 名，居全国第二。加快推进科技成果转化，全社会研发经费支出占地区生产总值比重达 3.6%，万人发明专利拥有量达 95.4 件、居全国第三，技术合同成交额保持江苏省第一。创新主体竞相涌现。净增高新技术企业 1300 家，总数达 7800 家。新晋独角兽企业 5 家、瞪羚企业 146 家，入库科技型中小企业 1.68 万家。全市高新技术产业产值达 1.3 万亿元，南京高新区全国排名提升至第 12 位。新型研发机构及其孵化引进企业实现营业收入 285 亿元。创新生态持续优化。雨花国家双创示范基地建设获国务院通报表扬。东南大学国际创新港落户江北新区，南航、南理工大学创新港提速建设。新增留学回国人员 7224 人，2000 余名海外高层次人才入驻“海智湾”国际人才街区。实施紫金山英才计划，集聚顶尖人才 30 名，引进高层次创新创业人才 234 名，培养创新型企业家 200 名。扩大“宁科贷”覆盖面，科技创新基金规模超 90 亿元。

四、实现城乡功能品质稳步提升

2021 年，南京市有序推进国土空间总体规划编制，加快构建“南北田园、中部都市、拥江发展、城乡融合”发展格局，区域发展更加协调。基础设施更趋完善。入选国家“十四五”重点建设国际性综合交通枢纽城市，宁合高速改扩建、扬子江大道快速化改造、地铁 2 号线西延等一批重点项目建成通车，和燕路等 4 条过江通道稳步推进。宁芜铁路扩能改造工程开工建设，北沿江高铁南京段前期工作有序开展，23 个跨区“断头路”贯通项目全部开工。完成主城、江北片区应急水源地建设，新增污水处理能力 30 万吨/日，更新改造污水管网 40 千米。城市面貌持续改善。入选全国首批城市更新试点，累计完成棚户区改造 330 多万平方米、背街小巷整治 200 条、老旧小区改造项目 108 个，为既有住宅加装电梯 157 部。新建公共停车场 18 处，新增泊位 5257 个，机关事业单位及国企带头开放共享泊位 8.6 万个。新增社区公园、游园 21 个，新设“梧桐语”小型城市客厅 10 处。加快完善垃圾收运体系，小区垃圾分类收集基本实现全覆盖。乡村振兴不断深入。编制完成 62 个“多规合一”村庄规划，新入选国家级乡村旅游重点村镇 2 处，新增省级特色田园乡村 11 个，建设市级美丽宜居村 475 个，美丽宜居乡村建成率江苏省第一。获评国家“四好农村路”建设市域突出单位，完成 147 千米农村公路提档升级和 700 个自然村污水处理设施建设。大力促进农业稳产增效，新建高标准农田 5.1 万亩，粮食播种面积 204.9 万亩、产量 19.7 亿斤。高水平建设国家级农高区、农创中心，培育市级以上农业龙头企业 236 家，休闲农业综合收入达 120 亿元。

五、促进生态环境质量总体向好

2021 年，南京市全面加强生态文明建设，持之以恒推动生态环境改善。长江大保护坚决有力。坚持把修复长江生态环境摆在压倒性位置，2021 年长江经济带生态环境警示片披露问题全部完成整改，28 条入江支流水质达标率保持 100%。率先成立长江禁渔联动执法中心，严格落实“十年禁渔”长效管控。完成沿江湿地修复 1500 亩、矿山生态修复 427 万平方米，“一江两岸”滨江绿道基本建成。生态环境质量持续提升。出台生态环境保护责任清单。实施 $PM_{2.5}$ 和臭氧双控双减，$PM_{2.5}$ 平均浓度下降 8.5%。全域推进幸福河湖建设，42 个国省考断面水质优良比例保持 100%，水环境质量位居江苏省第一。强化污染地块再开发利用监管，安全利用率保持 100%。节能降碳有序推进。编制完成“双碳”工作方案和“十四五”低碳发展规划。坚决遏制“两高”项目盲目发展，加快江北新材料科技园等重点区域“两高”企业关停转退，全市单位地区生产总值能耗下降 2%以上。完成造林 1.77 万亩，实施森林抚育 5 万亩，林木覆盖率达 31.9%。成功举办江苏省第十一届园艺博览会。

六、充分激发改革开放动力活力

2021 年，南京市统筹深层次改革、高水平开放，着力塑造竞争新优势。营商环境不断优化。持续深化“放管服”改革，制定《南京市优化营商环境办法》，“一件事一次办”改革在全国推广，启用惠企政策“宁企通”平台。对 27 条政务服务便民热线归并优化，让群众办事更加便捷。连续两年获评营商环境全国标杆城市。重点改革深入实施。国企改革三年行动计划综合完成率达 94.2%，南京银行、新工集团等市属国企入选中国企业 500 强。要素市场化配置改革有序推进，1300 余公顷土地纳入低效用地再开发，11.9 万平方米闲置宅基地得到盘活利用。基层卫生综合改革入选全国典型案例。开放平台加快建设。自贸区南京片区新增 60 多项制度创新成果，“知识产权交易融资服务平台”制度创新获评全国自贸区最佳实践案例。《南京临空经济示范区总体发展规划》获批实施，空港江宁快递产业园入选国家级示范物流园区。服务外包示范城市综合评价位居全国第二。中欧班列开行数增长 35.5%。区域合作扎实推进。深度融入长江经济带、长三角一体化等国家战略，《南京都市圈发展规划》成为获国家批复的首个跨省域都市圈规划，宁句城际建成通车，宁扬、宁马、宁滁市域轨道交通开工建设，G312 产业创新走廊、宁杭生态经济带合作试验区稳步推进。扎实做好与 8 个市县区对口支援协作合作，持续提供资金、技术、人才支持，完成援建项目 268 个。

七、更大力度增进民生福祉

出台实施“我为群众办实事”暖心十条，南京全市一般公共预算中民生支出占比达 78.5%，十大类 45 项民生实事全面完成，获评 2021 中国最具幸福感城市。居民收入稳步提高。全体居民人均可支配收入高于经济增速 1.6 个百分点；稳步提升社保水平，城乡低保标准提高到 985 元/月，退捕渔民、被征地人员实现应保尽保。公共服务持续优化。加强“一老一小”服务保障，新建养老机构床位 3153 张；新增基础教育学位超 3 万个，省市优质幼儿园覆盖率达 92%。“双减”政策有效落实，教育现代化建设水平获评江苏省“六连冠”。建立实施失能人员照护保险制度，建成紧密型医共体 12 家，异地就医结算渠道进一步畅通。入选全国首批一刻钟便民生活圈试点城市。完善住房保障体系，建成保障房 324 万平方米，新筹集保障性租赁住房 4 万套、市场化租赁住房 8 万套。文体事业繁荣进步。积极推进世界文学之都、博物馆之城建设，建成南京城墙博物馆。推出《雨花台——信仰的力量》等精品力作，成功举办第 30 届中国戏剧梅花奖颁奖典礼、森林音乐会等重大活动，蝉联中国十佳数字阅读城市。完善社区 10 分钟体育健身圈，更好满足群众多层次需求。社会治理不断深化。深入开展市域社会治理现代化试点工作，出台加强基层治理十项举措。顺利完成全市村委会、居委会换届选举，栖霞区仙林街道城市基层治理经验面向江苏全省推广。深化安全生产专项整治三年行动，生产安全事故起数和死亡人数分别下降30.7%、23.4%。有效控制政府性债务、重点企业资金链、房地产金融等风险。深化平安南京建设，常态化开展扫黑除恶专项斗争，有效遏制电信网络诈骗案件高发势头，公众安全感保持在98%以上。全市老龄、妇女儿童、青少年、残疾人、工会、红十字、慈善事业、志愿服务、关心下一代等工作取得新成效，民族、宗教、审计、统计、外事、对台事务、港澳、侨务、参事、科普、仲裁、档案、史志等工作实现新进展，国防动员、双拥共建、退役军人事务、人民防空等工作迈出新步伐。

第四章　镇江市 2021 年经济和社会发展

2021 年是“十四五”开局之年，镇江市全市上下坚持以习近平新时代中国特色社会主义思想为指导，坚决落实党中央、国务院和江苏省委、省政府的各项决策部署，坚持稳中求进工作总基调，激情奔跑、奋力登攀，经济发展稳中提质，民生福祉显著改善，生态环境不断优化，市场活力明显增强，转型升级稳步推进，经济社会发展全面繁荣，“强富美高”新镇江建设站上新高度，社会主义现代化事业开启新局面。

第一节　经济发展概况

一、综合经济

（一）经济总量

经济总量迈上新台阶。2021 年，镇江市实现地区生产总值 4763. 42 亿元，按可比价格计算，比上年增长 9. 4%。其中，第一产业增加值 157. 02 亿元，增长 3. 4%；第二产业增加值 2319. 73 亿元，增长 10. 7%；第三产业增加值 2286. 67 亿元，增长 8. 6%。三次产业比例调整为 3. 3 ∶ 48. 7 ∶ 48. 0。全市人均地区生产总值达 14. 82 万元，增长 9. 2%。

2017—2021 年镇江市地区生产总值情况见图 5-4-1。

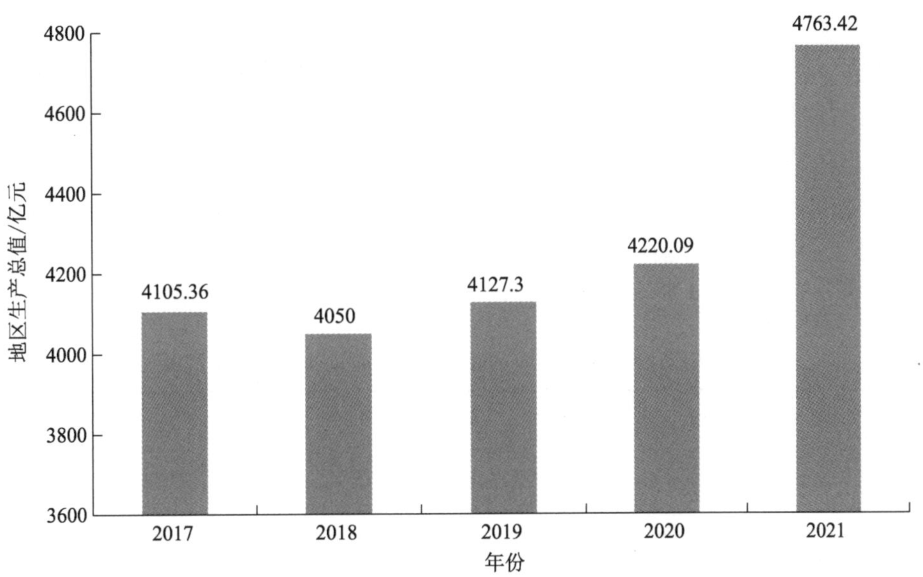

图 5-4-1　2017—2021 年镇江市地区生产总值情况

（二）县区经济发展

镇江是江苏省设区市，位于江苏省西南部，中国东部沿海，是长江三角洲北翼中心、南京都市圈核心层城市和国家级苏南现代化建设示范区重要组成部分，镇江在前些年完成产业升级，2021 年地区经济增长开始发力，县区经济也在快速发展（图 5-4-2）。

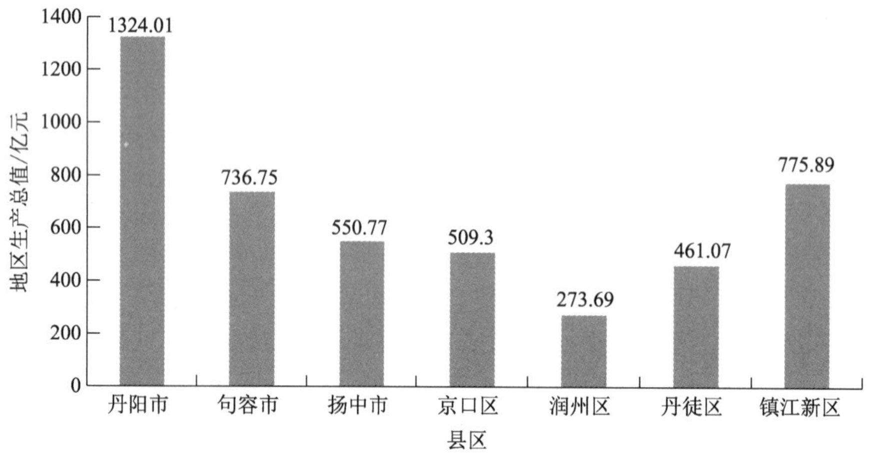

图 5-4-2　2021 年镇江市县区地区生产总值情况

2021 年，丹阳市实现地区生产总值 1324.01 亿元，排在全市第一位，同时丹阳也是江苏省 2021 年经济强县十强之一，丹阳的经济发展基本决定着镇江全市经济发展走势。丹阳 2021 年重大基础投资力度明显加大，营商环境持续变好，促进地区汽车零配件、眼镜等优势产业持续转型升级，整体的经济发展质量处在领先地位。

2021 年，镇江新区实现地区生产总值 775.89 亿元，排在全市第二位，句容紧随其后排在第三位。句容是长江三角洲一座集港口、工业、商贸、旅游为一体的新兴城市，近年来句容立足于化工、陶瓷、新材料等地区优势产业发展，并积极融入南京都市圈发展，地区的经济增长速度十分明显。

2021 年，扬中市和京口区地区生产总值都在 500 亿元以上规模，处在全市中游水平；润州区处在经济总量垫底位置，与其他地区差距较为明显。

整体来看 2021 年镇江经济实现了较快增长，丹阳为主要地区经济增长影响全市经济走向，各地区之间的经济总量规模差距较大。

（三）财政收支

财政收支状况调整改善。2021 年，镇江市实现一般公共预算收入 327.59 亿元，比上年增长 5.1%。其中税收收入 256.05 亿元，增长 8.0%；非税收入 71.54 亿元，下降 4.1%。从主要税种看，增值税增长 5.4%；企业所得税增长 21.6%，个人所得税增长 16.1%。全年实现一般公共预算支出 543.40 亿元，增长 8.9%。其中一般公共服务 49.14 亿元，增长 9.9%；教育支出 84.47 亿元，增长 4.2%；社会保障和就业支出 65.77 亿元，增长 5.5%；医疗卫生支出 37.82 亿元，增长 20.8%（表 5-4-1）。

表 5-4-1　2021 年镇江市一般公共预算收入和支出分项情况

指标	绝对值/亿元	比上年增长/%
一般公共预算收入	327.59	5.1
#税收收入	256.05	8.0
#增值税（50%）	113.92	5.4
企业所得税（40%）	39.21	21.6

续表

指标	绝对值/亿元	比上年增长/%
个人所得税（40%）	12.18	16.1
房产税	12.55	8.2
印花税	3.88	11.2
契税	27.24	41.1
一般公共预算支出	543.40	8.9
#一般公共服务	49.14	9.9
教育	84.47	4.2
科技	14.32	-13.8
社会保障和就业	65.77	5.5
医疗卫生	37.82	20.8
环境保护	13.98	-8.8

（四）物价指数

2021年，镇江市居民消费价格温和上涨。全年居民消费价格指数（CPI）101.2，比上年上涨1.2%。其中消费品价格指数101.6，上涨1.6%；服务项目价格指数100.6，上涨0.6%。分类别看，食品烟酒类上涨0.3%，衣着类上涨2.8%，居住类上涨0.2%，生活用品及服务类上涨1.2%，交通和通信类上涨4.6%，教育文化和娱乐类上涨1.5%，医疗保健类上涨1.5%；其他用品和服务类下跌3.0%（表5-4-2）。食品中，粮食上涨0.7%，食用油上涨5.9%，鲜菜上涨12.6%，蛋类上涨13.2%，干鲜瓜果类上涨1.2%，水产品上涨14.3%，畜肉类下跌16.5%。

表5-4-2 2021年镇江市居民消费价格指数（以上年为100）

项目	价格指数	比上年增长/%
居民消费价格总指数	101.2	1.2
#食品烟酒	100.3	0.3
衣着	102.8	2.8
居住	100.2	0.2
生活用品及服务	101.2	1.2
交通和通信	104.6	4.6
教育文化和娱乐	101.5	1.5
医疗保健	101.5	1.5
其他用品和服务	97.0	-3.0

（五）固定资产投资

2021年，镇江市投资增速稳步提升。全年固定资产投资比上年增长8.7%，其中国有及国有控股投资下降13.3%，港澳台及外商投资增长18.9%，民间投资增长8.3%。分三次产业看，第一产业投资增长10.9%；第二产业投资增长22.0%，其中制造业投资增长24.3%；第三产业投资下降0.7%。全年分别完成高技术产业投资和工业技术改造投资192.50亿元、138.39亿元，分别占工业投资比重 38.0%、27.3%，分别增长 22.3%、4.1%。

二、农林牧渔业

2021 年，镇江市粮食总产量再创新高。全年粮食播种面积 201.78 万亩，比上年增加 3.26 万亩，增长 1.6%。全年粮食总产量 96.02 万吨，比上年增加 0.41 万吨，增长 0.4%。其中夏粮总产量 24.32 万吨，比上年增加 0.64 万吨，增长 2.7%；秋粮总产量 71.69 万吨，比上年减少 0.23 万吨，下降 0.3%。全年油料总产量 4.30 万吨，增长 27.0%。蔬菜总产量 96.79 万吨，下降 0.1%；瓜果类总产量 11.82 万吨，与上年持平。

牧渔业生产总体平稳。主要畜产品中，肉类总产量 8.01 万吨，比上年增长 8.3%。其中猪肉产量 2.16 万吨，下降 10.5%；禽肉产量 5.79 万吨，增长 18.3%。禽蛋产量 4.32 万吨，增长 141.6%；牛奶总产量 0.95 万吨，增长 10.0%。全年生猪出栏量 27.35 万头，下降 11.2%；家禽出栏量 3533.87 万只，增长 18.6%。水产品产量 9.68 万吨，增长 0.7%。

2021 年镇江市主要农产品产量情况见表 5-4-3。

表 5-4-3　2021 年镇江市主要农产品产量情况

产品名称	产量/万吨	比上年增长/%
粮食	96.02	0.4
油料	4.30	27.0
#油菜籽	3.99	29.7
花生	0.18	14.2
肉类总产量	8.01	8.3
水产品	9.68	0.7

现代农业发展较快。全市拥有高效设施种植业面积 55.60 万亩，比上年增加 1.2 万亩。目前全市上图入库高标准农田 160.49 万亩。全市农作物耕种收综合机械化率达 88.5%，年末拥有省级以上农业产业化龙头企业 47 家、省级示范家庭农场 165 家、农民专业合作社 2819 家。拥有省级数字农业农村基地 42 家，其中包括“一村一品一店”示范村 20 家。全市共有农产品地理标志产品 5 个，绿色食品 222 个，有机农产品 41 个。1 家农机合作社创成国家级“全程机械化+综合农事”服务中心。

三、工业和建筑业

2021 年，镇江市工业生产稳定恢复。全年规模以上工业增加值比上年增长 15.1%，其中大中型企业增长 18.8%。分轻重工业看，轻工业增长 11.7%，重工业增长 16.3%。分经济类型看，国有及国有控股企业增长 15.7%，集体企业下降 13.9%，股份制企业增长 18.6%，外商及港澳台商投资企业增长 6.4%，民营企业增长 19.6%（其中私营企业增长 16.2%）。工业企业经营效益提升。全年规模以上工业企业营业收入比上年增长 26.2%；利税总额增长 21.8%；利润总额增长 23.1%。年末成本费用利润率 6.3%，比上年下降 0.3 个百分点。工业产品销售率 97.8%，比上年提高 0.3 个百分点。2021 年镇江市重点工业产品产量情况见表 5-4-4。

表 5-4-4　2021 年镇江市重点工业产品产量情况

产品名称	单位	产量	比上年增长/%
食醋	万吨	30.33	-5.4
复合木地板	万立方米	4274.20	-9.0
机制纸及纸板	万吨	257.82	0.4

续表

产品名称	单位	产量	比上年增长/%
冰乙酸	万吨	106.41	4.3
单晶硅片	万片	85512.00	79.7
水泥	万吨	1530.10	-1.3
钢材	万吨	565.17	12.6
铝材	万吨	87.31	22.3
金属切削工具	亿件	9.52	18.5
新能源汽车	辆	6489.00	255.6
汽车仪器仪表	万台	172.46	18.3
电子元件	亿只	20.12	11.9
眼镜成镜	万副	1382.65	22.3
发电量	亿千瓦时	496.36	19.4
母线	万米	190.10	29.5

先进制造业增势良好。2021年，镇江市规模以上工业高技术制造业增加值比上年增长10.7%，其中医疗仪器设备及仪器仪表制造业、计算机及办公设备制造业增加值分别增长13.2%、20.6%。高新技术产品产量增长较快，其中新能源汽车产量增长255.6%，单晶硅片增长79.7%，碳纤维增长126.2%。新增国家级专精特新“小巨人”企业6家，省级服务型制造示范企业5家。年末拥有省级智能工厂4家，省级智能车间87个。2021年镇江市工业总产值前50家企业如表5-4-5所示。

表5-4-5 2021年镇江市工业总产值前50家企业

企业名称	所属地区	企业名称	所属地区
镇江奇美化工有限公司	新区	天工爱和特钢有限公司	丹阳市
江苏鼎胜新能源材料股份有限公司	京口区	江苏天工工具有限公司	丹阳市
江苏鑫海高导新材料有限公司	丹阳市	中节能太阳能科技（镇江）有限公司	新区
中储粮镇江粮油有限公司	京口区	江苏镇江发电有限公司	丹徒区
金东纸业（江苏）股份有限公司	新区	江苏新韩通船舶重工有限公司	扬中市
江苏鸿泰钢铁有限公司	京口区	巨宝精密加工（江苏）有限公司	句容市
江苏索普化工股份有限公司	京口区	道达尔润滑油（中国）有限公司	新区
丹阳龙江钢铁有限公司	丹阳市	索尔维（镇江）化学品有限公司	新区
江苏沃得农业机械股份有限公司	丹阳市	镇江西门子母线有限公司	扬中市
江苏久华环保科技股份有限公司	丹阳市	江苏长丰纸业有限公司	丹阳市
镇江江南化工有限公司	新区	句容毅马五金制品有限公司	句容市
江苏美科太阳能科技有限公司	扬中市	北汽蓝谷麦格纳汽车有限公司	丹徒区
江苏鱼跃医疗设备股份有限公司	丹阳市	句容市天工精密金属制品有限公司	句容市
蜂巢动力系统（江苏）有限公司	扬中市	镇江南帝化工有限公司	新区
江苏通达铜材有限公司	新区	大亚人造板集团有限公司	丹阳市

续表

企业名称	所属地区	企业名称	所属地区
国家能源集团谏壁发电厂	京口区	句容协鑫光伏科技有限公司	句容市
镇江联成化学工业有限公司	新区	镇江华润燃气有限公司	润州区
江苏华电句容发电有限公司	句容市	句容台泥水泥有限公司	句容市
江苏中海粮油工业有限公司	扬中市	凯迩必机械工业（镇江）有限公司	新区
孚能科技（镇江）有限公司	新区	扬中凯悦铜材有限公司	扬中市
华电江苏能源有限公司	句容市	江苏沃得高新农业装备有限公司	丹徒区
建华建材（中国）有限公司	句容市	江苏正丹化学工业股份有限公司	新区
江苏新泉汽车饰件股份有限公司	丹阳市	江苏森林建筑新材料股份有限公司	扬中市
江苏鹤林水泥有限公司	丹徒区	大赛璐安全系统（江苏）有限公司	丹阳市
句容宁武新材料股份有限公司	句容市	蜂巢传动系统（江苏）有限公司	扬中市

建筑业稳定发展。2021年末，镇江市拥有资质以上建筑业企业517家。全年实现建筑业总产值645.61亿元，比上年增长8.0%。其中建筑安装工程产值72.09亿元，增长14.5%；竣工产值389.18亿元，下降8.9%。全市建筑业从业人员期末人数11.5万人，较上年同期减少0.3万人，下降2.5%。

四、服务业

（一）国内贸易

2021年，镇江市消费品市场稳健复苏。全年实现社会消费品零售总额1346.83亿元，比上年增长17.9%。按经营单位所在地分，城镇市场零售额1217.66亿元，增长18.2%；乡村市场零售额129.17亿元，增长15.7%。按消费形态分，批发业零售额228.39亿元，增长23.1%；零售业零售额987.44亿元，增长17.2%；餐饮业零售额124.48亿元，增长15.1%；住宿业零售额6.51亿元，增长9.2%。限额以上批发零售业通过网络实现的商品零售额比上年增长11.0%。

在限额以上批发和零售业零售额中，粮油食品、饮料烟酒类增长11.0%；化妆品类增长5.4%；金银珠宝类增长23.7%；日用品类增长100.4%；家用电器和音像器材类下降18.6%；文化办公用品类下降11.0%；通信器材类增长13.1%；石油及制品类增长63.7%；汽车类下降6.1%；建筑及装潢材料类增长35.9%。

（二）交通运输和邮电

2021年，镇江市交通运输增长持续加快。年末拥有公路总里程6873.82千米，其中高速公路210.45千米。年末全市机动车保有量80.88万辆，比上年增长6.0%；其中私人汽车保有量62.37万辆，增长4.7%。年末市区拥有公交线路163条，当年新辟优化37条；拥有公共交通车1583辆，当年新购13辆。在江苏省率先实现市、县、乡公交一卡通、乘车移动支付全覆盖，公交社会满意率达90%。年内五峰山过江通道、宁句城际建成通车，312国道宁镇段快速化改造、346国道城区段城市化改造工程开工建设，扬中市创成全国城乡交通运输一体化示范县。

全年公路客运量1661.3万人，下降35.7%。公路旅客周转量7.2亿人千米，下降27.7%。公路货运量6283万吨，增长6.8%；水路货运量1094万吨，增长14.3%。公路货物周转量96.97亿吨千米，增长3.7%；水路货物周转量48.78亿吨千米，增长41.7%。全年完成港口货物吞吐量2.47亿吨，下降31.5%。其中长江港口吞吐量2.37亿吨，下降32.4%；港口集装箱吞吐量43.55万标箱，增长16.9%。

邮政电信业较快发展。全年完成邮政电信业

务总量73.28亿元，增长21.6%，其中：邮政业务总量31.72亿元，增长29.7%；电信业务总量41.56亿元，增长27.4%。实现邮政电信业务收入72.66亿元，增长14.5%，其中：邮政业务收入34.31亿元，增长20.7%；电信业务收入38.35亿元，增长9.4%。全年完成快递业务量2.75亿件，增长43.3%；实现快递业务收入27.59亿元，增长30.5%。年末拥有移动电话用户378.59万户，其中5G手机用户89.50万户。年末互联网宽带接入用户185.51万户，增长9.4%。

（三）旅游业

2021年，镇江市旅游业加快发展。年末拥有A级景区30个，其中AAAAA级景区2家，AAAA级景区7家，AAA级景区11家。拥有省级旅游度假区3家，省星级乡村旅游区72家。拥有星级旅游饭店22家，其中五星级宾馆3家；拥有旅行社121家，其中星级旅行社35家。全年实现旅游业总收入776.39亿元，接待国内游客5563.56万人次，实现国内旅游收入774.51亿元；接待入境过夜游客1.37万人次，实现旅游外汇收入2725.71万美元。

（四）金融、保险和证券

2021年，镇江市金融存贷规模稳步扩大。年末金融机构人民币存款余额6692.67亿元，比年初增加400.62亿元，其中：住户存款3093.96亿元，比年初增加329.61亿元。年末金融机构人民币贷款余额6958.27亿元，比年初增加852.85亿元（表5-4-6），其中：短期贷款301.49亿元，比年初增加36.07亿元；中长期贷款1749.45亿元，比年初增加171.69亿元。年末全市拥有银行业金融机构35家，其中政策性银行1家，大型银行6家，股份制商业银行10家，城市商业银行2家，外资银行1家，农村合作金融机构10家，新型农村金融机构5家。

表5-4-6 2021年镇江市金融机构人民币存贷款情况

指标	绝对值/亿元	比年初增减额/亿元
金融机构人民币存款余额	6692.67	400.62
# 住户存款	3093.96	329.61
非金融企业存款	2608.18	102.88
金融机构人民币贷款余额	6958.27	852.85
# 住户贷款	2050.94	207.76
企（事）业单位贷款	4904.74	643.10

证券市场较快发展。年末上市挂牌企业总数512家，其中当年新增129家。A股上市4家，新三板挂牌32家，江苏股权交易中心挂牌企业125家。

保险业稳定增长。年末，镇江市拥有保险机构63家。全年实现保费收入147.52亿元，比上年增长3.4%。其中，寿险公司114.81亿元，增长3.9%；财产险公司32.71亿元，增长1.5%。全年赔付额40.56亿元，比上年增长10.4%。其中，财产险公司赔付21.10亿元，增长14.4%；寿险公司赔付19.47亿元，增长6.4%。

（五）房地产业

2021年，镇江市房地产市场稳定发展。全年完成房地产开发投资413.97亿元，比上年增长3.3%；其中住宅投资342.58亿元，增长1.1%。商品房施工面积2913.79万平方米，比上年增长1.4%；其中住宅施工面积2395.58万平方米，增长1.1%。商品房竣工面积377.55万平方米，比上年下降6.3%；其中住宅竣工面积325.40万平方米，下降0.1%。商品房销售面积695.05万平方米，比上年增长9.9%；其中住宅销售面积661.36

万平方米，增长8.7%。商品房销售额611.22亿元，比上年增长6.6%；其中住宅销售额581.30亿元，增长5.2%。2021年镇江市房地产销售收入前50家企业见表5-4-7。

表5-4-7　2021年镇江市房地产销售收入前50家企业

企业名称	所属地区	企业名称	所属地区
句容碧桂园房地产开发有限公司	句容市	句容鼎盛房地产开发有限公司	句容市
丹阳市天怡房屋建设开发有限责任公司	丹阳市	镇江鑫城地产发展有限公司	润州区
镇江美的房地产发展有限公司	高新区	镇江美新房地产开发有限公司	高新区
绿地集团镇江置业有限公司	高新区	远洋地产镇江有限公司	润州区
句容市新城房产建设有限公司	句容市	江苏泰容建设发展有限公司	句容市
丹阳市融锦宏星置业发展有限公司	丹阳市	镇江雅润房地产开发有限公司	京口区
江苏云阳集团房地产开发有限公司	丹阳市	丹阳碧成房地产开发有限公司	丹阳市
镇江京碧房地产开发有限公司	京口区	江苏广升置业有限公司	句容市
江苏瑞城房地产开发有限公司	新区	镇江万润置业有限公司	高新区
句容恒发旅游开发有限公司	句容市	镇江市中建地产有限公司	京口区
镇江新城亿宏房地产开发有限公司	扬中市	句容鑫辉房地产开发有限公司	句容市
江苏润荣房地产有限公司	润州区	镇江市丹徒区绿建房产开发有限公司	丹徒区
句容宝碧房地产开发有限公司	句容市	镇江路劲大港房地产开发有限公司	新区
丹阳市华昌房屋开发有限公司	丹阳市	句容碧兴房地产开发有限公司	句容市
镇江市润旺房地产开发有限公司	新区	句容市锐翰房地产开发有限公司	句容市
句容亿丰房地产开发有限公司	句容市	镇江中轩置业有限公司	京口区
镇江美裕房地产发展有限公司	润州区	镇江盛耀房地产开发有限公司	润州区
镇江悦璟房地产开发有限公司	京口区	镇江锦启和置业有限公司	京口区
镇江保扬置业有限公司	扬中市	镇江昱锦房地产开发有限公司	润州区
扬中金源博大置业有限责任公司	扬中市	江苏万都房地产开发有限公司	句容市
丹阳市云创置业有限公司	丹阳市	镇江亿腾房地产开发有限公司	句容市
江苏建中置业有限公司	句容市	句容边城投资开发有限公司	句容市
镇江极富房地产开发有限公司	京口区	丹阳市曲阿安居工程建设开发有限公司	丹阳市
句容市环城房地产开发有限公司	句容市	镇江汇丰房地产开发有限公司	润州区
丹阳市弘阳置业有限公司	丹阳市	丹阳市天波房地产开发有限公司	丹阳市

五、开放型经济

（一）对外贸易

2021年，镇江市对外贸易恢复性增长。全年实现对外贸易进出口总额约129.13亿美元，比上年增长23.9%。其中进口总额36.89亿美元，增长21.6%；出口总额92.25亿美元，增长24.8%。一般贸易出口额82.63亿美元，增长30.5%，占出口总额比重为89.6%；加工贸易出口额7.93亿美元，下降15.6%。从出口市场看，对东盟出口13.09亿美元，增长28.3%；对欧盟出口15.18亿美元，增长25.3%；对美国出口19.71亿美元，增长15.0%；对韩国出口3.66亿美元，增长22.2%。

对“一带一路”沿线国家出口 31.63 亿元，增长 32.0%，占全市出口总额的比重为 34.3%。2021 年镇江市进出口总额前 20 家企业见表 5-4-8。

表 5-4-8　2021 年镇江市进出口总额、出口总额前 20 家企业

进出口企业名称	所属地区	出口企业名称	所属地区
金东纸业（江苏）股份有限公司	新区	江苏鼎胜新能源材料股份有限公司	京口区
镇江奇美化工有限公司	新区	金东纸业（江苏）股份有限公司	新区
江苏鼎胜新能源材料股份有限公司	京口区	镇江江南化工有限公司	新区
镇江江南化工有限公司	新区	江苏索普化工股份有限公司	新区
镇江矽佳测试技术有限公司	高新区	帝高力装饰材料（江苏）有限公司	丹徒区
江苏索普化工股份有限公司	京口区	江苏天工工具有限公司	丹阳市
镇江中远海运仓储发展有限公司	新区	江苏鱼跃医疗设备股份有限公司	丹阳市
帝高力装饰材料（江苏）有限公司	丹徒区	江苏苏润高碳材股份有限公司	丹徒区
江苏天工工具有限公司	丹阳市	江苏锐升新材料有限公司	丹阳市
镇江中林林业有限公司	京口区	句容宁武新材料股份有限公司	句容市
江苏鱼跃医疗设备股份有限公司	丹阳市	江苏苏菱铝用阳极有限公司	丹徒区
镇江中沙保税物流有限公司	新区	镇江中远海运仓储发展有限公司	新区
江苏苏润高碳材股份有限公司	丹徒区	江苏淘镜有限公司	丹阳市
江苏锐升新材料有限公司	丹阳市	江苏苏亚迪炭材有限公司	丹徒区
索尔维（镇江）化学品有限公司	新区	易佰得（丹阳）光学有限公司	丹阳市
江苏汇鸿冷链物流有限公司	新区	索尔维（镇江）化学品有限公司	新区
句容宁武新材料股份有限公司	句容市	爱士惟新能源技术（江苏）有限公司	扬中市
镇江中远海运物流有限公司	新区	镇江泛华进出口有限公司	新区
江苏苏菱铝用阳极有限公司	丹徒区	江苏天工精密工具有限公司	丹阳市
大赛璐安全系统（江苏）有限公司	丹阳市	镇江汇天国际贸易有限责任公司	京口区

（二）利用外资

2021 年，镇江市利用外资规模保持稳定。全年工商新注册外资企业 100 家，新批千万美元以上项目 34 项。实际利用外资 8.09 亿美元，增长 2.8%；协议利用外资 21.40 亿美元，下降 2.2%。全年服务外包合同总额 37.73 亿美元，比上年增长 14.4%，其中离岸外包合同总额 13.16 亿美元，增长 18.2%；执行总额 31.88 亿美元，增长 12.0%，其中离岸外包执行额 11.68 亿美元，增长 13.5%。

第二节　社会发展概况

一、人口、人民生活

2021 年，镇江市人口总量结构总体稳定。年末全市常住人口 321.72 万人，比上年增加 0.62 万人。其中城镇人口 256.99 万人，常住人口城镇化率 79.88%；常住人口中 60 岁及以上人口占比为 23.92%，比上年上升 0.36 个百分点。常住人口出生率 4.29‰，死亡率 7.53‰，自然增长率为

-3.24‰。年末全市户籍人口约 268.10 万人，比上年减少 1.16 万人；出生人口 1.22 万人，死亡人口 2.18 万人。户籍人口出生率 4.55‰，死亡率 8.13‰，自然增长率为-3.58‰。户籍人口中男性 132.16 万人，减少 0.66 万人；女性 135.93 万人，减少 0.50 万人。

居民生活不断改善。全年常住居民人均可支配收入 50360 元，增长 9.1%。其中，工资性收入 31403 元，增长 8.6%；经营净收入 6734 元，增长 8.9%；财产净收入 4754 元，增长 10.3%；转移净收入 7469 元，增长 10.1%。常住居民人均消费支出 30780 元，增长 21.5%。按常住地分，城镇常住居民人均可支配收入 59204 元，增长 8.5%；城镇常住居民人均消费支出 33992 元，增长 19.8%。农村常住居民人均可支配收入 31354 元，增长 10.4%；农村常住居民人均消费支出 23876 元，增长 26.3%。

二、就业与社会保障

（一）就业

2021 年，镇江市就业形势总体稳定向好。全年新增城镇就业人数 5.97 万人，新增城镇失业人员再就业人数 4.29 万人，新增就业困难人员再就业人数 2.97 万人。城镇登记失业率 2.5%。全年扶持成功创业 1.8 万人，其中引领大学生创业 3062 人，扶持农村劳动力自主创业 5979 人。城乡劳动者职业技能培训 4.42 万人。全年新增登记注册私营企业从业人员 5.08 万人，个体工商户从业人员 9.42 万人。

（二）社会保障

2021 年，镇江市民生保障水平持续提高。全年完成一般公共预算民生类支出 404.53 亿元，占一般公共预算支出的 74.4%。全市职工最低工资标准为 2280 元/月，城乡居民基础养老金标准提高至每人每月 210 元，城乡最低生活保障标准提高至每人每月 820 元，失业保险金最低标准提高至每人每月 1230 元。全市有 1.12 万户、共计 1.64 万人享受低保，全年发放低保金 1.28 亿元。年末全市基本养老保险参保人数 73.5 万人；城镇职工基本医疗保险参保人数 110.70 万人，比上年增加 4.32 万人；失业保险、工伤保险、生育保险参保人数分别为 57.3 万人、70.2 万人、66.71 万人。年末全市共有养老机构 150 家，养老机构床位数 18622 张，共建成街道老年人日间照料中心 30 家，实现街道老年人日间照料中心全覆盖，城乡标准化社区居家养老服务中心覆盖率分别达 81% 和 53%。福利彩票 2021 全年销售 2.27 亿元，同比下降 10.8%。

三、教育与科技创新

（一）教育事业

2021 年，镇江市教育事业全面发展。年末共有普通高校 9 所，本专科招生 4.75 万人，在校学生 14.43 万人，毕业生 4.04 万人；研究生教育招生 0.59 万人，在校学生 1.72 万人，毕业生 0.38 万人。中等职业学校 6 所，在校学生 2.00 万人。普通中学 110 所，在校学生 11.44 万人，毕业生 3.46 万人。小学 111 所，在校学生 16.85 万人，毕业生 2.47 万人（表 5-4-9）。九年义务教育巩固率 100%，高中阶段教育毛入学率 100%。全市共有幼儿园 284 所，比上年增加 11 所，在园幼儿 8.43 万人。

表 5-4-9　2021 年镇江市各类学校数、招生数和在校生数

指标	学校数/所	毕业生数/人	招生数/人	在校生数/人
高等教育学校（机构）	9	44288	53441	161413
#普通高校（不含成人教育）	9	29648	38465	127199
中等职业学校	6	5543	6493	20020

续表

指标	学校数/所	毕业生数/人	招生数/人	在校生数/人
普通中学	110	34584	38954	114356
高中阶段	19	11826	14101	41518
初中阶段	91	22758	24853	72838
普通小学	111	24744	29705	168539
特殊教育学校	5	110	117	634
幼儿园	284	29017	25322	84315

（二）科技创新

2021 年，镇江市科研投入力度加大。全年研究与试验发展（R&D）经费支出占地区生产总值的比重达 2.4%。财政性科技投入 14.32 亿元，占一般公共预算支出的 2.6%。全年争取省以上科技计划项目超 340 项，资金 2.4 亿元。认定高新技术企业 376 家，新增 381 家企业进入高新技术企业培育库。新增省级科技企业加速器 2 家，省级众创空间 3 家；新建市级孵化器 9 家、众创空间 8 家；新建省级院士工作站 1 家、省级工程技术研究中心 24 家，市级新型研发机构 2 家、企业重点实验室 2 家。与中国技术交易所联合建设中技所（镇江）绿色技术交易服务中心。

科技创新能力增强。全年专利授权量 22695 件，其中发明专利授权量 2808 件。年末全市有效发明专利拥有量 15561 件，比上年增加 16.5%；万人有效发明专利拥有量 48.46 件，比上年增加 16.2%。全市拥有国家知识产权示范企业 11 家。

四、文化、卫生与体育

（一）文化事业

2021 年，镇江市文化服务体系提升完善。年末共有艺术表演团体 5 个，文化馆 8 个，公共图书馆 9 个，文化站 59 个，博物（纪念）馆 14 个，美术馆 2 个。年末有线电视用户 59.82 万户，其中数字电视用户 59.34 万户。年末拥有省级以上重点保护文物单位 67 处，其中全国重点保护文物单位 13 处。全年开展“四百”系列红色演出 1163 场、红色展览 2098 场、唱革命歌曲艺术辅导 2192 场、红色惠民旅游活动 943 场。高质量举办第十五届中国镇江金山文化艺术·国际旅游节，精心策划“幸会舞台”“全民派对”“寻魅镇江”“焕彩之城”四大板块 61 项子活动。镇江市入选 2023 年“东亚文化之都”候选城市，成为江苏省唯一入选城市。

（二）卫生事业

2021 年，镇江市卫生事业稳步推进。年末拥有各类卫生机构（医疗卫生机构）1094 个，其中医院 57 个，卫生院 37 个，社区卫生服务中心 31 个，疾病预防控制中心 7 个，妇幼保健机构 8 个，村卫生室 306 个，社区卫生服务站 101 个。年末拥有卫生机构床位 1.77 万张，其中医院拥有床位 1.30 万张，卫生院拥有床位 0.18 万张，社区卫生服务中心拥有床位 0.16 万张。年末拥有卫生技术人员 2.29 万人，其中执业医师及执业助理医师 9082 人，注册护士 9980 人。全年共投入 7269 万元完成市传染病医院改造。全市 731 个村（居）民委员会全部设置公共卫生委员会。全年共引进 6 个医学领军人才团队、22 名医学博士。新建 2 家农村区域性医疗卫生中心、4 家省社区医院，新增国家服务能力推荐标准达标基层机构 6 家。

（三）体育事业

2021 年，镇江市体育事业稳定发展。新建镇（街道）及以上规模体育公园 5 个、健身步道 30 千米；成功举办镇江市第十六届运动会；体育会展中心被确定为江苏省公共体育场馆开放使用第一批综合试点单位；在第十四届全运会上，镇江市运动员取得4金、2银、1铜的历史佳绩。镇江籍学生连续两年在江苏省大一新生身体素质测试中名列第一。

五、城乡建设

2021年，镇江市城乡基础设施持续完善。市区实施城建项目87个，完成投资70亿元。新增9个省级美丽宜居城市试点项目，目前累计省级试点项目达13个。累计新建绿色建筑780万平方米，城镇绿色建筑占新建建筑的比重达100%，沿金山湖CSO溢流污染综合治理项目大口径管道全线贯通，完成9条劣V类水体治理工作。拆除违建1999起，面积17.79万平方米。新增停车泊位4603个，新增共享单车、共享助力车7700辆。开展安全生产“百日攻坚”行动，累计开展安全检查187次，发现安全隐患60个，整改率达100%。丹徒区上党镇上会村东宝庄、毛家榨作和丹阳市延陵镇西庄湖等4个村庄被命名为江苏省特色田园乡村。推动农村房屋安全隐患排查整治，排查农村房屋共414945户，鉴定为C、D级危房1898户，其中245户已完成整治。

城乡环境进一步优化。全年新增各类城市绿地面积315.6公顷，人均公园绿地面积15.43平方米。林木覆盖率、建成区绿化覆盖率分别达25.6%、42.2%。全年全社会用电量295.06亿千瓦时，比上年增长10.5%；其中城乡居民生活用电量34.92亿千瓦时，增长7.9%。全市建成区面积236.23平方千米，比上年增加8.15平方千米。全市拥有区域供水厂8座，总供水能力126万吨/日，其中市区自来水供水能力70万吨/日。市区管道天然气供气总量5.55亿立方米，家庭天然气用户29万户，家庭液化气用户6.09万户。

六、生态建设

2021年，镇江市生态环境整治取得成效。全年国控站点$PM_{2.5}$年均浓度为36 $\mu g/m^3$，比上年下降5.3%；空气优良天数比例79.2%，比上年下降2.2个百分点。全年地表水国考断面、省考断面优Ⅲ比例分别为100%和95.6%，主要入江支流断面优Ⅲ比例为93.8%，集中式饮用水水源地的水质达标率为100%。国考断面优Ⅲ比例与上年持平。

第三节　2021年主要工作

一、坚定不移推进发展升级

牢牢抓住发展第一要务，经济总量稳步增长，地区生产总值达到4763.42亿元、年均增长5.8%，一般公共预算收入达到327.6亿元、年均增长3.5%，人均地区生产总值超过14万元、达到中等发达国家水平。“四群八链”崛起成势，应税销售达到3504亿元，其中高端装备制造、新材料两个产业集群分别突破千亿元，数字经济核心产业产值超过500亿元。创新动能加速成长，市场主体达到54.2万户、净增26.3万户，国家高新技术企业数量实现翻番，万人发明专利拥有量累计增长58%，科技进步贡献率达到65.3%，新引进“金山英才”计划高层次人才604人，创成国家知识产权示范城市。对外贸易和利用外资提质增效，进出口总额年均超过百亿美元，利用外资累计超过45亿美元。

二、坚守不渝增进民生福祉

始终牢记为人民谋幸福的初心使命，财政支出优先保障民生，民生支出累计达到1686.9亿元，占一般公共预算支出比重达到73.2%。打赢精准脱贫攻坚战，经济薄弱村集体经济年收入、建档立卡低收入人口年均纯收入超过省定标准，全市人民全部如期跨进全面小康，意气风发地奔向共同富裕。居民收入稳步增长，人均可支配收入达到5万元、年均增长7.9%，农村居民收入增速快于城镇居民，城乡收入比缩小至1.9：1。教育、医疗、文化、养老、社会保障等民生社会事业全面进步，义务教育优质均衡达标比例位列江苏省第一，成功蝉联国家卫生城市。连镇铁路镇江段、丁卯高架等一批重大交通设施建成通车，百姓出行更加便捷。镇江连续入围“中国最具幸福感城市”。

三、坚如磐石建设生态文明

牢固树立生态优先、绿色发展的导向，污染防治攻坚战取得重大阶段性进展，累计退出低端落后产能超过540万吨，单位地区生产总值能耗预计下降17.7%，空气和水环境质量大幅改善，$PM_{2.5}$年均浓度累计下降28%，空气质量优良天数比例提升6个百分点，劣Ⅴ类水体基本消除，国考断面、省考断面水质优Ⅲ比例分别达到100%、95.6%，创成全国海绵城市，建成江苏省特色田园乡村23个，荣获“中国人居环境奖”。

四、坚持不懈创新社会治理

深入开展全国市域社会治理现代化试点建设，社会治理体系逐步完善，扫黑除恶专项斗争成效明显，重大风险防控有力，疫情防控交出了优异答卷，战胜了超历史极值的长江汛情和诸多重大险情，安全生产形势稳定向好，生产安全事故起数和死亡人数均逐年下降。镇江蝉联全国文明城市，公众安全感逐年稳步提升。

第五章　扬州市 2021 年经济和社会发展

2021 年，扬州市全市坚持以习近平新时代中国特色社会主义思想为指导，全面贯彻党的十九大和十九届历次全会精神，深入学习贯彻习近平总书记对江苏工作重要指示精神和视察扬州重要讲话指示精神，全面落实中央、省委决策部署，积极应对疫情冲击、经济下行和要素制约等多重挑战，统筹疫情防控和经济社会发展，“十四五”发展实现良好开局，“强富美高”新扬州现代化建设迈出坚实步伐。

第一节　经济发展概况

一、综合经济

（一）经济总量

2021 年，扬州市实现地区生产总值 6696.43 亿元，按可比价计算，增长 7.4%。其中，第一产业实现增加值 317.18 亿元，增长 3%；第二产业实现增加值 3207.37 亿元，增长 9.2%；第三产业实现增加值 3171.87 亿元，增长 6.2%。三次产业结构比例调整为 4.7：47.9：47.4。2021 年扬州市主要经济指标情况见表 5-5-1。

表 5-5-1　2021 年扬州市主要经济指标情况

指标名称	单位	主要数据	累计增长/%
地区生产总值	亿元	6696.43	7.4
规模以上工业总产值	亿元	—	21.0
规模以上工业增加值	亿元	—	13.0
全社会用电量	亿千瓦时	289.77	9.5
#工业用电量	亿千瓦时	189.62	8.6
固定资产投资	亿元	—	1.2
#工业投资	亿元	—	16.4
#房地产开发投资	亿元	—	0.9
进出口总额	亿元	969.10	25.3
#出口总额	亿元	712.22	22.8
实际到账外资	万美元	173007.00	17.7
社会消费品零售总额	亿元	1480.92	7.4

续表

指标名称	单位	主要数据	累计增长/%
限额以上社会消费品零售总额	亿元	530.26	15.8
一般公共预算收入	亿元	344.07	2.0
#税收收入	亿元	274.57	3.8
金融机构各项存款余额（人民币）	亿元	8198.32	8.1
#住户存款	亿元	4150.69	12.2
金融机构各项贷款余额（人民币）	亿元	7124.63	13.5
全体常住居民人均可支配收入	元	42287.00	8.9
城镇常住居民人均可支配收入	元	50947.00	7.9
农村常住居民人均可支配收入	元	27354.00	10.2
居民消费价格指数	%	101.50	1.5

（二）县区经济发展

扬州，是很多人眼中的江南，“一句春不晚，我就来到了瘦西湖”。扬州是绝佳的旅游胜地，除了旅游以外，建筑业、汽车、软件和信息服务、机械和教育等领域也是扬州擅长的。2021年，扬州在遭遇疫情的大环境下，依旧实现了10.72%的名义增速，最终以地区生产总值约6696.43亿元的成绩单完美交卷。2021年扬州市县区地区生产总值见图5-5-1。

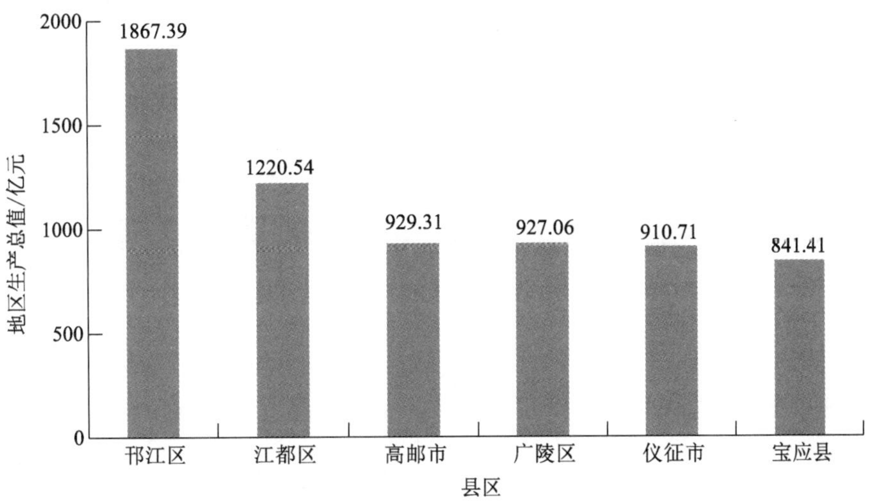

图5-5-1　2021年扬州市县区地区生产总值

扬州市下辖3个区、1个县，代管2个县级市，根据地区生产总值总量的高低，依次为邗江区（1867.39亿元）、江都区（1220.54亿元）、高邮市（929.31亿元）、广陵区（927.06亿元）、仪征市（910.71亿元）、宝应县（841.41亿元）。整体来看，扬州的市区经济要明显高于县域经济，3个市辖区的地区生产总值总量为4014.99亿元，占全市的59.96%，几乎是3/5。

邗江区作为扬州的中心城区之一，2021年的地区生产总值总量接近2000亿元，高达1867.39亿元，名义增速为11.57%，比全市平均增速10.72%高出0.85个百分点，在有如此体量的情况下，依旧在增速上处于全市领跑阵营，发展的动力非常强劲。

邗江区的发展与重视人才、注重科创领域分不开。先后引培国家重大人才工程专家66名，686

人入选省市重点人才计划，在数控机床、生物医药、云智、智能制造等科创领域初有成效。

江都区的地区生产总值也突破千亿元，达到1220.54亿元，虽然稳居市内第二，但江都区2021年的发展并不突出，呈现出低迷的状态，仅有9.47%的名义增速，全年地区生产总值仅增长105.63亿元，最主要的原因还是未能形成像邗江区那样的产业体系，其主导产业为机械装备制造，根据数据显示，江都区机械装备规模以上企业达到250家，就业人数突破4.3万人，产业结构单一。

江都区之后的第三至六名，包括高邮市、广陵区、仪征市和宝应县的经济总量都在千亿元以下，但全部都在800亿元以上，可见扬州各区域之间的经济发展较为均衡，其中，高邮市以929.31亿元领跑，宝应县以841.41亿元垫底。4个区县之间的差距没有超过百亿，竞争较为激烈。

从增速来看，仪征市的表现不错，名义增速为11.74%，不仅仅在这4个区县领跑，而且在整个扬州市领跑，比全市平均高出1.02个百分点，也以0.17个百分点的微弱优势超过邗江区，发展速度为全市第一。这与其临近南京的地理位置有着巨大关系，大量来自南京的资源推动了仪征经济的快速发展。

（三）财政收支

2021年，扬州市一般公共预算收入344.07亿元，增长2.0%。税收收入274.57亿元，增长3.8%，税收占一般公共预算收入的比重为79.8%。主体税种中，增值税117.70亿元，下降3.5%；企业所得税43.99亿元，增长24.6%；个人所得税10.84亿元，增长16.3%（表5-5-2）。

表5-5-2　2021年扬州市财政收入情况

指标名称	财政收入/亿元	同比增长/%
一般公共预算收入	344.07	2.0
# 税收收入	274.57	3.8
# 增值税	117.70	-3.5
企业所得税	43.99	24.6
个人所得税	10.84	16.3
城市维护建设税	17.87	1.5
房产税	11.98	9.4
印花税	4.67	18.5
城镇土地使用税	6.68	0.8
契税	20.82	10.9
# 非税收入	32.57	1.0
# 行政事业性收费	69.50	-4.6

全市一般公共预算支出684.87亿元，增长2.5%。其中一般公共服务支出78.54亿元，增长6.2%；公共安全支出43.87亿元，增长8.3%；教育支出116.22亿元，增长8.6%；科学技术支出14.69亿元，增长17.7%；社会保障和就业支出88.59亿元，增长4.3%；卫生健康支出56.39亿元，增长31.1%；节能环保支出17.07亿元，增长13.8%；农林水支出59.08亿元，增长6.2%；交通运输支出32.42亿元，下降10.4%；住房保障支出31.49亿元，增长25.4%。

（四）物价指数

2021年，扬州市居民消费价格比上年上涨1.5%，其中食品烟酒价格上涨0.8%，非食品烟酒价格上涨1.8%。八大类消费品及服务项目价格同比“七升一降”，其中交通和通信类上涨4.1%，衣着类上涨2.2%，居住类上涨1.4%，教育文化和娱乐类上涨1.3%，食品烟酒类上涨0.8%，医疗保健类上涨0.7%，生活用品及服务类上涨0.5%，其他用品和服务类下降0.4%。

（五）固定资产投资

2021年，扬州市固定资产投资同比增长1.2%，其中第一产业投资下降26.5%，第二产业投资增长16.4%，第三产业投资下降6.8%。

二、农业

2021年，扬州市粮食播种面积583.05万亩，同比增长0.2%。其中，夏粮播种面积266.55万亩，增长0.1%；秋粮播种面积316.5万亩，增长0.3%。全年粮食亩产492.2公斤，下降0.1%。其中，夏粮亩产379.4公斤，下降0.6%；秋粮亩产587.2公斤，增长0.2%。全年粮食总产286.97万吨，增长0.1%。其中，夏粮总产101.13万吨，下降0.5%；秋粮总产185.84万吨，增长0.5%。全年猪牛羊禽肉产量16.29万吨，增长2.7%。禽蛋产量7.5万吨，增长31.5%。牛奶总产量2.39万吨，增长13.6%。水产品总产量40.3万吨，增长1.1%。其中，养殖产量38.1万吨，增长1.3%；捕捞产量2.2万吨，下降0.9%。

全市新建高标准农田19.3万亩，农作物耕种收综合机械化率达84%，农业机械总动力295万千瓦，有效灌溉面积276.73千公顷。创建农业产业化国家重点龙头企业5家，全国“一村一品”示范村镇12家，广陵、高邮现代农业产业园入选首批省级示范园，宝应现代农业产业园获国家级认定。

三、工业和建筑业

2021年，扬州市3043家规模以上工业企业增加值增长13%，其中轻工业增长15%，重工业增长12.4%。按门类分，制造业增加值增长13.3%，电力、热力、燃气及水生产和供应业增加值增长12.6%，采矿业增加值下降4.4%。按经济类型分，国有工业下降3.4%，集体工业下降5.9%，股份制工业增长16.6%，外商及港澳台商投资工业增长3.3%。

先进制造业产值增长17.8%，对全部规模以上工业总产值的贡献率达56.3%，拉动全市产值增幅11.8个百分点。分产业看，汽车及零部件（含新能源汽车）产业增长2.7%，食品产业增长5.7%，海工装备和高技术船舶产业增长11.5%，新型电力装备产业增长12.7%，生物医药和新型医疗器械产业增长19.7%，高端装备产业增长24.7%，高端纺织服装产业增长25.6%，电子信息产业增长36.3%，航空产业增长49.7%。

规模以上工业企业营业收入增长19%，利润增长53.1%。规模以上工业企业营业收入利润率、成本费用利润率分别为6%、6.5%。规模以上工业企业资产负债率为53.8%，总资产贡献率为9.2%。全年规模以上工业企业产销率为95.9%。

全社会用电量289.77亿千瓦时，增长9.5%。其中，第一产业用电量3.95亿千瓦时，增长15.0%；第二产业用电量193.39亿千瓦时，增长8.7%，其中工业用电189.62亿千瓦时，增长8.6%；第三产业用电量46.76亿千瓦时，增长16.2%；城乡居民生活用电45.67亿千瓦时，增长6.2%。

全年建筑业实现总产值4881.3亿元，同比增长8.1%。房屋建筑施工面积32531.7万平方米，增长5.6%，其中新开工面积12339万平方米，下降11.5%。竣工产值4008.4亿元，增长8.7%。竣工面积11383.8万平方米，增长8.2%。

四、服务业

（一）国内贸易

2021年，扬州市社会消费品零售总额为1480.92亿元，同比增长7.4%。按经营单位所在地分，城镇消费品零售额为1323.11亿元，增长7.3%；乡村消费品零售额为157.81亿元，增长7.9%。按行业分，批发业销售额为234.71亿元，增长4.4%；零售业销售额为1135.27亿元，增长8.3%；住宿业销售额为10.43亿元，增长8%；餐饮业销售额为100.51亿元，增长4.1%。

（二）交通运输和邮电

2021年，扬州市货运总量和货物周转量分别完成1.66亿吨和614.66亿吨千米，分别增长9.6%、21.1%；客运量和旅客周转量分别完成678.53万人和4.32亿人千米，分别下降35.9%、28.6%；港口货物吞吐量1.06亿吨，增长4.3%；集装箱吞吐量63.13万标箱，增长20.4%。扬州泰州国际机场新开辟国内航线3条，累计开通63个通航点，其中国内49个，国际/地区14个；机场累计完成旅客吞吐量222.38万人次，同比下降6.2%；完成货邮吞吐量1.07万吨，同比下降15.0%。年末全市公路里程9687.70千米，高速公路里程307.77千米。截至2021年底，全市新增汽车7.90万辆，全市机动车保有量103.4万辆，同比增长1.3%，全市机动车驾驶人总数163.84万人，其中汽车驾驶人数153.63万人。

全市邮政通信业务收入92.93亿元，增长9.8%。其中通信业务收入54.64亿元，增长11.5%；邮政业务收入38.29亿元，增长7.5%。年末电话用户604.47万户，其中移动电话用户522.92万户，增长0.7%。互联网宽带接入用户217.44万户，增长8.5%。

（三）金融、保险和证券

2021年末，扬州市金融机构人民币存款余额8198.32亿元，增长8.1%；其中住户存款4150.69亿元，增长12.2%。贷款余额7124.63亿元，增长13.5%。个人消费贷款1923.70亿元，增长9.5%。住房消费贷款1718.33亿元，增长8.9%（表5-5-3）。

表5-5-3　2021年扬州市金融机构人民币存贷款情况

指标名称	金额/亿元	比上年增长/%
金融机构各项存款余额	8198.32	8.1
# 住户存款	4150.69	12.2
非金融企业存款	2854.28	8.7
广义政府存款	1105.12	-6.8
金融机构各项贷款余额	7124.63	13.5
# 住户贷款	2518.51	11.4
非金融企业及机关团体贷款	4605.66	14.6
票据融资	434.53	10.5
个人消费贷款	1923.70	9.5
# 住房消费	1718.33	8.9

年末全市累计实现境内外上市企业23家，其中境内16家。全市证券资金账户数97.04万户，比上年增加11.13万户，增长13.0%。证券交易额18761.21亿元，比上年增加2473.54亿元，增长15.2%。其中A股交易额12646.35亿元，比上年增加693.42亿元，增长5.8%，占交易额的67.4%；基金交易额1966.52亿元，比上年增加989.67亿元，增长101.3%，占交易额的10.5%。

全市各类保险机构实现保费收入约174亿元，增长1.39%。其中财产险保费收入39.27亿元，增长3.81%；寿险保费收入104.44亿元，下降1.04%；健康险保费收入25.33亿元，增长6.57%；意外伤害险保费收入4.95亿元，增长10.59%。累计赔付支出54.91亿元，增长19.53%。其中财产险赔付支出27.01亿元，增长16.37%；寿险赔付支出13.86亿元，下降

12.38%；健康险赔付支出12.44亿元，增长124.93%；意外伤害险赔付支出1.61亿元，增长15.41%。

（四）旅游业

2021年，扬州市接待境内外游客6061.97万人次，实现旅游业总收入812.49亿元。接待国内旅游人数6060.37万人次，增长57.8%。实现国内旅游收入810.41亿元，增长33.2%。接待入境过夜旅游人数1.61万人次，增长19.8%。其中外国游客1.25万人次，增长15.7%；港澳台同胞0.36万人次，增长36.7%。旅游外汇收入3020.69万美元，增长8.4%。全市拥有国家A级景区57家，旅行社163家。

（五）房地产业

房地产开发投资完成841.68亿元，增长0.9%。商品房施工面积为3360.09万平方米，下降10.4%；竣工面积411.74万平方米，下降51.9%。全年商品房销售面积829.03万平方米，增长1.4%；商品房销售额923.33亿元，增长1.4%。

五、开放型经济

（一）对外贸易

2021年，扬州市实现进出口总额969.1亿元，同比增长25.5%。其中，出口712.2亿元，增长22.8%；进口256.9亿元，增长33.7%。从进出口主体看，民营企业进出口476.5亿元，增长31.2%；外商投资企业进出口311.8亿元，增长15.7%；国有企业进出口180.7亿元，增长29.5%。从贸易方式看，一般贸易进出口766.4亿元，增长29.8%；加工贸易进出口155.3亿元，增长7.6%。从出口市场看，欧盟（不含英国）、美国、澳大利亚、东盟和中国台湾依次实现贸易额163.6亿元、151.8亿元、92.1亿元、84.9亿元和56.1亿元，分别增长26.9%、33.4%、36.7%、12.2%和16.1%。全年对“一带一路”沿线国家进出口增长14.6%，对区域全面经济伙伴关系协定国家（RCEP国家）进出口275.6亿元，增长24%。

（二）利用外资

全市实际到账外资17.3亿美元，增长17.7%。从来源地看，实际利用亚洲国家（地区）外资15.8亿美元，增长24.9%；实际利用南美洲外资4988万美元，下降34.8%；实际利用欧洲外资1477万美元，下降78.2%。新批外商投资企业173家，增长19.3%；新增协议外资57.4亿美元，下降0.5%。

（三）对外投资

全市对外投资总额约3.06亿美元，下降47.4%，其中对外直接投资额0.92亿美元，对外承包工程完成营业额1.74亿美元，对外输出劳务人员实际收入3902万美元。新批境外投资项目16个，中方协议投资额4961.4万美元。

第二节　社会发展概况

一、人口、人民生活

2021年末，扬州市户籍人口451.56万人，比上年下降0.69%。全年户籍出生人口19888人，出生率4.39‰；户籍死亡人口37769人，死亡率8.34‰，当年人口自然增长率为-3.95‰。年末全市常住人口457.7万人，比上年增长0.35%，常住人口城镇化率71.42%。

全体居民人均可支配收入42287元，同比增长8.9%。其中工资性收入25429元，增长10.3%；经营净收入6757元，增长5.8%；财产净收入3369元，增长6.2%；转移净收入6732元，增长

8.2%。城镇居民人均可支配收入50947元，增长7.9%。其中工资性收入30721元，增长9.2%；经营净收入6980元，增长4.9%；财产净收入4942元，增长5.2%；转移净收入8304元，增长7.6%。农村居民人均可支配收入27354元，同比增长10.2%。其中工资性收入16303元，增长12.2%；经营净收入6373元，增长7.0%；财产净收入657元，增长6.3%；转移净收入4021元，增长8.5%。全体居民人均消费支出26083元，增长18.2%。城镇居民人均消费支出29586元，增长16.7%。农村居民人均消费支出20042元，增长21.1%。

二、就业与社会保障

（一）就业

2021年，扬州市城镇新增就业5.97万人，新增转移农村劳动力0.73万人，完成就业技能培训4.15万人次，创业带动就业9.45万人。期末城镇登记失业人数3.48万人，城镇登记失业率3.03%，年末领取失业保险金人数2.26万人。

（二）社会保障

年末全市城乡基本养老、基本医疗、失业、工伤和生育保险参保人数分别为327.39万人、428.99万人、77.07万人、95.02万人和93.26万人。城乡居民基本养老保险基础养老金最低标准由每人每月175元提高到205元。城乡居民医保人均财政补助最低标准提高到每人每年620元。试点实施长期护理保险制度，新增颐养示范社区29个，建成区域性养老服务中心6个。扬州城乡低保月人均标准提高到740元，累计发放低保1.93万人次，发放低保资金1.16亿元。

三、教育与科技创新

（一）教育事业

新高考方案平稳落地，“双减”和规范民办义务教育发展工作有序推进。全市共有普通高校8所。普通高等教育招生3.82万人，在校生12.04万人，毕业生2.6万人；其中研究生教育招生0.45万人，在校生1.3万人，毕业生0.25万人。高等教育毛入学率达66.5%，比上年提高0.7个百分点。高中阶段教育毛入学率达100%。中等职业教育在校生2.94万人（不含技工学校）。特殊教育招生0.02万人，在校生0.1万人。全市小学在校生22.78万人，普通中学在校生17.61万人。全市共有幼儿园378所，比上年增加10所；在园幼儿10.96万人，比上年减少0.55万人。学前三年教育毛入园率达99.5%。

（二）科技创新

全市完成专利授权量28942件，其中发明专利授权1948件。每万人发明专利拥有量22件。PCT国际专利申请79件。商标申请量20340件，注册量18364件。新增地理标志7件。

全年认定国家高新技术企业499家，有效高新技术企业累计数达1587家。2471家企业通过国家科技型中小企业认定。全年高新技术产业产值占规模以上工业产值比重达51.1%，较上年提升3个百分点。

四、文化、卫生和体育

（一）文化事业

2021年，扬州市共有艺术表演团体8个，文化馆7个，公共图书馆8个，博物馆17个，美术馆3个，电影院68家。共有综合档案馆7个，向社会开放档案13.47万卷、2.19万件。共有广播电台电视台4座，广播综合人口覆盖率和电视综合人口覆盖率均达100%。建成开放城市书房60家、村（社区）综合文化服务中心1333个，创成江苏省书香城市示范市。舞剧《朱自清》荣获“荷花奖”，实现江苏零的突破。

（二）卫生事业

年末全市拥有各类卫生机构1899家，其中医院96家，疾病预防控制中心7家，妇幼卫生保健机构8家。各类卫生机构拥有病床26950张，其中医院拥有病床19576张。全市共有卫生技术人员31898人，其中医院卫生技术人员17836人，疾病预防控制中心卫生技术人员658人，妇幼卫生保健机构卫生技术人员1313人。全市共有乡镇卫生院53个，床位数4395张，乡镇卫生技术人员4936人，乡村医生1415人。

（三）体育事业

扬州籍运动员参加2021年第十四届全国运动会获得7项冠军。

五、城乡建设

328国道快速化改造仪征段建成通车，京沪高速改扩建、龙潭过江通道等加快实施，宁扬城际开工建设，北沿江高铁工程项目可行性研究报告获批。新增城市道路109千米。江平快速路、运河快速路、江广快速路、润扬快速路全线贯通，城市快速内环全面形成。新建（提升）各类公园306个。改造老旧小区214个，棚户区改造新开工6598套、基本建成8290套。提档升级农贸市场38个。建成省级特色田园乡村28个、绿美村庄214个。新（改）建农村公路1325千米、农桥423座，县（市、区）实现省级“四好农村路”示范（达标）全覆盖。

六、生态环境

2021年，扬州市$PM_{2.5}$年均浓度33 μg/m^3，下降10.8%；空气优良天数286天，空气优良率达78.4%，首次进入空气质量二级标准城市行列。地表水总体水质持续改善，长江扬州段、京杭运河扬州段、新通扬运河总体水质为优，北澄子河、仪扬河、三阳河总体水质为良好。15个国考断面水质达标率为100%，优Ⅲ类断面比例为86.7%。47个省考断面水质达标率为97.9%，优Ⅲ类断面比例为93.6%。全市县级以上集中式饮用水源地水质达到或优于Ⅲ类标准比例为100%，水质达到Ⅱ类标准比例为70.0%。新增城市绿地112万平方米，人均公园绿地面积达到19.57平方米，成片造林1.24万亩，修复湿地3580亩。林木覆盖率达24.02%。单位地区生产总值能耗下降3.7%。

七、安全生产

深化安全生产专项整治，高质量转入“三年大灶”，全域推进省级安全发展示范城市创建，危化品使用安全专项治理取得实效，工业企业安全生产风险报告全部完成，主城区“5分钟消防圈”基本建成。

第三节　2021年主要工作

一、坚持创新发展

2021年，扬州市聚焦产业科创名城建设，打好招商引资、项目建设、企业技改、园区“二次创业”组合拳，经济总量持续攀升。全市地区生产总值连跨两个千亿级台阶，达6696.43亿元，江都区、邗江区突破千亿大关。人均地区生产总值达14.7万元。一般公共预算收入质量更优，税收占比提升2.4个百分点。固定资产投资、社会消费品零售总额年均分别增长5.7%、5.9%。新增百亿级工业企业4家、上市公司9家。产业发展量质齐升。大力培育“323+1”先进制造业集群，汽车及零部件、高端装备、新型电力装备等产业规模超千亿元，先进制造业集群开票销售占规模以上工业比重达70%。建筑业年总产值突破4800亿元，获鲁班奖10个。服务业增加值年均增长7%，高邮、宝应创成国家级电商示范县。粮食生产实现“十八连丰”，全国乡村产业振兴推进会在扬州召开。项目建设成效显著。开展招商引资“擂台赛”，新招引重大产业项目1460个。建立重大项目市领导挂钩和“六个一”服务推进机制，实施列省重大产业项目65个、市级重大产业项目1082

个，分别完成投资 623 亿元和 3071 亿元。创新动能加速积蓄。成功引进沈阳所扬州院、中航机载中心等高水平科创平台。建成投用科技产业综合体 490 万平方米，省级以上孵化器和众创空间突破 100 家。国家高新技术企业实现倍增，达 1590 家，高新技术产业产值占规模以上工业比重提升 5 个百分点。入选国家级人才工程 29 人，省“双创计划”人才（团队）164 人（个）。荣获国家科学技术奖 9 项。创成国家创新型城市，第二批全国小微企业创业创新基地城市示范绩效评价全国第一。开发园区提档升级。出台“1+7”系列政策，设立园区产业引导资金 300 亿元，盘活存量土地近 3 万亩。创新设立仪征经开区“一区三园”管理架构，杭集高新区创成省级高新区、获批国家级消费品标准化试点，江都获批筹建省级高新区。扬州（高邮）国家农科园以第一名的成绩通过国家验收。

二、坚持改革开放

把改革开放作为应对变局、开拓新局的“关键一招”。“放管服”改革纵深推进。每年制定实施服务企业“2 号文件”，全面打造“好地方、事好办”政务服务品牌。在江苏省率先实现市县乡村四级政务服务“一张网”全覆盖，公共资源交易第三方满意度评价机制面向江苏全省推广，市级“不见面审批”“即办件”事项占比分别达 99. 6%、56. 2%。累计减免企业税费 823 亿元。市场主体总量突破 60 万户。重点领域改革攻坚突破。完成市县两级政府机构改革，基层“三整合”改革“六大机制”面向江苏全省推广。供给侧结构性改革成效明显，完成钢铁、水泥等行业去产能任务，关闭退出化工企业 475 家，能耗强度下降 19%。房地产市场保持健康发展，政府隐性债务化解、金融风险防控等扎实推进。市属国企改革顺利实施，重组运河文投集团、科教集团、环投集团、金茂工业公司，城控集团主体信用评级提升至 AAA。开放型经济稳中有进。进出口总额 602 亿美元，年均增长 9. 3%。实际利用外资 70 亿美元，年均增长 7. 5%；新引进世界 500 强及跨国公司项目 32 个，新设立外商投资企业 730 家。新增对外投资项目 109 个，对“一带一路”沿线国家投资额占比达 45%。

三、坚持统筹发展

全面打响美丽宜居城市建设“六场硬仗”，大力开展美丽田园乡村建设“三大行动”，常住人口城镇化率提高 6. 5 个百分点，达 71. 4%。综合交通体系基本形成。连淮扬镇铁路、东部综合客运枢纽建成运营，扬州迈入“高铁时代”。宿扬高速、五峰山过江通道公路接线、沿湖大道等建成通车。京杭运河绿色现代航运示范区先导段通过交工验收。扬州港进入“亿吨大港”行列。扬泰机场累计开通航线 60 条，年旅客吞吐量近 300 万人次。城市空间布局持续优化。实施重大城建项目 1207 个，总投资 1885 亿元。统筹推进江广融合区规划建设、明清古城保护复兴、西区新城拓展升级、东南片区更新改造。新增城市道路 160 千米。新建（提升）各类公园 306 个。改造老旧小区 345 个、棚户区 5. 9 万套（户）。提档升级农贸市场 38 个。城乡协调发展步伐加快。完成农村人居环境三年整治任务，建成省级特色田园乡村 28 个、绿美村庄 214 个。新（改）建农村公路 1325 千米、农桥 423 座，县（市、区）实现省级“四好农村路”示范（达标）全覆盖。宝应入选全国县城新型城镇化建设示范。里运河—高邮灌区入选世界灌溉工程遗产。生态文明建设成效明显。扎实推进长江大保护，国省交办的长江生态环境突出问题全部整改到位，全面落实“十年禁渔”部署，长江生态岸线占比提升 9 个百分点。江淮生态大走廊建设上升为省级战略，广陵创成全国“两山”实践创新基地，邗江创成国家生态文明建设示范区。成功承办 2021 年世界园艺博览会和第十届江苏省园艺博览会。全市 $PM_{2.5}$ 年均浓度下降 35. 3%，空气质量优良天数比例提升 6. 8 个百分点，省考以上断面水质优Ⅲ类比例提高 24. 8 个百分点。创成国家水生态文明城市、国家节水型城市。

四、坚持文化引领

坚持守正创新，延续城市文脉，丰富文化供

给，不断彰显扬州文化特质。文化品牌更加闪亮。荣获“世界运河之都”“世界美食之都”“东亚文化之都”三张世界级城市名片。成功举办世界运河城市论坛、首届江苏省大运河文化旅游博览会、大运河文化发展论坛等活动，扬州中国大运河博物馆获国务院命名并建成开放。发布美食之都城市合作扬州倡议，举办中国（扬州）国际创意美食博览会等活动。承办第六届中国—中亚合作论坛、东盟与中日韩文化城市网络启动仪式。全票获得2022年世界田联半程马拉松锦标赛承办权。文旅产业深度融合。新增AAAA级景区5家，旅游业总收入突破千亿元，创成全国旅游标准化示范城市。三湾生态文化公园、瓜洲古渡公园、凤凰岛生态旅游区等11个文旅产品入选江苏省“运河百景”。华侨城一期、运河大剧院等重大文旅项目建成投运，北护城河文旅集聚区启动建设。高邮创成省级全域旅游示范区，大运河文化旅游度假区连续五年位列江苏省考核第一名。文化事业繁荣发展。一批文艺创作精品荣获“金狮奖”“牡丹奖”“文华奖”和“五个一工程”奖。舞剧《朱自清》荣获“荷花奖”，实现江苏零的突破。建成开放城市书房60家、村（社区）综合文化服务中心1333个，创成江苏省书香城市示范市。扬州博物馆、江都水利枢纽入选全国爱国主义教育示范基地。东关街、仁丰里入选全国历史文化保护与传承示范案例。圆满承办江苏省第十九届运动会，在全省树立“办会办赛的典范”。

五、坚持以人为本

每年制定实施民生“1号文件”，民生改善与经济发展互促并进。脱贫攻坚胜利收官。全面落实“三保五助”政策，建档立卡低收入农户全部脱贫，集体经营性收入45万元以下的经济薄弱村全部“摘帽”。扬州对口帮扶榆林工作组获评全国脱贫攻坚先进集体。居民收入和社会保障水平持续提升。城镇新增就业超36万人，创业带动就业37.7万人。全体居民人均可支配收入增长47.7%，城乡居民收入比缩小至1.86∶1。城乡居民基本养老保险基础养老金最低标准、最低生活保障标准分别提升至每月205元和740元，实现企业职工基本养老保险省级统筹、基本医疗保险和生育保险市级统筹。公共服务更加优质均衡。新（改、扩）建幼儿园82所、义务教育学校31所、普通高中13所。高中教育质量稳居江苏省第一方阵。普惠性幼儿园覆盖率提升15个百分点，达92%。江苏旅游职业学院和扬州大学广陵学院新校区建成投用。建成颐养示范社区124个。在全省率先建成18家农村区域性医疗卫生中心，并全部达到二级医院标准，县（市、区）实现三级医院全覆盖。创成全国基层中医药工作先进市、健康城市建设样板市，夺取国家卫生城市“六连冠”。安全形势稳定向好。高质量完成“一年小灶”专项整治任务，安全生产事故起数、死亡人数分别下降87%和82.9%。完成淮河入江水道整治工程、乌塔沟综合整治主体工程，基本完成长江防洪能力提升工程，瓜洲泵站建成投用，成功抵御超历史极值特大洪水。社会治理系统推进。在江苏省率先建成市级社会治理现代化指挥中心，获批全国首批市域社会治理现代化试点城市。扎实开展扫黑除恶专项斗争，荣获全国法治城市创建先进市，江都蝉联“长安杯”。夺取全国文明城市“四连冠”、双拥模范城“八连冠”，高邮创成全国文明城市。

六、坚持优化作风

始终把政治建设摆在首位。深入学习贯彻习近平新时代中国特色社会主义思想，巩固拓展“两学一做”学习教育、“不忘初心、牢记使命”主题教育、党史学习教育成果，增强“四个意识”、坚定“四个自信”、做到“两个维护”，以实际行动捍卫“两个确立”。始终把依法行政贯穿始终。严格规范行政行为和权力运行，创成江苏省首批法治政府建设示范市。自觉接受市人大及其常委会法律监督、工作监督和市政协民主监督，办理人大代表议案建议1516件、政协委员提案2388件。提请市人大常委会审议通过地方性法规8部，制定政府规章12部。主动公开政府信息超130万条。12345热线办理满意率达98.1%，荣获全国卓越服务能力热线奖。全面完成“七五”普法任务。始终把纪律规矩挺在前面。落实全面从严治党主体责任，坚决纠治“四风”，切实为基层减负，持续巩固良好政治生态。认真抓好巡视巡察反馈问题整改。一般性支出、政府专项支出分别压减 15%、20%，切实把有限的财力用于惠企利民。

第六章　淮安市 2021 年经济和社会发展

2021 年，淮安市全市上下在市委、市政府的坚强领导下，坚持以习近平新时代中国特色社会主义思想为指导，深入贯彻落实党中央、国务院和省委、省政府各项决策部署，聚焦打造“绿色高地、枢纽新城”，全面建设长三角北部现代化中心城市，牢固树立“项目为王、环境是金”工作导向，坚持对标找差、补短强特、创新实干，统筹疫情防控和经济社会发展，经济运行稳定恢复、稳中向好，实现了“十四五”良好开局。

第一节　经济发展概况

一、综合经济

（一）经济总量

2021 年，淮安市坚持稳中求进、精准施策，经济发展加快扩量提质。积极应对疫情影响和宏观环境变化，打出“1+4”政策组合拳，出台“抗疫惠企促发展 27 条”，经济运行稳中向好。主要指标增幅位居江苏省前列。全年实现地区生产总值 4550. 13 亿元（图 5-6-1），按不变价格计算，比上年增长 10. 0%，两年平均增长 6. 5%。其中，第一产业增加值 423. 32 亿元，增长 3. 4%；第二产业增加值 1889. 21 亿元，增长 9. 8%；第三产业增加值 2237. 60 亿元，增长 11. 6%（图 5-6-2）。三次产业结构比例优化调整为 9. 3 ∶ 41. 5 ∶ 49. 2。人均地区生产总值 99768 元（图 5-6-3），按可比价格计算，比上年增长 11. 0%，按当年平均汇率折算为 15464 美元。

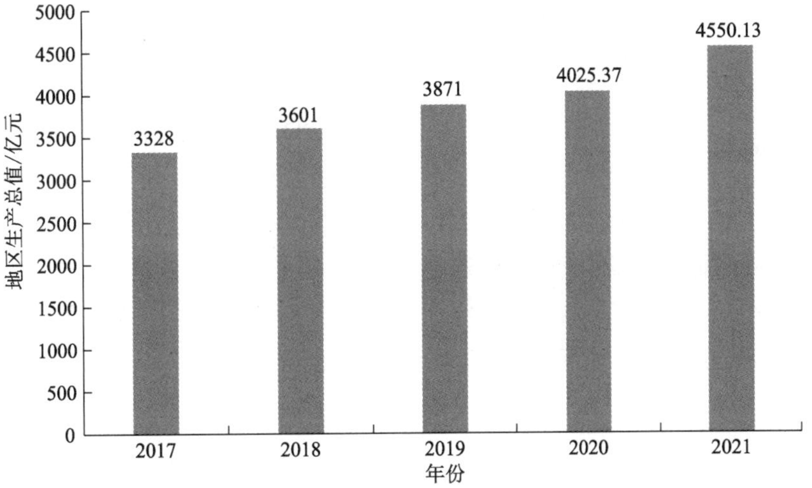

图 5-6-1　2017—2021 年淮安市地区生产总值情况

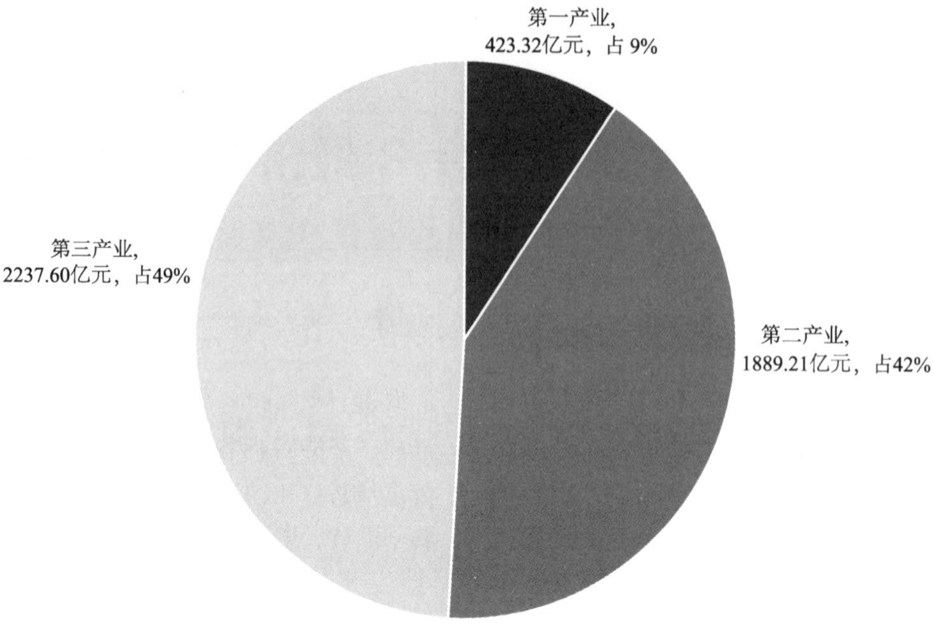

图 5-6-2　2021 年淮安市三次产业情况

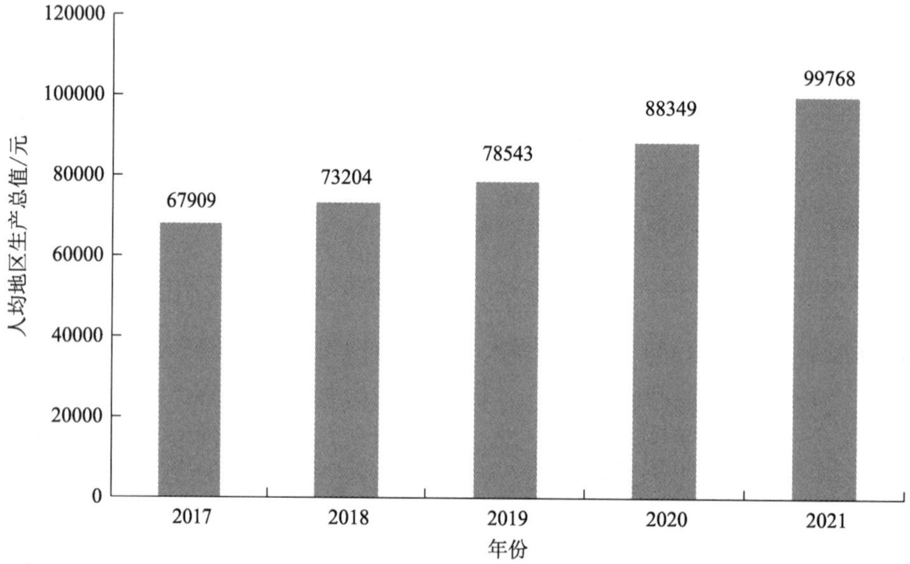

图 5-6-3　2017—2021 年淮安市人均地区生产总值情况

（二）县区经济发展

淮安处在江苏省长江以北的核心地区，临江近海，是南下北上的重要交通通道，地理位置优越，是江苏省重要的交通枢纽。近年来淮安的经济发展呈现出日新月异的面貌，发展速度越来越快。

2021 年，淮安市各区县地区生产总值按由高到低的顺序排列，依次为淮安区 708. 25 亿元，清江浦区 673. 57 亿元，涟水县 650. 48 亿元，淮阴区 549. 76 亿元，盱眙县 435. 32 亿元，开发区 396. 27 亿元，洪泽区 343. 65 亿元，金湖县 337. 03 亿元（图 5-6-4）。

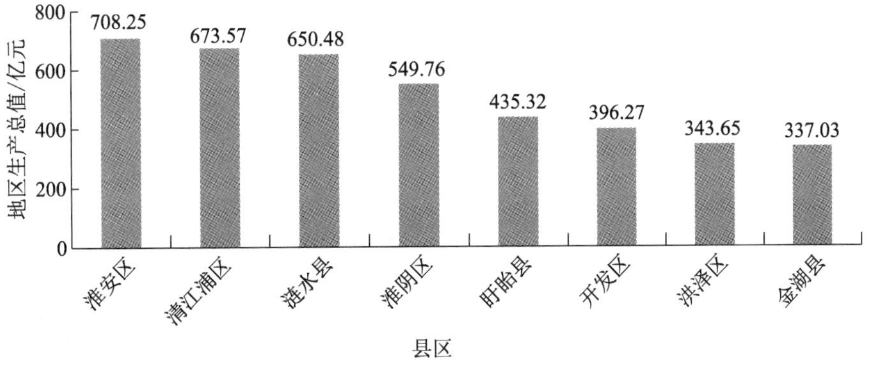

图 5-6-4　2021 年淮安市各县区地区生产总值情况

（三）财政收支

财政收入稳定增长。2021 年，淮安市完成一般公共预算收入 297.02 亿元，比上年增长 12.4%，两年平均增长 7.4%（图 5-6-5）。其中，税收收入 238.38 亿元，增长 15.3%；税收收入占一般公共预算收入比重为 80.3%，比上年提升 2.0 个百分点。一般公共预算支出 613.01 亿元，增长 7.8%。其中民生类支出 462.24 亿元，占一般公共预算支出比重为 75.4%。

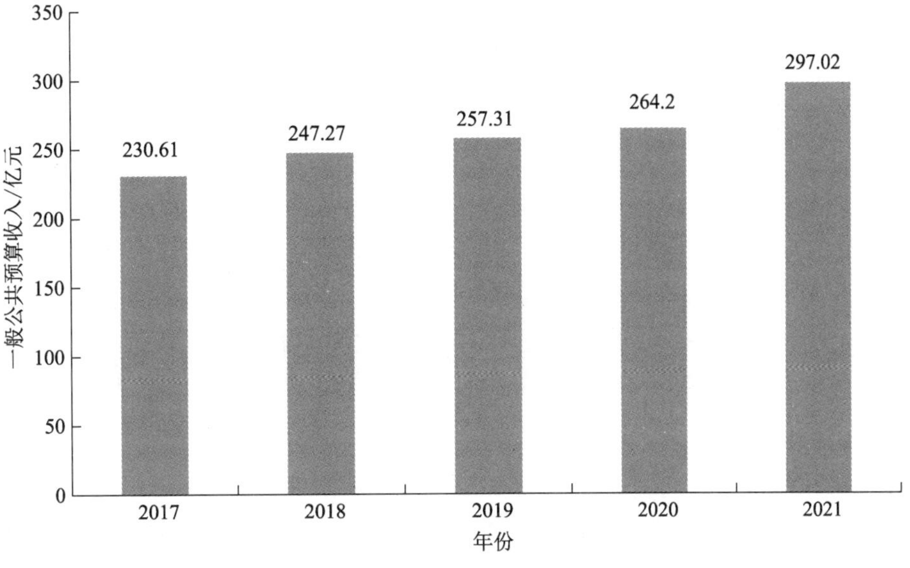

图 5-6-5　2017—2021 年淮安市一般公共预算收入情况

（四）物价指数

消费价格温和上涨。2021 年，淮安市居民消费价格比上年上涨 1.2%。分类别看，八大类商品及服务价格“六涨两跌”，食品烟酒价格、居住价格、生活用品及服务价格、交通通信价格、教育文化娱乐价格、医疗保健价格分别上涨 1.2%、0.3%、1.1%、3.6%、3.0%、0.6%，衣着价格、其他用品及服务价格分别下降 1.8%、2.4%。食品烟酒价格中，粮食价格下降 0.5%、鲜菜价格上涨 2.0%、猪肉价格下降 22.3%。

（五）固定资产投资

投资结构持续优化。2021 年，淮安市规模以上固定资产投资比上年增长 5.2%，其中民间投资增长 6.4%，占全部投资比重达 81.2%。分类型看，项目投资增长 3.6%，房地产开发投资增长 10.1%（表 5-6-1）。工业投资增长 12.8%，其中制造业投资增长 26.8%，电气机械和器材制造业，计算机、通信和其他电子设备制造业，仪器仪表制造业投资分别比上年增长 76.1%、31.8%、127.5%。新招引亿元以上项目 656 个，比上年增加 134 个，其中 50 亿元以上工业项目 9 个，总投资 202 亿元的中天钢铁钢帘线、总投资 120 亿元的台华新材料等项目成功落地实施。

表 5-6-1　2021 年淮安市规模以上固定资产投资完成额增长情况

指标	累计增长/%
全市合计	5.2
# 项目投资	3.6
房地产开发投资	10.1
分地区：淮安区	2.3
淮阴区	1.1
清江浦区	15.2
洪泽区	12.0
涟水县	14.4
盱眙县	17.1
金湖县	1.0
经开区	-6.2
工业园区	10.8

二、农林牧渔和水利业

2021 年，淮安市粮食生产实现丰收，新增千亩以上连片特色农业产业基地 22 个，稻虾综合种养面积、产量居江苏省第一，盱眙龙虾、洪泽湖大闸蟹品牌价值保持全国同类领先，盱眙现代农业产业园晋升国家级。

全年粮食播种面积 1024.04 万亩，比上年增加 0.20 万亩。粮食总产量 491.72 万吨，比上年增加 1.37 万吨，增长 0.3%，连续五年实现增产。其中，夏粮产量 183.72 万吨，下降 0.6%；秋粮产量 308.01 万吨，增长 0.8%。

林牧渔业平稳增长。全年完成造林面积 3.56 万亩。年末生猪存栏 159.23 万头，比上年增长 8.3%。生猪出栏 243.74 万头，比上年增长 21.5%；家禽出栏 6991.52 万只，比上年增长 2.8%。猪牛羊禽肉产量 32.56 万吨，比上年增长 20.7%；水产品总产量 30.25 万吨，比上年增长 2.8%。

现代农业转型增效。实施投资超 3000 万元农业项目 154 个。新增优质食味稻 78 万亩、高效设施农业 6.1 万亩、高标准农田 49.5 万亩、千亩以上连片特色农业产业基地 22 个。盱眙现代农业产业园晋升国家级，红窑镇列入国家级农业产业强镇。

水利建设持续加强。全年累计完成水利投资 31.2 亿元。淮河流域重点平原洼地里下河洼地治理工程、南淮泗河治理工程、城根滩堤防除险加固工程全部完成。洪泽湖周边滞洪区近期建设、鲍集圩堤防除险加固、古盐河治理、汪木排河治理、淮涟灌区现代化改造、渠北灌区现代化改造等一批水利重点工程全面实施。

三、工业和建筑业

工业生产加快恢复。全年规模以上工业总产值比上年增长 27.8%，两年平均增长 16.6%；工业增加值增长 14.6%，两年平均增长 9.5%。从三大门类看，采矿业总产值增长 6.1%，制造业增长

28.1%，电力、热力、燃气及水生产和供应业总产值增长 23.5%。绿色食品、新型装备制造、新一代信息技术三大主导产业总产值分别增长 16.9%、28.4%、33.6%，对全市工业总产值增长贡献度 54.3%。规模以上工业企业实现利润总额 180.39 亿元，比上年增长 24.5%，两年平均增长 11.7%；工业企业营业收入利润率为 5.87%，比上年提升 0.19 个百分点。

建筑业稳步发展。全年签订建筑合同额 1460.0 亿元，比上年增长 2.5%；实现建筑业总产值 1578.3 亿元，增长 8.3%。建筑业企业房屋建筑施工面积 12651.4 万平方米，增长 12.3%；其中新开工面积 3233.8 万平方米，下降 10.6%。建筑业企业实现利润总额 74.4 亿元，增长 12.5%。

四、服务业

（一）国内贸易

消费市场平稳增长。2021 年，淮安市实现社会消费品零售总额 1828.25 亿元，比上年增长 9.1%（表 5-6-2）。其中，限额以上单位商品零售额 514.30 亿元，增长 22.1%。限额以上单位商品销售中，粮油、食品类，服装、鞋帽、针纺织品类，日用品类等基本生活消费类商品零售额分别增长 1.7%、10.3%、21.9%；金银珠宝类、家用电器和音像器材类、汽车类等升级类消费类商品零售额分别增长 29.6%、16.2%、21.7%。

表 5-6-2　2021 年淮安市社会消费品零售情况

地区	社会消费品零售额/亿元	累计增长/%
全市合计	1828.25	9.1
淮安区	253.98	9.0
淮阴区	197.07	8.5
清江浦区	561.31	9.1
洪泽区	127.91	8.5
涟水县	224.73	9.7
盱眙县	181.34	9.9
金湖县	131.74	9.4
经开区	108.89	8.0

（二）交通运输与邮电

交通运输业总体平稳。全年完成公路货运量 0.59 亿吨、周转量 187.37 亿吨千米，分别比上年增长 16.0%和 7.2%。水路货运量 0.58 亿吨、周转量 207.25 亿吨千米，分别下降 5.9%和 11.8%。内河港口集装箱吞吐量 31.07 万标箱，增长 20.1%。铁路客运量 992.90 万人次，增长 221.6%；铁路货运量 230.92 万吨，增长 34.1%。民用航空客运量 140.47 万人次，增长 5.9%；民用航空货邮运量 1.96 万吨，增长 59.1%，开通淮安至越南河内首条国际全货机航线。

邮电通信业快速发展。全年完成邮政业务总量 39.42 亿元，比上年增长 30.2%。邮政业务收入 32.39 亿元，增长 17.0%；其中快递业务收入 23.03 亿元，增长 24.5%。完成快递业务量 3.07 亿件，增长 44.4%。其中同城业务量 0.44 亿件，增长 23.9%；异地业务量 2.63 亿件，增长 48.5%。完成电信业务收入 41.73 亿元，增长 11.6%。年末移动电话用户 481.85 万户，比上年下降 3.4%；固定电话用户 28.54 万户，下降 7.1%（表 5-6-3）；固定互联网宽带接入用户 170.28 万户，增长 124.2%。

表 5-6-3　2021 年淮安市运输邮电业发展情况

指标	单位	累计数	累计增长/%
1. 货运量	万吨	11974	-5.4
货物周转量	万吨千米	4114207	-12.1
客运量	万人次	2901	-36.9
旅客周转量	万人千米	994904	72.3
2. 港口吞吐量（全社会）	万吨	7373	3.1
3. 邮电业务收入	—	—	—
邮政业务收入	万元	323874	17.0
电信业务收入	万元	417329	11.6
4. 期末用户数	—	—	—
固定电话用户数	万户	29	-7.1
移动电话用户数	万户	482	-39.7

（三）旅游业

旅游业持续恢复。2021 年，淮安市完成旅游业总收入 404.98 亿元，比上年增长 51.8%。其中，国内旅游收入 403.90 亿元，增长 51.8%；旅游外汇收入 1567.84 万美元，增长 30.4%。接待境内外游客 3293.95 万人次，增长 49.4%；其中国内游客 3293.04 万人次，接待入境过夜游客 0.91 万人次。全市共有国家 A 级旅游景区 36 家，其中 AAAAA 级 1 家、AAAA 级 19 家；星级旅游饭店 21 家，其中五星级旅游饭店 1 家；旅行社 123 家，其中四星级旅行社 2 家、出境社 5 家；持有电子导游证导游 1823 人。

（四）金融和保险业

金融市场稳健运行。2021 年末，淮安市金融机构本外币存款余额 5404.92 亿元，比上年增长 10.4%。其中，住户存款余额 2365.95 亿元，增长 13.3%；企业存款余额 1963.28 亿元，增长 9.2%。年末金融机构本外币贷款余额 5537.38 亿元，增长 19.3%。其中，小微企业贷款 1035.81 亿元，增长 19.5%；个体工商户经营性贷款 280.60 亿元，增长 29.7%（表 5-6-4）。

表 5-6-4　2021 年淮安市金融业发展情况

单位：亿元

指标	12 月末余额	比上月增加额	比年初增加额
一、各项存款（本外币）	5404.92	-40.55	510.67
（一）境内存款	5401.81	-40.57	511.68
1. 住户存款	2365.95	28.09	278.13
2. 非金融企业存款	1963.28	15.71	164.66
3. 非银行业金融机构存款	40.66	-0.27	0.82
（二）境外存款	3.11	0.01	-1.01
二、各项贷款（本外币）	5537.38	-32.30	893.87
（一）境内贷款	5537.20	-32.29	893.87
其中：短期贷款	1649.16	-34.52	194.86
中长期贷款	3762.76	18.91	696.80
（二）境外贷款	0.18	-0.01	0.00

保险行业平稳发展。淮安市全年实现保费收入约99.96亿元，比上年增长4.4%。其中，财产险收入39.91亿元，增长2.75%；人身险收入60.06亿元，增长5.54%。累计赔付支出37.80亿元，增长15.1%。其中，财产险赔付支出26.94亿元，增长19.2%；人身险赔付支出10.86亿元，增长6.1%。

五、开放型经济

（一）对外贸易

对外贸易再创新高。淮安市全年实现外贸进出口总额59.9亿美元，比上年增长20.6%，进出口规模创历史新高。其中出口43.6亿美元，增长27.0%；进口16.3亿美元，增长6.2%。对外贸易结构不断改善，一般贸易进出口比上年增长27.0%，占进出口总额比重达58.5%，较上年同期提升3个百分点。机电产品和高新技术产品出口保持较快增长，分别比上年增长26.1%、17.3%。成功获批全国跨境电商零售进口试点城市，新培育跨境电商企业超300家，淮安电子商务现代物流园获评全市首家省级跨境电商产业园。

（二）利用外资

利用外资稳中提质。淮安市全年新设外资项目165个，比上年增加19个。协议外资41.2亿美元，增长7.2%；实际到账注册外资12.0亿美元，增长13.4%。外资重大项目取得突破，新设总投资3000万美元以上外资项目89个，较上年同期净增20个。台资项目加快集聚，新设及增资台资项目41个，实际到账台资2.7亿美元，比上年增长49.2%。

（三）园区建设

园区平台优化提升。2021年末，淮安市共有1个国家级经济技术开发区、1个国家级高新技术产业开发区、7个省级经济开发区，全市开发园区利用外资、外贸进出口总额分别占全市总量的65%、90%。淮安台资集聚示范区、淮安经济技术开发区、淮安高新区3个平台创成江苏自贸试验区联创区，金湖经济开发区、洪泽经济开发区创成江苏省智慧园区，金湖经济开发区创成江苏省低碳能源装备特色产业创新示范园区。

第二节　社会发展概况

一、人口、人民生活

2021年，淮安市常住人口小幅增加。年末常住人口456.22万人，比上年增加0.07万人；其中城镇常住人口302.06万人，常住人口城镇化率66.21%。常住人口出生率5.37‰，死亡率8.07‰。年末户籍人口约555.25万人，其中男性284.07万人、女性271.19万人。

居民收入稳步提高。全体居民人均可支配收入34731元，比上年增长9.8%（表5-6-5）。其中，工资性收入19466元，增长8.8%；经营净收入7017元，增长10.3%。按常住地分，城镇居民人均可支配收入43954元，增长9.0%；农村居民人均可支配收入21884元，增长10.9%。城乡居民收入比值为2.01，较2020年同期缩小0.03个百分点。全体居民人均消费支出19857元，比上年增长20.7%。分常住地看，城镇居民人均消费支出23920元，增长19.4%；农村居民人均消费支出14197元，增长22.7%。

表5-6-5　2021年淮安市全体居民收入情况

地区	居民人均可支配收入/元	累计增加/%
淮安市	34731	9.8
淮安区	30237	10.4
淮阴区	30714	10.2
清江浦区	50417	9.1
洪泽区	34116	9.8
涟水县	28470	10.3
盱眙县	33235	9.8
金湖县	34539	9.8

二、就业与社会保障

就业形势总体稳定。2021年，淮安市城镇新增就业6.85万人，城镇失业人员再就业4.53万人，城乡就业困难人员就业1.78万人，年末城镇登记失业率3.94%。完成城乡劳动者就业技能培训11.45万人，创业培训1.49万人，扶持城乡创业2.32万人，创业带动就业8.08万人。

社会保障提标扩面。加大新业态从业群体参保力度，城乡居民基础养老金标准实现“十连增”，稳步提高特殊困难群体保障标准，居家养老上门服务覆盖率进一步提升。年末全市城乡居民基本养老保险参保人数198.68万人，比上年减少0.59万人。职工养老保险参保人数129.76万人（含离退休待遇领取人数），比上年减少16.68万人。工伤保险参保职工人数71.92万人，比上年增加9.13万人。失业保险参保人数56.21万人，比上年增加2.23万人。无雇工的个体工商户、灵活就业人员企业职工基本养老保险参保人数21.64万人。全年共支付企业离退休人员养老金101.50亿元，养老金按时足额100%社会化发放。

三、教育与科技创新

（一）教育事业

认真学习贯彻习近平总书记给新安小学少先队员重要回信精神，新旅历史纪念馆入选全国爱国主义教育示范基地、全国青少年教育基地，“新旅光荣传统”进入全国“开学第一课”。扎实推进中小学品质提升行动和县域高中振兴计划，有序开展“双减”和规范民办义务教育工作，职业院校技能大赛创历史最好成绩，校城融合取得积极成效。

2021年，淮安市共有各级各类学校984所，比上年增加22所；在校生92.55万人，比上年减少1.47万人；专任教师6.66万人，比上年增加0.06万人。其中，成规模幼儿园495所，在园幼儿14万人，教师1.03万人；小学249所，在校生35.11万人，教师2.42万人；初中171所（含44所九年一贯制学校），在校生17.35万人，教师1.55万人；普通高中40所，在校生9.83万人，教师0.88万人；中等职业学校14所，在校生4.49万人，教师0.28万人；高校8所，在校生11.66万人，教师4758人；特殊教育学校7所，在校生0.11万人，教师0.02万人。

（二）科技创新

创新能力不断增强。2021年，淮安市新增专利授权量14831件，比上年增长26.0%，年末有效发明专利量4374件，万人发明专利拥有量9.59件。新增国家高新企业160户、专精特新“小巨人”企业8户、两化融合贯标企业47户和省级企业工程技术研究中心12家、众创空间1个，市级以上“两站三中心”93个。成功获批开展国家创新型城市建设。

人才队伍发展壮大。2021年，淮安市拥有专业技术人才 41.86 万人，当年新增 3.52 万人；高技能人才 20.02 万人，当年新增 1.63 万人。共有省级以上技能大师工作室项目 9 个，高技能人才公共实训基地项目 6 个，江苏省首席技师项目 57 个。海外留学回国人员 540 人，其中当年新增 48 人。享受国务院政府特殊津贴专家 117 名，省级有突出贡献的中青年专家 61 名。国家级博士后科研工作站 10 家，省级博士后创新实践基地 27 家。

四、文化、卫生和体育

（一）文化事业

文化服务水平不断提升。推出《童年周恩来》《我的刘老庄》《红色苏皖边》等高水平主题作品。淮安市共有市级、县（区）级文化馆 8 个，公共图书馆 9 个（含少儿图书馆），美术馆 2 个。其中，国家一级文化馆 7 个，公共图书馆 7 个。乡镇街道文化站 95 个，村（社区）基层综合性文化服务中心 1552 个，村（社区）综合性文化服务中心覆盖率 100%。经江苏省文物局备案的博物馆（含纪念馆）11 个。广播电视综合人口覆盖率 100%，有线数字电视总户数 42.42 万户。

（二）卫生事业

卫生事业稳步推进。公立医院综合改革受到省政府督查激励，市三院创建三甲专科医院通过评审，市公共卫生中心二期建成使用。全市共有各类卫生机构（不含村卫生室）884 个，其中疾病预防控制机构 8 个，卫生监督机构 8 个，综合医院 37 个，专科医院 17 个，中医院 7 个，妇幼保健机构 8 个，卫生院 109 个，社区卫生服务中心（站）79 个。各类卫生机构实有病床 30222 张，其中医院 18918 张，卫生院 8591 张。卫生技术人员 3.69 万人，其中执业（助理）医师 14429 人，注册护士 16724 人，疾病预防控制机构卫生技术人员 615 人，卫生监督机构卫生技术人员 196 人，妇幼保健机构卫生技术人员 2060 人。每千常住人口拥有执业（助理）医师数、注册护士数、床位数分别为 3.16 人、3.67 人、6.62 张。

（三）体育事业

体育事业蓬勃发展。成功举办 2021 淮安西游乐园马拉松、2021 年中国·淮安大运河铁人三项赛、全国第十四届运动会田径（场地）资格赛、2021 年全国蹦床冠军赛暨第十四届全运会资格赛等国家高水平体育赛事。52 名运动员参加第十四届全运会，获得 4 枚金牌、5 枚银牌、5 枚铜牌。新建 20 个体育公园、125 千米健身步道。

五、城乡发展

坚持统筹布局、一体推进，城乡融合步伐不断加快。中心城市建设成效明显。实施金融中心二期等城建重点项目 511 个，完成投资 876 亿元。精心编制江苏美丽中轴淮安行动等规划，全策全力推进大运河“百里画廊”规划建设，板闸遗址公园主体竣工。棚户区改造新开工 1.97 万套，改造老旧小区 108 个。完成 47 个小区雨污分流改造，建成 17 千米主城区市政管网。历史遗留的 166 个“问题楼盘”已化解 161 个，化解经验获住建部推介。建成智慧城市一期工程，“i 淮安” App 上线运行，“城市数字大脑”初现雏形。辐射苏北的中国移动国干节点在淮上线，实现 5G 重点应用场景深度覆盖。启动全国文明典范城市创建，提请市人大常委会审议通过《淮安市停车场管理条例》，开展宁连公路城区段、205 国道交通安全和环境整治，“四高四河”沿线更加整洁亮丽，顺利通过全国文明城市、卫生城市复审。综合交通枢纽地位进一步提升。淮安被明确为全国性综合交通枢纽、京津冀—长三角主轴路径重要节点城市。宁淮铁路全线具备开工条件，沂淮铁路列入《长三角多层次轨道交通体系规划》，高铁快运物流基地铁路专用线列入国家重点项目。京沪高速扩建工程进展顺利，建成 247 省道金湖南段、429 省道淮安段、327 省道涟水绕城段等一批干线公路。淮安机场总体规划获批，机场三期扩建前期工作加快推进，开通淮安至越南河内首条国际全货机航线。与上港集团达成战略合作，建成启用海关新港监管中心，新开通 3 条集装箱航线。

农村环境不断改善。创成省级特色田园乡村17个，新增省级传统村落5个。新建生态河道162条，更新改造农村供水管网162千米。推进镇污水处理厂达标运行，生活污水治理建制村、自然村覆盖率分别提高至71.9%和43.2%。开通交邮融合线路140条，县镇村三级物流服务点实现全覆盖，金湖县创成全国“四好农村路”示范县。

六、环境保护

坚持综合施策、标本兼治，生态文明建设扎实推进。环境质量持续改善。全面建立林长体系，提请市人大常委会审议通过《淮安市湿地保护条例》，创成三河湾国家水利风景区。协同推进减污降碳，严控“两高”项目。实施540项重点治气工程和4635项重点治气任务，$PM_{2.5}$年均浓度36 μg/m^3、同比下降14.3%，优良天数比例达81.6%、同比提升1.3个百分点，国省考断面优Ⅲ类比例达87.7%，全部消除劣Ⅴ类水体。

土壤环境质量总体保持稳定。中央环保督察及“回头看”反馈问题、长江经济带生态环境警示片披露问题全部完成整改。治理能力不断提升。积极探索跨域河湖共治机制，完成洪泽湖“两船”整治。实行危险废物全生命周期监管，构建重点园区环境应急防控体系。停产整改化工企业34户，关停退出7户。

开展“环境基础设施提升年”行动，新建1座城市污水处理厂，生活垃圾焚烧发电扩建项目投入运营，建成生态环境大数据平台，实现县级以上饮用水水源地自动监测和重点镇空气监测全覆盖。

第三节　2021年主要工作

一、坚持稳中求进、精准施策，经济发展加快扩量提质

2021年，淮安市积极应对疫情影响和宏观环境变化，打出“1+4”政策组合拳，出台“抗疫惠企促发展27条”，经济运行稳中向好。主要指标增幅位居江苏省前列。实现地区生产总值4550.13亿元、一般公共预算收入297亿元，同比分别增长10%和12.4%，增幅分别居全省第二和第三位。规模以上工业增加值、工业用电量分别增长14.6%和20.7%，增幅分别居全省第三和第一位。规模以上固定资产投资、工业投资分别增长5.2%和12.8%。社会消费品零售总额增长9.1%。金融机构人民币存贷款余额分别增长10.7%和19.1%，增幅分别居全省第四和第二位，贷款余额首超存款余额。获批全国跨境电商零售进口试点，新培育跨境电商企业300户，外贸进出口总额增长20.6%。优势特色产业增势良好。构建主导产业“六个一”生态，实施百亿企业培育行动，绿色食品、新型装备制造、新一代信息技术产业产值分别增长16.9%、28.4%和33.6%，庆鼎精密电子、理士电池开票销售分别首超100亿元、50亿元，威博液压成为北交所注册制审核上市第一股。新增规模以上服务业企业205户，铁路货运量、机场货邮吞吐量和内河集装箱吞吐量分别增长34.1%、59.1%和20.1%；西游乐园成功开园，白马湖向日葵景区获批国家AAAA级，洪泽区、淮安区创成江苏省全域旅游示范区，淮安市跻身全国五大新晋红色旅游目的地。粮食生产实现丰收，新增千亩以上连片特色农业产业基地22个，稻虾综合种养面积、产量位居全省第一，盱眙龙虾、洪泽湖大闸蟹品牌价值持续保持全国同类领先，盱眙现代农业产业园晋升国家级。科技创新能力持续提升。获批创建国家创新型城市，出台“创新16条”。新增国家高新企业160户，高新产业产值占规模以上工业产值比重达29.1%、提升1.7个百分点，8户企业获评国家专精特新“小巨人”企业，新增47户两化融合贯标企业，比亚迪国内唯一新能源专用车基地项目完成省级备案，康乃馨织造获省长质量奖提名奖和苏北唯一全国工业产品绿

色设计示范企业。有效发明专利量和万人拥有量增幅均居全省首位，技术合同成交额 66.6 亿元。出台“淮安人才八条”，举办首届科创峰会暨创新创业大赛，盛大举行大学生集体开学和毕业典礼，引进高层次人才团队 19 个。

二、坚持聚力招商、优配资源，重特大项目攻坚成果丰硕

2021 年，淮安市项目招引量质齐升。强化“一把手”带头作用，加强专业招商队伍建设，成功举办上海城市推介、苏商大会、食博会、RCEP（区域全面经济伙伴关系协定）食品产业合作圆桌会议、亚布力论坛创新年会等活动。新招引亿元以上项目 656 个，同比增加 134 个，其中 50 亿元以上项目 9 个，总投资 202 亿元的中天钢铁钢帘线、总投资 120 亿元的台华新材料等项目成功落地实施，实现百亿级项目招引历史性突破。到账外资 12 亿美元，增长 13.4%。项目建设快速推进。定期组织集中开工、季度拉练、过堂会办，益海嘉里等 220 个省市重大产业项目完成投资 878.9 亿元，占年度计划的 108.9%。新开工亿元以上产业项目 451 个，同比增加 20 个，其中 10 亿~50 亿元项目 31 个，50 亿元以上项目 4 个。新竣工亿元以上产业项目 356 个，同比增加 21 个，其中 10 亿元以上项目 14 个。项目服务优质高效。在江苏省率先运行“拿地即开工”审批管理系统，联合评审等 5 项工作入选省级试点。开展产业园区生态环境政策集成改革试点，推行土地成片开发和考古前置。积极处置低效闲置用地，获省政府奖励用地计划 3760 亩。解决 440 户工业厂房产权证办理历史遗留问题，相关经验获自然资源部推广。加大对制造业的金融支持力度，市融资担保集团获“AAA”信用评级。

三、坚持深化改革、扩大开放，发展动力活力进一步增强

2021 年，淮安市重点领域改革纵深推进。在江苏省率先探索“一照多址”“一址多照”改革，财政奖补集成服务改革经验获国务院“协调办”推广，12345 热线获评全国政务热线服务质量评估 A 类 A 级。出台优化营商环境“一措施、两办法”，升级拓展党政亲商会平台功能，经济网格化服务管理平台入选数字江苏建设优秀实践成果，获批全国社会信用体系建设示范区。扎实推进国企改革三年行动，12 户市属企业优化重组为五大集团。制定开发园区创新发展“1+N”制度体系，实施去行政化、人事薪酬制度、“放管服”全链赋权改革。深入推进农村综合改革，率先开展挂钩节余指标跨县域流转省级试点，盱眙农村宅基地制度改革等试点工作取得积极成效。区域合作持续深化。积极融入长三角区域一体化发展，启动新一轮宁淮挂钩合作，宁淮智能制造产业园获批省级南北共建园区高质量发展创新试点。协同推进淮河生态经济带发展，举办首届淮河华商大会，搭建“媒体云”平台，牵头成立农业农村专委会和侨务、气象灾害联防合作等联盟。援疆和对口合作工作结出新硕果，建成新疆五五园区高新技术孵化园。台资高地加速崛起。落实省联席会议 12 项支持政策，新设及增资台资项目 62 个，和兴汽车铝饰件等一批重大项目加快实施，协议利用、实际到账台资分别位居全省第二和第三。成立淮昆台资产业合作联合协调理事会，淮昆合作产业园新引进台资项目 10 个。举办台商论坛、海峡两岸都市交通学术研讨会等活动，创立淮安台资产业工人培训学院，淮安大运河文化带获批海峡两岸交流基地。

四、坚持统筹布局、一体推进，城乡融合步伐不断加快

2021 年，淮安市中心城市建设成效明显。实施金融中心二期等城建重点项目 511 个，完成投资 876 亿元。精心编制江苏美丽中轴淮安行动等规划，全策全力推进大运河“百里画廊”规划建设，板闸遗址公园主体竣工。棚户区改造新开工 1.97 万套，改造老旧小区 108 个。完成 47 个小区雨污分流改造，建成 17 千米主城区市政管网。历史遗留的 166 个“问题楼盘”已化解 161 个，化解经验获住建部推介。建成智慧城市一期工程，

“i淮安”App上线运行，“城市数字大脑”初现雏形。辐射苏北的中国移动国干节点在淮上线，实现5G重点应用场景深度覆盖。启动全国文明典范城市创建，提请市人大常委会审议通过《淮安市停车场管理条例》，开展宁连公路城区段、205国道交通安全和环境整治，“四高四河”沿线更加整洁亮丽，顺利通过全国文明城市、卫生城市复审。综合交通枢纽地位进一步提升。淮安被明确为全国性综合交通枢纽、京津冀—长三角主轴路径重要节点城市。宁淮铁路全线具备开工条件，沂淮铁路列入《长三角多层次轨道交通体系规划》，高铁快运物流基地铁路专用线列入国家重点项目。京沪高速扩建工程进展顺利，建成247省道金湖南段、429省道淮安段、327省道涟水绕城段等一批干线公路。淮安机场总体规划获批，机场三期扩建前期工作加快推进，开通淮安至越南河内首条国际全货机航线。与上港集团达成战略合作，建成启用海关新港监管中心，新开通3条集装箱航线。农村环境不断改善。创成省级特色田园乡村17个，新增省级传统村落5个。新建生态河道162条，更新改造农村供水管网162千米。推进镇级污水处理厂达标运行，生活污水治理建制村、自然村覆盖率分别提高至71.9%和43.2%。开通交邮融合线路140条，县镇村三级物流服务点实现全覆盖，金湖县创成全国“四好农村路”示范县。

五、坚持综合施策、标本兼治，生态文明建设扎实推进

2021年，淮安市环境质量持续改善。全面建立林长体系，提请市人大常委会审议通过《淮安市湿地保护条例》，创成三河湾国家水利风景区。协同推进减污降碳，严控“两高”项目。实施540项重点治气工程和4635项重点治气任务，$PM_{2.5}$年均浓度36 μg/m³、同比下降14.3%，优良天数比例达81.6%、同比提升1.3个百分点，国省考断面优Ⅲ类比例达87.7%，全部消除劣V类水体。土壤环境质量总体保持稳定。中央环保督察及“回头看”反馈问题、长江经济带生态环境警示片披露问题全部完成整改。治理能力不断提升。积极探索跨域河湖共治机制，完成洪泽湖“两船”整治。实行危险废物全生命周期监管，构建重点园区环境应急防控体系。停产整改化工企业34户，关停退出7户。开展“环境基础设施提升年”行动，新建1座城市污水处理厂，生活垃圾焚烧发电扩建项目投入运营，建成生态环境大数据平台，实现县级以上饮用水水源地自动监测和重点镇空气监测全覆盖。

六、坚持民生优先、加大投入，民生保障水平持续提高

2021年，淮安市扎实开展“我为群众办实事”实践活动，投入182.5亿元实施十大类33项民生实事项目。富民增收步伐加快。建立促进居民收入增长四项机制，城镇新增就业6.9万人，城镇、农村居民人均可支配收入分别增长9%和10.9%。开展富民强村帮促行动，实施产业项目31个，在江苏省首推防返贫保险，洪泽脱贫攻坚与乡村振兴有机衔接改革取得明显成效。社会保障提标扩面。加大新业态从业群体参保力度，城乡居民基础养老金标准实现“十连增”，稳步提高特殊困难群体保障标准，居家养老上门服务覆盖率进一步提升。基本医保覆盖率达98%，医疗救助46.3万人次，开展商业补充医疗保险试点，医保基金监管工作获全国“优秀”等次。创新住房公积金审批模式，新开户职工数创历史新高。公共服务不断优化。认真学习贯彻习近平总书记给新安小学少先队员重要回信精神，新旅历史纪念馆入选全国爱国主义教育示范基地、全国青少年教育基地，“新旅光荣传统”进入全国“开学第一课”。扎实推进中小学品质提升行动和县域高中振兴计划，有序开展“双减”和规范民办义务教育工作，职业院校技能大赛创历史最好成绩，校城融合取得积极成效。公立医院综合改革受到省政府督查激励，市三院创建三甲专科医院通过评审，市公共卫生中心二期建成使用。推出《童年周恩来》《我的刘老庄》《红色苏皖边》等高水平主题作品。成功举办淮安西游乐园马拉松等赛事活动，淮安市运动员在东京奥运会上取得优异成绩。安全稳定

形势持续向好。安全生产专项整治扎实推进，应急指挥平台建设、社会共治等工作走在全国前列，基层消防建设得到加强，全市生产安全事故起数、死亡人数保持“双下降”。金融风险防控机制进一步健全，全面完成政府性债务化解年度目标。公安科技赋能、改革增效成果明显，平安建设工作获全国表彰，扫黑除恶专项斗争群众满意度全省第一，“数据战疫”、雪亮技防、行政争议纾解等经验在全国全省推广，在全省首家实现县区政府主要负责人出庭应诉全覆盖。信访管理服务标准化获批全国试点，“一线三包”经验被评为新时代“枫桥经验”新实践。审计监督作用有效发挥。顺利完成第七次人口普查。加强人民武装工作，深化国防动员准备，“兵网融合”“幸福双拥”“老兵调解”“强兵兴业”“品质安置”等特色品牌进一步打响。国家安全、民族宗教、机关事务、外事、供销、仲裁、档案、地方志、边检等工作得到加强，工会、老龄、青少年、妇女儿童、慈善、红十字等事业取得新进步。

第七章　芜湖市 2021 年经济和社会发展

2021 年，芜湖市全市上下在市委、市政府的坚强领导下，统筹推进疫情防控和经济社会发展，扎实做好“六稳”工作，全面落实“六保”任务，坚持立足新发展阶段，贯彻新发展理念，推动全市经济社会高质量发展，实现“十四五”良好开局。

第一节　经济发展概况

一、经济发展基本情况

国民经济。2021 年，芜湖市实现地区生产总值 4302.63 亿元，比上年增长 11.6%。其中，第一产业增加值 169.58 亿元，增长 6.4%；第二产业增加值 2048.96 亿元，增长 11.9%；第三产业增加值 2084.09 亿元，增长 11.7%（表 5-7-1）。三次产业增加值比例由上年的 4.3 : 47.6 : 48.1 调整为 4.0 : 47.6 : 48.4。

表 5-7-1　2021 年芜湖市主要经济指标完成情况

指标	单位	12 月止累计	同比增长/%
1. 地区生产总值	亿元	4302.63	11.6
其中：第一产业	亿元	169.58	6.4
第二产业	亿元	2048.96	11.9
第三产业	亿元	2084.09	11.7
2. 规模以上工业增加值	亿元	—	14.1
3. 固定资产投资	亿元	—	15.7
其中：工业投资	亿元	—	19.6
房地产投资	亿元	—	13.6
4. 一般公共预算收入	亿元	361.20	9.0
一般公共预算支出	亿元	503.49	3.7
5. 社会消费品零售总额	亿元	1972.95	24.5
6. 进出口总额	亿美元	115.27	36.5
其中：出口	亿美元	75.78	55.8
7. 城市居民消费价格指数	%	101.30	1.3

续表

指标	单位	12月止累计	同比增长/%
8. 金融机构人民币存款余额	亿元	5205.92	11.9
金融机构人民币贷款余额	亿元	4704.12	14.9
9. 全社会用电量	亿度	235.08	13.7
其中：工业用电量	亿度	166.89	13.8
10. 城镇常住居民人均可支配收入	元	48668.00	9.2
农村常住居民人均可支配收入	元	27202.00	11.2

财政收支。2021 年，芜湖市实现一般公共预算收入 361.20 亿元，比上年增长 9.0%。其中，增值税 135.79 亿元，增长 12.4%；企业所得税 28.38 亿元，下降 1.4%；城市建设维护税 23.33 亿元，增长 13.3%；契税 22.75 亿元，增长 48.0%。全年完成一般公共预算支出 503.49 亿元，增长 3.7%。其中，农林水事务支出 40.44 亿元，增长 6.6%；教育支出 84.36 亿元，增长 3.6%；社会保障和就业支出 60.12 亿元，下降 0.1%；卫生健康支出 45.40 亿元，增长 1.9%；科学技术支出 70.18 亿元，增长 28.8%；交通运输支出 11.06 亿元，下降 13.9%。

固定资产投资。全年完成固定资产投资比上年增长 15.7%。本年项目建成投产率 42.5%，固定资产投资资产交付使用率 71.0%。固定资产投资中，第一产业投资增长 43.7%；第二产业投资增长 19.6%，其中工业投资增长 19.6%；第三产业投资增长 11.1%，其中房地产开发投资增长 13.6%。

市场价格。2021 年，城市居民消费价格比上年上涨 1.3%。其中，消费品价格上涨 1.1%，服务价格上涨 1.6%；非食品价格上涨 1.8%，食品价格下降 1.1%。

二、县区经济发展

2021 年，芜湖市的经济发展仅次于合肥市，为 4302.63 亿元，处于全国第 62 位。

根据地区生产总值总量的高低，依次为鸠江区（1178.83 亿元）、镜湖区（765.03 亿元）、弋江区（719.39 亿元）、无为市（577.76 亿元）、湾沚区（383.12 亿元）、繁昌区（364.11 亿元）、南陵县（320.69 亿元）（图 5-7-1）。芜湖市下辖各区县之间的经济差距较大，存在一定的区域经济发展不均衡现象。

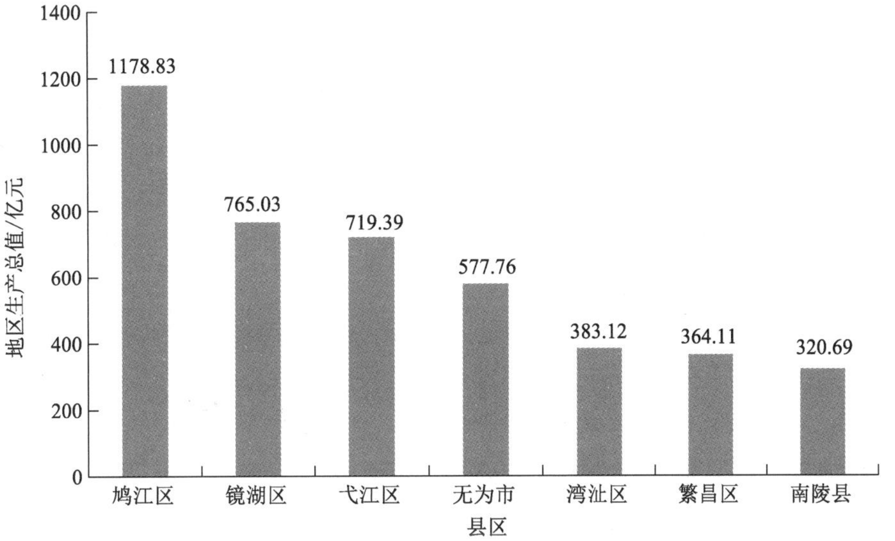

图 5-7-1　2021 年芜湖市各县区经济发展情况

鸠江区以 1178.83 亿元处于第一，一个重要的原因是鸠江区的地区生产总值包括经开区的 604.72 亿元，成为整个芜湖市仅有的一个地区生产总值过千亿的区县，占全市的 27.4%。

镜湖区和弋江区以 700 多亿元分别位列第二、第三，而弋江区的地区生产总值包括三山开发区的经济总量。

地区生产总值在 500 亿元以上的还有无为市。无为市是安徽省的经济强县，一直以来都是整个安徽省的经济十强之一。湾沚区、繁昌区和南陵县的地区生产总值都在 500 亿元以下。具体来看，湾沚区在这 3 个区县中的地区生产总值最高，达到 383.12 亿元，南陵县以 320.69 亿元垫底，这三地之间的差距不大，湾沚区与南陵县之间仅相差 62.43 亿元。首先是湾沚区，近年来除了汽车零部件、电子电器等传统产业以外，湾沚区的航空临空产业获得了高速发展，这也是湾沚区焕然一新的重要原因之一。

南陵县是芜湖市处于末位的区县，地区生产总值为 320.69 亿元。这与南陵县的地理位置、地势和产业结构都有一定的关系。南陵县地处安徽省南部，是皖南丘陵向沿江平原的过渡地带，山地和丘陵较多，整体经济结构以旅游业为主，缺少工业基础。

在 2021 中国百强镇、2021 中部百强镇、2021 西部百强镇名单中，当涂县太白镇、姑孰镇，繁昌区孙村镇、荻港镇、新港镇、繁阳镇，无为市无城镇、高沟镇，湾沚区湾沚镇、六郎镇，南陵县籍山镇均当选。

三、农业发展

农业生产。2021 年，芜湖市粮食种植面积 223.2 千公顷，油料种植面积 34.5 千公顷。粮食产量 138.8 万吨，比上年增长 2.7%；油料产量 9.8 万吨，增长 6.5%；棉花产量 0.4 万吨，下降 24.5%；蔬菜产量 172.1 万吨，增长 5.8%。肉类产量 17.7 万吨，增长 13.6%；水产品产量 17.6 万吨，增长 3.3%（表 5-7-2）。当年完成造林面积 2780 公顷。2021 年末，全市拥有无公害农产品认定 368 个，绿色食品认证 264 个，有机食品认证 18 个。年末拥有省级及以上农业产业化龙头企业 64 家。

农业生产条件和基础设施。2021 年末，芜湖市拥有农业机械总动力 228.01 万千瓦，农用拖拉机 5.07 万台。全年农用化肥施用量（折纯）16.05 万吨，农村用电量 18.96 亿千瓦时。2021 年，农村人口饮水安全工程改善 87.19 万农村居民，农村自来水普及率达 99.6%，农村饮水安全集中供水率达 99.6%。

四、工业和建筑业发展

工业生产。2021 年，芜湖市规模以上工业企业实现增加值比上年增长 14.1%。其中，国有企业占规模以上工业比重（以下简称占比）为 11.2%，增加值增长 9.1%；股份制企业占比 71.9%，增加值增长 15.2%；外商及港澳台商投资企业占比 16.7%，增加值增长 15.6%。工业产品销售率达 98.6%。

规模以上工业主要产品产量：汽车 81.4 万辆，增长 56.2%；空调 2232.77 万台，增长 12.2%；工业机器人 7313 套，增长 130.9%；服务机器人 323 套，下降 60.9%；平板玻璃 2231.73 万重量箱，下降 6.8%；水泥 2055.35 万吨，增长 8.3%；钢材 606.72 万吨，增长 5.5%；铜材 30.39 万吨，增长 14.8%（表 5-7-2）。

工业效益。全年规模以上工业实现营业收入比上年增长 19.6%；利润总额比上年增长 9.8%。

建筑业。全年建筑业实现增加值 446.12 亿元，增长 11.6%。资质以上建筑业企业完成总产值 895.87 亿元，比上年增长 18.0%；全年房屋建筑施工面积 3169.10 万平方米，比上年增加 115.83 万平方米；房屋建筑竣工面积 1385.60 万平方米，比上年增加 68.93 万平方米。

表 5-7-2　2021 年芜湖市工农业主要产品产量

分类	指标	单位	2021 年产量	比上年增长/%
农产品	粮食	万吨	138.8	2.7
	棉花	万吨	0.4	-24.5
	油料	万吨	9.8	6.5
	烤烟	吨	5037.0	-1.2
	茶叶	吨	2663.0	6.5
	水果	万吨	19.0	5.1
	蔬菜	万吨	172.1	5.8
	肉类	万吨	17.7	13.6
	生猪（出栏数）	万头	59.4	37.2
	家禽（出栏数）	万只	7475.7	14.5
	水产品	万吨	17.6	3.3
工业产品	卷烟	亿支	327.20	1.2
	服装	万件	13083.00	9.22
	塑料制品	万吨	30.03	-18.4
	平板玻璃	万重量箱	2231.73	-6.8
	水泥熟料	万吨	3567.87	2.72
	水泥	万吨	2055.35	8.3
	生铁	万吨	504.77	7.0
	铸铁件	万吨	29.24	-37.2
	钢材	万吨	606.73	5.5
	铜材	万吨	30.39	14.8
	金属切削机床	台	218.00	-91.0
	工业机器人	套	7313.00	130.9
	发动机	万千瓦	6861.67	38.7
	汽车	万辆	81.40	56.2
	#新能源汽车	万辆	9.56	131.6
	改装汽车	万辆	3.16	6.7
	民用钢质船舶	万载重吨	33.23	27.0
	电动机	万千瓦	278.55	30.9
	低压开关板	面	117933.00	9.8
	电力电缆	万千米	55.01	6.6
	房间空气调节器	万台	2232.77	12.2
	家用电热水器	万台	956.86	1.9
	光电子器件	亿只（片、套）	2179.04	30.4
	汽车仪器仪表	万台	299.90	22.2
	发电量	亿度	228.17	5.7

五、招商引资和项目建设

招商引资。2021年，芜湖市新批外商投资企业48家，合同利用外资3.73亿美元。全年实际利用外资32亿美元，比上年增长5.3%；其中外商直接投资11702万美元，增长63.6%。实际利用省外资金1664亿元，增长15.1%。截至年底，全市共有35家境外世界500强企业在芜投资项目32个。

园区建设。实际利用亿元以上省外资金1847.23亿元，实际利用外商直接投资27.92亿美元；区内规模以上工业总产值比上年增长26.8%。

基础设施建设日趋完善。全年完成城镇基础设施投资比上年下降3%。其中，轨道交通1号线和2号线一期顺利开通运营，芜黄高速、赤铸山路快速化改造工程、芜湖东互通改扩建工程、大茆立交等投入使用；芜湖城南过江隧道项目、商合杭高架接线、芜合高速、峨山路东延等一批重点项目加快推进。中国电信大数据产业园、宁芜高速等重点项目开工建设。

工业项目优化升级。三只松鼠产业综合体（无为）项目、中航华东光电新型电光交互显示产业项目、奇瑞商用车总部及生产基地项目等一批重点项目竣工投入使用；三只松鼠联盟工厂、华丰电子新型电子元器件、江森自控空调及核心零部件等一批重点项目加快推进；信义江北光伏组件盖板、比亚迪新能源动力电池长三角制造中心、美的厨热智能家电产业园等一批重点项目开工建设。

服务业项目加快推进。松鼠城娱乐综合体、北航芜湖通航创新园等一批重点项目竣工投入使用；松鼠研发运营中心项目、途居芜湖马仁山项目等一批重点项目加快推进；湾谷科技园、皖江学院新校区、弋矶山医院北区等一批重点项目开工建设。

芜湖经济技术开发区全年实际利用省外境内资金420亿元，实际利用外商直接投资8.13亿美元；进出口总额65.61亿美元。

六、贸易和旅游业

市场消费。2021年，芜湖市实现社会消费品零售总额1972.95亿元，比上年增长24.5%。分区域看，城镇零售额1767.86亿元，增长23.9%；乡村零售额205.09亿元，增长30.0%。分行业看，批发和零售业零售额1755.61亿元，增长24.8%；住宿和餐饮业零售额217.34亿元，增长22.2%。

对外贸易。全年实现进出口总额115.27亿美元，比上年增长36.5%。其中，进口总额39.49亿美元，增长10.4%；出口总额75.78亿美元，增长55.8%。

旅游。2021年全市共接待国内游客4894.37万人次，实现国内旅游收入595.06亿元；年末共有旅行社93家；星级饭店22家，其中三星级及以上22家；A级及以上旅游景点（区）34处，其中AAAA级及以上11处，AAAAA级景区1处。成功举办各类会展23个。

七、交通和邮电业

2021年，芜湖市交通运输、仓储和邮政业实现增加值192.97亿元，比上年增长6.2%。

交通运输。全年公路客运量755万人次，比上年下降28.5%；公路货运量7209万吨，增长9.4%。铁路旅客发送量1043.23万人次，增长24.9%；铁路货运发送量252.98万吨，下降9.7%。水路货运量2.3亿吨，增长1.7%。港口货物吞吐量1.35亿吨，下降0.2%，其中，外贸货物吞吐量315万吨，下降3.3%；港口集装箱吞吐量115万标准箱，增长4.5%。2021年末，民用汽车拥有量65.80万辆，比上年增长5.8%，其中私人汽车拥有量61.56万辆，增长5.7%。民用船舶拥有量4174艘。公路里程11200千米，其中等级公路11200千米。在等级公路中，高速公路311千米，一级公路388千米，二级公路616千米。

邮电业。邮政业务总量34.85亿元，比上年增长31.2%。快递服务企业完成业务量3.33亿件，增长37.0%。2021年末本地固定电话用户36.15

万户，比上年减少 1.01 万户；移动电话用户 432.11 万户，新增 26.75 万户。年末计算机互联网用户达到 165.49 万户，新增 15.13 万户。

八、金融和保险业

金融业。2021 年末，芜湖市金融机构本外币存款余额 5254.06 亿元，比年初增加 541.10 亿元。其中，非金融企业存款 2153.95 亿元，比年初增加 261.25 亿元；住户存款 2520.73 亿元，比年初增加 256.45 亿元。金融机构本外币贷款余额 4716.30 亿元，比年初增加 206.21 亿元。其中，短期贷款 1089.56 亿元，比年初增加 197.54 亿元；中长期贷款 3113.28 亿元，比年初增加 428.07 亿元。年末外汇存款余额 8.51 亿美元，比年初减少 1.19 亿美元；外汇贷款余额 2.36 亿美元，比年初增加 2.19 亿美元。

保险业。2021 年全年实现保费收入 90.88 亿元，比上年增长 5.1%。其中，人身险 59.74 亿元，增长 10.0%；财产险 31.14 亿元，下降 3.1%。赔款及给付支出 32.01 亿元。其中，人身险 10.62 亿元，财产险 21.39 亿元。

第二节　社会发展概况

一、科学技术和教育

科学技术。2021 年，芜湖市拥有省级及以上工程技术研究中心 99 个；省级及以上企业技术中心 219 个，其中国家级 15 个。拥有省级及以上重点（工程）实验室 15 个；省级及以上质检中心 5 个，其中国家级 3 个。拥有院士工作站 10 个。拥有高新技术企业 1298 家，其中当年新认定 319 家；拥有省级高新技术产品 1449 个，其中当年新认定 516 个。拥有国家知识产权示范企业 10 家、优势企业 31 家，省级知识产权优势企业 35 家、优势培育企业 37 家。全市有省级以上科技企业孵化器 18 家，其中国家级孵化器 5 家；省级以上众创空间 25 家，其中国家级 6 家。全年组织实施各类科技项目 451 项，其中国家级 9 项；全年获省级以上科技奖 39 项。专利授权量 16963 件，其中发明专利 3296 件。万人有效发明专利拥有量 53.5 件。拥有中国驰名商标 44 件。

教育。2021 年末，拥有普通高等院校 10 所，专任教师 0.77 万人，在校学生 19.36 万人，招生 5.87 万人，毕业生 5.50 万人；普通中学 207 所，专任教师 1.38 万人，在校学生 16.08 万人；中等职业学校 17 所，在校学生 4 万人；小学 245 所，专任教师 1.28 万人，在校学生 20.51 万人；幼儿园 577 所，在园幼儿 10.11 万人。小学学龄儿童入学率 100%，初中阶段适龄人口入学率 100%。

二、文化、卫生和体育

文化。2021 年末，芜湖市拥有国有艺术表演团体 1 个，文化馆 8 个；公共图书馆 10 个，馆藏图书 282.6 万册，其中市区藏书 179.3 万册；档案馆 9 个，向社会开放档案数 19.52 万件。拥有广播电台 5 座、电视台 5 座，广播综合人口覆盖率和电视综合人口覆盖率均达到 99.98%，数字电视用户 33.74 万户。拥有全国重点文物保护单位 13 处，省级重点文物保护单位 32 处。列入国家级非物质文化遗产名录 3 项，省级名录 30 项。全年举办文化活动 115 场次；群众性文化活动 852 场次；送文化下乡演出（含送戏进万村）1476 场次。

卫生。2021 年末，全市拥有各类卫生机构 1037 个（不含村卫生室），其中，医院 97 所，基层医疗卫生机构 897 所，专业公共卫生机构 36 所。基层医疗卫生机构中，社区卫生服务中心（站）136 所，乡镇卫生院 53 所，门诊部 133 所，诊所、卫生所和医务室 575 所。专业公共卫生机构中，疾病预防控制中心 10 所，卫生监督机构 9 所，妇幼保健机构 9 所，专科防治机构 5 所，急救中心 1 所，采供血机构 2 所。卫生机构拥有床位 27586

张，其中医院拥有床位 23670 张。卫生技术人员 27650 人，其中执业（助理）医生 11312 人，注册护士 12895 人。

体育。2021 年，芜湖市运动员在省级以上国内外重要赛事中共获得奖牌 307 枚，其中金牌 100 枚。向省级及以上专业队和体育院校输送运动员 102 人，审批二级运动员 129 名、二级社会体育指导员 113 名。全市举办全民健身活动 3000 次，参加活动人员 60 万人次。全市共有体育场地 9115 个，人均场地面积 2.14 平方米。有体育社团组织 230 个，社会体育指导员 9155 人。全年销售体育彩票约 5.24 亿元。

三、城市建设和环境保护

城市建设。2021 年，芜湖市公交运营线路网长度 4618.2 千米，拥有公交车 1980 辆；拥有出租车 5380 辆，其中市区 3700 辆。全年居民用电量 28.8 亿千瓦时。

环境保护。2021 年末，芜湖市拥有国家三级及以上环境监测站 5 个，其中二级站 1 个。市区环境空气质量达优良天数为 310 天，空气质量优良率为 84.9%。长江和青弋江干流芜湖段水质均达到或优于地表水Ⅲ类标准。

四、人口、人民生活、就业和社会保障

人口。2021 年末，芜湖市常住人口 367.2 万人，比上年增加 2.6 万人。

人民生活。据抽样调查，全年城镇常住居民人均可支配收入 48668 元，比上年增长 9.2%；人均消费支出 29205 元，增长 15.0%；人均住房建筑面积 36.3 平方米。农村常住居民人均可支配收入 27202 元，增长 11.2%；人均消费支出 16747 元，增长 14.7%；人均住房建筑面积 44.2 平方米。城镇居民的恩格尔系数为 32.2%；农村居民的恩格尔系数为 34.8%。

就业和社会保障。2021 年末，芜湖市共有人力资源服务机构 162 个。全年新增城镇就业人员 7.6 万人，其中失业人员再就业 2.71 万人。企业新录用员工岗前培训 2.21 万人。城镇登记失业率 2.14%。年末，企业职工基本养老保险（含离退休）参保人数 104.53 万人，比上年增加 5.88 万人；城镇职工基本医疗保险（含生育保险）参保人数 90.88 万人，增加 4 万人；失业保险参保人数 56.05 万人，增加 4.55 万人；工伤保险参保人数 55.37 万人，增加 4.87 万人。城乡居民养老保险参保人数 155.96 万人。城乡居民基本医疗保险参保人数 288.73 万人。有 3.1 万城镇居民、6.3 万农村居民享受最低生活保障。市区最低工资标准达到 1500 元/月，失业保险金标准达到 1350 元/月；企业离退休人员人均养老金水平 2349 元/月，提高 116 元/月。

2021 年，全市拥有各类福利机构 134 个，床位 1.8 万张，收养各类人员 0.71 万人。全年销售社会福利彩票 3.42 亿元，筹集市级公益 4020.02 万元。全年直接接收慈善捐款 1581.76 万元。

第三节　2021 年主要工作

一、坚持稳中求进，筑牢了经济发展“基本盘”

“双招双引”成效显著。芜湖市立足“链长制”，组建 6 个招引工作组和 7 个产业链推进组，高规格推进精准招商、专业招商。倍思科技、中驰车福等 212 家优质企业成功签约，海行云工业互联网、瑞鲸供应链等 187 个重点项目相继落户。出台《镜湖区高层次人才服务保障办法》，新增“鸠兹英才”6 人、高层次科技人才团队 5 个，保腾科技吴英华入选安徽省“特支计划”。新增省企业技术中心 1 家、省技术创新中心 1 家，新认定国家级高新技术企业 24 家。海螺集团 2 项应用获安徽省科学技术进步一等奖。

现代服务业提质增效。起航科技园、大健康产业园、云智数字经济产业园建成运营，新零售产业园、高效物流产业园、仁联总部园区运行良好。人力资本产业园获批安徽省首家省级人力资源服务产业园，大砻坊科技产业园顺利举办安徽省第八届工业设计大赛“镜湖杯”专项赛。镜湖区13个产业园累计实现营业收入216亿元，纳税近11亿元。海螺信息荣获“安徽省专精特新冠军企业”称号，共生物流入选工信部专精特新“小巨人”企业名单。

传统服务业巩固提升。镜湖区启动“乐享镜湖”全民超级生活节，累计带动消费9.3亿元。大力发展夜间经济，全年发放夜间电子消费券近200万元。华强吾悦广场正式开业，耿福兴等17家企业入选“芜湖老字号”。芜湖古城接待游客超630万人次，获评“安徽省旅游休闲街区”和省级服务业集聚区。成功举办芜湖私募股权投资大会镜湖专场洽谈会，芜湖市资本市场研修院在雨耕山金融集聚区挂牌成立。新增省股交中心挂牌企业12家，新引进光大信托等类金融企业161家，全区类金融企业纳税超10亿元。

营商环境全面优化。积极践行“1%工作法”，高位推动“四送一服”双千工程，印发《镜湖区企业联系包保服务实施方案》，解决企业问题948个。新增减税降费超2亿元，为中小微企业提供政银担、税融通、续贷过桥超23亿元。优化涉企行政审批事项48项，开设“跨省通办”专窗，企业设立登记实现一网通办、智能审批。新增市场主体35133户，同比增长近30%。

二、坚持协调并进，跑出了品质提升“加速度”

2021年，芜湖市城市更新加快起势。始终牢记“人民城市人民建，人民城市为人民”，出台《关于推进人民城市建设的实施方案》《城市更新实施方案》。积极开展“规划师进社区”活动，聚焦重点改造片区下沉社区开展走访对接，将居民所盼所需所求作为出发点和落脚点，规划设计改造提升方案。古建筑复兴项目正式启动，太古轮船公司宿舍等4处文物修缮有序开展。完成房屋征收1458户，共8.9万平方米，4个“改扩翻”项目加快实施，肉厂周边等8个地块形成净地，杨场等3个地块成功出让。车站路等5条道路改造完工，8台既有住宅加装电梯投入使用。新增公共停车位1386个、街头小品5处、绿化面积4万平方米。

城市管理规范有序。全面开展轨道交通沿线环境综合提升，实施81条主次干道、背街小巷整治。常态化开展文明创建“行走镜湖”，发现解决问题4879个。120个老旧小区实现物业组团连片管理。芜湖火车站安全服务往来旅客1750万人次。

乡村振兴全面启动。镜湖区乡村振兴局挂牌成立。全域开展“五清一改”村庄清洁行动，完成800户农村改厕和9个中心村生活污水处理项目，新建14千米“四好农村路”。万胜、天城泵站投入使用，青弋江治理基本完工，建成8000亩高标准农田。新增家庭农场4个、专业合作社5家。

生态环境稳步向好。全面完成中央、省环保督察反馈问题整改。$PM_{2.5}$平均浓度控制在35 $\mu g/m^3$以内，空气质量优良率86.5%。胜利渠整治及重点水系补水活水工程启动实施，浴牛塘水系“水清岸绿、鱼翔浅底”项目顺利竣工，134个排水户与市政管网接驳改造基本完工，国考断面水质稳定达标。落实落细河湖长制、林长制，零容忍查处违反长江“十年禁渔”案件53件。

三、坚持携手共进，实现了民生保障“高水平”

2021年，芜湖市投入3.4亿元实施26项民生工程。5件民生实事基本完成：25个老旧小区改造全面收尾，北门口绿色社区改造方案编制完成；2所公办幼儿园投入使用，新增公办园学位720个，北塘小学二期交付使用，大庆路小学、荆山中小学、东方龙城配套小学、镜湖小学汀棠校区基本建成，赭山小学改扩建加快施工；新增备案托育机构8个、婴幼儿托位485个，2所婴幼儿照护中心入选芜湖市示范托育机构，“两级中心”前期工作进展顺利；新增城市书房5座；新增城镇就业1.1万人，城镇登记失业率4.5%。

社会保障推深做实。完成城镇职工养老保险参保23.4万人、医保参保19.1万人。发放低保金4354万元、高校毕业生安家安居补助3673万元、医疗救助2055万元、高龄津贴1403万元、残疾人“两项补贴”716万元。“弱有所扶”医疗帮扶商业补充保险惠及群众2325人次。“难办证”专项治理全面完成，解决萦绕群众心头多年的一块“心病”。

社会事业不断进步。教育“双减”工作全面落实，中小学“三心工程”稳步实施，集团化办学有序开展，普惠性幼儿园在园幼儿比例超85%。镜湖区代表队在第16届全国青少年教育机器人奥林匹克竞赛中斩获4金、4银、2铜。镜湖区卫生监督所执法案例入选国家优秀案例，镜湖新城卫生服务中心王业文入选全国“苔花奖”十大创新管理人物，弋矶山医院张舜华荣获“第八届全国道德模范”称号。新增社区助餐场所2处、全民健身路径258条，完成50户家庭适老化改造，邢家山社区入选首批国家级老年友好型社区，颐乐堂、福龄金太阳获评安徽省第四批医养结合示范点。围绕“庆祝建党100周年”开展各类文体活动50余场，镜湖区获评2021—2023年度“安徽民间文化艺术之乡”。

四、坚持共建共治，打出了维护安宁“组合拳”

基层环境更加稳定。社会治安动态防控力不断提高，政法队伍教育整顿成效显著。完成78个综治中心标准化建设，与网格化中心实现一体化运行。57个老旧小区智慧安防与“雪亮工程”、综治视联网互联互通。

治理能力持续提升。新培育社会组织36家，邢家山、旭日天都社区获批市级“三社联动”试点社区。通过“街道吹哨、部门报到”解决问题3224个。深入践行新时代“枫桥经验”，多重调解“赭山模式”卓有成效，妥善化解信访积案89个。

安全防线织密织牢。纵深推进“1+9+N”安全生产专项整治三年行动，不断健全风险管控“六项机制”，全面开展合用场所、住宅小区消防安全治理，全年未发生安全生产责任事故，实现食品药品安全“零事故”。此外，年度征兵任务高质量完成，国防、人防、双拥优抚安置工作成效明显，工会、共青团、妇女儿童、残疾人、爱国卫生、民族宗教、统计、档案、科协等各项工作取得新进步。

五、坚持砥砺奋进，推动了自身建设“再加强”

2021年，芜湖市坚持把政治建设摆在首位。推动“不忘初心、牢记使命”主题教育走深走实、党史学习教育入脑入心、“正作风、强责任、勇担当、开新局”专项行动见行见效。坚决落实巡视整改责任，持续改进工作作风。

全力推进法治政府建设。严格履行重大行政决策程序，行政机关负责人出庭应诉率达100%。认真落实向人大报告、向政协通报制度，办理人大代表议案建议161件、政协提案172件，办结率100%。

全面提升政务服务效能。加大政务公开力度，主动公开信息约18000条，办理“省长留言”“市长热线”等事项超10000个。7×24小时不打烊“随时办”政务服务事项超5800个，困难残疾人生活补贴、80岁高龄补贴申领等10个事项实现“全区通办”，镜湖区与苏州相城区开展政务服务“跨省通办”战略合作。

第八章　马鞍山市 2021 年经济和社会发展

2021 年，面对复杂严峻的国内外环境和国内疫情散发等多重考验，马鞍山市全市上下坚持以习近平新时代中国特色社会主义思想为指导，全面贯彻党的十九大、十九届历次全会精神和习近平总书记考察安徽重要讲话指示精神，以及安徽省第十一次党代会和马鞍山市第十次党代会精神，积极应对各种风险挑战，奋发有为推进各项事业，构建新发展格局迈出新步伐，高质量发展取得新成效，实现了“十四五”良好开局。

第一节　经济发展概况

一、经济发展基本情况

经济总量稳步提升。初步核算，2021 年，马鞍山市实现地区生产总值 2439. 33 亿元（图 5-8-1），按可比价格计算，比上年增长 9. 1%。其中，第一产业增加值为 104. 23 亿元，增长 6. 7%；第二产业增加值为 1206. 26 亿元，增长 10. 1%；第三产业增加值为 1128. 84 亿元，增长 8. 3%。三次产业增加值比重为 4. 3∶49. 4∶46. 3。人均地区生产总值为 113010 元，增长 9. 4%。

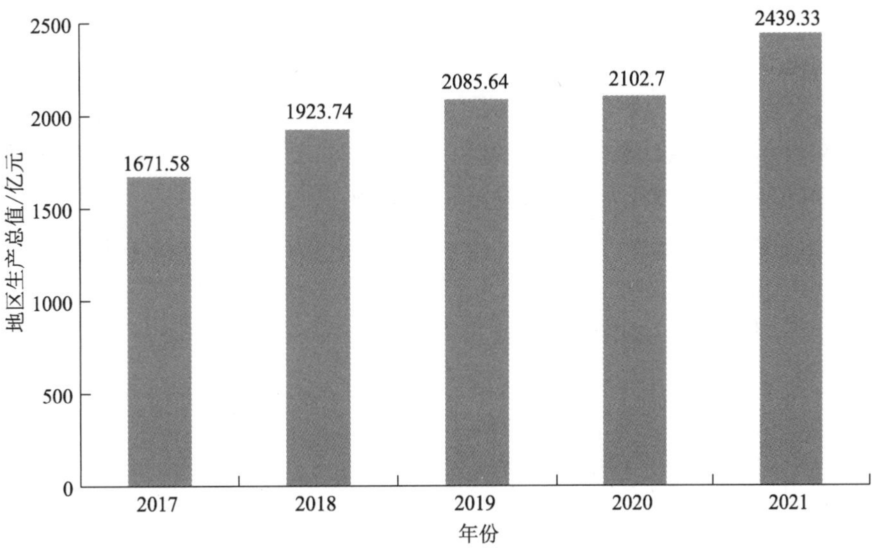

图 5-8-1　2016—2021 年马鞍山市地区生产总值情况

市场物价运行平稳。2021 年，马鞍山市居民消费价格指数比上年上涨 1. 3%。八大类消费品及服务价格指数呈“六涨二跌”态势。其中，交通通信类（4. 6%）涨幅较大；教育文化娱乐类

（2.1%）、医疗保健类（1.8%）、食品烟酒类（0.9%）、居住类（0.7%）、衣着类（0.5%）均有不同程度的上涨；生活用品及服务类（-0.6%）、其他用品及服务类（-4.3%）价格下跌。

二、县区经济

2021 年，马鞍山市共实现约 2439.33 亿元的地区生产总值，处于全国第 129 位。下辖各区县 2021 年的地区生产总值情况，由高到低分别是雨山区（635.1 亿元）、花山区（583.4 亿元）、当涂县（521 亿元）、和县（317.5 亿元）、含山县（233 亿元）、博望区（149.4 亿元）（图 5-8-2）。整体来看，马鞍山市各区县间的经济发展不太平衡，处于垫底的博望区仅有领跑的雨山区的 23.5%，不到 1/4。

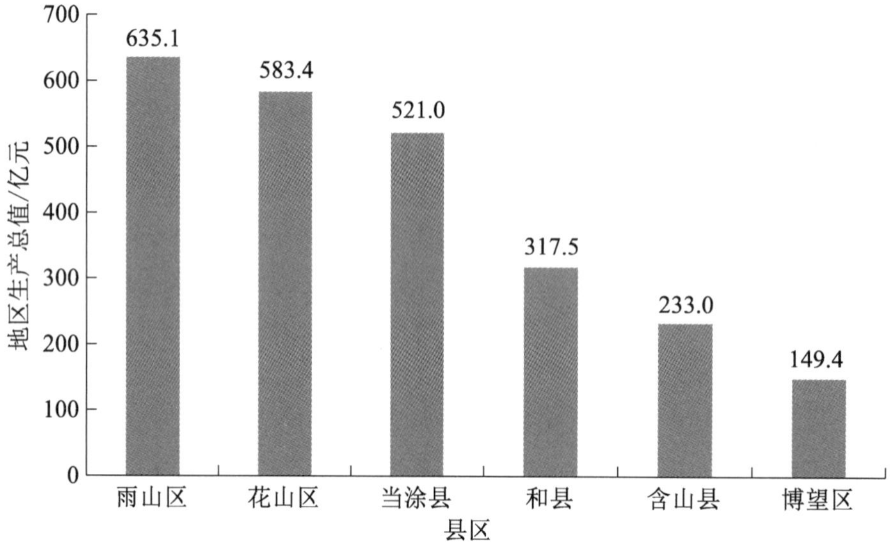

图 5-8-2　2021 年马鞍山各市县区地区生产总值情况

处于第 1 位的雨山区，2021 年的地区生产总值为 635.1 亿元，在安徽省居第 15 位。雨山区为马鞍山市的主城区，虽然面积仅有 173 平方千米，但却凭借政治优势，拥有 2 个经济开发区，而且教育资源优质，拥有安徽工业大学、皖江工学院等本科院校，优质的教育资源成为推动全区经济发展的利器。

花山区、当涂县紧随其后，分别处于第 2 位和第 3 位，这两地的经济总量虽然不敌雨山区，但也都在 500 亿元以上，实力并不差。花山区以 583.4 亿元处于第 2 位，力压当涂县的 521 亿元。2021 年，花山区在 53 个省市重点项目上投资了 125 亿元，在 128 个区级重点项目上投资了 130 亿元，这些成为拉动花山区经济增长的主要原因。

和县、含山县和博望区是全市发展处于中下游的区县。其中，和县以 317.5 亿元领跑，含山县次之，博望区垫底。在最近几年中，和县以精细化工新材料、新能源为主导产业，积极走在时代发展的最前沿，取得了突破 300 亿元大关的经济成绩。同时期，和县的人均可支配收入为 33787 元，增幅达到 10.2%；外贸进出口总额达到 1.9 亿美元，增长 26.3%；财政收入为 16 亿元，增长 19.8%。

博望区的地区生产总值仅有 149.4 亿元。博望区不仅在地区生产总值总量上垫底，在财政上也是如此，2021 年仅为 14.34 亿元。

三、工业和建筑业发展

工业经济增长较快。按可比价格计算，2021 年，马鞍山市规模以上工业增加值比上年增长 12.5%。全市 36 个工业大类行业中，有 25 个行业增长，行业增长面达 69.4%。25 个行业规模以上工业增加值增长 17.8%，拉动全市规模以上工业增加值增长 14.2 个百分点。企业利润逼近 200 亿元大关。全年规模以上工业企业实现利润总额193.7亿元，增长21.3%，增速延续较高水平。

2021年马鞍山市主要工业产品产量见表5-8-1。

表5-8-1　2021年马鞍山市主要工业产品产量

产品名称	单位	产量	比上年增长/%
生铁	万吨	1836.44	-1.7
粗钢	万吨	2096.72	持平
钢材	万吨	2079.54	2.9
水泥	万吨	2076.75	11.4
改装汽车	辆	10077.00	-7.8
汽车及底盘	辆	15430.00	-13.4
机制纸及纸板	万吨	206.81	5.8
啤酒	千升	103809.00	8.3
纱	吨	5589.00	3.9
服装	万件	3263.00	-1.9
泵	台	12930.00	-1.7
阀门	吨	35821.00	32.5

战略性新兴产业快速发展。2021年，马鞍山市战略性新兴产业产值比上年增长35.1%；八大战略性新兴产业全部增长，其中，涨幅较大的行业有数字创意产业（61.9%）、生物产业（48.1%）、节能环保产业（45.8%）、新材料产业（44.7%）、新能源产业（35.4%）等。

工业企业产销衔接良好。全年规模以上工业企业产品销售率为97.5%。多数工业产品产量实现增长。

建筑业平稳发展。全年实现建筑业增加值229.55亿元，按可比价格计算，比上年增长7.7%。房屋建筑施工面积1397.7万平方米，房屋竣工面积339.4万平方米。

2021年，马鞍山市为加快企业数字化转型，特别在全市范围内开展了智能工厂、数字化车间和数字化生产线的认定与发展。

1. 2021年马鞍山市智能工厂认定名单

（1）安徽华星化工有限公司，绿色农药加工智能工厂。

（2）桂龙药业（安徽）有限公司，桂龙药业健康产业智能工厂。

（3）安徽瑞邦生物科技有限公司，高纯度3-氰基吡啶产品生产智能工厂。

（4）安徽华菱汽车有限公司，高端重型商用车车桥智能工厂。

（5）安徽威博新能源供暖供水设备有限公司，新型绿色高效储水式热水器智能工厂。

（6）安徽智电电力科技有限公司，电池片生产实时调度智慧工厂。

2. 2021年马鞍山市数字化车间认定名单

（1）安徽华谊日新科技有限公司，油墨一体数字化车间。

（2）马鞍山博越精密机械有限公司，数控机床刀库数字化车间。

（3）安徽宏华铸造有限公司，市政工程用窨井盖数字化车间。

（4）安徽省飞龙新型材料有限公司，高强度树脂窨井盖数字化车间。

（5）安徽聚源昕锐精密机械有限公司，纺织机械设备构件数字化车间。

（6）安徽龙芯微科技有限公司，集成电路封装测试数字化车间。

（7）安徽三迪光电科技有限公司，显示器背光源数字化车间。

（8）中钢天源股份有限公司，高纯四氧化铁三数字化车间。

（9）安徽中马磁能科技股份有限公司，年产4000 吨永磁铁氧体数字化车间。

（10）马鞍山新康达磁业有限公司，高性能软磁铁氧体磁心数字化车间。

（11）马鞍山纳百川热交换器有限公司，新能源汽车热控系统生产智能化车间。

（12）马鞍山市粤美金属制品科技实业有限公司，压缩机储液器生产加工数字化车间。

（13）马鞍山祥恒包装有限公司，瓦楞纸板数字化车间。

（14）马鞍山市槟城电子有限公司，4 英寸半导体芯片生产数字化车间。

（15）马鞍山钢晨钢铁物流园有限公司，仓储物流数字化车间。

3. 2021 年马鞍山市数字化生产线认定名单

（1）安徽天通精电新科技有限公司，SMT 贴片数值化数字化生产线。

（2）中钢天源股份有限公司，钕铁硼全自动电镀数字化生产线。

（3）安徽天一重工股份有限公司，TBM 盾构机高韧性道具数字化生产线。

（4）马鞍山大仓精工科技有限公司，轻量化金属结构件数字化生产线。

（5）马鞍山锐生工贸有限公司，高性能农业机械用传动 V 带数字化生产线。

四、农业发展

农业生产平稳增长。2021 年全年实现农林牧渔业总产值 180. 79 亿元，按可比价格计算，比上年增长 8. 5%。粮食播种面积 17. 67 万公顷，增长 0. 4%；粮食总产量 106 万吨，增长 1. 2%；蔬菜种植面积 2. 8 万公顷，增长 5. 3%；蔬菜产量 85. 6 万吨，增长 6. 1%。

养殖业发展良好。2021 年全年肉类总产量 9. 1 万吨，比上年增长 16. 2%。在畜禽产品中，生猪产能迅速释放，全市生猪出栏 43. 3 万头，增长 30. 1%；禽肉产量 5. 1 万吨，增长 7. 4%；禽蛋产量 3. 3 万吨，下降 1. 6%；牛奶产量 5. 5 万吨，增长 42. 1%。

五、固定资产投资

固定资产投资增长较快。2021 年，马鞍山市固定资产投资 937. 85 亿元，比上年增长 19. 2%（图 5-8-3）；其中，第一产业投资增长 62. 4%，第二产业投资增长 12. 7%，第三产业投资增长 23. 8%。

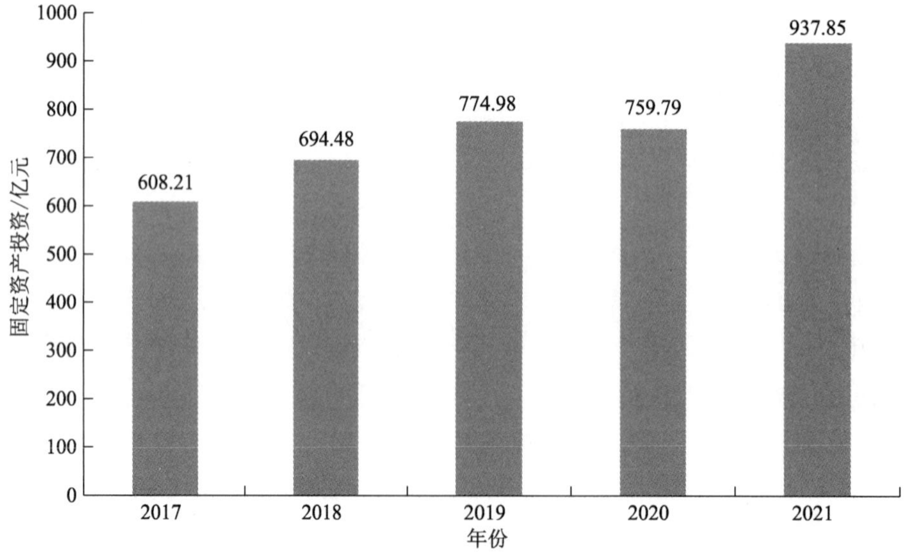

图 5-8-3　2017—2021 年马鞍山市固定资产投资情况

基础设施投资高速增长。2021 年，马鞍山市基础设施投资比上年增长 46.0%，增速比全市固定资产投资高 26.8 个百分点，拉动全市投资增长 6.9 个百分点。

重点项目建设提质提效。全年实施重点项目 820 个，完成投资 1307.66 亿元，其中，安徽省亿元以上重点项目 780 个，蜂巢新能源动力电池、宝武马钢新特钢等 267 个项目开工建设，巢马高铁、瑞斯康达智能制造基地等 337 个续建项目加快推进，长钢 140 吨电炉炼钢工程、军瑶装配式建筑 BIM 构件等 198 个项目竣工投产。

六、国内贸易

消费品市场快速恢复。2021 年，马鞍山市实现社会消费品零售总额 937.85 亿元，比上年增长 17.9%。分城乡看，城镇社会消费品零售总额 853.11 亿元，增长 17.7%；乡村社会消费品零售总额 84.74 亿元，增长 19.9%。分消费形态看，商品零售额 815.93 亿元，增长 17.2%；餐饮收入 121.92 亿元，增长 22.7%。

七、对外经济

“双招双引”持续发力。2021 年，马鞍山市实际利用外商直接投资 29.37 亿美元，比上年增长 4.3%。实际利用省外亿元以上项目到位资金 1389.6 亿元，增长 14.1%。引进亿元以上项目 435 个，其中，千羿工业互联网、泉峰智能制造产业基地等 100 亿元以上项目 3 个，中联重科、信义玻璃等 50 亿元以上项目 11 个，深马华东科技产业园、欧力高端植物基蛋白食用产品等 20 亿元以上项目 43 个。

对外贸易增长较快。全年实现外贸进出口总额 73.68 亿美元，比上年增长 24.9%。其中，进口 42.79 亿美元，增长 25.5%；出口 30.89 亿美元，增长 24.2%。连续 12 年被海关总署认定为全国外贸百强城市。

八、交通、邮电和旅游

交通运输体系不断完善。2021 年，马鞍山市铁路客运量 721.1 万人，铁路货运量 304.7 万吨；公路客运量 685 万人，公路货运量 12703 万吨；港口货物吞吐量 11046.25 万吨，集装箱吞吐量 17.64 万标箱（表 5-8-2）。作为对接沪苏浙“一号工程”的巢马城际、宁马城际、宁马高速改扩建等重大交通项目加快推进，交通运输部正式批复和县、当涂县为交通强国试点。

表 5-8-2 马鞍山市主要年份交通运输业基本情况

指标	单位	2005 年	2010 年	2015 年	2020 年	2021 年
运输线路长度	千米					
铁路营业里程	千米	36	36	70	70	173
公路线路里程	千米	1124	2223	7008	7735	7762
内河航道通航里程	千米		106	456	456	456
客运量	万人					
铁路客运量	万人	211	218	223	380	695
公路客运量	万人		2120	5173	886	685
旅客周转量	万人千米					
公路旅客周转量	万人千米		151163	243531	43104	40820
货运量	万吨					
铁路货运量	万吨	1452	1785	1322	1350	1480
公路货运量	万吨		9458	8514	11613	12703
水运货运量	万吨		1441	6957	5620	6742

续表

指标	单位	2005年	2010年	2015年	2020年	2021年
货物周转量	万吨千米					
公路周转量	万吨千米		1411706	892176	550379	601420
水运周转量	万吨千米		672932	3480991	2522936	3035343
民用汽车拥有量	辆		90016	182851	414281	362863
载客汽车辆数	辆		66511	163316	311074	334575
载货汽车辆数	辆		18167	17466	24457	25722
私人汽车拥有量	辆		61962	150044	298066	321216
民用运输船舶拥有量	艘		1368	1676	1160	1148
机动船拥有量	艘		1368	1661	1160	1148
驳船拥有量	艘			12		
私人运输船舶拥有量	艘		756	165	22	22
机动船拥有量	艘		756	165	22	22
驳船拥有量	艘					

邮电通信业转型升级。2021年，马鞍山市邮电业务收入26.37亿元，比上年增长10.6%。年末固定电话用户19.7万户；其中，城市电话用户11.6万户，乡村电话用户8.1万户。年末移动电话用户243.4万户；其中，4G、5G用户212.3万户。年末宽带用户92.3万户。

旅游产业恢复较快。全年旅游业总收入247.45亿元；其中，国际旅游外汇收入0.04亿美元。接待海外旅游者0.51万人次。拥有星级饭店8家；其中，五星级2家，四星级5家，三星级1家。现有A级景区34处；其中，AAAAA级景区1处，AAAA级景区8处。

九、财政、金融和保险

一般公共预算收入增长较快。2021年，马鞍山市实现一般公共预算收入196.53亿元，比上年增长15.9%。其中，税收收入141.95亿元，增长11.8%，占一般公共预算收入的比重为72.2%。财政支出287.41亿元，增长8.5%。其中，民生支出245.38亿元，增长9.0%；社会保障和就业支出38.15亿元，增长14.1%。

金融市场运行稳中有升。年末全市金融机构人民币存款余额3070.69亿元，比上年增长11.4%；其中，单位存款1297.18亿元，增长9.3%。金融机构人民币贷款余额2536.66亿元，增长13.1%。其中，短期贷款607.99亿元，增长3.9%；中长期贷款1581.20亿元，增长13.7%。

保险事业健康发展。全市有各类保险机构30家。全年保费总收入50.63亿元，比上年增长9.7%。其中，财产险保费收入24.62亿元，增长25.6%；人身险保费收入26.01亿元，下降2.0%。

第二节　社会发展概况

一、城市建设

城乡融合发展质量持续提升。2021年，马鞍山市完成市区1150千米雨污管网排查，315个小区、220条道路雨污分流及混接点改造；完成当涂县、含山县生活污水处理厂扩建及市第一污水处理厂、第二污水处理厂、南部污水处理厂提标改造，市区及县城建成区生活污水处理厂处理能力达到42.5万吨/天，排放标准均达到一级A及以上；完成老旧小区整治改造115个，城镇棚户区和“城中村”改造5334户。

城市宜居功能不断完善。城区35条黑臭水体消黑整治全部完成，住建部“长治久清”达标率100%。马鞍山市成功入选首批全国海绵城市建设示范城市。全年新增绿地面积61.01公顷，城区人均公园绿地面积15.38平方米，建成区绿化覆盖率45.9%。

二、科学技术和教育

科技创新取得新进展。2021年，马鞍山市全年高新技术产业产值增加值比上年增长16.2%，拥有高新技术企业712家。有效发明专利拥有量8784件，增长25.6%。承担实施省级以上科技计划项目43项，建成省级以上科技企业孵化器2家、省级以上众创空间4家。马钢集团智慧料厂项目入选工信部“5G+工业互联网”五个重点行业实践示范，为安徽省唯一云轨信息公司轨道交通客流大数据分析入选工信部企业应用示范项目。建成市外“研发飞地”8个、安徽省技术创新中心2个。2021年度安徽省智能制造现场会在马鞍山召开。

教育事业不断进步。全年财政用于教育的支出40.37亿元。全市有高等院校6所；中小学及其他各类学校606所，其中，幼儿园300所，小学188所，特殊教育学校4所，普通中学105所。省一类幼儿园10所，省示范高中11所，省特色初中1所，省特色小学2所，国家重点职业学校5所。中小学及其他各类学校在校学生30.59万人，教职工2.56万人。高中阶段在校学生6.7万人，高中阶段教育毛入学率107.87%。马鞍山师范高等专科学校挂牌滨江校区。马鞍山理工学校、马鞍山幼儿师范学校等4所中职学校通过安徽省首批办学水平评估。

人才队伍建设扎实推进。《马鞍山积极融入长三角　打造人才高地》获评2021年（第五届）全国人才工作创新案例优秀案例奖。启用马鞍山市人才服务中心，设计人才生态馆、“一站式”服务专窗等，推进“诗城英才”信息化系统1.0版上线运行，结合党史学习教育，实施“揭榜挂帅”调研课题，积极帮助人才、企业解决急难愁盼的关键技术难题。引进以“国青”等高端人才领衔的重大项目14个，总投资56.6亿元；引进副高以上“龙马”工程高层次人才118人、博士64人；入选省级创业领军人才8人，获评引才资助奖补项目20个；新增技能人才4.47万人。

三、文化、卫生和体育

公共文化服务能力提升。成功举办第33届马鞍山中国李白诗歌节、第15届马鞍山李白户外旅游节等群众活动。年末拥有公共图书馆7家，藏书245万册；专业艺术表演团体35个；文化馆6家；综合档案馆7家，总建筑面积3.1万平方米，档案资料259.75万卷（册）。广播人口覆盖率、电视人口覆盖率均为100%。

卫生事业健康发展。全市有卫生机构1051个；其中，医院、卫生院103个，社区卫生服务机构97个，标准化村卫生室430所。有病床1.48万张，卫生技术人员1.52万人。以乡镇为单位，四苗、五苗接种率99.61%，乙肝疫苗首针接种率99.91%。贫困人口人病专项救治率达98.37%。12家医养结合机构获评省级医养结合示范创建单位。

体育竞技水平稳步提高。全年参加安徽省常规项目比赛获得奖牌331.5枚；其中，金牌126.5枚、银牌94枚、铜牌111枚。全运会上获得佳绩。在2021年第十四届全国运动会上，孟苏平等23名马鞍山培养输送的运动员获得银牌1枚、铜牌2枚，群众项目获得银牌1枚、铜牌1枚。

四、资源、环境和安全生产

矿产资源丰富。全市已发现40种矿种；其中，金属矿产9种，非金属矿产29种，水汽矿产2种。查明资源储量的矿种共计27种；其中，金属矿产3种。

生态环境不断改善。全市深入打好污染防治攻坚战，全面推行“环保管家”。$PM_{2.5}$平均浓度

34.6 μg/m³，比上年下降 1.7%；空气质量优良率 84.4%。向山地区生态环境综合治理成功获批国家首批 EOD（生态环境导向的开发模式）试点项目。实施“五废共治”，提高固废综合利用处置水平，全市危险废物安全处置率 100%。

安全生产形势良好。全年亿元地区生产总值生产安全事故死亡人数 0.03 人，没有较大及以上生产安全事故发生。

五、人口、人民生活和社会保障

人口总量保持稳定。据抽样调查，2021 年末，马鞍山市常住人口 215.7 万人。其中，城镇人口 156.1 万人，比上年增加 1.2 万人，增长 0.77%；乡村人口 59.6 万人，比上年减少 1.5 万人，下降 2.45%。城镇化率 72.39%，比上年提升 0.7 个百分点。

城乡居民收入稳步提升。全市城乡居民人均可支配收入 46557 元，比上年增长 9.8%。其中，城镇居民人均可支配收入 56440 元，增长 9.0%；农村居民人均可支配收入 28331 元，增长 11.5%。城乡差距进一步缩小，城乡居民收入比为 1.99，比上年缩小 0.05。

居民储蓄持续增加。年末全市金融机构人民币住户存款余额 1677.44 亿元，比年初增加 175.66 亿元。其中，活期存款 411.24 亿元，比年初增加 24.26 亿元；定期及其他存款 1266.20 亿元，比年初增加 151.40 亿元。

社会保障体系逐步完善。全年新增就业 4.19 万人，下岗失业人员再就业 0.64 万人，“4050”人员等困难群体再就业 0.27 万人，城镇登记失业率 2.47%，保持在 3%以下低水平。城镇职工养老保险参保人数 73.11 万人，失业保险参保人数 28.80 万人，工伤保险参保人数 32.09 万人。城镇居民医疗保险参保人数 161.74 万人，新型农村社会养老保险参保人数 91.71 万人，参保率 99.35%。被征地农民养老保障实现即征即保，参保人数 18.21 万人。城镇职工养老保险待遇实现“十七连增”。

社会福利事业持续推进。全年城乡最低生活保障救助 73.9 万人次，支付低保金 3.96 亿元。新增养老机构项目 4 个、社会收养性福利床位数 2.1 万张；接受社会捐赠 1053.1 万元；城镇拥有各种社区服务设施 537 处；便民利民服务网点 825 个。福利彩票销售 1.61 亿元，筹集福利彩票公益金 0.53 亿元。从 2021 年 7 月起，提高全市城乡居民养老保险基础养老金标准，每人每月增加 5 元，惠及 29.5 万人，年增发养老金约 1800 万元。

第三节　2021 年主要工作

一、坚持绿色发展，生态环境全方位优化

聚力污染防治。2021 年，马鞍山市解决了一大批多年想解决而未解决的环境问题，整改工作考核连续 3 年居安徽省首位。$PM_{2.5}$ 平均浓度下降 25.5%，空气优良天数增加 53 天。完成城区雨污分流改造、35 条城市黑臭水体治理，国控断面水质全部达到Ⅲ类及以上标准。获批国家大宗固废综合利用基地，危废安全处置率 100%。

聚力生态修复。在全国率先实现长江干流及重要水域常年禁捕和渔民退捕转产，长江马鞍山河段二期整治工程提前竣工并通过验收，长江干支流 4823 个入河排污口排查、监测和溯源全面完成。整治“散乱污”企业 514 家，拆除非法码头 153 个，关闭退出矿山 18 座。造林绿化 7.3 万亩，修复湿地超 30 万亩，城镇绿化覆盖率由 43.2%提升至 46.5%。建成安徽省首个省级生态文明建设示范市，含山、当涂获批国家生态文明建设示范区。

聚力绿色转型。推进钢铁、铸造、化工等重点行业绿色化改造，清洁能源等绿色新产业新业态加快发展，单位地区生产总值能耗下降 17.2%，11 家企业获评国家级绿色工厂。绿色信贷占比由 4.1%提升至 10.3%。采石文旅融合项目签约。向

山地区综合整治入选全国首批 EOD 试点，凹山湖成为“网红打卡地”。

二、坚持产业强市，质量效益全方位提高

推动科技创新全面提档。2021 年，马鞍山市新增高新技术企业 366 家，总数超 700 家，高新技术产业增加值年均增长 20.1%。新增省级以上专精特新企业 97 家，总数达 197 家。新增轨道交通关键零部件等省级以上创新平台 63 家，总数达 189 家；规模以上工业企业研发机构覆盖率 48.1%，居全省首位。每万人有效发明专利拥有量由 16 件增加到 40.1 件，居全省第 3 位。新增中国驰名商标 8 件，总数达 21 件。引育“龙马”等高层次人才 363 人，专业技术人才达 17 万人，王运敏当选中国工程院院士。入围最具人才吸引力全国百强城市。

推动项目建设全面提速。接力开展项目建设年、攻坚年等活动，固定资产投资年均增长 9%，重点项目推进考核持续居全省前 3 位。实施亿元以上项目 2010 个，国内首条重型 H 型钢生产线、海底捞智慧工厂等 740 个重点项目竣工投产。在安徽省率先推行增资扩能项目比照享受招商引资政策，实施蒙牛鲜奶等亿元以上技改项目 306 个，技改投资年均增长 19.5%。强化要素保障，出让“标准地”6335 亩、占新增工业用地比重居全省首位，清理处置闲置低效用地 3.5 万亩。获批中央、省资金 377.2 亿元，新增贷款 1050 亿元，直接融资 723 亿元。

推动产业转型全面提效。产业结构由 5.1∶51.2∶43.7 调整为 4.3∶49.2∶46.5，战略性新兴产业产值占规模以上工业比重由 18.7% 提升至 35.4%。大力推进产业集群化发展，宝武马钢营业收入突破 2000 亿元、增长 2.5 倍，智能装备制造、节能环保、绿色食品等新兴产业快速壮大，省级县域特色产业集群实现 3 县全覆盖。建成省级智能工厂和数字化车间 50 个，马钢智慧料厂等 7 个项目入选工信部工业互联网试点示范。服务业增加值年均增长 6.7%，新增省级以上集聚区、示范区 9 个；建成全省首家法律服务产业园，入选全国电商百佳城市。

三、坚持区域协调，城乡融合全方位深化

提升城市承载能力。2021 年，马鞍山市完成自然保护地整合优化和生态保护红线评估调整。高起点规划建设高铁新城、阳湖片区，秀山新区展现新风貌，城镇化率由 69.1% 提升至 72.9%。实施城乡建设“四合一”项目 1100 个，完成投资超 1600 亿元，慈湖河路改造、江东大道四期等竣工通车，牛渚路、嘉陵江路等 47 条城区“断头路”贯通，体育会展中心、综合客运站全面建成，档案馆、气象防灾减灾指挥中心、残疾人康复大楼投入使用。新建改造绿地 433.3 万平方米，总量近 5000 万平方米，205 国道沿线、马向路周边、高速出入口等环境质量全面提升。

提高城市管理水平。实施禁燃禁放、主城区违规种菜、电动车管理等专项整治，扎实推进生活垃圾分类试点。拆除整治城区违建 60.5 万平方米，改造城区背街小巷 121 条，新建改建农贸市场 24 个，新增公共停车位 1.5 万个。中心城区等级物业管理覆盖率由 32% 提升至 62.6%。建成“大管家”综合服务平台，市级“数据孤岛”基本打通。

提速乡村振兴步伐。大力发展现代农业，新增新型经营主体 1320 家，总数达 4383 家；严格落实粮食安全责任，粮食生产实现“十八连丰”。完成农村改厕 8.9 万户，实施农村生活污水处理项目 52 个，成功创建美丽乡村省级示范村 85 个，美丽乡村覆盖率 69.2%。国省干线总里程达 751 千米，“四好农村路”总里程达 2961 千米，和县获评“四好农村路”全国示范县，建制村客运通达率 100%。集体经济年经营性收入 50 万元以上的村达 43%，居全省首位。

四、坚持对接融入，动力活力全方位激发

推进一体化发展。2021 年，马鞍山市加强与南京、合肥都市圈规划对接，商合杭高铁含山南站建成运营，郑蒲港铁路竣工通车，宁马高速“四改八”、S205 围乌路加快建设，开通与南京毗

邻地区公交线路 9 条。马鞍山青浦工业园等一批合作园区建设提速。石臼湖等跨界区域生态环境联防联控，教育、医疗、文旅等公共服务合作不断深化。成为安徽省唯一的长三角科技创新券通用通兑试点城市。

推进深层次改革。行政审批事项压缩 26.8%，工程建设项目审批时限压缩至最短 26 个工作日以内，向县区、市属开发园区分别下放行政权限 35 项、44 项。迭代升级优化营商环境“100 条”，深入推进“互联网+政务服务”，“一网通办率”达 100%，政务服务“24 小时不打烊”。常态化推进“四送一服”，创新实施“政策+中介”服务模式，打造“惠企通”试点平台，兑现奖补资金 24.5 亿元，减免税费 223 亿元。新增“四上”企业 918 家，总数达 2080 家；其中新增规模以上工业企业 429 家，总数达 1201 家。民营经济增加值占地区生产总值的近 60%。

推进高水平开放。深化“双招双引”，引进亿元以上项目 1463 个，其中华旺科技等 20 亿元以上项目 83 个、月兔家居产业园等 50 亿元以上项目 14 个、泉峰智能制造等百亿级项目 3 个。新增上市企业 3 家、挂牌企业 256 家，总数分别达 10 家、374 家。综合保税区封关运行，马鞍山港成为长江下游第 5 个亿吨大港，获批安徽省自贸试验区首批联动创新区。实现进出口总额 230 亿美元，年均增长 18.5%，连续 12 年获评中国外贸百强城市。

五、坚持造福群众，人民生活全方位提升

加大民生保障力度。2021 年，马鞍山市民生支出 879.8 亿元，占财政支出的 85.3%。滚动实施民生工程 48 项、民生实事 21 项。完成老旧小区改造 190 个、棚户区改造 2.2 万户、农村危房改造 3789 户，既有多层住宅增设电梯试点稳步推进。1.6 万户建档立卡贫困户全部稳定脱贫，28 个贫困村全部出列。新增城镇就业超 22 万人。社会保障和社会救助水平居全省前列。

加快社会事业发展。新建和改扩建公办幼儿园 40 所、中小学 18 所，新增皖江工学院、马鞍山学院两所本科院校。市人民医院东院一期、市妇幼保健院综合楼投入使用，国家卫生城市通过复审。获评全国居家和社区养老服务改革试点优秀城市，建成养老机构 25 家、社区老年人助餐服务设施 63 个，新增托育托位超 3000 个。国家公共文化服务体系示范区通过实地复查，凌家滩遗址入选全国“百年百大考古发现”。举办首届中国拔河运动文化交流大会。

加强社会治理创新。信访积案化解率 94.8%，矛盾纠纷多元化解经验面向全国推广。扫黑除恶专项斗争圆满收官，连续 9 年获评安徽省平安建设先进市，含山县获评平安中国建设示范县。政府债务风险大幅下降。应急救援和防灾减灾能力得到提升，食品药品安全监管全面加强。国防动员和后备力量建设继续处于全省第一方阵。外事侨台、民族宗教、人民防空、军民融合、退役军人服务保障、地震、住房公积金等工作得到新加强，工会、共青团、妇女儿童、慈善、红十字等事业取得新进步，广播电视、新闻出版、科普、史志等工作实现新发展。

六、坚持政治引领，自身建设全方位加强

坚定不移加强政治建设。2021 年，马鞍山市常态化制度化规范化学习习近平总书记最新重要讲话指示批示，扎实开展“不忘初心、牢记使命”主题教育、党史学习教育，制定实施“五个一批”等创新举措；不折不扣抓好中央和省委巡视、政治监督谈话等反馈问题整改，严格落实意识形态工作责任制，“四个意识”更加牢固、“四个自信”更加坚定、“两个维护”更加坚决。

坚定不移建设法治政府。制定政府规章 5 件，提请市人大常委会审议地方性法规 6 件，在全省首创法律顾问精准服务行政决策新模式，审查重大行政决策 760 件。在全省率先集中推出轻微违法行为免罚清单，办理行政复议案件 636 件，行政机关负责人出庭应诉率达 100%。自觉接受人大、政协和各方面监督，办理市人大议案建议 628 件、市政协提案 1084 件。公开政府信息 81.6 万条，12345 热线回复满意率 96.9%，市政府网站绩效评估居全国第 12 位。

坚定不移提升作风效能。建立健全重点工作专班推进、分级分类综合调度等机制，高效闭环抓落实；精简工作流程、优化决策程序，变“议题等会”为“会等议题”，市政府文件、会议分别减少56%、48%。坚持过紧日子，一般性支出年均下降13.4%；审计监督、公共资源交易促进增收节支265.7亿元。严格落实全面从严治党主体责任，重点领域廉政风险得到有效防控。

第九章　滁州市 2021 年经济和社会发展

2021 年，滁州市全市上下在市委、市政府的坚强领导下，以习近平新时代中国特色社会主义思想为指导，全面贯彻落实中央、安徽省委决策部署，深入学习党的十九大和十九届历次全会精神，统筹疫情防控和经济社会发展，坚持稳中求进工作总基调，立足新发展阶段，服务新发展格局，扎实推动长三角一体化和高质量发展，全市经济社会发展大局总体稳定，主要经济指标增长平稳，实现“十四五”良好开局。

第一节　经济发展概况

一、经济发展基本情况

2021 年，滁州市实现地区生产总值 3362. 1 亿元，按可比价格计算，同比增长 9. 9%，两年平均增长 6. 9%（图 5-9-1）。其中，第一产业增加值 287. 9 亿元，增长 6. 7%；第二产业增加值 1644. 8 亿元，增长 9. 5%；第三产业增加值 1429. 4 亿元，增长 11%（表 5-9-1）。三次产业结构比例调整为 8. 6：48. 9：42. 5，其中工业增加值占地区生产总值的比重为 39. 2%。按常住人口计算，人均地区生产总值 84263 元（折合 13061 美元），比上年增长 9. 7%。

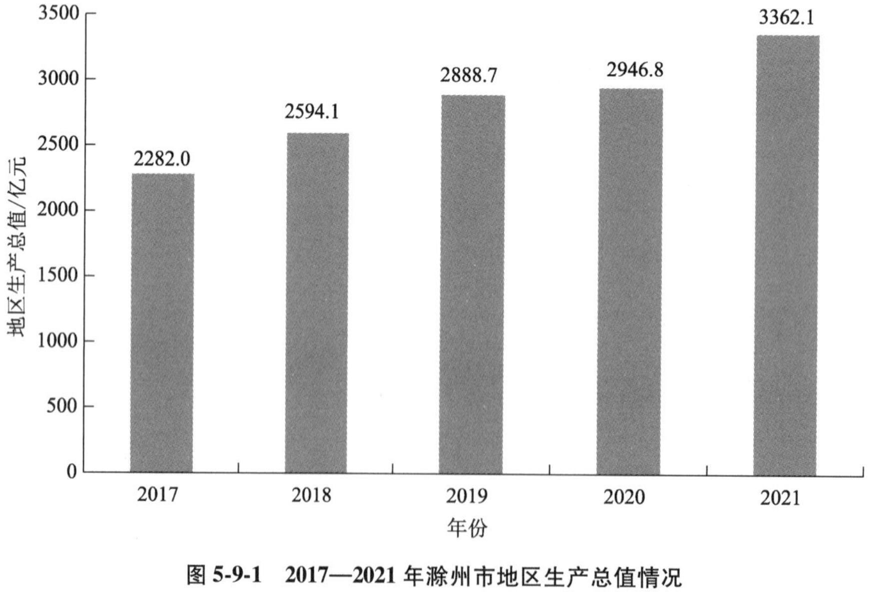

图 5-9-1　2017—2021 年滁州市地区生产总值情况

表 5-9-1　2021 年滁州市地区生产总值构成及增长速度

指标	绝对量/亿元	占比/%	增长/%
地区生产总值	3362.1	100.0	9.9
其中：第一产业	287.9	8.6	6.7
第二产业	1644.8	48.9	9.5
第三产业	1429.4	42.5	11.0
其中：农林牧渔业	311.8	9.3	6.8
工业	1316.6	39.2	9.7
建筑业	328.9	9.8	8.7
批发和零售业	246.9	7.3	20.3
交通运输、仓储和邮政业	139.4	4.1	6.8
住宿和餐饮业	56.6	1.7	26.3
金融业	153.4	4.6	7.1
房地产业	229.4	6.8	9.4
其他服务业	579.1	17.2	8.8

2021 年末，滁州市户籍人口 454 万人，比上年减少 0.6 万人。年末常住人口 399 万人，常住人口城镇化率 62.9%，比上年提高 1.1 个百分点。按常住人口计算，全市人口出生率 7.55‰，比上年下降 1.74 个千分点；死亡率 5.57‰，上升 0.26 个千分点；自然增长率 1.98‰，下降 2.01 个千分点。

全年城镇新增就业 11.14 万人，失业人员再就业 1.42 万人，城镇登记失业率为 2.52%，比上年下降 0.3 个百分点。

全年居民消费价格累计上涨 1.0%，涨幅低于上年 1.4 个百分点。从构成类别看，八大类商品和服务价格同比呈现“五涨三跌”态势。按涨幅由高到低排列，交通和通信价格上涨 4.9%、教育文化和娱乐价格上涨 2.3%、生活用品及服务价格上涨 0.8%、居住价格上涨 0.7%、食品烟酒价格上涨 0.6%、衣着价格下降 0.4%、医疗保健价格下降 0.8%、其他用品及服务价格下降 4.4%（表 5-9-2）。

表 5-9-2　2021 年滁州市城镇居民消费价格变动情况

指标	同比增长/%
居民消费价格	1.0
其中：食品烟酒	0.6
其中：粮食	-2.1
菜	1.5
畜肉	-12.8
水产品	18.9
蛋	15.1
鲜果	10.7
衣着	-0.4
居住	0.7

续表

指标	同比增长/%
生活用品及服务	0.8
交通和通信	4.9
教育文化和娱乐	2.3
医疗保健	-0.8
其他用品和服务	-4.4

二、县区经济发展

2021 年，滁州市以 3362.1 亿元的地区生产总值，处于全国第 90 位，这是滁州第二年闯入全国 90 强。滁州市凭借“大江北”政策，快速融入南京，形成了光伏、半导体、汽车及装备制造等新兴产业链，未来的发展势头非常强劲。

滁州共下辖 2 个市辖区、4 个县，代管 2 个县级市，其 2021 年地区生产总值总量由高到低，依次为天长市（622.5 亿元）、凤阳县（458.53 亿元）、来安县（362.73 亿元）、定远县（356.84 亿元）、全椒县（315.29 亿元）、明光市（273.44 亿元）、琅琊区（241.18 亿元）、南谯区（231.8 亿元）（图 5-9-2）。滁州的情况属于典型的“小马拉大车”，市区经济要比县域经济弱。

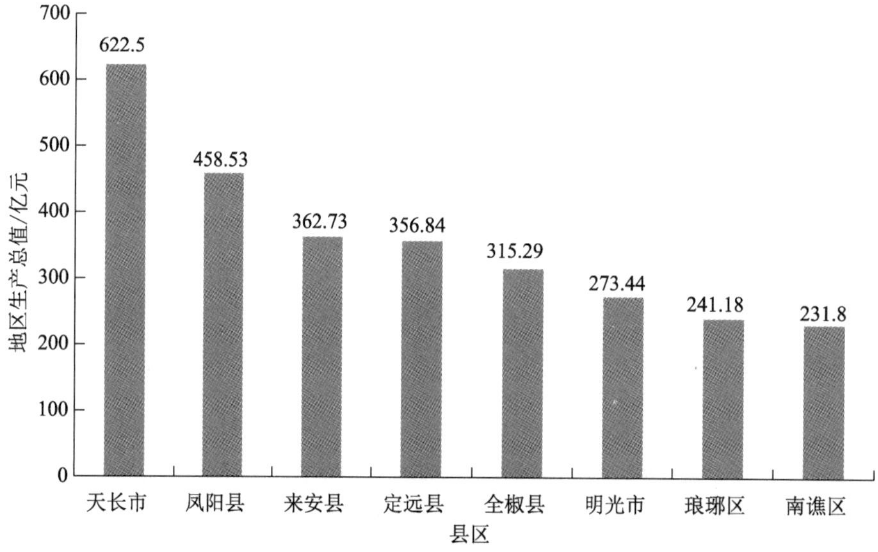

图 5-9-2　2021 年滁州市各县区经济发展情况

位列第一的是天长市。天长市是整个安徽省地理位置最好的地方，与江苏省是近邻。在很多时候，江苏省各项政策都会普及天长。2021 年，天长市地区生产总值高达 622.5 亿元，在滁州全市遥遥领先。

凤阳县、来安县、定远县和全椒县的地区生产总值都在 300 亿元以上，分处第 2 位至第 5 位的位置。其中，凤阳县以 458.53 亿元领跑，其他三县都不到 400 亿元。全椒县以 315.29 亿元处于第 5 位的位置，也是滁州市最后一个超过 300 亿元的城市。

全椒县地处滁州市西南部，面积 1568 平方千米，2021 年不仅在地区生产总值上突破 300 亿元，而且实现规模以上工业增加值 65 亿元，一般公共预算收入 22.7 亿元，社会消费品零售总额达到了 173 亿元，其在各项经济指标上都取得了长足的进步，百姓生活水平得到了明显的提升。

处于最后三位的分别是明光市、琅琊区和南

谯区。这三地的共同特点在于地区生产总值都低于300亿元。作为市辖区的琅琊区和南谯区地区生产总值全部处于较为靠后的位置，其中，南谯区以231.8亿元垫底。资料显示，南谯区的面积为1177.70平方千米，而人口仅有34.87万人。整体规模较小，或许是南谯区经济总量较小的重要原因之一。

三、农业发展

2021年，滁州市农作物播种面积91.2万公顷。其中，粮食作物播种面积83.0万公顷，比上年增长0.4%；油料作物播种面积3.7万公顷，比上年增长4.8%；蔬菜播种面积3.1万公顷，比上年增长4.6%。

全年粮食总产量470.4万吨，比上年增长1.0%（表5-9-3）。其中，夏粮181.1万吨，比上年增长2.0%；秋粮289.3万吨，比上年增长0.4%。经济作物有增有减，其中，全年棉花产量152吨，比上年减少88.9%；蔬菜产量105.6万吨，比上年增长5.1%；水果产量26.5万吨，比上年增长4.7%；油料产量12.2万吨，比上年增长3.8%。

全年肉蛋奶总产量53万吨，同比增长9.1%。其中，肉类产量39.1万吨，比上年增长14%；禽蛋产量13.1万吨，比上年下降4.7%；牛奶产量0.82万吨，比上年增长50%。水产品产量37.2万吨，比上年增长2%。

2021年末，全市农业机械总动力736万千瓦，比上年增长0.5%；农作物耕种收综合机械化水平达到83.4%，同比提高0.4个百分点；拖拉机23万台，其中大中型拖拉机3.6万台；全年化肥施用量（折纯）31.1万吨，比上年下降0.6%。农村用电量16.9亿千瓦时，比上年增长4.1%。年末农田有效灌溉面积达49.1万公顷，全年完成重点水利工程112项，基建工程当年完成投资46.3亿元。

表5-9-3　2021年滁州市主要农产品产量

名称	绝对数/万吨	比上年增长/%
粮食	470.4	1.0
其中：稻谷	258.0	0.5
小麦	181.1	2.0
玉米	23.7	1.1
大豆	5.9	-1.3
油料	12.2	3.8
其中：花生	9.0	1.0
油菜籽	3.1	9.0
棉花	0.015	-88.9
水果	26.5	4.7
茶叶	0.057	2.3
蔬菜	105.6	5.1
肉类	39.1	14.0
禽蛋	13.1	-4.7
牛奶	0.82	50.0
水产品	37.2	2.0

四、工业和建筑业

2021年，滁州市全部工业实现增加值1316.6亿元，比上年增长9.7%。规模以上工业增加值比上年增长10.7%。在规模以上工业中，集体企业、外商及港澳台商投资企业和大中型工业企业增长较快，增速分别为36.9%、28.3%、15.9%（表5-9-4）。

在规模以上工业中，36个工业行业大类中的22个行业增加值实现了同比增长。其中：废弃资源综合利用业增长106.0%，仪器仪表制造业增长59.0%，金属制品业增长38.0%，计算机、通信和其他电子设备制造业增长35.1%，水的生产和供应业增长34.0%，燃气生产和供应业增长26.8%，酒、饮料和精制茶制造业增长17.9%，电气机械和器材制造业增长16.5%，电力、热力生产和供应业增长13.7%。

2021年，高新技术产业增加值同比增长18.4%，增加值占全市规模以上工业增加值的52.7%；战略性新兴产业企业数达450家，产值累计增长36.4%，产值总量占全部规模以上工业的比重为43.4%。

表5-9-4　2021年滁州市规模以上工业增加值增长速度

指标	比上年增长/%
规模以上工业	10.7
其中：国有企业	8.3
集体企业	36.9
股份合作企业	-58.8
股份制企业	8.8
外商及港澳台商投资企业	28.3
其他类型企业	-15.9
其中：大中型工业企业	15.9

年末，亿元以上工业企业数达531家，工业总产值累计增长35.3%，比全市平均增速高15.6个百分点，对规模以上工业增加值贡献率为151.9%，拉动全市规模以上工业增加值增长16.3个百分点。

年末，全市六大支柱产业规模以上工业企业1386家（表5-9-5），企业数占全市规模以上工业的67.5%，增加值累计增长13.4%，增加值总量占全部规模以上工业的70.7%，对规模以上工业增长的贡献率达到84.8%，拉动规模以上工业增长9.0个百分点。

表5-9-5　2021年滁州市六大支柱产业生产情况

产业名称	企业数/家	增加值/%			
		累计占比	增长	对规模以上工业贡献率	拉动规模以上工业增长
硅基材料产业	105	8.4	12.3	6.5	0.7
先进装备产业	623	28.5	14.0	24.7	2.6
智能家电产业	225	24.2	19.4	29.0	3.1
农副产品深加工产业	211	10.6	-1.3	-1.1	-0.1
新能源产业	65	12.2	43.7	25.5	2.7
新型化工产业	157	16.1	0.2	0.2	0.0
合　计	1386	100.0	13.4	84.8	9.0

主要工业产品产量方面，光缆1969409芯千米，增长87.7%；发动机2602.5万千瓦，增长27.9%；商品混凝土1575.9万立方米，增长8.3%；水泥1432.2万吨，增长8.2%；白酒679.8万升，增长6.1%（表5-9-6）。

表5-9-6　2021年滁州市主要工业产品产量情况

工业产品名称	单位	绝对数	比上年增长/%
原盐	吨	1415045	-8.9
大米	吨	1324652	-34.7
白酒	千升	6798	6.1
卷烟	万支	1396003	1.2
复合木地板	平方米	16061468	-50.5
农用化肥	吨	127596	15.7
水泥	吨	14322363	8.2
商品混凝土	立方米	15758861	8.3
多晶硅	千克	1956092	-64.2
发动机	千瓦	26025498	27.9
钢化玻璃	平方米	1567273	-18.0
光缆	芯千米	1969409	87.7
冰箱	台	5558084	-2.6
空调	台	747069	-16.3

2021年，滁州市规模以上工业企业实现主营业务收入3934.6亿元，比上年增长24.1%。实现利税总额440.5亿元，比上年增长15.1%；其中利润326.1亿元，比上年增长14.0%。

全年建筑业完成增加值328.9亿元，同比增长8.7%。年末，资质以上建筑企业641户，全年共完成建筑业总产值707.6亿元，比上年增长17.4%。实现利润总额15.7亿元，比上年增长35.7%。完成房屋建筑施工面积3101.4万平方米，比上年增长32.9%；其中，当年新开工面积1925.7万平方米，比上年增长30.8%。房屋竣工面积1232.8万平方米，比上年下降3.1%。

五、固定资产投资

2021年，滁州市固定资产投资比上年增长16.4%。其中，500万元以上项目投资比上年增长16.7%。按产业分，第一产业投资增长162.8%；第二产业投资增长16.4%；第三产业投资增长15.3%。分行业看，制造业投资增长17.9%；批发零售业投资下降35%；房地产业投资增长15.8%；水利、环境和公共设施管理业投资增长19.4%；教育投资增长75.9%。

全年500万元以上固定资产投资施工项目1777个。其中，当年新开工项目810个，增长30.6%；亿元以上项目836个，同比增长23.5%；当年已投产项目590个。

2021年，滁州市完成房地产开发投资587.7亿元，增长15.8%。房屋施工面积4077.9万平方米，增长12.9%；其中新开工面积1018.5万平方米，增长1.8%。房屋竣工面积642.4万平方米，增长58.9%。商品住宅销售额733.2亿元，增长8.3%。

2021年，全市省重点项目新开工384个，竣工202个，均居安徽省第2位；续建和新开工项目共计781个，年度完成投资1305.3亿元，居全省第4位。

六、国内贸易

2021年，滁州市实现社会消费品零售总额1495.5亿元，同比增长26.5%；其中，限上消费品零售额274.7亿元，同比增长35.7%。分区域看，城镇实现消费品零售额1193.4亿元，同比增长27.7%；乡村实现消费品零售额302.1亿元，同比增长21.9%。分构成看，商品零售额1353.2亿元，增长25.8%；餐饮收入142.3亿元，增长33.0%。

从限额以上单位商品零售分类完成情况看，吃类商品零售额64.3亿元，增长88.0%；穿类商品零售额7.4亿元，增长41.2%；用类商品零售额177.9亿元，增长22.0%，其中，日用品类增长39.0%，家用电器和音像器材类增长9.1%，中西药品类增长25.6%，石油及制品类增长23.2%，建筑及装潢材料类增长51.5%，汽车类增长17.2%。

七、对外经济和旅游业

2021年，滁州市进出口总额60.2亿美元，同比增长55.7%（表5-9-7）。其中，出口总额49.8亿美元，增长70.5%；进口总额10.4亿美元，增长9.9%。

表5-9-7　2021年滁州市进出口额主要分类及地区分布

指标	绝对数/亿美元	比上年增长/%
进出口额	60.2	55.7
其中：一般贸易	50.1	53.2
加工贸易	10.0	70.7
其中：对美国	9.9	47.7
对欧盟	9.6	78.4
对日本	3.0	-18.0
对“一带一路”沿线国家和地区	19.6	68.3

全年招商引资境内省外增长20.1%，来自长三角区域资金占境内省外引资总量的72.9%。

2021年，全市共接待游客2342万人次，旅游业总收入206.7亿元。其中，入境旅游人数9902人次，旅游外汇收入360.2万美元；国内旅游人数2340.9万人次，国内旅游收入206.5亿元。年末，全市共有A级旅游景区43个、星级饭店9家、星级旅游餐馆11家、星级农家乐192家、旅行社70家、旅行社分社22个、旅行社服务网点184个。

八、交通和邮电

2021年，滁州市货物运输周转量375.3亿吨千米。其中，公路货物运输周转量313.7亿吨千米；水运货物运输周转量61.6亿吨千米。全年旅客周转量7.5亿人千米。

2021年末，全市民用汽车拥有量58.2万辆，比上年增长9.3%。其中，私人汽车拥有量57.3万辆，增长6.8%；私人轿车拥有量46.5万辆，增长7.5%。

2021年，全市邮政行业业务收入累计17.2亿元，同比增长25.5%；其中，邮政寄递服务业务收入为1.3亿元，同比增长2.6%。全行业业务总量累计18.8亿元，同比增长33.4%。邮政寄递服务业务量为9305万件，同比下降2.9%，其中快递包裹为4686万件，同比增长19.6%。快递业务量累计14529万件，同比增长65.6%。全年电信业务总量37.5亿元。年末，全市电话用户430.1万户，同比增长6.5%。其中固定电话用户38.4万户，同比下降5.5%；移动电话用户391.7万户，同比增长7.8%。年末固定互联网宽带接入用户146.3万户。

九、财政、金融和保险业

2021年，滁州市一般公共预算收入250.9亿元，比上年增长11%，增速较上年同期提高5.7个百分点。从收入来源结构看，各项税收完成147.6亿元，比上年增长5.8%，占财政收入的比重为58.8%。从实现主体看，市本级完成59.2亿元，增长12.6%；县（市、区）级完成191.7亿元，增长10.5%。

全年财政支出461.7亿元，比上年下降0.3%。其中，教育支出79.1亿元，增长1.2%；城乡社区事务支出60.1亿元，下降5.4%；农林水事务支出70.9亿元，下降0.7%；社会保障和就业支出68.7亿元，增长12.9%；卫生健康支出48.4亿元，下降6%；交通运输支出17.6亿元，下降9.3%；住房保障支出10.9亿元，下降10.3%。用于民生方面的支出392.5亿元，占总支出的85%。支持普惠性、基础性、兜底性民生建设，投入资金113亿元，保障32项民生工程顺利实施，建设类、培训类项目完工率100%，有效解决群众关心的重点民生需求。

金融业务快速发展。2021年末，全市金融机构人民币各项存款余额3569.9亿元，比年初增加440亿元，增长14.1%。其中，境内非金融企业存款余额854.4亿元，比年初增加93.9亿元；境内个人存款余额2072.2亿元，比年初增加270亿元。年末，金融机构各项贷款余额3416.4亿元，比年初增加398.7亿元，增长13.2%。从贷款期限看，短期贷款余额950亿元，比年初增加58亿元；中长期贷款余额2262.8亿元，比年初增加350亿元。

2021年新增鑫铂股份、超越科技、华塑股份、浩淼科技、三巽集团5家境内外上市公司，新增来安县斯迈特新材料1家“新三板”挂牌企业，新增省区域股权交易中心挂牌企业90家。2021年末，全市有境内外上市公司14家，“新三板”挂牌企业15家，省区域股权交易中心挂牌企业471家。

2021年末，全市共有财产险、人身险市级公司44家，其中财产险公司22家、人身险公司22家；全年保费收入66.7亿元（不包含天安财险、华夏人寿），同比增长6.3%。财产保险保费收入31.1亿元，同比增长3.2%。其中，机动车险保费收入15.1亿元，同比下降10.6%；意外健康险保费收入7.3亿元，同比增长10.9%；农业险保费收入4.7亿元，同比增长39.8%。人身保险保费收入35.7亿元，同比增长9.1%。其中，个人代理保费收入25.4亿元，同比下降4.5%；银邮代理业务9.3亿元，同比增长81.5%；续期业务23.8亿元，同比增长4.0%。支付赔款（给付）25.9亿元，同比增长5.8%。其中，财产险赔款20.5亿元，同比增长4%；人身险支付赔款（给付）5.4亿元，同比增长13.1%。缴纳各项税款1.04亿元；代扣代缴各项税款1.5亿元；保险消费者保单借款5.1亿元，同比增长8.9%。

第二节　社会发展概况

一、科学技术和教育

2020年，滁州市全社会研发经费投入53.2亿元，同比增长5.1%，研发经费投入占地区生产总值的比重为1.81%。2021年，全市拥有省级以上研发平台207家；国家高新技术企业750家，比上年增加150家；国家级科技孵化器2家、国家级众创空间4家、省级孵化器4家、省级众创空间13家、市级众创空间10家、省级院士工作站9家；国家农业科技园区2个、省级高新区2个。全年获省级科技成果登记2976项、省级科技进步奖10项。

2021年，全市各级各类学校（不含高等教育）共有1123所，在校生59.7万人，教职工4.8万人，专任教师4.0万人。其中，幼儿园622所，在园幼儿12.3万人，教职工1.3万人，专任教师0.8

万人；小学225所，在校生24.5万人，教职工1.3万人，专任教师1.5万人；普通中学261所，在校生18.8万人，教职工2.0万人，专任教师1.6万人；中等职业教育学校9所，在校生4.0万人，教职工0.2万人，专任教师0.2万人。特殊教育学校6所，在校生820人，教职工152人，专任教师133人。

二、文化、卫生和体育

2021年末，滁州市公共图书馆藏书246.4万册，电子图书533.1万册。全市广播电视台7个。全市广播综合覆盖率100%，电视综合覆盖率99.8%。广播全年播放时间4.2万小时，其中自办栏目播放时间2.4万小时；电视全年播放时间5.6万小时，其中自办栏目播放时间1.2万小时。

2021年末，全市共有卫生机构1911个。其中，医院、卫生院165个，疾病控制中心9个，妇幼保健机构9个。全市卫生机构实有床位26027张，比上年减少1%；其中医院、卫生院实有床位24967张，比上年减少259张。卫生机构从业人员3.32万人；其中，医院、卫生院技术人员2.32万人，执业医生7215人，注册护士11506人。

全年全市组织开展各类群众体育活动976场次，组织千人以上群体活动10场次。2021年新增体育场地813个、面积58.9万平方米。截至2021年底，全市共有体育场地13694个、面积895.9万平方米，人均体育场地面积2.25平方米。2021年新成立体育社团13个，截至2021年12月底，共有体育协会182个、俱乐部59个。2021年新增社会体育指导员1037个，截至2021年12月底，共有社会体育指导员12577人，其中国家级66人，一级1240人，二级1320人，三级9951人。

2021年，全市共有国家级体育传统特色学校122所，国家级特色幼儿园20所，省级体育传统项目学校17所，市级体育传统特色学校171所；有国家级青少年体育俱乐部12所，省级青少年体育俱乐部25所。全年输送后备人才53人。举办中小学体育比赛12次，开展传统体育进校园活动32场次，开展扶贫定点帮扶活动2次。承接2021年安徽省青少年锦标赛排球、足球、手球、体操共15个比赛项目，组织59支代表队1082人参加，共获得金牌71枚、银牌60枚、铜牌84枚。

三、城市建设与环境保护

重点工程建设方面，2021年，滁州市本级共承建重点项目185个，总投资756.5亿元。续建项目77个，总投资505.3亿元。其中，市政道桥26个，园林景观、市容卫生、环境治理20个，房建、公建项目31个。菱溪干渠综合整治工程、敬梓路（丰乐大道—二贤路）、紫薇路上跨清流河桥、菱溪路二期（世纪大道—扬子路）、明湖大道（阳明路至滁州大道）、滁州市实验中学高中部运动场、滁州城市职业学院E7学生宿舍楼等46个项目已完工。新建项目108个，总投资251.2亿元。其中，市政道桥40个，园林景观、市容卫生、环境治理30个，房建、公建项目38个。上海路（凤阳路至世纪大道）快车道提升改造、武警支队反恐训练场建设项目、经一路、滁州市车驾管业务综合服务中心周边路网一期工程、人行天桥项目、安置小区电梯安全鉴定及二次供水改造、紫薇路公交停保场、滁州学院会峰校区地下过街通道、镜园红源广场公祭广场展示馆布展等25个项目已完工。

2021年末，市辖区建成区面积110.6平方千米，比上年末增加6.8平方千米。年末自来水日生产能力达到41万立方米。全年市辖区天然气供气总量2.38亿立方米，比2020年增加4529万立方米。

2021年末，全市公路通车里程30404千米。全市公交运营线路334条，比上年增加53条，实有公交车辆2145辆，比上年增加246辆，全年公共汽车客运量12411万人次。全市巡游出租汽车3152辆，网约车1303辆。

2021年末，全市共有自然保护区2个，自然保护区面积2.24万公顷，当年人工造林面积4740公顷。年末森林面积48.9万公顷，活立木总蓄积量2175万立方米。全市共有环境监测站和监察大（支）队18个，环保专项资金2.39亿元。共有污水处理厂4座。城市污水处理率97.2%。全市单位地区生产总值耗能下降3.2%。

2021年，滁州市市区环境空气质量总体上处于良好水平，全市环境空气质量符合《环境空气质量标准》（GB 3095—2012）一级标准的天数为79天，符合二级标准的天数为221天，符合一、二级标准的天数总计为300天，占比82.2%。全年轻度污染55天，中度污染9天，污染天数占比17.8%。

四、人民生活及其他

2021年，滁州市城镇居民人均可支配收入39025元，比上年增长8.3%；人均消费性支出25072元，比上年增长7.1%。其中：食品支出6798元，增长4.9%；衣着支出1940元，增长9.0%；居住支出5770元，增长3.0%；生活用品及服务支出1702元，增长9.1%；交通通信支出3109元，增长14.1%；教育文化娱乐支出2930元，增长16.4%；医疗保健支出2379元，增长1.0%；其他用品和服务支出444元，增长14.6%。城镇居民恩格尔系数为27.1%。

年末，每百户城市居民家庭拥有家用汽车50.3辆，摩托车15.8辆，电冰箱105.9台，洗衣机102.7台，热水器105.0台，空调222.9台，彩电167.4台，照相机11.9台，计算机55.2台，中高档乐器5.7架，固定电话6.6部，移动电话285.1部。

全年农村居民人均可支配收入17400元，比上年增长10.6%；农村居民人均生活消费支出12988元，比上年增长7.1%。其中：食品烟酒支出4426元，增长4.9%；衣着支出794元，增长4.2%；居住支出2463元，增长10.0%；生活用品及服务支出741元，增长9.5%；交通通信支出1543元，增长2.0%；教育文化娱乐支出1622元，增长20.0%；医疗保健支出1175元，增长2.7%；其他用品和服务支出223元，增长1.8%。农村居民恩格尔系数为34.1%。

年末，每百户农村居民家庭拥有家用汽车23.5辆，摩托车41.5辆，电冰箱109.2台，洗衣机109.5台，热水器93.8台，空调153.7台，彩电146.1台，照相机0.9台，计算机15.3台，固定电话4.4部，移动电话315.3部。

2021年末，全市基本养老保险参保人数319.3万人。其中：企业职工养老保险参保人数59.3万人，机关事业养老保险参保人数12.9万人，城乡居民养老保险参保人数247.2万人。失业保险参保人数27.9万人，工伤保险参保人数37万人。全市城镇职工医疗保险参保人数57.7万人，城乡居民基本医疗保险参保人数362.1万人。

2021年，全市城市低保人数2.2万人，累计救助27.3万人，发放救助金1.5亿元，人均救助545元；农村低保人数11万人，累计救助132.6万人，发放救助金5.9亿元，人均救助442元。

2021年末，全市已建工会组织7234个，发展会员41.5万人。“两节”期间全市工会共筹集送温暖资金1085.3万元，帮扶慰问困难职工9430户，发放资金447.2万元。2021年度省总下拨全市中央财政专项帮扶资金529万元，省财政专项帮扶资金131万元，省财政送温暖资金20万元，省总工会经费27万元，安徽移动助学资金2.5万元，省总工会常态化送温暖资金7.9万元。全市使用中央财政专项帮扶资金529万元，帮扶困难职工741户；使用地方帮扶资金570.6万元，帮扶困难职工3991户。经过排查摸底、精准识别并报省总工会及市民生办批准，2021年滁州市城市困难职工帮扶纳入民生工程任务是280户，截至年底已完成帮扶1150户，完成率为410.7%。其中：困难职工生活救助实际救助726人（任务数为87人），完成率为864.5%；实际子女助学救助169人（任务数为97人），完成率为174.2%；实际医疗救助255人（任务数为96人），完成率为265.6%。

2021年，滁州市帮扶慰问（困难）全国劳模47人，发放慰问款39.5万元（中央财政），帮扶省部级劳模（全国五一劳动奖章获得者）383人，发放慰问款120.75万元（省财政）。

2021年末，县级以上妇联9个，县级以上春蕾计划全年筹资77.9万元，资助大学生和中小学生348人。

年末，全市共有养老服务机构160个，床位22669张。农村特困供养人数2.2万人，比上年末下降 2.9%。年末，城镇社区各种养老服务设施1160个。城镇社区公共服务设施2730个，农村社区公共服务设施7265个。2021年全年福利彩票销售总额达2.87亿元。

2021年，滁州市发生火灾1617起，直接财产损失1294.6万元。发生适用一般程序处理的道路交通事故1877起，交通事故死亡人数356人。

第三节　2021年主要工作

一、持续提升综合实力

2021年，滁州市在上年主要经济指标高基数的基础上保持高增长，预计全年地区生产总值、规模以上工业增加值、一般公共预算收入均增长11%左右，固定资产投资增长17%左右，社会消费品零售总额增长20%以上。总量指标上，地区生产总值、一般公共预算收入稳居安徽全省第三，社会消费品零售总额居全省第四；动态指标上，社会消费品零售总额、固定资产投资、一般公共预算收入增速分别居全省第一、第二、第三，地区生产总值增速居全省前五位。

工业经济壮大。新增规模以上企业370家、高新技术企业150家，10家企业跻身全省高新技术企业百强，均居全省前列。智能家电战略性新兴产业基地获评全省A类基地，2家企业获批省重大新兴产业工程。建成家电行业工业互联网平台，3家企业入选工信部工业互联网安全分级分类试点。全柴动力获评安徽省政府质量奖。滁州高新区跻身全省唯一国家级县域产业转型升级示范园区。获批建设国家创新型城市，入选全国先进制造业和数字化转型、数字经济发展百强市。

现代服务业提质。新增上市企业5家、居全省第二，在全省率先实现A股上市企业县域全覆盖。新增限上商贸单位356家，居全省第一。江淮分水岭风景道主线道路全线贯通，全省自驾游大会反响热烈。成功举办第八届中国农民歌会。

现代农业稳固。粮食生产实现“十八连丰”，高标准农田建设质量保险做法面向全省推广。稻虾共作面积突破100万亩、“三品一标”农产品总数1046个，分别居全省第二、第三。10家农民专业合作社获评全国示范社，居全省第一。天长市入选全国首批农业现代化示范区。

二、加大招商力度

2021年，滁州市建立八大产业链“链长制”，实行“一套班子、一只基金、一个协会、一个研发平台”，顶格倾听、顶格协调、顶格推进，定期召开产业链链长会、企业家早餐会、双月座谈会，实行月调度、季观摩、年考评机制。总规模100亿元的诚通战略性新兴产业发展基金、15亿元的皖能碳中和产业并购基金、首期10亿元的小岗春光乡村振兴产业基金落户滁州。成功举办中国光伏行业年度大会、中国国际涂料大会、中国先进电子材料产业发展大会等。与上海交通大学共建光伏研究院、先进光伏电池研究中心。实施招才引智“十大举措”，新引进高端人才项目21个，院士、博士等高层次人才362名；入选国家专家创业领军人才2人、省级领军人才5人，均居全省第一；获评省人才资助奖补项目50个、省级产业团队3个，均居全省第二。全省百名博士后“皖美行”活动首站在滁举行，成功举办国际英才大会。

全市亿元以上项目新签约502个、新开工416个、新投产312个，其中新签约百亿元项目10个，实现历史性突破。海螺绿色光伏产业园、力神锂电池、通威新能源、光明乳业、阳光电源、尚德光伏产业园、国轩动力电池、立讯电子等一批百亿级大项目签约落户或开工建设。

三、深化改革开放

2021年，在扩大开放上，滁州市顶山—汊河、浦口—南谯新型功能区建设实质性推进，两个片区启动区框架全面拉开，浦口—南谯合作产业园被纳入江北新区集成电路规划建设区，来安县与江北新区生物医药谷共建生命健康产业园，总投资112亿元的太阳能电池片、102亿元的人民电器、50亿元的中来光伏新能源、一期28亿元的智浦智能家电等一批项目签约或开工。与上海杨浦区建立战略合作，滁州国际（虹桥）会客厅建成启用，国家技术转移东部中心滁州分中心正式落户，各县市区与沪苏浙城市实现结对共建全覆盖。南京信息工程大学金牛湖校区正式对外招生。深化改革上，农村宅基地制度改革、农村改革试验区“国字号”试点扎实推进、成效初显，在全省率先开展田长制改革。全国农村集体产权制度改革工作推进会在滁召开。综合医改深入推进，城市医联体建设实现全覆盖，全省县域医共体中心药房建设现场会在全椒县召开，明光中医药“银针行动”面向全省推广。出台全省首部《滁州市优化营商环境条例》，获批中国（安徽）自由贸易试验区滁州联动创新区。

四、推进城乡建设

2021年，滁州市城市品质不断提升。主城区实施重点城建项目270个，完成投资210亿元。奥体中心加快建设，滁州大道、明湖大道、紫薇路上跨清流河等路桥贯通，菱溪路上跨立交、紫薇北路下穿工程等有序推进。获批国家首批城市更新试点，全省推进会在滁州召开。滁城物业管理实现全覆盖。全国文明城市创建成果巩固提升。各县市区实施了一批补短板城建项目，完成房屋征收超200万平方米，超额完成棚户区改造年度任务。

乡村振兴步伐加快。巩固拓展脱贫攻坚成果同乡村振兴有效衔接。小岗国家农业科技园区通过验收。全国首笔1.1亿元“碳中和挂钩贷款”、全国首单5.5亿元“乡村振兴权益出资票据”落地滁州，全省首个总额800亿元的金融服务乡村振兴战略合作协议正式签约，全省首家乡村振兴银行落户小岗，全国金融支持乡村振兴培训班在定远县召开。省级美丽乡村中心村建设有序推进，城乡供水实现一体化。

基础设施建设力度加大。滁宁城际滁州段建设全面推进，合新、宁淮铁路开工，沪渝蓉高铁可研获批。滁天、来六、宁洛“四改八”等高速公路加快建设，汊河大桥即将全幅通车，池杉湖大桥主跨合龙。明光、天长通用机场选址通过军方审批。驷马山滁河四级站干渠工程加快建设，中海油滨海液化天然气一期项目开工建设，累计建成5G基站近3800个。

要素保障更加有力。获批专项债138亿元、居全省第二，争取国家和省项目资金17亿元；充分利用国家、省建设用地审批权下放机遇，探索集体经营性建设用地入市，高效推进成片开发方案报批，多措并举保供电，助力经济社会发展。

五、推进社会事业

2021年，滁州市民生支出392.5亿元，占财政总支出的85%。新增城镇就业11.1万人，转移农村劳动力8.2万人。城乡居民社会养老保险平均缴费标准同比提升21.6%、居全省第四，低保标准提升6.7%。$PM_{2.5}$平均浓度下降9.7%，空气质量优良天数比例提升1.1个百分点，地表水质量改善幅度居全省第一，县级以上饮用水源达标率、受污染耕地和受污染地块安全利用率均达100%，污染防治攻坚战考核居全省第四。落实“双减”要求，全市义务教育学校实现课后服务全覆盖。疫情防控成果持续巩固，未出现输入关联病例。“难安置”专项整治扎实推进。圆满完成庆祝建党100周年安保维稳任务，全省“治理重复信访、化解信访积案”现场会、消防救援队伍正规化建设达标创建现场会在滁州召开，滁州喜获平安中国建设示范市称号。十件为民实事全面完成。退役军人服务管理、国防动员、人民防空、民兵预备役等工作取得新成效，民族宗教、外事侨务、地震、气象、供销社、工会、共青团、妇联、文联、残联、科协等工作再上新台阶，红十字会、慈善、老龄、关心下一代等工作得到新加强。

第十章　宣城市2021年经济和社会发展

2021年是党和国家历史上具有里程碑意义的一年。宣城市全市上下在市委、市政府的坚强领导下，坚持以习近平新时代中国特色社会主义思想为指导，认真贯彻落实中央和安徽省决策部署，坚持稳中求进工作总基调，科学统筹疫情防控和经济社会发展，扎实做好“六稳”工作，全面落实“六保”任务，全市经济保持平稳健康发展，高质量发展取得新成效，实现了“十四五”良好开局。

第一节　经济发展概况

一、经济发展基本情况

2021年，宣城市地区生产总值1833.9亿元，比上年增长10.1%，两年平均增长6.9%（图5-10-1）。三次产业协同发展，第一产业增加值172.0亿元，增长7.0%；第二产业增加值890.7亿元，增长11.1%；第三产业增加值771.2亿元，增长9.8%。三次产业结构由上年的10.3∶46.8∶42.9调整为9.4∶48.6∶42.0。按常住人口计算，人均地区生产总值73548元（折合11400美元），比上年增加9894元。

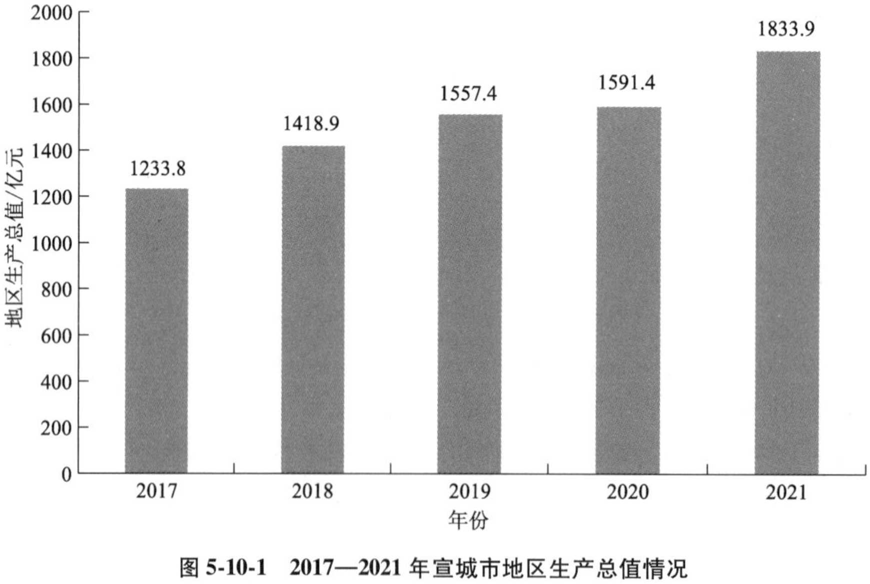

图5-10-1　2017—2021年宣城市地区生产总值情况

2021年末，全市常住人口248.7万人，比上年末减少1.3万人（图5-10-2）；常住人口城镇化率为61.75%，比上年提高0.93个百分点。

2021年，宣城市城镇新增就业5.4万人，比上年多增 0.9 万人。失业人员再就业 1.6 万人，困难人员再就业 0.6 万人。年末城镇登记失业率控制在 2.13%。

全年居民消费价格比上年上涨 0.7%。分类别看，八大类商品及服务价格“五升三降”：衣着、居住、生活用品及服务、交通和通信、教育文化和娱乐价格分别上涨 2.6%、0.1%、0.4%、4.8% 和 0.8%；食品烟酒、医疗保健、其他用品及服务价格分别下降 0.4%、0.6% 和 3.1%（表 5-10-1）。食品烟酒中，粮食价格上涨 1.3%，鲜菜价格上涨 3.8%，畜肉价格下降 20.7%。

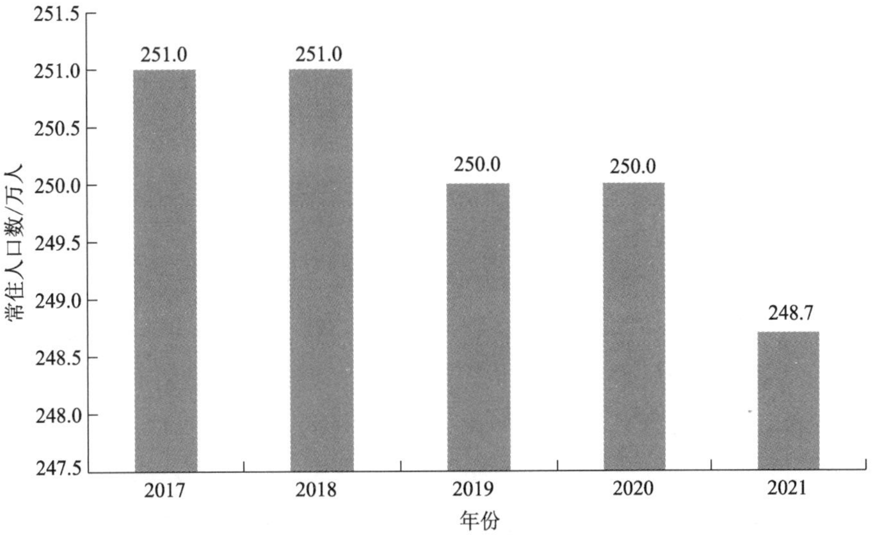

图 5-10-2　2017—2021 年宣城市常住人口数

表 5-10-1　2021 年宣城市居民消费价格涨跌幅度

指标	比上年增长/%
居民消费价格指数	0.7
其中：食品烟酒	-0.4
衣着	2.6
居住	0.1
生活用品及服务	0.4
交通和通信	4.8
教育文化和娱乐	0.8
医疗保健	-0.6
其他用品及服务	-3.1

新兴动能不断增强。全年高新技术产业增加值比上年增长 14.4%，占规模以上工业增加值的比重为 56.1%；战略性新兴产业产值增长 35.6%，占规模以上工业总产值的比重为 48.1%。市场销售中，批发和零售企业通过公共网络实现零售额 16.8 亿元，比上年增长 45.8%。固定资产投资中，高技术产业投资增长 46.5%，快于全部投资 30.1 个百分点，其中，高技术制造业、高技术服务业投资分别增长 32.7% 和 72.7%。全年新登记各类市场主体 3.6 万户，年末市场主体总数达 28.1 万户。

二、县区经济发展

宣城市辖 1 个市辖区、5 个县，代管 1 个县级市，共有15个街道、58个镇、20个乡。

2021年，各县区经济发展总体情况良好，为全市经济发展作出了极大的贡献。

从整体来看，宣城市境内区域经济发展差异性大，宣州区已经突破500亿元大关，最低的旌德县仅61.9亿元，为宣州区的12.33%（表5-10-2）。

表5-10-2　2021年宣城市县区经济发展情况

序号	县区名称	2020年地区生产总值/亿元	2021年地区生产总值/亿元
1	宣州区	436.2	501.9
2	郎溪县	183.6	208.5
3	广德市	329.6	380.7
4	泾县	130.2	147.9
5	绩溪县	88.3	101.3
6	旌德县	54.9	61.9
7	宁国市	384.6	431.7

具体来看，位列第一的是宣州区，经济总量已经达到501.9亿元，同比增长15.1%。这不仅仅是宣州区的历史性突破，更是将宣城市的天花板提升了一个档次。一直以来，宣城市的领头羊都是宣州区，这与其政治地位有关。作为宣城市唯一的市辖区，宣州区的发展得到了全市的支持，也就拥有了教育、医疗、交通等优势。

宁国市、广德市、郎溪县位列第二至第四，是宣城市经济发展的中流砥柱。其中，广德市的经济增长在宣城全市位列第一，高达15.5%，比全市增速高出0.26个百分点。

广德市也以380.7亿元处于全市第三的位置。在过去的几年中，广德市大力支持电子电路、汽车零部件、智能化成套装备和新材料四大主导产业发展，成为广德市实现经济高增长，并位列宣城全市第一的重要原因。例如汽车零部件行业，早在2020年产值就达到了123亿元，相关企业数量突破100家。

泾县、绩溪县、旌德县的经济总量都不到200亿元，是宣城市经济发展中较为落后的。其中，旌德县仅仅61.9亿元，处于全市垫底的位置。根据资料显示，旌德县地处皖南腹地，虽然毗邻江浙沪地区，但这边的森林覆盖率就达到66%，主要的经济支撑就是生态旅游业发展，并且人口仅有11.24万人，因此，即使在安徽省也仅仅高于黟县、八公山区和石台县。

三、农业发展

2021年，宣城市粮食播种面积330.0万亩，比上年增加2.9万亩。粮食产量128.7万吨，比上年增产2.0万吨，增长1.6%。其中，夏粮产量22.1万吨，增长3.7%（表5-10-3）；早稻产量8.4万吨，增长11.7%；秋粮产量98.2万吨，增长0.4%。油料产量6.7万吨，增长6.3%。蔬菜产量57.5万吨，增长4.9%；茶叶产量3.7万吨，增长6.9%；水果产量7.6万吨，增长3.2%。

表5-10-3　2021年宣城市主要农产品产量

产品名称	绝对数/万吨	比上年增长/%
粮食	128.7	1.6
其中：夏粮	22.1	3.7
早稻	8.4	11.7
秋粮	98.2	0.4

续表

产品名称	绝对数/万吨	比上年增长/%
油料	6.7	6.3
其中：油菜籽	5.9	2.5
蔬菜	57.5	4.9
水果	7.6	3.2
茶叶	3.7	6.9

2021年末，宣城市生猪存栏44.2万头，比上年增长0.5%；生猪出栏87.2万头，增长33.5%。猪牛羊禽肉总产量31.5万吨，增长14.6%。其中，猪肉产量7.0万吨，增长31.3%；禽肉产量24.1万吨，增长10.6%。禽蛋产量5.5万吨，下降1.2%。水产品产量11.3万吨，下降3.8%。

年末，全市农业机械总动力251.3万千瓦，比上年增长2.7%。全年化肥施用量（折纯）10.4万吨，比上年下降2.9%。主要农作物耕种收综合机械化率79.2%，比上年提高1.6个百分点。

四、工业和建筑业

2021年，宣城市工业增加值690.5亿元，比上年增长12.0%。规模以上工业增加值增长15.0%。规模以上工业中，分经济类型看，国有控股企业增加值增长17.0%，股份制企业增长14.7%，外商及港澳台商投资企业增长9.4%。分门类看，采矿业增长22.4%，制造业增长14.0%，电力、热力、燃气及水生产和供应业增长26.2%。分行业看，35个工业行业大类中有26个行业增加值保持增长，增加值占比前十的行业均保持增长。其中，通用设备制造业增加值增长17.5%，汽车制造业增长18.8%，电气机械和器材制造业增长27.7%。2021年宣城市规模以上工业主要产品产量及增速见表5-10-4。

表5-10-4　2021年宣城市规模以上工业主要产品产量及增速

产品名称	单位	产量	比上年增长/%
饲料	万吨	87.8	6.7
饮料酒	万升	4082.0	-2.7
服装	万件	1235.8	-43.2
塑料制品	万吨	38.5	-13.7
复合木地板	万立方米	628.1	51.7
家具	万件	140.9	12.1
磷酸一铵	万吨	89.4	10.0
铸造机械	万台	4.8	85.6
中空玻璃	万立方米	14.7	475.6
耐火材料制品	万吨	6.6	35.4
泵	万台	14.7	23.8
水泥	万吨	1118.3	0.9
玻璃纤维布	万米	4467.2	14.8
锂离子电池	万只	7387.4	-26.7
印制电路板	万平方米	681.2	-18.4
电工仪器仪表	万台	42.2	-72.4

2021 年，宣城市规模以上工业企业利润 150.7 亿元，比上年增长 9.5%。分经济类型看，国有控股企业利润 26.0 亿元，比上年下降 1%；股份制企业利润 141.8 亿元，增长 6%；外商及港澳台商投资企业利润 3.6 亿元，下降 27.5%。分门类看，采矿业利润 6.1 亿元，比上年增长 86.8%；制造业 141.0 亿元，增长 6.9%；电力、热力、燃气及水生产和供应业 3.6 亿元，增长 47.8%。全年规模以上工业企业每百元营业收入中的成本为 85.12 元，比上年提高 0.93 元；营业收入利润率 6.7%，下降 0.89 个百分点。

建筑业增加值 200.4 亿元，比上年增长 7.8%。年末在库资质以上建筑业企业 344 家，比上年末增加 85 家。全年房屋建筑施工面积 2078.9 万平方米，增长 9.2%；房屋竣工面积 295.9 万平方米，增长 60.5%。

在宣城市众多企业中，安徽中鼎控股（集团）股份有限公司和安徽省司尔特肥业股份有限公司入选 2021 年安徽省百强企业，分居第 49、67 位。

五、服务业发展

2021 年，宣城市批发和零售业增加值 169.4 亿元，比上年增长 13.9%；交通运输、仓储和邮政业增加值 93.3 亿元，增长 6.9%；住宿和餐饮业增加值 29.8 亿元，增长 15.3%；金融业增加值 99.2 亿元，增长 7.8%；房地产业增加值 93.7 亿元，增长 7.0%；其他服务业增加值 278.5 亿元，增长 9.5%。全年规模以上服务业实现营业收入 81.7 亿元，比上年增长 15.7%。

全年公路货物运输量 1.3 亿吨，货物运输周转量 113.0 亿吨千米。水路货物运输量 1.4 亿吨，货物运输周转量 748.6 亿吨千米。全年港口货物吞吐量 1051.7 万吨，比上年增长 2.8%。全年公路旅客运输量 728 万人次，旅客运输周转量 4.6 亿人次。水路旅客运输量 12.1 万人次，旅客运输周转量 140.6 万人次。

年末，全市民用汽车保有量 52.0 万辆，比上年增长 6.4%，其中新注册 4.6 万辆。私人汽车保有量 47.1 万辆，增长 5.9%；其中私人轿车 28.7 万辆，增长 5.4%。年末全市高速公路 505.8 千米，增长 17.7%。

全年邮政业务总量 13.2 亿元，比上年增长 25.4%。邮政函件业务 23.2 万件，包裹业务 3.3 万件，快递业务 10430.4 万件。快递业务收入 7.4 亿元，增长 20.0%。电信业务总量 24.5 亿元，增长 23.8%。年末全市电话用户总数 301.4 万户，其中移动电话用户 274.5 万户。固定互联网宽带接入用户 105.6 万户，手机上网用户 232.9 万人。全年移动互联网用户接入流量 2.0 亿 GB，增长 33.3%。

六、市场消费

2021 年，宣城市社会消费品零售总额 757.1 亿元，比上年增长 20.8%。按经营地统计，城镇消费品零售额 597.9 亿元，增长 21.0%；乡村消费品零售额 159.2 亿元，增长 20.2%。按消费类型统计，餐饮收入额 77.5 亿元，增长 24.5%；商品零售额 679.6 亿元，增长 20.4%。

限额以上单位商品零售额中，粮油、食品类比上年增长 30.9%，饮料类增长 20.7%，烟酒类增长 24.7%，服装、鞋帽、针纺织品类增长 1.3 倍，日用品类增长 28.3%，金银珠宝类增长 80.9%，家用电器和音像器材类增长 12.5%，石油及制品类增长 13.5%，汽车类增长 8.6%。

七、固定资产投资

2021 年，宣城市固定资产投资比上年增长 16.4%，分产业看，第一产业投资增长 1 倍，第二产业投资增长 14.1%，第三产业投资增长 17.2%。工业投资增长 14.3%，其中，制造业投资增长 13.9%（表 5-10-5）。民间投资增长 11.6%。基础设施投资增长 23.7%。社会领域投资增长 4.0%。

表 5-10-5 2021 年宣城市分行业固定资产投资增速

行业	比上年增长/%
农、林、牧、渔业	89.8
采矿业	241.0
制造业	13.9
电力、热力、燃气及水的生产和供应业	-5.1
批发和零售业	66.7
交通运输、仓储和邮政业	41.6
住宿和餐饮业	59.4
信息传输、软件和信息技术服务业	20.9
金融业	-31.7
房地产业	14.4
租赁和商务服务业	10.1
科学研究和技术服务业	39.0
水利、环境和公共设施管理业	16.5
居民服务、修理和其他服务业	-28.0
教育	1.1
卫生和社会工作	-7.1
文化、体育和娱乐业	18.0
公共管理、社会保障和社会组织	-12.4

2021 年，宣城市房地产开发投资 296.6 亿元，比上年增长 14.7%。商品房销售面积 468.3 万平方米，增长 13.2%；商品房销售额 305.9 亿元，增长 18.1%。年末商品房待售面积 95.1 万平方米，增长 1.3%。

八、对外经济

2021 年，宣城市进出口总额 182.8 亿元，比上年增长 36.1%。其中，出口 168.4 亿元，增长 35.3%；进口 14.4 亿元，增长 45.7%。从出口商品看，机电产品、高新技术产品分别增长 32.1%、41.0%。对“一带一路”沿线国家和地区进出口 44.2 亿元，增长 26.9%。其中，出口 40.6 亿元，增长 25.8%；进口 3.6 亿元，增长 69.1%。

全年新批外商投资企业 21 个。合同利用外资 4.1 亿美元，比上年增长 3.4 倍；实际利用外商直接投资 13.9 亿美元，增长 7.6%。

全年实际对外投资 0.94 亿美元，比上年增长 5.9%。其中，对“一带一路”沿线国家和地区投资 0.13 亿美元，增长 3.5 倍。

九、财政和金融

2021 年，宣城市一般公共预算收入 182.8 亿元，比上年增长 8.5%。其中，税收收入 113.6 亿元，增长 8.7%；非税收入 69.2 亿元，增长 8.3%。一般公共预算支出 315.2 亿元，比上年下降 3.0%。重点支出项目中，教育支出增长 1.4%，社会保障与就业支出增长 8.2%，卫生健康支出下降 8.4%，农林水支出增长 20.2%。全年 32 项民生工程累计投入 60 亿元。新增减税降费 15.3 亿元。

年末，全市金融机构人民币各项存款余额 2486.4 亿元，比上年末增加 308.7 亿元，增长 14.2%。其中，住户存款余额 1514.0 亿元，增长

16.5%。人民币各项贷款余额 2050.8 亿元，比上年末增加 289.3 亿元，增长 16.4%。其中，中长期贷款余额 1353.3 亿元，增长 15.9%。详见表 5-10-6。

表 5-10-6 2021 年末宣城市金融机构人民币各项存贷款余额及增速

指标	年末数/亿元	比上年末增长/%
各项存款余额	2486.4	14.2
其中：住户	1514.0	16.5
非金融企业	489.4	13.5
广义政府	446.0	1.0
各项贷款余额	2050.8	16.4
其中：住户	1002.6	12.4
非金融企业及机关团体	1048.2	20.6

2021 年，宣城市保险公司保费收入 59.9 亿元，比上年增长 7.8%。其中，财产险保费收入 23.9 亿元，增长 1.1%；人身险保费收入 36.0 亿元，增长 12.6%。赔付支出 24.5 亿元，增长 28.1%。其中，财产险赔付支出 16.6 亿元，增长 16.2%；人身险赔付支出 7.9 亿元，增长 63.3%。

第二节 社会发展概况

一、人民生活和社会保障

2021 年，宣城市居民人均可支配收入 33720 元，比上年增长 9.7%，扣除价格因素，实际增长 8.9%。按常住地分，城镇居民人均可支配收入 46115 元，增长 9.5%，扣除价格因素，实际增长 8.7%。农村居民人均可支配收入 20565 元，增长 8.7%，扣除价格因素，实际增长 7.9%。城镇、农村居民人均可支配收入比值为 2.24。

2021 年，全市居民人均消费支出 23713 元，比上年增长 17.8%，扣除价格因素，实际增长 17.0%。按常住地分，城镇居民人均消费支出 26890 元，增长 16.9%，扣除价格因素，实际增长 16.1%；农村居民人均消费支出 20340 元，增长 18.6%，扣除价格因素，实际增长 17.8%。全市居民恩格尔系数为 31.8%，其中城镇为 31.9%，农村为 31.6%。

2021 年末，全市参加城镇职工基本养老保险的有 71.1 万人，比上年增加 3.4 万人。参加城乡居民基本养老保险的有 145.6 万人，比上年减少 1.7 万人。参加城镇职工基本医疗保险的有 46.8 万人，增加 4.1 万人。参加城乡居民基本医疗保险的有 222.1 万人，减少 6.2 万人。参加失业保险的有 29.2 万人，增加 4.5 万人。参加工伤保险的有 37.2 万人，增加 2.1 万人。参加生育保险的有 34.7 万人，增加 2.9 万人。年末，全市共有 0.9 万人享受城市最低生活保障，6.1 万人享受农村最低生活保障。

2021 年末，全市共有各类提供住宿的社会服务机构 178 个，其中养老机构 162 个，儿童服务机构 16 个。社会服务床位 19837 个，其中养老服务床位 19571 个，儿童服务床位 266 个。年末共有社区服务站 861 个。

二、科学技术、教育和文化

2021 年，宣城市共授权专利 6921 件，其中发明专利 728 件。年末拥有有效发明专利 4472 件，每万人口发明专利拥有量 17.9 件，比上年增长 19.3%。全年技术合同交易额 271.3 亿元，增长 1 倍。组织申报各类科技计划项目 350 项，其中列入国家和省科技计划的有 14 项。全年登记科技成果 235 项。新招引高层次人才团队 3 个。

2021 年末，宣城市有获得资质认定的检验检测机构 87 个，国家质量监督检验中心 1 个，获得强制性产品认证的企业 66 个。累计制定、修订地方标准 89 项。累计拥有国家地理标志产品 7 个、有效注册商标 3.1 万件。制造业产品质量合格率 98.56%。

2021 年末，全市有中等职业教育学校 11 所，在校生 2.6 万人，毕业生 0.7 万人；普通高中 21 所，在校生 3.5 万人，毕业生 1.1 万人；初中 126 所，在校生 6.9 万人，毕业生 2.1 万人；小学 136 所，在校生 13.2 万人，毕业生 2.3 万人；幼儿园 396 所，在园幼儿 7.0 万人。高中阶段毛入学率、初中阶段适龄入学率、小学学龄儿童入学率均达到 100.0%。合肥工业大学宣城校区招生 2676 人，在校生 9347 人，毕业生 2198 人。宣城市职业技术学院招生 3702 人，在校生 8542 人，毕业生 2772 人。

2021 年末，全市拥有文化馆 8 个，公共图书馆 8 个，博物馆 13 个，乡镇街道综合文化站 95 个。全国重点文物保护单位 19 处，省级重点文物保护单位 101 处。入选国家级非物质文化遗产名录 8 项，省级名录 64 项。

2021 年末，全市拥有广播电视台 7 座，广播、电视节目综合人口覆盖率均为 99.96%。有线电视用户 43.8 万户。年末全市有国家综合档案馆 7 个，馆藏档案资料 214.4 万卷（件、册）。

三、卫生健康

2021 年，宣城市共有医疗卫生机构 1435 个，其中医院 59 个，基层医疗卫生机构 1346 个，专业公共卫生机构 29 个。基层医疗卫生机构中，卫生院 80 个，社区卫生服务中心（站）85 个，村卫生室 832 个；专业公共卫生机构中，疾病预防控制中心 8 个，妇幼保健院（站、所）8 个，专科疾病防治院（站、所）2 个，卫生监督所 8 个。年末，有卫生技术人员 17759 人，其中执业医师 5808 人，执业助理医师 1085 人，注册护士 8121 人。医疗卫生机构床位 15891 张，其中医院床位 12184 张，卫生院床位 3131 张，社区卫生服务中心床位 437 张。全年医疗卫生机构总诊疗 1963.8 万人次。全市拥有提供新冠病毒核酸检测服务机构 28 个，全年检测 181.6 万人次。

四、生态环境和应急管理

2021 年，宣城市人工造林面积 900 公顷。全市境内有 4 个省级以上自然保护区、13 个省级以上森林公园、4 个省级以上湿地公园、5 个省级以上风景名胜区、1 个省级以上地质公园。

全年 $PM_{2.5}$ 平均浓度为 29.8 $\mu g/m^3$，比上年下降 9.4%。空气质量优良率为 93.1%，比上年提高 0.5 个百分点。16 个国控断面水质达标率 93.8%，优良率 100%。县级以上城市饮用水源地水源达标率达 100%。

全年发生各类安全事故 63 起，死亡 60 人，分别比上年下降 23.2%、3.2%；安全事故损失额 3007 万元，下降 5.9%。亿元 GDP 生产安全事故死亡人数为 0.0327 人，下降 82.6%。全年发生道路交通事故 311 起。

第三节　2021 年主要工作

一、着力保企业、稳增长，经济运行企稳向好

2021 年，宣城市出台“六稳”“六保”若干政策措施，在安徽省首创设立“企业家日”，表彰优秀民营企业和民营企业家，营商环境持续优化。常态化开展“四送一服”专项行动，推行 7×24 小时不打烊“随时办”服务，落实中央财政资金直达基层和惠企利民政策，减税降费 35 亿元。开展“援企稳岗、政策护航”行动，举办“2+*N*”招聘

会 810 场，城镇新增就业 4.5 万人，城镇登记失业率 2.7%。推行企业全生命周期金融综合服务试点，重组设立市级农业政策性担保平台，民生银行宣城分行开业运营。新增贷款 257 亿元，创历史新高，直接融资近 100 亿元。实施“亩均论英雄”改革，加快小微企业园建设，处置盘活批而未供、闲置低效用地 1.9 万亩。坚持每月组织重点项目集中开工，实施亿元以上项目 750 个，完成投资 700 亿元，绩溪抽水蓄能电站、宁国云燕食品、郎溪聚杰微纤新材料、旌德空心胶囊智能化等重点项目建成投产。国家机动车产品质量监督检验中心广德基地运营，泾县国家电动机产品质量监督检验中心建设稳步推进。

二、着力锻长板、补短板，产业结构优化升级

2021 年，宣城市推进工业强市工作，探索建立产业链“链长制”，实施“千企升级”项目 230 个、“双百”项目 240 个，新增国家两化融合贯标企业 11 户、绿色工厂 2 个、绿色设计产品 20 种，入选首批安徽省制造业高端品牌培育企业 10 户。新增规模以上工业企业 188 户，创 2017 年以来新高。加快创新型城市建设，新认定高新技术企业 162 户，新招引高层次人才团队 10 个，技术合同交易额、研发经费支出占比均居全省第 6 位。宛陵科创城正式开园，宣城先进光伏技术研究院挂牌成立，核心城区 5G 网络实现全覆盖。促进服务业发展，推动线上线下消费融合，新增限额以上商贸流通单位 177 户，网络零售额增长 15%。积极发展现代农业，粮食总产达 126.7 万吨，农产品加工产值突破 1000 亿元；集体经济强村占比达 16.5%，居全省前列。

三、着力重合作、促开放，长三角一体化发展扎实推进

宣城市与南京都市圈城市签署共建宁淮宣生态经济带等 10 个框架协议，成为杭州都市圈观察员城市。加快 G60 科创走廊建设，在上海设立宣城（上海）科创中心。强化招商引资，新建省外投资项目数居全省第 1 位，80%以上来自沪苏浙。加快综合交通枢纽建设，合杭高铁开通运营，宣绩高铁加快推进，芜宣机场建成试飞；芜黄高速宣城段全面施工，宣泾高速、宁国至安吉高速开工建设，水阳江船闸通航运营。实施外贸企业“倍增行动”，新增进出口实绩企业 90 户、外商投资企业 19 户，实际利用外资增长 7.1%。宁国获批国家外贸转型升级基地。

四、着力夯基础、强统筹，城乡发展承载力得到增强

2021 年，宣城市开展城市建设“品质提升年”活动，新建续建项目 270 个，完成投资 150.2 亿元，“一江一湖一山一园一区”加快建设，中央生态绿地向市民开放，阳德路改造、宛陵路东延等项目如期建成。完成“城市大脑”基础应用平台和十大智慧应用场景建设。改造提升城市地下管网 48.6 千米，新建污水管网 120 千米。生活垃圾焚烧发电工程二期建成使用。扎实开展“双创一提升”活动，以全省第 1 名成绩蝉联全国文明城市，广德、宁国成功入选第六届全国文明城市。宁国创成国家生态文明建设示范市。强化市区一体发展，宣州区入选中国城市市辖区高质量发展百强，宣城高新区“以升促建”持续推进。宣城经开区强力推进“五个提升”行动，在全省开发区综合考核 30 强中居第 15 位。宣城现代服务业产业园实现市场交易额 260 亿元，宣城·新塘羽绒产业园成为首批省际产业合作园区。扎实推进美丽乡村建设，102 个省、市中心村和 58 个省级示范村建设任务全面完成。建设“生态美超市”398 个。实施农村公路扩面延伸工程 720 千米，乡镇通公交基本实现。创成省级优先发展公共交通示范城市。

五、着力惠民生、增福祉，群众幸福指数持续提升

2021 年，宣城市兜牢基本民生底线。省定民生工程、市政府民生实事顺利完成。棚户区改造开工 3384 套，基本建成 3123 套。完成老旧小区改

造67个，惠及18435户。新改扩建公办幼儿园16所，新增公办初中、小学4所。基本实现基层综合文化服务中心全覆盖。成功举办第五届全球少年书画艺术大会总决赛。实施县域医疗卫生振兴工程，紧密型县域医共体、智医助理实现全覆盖。开展医疗保障“双控”综合考评，监管能力得到提升。建成皖南医药卫生学校、市精神卫生社会福利中心和市级重点核酸检测实验室。高质量完成第七次全国人口普查。民族宗教、妇女儿童、残疾人、红十字、志愿服务等事业进一步发展，外事、侨务、对台、档案、地方志、气象、地震、科普、机关事务、住房公积金管理等工作取得新成效。

守牢安全发展底线。全面推行“四最”信访改革试点，大力推进县乡矛盾调处中心建设，信访形势持续向好，一批信访积案难案得到有效化解。扫黑除恶专项斗争取得重要战果，“守护平安”系列行动有力有效。安全生产形势保持稳定。顺利通过全国“七五”普法终期评估验收。创建全国双拥模范城实现“两连冠”。国防教育、国防动员、人民防空工作取得新进步。

六、着力抓作风、提效能，政府自身建设不断加强

2021年，宣城市贯彻全面从严治党要求，深化“三个以案”警示教育，切实增强“四个意识”，坚定“四个自信”，做到“两个维护”。加强法治政府建设，修订市政府工作规则，严格遵守重大行政决策程序。自觉接受人大法律监督、工作监督和政协民主监督，办理市人代会议案1件、人大代表建议111件和市政协委员提案217件、政协协商建议12件。严格落实中央八项规定及其实施细则精神和省委、市委有关规定，加强财政资金、公共资源交易监管，强化审计监督，压减一般性支出和非刚性支出3.1亿元，“三公”经费支出下降3.6%。效能建设持续深化，政务公开、政务督查工作全面加强。开展“四查四看”专项整治，力戒形式主义、官僚主义，持续为基层减负。支持纪检监察机关监督执纪问责，坚决查处侵害群众利益的不正之风和腐败问题。

第十一章　溧阳市 2021 年经济和社会发展

2021 年是“十四五”的开局之年，是建党 100 周年的特别之年，也是“两个一百年”的交汇之年。溧阳市全面贯彻习近平新时代中国特色社会主义思想，坚决扛起“争当表率、争做示范、走在前列”的光荣使命，在市委的坚强领导下，在市人大、市政协的监督支持下，团结和依靠全市人民，聚焦建设长三角生态创新示范城市奋斗愿景，突出“生态品质巩固提升年”工作主题，开拓创新、克难奋进，不仅胜利完成了市十六届人大五次会议确定的各项目标任务，而且在打基础、利长远的事业上取得了积极进展，更以高质量发展的崭新业绩献礼建党 100 周年。

第一节　经济发展概况

一、综合经济

2021 年，溧阳市实现地区生产总值 1261.30 亿元（图 5-11-1），按可比价计算增长 10.1%。分产业看，第一产业增加值 56.80 亿元，同比增长 2.7%；第二产业增加值 648.81 亿元，同比增长 11.9%；第三产业增加值 555.69 亿元，同比增长 8.8%。三次产业增加值比例为 4.5∶51.4∶44.1。

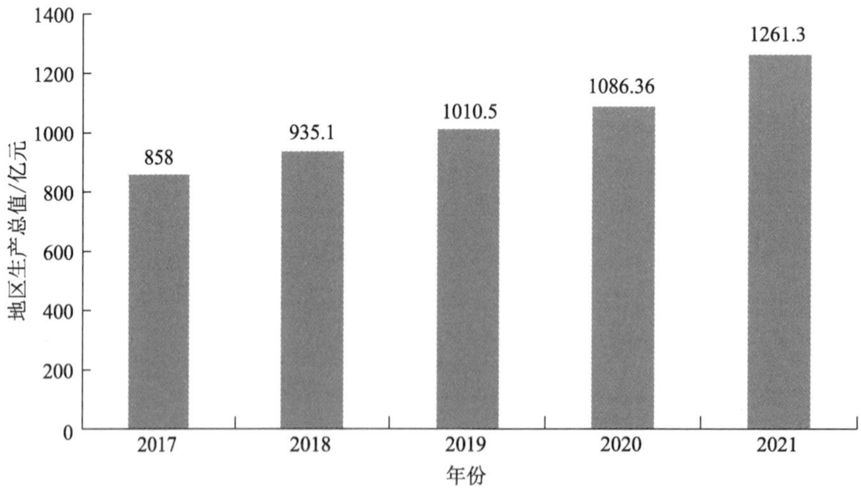

图 5-11-1　2017—2021 年溧阳市地区生产总值情况

2021 年，全市“四大经济”全产业累计完成增加值 690.74 亿元（合计数已剔除融合部分，下同），同比增长 22.6%（同口径，下同），占全市地区生产总值的比重为 54.8%，较上年提高 3 个百分点。全产业实现营业收入 2115.46 亿元，同比增长 5.2%，税收 59.3 亿元（列入统计口径），同比增长 20.8%。

二、溧阳市在常州经济发展中的地位

常州是江苏省地级市，地处长江之南、太湖之滨、长三角中心地带，与上海、南京两大城市等距相望，与苏州、无锡构成苏锡常都市圈，经济发达。溧阳市为常州市所管辖。

2021 年，溧阳市经济总量为 1261.3 亿元，经济增速达到了 16.1%，增速排在常州市全市第一位，工业的快速发展对溧阳整体经济提速有着关键作用，特别是钢铁、电力、汽车等工业发展速度提升较快。

三、农业发展

2021 年，溧阳市实现农林牧渔业总产值 93.45 亿元，同比增长 3.3%。其中：农业 50.29 亿元，同比增长 1.2%；林业 1.08 亿元，同比增长 4.7%；牧业 4.00 亿元，同比增长 16.8%；渔业 33.27 亿元，同比增长 5.0%；农林牧渔服务业 4.8 亿元，同比增长 4.0%。全市实现农林牧渔业增加值 59.98 亿元，同比增长 4.4%，其中：农业 37.08 亿元，同比增长 4.2%；林业 0.4 亿元，同比增长 4.4%；牧业 1.65 亿元，同比增长 15.4%；渔业 17.7 亿元，同比增长 3.8%；农林牧渔服务业 3.18 亿元，同比增长 4.8%。全年粮食播种面积 82.46 万亩，粮食总产量 40.92 万吨。2021 年，全市农机总动力 57.82 万千瓦，农机专业合作社 185 家。

四、工业发展

2021 年，溧阳市工业总产值 2267.49 亿元，同比增长 29.1%；营业收入 2461.59 亿元，同比增长 27.8%；利税 246.63 亿元，同比增长 31.1%；利润 189.27 亿元，同比增长 32.5%。其中：规模以上工业总产值 2112.80 亿元，同比增长 31.8%；营业收入 2308.76 亿元，同比增长 30.2%；利税 232.56 亿元，同比增长 33.9%；利润 178.93 亿元，同比增长 35.3%。2021 年溧阳市工业企业主要产品产量见表 5-11-1。

全市获评省级“绿色工厂”2 家，1 家企业荣获省互联网标杆工厂项目；全年净增规模以上工业企业 107 家，工业销售超亿元企业 206 家；全年新增国家级专精特新“小巨人”企业 3 家，省级专精特新“小巨人”企业（产品）2 家。

表 5-11-1　2021 年溧阳市工业企业主要产品产量

产品名称	单位	产品产量	增速/%
水泥	万吨	2211.5	2.8
水泥熟料	万吨	1916.7	5.8
石灰石	万吨	3707.8	-12.5
电力电缆	万千米	129.3	119.6
钢材	万吨	243.0	-36.6
生铁	万吨	110.5	-51.0
服装	万件	2611.3	-5.8
啤酒	千升	151789.0	-1.2
纱	吨	3547.0	-11.3
变压器	万千伏安	9478.0	-0.7
锂电子电池	万只（自然只）	7641.1	130.8

五、固定资产投资、建筑业与房地产业

2021年，溧阳市固定资产投资同比增长8.0%。其中：工业投资同比增长25.7%，服务业投资同比下降12.0%。5000万元以上项目投资额占比93.0%，高技术投资占比32%，较2020年同期提升12.2个百分点。计划总投资10亿元以上项目（不含房地产）总数55个，同比增长48.6%；完成投资172.1亿元，同比增长58.3%，占固定资产投资额的比重为43.5%。

2021年，溧阳市拥有资质企业527家，其中特级资质企业2家（龙海、天目），一级企业61家，二级企业276家，拥有各类资质1600项，是苏南地区资质门类最为齐全、综合率较高的建筑之乡。全市建筑业施工产值达1124亿元，同比增长12%；上缴税金27.5亿元，同比增长24.4%。

2021年，全市房地产开发完成投资同比下降4.4%。商品房销售面积115.31万平方米，同比增长12.6%。其中，住宅销售面积96.41万平方米，同比下降3.2%。房屋待售面积47.80万平方米，同比增长21.2%。

六、国内贸易与开放型经济

2021年，溧阳市共实现社会消费品零售总额388.98亿元，同比增长22.5%。其中：限额以上社会消费品零售总额102.43亿元，同比增长17.0%。分行业看，限额以上批发和零售业实现社会消费品零售总额91.63亿元，同比增长16.8%；限额以上住宿和餐饮业实现社会消费品零售总额10.80亿元，同比增长19.1%。

2021年，全市外贸进出口总额113.20亿元，同比增长32.0%。其中：出口91.20亿元，同比增长28.9%；进口22.00亿元，同比增长46.8%。实际使用外资3.62亿美元，同比增长8.4%。

七、财政与金融

2021年，溧阳市一般公共预算收入完成87.33亿元，同比增长18.3%，税收占比为87.1%。在江苏省40个县（市）中，收入总量、增幅、税比分列第八、第四和第三位。财政总收入（含政府性基金收入、国有资本经营收入和上划中央四税）完成427.46亿元，同比增长18.7%。

截至2021年12月末，全辖金融机构本外币各项存款余额为1732.20亿元，比年初增加204.31亿元，较年初增长13.4%。其中，住户存款余额为879.15亿元，较年初增长13.9%。全辖金融机构本外币各项贷款余额为1325.78亿元，比年初增加195.08亿元，较年初增长17.3%。年末共有银行20家，小贷公司13家，证券公司5家，保险公司43家。全年保费收入22.94亿元，同比增长33.1%。

第二节　社会发展概况

一、科技、教育与卫生

2021年，溧阳市拥有高新技术企业196家，全市高新技术产业产值同比增长53.7%，占规模以上工业产值的比重达38.8%，较2020年提升6.8个百分点。累计建成省级以上“三站三中心”166家，常州市级以上众创空间、孵化器、加速器34家。新搭建重大科技创新平台4家。

2021年，全市共有各类学校153所，学生98849人（含幼儿），专任教师7780人（含编外）。33所中学中，完中1所、高中6所（含民办1所）、初中26所。初中在校学生19299人，高中在校学生10663人。44所小学（另有特教学校1所，学生149人）中，在校学生42617人。2所中专中，在校学生4446人。72所幼儿园（其中民办23所）中，在园幼儿21675人。另有青少年活动中心1所。高考本科总上线率达93.55%。

2021年，全市有各级各类医疗机构296家，

其中市级以上公立医院2家，民营医院14家，乡镇卫生院17家，其他社会办医疗机构102家，村卫生室（含社区卫生服务站）156家。全市三级综合性医院1家，专科医院3家，二级综合性医院3家。全系统卫健从业人员6959人，其中卫技人员5527人，每千常住人口执业（助理）医师2.96人，每万常住人口全科医生5.75人；每千人常住人口医疗卫生机构床位5.58张。

二、文化、体育与旅游

2021年，溧阳市完成送书下乡30000册、送戏下乡96场、送电影下乡3744场，组织开展各类社会教育活动100场、公益培训50场。累计接待线下读者约110万人次，线上读者共10万人次，外借图书265437册次，办理读者证8527张，开展阅读推广活动30余项110余场次。

2021年，溧阳市成功举办了2021中国·溧阳1号公路红色传承风光跑、乐钓嘉年华全国钓鱼比赛、2021全国桨板锦标赛、2021中国国际标准舞（体育舞蹈）青少年锦标赛等一系列国内重大体育比赛。举办第九届运动会暨第六届全民健身节，共有1.5万余名运动员参加40多个大项300余个小项比赛。

2021年，全市接待游客1862.19万人次，实现旅游总收入229.35亿元，分别恢复到2019年的88.5%和89.1%，恢复速度位列常州第一。积极应对疫情挑战，精准推出“全域免门票”“南京都市圈惠游溧阳”“首届冰雪温泉节”等活动，助力城市“出圈”，激发文旅市场活力。

三、环境保护

2021年，溧阳市$PM_{2.5}$平均浓度为31.9 $\mu g/m^3$，同比下降9.4%，空气优良天数比例为86.6%（优良天数316天），两项指标均创21世纪以来最高水平，在常州各辖市区中排名第一。10个国省控考核断面优Ⅲ类比例为100%，其中大溪水库湖心、沙河水库库中符合Ⅱ类标准。饮用水源地水质达标率为100%。2021年完成新增造林500亩，完成湿地修复500亩。

2021年，全市规模以上工业企业综合能源消费量为416.33万吨标准煤，在规模以上工业产值增长31.81%的情况下，能耗下降6.66%。规模以上工业产值能耗为0.197吨标准煤/万元，下降29.2%。

四、人口与就业

2021年，溧阳市户籍人口78.55万人，总户数27.01万户。年内出生4003人，人口出生率为5.096‰；死亡人口5511人，死亡率为7.015‰；户籍人口自然增长率为-1.919‰。男女性别比为100.32。全市常住人口80.43万人，其中城镇人口51.55万人，城镇化率64.09%。

2021年，城镇新增就业人数21600人，城镇失业人员再就业5128人，就业困难人员再就业1173人，支持成功自主创业1750人，引领大学生创业人数326人，扶持农村劳动力自主创业639人。城镇登记失业率1.5%。

五、社会保障与人民生活

2021年，城镇职工基本养老、医疗和失业“三大保险”综合覆盖率均超98%。城镇企业职工基本养老保险参保人数19.14万人，新增参保人数0.9万人，城乡居民养老保险参保人数6.7万人；城镇职工基本医疗保险参保人数26.79万人，居民基本医疗保险参保人数47.19万人；失业保险参保人数13.81万人；工伤保险参保人数23.5万人，生育保险参保人数16.02万人。全市共有农村特困对象1799人，其中集中供养423人、分散供养1376人。

2021年，全体居民人均可支配收入为49521元（图5-11-2），比上年增长9.7%。其中：城镇居民人均可支配收入为60560元，同比增长9.2%；农村居民人均可支配收入为33371元，同比增长10.9%。城乡居民收入比为1.81，较2020年缩小0.03。

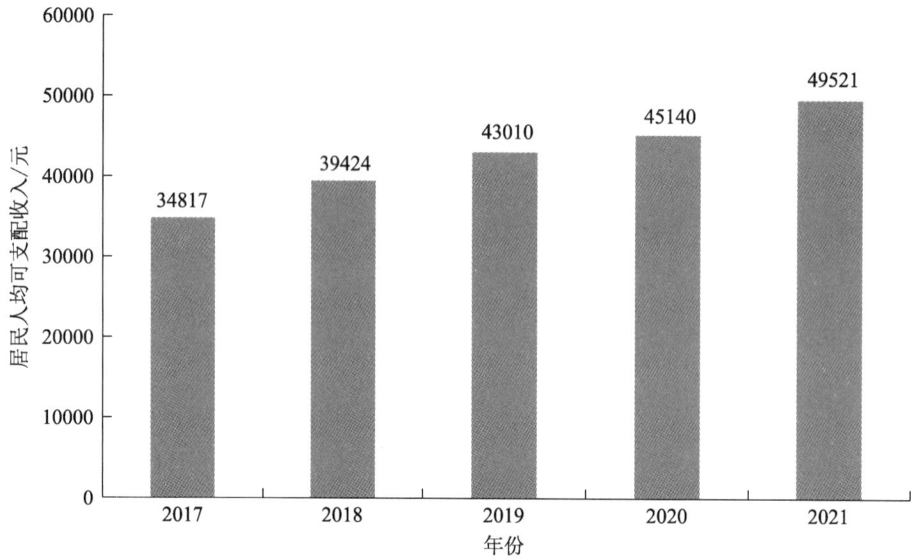

图 5-11-2　2017—2021 年溧阳市居民收入情况

第三节　2021 年主要工作

一、全力抓好经济运行，呈现了稳中提质新态势

2021 年，溧阳市坚持用稳增长的硬措施落实好促发展的硬道理，经济运行稳中有进、稳中提质、稳中向好。

多措并举稳定增长。在常州率先推出“春节暖心惠企政策大礼包”鼓励外来员工留溧过年，一揽子实打实的暖心举措广受好评。工业经济运行稳中有进。实施工业经济跃升行动，全年新增规模以上工业企业 120 家，新增销售超亿元企业 58 家。规模以上工业产值、工业应税销售收入分别增长 31.8% 和 37.5%。江苏上上电缆集团应税销售突破 300 亿元，连续三届获评“中国质量奖提名奖”。江苏时代新能源科技有限公司（以下简称“江苏时代”）应税销售收入突破 200 亿元。“四大重点产业”产值增长 62.5%、高于规模以上工业产值 30.7 个百分点。其中，动力电池产业产值、销售、入库税收分别增长 134.5%、162.6%、336.2%，出货量占全省的 50%以上。工业入库税收增长 30.9%。纳税超亿元企业 20 家，江苏时代、金峰集团纳税超 10 亿元。规模以上工业亩均产值、亩均税收分别增长 19.5%、19.4%。规模以上工业总产值能耗同比下降 27.7%。现代服务业稳中提质。重磅推出南京都市圈“惠”游溧阳活动，卓有成效地举办茶叶节暨旅游节、丰收节、迷笛音乐节等系列文旅活动。茶旅融合跻身全国县域十强。入选首批省级文旅消费试点单位，天目湖夜间文旅消费集聚区入选省级建设单位。天目湖旅游度假区入选国家级森林康养试点建设基地。牛马塘村、塘马村、杨家村获评江苏省乡村旅游重点村。建筑业保持良好态势。建筑业施工总产值 1124 亿元、入库税收 27.5 亿元，分别增长 12%和 24.4%。现代农业稳产增效。粮食生产再获丰收，新增 4 个省现代农业产业技术体系基地、1 个区域公用品牌、9 个省级“一园两基地”。

持之以恒聚焦创新。深入实施创新驱动发展战略，高新技术产业产值增长 53.7%，搭建重大科技创新平台 4 家，新认定国家专精特新“小巨人”企业 3 家、省级以上“三站三中心”12 家。中南生物夺得江苏省科学技术奖一等奖，安靠智电荣获首届江苏省科技创新发展奖。“名城名校合作行·创新创业赢未来”活动成效明显。18位“两院”院士和27位知名专家学者为溧阳高质量发展献计出力。入选全省首批创新型示范县。

强化要素激发活力。初步完成国土空间规划编制，向上争取用地指标5000余亩。向上争取各类地方政府债券资金76.91亿元。其中新增债券62.61亿元，占全常州争取总额的30.2%。全辖金融机构本外币各项贷款新增195.08亿元，余额达1325.78亿元。完成白鹤滩——江苏特高压直流输电工程（溧阳段）和龙政直流线路迁改，全力保障企业正常生产用电用能，天然气供应量增长35%。“招工引匠”扎实推进，招引劳动力3万余人，有效缓解企业“用工难”。

二、持续突破重点项目，掀起了固本强基新热潮

2021年，溧阳市坚持把项目建设作为推动发展的第一引擎，依靠项目增量的投入、内涵的深化，厚植加速崛起的基础。

项目建设持续加力。完善市领导挂钩服务项目制度，每月组织重大项目集中开工活动，全力以赴推动项目早开工、快建设、早达产。入选省级重大项目7个、常州市级重大项目15个。江苏时代（四期）当年开工、当年首批产品下线，时代上汽（二期）、德龙冷轧等重大项目当年签约、当年开工，赛得利、曹山未来城等一批项目加快推进，璞泰来（二期）等重点项目竣工达产。全社会固定资产投资增长8%，工业投入增长25.7%。

载体建设提档升级。中科院物理所长三角研究中心揭牌投用，重庆大学智慧城市研究院、东南大学溧阳基础设施安全与智慧技术创新中心、上海交通大学溧阳智能制造研究院等高端科研载体相继落户。经济开发区全省综合发展排名较上年跃升11位，苏皖合作示范区加快建设，现代农业产业园雏形初显。打造一流营商环境。大力创建新时代“两个健康”先行区，举办企业家焦尾琴沙龙，深入开展企业大走访和政银企对接活动，积极帮助企业排忧解难。全面落实助企纾困政策，减税降费8.5亿元。深化“放管服”改革，落实“一网通办”，创新“省内通办”和“跨省通办”，“1230”限时办结率达99.5%。强化企业“全生命周期”服务，推行重点工业项目“联合竣工验收”，公共资源交易中心跻身全国十佳，营商环境持续优化。

三、大力推进城乡统筹，焕发了欣欣向荣新气象

2021年，溧阳市坚持把公园城市建设寓于城乡融合发展之中，省级美丽宜居城市试点建设不断深化。

城市品质持续提升。天目湖生命康原建设全面推进，完成“溧阳十二望楼景观廊”方案设计，焦尾琴公园隧道双线贯通，“溧阳1号公路”品质持续提升，景詹沙河大桥成为网红打卡点。溧阳港全面启动建设，溧高高速、南部山区旅游道路等骨干道路建成通车。宝塔湾遗址公园建设如火如荼，危旧房变身“口袋公园”。开展违法建设、违规停车等专项整治，拆除违建26.3万平方米，城区新增停车泊位1000余个。城乡一体化管理量质并进，城市长效管理考核稳居常州第一，园林绿化管理精细化水平位居全省前列。

乡村建设成效显著。深化美意田园行动，持续提升农村人居环境，李家园村、里方村、上桂林村、钟家村获评省级特色田园乡村，省级特色田园乡村达11个，总数继续位列全省第一方阵。全省城乡公交一体化暨绿色出行创建工作现场会在溧举办，城乡居民公交出行享受同等待遇，日均客流量增长26.8%。城乡供水一体化让偏远山区群众都喝上放心水、优质水。高质量完成村（社区）“两委”换届。

生态文明进程加快。深入开展突出环境问题整改“百日攻坚”，打好污染防治攻坚战考核位居常州前列。对挥发性有机物排放重点企业推行“一企一策”综合整治，全市$PM_{2.5}$平均浓度为31.9 $\mu g/m^3$，空气优良天数比例为86.6%，两项指标均创21世纪以来最高水平。大力推动金峰、天山运输廊道建设。全面提升固废污染防治能力。

持续推进天目湖流域污染控制与水质提升，国省考断面水质优Ⅲ类比例保持100%。

四、始终聚焦民生短板，开启了和谐稳定新局面

2021年，溧阳市聚力“实事百件践初心”，扎实开展“两在两同”建新功行动，人代会确定的民生实事项目高质量落地，民生支出占一般公共预算支出的比重达78%。

社会保障稳步提升。全力以赴稳就业，城镇登记失业率控制在2%以下。全省首创低保边缘家庭结对帮扶，低保标准提高到940元/（人·月），农村特困人员供养标准提高到1222元/（人·月）。被确定为全民医疗保障规划实施国家联系点。在建安置房129万平方米，竣工63万平方米。新增各类保障性租赁住房5367套。

社会事业全面进步。落实“双减”政策初见成效，加快推进23所学校建设，新增学位超3500个。与南京师范大学共建附小附幼，溧阳中专成为江苏联合职业技术学院办学单位。江苏省人民医院溧阳分院普外科建成全市首个省级临床重点专科，江苏省中医院溧阳分院新院区建设进展顺利，改扩建4家乡镇卫生院，新建26个标准化村级卫生室。

社会大局平稳有序。扎实做好建党100周年安保维稳，“平安溧阳”建设、“八五”普法深入开展，竹箦派出所被公安部荣记集体一等功，溧阳市交警大队被授予“全国公安机关成绩突出交警大队”。信访积案“百案攻坚”成效显著，获评全国信访工作“三无”县，王颖同志获评全国“最美公务员”。高质量推进省级安全发展示范城市创建，开展安全生产隐患整治“百日攻坚”，实施“危污乱散低”企业出清提升行动，安全生产形势持续稳定向好。同时，人民武装、退役军人事务、供销合作、妇女儿童、审计、统计、民防、气象、住房公积金、邮政、通信、海关、烟草、盐务、防震减灾、消防救援、新闻出版、民族宗教、地方志、科普、红十字、外事、侨务、台湾事务、慈善、老龄、残联、对口支援等工作取得新成绩。

第十二章　金坛区 2021 年经济和社会发展

2021 年，在金坛区委、区政府的坚强领导下，全区上下锚定“最美新城区、最强增长极”全新目标，勇担“美丽常州金坛样板”崇高使命，凝心聚力，砥砺奋进，坚定不移推动高质量发展，坚持巩固疫情防控和经济社会发展成果，经济运行稳中向好、社会事业蓬勃发展、民生福祉持续改善，“十四五”实现良好开局。

第一节　经济发展概况

一、经济发展总体情况

经济总量实现跨越。2021 年，金坛区实现地区生产总值 1101.09 亿元，按可比价计算，同比增长 9.5%。其中，第一产业增加值 40.63 亿元，增长 2.6%；第二产业增加值 571.57 亿元，增长 10.3%；第三产业增加值 488.89 亿元，增长 9.2%。三次产业增加值比例为 3.7 ∶ 51.9 ∶ 44.4。

财税收入稳步增长。全年实现一般公共预算收入 60.03 亿元，同比增长 7.5%；其中税收收入 49.67 亿元，占一般公共预算收入的比重为 82.7%。增值税 14.64 亿元，同比增长 30.6%；个人所得税 3.13 亿元，同比增长 58.7%；企业所得税 6.73 亿元。

市场活力不断激发。全年新设各类市场主体 22412 户，注册资金 441.40 亿元；年末共有各类市场主体 80033 户，注册资金 3830.67 亿元。江苏常宝普莱森钢管有限公司获评 2021 年常州市市长质量奖，正信光电科技股份有限公司、江苏金旺智能科技有限公司、同方威视科技江苏有限公司获评 2021 年常州市市长质量奖提名奖。东方日升（常州）新能源有限公司获评 2021 年金坛区区长质量奖，信维通信（江苏）有限公司、永臻科技股份有限公司、常州金坛江南制粉有限公司 3 家企业获评 2021 年金坛区质量管理先进单位。

二、金坛区在常州市经济发展中的地位

常州是我国民族工业的发祥地之一，整体工业水平较高，近年来常州的经济发展速度越来越快，以汽车零部件、太阳能光伏、轨道交通为代表的经济产业是经济发展的引擎，经济发展表现在经济总量方面增速显著。

在常州市县区经济发展中，武进区、新北区、溧阳市属于全市排头兵，特别是溧阳市，2021 年经济增速达到了 16.1%，增速排在常州全市第一位。而金坛区和经开区 2021 年地区经济总量均突破千亿大关，金坛区地区生产总值达到了 1101.09 亿元（图 5-12-1）。

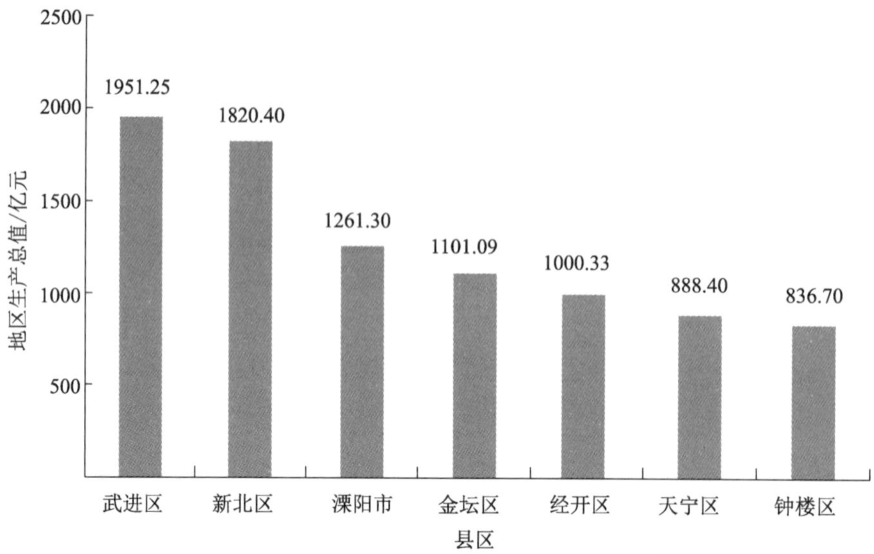

图 5-12-1　2021 年常州市各县区地区生产总值情况

三、农业和农村经济

2021 年，金坛区农业生产总体平稳。全年实现农林牧渔业总产值 75.06 亿元，同比增长 3.6%；实现农林牧渔业增加值 46.25 亿元，按可比价计算，同比增长 2.7%。全年粮食总产量 17.08 万吨，较上年增加 2519 吨。其中夏粮总产量 4 万吨，较上年增加 2498 吨；秋粮总产量 13.08 万吨，和上年基本持平。

现代农业成效显著。全区粮食生产全程机械化水平达 96.7%，特色农业机械化率达 63.5%，位居全市第一。建成 2 家省级“全程机械化+综合农事”服务中心、5 个常州市特色农业生产全程机械化示范基地。开展河蟹生产全程机械化、果茶生产关键环节机械化技术等试验示范，金坛渔业科技示范基地成功申报常州特色养殖全程机械化示范基地。

四、工业和建筑业

2021 年，金坛区工业经济快速发展。全年实现规模以上工业总产值 1489.99 亿元，同比增长 36.2%；其中，高新技术产业产值 827.36 亿元，同比增长 31.4%，占规模以上工业的比重为 55.5%。全年实现规模以上工业增加值 395.37 亿元，按可比价计算，同比增长 17.0%。

支柱产业贡献突出。全年规模以上五大支柱产业实现产值 1431.15 亿元，同比增长 34.5%。其中：装备制造、汽车及零部件、光伏新能源产业分别实现产值 551.74 亿元、319.05 亿元和 240.81 亿元，同比实现两位数增长；化工及新材料和纺织服装产业分别实现产值 214.45 亿元、105.09 亿元。

建筑行业运行平稳。全年资质以上建筑业企业实现施工产值 430.34 亿元，同比增长 1.3%，签订合同额 607.53 亿元。全年建筑企业房屋施工面积 3725.92 万平方米，同比增长 6.4%。按建筑业总产值计算的劳动生产率为 29.5 万元/人，比上年提高 0.9 万元/人。

五、固定资产投资

2021 年，金坛区项目投资步伐加快。全年全社会固定资产投资额同比增长 7.2%，其中第二产业、第三产业分别增长 8.3%和 6.5%，第一产业下降 50.9%。非制造业投资高速增长，全区非制造业投资完成额同比增长 181.8%。计划总投资 5000 万元以下的项目支撑有力，项目数量与完成额呈现双增长趋势，分别增长 92.0%和 65.9%。南沿江高铁金坛站、河海大学新校区等 52 个政府投资项目累计完成投资 58.39 亿元。

招商引资不断突破。全年累计签约引进工业

项目63个，协议投资总额553.36亿元。其中：供地项目33个，协议投资总额481.26亿元；外资项目10个，协议投资总额11.82亿美元；单体投资超5亿元或5000万美元项目22个。签约引进项目中“三新一特”产业项目协议投资额占比97.3%。

六、国内贸易

2021年，金坛区消费市场持续恢复。全年实现社会消费品零售总额276.48亿元，同比增长13.2%。基本生活消费增势较好，限额以上单位日用品类、粮油食品类商品零售额分别增长38.3%、17.0%。升级类消费需求持续释放，限额以上单位金银珠宝类、文化办公用品类商品零售额分别增长25.0%、15.2%。

七、开放型经济

2021年，金坛区外经合作进展顺利。全年签约引进外资项目10个，投产开业的外商投资企业374家，实现实际到账注册外资3.58亿美元。中德（金坛）创新产业园被认定为中国（江苏）自由贸易试验区联动创新发展区，成为江苏省对德合作的又一高地，集聚速德、舒富、晟达等44家德语区企业，总投资额超过12亿欧元。牵线德国手工业行会（HWK）与金坛中专联合开办中德国际班，成功举办首届“对话德国——江苏德国合作交流大会”及“2021中德经济论坛暨德国慕尼黑推介会”。

对外贸易再创新高。全年实现外贸进出口总额272.90亿元，同比增长23.9%，创下历史新高。其中出口212.90亿元，同比增长31.7%；进口60.00亿元，同比增长2.4%。

园区实力持续提升。经开区全年实现工业开票销售收入806.00亿元，规模以上工业总产值701.96亿元，工业实际投入121.69亿元，在省级经济开发区高质量发展综合考核评价中位列第一方阵，并获评第二批省级特色创新（产业）示范园区。华罗庚高新区全年实现工业开票销售收入317.57亿元，规模以上工业总产值218.72亿元，工业实际投入106.11亿元。高新区全力推进项目建设，中航锂电、贝特瑞、飞荣达等项目继续保持高投入强度，牛创新能源项目开启产线技改工作。

八、交通、邮电和旅游业

2021年，金坛区交通运能稳步提升。全年实现交通基础设施投资3.65亿元。全区公路总里程达1161千米，航道总里程达300千米。全年公路客运量1562万人次，公路客运周转量1.23亿人千米；公路货运量2678万吨，水路货运量1973万吨，港口吞吐量103万吨，内河港口吞吐量1031万吨，船舶总吨位42万吨，全社会船舶拥有量622艘，公共汽（电）车客运总量778.6万人次。

旅游产业形式多样。薛埠镇成功入选首批全国乡村旅游重点镇，柚山村、金牛村成功入选江苏省乡村旅游重点村。开展旅游四季节庆活动，举办2021春到茅山赏花季活动、2021年“中国旅游日”江苏省分会场活动、长荡湖籽虾节、夜生活节、金坛嗨购节、2021美丽中国行·旅游高质量发展（金坛茅山）论坛暨全国主流媒体采风、金坛美食大赛、2021金坛茅山第四届汽摩运动文化节等活动，持续提升金坛文旅吸引力。

九、金融保险业

2021年，金坛区金融市场运行稳定。年末，金融机构人民币各项存款余额1509.38亿元，比年初增加229.51亿元，增长17.9%。其中住户存款562.84亿元，较年初增长9.1%；单位存款946.55亿元，较年初增长24.0%。人民币各项贷款余额1229.19亿元，比年初增加183.28亿元，增长17.52%。其中：短期贷款423.69亿元，较年初增长3.5%；中长期贷款776.51亿元，较年初增长28.6%。

保险业务平稳发展。全年实现保费收入18.21亿元，同比增长3.2%；其中，财险保费收入6.14亿元，寿险保费收入12.07亿元，同比分别增长8.0%和1.0%。全年各类保险理赔和给付支出5.66亿元，同比增长11.9%。其中：财险赔付支出3.91亿元，同比增长26.3%；寿险赔付支出1.75亿元，同比下降10.8%。

第二节　社会发展概况

一、科技创新

科研创新活力激发。2021年，金坛区万人发明专利拥有量24.52件，有效发明专利累计1435件，同比增长31.5%。黄金村软米地理标志证明商标通过国家知识产权局核准，“长荡湖螃蟹”和“指前标米”申报国家地理标志证明商标。常州市金坛瑞凌焊接器材有限公司获国家专利优秀奖；江苏鹿山新材料有限公司、中航锂电科技有限公司获江苏省知识产权战略推进计划项目立项；“金坛雀舌”获省地理标志保护项目立项。全年认定高新技术企业106家，认定科技型中小企业202家。蜂巢能源、中航锂电获评省独角兽企业；永臻科技、久诺建材、鹿山新材料获评省潜在独角兽企业。

校企合作深入拓展。与常州工学院签订全面合作协议，常州工学院在金坛设立技术转移中心金坛分中心，7家企业与常州工学院科研团队签订产学研委托项目合作协议。深化与河海大学产学研合作，出台全面深化校地融合合作方案，加快承接河海大学科技成果转化项目。永臻科技、万纳普新材料、普泽环境、常友环保等6家企业分别与四川大学、江苏理工学院、常州大学等高校建立科技副总合作。清华大学研究生实践江苏金坛基地再次获评五星级基地，6名博士生获优秀奖补。

二、教育、文化、卫生、体育

教育事业成果丰硕。2021年，金坛区拥有各级各类学校109所，在校学生69442人，专任教师5474人。3人在常州市班主任基本功竞赛中获一等奖、4人获二等奖；新增常州市中小学特级班主任2人、高级班主任5人、骨干班主任11人。小升初考生3A率达30%，中考640分以上73人，600分以上767人，均创历史新高；高考600分以上51人，高分段较2020年有较大幅度提升；本一（特招）达线753人，达线率60%，较2020年增加5个百分点。江苏省华罗庚中学本一达线率首次破八，达83%。

文化事业精彩纷呈。年末拥有电影院7座，放映场次85644场，观影人数70.9万人次；综合性图书馆1座，藏书71.7万册，接待读者32.8万人次。全区群众文化工作者、群众文艺爱好者和群众文艺团队创作表演、音乐、舞蹈、戏剧、曲艺和美术类作品参加首届常州市公共文化“青果奖”评选，选送的舞蹈作品《奶奶门前那口井》成功获奖。举办“梨园百花进万家”戏曲进农村巡演、江苏省庆祝中国共产党成立100周年“百年百场”优秀群众文艺作品巡演等各类主题展演活动。开展精品儿童剧创作，青春剧《野蜂飞舞》在江苏大剧院首演，区锡剧团（江苏省儿童艺术剧院）被表彰为江苏省文化和旅游系统先进集体。

医疗服务日益健全。年末拥有各类医疗卫生机构221家，其中区属医院3家、卫生院12家、城市社区服务中心2家、民营医院8家；拥有卫生技术人员3981人，其中执业（助理）医师1692人，注册护士2002人。“院府合作”正式达成，与上海市第一人民医院签约合作共建金坛第一人民医院，为百姓提供更高端优质的医疗服务。提档家庭医生签约服务能力，共组建高效率的家庭医生团队99个，全区总签约人数为220314人。

体育事业蓬勃发展。贯彻“文化+”“体育+”“旅游+”战略，开展各类体现文体旅融合的赛事活动，举办2021金坛茅山山地半程马拉松赛，承办2021年江苏省青少年田径中长跑竞走项群赛。推动体育高质量发展，完成20个全民健身场地、1家体育公园和2千米健身步道的民生实事项目建设，人均体育场地面积进一步提高。开展全民健身赛事活动，成功举办文体惠民城乡行、国家体育锻炼标准达标测验、体育四季联赛，组织参加江苏省健身气功·八段锦网络公开赛，全民健身形式更加丰富多样。

三、人口、民生与社会保障

人口规模稳中有升。2021 年，金坛区户籍人口 54.24 万人，其中男性 26.71 万人，女性 27.53 万人，男女性别比为 97：100。户籍人口出生率 4.43‰，人口死亡率 8.49‰，人口自然增长率为 -4.06‰。年末常住人口 59.29 万人，其中城镇人口 39.41 万人。

城乡收入持续提高。2021 年，全体居民人均可支配收入 51004 元（图 5-12-2），同比增长 9.7%，其中城镇居民人均可支配收入 62316 元，农村居民人均可支配收入 33796 元，同比分别增长 9.1%和 10.7%，农村居民收入增幅高出城镇居民 1.6 个百分点，城乡居民收入差距不断缩小。

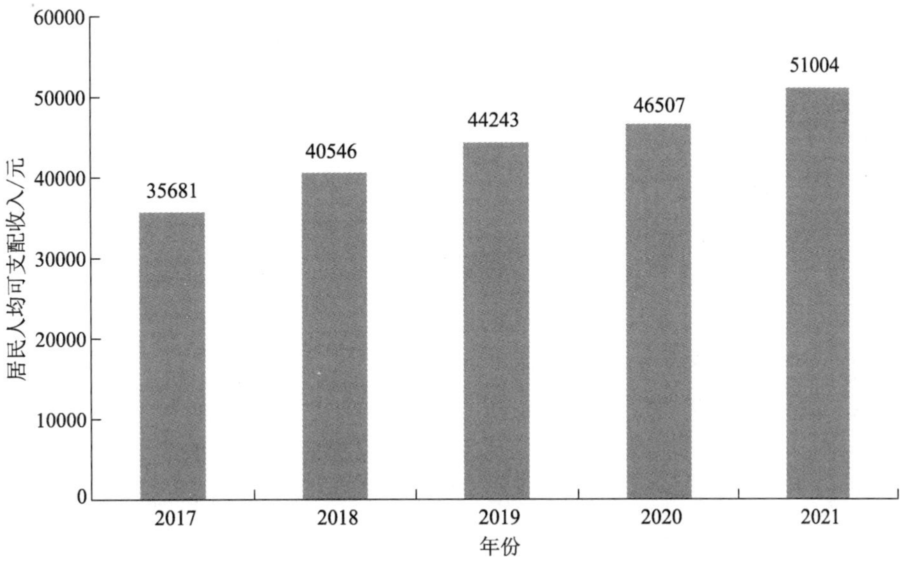

图 5-12-2　2017—2021 年金坛区居民收入情况

民生工程扎实推进。全年实现一般公共预算支出 90.21 亿元，同比增长 3.5%，其中社会保障和就业、卫生健康、交通运输等民生支出分别为 19.38 亿元、9.07 亿元和 2.47 亿元，同比分别增长 30.1%、7.6%和 30.9%。完成改造提升文化一村（一期）、河滨（含北戴）小区 2 个老旧小区，涉及 93 栋 2561 户居民。深入推进棚户区改造，全年新开工棚户区改造九洲里花园四期等项目 1083 套，基本建成连珠水苑一期等项目 3010 套。

社会保障更加完善。持续推进全民参保计划，开展参保精准扩面，重点推动企业职工应保尽保和新业态从业人员的参保扩面。全区企业职工基本养老保险净增参保 10288 人。深入实施工伤保险“同舟计划”，建筑业新开工项目工伤保险参保率达 100%。稳步提升社保待遇水平，城乡居民基础养老金标准从 280 元/月提高到 335 元/月，缴费满 15 年的从 310 元/月提高到 365 元/月；被征地农民养老补助金标准从 680 元/月提高到 760 元/月，惠及十万余人。实施社保精准扶贫，为 1554 名重残等四类人员建档立卡代缴居民养老保险。

四、城乡建设和环境保护

基础设施加快建设。2021 年，金坛区加快提升城乡品质内涵，钱资新城路网体系进一步完善，钱资湖大道西延、乌干路（含桥梁）、汇金路南延和幸安路竣工，思诚路、凌云路路基完成，南沿江涉铁通道中庆升路等 6 条道路竣工，高铁枢纽配套云锦路、金门路等 7 条道路全面开工；通过工程措施及信息化手段，完成县府路、胡姬花园等 19 个堵点改造工程，完成华城路、东二环两处环岛拆除，新增人防地下泊位 2000 余个。完善慢行系统，钱家路等 8 处人行道贯通竣工，扩大公共自行车覆盖范围，引进国家电网、星星能源等社会资本参与充电桩建设。

生态环境持续改善。全区 88 家重点 VOCs 排放企业、12 家重点 NO_x 排放企业进行整治评估，完成 5 个码头堆场扬尘治理项目、50 个施工工地扬尘治理项目，开展“清洁城市行动”，加强道路保洁。全区 $PM_{2.5}$ 年均浓度为 34.2 μg/m³，比 2020 年同期下降 5.8%，优良天数达 287 天。全区水环境质量 5 个国考断面 4 个达标，4 个优Ⅲ，达标率和优Ⅲ率均为 80%；11 个国省考断面 10 个达标，10 个优Ⅲ，达标率和优Ⅲ率均为 90.9%。

第三节 2021 年主要工作

一、坚定不移攻坚重大项目

聚焦“五新产业”，突出招引优质项目。2021 年金坛区累计签约引进项目 57 个，协议投资总额 545.4 亿元，其中，外资项目 8 个。中创新航四期项目超 100 亿元，东方日升二期、恩捷隔膜项目超 50 亿元，牛创新能源汽车、普洛斯物流园等 3 个项目超 30 亿元或 3 亿美元。完善重大项目决策论证和专班推进机制，构建重大项目招引、服务、推进的全周期管理模式。中创新航三期、蜂巢能源三期、贝特瑞高镍正极材料等项目加快推进，SK 隔膜二期、常宝特种管材、联益光学等项目竣工投产。设立总规模 100 亿元的产业创新发展母基金，引进星纳赫等 5 支产业子资金，创新开展“园区保”等金融服务，加大对重要产业、重点项目和小微企业的支持力度。完成企业直接融资 339 亿元，蜂巢能源和中创新航双双获百亿级股权融资，连续刷新江苏省年度单笔最大融资纪录。

二、与时俱进实施创新驱动

2021 年，金坛区构建“1+*X*+*N*”产业科创体系，华罗庚创新中心正式揭牌。成功举办中国数学会工作会议、第八届全国数论会议。364875 号小行星被命名为“华罗庚星”。新认定高新技术企业 106 家，永臻科技、久诺建材、鹿山新材料等 3 家企业入选省潜在独角兽企业，创健医疗等 10 家企业获评省级专精特新“小巨人”企业，东方日升创成省级产业创新中心。世界首座非补燃压缩空气储能电站并网发电。加强与上海海洋大学、河海大学等高等院校产学研对接，与江苏省产业技术研究院建立全面战略合作关系。落实“金礼遇·才无忧”人才服务政策，发放“金沙英才”服务卡 857 张，财政补助超 4 亿元。引育高层次人才 276 人，入选省“双创计划”项目 2 个。

三、持之以恒提升城乡品质

2021 年，金坛区深化国土空间总体规划编制，深入对接常州“两湖”创新区规划，加快“三城三区”等重点片区规划编制。南沿江城际铁路完成架梁施工，57 条涉铁通道基本完成建设。通济南河整治工程主体完工。一污厂、儒林及茅东污水处理厂投入运行，工业污水处理厂开工建设，生活垃圾焚烧发电及飞灰库项目运行。深入推进全国典范性文明城市创建。开展新一轮农村人居环境整治提升，花山等 16 个被撤并集镇完成整治，柚山村美丽乡村示范项目开园，薛埠镇入选全国乡村旅游重点镇。

四、凝心聚力改善民生福祉

2021 年，金坛区扎实推进 16 件民生实事。河海大学常州新校区主体结构完工，岸头佳园幼儿园、儒林镇中心幼儿园等建成竣工，汇贤初中开工建设，老华中改造有序实施。阳光控股等知名民办教育集团落户金坛区。常州市金坛第一人民医院与上海市第一人民医院合作共建正式实施，加快推进中医医院搬迁改造，妇幼保健院投入使用。新增“夕阳红”居家养老服务中心 32 个，村（居）覆盖率达 80%。改造雨污水管网 28.5 千米，改造提升文化一村、河滨（含北戴）小区。完成各类道路消险 20 处。实施停车收费智能化管理，新增停车泊位 2000 个。扎实推进“一年小灶”和“三年大灶”衔接转化，开展省级安全发展示范城市创建，整治“危污乱散低”企业 531 家，生产安全事故起数、死亡人数实现“双下降”。此外，海关、气象、供销、工会、烟草、消防救援、人民银行、住房公积金等部门认真履职，取得了新的成绩；史志侨台、人民武装、邮电通信、妇女儿童、民族宗教、慈善、红十字等单位扎实开展工作，作出了新的贡献。

第六篇

创新发展

第一章 创新发展理论与实践

南京都市圈是长三角城市群的重要组成部分，也是我国最早启动建设的跨省都市圈。根据《长江三角洲区域一体化发展规划纲要》，按照《国家发展改革委关于培育发展现代化都市圈的指导意见》要求，《南京都市圈发展规划》得到国家发改委批复并正式公布，标志着南京都市圈历经多年推动建设后正式上升到国家层面。《南京都市圈发展规划》出台和实施的目的在于推动南京都市圈高质量发展，建设具有国际影响力的现代化都市圈。

目前，南京都市圈的整体实力、空间效率、同城化水平等与发达国家成熟都市圈相比仍有一定差距，特别是城市间分工协作水平有待提升，成本共担、利益共享的合作机制和常态化协商机制等尚未完全形成。探索南京都市圈城市间协同发展之路，形成“跨省级行政区区域治理”创新模式，为我国现代化都市圈建设积累经验、提供示范，是摆在我们面前的重要课题。根据南京都市圈的发展实践看，都市圈跨省级行政区治理尚缺乏相关理论和经验。南京都市圈地跨苏皖两省，基础设施一体高效、创新体系协同共建、产业专业化分工协作、公共服务共建共享、生态环境共保共治等，需要尽快推动。

第一节 南京市创新发展理论与实践

2021 年是“十四五”开局之年，也是南京踏上建设引领性国家创新型城市征程的起始年。南京市不断配合南京都市圈的协调发展创新、产业空间布局创新、科技支撑经济创新、产业高质量发展创新、生态全覆盖和数字经济发展等方面。

一、产业高质量发展理论创新

第一，把稳市场主体摆在首要位置。深入落实“一带一路”、长江经济带、长三角一体化等国家战略，充分发挥南京都市圈辐射带动作用，当好长三角中西部地区整体隆起的“尖峰”。积极融入国内统一大市场，建设国际消费中心城市，维护产业链供应链稳定畅通，显著增强内需对经济增长的拉动力。

第二，把增发展动能作为重中之重。大力推进引领性国家创新型城市建设，加快培育“2+2+2+*X*”创新型产业体系，勇当国家科技和产业创新开路先锋，争创区域科技创新中心。积极稳妥推进碳达峰碳中和，深入打好污染防治攻坚战，不断提升产业发展含绿量、含新量。

第三，把促改革开放作为动力支撑。2021 年，南京市围绕重大战略实施的全过程、产业发展的全链条、企业发展的全周期、人才成长的全维度推进改革，打造更多原创性、引领性、标志性改革成果。立足“一区一特色、一部门一课题”，聚焦财税金融、国资国企等重点领域深化改革，持续扩大双向开放，让改革红利更加可感可及、更显综合效能。

二、生态全覆盖理论创新

第一，促进生态环境共建共享。南京市实施农村人居环境整治提升行动，健全落实垃圾收运、污水管理、绿化养护、违建管控“四位一体”长效制度，农村人居环境整治工作得到省政府点名表扬，农村垃圾分类工作成为全省推广案例。

第二，加大生态建设保障力度。南京市每年把不少于20%的地方新增财力、10%的土地出让金用于生态建设，推行“大数据+指挥中心+综合执法”，上线运行社会治理综合指挥中心，完成水务、城建等17条专线数据的整合接入，定期集中开展多部门联合执法，实现对水体环境、空气质量等一体化监测管控。

第三，让好生态对接“大市场”。南京市创新绿色金融体系，拓宽绿色企业融资渠道，23家生态农业和环保节能企业在区域性股权市场挂牌，并推出集体经营性建设用地入市、集体经营性建设用地抵押贷款。其中最具代表性的是南京市高淳区，2021年，南京高淳生态系统生产总值（GEP）上榜江苏省十佳生态环境治理改革创新案例。

三、数字经济发展理论创新

作为我国最早布局数字产业经济的城市之一，南京一直将数字化视作产业转型升级的重要抓手。南京的数字化发展已近10年。2013年，南京便率先制定出台了《关于加快大数据产业发展的意见》，此后，数字产业便成为南京发展的重点之一。进入“十四五”时期，数字经济更是成为南京发展规划中的“常客”。在2021年南京市政府工作报告中，数字经济也被视作重点发力的领域之一。2021年10月，南京发布《南京市“十四五”数字经济发展规划》，重点围绕创新引领、融合赋能、智慧城建、智能体验等方面，对“十四五”期间城市数字经济发展作出了系统的指引。

第二节　镇江市创新发展理论与实践

2021年是南京都市圈发展规划落地的起步之年，交通运输成为南京都市圈区域一体化发展的先行领域、关键支撑和重要载体。“十四五”期间南京都市圈各城市将重点发力互联互通，宁句、宁马、宁滁、宁扬等城际轨道交通线路将逐步从规划图变为现实跨界通途。轨道交通建设运营跨省界、市界，而不同行政区域存在管理主体、执法依据、执法标准等方面的差异。镇江市提出“一体两翼”“1+1+N”发展理论，不断创新。南京至镇江句容的宁句线的正式通车，迫切需要南京与镇江在硬件基础设施通达的基础上，统筹制度设计，构建综合协同一体化联动体系，为实现跨区域、同城化管理功能提供法治保障。镇江市加强与周边地区的法治协同，更好地服务和保障长三角一体化等战略的实施和区域协调发展。

一、“一体两翼”

2002年，《镇江市城市总体规划（2002—2020年）》提出“一体两翼”空间发展战略，镇江城区的发展和建设围绕“一体两翼”展开，基本打破了原有单纯的沿江带状发展的格局。2020年，镇江市委七届十一次全会报告对城市发展布局进行优化，将中心城区“一体两翼”的空间结构扩展为全市域范围内“一体、两翼、三带、多片区”的发展布局。2021年，镇江市第八次党代会报告提出，“围绕‘一体、两翼、三带、多片区’总体布局，有序谋划打造九大重点片区”。九大重点片区是未来镇江产业集聚发展的新空间板块，是产城融合发展的新功能区，是推动镇江高质量发展的新增长极。

九大重点片区是镇江落实长江经济带、长三角一体化等多重国家战略的重要载体，是推进产业强市“一号战略”落地的关键支撑，需要更加突出创新在九大片区规划建设中的重要意义，积极推动产业链、创新链、价值链跨区域布局，更好地践行新发展理念，融入新发展格局。

九大重点片区分别布局在镇江 8 个行政区划板块，规划核心区范围可利用新增空间约 1230 顷。每一个重点片区都与所在的行政区划板块产业定位紧密相连并有一定的产业基础，与全市“四群八链”重点产业相呼应。

二、“1+1+*N*”赋能镇江打造智慧城市名牌

2020 年 11 月，镇江被评为“2020 中国宜居宜业城市”，获此美称，与“智慧镇江”建设不无关系。镇江紧跟智慧城市发展浪潮，镇江市政府与软通智慧达成战略合作，规划镇江智慧城市发展方向。以充分利用现有硬件资源进行集约建设为思路，软通智慧为镇江量身打造“1+1+*N*”的智慧城市建设方案。两个“1”即“大数据共享交换平台”和“城市综合运行监管平台”，“*N*”是在两个“1”基础上延伸出的多个应用。在此体系下，镇江夯实智慧城市建设的基础，为后续建设提供框架指导。

第一，数据为基，打造智慧镇江数字底座。打通数据壁垒是智慧城市建设的关键，镇江市秉持“数据为基”的理念，将“大数据共享交换平台”放在智慧镇江建设的重要位置。大数据共享交换平台是数据承载、汇聚和交换的基础设施，依靠政府的协调作用和智能化手段，更好地实现各部门的数据共享及数据服务。

第二，综合监管，促进城市精细化管理。如何实现高效扎实的城市精细治理，是镇江要解决的一个重大课题。智慧镇江在筑牢数字底座的基础上，结合科学有效的城市运行指标体系，全力打造“城市综合运行监管平台”，快速构建城市精细化治理体系。

第三，急用先行，多维应用普惠企业与市民。应用层面，智慧镇江始终秉持“急用先行、分步实施”的策略，在建设一期，完成智慧城管、智慧旅游、智慧信用、智慧监管、工业大数据云平台五大应用的落地。2021 年，智慧镇江二期项目陆续启动，在“1+1+*N*”的智慧城市体系下，继续深耕细作，促进镇江高质量发展。

三、镇江“创”字引领产业强市

第一，强化顶层设计，创新引领产业强市。2021 年是“十四五”开局之年，镇江市发改、工信、科技等部门加强系统谋划，先后编制出台了“十四五”重点产业发展、先进制造业发展、战略性新兴产业发展、科技创新等一批重要的引领性规划，突出产业与创新深度融合，聚焦重点突破，推动“四群八链”做优做强。同时，镇江市大力推进园区整合，制定开发园区整合优化提升“1+2”配套文件；谋划重点片区建设，推进沿 312 国道布局的官塘创新社区、练湖生态新区、金牛山创新核心区、长山产教融合发展区、句容枢纽经济区等片区规划建设。

第二，建优建强载体，创新资源落地生根。镇江市重点围绕创新主阵地、孵化载体、创新平台建设，加快 312 国道创新走廊建设。312 国道宁镇快速化改造、346 国道城区段城市化改造工程先后开工建设，宁镇两地全面进入“主城对接”时代。承办首届南京都市圈暨高校院所走进镇江产学研对接活动，发布“南京都市圈创新合作（镇江）宣言”，上线“南京都市圈科技创新生态图谱”，签署“南京都市圈技术转移联盟框架合作协议”，集聚都市圈创新资源，打造科创共同体。

第三，双链深度融合，创新驱动转型升级。面对产业结构偏重、大企业大项目数量不多、产业集群效应不强、协同创新能力有待提升等问题，镇江市更加强调和突出科技创新驱动，制定出台“产业强链”三年行动计划，完成 8 条产业链的“五图”“六清单”编制，梳理产业链关键技术等薄弱环节，加快突破。

第四，人才资金支撑，创新生态打造优化。2021 年，镇江市以优厚的人才、金融支持政策，将人才和项目“捆绑”引进，推进高层次人才创新创业。实施大学生“聚镇”计划，扎实开展人才“镇兴”行动，持续推进“金山英才”计划。

同时镇江市加大金融服务力度，建成全省首个财政金融运管服务系统，进一步拓展“助力贷”，实施资本市场“扬帆计划”，并着力打造“镇合意”服务品牌。

第三节 扬州市创新发展理论与实践

宁镇扬一体化发展正在加速推进，扬州市政府围绕基础设施、产业布局、公共服务、旅游开发、生态保护等“五个一体化”的思路和目标，主要以项目化方式推进宁镇扬一体化发展。实践中，宁镇扬一体化发展呈现出明显的服务项目先行、政府合作滞后的态势，从高质量发展、生态科技创新等方面不断前进。其中，宁镇扬三市预约挂号平台项目和远程医疗共享平台项目已经建成并投入使用，三地公共交通实现“一卡通”，居家养老购买服务取消了户籍限制。但在政府合作方面，仍停留在签署合作协议、召开联席会议、通过省政府协调等基础层面，尚未从契约型合作上升到信任型合作、从分散建设上升到协同推进的较高层面。扬州市主张建立整体性政府的新模式，以治理跨界公共事务，协同推进宁镇扬一体化发展。

一、扬州产业科创名城建设

第一，找准突破口，下好“先手棋”。2021年，扬州深入实施创新驱动发展战略，大力推动产业科创名城建设，争做长三角一体化高质量发展的示范，全力打造“创新引领，产业兴旺”的好地方，先后创成国家创新型城市和全国小微企业创业创新基地城市示范。

第二，把优化营商环境当作“头等大事”。2021 年，扬州优化营商环境工作在省高质量考核中表现突出。尤其是在“营商便利度”方面，扬州更是位列全省第一。营商环境快一步，经济发展胜一筹。扬州市聚焦营商环境，提出要持续擦亮“好地方、事好办”金字招牌，努力以营商环境的“优无止境”促进经济发展的“稳中求进”，为把“好地方”扬州建设得好上加好、越来越好提供坚强保障。久久为功，制度先行。

第三，加强体制机制层面创新。在落实任务清单“规定动作”的基础上，扬州又继续做好“自选动作”，不断为建设产业科创名城以及实现加快建设现代产业体系，全力打造创新引领、产业兴旺的“好地方”目标，增砖添瓦。

二、扬州生态科技新城创新

科技创新是社会经济发展的重要支撑，也是推动高质量发展的关键。2021 年，扬州市生态科技新城围绕市委七届十一次全会决策部署，聚焦科创引领，坚持创新驱动，紧扣转型创新调优结构，加速高端创新资源集聚，加快“四个中心”打造步伐，致力于打造江广融合区中央创新区、杭集高新区产业科创高地，以“智”促“质”。

第一，新局面，开放合作方式创新多样。2021年度，新城围绕航空装备、智慧能源、人工智能等科创产业方向，不断加大科技招商和交流合作力度，累计外出招商拜访 50 批次，前往北京、上海、沈阳、深圳、广州等地，先后拜访第一太平戴维斯、花王、聚合新能源等重要意向客商，并接待航空工业集团、中航研究院、国家电网、新华报业传媒集团等央企院所 70 余批次。

第二，新进展，科创项目建设加速推进。扬州市航空谷项目在新城正式奠基，进一步夯实“好地方”航空产业根基，沈阳飞机设计研究所扬州院永久基地、中国航空研究院研究生院永久校址正式落户新城，工信部工业 App 航空分中心、扬州航空技术研究中心等 6 个航空科技项目签约落地，逐步构建起“龙头产业+专用人才”的成长型航空产业发展格局。

第三，新成效，创新生态厚植发展土壤。2021年，新城进一步厚植创新创业“天然土壤”，先后编制《杭集高新区总体发展规划》《杭集高新区产业规划》等专项规划，并正式启动“杭集高新区·中国美业港”，目标打造“6+2+2”十大美业，使得杭集高新区在全省高新区综合评价中位列第37名，较上年前进3位，已连续三年实现争先进位。

第四，新高地，汇聚创新、“高智”促进发展。2021年，新城进一步贯彻落实扬州市委、市政府有关部署，紧扣高质量发展主线，聚焦扬州产业科创名城建设，不断丰富新城科创中心内涵，加快建设中国航空谷、软件园等一批百万方级科创平台，打造G328科创走廊核心区和产业科创集聚区，引进重大科创产业项目，不断提升创新动能对实体经济的支撑作用，打造创新活力迸发、高端资源集聚的科创产业高地。

三、扬州产业新旧动能有序转换

第一，产业持续优化升级。2021年扬州三次产业结构调整为4.7∶47.9∶47.4，制造业增加值占比达到37%。高新技术产业保持较快增长，产值占规模以上工业产值的比重达51.1%，较2020年提高3个百分点。

第二，制造业集群增势良好。制定“产业强链”三年行动计划，建立重点产业链“十个一”推进机制，加快发展数字经济，提升江苏信息服务产业基地、扬州软件园等大数据平台质态，广陵新城入围省级软件名园培育试点。

第三，创新动能持续增强。持续壮大创新型企业梯队，出台推进高新技术企业高质量发展的若干政策，科创载体能级持续提升，江都获批筹建省级高新区，杭集高新区获批国家级消费品标准化试点，扬州大学科技园获批国家大学科技园，北京机电所精密成形技术创新中心、国汽轻量化技术研究院等科创平台成功落地。

第四节　淮安市创新发展理论与实践

2021年，淮安市抢抓南京都市圈、长三角一体化等重大发展机遇，打造高能级产业合作发展平台、探索“1+N”科技发展机制，在规划衔接、园区升级、基础设施建设、科教文卫协作发展等方面加大合作力度与融合发展深度，不断提升资源承接、产业协作、链接融合等能力水平，努力打造江苏省南北深度合作的宁淮样板，为淮安全面建成长三角北部现代化中心城市贡献力量。

一、打造高能级产业合作发展平台

为加快融入长三角一体化发展步伐，江苏淮安以共建宁淮智能制造产业园为契机，积极承接南京产业转移，主动接受南京辐射带动，聚力打造南京都市圈高能级产业合作发展平台。

第一，高校产学研合作基地建设。南京理工大学盱眙产学研合作基地，位于宁淮智能制造产业园内，主要聚焦国防科技创新重大工程、核心技术攻关、前沿技术试验验证、国防现代化战略人才培养等，项目建成后，可容纳1100余名科研人员开展科研工作。

第二，合作打造科技创新园区。2021年，园区挂牌成立，并完成了1平方千米前期开发建设任务，后续还将完成2平方千米基础设施开发建设任务，新建30万平方米产业载体，力争新招引投资10亿元以上项目1个，5亿~10亿元项目2个，亿元以上项目不少于6个，现有研发孵化平台利用率力争达到10%。

第三，共建宁淮智能制造产业园。这是淮安融入南京都市圈、拥抱长三角一体化发展的生动实践。“十四五”期间，园区将紧紧依托南京市优势产业和淮安市产业基础，加强宁淮产业链双向联动与融合，重点发展智能装备与机器人制造、半导体先进制造、人工智能终端制造，因地制宜壮大产业规模，着力推动产业基础高级化、产业链现代化。

二、探索“1+*N*”科技发展机制

淮安市将科技创新作为引领全市发展的第一动力来抓，围绕企业创新主体地位，探索“1+*N*”科创发展机制，优化创新生态链，厚植科创沃土，打造创新高地。

第一，“1+政策”，持续优化科创环境。不断完善科技创新政策体系，编制《淮安区“十四五”科技创新规划》，编制出台《淮安区强化科技支撑推动高质量发展的若干政策》，加大科技政策方面的支持力度。

第二，“1+研发”，持续激发企业活力。建立研发费用财政补贴制度，鼓励专业机构帮助企业开展研发规范化管理并予以奖补。

第三，“1+平台”，持续汇集创新要素。大力推进产学研合作，协助建设校企合作项目库，促进产学研深度融合发展。

第四，“1+人才”，持续强化核心竞争力。充分利用“科技副总”“533英才工程”等人才资源，并加快实施“‘翔宇英才’引培工程”“产业人才‘114’提升行动”与“新一代信息技术产业领军人才集聚行动”，建立更积极、更开放、更有效的科技人才体系。

三、创建国家创新型城市

第一，下好“先手棋”高位推进支持创新。创新催生蝶变，创新引领行动。2021年，淮安大力实施创新驱动发展战略，以争创国家创新型城市为统领，高点谋划、高位推进载体平台建设、创新主体引培、科技成果转化、科技体制改革等，科技创新发展取得了明显成效。

第二，打好“组合拳”多点发力解码创新。淮安系统谋划，多点发力，以“壮大企业集群、培养创新人才、打造高水平载体平台”的创新培育理念，与创新企业形成创新共鸣。

第三，抢抓“新机遇”接续奋斗协同创新。淮安聚焦打造“绿色高地、枢纽新城”，全面建设长三角北部现代化中心城市，抢抓长三角一体化、淮河生态经济带重大战略机遇期，加快构建“333”主导产业体系。

第五节　芜湖市创新发展理论与实践

2021年，芜湖市聚焦芜湖交通跨江大发展，紧扣“五个区域链接”，注重生态保护，推进都市圈绿色一体化发展。芜湖市充分发挥理论学习中心组龙头作用，坚持从衷心拥护“两个确立”、忠诚践行“两个维护”的政治高度，把学习贯彻习近平新时代中国特色社会主义思想作为首要政治任务，坚持用党的创新理论引领思想、凝聚力量、指导实践，为加快打造省域副中心、建设人民城市提供了强有力的思想保证和理论支撑。

一、芜湖交通跨江大发展

党的十八大以来，随着交通基础设施日趋完善，芜湖城市面貌日新月异。

第一，国道修建。芜湖市实施G205国道城区段（二环路）的快速化改造，以“十年磨一剑”的毅力和韧劲，持续打造这条南北主通道，累计投资30亿元，对全路段实施拓宽改造和快速化改造，在所有平交道口上建成13座立交桥，把主城区的“肠梗阻”打通成为“主动脉”。

第二，芜湖港建设。芜湖因水而兴、因港而盛，临江达海，是长江经济带建设的重要战略支点。近年来芜湖港成为安徽第一个亿吨级大港，芜湖港开通芜湖—上海洋山码头点对点直航班线，架起了安徽重点城市融入长三角一体化发展的水上高速通道。2021年，芜湖港成功开通芜湖—日本快运航线，该航线成为安徽省内首条外贸快航班线。

第三，轨道交通建设。2021年底，芜湖市先后开通运营轨道交通1号线、2号线，成为全国首个以跨座式单轨交通系统为主干线路的城市，极

大地提升了城市功能和品质，增强了城市综合竞争力，芜湖迈入轨道交通新时代。如今，芜湖已经构筑起公、轨、水、空全方位的“大交通”发展格局，形成集公路、铁路、轨道、水运、航空于一体的现代综合交通运输体系，成为安徽向东融入长三角的前沿阵地。

二、紧扣“五个区块链接”

为了全面推动长江经济带发展暨扎实推进长三角一体化发展，芜湖市推动“五个区块链接”的工作部署，围绕长三角园区共建、城市（区）合作、示范区拓展和延伸区打造、南京都市圈毗邻合作等“链接”途径，推动长三角六个大协同干在实处。

第一，打造长三角生态绿色一体化发展示范区拓展和延伸区。芜湖市参照“一地六县”模式，对标“青吴嘉”，重点依托芜湖航空产业园，积极建设国家通用航空产业综合示范区，培育壮大航空研发制造、临空经济、空港物流三大产业，统筹推进“港产城”三位一体融合发展，加快构建空铁公水多式联运物流体系，深度参与长三角高质量一体化发展。

第二，大力推进城市结对共建。推动芜湖市与沪苏浙城市多角度、深层次、全方位开展合作交流，学习借鉴先进发展经验和城市管理方法，共同参与建设具有全球影响力的长三角世界级城市群。巩固深化芜湖市与上海市重点区域的友好共建基础，加强芜湖市与南京、杭州、苏州、宁波等城市的战略合作，在城市建设、产业协同、创新共育、生态共保、设施共享等方面共同推进一批重点合作事项。

第三，全面开展城区合作共建。推动各县市区通过结对共建、战略合作等方式，与沪苏浙相关城区建立长期、稳定、全面的对口合作关系，积极推动与沪苏浙高校、科研院所合作建设一批科技成果研发平台，形成“3+7+N”的全覆盖合作网络（3 是沪苏浙，7 是一市一县五区，N 是 N 个重点合作领域）。

三、生态保护，绿色一体化

2021 年，芜湖市委、市政府及市生态环境保护委员会先后 28 次研究生态环境保护工作，市领导深入一线调研督导 20 余次，推动生态环境治理体系不断完善，一些历史疑难问题得到彻底解决。

第一，严格规划管控。从空间布局约束、污染物排放管控、环境风险防控、资源利用效率 4 个方面，完成全市“三线一单”规划编制工作。

第二，坚持问题导向。压实突出生态环境问题整改责任，建立生态环境保护专项监督长等制度，严格考核问效，推动中央、省生态环保督察及警示片反馈问题见底清零。

第三，注重创建引领。全面开展生态文明建设示范市县暨“两山”实践创新基地创建，以绿色园区、绿色工厂、绿色社区等绿色创建工作为抓手，在产业转形态、能源调结构、运输转方式、建筑转绿色、农林聚碳汇、生活简约化上全面发力。

第四，健全补偿机制。坚持“谁排污、谁付费，谁污染、谁治理，谁受益、谁补偿”，扎实推进大气质量生态补偿、水生态断面补偿、生态环境损害赔偿。2021 年，芜湖市完成赔偿案件磋商 18 件，涉及金额 3698.02 万元。其中南陵“8·26”跨省倾倒填埋固废危废案赔偿金额达 3500 余万元。探索开展碳排放权、排污权、用能权有偿使用，以市场手段、平台力量推动环境要素合理流动。

第六节　马鞍山市创新发展理论与实践

2021 年，马鞍山市深入学习贯彻习近平总书记考察安徽重要讲话指示精神，在马鞍山市委的坚强领导下，在市人大、市政协的监督和支持下，坚持司法行政跨区协作，聚焦开放联动高水平，紧紧围绕打造安徽的“杭嘉湖”、长三角的“白菜心”新发展定位，巩固拓展疫情防控和经济社会发展成果，以“项目攻坚年”活动为抓手，攻坚克难、开拓奋进，全市经济运行总体平稳、稳中有进、进中向好，主要经济指标增速好于预期、快于全省，圆满完成市十六届人大五次会议确定的主要目标任务，实现了“十四五”良好开局。

一、司法行政跨区域协作

2021 年，马鞍山市积极构建司法行政跨区域协作平台，服务长三角区域一体化。

第一，制定五年规划，共谋协同发展。南京市江宁区、马鞍山市博望区两区司法局立足职能定位，制定五年规划，构建完善合作机制，推动法律服务、律师行业、法律援助、公证服务、人民调解和社区矫正等方面的互融互通，促进司法行政服务提质增效。

第二，设立一体化发展工作机构，注重统筹协调。成立江宁—博望司法行政一体化发展领导小组，领导小组下设办公室，明确领导小组与办公室的职责，统筹两区司法行政一体化发展。

第三，成立联合人民调解委员会，强化矛盾纠纷化解。联合成立江宁—博望跨界一体化联合人民调解委员会，制定首问负责、矛盾纠纷预测预警、矛盾纠纷排查、矛盾纠纷受理登记、信息报送、定期回访等制度，不断提升两区矛盾化解能力，让“枫桥经验”之花在苏皖大地绚丽绽放。

马鞍山市司法局积极探索江宁、博望两地司法行政跨界一体化融合发展工作，达成战略性合作意向。

二、聚焦开放联动高水平

马鞍山区位优势明显，是安徽融入沪苏浙的“东大门”“桥头堡”，地处南京都市圈、合肥都市圈的核心地带。作为长三角一体化发展中心区中的城市，近年来，马鞍山市不断创新合作方式、加大合作力度、拓展合作领域、提升合作水平。2021 年，马鞍山市结合习近平总书记考察安徽重要讲话指示精神，着手从三个层面实现聚焦开放联动高水平。

第一，推动区块链接。马鞍山市加快新型功能区建设，不断创新合作机制、强化项目支撑。加快省际产业合作园区建设，健全共招、共建、共管、共享机制，大力发展“园中园”。

第二，推进基础设施互联互通。加快推进巢马城际、宁马城际等骨干通道项目建设，加快宁马高速改扩建、合芜高速扩建等项目建设，推动省际互联互通项目和宁马一体化重要市政通道建设。

第三，加快建设创业城市。发挥紧靠南京、直达上海的区位优势，加快建设创业城市，推动产业链、供应链、创新链、资本链、人才链、政策链“多链协同”，打造优质高效的政务服务环境，促进创新创业要素向马鞍山集聚。

第四，大力发展“四新”经济。全面对接沪苏浙产业布局调整，推动新技术、新产业、新业态、新模式集群化发展。

三、打造长三角的“白菜心”

2020 年 8 月，习近平总书记在安徽调研考察期间，对马鞍山提出了打造安徽的“杭嘉湖”、长三角的“白菜心”的新发展定位。2021 年，马鞍山深入学习贯彻习近平总书记重要讲话指示精神，紧扣新发展定位，贯彻新发展理念，进一步聚焦“生态环保高水准”，高质量推进生态环境保护各项工作，致力于建设生态福地、智造名城，积极融入长三角一体化，带动安徽整体向沿海挺进。

第一，污水治理。2021 年，马鞍山全面推行“环保管家”服务，送管家进园区、进企业、上热线，实现管家团队驻点。环保管家入驻后，通过“现场调研+专家会诊+多方参与”的方式，提供“点对点”服务，组织专家开展环境状况现场调查，分析环保设施存在的不足，提供短期改善方案与长期解决方案。

第二，长江保护。马鞍山把山水林田湖草生态保护修复重大工程、向山地区生态环境综合整治列入了生态环保提升行动，统筹开展向山地区生态环境修复、人居环境改善、基础设施配套提升及产业导入升级等一系列工作，取得了明显成效。

第三，绿色智慧钢厂。马鞍山市加快推进钢铁、轨道交通、金属资源回收加工利用、冶金装备制造、设备远程运维、特种冶金材料、装配式建筑等产业基地建设，不断加速数字化、智能化发展，推动全流程智慧钢厂建设向优特长材领域延伸。

第七节　滁州市创新发展理论与实践

滁州市提出要实现区域协调发展“一盘棋”，合作共建“一条链”，“滁州动能”一体化。2021年，国家发改委发布《沪苏浙城市结对合作帮扶皖北城市实施方案》。近一年来，上海市闵行、松江、奉贤3个区，江苏省南京、苏州、徐州3个市，浙江省杭州、宁波2个市，与安徽省淮北、亳州、宿州、蚌埠、阜阳、淮南、滁州、六安8个皖北城市深度对接，开展结对合作帮扶，在干部互派挂职、共建省际产业合作园区、搭建资本与项目对接平台、提升民生共享水平，以及加强农业全产业链供应链协同、建设优质绿色农产品生产加工供应基地等方面取得积极成效，激发了皖北地区内生发展动力，促进了区域协调发展，推动了长三角更高质量一体化发展。

一、区域协调发展“一盘棋”

2021年，国家发改委印发了《沪苏浙城市结对合作帮扶皖北城市实施方案》，滁州市紧紧把握这次重大机遇，以优势互补、协调共进，市场主导、合作共赢，改革创新、民生共享为合作原则，顺势而为、借势而上，跑出了深度融入长三角一体化的“加速度”。滁州市全面落实《沪苏浙城市结对合作帮扶皖北城市实施方案》，加快与南京各层级规划体系对接，完成一系列滁宁一体化发展国土空间战略规划编制，完成约10平方千米启动区基础设施建设，引进亿元以上产业项目20多个。《南京市结对合作帮扶安徽省滁州市实施方案》正式出台，南京、滁州两地将充分发挥地域相连、经济相融、人缘相亲、文化相通的优势，推动产业、技术、人才、资本、市场等方面的深度合作。滁州市与南京市浦口区共建50平方千米一体化发展示范区，合作成立滁州南浦合作开发有限公司，双方按照8：2出资，7：3收益分成，不算小账算大账，为两地产业合作奠定了良好基础。

二、合作共建“一条链”

第一，联合招商。2021年，滁州市南谯区与南京市浦口区签署共建产业合作园区协议，探索建立“浦口推荐、联合招商、共同研判、产业协同”的合作机制，发挥产业基金作用，资源互补、错位发展、配套融合，吸引了一批集成电路、新能源等技术含量高、符合当前产业发展方向的项目落户。

第二，构建新型功能区。宁滁省际毗邻地区新型功能区聚焦南京江北新区“两城一中心”发展定位，凭借自身资源禀赋和空间广阔等优势，甘当产业配角，主动接受南京产业辐射，围绕集成电路、生命健康两大主导产业开展产业链招商，一条链推进产业布局，以集聚效应做强产业集群。

第三，集群规划建设。南谯浦口合作产业园已被纳入南京江北新区集成电路产业集群规划建设区；来安县与南京生物医药谷合作共建生命健康产业园，争取省药监局支持在汊河片区设立药品、医疗器械审批监管柔性服务站，加快生命健康产业集聚发展。

三、“滁州动能”一体化

党的十八大以来，滁州市抢抓长三角一体化发展、南京江北新区设立等国家战略机遇，以改革的思维破解发展难题，优化城市、交通等基础设施条件，“双招双引”做强主导产业链，在更大的发展格局中赶超、跃升。

第一，环滁皆产业，从多点开花到链式发展。滁州市抢抓“双碳”机遇，依托凤阳百亿吨优质石英砂资源和区位优势，实现光伏产业的从无到有，先后招引隆基、东方日升、福莱特及海螺光伏产业园等国内光伏产业头部企业落户。

第二，城乡大蝶变，从宜居宜业到山水名城。宁滁两地在滁河大保护方面坚持上下游联动、左右岸协同，完善滁河生态补偿机制，探索建立跨区域联防联治工作机制、区域生态环境和污染源监测监控体系，加强滁河流域生态保护。

第三，改革试验田，从一枝独秀到满园春色。滁州市树立改革思维，聚焦抓住关键领域、打通关节、疏通堵点，不断推出新政策、新举措，优化营商环境，推进高质量发展。滁州市还出台全省第一个优化营商环境地方性法规《滁州市优化营商环境条例》，与长三角 40 个城市 116 项政务服务事项实现跨区域通办，186 个事项实现全国网上跨省通办。

第八节　宣城市创新发展理论与实践

2021 年以来，宣城市坚持新发展理念，完善创新平台体系，持续提升创新能力，为全市经济高质量发展提供了坚实科技支撑。打造以共性技术研发平台为内核、以企业创新平台为基石、以宛陵科创城为载体、以宣城（上海）科创中心为外延、以创新型城市为网络的“五个一”创新平台体系，成功创建安徽省创新型城市，促成“宣城跨越”高质量发展，提高宣城“一网通办”政务服务效率与质量，实施重大战略平台建设工程。2021 年，宣城先进光伏技术研究院建成省级新型研发机构，宁国、广德申报国家高新特色产业基地入围科技部答辩名单。

一、“宣城跨越”高质量发展

长三角波澜壮阔，皖东南风生水起。乘着长三角一体化发展的东风，十年来，宣城市地区生产总值连续跨过 7 个百亿元台阶，2021 年突破 1800 亿元。城乡居民人均可支配收入稳居全省前列。宣城市立足独特的长三角区位优势，着力推进区域联动发展，聚力打造现代产业、改革开放、城乡融合、生态文明、民生幸福五个新高地，书写了高质量发展的时代答卷。

第一，点燃大引擎，跑出产业发展“加速度”。围绕长三角城市主导产业，宣城市在目前已经形成的汽车及装备制造、食品医药、文化旅游三大主导产业基础上，正在加快构建以汽车零部件、新能源为核心的“2+8”特色产业链。

第二，产业平台做大做强。宣城市积极推动以苏皖合作示范区为先导的“一地六县”合作区建设，推动与沪苏浙地区在交通运输、产业合作等 18 个方面建立一系列专项合作机制，签订了 69 个合作协议。皖苏产业合作园区（郎溪经开区）顺利进入国家级培育期，被评为安徽省绿色发展试点园区。

第三，产业合作做优做实。依托 603 基地，宣城市推动与上海市共建长三角（宣城）航天航空科技产业园，编制完善产业园方案。推动与江苏省溧阳市共建苏皖合作示范区（梅渚—社渚先导区）产业示范园，双方建立“六个统一”工作机制。

二、“一网通办”政务服务

第一，确保长三角“一网通办”省定场景应用落地。2021 年长三角三省一市共推进 101 个场景应用实现“一网通办”，其中安徽省牵头 25 个、配合 76 个。宣城市直责任单位加强与对口省直部门联系，按期在长三角“一网通办”专栏或皖事通 App 上线，加快满足企业和群众在异地就医、养老、上学、就业、人才流动、旅游出行等领域的高频办事需求。

第二，持续推进政务服务“跨省通办”事项落地。根据安徽省政府统一部署，宣城市直责任单位加强与对口省直部门的业务衔接，按照统一部署实现全国范围“跨省通办”，完成2021年74项事项“跨省通办”工作任务。宣城市各县市区、市直有关单位围绕解决企业和群众异地办事“多地跑”“折返跑”问题，进一步拓展通办范围和深度，推动更多事项“省内通办”。鼓励各县市区结合实际推出更多区域通办、点对点通办、区域联办等服务，最大限度便利群众。

第三，持续完善长三角“一网通办”政务服务地图。根据安徽省政府统一部署，在政务服务移动端（含App、微信、支付宝小程序等端口）发布长三角“一网通办”政务服务地图，直观展示窗口地理位置、受理事项、服务时间、咨询电话、办事须知、排队预约等，方便企业和群众信息查询，提供导航服务，便于就近办理。

三、实施重大战略平台建设工程

第一，聚力融入“两圈多廊带”建设。深化与南京都市圈一体化发展，加快宁淮宣生态经济带和苏皖合作示范区、宁宣产业园建设。参与共建杭黄世界级自然生态和文化旅游廊道、新安江—千岛湖生态补偿试验区。落实长三角G60科创走廊建设方案。

第二，聚力启动中国（安徽）自贸区宣城联动创新区建设。加强与自贸区芜湖片区联动发展，加快申报和建设宣城综合保税区。申报中国跨境电子商务综合试验区和跨境电商零售进口试点。加快建设巷口桥铁路物流基地，推进宣州港综合码头二期和海关监管作业场所建设。

第三，聚力加快“一地六县”合作区建设。宣城市紧扣“四区一基地”的战略定位，对标“青吴嘉”示范区，完善工作推进机制。强化规划引领，高质量编制综合协调中心服务区和郎溪、广德两片区空间、产业规划。宣城市加大对接力度，积极争取省级层面出台专项支持政策，启动综合协调中心服务区起步区建设，支持郎溪、广德经开区争创国家级开发区。支持郎溪与白茅岭农场合作建设长三角重要农产品供应冷链物流基地，支持广德高标准打造新兴产业集中发展区。

第九节　溧阳市创新发展理论与实践

区域协作是顺时应势推进一体化发展的客观需要，也是借势借力驱动高质量发展的迫切要求，溧阳市着眼大势大局，登高望远明晰方位，立足实际突破突围。溧阳市争创“五个示范”，提出高质量发展协作，打造“两湖”创新区。溧阳市政府指出，要从发展规律和时代变局中理解区域协作的趋势必然；要以新发展理念引领区域协作；要在融入高质量一体化竞合中明晰区域协作的方向定位，要全力以赴把区域协作打造成溧阳高质量发展的生动名片。

一、高质量发展协作

区域协作示范联结各方、统括全局，是一项系统性工程。溧阳市在保持定力中凝聚合力，有强有力的组织推进体系、前瞻性的研究落实机制、导向性的激励评价手段，以一盘棋思想一体化推进。

第一，跨区域多视角。溧阳市树立大视野和大胸怀，聚焦上海、远拓京深，联动六县、融宁接杭，推动综合实力稳步提升，特色优势持续彰显。

第二，产业联动。溧阳市把参与城市群、都市圈的产业分工，培育引领性地标产业集群作为区域协作的首要任务；把建设惠及更多城市群、都市圈群众的开放型城市作为区域协作的自觉追求。

第三，关键领域联动。2021年，溧阳市把打造聚焦关键领域、谋求重点突破的精准化合作平台作为区域协作的核心抓手。

二、跨行政区域合作

溧阳市行政审批局将区域协作、政务服务改革和企业群众异地办事创业实际需求有机结合，在实现 74 项高频政务服务事项苏皖合作示范区城市间政务服务“跨省通办”的基础上，持续扩大溧阳政务服务“跨省通办”“朋友圈”，全面打造政务服务“跨省通办”溧阳样板。

一是筑牢改革之基，与安徽省广德市、郎溪县数据资源管理局签订战略合作协议，联合制定印发实施方案、运行机制等配套文件，推进“跨省通办”改革落地实施。

二是完善服务体系，在溧阳市政务服务中心、各分中心、各镇（街道）行政审批局开辟线下服务专窗，形成“1+4+12”“跨省通办”线下服务体系。同时，在政务服务一体化平台开设苏皖合作示范区政务服务“跨省通办”线上专栏，21 项“跨省通办”事项已实现线上办理。

三是深化改革成效，苏皖合作示范区政务服务“跨省通办”在个体工商户设立、企业开办、户口迁移及社保转移等业务领域累计办件量已达 125 件，在此基础上，又与南京都市圈其他 9 个市（区）共同签订《南京都市圈政务服务区域协作体战略合作协议》，实现 61 项高频政务服务事项都市圈通办。同时，安康市汉阴县、无锡市滨湖区、滨州市惠民县等省内外地区相继与溧阳市联系，共同推进实施“跨省通办” “省内通办”合作共建。

三、争创“五个示范”

通过旅游撬动全域发展，让“城市即旅游，旅游即城市”成为溧阳的鲜明特质，让“到溧阳，就是一种生活方式”成为溧阳的城市标识。

第一，争创全域旅游示范。溧阳精心打造“溧阳 1 号公路”“溧阳琴廊”“溧阳十二望楼景观廊”的“一路两廊”生态绿脉，未来将持续擦亮“美音自在溧阳”城市品牌，打造现代化、高水平的旅游管理和文明旅游示范区，培育富有文化底蕴的世界级旅游度假区。

第二，争创公园城市示范。2021 年 6 月，溧阳“十二望楼”设计成果展正式亮相。12 座风格各异的“望楼”，具备生态游憩、环境数据收集等载体功能，犹如镶嵌在“绿带”之上的珠玉。近年来，溧阳市先后投入 40 多亿元治山理水，下一步，将加快描绘公园城市景城相融、人城和谐的美丽图景，争创全省县域高质量发展的引领示范县。

第三，争创区域合作示范。2021 年长三角“一地六县”文旅联盟高端对话暨精品线路发布会在溧阳举行。活动开辟了长三角省际毗邻区共创融合发展新天地。共创融合，就是要打造“环境更友好、发展可持续、群众得实惠、政府有收益”的“幸福经济”。

第十节　金坛区创新发展理论与实践

常州市金坛区致力于行政政府对外合作，打造“两湖”创新区，创新城市、创新建设。金坛区主动呼应常州长三角创新中轴、国际化智造名城建设，成为常州长三角产业科技创新中心、“两湖”创新区和智能制造龙城实验室的有机组成部分，旨在打通研发、生产、市场环节的产业转化体系，推进“1+X+N”产业科创体系建设，重点围绕新能源、新基建、新能源汽车、新医药、新智能“五新产业”发展壮大，“解决企业急需，支撑产业升级，驱动创新发展”，打造“科研创新高地、引才育才阵地、成果转化基地”。

一、优化服务，加强合作

第一，政府合作提高网络办理效率。金坛区与陕西省石泉县为苏陕协作单位，石泉县行政审批局根据企业、群众需求，通过多方调研发现，在外务工和经商人员中，石泉籍在金坛区人员占比较大。经前期充分沟通，石泉县与金坛区达成一致，签订“跨省通办”协议。凡在石泉县和金坛区办理“跨省通办”业务的申请人，均可在上述任一地区提出申请，通过线上和线下申办两种方式，由申请地所在政务服务中心“跨省通办”专窗负责咨询、收取相关资料，当地审批部门通过异地代收代办、全程网办等方式受理、审批、打印、邮寄证照，进一步提升了政务服务异地办理便捷度。

第二，推进政务服务“跨省通办”。这是深化“放管服”改革、优化营商环境的重要举措，有效解决了企业、群众异地办事“多地跑”“折返跑”等痛点、难点问题。自2021年开展政务服务“跨省通办”工作以来，金坛区行政审批局在政务中心大厅设置了“跨省通办”特色专窗，配备专职人员，提供咨询解答、材料接收、帮办代办、结果反馈等服务，公布“跨省通办”事项清单。不断拓展“跨省通办”范围和深度，方便群众异地办事，提升跨区域政务服务水平。

第三，立足政务服务新格局。金坛区行政审批局立足政务服务发展新格局，积极探索深化“跨区域通办”新路径、新模式，围绕与企业群众密切相关领域，拓宽“跨省通办”事项数量与覆盖范围，健全政务服务“跨区域通办”工作机制，确保线上线下“协同办”，打造有速度更有温度的政务服务新环境。

二、“两湖”创新区

2021年，常州“两湖”创新区概念首次官宣，金坛区聚焦常州“国际化智造名城、长三角中轴枢纽”城市定位，坚决扛起“两湖”创新区主战场重任，全力打造“生态创新区、未来科创城”，确保常州“532”发展战略在金坛落地开花。

第一，明确发展定位。为布局面向长三角更加均衡、多中心网络化的未来发展新格局，常州向西向南的空间调整势在必行，“两湖”创新区成为常州市能级提升的主引擎。“两湖”创新区覆盖金坛经开区、华罗庚高新区、东城街道、尧塘街道、西城街道、金城镇、儒林镇和指前镇。金坛区未来将锚定高端制造国际合作组团、产城融合科创田园组团、水乡生态客厅组团，建设“未来科创城”，努力在常州市“两湖”创新区建设中画出一条“增益曲线”。

第二，发展战略引领。金坛区商务局持续在“532”发展战略引领下，以“五大行动”为载体，充分发挥区位、空间、产业、生态、人文优势，集聚资源、集中力量，力促更多优质项目落地布局，奋力将“两湖”创新区的蓝图变成实景，开创“美丽常州金坛样板”建设新局面。

第三，“两湖”五大行动。“两湖”五大行动的开展是金坛城市格局深度重构、城市能级全面提升最好的“时与势”。金坛对标对表“532”发展战略，以“五大行动”展现主力军担当，全面快速进入主战场——第一时间召开动员部署会议，以《“两湖”创新区概念规划》专题讲座拉开序幕，“千人大会”直接开到村一级，规格之高、规模之大，为近年之最；迅速成立金坛区“两湖”创新区建设推进工作组，区主要领导担任组长，设立协调办公室，成立专项工作行动小组，形成强势推进的强大合力。

三、创新城市，创新建设

第一，三大组团、三城建设。金坛区围绕“高端制造国际合作、产城融合科创田园、水乡生态客厅”三大组团，探索“生态+创新”高质量发展新路径，奋力打造创新创业创造高地、宜居宜业宜游福地；印发《常州市“两湖”创新区金坛组团推进实施方案（2022—2025年）》，全面启动封闭运作，统筹金沙老城、钱资新城、科教名城“三城”建设，努力让“生态创新区、未来科创城”在长荡湖畔变为生动现实。

第二，生态创新区、未来科创城。把“生态创新区、未来科创城”雄伟壮阔的“大写意”变成精雕细琢的“工笔画”，就要一切围绕项目干。金坛区主要领导发挥“头雁效应”，带头调研督导河海大学常州新校区、金坛高铁枢纽等“两湖”创新区重点项目，把主要工作精力投入“两湖”

创新区建设。

第三，金坛区高铁枢纽建设。“金坛高铁枢纽”入选交通中轴重点项目；“河海大学常州新校区”“恩捷研究院”“华罗庚科学城领军人才创业区”入选创新中轴重点项目；“蜂巢能源四期”“信维通信射频模组及零部件”“中创新航四期”入选产业中轴重点项目；“工业污水处理厂”“生活垃圾焚烧发电二期工程”入选生态中轴重点项目；“长荡湖夜间文旅消费集聚区”“长荡湖休闲运动公园”“南瑶村城乡融合发展示范村”入选文旅中轴重点项目。

第二章　政策创新

第一节　南京市的政策创新

“十四五”时期是南京市深入贯彻习近平新时代中国特色社会主义思想、全面建设人民满意的社会主义现代化典范城市的关键时期。2021 年，南京市人民政府共发布与创新政策相关的政策文件近 140 个，主要聚集于与“十四五”规划相关的各方面政策，以及对《国有创投企业创新激励管理办法》《关于新发展阶段全面建设创新名城的若干政策措施》等政策文件的解读。

一、社会保障

2021 年，南京市人社系统深入贯彻党的十九大及十九届历次全会精神，认真落实习近平新时代中国特色社会主义思想和习近平总书记视察江苏重要讲话指示精神，紧紧围绕推动“强富美高”新南京建设，全力做好“六稳”“六保”工作，致力于惠民生、促发展、防风险、保稳定，高质量完成各项目标任务，实现了“十四五”良好开局。

（一）就业创业

南京市深入实施就业优先战略和积极就业政策，重点抓好高校毕业生、就业困难人员等群体就业。2021 年，南京市城镇新增就业 34.52 万人，实现再就业 12.13 万人，年末城镇登记失业率在省定标准以内。培育自主创业者 4.76 万人，其中，大学生创业 6788 人。创业带动就业 19.98 万人，扶持农民自主创业 6283 人。举办各类招聘会 1787 场，提供岗位 82.36 万个次。开发公益性岗位 1069 个。加强职业技能培训，全年开展各类补贴性职业技能培训 128.58 万人次。新增就业参保大学生 41.04 万人，离校未就业高校毕业生年末就业率达到 97.99%。援助困难人员就业 2.73 万人，零就业家庭持续保持“动态清零”。

（二）居民保障

2021 年，南京市在居民保障方面也成果颇丰。2021 年南京市全年基本养老、失业、工伤保险基金总收入 752.73 亿元，同比增加 254.82 亿元，增长 51.2%。基金总支出 605.61 亿元，同比增加 17.4 亿元，增长 3%。其中，基本养老保险方面，2021 年末南京市基本养老保险参保人数 442.93 万人，比上年末增加 34.19 万人，企业职工基本养老保险 372.94 万人，机关事业单位基本养老保险 16.46 万人，城乡居民基本养老保险 53.53 万人。享受基本养老保险待遇人数 172.86 万人，比上年末增加 4.82 万人，其中企业职工基本养老保险 108.34 万人，机关事业单位基本养老保险 9.82 万人，城乡居民基本养老保险 54.7 万人。全市基本养老保险基金总收入 709.35 亿元，同比增长 49.4%；基本养老保险基金总支出 566.43 亿元，同比增长 5.6%。失业保险方面，2021 年末南京市全市失业保险参保人数 345.89 万人，比上年末增加 16.65 万人。全市失业保险基金总收入 27.52 亿元，同比增长 36.7%；失业保险基金总支出 28.1 亿元，同比减少 33.2%。全市失业金待遇支付水平最低为 1478 元/月，最高为 2280 元/月。工伤保险方面，2021 年末南京市全市工伤保险参保人数 395.18 万人，比上年末增加 54.82 万人。全市工伤保险基金总收入 15.86 亿元，同比增长 418.1%；工伤保险基金总支出 11.08 亿元，同比增长 15.5%。

（三）人才人事

2021 年南京市全市新增专业技术人员 9.36 万人，专业技术人员总量累计达 169.27 万人。职业技能鉴定取证人数 8.96 万人，新增高技能人才 1.23 万人，高技能人才总量达 50.36 万人，每万劳动力中高技能人才数达到 1032 人。南京市新增省级留学人员创业园 1 家、市级留学人员创业园 2 家，全市留学人员创业园达 23 家。新增留学回国人员 7224 人，留学回国人员累计达 5.12 万人。全市新增江苏省博士后创新实践基地 29 个，新增南京市博士后创新实践基地 32 个，新招收博士后 1498 人。新增技能大师工作室 7 个。南京市 2021 年新认定 34 个区级企业专家工作室、20 个市级企业专家工作室。全市共有各类技工院校 20 所，全年招生 9779 人，毕业生人数为 11985 人，毕业生总体就业率达 98%以上。全年公开招聘事业单位编制内工作人员 5078 人。全市组织实施各类人事考试 23 项、61.35 万科次，报考考生 30.59 万人次，人事考试项目规范管理达标率 100%。

二、产业空间发展

第一，城镇化空间格局不断优化。南京市多心开敞、轴向组团、拥江发展的市域布局更加凸显。中心城区功能品质进一步提升，国家级江北新区高标准建设成效显著，紫东地区启动规划建设，河西新城展现现代化国际性城市中心形象。主、副城功能格局更趋均衡，副城人口吸纳作用逐步显现。

第二，加强地下空间的开发利用。南京市针对地下空间的开发与利用，提出坚持城市地下空间科学开发和高效利用，摸清城市地下空间建设发展现状，优化完善城市地下空间规划编制体系，建立健全城市地下空间开发利用标准规范和管理制度，充分发挥地下空间在城市空间优化中的重要作用，有序推进地下空间重点区域和地下轨道交通、地下道路和地下综合管廊等项目的建设，依法加强城市地下管线规划建设管理，全面提升全市地下空间开发利用规划、建设和管理水平，科学有序推进地下空间建设。

第三，国土空间和自然资源保护。针对国土空间和自然资源保护利用，南京市深入推进国土空间规划体系改革，完成城镇开发边界、生态保护红线划定；积极探索全域空间治理路径，“战略引领、刚性管控、全域覆盖、多规合一”的规划传导实施机制逐步构建；加强南京都市圈、宁镇扬同城化，以及一批跨界示范区、合作区的国土空间规划协作，优化北沿江高铁、宁马城际、宁宣铁路、上元门过江通道等一批对外交通项目规划布局，为南京融入长三角一体化发展大局提供空间引导。

第二节　镇江市的政策创新

镇江市全面落实国家和江苏省推进新型城镇化和城乡融合发展有关决策部署，围绕江苏省新型城镇化高质量发展激励政策与镇江市“十四五”新型城镇化规划重点任务和主要指标进行年度任务分解，在重点工程、重要举措和发展目标等方面明确具体任务。

一、社会保障

镇江市拥有扎实的产业基础、得天独厚的科教资源、尊才聚才的城市温度、亲商重商的良好环境，发展韧性强劲；“一带一路”建设、长江经济带发展、长三角区域一体化发展国家战略交汇叠加，苏南国家自主创新示范区、江苏自由贸易试验区建设全面推进，南京都市圈发展进入提档升级阶段，宁镇扬一体化建设全面提速，加上产业强市、创新驱动、乡村振兴战略等深入实施，新的就业增长点不断涌现；劳动力整体受教育程度上升，社会性流动更加顺畅，劳动力市场协同性增强，推进高质量就业前景广阔。

（一）就业保障

就业是民生之本，财富之源。2021 年，镇江市认真贯彻落实“六稳”“六保”决策部署，先后密集出台了一系列保就业、扶创业、提技能、兜底线的政策措施。2020 年，镇江市人社局对相关政策文件进行了系统梳理和分类，形成了《镇江市就业创业政策一本通》，并制作了电子书，进一步方便广大企业和群众一键收藏，随时查阅政策，最大限度享受政策红利。镇江市人大聚焦高校毕业生、农民工、退役军人等重点群体，紧扣就业体制机制建设和人才招引等关键环节，紧贴新业态从业人员就业等时代热点，赴相关部门开展专题调研，认真收集梳理各方意见，形成调研报告反馈给市政府及相关部门。同时，提出坚持就业优先战略、精准帮扶重点群体、完善新就业形态人员劳动保障体系、强化人才人口导入等一系列具体建议。镇江市政府对市人大常委会的意见建议高度重视，多次专题研究就业工作，对稳就业、保就业、招人才等工作作出专门批示，2021 年出台《关于支持多渠道灵活就业的实施意见》《公益性岗位开发管理实施细则》等政策文件。这些政策的出台进一步推动了全市就业工作。

（二）养老保险

2021 年，镇江市基本养老金调整的对象为参加江苏省企业职工基本养老保险、机关事业单位工作人员基本养老保险并在 2020 年 12 月 31 日前办理了退休、退职或领取定期生活费手续的人员。2021 年镇江市按照 4.5%的比例继续调整提高退休人员基本养老金，既有利于保障广大退休人员的基本生活，也体现了“尽力而为、量力而行”的要求。2021 年的调整办法与 2020 年总体保持一致，主要包括“定额调整”“挂钩调整”与“适当倾斜”。其中，定额调整主要是退休人员统一增加相同额度的养老金，体现社会公平；挂钩调整主要是与个人缴费年限、养老金水平相挂钩，体现“多缴多得”“长缴多得”的激励机制；适当倾斜主要是对高龄退休人员予以照顾，体现重点关怀。

（三）医疗政策

2019 年 10 月，江苏省政府办公厅印发《关于实施基本医疗保险和生育保险市级统筹的意见》，要求从 2021 年 1 月 1 日起，全省各设区市基本实现以基本制度、待遇标准、基金管理、经办管理、定点管理、信息系统“六统一”为目标的医疗保障市级统筹。镇江市政府也于 2019 年印发《关于推进医疗保障市级统筹的实施意见》，明确自 2021 年 1 月 1 日起，施行全市统一的职工医保待遇政策。

镇江市的医疗保障政策主张“两基本、一救助、多补充”。“两基本”为职工基本医疗保险制度和城乡居民基本医疗保险制度；“一救助”为社会医疗救助制度；“多补充”为职工补充医疗保险制度和城乡居民大病保险制度。

二、产业空间发展

（一）实施产业强市拉动就业

2021 年镇江市精准对接重大发展战略、中长期发展规划及重大战略载体建设，加强财税、产业、投资、金融、外贸、消费、区域等宏观政策与就业政策的衔接，推动宏观政策聚力支持就业。紧紧围绕“四群八链”，大力发展先进制造业、战略性新兴产业、现代服务业、现代农业，以产业高质量发展和转型升级创造更加充分的就业机会，带动就业高质量发展，促进经济增长与扩大就业良性循环。

2021 年，镇江市建立健全重大政策、重大项目带动就业影响评估机制，在规划编制、投资审批、资金安排、项目管理、信用监管时，把增加就业岗位和人力资源配置作为评价项目的重要指标统筹考虑；在审批政府投资项目和重大产业项目，申请和安排中央、省预算内投资和财政资金时，加强对带动就业的评估。在同等条件下，优先建设就业带动能力强和就业质量高的产业项目。加大 5G、数据中心、工业互联网等新基建领域建设力度，推进制造业投资稳定增长。支持中小微企业走专精特新发展之路，培育“小巨人”企业，扩大高质量就业岗位供给。预计到 2025 年，全市城镇新增就业 25 万人。

（二）加大区域就业均衡配置

聚焦重大区域发展战略，深度融入“一带一路”建设、长江经济带发展、长三角区域一体化发展、南京都市圈等国家发展总体格局，促进区域空间协同和一体化发展、公共服务标准衔接和共建共享，拓宽城市间就业空间。进一步深化区域合作机制、优化区域互助机制、健全区域利益补偿机制，完善落实跨地区跨制度流动就业人员各项社会保险关系转移接续政策和服务，引导城乡各类要素自由流动、公平交换、合理配置，扩大城市间、区域间就业人员流动规模，形成区域协调发展、协同发展、共同发展良好局面。

第三节　扬州市的政策创新

2021 年，扬州市深入实施创新驱动发展战略，把科技创新作为第一动能，坚持产业科创和科创产业双向发力，加快构筑先进制造业产业集群，努力打造国内一流、具有国际影响力的产业科创高地，争做长三角一体化高质量发展示范，为扬州市产业科创名城建设提供科技支撑，保障居民生活。

一、社会保障

（一）养老保障

扬州市按照《省人力资源社会保障厅 省财政厅 关于 2021 年调整退休人员基本养老金的通知》规定，扬州市 2021 年企业和机关事业单位退休人员使用统一的养老金调整办法，包括“定额调整”“挂钩调整”与“适当倾斜”。其中，定额调整主要是退休人员统一增加相同额度的养老金，体现社会公平；挂钩调整主要是与个人缴费年限、养老金水平相挂钩，体现“多缴多得”“长缴多得”的激励机制；适当倾斜主要是对高龄退休人员予以照顾，体现重点关怀。

（二）就业保障

就业，一头牵着千万家庭，一头连着经济大势，是最大的民生工程，是社会稳定的重要保障。2021 年，扬州市就业工作成果卓然。2021 年，扬州市城镇登记失业率 2.98%，采集就业岗位超 13 万个，城镇失业人员再就业 3.7 万人，就业困难人员再就业 2 万人。2021 年扬州市城镇新增就业 5.97 万人，组织城乡劳动者就业技能培训 4.1 万人次，支持成功自主创业 2.6 万人，组织创业培训 1.5 万余人，实现创业带动就业 9.5 万人。2021 年，扬州市人社局、财政局等 12 部门联合转发了《关于印发江苏省公益性岗位开发管理办法的通知》，将岗位补贴标准由最低工资标准的 60% 提高至当地最低工资标准，每月上涨了约 1000 元。

（三）创业保障

扬州市支持吸纳就业和灵活就业。2021 年，扬州紧紧围绕“稳就业、惠民生、促发展”的理念，拿出“真金白银”稳企稳岗稳就业，通过就业创业政策“加码”，让更多百姓端稳“饭碗”。统计数据显示，2021年扬州市继续实施阶段性降低失业保险费率政策，全年累计为扬州市参保单位节省了失业保险费2亿元，大力贯彻执行稳岗返还政策，全年向2.1万家企业发放稳岗返还资金0.89亿元。2021年，全市共审核就业困难人员灵活就业社保补贴5.8万人，补贴资金约2.9亿元。同时，发放企业吸纳就业困难人员社保补贴127家，惠及1066人，补贴资金830.13万元；发放小微企业吸纳高校毕业生社保补贴29家，惠及140人，补贴资金73.89万元。通过政策落实，鼓励企业积极吸纳就业困难人员就业再就业。

二、产业空间发展

第一，产业空间发展总体要求。扬州市明确产业强链主要目标，即实施“215”产业链培育提升工程，用三年时间，遴选培育20条重点产业链，在此基础上，聚力打造10条左右链条较为完整、节点特色显著、技术水平领先的优势产业链，力争形成5条规模较大、龙头突出、有一定区域影响力的地标性产业链。

第二，产业空间发展重点任务。产业空间发展重点任务包括建立一个机制、打造一批园区、推进四大行动，即建立市领导挂钩联系优势产业制度和产业强链发展推进机制，提出了打造一批特色明显、竞争力强的产业主体园区的具体目标，实施产业链企业培育、产业链协同创新提升、产业链基础能力升级和产业链开放合作促进行动。

第三，产业空间发展保障措施。产业空间发展保障措施包括加强组织领导、加大政策支持和强化宣传推广等，着重加强市级部门协同、市县园区上下协作、各类机构协力，营造良好的发展氛围。

第四节　淮安市的政策创新

淮安市持续强化对大众创新创业的政策支持，积极营造创业氛围，弘扬创新创业精神，将创新潜力、创业激情转化为实实在在的就业机会和收入增长，为居民增收、产业发展创造更优质空间，助力淮安高质量跨越发展。淮安市组织开展小微企业“双创”基地摸底排查，筛选出一批优质“双创”基地进行重点培养，建立淮安市创建省级小微企业“双创”示范基地后备库。打造产业合作平台，充分发挥淮安市“333”主导产业企业女性科技人才作用，培育一批女性企业首席技师和女职工创新工作室，梳理女企业家和女科技创新人才联合攻坚项目清单，支持女科技创新人才承接“千企技改”项目，以产业定方向，以市场定需求，促进产学研融合，促进女企业家高质量创新创业。

一、社会保障

（一）养老保险

根据淮安市政府提出的2021年为民办十件实事的要求和江苏省人社厅、财政厅发布的《关于提高全省城乡居民基本养老保险基础养老金最低标准的通知》，经淮安市政府同意，决定从2021年1月1日起上调淮安市城乡居民基本养老保险基础养老金最低标准，从每人每月180元提升至225元，并将65岁及以上参保人员倾斜养老金最低标准从每人每月5元提升到10元。淮安市自2009年建立城乡居民基本养老保险制度以来，城乡居民养老保险基础养老金逐年增加，从最初的每人每月60元提升至2021年1月1日起的180元，养老保障作用不断彰显。2021年12月底，淮安市城乡居民基本养老保险参保总人数198.68万人，全年共支付企业离退休人员养老金101.50亿元，养老金按时足额100%社会化发放。

（二）鼓励就业

促进大学生来淮留淮就业。为扩大大学生来淮留淮就业的支持范围，除应届高校毕业生外，支持毕业5年内的普通高校全日制专科及以上学历大学生来淮留淮就业。本科及以上学历到淮安“333 产业”（县区特色产业）就业的大学生享受《“淮安市 333 产业人才”集聚行动方案（试行）》的政策支持。具有高级工、技师、高级技师以上职业资格或技能等级的毕业生，分别按照大专、本科、研究生学历享受相应政策支持。

（三）大学生创业资助

拓宽大学生来淮留淮创业的扶持范围。对在淮安创业的大学生，自注册之日起 5 年内可按规定申请创业政策扶持。给予大学生创业补贴支持。一次性创业补贴方面，成功创业正常经营 6 个月以上，依法申报纳税并吸纳其他劳动者就业 1 人及以上的，给予企业一次性创业补贴 6000 元。场地租金补贴方面，初次创业租用各类创业孵化基地，按企业实际支付创业场地租金的 50% 给予补贴，每年最高不超过 2 万元，补贴期限 3 年。带动就业补贴方面，初次创业并吸纳其他劳动者就业，按规定为其他劳动者缴纳社会保险费 3 个月以上，按企业实际带动就业人数给予每人 3000 元一次性补贴，补贴总额最高不超过 20 万元。运营补贴方面，利用自有房屋（场地）初次成功创业，给予每年 3000 元的运营补贴，补贴期限 3 年。创业项目补贴方面，对经评选的大学生优秀创业项目给予一次性补贴 1 万元。对获得“创响江苏”及“中国创翼”创新创业大赛等省级以上赛事奖项的，按照 1∶1 标准给予配套奖励。另外，还给予创业的大学生社会保险补贴与租房补贴支持。

二、产业空间发展

淮安市经济转型升级。淮安市聚力聚焦打造“绿色高地、枢纽新城”，主动对接“一带一路”、长三角一体化发展等国家战略，紧密结合淮安市“十四五”经济社会发展规划编制工作，充分发挥各地比较优势，以重大项目实施全力推动经济转型升级，着力增强新产业、新技术、新业态、新模式发展的投资支撑，加快培育和形成一批新的增长点，为淮安加快发展、建设长三角北部重要中心城市打下坚实基础。为充分发挥重大项目对转方式、调结构、稳投资、促增长的重要作用，推进供给侧结构性改革，推动高质量发展，淮安市人民政府于 2021 年 1 月 8 日印发了《淮安市 2021 年重大产业项目投资计划表》。

淮安市空间发展总体布局。淮安市强化全市全域全要素统筹，加强生态、农业、城镇空间的整体谋划，拓展区域城镇联系，优化市域空间组织，促进中心城市集聚，以发展带与发展轴联系要素、集聚人口、推进新型城镇化，优化城乡资源配置，优化全域国土空间总体格局。形成“两带三片区、一核一走廊”的国土空间总体格局，其中“两带”是指大运河文化带、淮河生态经济带，“三片区”是指北部田园、中部都市、南部水乡，“一核”为淮洪涟一体化都市区核心，“一走廊”为宁淮城镇发展走廊。

第五节　芜湖市的政策创新

环境优则企业兴。2021 年，芜湖市始终坚持“好的营商环境就是生产力、竞争力”的理念，持续深化“放管服”改革，促进制度创新，将营商环境优化落实到日常工作的方方面面，努力以高水平营商环境推动高质量发展。芜湖市支持新一代信息技术、人工智能、新材料、新能源和节能环保、新能源汽车和智能网联汽车、高端装备制造（现代农机）、智能家电、大健康和绿色食品、数字创意（线上经济）、航空航天（低空经济）等十大新兴产业高质量发展及新认定的国家级、省级重大新兴产业基地（集群）、工程、专项等壮大升级。

一、社会保障

（一）就业创业

拓宽灵活就业人员就业渠道。针对灵活就业

形式多样、主体多元的特点，突出加大对个体经营、非全日制、新就业形态的支持。在鼓励个体经营方面，鼓励劳动者创办投资小、见效快、易转型、风险小的小规模经济实体，支持发展各类特色小店。对下岗失业人员、高校毕业生、农民工、退役军人、退捕渔民、包括零就业家庭成员在内的就业困难人员等重点群体从事个体经营的，按规定给予创业担保贷款、税收优惠、创业补贴等政策支持。在支持新就业形态方面，支持数字经济、平台经济健康发展，为劳动者居家就业、远程办公、兼职就业创造条件。培育一批基于互联网的制造业新模式新业态，鼓励发展“夜间”经济、“乡间”旅游，培育一批“乡村旅游后备箱”工程示范基地。鼓励互联网平台企业、中介服务机构等降低服务费、加盟管理费等费用，创造更多灵活就业岗位。

（二）社会保险

2021 年，芜湖市个人社会保险月缴费基数上限为 17925. 42 元。按照国家关于缴费基数下限过渡相关要求，为减轻企业及灵活就业人员参保缴费负担，安徽省 2021 年社会保险费个人月缴费基数下限为 3429. 11 元。

自 2021 年 1 月至 2021 年 12 月，核定芜湖市职工社会保险缴费基数依据的 2020 年度全省全口径城镇单位就业人员年平均工资（以下简称“全口径社平工资”）为 71701. 68 元，月平均工资为 5975. 14 元。2021 年芜湖市人力资源社会保障主要数据见表 6-2-1。

表 6-2-1　2021 年芜湖市人力资源社会保障主要数据

项目	序号	统计指标	单位	数量
就业和再就业	1	城镇新增就业人数	万人	12. 08
	2	城镇失业人员再就业人数	万人	2. 55
	3	就业困难人员就业人数	万人	0. 52
城镇职工基本养老保险	4	参保人数	万人	115. 80
	5	基金收入	亿元	121. 30
	6	基金支出	亿元	122. 40
城镇居民基本养老保险	7	参保人数	万人	156. 00
	8	基金收入	亿元	24. 23
	9	基金支出	亿元	9. 70
失业保险	10	参保人数	万人	56. 05
	11	基金收入	亿元	3. 06
	12	基金支出	亿元	1. 87
工伤保险	13	参保人数	万人	55. 37
	14	基金收入	亿元	1. 25
	15	基金支出	亿元	1. 94

数据来源：芜湖市人力资源和社会保障局网站。

二、产业发展布局

2021 年是具有里程碑意义的一年，是“十四五”开局实现“芜湖起飞”的启航之年。一年来，芜湖市人民在市委、市政府的坚强领导下，坚持以习近平新时代中国特色社会主义思想为指导，深入贯彻习近平总书记考察安徽重要讲话指示精神，认真落实市十六届人大五次会议形成的决议，统筹推进疫情防控和经济社会发展，扎实做好“六稳”“六保”工作，大力实施“双招双引”一号工程、“1%工作法”，加快打造省域副中心、建设人民城市，芜湖市经济社会保持平稳健康发展，实现“十四五”良好开局。

芜湖市经济运行稳健向好，发展质量不断提高。经济指标实现较快增长。2021 年，全市实现地区生产总值 4302.63 亿元左右，增长 11.6%以上；一般公共预算收入 361.2 亿元，增长 9%；城镇新增就业 12.08 万人，城镇登记失业率 2.1%；居民人均可支配收入 41200 元，增长 12%；年末金融机构人民币存款余额 5206 亿元、增长 11.9%，贷款余额 4704 亿元、增长 14.9%。

第六节　马鞍山市的政策创新

2021 年，马鞍山市准确把握在长三角一体化中的功能定位，将平台建设作为促进科技成果转化的重点基础工作来抓，通过科技园区平台、科技研发平台、科技孵化平台、协同创新基地等建设，全面提升科技成果转化承载能力。近年来，马鞍山市先后出台《马鞍山市实施创新驱动发展战略推进创新体系建设的若干意见》《马鞍山市国家创新型城市建设行动方案》《关于进一步支持皖籍人才来马创新创业的若干政策措施》《马鞍山市高层次人才团队资金管理办法》《关于进一步做好科技人才团队招引培育工作的实施意见》等系列创新政策，从顶层设计到制度安排，从人才培养到科技成果转化，以制度创新推动科技创新，打出了一组“政策组合拳”。

一、社会保障

（一）养老保险

2021 年，马鞍山市全面落实马鞍山市人民政府《关于印发马鞍山市城乡居民基本养老保险实施办法的通知》和马鞍山市人力资源和社会保障局、马鞍山市财政局《关于印发马鞍山市城乡居民基本养老保险待遇确定和基础养老金正常调整机制实施办法的通知》，坚持政府主导、群众自愿相结合的工作方针，广泛深入宣传政策，积极引导城乡居民参续保缴费，确保完成当年目标任务，确保符合待遇领取条件的城乡老年居民养老金按时足额发放。马鞍山市持续抓好政策宣传工作。坚持把政策宣传贯穿于推动工作的全过程，深入细致地宣传城乡居民保险及民生工程优惠政策，切实增强广大居民的认同感，提高参续保积极性。将宣传工作列入考核内容，推动基层下大力气抓好政策宣传引导工作，切实增强针对性和实效性。继续加大培训力度，帮助乡镇（街道）、村（社区）等基层同志熟练掌握政策，精准宣传解释政策。

（二）就业保障

马鞍山市委、市政府坚定“稳就业”“保居民就业”决策部署，坚持把就业作为最大的民生，强化就业优先政策，优化公共服务，持续开展“四进一促”稳就业专项活动，通过支持高校毕业生就业创业，强化就业服务对接，落实就业见习补贴和公益性岗位补贴政策等方式，加强就业托底安置，确保零就业家庭动态清零，确保全市就业局势持续保持稳定，推进实现更加充分的高质量就业。

马鞍山市各县区通过就业失业和劳动用工备案管理信息系统、就业资金管理使用信息系统对就业创业促进工程开展情况和资金补贴落实情况进行动态管理。各县区对就业创业促进工程资金加强管理，规范资金申报、审批和拨付程序，发挥资金使用效益。此外，马鞍山市人力资源和社会保障局将就业创业促进工程实施成效纳入县区就业工作绩效评价体系，进一步完善第三方评估机制，客观评估各县区就业创业促进工程实施效果，并强化考核结果运用。各县区将就业创业促进工程各项任务进行层层分解，实行目标管理。严格日常监督检查，对工作进展较慢地区进行指导调度。马鞍山市人社部门对就业创业促进工程实施情况和完成进度实行定期指导调度。

二、产业发展布局

马鞍山市全面实施乡村振兴战略，推动现代农业高质量发展。在《马鞍山市国民经济和社会发展第十四个五年规划和2035年远景目标纲要》中提出农业农村品质提升十大工程：长三角绿色农产品生产加工供应基地建设工程，人居环境整治提升工程，乡村振兴示范片区建设工程，高标准农田建设改造工程，农产品仓储保鲜冷链物流设施建设工程，动植物保护能力提升工程，现代农业产业园提升工程，农村公路建设工程，农村电网建设工程，智慧农业和数字乡村建设工程。为进一步优化农业产业结构，马鞍山市大力发展优质粮油、生态水产、特色畜禽、精品果木、精细蔬菜等优势特色产业，积极创建国家级特色产业集群和特色农产品优势区。预计到2025年，培育百亿产业集群3个。马鞍山市制造业十大产业集群情况见表6-2-2。

“十四五”期间，马鞍山将积极推进现代服务业优质化发展。一是推动先进制造业与现代服务业深度融合，强化服务业支撑作用。预计到2025年，生产性服务业占服务业增加值比重提高到70%以上。二是构建覆盖科技创新全链条的科技服务体系。推动数字经济和实体经济深度融合，支持服务业企业数字化转型，创新服务内容和模式。三是围绕现代物流、金融商务、科技服务、软件与信息技术服务、电子商务、服务外包和健康养老等七大领域，推动现代服务业集聚发展。预计到2025年，全市建成现代服务业集聚区30个以上。

根据安徽省地区生产总值统一核算结果，2021年马鞍山市地区生产总值为2439.33亿元，同比增长9.1%。

表6-2-2　马鞍山市制造业十大产业集群情况

十大产业	发展目标与发展行业
钢铁	发展目标：到2025年，打造一个2400万吨级的精品钢生产基地
	发展行业：特种冶金、优特钢等
轨道交通	发展目标：到2025年，总投资130亿元
	发展行业：新型轨道交通车辆及关键零部件等
新材料	发展目标：到2025年，打造产值150亿元的新材料产业基地
	发展行业：化工新材料、高分子材料、前沿性新材料等
智能制造	发展目标：到2025年，年产值突破500亿元，打造智能家电产业集群
	发展行业：机器人、智能空调、中央空调、智能小家电等
先进装备制造	发展目标：到2025年，转型为“智能工厂建设解决方案供应商”集群
	发展行业：高端数控机床、制冷设备等
食品加工	发展目标：到2025年，打造百亿级食品产业集群
	发展行业：休闲食品、调味品、乳制品、绿色食品等
新能源	发展目标：到2025年，总投资100亿元，打造新能源及汽车产业集群
	发展行业：新能源汽车等
机械制造	发展目标：到2025年，打造工程机械产业基地
	发展行业：旋挖钻机、液压抓斗、压桩机、三轴钻机等

续表

十大产业	发展目标与发展行业
节能环保	发展目标：到 2025 年，力争产值达 500 亿元
	发展行业：环保设备、节能材料等
新一代信息技术	发展目标：到 2025 年，打造长三角地区具有影响力的半导体产业集群
	发展行业：半导体、CPU 应用软件、集成电路封装测试及相关配套等

资料来源：马鞍山市人民政府网站资料。

第七节　滁州市的政策创新

2021 年，安徽省滁州市通过政策引导、平台搭建、成果转化、人才培育四个聚力吸引科技人才，激发创新创造活力，引进高层次创新创业人才团队 28 个，为滁州市创新高质量发展提供了强大动力。另外，滁州市深入实施创新驱动发展战略，以建设国家创新型城市为牵引，充分发挥企业创新创业主体作用，推动全市科技创新工作再上新台阶。滁州市突出政策导向，梯度培育创新创业主体。全面修订科技创新政策体系，由“普惠扶持”转向“择优支持”。

一、社会保障

（一）灵活就业人员参保

为深入贯彻落实习近平总书记在中共中央政治局第二十八次集体学习时的重要讲话精神，根据人力资源和社会保障部、国家发展改革委等 8 部门《关于维护新就业形态劳动者劳动保障权益的指导意见》精神，紧密结合“我为群众办实事”实践活动，进一步促进灵活就业人员参加企业职工基本养老保险，切实维护新就业形态劳动者的社会保障权益，滁州市高度重视灵活就业人员参加养老保险工作。近年来，依托互联网平台就业的网约配送员、网约车驾驶员、货车司机、互联网营销师等灵活就业人员、新就业形态劳动者数量大幅增加。滁州市切实解决好灵活就业人员，特别是新就业形态从业人员参加养老保险问题，保障其老年时的基本生活，是稳定就业、改善民生、加强社会治理的重要内容。各级人力资源社会保障、财政、税务部门坚持以人民为中心的发展思想，适应新业态经济发展要求，把促进灵活就业人员参加养老保险工作摆上重要位置，认真履行职责，强化工作协同，切实保障灵活就业人员的养老保险权益。

（二）大学生创业鼓励

大学生创业是一种以在校大学生和毕业大学生为创业主体的创业过程。随着近期我国不断走向转型化进程以及社会就业压力的不断加剧，创业逐渐成为在校大学生和毕业大学生的一种职业选择方式。滁州市提出求职创业补贴政策，应届城乡居民最低生活保障家庭、贫困残疾人家庭、建档立卡贫困户家庭、退捕渔民家庭、获得国家助学贷款、残疾以及特困人员等 7 类高校毕业生，包括中等职业学校、技工院校应届困难毕业生，每人一次性补助 1500 元，主要用于补助毕业生求职创业过程中的相关费用，缓解毕业生求职创业费用压力。一次性就业补贴政策中，毕业年度高校毕业生与小微企业签订 6 个月以上劳动合同，并依法缴纳社会保险费的，由就业补助资金给予高校毕业生每人 3000 元的一次性就业补贴。

二、产业发展布局

“十四五”时期，滁州市全面发展农业、工业、服务业，逐步形成“一主四副”工业组群建设。到 2025 年，新增规模以上企业 1000 家，具有核心竞争力的领先企业 52 家，新增产业链 10 条。根据《滁州市国民经济和社会发展第十四个五年规划和 2035 年远景目标纲要》显示，农业、工业、服务业全面发展，布局“1+5+6+6+10+4+5”的产业体系（表 6-2-3、表 6-2-4）。全面深入实施乡村振兴战略，积极布局“1+5+6”的农业农村产业体系。“1”即围绕优质稻米、生猪、家禽、专用面粉、稻虾、食用菌、林产品、经果、道地药材、蔬菜十大产业打造“一县一特”百亿产业集群；“5”即建设 50 个农产品加工基地；“6”即农产品销售额达 600 亿元。滁州市以开发区为载体，构建“6+10”制造业发展格局。“6”即重点发展智能家电、先进装备、硅基材料、绿色能源、新型化工、健康食品六大千亿级支柱产业；“10”即发展培育智能仪器仪表、轨道交通装备、新型功能纺织材料、凹凸棒基新材料、智能出行装备、绿色涂料、人工智能、半导体、生物医药、燃料电池等新兴产业和未来产业。

表 6-2-3　滁州市农业五大产业集群情况

五大集群	发展目标
优质粮油	到 2025 年，优质专用粮食年种植面积 600 万亩以上，粮食产能达到 100 亿斤
健康畜牧	到 2025 年，实现生猪出栏 350 万头，家禽出栏 1.3 亿只
道地药材	大力支持滁菊、天长芡实、全椒碧根果、明光艾草等道地药材发展
特色杂粮	大力发展玉米、山芋、豆类等特色杂粮
林茶果蔬	到 2025 年，建设省级以上特色农产品优势区 10 个以上

资料来源：滁州市人民政府网站资料。

表 6-2-4　滁州市制造业六大千亿级产业集群情况

六大集群	发展目标
智能家电	发展目标：到 2025 年，力争规模以上企业达到 300 家，产值超 1000 亿元 发展行业：智能芯片、智能家电等
先进装备	发展目标：到 2025 年，力争规模以上企业超过 600 家，产值突破 1500 亿元 发展行业：汽车装备及零部件制造、轨道交通装备、智能装备、输变电设备等
硅基材料	发展目标：到 2025 年，力争规模以上企业超过 100 家，产值超 1000 亿元 发展行业：光电玻璃、汽车玻璃、电子玻璃、医药和化学玻璃等特种玻璃
绿色能源	发展目标：到 2025 年，力争规模以上企业达 100 家，产值超 1000 亿元 发展行业：新能源汽车、动力电池等
新型化工	发展目标：到 2025 年，规模以上企业超过 200 家，产值突破 1000 亿元 发展行业：盐化工、精细化工、石油化工、水性涂料、电子新材料等
健康食品	发展目标：到 2025 年，规模以上企业超过 300 家，产值突破 1000 亿元 发展行业：休闲食品、功能饮料、保健品等

资料来源：滁州市人民政府网站资料。

第八节　宣城市的政策创新

宣城市为深入实施创新驱动发展战略，提升企业创新主体地位，打造高能级创新平台，助力全市经济高质量发展，特制定《宣城市科技创新“双倍增”行动方案》。该方案对宣城市高新技术企业、制造业创新中心、产业创新中心、企业技术中心、工程（技术）研究中心、博士后科研工作站、技术合同、科技重大专项等项目给予奖励扶持政策。

一、社会保障

社会救助事关困难群众基本生活和衣食冷暖，关系民生、连着民心，是社会建设的兜底性、基础性工作，也是党全心全意为人民服务根本宗旨的集中体现。近年来，宣城市社会救助工作聚焦脱贫攻坚、聚焦特殊群体、聚焦群众关切，社会救助体系不断健全，社会救助标准不断提高，社会救助改革不断推进，社会救助专项行动持续开展，在保障基本民生、打赢脱贫攻坚战、全面建成小康社会等方面发挥了积极作用。虽然取得了一定成绩，但是对照新时代民生保障制度建设的新任务，对照困难群众的新期待，宣城市社会救助工作仍然存在一些问题和短板，还需要通过改革整体谋划和系统提升。宣城市加强组织领导。强化党委领导、政府负责、民政牵头、部门协同、社会参与的工作机制，充分发挥市、县两级困难群众基本生活保障工作联席会议议事、协商作用，将社会救助政策落实情况纳入党政领导班子和领导干部综合考核、政府目标管理绩效考核。

二、产业发展布局

为加快推动数字经济发展及经济转型升级，宣城市抢抓数字经济发展机遇，加快推动数字产业化和产业数字化发展。目前，宣城市拥有国家级信息化试点示范企业5家、国家级两化融合贯标企业80家、国家智能制造专项试点6家、国家强基工程3项，G60科创走廊工业互联网平台和标杆工厂5家，省级重点软件企业1家、省级智能工厂10家、数字化车间63个、省级首版次软件产品1个、省信息消费创新产品和体验中心12个。

第九节　溧阳市的政策创新

2021年，溧阳市深入实施创新驱动发展战略，着力破解制约科技体制机制障碍，优化创新环境，集聚创新资源，不断培育发展新动能，探索具有溧阳特色的高质量发展之路，逐步形成区域特色科技创新优势。溧阳因推动科技政策落实和科技体制改革工作突出，获2021年度江苏省政府督查激励。溧阳市不断在体制机制、科技政策、产业创新等方面积极探索，围绕土地、财税、金融、人才、科技等方面，着力解决体制性障碍、机制性梗阻、政策性创新等问题，营造创新创业良好生态环境。溧阳先后出台了数十个具有突破性、首创性的政策文件，为江苏省乃至长三角、全国的创新型县市建设、一体化发展提供示范借鉴。

一、社会保障

就业为民生之本、财富之源。为深入贯彻党中央、国务院，江苏省委、省政府和常州市委、市政府决策部署，全力做好“六稳”“六保”工作，确保溧阳市就业局势总体平稳，根据江苏《省政府关于落实就业优先政策进一步做好稳就业工作的实施意见》和常州《市政府关于落实就业优先政策进一步做好稳就业工作的实施意见》，结合溧阳市实际，2021年支持企业稳定就业岗位，加大稳岗返还力度。将暂时生产经营困难且恢复有望企业的失业保险稳岗返还政策实施期限延长。对不裁员或少裁员的中小微企业，返还标准最高可提至企业及其职工上年度缴纳失业保险费的100%，具体由溧阳市人社、财政部门视失业保险基金承受能力确定。落实降本减负政策。落实企业吸纳重点群体就业的定额税收减免政策。减免小规模纳税人、部分服务业增值税，减免港口建设费政策执行期限延长。强化金融信贷支持。落实普惠金融定向降准政策，推动对民营企业和小微企业贷款扩面增量，增加制造业中小微企业中长期贷款和小微企业信用贷、首贷、无还本续贷，降低小微企业富民创业担保贷款申请条件。

二、产业发展布局

溧阳动力电池产业由“零”起步，自2016年牵手宁德时代，布局首个动力电池项目以来，如今已集聚60余个产业链上下游企业，覆盖除电池回收处理环节以外的全产业链，2021年实现产业产值近430亿元，出货量占江苏省50%、全国20%，有望成为长三角地区规模最大、研发能力国内领先的千亿级动力电池产业基地。近年来，溧阳通过不断引入优质科创资源、布局创新链条、精准发力产业链、加快构建产业集群、营造一流创新生态等方式，推动创新链产业链融合发展，不断做大做强动力电池产业，以创新“金钥匙”打开高质量发展之“门”。溧阳对接大院大所，构筑高端创新平台。南航“大飞行”、东南大学“大装置”、重庆大学“大智慧”、上海交大“大制造”等相继落户扎根溧阳。溧阳围绕产业链部署创新链，积极与顶尖科研院所对接合作，共建高端科创平台，探索产业链、创新链、人才链融合发展模式。溧阳围绕动力电池、智能电网、汽车零部件先后引进了天目湖先进储能技术研究院、长三角物理研究中心、重庆大学溧阳智慧城市研究院、东南大学溧阳研究院、上海交通大学溧阳智能制造研究院等13家科技创新平台，其中4家为省级新型研发机构并获省项目资金支持。上上电缆、华鹏变压器、瑞复达、联盟化学等4家行业龙头企业与江苏省产业技术研究院建立了联合创新中心。溧阳科创平台数量在江苏省县级市中名列前茅。

第十节 金坛区的政策创新

2021年，常州市金坛区紧扣“最美新城区、最强增长极”发展定位，创新政策体系建立完善、创新平台建设持续提质、园区载体功能不断完备，在引主体、建平台、强产业方面取得了一系列成绩。金坛区先后出台了一批区域创新政策，初步形成了强化要素、增强主体、优化机制、提升产业、集聚区域、完善环境的创新政策。

一、社会保障

2021年，在金坛区委、区政府的坚强领导下，金坛区社会保障情况如下：

人口规模稳中有升。2021年末户籍人口54.24万人，其中男性26.71万人，女性27.53万人，男女性别比为97：100。户籍人口出生率4.43‰，人口死亡率8.49‰，人口自然增长率为-4.06‰。年末常住人口59.29万人，其中城镇人口39.41万人，城镇化率达到66.47%，比上年末提高0.67个百分点。

城乡收入持续提高。全年全体居民人均可支配收入51004元，同比增长9.7%，其中城镇居民人均可支配收入62316元，农村居民人均可支配收入33796元，同比分别增长9.1%和10.7%，农村居民收入增幅高出城镇居民1.6个百分点，城乡居民收入差距不断缩小。

民生工程扎实推进。全年实现一般公共预算支出90.21亿元，同比增长3.5%，其中社会保障和就业、卫生健康、交通运输等民生支出分别为19.38亿元、9.07亿元和2.47亿元，同比分别增长30.1%、7.6%和30.9%。完成改造提升文化一村（一期）、河滨（含北戴）小区2个老旧小区，涉及93栋2561户居民。深入推进棚户区改造，全年新开工棚户区改造九洲里花园四期等项目1083套，基本建成连珠水苑一期等项目3010套。

二、产业发展布局

金坛区上下加速同城化、加快现代化，全力打造最美新城区、最强增长极。金坛融媒体推出系列报道，以“关键词”形式，突出产业项目、科技创新、旅游生态、城市能级及城乡融合等重点，全方位、多角度展示2021年以来全区上下克服重重困难压力、奋力夺取“十四五”开门红的生动实践。2021年是“十四五”开局之年。这一年，金坛发展多点开花，而高质量的项目招引与产业投资持续“引领”金坛经济社会高质量发展。在重大项目和产业集聚“两翼齐飞”的助力下，金坛工业经济加速转型、向上攀登，激荡出加快发展新动能。金坛区重大项目建设不断掀起你追我赶、竞相发展的热潮。在蜂巢能源三期项目建设施工现场，主体厂房已经封顶。蜂巢能源在原有三期的基础之上进一步扩大产能，投资 150 亿元，建设 40 吉瓦时的动力电池和储能电池工厂，同时建设总部大楼和研发中心。2021 年，蜂巢能源无钴正极材料正式下线，全球首款无钴电池实现装车。蜂巢能源投资建设的一到四期项目，是观察金坛经济“进阶”的绝佳窗口。它的背后不仅仅是单个重大项目，更是一个逐步完善的极具竞争力的新能源汽车产业链，一条零部件—正负极材料—隔膜—电池—整车生产相对完整的新能源汽车产业链条在金坛清晰可见。

第三章　文化创新

第一节　南京市的文化创新

一、推动文旅融合创新发展

（一）政策“前瞻”，大力推动供给侧结构性改革

在政策扶植方面，南京大力推动文化和旅游消费供给侧结构性改革，在成功完成以演出剧目政府补贴试点工作的基础上，放大文化消费试点示范效应，进一步将试点领域向高品质文旅展陈拓展，探索建立并推出了一整套促进文旅消费的政策体系、工作机制和具体举措，形成了可借鉴、可复制、可推广的文旅消费“南京模式”，获得广泛认可（表 6-3-1）。

表 6-3-1　南京市文旅产业政策梳理

出台时间	政策名称
2021. 5	《南京市“十四五”文化和旅游发展规划》
2021. 1	《关于培育新业态拓展新消费促进南京市文旅产业高质量发展的实施意见》
2020. 7	《南京市政府补贴文旅展陈消费试点实施方法》
2020. 6	《关于应对常态化疫情防控恢复文化和旅游市场活力的若干措施》

资料来源：南京市人民政府网站资料。

（二）示范引领，推动文旅产业“串点成珠”

自 2016 年起，南京市政府每年持续投入 1500 万元用于演出剧目政府补贴。2021 年，又追加投入 500 万元用于文旅展陈政府补贴。同时，建立“国家文旅消费示范城市（南京）智能服务”平台，采取直接补贴消费者、积分奖励补贴、绩效奖励等多种形式相结合的方式，将财政文化消费专项资金补贴给文化市场的供给端和消费端。创新引入绩效考核机制，对票务平台和剧院剧场进行考核，谨慎用好“钱袋子”，提高了资金使用效率。

2021 年，南京涌现出了包括国家全域旅游示范区、江苏省文化和旅游产业融合发展示范区建设单位、国家级文化产业示范园区创建单位、省级文化产业示范园创建单位、南京市 A 级文化产业园区等在内的产业“示范”及“典型”。

“示范”的价值，并非在于一隅的发达，更可贵的是摸索出可践行、可复制、可推广的发展路径，实现规模经济、产业带动效应及整体的正向推进。在江宁区、秦淮区，自创建首批国家全域旅游示范区以来，探索出一条“规划先行、考古

前置、区域评估、协调跟踪、服务引导”的重大文旅项目服务保障机制，华侨城、金陵小城、南京城墙博物馆等一批重大文旅项目相继建成，基础服务设施日益完善，旅游产业作为支柱产业的地位更加突出，集聚效应强劲释放。

（三）文旅产业空间创新布局

文旅产业是南京重点发展的战略性产业之一，借助丰厚的文博资源与旅游景点，推进文旅融合深入发展。但是南京的旅游呈现非常明显的南强北弱态势，北部新区的旅游还处于待开发阶段，旅游与文化融合不够，缺乏大型的旅游企业和热门的旅游线路，所以北部区域以推进基础设施建设为主，结合乡村特色景点发展农村文旅产业融合发展。紫东地区文旅产业基础雄厚，围绕夫子庙秦淮风光带，重点培育附加值更高的数字文旅等新兴产业。中心城区至南部郊区地带凭借自然风光带、历史文化古迹等文旅资源，推进特色旅游等产业。

（四）深耕文化，打造文旅融合空间

2021年11月，南京市夫子庙景区上演了沉浸式水上婚礼，幸运的游客还能接到新人抛来的喜糖。水上婚礼在保留传统文化习俗的基础上，增加了当代潮流元素，贴近年轻群体的时尚喜好。通过旅游的形式传播文化，既符合秦淮河的特点，也能满足市民游客消费升级的需求。

南京将秦淮作为一个大IP塑造，深耕文化品牌，推动秦淮灯会、秦淮画舫等传统品牌“老酒新酿”，秦淮礼物、秦淮有戏等“新锐网红”流量变现。按照“城景一体、文旅融合”的理念，秦淮区还建设了科博馆、小西湖等一批文旅融合精品项目，形成了城南街巷游等文化旅游精品线路。秦淮区不仅建设地标项目，打造拳头产品，秦淮区还坚持旅游景区、历史街区、产业园区“三区协同”，打造文旅融合复合空间。在夫子庙、老门东等旅游景区中植入书店、博物馆、艺术馆等文化业态；在1865园区、老门东等产业园区、历史街区举办非遗展演、时尚秀场等活动。

（五）文旅产业为老城突围铺“新路”

立足山水城林自然优势，南京市玄武区对标打造文旅地标产业，文化产业增加值稳居全市第一；基于秦淮河千年文脉遗存，南京市秦淮区将文旅产业列入主导产业，囊获首批国家全域旅游示范区等一系列国字号荣誉；南京市鼓楼区也明确了以文化旅游等为主导的“三主四特”产业发展思路。

计划到2025年，玄武区文化产业增加值占地区生产总值的比重超13%，旅游业总收入超290亿元，文旅产业成为全区重要战略性支柱产业，文旅消费对全区经济发展贡献度大幅提升，将玄武区建设为设施完善、产品丰富、环境优良、美誉度高的文旅产业融合发展示范区。

“下一步，秦淮将争创首批国家文化产业和旅游产业融合发展示范区。”南京市秦淮区文旅局相关负责人表示，其中，将以“城市记忆”环线联动新街口、夫子庙、中华门、熙南里等多个片区，让秦淮文化可感知、可触摸、更立体。

二、数字文化产业赋能美好生活

（一）数字文化连接虚拟和现实

数字技术如同一座“穿越门”，连通了虚拟与现实，把梦想变成体验，让未来近在眼前。“十四五”规划和2035远景目标纲要明确提出，要实施文化产业数字化战略，加快发展新型文化企业、文化业态、文化消费模式，壮大数字创意、网络视听、数字出版、数字娱乐、线上演播等产业。

数字技术的迅猛发展和日益广泛地渗透到文化领域，给文化创作、生产、传播和消费方式带来了重大变革，让文化产业链不断延伸。截至2021年底，南京市规模以上文化企业数量达1825家，以互联网为基础的数字出版，动漫、游戏数字内容服务，互联网游戏服务，多媒体等16个文化新业态行业小类的规模以上文化企业，各项经济指标继续呈现两位数高速增长，文化互联网企业表现亮眼。

（二）文化科技融合，数字文化产业成果显著

2021中国（南京）文化和科技融合成果展览交易会正式开幕，文化产业数字化成果集聚南京。南京数字文化产业发展指数报告显示，近几年，南京市数字文化规模以上企业数量一直高于800家；数字文化规模以上企业从业人员呈现稳定增长局面，2021年从业人员超过23万人。为进一步提升南京文化产业集聚发展水平，推进南京市数字经济三年行动计划，命名“江苏卫岗一九二八文化产业园”等19个园区为“南京市文化产业园区”。

根据2021年文化产业园相关申报数据，评审通过的市级数字文化产业园（楼宇）实现了67.8%的营收增长。截至2021年底，数字文化产业园的文化企业数量、吸纳就业数量均实现了大幅度增长，表现出了更强的经济增长韧性。

（三）数字文化招商继续突破

2021年，在招商引资的强力推动下，南京文化产业招商聚焦数字文化产业，继续高质量前行。作为具有广泛影响力的文化和科技融合全国性展示交易和交流的平台，文化和科技融合成果展览交易会也着力为南京数字文化发展提供产品对接、服务对接及技术合作等方面的沟通渠道，在组委会执行机构江苏文创文化发展有限公司的全力服务下，促成了众多合作成果。南京华加文化创意有限公司联合南京国际展览中心打造的南京首个原创赛博科幻主题的沉浸式体验空间——地下城项目、B站（上海宽娱数码科技有限公司）投资南京灵瞳影视动画有限公司的国产体育番剧《飞吧！篮球》第一季项目在内的39个项目现场签约（现场签约12个，线上签约27个），签约金额161亿元。项目涵盖人工智能、广播影视、动漫游戏、电商供应链、直播、网络文学、AI、智能家居等数字文化产业。2021年南京文化产业招商“热力TOP5”榜单正式发布，玄武区、栖霞区、秦淮区、溧水区、高淳区等5个区入选。

第二节　镇江市的文化创新

一、加速推进文旅融合产业发展

（一）科技赋能推动文旅融合发展

为应对新冠疫情对文旅市场的冲击，镇江市实现主要景区、文博场馆在线预约预订、分时段预约游览功能。镇江市充分运用虚拟现实、4D、5D等人工智能技术，对镇江18处景点、78个点位进行720°虚拟游览场景拍摄，打造镇江虚拟游产品，为游客提供线上虚拟体验和游览线路选择。整合全市图书馆、文化馆、博物馆、美术馆、民艺馆等各级文化设施网上资源，线上开设展览、演出、非遗传承、阅读等栏目，丰富线上图片、音频、视频等内容，实现文化资源的数字化管理。为激发游客深层次来镇旅游需求，“宜游镇江”微信公众号能够为游客提供找厕所、找车位、查天气、活动报名、健康码、交通订票、旅游攻略等线上服务功能，以及游前查询预订、游中辅助游览、游后评价反馈等一体化服务，实现一部手机畅游镇江。2021年10月“宜游镇江”微信公众号及电商平台被江苏省文化和旅游厅、江苏省工业和信息化厅联合推选为“2021年度江苏省智慧文旅培育项目”。

（二）线上线下文旅消费新模式

为促进文旅线上消费，培育线上线下文旅消费新模式，“宜游镇江”微信公众号电商平台上架了具有镇江地方特色的、丰富的、可供游客挑选的高品质文化旅游产品300余个，累计合作供应商超100余家，2021年平台全年订单总数量超2000笔，线上销售额超30万元。2020年、2021年在金山文化艺术·国际旅游节期间，利用平台线上发

放文旅消费券分别达到3400万元、8000万元，极大促进了文旅市场消费。为吸引更多外地游客来镇江旅游观光，镇江市文化广电和旅游局整合镇江全域文化旅游优质资源，利用平台线上推出“镇江转转卡”产品，在实现对外地游客一站式服务的同时，为游客提供低于市场价的超值折扣旅游套餐。游客仅需线上购买“镇江转转卡”产品，线下出示二维码即可畅游镇江十大核心景区，同时还可享受酒店折扣、品特色美食、带伴手礼等，达到“一张转转卡、全域游镇江”的目的。2021年10月“镇江转转卡”获得“水韵江苏·苏心产品”创新大赛二等奖，树立了镇江城市营销新名片、新品牌。2016—2021年镇江市旅游销售额与全市旅游人数统计详见图6-3-1。

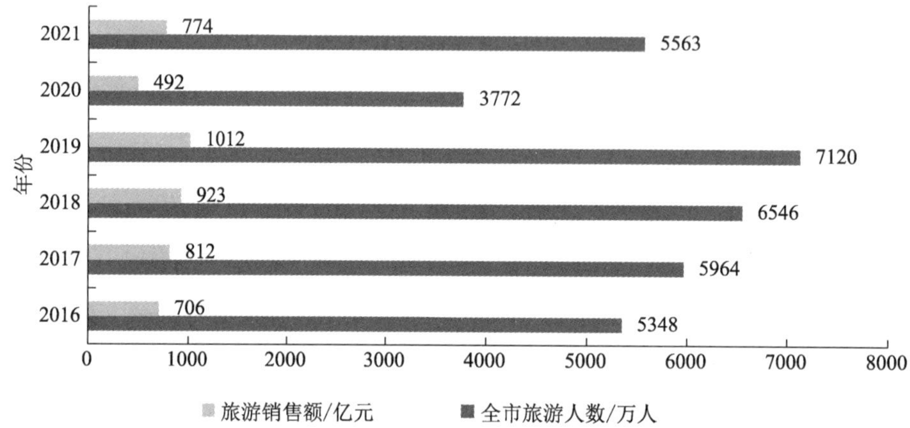

图6-3-1　2016—2021年镇江市旅游销售额与全市旅游人数统计

（三）“四项行动”助推文旅民营企业发展

为减轻新冠疫情对文旅行业民营企业的影响，镇江市文化广电和旅游局创新思维理念、工作方法，扎实开展“四项行动”，不断探索破解民营企业发展难题，推动民营企业高质量发展，“四项运动”的具体内容详见表6-3-2。

表6-3-2　镇江市“四项行动”助推文旅民营企业发展

四项行动	具体内容
开展金融助力行动	与11家金融机构签署镇江市财政金融助力贷产品合作协议，中小微企业可按基准利率最高贷款1000万元。广泛宣传并征集融资需求意向企业，全力帮助企业及时获得价格合理、便捷安全的金融服务，目前已累计推送民营企业融资需求信息7条，开展对接行动3次
开展惠企政策落实行动	举办省级文化和旅游产业扶持政策培训会，邀请行业专家现场讲学指导，吸引全市超50家企业近90人参会。组织全市24个项目申报省级专项扶持资金，指导6家民营企业申报省级工业旅游区、4家民营企业申报2021—2022年度国家文化出口重点企业
开展项目挂钩帮办行动	发布2021年全市重点文旅项目28个，计划总投资144.91亿元，年度计划投资31.9亿元。制作重点文旅项目帮办服务登记本，明确28个重点项目挂钩领导和联络人，及时了解并协调解决项目实施中的具体问题，全力保障项目建设稳步推进。
开展项目招商行动	编制文化旅游产业招商图谱，编印招商手册，发布招商项目25个，其中民营企业项目11个。邀请上海国脉通信、北京国韵等客商来镇考察对接，谋划举办上海、杭州或者北京专场招商活动，推动一批项目签约落地

数据来源：镇江市人民政府网站资料。

二、提升公共文化服务“软实力”

镇江市结合本土特色，努力构建现代公共文化服务体系，大力推进公共文化服务社会化发展，形成全民共建共享机制。2021年，全市以43项创建规划任务100%完成、34项国家创建指标100%

达到东部地区优秀标准的成绩，被命名为国家公共文化服务体系示范区。

（一）创新服务模式，打造示范标杆

镇江市已实现市县镇村四级公共文化设施网络全覆盖。全市 7 个文化馆、图书馆均为国家一级馆。全市 56 个镇（街道）综合文化站平均面积达到 3021 平方米；全市 665 个村（社区）综合性文化服务中心平均面积达 1238 平方米，建成率居全省第一。每千人拥有公共文化设施面积 370. 9 平方米，居全省前列。13 家公共文化场馆入选最美空间打造对象，超省计划名额。

镇江市不断优化基层公共文化服务体系，在全省率先出台《镇江市公共文化场馆服务规范》等 7 个服务规范，为改进服务机制、优化服务质量、提高服务效能确立了参考依据；在全国率先出台《关于加快推进文化广场建设的实施意见》，制定了中心文化广场、基本型文化广场、小型文化广场的创建与评价标准；在国内率先编制发布省级标准《文化广场创建与评价规范》，成功打造出全国文化广场标准化建设工作样板，“文化广场标准化建设及示范应用”项目被原文化部评为国家文化创新工程 3 个重点项目之一；创新基层服务模式，牵头编制出台江苏省地方标准《村（社区）综合性文化服务中心服务规范》，形成了具有镇江特色的综合性文化服务中心“1+*X*”建设模式并在全省推广。

（二）精准供给文化，开辟全民艺术普及新路径

为顺应人民群众对新时代美好生活的需要，镇江市精准化把握新常态下公共文化建设的供给侧结构性改革，积极探索全民艺术普及新路径，每年开展全民艺术普及活动 4000 余场，培育了“全国优秀群众文化活动品牌”——“文心”系列公益文化行动，打造了第三批全国文化系统老年大学规范化建设试点——镇江市老年艺术大学，文艺播种“乡村文艺团”遍地开花。

镇江市不断创新全民艺术普及方式，根据基层群众需求，开展“摸需求、结对子、种文化”活动，提升文艺惠民精细度和精准度，从“送文化”到“种文化”再到“创文化”的生态链初步形成，打造了镇江特有的“文艺播种计划”艺术普及品牌。同时，积极培养全省优秀群众文化团队，19 支团队入选培育对象，位列全省第三。镇江市菊吟京剧社、上党演艺俱乐部便是优秀团队的代表，他们演出的节目受到群众热捧。菊吟京剧社以京剧为特色，已累计面向全市人民开展公益演出 800 余场；同时，积极开展艺术教学活动，开办京剧普及班和京剧进校园活动等，大力普及传承京剧艺术。上党演艺俱乐部主要开展戏曲培训、戏剧演出等服务，每年公益演出不少于 80 场。

（三）先行先试创平台，按下公共文化服务“加速键”

随着“互联网+”的迅猛发展，镇江市进一步做好“文化+科技”融合发展文章，打造了“文化在线”公共数字文化共享平台，推进线上和线下一体化的公共文化服务体系建设，其公共文化数字服务人数和效能居全省第一，“文化在线”公共文化服务产品供给新模式被评为“2021 年度江苏省智慧文旅示范项目”。

镇江市率先探索建成江苏省首个地级市公共文化政府服务云平台“文化镇江云”、江苏省首个公共文化产品和服务社会化运作网络平台“淘文化网”，全面实施“文化在线”供给新模式，实现了全市公共文化服务“信息可发布、需求可征集、内容可观看、过程可监管、结果可评估”，为广大群众参与公共文化活动提供了新途径。

第三节 扬州市的文化创新

一、力推文旅融合发展

（一）创新打造文旅融合新业态

1. 夜间旅游

打造一批具有餐饮、集市、演艺、娱乐等功能的“夜经济”集聚区和特色商圈，打造夜景、夜娱、夜演、夜宴、夜购、夜宿等“六夜扬州”夜游产品，培育特色鲜明的夜间文旅消费集聚区，推进瘦西湖“二分明月”文旅集聚区创建国家级夜间文旅消费集聚区。

2. 影视旅游

依托光线（扬州）中国电影世界，发展影视旅游观光、影视旅游娱乐、影视旅游度假、影视旅游商业等业态，打造沉浸式影视体验游、影视研学游等新业态产品，开展电影节等文旅活动，引进一批国际化影视品牌。

3. 红色旅游

围绕郭村红色旅游景区、苏北指挥部纪念馆、新四军渡江北上抗击纪念馆、高邮抗战最后一役文化园等扬州革命遗址、遗存、遗迹，积极开发“红色旅游+文化体验、研学教育、户外运动、文化演艺、乡村休闲”等项目，打造扬州五大红色经典旅游景区、100个红色旅游点和5条红色主题精品线路，建设一批红色旅游教育基地。

4. 科创旅游

建设一批以科创企业为重点示范的科创园区，推进科创产业基地产业链延伸，构建“科创+文旅”双引擎驱动的产业生态圈，重点发展科技研学、智慧科技游、会展旅游等业态，吸引研发机构、专业人才、运营团队等入驻。

（二）加快重点文旅项目建设

为加快促进文化和旅游更广范围、更深层次、更高水平融合发展，2021年5月，扬州市印发《关于促进文化和旅游产业融合发展的实施意见（2021—2023）》，该意见包括加快重点文旅项目建设在内，并明确20条举措，着力构建文旅产业融合发展新格局。包括华侨城在内，扬州市加快一批重点文旅项目建设，主要分为“推进运河文旅项目建设，实施古城文旅提质工程，优化环瘦西湖文旅板块，加强文旅融合载体建设，提升全域旅游发展水平，培育文旅融合新业态”等方面，具体打造隋炀帝墓遗址公园、瓜洲古渡文旅小镇、北护城河文旅集聚区等一批项目。

二、数字技术让传统文化活起来

（一）构建智慧文旅管理核心

构建扬州“一平台（扬州智慧文旅云平台）、一中心（智慧文旅云数据管理中心）”智慧文旅建设核心。推进扬州智慧文旅云平台网站、App、微信小程序、线下多媒体等终端建设，完善文旅活动预约、场馆预订、自由行地接导游预约、A级旅游景区查询、自助游旅游线路推荐等功能。推进智慧文旅云数据管理中心智能管理建设，完善景区客流监测系统、公共信息获取与发布系统、客流监测与预警系统及指挥中心等功能。

（二）加强公共服务设施智慧化建设

打造文化场馆线上服务体系，大力开发数字化产品和服务，依托微信公众号、微博、小红书等新媒体，提升文化场馆关注度，扩大线上服务覆盖面。推动数字终端走出场馆，融合文创产品销售等商业要素，运用AR、VR、5G技术，提供动态信息展示。创新“阅读扬州”建设，围绕扬州不可移动文物、文博场馆、旅游景区等，创新推出“阅读扬州”微信小程序，融合现代多媒体手段，在线呈现文物建筑、文化场馆、景区等信息。

第四节　淮安市的文化创新

一、文旅融合绘制淮安新名片

（一）促进文旅消费

2021年，淮安市全市文旅演艺、文化休闲和旅游资源，发行5万余张淮安文旅惠民卡，免费提供演出40余场次、优惠演出20余场次、免费景区入园约5万次。针对淮安劳动模范、杰出青年等群体开展“致敬最美的您”文旅惠民感恩系列行动，推出荷芳剧院专场答谢演出活动。联合淮安市人才办、人社局、团市委等向2021届留淮就业创业大学毕业生免费发放“淮抱青春大学生文旅专属卡”，吸引更多大学生留在淮安。开展省级文化和旅游消费试点工作，盱眙县成功入选省级文化和旅游消费试点单位。

（二）狠抓项目建设

加快推动淮安市15个投资5000万元以上文旅重点项目，实行专人帮办、跟踪服务，及时协调解决项目建设中的问题难题。重点推进西游乐园正式开园、洪泽华强方特复兴之路文化创意基地项目达到开园标准。加大项目招引力度，将项目招引列入对县区局的考核任务，召开专题会议进行布置，前往浙江等地进行招商洽谈，对全市文旅项目招引情况进行摸查梳理。

（三）加强扶持保障

《淮安市“十四五”生态文旅产业发展行动方案》，被列为淮安市“十四五”现代服务业产业发展行动方案之一。开展各级各类专项资金项目申报的宣传、发动、培训、审核、上报、实地考察等工作，淮安市广播电视台“融媒体+”贯通式传播矩阵等4个项目成功通过省广播电视发展专项资金专家评审；白马湖生态公益岛农旅示范项目、苏北小延安军旅小镇文创研学基地、江苏省淮海剧团“文化小院”等7个项目入围省文旅专项资金扶持项目，累计获得补助资金740万元。

（四）推动文旅融合高质量发展

2021年，淮安市多个项目获得国家、省级荣誉。淮安市入列国家文旅消费试点城市，清江浦景区夜间文旅消费集聚区入选第二批省级夜间文旅消费集聚区建设单位，金湖县尧帝古城上古文化休闲街区、盱眙县第一山历史文化街区分别获评首批省旅游休闲街区和培育单位，“一码惠淮安”获评2021年度省智慧文旅示范项目。淮安市文化广电和旅游局紧紧围绕省市文旅发展要求，强抓工作落实，突出“以文化人、以文塑城、以文兴业”发展方向，擦亮文化品牌，淮安文旅融合发展取得显著成效，为助力淮安高质量发展、“富强美高”新江苏建设提供了有力支撑。

聚焦全域旅游示范创建，助力文旅富民。推动洪泽区、淮安区获批省全域旅游示范区，全市省以上示范区达5个，达到全域旅游示范市创建标准。推进西游记文化体验园景区AAAAA级、白马湖向日葵的故事AAAA级景区创建，御码头运河文化旅游中心荣获省文旅消费便捷支付示范区等。3条特色主题线路入选江苏十三城红色经典旅游线路，淮安市荣登携程网“全国五大新晋红色旅游目的地”榜首，成为“十大网红旅游打卡地”。举办第二届淮河生态经济带乡村旅游嘉年华活动，成立淮河生态经济带公共文化旅游服务促进会、淮安市乡村旅游与民宿协会，创成淮阴区刘老庄村，盱眙县天泉湖社区，金湖县金桥村、横桥村4个省级乡村旅游重点村。

二、助推大运河文化带振兴

2021年，淮安市文化广电和旅游局以大运河文化带和国家公园建设为抓手，围绕“百里画廊”、中国水工科技馆、板闸遗址公园等重大文旅项目，积极推动文旅深度融合发展，为淮安市打造具有地域特色、文化特质、时代特征的“水城淮安、运河之都”品牌和大运河文化带标志性城市提供了坚实基础，并以“三个坚持”助推大运河文化带振兴（表 6-3-3）。

表 6-3-3　淮安市“三个坚持”助推大运河文化带振兴

大运河文化带振兴举措	具体内容
坚持“保护利用”和“传承发展”并举	推动“清口水利枢纽遗址考古调查勘探”“淮河史前遗址考古调查勘探”等重大课题研究，加大多学科合作力度，开展综合性考古研究
	挖掘整理由运河文化衍生的淮扬菜文化等非物质文化遗产，丰富文旅发展业态，拓展文旅融合空间
	以“百里画廊”、中国水工科技馆、板闸遗址公园等重大文旅项目为契机，积极申请国家、省级层面有关大运河文化带建设的政策支持
	推动建设古城遗址公园，大力实施里运河文化长廊保护工程
	增强淮海戏、十番锣鼓、金湖秧歌等国家或省级非遗影响力，助推淮海琴书、渔鼓舞、博里农民画等由分散走向聚合
坚持“融合共生”和“提质增效”并重	逐步转化“青莲岗文化”黄岗遗址重大考古成果，厚植城市文化新底蕴
	加速中国水工科技馆建设，打造具有“世界一流、传世之作”品质的大运河国家文化公园标志性展馆
	推动里运河文化长廊、御马头美食街、洪泽湖大堤提档升级，丰富蒋坝河工小镇、河下非遗小镇旅游业态，形成特色鲜明的大运河文化带城市标识
	利用具有江淮特色的运河沿线乡村风光、文化遗产、民间艺术、民俗风情等资源，推出“春漾淮安，花美螺鲜”“夏润淮安，虾嬉荷田”“秋沁淮安，蟹逅佳宴”“冬沐淮安，泉暖温润”等主题活动
	推动天泉湖旅游度假区提档升级，白马湖度假区、洪泽湖度假区、里运河度假区等配套旅游品牌打造
坚持“盘活资源”和“惠及民生”并施	依托洪泽湖大堤水上堤堰奇观、清江大闸水上闸群奇观等运河资源，推动大运河国家文化公园建设
	加强淮安运河史、漕运史考古发掘和课题研究，实施优秀文学艺术作品、舞台艺术作品、影视剧作品、运河主题美术作品等精品创作工程
	启动“淮河组歌”淮安书画院淮河百米长卷创作展陈项目，举办“遇见大河”艺术展览，促进淮安水韵文化的传播与发扬
	整合运河沿线旅游资源，开发形式多样的运河旅游产品，重点推出特色村镇游、运河水上枢纽游、运河区域名人故里游等一批精品运河旅游线路
	办好“智创淮安”文化创意设计大赛，做强做优淮扬菜美食节、洪泽湖大闸蟹节、中国漕运文化旅游节等品牌节庆活动

资料来源：淮安市人民政府网站资料。

第五节　芜湖市的文化创新

一、推动文旅融合发展

（一）扶持旅游企业创强创牌

2021 年对新评定为国家 AAAA 级、AAAA 级的旅游景区，分别给予 100 万元、50 万元一次性奖励；对国家级和省级旅游度假区，分别给予 100 万元、50 万元一次性奖励。对通过省级文化旅游名县、特色旅游名镇、特色旅游村和休闲旅游示范点的分别给予 100 万元、50 万元、10 万元、5 万元的一次性奖补。

（二）强化旅游品牌形象宣传

在长三角客源地等市场举办“欢乐芜湖”全域文旅推广活动，或通过省级及以上官方传统媒体、新媒体进行“欢乐芜湖”全域文旅品牌形象宣传推广的，给予宣传推广费用 40% 的一次性补助，累计不超过 50 万元。在上海、杭州、南京、合肥、芜湖等城市高铁站、地铁（轻轨）站、飞机场进行“欢乐芜湖”全域文旅品牌形象宣传推广的，给予宣传推广费用 40% 的一次性补助，最高不超过 50 万元。

二、鼓励数字文化创新产业

（一）扶持园区建设

重点支持累计投资 5000 万元以上的新建文化（数字）创意产业园区，建筑面积 5000 平方米以上、建成后园区入驻文化（数字）企业超过 30 家且占园区企业总数 60% 以上的，按项目投资额的 5% 给予一次性补助，最高不超过 500 万元。鼓励文化、旅游企业落户。对来芜投资入驻园区的文化、旅游企业，用工达 20 人（含）以上的，给予 100 元/平方米的一次性内部装修补助，补助面积不超过 1000 平方米。对投资额 500 万元以上或年纳税 10 万元以上的重点文化、旅游企业租赁自用办公用房的，前三年按租金的 50% 给予补贴。

（二）奖励原创影视、动漫、游戏

通过安徽省相关行政管理部门审批、立项，且用工达 20 人（含）以上的影视制作企业，其生产的原创动漫作品，在中央电视台、省级电视台（不含数字收费频道）黄金时段首播的，二维产品分别按每分钟 1000 元、500 元，三维产品分别按每分钟 2000 元、1000 元，给予一次性奖励，每部作品最高分别不超过 50 万元、30 万元。在全国院线上映的原创动画电影，每部给予 50 万元的一次性奖励，单个企业年度内奖励累计最高不超过 50 万元。动漫以外的原创影视作品，在中央电视台、省级电视台（不含数字收费频道）黄金时段首播的，分别按每分钟 800 元、400 元给予一次性奖励，每部作品最高分别不超过 30 万元、20 万元；在全国院线上映的原创电影，每部给予 30 万元的一次性奖励，单个企业年度内奖励累计最高不超过 50 万元；在国内重点网络平台（优酷土豆、爱奇艺、腾讯视频、PPTV 聚力等）首播的原创影视、动漫作品、网络剧（片）等互联网视听节目，按每分钟 500 元给予一次性奖励，每部作品最高不超过 20 万元。对影视制作企业在芜湖市举办原创电影首映式的，给予 10 万元的一次性奖励。申请奖励的主体必须为在“电影片公映许可证”或“电视剧发行许可证”中排名第一的出品单位或制作机构。

第六节　马鞍山市的文化创新

一、助推文旅融合发展

（一） 2021 年马鞍山文旅推介会在沪成功举办

2021 年马鞍山在上海举行文旅推介会，意在进一步深耕上海市旅游市场。为加强马鞍山与上海文旅合作交流，此次推介会还特别向上海旅行社推出了三大优惠政策，一是暑期门票对团队实行优惠，凡自 5 月 10 日至 8 月 31 日，上海旅行社团队前往采石矶景区 AAAAA、德化堂古床博物馆 AAAA、李白文化园 AAAA、诗城人家景区 AAAA、褒禅山景区 AAAA、太湖山景区 AAAA、霸王祠景区 AAA 等七大景区，可享受挂牌价基础上 4.5 折的优惠。二是马鞍山旅游年卡发售实行优惠，旅游年卡内含采石矶景区 AAAAA、德化堂古床博物馆 AAAA、李白文化园 AAAA、诗城人家景区 AAAA、褒禅山景区 AAAA、太湖山景区 AAAA、鸡笼山半月湖景区 AAAA、霸王祠景区 AAA 等八大景区，单次门票合计总价为 358 元，年卡面值为 100 元。为推进上海长宁区与马鞍山市友好城区合作，在文旅资源方面实现真正共享。此次旅行社年卡代理价仅 69 元，凭年卡可全年无限次游览上述景区。三是组织旅游直通车实行优惠，对组织来马鞍山“旅游大巴直通车（过夜）”的外地旅行社当年接待 100 台次以上（30 座以上），每台次奖励 200 元等。

（二）文旅融合发展，打造美丽乡村

从贫困村到富裕村，从“卖山石”到“卖风景”，土门岭街道马鞍山村因地制宜，依托天然的资源优势，大力发展乡村旅游，走出一条文旅融合、绿色发展的新路子。几年前，马鞍山村还是一个默默无闻、靠着开山采石生存的小村落。如今，依托得天独厚的自然资源优势，成为远近闻名的徒步登山、休闲采摘、文化旅游的打卡地，周边许多游客都慕名而来，带动了马鞍山村旅游市场的升温。马鞍山村专注发展乡村旅游，以绿色生态资源为基础，以文旅大项目为支撑，村里的民宿、农家乐都办得红红火火，如今的马鞍山村实现了“人人有活干，个个腰包鼓”的可喜局面。

二、提升公共文化服务

（一）创新实施文化惠民工程

马鞍山市坚持以群众需求为抓手，创新实施文化惠民工程（表 6-3-4），进一步完善城乡公共文化服务体系，有力提升群众幸福指数。截至 2021 年 10 月中旬，全市 65 个公共文化场馆共免费接待观众 290 余万人次。举办非遗民俗、展览、讲座、培训、文艺演出等各类线上线下文化活动 750 余场次，受益群众近 70 万人次；开展“送戏进万村”演出 500 场，完成率 126%；完成 278 个村的应急广播建设，实现与省、市级应急广播调度控制平台互联互通。

表 6-3-4　马鞍山市“四个探索”实施文化惠民工程

“四个探索”	文化惠民工程具体内容
探索“四单工作法”文化预约服务	依托“文旅马鞍山”平台，搭建“文化预约”服务模块，将服务项目在平台上“晒单”展示，由基层文化专管员和协管员根据群众需求预约“点单”，文旅部门根据预约审核“派单”，相关文化机构提供“接单”服务，基本实现公共文化服务预约式配送

续表

“四个探索”	文化惠民工程具体内容
探索“你选书我买单”图书采购模式	与新华书店等图书供应商合作，推出“你选书我买单”服务平台，读者可在市图书馆合作供应商实体门店选书，由图书馆购买进入馆藏系统，市民可直接在书店借阅，初步构建了图书采购需求导向机制
探索“图书到家”个性化配送服务	开通网借平台，探索芝麻信用等在线扫码借阅模式，读者通过手机使用支付宝借书小程序借阅图书，即可享受方便快捷的图书快递到家或者快递到自助柜等个性化配送服务
拓展“送戏进万村”内容和方式	从群众实际需求出发，在原有“送戏进万村”的基础上，拓展了“百场文艺下基层”文化惠民活动。举办全市小戏小品大赛，从中选拔优秀节目，参与惠民演出

资料来源：马鞍山市人民政府网站资料。

（二）高质量构建公共文化服务体系

2021年马鞍山市扎实推动公共文化服务创新发展和高质量发展，构建了特色鲜明的公共文化服务“六大体系”，即覆盖城乡的设施网络体系、互联互通的数字文化体系、共建共享的全民阅读体系、精准灵活的服务供给体系、群众乐享的活动品牌体系和独具特色的诗歌传承体系，有力地推动了公共文化服务提质增效。

2021年以来，马鞍山市相继投入资金5亿余元，按照“主城区10分钟、县级城区15分钟、镇村20分钟”的标准提档升级全市公共文化设施，建成了含山县图书馆、当涂县图书馆和当涂县博物馆等一批公共文化新馆，博望区按照“国家一级馆”标准新建的文化馆和图书馆完成基建工程。2021年，全市7个公共文化馆中有6个被评为“国家一级馆”，7个公共图书馆中有5个被评为“国家一级馆”。全市47个乡镇（街道）按照“5+1+X”的标准全面建成综合文化服务中心，覆盖率和完备率均达100%；512个村（社区）按照“一场两堂三室四墙”“七个一”“八个有”标准建成综合文化服务中心，覆盖率达到99.6%，全市公共文化场所服务能力明显提升。同时，还建成数字文化体验馆，成为全国文化馆行业数字化建设的标杆；建成音频馆，成为全国首个地市级音频资源库；建成“文旅马鞍山”平台，将公共文化线上服务延伸到文化消费领域，拓展了公共文化服务渠道，提升了服务能力。

第七节　滁州市的文化创新

一、推动滁州文化旅游“再出发”

（一）加快发展全域旅游

坚持大旅游的产业理念、“全域化+泛产业”的建设理念和“党政主导、部门协作、社会参与”的发展理念。加强顶层设计，因地制宜，统筹推进特色小镇、美丽乡村、城市综合体、特色街区和各类旅游新业态示范基地建设，提升旅游产品、业态类型丰富度和空间覆盖度。发挥“网络+高铁”双时代效应和“点+线+驿”泛旅游模式，整合区域内山水、田园、城镇、村庄、旅游道路、旅游景区、旅游基地等旅游资源和旅游节点，加快江淮分水岭风景道建设，丰富风景道沿线吃、住、行、游、购、娱等业态，特别是打造自驾游、家庭游、亲子游的微旅行、慢休闲、深度假的特色产品。推动全市旅游由景区景点旅游向全域旅游转变、传统观光型向休闲度假综合型转变、门票经济向休闲产业经济转变、数量化向品质化转变、景区营销向目的地营销转变，全椒县、南谯区率先成功创建国家全域旅游示范区。

（二）挖掘文化旅游资源

滁州市是醉翁文化和大明文化发祥地，这是滁州旅游的文化资源宝库。要紧紧围绕琅琊山创建国家AAAAA级旅游景区和推进明文化传承创新示范区建设契机，进一步深化琅琊醉翁文化和大明文化研究。发挥好琅琊醉翁诗词协会和明文化研究会作用，深入挖掘琅琊醉翁文化和大明文化典籍、人物、故事、建筑乃至服饰、语言等深层次资源，通过策划实施琅琊山AAAAA创建项目、明中都皇故城遗址公园等一批重点文化旅游项目，真正做成有特色、有生命力、可看可玩可买可住的精品工程，让琅琊醉翁文化和大明文化这两块金字招牌立起来、走出去，发挥对全市旅游产业的引领作用。

（三）乡村旅游提质升级

按照产品精细化、服务标准化、运营品牌化和产业规模化的要求，加快推动乡村旅游创品牌、上水平。一是推进规模开发。结合美丽乡村建设和农业结构调整，以旅游小镇和乡村旅游示范村为重点，通过引入大企业统一开发、发展乡村旅游合作社等模式，推进乡村旅游连片开发和标准化建设，不断完善各项服务配套设施，促进乡村旅游提档升级。二是拉长产业链条。发展乡村旅游，使游客能够住得下、玩得好、吃得香、带得走，实现从观光型向体验型、度假型转变。因此，要因地制宜，着力培育绿色采摘、特色餐饮、养生度假、休闲健身、夜间娱乐、乡村民宿等项目，通过拉长产业链条，满足游客多元化需求，提升乡村旅游的综合效益。三是创建一批旅游品牌。建成一批具有代表性的国家级和省级休闲农业与乡村旅游示范单位、特色旅游名镇（村）、休闲旅游示范点、皖东民宿、皖东农家乐、研学旅游基地等乡村旅游新业态。

二、积极推进公共文化数字化建设工作

滁州市文化和旅游局顺应信息化发展趋势，通过线上线下相结合的模式，将阅读推广、群文活动、非遗保护等服务搬上网端，加强公共文化数字化建设，让人们享受更充实、更丰富、更高质量的精神文化生活。

（一）加强业务工作数字创新提升

滁州市已将以计算机技术为主体的图书馆现代化技术广泛应用到文献的采访、编目、流通借阅、参考咨询服务等各个工作环节。建成文化信息工程市、县支中心9个，利用图书馆网站、手机App、微信公众号，借助网络传播数字文化资源，无限扩大服务区域。

（二）建设网上服务平台

建设“滁州云图”掌上图书馆，“滁州云图”集“阅图书”“悦活动”“约空间”等十大服务版块于一体，融合了图书馆流通服务、读者活动服务和新闻动态发布等各项功能，实现了读者阅读服务和管理的线上线下融合。

（三）打造场馆设备硬智慧

在滁州市图书馆内，设置RFID（射频识别技术）自助借还设备、瀑布流阅读墙，应用人脸识别技术，使读者体验高科技产品的方便快捷乐趣。“智能书架”借阅室上架即还书，还书即盘点，大大提高读者查找借还的便利性。网上预约自习室、书E得智能预约书柜，提升场所设备使用率和读者体验感。

第八节　宣城市的文化创新

一、促进文化旅游融合发展

宣城市深化“中国文房·诗意宣城”的品牌建设，重点塑造“文房四宝”文化、诗词文化、非遗文化、红色文化等文化品牌，持续提升“中国文房四宝之城”城市品牌影响力；深化区域文化交流合作，推动构建浙皖闽赣生态旅游协作区、长三角、G60科创走廊、一地六县等跨区域旅游营销合作平台，探索合作模式、合作路径，实现产品共推、游客互送；加强高铁游、研学游、自驾游、乡村游、徒步游等特色主题线路的策划，积极融入长三角大循环。

宣城市以打造“长三角生态文化休闲康养旅游基地”为总体发展定位，努力提升“中国文房·诗意宣城”城市品牌形象，坚持“保护优先，可持续发展”“全域统筹，一体化发展”“产业融合，品质化发展”“合作共赢，双循环发展”四大原则。全面构建“一核三廊五板块”发展格局，即：宣城市区旅游集散主核；城市休闲景观廊道、杭黄世界级自然生态和文化旅游廊道、“皖南川藏线”自驾廊道；环宣城市区书香田园城市文化体验板块、“一地六县”休闲农业及康养旅游板块、黄山东线徽文化及慢生活体验板块、红色旅游及“文房四宝”研学休闲板块、山水田园及艺术乡村休闲度假板块。宣城市旅游产业2016—2021年发展状况总体良好（图6-3-2）。力争到2025年，实现宣城市旅游接待规模突破7000万人次，其中过夜游客量达到480万人次，入境游客接待量达到50万人次；旅游总收入突破700亿元；文旅产业投资额超500亿元。

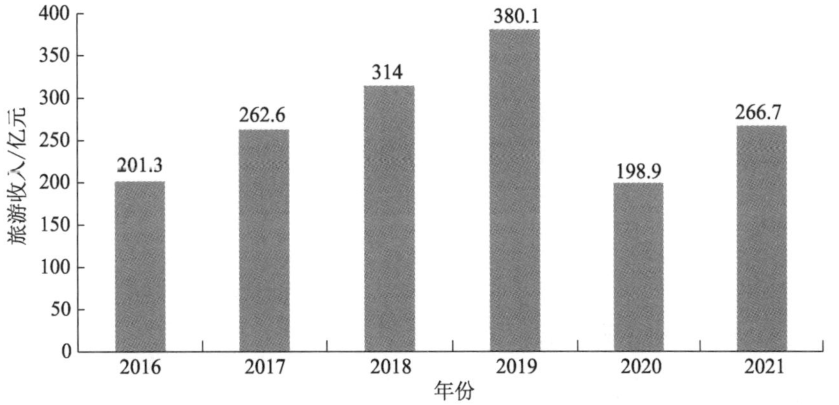

图6-3-2　2016—2021年宣城市旅游产业发展状况

二、创新公共文化供给方式

（一）推出线上服务

宣城市博物馆微信公众号每日推出“足不出户在线游宣博”系列活动，依托VR等互联网技术，连续推出“馆藏铜器篇”“文物陶瓷篇”“宣城名人篇”等主题线上展览，将馆藏文物搬到手机屏幕。绩溪博物馆也将展厅搬上网络，推出“足不出户参观绩溪县博物馆”数字展览，让广大市民假期在家也可轻松“刷馆”。

（二）创作文艺作品

全市文艺工作者新创作抗击疫情的文艺作品28件，包括《阻击疫情我当先》《生命的期待》等5首歌曲、14首诗歌、3个快板、2个相声等。宣城市抗疫题材原创歌曲合集被学习强国平台收录。原创歌曲《生命的期待》入选全国优秀“战疫”公益歌曲，登录新华网客户端，点击量超40万次。

（三）强化基层供给

宣城市农家书屋上线疫情预防手册，以数字化手段快速传播科学的防控疫情方法。指导农民下载数字书屋手机App、关注微信订阅号，开展线上阅读。目前宣城市数字农家书屋平台注册人数超16000人。数字平台可阅览报刊30种、电子图书3万册；可听书1000部，总时长12万分钟；可观看视频1000部，总时长10万分钟。

（四）文化献礼建党百年

开展“文化进万家·云上过大年”系列线上文化活动、“百姓百声颂百年——宣城市庆祝建党100周年系列群众文艺活动”；举办中国共产党成立100周年藏书集报展、“红耀皖东南——宣城市革命文物图片展”等，市图书馆建设红色文化阅读体验专区并上架800余册红色书籍。市三馆开展各类线上线下文化文艺活动1000余场，服务群众超30万人次。

（五）文化遗产保护守正创新

15个项目入选第六批省级非物质文化遗产代表性项目，宣州宣笔厂等9家单位入选安徽省非物质文化遗产传承基地。申创宣纸文化生态保护区获批；承办以“人民的非遗人民共享”为主题的2021年“文化和自然遗产日”安徽省主场活动。实施重点文物保护维修工程，项目开工率超90%。实施革命文物保护利用“五个一”工程，公布全市革命文物310处。

（六）新闻出版广电工作扎实推进

完成农家书屋出版物更新工作；开展各类庆祝建党100周年读书征文活动，启动2021年“乡村阅读季”活动，围绕4.23世界读书日、六一开展主题阅读活动。加快推进应急广播体系建设；开展非法卫星地面接收设施及“黑广播”整治工作，全市发布各类宣传整治信息5963条，发放宣传资料67127份，制作公益宣传广告2632条，开展宣传教育8076场；全市农村电影公益放映已放映9731余场次，观影群众超165万人次；创成“无小耳朵社区”示范点41个，覆盖全市28万多人口。

第九节　溧阳市的文化创新

一、深化文旅融合，唱响全域旅游四季歌

（一）“温泉+旅游”开启冬游溧阳模式

温泉是溧阳冬季旅游的一大特色。溧阳旅游资源丰富，拥有“中国十大温泉”之一御水温泉、靠山临湖的涵田半山温泉，以及隐匿在山野中的美岕山野温泉……得天独厚的资源优势成为拉动溧阳冬季旅游消费的新动能。溧阳温泉旅游融合了文化旅游与康养产业理念，使得其温泉旅游品牌的知名度得以提升。依托冬季温泉旅游资源，以及好的产品设计、个性化的服务体验、精准的营销策划，溧阳也因此成为热门的冬季旅游目的地。

2021年冬季，以“溧阳温度，暖在这‘溧’”为主题，溧阳创新举办首届冰雪温泉节，通过“文旅+温泉”的深度融合，让游客在溧阳感受冬季的美好。为让游客感受溧阳的温暖，进一步激发文化和旅游消费新活力，温泉节期间，溧阳御水温泉、涵田半山温泉和美岕山野温泉推出了温泉门票买一赠一的优惠活动。从2021年9月的“南京都市圈居民全域景区免门票”活动到“住全域酒店免5A景区门票”活动的开展，溧阳正逐步从单一门票经济的路径依赖，转向提供更丰富的旅游体验、更多元的旅游产品，也成为游客想去的旅游度假目的地。

（二）业态多元促发展

溧阳市位于江苏省西南部，是南京都市圈成员城市、宁杭生态经济带上的重要副中心城市和示范区，有着中国长寿之乡、国家园林城市、“绿水青山就是金山银山”实践创新基地、国家全域旅游示范区等称号。

为构建起吃、住、行、游、购、娱的旅游全要素，溧阳市还依托自身优质旅游资源，建成串联主要景区和200多个村落的“网红”公路——“溧阳1号公路”，打造“溧阳琴廊”“焦尾琴公园”和融创曹山未来城等城市地标。同时，以天目湖旅游度假区为核心，打造南山竹海、山水园、火车来斯、汽车来斯等“一站式旅游休闲”产品体系，并创新推出“溧阳茶舍”精品民宿品牌，进一步丰富了全市旅游业态。目前，溧阳市共有各类民宿200多家，其中多家星级茶舍已成为网红打卡点和溧阳民宿的“颜值担当”。2021年，溧阳还举办了2021中国·溧阳首届“遇见溧阳醉美茶舍”品质民宿评选活动、“天目湖乡村招牌菜PK赛”等活动，激发文旅融合新活力，有效带动了文化和旅游消费。

（三）打造溧阳文旅品牌

“旅游对溧阳的贡献，是有目共睹的、是深远的，未来它对溧阳发展的作用将更加突出。”溧阳围绕“美音自在溧阳”城市品牌，形成以天目湖、“1号公路”、溧阳茶舍为三大子品牌的“1+3”品牌推广体系，以及春茶叶旅游节、夏爱情泼水节、秋稻香丰收节、冬冰雪温泉节四季主题节庆活动和南山长寿文化节、曹山杨梅节等30余项城市节庆活动。2021年，溧阳旅游总收入179.81亿元，接待游客1366.36万人次。

二、溧阳开展红色文化教育培训

（一）梳理红色教育资源载体

溧阳是一片红色沃土，作为新四军东进北上的中转站和苏南抗日根据地的重要组成部分，在中国革命、建设和改革时期发生了一系列惊天动地的红色故事，产生了一批令人景仰的红色人物，留下了许多独具特色的红色遗迹。通过调研统计，溧阳红色遗迹、遗址总数有36处，在常州市域内位列第一。

一是可歌可泣的人物集体。如新四军江南指挥部陈毅司令员、粟裕副司令员等82名开国将帅，以身殉国的新四军第十六旅旅长罗忠毅、政委廖海涛等革命烈士，以及发扬扁担精神战天斗地的溧阳发展的建设者。

二是丰富多样的红色实体。新四军江南指挥部纪念馆是国家级抗战纪念设施、遗址，拥有全国重点文物保护单位等8个“国字头”荣誉。宋巷新四军第一支队司令部旧址是江苏省文物保护单位。

三是弥足珍贵的文化载体。如陈毅感化财主、有礼有节斗冷欣、有张有弛搞统战等人民群众口口相传的故事，《当兵要当新四军》等脍炙人口的革命歌谣，以及《忆张茜》等回忆录手稿。

（二）打造红色文化教育基地

溧阳市为充分发挥新四军江南指挥部纪念馆全国红色旅游经典景区、全国爱国主义教育示范基地的品牌优势，更好地弘扬铁军精神，加强红色传承，进一步把理论学习、红色教育、廉政教育、绿色生态、体验教学、素质拓展、国防教育等要素融合在一起，先后出台了市委办公室、市政府办公室《关于实施“弘扬铁军精神、加快红色培训”三年行动计划的意见》《关于进一步推进红色教育培训资源资产整合的意见》等文件，统筹整合域内红色资源，擦亮红色文化品牌。

溧阳市江南铁军教育学院，与溧阳市委党校（市行政学校）实现两个机构、一套班子、一体化管理。学院秉承弘扬“铁的信仰、铁的担当、铁的意志、铁的纪律”的铁军精神，依托以新四军江南指挥部为核心的茅山革命老区红色资源和溧阳践行“两山”理念、建设长三角生态创新示范城市的绿色发展路径，立足苏南、辐射全省、面向全国，开展以革命传统教育、理想信念和党性教育、生态文明实践体验为核心的干部教育培训。

（三）丰富红色教育培训内容

溧阳市有意识地深化“党校课堂+教育基地+现场教学”的“三位一体”教学体系。依托域内丰富的红色资源和自然人文资源优势，将革命传统教育与溧阳生态文明建设、城乡融合等方面的创新实践作为教学案例。在课程设置上，开发党性修养、党风廉政、铁军拓展等课程模块；在现场教学上，规范了党性教育现场教学线路，整合以水西村为核心的红色资源、溧阳全域旅游为布局的生态资源、“四大经济”（先进制造、高端休闲、现代健康、新型智慧）为主导的产业资源，设置了60个现场教学点；在培训方式上，构建以弘扬铁军精神为核心的基本课程体系，逐步形成理论教学、现场教学、体验教学、访谈教学、情境教学等多类型、多主题的课程教学模块。

第十节　金坛区的文化创新

一、推动金坛区文化旅游融合发展

（一）以文旅促融合，做南京的“东花园”

除产业接轨外，金坛区还将争取在文旅、科技、服务、金融等方面与南京都市圈内其他城市实现深度交流对接，充分发挥金坛茅山和长荡湖两大旅游度假区的开发优势，发展全域旅游，打造产业更有活力的创新智慧之城、生态更有魅力的江南山水之城。走进金坛茅山旅游度假区，这里山水泉林相依、茶盐药果共生、宫观非遗相应，正逐渐成为南京都市圈城市特别是南京市民首选的度假旅游目的地之一。2021年贯穿整个7月的南京地铁广告投放、7月中旬南京推介会的举办、被授予“南京车友最喜爱自驾游目的地”称号，都显示出金坛茅山融入南京都市圈、接轨南京的决心。

（二）金坛茅山推动文旅融合发展

6月17日，2021美丽中国行·旅游高质量发展论坛在茅山旅游度假区举办，论坛从体制机制、产旅融合、乡村振兴、品牌提升等几个方面总结提炼金坛茅山旅游高质量发展创新实践成果。金坛茅山旅游已从资源依赖型向文化创新创意型蝶变。“这里有得天独厚的资源禀赋，让茅山成为特色鲜明的休闲度假目的地。通过全面创新，茅山度假区在推动当地旅游的高质量、可持续发展的同时，也让文旅产业的融合发展成为地区社会经济发展的重要引擎。”金坛茅山旅游度假区管理委员会主任表示。

（三）全域旅游遍地开花

2021年，金坛茅山旅游度假区已陆续打造了针对不同人群、面向多个领域的一揽子文化旅游项目：仙姑村中“仙姑十八房”、半边山下、保朴山房、芥舟·长山行舍等众多民宿品牌，但逢节假日，一房难求。集数字农业、有机种植、休闲观光、养生度假、运动拓展、科普教育于一体的数字化养生农场“一号农场”和中国十佳高尔夫俱乐部金沙湾乡村俱乐部更是引得游客纷至沓来。

不仅如此，金坛茅山度假区还一直突出历史传承，打造特色民俗项目。度假区深入挖掘民俗文化，推动优秀民俗文化与旅游融合，将民俗融入民俗演艺、节事活动中，连续多届举办金坛茅山道养美食节暨仙姑丰收节，通过评选金坛茅山地标菜，品尝茅山逍遥饼、仙姑葛粉丸、上阮粉丝汤等金坛名小吃，售卖茅山仙姑特色农货产品，体验稻田摸鱼、乡村套大鹅、农具大联欢等农家趣味活动，传承民俗文化，提升旅游体验。

（四）文旅融合振兴乡村

随着文旅的融合发展，乡村振兴的带动效应

在金坛茅山旅游度假区日益凸显。以东方盐湖城为例，景区内800名员工中，大多数都是来自当地及周边的村民。此外，景区的很多供应商也是当地的企业、农户。

走进茅山半边山下的网红民宿度假村——金牛山庄，首先跃入眼帘的是一排排徽派民宿。此处民宿集聚地利用地域资源，打造特色环境，将养生与悟道融入其中。这里原本只是茅东林场职工安置小区。前几年，林场借助茅山旅游开发热潮，发动部分职工开办了以餐饮为主的农家乐。借助乡村旅游的发展，这里成为金坛茅山的民宿聚集区。仙姑村全村近千人均从事旅游行业，2019年以来，全村经济收入连续三年增长20%；上阮村全村从事旅游业人数多达1600人，村民从事旅游业所得的人均年收入超2.9万元。

2016年至2021年，金坛茅山度假区地区生产总值分别达5亿元、8.5亿元、10.3亿元、12.7亿元、15.2亿元和16.3亿元，年均增长134.8%；一般公共预算收入分别完成1888万元、3122万元、9316万元、11550万元、9245万元和10130万元，年均增长48.8%；游客接待数分别达286万人次、325万人次、384万人次、453万人次、416万人次和568万人次，年均增长9.8%（图6-3-3）。另外，在2017—2019年度省级旅游度假区综合考核排名中，金坛茅山度假区连续三年位列第三，度假区经济社会初步实现跨越式发展。

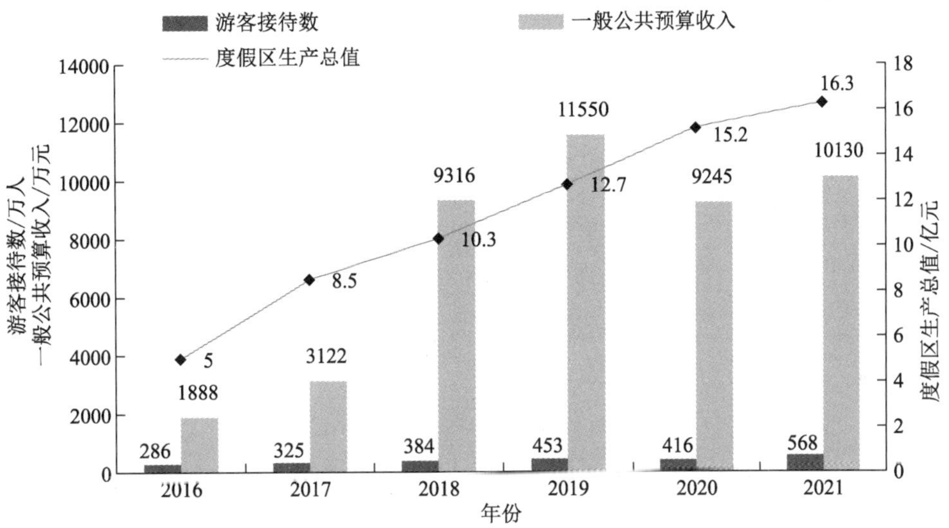

图6-3-3　2016—2021年金坛茅山度假区产业状况

二、保护传统技艺，传承非遗文化

2021年4月，常州市金坛区非物质文化遗产保护中心正式成立，这是常州首家独立建制区级非遗保护中心。金坛区非遗资源丰厚，拥有市级以上非遗项目21项，其中国家级非遗项目5项，还有常州全市唯一入选“人类非物质文化遗产代表作名录”的项目“金坛刻纸”。

（一）增强传承力量，找准活态保护“关键点”

探索建立非物质文化遗产信息化保护平台，健全非物质文化遗产数据库。截至2021年4月，金坛共有非物质文化遗产项目55项，其中国家级项目5项；非遗传承人86人，其中国家级传承人4人。大力支持非遗传承人通过“师带徒”“开班授徒”“非遗进校园”“建立传承基地”等形式开展传承、传播活动，全区年均开展非遗传承活动50余次，为金坛刻纸、金坛抬阁、直溪巨龙等非遗项目培养学员近千名。

（二）拓展传承基地，找准活态保护“支撑点”

金坛区根据《金坛圩村文化生态保护实验区规划纲要》，划定了天荒湖流域、长荡湖流域、丹金溧漕河流域三个非遗密集区为保护实验基地。金坛区各镇（街道）非遗展厅和非遗创作基地遍地开花，儒林镇长荡湖水城非遗博物馆、东方盐湖城刻纸展示馆、段玉裁实验小学刻纸培训基地、直溪小学龙舞传承基地等实体基地集展览、培训、活动于一体，常年对外开放。金坛区剪刻纸文化发展有限公司被评为江苏省非物质文化遗产传承示范基地。由金坛刻纸国家级传承人杨兆群策划、发起创作的史诗级剪纸长卷《大运河》，将大运河沿线7省1市的十位剪纸艺术家组织在一起，通过不同的剪纸艺术风格和地域特色，多方位呈现了大运河壮观的历史风貌和沧桑巨变。

（三）创新传承模式，找准活态保护“借力点”

积极寻求与其他领域合作交流，推动产品开发与推广，运用创意设计、科技创新等手段进行产品开发与营销。例如，金坛刻纸研究所与常州工学院合作，出品了国韵系列和衍生系列刻纸产品，运用VR全景技术搭建1.0版在线刻纸展厅，利用3D全息投影捕捉刻纸工艺步骤，全方位展现金坛刻纸的艺术特色。试水非遗产品网络销售，金坛刻纸、金坛面塑、金坛封缸酒等非遗项目创建了微信、微博公众平台，入驻了抖音抖店，使非遗产品搭上“互联网+”快车，让非遗传承成功走上了网络创新之路。

第四章　科技创新

第一节　南京市的科技创新

一、创新实力

（一）知识产权专利指标

南京市知识产权创造结构不断优化，知识产权创造能力持续提升。2021 年，南京市专利授权量为 91964 件，较上年增长 20.49%；PCT 专利申请量为 2463 件，较上年下降 21.26%；发明专利授权量 21568 件，较上年增长 44.80%；万人发明专利拥有量 95.42 件，比上年上涨 15.16%。2021 年，南京市参加第 22 届中国专利评选，共获奖项 19 项，其中银奖 3 项、优秀奖 16 项，专利银奖 2 项、外观设计银奖 1 项、专利优秀奖 15 项、外观设计优秀奖 1 项。

（二）科技创新活力指标

为贯彻落实《知识产权强国建设纲要（2021—2035 年）》和《“十四五”国家知识产权保护和运用规划》相关部署，深入开展知识产权强国建设试点示范工作，国家知识产权局以打造国家知识产权试点示范园区升级版为目标，按照“试点促普及推广、示范促深化发展”的思路，经园区申报、地方推荐、专家评审、结果公示等程序，认定了南京江宁经济技术开发区为南京都市圈内唯一一家国家级知识产权强国建设示范园区，南京经济技术开发区和南京江宁高新技术产业开发区为国家级知识产权强国建设试点园区。

按照《国家知识产权局办公室关于面向城市、县域、园区开展知识产权强国建设试点示范工作的通知》（国知办函运字〔2021〕1197 号）要求，南京市玄武区、秦淮区、浦口区被认定为国家知识产权强县建设试点县，南京市江宁区、鼓楼区、栖霞区为南京知识产权强县建设示范县。2021 年，南京市按照知识产权强企行动计划要求，以高新技术企业、规模以上企业、上市企业和涉军企业为重点，推进贯标绩效评价本地化工作，截至 2021 年底，南京市参与贯标企业有 464 家，其中 89 家绩效评价合格单位，172 家企业通过国际认证。

众创空间是一种创新创业平台，具有低成本、便利化、全要素、开放式特点。科技部火炬中心国家级众创空间的评定，旨在推动科技创新创业载体体系化、专业化建设，持续优化国家备案众创空间一体化布局，加快科技创新创业高质量发展。2021 年，南京市新增 31 家省级以上众创空间（表 6-4-1），其中江宁区 11 家，鼓楼区 6 家，建邺区 2 家，秦淮区 2 家，雨花台区 3 家，玄武区 2 家，浦口区 2 家，溧水区 1 家，栖霞区 2 家。

表 6-4-1　2021 年南京市新增省级以上众创空间名单

序号	众创空间名称	所处地区	类型
1	青柚创客空间	栖霞区	综合
2	LinK In 众创空间	江宁区	综合
3	西善 520 青创空间	雨花台区	综合
4	1912 四维空间	江宁区	综合
5	InnoSpace 玄武众创空间	玄武区	综合
6	米特众创空间	江宁区	综合
7	创新合作社空间	江宁区	综合
8	南京紫云宁聚力众创空间	秦淮区	综合
9	圈云慧谷高创数据苗圃	鼓楼区	综合
10	邦宁科创空间	雨花台区	综合
11	牛顿公园众创空间	鼓楼区	综合
12	青联汇众创空间	玄武区	综合
13	掌缘帮创众创空间	建邺区	综合
14	京东云南京创新空间	江宁区	综合
15	小虎科技创新空间	溧水区	综合
16	南京北大创新空间	江宁区	综合
17	天航众创空间	浦口区	专业
18	博子岛众创空间	秦淮区	专业
19	博雅区块链众创空间	鼓楼区	专业
20	拟态智能众创空间	鼓楼区	专业
21	绿色人居环保众创空间	鼓楼区	专业
22	云境众创空间	鼓楼区	专业
23	公诚众创空间	建邺区	专业
24	动汇智能文体众创空间	雨花台区	专业
25	K 空间	浦口区	专业
26	盛星汇众创空间	江宁区	专业
27	易达励创众创空间	栖霞区	专业
28	杰科丰环保创客谷	江宁区	专业
29	星合众创空间	江宁区	专业
30	力骏众创空间	江宁区	专业
31	国重鑫材众创空间	江宁区	专业

资料来源：江苏省科技厅网站与网络检索资料。

科技企业孵化器作为引育高技术人才的强阵地、培育科技型企业的主战场和孵育新兴产业的磁力场，是最具活力的创新主体，也是深入实施南京都市圈发展规划的重要成效之一。2021 年，南京市新增省级以上科技孵化器 10 家（表 6-4-2）。

表 6-4-2　2021 年南京市新增省级以上科技孵化器名单

序号	孵化器名称	类型
1	南京广电越界科技企业孵化器	综合
2	南京智梦科技创新孵化器	综合
3	车城控股（南京）科技企业孵化器	综合
4	南京大数据科技企业孵化器	综合
5	南京市江宁区南站科技企业孵化器	综合
6	江苏五星星创汇科技企业孵化器	专业
7	中国普天（南京）科技园科技企业孵化器	专业
8	南京江东软件城科技创新孵化器	专业
9	南京市雨花台区邦宁科技园	专业
10	南京高淳金种子科技企业孵化器	专业

资料来源：江苏省科技厅网站与网络检索资料。

二、创新市场

（一）全年技术交易合同额与合同量

技术合同成交额是衡量科技成果转化的重要指标。2021 年，南京市技术交易合同额与合同量整体稳步上涨。南京市技术成交合同额为 752.38 亿元，比 2020 年上涨 9.46%，技术成交合同量为 35275 项。

（二）高新技术产业产值

高新技术产业发展是产业从相对低端向相对高科技、高智力密集、高附加值方向可持续发展的过程，是产业转型升级达到技术含量高、市场占有率高和产业附加值高的过程。2021 年南京高新技术产业产值为 3716.32 亿元，高新技术产业占南京规模以上工业总产值的 55.1%。

（三）上市企业

2021 年，南京市总共有 139 家上市企业（表 6-4-3），新增上市企业 11 家，分别为诺唯赞、商络电子、迈拓股份、盛航股份、雷尔伟、冠石科技、金埔园林、云创数据、本川智能、稻草熊娱乐与泉峰控股。A 股上市公司为 108 家，其中上交所 61 家，深交所 45 家，北交所 2 家。

表 6-4-3　2021 年南京市上市企业统计

企业类型	序号	地区	企业名称	性质	上市/挂牌地点
境内上市企业（111 家）	1	江宁区（33 家）	前沿生物-U	外资	上交所科创板（688221）
	2		宁通信 B	国有	深交所 B 股（200468）
	3		国旅联合	国有	上交所主板（600358）
	4		埃斯顿	民营	深交所主板（002747）
	5		中电环保	民营	深交所主板（300172）
	6		泉峰汽车	民营	上交所主板（603982）
	7		宝色股份	国有	深交所主板（300402）
	8		国电南瑞	国有	上交所主板（600406）

续表

企业类型	序号	地区	企业名称	性质	上市/挂牌地点
境内上市企业（111 家）	9	江宁区（33 家）	中材科技	国有	深交所主板（002080）
	10		中材国际	国有	上交所主板（600970）
	11		健友股份	国有	上交所主板（603707）
	12		寒锐钴业	民营	深交所主板（300618）
	13		苏博特	民营	上交所主板（603916）
	14		国电南自	国有	上交所主板（600268）
	15		新联电子	民营	深交所主板（002546）
	16		孩子王	民营	深交所主板（301078）
	17		金智科技	民营	深交所主板（002090）
	18		迈拓股份	民营	深交所主板（301006）
	19		科思股份	民营	深交所主板（300856）
	20		音飞储存	民营	上交所主板（603066）
	21		佳力图	民营	上交所主板（603912）
	22		金埔园林	民营	深交所主板（301098）
	23		万德斯	民营	上交所主板（688178）
	24		航天晨光	国有	上交所主板（600501）
	25		沪江材料	民营	上交所主板（870204）
	26		大烨智能	民营	深交所主板（300670）
	27		科远智慧	民营	深交所主板（002380 ）
	28		奥联电子	民营	深交所主板（300585）
	29		华脉科技	民营	上交所主板（603042）
	30		三超新材	民营	深交所主板（300554）
	31		我乐家居	民营	上交所主板（603326）
	32		多伦科技	民营	上交所主板（603528）
	33		*ST 光一	民营	深交所风险警示板（300356）
	34	建邺区（8 家）	越博动力	民营	深交所创业板（300742）
	35		南京公用	民营	深交所主板（000421）
	36		江苏租赁	民营	上交所主板（600901）
	37		紫金银行	民营	上交所主板（601860）
	38		苏垦农发	国有	上交所主板（601952）
	39		苏交科	民营	深交所主板（300284）
	40		测绘股份	民营	深交所主板（300826）
	41		天泽信息	民营	深交所创业板（300209）
	42	浦口区（4 家）	ST 宏图	民营	上交所风险警示板（600122）
	43		盛航股份	民营	深交所主板（001205）

续表

企业类型	序号	地区	企业名称	性质	上市/挂牌地点
境内上市企业（111家）	44	浦口区（4家）	久吾高科	民营	深交所主板（300631）
	45		南微医学	民营	上交所主板（688029）
	46	玄武区（8家）	江苏国信	国有	深交所主板（002608）
	47		苏宁易购	民营	深交所风险警示板（002024）
	48		东华能源	民营	深交所主板（002221）
	49		新能泰山	国有	深交所主板（000720）
	50		南京银行	国有	上交所主板（601009）
	51		苏美达	国有	上交所主板（600710）
	52		江苏有线	国有	上交所主板（600959）
	53		江苏新能	国有	上交所主板（603693）
	54	雨花台区（8家）	江苏舜天	国有	上交所主板（600287）
	55		莱绅通灵	民营	上交所主板（603900）
	56		诚迈科技	民营	深交所主板（300598）
	57		南京医药	国有	上交所主板（600713）
	58		亿嘉和	民营	上交所主板（603666）
	59		亚信安全	民营	上交所主板（688225）
	60		伟思医疗	民营	上交所主板（688580）
	61		润和软件	民营	深交所主板（300339）
	62	高淳区（3家）	ST 红太阳	民营	深交所风险警示板（000525）
	63		红宝丽	民营	深交所主板（002165）
	64		国睿科技	国有	上交所主板（600562）
	65	秦淮区（10家）	奥特佳	民营	深交所主板（002239）
	66		江苏银行	民营	上交所主板（600919）
	67		南纺股份	民营	上交所主板（600250）
	68		南京新百	民营	上交所主板（600682）
	69		华设集团	国有	上交所主板（603018）
	70		汇鸿集团	国企	上交所主板（600981）
	71		锦泓集团	民营	上交所主板（603518）
	72		中央商场	民营	上交所主板（600280）
	73		弘业股份	国有	上交所主板（600128）
	74		云创数据	民营	北交所主板（835305）
	75	栖霞区（13家）	幸福蓝海	民营	深交所主板（300528）
	76		宁沪高速	国有	上交所主板（600377）
	77		南京高科	民营	上交所主板（600064）
	78		诺唯赞	民营	上交所主板（688105）

续表

企业类型	序号	地区	企业名称	性质	上市/挂牌地点
境内上市企业（111 家）	79	栖霞区（13 家）	康尼机电	民营	上交所主板（603111）
	80		栖霞建设	国有	上交所主板（600533）
	81		龙蟠科技	民营	上交所主板（603906）
	82		海辰药业	民营	深交所主板（300584）
	83		冠石科技	民营	上交所主板（605588）
	84		美思德	民营	上交所主板（603141）
	85		南京熊猫	国有	上交所主板（600775）
	86		金陵药业	民营	深交所主板（000919）
	87		南京港	国有	深交所主板（002040）
	88	六合区（7 家）	金浦钛业	民营	深交所主板（000545）
	89		三六五网	民营	深交所主板（300295）
	90		基蛋生物	民营	上交所主板（603387）
	91		南大环境	民营	深交所主板（300864）
	92		南钢股份	国有	上交所主板（600282）
	93		中旗股份	民营	深交所主板（300575）
	94		南京化纤	国有	上交所主板（600889）
	95	鼓楼区（9 家）	苏宁环球	民营	深交所主板（000718）
	96		招商南油	民营	上交所主板（601975）
	97		金陵饭店	民营	上交所主板（601007）
	98		大千生态	民营	上交所主板（603955）
	99		凤凰传媒	国有	上交所主板（601928）
	100		商络电子	民营	深交所主板（300975）
	101		全信股份	国有	深交所主板（300447）
	102		凤凰股份	国有	上交所主板（600716）
	103		南京证券	国有	上交所主板（601990）
	104	溧水区（2 家）	本川智能	民营	深交所主板（300964）
	105		云海金属	民营	深交所主板（002182）
	106	江北新区（6 家）	药石科技	民营	深交所主板（300725）
	107		焦点科技	民营	深交所主板（002315）
	108		雷尔伟	民营	深交所主板（301016）
	109		药康生物	民营	上交所主板（688046）
	110		迪威尔	民营	上交所主板（688377）
	111		南京聚隆	民营	深交所主板（300644）

续表

企业类型	序号	地区	企业名称	性质	上市/挂牌地点
境外上市企业（28家）	112	江宁区（6家）	金斯瑞生物科技	外资	港交所主板（01548. HK）
	113		中电光伏	民营	美国 NASDAQ 证券交易所（CSUN）
	114		中国高速传动	民营	港交所主板（00658. HK）
	115		华瑞服装	民营	美国 NASDAQ 证券交易所（EVK）
	116		泉峰控股	民营	港交所主板（02285. HK）
	117		协众国际	民营	港交所主板（03663. HK）
	118	建邺区（4家）	雨润食品	民营	港交所主板（01068. HK）
	119		GHW Intl	民营	港交所主板（09933. HK）
	120		稻草熊娱乐	民营	港交所主板（02125. HK）
	121		华泰证券	国有	香港联交所（06886）
	122	浦口区（5家）	弘阳地产	民营	港交所主板（01996. HK）
	123		银城生活服务	民营	港交所主板（01922. HK）
	124		中国擎天软件	民营	港交所主板（01297. HK）
	125		明发集团	民营	港交所主板（00846. HK）
	126		先声药业	民营	港交所主板（02096. HK）
	127	玄武区（2家）	中生联合	民营	港交所主板（03332. HK）
	128		途牛	民营	美国 NASDAQ 证券交易所（TOUR）
	129	雨花台区（3家）	朗诗地产	国有	港交所主板（00106. HK）
	130		丰盛控股	民营	港交所主板（00607. HK）
	131		中国育儿网络	民营	港交所主板（01736. HK）
	132	秦淮区（2家）	千百度	民营	港交所主板（01028. HK）
	133		金鹰贸易集团	外资	港交所主板（03308. HK）
	134	栖霞区（2家）	三宝科技	民营	港交所主板（01708. HK）
	135		冠捷科技	台资	香港联交所（00903. HK）
	136	六合区（1家）	东方文化	民营	美国 NASDAQ 证券交易所（OCG）
	137	鼓楼区（3家）	银城国际控股	民营	港交所主板（01902. HK）
	138		金轮天地控股	民营	港交所主板（01232. HK）
	139		南大苏富特	民营	港交所创业板（08045. HK）

资料来源：南京市统计局与网络检索资料。

三、创新企业

（一）高新技术企业

2021年南京市高新技术产业保持快速发展，产值同比增长16.6%，两年平均增速为12.9%，高出全市规模以上工业企业总产值两年平均增速2.1个百分点。高新技术产业产值占全市规模以上工业企业总产值的比重达到55.1%，比2020年提升1.7个百分点。

南京市2021年全年净增高新技术企业1300家，总数达7801家；入库科技型中小企业16805

家，比上年增长 67.3%。2021 年新增市级新型研发机构 80 家，累计达 401 家；新型研发机构及其孵化引进企业实现营业收入 285.82 亿元；累计建成并投入使用“城市硅巷”143 万平方米。南京全市拥有省级以上重点实验室 91 家，其中国家级 31 家。2021 年新认定市级工程技术研究中心 150 家，省级工程技术研究中心 64 家。

玄武区 2021 年新增高新技术企业 248 家，完成科技型中小企业认定 779 家，申报高新技术企业 291 家。秦淮区 2021 年度共 1044 家企业通过科技型中小企业评价，179 家企业通过高新技术企业认定，高新技术企业净增 64 家，全区高新技术企业总数达 485 家。建邺区受理 374 家高新技术企业申报认定，高新技术企业申报数实现新突破。鼓楼区 2021 年度三批次共计 474 家企业申报高新技术企业，七批次共计 825 家企业被认定为科技型中小企业。浦口区全年科技型中小企业入库 1130 余家，净增高新技术企业 57 家，高新技术企业累计达 235 家。栖霞区贯彻落实建强引育体系，净增高新技术企业 131 家，高新技术企业总数达 828 家，实现入库科技型中小企业 1714 家、增长 70.2%。雨花台区新认定高新技术企业 321 家，培育市创新型企业家 17 人，新增科技创业孵化面积 2.417 万平方米。江宁区 2021 年全年培育认定高新技术企业 704 家，连续四年净增数突破 300 家，累计共有高新技术企业 1780 家，占全市的 23.1%，总量居全市第一、全省第二；2021 年科技型中小企业评价入库 3564 家，占全市的 1/5 以上。六合区新认定科技型中小企业 1454 家，增长 163.4%，全市排名第 2 位，高新技术产业投资增长 64.3%。溧水区 2021 年全年入库科技型中小企业 769 家，净增高新技术企业 69 家，获评全国科技创新百强区、江苏知识产权强省建设示范区。高淳区全年净增高新技术企业 35 家，高新技术企业总数在苏南 26 个郊区中有望实现进位，科技型中小企业达 553 家，同比增长 60.3%。

（二）独角兽企业

南京市连续 4 年出台市委一号文，将培育独角兽企业作为推动创新名城建设的重点工作抓手，独角兽企业发展占据首位优势。2021 年 11 月 25 日下午，江苏省生产力促进中心发布 2021 年江苏独角兽企业及高新区独角兽企业评估结果。此次评估南京市共遴选出独角兽企业 9 家、潜在独角兽企业 51 家。

（三）瞪羚企业

新形势之下，产业竞争成为城市之间竞争的核心。瞪羚企业作为产业变革的重要引领力量、衡量地区创新发展水平的风向标，突破了工业经济时代企业的线性成长模式，为城市的高质量发展打下坚实的基础。南京市 2021 年度入选的市级瞪羚企业有 202 家（表 6-4-4），可见南京市高成长性企业数量飞速增长，对高成长性企业的系统性培育卓有成效。

表 6-4-4　2021 年南京市瞪羚企业统计

序号	名称
1	南京明捷生物医药检测有限公司
2	南京康普生物技术有限公司
3	南京微测生物科技有限公司
4	南京海鲸药业有限公司
5	南京南大药业有限责任公司
6	南京亿高微波系统工程有限公司
7	南京逐陆医药科技有限公司
8	江苏法迈生医学科技有限公司

续表

序号	名称
9	南京派格测控科技有限公司
10	南京嘉翼数字化增材技术研究院有限公司
11	南京亚派科技股份有限公司
12	南京久盈膜科技有限公司
13	南京惠然测控技术有限公司
14	南京数族信息科技有限公司
15	南京欣网通信科技股份有限公司
16	南京五采智电电力科技有限公司
17	南京丰道电力科技有限公司
18	南京舒普思达医疗设备有限公司
19	南京东万生物技术有限公司
20	江苏庞源机械工程有限公司
21	南京博纳能源环保科技有限公司
22	南京苏美达智能技术有限公司
23	南京天际易达通信技术有限公司
24	江苏五城共聚网络科技有限公司
25	南京雷尔伟新技术股份有限公司
26	南京屹特博医学科技发展有限公司
27	南京懂玫驱动技术有限公司
28	南京康德祥医药科技有限公司
29	维讯（南京）有限公司
30	南京骏威创新精工机械有限公司
31	南京方通科技有限公司
32	南京金浩医药科技有限公司
33	南京金禾益康生物科技有限公司
34	南京兆伏电力科技有限公司
35	江苏北斗农机科技有限公司
36	南京美新诺医药科技有限公司
37	南京碧盾环保科技股份有限公司
38	南京讯联智能科技有限公司
39	江苏金盾检测技术有限公司
40	江苏开博科技有限公司
41	南京格奥光电科技有限公司
42	南京沃旭通讯科技有限公司
43	南京协胜智能科技有限公司

续表

序号	名称
44	江苏省果品控股公司
45	南京巨鲨显示科技有限公司
46	南京铁马信息技术有限公司
47	江苏普旭科技股份有限公司
48	南京陆加壹智能科技有限公司
49	南京星顿医疗科技有限公司
50	江苏金陵智造研究院有限公司
51	锦创科技产业园有限公司
52	中哲国际工程设计有限公司
53	南京广电猫猫新媒体有限公司
54	南京感动科技有限公司
55	江苏泰赋星通信技术有限公司
56	村鸟网络科技有限责任公司
57	江苏零浩网络科技有限公司
58	江苏海平面数据科技有限公司
59	南京超旭节能科技有限公司
60	江苏锦花电子股份有限公司
61	江苏双创人才联合股份有限公司
62	南京能联电器科技有限公司
63	小米有品科技有限公司
64	南京联安装饰安装工程有限公司
65	江苏联线环境设备有限公司
66	江苏铨铨信息科技有限公司
67	南京亿莱瑞恩光电科技有限公司
68	江苏量为石科技股份有限公司
69	南京海疆创智科技有限公司
70	南京京达生物技术有限公司
71	江苏省港口集团物流有限公司
72	江苏吉诺思美精准医学科技有限公司
73	南京永为科技有限公司
74	江苏金晓电子信息股份有限公司
75	南京泰普森自动化设备有限公司
76	江苏优尔蓝信息科技股份有限公司
77	南京慧和建筑技术有限公司
78	南京隆远电气技术有限公司

续表

序号	名称
79	江苏翼企云通信科技有限公司
80	南京福康通健康产业有限公司
81	南京深大工程技术有限公司
82	南京灵动信息技术有限公司
83	南京正泽科技股份有限公司
84	南京铉盈网络科技有限公司
85	江苏极地熊冷链有限公司
86	南京正驰科技发展有限公司
87	新立讯科技股份有限公司
88	南京嘉环科技股份有限公司
89	南京卓胜自动化设备有限公司
90	南京蜂泰互联网科技有限公司
91	江苏思威博生物科技有限公司
92	南京神六机械设备制造有限公司
93	江苏同风能源科技有限公司
94	南京澳林生物科技有限公司
95	江苏鑫合易家信息技术有限责任公司
96	江苏肯菲特新能源有限公司
97	南京景曜智能科技有限公司
98	南京万形电气有限公司
99	南京容测检测技术有限公司
100	南京康川济医药科技有限公司
101	南京品臻精密模具有限公司
102	江苏易安联网络技术有限公司
103	南京赛宁信息技术有限公司
104	蓝舰信息科技南京有限公司
105	多伦互联网技术有限公司
106	南京华银医学检验所有限公司
107	江苏宝美户外用品股份有限公司
108	南京腾达机械设备制造有限公司
109	南京驰韵科技发展有限公司
110	南京科远驱动技术有限公司
111	南京中江新材料科技有限公司
112	南京瑞洁特膜分离科技有限公司
113	迈拓仪表股份有限公司

续表

序号	名称
114	南京艾科美热能科技有限公司
115	南京丰浩华食品供应链管理有限公司
116	齐丰科技股份有限公司
117	南京昊拓电子科技有限公司
118	江苏新蓝天钢结构有限公司
119	南京净环热冶金工程有限公司
120	南京高立工程机械有限公司
121	西尼尔（南京）过程控制有限公司
122	南京聚谱检测科技有限公司
123	南京苏缆电缆有限公司
124	江苏金陵电缆有限公司
125	南京鑫姆迪克液压技术有限公司
126	南京优倍自动化系统有限公司
127	信联科技（南京）有限公司
128	南京矽景自动化技术有限公司
129	光大水务科技发展（南京）有限公司
130	南京孚奥智能技术有限公司
131	南京和邦能源科技有限公司
132	南京博斯威尔工业通信技术有限公司
133	南京南瑞信息通信科技有限公司
134	江苏揽山环境科技股份有限公司
135	南京金百合医疗器械有限公司
136	南京川流精密塑胶科技有限公司
137	南京瑞宽通信技术有限公司
138	江苏万贤环境工程有限公司
139	南京杰森光电科技有限公司
140	光大环境科技（中国）有限公司
141	南京海兴电网技术有限公司
142	南京劲拓机械有限公司
143	福尼斯（南京）表面工程技术有限公司
144	南京能迪电气技术有限公司
145	江苏新世纪江南环保股份有限公司
146	南京环保产业创新中心有限公司
147	南京乐鹰商用厨房设备有限公司
148	南京智屯达科技有限公司

续表

序号	名称
149	南京慧尔视智能科技有限公司
150	南京亨瑞光电科技有限公司
151	南京鼎典科技有限公司
152	南京芯瑞电力技术有限公司
153	南京大全自动化科技有限公司
154	南京希玛格节能科技有限公司
155	南京广厦软件有限公司
156	南京卫岗乳业有限公司
157	南京北方慧华光电有限公司
158	南京优能特电力科技发展有限公司
159	南京斯夫特安全工程有限公司
160	南京博风采网络科技有限公司
161	江苏智臻能源科技有限公司
162	南京永能新材料有限公司
163	南京箬升机电制造有限公司
164	南京宁宏建机械有限公司
165	江苏尤里卡生物科技有限公司
166	江苏可兰素环保科技有限公司
167	南京高喜电子科技有限公司
168	南京哈斯数控机床制造有限公司
169	南京尤孚泵业有限公司
170	南京美帮磁业有限公司
171	南京海拓复合材料有限责任公司
172	南京欧瑞卡数码科技有限公司
173	南京依友空调配件有限公司
174	南京皓焜自动化科技有限公司
175	南京鼎立筛业有限公司
176	南京百泽机械有限公司
177	南京宝盛冶金设备有限公司
178	南京协众光伏材料科技有限公司
179	南京宁金机械制造有限公司
180	南京金球数控机床股份有限公司
181	江苏凯泉泵业制造有限公司
182	南京埃佳氟流体控制有限公司
183	江苏冠军科技集团股份有限公司

续表

序号	名称
184	南京耐合屠宰机械制造有限公司
185	南京卓能机械设备有限公司
186	南京军理科技股份有限公司
187	南京西自电器有限公司
188	南京艾德森水务有限公司
189	南京升华南钢金属材料有限公司
190	南京贝德环保设备制造有限公司
191	南京兰江水处理设备有限公司
192	江苏高电电力设备有限公司
193	南京业祥科技发展有限公司
194	南京东晨鸽业有限公司
195	南京宏久环境工程设备有限公司
196	南京海川电子有限公司
197	南京拜思特环保设备有限公司
198	江苏大地益源环境修复有限公司
199	南京贝特空调设备有限公司
200	南京天诗新材料科技有限公司
201	江苏平山交通设施有限公司
202	南京昊扬装备有限公司

资料来源：南京市人民政府网站资料。

（四）专精特新“小巨人”企业

专精特新“小巨人”企业是指专注于细分市场、创新能力强、市场占有率高、掌握关键核心技术、质量效益优的排头兵企业，对于提升中小企业自身的竞争力，以及提升产业链、供应链稳定性和竞争力具有重大意义。2021 年，南京市新增国家级专精特新“小巨人”企业 29 家，累计达 44 家；新增省级“小巨人”企业 102 家，有效期内获得省级以上“小巨人”认定企业累计达 241 家。区域分布上，“小巨人”企业在南京全市 11 个区和江北新区，以及江宁开发区、南京经开区均有分布，其中江宁区、江北新区、南京经开区和雨花台区企业数量位居前四。2021 年南京市专精特新“小巨人”认定企业名单见表 6-4-5。

表 6-4-5　2021 年南京市新增专精特新“小巨人”企业名单

序号	名称
1	中科院南京天文仪器有限公司
2	速度时空信息科技股份有限公司
3	南京汇荣电气系统有限公司
4	南京慧感电子科技有限公司
5	南京冠佳科技有限公司

续表

序号	名称
6	江苏坤泽科技股份有限公司
7	南京轴承有限公司
8	南京华实齿轮传动设备有限公司
9	南京中远海运船舶设备配件有限公司
10	南京时恒电子科技有限公司
11	南京驰韵科技发展有限公司
12	南京万德斯环保科技股份有限公司
13	南京云海轻金属精密制造有限公司
14	江苏尤里卡生物科技有限公司
15	南京沁智电子科技有限公司
16	南京金鑫传动设备有限公司
17	南京润京乳胶制品有限公司
18	南京派格测控科技有限公司
19	和鼎（南京）医药技术有限公司
20	江苏诚盟装备股份有限公司
21	江苏省农药研究所股份有限公司
22	江苏长晶科技有限公司
23	南京工大环境科技有限公司
24	南京国电环保科技有限公司
25	南京双威生物医学科技有限公司
26	中船重工鹏力（南京）超低温技术有限公司
27	南京熊猫通信科技有限公司
28	南京博兰得电子科技有限公司
29	南京航天工业科技有限公司
30	南京志卓电子科技有限公司
31	中路交科科技股份有限公司
32	南京港机重工制造有限公司
33	南京恒道医药科技有限公司
34	江苏金晓电子信息股份有限公司
35	南京萨特科技发展有限公司
36	南京中旭电子科技有限公司
37	南京沁恒微电子股份有限公司
38	南京伟思医疗科技股份有限公司
39	南京麦驰钛业有限公司
40	南京净环热冶金工程有限公司

续表

序号	名称
41	南京马斯德克金属制品有限公司
42	多伦科技股份有限公司
43	大峘集团有限公司
44	南京普爱医疗设备股份有限公司
45	南京高立工程机械有限公司
46	中苏科技股份有限公司
47	南京肯特复合材料股份有限公司
48	江苏先特智能装备有限公司
49	江苏中圣管道工程技术有限公司
50	南京华电节能环保股份有限公司
51	南京天诗新材料科技有限公司
52	南京恒翔保温材料制造有限公司
53	江苏冠军科技集团股份有限公司
54	南京恒生制药有限公司
55	江苏本川智能电路科技股份有限公司
56	江苏冠超物流科技有限公司
57	南京斯瑞奇医疗用品有限公司
58	江苏高淳陶瓷股份有限公司
59	南京正科医药股份有限公司
60	南京高华科技股份有限公司
61	南京捷希科技有限公司
62	南京中山制药有限公司
63	南京电气高压套管有限公司
64	南京高光半导体材料有限公司
65	南京讯联智能科技有限公司
66	南京诺尔曼生物技术股份有限公司
67	先声药业有限公司
68	南京雷尔伟新技术股份有限公司
69	南京春辉科技实业有限公司
70	南京工大数控科技有限公司
71	南京东屋电气有限公司
72	南京亿高微波系统工程有限公司
73	南京轩凯生物科技股份有限公司
74	南京碧盾环保科技股份有限公司
75	南京大全电气有限公司

续表

序号	名称
76	中船重工鹏力（南京）塑造科技有限公司
77	南京大树智能科技股份有限公司
78	南京乐惠芬纳赫包装机械有限公司
79	江苏中圣园科技股份有限公司
80	南京埃斯顿自动化股份有限公司
81	中电环保股份有限公司
82	南京晨伟医疗设备有限公司
83	南京茂莱光学科技股份有限公司
84	南京达迈科技实业有限公司
85	南京科润工业介质股份有限公司
86	南京天辰礼达电子科技有限公司
87	南京佩尔哲汽车内饰系统有限公司
88	汉桑（南京）科技有限公司
89	江苏先声医学诊断有限公司
90	南京力通达电气技术有限公司
91	南京星邺汇捷网络科技有限公司
92	南京宏泰半导体科技有限公司
93	南京华捷艾米软件科技有限公司
94	南京铉盈网络科技有限公司
95	南京甄视智能科技有限公司
96	南京榨维通信科技有限公司
97	南京典格通信科技有限公司
98	江苏易安联网络技术有限公司
99	南京恒天领锐汽车有限公司
100	江苏集萃药康生物科技股份有限公司
101	晶门科技（中国）有限公司
102	帆软软件有限公司
103	南京长江涂料有限公司（国家级）
104	江苏东大集成电路系统工程技术有限公司（国家级）
105	南京云创大数据科技股份有限公司（国家级）
106	博智安全科技股份有限公司（国家级）
107	南京洛普股份有限公司（国家级）
108	南京波长光电科技股份有限公司（国家级）
109	江苏凯米膜科技股份有限公司（国家级）
110	南京红宝丽醇胺化学有限公司（国家级）

续表

序号	名称
111	江苏四新科技应用研究所股份有限公司（国家级）
112	蓝深集团股份有限公司（国家级）
113	南京欧陆电气股份有限公司（国家级）
114	南京高精船用设备有限公司（国家级）
115	南京安元科技有限公司（国家级）
116	江苏金陵智造研究院有限公司（国家级）
117	南京宝色股份公司（国家级）
118	南京贝迪新材料科技股份有限公司（国家级）
119	梯尔希（南京）药物研发有限公司（国家级）
120	江苏原力数字科技股份有限公司（国家级）
121	江苏博睿光电有限公司（国家级）
122	南京电气绝缘子有限公司（国家级）
123	南京迪威尔高端制造股份有限公司（国家级）
124	南京奥联汽车电子电器股份有限公司（国家级）
125	南京康友医疗科技有限公司（国家级）
126	南京华瑞微集成电路有限公司（国家级）
127	南京磁谷科技股份有限公司（国家级）
128	南京华士电子科技有限公司（国家级）
129	南京佳力图机房环境技术股份有限公司（国家级）
130	美埃（中国）环境科技股份有限公司（国家级）
131	南京利德东方橡塑科技有限公司（国家级）

资料来源：工信部、江苏省工业和信息化厅网站。

（五）制造业单项冠军企业

2021 年南京市获得国家制造业单项冠军企业认定总数达 17 家。

国家制造业单项冠军被誉为制造业“皇冠上的明珠”，是制造业优质企业的典型代表。近年来，南京市出台了《南京市推动专精特新中小企业高质量发展行动方案》《关于加快发展专精特新中小企业的若干措施》，通过梯度培育、资金扶持、人才引进、宣传推广等一系列政策举措，积极构建优质企业梯度培育体系，支持更多专精特新企业成为国家制造业单项冠军企业。

南京市工业和信息化局下一步将进一步完善从创新型中小企业、专精特新中小企业、专精特新“小巨人”企业到制造业单项冠军企业的优质企业梯度培育体系，开展全方位的精准服务，推动中小企业坚定不移走专精特新发展之路，不断壮大单项冠军企业群体。

（六）研究机构

新型研发机构是聚焦科技创新需求，主要从事科学研究、技术创新和研发服务，投资主体多元化、管理制度现代化、运行机制市场化、用人机制灵活的独立法人机构，可依法注册为科技类民办非企业单位、事业单位和企业。通过发展新型研发机构能够进一步优化科研力量布局，强化产业技术供给，促进科技成果转移转化，推动科技创新和经济社会发展深度融合。2021 年新认定南京市省级新型研究机构共6家，分别为南京泛在地理信息产业研究院有限公司、江苏中路工程技术研究院有限公司、南京信业能源科技有限公司、南京百敖软件有限公司、南京延长反应技术研究院有限公司、江苏大洋海洋装备有限公司。

江苏省工程研究中心依托江苏省有关行业或领域内科技实力较强的重点科研机构、省级以上高新技术企业和高等院校组建的科研开发实体，以促进江苏省科技创新为目标，加强工程化研发平台建设，开展工程技术研究、试验和成套技术服务，开发产业发展中的共性、关键技术，持续提供成熟配套的技术、工艺、装备和产品，促进成果转化和技术辐射，带动相关行业的技术水平提升和科技进步，增强江苏产业技术创新能力和市场竞争力。2021年南京市共有省级工程研究中心65家（表6-4-6）。

表6-4-6　2021年南京市省级工程研究中心名单

序号	平台名称	依托单位	建设地点
1	江苏省新型给药系统工程研究中心	南京正大天晴制药有限公司	南京经济技术开发区
2	江苏省高性能金属粉体先进制备技术与装备工程研究中心	南京尚吉增材制造研究院有限公司	南京经济技术开发区
3	江苏省电力能效检测与评价工程研究中心	国网江苏电动汽车服务有限公司	南京市建邺区
4	江苏省移动通信网络性能测量及优化工程研究中心	南京华苏科技有限公司	南京市高淳区
5	江苏省干细胞与再生医学工程研究中心	南京鼓楼医院	南京市鼓楼区
6	江苏省电网大数据工程研究中心	国网江苏省电力有限公司	南京市鼓楼区
7	江苏省土壤与地下水污染防控工程研究中心	江苏省环境科学研究院	南京市鼓楼区
8	江苏省城镇排水与污水处理工程研究中心	江苏省城镇供水安全保障中心	南京市鼓楼区
9	江苏省骨科机器人工程研究中心	江苏省人民医院（南京医科大学第一附属医院）	南京市鼓楼区
10	江苏省卫生应急工程研究中心	江苏省疾病预防控制中心（江苏省公共卫生研究院）	南京市鼓楼区
11	江苏省广电5G融合接入应用创新工程研究中心	江苏省广电有线信息网络股份有限公司	南京市鼓楼区
12	江苏省数字环境监测工程研究中心	江苏南大五维电子科技有限公司	南京市建邺区
13	江苏省新型城市交通设施工程研究中心	江苏省规划设计集团有限公司	南京市建邺区
14	江苏省重点行业减污降碳协同控制工程研究中心	江苏省环境工程技术有限公司	南京市建邺区
15	江苏省站城融合与TOD技术工程研究中心	江苏交科集团股份有限公司	南京市建邺区
16	江苏省生态环境大数据技术与应用工程研究中心	江苏省生态环境监测监控有限公司	南京市建邺区
17	江苏省智能网联汽车计算平台及高算力处理器芯片工程研究中心	南京芯驰半导体科技有限公司	南京市江北新区
18	江苏省海洋装备及防务工程研究中心	江苏大洋海洋装备有限公司	南京市江北新区
19	江苏省公路桥隧智慧建造工程研究中心	中交投资南京有限公司	南京市江北新区
20	江苏省交通基础设施安全保障技术工程研究中心	南京工业大学	南京市江北新区
21	江苏省智能气象探测机器人工程研究中心	南京信息工程大学	南京市江北新区
22	江苏省人工智能政务创新应用工程研究中心	中科曙光南京研究院有限公司	南京市江宁开发区
23	江苏省数字教育技术开发与应用工程研究中心	金陵科技学院	南京市江宁开发区

续表

序号	平台名称	依托单位	建设地点
24	江苏省智慧中低放射性废物处理装备工程研究中心	航天晨光股份有限公司	南京市江宁开发区
25	江苏省城市轨道交通信号工程研究中心	南京恩瑞特实业有限公司	南京市江宁开发区
26	江苏省电力系统数字化和智能化工程研究中心	南京国电南自电网自动化有限公司	南京市江宁开发区
27	江苏省工业高速精密齿轮传动装置工程研究中心	南京高精齿轮集团有限公司	南京市江宁区
28	江苏省网络安全态势可视化工程研究中心	南京赛宁信息技术有限公司	南京市江宁区
29	江苏省能源互联网网络安全工程研究中心	江苏省电力试验研究院有限公司	南京市江宁区
30	江苏省智能电动运载装备工程研究中心	东南大学	南京市江宁区
31	江苏省农业水土资源高效利用与固碳减排工程研究中心	河海大学	南京市江宁区
32	江苏省环境健康风险评估工程研究中心	南京医科大学	南京市江宁区
33	江苏省复合材料精密加工与再制造工程研究中心	南京工程学院	南京市江宁区
34	江苏省交通节能减排工程研究中心	南京交通职业技术学院	南京市江宁区
35	江苏省抗衰弱体卫融合工程研究中心	南京医科大学附属逸夫医院	南京市江宁区
36	江苏省智能家用电器工程研究中心	创维电器股份有限公司	南京市溧水区
37	江苏省基础教育大数据应用工程研究中心	江苏第二师范学院	南京市溧水区
38	江苏省气体净化膜及装备工程研究中心	江苏久朗高科技股份有限公司	南京市浦口区
39	江苏省现代智能审计一体化应用技术工程研究中心	南京审计大学	南京市浦口区
40	江苏省微波集成电路应用工程研究中心	南京恒电电子有限公司	南京市栖霞区
41	江苏省建筑机电数字化建造工程研究中心	中建安装集团有限公司	南京市栖霞区
42	江苏省质子源工程研究中心	南京大学	南京市栖霞区
43	江苏省密码技术工程研究中心	南京邮电大学	南京市栖霞区
44	江苏省环境风险防控与应急响应技术工程研究中心	南京师范大学	南京市栖霞区
45	江苏省粮食储运与营养健康工程研究中心	南京财经大学	南京市栖霞区
46	江苏省经典名方工程研究中心	南京中医药大学	南京市栖霞区
47	江苏省机器人微型伺服工程研究中心	南京信息职业技术学院	南京市栖霞区
48	江苏省高速公路沥青路面固废精细化利用工程研究中心	江苏现代路桥有限责任公司	南京市栖霞区
49	江苏省医院中药制剂工程研究中心	江苏省中医药研究院	南京市栖霞区
50	江苏省航空对地探测与智能感知工程研究中心	江苏省地质勘查技术院	南京市栖霞区
51	江苏省高精密航空发动机叶片工程研究中心	江苏江航智飞机发动机部件研究院有限公司	南京市秦淮区
52	江苏省航天复杂装备智能装配系统工程研究中心	江苏金陵智造研究院有限公司	南京市秦淮区
53	江苏省水上交通工程研究中心	南京莱斯网信技术研究院有限公司	南京市秦淮区
54	江苏省物联网设备管理平台和智慧城市应用工程研究中心	联通物联网有限责任公司	南京市秦淮区

续表

序号	平台名称	依托单位	建设地点
55	江苏省中小型无人系统工程研究中心	中航金城无人系统有限公司	南京市秦淮区
56	江苏省交通基础设施工业化智能建造工程研究中心	华设设计集团股份有限公司	南京市秦淮区
57	江苏省跨境电商工程研究中心	江苏省苏豪控股集团有限公司	南京市秦淮区
58	江苏省数字政务互联网应用工程研究中心	大汉软件股份有限公司	南京市玄武区
59	江苏省植物基因编辑工程研究中心	南京农业大学	南京市玄武区
60	江苏省发动机材料工程研究中心	南京理工大学	南京市玄武区
61	江苏省绿色家居与智能制造工程研究中心	南京林业大学	南京市玄武区
62	江苏省中药材生态种植与高值化利用工程研究中心	江苏省中国科学院植物研究所	南京市玄武区
63	江苏省生物质复合材料与增材制造技术工程研究中心	江苏省农业科学院	南京市玄武区
64	江苏省远洋船舶卫星通信工程研究中心	凯睿星通信息科技（南京）股份有限公司	南京市雨花台区
65	江苏省城市地下空间开发利用与安全防护工程研究中心	江苏省地质矿产局第一地质大队	南京市雨花台区

资料来源：江苏省科技厅网站与网站检索资料。

四、研发投入

（一）研究与试验发展经费支出

2021年南京市研究与试验发展（R&D）经费投入588亿元，位居江苏省第二，保持较快增长，比上年增长了14.03%。从近4年的R&D经费投入来看，南京市保持了稳步增长，投入强度也持续提升，全市R&D经费投入相当于地区生产总值的比重继续提高，达到了3.59%。

（二）重点实验室

南京市关注重点实验室的孵化与构建，2021年度拥有国家级重点实验室15家，省级重点实验室37家。国家级重点实验室中，以南京大学为依托单位的重点实验室数目最多，为7家。

（三）科技公共服务平台

2021年，南京市积极参与科技公共服务平台的建设。2021年4月22日，南京市科技局开展2021年江苏省科技公共服务平台绩效评估工作，涉及南京市的总共18个科技公共服务平台和依托单位，其中省级科技公共服务平台共6家，分别为江苏省南京软件外包接发包科技公共服务中心、江苏省南京机电产品绿色制造与能源效率检测技术服务中心、江苏省南京“无线谷”电磁兼容公共技术服务中心、江苏省南京软件公共技术服务中心、江苏省南京金融信息处理公共技术服务中心和东南大学（AMS）研究中心。

第二节　镇江市的科技创新

一、创新实力

（一）知识产权专利指标

镇江市知识产权创造结构不断优化，知识产权创造能力持续提升。2021 年，镇江市专利授权量为 22692 件，较上年增长 14.38%；其中，发明专利 2808 件，实用新型专利 18136 件，外观设计专利 1748 件。年末全市有效发明专利拥有量 15561 件，比上年增加 16.5%；PCT 专利申请量为 73 件；万人发明专利拥有量 48.46 件，比 2020 年上涨 16.21%。2021 年，镇江市参加第 22 届中国专利评选，共获奖项 1 项，为专利优秀奖。全市拥有国家知识产权示范企业 11 家。

（二）科技创新活力指标

为贯彻落实《知识产权强国建设纲要（2021—2035 年）》和《“十四五”国家知识产权保护和运用规划》相关部署，深入开展知识产权强国建设试点示范工作，国家知识产权局以打造国家知识产权试点示范园区升级版为目标，按照“试点促普及推广、示范促深化发展”的思路，经园区申报、地方推荐、专家评审、结果公示等程序，认定了镇江经济开发区为国家级知识产权强国建设试点园区。

按照《国家知识产权局办公室关于面向城市、县域、园区开展知识产权强国建设试点示范工作的通知》（国知办函运字〔2021〕1197 号）要求，经地方申报推荐、材料审查、专家评审等程序，镇江市京口区为国家知识产权强县建设试点县，镇江市丹阳市为镇江知识产权强县建设示范县。2021 年，镇江市按照知识产权强企行动计划要求，以高新技术企业、规模以上企业、上市企业和涉军企业为重点，推进贯标绩效评价本地化工作，截至 2021 年底，镇江市参与贯标企业有 119 家，其中 30 家绩效评价合格单位，57 家企业通过国际认证。

众创空间是一种创新创业平台，具有低成本、便利化、全要素、开放式特点。2021 年，镇江市新增 3 家省级以上众创空间，分别为万城创客盟、广善创客空间和华扬众创空间。

二、创新市场

（一）全年技术交易合同额与合同量

技术合同成交额是衡量科技成果转化的重要指标。2021 年，镇江市技术交易合同额与合同量整体稳步上涨，其中，技术交易合同量为 3303 项，合同金额 100.1606 亿元。

（二）高新技术产业产值

高新技术产业发展是产业从相对低端向相对高科技、高智力密集、高附加值方向可持续发展的过程，是产业转型升级达到技术含量高、市场占有率高和产业附加值高的过程。2021 年镇江高新技术产业产值为 2298.8 亿元，高新技术产业占镇江规模以上工业总产值的比重达 46.9%。

三、创新企业

（一）上市企业

镇江市 2021 年度拥有上市企业 26 家（境内上市 21 家，境外上市 5 家），其中新增上市企业 4 家，分别为威腾电气、通灵股份、同力日升与明月镜片（表 6-4-7）。

表 6-4-7　2021 年镇江市上市企业统计

企业类型	序号	地区	企业名称	性质	上市/挂牌地点
境内上市企业（21 家）	1	丹阳（9 家）	大亚圣象	民营	深交所主板（000910）
	2		恒宝股份	民营	深交所主板（002104）
	3		丹化科技	国有	上交所主板（600844）
	4		鱼跃医疗	民营	深交所主板（002223）
	5		花王股份	民营	上交所主板（603007）
	6		新泉股份	民营	上交所主板（603179）
	7		图南股份	民营	深交所创业板（300855）
	8		同力日升	民营	上交所主板（605286）
	9		明月镜片	民营	深交所创业板（301168）
	10	句容（1 家）	骏成科技	民营	深交所创业板（301106）
	11	扬中（2 家）	威腾电气	民营	上交所科创板（688226）
	12		通灵股份	民营	深交所创业板（301101）
	13	丹徒（1 家）	恒顺醋业	国有	上交所主板（600305）
	14	京口（2 家）	江苏索普	国有	上交所主板（600746）
	15		鼎胜新材	民营	上交所主板（603876）
	16	镇江新区（6 家）	大港股份	国有	深交所主板（002077）
	17		东方电热	民营	深交所创业板（300217）
	18		正丹股份	民营	深交所创业板（300641）
	19		天奈科技	民营	上交所科创板（688116）
	20		吉贝尔	民营	上交所科创板（688566）
	21		二维股份	民营	北交所（831834）
境外上市企业（5 家）	22	丹阳（3 家）	沃得精机	民营	新加坡交易所主板（B49）
	23		天工国际	民营	香港联交所（0826. HK）
	24		海昌	台资	台湾证交所（8406. TWO）
	25	句容（1 家）	谭木匠	民营	香港联交所（0837. HK）
	26	扬中（1 家）	大全能源	民营	美国纽交所（DQ）

资料来源：镇江市统计局网站与网络检索材料。

（二）高新技术企业

2021 年度镇江市创新动能稳步增强，预计高新技术产业产值占规模以上工业产值的比重达 46%，科技进步贡献率提升至 65%。镇江市 2021 年认定高新技术企业 376 家，高新技术企业总数达 1221 家，新增 381 家企业进入高新技术企业培育库。新增省级科技企业加速器 2 家、省级众创空间 3 家；新建市级孵化器 9 家、众创空间 8 家；新建省级院士工作站 1 家、省级工程技术研究中心 24 家，市级新型研发机构 2 家、企业重点实验室 2 家。与中国技术交易所联合建设中国技术交易所（镇江）绿色技术交易服务中心。

京口区政府以五年为跨度来评估创新驱动实效。2021 年度京口区高新技术企业达 52 家，较 2016 年末增长 67.7%；累计新增 7 家省级、17 家市级企业研发机构，较2016年末分别增长75%、30.8%，企业创新主体地位不断增强。润州区国家级高新技术企业已达16家，其中数字经济类国家级高新技术企业达5家，另有21家企业进入高新技术企业培育库。截至2021年底，丹徒全区共有高新技术企业128家，营业收入合计209.41亿元，利润总额合计18.47亿元；2021年丹徒共有65家高新技术企业享受到所得税减免政策，合计减免金额达到8523.81万元。2021年，丹阳全市新认定高新技术企业36家，共申报高新技术企业187家，通过认定99家，通过率为52.94%，申报数和认定数均为镇江市第一，通过率比镇江市高3.93%，比江苏省高14.85%。扬中市强化创新主体培育，2021年全年通过全国科技型中小企业评价499家，通过江苏省高新技术企业培育入库93家；组织申报高新技术企业169家，通过认定99家，高新技术企业总数达302家。句容市2021年全年拥有高新技术企业124家，新增高新技术企业培育入库43家，拥有省级以上孵化器6家、省级以上众创空间10家，市级重点孵化器1家、市级众创空间1家。

（三）独角兽企业

2021年，胡润研究院发布《2021全球独角兽榜》，扬中市江苏美科太阳能科技股份有限公司上榜，以65亿元人民币估值位列总排名第779位、中国上榜企业第265位，是镇江地区唯一上榜企业。

（四）瞪羚企业

依照2021年镇江市第八次党代会报告提出的围绕“一体、两翼、三带、多片区”的总体布局，全市范围内需要积极承担起全辖域发展的任务，同时需要挑起高新技术产业发展的“大梁”。镇江市积极孵化具有生命力的瞪羚企业，譬如镇江高新区以“争当创新发展先行军，打造科技创新策源地，加快成为镇江发展活力标杆”为目标要求，设定了“十四五”规划的远景目标，加快创新主体培育，凯德电控、兆能电子成功入选2021年度省级高新区瞪羚企业名单。

（五）专精特新“小巨人”企业

截至2021年底，镇江市共有航天海鹰（镇江）特种材料有限公司、冈田精机丹阳有限公司、江苏希西维轴承有限公司、江苏士林电气设备有限公司、江苏新通达电子科技股份有限公司、琦瑞科技（江苏）有限公司、江苏万新光学有限公司、江苏图南合金股份有限公司、镇江大全赛雪龙牵引电气有限公司、镇江大力液压马达股份有限公司这10家国家级专精特新“小巨人”企业，其中6家为2021年新增（表6-4-8）。2021年镇江市新增省级专精特新“小巨人”企业21家。

表6-4-8　2021年镇江市专精特新“小巨人”企业名单

序号	名称	备注
1	上迈（镇江）新能源科技有限公司（省级）	新增
2	江苏金飞达电动工具有限公司（省级）	新增
3	上豪包装机械（镇江）有限公司（省级）	新增
4	江苏力凡胶囊有限公司（省级）	新增
5	镇江三维输送装备股份有限公司（省级）	新增
6	镇江康飞汽车制造股份有限公司（省级）	新增
7	江苏仅一联合智造有限公司（省级）	新增
8	丹阳丹耀光学股份有限公司（省级）	新增
9	长江三星能源科技股份有限公司（省级）	新增
10	江苏天海特种装备有限公司（省级）	新增

续表

序号	名称	备注
11	镇江立达纤维工业有限责任公司（省级）	新增
12	镇江蓝舶科技股份有限公司（省级）	新增
13	江苏中兴药业有限公司（省级）	新增
14	镇江贝斯特新材料有限公司（省级）	新增
15	江苏南瓷绝缘子股份有限公司（省级）	新增
16	江苏联博精密科技有限公司（省级）	新增
17	江苏美科太阳能科技股份有限公司（省级）	新增
18	威腾电气集团股份有限公司（省级）	新增
19	江苏乐能电池股份有限公司（省级）	新增
20	江苏洪旭德生科技有限公司（省级）	新增
21	江苏和成显示科技有限公司（省级）	新增
22	航天海鹰（镇江）特种材料有限公司（国家级）	新增
23	冈田精机丹阳有限公司（国家级）	新增
24	江苏希西维轴承有限公司（国家级）	新增
25	江苏士林电气设备有限公司（国家级）	新增
26	江苏新通达电子科技股份有限公司（国家级）	新增
27	琦瑞科技（江苏）有限公司（国家级）	新增
28	江苏万新光学有限公司	已有
29	江苏图南合金股份有限公司	已有
30	江苏大全赛雪龙牵引电气有限公司	已有
31	镇江大力液压马达股份有限公司	已有

资料来源：工信部、江苏省工业和信息化厅网站。

（六）制造业单项冠军企业

国家制造业单项冠军被誉为制造业皇冠上的明珠，是细分领域的行业制高点，是中国制造核心竞争力的体现。镇江市的江苏威尔曼科技有限公司、镇江大力液压马达股份有限公司、建华建材（中国）有限公司等行业翘楚成功入选全国制造业单项冠军示范企业名单。

江苏威尔曼科技公司成立于2000年，是华宏科技旗下专业从事电梯智慧交互的国际化公司，专注于为客户提供人机界面、智能楼宇、多媒体、按钮等系列产品，通过管理变革并秉承产品创新基因，实现和重塑客户对电梯人机界面的想象，赢得了迅达、通力、日立、三菱等电梯品牌的战略合作，业务遍及亚洲、非洲、南美洲、北美洲、欧洲等多个国家和地区。未来威尔曼将顺应时代趋势，坚持走国际化和自主创新之路，进一步优化信号系统服务商的角色能力，为客户带来更多价值。同时威尔曼将继续凝聚优势资源和成长性力量，与全球各大整梯品牌、用户一起构建起信号系统的生态体系，努力成为电梯信号系统全球创新品牌。

建华建材（中国）有限公司，混凝土制品与技术综合服务商、国家住宅产业化基地、单项冠军示范企业，创建于1992年，前身是建华管桩。自创立之日起，建华建材始终坚持“走正道、负责任、心中有别人”的企业文化，遵循“以人为本，无为而治”的管理理念，弘扬“求实、务实，提高办事效率，参与市场竞争”的企业精神。经过近三十年砥砺奋进，建华建材紧抓“长三角”“珠三角”“环渤海湾”三大区域经济增长点，在国内19个省（广东、福建、江苏、安徽、湖北、河南、湖南、山西、山东、辽宁、吉林、河北、四川、黑龙江、江西、浙江、陕西、海南、甘肃）、2个直辖市（上海、天津）、2个自治区（广西、内蒙古）成立了70多家生产基地、300多个服务网点，共有员工30000余人。建华建材积极探索国外市场，通过海外生产基地及沿海沿江自建码头，产品销售遍布越南、印度尼西亚、马来西亚、柬埔寨、泰国、文莱、菲律宾、斯里兰卡等多个国家。经过多年不断发展，建华建材从单一生产销售预应力混凝土管桩转变为向客户提供专业的混凝土预制产品和技术解决方案。提供从地下基础工程到上部结构工程的全流程产品，如多种高性能混凝土管桩、方桩等桩基产品，各类预制混凝土部件产品，以及挂板、地铺、公共家具等装饰混凝土产品，广泛应用于民用建筑、工业建筑、公路市政、水利水运、电力通信、轨道交通与航空等各工程领域，并提供勘察设计、产品供应、施工管理、方案优化、工程应用咨询等系列标准化与定制服务。建华建材将创新视作引领发展的第一动力，设立研发中心、北京技术研究院、智能制造研究院、工程技术中心多维联动，搭建由院士、大师、享受国务院政府特殊津贴专家领衔，涵括勘察、设计、施工、工程管理、检测、造价、材料等各类专业技术人才的创新团队，造就高水平的研究和创新能力。拥有国家企业技术中心、院士工作站、博士后创新实践基地等多个高新技术创新平台，主持、参与多项国家级、省部级科研项目攻关。2013年，建华建材在国家科学技术奖励工作办公室的批准下，设立“建华工程奖”，邀请34位院士和14位行业专家组成奖励委员会，合力推动中国混凝土预制技术领域高质量发展。

（七）研究机构

2021年镇江市共有省级工程研究中心10家（表6-4-9）。

表6-4-9　2021年镇江市省级工程研究中心名单

序号	平台名称	依托单位	建设地点
1	江苏省数控机床自动换刀系统工程研究中心	冈田精机丹阳有限公司	镇江市丹阳市
2	江苏省智能档案及药房装备系统集成工程研究中心	江苏迅捷装具科技有限公司	镇江市丹阳市
3	江苏省特大型加氢反应器工程研究中心	二重（镇江）重型装备有限责任公司	镇江市丹徒区
4	江苏省绿色船舶能源动力及排放控制工程研究中心	江苏科技大学	镇江市丹徒区
5	江苏省新能源汽车先进动力电源工程研究中心	江苏大学汽车摩托车研究所有限公司	镇江市京口区
6	江苏省新污染物绿色防控与应急工程研究中心	江苏大学	镇江市京口区
7	江苏省量子感知与农情智能检测工程研究中心	江苏大学镇江流体工程装备技术研究院	镇江市京口区
8	江苏省低碳建筑技术工程研究中心	江苏镇江建筑科学研究院集团股份有限公司	镇江市润州区
9	江苏省碳纳米材料工程研究中心	江苏天奈科技股份有限公司	镇江新区
10	江苏省高通量DNA及定制化试剂级多肽合成工程研究中心	江苏金斯瑞生物科技有限公司	镇江新区

资料来源：江苏省科技厅网站与网络检索资料。

四、研发投入

（一）研究与试验发展经费支出

2021 年，镇江市研究与试验发展（R&D）经费投入 114.32 亿元，位居江苏省第十，保持较快增长，比上年增长了 17.78%。从近 4 年的 R&D 经费投入来看，镇江市保持了稳步增长，投入强度也持续提升，全市 R&D 经费投入相当于地区生产总值的比重继续提高，达到了 2.40%。全年财政性科技投入 14.32 亿元，占一般公共预算支出的 2.6%，全年争取省以上科技计划项目超 340 项，资金 2.4 亿元。

（二）重点实验室

2021 年，镇江市拥有省级重点实验室 5 家，分别为依托于江苏大学的江苏省汽车工程重点实验室、江苏省材料摩擦学重点实验室、江苏省动力机械清洁能源与应用重点实验室和依托于江苏科技大学的江苏省船舶先进设计制造技术重点实验室、江苏省先进焊接技术重点实验室。

（三）科技公共服务平台

2021 年 4 月 20 日，镇江市政府召开新闻发布会，公布 2021 年度镇江市科技计划项目指南。镇江注重引导各地持续打造研发平台载体，突出高新技术企业培育，构建创新企业梯队，支持企业加大研发投入，积极融入南京都市圈创新合作，加快引进外专人才，加快科技成果转移转化。截至 2021 年底，镇江市已开设镇江市知识产权公共服务平台、镇江科技资源云平台、镇江科技创新服务网、镇江公共资源交易服务平台、镇江市中小企业公共服务平台等一系列科技公共服务平台。

第三节　扬州市的科技创新

一、创新实力

（一）知识产权专利指标

扬州市知识产权创造结构不断优化，知识产权创造能力持续提升。2021 年，扬州市专利授权量 28942 件，较上年增长 1.60%；PCT 专利申请量 79 件，较上年下降 24.76%；发明专利授权量 1948 件，较上年增长 30.74%；万人发明专利拥有量 22 件，比 2020 年上涨 18.60%。

（二）科技创新活力指标

为贯彻落实《知识产权强国建设纲要（2021—2035 年）》和《“十四五”国家知识产权保护和运用规划》相关部署，深入开展知识产权强国建设试点示范工作，国家知识产权局以打造国家知识产权试点示范园区升级版为目标，按照“试点促普及推广、示范促深化发展”的思路，经园区申报、地方推荐、专家评审、结果公示等程序，认定了扬州国家高新技术产业开发园为国家级知识产权强国建设试点园区。

按照国家知识产权局办公室《关于面向城市、县域、园区开展知识产权强国建设试点示范工作的通知》（国知办函运字〔2021〕1197 号）要求，经地方申报推荐、材料审查、专家评审等程序，扬州市高邮市、广陵区为国家知识产权强县建设试点县，扬州市江都区为扬州知识产权强县建设示范县。2021 年，扬州市按照知识产权强企行动计划要求，以高新技术企业、规模以上企业、上市企业和涉军企业为重点，推进贯标绩效评价本地化工作，截至 2021 年底，扬州市参与贯标企业有 133 家，其中 5 家绩效评价合格单位，35 家企业通过国际认证。

科技企业孵化器作为引育高技术人才的强阵地、培育科技型企业的主战场和孵育新兴产业的磁力场，是最具活力的创新主体，也是深入实施南京都市圈发展的重要成效之一。2021 年，扬州市新增省级以上科技孵化器 3 家，分别为西湖科技创业园、中汽中心（高邮）汽车科创园和清扬智能装备科技创业园。

二、创新市场

（一）全年技术交易合同额与合同量

技术合同成交额是衡量科技成果转化的重要指标。2021 年，扬州市技术交易合同额与合同量整体稳步上涨。扬州市技术交易合同额为 169.82 亿元，比 2020 年上涨 31.78%，技术交易合同量为 5159 项。

（二）高新技术产业产值

高新技术产业发展是产业从相对低端向相对高科技、高智力密集、高附加值的方向可持续发展，是产业转型升级达到技术含量高、市场占有率高和产业附加值高的过程。2021 年扬州高新技术产业产值为 3054.44 亿元，高新技术产业产值占扬州规模以上工业总产值的比重达 51.1%。

三、创新企业

（一）上市企业

2021 年扬州市共有上市企业 19 家（表 6-4-10），其中新增上市企业 1 家，为嵘泰股份。

表 6-4-10　2021 年扬州市上市企业名单

企业类型	序号	地区	企业名称	性质	上市/挂牌地点
境内上市企业（16 家）	1	广陵区（6 家）	扬农化工	国有	上海证券交易所（600486）
	2		宝胜股份	国有	上海证券交易所（600973）
	3		亚星客车	民营	上海证券交易所（600213）
	4		倍加洁	民营	上海证券交易所（603059）
	5		联环药业	国有	上海证券交易所（600513）
	6		鸿达兴业	民营	深圳证券交易所（002002）
	7	邗江区（4 家）	亚普股份	国有	上海证券交易所（603013）
	8		扬杰科技	民营	深圳证券交易所（300373）
	9		海昌新材	民营	深圳证券交易所（300885）
	10		艾迪药物	民营	上海证券交易所（688488）
	11	江都区（4 家）	长青股份	民营	深圳证券交易所（002391）
	12		亚威股份	国有	深圳证券交易所（002559）
	13		嵘泰股份	国有	上海证券交易所（605133）
	14		苏奥传感	民营	深圳证券交易所（300507）
	15	高邮市（1 家）	传艺科技	民营	深圳证券交易所（002866）
	16	宝应县（1 家）	晨化股份	国有	深圳证券交易所（300610）
境外上市企业（3 家）	17	广陵区（1 家）	泰和小贷	民营	香港证券交易所（01915. HK）
	18	邗江区（2 家）	奇点国际	民营	香港证券交易所（01280. HK）
	19		罗思韦尔	民营	韩国科斯达克证券交易所（900260）

资料来源：扬州市统计局网站与网络检索资料。

（二）高新技术企业

2021年，扬州市高新技术产业产值占规模以上工业产值的比重达51.1%，较2020年提升3个百分点。扬州市全年认定国家高新技术企业499家，有效高新技术企业累计达1587家。2471家企业通过国家科技型中小企业认定。

邗江区2021年度获批国家高新技术企业110家，新增江苏省高新技术企业培育库入库企业137家，认定国家科技型中小企业528家；创成省级工程技术研究中心12家、市级工程技术研究中心49家。广陵区科技创新能力不断提高，新增高新技术企业40家、科技型中小企业244家，高新技术产业产值占规模以上工业产值的比重达76.1%，位列全市第一。江都区科技创新能力显著增强，2021年度全区高新技术企业总数379家，获批高新技术企业94家、科技型中小企业515家，新增省市级企业研发平台20家。仪征市2021年新认定国家高新技术企业70家，高新技术产业产值占比达37%。高邮全市2021年获批国家高新技术企业94家，高新技术企业总数达285家；获批省高新技术企业培育库入库企业100家；省科技型中小企业备案522家，完成率居扬州第一；通过科技企业上市培育计划两家。宝应县2021年全年获批国家高新技术企业54家、省科技企业上市培育库入库企业1家、省农业科技型企业3家，新增省级星创天地1家，获认定国家科技型中小企业211家。

（三）独角兽企业

扬州市政府办公室发布2021年度扬州市独角兽企业名单，全市共有3家企业被认定为独角兽（培育、种子）企业，分别是江苏和天下节能科技股份有限公司（培育）、扬州宇安电子科技有限公司（培育）和江苏泽景汽车电子股份有限公司（种子）。

（四）瞪羚企业

2021年扬州市认定瞪羚企业35家（表6-4-11）。扬州市大力扶持创新能力强、市场潜力大的企业，譬如高新区加大对“323+1”产业集群和“一区一战略产业”的培育支持力度，凭借优越的创业环境为潜在的瞪羚企业提供了许多加速成长的机遇，帮助更多科技企业跨过创业“死亡谷”，并助力其加速成长为高成长性科技企业，这类举措为扬州市高质量发展提供了强有力的支撑。

表6-4-11　2021年扬州市瞪羚企业名单

序号	名称
1	扬州中宝药业股份有限公司
2	江苏晶旺新能源科技有限公司
3	诺尔建设集团有限公司
4	扬州晶樱光电科技有限公司
5	江苏艺迪交通集团有限公司
6	扬州蓝翔机电工程有限公司
7	扬州富威尔复合材料有限公司
8	扬州市育英钣金机械有限公司
9	扬州扬子到河复合材料制品有限公司
10	江苏丰尚智能科技有限公司
11	宝应县欧达电子陶瓷有限公司
12	扬州市宜楠科技有限公司
13	扬州晨光特种设备有限公司

续表

序号	名称
14	扬州京柏自动化科技有限公司
15	江苏英格菲电器科技有限公司
16	江苏奥新科技有限公司
17	江苏亚如捷实业有限公司
18	摩丁普信热能技术（江苏）有限公司
19	江苏星浪光学仪器有限公司
20	江苏现代照明集团有限公司
21	江苏金丰机电有限公司
22	江苏擎宇化工科技有限公司
23	扬州万润光电科技有限公司
24	扬州龙和造船有限公司
25	扬州市顺达科技有限公司
26	江苏华江祥瑞现代建筑发展有限公司
27	江苏东宝农化股份有限公司
28	扬州三劦紧固件有限公司
29	江苏华光双顺机械制造有限公司
30	扬州惠民再生资源有限公司
31	扬州市揽坤电气有限公司
32	潍柴（扬州）特种车有限公司
33	江苏奥特隆新材料有限公司
34	扬州市好年华高分子材料有限公司
35	江苏高泰软件技术有限公司

资料来源：扬州市人民政府网站。

（五）专精特新“小巨人”企业

专精特新“小巨人”企业是中小企业中的佼佼者，培育专精特新“小巨人”企业，对于解决“卡脖子”难题，推动形成具有更强创新力、更高附加值、更加安全可控的产业链供应链体系，筑牢新发展格局安全底线具有重大作用。2021 年扬州市有 13 家企业入围国家级专精特新“小巨人”企业。在江苏省工信厅公布的 2021 年江苏省专精特新“小巨人”企业名单中，31 家扬州企业榜上有名（表 6-4-12）。其中专精特新产品企业 11 家，制造类“小巨人”企业 17 家，创新类“小巨人”企业 3 家。

表 6-4-12　2021 年扬州市专精特新“小巨人”企业名单

序号	名称
1	中铁宝桥（扬州）有限公司
2	江苏科迈液压控制系统有限公司
3	扬州市伏尔坎机械制造有限公司

续表

序号	名称
4	江苏省南扬机械制造有限公司
5	扬州市华光双瑞实业有限公司
6	江苏永一泵业科技集团有限公司
7	永道射频技术股份有限公司
8	扬州天富龙科技纤维有限公司
9	扬州亚光电缆有限公司
10	扬州市鑫通交通器材集团有限公司
11	扬州瑞斯乐复合金属材料有限公司
12	扬州纪元纺织有限公司
13	江苏扬农化工集团有限公司
14	扬州华光橡塑新材料有限公司
15	扬州海昌新材股份有限公司
16	江苏舜天国际集团江都工具有限公司
17	江苏金世缘乳胶制品股份有限公司
18	江苏双汇电力发展股份有限公司
19	江苏嵘泰工业股份有限公司
20	江苏兴洋管业股份有限公司
21	扬州中宝药业股份有限公司
22	扬州惠通科技股份有限公司
23	扬州富威尔复合材料有限公司
24	扬州万润光电科技有限公司
25	江苏润华电缆股份有限公司
26	扬州市德运塑业科技股份有限公司
27	风帆（扬州）有限责任公司
28	江苏金飞达电动工具有限公司
29	江苏奥吉瑞斯新能源有限公司
30	江苏赛诺格兰医疗科技有限公司
31	江苏赛迪乐节能科技有限公司
32	阿斯塔导线有限公司（国家级）
33	扬州斯帕克实业有限公司（国家级）
34	扬州万方电子技术有限责任公司（国家级）
35	江苏晶鑫新材料股份有限公司（国家级）
36	扬州市江都永坚有限公司（国家级）
37	迈安德集团有限公司（国家级）
38	江苏牛牌纺织机械有限公司（国家级）

续表

序号	名称
39	扬州晨化新材料股份有限公司（国家级）
40	扬州腾飞电缆电器材料有限公司（国家级）
41	江苏扬农锦湖化工有限公司（国家级）
42	江苏东宝农化股份有限公司（国家级）
43	江苏利德尔新材料科技有限公司（国家级）
44	扬州美德莱医疗用品有限公司（国家级）

资料来源：工信部、江苏省工业和信息化厅网站。

（六）制造业单项冠军企业

工业和信息化部、中国工业经济联合会联合发布第六批制造业单项冠军及通过复核的第三批制造业单项冠军企业（产品）名单，扬州市 3 家企业榜上有名。其中，江苏丰尚智能科技有限公司入选单项冠军示范企业，江苏亚威机床股份有限公司折弯机、江苏金陵特种涂料有限公司钛纳米高分子合金防腐涂料入选单项冠军产品。截至 2021 年底，扬州全市累计获批制造业单项冠军示范企业 3 家、单项冠军产品 4 项。此次入选的 3 家企业长期聚焦主业，“十年磨一剑”成为细分市场的领军企业。

江苏丰尚智能科技有限公司深耕饲料机械领域，是全球饲料工厂系统解决方案供应商，参与制定首个饲料机械国际标准，填补了国内绿色智能化高效专用农机装备制造领域空白，推动我国农业装备转型升级，目前国际市场占有率位居全球前三。

江苏亚威机床股份有限公司是全国锻压机械标准化技术委员会剪折分会的承担单位，产品折弯机产销规模稳居全球第一。扬州市工信局有关人士表示，下一步，扬州市将深入实施专精特新企业千企升级行动计划，加快培育一批先进制造业“高峰”企业，带动更多中小企业成为细分领域排头兵。

江苏金陵特种涂料有限公司是具有 30 多年特种防腐涂料从业经验的行业领先企业，其产品钛纳米高分子合金防腐涂料填补了国内高分子合金涂层材料产业化生产的空白，涂料性能较国外同类产品可延长油井管使用寿命 2～3 倍，被广泛应用于石化、冶金、能源、海工、桥梁建筑等领域，曾获得中国腐蚀与防护学会科技进步二等奖。

（七）研究机构

2021 年扬州市共有省级工程研究中心 16 家（表 6-4-13）。

表 6-4-13　2021 年扬州市省级工程研究中心名单

序号	平台名称	依托单位	建设地点
1	江苏省深海光电传输系统海缆工程研究中心	中航宝胜海洋工程电缆有限公司	扬州经济技术开发区
2	江苏省高效节能大型轴流泵站工程研究中心	扬州大学	扬州经济技术开发区
3	江苏省自动化仓储物流装备工程研究中心	江苏菲达宝开电气股份有限公司	扬州市宝应县
4	江苏省高性能尼龙材料工程研究中心	扬州尼尔工程塑料有限公司	扬州市宝应县
5	江苏省甲壳质资源综合利用工程研究中心	扬州日兴生物科技股份有限公司	扬州市高邮市
6	江苏省高效率大角度精准 3D 人脸识别光引擎用核心组件工程研究中心	江苏星浪光学仪器有限公司	扬州市高邮市

续表

序号	平台名称	依托单位	建设地点
7	江苏省先进无人机系统工程研究中心	沈阳飞机设计研究所扬州协同创新研究院有限公司	扬州市广陵区
8	江苏省大件运输智能装备工程研究中心	扬州市伏尔坎机械制造有限公司	扬州市邗江区
9	江苏省智能网联客车工程研究中心	扬州亚星客车股份有限公司	扬州市邗江区
10	江苏省新型感知技术与智慧场景应用工程研究中心	扬州工业职业技术学院	扬州市邗江区
11	江苏省机场专用除雪车工程研究中心	天嘉智能装备制造江苏股份有限公司	扬州市江都区
12	江苏省天然乳胶新材料设计与研发工程研究中心	江苏金世缘乳胶制品股份有限公司	扬州市江都区
13	江苏省绿色高端滚装船工程研究中心	招商局金陵船舶（江苏）有限公司	扬州市仪征市
14	江苏省汽车先进视觉工程研究中心	江苏泽景汽车电子股份有限公司	扬州市仪征市
15	江苏省商用车空气悬架系统工程研究中心	扬州市东升汽车零部件股份有限公司	扬州市仪征市
16	江苏省家禽种业创新工程研究中心	江苏省家禽科学研究所	扬州市仪征市

资料来源：江苏省科技厅网站与网络检索资料。

四、研发投入

（一）研究与试验发展经费支出

2021年，扬州市研究与试验发展（R&D）经费投入为159.15亿元，位居江苏省第七，保持较快增长，比上年增长了15.03%，从近4年的R&D经费投入来看，保持了稳步增长，投入强度也持续提升，全市R&D经费投入相当于地区生产总值的比重继续提高，达到了2.38%。

（二）科技公共服务平台

2021年，扬州市大力推动产业科创名城建设，围绕“323+1”产业体系，不断加大创新力度，产业科创和科创产业双向发力、双轮驱动，创新潜力不断释放，创新实力不断增强。科技公共服务平台是科技创新的新型组织形式，是科技服务体系的重要组成部分，更是区域创新体系架构的重要基础与支撑。以服务产业和企业创新为核心，以市场需求为导向，以专业化服务为特色，在支撑产业发展、提升企业创新能力、集聚创新资源等方面发挥了重要作用。

第四节　淮安市的科技创新

一、创新实力

（一）知识产权专利指标

淮安市知识产权创造结构不断优化，知识产权创造能力持续提升。2021年，淮安市专利授权量为14831件，较上年增长26.03%；PCT专利申请量为65件，较上年下降4.41%；发明专利授权量为4374件，较上年增长27.89%；万人发明专利拥有量为9.59件，比2020年上涨38.38%。

（二）科技创新活力指标

为贯彻落实《知识产权强国建设纲要（2021—2035年）》和《“十四五”国家知识产权保护和运用规划》相关部署，深入开展知识产权强国建设试点示范工作，国家知识产权局以打造国家知识产权试点示范园区升级版为目标，按照“试点促普及推广、示范促深化发展”的思路，经园区申报、地方推荐、专家评审、结果公示等程序，认定了淮安经济技术开发区为国家级知识产权强国建设试点园区。

2021年，淮安市按照知识产权强企行动计划要求，以高新技术企业、规模以上企业、上市企业和涉军企业为重点，推进贯标绩效评价本地化工作，截至2021年底，淮安市参与贯标企业有38家，其中1家绩效评价合格单位，20家企业通过国际认证。

众创空间是一种创新创业平台，具有低成本、便利化、全要素、开放式特点。2021年，淮安市新增1家省级以上众创空间，为苏食智药众创空间。

二、创新市场

（一）全年技术交易合同额与合同量

技术合同成交额是衡量科技成果转化的重要指标。2021年，淮安市技术交易合同额与合同量整体稳步上涨。淮安市技术交易合同额为66.45亿元，比2020年上涨66.12%，技术交易合同量为2567项。

（二）高新技术产业产值

高新技术产业发展是产业从相对低端向相对高科技、高智力密集、高附加值的方向可持续发展，是产业转型升级达到技术含量高、市场占有率高和产业附加值高的过程。2021年淮安高新技术产业产值为1023.93亿元，高新技术产业产值占淮安规模以上工业总产值的比重达37.2%。

三、创新企业

（一）上市企业

2021年，淮安市共有上市企业16家，均为境内上市企业（表6-4-14）。

表6-4-14　2021年淮安市上市企业名单

企业类型	序号	地区	企业名称	性质	上市/挂牌地点
境内上市企业（16家）	1	涟水县（2家）	今世缘	国有	上海证券交易所（603369）
	2		永创医药	民营	新三板（833453）
	3	淮安区（3家）	苏盐井神	民营	上海证券交易所（603299）
	4		共创草坪	民营	上海证券交易所（605099）
	5		建纬检测	民营	新三板（872620）
	6	清江浦区（4家）	柴米河	民营	新三板（873369）
	7		金象传动	国有	新三板（830802）
	8		世昌集团	民营	新三板（832302）
	9		山河生态	国有	新三板（870283）
	10	淮阴区（1家）	恒信诺金	民营	新三板（870066）
	11	洪泽区（3家）	海拜科技	民营	新三板（833287）
	12		洪泽生物	民营	新三板（871357）
	13		华晨股份	国有	新三板（872692）
	14	金湖县（2家）	祥豪实业	民营	新三板（838211）
	15		政轩股份	民营	新三板（873351）
	16	盱眙县（1家）	华洪新材	民营	新三板（839981）

资料来源：淮安市统计局网站与网络检索资料。

（二）高新技术企业

2021年，淮安科技进步贡献率达58.4%，高新技术产业产值占规模以上工业总产值的比重达29%，同比上升1.64个百分点。淮安市有效高新技术企业总数为581家，新增国家高新技术企业160户、“两化融合”贯标企业47户和省级企业工程技术研究中心12家、众创空间1个，市级以上“两站三中心”93个。

清江浦区2021年组织33家企业申报国家高新技术企业，已获批13家，新增高新技术企业数量创近年新高，目前全区共有43家高新技术企业，高新技术产业产值占规模以上工业总产值的比重达38.9%。淮阴区2021年高新技术企业获批19家，有效期内的高新技术企业共82家，全市排名前列；科技创新中小企业数完成272家，目标完成率151.11%；全区服务技术合同成交额7.79亿元，目标完成率129.83%。淮安区2021年建有市级以上工程技术研究中心71家、科技型中小企业评价入库233家。2021年，洪泽区通过全面摸排优质企业、加强培育引导、强化申报预评审机制、严格把关申报质量等“一站式”科技服务，助力18家企业通过高新技术企业评审，通过率居全市第一，全区在库高新技术企业达54家。涟水县科技创新成果丰硕，国家高新技术企业总数达到55家，新培育国家高新技术企业17家，新认定省级企业研发机构3家，获批市级“科创综合体”1家，11家企业通过国家级“两化融合”贯标评定，5人入选江苏省“双创计划”创新创业领军人才。盱眙县高新企业快速发展，2021年度获批国家级高新技术企业18家，有效期内国家级高新技术企业59家，全年国家科技型中小企业评价入库231家。金湖县实现规模以上工业总产值371.5亿元，同比增长29%，大中型工业企业及规模以上高新技术企业研发机构建有率达到98%，科技型中小企业入库262家，有效国家高新技术企业累计达114家。

（三）独角兽企业

为支持引导高新技术企业持续创新发展，淮安市科技局已评估完成2021年度潜在独角兽企业2家，分别为江苏视科新材料股份有限公司和淮安中顺环保科技有限公司。

（四）瞪羚企业

为深入实施高新技术企业梯队培育工程，支持引导高新技术企业持续创新发展，充分发挥高新技术企业在淮安高质量发展中的创新引领作用，淮安市2021年共遴选出30家瞪羚企业（表6-4-15）。

表6-4-15　2021年淮安市瞪羚企业名单

序号	企业名称
1	江苏科圣化工机械有限公司
2	江苏双环齿轮有限公司
3	江苏迈尔汽车零部件有限公司
4	淮安凯悦科技开发有限公司
5	淮安天驰科技有限公司
6	江苏纽泰格科技股份有限公司
7	江苏辰威生物科技有限公司
8	江苏新源太阳能科技有限公司
9	中绿新材料（江苏）有限公司
10	江苏棋成化工有限公司
11	江苏瀚康新材料有限公司

续表

序号	企业名称
12	江苏从一家居股份有限公司
13	江苏永丰机械有限责任公司
14	江苏神力特生物科技股份有限公司
15	江苏宇特光电科技股份有限公司
16	江苏保利精工机电有限公司
17	江苏柏林大通电子科技有限公司
18	江苏亿美电器有限公司
19	江苏锦润光电有限公司
20	江苏卫东机械有限公司
21	江苏横河集团有限公司
22	江苏明德立达作物科技有限公司
23	江苏麒祥高新材料有限公司
24	淮安杰鼎唐科技有限公司
25	淮安富扬电子材料有限公司
26	江苏汉邦科技股份有限公司
27	淮安威灵电机制造有限公司
28	淮安金鑫传动机械有限公司
29	庆鼎精密电子（淮安）有限公司
30	江苏科学梦创展工程有限公司

资料来源：淮安市人民政府网站。

（五）专精特新“小巨人”企业

淮安市大力支持中小微企业发展，实施专精特新“小巨人”企业培育行动。在江苏省工业和信息化厅公布的 2021 年度江苏省专精特新“小巨人”企业名单中，7 家淮安企业列居榜上，同时 2021 年度淮安市新增 8 家国家级专精特新“小巨人”企业（表 6-4-16）。截至 2021 年底，淮安市累计培育市级以上专精特新“小巨人”企业 279 户，其中国家级 12 户、省级 47 户、市级 220 户，国家级专精特新“小巨人”企业数量居苏北第二。

表 6-4-16　2021 年淮安市专精特新“小巨人”企业名单

序号	名称
1	淮安展德光电科技有限公司
2	江苏科圣化工机械有限公司
3	西派集团有限公司
4	江苏金湖输油泵有限公司
5	江苏纽泰格科技股份有限公司
6	江苏双环齿轮有限公司
7	江苏润仪仪表有限公司

续表

序号	名称
8	淮安威灵电机制造有限公司（国家级）
9	江苏科润膜材料有限公司（国家级）
10	江苏爱吉斯海珠机械有限公司（国家级）
11	江苏天一超细金属粉末有限公司（国家级）
12	金湖县常盛动力机械配件有限公司（国家级）
13	江苏金卫机械设备有限公司（国家级）
14	江苏三联新材料有限公司（国家级）
15	江苏红光仪表厂有限公司（国家级）

资料来源：工信部、江苏省工业和信息化厅网站资料。

（六）制造业单项冠军企业

2021 年，淮安市并未有企业上榜制造业单项冠军企业榜单。但近年来，淮安市高度重视文化产业发展，在出台多项利好政策的同时，积极推动文化相关产业技术引进，形成新业态。淮安市聚集了多家蹦床出口企业，包括该细分行业市场占有排名第一的企业，有望培育发展为行业单项冠军的江苏新金菱体育产业集团有限公司。

江苏新金菱体育产业集团有限公司是一家拥有完整蹦床产业链的企业，有 20 多家上下游企业，是江苏省体育用品十佳龙头企业。依托龙头企业，金湖县蹦床出口企业形成了集群发展态势，市场占有率超 40%。近年来，该集团产销指标快速增长，2021 年实现销售 16.5 亿元，同比增长 25%，实现利税 1.5 亿元，同比增长 21%，2022 年计划实现销售 18.5 亿元。

（七）研究机构

2021 年淮安市共有省级工程研究中心 11 家（表 6-4-17）。

表 6-4-17　2021 年淮安市省级工程研究中心名单

序号	平台名称	依托单位	建设地点
1	江苏省低碳环保型双金属催化剂工程研究中心	淮安巴德聚氨酯科技有限公司	淮安工业园区
2	江苏省中枢退行性疾病治疗药物开发与应用工程研究中心	江苏食品药品职业技术学院	淮安经济技术开发区
3	江苏省交通碳排放检测与评估技术工程研究中心	淮阴工学院	淮安经济技术开发区
4	江苏省高效节能三相异步电动机工程研究中心	卧龙电气淮安清江电机有限公司	淮安经济技术开发区
5	江苏省智能无热斑光伏组件工程研究中心	江苏新源太阳能科技有限公司	淮安市洪泽区
6	江苏省高效低碳柴油机输油泵工程研究中心	江苏金湖输油泵有限公司	淮安市金湖县
7	江苏省高性能视光材料工程研究中心	江苏视科新材料股份有限公司	淮安市金湖县
8	江苏省工业自动化过程控制仪表工程研究中心	江苏红光仪表厂有限公司	淮安市金湖县
9	江苏省废弃氨纶循环再生工程研究中心	淮安侨新新材料科技有限公司	淮安市金湖县
10	江苏省乡村智慧农经工程研究中心	淮阴师范学院	淮安市清江浦区
11	江苏省能源装备用钢工程研究中心	江苏沙钢集团淮钢特钢股份有限公司	淮安市清江浦区

资料来源：江苏省科技厅网站与网络检索资料。

四、研发投入

（一）研究与试验发展经费支出

2021年，淮安市研究与试验发展（R&D）经费投入为105.23亿元，位居江苏省第十二，保持较快增长，比上年增长了15.03%，从近4年的R&D经费投入来看，保持了稳步增长，投入强度也持续提升，全市R&D经费投入相当于地区生产总值的比重继续提高，达到了2.31%。

（二）重点实验室

淮安市拥有省级重点实验室2家，分别为2008年9月经江苏省科技厅批准成立的江苏省凹土资源利用重点实验室、由数字化制造技术应用研究室和数字化测控与工业网络技术应用研究室组成的江苏省数字化制造技术重点实验室，依托单位均为淮阴工学院。

（三）科技公共服务平台

2021年第一批市级科技计划项目合同签订完成，共签订合同122项，其中自然科学研究计划72项、乡村振兴项目12项、重大科技成果转化15项、重点实验室建设12项、公共服务平台4项、联盟持续支持3项、外国专家工作室2项、对台合作平台1项、软科学1项。本批次签订的项目涵盖优势特色产业、战略性新兴产业、现代农业及科技服务业等产业技术领域，充分发挥了财政科技专项资金对科技创新的引导、激励作用，为淮安地区科技高质量发展注入了强动力、增添了新动能。

第五节　芜湖市的科技创新

一、创新实力

（一）知识产权专利指标

芜湖市知识产权创造结构不断优化，知识产权创造能力持续提升。2021年，芜湖市专利授权量为16963件，较上年增长28.24%；PCT专利申请量为88件，较上年增长109.52%；发明专利授权量为3296件，较上年增长9.07%；万人发明专利拥有量为53.5件，比2020年上涨25.59%。2021年，芜湖市参加了第22届中国专利评选，共获奖项8项，均为专利优秀奖。

（二）科技创新活力指标

为贯彻落实《知识产权强国建设纲要（2021—2035年）》和《“十四五”国家知识产权保护和运用规划》相关部署，深入开展知识产权强国建设试点示范工作，国家知识产权局以打造国家知识产权试点示范园区升级版为目标，按照“试点促普及推广、示范促深化发展”的思路，经园区申报、地方推荐、专家评审、结果公示等程序，认定了芜湖经济技术开发区和芜湖高新技术产业开发区为国家级知识产权强国建设试点园区。

按照国家知识产权局办公室《关于面向城市、县域、园区开展知识产权强国建设试点示范工作的通知》（国知办函运字〔2021〕1197号）要求，经地方申报推荐、材料审查、专家评审等程序，芜湖市鸠江区、弋江区为芜湖知识产权强县建设示范县。2021年，芜湖市按照知识产权强企行动计划要求，以高新技术企业、规模以上企业、上市企业和涉军企业为重点，推进贯标绩效评价本地化工作，截至2021年底，芜湖市参与贯标企业有110家，其中28家绩效评价合格单位，63家企业通过国际认证。

众创空间是一种创新创业平台，具有低成本、便利化、全要素、开放式特点。2021年，芜湖市新增2家省级以上众创空间，分别为芜湖追梦众创空间和数智繁昌众创空间。

科技企业孵化器作为引育高技术人才的强阵地、培育科技型企业的主战场和孵育新兴产业的磁力场，是最具活力的创新主体。2021 年，芜湖市新增省级以上科技孵化器 1 家，为安徽信息工程学院现代制造业软件科技企业孵化器。

二、创新市场

（一）全年技术交易合同额与合同量

技术合同成交额是衡量科技成果转化的重要指标。2021 年，芜湖市技术交易合同额与合同量整体大幅上涨。芜湖市技术交易合同额为 378.06 亿元，比 2020 年上涨 107.69%，技术交易合同量为 1304 项。

（二）高新技术产业产值

高新技术产业发展是产业从相对低端向相对高科技、高智力密集、高附加值的方向可持续发展，是产业转型升级达到技术含量高、市场占有率高和产业附加值高的过程。2021 年芜湖高新技术产业产值为 2562.08 亿元，高新技术产业产值占芜湖规模以上工业总产值的比重达 45.7%。

三、创新企业

（一）上市企业

芜湖市加快推进重点企业上市进程，支持主导产业、战略性新兴产业龙头企业借力资本市场发展壮大，进而推动区域经济高质量发展。截至 2021 年底，芜湖市共有境内外上市公司 21 家（表 6-4-18），其中境内上市企业 18 家，境外上市企业 3 家，新增富春染织主板上市，多层次资本市场格局逐步形成，服务实体经济的能力不断增强。海螺水泥更是凭借 1679.53 亿元的营业收入位居安徽地区 A 股上市公司榜首。

表 6-4-18　2021 年芜湖市上市企业名单

企业类型	序号	地区	企业名称	性质	上市/挂牌地点
境内上市企业（18 家）	1	鸠江区（13 家）	楚江新材	民营	深圳证券交易所（002171）
	2		富春染织	民营	上海证券交易所（605189）
	3		淮河能源	国有	上海证券交易所（600575）
	4		鑫科材料	民营	上海证券交易所（600255）
	5		瑞鹄模具	民营	深圳证券交易所（002997）
	6		埃夫特	民营	上海证券交易所（688165）
	7		众源新材	民营	上海证券交易所（603527）
	8		神剑股份	国有	深圳证券交易所（002361）
	9		三七互娱	民营	深圳证券交易所（002555）
	10		中电兴发	民营	深圳证券交易所（002298）
	11		长信科技	国有	深圳证券交易所（300088）
	12		伯特利	民营	上海证券交易所（603596）
	13		皖江物流	国有	上海证券交易所（600575）
	14	弋江区（2 家）	三只松鼠	民营	深圳证券交易所（300783）
	15		海螺新材	国有	深圳证券交易所（000619）
	16	繁昌区（1 家）	海螺水泥	国有	上海证券交易所（600585）
	17	无为市（1 家）	丰原药业	民营	深圳证券交易所（000153）
	18	镜湖区（1 家）	中公教育	民营	深圳证券交易所（002667）

续表

企业类型	序号	地区	企业名称	性质	上市/挂牌地点
境外上市企业（3 家）	19	鸠江区（2 家）	信义光能	民营	香港证券交易所（00968. HK）
	20		信义能源	民营	香港证券交易所（03868. HK）
	21	弋江区（1 家）	海螺创业	国有	香港证券交易所（00586. HK）

资料来源：芜湖市统计局网站与网络检索资料。

（二）高新技术企业

2021 年，芜湖市高新技术产业增加值占比 53.5%，比上年提高 2.9 个百分点，增长贡献率达 76.2%。芜湖市拥有高新技术企业 1298 家，其中 2021 年度新认定 319 家。拥有省级高新技术产品 1449 个，其中 2021 年度新认定 516 个。国家知识产权示范企业 10 家、优势企业 31 家，省级知识产权优势企业 35 家、优势培育企业 37 家。芜湖全市有省级以上科技企业孵化器 18 家，其中国家级孵化器 5 家；省级以上众创空间 25 家，其中国家级众创空间 6 家。

弋江区 2021 年高新技术企业认定 93 家，总数达 213 家；国家科技型中小企业备案 412 家。镜湖区促攻关、引人才、重培育，多措并举全力推进高新技术产业发展。至 2021 年 10 月底，镜湖区第一批高新技术企业认定通过 18 家，总数达 46 家，较上年增长 31.43%；有效科技型中小企业 142 家，较上年增长 3.6%。鸠江区积极培育创新创业主体，208 家企业进入全国科技型中小企业库，105 家企业被认定为高新技术企业，其中新认定高新技术企业 52 家，高新技术企业总数达 232 家，增长率 26.8%；高新技术产业实现产值 485.5 亿元，增长 19.1%，增加值 105.0 亿元，增长 14.3%。截至 2021 年底，湾沚区全区国家高新技术企业总数达 209 家，18 家企业入列备案名单，其中重新认定 3 家，新认定 15 家；2021 年度新增国家高新技术企业 54 家，净增量全市排名第一。繁昌区高新技术产业产值同比增长 42.5%，分两批推荐申报 78 家高新技术企业，60 家获批，全区高新技术企业总数达 118 家，新认定高新技术培育企业 15 家；积极组织区内科技型中小企业开展科技型中小企业登记入库，全年入库企业共 102 家。截至 2021 年 5 月，南陵县高新技术企业数量达 57 家，南陵县决定从 2021 年开始到 2023 年，逐步实施高新技术企业三年倍增计划，以求到 2023 年底，全县高新技术企业总量在 2020 年的基础上实现倍增，达到 100 家以上；国家科技型中小企业年均入库 80 家。截至 2021 年 5 月，无为市高新技术企业总数达 75 家，无为市制定了高新技术企业倍增计划实施方案，计划到 2023 年高新技术企业总数突破 130 家，力争达到 150 家，实现全市高新技术企业数倍增。

（三）瞪羚企业

为培育极具创新活力的高成长性企业，持续提升企业自主创新能力，打造具有芜湖特色的创新企业集群，芜湖市对遴选进入瞪羚企业行列的企业进行政策扶持与奖补，表 6-4-19 为 2021 年所统计的芜湖市 18 家瞪羚企业。

表 6-4-19　2021 年芜湖市瞪羚企业名单

序号	名称
1	三只松鼠
2	信义光能
3	联合卡车
4	伯特利 BTL
5	安瑞光电

续表

序号	名称
6	勤惠科技
7	宏景电子 HONGJING
8	跃飞新材
9	飞驰 FEICHI
10	金安世腾 SSG
11	卓越线束
12	三联锻造 SALN
13	GMCC
14	芜湖航飞
15	天弋能源
16	杰诺瑞 GNR
17	达尔智能
18	华仁 HUAREN

资料来源：芜湖市人民政府网站资料。

（四）专精特新“小巨人”企业

芜湖市2021年认定国家级专精特新企业20家，省级专精特新企业60家（表6-4-20），并制定《芜湖市“专精特新”中小企业培育五年行动计划（2021—2023年）》，积极培育招引一批专精特新中小企业。芜湖市科技局相关工作人员表示：下一步，将从加大政策供给、做好培训辅导、加快完善孵化体系、促进产学研合作几方面，在稳住实体经济、支持中小企业发展上更有所作为。

表6-4-20　2021年芜湖市专精特新“小巨人”企业名单

序号	名称
1	芜湖力钧轨道装备有限公司
2	安徽奇瑞瑞弗特种车辆技术有限公司
3	芜湖天航装备技术有限公司
4	中鼎恒盛气体设备（芜湖）有限公司
5	安徽贝驰生物科技有限公司
6	安徽美博智能科技有限公司
7	芜湖华仁科技有限公司
8	芜湖顺威智能科技有限公司
9	安徽华电线缆股份有限公司
10	芜湖孚达保温材料有限公司
11	安徽国信电缆科技股份有限公司
12	芜湖市兆力电机有限公司
13	芜湖恒驰钢构有限公司
14	芜湖弘度智能科技有限公司

续表

序号	名称
15	芜湖福派卫生用品有限公司
16	芜湖毅昌科技有限公司
17	安徽誉特双节能技术有限公司
18	雄名航空科工（芜湖）股份有限公司
19	安徽祥欣新材料科技有限公司
20	芜湖启迪半导体有限公司
21	芜湖鑫沃汽车零部件有限公司
22	安徽大昌科技股份有限公司
23	安徽三绿实业有限公司
24	安徽中工科技股份有限公司
25	芜湖达锦新材料科技有限公司
26	芜湖艾尔达科技有限责任公司
27	芜湖之乐轴承有限公司
28	安徽优诺净化科技有限公司
29	芜湖市精龙铜业有限责任公司
30	安徽格林开思茂光电科技股份有限公司
31	安徽富日智能装备有限公司
32	安徽悦达环保科技有限公司
33	芜湖市华邦流体科技有限公司
34	芜湖市爱三迪电子科技有限公司
35	安徽凯诺电缆科技有限公司
36	安高电气有限公司
37	安徽森米诺农业科技有限公司
38	安徽英格尔包装科技有限公司
39	安徽昊森新材料科技有限公司
40	奇瑞安川电驱动系统有限公司
41	安徽曼特安防科技有限公司
42	安徽京仪自动化装备技术有限公司
43	芜湖新利德玻璃制品有限公司
44	安徽上昱大精密机械有限公司
45	双威液压工业（芜湖）有限公司
46	芜湖贝埃斯汽车部件有限公司
47	芜湖浩极铝模板科技有限公司
48	安徽美瑞尔滤清器有限公司
49	芜湖新迪科技有限公司

续表

序号	名称
50	芜湖卧龙家用电机有限公司
51	芜湖市金宇石化设备有限公司
52	安徽春风农林机械制造有限公司
53	芜湖龙兴合金有限公司
54	安徽中科微至物流装备制造有限公司
55	芜湖集拓实心胎有限公司
56	真木农业设备（安徽）有限公司
57	安徽沃德气门制造有限公司
58	安徽千山物流有限公司
59	安徽华津电缆集团有限公司
60	安徽纽创自动化装备有限公司
61	芜湖顺荣汽车部件有限公司（国家级）
62	安徽恒均粉末冶金科技股份有限公司（国家级）
63	安徽共生物流科技有限公司（国家级）
64	耐世特凌云驱动系统（芜湖）有限公司（国家级）
65	芜湖宏景电子股份有限公司（国家级）
66	芜湖久弘重工股份有限公司（国家级）
67	芜湖佳先传动轴有限公司（国家级）
68	芜湖博康机电有限公司（国家级）
69	芜湖佳宏新材料股份有限公司（国家级）
70	安徽尚纬电缆有限公司（国家级）
71	芜湖莫森泰克汽车科技股份有限公司（国家级）
72	安徽华菱电缆集团有限公司（国家级）
73	中航华东光电有限公司（国家级）
74	安徽蒙特尔电缆集团有限公司（国家级）
75	芜湖舜富精密压铸科技有限公司（国家级）
76	芜湖映日科技股份有限公司（国家级）
77	芜湖新兴新材料产业园有限公司（国家级）
78	安徽天兵电子科技股份有限公司（国家级）
79	安徽海螺川崎节能设备制造有限公司（国家级）
80	芜湖贝斯特新能源开发有限公司（国家级）

资料来源：工信部、安徽省经济和信息化厅网站。

（五）制造业单项冠军企业

2021年，芜湖市并未有企业上榜制造业单项冠军企业榜单，但芜湖市格外注重安徽神剑新材料股份有限公司、安徽鑫科铜业有限公司等企业的发展。

安徽神剑新材料股份有限公司是全球最大的聚酯树脂生产厂家。据了解，该公司在化工新材料领域专业从事粉末涂料专用聚酯树脂系列产品的生产、销售和研发，是国内粉末涂料原材料专业供应商，产销量连续多年位居行业第一，国内市场占有率在 22%左右。从 2019 年开始，相关专业类网络平台组织开展中国聚酯树脂行业十强企业评选活动，安徽神剑新材料股份有限公司位居“粉末聚酯十强”榜单，且领先优势明显，行业地位尽显无遗。

安徽鑫科铜业有限公司是安徽鑫科新材料股份有限公司的控股子公司，位于中国（安徽）自由贸易试验区芜湖片区，为芜湖市前 100 强重点企业之一。该公司是一家专业从事铜合金带材技术研究、开发和产业化应用的高新技术企业。公司主导产品广泛应用于大规模集成电路、5G 通信、智能终端、新能源等高技术领域，其在精密电子铜带领域的产品规模国内领先。凭借新型镀锡铜带材产品优势，该公司入围国家级制造业单项冠军产品名单。据介绍，该公司“新型镀锡铜带材”产品技术水平国内领先，打破了国外镀锡带生产技术垄断。发展至今，鑫科已成为中国高端铜板带市场领军企业，芜湖基地新生产线 80%以上产品替代德国、日本进口；核心产品新型镀锡铜带为国内首创，市场占有率居全球第三、国内第一。

上述两家企业致力于成为国家级单项冠军企业，是芜湖推动制造业高质量发展结出的硕果。

作为立市之本、强市之要，制造业是芜湖市经济社会发展的主动力和主引擎，芜湖以安徽省6%的人口创造了全省 12.9%的规模工业增加值，2021 年制造业增加值占地区生产总值的比重达35.4%，制造业综合实力明显提升。以推动高质量发展为主题，以深化供给侧结构性改革为主线，打好产业基础高级化、产业链现代化攻坚战，打造规模大、结构优、产业竞争力强的现代化产业体系，芜湖制造业正迎来更为广阔的天地。

（六）研究机构

新型研发机构是聚焦科技创新需求，主要从事科学研究、技术创新和研发服务，投资主体多元化、管理制度现代化、运行机制市场化、用人机制灵活的独立法人机构，可依法注册为科技类民办非企业单位、事业单位和企业。通过发展新型研发机构能够进一步优化科研力量布局，强化产业技术供给，促进科技成果转移转化，推动科技创新和经济社会发展深度融合。2021 年新认定芜湖市省级新型研究机构共 7 家，分别为芜湖启迪半导体有限公司、中德人工智能研究院有限公司、安徽宇测线缆质检技术有限公司、芜湖市中天密封件有限公司、芜湖汽车前瞻技术研究院有限公司、长三角信息智能创新研究院和芜湖张恒春医药科技有限公司。

安徽省工程研究中心是依托安徽省有关行业或领域内科技实力较强的重点科研机构、省级以上高新技术企业和高等院校组建的科研开发实体，以促进安徽省科技创新为目标，加强工程化研发平台建设，开展工程技术研究、试验和成套技术服务，开发产业发展中的共性、关键技术，持续提供成熟配套的技术、工艺、装备和产品，促进成果转化和技术辐射，带动相关行业的技术水平提升和科技进步，增强了安徽产业技术创新能力和市场竞争力。2021 年芜湖市共有省级工程研究中心 7 家，名单见表 6-4-21。

表 6-4-21　2021 年芜湖市省级工程研究中心名单

序号	平台名称	依托单位	建设地点
1	安徽省医疗大数据智能系统工程研究中心	安徽师范大学	芜湖市镜湖区
2	安徽省胶轮轨道交通装备工程研究中心	中车浦镇庞巴迪运输系统有限公司	芜湖市经济技术开发区
3	安徽省海洋工程装备及高技术船舶工程研究中心	芜湖造船厂有限公司	芜湖市弋江区
4	安徽省溅射靶材工程研究中心	芜湖映日科技股份有限公司	芜湖市经济技术开发区

续表

序号	平台名称	依托单位	建设地点
5	安徽省先进纤维材料工程研究中心	安徽工程大学	芜湖市鸠江区
6	安徽省汽车开闭件及其控制系统工程研究中心	芜湖莫森泰克汽车科技股份有限公司	芜湖市鸠江区
7	安徽省精密成形技术工程研究中心	中机精密成形产业技术研究院（安徽）股份有限公司	芜湖市三山经济开发区

资料来源：安徽省科技厅网站与网络检索资料。

四、研发投入

（一）研究与试验发展经费支出

2021 年芜湖市研究与试验发展（R&D）经费投入为 114. 32 亿元，居安徽省第二位，保持较快增长，比上年增长了 26. 94%，从近 4 年的 R&D 经费投入来看，保持了稳步增长，投入强度也持续提升，全市 R&D 经费投入相当于地区生产总值的比重继续提高，达到了 3. 20%。

（二）重点实验室

芜湖市拥有省级重点实验室 14 家。其中依托安徽师范大学的重点实验室有 6 家，依托安徽工程大学的实验室有 3 家；其余的均依托于芜湖市的企业，分别为安徽华东光电技术研究所有限公司、奇瑞汽车股份有限公司、国营芜湖机械厂、奇瑞新能源汽车股份有限公司与芜湖哈特机器人产业技术研究院有限公司。

（三）科技公共服务平台

2021 年，芜湖市加快平台载体建设，加速创新资源集聚，推进科技园区创新发展，以国家级高新区和经开区为驱动，强化国家级园区创新引领作用；加快重点研发平台建设，推进市重点研发创新平台扩容提速建设，加强重大公共研发平台的分类管理和绩效考核，支持高校、科研院所、企业等自建或共建新型研发机构；完善公共服务平台体系，构建开放共享互动的创新网络，建立向企业特别是中小微企业有效开放的长效机制；提升科技成果转化能力，加快建设国家级双创特色载体，推动重大创孵园区建设，打造创新创业芜湖品牌。

第六节　马鞍山市的科技创新

一、创新实力

（一）知识产权专利指标

马鞍山市知识产权创造结构不断优化，知识产权创造能力持续提升。2021 年，马鞍山市专利授权量 9538 件，较上年增长 21. 83%；PCT 专利申请量 47 件，较上年增长 30. 56%；发明专利授权量 1811 件，较上年增长 9. 96%；万人发明专利拥有量 40. 7 件，比 2020 年上涨 37. 50%。

2021 年，马鞍山市参加了第 22 届中国专利评选，共获奖项 2 项，均为外观设计银奖。

（二）科技创新活力指标

为贯彻落实《知识产权强国建设纲要（2021—2035 年）》和《“十四五”国家知识产权保护和运用规划》相关部署，深入开展知识产权强国建设试点示范工作，国家知识产权局以打造国家知识产权试点示范园区升级版为目标，按照“试点促普及推广、示范促深化发展”的思路，经园区申报、地方推荐、专家评审、结果公示等程序，认定了马鞍山市和县经济开发区为国家级知识产权强国建设试点园区。

2021 年，马鞍山市按照知识产权强企行动计划要求，以高新技术企业、规模以上企业、上市企业和涉军企业为重点，推进贯标绩效评价本地化工作，截至 2021 年底，马鞍山市参与贯标企业有 33 家，其中 2 家绩效评价合格单位，17 家企业通过国际认证。

众创空间是一种创新创业平台，具有低成本、便利化、全要素、开放式特点。2021 年，马鞍山市新增 2 家省级以上众创空间，分别为起创众创空间和启典众创空间。

科技企业孵化器作为引育高技术人才的强阵地、培育科技型企业的主战场和孵育新兴产业的磁力场，是最具活力的创新主体。2021 年，马鞍山市新增省级以上科技孵化器 2 家，分别为马鞍山亿脉通综合孵化器和马鞍山邦宁科技企业孵化器。

二、创新市场

（一）全年技术交易合同额与合同量

技术合同成交额是衡量科技成果转化的重要指标。2021 年，马鞍山市技术交易合同额与合同量整体稳步上涨。马鞍山市技术交易合同额为 113.13 亿元，比 2020 年上涨 32.94%，技术交易合同量为 553 项。

（二）高新技术产业产值

高新技术产业发展是产业从相对低端向相对高科技、高智力密集、高附加值的方向可持续发展，是产业转型升级达到技术含量高、市场占有率高和产业附加值高的过程。2021 年马鞍山高新技术产业产值为 1421.17 亿元，高新技术产业产值占马鞍山规模以上工业总产值的比重达 35.9%。

三、创新企业

（一）上市企业

据统计，2021 年马鞍山市的上市企业有 10 家，其中境内上市企业 9 家，境外上市企业 1 家（表 6-4-22）。华骐环保为 2021 年度新增上市公司，马钢股份与山鹰国际分别凭借 1138.51 亿元与 330.33 亿元位居安徽地区 A 股上市公司营业收入排行榜的第 3 位与第 7 位。

表 6-4-22　2021 年马鞍山市上市企业名单

企业类型	序号	地区	企业名称	性质	上市/挂牌地点
境内上市企业（9 家）	1	雨山区（5 家）	马钢股份	国有	上海证券交易所（600808）
	2		中钢天源	国有	深圳证券交易所（002057）
	3		汉马科技	民营	上海证券交易所（600375）
	4		泰尔股份	国有	上海证券交易所（002347）
	5		华菱星马	民营	深圳证券交易所（600375）
	6	花山区（2 家）	山鹰国际	民营	上海证券交易所（600567）
	7		新光圆成	国有	深圳证券交易所（002147）
	8	经济开发区（1 家）	华骐环保	国有	深圳证券交易所（300929）
	9	含山县（1 家）	同兴环保	国有	深圳证券交易所（003027）
境外上市企业（1 家）	10	博望区（1 家）	现代牧业	民营	香港证券交易所（01117. HK）

资料来源：马鞍山市统计局网站与网络检索资料。

（二）高新技术企业

2021年，马鞍山市高新技术产业增加值同比增长19.7%，高出全省平均水平1.7个百分点，高出全市规模以上工业增加值增速5.5个百分点。马鞍山市2021年全年高新技术产业增加值较2020年增长16.2%，高新技术企业数达712家。承担省级以上科技计划项目43项，建成省级以上科技企业孵化器2家、省级以上众创空间4家。

花山区2021年新增高新技术企业11家，重新认定高新技术企业6家，全区拥有高新技术企业39家，2021年通过科技型中小企业评价登记入库的企业有25家。雨山区创新资源加速集聚，出台了支持科技创新“雨十条”，新增高新技术企业13家、专精特新企业10家，预计全年高新技术产业增加值同比增长38%。博望区2021年科技事业蓬勃发展，全年新认定高新技术企业18家，全区共有省级专精特新企业29家，其中26家为高新技术企业，占全区高新技术企业的三分之一。当涂县科技事业蓬勃发展，截至2021年12月，拥有高新技术企业98家，新培育高新技术企业23家、专精特新企业10家，高新技术产业增加值同比增长20%。含山县科技“小巨人”企业48家，高新技术企业共计72家，全年规模以上工业企业高新技术产业增加值同比增长21.6%。和县截至2021年末共有高新技术企业92家，规模以上工业企业高新技术产业增加值同比增长32.8%。

（三）瞪羚企业

作为长三角一体化发展中心区城市，马鞍山市近来不断创新合作模式、加强合作力度、拓宽合作辖域、提高合作水平。马鞍山市同样重视凭借创新新模式或构建新业态等方式取得高速成长的瞪羚企业，积极引导鼓励山地桥等瞪羚企业的成长与发展。

（四）专精特新“小巨人”企业

马鞍山市通过奖补激励“小升规”，促使专精特新“蛹成蝶”，让更多“小不点”成长为“小巨人”。2021年度，在工信部公布的第三批国家级专精特新“小巨人”企业名单中，马鞍山市三联泵业股份有限公司等10家企业榜上有名，截至2021年底，马鞍山全市累计培育国家级专精特新“小巨人”企业已达13家。根据《马鞍山市“专精特新”中小企业评选管理办法》（马经信中小〔2021〕3号），马鞍山市2021年认定61户企业为2021年度马鞍山市专精特新“小巨人”企业（表6-4-23）。

表6-4-23　2021年马鞍山市专精特新“小巨人”企业名单

序号	名称
1	安徽宏华铸造有限公司
2	安徽省飞龙新型材料有限公司
3	安徽省含山县兴建铸造厂
4	安徽可尔海思塑业有限公司
5	安徽容纳新能源科技有限公司
6	安徽顺达环保科技股份有限公司
7	安徽大来机械制造有限公司
8	安徽国宏合金材料有限公司
9	安徽恒钛智能制造有限公司
10	安徽同盛重型装备有限公司
11	安徽三竹智能科技股份有限公司
12	艾仕得绝缘材料（安徽）有限公司

续表

序号	名称
13	安徽钦同瓶业有限公司
14	安徽永安低碳环保科技有限公司
15	安徽雷默模具制造有限公司
16	马鞍山市华能电力线路器材有限责任公司
17	马鞍山市中桥金属材料有限公司
18	马鞍山三塔环保科技有限公司
19	马鞍山精一工程机械有限公司
20	安徽省中测电子科技有限公司
21	安徽鑫磁源磁业有限公司
22	马鞍山宏瑞金属制品有限公司
23	马鞍山虹润彩印有限责任公司
24	马鞍山市思迪包装材料科技有限公司
25	安徽意尔涂料制造有限公司
26	安徽斯塔克机器人有限公司
27	马鞍山康福塑料制品有限公司
28	安徽中马磁能科技股份有限公司
29	安徽祥云科技有限公司
30	安徽港泰机械制造集团有限公司
31	安徽载盛新材料有限公司
32	埃斯科特钢有限公司
33	马鞍山市恒泰重工机械有限公司
34	安徽中意机床制造有限公司
35	安徽东海裕祥智能装备科技有限公司
36	马鞍山市华威冶金机械有限公司
37	马鞍山南实科技有限公司
38	安徽瑞泰智能装备有限公司
39	马鞍山立信电气有限公司
40	仙乐健康科技（安徽）有限公司
41	马鞍山杰生半导体有限公司
42	马鞍山大仓精工科技有限公司
43	马鞍山亿科金属制品有限公司
44	马鞍山钢晨钢铁物流园有限公司
45	安徽云轨信息科技有限公司
46	奥丽雅日用化妆品（马鞍山）有限公司
47	马鞍山瑞恒精密制造有限公司
48	安徽泰尔表面工程技术有限公司

续表

序号	名称
49	安徽省赛达科技有限责任公司
50	安徽鹏睿智能科技有限公司
51	马鞍山六金智能装备有限公司
52	马鞍山浩科金属制品有限公司
53	安徽晶天新能源科技有限责任公司
54	马鞍山昂扬新材料科技有限公司
55	马鞍山市桓泰环保设备有限公司
56	马鞍山中杰电子科技有限公司
57	马鞍山市中马金属材料有限公司
58	马鞍山健鼎化工有限公司
59	安徽龙芯微科技有限公司
60	安徽紫江复合材料科技有限公司
61	安徽安赐环保科技有限公司
62	三联泵业股份有限公司（国家级）
63	安徽禾臣新材料有限公司（国家级）
64	马鞍山采石矶涂料有限公司（国家级）
65	马鞍山市中亚机床制造有限公司（国家级）
66	安徽联盟模具工业股份有限公司（国家级）
67	马鞍山市海天重工科技发展有限公司（国家级）
68	安徽科达机电有限公司（国家级）
69	马鞍山方圆精密机械有限公司（国家级）
70	安徽华骐环保科技股份有限公司（国家级）
71	安徽欣创节能环保科技股份有限公司（国家级）

资料来源：工信部、安徽省经济和信息化厅网站。

（五）制造业单项冠军企业

2021 年，马鞍山市安徽国星生物化学有限公司成功入选全国制造业单项冠军企业榜单。马鞍山市企业顺利入选全国第二批制造业单项冠军企业名单，既是对企业长期专注于特定细分产品市场的创新、产品质量的提升和品牌培育的充分肯定，也从一个侧面反映了近年来马鞍山市工业经济加速发展、加快转型所取得的显著成效。

安徽国星生物化学有限公司成立于 2007 年 1 月，是一家专注于杂环“三药”（医药、农药、兽药）中间体的研发、制造、销售的环保型“国家火炬计划重点高新技术企业”。公司成立以来，一直专注于杂环“三药”中间体的研发、生产、销售，走“专特优精”的发展道路，并围绕“生态链、产品链和循环经济链”的节能减排、循环经济模式建设项目，不断拓展下游产品，建成了世界唯一、规模最大、上下游一体、拥有自主创新的人称杂环类“三药”中间体“芯片”的吡啶碱产业，并主导制定吡啶碱系列国家、行业标准 7 项，成为世界吡啶碱行业领导者。目前，安徽国星生物化学有限公司拥有 5 万吨/年的吡啶碱系列产品生产能力，排名世界第一。

（六）研究机构

2021年，马鞍山市共有省级工程研究中心2家，详见表6-4-24。

表6-4-24　2021年马鞍山市省级工程研究中心名单

序号	平台名称	依托单位	建设地点
1	安徽省环保耐火材料绿色循环利用工程研究中心	瑞泰马钢新材料科技有限公司	马鞍山市雨山区
2	安徽省低碳冶金与流程控制工程研究中心	安徽工业大学	马鞍山市花山区

资料来源：安徽省科技厅网站与网络检索资料。

四、研发投入

（一）研究与试验发展经费支出

2021年马鞍山市研究与试验发展（R&D）经费投入为81.69亿元，居安徽省第六位，保持较快增长，比上年增长了15.38%，从近4年的R&D经费投入来看，保持了稳步增长，投入强度也持续提升，全市R&D经费投入相当于地区生产总值的比重继续提高，达到了3.50%。

（二）重点实验室

马鞍山市拥有国家级重点实验室1家，为金属矿山安全与健康国家重点实验室。拥有省级重点实验室3家，分别为金属矿山安全与健康安徽省重点实验室、高性能轨道交通新材料及安全控制安徽省重点实验室、重型专用车发动机安徽省重点实验室。

（三）科技公共服务平台

2021年1月25日，位于慈湖高新区宁马科创园的马鞍山生物医药公共服务平台开业。该平台将依托马鞍山市高新区良好的地理优势、政府资源、产业优势及上海皓元医药的技术优势，通过引入生物医药高层次人才、整合长三角区域生物医药企业技术资源，致力于为高新区乃至国内外生物医药类研发和生产企业、科研机构提供多功能、全过程、高端化的科技创新服务。

第七节　滁州市的科技创新

一、创新实力

（一）知识产权专利指标

滁州市知识产权创造结构不断优化，知识产权创造能力持续提升。2021年，滁州市专利授权量12380件，较上年增长123.39%；PCT专利申请量42件，较上年增长68.00%；发明专利授权量1377件，较上年下降66.67%；万人发明专利拥有量21件，比2020年上涨37.89%。

（二）科技创新活力指标

2021年，滁州市按照知识产权强企行动计划要求，以高新技术企业、规模以上企业、上市企业和涉军企业为重点，推进贯标绩效评价本地化工作，截至2021年底，滁州市参与贯标企业有9家，其中1家绩效评价合格单位，3家企业通过国际认证。

众创空间是一种创新创业平台，具有低成本、便利化、全要素、开放式特点。2021年，滁州市新增4家省级以上众创空间，分别为极客站众创空间、明德众创空间、凤阳县凤还巢众创空间和云创汇众创空间。

科技企业孵化器作为引育高技术人才的强阵地、培育科技型企业的主战场和孵育新兴产业的磁力场，是最具活力的创新主体。2021 年，滁州市新增省级以上科技孵化器 1 家，为经纬航空与通信装备专业孵化器。

二、创新市场

（一）全年技术交易合同额与合同量

技术合同成交额是衡量科技成果转化的重要指标。2021 年，滁州市技术交易合同额与合同量整体大幅上涨。滁州市技术交易合同额为 364.07 亿元，比 2020 年上涨 227.93%，技术交易合同量为 1554 项。

（二）高新技术产业产值

高新技术产业发展是产业从相对低端向相对高科技、高智力密集、高附加值的方向可持续发展，是产业转型升级达到技术含量高、市场占有率高和产业附加值高的过程。2021 年滁州高新技术产业产值为 2073.53 亿元，高新技术产业产值占滁州规模以上工业总产值的比重达 52.7%。

三、创新企业

（一）上市企业

截至 2021 年末，统计到滁州全市共有境内外上市公司 12 家，其中境内上市企业 11 家，境外上市企业 1 家（表 6-4-25）。2021 年滁州市新增鑫铂股份、超越科技、华塑股份、浩淼科技 4 家境内外上市公司，新增省区域股权交易中心挂牌企业 90 家。

表 6-4-25　2021 年滁州市上市企业名单

企业类型	序号	地区	企业名称	性质	上市/挂牌地点
境内上市企业（11 家）	1	琅琊区（5 家）	金春股份	民营	深圳证券交易所（300877）
	2		浩淼科技	民营	北京证券交易所（831856）
	3		丌润股份	民营	深圳证券交易所（300577）
	4		嘉美包装	民营	深圳证券交易所（002969）
	5		龙利得	民营	深圳证券交易所（300883）
	6	全椒县（1 家）	全柴动力	国有	上海证券交易所（600218）
	7	来安县（1 家）	金禾实业	民营	深圳证券交易所（002597）
	8	定远县（1 家）	华塑股份	国有	上海证券交易所（600935）
	9	凤阳县（1 家）	德力股份	民营	深圳证券交易所（002517）
	10	南谯区（1 家）	超越科技	民营	深圳证券交易所（301049）
	11	天长市（1 家）	鑫铂股份	民营	深圳证券交易所（003038）
境外上市企业（1 家）	12	南谯区（1 家）	宝申控股	民营	香港证券交易所（08151. HK）

资料来源：滁州市统计局网站与网络检索资料。

（二）高新技术企业

2021 年，滁州市高新技术产业增加值同比增长 18.4%，高新技术产业增加值占全市规模以上工业增加值的 52.7%，占工业总产值的 62.7%。

2021 年，滁州市拥有省级以上研发平台 207 家；国家高新技术企业 750 家，较 2020 年增加 150 家，高新技术产业增加值占全省的比重为 9.2%；

国家级科技孵化器 2 家、国家级众创空间 4 家、省级科技孵化器 4 家、省级众创空间 13 家、市级众创空间 10 家、省级院士工作站 9 家；国家农业科技园区 2 个、省级高新区 2 个。

2021 年，琅琊区高新技术企业增至 25 家，高新技术产业产值年均增长 7.6%。2021 年，南谯区拥有国家高新技术企业 66 家，净增 12 家。来安县 2021 年科技发展成效凸显，高新技术产业增加值增长 22.8%，居全市第三。全椒县 2021 年拥有国家高新技术企业 87 家，较 2020 年增加 24 家，全年高新技术产业完成产值 186 亿元，同比增长 33.2%。定远县 2021 年拥有高新技术企业 29 家，比 2020 年增加 7 家；新增省市级专精特新和技术中心企业 24 家。凤阳县 2021 年拥有高新技术企业 44 家，较 2020 年新增 20 家。天长市高新技术企业认定工作喜获大丰收，该市安徽安发特交通工程集团有限公司、安徽长吉专用汽车制造有限公司等 16 家企业入选安徽省 2021 年第二批高新技术企业公示名单，第一批已有 53 家企业通过认定。截至 2021 年末，明光市共有国家级高新技术企业 66 家，省级及以上创新创业平台 23 个。

（三）瞪羚企业

滁州市积极鼓励与扶持成长性企业的发展，帮助该类企业跨过初生期的“死亡谷”，促进其成长与发展。例如中新苏滁高新区于 2021 年以重大项目招引为主线，以完善功能配套、优化营商环境为重点，扎实开展“双招双引”工作，并取得卓有成效的业绩。新引进世界 500 强企业投资项目 4 个、上市公司投资项目 10 个、上市筹备期项目 7 个、独角兽及瞪羚企业投资项目 6 个、外资项目 7 个。

（四）专精特新“小巨人”企业

2021 年，滁州市认定国家级专精特新企业 7 家，省级专精特新“小巨人”企业 40 家，详见表 6-4-26。滁州市把支持中小企业专精特新发展作为繁荣该市工业经济工作的重中之重，持续开展专精特新企业培育行动，通过加强政策支持、优化公共服务、聚焦整合资源等举措，持续补充优质企业源头活水，加速中小企业孵化成长。如今，一批以专精特新见长的企业正成为滁州高质量发展的“小巨人”。

表 6-4-26　2021 年滁州市专精特新“小巨人”企业名单

序号	名称
1	安徽正合雅聚新材料科技有限公司
2	滁州爸爸的选择科技有限公司
3	滁州远达彩印包装有限公司
4	安徽恒创智能装备有限公司
5	建能电气股份有限公司
6	南京工大开来家具材料（滁州）科技有限公司
7	安徽省众望科希盟科技有限公司
8	滁州新奥清洁能源有限公司
9	守塑科技（滁州）有限公司
10	安徽中家智康科技有限公司
11	安徽金宇阳电子科技有限公司
12	滁州市立鸿精密塑胶模具有限公司
13	滁州辉煌无纺科技有限公司
14	安徽弘伟环境装备有限公司

续表

序号	名称
15	滁州嘉美精密工业有限公司
16	安徽省星年华电器有限公司
17	全椒康盛机电有限公司
18	安徽秀朗新材料科技有限公司
19	安徽东泰金属包装技术有限公司
20	安徽友发包装科技有限公司
21	安徽远嘉轨道车辆装备有限公司
22	安徽浦创轨道车辆装备有限责任公司
23	来安县山关轨道装备有限公司
24	定远特尔润滚子有限公司
25	安徽珍昊环保科技有限公司
26	凤阳常隆科技材料有限公司
27	安徽丰逸家居用品有限公司
28	安徽省蒸谷米食品科技有限公司
29	安徽三棵树涂料有限公司
30	安徽创显电子科技有限公司
31	明光利拓智能科技有限公司
32	安徽君锐电力设备有限公司
33	安徽振兴拉丝模有限公司
34	安徽省嘉瑞医药科技股份有限公司
35	安徽德尔电气集团有限公司
36	安徽禾田电气有限公司
37	涌纬集团股份有限公司
38	滁州恒锐科技发展有限公司
39	天长市华磁磁电有限公司
40	天长市荣达电子有限公司
41	安徽鑫铂铝业股份有限公司（国家级）
42	安徽盛世高科轨道装备有限公司（国家级）
43	滁州华星塑业有限公司（国家级）
44	安徽联科水基材料科技有限公司（国家级）
45	全椒县全动机械有限公司（国家级）
46	安徽凯奥新能源股份有限公司（国家级）
47	晶锋集团股份有限公司（国家级）

资料来源：工信部、安徽省经济和信息化厅网站。

（五）制造业单项冠军企业

2021年，安徽德力日用玻璃有限公司是安徽省重点培育国家制造业单项冠军企业，安徽金禾实业公司、安徽全柴动力有限公司、通用生物系统（安徽）有限公司是滁州市推荐的3家制造业单项冠军培育企业。目前，这4家企业成为滁州市下一步重点培育的国家制造业单项冠军的对象。

除了安徽省财政奖励外，滁州市还出台了多项补助和扶持政策，力争滁州市省级专精特新中小企业达200户以上、市级专精特新中小企业达400户以上，培育更多国内细分市场领域“单项冠军”“配套专家”和行业“小巨人”企业，推动企业做大做强做优。对新认定省级专精特新企业给予一次性奖补20万元；下一步，对于获得专精特新称号的中小企业，滁州市将优先纳入制造业单项冠军的培育和推荐名单。

（六）研究机构

新型研发机构是聚焦科技创新需求，主要从事科学研究、技术创新和研发服务，投资主体多元化、管理制度现代化、运行机制市场化、用人机制灵活的独立法人机构，可依法注册为科技类民办非企业单位、事业单位和企业。通过发展新型研发机构能够进一步优化科研力量布局，强化产业技术供给，促进科技成果转移转化，推动科技创新和经济社会发展深度融合。2021年新认定滁州市省级新型研究机构1家，为长光（滁州）高端智能装备研究院。

2021年滁州市共有省级工程研究中心2家，为安徽省智能感知与健康养老工程研究中心、安徽省农业废弃物肥料化利用与耕地质量提升工程研究中心（表6-4-27）。

表6-4-27　2021年滁州市省级工程研究中心名单

序号	平台名称	依托单位	建设地点
1	安徽省智能感知与健康养老工程研究中心	滁州学院	滁州市琅琊区
2	安徽省农业废弃物肥料化利用与耕地质量提升工程研究中心	安徽科技学院	滁州市凤阳县

资料来源：安徽省科技厅网站。

四、研发投入

（一）研究与试验发展经费支出

2021年滁州市研究与试验发展（R&D）经费投入为56.5亿元，居安徽省第三位，保持较快增长，比上年增长了6.20%。从近4年的R&D经费投入来看，保持了稳步增长，投入强度也持续提升，全市R&D经费投入相当于地区生产总值的比重继续提高，达到了2.40%。

（二）重点实验室

滁州市拥有省级重点实验室2家，分别为依托于滁州学院的实景地理环境安徽省重点实验室和依托于安徽鲲鹏装备模具制造有限公司的塑料真空成型装备及模具安徽省重点实验室。

（三）科技公共服务平台

2021年滁州市开展中小企业公共服务平台及滁州市小微企业创业创新示范基地的认定工作。经企业自愿申报、各县（市、区）及园区审核推荐、市直有关部门及市经信局评审，认定滁州启迪之星科技企业加速器有限公司、安徽惠企知识产权服务有限公司、安徽中家智锐科技有限公司、明光市铭垚凹凸棒产业科技有限公司、天长市知信科技咨询服务有限公司等5家为2021年滁州市中小企业公共服务平台，滁州大学科技园等1家为2021年滁州市小微企业创业创新示范基地。

第八节　宣城市的科技创新

一、创新实力

（一）知识产权专利指标

宣城市知识产权创造结构不断优化，知识产权创造能力持续提升。2021 年，宣城市专利授权量 6921 件，较上年下降 13. 09%；PCT 专利申请量 12 件，较上年下降 61. 29%；发明专利授权量 728 件，较上年下降 64. 08%；万人发明专利拥有量 17. 9 件，比 2020 年上涨 20. 95%。

（二）科技创新活力指标

2021 年，宣城市按照知识产权强企行动计划要求，以高新技术企业、规模以上企业、上市企业和涉军企业为重点，推进贯标绩效评价本地化工作，截至 2021 年底，宣城市参与贯标企业有 14 家，其中 1 家绩效评价合格单位，7 家企业通过国际认证。

二、创新市场

（一）全年技术交易合同额与合同量

技术合同成交额是衡量科技成果转化的重要指标。2021 年，宣城市技术交易合同额与合同量整体大幅上涨。宣城市技术交易合同额为 163. 63 亿元，比 2020 年上涨 115. 79%，技术交易合同量为 963 项。

（二）高新技术产业产值

高新技术产业发展是产业从相对低端向相对高科技、高智力密集、高附加值的方向可持续发展，是产业转型升级达到技术含量高、市场占有率高和产业附加值高的过程。2021 年宣城高新技术产业产值为 1251. 5 亿元，高新技术产业产值占宣城规模以上工业总产值的比重达 56. 1%。

三、创新企业

（一）上市企业

宣城市 2021 年拥有 7 家上市企业，均为境内上市企业（表 6-4-28）。同时，宣城市加强企业上市政策扶持与培训，新增上市报会报所和辅导备案企业 4 家、“新三板” 挂牌 1 家、省区域性股权托管交易中心挂牌 53 家，直接融资突破 200 亿元。

表 6-4-28　宣城市上市企业名单

企业类型	序号	地区	企业名称	性质	上市/挂牌地点
境内上市企业（7 家）	1	宁国市（3 家）	中鼎股份	民营	深圳证券交易所（000887）
	2		香农芯创	民营	深圳证券交易所（300475）
	3		江南化工	民营	深圳证券交易所（002226）
	4	郎溪县（1 家）	华菱精工	民营	上海证券交易所（603356）
	5	宣州区（1 家）	司尔特	国有	深圳证券交易所（002538）
	6	广德市（1 家）	广信股份	民营	上海证券交易所（603499）
	7	旌德县（1 家）	黄山胶囊	民营	深圳证券交易所（002817）

资料来源：宣城市统计局网站与网络检索资料。

（二）高新技术企业

2021 年度宣城市高新技术产业增加值同比增长 14.4%，两年平均增长 15.1%，占规模以上工业增加值比重达 56.1%，居全省第 3 位。宣城市 2021 年扎实推进创新型城市建设，实施高新技术企业培育发展专项行动，新认定高新技术企业 170 家，力争总数突破 500 家。备案国家级科技型中小企业 274 家，居全省第 6 位。高新技术产业增加值同比增长 14.4%，占全省比重达 6.5%，占比居全省第 4 位。战略性新兴产业产值增长 35.6%。工业强市迈出坚实步伐。

宣州区 2021 年通过高新技术企业认证 15 家，年末高新技术企业达 69 家，比上年增长 27.8%。郎溪县有 17 家企业通过高新技术企业认定，至 2021 年末全县高新技术企业共 45 家。至 2021 年末，广德市拥有高新技术企业 80 家，其中 2021 年新认定 32 家。泾县科技创新成效显著，高新技术产业产值占规模以上工业总产值的比重达 53.5%，新增高新技术企业 23 家，获评全省质量强县。绩溪县科技事业取得新进展，2021 年认定国家级高新技术企业 7 家，全县高新技术企业达 21 家，5 家企业成功申报高新技术培育企业。2021 年，旌德县高新技术产业增加值同比增长 28.6%，居宣城全市第一位，5 家企业通过高新技术企业认定，21 家企业获科技型中小企业备案认定。2021 年末，宁国市拥有高新技术企业 126 家，高新技术企业用于科技研发经费支出达 12.1 亿元。

（三）独角兽企业

长城战略咨询在 2021 中国潜在独角兽企业报告发布会暨苏州合作交流会上发布《2021 中国潜在独角兽企业研究报告》。报告显示，安徽共 11 家入选，其中宣城市有 1 家入选，为宣城智美信息科技有限公司。

（四）瞪羚企业

2021 年，面对紧张严峻的疫情形势，宣城市在严格防控疫情的同时，全心全意为企业优环境、办实事、解难题，推动经济社会平稳健康发展。譬如宣城市经开区想方设法帮助企业逐个破解难点、堵点，抓项目、增后劲。2021 年以来，宣城市经开区新签约项目 19 个，协议引资 138.67 亿元，其中 5 亿~10 亿元项目 2 个，10 亿元以上项目 6 个。新开工亿元以上项目 12 个，竣工投产亿元以上项目 12 个。总投资 2 亿元的瀚寅（苏州）新材料项目签约落户，实现经开区招引“瞪羚企业”新突破。

（五）专精特新“小巨人”企业

2021 年，据《安徽省经济和信息化厅关于开展 2021 年度安徽省专精特新中小企业培育工作的通知》，宣城市新增国家专精特新“小巨人”企业 7 家和安徽省专精特新企业 21 家（表 6-4-29）。2021 年度宣城市专精特新“小巨人”企业户均实现营业收入 5.6 亿元，近两年户均营业收入平均增长率达 31.3%，高出全市规模以上工业企业营业收入增速 7.2 个百分点；户均研发经费占营业收入比重 4.43%，拥有Ⅰ类知识产权发明专利 15 项，远高于规模以上工业企业平均水平；企业从事细分领域时间均为 3 年以上，其中 18 家企业从事 10 年以上，6 家企业拥有中国驰名商标。宣城市专精特新“小巨人”企业创新性强、成长性好、专业化趋势明显，在强链补链方面发挥了重要作用，成为全市增强发展活力、支撑工业经济高质量发展的重要力量。

表 6-4-29　2021 年宣城市专精特新“小巨人”企业名单

序号	名称
1	博瑞特热能设备股份有限公司
2	安徽皖南电机股份有限公司
3	安徽黄山恒久链传动有限公司

续表

序号	名称
4	宁国东方碾磨材料股份有限公司
5	宁国市裕华电器有限公司
6	安徽黄山胶囊股份有限公司
7	安徽富凯特材有限公司
8	安徽拓扑思汽车零部件有限公司
9	安徽动力源科技有限公司
10	安徽莱恩电泵有限公司
11	安徽宇呈数据技术有限公司
12	施密特汽车管件（安徽）有限公司
13	安徽捷云新材料科技有限公司
14	安徽伊士达耐腐设备股份有限公司
15	安徽瑞泰新材料科技有限公司
16	安徽阳天机械工业有限公司
17	郎溪腾旋科技有限公司
18	安徽杰爱新材料股份有限公司
19	宣城立讯精密工业有限公司
20	安徽五行动力新能源有限公司
21	安徽江东科技粉业有限公司
22	安徽申兰华色材有限公司（国家级）
23	宁国东方碾磨材料股份有限公司（国家级）
24	宁国市裕华电器有限公司（国家级）
25	安徽飞翔电器有限公司（国家级）
26	安徽富凯特材有限公司（国家级）
27	安徽拓山重工股份有限公司（国家级）
28	安徽省小小科技股份有限公司（国家级）

资料来源：工信部、安徽省经济和信息化厅网站资料。

（六）制造业单项冠军企业

制造业单项冠军企业是指长期专注于制造业某些特定细分产品市场，生产技术或工艺国际领先，单项产品市场占有率位居全球前列的企业。近年来，宣城市经信局强化精准服务，推动企业围绕细分市场加大研发投入，提升技术创新能力，提高产品质量，打造国际品牌，着力培育单项冠军企业，全面巩固和提升企业的全球市场地位，为推动我国制造业提质增效升级贡献力量。安徽省经信厅公布制造业单项冠军培育企业名单，宣城市安徽新涛光电科技有限公司、安徽广信农化股份有限公司、安徽中鼎减震橡胶技术有限公司、安徽皖南电机股份有限公司、安徽黄山恒久链传动有限公司、安徽申兰华色材有限公司等6家企业名列其中。

（七）研究机构

新型研发机构是聚焦科技创新需求，主要从事科学研究、技术创新和研发服务，投资主体多元化、管理制度现代化、运行机制市场化、用人机制灵活的独立法人机构，可依法注册为科技类民办非企业单位、事业单位和企业。通过发展新型研发机构能够进一步优化科研力量布局，强化产业技术供给，促进科技成果转移转化，推动科技创新和经济社会发展深度融合。2021 年新认定宣城市省级新型研究机构 1 家，为宣城先进光伏技术有限公司。

2021 年芜湖市共有省级工程研究中心 1 家，为安徽省高效低氮燃气锅炉工程研究中心，依托单位为博瑞特热能设备股份有限公司。

四、研发投入

（一）研究与试验发展经费支出

2021 年宣城市研究与试验发展（R&D）经费投入为 37.69 亿元，居安徽省第十一位，保持较快增长，比上年增长了 14.21%。从近 4 年的 R&D 经费投入来看，保持了稳步增长，投入强度也持续提升，全市 R&D 经费投入相当于地区生产总值的比重继续提高，达到了 2.99%。

（二）科技公共服务平台

宣城市着力打造数字服务城市。2021 年 8 月以来，共审批 15 个科技服务平台的申请。网上政务服务平台全部延伸到村，持续完善长三角政务服务地图功能，建成宣城政务便民地图，全景式呈现各服务点的便民信息。建好政策文件库，在市政府网站集约化平台上增设“政策文件库”板块，归集展示热门主题政策文件，实现“一站式”政策网上服务。

第九节　溧阳市的科技创新

一、创新实力

（一）知识产权专利指标

溧阳市知识产权创造结构不断优化，知识产权创造能力持续提升。2021 年，溧阳市专利授权量 3555 件，较上年增长 0.42%；PCT 专利申请量 32 件，较上年下降 8.57%；发明专利授权量 120 件，较上年下降 4.00%；万人发明专利拥有量 15.82 件，比 2020 年上涨 19.58%。

（二）科技创新活力指标

2021 年，溧阳市按照知识产权强企行动计划要求，以高新技术企业、规模以上企业、上市企业和涉军企业为重点，推进贯标绩效评价本地化工作，截至 2021 年底，溧阳市参与贯标企业有 10 家，其中 1 家绩效评价合格单位，4 家企业通过国际认证。

二、创新市场

（一）全年技术交易合同额与合同量

技术合同成交额是衡量科技成果转化的重要指标。2021 年，溧阳市技术交易合同额与合同量整体稳步上涨。溧阳市技术交易合同额为 21.63 亿元，比 2020 年上涨 9.09%，技术交易合同量为 362 项。

（二）高新技术产业产值

高新技术产业发展是产业从相对低端向相对高科技、高智力密集、高附加值的方向可持续发展，是产业转型升级达到技术含量高、市场占有率高和产业附加值高的过程。2021 年溧阳高新技术产业产值为 819.77 亿元，高新技术产业产值占溧阳规模以上工业总产值的比重达 38.8%。

三、创新企业

（一）上市企业

被“三山一水六分田”的地貌赋予灵性的溧阳，是著名的“鱼米之乡”“丝绸之乡”“茶叶之乡”，连续多年跻身全国百强县（市）。2021 年溧阳拥有 3 家 A 股上市企业，分别为江苏安靠智能输电工程科技股份有限公司、科华控股股份有限公司与江苏天目湖旅游股份有限公司（表 6-4-30），这 3 家企业各具特色，在各自所属领域成绩卓越。

表 6-4-30　2021 年溧阳市上市企业名单

企业类型	序号	企业名称	性质	上市/挂牌地点
境内上市企业（3 家）	1	安靠智电	民营	深圳证券交易所（300617）
	2	天目湖	国有	上海证券交易所（603136）
	3	科华控股	民营	上海证券交易所（603161）

资料来源：溧阳市统计局网站与网络检索资料。

（二）高新技术企业

2021 年，溧阳市拥有高新技术企业 196 家，全市高新技术产业产值同比增长 53.7%，占规模以上工业产值比重达 38.8%，较 2020 年提升 6.8 个百分点。累计建成省级以上“三站三中心”166 家，常州市级以上众创空间、孵化器、加速器 34 家。新搭建重大科技创新平台 4 家。

（三）独角兽企业

2020 年 11 月，天目先导被评为苏南国家自主创新示范区潜在独角兽，这也是溧阳诞生的首家潜在独角兽企业，成为世界范围内具有一流竞争力的负极材料企业。

（四）瞪羚企业

根据《常州市瞪羚企业认定实施办法》的认定标准和流程，针对省级以上高新区外企业，常州市科技局开展了 2021 年市瞪羚企业认定的组织工作，评定出溧阳市的 16 家瞪羚企业（表 6-4-31）。

表 6-4-31　2021 年溧阳市瞪羚企业名单

序号	名称
1	江苏东南焊材有限公司
2	江苏铭丰电子材料科技有限公司
3	江苏恒祥石化工程有限公司
4	江苏人民机具有限公司
5	江苏浩跃新型防水材料有限公司
6	溧阳力诺机械有限公司
7	赫非斯热处理系统江苏有限公司
8	江苏巴斯威节能科技有限公司
9	江苏翔能科技发展有限公司
10	溧阳市北方机械有限公司
11	江苏竹溪活性炭有限公司
12	溧阳中材重型机器有限公司

续表

序号	名称
13	江苏竹海活性炭有限公司
14	溧阳市盛杰机械有限公司
15	溧阳维信生物科技有限公司
16	常州百佳纺织科技有限公司

资料来源：常州市人民政府网站资料。

（五）专精特新“小巨人”企业

溧阳市的江苏金源高端装备股份有限公司、冶建新材料股份有限公司、溧阳市金昆锻压有限公司等 3 家企业入选国家级第三批专精特新“小巨人”企业（表 6-4-32）。2021 年以来，国家税务总局溧阳市税务局聚焦专精特新“小巨人”企业的税费需求，进一步深化“春雨润苗”专项行动，加强政策辅导、落实减税降费、简化退税流程，为专精特新中小企业的高质量发展做好税收服务工作，充分激发企业发展动力，精准助力“小巨人”释放“大能量”。

表 6-4-32　2021 年溧阳市专精特新“小巨人”企业名单

序号	名称
1	江苏卓高新材料科技有限公司
2	溧阳天目先导电池材料科技有限公司
3	江苏金源高端装备股份有限公司（国家级）
4	冶建新材料股份有限公司（国家级）
5	溧阳市金昆锻压有限公司（国家级）

资料来源：工信部、江苏省工业和信息化厅网站资料。

（六）制造业单项冠军企业

制造业单项冠军企业是指长期专注于制造业某些特定细分产品市场，生产技术或工艺国际领先，单项产品市场占有率位居全球前列的企业。2021 年中华人民共和国工业和信息化部、中国工业经济联合会公布了第五批制造业单项冠军产品名单，共 95 个单项冠军产品入选，其中，溧阳一产品榜上有名。它就是来自江苏华鹏变压器有限公司的 110kV 电压等级变压器。2020 年 4 月，世界首台 110kV 干式变压器一次性送电成功，该变压器由溧阳市的江苏华鹏变压器有限公司自主研发。从 2016 年起，国家开展制造业单项冠军培育提升专项行动，认定制造业单项冠军，旨在引导制造企业长期专注创新和产品质量提升，推动我国制造产业迈向中高端，由制造大国向制造强国转变。

四、研发投入

（一）研究与试验发展经费支出

2021 年溧阳市研究与试验发展（R&D）经费投入为 73.5 亿元，保持较快增长，比上年增长了 17.04%。从近 4 年的 R&D 经费投入来看，保持了稳步增长，投入强度也持续提升，全市 R&D 经费投入相当于地区生产总值的比重继续提高，达到了 5.83%。

（二）科技公共服务平台

溧阳市落实“532”发展战略，加快打造长三角创新中轴和产业科技创新中心，以深化“四大清单”科技服务机制为抓手，推进科研设备深度开放共享，提升科技服务机构服务水平，完善科技服务机构支持方式，分类优化评价指标体系，发布科技服务机构绩效评价优秀清单，支持引导科技服务机构规范化、专业化、品牌化发展。

第十节　金坛区的科技创新

一、创新实力

（一）知识产权专利指标

金坛区知识产权创造结构不断优化，知识产权创造能力持续提升。2021 年，金坛区专利授权量 5151 件，较上年增长 13.73%；PCT 专利申请量 54 件，较上年增加 28.57%；发明专利授权量 189 件，较上年增长 31.50%；万人发明专利拥有量 95.42 件，比 2020 年上涨 26.65%。

2021 年，金坛区参加第 22 届中国专利评选，共获奖项 1 项，为专利优秀奖。

（二）科技创新活力指标

2021 年，金坛区按照知识产权强企行动计划要求，以高新技术企业、规模以上企业、上市企业和涉军企业为重点，推进贯标绩效评价本地化工作，截至 2021 年底，金坛区参与贯标企业有 16 家，其中 2 家绩效评价合格单位，7 家企业通过国际认证。

二、创新市场

（一）全年技术交易合同额与合同量

技术合同成交额是衡量科技成果转化的重要指标。2021 年，金坛区技术交易合同额与合同量整体稳步上涨。金坛区技术交易合同额为 18.78 亿元，比 2020 年上涨 20.83%，技术交易合同量为 410 项。

（二）高新技术产业产值

高新技术产业发展是产业从相对低端向相对高科技、高智力密集、高附加值的方向可持续发展，是产业转型升级达到技术含量高、市场占有率高和产业附加值高的过程。2021 年金坛高新技术产业产值为 3716.32 亿元，高新技术产业产值占金坛规模以上工业总产值的比重达 55.5%。

三、创新企业

（一）上市企业

在大力发展新兴产业、加快科技创新的同时，金坛区把推进企业上市作为加快转型升级的一项重要工作内容，专门出台企业上市激励政策。据统计，2021 年金坛区拥有亿晶光电、天龙光电、朗博科技 3 家上市企业（表 6-4-33）。

表 6-4-33　2021 年金坛区上市企业名单

企业类型	序号	企业名称	性质	上市/挂牌地点
境内上市企业（3 家）	1	亿晶光电	民营	上海证券交易所（600537）
	2	天龙光电	民营	深圳证券交易所（300029）
	3	朗博科技	民营	上海证券交易所（603655）

资料来源：金坛区统计局网站与网络检索资料。

（二）高新技术企业

2021年，金坛区实现高新技术产业产值827.36亿元，同比增长31.4%，是2012年的3.3倍，占规模以上工业总产值的比重为55.5%。金坛区2021年全年认定高新技术企业106家，共有国家高新技术企业275家，认定科技型中小企业202家。

（三）独角兽企业

2021年11月25日，江苏省生产力促进中心发布2021年江苏独角兽企业及高新区独角兽企业评估结果。此次评估中，蜂巢能源、中航锂电获评省独角兽企业，永臻科技、久诺建材、鹿山新材料获评省潜在独角兽企业。

（四）瞪羚企业

根据《常州市瞪羚企业认定实施办法》的认定标准和流程，针对省级以上高新区外企业，常州市科技局开展了2021年市瞪羚企业认定的组织工作，评定出金坛区的43家瞪羚企业（表6-4-34）。

表6-4-34　2021年金坛区瞪羚企业名单

序号	名称
1	常州新马干燥工程有限公司
2	常州瑞凯化工装备有限公司
3	常州超越特种电缆有限公司
4	江苏久诺建材科技股份有限公司
5	江苏德邦铸造科技有限公司
6	江苏科祥防腐材料有限公司
7	江苏顺丰铝业有限公司
8	江苏群达机械科技有限公司
9	江苏长河电子有限公司
10	常州市泰瑞包装科技有限公司
11	常州市金坛区维格生物科技有限公司
12	江苏万泰电机有限公司
13	常州市朗科精密机械有限公司
14	江苏来义包装机械有限公司
15	江苏汤姆森智能装备有限公司
16	江苏富沃德电子科技有限公司
17	江苏凯键金属制品科技有限公司
18	常州瑞峰新能源有限公司
19	索拉特特种玻璃（江苏）股份有限公司
20	常州斯威克光伏新材料有限公司
21	江苏鹿山新材料有限公司
22	常州金远药业制造有限公司
23	常州市金坛腾远机械配件有限公司
24	江苏伊思灵双第弹簧有限公司

续表

序号	名称
25	江苏海锋能源科技有限公司
26	常州市金坛区良友油脂有限公司
27	健尔康医疗科技股份有限公司
28	江苏登冠医疗器械有限公司
29	江苏健裕健康医疗器械有限公司
30	常州威斯双联科技有限公司
31	常州志得电子有限公司
32	江苏安顺压力容器制造有限公司
33	中航锂电科技有限公司
34	常州市沃科科技有限公司
35	江苏宝辰环保科技有限公司
36	永臻科技（常州）有限公司
37	信维通信（江苏）有限公司
38	江苏常丰精密科技有限公司
39	凯博能源科技有限公司
40	贝特瑞（江苏）新材料科技有限公司
41	江苏三洋新材料有限公司
42	东方日升（常州）新能源有限公司
43	蜂巢能源科技有限公司

资料来源：常州市人民政府网站资料。

（五）专精特新“小巨人”企业

2021年全年金坛区高新技术产业产值达827.36亿元，同比增长31.4%。截至2021年底，金坛区拥有国家级专精特新“小巨人”企业1家，即为新增的常州斯威克光伏新材料有限公司；2021年度认定专精特新“小巨人”企业10家（表6-4-35）。

表6-4-35　2021年金坛区专精特新“小巨人”企业名单

序号	名称
1	常州市沃尔核材有限公司
2	江苏格优碳素新材料有限公司
3	江苏鹿山新材料有限公司
4	常州朗博密封科技股份有限公司
5	贝特瑞（江苏）新材料科技有限公司
6	江苏金鹏汽车座椅有限公司
7	健尔康医疗科技股份有限公司
8	常州易控汽车电子股份有限公司
9	蜂巢能源科技有限公司

续表

序号	名称
10	江苏创健医疗科技有限公司
11	常州斯威克光伏新材料有限公司（国家级）

资料来源：工信部、江苏省工业和信息化厅网站资料。

（六）研究机构

2021年金坛区共有省级工程研究中心1家，为江苏省锂离子动力与储能电池正极材料工程研究中心，依托单位为贝特瑞（江苏）新材料科技有限公司。

四、研发投入

（一）研究与试验发展经费支出

2021年金坛区研究与试验发展（R&D）经费投入为69.43亿元，保持较快增长，比上年增长了15.03%，从近4年的R&D经费投入来看，保持了稳步增长，投入强度也持续提升，全市R&D经费投入相当于地区生产总值的比重继续提高，达到了6.31%。

（二）科技公共服务平台

金坛区集聚资源要素，打造科技创新平台。集中政策资源建设“一区七园”，构建了宽领域、多层次的载体平台体系。加快建设华罗庚产业科技创新中心和各镇科技创业园，为定向招引高质量科技型中小项目打造一批区域载体平台。

第十一节　南京都市圈的域内合作

一、科学技术奖

2021年，江苏省共获省级科学技术奖44项，安徽省共获省级科学技术奖41项，南京都市圈共获省级科学技术奖36项，其中有6个获奖项目由南京都市圈2个及2个以上的设区市的单位共同完成（表6-4-36）。在吸收部分江苏城市外，又纳入部分安徽城市，以南京为中心形成一个经济区域带，在这个区域带里共同发展，共同做强做大，即以一个城市为龙头来带动一大批城市及周围城镇发展。

表6-4-36　2021年南京都市圈联合省级科学技术奖一等奖奖励名单

序号	项目名称	完成单位	设区市	完成人
1	复杂跳跃系统性能分析与控制	安徽工业大学，南京理工大学	南京，马鞍山	沈浩，徐胜元
2	江淮稻麦周年丰产高效抗逆关键技术创新及应用	安徽省农业科学院，扬州大学，安徽科技学院，浙江大学，安徽省农村综合经济信息中心，安徽省农业机械技术推广总站，安徽帝元生物科技有限公司，安徽省淮丰现代农业装备有限公司	扬州，滁州	吴文革，霍中洋，孔令聪，李斌，陈金华，杜祥备，周永进，何超波，闫素辉，贺文畅

续表

序号	项目名称	完成单位	设区市	完成人
3	膨胀土地基灾变防控关键技术与工程应用	合肥工业大学，中国科学院地质与地球物理研究所，东南大学，安徽省城建基础工程有限公司，安徽省荟资建设工程有限公司，安徽建筑大学，江苏东合南岩土科技股份有限公司，南京深地智能建造技术研究院有限公司	芜湖，南京	查甫生，李志清，李仁民，刘松玉，谭晓慧，周阳，孙献国，许龙，康博，席培胜
4	复杂系统的级联失效行为分析及优化	南京师范大学，江苏大学，北京航空航天大学	南京，镇江	田立新，董高高，蔡邢菊，李大庆，韩德仁
5	全复合材料飞机大部件的材料研发设计制造一体化技术及应用	江苏新扬新材料股份有限公司，南京航空航天大学，沈阳航空航天大学	扬州，南京	李顺，姚卫星，马婷婷，于祺，陈仁良，王县委，韦璐明，杨恒，张彬，张兰，张林
6	异类逼近器耦合协同设计与控制综合理论方法及应用	南京航空航天大学，上海微小卫星工程中心，扬州市慧宇科技有限公司，国营芜湖机械厂	南京，扬州，芜湖	陈谋，邵书义，葛乃安，张锐，胡伟，周章勇，王玉惠，谢祥华，王海东，吴庆宪

资料来源：江苏省人民政府网站资料。

二、专利合作

（一）专利合作概况

2012 年至 2021 年，由南京都市圈内 2 个及 2 个以上设区市共同完成的专利申请量为 259 件，专利授权量为 159 件，总授权占比 61.39%。如图 6-4-1 所示，灰色代表申请总量，黑色代表当前时间段申请专利的被授权量。其中专利授权率表明申请的有效率以及最终获得授权的提交申请成功率。自 2012 年以来，南京都市圈内设区市共同完成的专利申请量整体有所起伏，在 2019 年达到峰值，申请量为 61 件。

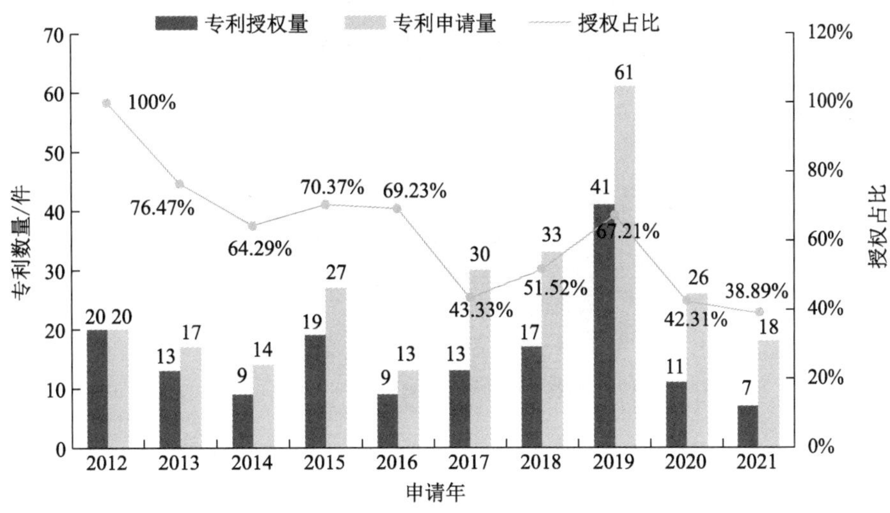

图 6-4-1　2012—2021 年南京都市圈设区市共同完成的专利申请量

（二）简单法律状态

2012 年至 2021 年，在南京都市圈设区市共同完成的 259 件专利中，PCT 指定期内专利 17 件，占比 6.56%；PCT 指定期满专利 32 件，占比 12.36%；有效专利 110 件，占比 42.47%；审中专利 24 件，占比 9.27%。但不可忽视的是有 76 件专利已经失效，占比 29.34%（图 6-4-2）。

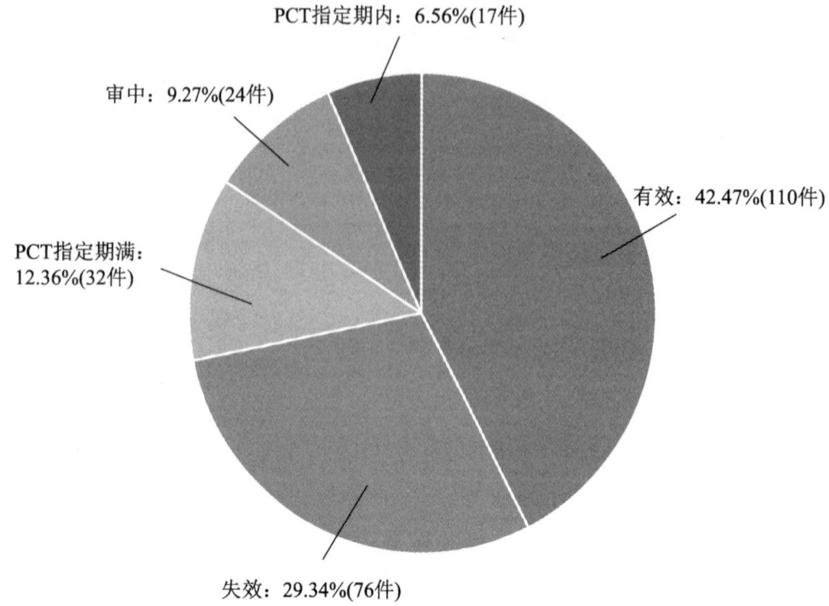

图 6-4-2　南京都市圈设区市共同完成的专利的简单法律状态

（三）专利类型

2012 年至 2021 年，在南京都市圈设区市共同完成的 259 件专利中，外观设计专利 14 件，占比 5. 41%；实用新型专利 66 件，占比 25. 48%；发明专利 179 件，占比 69. 11%。这些统计数据说明南京都市圈内各城市创新程度较高（图 6-4-3）。

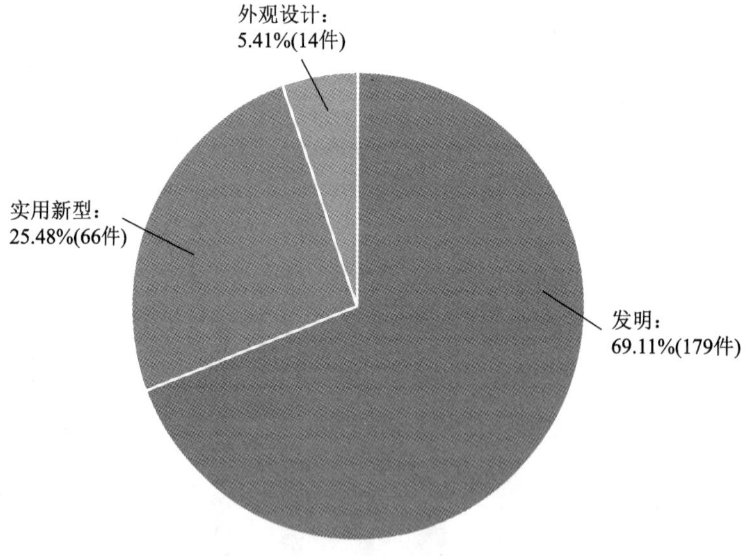

图 6-4-3　南京都市圈设区市共同完成的专利类型

（四）技术主题分析

2012 年至 2021 年，在南京都市圈设区市共同完成的 259 件专利中，相关技术排名前三的是 H02J3、G06Q50 和 G06Q10 领域，专利数量分别为 27 件、23 件、21 件（图 6-4-4）。

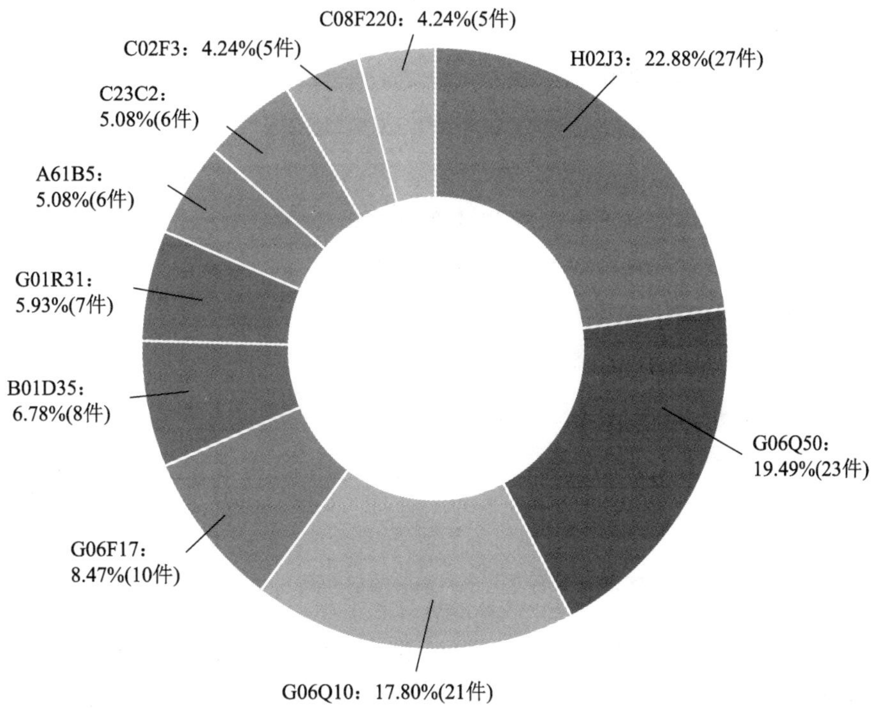

图 6-4-4 南京都市圈设区市共同完成的专利技术主题

（五）申请人排名分析

2012 年至 2021 年，在南京都市圈设区市共同完成的 259 件专利中，专利申请人排名前三的是东南大学、东南大学溧阳研究院和江苏鱼跃医疗设备股份有限公司，专利申请量分别为 85 件、70 件、14 件（图 6-4-5）。

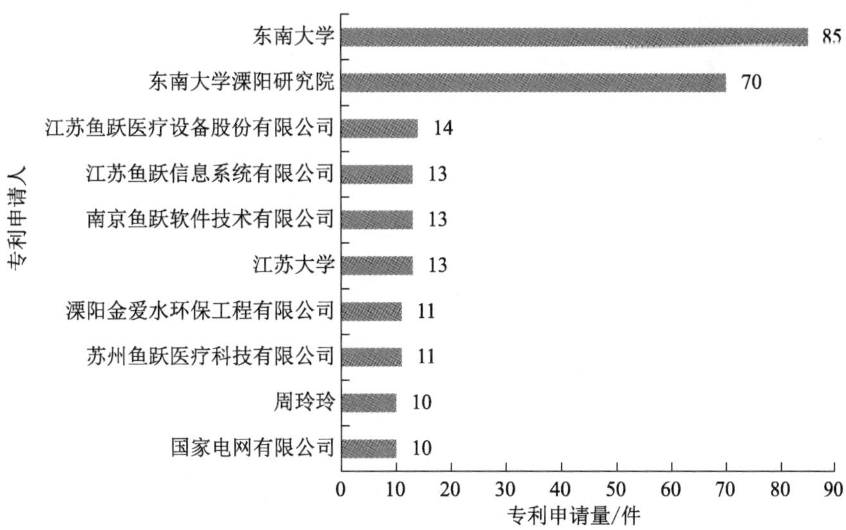

图 6-4-5 南京都市圈设区市共同完成的专利申请人排名

（六）发明人排名分析

2012 年至 2021 年，在南京都市圈设区市共同完成的 259 件专利中，专利数量最多的发明人是汤奕，专利数量为 16 件；其次是顾伟，专利数量为 12 件（图 6-4-6）。

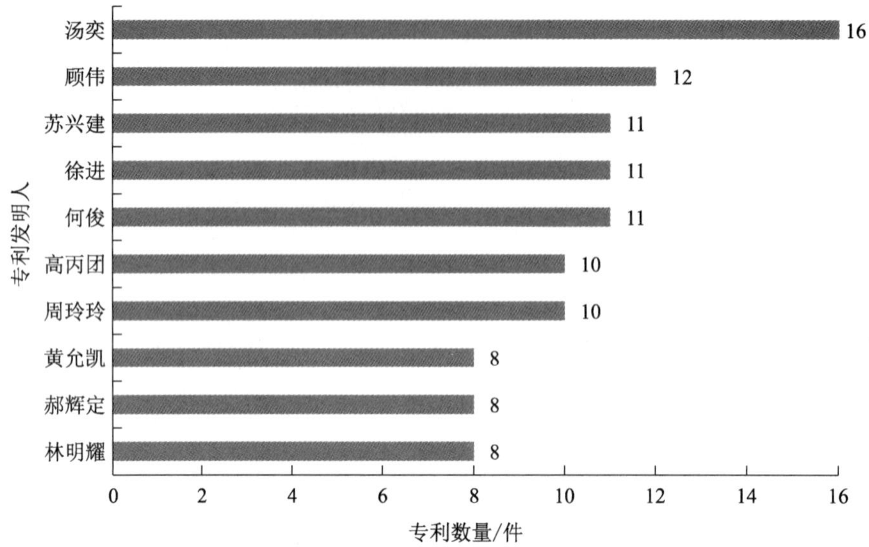

图 6-4-6　南京都市圈设区市共同完成的专利发明人排名分析

（七）重点专利

2012 年至 2021 年，南京都市圈设区市共同完成的 259 件专利，按每组简单同族一个专利代表的去重规则进行统计，一共可分为 135 族，专利总价值为 6890200 美元，且价值区间主要分布在 1 美元至 3 万美元和 3 万美元至 30 万美元（图 6-4-7），由此可见南京都市圈内设区市共同完成的专利价值一般。

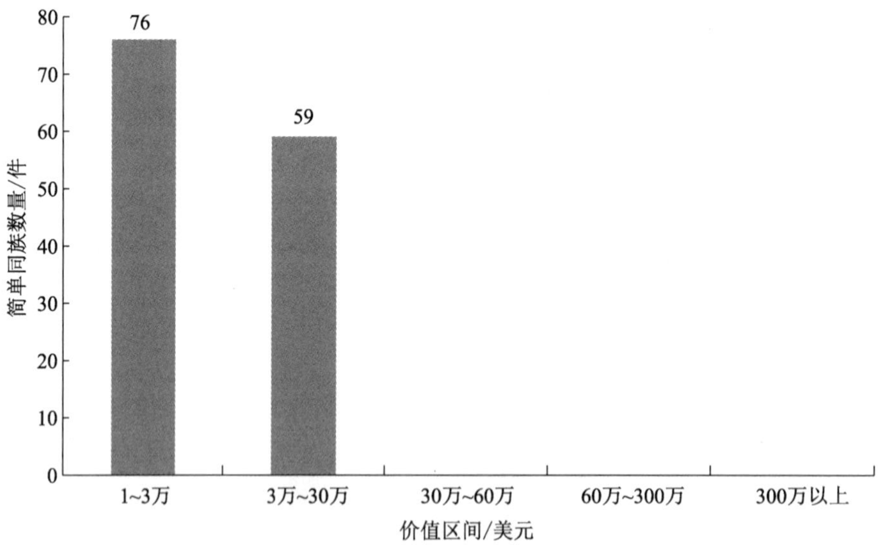

图 6-4-7　南京都市圈设区市共同完成的专利价值分布

（八）热门技术

2012 年至 2021 年，南京都市圈设区市共同合作完成的专利中，最热门的技术主题词为电力系统、滤水器、控制器、预测方法、热镀锌，除此之外，化合物、控制策略、变压器、太阳能等主题词出现频次也较多。

第五章　国家及部分省级高新区建设

国家高新区是我国改革开放后，在一些知识与技术密集的大中城市和沿海地区建立的发展高新技术的产业开发区，全称“中国高新技术产业开发区”，也称“国家级高新区”，是由国务院批准成立的国家级科技工业园区。

高新区的主要特征是以智力密集和开放环境条件为依托，依托国内科技和经济实力，充分借鉴国外先进科技资源、资金和管理手段，通过实施高新技术产业的优惠政策和各项改革措施，实现软硬环境的局部优化，最大限度地把科技成果转化为现实生产力。

高新技术产业开发区主要有国家级和省级。截至2020年底，南京都市圈有南京、镇江、扬州、淮安、芜湖、马鞍山慈湖等6个国家级高新区，省级高新技术产业开发区有江苏省丹阳高新技术产业开发区、安徽省滁州高新技术产业开发区等15个（表6-5-1、表6-5-2）。

表6-5-1　2020年南京都市圈省级以上高新技术产业开发区名录一（江苏省）

序号	名称	级别	城市
1	南京国家高新技术产业开发区（含江宁高新园和新港高新园）	国家级	南京市
2	镇江国家高新技术产业开发区	国家级	镇江市
3	扬州国家高新技术产业开发区	国家级	扬州市
4	淮安国家高新技术产业开发区	国家级	淮安市
5	江苏省南京白下高新技术产业开发区	省级	南京市
6	江苏省高淳高新技术产业开发区	省级	南京市
7	江苏省麒麟高新技术产业开发区（筹）	省级	南京市
8	江苏省南京白马高新技术产业开发区	省级	南京市
9	江苏省南京徐庄高新技术产业开发区	省级	南京市
10	江苏省丹阳高新技术产业开发区	省级	镇江市
11	江苏省扬中高新技术产业开发区	省级	镇江市
12	江苏省高邮高新技术产业开发区（筹）	省级	扬州市
13	江苏省杭集高新技术产业开发区	省级	扬州市
14	江苏省中关村高新技术产业开发区（溧阳市）	省级	常州市
15	江苏省金坛华罗庚高新技术产业开发区（金坛区）	省级	常州市

资料来源：《江苏科技年鉴2021》。

表 6-5-2　2020 年南京都市圈省级以上高新技术产业开发区名录二（安徽省）

序号	名称	级别	城市
1	芜湖国家高新技术产业开发区	国家级	芜湖市
2	马鞍山慈湖国家高新技术产业开发区	国家级	马鞍山市
3	安徽省马鞍山博望高新技术产业开发区	省级	马鞍山市
4	安徽省滁州高新技术产业开发区	省级	滁州市
5	中新苏滁高新技术产业开发区	省级	滁州市
6	安徽省宣城高新技术产业开发区	省级	宣城市

资料来源：安徽省科技厅官网。

第一节　南京国家高新技术产业开发区

南京国家高新技术产业开发区（简称“南京高新区”）成立于 1988 年。1991 年被批准为国家级高新技术开发区。园区现管辖面积 160 平方千米，初步形成了软件及电子信息、北斗卫星导航应用、生物医药特色产业集群。2020 年，南京高新区（江北新区）地区生产总值 2103.98 亿元，同比增长 9.7%；一般公共预算收入 188.17 亿元；规模以上工业总产值 3282.70 亿元，同比增长 5.5%；全社会固定资产投资 729.85 亿元，同比增长 12.0%；社会消费品零售总额 678.23 亿元；进出口总额 338.90 亿元，同比增长 10.3%；实际利用外资 8.32 亿美元；城镇居民人均可支配收入 65150.1 元，同比增长 5.3%，在全国 169 个国家级高新区中位列第 12 位。2021 年，南京高新区工商注册企业达 23 万家；规模以上高技术制造业产业产值为 3651.06 亿元，规模以上高技术服务业营业收入为 2834.40 亿元；南京市级认定的新型研发机构累计达 401 家，新型研发机构及引进企业营业收入达 285.82 亿元。2021 年，南京市高新园区科技型中小企业入库总数达 14295 家，高新技术企业达 5934 家；新晋高成长科技型（瞪羚、独角兽、专精特新“小巨人”）企业达 274 家；江苏省级及以上科技孵化器在孵企业达 9671 家。通过构建创新型企业发展矩阵，高新园区企业“科创森林”逐渐长成，创新型企业积厚成势。

2020 年，南京高新区重点打造创新型产业集群，入库科技型中小企业 1543 家，新增市创新型领军企业培育库入库企业 30 家，8 家企业入选市培育独角兽企业名单，42 家企业入选市瞪羚企业名单。2020 年高新技术企业总数快速增长至 1147 家。芯片之城，2020 年，全产业链营业收入 500 亿元，同比增长 63.6%。基因之城，2020 年，生命健康产业链营业收入超过 1000 亿元，同比增长 25%。发布《南京江北新区重点研发计划项目管理办法》，支持“两城一中心”主导产业关键核心技术研发。启动建设集成电路设计自动化技术创新中心和南京光电技术创新中心，建设全国首个涵盖全方位产业要素的集成电路公共服务平台，被纳入全国 4 个国家级“芯火”计划项目。

在科技创新平台建设方面，2020 年南京高新区新增新型研发机构 25 家，备案数达 71 家，占全市比重 1/5，新增孵化引进企业 465 家，孵化引进企业累计达 1142 家。江苏省产业技术研究院的总部已落户南京高新区。在创新创业载体打造方面，重点打造的南京脑观象台，为新区生命健康产业发展提供脑科学领域的尖端技术支撑。更大力度围绕生命健康产业发展需求，搭建生物医药进出口集中监管和公共服务平台、被列为国务院服务贸易创新十大案例。在知识产权保护方面，从“单一化”向“协同化”转变。率先发布《关于加强中国（江苏）自由贸易试验区南京片区知识产权保护体系建设的若干意见》。在产学研合作方面，以省、市科技成果转化项目为抓手，推动企业与高校进行产学研合作。2020年，共举办产学研专项活动70场，参与企业超过1500家，签约项目数200个。

南京高新区在创新创业环境培育方面，优化出台《关于优化江北新区产业科技金融融合创新先导工程（“灵雀计划”）的意见》，构建涵盖贷款、保险、担保等的全方位政策支撑体系，全面支持高新区科技型企业发展。

第二节　镇江国家高新技术产业开发区

镇江国家高新技术产业开发区（简称“镇江高新区”）前身是2006年4月在润州区创建的省级工业园，2012年创成省级高新区，2014年10月经国务院批准升级为国家高新技术开发区，同时跻身苏南国家自主创新示范区板块，是建设苏南国家自主创新示范区所依托的9个国家高新技术区之一，统筹管理镇江苏南国家自主创新示范区“一区十四园”。园区位于镇江市主城区的西侧，现管辖面积44.03平方千米，人口超过6万人。随着镇江经济社会发展，作为镇江“一体两翼”城市发展战略的重要“西翼”，镇江高新区将成为镇江“城市发展的新空间，特色产业的承载地，创新驱动的主引擎”。2020年（“一区十四园”口径，下同）实现地区生产总值805.24亿元，其中第二产业增加值431.88亿元、第三产业增加值364.53亿元；固定资产总投资563.63亿元；财政总收入82.23亿元，一般公共预算收入62.89亿元；实际利用外资额20.74亿元；进出口总额247.73亿元。万人发明专利拥有量71.85件。

镇江高新区按照国家高新区“四位一体”建设要求和苏南国家自主创新示范区建设“三区一高地”的战略定位，立足“高”、突出“新”，坚持特色发展、差异竞争的理念，并按照“一区一战略”产业定位，做大做强特种船舶与海工配套装备主导产业，目前已形成了特种船舶、中低速柴油机、中速双燃料发动机、船用发电设备、配电设备、传动系统等产业链条。其中多功能全回转工程船的市场占有率位居世界第二、中国第一，中速柴油机国内市场第一。镇江高新区还围绕“1+4”产业发展定位，进一步做大做强船舶与海工装备产业，重点培育半导体及通信、数字创意、现代物流、高技术服务等产业，共签约亿元以上产业项目26个，总投资146.6亿元。2020年镇江高新区完成高新技术产业投资额253.83亿元；高新技术产业产值776.59亿元，占规模以上工业总产值的72.59%。

2020年，镇江高新区成功通过国家双创升级打造特色载体项目验收；成功获批江苏省第四批备案试点众创社区。中船电气科技产业园项目被列入省重点产业项目，团山睿谷和中集挂车帮项目被列入省重点服务业项目。大力实施“企业上云”工程，哈电、船厂、中集车辆等7家企业被认定为江苏省二星级上云企业。江苏科技大学海洋装备研究院获批国家专利导航试验区项目1个。

在科技创新平台建设方面，加强新型研发机构建设，镇江智能制造创新研究院、镇江中澳人工智能研究院、镇江哈工大高端装备研究院正式按照“两委员会两法人”的模式实体化运作。加快建设镇江最大的创新综合体——团山睿谷。全面建设半导体产业园，依托镇江高新区10万平方米的半导体及集成电路产业园，培育招引并重点发展以磁传感器研发、设计、制造为主攻方向的新一代信息技术产业。在加强科技合作方面，镇江高新区积极推动开放创新进程，加快集聚国际高端创新资源，稳步开展国际交流与合作。加强与海外大院大所合作对接。中澳人工智能研究院围绕人工智能、新材料领域，与澳大利亚科学院、加拿大多伦多大学、日本东京大学等海外顶尖高校院所开展合作交流。镇江智能制造创新研究院围绕3D测量及打印、机械设计与仿真、智能装备与工厂技术等方向，对接英国帝国理工学院，面向智能制造领域开展基础性、系统性和前瞻性研究，镇江哈工大高端装备研究院成功获批高新区首家海外工作站。

在科技服务方面，2020年成立镇江高新区创新服务中心，组织专门力量为高新区高层次人才（团队）创新创业提供“一站式”优质服务。围绕重点打造的五大主导产业和“团山英才”计划明确支持的产业领域，突出对带项目、带资金、带技术的高层次人才（团队）的支持。依托高新区内现有的省产学研协同创新基地，省科技金融服务中心、高新区一站式服务中心等一批公共服务平台，集成区域内现有企业、高校、研究机构等资源，建设镇江船舶及工程设计平台等一大批专业技术服务平台，为高新区内创新企业提供高水平技术服务支撑。

在科技金融创新方面，镇江高新区不断创新科技金融举措，助力经济发展，科技金融红利惠及镇江苏南国家自主创新示范区“一区十四园”企业。在知识产权保护方面，镇江高新区以建设江苏省知识产权示范园区为抓手，围绕战略性新兴产业和先进制造业集群，开展产业专利导航和专利预警分析，提升专利运用能力和成果转移转化水平，完善知识产权维权援助工作体系，坚决依法严厉打击侵犯知识产权行为，保护好企业家和科研人员的创新权益。

根据科技部火炬中心公布的全国2020年度国家高新区综合评价结果，镇江高新区排位较2017年实体化运作前上升了54位。

第三节　扬州国家高新技术产业开发区

扬州国家高新技术产业开发区（简称“扬州高新区”）前身为邗江工业园，2001年开始建设，2006年被江苏省政府批准为省级经济开发区，2012年获批更名为江苏省扬州高新技术产业开发区，2015年获批升级为国家高新技术产业开发区。2020年，扬州高新区实现营业收入832.56亿元，实现税收收入56.23亿元，完成进出口总额85.21亿元，实现固定资产投资199.33亿元，其中高新技术产业投资额148.32亿元，新增各类企业921家，完成公共财政预算收入26.33亿元，实际利用外资金额12.26亿元。2020年，扬州高新区完成高新技术产业产值380.24亿元，占规模以上工业产值的比重达72.9%；全区全部研究与试验发展R&D经费内部支出23.05亿元。新增国家高新技术企业46家，高新技术企业培育入库企业50家，国家科技型中小企业136家。2020年，扬州高新区申报各类省科技计划项目近30个。新创成省级工程技术研究中心5家，省企业技术中心11家，省级博士后科研工作站1家。扬州高新区在知识产权保护方面卓有成效，完成专利申请4920件，其中发明专利申请1623件；专利授权1590件，其中发明专利授权189件，企业贯标认证数23家。荣获火炬统计先进单位、江苏省工业大数据应用示范区、江苏省特色产业创新示范园区等荣誉。获批2020年全省高新技术产业开发区奖励资金1100万元，高端人才引领型奖补资金使用情况优秀，获批财政部1000万元。因实施创新驱动发展战略，推进自主创新和发展高新技术产业成效明显，受到江苏省政府表彰。2021年，完成列省重大项目1个、市级新开工工业重大项目5个、新竣工工业重大项目7个、新达产工业重大项目4个，完成新开工服务业重大项目2个。扬州高新区全年实现工业开票销售283.7亿元，其中35家装备制造产业规模以上企业全年实现开票销售149.2亿元，产业优势持续凸显。

在科技金融创新方面，2020年扬州高新区加快推进科技金融融合发展，创新推出“高企优惠贷”，助力高新技术企业申报、服务高新技术企业发展、推进科技创新。32家高新技术企业获得中国银行金融授信2.15亿元。在科技创新平台建设方面，金荣科技园和环保产业园获批国家级孵化器，人力资源产业园获批筹建省级人力资源产业园。丰尚、扬力、艾迪、扬杰等4家企业与江苏省产业技术研究院共建企业联合创新中心。重科检测平台等一批科技创新平台在服务广大中小企业方面成效显著。

第四节 淮安国家高新技术产业开发区

淮安国家高新技术产业开发区（简称“淮安高新区”）原为淮阴经济技术开发区，于2001年5月开始建设，2006年4月被江苏省政府批准为省级开发区，2012年11月获批更名为江苏省淮安高新技术产业开发区，2017年2月13日正式获批升级为国家高新技术产业开发区。淮安高新区总规划面积达到72平方千米，累计进驻企业2138家，高新技术企业77家，科技型中小企业154家。2020年，淮安高新区实现地区生产总值147.87亿元，同比增长3.75%，实现工业总产值316.49亿元，同比增长2.62%，工业用电量同比增长5%。实现当年固定资产投资总额135.49亿元，其中高新技术产业类投资额85.36亿元，占总投资额的63%。实现高新区全社会研发经费支出占地区生产总值4.01%，同比增长28.49%，经济平稳增长。为加快科技创新进程，营造创新创业良好环境，激发创新发展新活力，制定科技奖励政策《淮安高新区鼓励科技创新实施办法（试行）》。2021年，园区专利申请量达1200件，专利授权量达900件，全年申报省级科技成果转化项目2个、市级科技成果转化项目1个。园区已创成国家级众创空间1家、省级孵化器1家；拥有高新技术企业83家、科技型中小企业148家。

淮安高新区正在加快构建以新能源汽车及零部件、智能装备制造、电子信息等三大新兴产业为主导，以绿色食品优势特色产业为支撑的“3+1”产业体系，全力打造高新技术产业新高地。灏恒电子、纽维光电等一批产业项目开工建设，江苏富强新材料有限公司投产，预计年销售收入150亿元，实现利税20亿元。

在科技合作方面，推动淮安工学院等驻淮高校、科研院所在高新区设立分支机构、科研平台、科技成果转化基地。加强与清华大学等国内重点大学的联系，共建研究院所。在科技创新平台建设方面，2020年成功获批国家级众创空间、省级食品产业大中小企业融通性特色载体、省级汽车零部件制造众创社区、省级半导体及信息产业产学研协同创新基地。在知识产权保护方面，完成15家高新技术企业知识产权贯标备案工作，新时代塑胶等2家企业贯标通过国际认证，PCT国际专利申请量14件，专利申请量2498件，授权量1877件，其中发明专利授权141件，同比增长45.36%。在科技服务方面，通过江淮科技园、总部经济园等创新孵化公共服务平台，不断提升双创服务质量。全面落实“科技创新15条政策”和“人才招引9条政策”，吸引更多高层次团队和人才落户高新区。

第五节 芜湖国家高新技术产业开发区

芜湖国家高新技术产业开发区（简称“芜湖高新区”）前身为2001年芜湖市政府批准设立的市级开发区，2006年经安徽省政府批准升级为省级开发区，2010年正式获批升级为国家高新技术产业开发区，定名为“芜湖高新技术产业开发区”，2015年，芜湖高新区与弋江区“两区合一”，实行政区合一的管理体制。芜湖高新区执行国家高新技术产业开发区的政策，发展成为安徽省发展高新技术产业的重要基地，皖江高新技术产业带的龙头。芜湖高新区坚持发展高新技术产业的方向，注重规模与质量并重，着力打造特色鲜明的主导产业，在奇瑞新能源汽车、华东光电、海螺集团、中集瑞江、中航集团、美国德尔福、日本川崎等国内外知名企业带动下，形成了新能源汽车及其零部件、节能环保、电子信息、软件与服务外包等四大主导产业。芜湖高新区成为安徽省第二家国家级高新技术产业开发区。2021年，芜湖高新区地区生产总值533.14亿元，比上年增长10.6%。第一产业增加值3.34亿元，下降1.3%；第二产业增加值288.91亿元，增长8.3%，其中工业增加值251.69亿元，增长7.8%，占全部二产增加值的87.1%；第三产业增加值240.89亿元，增长13.6%。三次产业结构为0.63：54.19：45.18。2021年，全区实现财政收入60.5亿元，比上年增长42.0%。规模以上工业增加值比上年增长9.4%，战略性新兴产业产值增长46.3%，占总产值的比重达66.2%，比上年同期增长12.1个百分点；高新技术产业产值增长29.6%，占总产值的比重达85.7%，比上年同期增长6.7个百分点。

芜湖高新区高度重视开展科技服务业区域和行业试点示范，重点抓住体制机制、产业、人才、服务平台等关键，充分发挥科技服务业在支撑科技创新、推动战略性新兴产业发展、促进传统产业升级等方面的作用，努力推动建设体制机制灵活、服务能力强、服务模式新、经济社会效益显著的科技服务体系，不断培育新的经济增长点，将高新区打造成重要的科技服务业集聚区。被科技部遴选为全国第二批科技服务业区域试点单位。2021年芜湖高新区新增省级以上创新平台12个，其中新增省级产业创新中心2个，省级企业技术中心3个，省级工业设计中心2个，省级新型研发机构2个，省级工业设计企业1个，省级博士后工作站2个。引进海螺集团三碳科技研究院，以“产业降碳、技术减碳、绿色低碳”为研究方向，打造高层次“三碳”创新平台。2021年高新技术企业认定93家，总数达213家；国家科技型中小企业备案412家。全区各类孵化载体达29个，其中国家级孵化载体3家，省级以上孵化载体6家，孵化面积超100万平方米。

芜湖高新区积极推进“双创”示范基地建设，初步建立“众创空间+创业苗圃+孵化器+加速器+产业基地”的梯级孵化体系。形成了一批创新创业高地，打造了一批创新创业品牌，探索一批创新创业制度模式，全区拥有各类众创空间5家，其中国家级1家；建成各类孵化器4家，其中国家级1家；孵化场地达8万平方米，累计孵化企业300余家。芜湖鼎恒材料技术有限公司发展势头良好，拥有已授权发明专利34项，申请专利总数量达136项。芜湖高新区还通过“双创”示范基地的辐射带动作用，积极推进“双创”载体建设，在农民工返乡创业、海外人才回国创业等方面因势利导，推动建立专业特色、多元有序的创新创业制度体系。被国务院批准为第二批国家“大众创业万众创新”示范基地。

第六节　马鞍山慈湖国家高新技术产业开发区

马鞍山慈湖高新技术产业开发区（简称“慈湖高新区”）原为2002年5月创立的慈湖工业园，2006年与金家庄工业园合并，申报安徽马鞍山慈湖经济开发区。2006年4月，经安徽省政府正式批准为省级经济开发区。2011年4月，经安徽省政府批准为省级高新技术产业开发区。2012年8月由国务院批准为国家级高新技术产业开发区。慈湖高新区采取“一区多园”方式，管理面积为56.5平方千米，含主园区（29平方千米）与和县省精细化工基地、乌江工业园、软件园服务外包基地、创意产业园总部基地等园区载体。慈湖高新区现辖10个社区，户籍人口1.84万人。

慈湖高新区区位优势明显，地处八百里皖江的最前沿，是中部地区距离沪苏浙最近的国家级高新区，也是承接发达地区新兴产业创新要素转移转化的桥头堡。基本建成高速铁路、专用铁路、水运港口、高速公路、国省干道、园区道路全面联通的立体交通网络。拥有长达7000米的长江深水岸线，内有9个5000吨级兼顾2个万吨级泊位，能够长年停靠万吨级江海轮、与国内外港口四季通航。2021年高新区各项主要经济指标稳步增长，规模实力持续增强，高质量发展基础不断夯实。全年实现地区生产总值137.8亿元，增长11.7%；规模以上工业增加值86.2亿元，增长17.5%；战略性新兴产业产值295.6亿元，同比增长40.5%；高新技术产业增加值增长24.5%；服务业增加值增长8.9%；社会消费品零售总额22.35亿元，同比增长22.2%；固定资产投资58.6亿元，同比增长11.3%；外贸进出口总额5.75亿美元，同比增长60.6%；全年一般公共预算收入139639万元，同比增长24.83%。2021年，慈湖高新区完成重点项目投资93.6亿元，投资完成率135.3%，瑞斯康达光通信制造基地、亚遥三期等32个项目开工建设，开工率123.1%，金桐四期、云佳智能等19个项目竣工投产，竣工率135.7%。新增规模以上工业企业23家。

慈湖高新区坚持以打造具有全国影响力的特色化创新型精品园区为主线，切实做好“高”和“新”两篇文章，发挥区位优势，不断推动产业向集群化、集约化、专业化发展，做强产业链、完善创新链，加快建设“小而精、小而美”的特色化创新型精品园区，推动高新区建设成为马鞍山市创新驱动示范区、安徽省高质量发展先行区、长三角跨区域合作样板区。高新区新兴产业加速涌现，新兴动能加快形成，拥有了特色鲜明的产业集群。成功培育出以节能环保及新材料、电子通信、智能制造和现代服务业为主体的“3+1”主导产业体系。高新区集聚了以金星钛白、立白日化、华旺新材料、韩国和承等为代表的节能环保及新材料类企业，以中国电子、中乐通信、瑞斯康达、易锐光电等为代表的电子通信类企业，以世界500强法国圣戈班、美国博浪热能、亚遥智造、南马智造研究所等为代表的智能制造类企业，以及以马鞍山港口集团、联运集团、长江港口、长运物流港等为代表的现代服务业类企业。园区拥有各类企业1000余家，安徽金星钛白（集团）有限公司是慈湖高新区的一家以生产和销售钛白粉为主的企业，2021年公司粗品产能已达到15万吨，成品产能已达到30万吨，实现销售收入25.4亿元，纳税1.43亿元，行业销售连续六年排名位居全国第二、安徽省第一。

慈湖高新区高度重视创新平台建设。加速推进双创基地、宁马科技园、西部产业合作园、智能制造产业园、5G产业园、宁马青年创业谷等现代化、智能化、标准化厂房建设，提升园区平台项目承载能力和水平。拥有高新技术企业总数达123家，科技“小巨人”企业53家，国家级孵化器3家、国家级众创空间2家、国家级创新创业示范基地1家，省级院士工作站1家、省级孵化器1家、省级众创空间2家、省级创业大学1家，省级以上各类研发机构77家。2021年园区申报高新技术企业51家，新登记科技成果283个，新认定高新技术企业23家，高新技术产业增加值增速24.5%，备案科技型中小企业58家，有效发明专利1133个，较上年增长28%。园区80%以上的科技型企业已先后和中科院、北京大学、北京化工大学、南京大学等20多家高校院所建立了产学研用深度融合关系。科技创新要素综合排名位居全市前列。

慈湖高新区是国务院第三批“大众创业万众创新”示范基地、国家小型微型企业创业创新示范基地、国家资源综合利用“双百工程”示范基地、国家科技服务业区域试点、国家知识产权试点园区、国家中小企业公共服务示范平台，入选科技部火炬中心第二批企业创新积分制试点园区，获得科技部火炬中心火炬统计工作先进单位称号，梦之湾众创空间被推荐参与国家级众创空间备案。慈湖高新区被评为安徽省和谐劳动关系示范工业园区、省首批知识产权示范园区、省新型工业化产业示范基地、省现代服务业集聚区、省信用建设示范园区等。科技企业孵化器在安徽省国家级科技企业孵化器年度评价中被评为优秀等次，慈湖高新区港口物流基地在安徽省级集聚示范区中被评为优秀等次。

第七节　滁州国家高新技术产业开发区

滁州高新技术产业开发区（简称“滁州高新区”）成立于1992年6月，1993年3月经安徽省人民政府批准为首批省级开发区。2022年6月，经国务院批复升级为国家高新技术产业开发区。

为深入贯彻国务院《关于促进国家高新技术产业开发区高质量发展的若干意见》（国发〔2020〕7号）和《安徽省人民政府关于促进全省高新技术产业开发区高质量发展的实施意见》（皖政秘〔2021〕87号）精神，更好发挥滁州国家高新区的示范引领和辐射带动作用，结合滁州市的实际情况，滁州高新区实施“一区一带多园”管理体制。

滁州高新区推进“一区一带多园”在全市的布局，总体布局是：

“一区”即依托滁州高新区，将中新苏滁高新区、琅琊经开区、南谯经开区、来安经开区、全椒经开区、滁州高教科创城整体纳入其托管范围。

“一带”即打造天长、来安、南谯、全椒沿宁高新技术产业带。

“多园”即原滁州高新区产业园、中新苏滁高新区产业园、琅琊经开区产业园、南谯经开区产业园、来安经开区产业园、全椒经开区产业园、滁州高教科创城产业园。其中，原滁州高新区产业园管理面积83.93平方千米（含铜城工业园、汊涧工业园、杨村工业园、仁和工业园、金集工业园，广陵街道片区、新街片区、石梁片区、万寿片区、金牛湖片区）。中新苏滁高新区产业园管理面积35.49平方千米，四至范围：北至城东工业区、至扬子路，南至创业路，西至滁州老城、至上海路清流河桥，东至马滁扬高速。琅琊经开区产业园管理面积12.22平方千米，主园区四至范围：北至淮北路—金山路—安庆路—永阳路，南至世纪大道，西至将军山路，东至上海路—铜陵路—南京路以西区域；建材园四至范围：北至现状干渠区域，南至北外环，西至腾飞路，东至104国道；中小企业园：西至南京路，东至上海路、中学路两侧区域；城南4S店：北至东坡路，南至龙口路，西至丰乐大道，东至南直隶路。南谯经开区产业园管理面积9.74平方千米，乌衣园区四至范围：北至安宁路，南至滁宁大道，西至康庄路，东至吴港路；腰铺园区四至范围：北至京华园，南至洪武路，西至丰乐大道，东至南屏路；城南园区四至范围：北至龙蟠大道，南至敬梓路，西至金陵路，东至凤阳路。来安经开区产业园管理面积23.6平方千米，分汊河片区和来城片区2个片区。汊河片区四至范围：北至王桥路，南至滁河，西至104国道，东至天河；来城片区四至范围：北至北环路，南至胜利路，西至宁洛高速公路防护绿带，东至陈郢路建阳南路。全椒经开区产业园管理面积25.5平方千米，四至范围：北至新城大道，南至襄河，西至大西环，东至滁州大道。滁州高教科创城产业园管理面积10.5平方千米，四至范围：北至洪武东路，南至文瑞路，西至皇庆湖路，东至皇庆湖。

2009年以来，滁州经济技术开发区共引进项目199个，投资规模433亿元，其中亿元以上项目50个，10亿元以上项目12个，投资65亿元的华冠电子、50亿元的玉环工业园、3.4亿欧元的西门子新家电、30亿元的格兰仕电器、21.5亿元的长电科技、21亿元的银鹭食品、20亿元的永强汽车等大项目先后入驻园区。

2010年，签约引进项目95个，协议引进资金近185.3亿元，实现招商引资到位资金80.5亿元。

2020年12月4日，滁州高新技术产业开发区在安徽全省开发区综合考核评价中“胜出”，受到安徽省政府表彰。

第八节　宣城高新技术产业开发区

安徽宣城高新技术产业开发区原名“宣州经济开发区”，成立于2002年，位于宣城市宣州区北郊、敬亭山国家森林公园北麓，距主城区5千米。2006年2月经安徽省政府批准为省级开发区，2017年6月，经省政府批准更名为安徽宣城高新技术产业开发区（简称“宣城高新区”）。宣城高新区总规划面积27.5平方千米，现建成区面积9.7平方千米。

近年来，宣城高新区坚持创新驱动，推动高新产业蓬勃发展，突出工业主导，加快产业集聚，构建“新材料、智能制造、生物医药”三大主导产业体系。“十三五”期间，宣城高新区牢牢把握稳中求进工作总基调，坚持发展第一要务、创新第一动力、人才第一资源，推进科技立区、创新强区，主动融入长三角区域一体化发展，创新发展有新突破、协调发展有新进展、绿色发展有新篇章、开放发展有新成效、共享发展有新业绩，2019年，园区经营收入较“十二五”末增长79.52%；规模以上工业总产值增长80.47%；限上商贸销售额增长87.24%；进出口总额增长61.22%；累计完成固定资产投资165.64亿元；较好地完成了“十三五”规划目标任务。

2020年，宣城高新区营业收入超300亿元，财政收入达12亿元。规模以上工业总产值161.76亿元，其中，高新技术产业总产值107.73亿元，占规模以上工业总产值66.60%。2020年申请专利427件，授权专利445件。截至2020年，累计落户企业450余家，其中规模以上工业企业108家，战略性新兴产业企业62家，高新技术企业33家。

2021年1—6月，宣城高新区规模以上工业总产值91.00亿元，同比增长34.08%。其中，战略性新兴产业企业产值50.22亿元，同比增长46.09%；高新技术产业产值64.89亿元，同比增长49.23%。限上销售额15.97亿元，同比增长15.14%；其中限上零售额2.98亿元，同比增长38.43%。累计完成固定资产投资12.88亿元，同比增长39.86%；其中技改投资3.62亿元，同比增长4.77%。

2020年，宣城高新区产值超亿元企业25家（北区21家，东区4家）。新增规模以上工业企业4家（欣丰泰、畅达、业洲、腾隆金属），新转入建筑业企业1家（中朗建设），新转入规模以上服务业1家（安捷天然气）。

2021年1—6月，宣城高新区共组织入库财政收入50169.63万元，占年度任务的50.16%，实现了时间过半任务过半的目标。在财政收入中税收收入48122.63万元（含精方），占年度任务的54.68%；非税收入2047万元，占年度任务的17.06%。按入库级次划分，入高新区金库48740.3万元，入区金库1429.3万元；非税收入占财政收入比重4.08%。在税收收入中，总部经济入库3090.3万元，占税收收入的6.4%；再生资源及资源综合利用税收占税收收入的49.6%。在税收收入中，增值税28473.8万元，占税收收入的59.2%；城镇土地使用税4920.3万元，占税收收入的10.2%；企业所得税和个人所得税6777.33万元，占税收收入的14.08%；其他城建税、房产税、土地增值税、契税等7969.21万元，占税收收入的16.52%。

从收入结构来看，非税收入占比相对较低，但来自再生资源经营和资源综合利用行业的税收占比过高，这部分税收可用财力较低。从长远看，这部分税收由于受税务部门相关政策影响较大，波动相对也较大，收入不够稳定。

“十四五”时期已到来，宣城高新区坚决贯彻落实二十大精神，紧抓长三角一体化发展机遇，认真谋划“十四五”宣城高新区建设发展，努力在“一体化”和“高质量”上取得新的更大进展。

贯彻“创新、协调、绿色、开放、共享”五大发展理念，结合宣城高新区区位优势、经济发展基础、产业特点和未来发展趋势：坚持创新驱动发展，全力支持主导产业和重点企业创新发展；借力长三角一体化发展，乘势而上做大做强园区工业经济主平台；构建优质高效营商环境，在发展中保障和改善民生。

第九节　溧阳高新技术产业开发区

溧阳高新区，即江苏省中关村高新技术产业开发区，2021 年，实现江苏省省级高新区综合评价“四连冠”，并连续两年获得省政府专项督查激励。十年来，园区内集聚了 500 多家科技创新型企业，科技创新已成为引领溧阳高新区高质量发展的第一动力。

一、产业集聚，释放创新“磁场效应”

2021 年 7 月 16 日，在长三角物理研究中心的新型电力和新能源装备产业创新联盟暨党建联盟成立仪式上，“中国锂电之父”、中国工程院院士陈立泉再一次以“电动中国看溧阳”，表达了对溧阳发展动力电池产业的认可和期待。

自 2016 年宁德时代在园区布局落子、建立长三角生产研发基地以来，园区“从 0 到 1”集聚了上汽时代、璞泰来、科达利、联赢激光等 60 余家产业链上下游企业，构建起从电池正负极、隔膜材料、电池单体到电池系统的完整产业链，成为国内产业链完备、产出规模最大的动力电池产业基地并入选国家新型工业化产业示范基地。2021 年，园区动力电池出货量占全国份额的 20%、全省份额的 43%。依托“链式发展”格局，园区打通光伏发电、新能源装备、智能电网、动力电池与储能等关联产业，2021 年新型电力与新能源装备产业产值突破 1200 亿元。

围绕产业链布局创新链，构建产学研创新生态。发力动力电池、智能电网、智能制造等重点产业，与顶尖科研院所对接合作，先后引进天目湖先进储能技术研究院、东南大学溧阳研究院、长三角物理研究中心、重庆大学溧阳智慧城市研究院、智能无人装备产业创新中心、上海交通大学溧阳智能制造研究院等 10 家高端科创平台，拥有国家级院士、博士后工作站 13 家，省级部门认定的各类研发机构近 100 家，推动产业资源、创新资源进一步集聚、整合与共享。

二、人才引育，“科创细胞”迸发活力

“溧阳有非常先进的创新驱动发展理念，形成了比较系统科学的、服务创新驱动发展的一套政策措施，而且有实际的操作经验，构建了一个县域独特的创新生态。”中国科学院院士、中国兵器集团首席科学家毛明，对溧阳的创新生态高度赞许。

16 位院士、20 余位国家级重点人才、116 位省级以上领军人才，高层次人才超 2 万名……溧阳高新区始终把人才作为第一资源，全力建设生态、创新、智慧、宜居的科技新城，打造“近者悦、远者来”的人才生态。2019 年，国家重大人才工程 A 类青年专家、哈佛大学博士后吴凡，怀揣着“尽最大努力推动我国硫化物全固态电池基础科研及产业化进程”的目标来到园区。吴凡说，园区给予人才极大的诚意和尊重，一系列礼遇吸引了大批海内外高层次人才。

在长三角物理研究中心和天目湖先进储能技术研究院的支持下，吴凡成立了科学家工作室。这是一个“新溧阳人”团队，他们来自天南海北，大多是中科院物理研究所和中国科技大学的优秀人才。来溧 3 年多，吴凡团队已获批 11 项含金量极高的横、纵向课题，多次获得国家级、省部级的重点项目支持。

三、全链孵化，科技成果“落地生金”

高端平台接连落户、优秀人才纷至沓来，创新生态、创新文化、创新成果在这里不断聚合，大量原始创新技术、前沿科技成果迈入产业化轨道，成为布局未来产业、推进产业迭代的“利器”。

天目先导以中科院物理所陈立泉院士、李泓研究员为技术带头人，专注于纳米硅碳负极材料和固态电解质研发生产，拥有全球首创的纳米硅碳负极核心授权专利。2020 年获评“潜在独角兽”，有望成为世界范围内具有一流竞争力的负极材料企业。在天目先导技术开发团队负责人罗飞博士看来，正是在园区灵活高效、务实服务的营商环境下，企业加快自主创新，研发出一批高新技术产品，使得企业步入了高速发展期。

和天目先导一样，卫蓝新能源、中科海钠等一大批园区孵化出的新生企业，在细分赛道上“跑进”行业前列。卫蓝新能源是国内极少拥有固态电池核心专利技术的企业，其自主研发的 360WH/KG 固态动力电池，处于行业顶级水平并即将量产、装车；中科海钠是拥有钠离子电池核心专利技术的电池企业，引领开启我国钠离子电池的商业化之路，2021 年获江苏省碳达峰碳中和科技创新专项资金。

十年奋进路，创新的重锤响鼓与发展的坚实足声相契合；阔步新征程，势能强劲的“第一动力”正成为园区发展撬动点。瞄准全国一流高科技产业园区，溧阳高新区以加大创新生态“浓度”来提升经济发展“密度”和产业规模“吨位”，为溧阳打造全国最强、具有全球影响力的新型电力和新能源装备产业地标提供强有力的支撑。

第十节　金坛高新技术产业开发区

2021 年 2 月 8 日，金坛举行省级华罗庚高新区揭牌仪式。

2014 年 12 月，金坛华罗庚科技园建设全面启动。

2016 年，金坛区委、区政府下发《关于明确金坛华罗庚科技产业园开发建设有关事项的意见》。金坛华罗庚科技产业园设立，定位为经济开发区的“区中园”。

2021 年 1 月 9 日，经江苏省人民政府批复同意，金坛华罗庚科技产业园获批省级高新区，实行现行省级高新技术产业开发区政策。

五年奋力拼搏，五年砥砺发展，华罗庚高新区实现了从无到有、从小到大，这是华罗庚高新区的成长速度，更是快速崛起的金坛速度。

获批筹建省级高新区，既是对高新区原有工作的肯定，更是金坛发展史上一个新的里程碑。高新区按照“新兴产业高端发展、科技创新引领未来、千亿园区重点支撑”定位，加快打造成为金坛区“奋进苏南发展第一方阵”的主引擎和增长极。

一是聚焦高端产业引项目。坚持“顶天立地与铺天盖地”并举，围绕“三新一特”产业定位，部署创新链、完善生态链、提升价值链，创新推进“两个加快”。

二是聚集高端人才育项目。深化人才发展体制机制改革，实行更有温度、更有力度的人才政策，强化双招双引，优化创新生态，营造创业氛围，推动“引进一个人才，带来一个团队，兴起一个产业”。

三是聚合高端环境促项目。要顺应创新驱动发展趋势，统筹发展要素，加快出台配套措施，全力支持开发园区、创新平台争先进位，做大做强。全区各级各部门主动靠前服务，为金坛创新驱动、高质量发展奠定更加扎实的基础，创造更加优质的环境。

作为金坛发展主要板块之一，江苏省金坛华罗庚高新技术产业开发区始终对标高新区建设目标，按照“发展高科技、实现产业化”的总体要求，瞄准“新兴产业高端发展、科技创新引领未来、千亿园区重点支撑”的总体定位，高起点规划、高水平建设。构建了以新一代信息技术、新能源汽车为核心的特色产业体系，全力打造具有竞争力的创新高地、产业高地和开放高地。

华罗庚高新区分为直管区和共建区。直管区总规划面积 41.38 平方千米，包含华罗庚科技产业园、金东现代产业园、河海大学科技园；共建区总规划面积 23.95 平方千米，分别为朱林现代产业园、指前现代产业园、儒林现代产业园。

华罗庚高新区重点打造新一代信息技术、新能源汽车两大战略性新兴产业，5 年来，共有 53 个“两新”特色产业项目落户，协议总投资超 700 亿元。

到 2021 年，园区集聚高新技术企业 41 家，规模以上企业 112 家。累计拥有发明专利 297 件。

河海大学常州校区成为园区人才培育的重要基地、创新发展的重要源泉。获批省级以上人才计划 17 人。

园区现有省级公共服务平台 1 个，省级研发机构 14 个。

第七篇

经济发展

第一章　经济发展总体情况

第一节　南京都市圈地区生产总值

2021 年，南京都市圈 8 个设区市及 2 个市（区）地区共实现地区生产总值 46665.65 亿元，经济总量较上年扩大 4915 亿元（图 7-1-1）。南京全市地区生产总值总量居都市圈各地区首位，占都市圈的 35.0%。都市圈占全国的比重为 4.1%，与上年持平，占长三角的比重为 16.9%。都市圈 10 个地区中有 8 个地区的地区生产总值增速高于全国。2021 年，都市圈第一产业增加值 2032.60 亿元，占全国的比重为 2.4%，占长三角的比重为 19.6%；第二产业增加值 20330.06 亿元，占全国的比重为 4.5%，占长三角比重 18.1%；第三产业增加值 24303.01 亿元，占全国的比重为 4.0%，占长三角的比重为 15.8%。

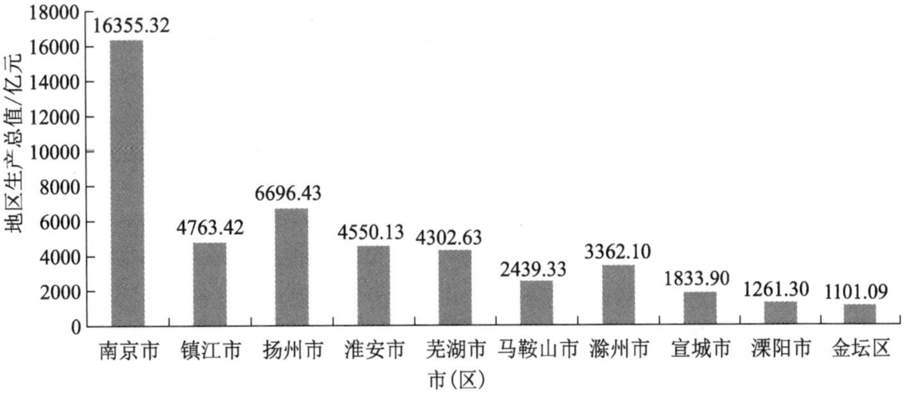

图 7-1-1　2021 年南京都市圈各市（区）地区生产总值情况

2021 年，南京都市圈内江苏省各市、县主要经济指标见表 7-1-1，都市圈内江苏省各设区市市区主要统计指标见表 7-1-2，都市圈内安徽省各市、县主要经济指标见表 7-1-3。

表 7-1-1　2021 年南京都市圈内江苏省各市、县主要经济指标

单位：亿元

市（县）	地区生产总值	第一产业增加值	第二产业增加值		第三产业增加值
				工业	
南京市	16355.33	303.94	5902.65	4991.39	10148.74

续表

市（县）	地区生产总值	第一产业增加值	第二产业增加值		第三产业增加值
				工业	
常州市	8807.58	166.87	4198.93	3791.46	4441.78
#溧阳市	1261.30	56.80	648.81	536.17	555.69
淮安市	4550.13	423.32	1889.21	1540.18	2237.60
#涟水县	650.48	74.37	278.66	213.89	297.45
#盱眙县	501.94	77.29	188.41	170.42	236.24
#金湖县	386.51	49.45	157.23	137.77	179.83
扬州市	6696.43	317.18	3207.38	2662.39	3171.87
#宝应县	841.41	89.96	403.91	321.72	347.54
#仪征市	910.71	23.84	483.77	420.86	403.10
#高邮市	929.31	93.35	468.26	378.17	367.70
镇江市	4763.42	157.02	2319.73	2105.95	2286.67
#丹阳市	1324.01	52.52	690.04	658.87	581.45
#扬中市	550.77	17.51	289.07	269.87	244.19
#句容市	736.75	55.54	313.00	262.00	368.21

表7-1-2　2021年南京都市圈内江苏省各设区市市区主要统计指标

项目	单位	南京市	常州市	淮安市	扬州市	镇江市
地区生产总值	亿元	16355.33	7546.28	3011.19	4014.99	2151.90
# 第一产业	亿元	303.94	110.07	222.21	110.03	31.45
第二产业	亿元	5902.65	3550.11	1264.91	1851.43	951.59
第三产业	亿元	10148.74	3886.10	1524.08	2053.53	1168.85
人均地区生产总值	元	174520.00	166964.00	106144.00	151879.00	169648.00
房地产开发投资	亿元	2719.80	880.40	346.11	606.16	186.24
规模以上工业营业收入	亿元	15531.73	11957.61	1679.49	3252.67	2212.85
规模以上工业利润总额	亿元	1098.91	679.71	109.51	250.54	164.69
一般公共预算收入	亿元	1729.52	600.78	224.63	231.72	160.84
一般公共预算支出	亿元	1817.73	661.98	418.81	439.04	283.78
年末金融机构各项存款余额	亿元	43524.28	11769.84	3655.44	5739.60	3223.20
#住户存款	亿元	10636.78	4733.02	1317.81	2639.70	1220.87
年末金融机构各项贷款余额	亿元	42718.95	10392.87	3904.17	5126.94	3297.18
社会消费品零售总额	亿元	7899.41	2522.37	1290.44	1001.75	654.42
进出口总额	亿元	6366.80	2904.50	308.28	736.64	497.40
#出口总额	亿元	3989.90	2105.10	208.17	554.47	299.40
实际利用外资	亿美元	50.14	24.79	8.10	11.84	3.67
城市常住居民人均可支配收入	元	73593.00	58265.00	43954.00	48073.00	58513.00
城市常住居民人均消费性支出	元	42487.00	34989.00	23920.00	33392.00	35730.00
建成区面积	平方千米	868.00	279.00	216.00	192.00	147.00

表 7-1-3　2021 年南京都市圈内安徽省各市、县主要经济指标

单位：亿元

市（县）	地区生产总值	第一产业增加值	第二产业增加值	第三产业增加值
芜湖市	4302.63	169.58	2048.95	2084.09
#无为市	577.76	58.97	284.02	234.77
#南陵县	320.69	37.57	137.32	145.80
马鞍山市	2439.33	104.23	1206.26	1128.84
#当涂县	520.98	36.07	268.58	216.33
#含山县	233.02	24.25	97.02	111.75
#和县	317.45	29.86	129.11	158.48
滁州市	3362.11	287.87	1644.81	1249.42
#天长市	622.50	41.71	376.53	204.26
#明光市	273.44	43.77	78.50	151.18
#来安县	362.73	27.66	176.22	158.85
#全椒县	315.29	29.97	138.37	146.95
#定远县	356.84	73.65	112.91	170.28
#凤阳县	458.53	47.07	202.59	208.87
宣城市	1833.92	172.03	890.69	771.20
#宁国市	431.70	27.37	252.66	151.67
#广德市	380.70	28.59	188.17	163.94
#郎溪县	208.53	20.04	113.17	75.32
#泾县	147.86	21.10	60.97	65.79
#绩溪县	101.32	14.89	46.54	39.89

第二节　各市（区）经济总量情况

一、南京市总量情况

根据地区生产总值统一核算结果，2021 年南京市地区生产总值 16355.32 亿元，按不变价格计算，同比增长 7.5%，两年平均增长 6.0%（表 7-1-4）。从年度增长走势看，一季度、上半年、前三季度和全年地区生产总值同比增速分别为 16.0%、12.7%、8.3%和 7.5%，两年平均增速分别为 8.6%、7.3%、5.8%和 6.0%，呈现缓中趋稳的态势。分产业看，第一产业增加值 303.94 亿元，同比增长 0.8%；第二产业增加值 5902.65 亿元，同比增长 7.6%；第三产业增加值 10148.73 亿元，同比增长 7.6%。三次产业增加值结构由上年的 2.0∶35.2∶62.8 调整为 1.8∶36.1∶62.1。

表7-1-4　2021年南京市分区地区生产总值

单位：亿元

地区	地区生产总值	第一产业增加值	第二产业增加值		第三产业增加值
				工业增加值	
全市	16355.32	303.94	5902.65	4991.39	10148.73
玄武	1205.94		21.21	8.66	1184.73
秦淮	1324.42		93.37	81.95	1231.05
建邺	1214.95		377.24	282.19	837.71
鼓楼	1921.08		153.15	28.13	1767.93
浦口	490.48	46.68	161.52	113.63	282.28
栖霞	1708.88	7.78	977.75	802.45	723.35
雨花台	1015.55	0.11	183.39	159.36	832.05
江宁	2810.47	71.69	1519.00	1285.37	1219.78
六合	567.56	70.14	208.40	168.44	289.02
溧水	1000.95	51.88	513.52	437.71	435.55
高淳	560.24	48.79	245.16	113.19	266.29
江北新区直管区	2561.70	6.86	1396.03	1272.62	1158.81

注：浦口和六合为剔除江北新区直管区后的口径。

2021年，南京市农林牧渔业总产值504.01亿元，同比增长2.9%，比2019年增长6.7%，两年平均增长3.3%，农林牧渔业总产值首次突破500亿元。粮食作物播种面积、总产量实现“双增”，全年粮食作物播种面积204.88万亩，较上年增加2.5万亩，增长1.2%；粮食总产量98.48万吨，较上年增加0.7万吨，增长0.7%。年末生猪地产存栏32.51万头，同比增长51.9%，超额完成生猪稳产保供的地产存栏任务。

2021年，南京市规模以上工业增加值3543.96亿元，同比增长10.0%；两年平均增长8.2%，两年平均增速比2019年同期增速提高1.2个百分点。从主要行业看，计算机通信和其他电子设备制造业、电气机械和器材制造业、医药制造业、通用设备制造业、专用设备制造业增加值同比分别增长15.5%、21.0%、12.7%、19.6%、15.9%。先进制造业发展较快，全年规模以上高技术制造业增加值同比增长15.5%，装备制造业增加值增长13.6%。新兴工业品产能加速释放，工业机器人、新能源汽车、集成电路、光伏电池等产品产量分别增长122.5%、119.1%、45.4%、12.7%。1—11月，全市规模以上工业企业实现利润总额同比增长53.7%，两年平均增长27.5%，分别高于全国、江苏省8.6和8.9个百分点。

2021年，南京市服务业增加值达到10148.73亿元，同比增长7.6%，两年平均增长5.8%。分行业看，信息传输软件和信息技术服务业、金融业、批发零售业、房地产业增加值同比分别增长11.0%、6.2%、7.0%、9.0%，两年平均增速分别为11.9%、6.1%、4.8%、5.2%。1—11月，全市规模以上服务业企业（不含批发零售、住宿餐饮、房地产开发及金融业）实现营业收入6444.19亿元，同比增长22.8%，两年平均增长12.6%。列入统计的10个门类行业中，有8个行业营业收入实现正增长；其中交通运输、仓储和邮政业，文化、体育和娱乐业，信息传输、软件和信息技术服务业，科学研究和技术服务业营业收入同比分别增长47.0%、24.8%、13%、15.8%。

2021 年，南京市社会消费品零售总额 7899.41 亿元，同比增长 9.7%，两年平均增长 5.2%，两年平均增速与 2019 年同期增速持平。其中，限上社会消费品零售总额 4662.27 亿元，同比增长 14.8%。按消费类型分，限上商品零售额同比增长 14.8%，两年平均增长 12.0%；餐饮收入同比增长 15.6%，两年平均增长 6.4%。从限上商品类别看，基本生活类消费需求增势较好，粮油食品类、服装鞋帽针纺织品类、日用品类零售额分别增长 12.2%、16.7%、48.6%；升级类消费需求持续释放，智能手机、建筑及装潢材料类、五金电料类、家具类、汽车类分别增长 23.2%、39.3%、39.6%、18.6%和 11%。网络零售发展迅速，全年通过公共网络实现的商品零售额同比增长 25.0%，两年平均增长 24.9%；网络零售额占商品零售额的比重达到 22.4%，比上年提高 4.0 个百分点。

2021 年，南京市固定资产投资 5675.24 亿元（表 7-1-5），同比增长 6.2%，两年平均增长 6.4%。分领域看，工业投资增长 13.5%，两年平均增长 12.2%，两年平均增速比 2019 年同期增速提高 2 个百分点。其中，制造业投资增长 13.3%，两年平均增长 11.6%；基础设施投资增长 13.2%，两年平均增长 7.0%；房地产开发投资增长 3.4%，两年平均增长 4.3%。商品房销售面积同比增长 14.1%，两年平均增长 7.0%。投资结构不断优化，高技术制造业投资增长 28.6%，高技术服务业投资增长 32.6%，高技术服务业中科技成果转化服务、检验检测服务分别增长 58.6% 和 99.4%。民生领域加快投资，卫生、社会工作投资分别增长 31.5%、220.5%。

表 7-1-5 2021 年南京市分区全社会固定资产投资

单位：亿元

地区	全社会固定资产投资		
		工业投资	房地产开发投资
全市	5675.24	1056.97	2719.8
玄武	158.32	2.06	76.15
秦淮	263.40	6.57	149.78
建邺	489.06	2.43	374.95
鼓楼	274.57	0.84	200.17
浦口	579.19	111.28	296.21
栖霞	604.69	115.38	361.03
雨花台	348.51	1.08	237.41
江宁	890.72	217.36	380.90
六合	259.98	64.48	102.49
溧水	393.61	152.10	130.72
高淳	231.61	56.24	69.52
江北新区直管区	802.68	272.49	340.48

2021 年，南京市进出口总额 6366.83 亿元，同比增长 19.2%，两年平均增长 14.8%。其中，出口总额 3989.89 亿元，同比增长 17.4%（表 7-1-6）；进口总额 2376.94 亿元，同比增长 22.3%。全年实际使用外资 50.14 亿美元，同比增长 11.1%，两年平均增长 10.6%。

表 7-1-6　2021 年南京市分区出口总额（按经营单位口径）

地区	出口总额/亿元	2021 年为上年%
全市	3989. 9	117. 4
玄武	221. 4	124. 5
秦淮	409. 7	113. 0
建邺	162. 9	97. 4
鼓楼	431. 5	117. 8
浦口	128. 7	137. 9
栖霞	582. 2	111. 3
雨花台	223. 1	93. 5
江宁	1199. 3	123. 9
六合	64. 9	120. 7
溧水	120. 4	112. 9
高淳	90. 3	113. 4
江北新区直管区	355. 7	135. 7

注：本表数据由南京市商务局提供。

2021 年，南京市一般公共预算收入 1729. 5 亿元，同比增长 5. 6%（表 7-1-7）。其中，税收收入 1473. 3 亿元，占一般公共预算收入的比重为 85. 2%。民生支出占比继续提升，全年一般公共预算支出 1817. 7 亿元，同比增长 3. 6%，两年平均增长 4. 7%。其中，民生支出 1435. 1 亿元，占一般公共预算支出的比重为 78. 9%，比上年提升 0. 2 个百分点。2021 年末，全市金融机构本外币存款余额 44708. 7 亿元，同比增长 11. 6%；金融机构本外币贷款余额 43305. 4 亿元，同比增长 13. 4%。

表 7-1-7　2021 年南京市分区一般公共预算收入

地区	2021 年/亿元	2021 年为上年%
全市	1729. 52	105. 6
玄武	105. 08	108. 4
秦淮	110. 52	110. 4
建邺	161. 66	116. 6
鼓楼	176. 59	106. 6
浦口	78. 17	111. 5
栖霞	151. 76	109. 4
雨花台	91. 58	109. 1
江宁	265. 30	100. 4
六合	52. 72	113. 7
溧水	81. 88	103. 6
高淳	43. 04	113. 3
江北新区直管区	215. 27	114. 4

注：本表数据由南京市财政局提供。

2021 年，南京市城镇新增就业 34.52 万人，超额完成全年目标。全年全体居民人均可支配收入 66140 元，同比增长 9.1%，增幅比上年提高 3.9 个百分点，两年平均增长 7.1%。按常住地分，城镇居民人均可支配收入 73593 元，同比增长 8.9%；农村居民人均可支配收入 32701 元，同比增长 10.4%。城乡居民人均可支配收入比值为 2.25，比上年缩小 0.03。

2021 年，南京市居民消费价格同比上涨 1.5%。分类别看，食品烟酒上涨 1.4%，衣着上涨 1.0%，居住上涨 1.0%，生活用品及服务上涨 1.5%，交通通信上涨 4.0%，教育文化娱乐上涨 0.5%，医疗保健上涨 0.9%，其他用品及服务上涨 1.4%。全年工业生产者出厂价格同比上涨 11.1%，购进价格同比上涨 11.9%。2021 年 12 月，居民消费价格同比上涨 1.9%，涨幅较 11 月回落 0.6 个百分点，环比持平。12 月出厂价格同比上涨 8.2%，涨幅比 11 月回落 5.5 个百分点，环比下降 2.7%。12 月购进价格同比上涨 15.6%，涨幅回落 1.7 个百分点，环比下降 1.0%。

二、镇江市总量情况

2021 年，镇江市实现地区生产总值 4763.42 亿元（表 7-1-8）。按可比价格计算，同比增长 9.4%，增幅分别高于全国、江苏省 1.3 和 0.8 个百分点，列江苏省第 3 位；两年平均增长 6.4%。经济运行总体呈现稳中有进、稳中向好、稳中提质的积极态势（表 7-1-9）。

表 7-1-8　2021 年镇江市地区生产总值

地区	地区生产总值/亿元	地区生产总值构成/亿元				人均地区生产总值/元
		第一产业	第二产业		第三产业	
				工业		
全市	4763.42	157.02	2319.73	2105.95	2286.67	148204
市区	2151.90	31.45	951.59	856.29	1168.85	169648
京口区	509.30	0.83	131.83	114.83	376.64	143123
润州区	273.69	0.43	45.05	19.94	228.22	113967
丹徒区	461.07	23.04	229.59	197.46	208.44	132605
高新区	131.95	0.68	51.65	43.02	79.61	218280
新区	775.89	6.48	493.47	481.04	275.94	293563
丹阳市	1324.01	52.52	690.04	658.87	581.45	133759
扬中市	550.77	17.51	289.07	269.87	244.19	174434
句容市	736.75	55.54	313.00	262.00	368.21	115108

表 7-1-9　2021 年镇江市乡镇社会经济基本情况

地区		行政区域土地面积/平方千米	年末耕地面积/公顷	村（居）委会个数/个	常住人口数/人	地区生产总值/亿元	一般公共预算收入/万元	粮食总产量/吨
丹徒区	高桥镇	42.80	1023	6	15746	16.49	4603	11712
	辛丰镇	79.42	2708	15	47434	65.42	11330	22195
	谷阳镇	50.68	1768	11	26368	30.67	9714	14347
	上党镇	113.72	3459	15	40025	55.92	8000	27353
	宝堰镇	40.82	2325	6	15517	17.65	3692	18766
	世业镇	52.75	1303	5	10158	10.29	3809	10054

续表

地区		行政区域土地面积/平方千米	年末耕地面积/公顷	村（居）委会个数/个	常住人口数/人	地区生产总值/亿元	一般公共预算收入/万元	粮食总产量/吨
新区	姚桥镇	56.91	3066	15	25440	16.66	15194	36004
	大路镇	43.07	1533	9	12765	13.37	7871	8100
	丁岗镇	35.49	1923	14	52271	13.69	31436	17695
丹阳市	司徒镇	91.65	4531	15	47155	64.64	31338	31817
	延陵镇	115.52	6013	18	68332	52.98	16222	60101
	珥陵镇	83.67	4896	11	46025	29.10	6136	58513
	导墅镇	80.60	4673	12	45211	41.44	14843	33990
	皇塘镇	80.44	4169	13	56868	76.56	17936	9175
	吕城镇	68.01	3945	13	48079	44.81	17629	45395
	陵口镇	64.40	3850	14	42593	29.81	7724	44302
	访仙镇	73.80	4410	13	51864	37.56	11472	39566
	界牌镇	23.63	706	11	55111	68.42	21812	3722
	丹北镇	114.91	3988	23	113025	276.56	129988	31910
扬中市	新坝镇	49.20	1601	15	50726	209.28	83800	14571
	油坊镇	50.28	2080	12	31288	50.25	22901	20614
	八桥镇	34.58	1484	11	29953	45.91	19805	16119
	西来桥镇	19.50	701	6	18712	19.26	10201	5908
句容市	下蜀镇	96.44	2642	11	39911	81.32	43780	13365
	白兔镇	115.50	4903	15	32959	40.93	6370	44441
	边城镇	109.00	4103	14	27157	43.55	12342	21047
	茅山镇	81.00	4667	10	26890	32.80	3455	11000
	后白镇	143.28	7761	25	40541	61.24	10442	51741
	郭庄镇	150.55	7854	22	53021	75.33	17801	48052
	天王镇	131.54	8173	17	41644	57.02	5500	29251
	宝华镇	103.06	981	10	62375	61.77	88900	9768

供给方面衡量，三次产业协调发展。农业生产总体平稳。2021年，镇江全市农林牧渔业总产值270.70亿元，同比增长4.4%。全年粮食总产量再创新高，达96.02万吨，比上年增产0.41万吨，增长0.4%。工业生产增势强劲。全市规模以上工业增加值同比增长15.1%，高于江苏省平均2.3个百分点，增幅连续11个月稳居江苏省第2位；两年平均增长10.6%。服务业发展提速。1—11月，全市规模以上服务业企业营业收入同比增长25.5%。

2021年，镇江市固定资产投资同比增长8.7%，增幅列江苏省第1位。新签约项目落地开工提速。全年新签约项目开工列入统计比例达到54.5%，同比提高13.9个百分点。大项目支撑作用显著，全市亿元以上项目完成投资523.37亿元，同比增长12.0%，拉动全部投资增长5.8个百分点。克服疫情影响，市场消费持续快增。2021年，全市社会消费品零售总额1346.83亿元，增长

17.9%，连续5个月高于省均。对外贸易稳定增长。全市进出口总额834.36亿元，同比增长15.5%。其中，出口额596.10亿元，同比增长16.4%；进口额238.25亿元，同比增长13.3%。

2021年，镇江市实现一般公共预算收入327.59亿元，同比增长5.1%（表7-1-10）。其中税收收入256.05亿元，增长8.0%；税占比78.2%、同比提高2.1个百分点。企业盈利水平提升。1—11月，规模以上工业企业营业收入4363.98亿元，同比增长27.4%。利润总额281.37亿元，增长33.9%。居民增收稳步提升。2021年，全体居民人均可支配收入50360元，同比增长9.1%，比上年提高4.8个百分点。

表7-1-10 2017—2021年镇江市一般公共预算收入

单位：万元

年份	全市	市区						丹阳市	扬中市	句容市
			京口区	润州区	丹徒区	高新区	新区			
2017	2843378	1472822	177130	150994	220071	9510	480064	610499	320046	440011
2018	3015010	1573289	212058	135828	231097	61222	504027	614039	327667	500015
2019	3068503	1573247	214091	138206	234050	62326	514115	620100	340111	535045
2020	3117410	1578605	217033	139448	238909	63579	525035	640210	350115	548480
2021	3275910	1608365	223441	146623	243753	66825	528016	711076	380065	576404

2021年，镇江市新增“四上”企业960家，同比增加187家，增长24.2%。在库“四上”单位数突破4700家，为经济持续稳定增长提供了坚实支撑。民生就业保障有力，存贷款增势总体稳定。民生就业支出增加，全市一般公共预算支出中九大类民生支出404.53亿元，同比增长8.6%。金融存贷款增速回升，12月末全市金融机构人民币存贷款同比增长10.2%，比上月提高0.9个百分点。

2021年，丹阳市实现地区生产总值达1324.01亿元，排在全市第一位，同时丹阳也是江苏省2021年十强经济强县地区，丹阳的经济发展基本决定着镇江全市经济发展走势。丹阳2021年重大基础投资力度明显加大，营商环境持续变好，促进地区汽车零配件、眼镜等优势产业持续转型升级，整体的经济发展质量处在领先地位。

2021年，镇江新区实现地区生产总值达775.89亿元，排在全市第二位，句容紧随其后排在第三位。句容是长江三角洲一座集港口、工业、商贸、旅游为一体的新兴城市，近些年句容立足于化工、陶瓷、新材料等地区优势产业发展；另外，句容积极融入南京都市圈发展，地区的经济增长速度十分明显。

2021年，扬中市和京口区地区生产总值都在500亿元以上规模，处在全市中游水平，润州区处在经济总量垫底位置，与其他地区差距较为明显。整体看来，2021年镇江经济实现了较快增长，丹阳经济增长影响全市经济走向，各地区之间的经济总量规模差距较大。

三、扬州市总量情况

2021年，扬州市实现地区生产总值6696.43亿元（表7-1-11），按可比价计算，增长7.4%。其中，第一产业实现增加值317.18亿元，增长3%；第二产业实现增加值3207.37亿元，增长9.2%；第三产业实现增加值3171.87亿元，增长6.2%。三次产业结构调整为4.7∶47.9∶47.4。

表 7-1-11　2021 年扬州市分地区生产总值

指标	全市	市区					宝应	仪征	高邮
			广陵	邗江	江都	开发			
地区生产总值/亿元	6696.43	4014.99	927.06	1208.94	1220.54	658.45	841.41	910.71	929.31
第一产业/亿元	317.18	110.03	10.46	23.37	74.83	1.37	89.96	23.84	93.35
第二产业/亿元	3207.37	1851.43	371.81	467.28	619.21	393.13	403.91	483.77	468.26
工业	2662.89	1542.14	296.69	381.59	491.69	372.17	321.72	420.86	378.17
建筑业	546.69	310.42	75.48	85.80	127.93	21.21	82.28	63.82	90.17
第三产业/亿元	3171.87	2053.53	544.79	718.29	526.50	263.95	347.54	403.10	367.70
交通运输、仓储和邮政业	160.64	97.15	23.25	36.72	21.98	15.20	17.78	23.79	21.91
批发和零售业	627.45	410.77	166.62	118.10	98.71	27.34	62.57	101.16	52.95
住宿和餐饮业	88.37	54.39	15.74	22.30	10.94	5.41	12.96	11.04	9.99
金融业	369.26	259.91	56.25	108.95	72.79	21.92	30.90	38.59	39.86
房地产业	651.73	440.76	106.72	167.50	122.75	43.79	57.65	79.44	73.88
其他服务业	1252.48	783.37	175.24	262.14	196.08	149.91	160.54	145.54	163.02
人均地区生产总值/元	146562	151879	151915	140086	131213	274240	123320	170737	130935

扬州市 3043 家规模以上工业企业增加值增长 13%，其中轻工业增长 15%，重工业增长 12.4%。2021 年扬州市先进制造业产值增长 17.8%，对全部规模以上工业总产值的贡献率 56.3%，拉动全市产值增幅 11.8 个百分点。规模以上工业企业营业收入增长 19%，利润增长 53.1%。

扬州市固定资产投资同比增长 1.2%，其中第一产业投资下降 26.5%，第二产业投资增长 16.4%，第三产业投资下降 6.8%。房地产开发投资完成 841.68 亿元，增长 0.9%。全年商品房销售面积 829.03 万平方米，增长 1.4%；商品房销售额 923.33 亿元，增长 1.4%。

扬州市社会消费品零售总额 1480.92 亿元，同比增长 7.4%。按经营单位所在地分，城镇消费品零售额 1323.11 亿元，增长 7.3%；乡村消费品零售额 157.81 亿元，增长 7.9%。按行业分，批发业零售额 234.71 亿元，增长 4.4%；零售业零售额 1135.27 亿元，增长 8.3%；住宿业零售额 10.43 亿元，增长 8%；餐饮业零售额 100.51 亿元，增长 4.1%。

扬州市实现进出口总额 969.1 亿元（表 7-1-12），同比增长 25.5%。全年对"一带一路"沿线国家进出口增长 14.6%，对 RCEP 国家进出口 275.6 亿元，增长 24%。全市实际到账外资 17.3 亿美元（表 7-1-13），增长 17.7%。新批外商投资企业 173 个，增长 19.3%；新增协议外资 57.4 亿美元，下降 0.5%。全市对外投资总额 3.06 亿美元，下降 47.4%。

表 7-1-12　2021 年扬州市对外贸易进出口总额

单位：万元

项目	进出口总额	出口总额
总计	9691018	7122235
按贸易方式分组：		
一般贸易	7664344	5641185

续表

项目	进出口总额	出口总额
加工贸易	1552865	1033180
按地区分组：		
开发区	2134830	1552833
广陵	1104327	1008747
邗江	1839225	1601502
江都	2268314	1371883
宝应	620081	501576
仪征	1267366	667296
高邮	435383	407940

表 7-1-13　2021 年扬州市外商直接投资情况

单位：万美元

地区	实际使用外资金额	协议外资金额
全市	173007	574563
开发区	38047	181211
广陵	29101	76335
邗江	46382	82228
江都	30101	53155
宝应	15043	49206
仪征	23011	88324
高邮	16509	44104

扬州市一般公共预算收入约 344.07 亿元（表 7-1-14），增长 2.0%。其中税收收入 274.57 亿元，增长 3.8%，税收占一般公共预算收入的比重为 79.8%。全市一般公共预算支出 684.87 亿元，增长 2.5%。其中一般公共服务支出 78.54 亿元，增长 6.2%。年末金融机构人民币存款余额 8198.32 亿元，增长 8.1%，其中住户存款 4150.69 亿元，增长 12.2%。贷款余额 7124.63 亿元，增长 13.5%。个人消费贷款 1923.70 亿元，增长 9.5%。住房消费贷款 1718.33 亿元，增长 8.9%。

表 7-1-14　2021 年扬州市财政收入与支出

单位：万元

项目	全市	广陵	邗江	江都	宝应	仪征	高邮
财政总收入	5599691	822709	965573	956511	394886	802727	621165
上划中央收入	2159002	359351	346898	387513	143514	320598	231129
增值税	1181199	167779	190765	233788	101720	17 1605	153376
消费税	155366	3952	957	35707	402	29451	4706
企业所得税（60%）	659833	166922	124641	91052	32579	96818	60427
个人所得税（60%）	162604	20698	30535	26966	8813	22724	12620

续表

项目	全市	广陵	邗江	江都	宝应	仪征	高邮
一般公共预算收入	3440689	463358	618675	568998	251372	482129	390036
#税收收入	2745714	418619	497001	467712	194829	390009	318686
#增值税	1176965	167779	190766	233788	100504	171605	152060
企业所得税	439888	111281	83094	60701	21719	64545	40285
个人所得税	108402	13799	20357	17977	5875	15149	8414
一般公共预算支出	6848256	584994	1026407	1110048	862901	713477	881479
#般公共服务	799749	93266	176225	92472	92768	80689	92214
科学技术	147329	11425	18735	25488	2674	15513	19920
教育	1162065	88590	211268	184918	160177	119264	160470
文化体育与传媒	147734	11186	21182	10343	7231	14000	26122
医疗卫生	561829	40680	63824	86837	80773	59935	77583
节能环保	171395	8206	54507	47714	12448	11029	23753
城乡社区事务	750268	80018	163735	127970	86308	64291	77747
交通运输	325178	16803	8990	33931	19500	36912	43277
社会保障和就业	872367	73392	95193	195418	141613	95763	141943
住房保障	314876	58855	4187	101982	10438	1694	7177
农林水事务	584822	44742	54931	81987	106882	101944	89515

在2021年扬州市各区生产总值数据中，按生产总值总量由高到低排列，依次为邗江区（1867.39亿元）、江都区（1220.54亿元）、高邮市（929.31亿元）、广陵区（927.06亿元）、仪征市（910.71亿元）、宝应县（841.41亿元）。整体来看，扬州的市区经济要明显高于县域经济，3个市辖区（邗江区、江都区、广陵区）的地区生产总值总量为4014.99亿元，占了全市的59.96%。

四、淮安市总量情况

2021年，淮安市实现地区生产总值4550.13亿元，按不变价格计算，比上年增长10.0%，增速排名江苏省第2位，分别快于全国、江苏省1.9个、1.4个百分点，两年平均增长6.5%。2021年淮安市地区生产总值（分地区）情况见表7-1-15。

表7-1-15　2021年淮安市地区生产总值（分地区）

指标	淮安区	淮阴区	清江浦区	洪泽区	涟水县	盱眙县	金湖县	开发区
地区生产总值	708.25	623.57	673.57	394.15	650.49	501.94	386.51	440.97
农、林、牧、渔业	82.54	81.92	15.16	47.91	78.10	79.93	51.88	1.97
#农、林、牧、渔服务业	2.43	3.17	1.22	2.32	3.73	2.64	2.43	0.16
工业	222.07	203.15	98.35	136.00	213.89	170.42	137.77	178.74
建筑业	79.41	47.64	56.03	22.14	64.86	18.05	19.52	53.02
批发和零售业	52.44	44.05	118.69	19.19	52.61	24.82	20.11	12.41
#批发业	29.57	19.73	74.08	13.52	35.45	15.25	15.49	8.34

续表

指标	淮安区	淮阴区	清江浦区	洪泽区	涟水县	盱眙县	金湖县	开发区
#零售业	22.86	24.32	44.61	5.67	17.16	9.57	4.62	4.06
交通运输、仓储和邮政业	14.94	19.63	25.75	10.19	34.13	8.24	4.73	39.58
住宿和餐饮业	11.58	6.97	24.47	5.82	13.99	19.39	4.92	5.33
#住宿业	2.78	2.06	8.06	3.05	1.39	2.80	1.59	2.06
#餐饮业	8.80	4.91	16.42	2.76	12.59	16.59	3.32	3.27
金融业	40.93	44.36	65.53	30.15	32.21	32.23	20.50	25.70
房地产业	34.70	51.09	109.61	21.81	48.49	36.99	19.28	53.42
#房地产业（K门类的其他各行业）	23.00	24.97	51.70	15.66	24.43	22.02	10.85	22.16
#自有房地产经营活动	11.70	26.11	57.91	6.15	24.06	14.97	8.43	31.26
其他服务业	169.65	124.75	159.98	100.95	112.20	111.85	107.81	70.79
#营利性服务业	85.63	59.10	73.74	43.69	52.36	56.54	54.18	31.87
#非营利性服务业	84.02	65.65	86.24	57.26	59.84	55.32	53.63	38.92
第一产业	80.11	78.76	13.93	45.59	74.37	77.29	49.45	1.81
第二产业	301.40	250.72	154.34	158.08	278.66	188.41	157.23	231.69
第三产业	326.75	294.10	505.29	190.48	297.45	236.24	179.83	207.47

分产业看，第一产业增加值423.32亿元、增长3.4%；第二产业增加值1889.21亿元、增长9.8%；第三产业增加值2237.60亿元、增长11.6%。

淮安市农林牧渔业总产值727.04亿元，按可比价计算同比增长4.6%。全年粮食总产量491.73万吨，较上年增加1.37万吨，增长0.3%，连续五年实现增产；其中，夏粮产量183.72万吨、下降0.6%，秋粮产量308.01万吨、增长0.8%。粮食播种面积1024.04万亩，比上年增加0.20万亩。

淮安市规模以上工业总产值同比增长27.8%，两年平均增长16.6%；工业增加值增长14.6%，两年平均增长9.5%。从三大门类看，采矿业总产值增长6.1%，制造业总产值增长28.1%，电力、热力、燃气及水生产和供应业总产值增长23.5%。分行业看，全市34个工业行业大类中，32个行业产值同比增长，行业增长面达94.1%。绿色食品、新型装备制造、新一代信息技术三大主导产业总产值分别增长16.9%、28.4%、33.6%，对全市工业总产值增长贡献度达54.3%。全市规模以上工业企业实现利润总额180.39亿元，同比增长24.5%，两年平均增长11.7%。规模以上工业企业营业收入利润率为5.87%，同比提高0.19个百分点。

淮安市规模以上固定资产投资同比增长5.2%。其中，工业投资增长12.8%，房地产开发投资增长10.1%；民间投资增长6.4%，占全部投资的81.2%。全市制造业投资增长26.8%，快于全部投资21.6个百分点；其中，电气机械和器材制造业、计算机通信和其他电子设备制造业、仪器仪表制造业投资保持较快增长，分别同比增长76.1%、31.8%、127.5%。

淮安市220个市重大产业项目完成投资878.89亿元，超年度计划8.9个百分点。全年新招引亿元以上项目656个，较上年增加134个；其中，50亿元以上工业项目9个，总投资超200亿元的中天钢铁、总投资120亿元的台华新材料等项目落地实施。

淮安市实现社会消费品零售总额1828.25亿元，同比增长9.1%。分消费形态看，限额以上单位商品零售额 514.30 亿元，增长 22.1%；餐饮收入 38.30 亿元，增长 39.0%。分商品类别看，基本生活消费保持平稳，限额以上单位粮油食品类、服装鞋帽针纺织品类、日用品类商品零售额分别增长 1.7%、10.3%、21.9%；升级类消费需求加快释放，智能手机、新能源汽车等商品零售额分别同比增长 170.0%、938.1%。

淮安市实现第三产业增加值 2237.60 亿元，同比增长 11.6%，对经济增长贡献度达 57.4%；其中，批发零售业、住宿餐饮业、房地产业、其他服务业保持较快增长，分别同比增长 11.0%、15.6%、14.2%、12.8%。

淮安市实现外贸进出口总额 59.9 亿美元，同比增长 20.6%，两年平均增长 12.8%。其中，出口 43.5 亿美元、增长 27.0%；进口 16.3 亿美元、增长 6.2%。一般贸易进出口同比增长 27.0%，占进出口总额的比重达 58.5%，较上年同期提升 3.0 个百分点。机电产品和高新技术产品出口保持较快增长，分别增长 26.1%、17.3%。全市新设外资项目 165 个，同比增长 13.0%；协议外资 41.2 亿美元，增长 7.2%；实际到账外资 12.6 亿美元，增长 17.0%，其中到账台资 2.7 亿美元，增长 49.2%。新设及增资总投资 3000 万美元以上项目 89 个，较上年同期净增 20 个。金融机构本外币存款余额 5404.92 亿元，同比增长 10.4%。其中，住户存款余额 2365.95 亿元，增长 13.3%；企业存款余额 1963.28 亿元，增长 9.2%。金融机构本外币贷款余额 5537.38 亿元，增长 19.3%。其中，小微企业贷款 1035.81 亿元，增长 19.5%；个体工商户经营性贷款 280.60 亿元，增长 29.7%。

五、芜湖市总量情况

2021 年，芜湖市地区生产总值达 4302.63 亿元，较上年增长 11.6%，增速居安徽省第一。分产业看，第一产业增加值 169.58 亿元，增长 6.4%；第二产业增加值 2048.96 亿元，增长 11.9%；第三产业增加值 2084.09 亿元，增长 11.7%（表 7-1-16）。自 2015 年上半年后，芜湖全市地区生产总值增速再次领跑安徽省。

表 7-1-16　2021 年芜湖全市及县、区地区生产总值

单位：万元

指标	全市	无为市	南陵县	镜湖区	鸠江区	弋江区	湾沚区	繁昌区	经开区	三山开发区
地区生产总值	43026269	5777605	3206882	7650260	5741111	5331431	3831248	3641111	6047236	1862456
第一产业	1695818	589747	375677	27136	221522	33486	240861	133698	8546	66365
第二产业	20489547	2840200	1373219	1138123	2336676	2889075	2004992	2096589	4539580	1295509
工业	16185481	1600614	625986	693931	1743900	2516910	1655117	1702263	4445279	1203951
建筑业	4461172	1241383	747613	451567	724447	375845	350328	397966	106621	91889
第三产业	20840904	2347658	1457987	6485002	3182913	2408870	1585395	1410824	1499111	500582
批发和零售业	4826090	565445	383041	1217274	576861	661000	346315	347739	542132	170416
交通运输，仓储和邮政业	1929705	263699	116333	332250	224483	117540	345635	281285	201283	44002
住宿和餐饮业	679042	74888	77670	187705	46499	80868	44058	50686	88766	25170
金融业	2012526	145440	68087	943147	537013	63487	52640	75338	93115	44810
房地产业	2616496	400800	218268	500558	422054	415535	177152	202888	221170	48552
营利性服务业	4669415	351736	276715	2082275	622102	634032	365278	187340	131309	64752
非营利性服务业	3907674	522132	311574	1213752	613873	432703	250845	259872	208856	101521

2021年，芜湖市农林牧渔业总产值309.78亿元，比上年增长7.9%；两年平均增长5.1%。主要农产品产量中，粮食产量138.76万吨，增长2.7%；蔬菜产量172.08万吨，增长5.8%；水产品产量17.83万吨，增长4.6%；肉类产量17.71万吨，增长13.9%。

芜湖市规模以上工业增加值比上年增长14.1%，比安徽省高5.2个百分点。其中，战略性新兴产业产值增长36.4%，高新技术产业增加值增长21.3%，分别比安徽省高7.6和5.8个百分点。工业机器人、新能源汽车、光电子器件、锂离子电池等高新产品产量增幅超30%。1—11月份，全市规模以上工业实现营业收入5005.18亿元，同比增长20.8%。

芜湖市服务业增加值比上年增长11.7%，比安徽省高3.0个百分点；服务业占地区生产总值比重达48.4%，比上年提高0.3个百分点；服务业对地区生产总值增长贡献率达49.2%，比上年提高7.4个百分点。

芜湖市固定资产投资比上年增长15.7%，比安徽省高6.3个百分点。新开工项目1219个，比上年增加286个。

芜湖市实现社会消费品零售总额1972.95亿元，比上年增长24.5%，比安徽省高7.4个百分点。全市限额以上零售额680.55亿元，增长29.0%，其中，网上零售额增长37.1%。

芜湖市实现进出口总额115.27亿美元，比上年增长36.5%，比安徽省高0.4个百分点；其中，出口75.78亿美元、增长55.8%，进口39.49亿美元、增长10.4%。

芜湖市新增“一套表”调查企业957户。其中，新增规模以上工业企业232户，限上商贸企业246户，规模以上服务业企业188户，建筑业企业248户，房地产企业43户。规模工业中，战略性新兴产业产值占比38.1%，比上年提高3.9个百分点，对规模工业增长贡献率达59.4%；高新技术产业增加值占比53.5%，比上年提高2.9个百分点，增长贡献率达76.2%。服务业中，限额以上商贸单位网上零售额占安徽省的33.9%，对全市限额以上零售额增长贡献率达54.1%；1—11月，以信息传输、软件和信息技术服务业、租赁商务服务业为代表的规模以上其他营利性服务业营业收入占安徽省的24.5%，对全市规模以上服务业增长贡献率达68.1%。固定资产投资中，高技术产业投资增长26.1%，比全部投资增速高10.4个百分点。

2021年，芜湖市新签约亿元以上招商项目643个，增长56%，其中，50亿元以上项目10个。新开工亿元以上项目586个，增长37%。2021年，比亚迪新能源电池、会通聚乳酸、信义玻璃七期、奇瑞未来工厂等一批重大项目开工，长信科技触控显示、美的厨热智能家电、中航华东光电新型显示等一批项目相继在芜湖投产。

六、马鞍山市总量情况

2021年，马鞍山市经济运行总体平稳、稳中有进、进中向好，呈现好于预期、快于安徽省的良好发展态势。全市实现地区生产总值2439.33亿元（表7-1-17），比上年增长9.1%，增幅高于安徽省0.8个百分点。其中，第一产业增加值104.23亿元，增长6.7%；第二产业增加值1206.26亿元，增长10.1%；第三产业增加值1128.84亿元，增长8.3%。马鞍山市主要年份各县（区）生产总值情况见表7-1-18。

表7-1-17　2021年马鞍山市各县（区）生产总值

地区	生产总值/亿元	第一产业	第二产业			第三产业
				工业	建筑业	
全市	2439.33	104.23	1206.26	978.41	229.55	1128.84
含山县	233.02	24.24	97.02	73.17	23.85	111.75

续表

地区	生产总值/亿元	第一产业	第二产业			第三产业
				工业	建筑业	
和县	317.45	29.86	129.11	83.60	45.53	158.49
当涂县	520.98	36.07	268.58	209.31	59.40	216.33
花山区	445.65	1.72	133.63	67.69	66.66	310.30
雨山区	250.23	2.54	79.08	59.21	19.98	168.61
博望区	149.38	9.80	78.63	69.15	9.97	60.95

注：本表绝对数按当年价格计算。

表 7-1-18　马鞍山市主要年份各县（区）生产总值

地区	生产总值/亿元				
	2005 年	2010 年	2015 年	2020 年	2021 年
全市	414.00	932.22	1366.11	2102.70	2439.33
含山县	32.40	70.20	121.41	197.51	233.02
和县	42.28	89.90	156.15	267.84	317.45
当涂县	89.07	234.51	289.11	441.10	520.98
花山区	105.79	226.93	249.20	407.56	445.65
雨山区	144.46	310.67	131.58	221.35	250.23
博望区			80.14	130.71	149.38

注：本表绝对数按当年价格计算。

2021 年，马鞍山市规模以上工业增加值比上年增长 12.5%，高于安徽省 3.6 个百分点，行业增长面近七成。全市 36 个工业大类行业中，有 25 个行业增加值增速实现增长，行业增长面为 69.4%，比上年提升 16.6 个百分点。新增企业生产支撑作用较强。全市新增 166 户规模以上工业企业增加值增长 65.9%，拉动全市规模以上工业增加值增幅 2.7 个百分点。新兴产业增势强劲。战略性新兴产业产值增长 35.1%，比全市规模以上工业总产值增幅高 6.4 个百分点；高新技术产业增加值增长 16.2%，比全市规模以上工业增加值增幅高 3.7 个百分点。

2021 年，马鞍山市固定资产投资比上年增长 19.2%，高于安徽省 9.8 个百分点。其中，第一产业投资增长 62.4%，第二产业投资增长 12.7%，第三产业投资增长 23.8%。基础设施投资、建安投资和技改投资增长较快。基础设施投资增长 46.0%，建安投资增长 19.8%，技改投资增长 19.2%，分别比安徽省高 38.6 个百分点、4.1 个百分点和 1.4 个百分点。

2021 年，马鞍山市一般公共预算收入 196.53 亿元，比上年增长 15.9%。其中，税收收入 141.96 亿元，增长 11.8%；税收收入占一般公共预算收入的比重为 72.2%。一般公共预算支出 287.32 亿元，增长 8.5%；其中，社会保障和就业支出 38.15 亿元，增长 14.1%。2021 年马鞍山市各县区地方财政收入见表 7-1-19。

表 7-1-19　2021 年马鞍山市各县区地方财政收入

单位：万元

指标	花山区	雨山区	博望区	含山县	和县	当涂县
收入合计	176500	147943	143448	157340	280436	340683
国内增值税（含改征增值税）	78505	70440	51282	67742	117393	143165
营业税						
企业所得税	11280	8134	2126	7481	25409	21847
个人所得税	2286	1978	655	1339	9899	3976
资源税				4068	6965	3042
城市维护建设税	11475	10754	7561	6634	12538	14377
房产税	8081	6395	1969	2676	6072	8978
印花税	2914	2838	902	1179	2509	3942
城镇土地使用税	3475	3085	4689	6287	15557	11328
土地增值税	10840	8351	2189	3474	3492	2746
车船税	106	40	486	665	3585	1381
耕地占用税			11	540	-612	498
契税			4667	7115	12889	14682
消费税						
车辆购置税						
环境保护税				185	209	369
其他税收收入		36	1		1	-28
专项收入	5408	4863	6240	9352	16584	18430
行政事业性收费收入	3020	3277	2021	3798	5804	38926
罚没收入	5453	3050	4042	5870	7966	11402
国有资本经营收入						
国有资源（资产）有偿使用收入	31848	23827	54607	25520	32810	40396
捐赠收入	6			576		
政府住房基金收入				1716	930	1225
其他收入	1803	877		1123	436	

2021 年，马鞍山市实际利用外商直接投资 29.37 亿美元，比上年增长 4.3%。外贸进出口保持较快增长。全年外贸进出口总额 73.68 亿美元，比上年增长 24.9%。其中，出口总额 30.89 亿美元，增长 24.2%；进口总额 42.79 亿美元，增长 25.5%。

2021 年，马鞍山市金融机构人民币各项存款余额 3070.69 亿元，比上年增长 11.4%；人民币各项贷款余额 2536.66 亿元，增长 13.1%，其中，中长期贷款 1581.20 亿元，增长 13.7%，占全部贷款比重的 62.3%。

2021 年，马鞍山市下辖各区县的地区生产总值，按从高到低排列，分别是雨山区（635.1 亿元）、花山区（583.4 亿元）、当涂县（521.0 亿元）、和县（317.5 亿元）、含山县（233.0 亿元）、博望区（149.4 亿元）。

七、滁州市总量情况

2021年，滁州市实现地区生产总值3362.1亿元，同比增长9.9%。其中，第一产业增加值287.9亿元，同比增长6.7%；第二产业增加值1644.8亿元，同比增长9.5%；第三产业增加值1429.4亿元，同比增长11.0%。

2021年，滁州市农林牧渔业实现产值510.2亿元，同比增长8.5%，首超500亿元。全年蔬菜产量105.6万吨，同比增长5.1%；水果产量26.5万吨，同比增长4.7%；粮食产量470.4万吨，同比增长1.0%。

2021年，滁州市规模以上工业增加值同比增长10.7%，两年平均增长9.1%。从高质量发展情况看，高新技术产业、战略性新兴产业保持较快增长。全年全市高新技术产业增加值同比增长18.4%，高于全市规模以上工业增加值增速7.7个百分点；战略性新兴产业产值同比增长36.4%，战略性新兴产业产值占全部规模工业的比重达43.4%。

2021年，滁州市固定资产投资增速同比增长16.4%，居安徽省第3位。从三次产业看，第一产业投资同比增长162.8%，第二产业投资同比增长16.4%，第三产业投资同比增长15.3%。房地产开发投资587.7亿元，同比增长15.8%。全市商品房施工面积同比增长12.9%；新开工面积同比增长1.8%；竣工面积同比增长58.9%。

2021年，滁州市实现社会消费品零售总额1495.5亿元，同比增长26.5%，总量居安徽省第4位，增速居安徽省第1位。从城乡结构看，城镇消费品零售额1193.4亿元，同比增长27.7%。其中城区消费品零售额599.4亿元，同比增长28.8%；乡村消费品零售额302.1亿元，同比增长21.9%。全年全市限额以上单位实现消费品零售额274.7亿元，同比增长35.7%。

2021年，滁州市实现一般公共预算收入250.9亿元，同比增长11.0%，总量居安徽省第3位，增速居安徽省第3位。其中，税收收入147.6亿元，占全部一般公共预算收入的58.8%，比重同比下降2.9个百分点。全市实现一般公共预算支出461.7亿元，同比下降0.3%。其中民生支出392.5亿元，同比下降0.4%；民生支出占财政支出比重为85.0%，同比下降0.1个百分点。

2021年，滁州市金融机构人民币存款余额3569.9亿元，增长14.1%，存款余额比年初增加440.0亿元。境内存款中，住户存款余额2072.2亿元，同比增长15.0%；非金融企业存款854.4亿元，同比增长12.4%。金融机构人民币贷款余额3416.4亿元，增长13.2%，贷款余额比年初增加398.7亿元。其中，住户贷款余额1564.7亿元，同比增长13.7%；非金融企业及机关团体贷款1851.6亿元，同比增长12.8%。

2021年，滁州市实现进出口60.2亿美元，增长55.7%，总量居安徽省第5位，增速居安徽省第2位。其中出口49.8亿美元，增长70.5%，总量居安徽省第3位，增速居安徽省第2位。利用外资形势较好，全年全市实现外商直接投资17.1亿美元，增长7.0%，总量居安徽省第4位，增速居安徽省第9位。

滁州市共下辖2个市辖区、4个县，代管2个县级市，根据地区生产总值总量的高低，依次为天长市（622.5亿元）、凤阳县（458.53亿元）、来安县（362.73亿元）、定远县（356.84亿元）、全椒县（315.29亿元）、明光市（273.44亿元）、琅琊区（241.18亿元）、南谯区（231.80亿元）。

八、宣城市总量情况

2021年，宣城市地区生产总值1833.9亿元，比上年增长10.1%，两年平均增长6.9%。其中，第一产业增加值172.0亿元，增长7.0%；第二产业增加值890.7亿元，增长11.1%；第三产业增加值771.2亿元，增长9.8%。全市经济持续恢复向好，高质量发展迈出新步伐，圆满完成年度预期目标，顺利实现“十四五”良好开局。

2021年，宣城市农林牧渔业总产值301.9亿元，比上年增长8.8%。粮食产量128.7万吨，比上年增加2.0万吨。全年蔬菜产量57.5万吨，增长4.9%。全年肉类总产量31.5万吨，增长14.6%。

2021年，宣城市规模以上工业增加值比上年增长15.0%，比安徽省高6.1个百分点，居安徽省第4位；两年平均增长10.5%。战略性新兴产业产值增长35.6%，两年平均增长23.9%；占规模以上工业产值比重48.1%，居安徽省第4位。1—11月，全市规模以上工业企业营业收入2024.4亿元，同比增长26.0%。利润总额133.6亿元，增长6.2%，两年平均增长11.1%。

2021年，宣城市服务业增加值比上年增长9.8%，比安徽省高1.1个百分点。1—11月，全市规模以上服务业营业收入74.3亿元，同比增长17.2%，两年平均增长7.3%。互联网和相关服务、商务服务、软件和信息技术服务等领域行业发展较好，实现营业收入分别增长1.7倍、80.9%和23.2%。

2021年，宣城市社会消费品零售总额757.1亿元，比上年增长20.8%，比安徽省高3.7个百分点，居安徽省第5位；两年平均增长11.1%。全年限额以上单位消费品零售额169.8亿元，增长18.9%。网络零售快速增长，全市批发零售企业通过公共网络实现零售额16.8亿元，增长45.8%。

2021年，宣城市固定资产投资比上年增长16.4%，比安徽省高7.0个百分点，居安徽省第3位；两年平均增长11.4%。分产业看，第一产业投资增长1倍，第二产业投资增长14.1%，第三产业投资增长17.2%。高技术产业投资增长46.5%。社会领域投资增长4.0%，其中教育投资增长9.0%。

2021年，宣城市进出口总额28.3亿美元，比上年增长45.8%，比安徽省高9.7个百分点，增速居安徽省第4位；两年平均增长23.1%。全年实际利用外商直接投资13.9亿美元，增长7.6%，比安徽省高2.2个百分点，居安徽省第8位；两年平均增长7.4%。

2021年，宣城市一般公共预算收入182.8亿元，比上年增长8.5%，两年平均增长5.2%。年末金融机构人民币各项存、贷款余额分别为2486.4亿元和2050.8亿元，分别比上年增长14.2%和16.4%，增速分别居安徽省第1位和第2位。全年金融机构人民币新增存款308.7亿元，比上年多增73.2亿元；新增贷款289.3亿元，比上年多增32.4亿元。

宣城市年末各类市场主体达到28.1万户，全年新登记各类市场主体3.6万户，其中新登记企业超过1万户。全年新增“四上”企业514家。全年城镇新增就业人数5.42万人，超额完成年度目标任务。全年城镇登记失业率控制在2.13%。

宣城市下辖1个区、4个县，代管2个县级市，共7个区县，按地区生产总值从高到低的顺序排，依次为宣州区（501.9亿元）、宁国市（431.7亿元）、广德市（380.7亿元）、郎溪县（208.5亿元）、泾县（147.9亿元）、绩溪县（101.3亿元）、旌德县（61.9亿元）。从整体来看，宣城市境内区域经济发展差异大，宣州区已经突破500亿元大关，最低的旌德县61.9亿元，仅有宣州区的12.33%。

九、溧阳市总量情况

2021年，溧阳市实现地区生产总值1261.30亿元，按可比价计算，增长10.1%。分产业看，第一产业增加值56.80亿元，同比增长2.7%；第二产业增加值648.81亿元，同比增长11.9%；第三产业增加值555.69亿元，同比增长8.8%。三次产业增加值比例为4.5∶51.4∶44.1。

2021年，溧阳市“四大经济”全产业累计完成增加值690.74亿元（合计数已剔除融合部分，下同），同比增长22.6%（同口径，下同），占全市地区生产总值比重54.8%，较上年提高3个百分点。全产业实现营业收入2115.46亿元，同比增长5.2%，税收收入59.3亿元（列入统计口径），同比增长20.8%。

2021年，溧阳市实现农林牧渔业总产值93.45亿元，同比增长3.3%。其中，农业50.29亿元，同比增长1.2%；林业1.08亿元，同比增长4.7%；牧业4.00亿元，同比增长16.8%；渔业33.27亿元，同比增长5.0%；农林牧渔服务业4.8亿元，同比增长4.0%。全市实现农林牧渔业增加值59.98亿元，同比增长4.4%。其中，农业37.08亿元，同比增长4.2%；林业0.4亿元，同比增长4.4%；牧业1.65亿元，同比增长15.4%；渔业17.7亿元，同比增长3.8%；农林牧渔服务业3.18亿元，同比增长4.8%。全年粮食播种面积82.46万亩，粮食总产量40.92万吨。2021年，全市农机总动力57.82万千瓦，农机专业合作社185家。

2021年，溧阳市工业总产值2267.49亿元，同比增长29.1%；营业收入2461.59亿元，同比增长27.8%；利税246.63亿元，同比增长31.1%；利润189.27亿元，同比增长32.5%。其中，规模以上工业总产值2112.80亿元，同比增长31.8%；营业收入2308.76亿元，同比增长30.2%；利税232.56亿元，同比增长33.9%；利润178.93亿元，同比增长35.3%。

2021年，溧阳市固定资产投资同比增长8.0%。其中，工业投资同比增长25.7%，服务业投资同比下降12.0%。5000万元以上项目投资额占比93.0%，高技术投资占比32%，较去年同期提升12.2个百分点。计划总投资10亿元以上项目（不含房地产）总数55个，同比增长48.6%；完成投资172.1亿元，同比增长58.3%，占固定资产投资额比重43.5%。

2021年，溧阳市拥有资质企业527家，其中，特级资质企业2家（龙海、天目），一级资质企业61家，二级资质企业276家；拥有各类资质1600项，是苏南地区资质门类最为齐全、综合率较高的建筑之乡。全市建筑业施工产值达1124亿元，同比增长12%；上缴税金27.5亿元，同比增长24.4%。

2021年，溧阳市外贸进出口总额113.20亿元，同比增长32.0%。其中，出口91.20亿元，同比增长28.9%；进口22.00亿元，同比增长46.8%。实际使用外资3.62亿美元，同比增长8.4%。

十、金坛区总量情况

2021年，金坛区实现地区生产总值1101.09亿元，按可比价计算，同比增长9.5%。其中，第一产业增加值40.63亿元，增长2.6%；第二产业增加值571.57亿元，增长10.3%；第三产业增加值488.89亿元，增长9.2%。三次产业增加值比例为3.7∶51.9∶44.4。

2021年，金坛区实现一般公共预算收入60.03亿元，同比增长7.5%；其中税收收入49.67亿元，占一般公共预算收入的比重为82.7%。税收收入中，增值税14.64亿元，同比增长30.6%；个人所得税3.13亿元，同比增长58.7%；企业所得税6.73亿元。

2021年，金坛区新设各类市场主体22412户，注册资金441.40亿元；年末共有各类市场主体80033户，注册资金3830.67亿元。江苏常宝普莱森钢管有限公司获评2021年常州市市长质量奖；正信光电科技股份有限公司、江苏金旺智能科技有限公司、同方威视科技江苏有限公司获评2021年常州市市长质量奖提名奖。东方日升（常州）新能源有限公司获评2021年金坛区区长质量奖，信维通信（江苏）有限公司、永臻科技股份有限公司、常州金坛江南制粉有限公司3家企业获评2021年金坛区质量管理先进单位。

2021年，金坛区实现农林牧渔业总产值75.06亿元，同比增长3.6%；实现农林牧渔业增加值46.25亿元，按可比价计算，同比增长2.7%。全年粮食总产量17.08万吨，较上年增加2519吨。其中，夏粮总产量4万吨，较上年增加2498吨；秋粮总产量13.08万吨，和上年基本持平。

2021年，金坛区实现规模以上工业总产值1489.99亿元，同比增长36.2%。其中高新技术产业产值827.36亿元，同比增长31.4%，占规模以上工业的比重为55.5%。全年实现规模以上工业增加值395.37亿元，按可比价计算，同比增长17.0%。支柱产业贡献突出。全年规模以上五大支柱产业实现产值1431.15亿元，同比增长34.5%。其中装备制造、汽车及零部件、光伏新能源产业分别实现产值551.74亿元、319.05亿元和240.81亿元，同比实现两位数增长；化工及新材料和纺织服装产业分别实现产值214.45亿元、105.09亿元。

2021 年，金坛区全社会固定资产投资额同比增长 7.2%，其中第二产业、第三产业分别增长 8.3%和 6.5%，第一产业下降 50.9%。非制造业投资高速增长，全区非制造业投资完成额同比增长 181.8%。计划总投资 5000 万元以下的项目支撑有力，项目数量与完成额呈现双增长趋势，分别增长 92.0%和 65.9%。南沿江高铁金坛站、河海大学新校区等 52 个政府投资项目累计完成投资 58.39 亿元。

2021 年，金坛区签约引进外资项目 10 个，投产开业的外商投资企业 374 家，实现实际到账注册外资 3.58 亿美元。中德（金坛）创新产业园被认定为中国（江苏）自由贸易试验区联动创新发展区，成为江苏省对德合作的又一高地，集聚速德、舒富、晟达等 44 家德语区企业，总投资额超过 12 亿欧元。牵线德国手工业行会（HWK）与金坛中专联合开办中德国际班，成功举办首届“对话德国——江苏德国合作交流大会”及“2021 中德经济论坛暨德国慕尼黑推介会”。全年实现外贸进出口总额 272.90 亿元，同比增长 23.9%，创下历史新高。其中，出口 212.90 亿元，同比增长 31.7%；进口 60.00 亿元，同比增长 2.4%。

第二章　经济结构情况

第一节　南京都市圈经济结构情况

《南京都市圈发展规划》正式获批已有一年。南京市统计局最新统计数据显示，2021 年全年，南京都市圈 10 个地区共实现地区生产总值 46665.65 亿元，经济总量较上年扩大 4915 亿元，经济发展呈现强劲韧性，彰显高质量发展特质，一体化程度持续提高，实现“十四五”发展良好开局。

自《南京都市圈发展规划》获批以来，都市圈各地区坚持合作共建，统筹推进疫情防控和经济社会发展各项工作，都市圈规模持续扩大，高质量发展稳步前行。2021 年，都市圈地区生产总值占全国的比重为 4.1%，与上年持平，占长三角的比重为 16.9%。10 个地区中，8 个地区的地区生产总值增速高于全国。南京全市地区生产总值总量居都市圈各地区首位，占比 35.0%。

随着都市圈产业强链补链协同推进，产业结构持续优化。2021 年，南京都市圈第一产业增加值 2032.60 亿元，占全国的比重为 2.4%，占长三角的比重为 19.6%；第二产业增加值 20330.06 亿元，占全国的比重为 4.5%，占长三角的比重为 18.1%；第三产业增加值 24303.01 亿元，占全国的比重为 4.0%，占长三角的比重为 15.8%。2021 年南京都市圈与江苏省产业结构增加值对比图见图 7-2-1。

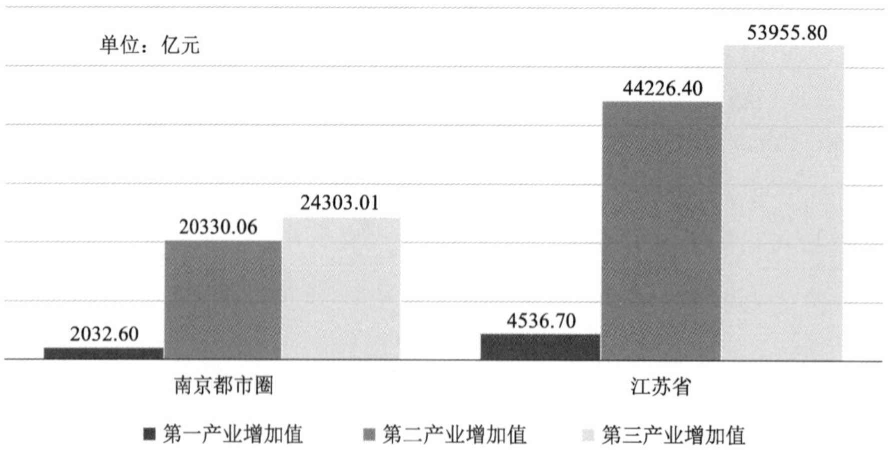

图 7-2-1　2021 年南京都市圈与江苏省产业结构增加值对比图

从生产领域看，工业成为地区经济稳定的关键。都市圈 10 个地区的规模以上工业增加值增速均高于全国，其中溧阳、金坛、镇江增速居都市圈前 3 位，分别高出全国 9.9、7.4、5.5 个百分点。全年规模以上工业企业营业收入 48529.45 亿元，占全国的比重为 3.8%，增长 22.2%，增幅高出全国 2.8 个百分点；利润总额 3164.66 亿元，占全国的比重为 3.6%，占长三角的比重为 14.5%，较上年提高 1.4 个百分点。

外贸外资保持较快增长。2021 年，南京都市圈实现进出口总额 10736.47 亿元，同比增长 20.9%，占全国的比重为 2.7%，占长三角的比重为 7.6%。其中，出口总额 7063.15 亿元，同比增长 21.8%，增速高于全国 0.6 个百分点；出口总额占全国的比重为 3.2%，占长三角的比重为 8.6%，占比较上年提高 0.3 个百分点。

过去一年，都市圈居民收入稳步提升，消费持续恢复。10 个地区全体居民人均可支配收入增幅达到或超过全国，其中 7 个地区人均可支配收入超过全国水平，南京、金坛、镇江分别为 66140 元、51004 元、50360 元，居都市圈前 3 位，溧阳、马鞍山、扬州、芜湖超过 4 万元。2021 年，南京都市圈实现社会消费品零售总额 18384.33 亿元，占全国的比重为 4.2%，较上年提高 0.1 个百分点。

第二节　各市（区）经济结构情况

一、南京市经济结构情况

2021 年，面对复杂多变的国内外环境特别是新冠肺炎疫情的冲击，南京全市上下统筹疫情防控和经济社会发展，坚决贯彻落实党中央、国务院和省委、省政府决策部署，坚持稳中求进工作总基调，扎实做好"六稳"工作，全面落实"六保"任务，积极应对复杂多变的外部环境，经济运行保持了"稳定恢复、质效提升、韧性增强"的态势，高质量发展迈出坚实步伐，实现"十四五"发展良好开局。

根据地区生产总值统一核算结果，2021 年全市地区生产总值 16355.32 亿元，按不变价格计算，同比增长 7.5%，两年平均增长 6.0%。从年度增长走势看，一季度、上半年、前三季度和全年地区生产总值同比增速分别为 16.0%、12.7%、8.3% 和 7.5%，两年平均增速分别为 8.6%、7.3%、5.8%和 6.0%，呈现缓中趋稳的态势。分产业看（图 7-2-2），第一产业增加值 303.94 亿元，占地区生产总值的比重为 1.9%，同比增长 0.8%；第二产业增加值 5902.65 亿元，占地区生产总值的比重为 36.1%，同比增长 7.6%；第三产业增加值 10148.73 亿元，占地区生产总值的比重为 62.1%，同比增长 7.6%。三次产业增加值结构比例由上年的 2.0∶35.2∶62.8 调整为 1.9∶36.1∶62.1。

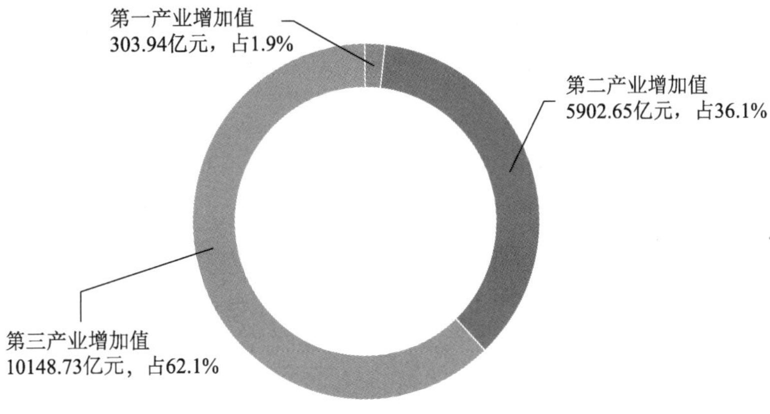

图 7-2-2　2021 年南京市地区生产总值产业结构占比图

1. 农业生产平稳发展，主要农产品稳产保供成效显著

2021年，南京市农林牧渔业总产值504.01亿元，同比增长2.9%，比2019年增长6.7%，两年平均增长3.3%，农林牧渔业总产值首次突破500亿元。粮食作物播种面积、总产量实现“双增”，全年粮食作物播种面积204.88万亩，较上年增加2.5万亩，增长1.2%；粮食总产量98.48万吨，较上年增加0.7万吨，增长0.7%。年末生猪地产存栏32.51万头，同比增长51.9%，超额完成生猪稳产保供的地产存栏任务。

2. 工业生产稳步增长，先进制造业增势良好

2021年，南京市规模以上工业增加值3543.96亿元，同比增长10.0%；两年平均增长8.2%，两年平均增速比2019年同期增速提高1.2个百分点。从主要行业看，计算机通信和其他电子设备制造业、电气机械和器材制造业、医药制造业、通用设备制造业、专用设备制造业增加值同比分别增长15.5%、21.0%、12.7%、19.6%、15.9%。先进制造业实现较快发展，全年规模以上高技术制造业增加值同比增长15.5%，装备制造业增加值同比增长13.6%。新兴工业品产能加速释放，工业机器人、新能源汽车、集成电路、光伏电池等产品产量分别增长122.5%、119.1%、45.4%、12.7%。1—11月，全市规模以上工业企业实现利润总额同比增长53.7%，两年平均增长27.5%，分别高于全国、江苏省8.6、8.9个百分点。

3. 服务业持续恢复，重点服务业保持稳增态势

2021年，南京市服务业增加值达到10148.73亿元，同比增长7.6%，两年平均增长5.8%。分行业看，信息传输软件和信息技术服务业、金融业、批发零售业、房地产业增加值同比分别增长11.0%、6.2%、7.0%、9.0%，两年平均增速分别为11.9%、6.1%、4.8%、5.2%。1—11月，全市规模以上服务业企业（不含批发零售、住宿餐饮、房地产开发及金融业）实现营业收入6444.19亿元，同比增长22.8%，两年平均增长12.6%。列入统计的10个门类行业中，有8个行业营业收入实现正增长；其中交通运输、仓储和邮政业，文化、体育和娱乐业，信息传输、软件和信息技术服务业，科学研究和技术服务业营业收入同比分别增长47.0%、24.8%、13%、15.8%。

二、镇江市经济结构情况

2021年，镇江市实现地区生产总值4763.42亿元（表7-2-1），按可比价格计算，同比增长9.4%，增幅分别高于全国、江苏省1.3和0.8个百分点，列江苏省第3位；两年平均增长6.4%。经济运行总体呈现稳中有进、稳中向好、稳中提质的积极态势。分产业看（图7-2-3），第一产业增加值157.02亿元，占地区生产总值的比重为3.3%，同比增长3.4%；第二产业增加值2319.73亿元，占地区生产总值的比重为48.7%，同比增长10.7%；第三产业增加值2286.67亿元，占地区生产总值的比重为48.0%，同比增长8.6%。三次产业增加值结构比例调整为3.3∶48.7∶48.0。

表7-2-1 2021年镇江市地区生产总值

地区	地区生产总值/亿元	地区生产总值构成/亿元				人均地区生产总值/元
		第一产业	第二产业	工业	第三产业	
全市	4763.42	157.02	2319.73	2105.95	2286.67	148204
市区	2151.90	31.45	951.59	856.29	1168.85	169648
京口区	509.30	0.83	131.83	114.83	376.64	143123
润州区	273.69	0.43	45.05	19.94	228.22	113967
丹徒区	461.07	23.04	229.59	197.46	208.44	132605

续表

地区	地区生产总值/亿元	地区生产总值构成/亿元				人均地区生产总值/元
		第一产业	第二产业		第三产业	
				工业		
高新区	131.95	0.68	51.65	43.02	79.61	218280
新区	775.89	6.48	493.47	481.04	275.94	293563
丹阳市	1324.01	52.52	690.04	658.87	581.45	133759
扬中市	550.77	17.51	289.07	269.87	244.19	174434
句容市	736.75	55.54	313.00	262.00	368.21	115108

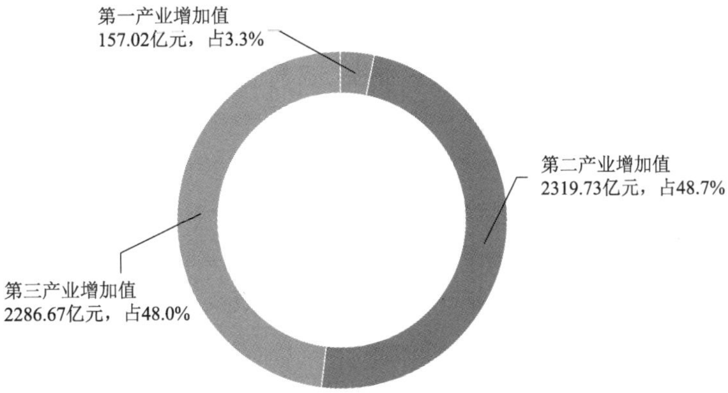

图 7-2-3　2021 年镇江市地区生产总值产业结构占比图

1. 农业生产总体平稳

2021 年，镇江市粮食播种面积 201.78 万亩，比上年增加 3.26 万亩，增长 1.6%。全年粮食总产量 96.02 万吨，比上年增加 0.41 万吨，增长 0.4%。全年油料总产量 4.30 万吨，增长 27.0%。主要畜产品中，肉类总产量 8.01 万吨，比上年增长 8.3%。全年生猪出栏量 27.35 万头，下降 11.2%；家禽出栏量 3533.87 万只，增长 18.6%。水产品产量 9.68 万吨，增长 0.7%。

“十四五”时期，镇江市强化区域分工与产业联动。依托镇江市“一体两翼”的发展新布局，探索形成市（区）、中心镇（街道）、中心村层级明显的分工体系，优化城乡产业布局。

2. 工业生产稳定恢复

2021 年，镇江市规模以上工业增加值比上年增长 15.1%，其中大中型企业增长 18.8%。全年规模以上工业高技术制造业增加值比上年增长 10.7%，其中医疗仪器设备及仪器仪表制造业、计算机及办公设备制造业增加值分别增长 13.2%、20.6%。高新技术产品产量增长较快，其中新能源汽车产量增长 255.6%，单晶硅片产量增长 79.7%，碳纤维产量增长 126.2%。新增国家级专精特新“小巨人”企业 6 家，省级服务型制造示范企业 5 家。年末拥有省级智能工厂 4 家，省级智能车间 87 个。2021 年镇江市产品销售收入前 50 家企业见表 7-2-2。

表 7-2-2　2021 年镇江市产品销售收入前 50 家企业

企业名称	所属地区	企业名称	所属地区
镇江奇美化工有限公司	新　区	句容宁武新材料股份有限公司	句容市
江苏鼎胜新能源材料股份有限公司	京口区	中节能太阳能科技（镇江）有限公司	新区
江苏鑫海高导新材料有限公司	丹阳市	江苏镇江发电有限公司	丹徒区

续表

企业名称	所属地区	企业名称	所属地区
金东纸业（江苏）股份有限公司	新区	江苏新韩通船舶重工有限公司	扬中市
中储粮镇江粮油有限公司	京口区	索尔维（镇江）化学品有限公司	新区
江苏沃得农业机械股份有限公司	丹阳市	道达尔润滑油（中国）有限公司	新区
江苏鸿泰钢铁有限公司	京口区	镇江西门子母线有限公司	扬中市
江苏索普化工股份有限公司	京口区	巨宝精密加工（江苏）有限公司	句容市
丹阳龙江钢铁有限公司	丹阳市	镇江源龙铝业有限责任公司	丹徒区
国家能源集团谏壁发电厂	京口区	蜂巢传动系统（江苏）有限公司	扬中市
江苏久华环保科技股份有限公司	丹阳市	句容市天工精密金属制品有限公司	句容市
江苏鱼跃医疗设备股份有限公司	丹阳市	句容毅马五金制品有限公司	句容市
镇江江南化工有限公司	新区	北汽蓝谷麦格纳汽车有限公司	丹徒区
江苏美科太阳能科技有限公司	扬中市	江苏长宏重工有限公司	丹阳市
蜂巢动力系统（江苏）有限公司	扬中市	镇江南帝化工有限公司	新区
镇江联成化学工业有限公司	新区	江苏长丰纸业有限公司	丹阳市
江苏通达铜材有限公司	新区	镇江华润燃气有限公司	润州区
江苏华电句容发电有限公司	句容市	句容协鑫光伏科技有限公司	句容市
江苏新泉汽车饰件股份有限公司	丹阳市	江苏沃得高新农业装备有限公司	丹徒区
江苏中海粮油工业有限公司	扬中市	江苏恒顺醋业股份有限公司	丹徒区
建华建材（中国）有限公司	句容市	凯迩必机械工业（镇江）有限公司	新区
华电江苏能源有限公司	句容市	扬中凯悦铜材有限公司	扬中市
江苏鹤林水泥有限公司	丹徒区	江苏森林建筑新材料股份有限公司	扬中市
天工爱和特钢有限公司	丹阳市	句容台泥水泥有限公司	句容市
江苏天工工具有限公司	丹阳市	江苏正丹化学工业股份有限公司	新区

“十四五”时期，镇江市将推动主导产业做大做强，重点打造高端装备制造、生命健康、数字经济和新材料四大产业集群。明确产业集群发展方向。实施集群短板突破、集群质量品牌建设等重大工程，促进产业集群品牌化、特色化、协同化发展，加快推进镇江制造向价值链中高端迈进。

3. 服务业运行稳中向好

“十三五”时期，镇江市服务业总体呈现稳定增长、质提效增的良好势头，以服务经济为主的产业结构基本形成。2020年，全市服务业增加值2082亿元，占地区生产总值比重49.3%，年均增长4.9%，服务业增加值占地区生产总值比重首次超过第二产业，“三二一”产业格局基本确立。2021年，镇江全市第三产业增加值2286.67亿元，同比增长8.6%。

“十四五”时期，镇江市将以产业强市战略为引领，围绕“四群八链”[即高端装备制造、生命健康、数字经济、新材料四大产业集群和新型电力（新能源）装备、汽车及零部件（新能源汽车）、高性能材料、医疗器械和生物医药、新一代信息技术、航空航天、海工装备、智能农机设备八条产业链]，聚焦生产性服务业和生活性服务业的重点领域，聚焦服务业细分领域的新兴产业，加快构建具有镇江特色、较强区域竞争力的“535”现代服务产业新体系。

尽管经济持续稳定恢复，呈现高开稳走态势，主要指标实现预期目标，但专家表示，国际环境更趋复杂严峻，国内经济恢复制约因素仍然较多，当前镇江市经济恢复的基础还不牢固，长期存在的结构性矛盾依然凸显。下阶段，各地各部门应稳字当头，坚持稳中求进工作总基调，不断做强经济基础，推动政策落地见效，破解经济发展难点，保持经济运行在合理区间，统筹做好疫情防控和经济社会发展各项工作。

三、扬州市经济结构情况

2021 年扬州市地区生产总值为 6696.43 亿元，比 2020 年增加了 648.1 亿元，同比增长 7.4%。分产业来看（图 7-2-4），2021 年扬州市第一产业增加值为 317.2 亿元，占地区生产总值的比重为 4.7%；第二产业增加值为 3207.4 亿元，占地区生产总值的比重为 47.9%；第三产业增加值为 3171.9 亿元，占地区生产总值的比重为 47.4%。三次产业增加值结构比例为 4.7∶47.9∶47.4。

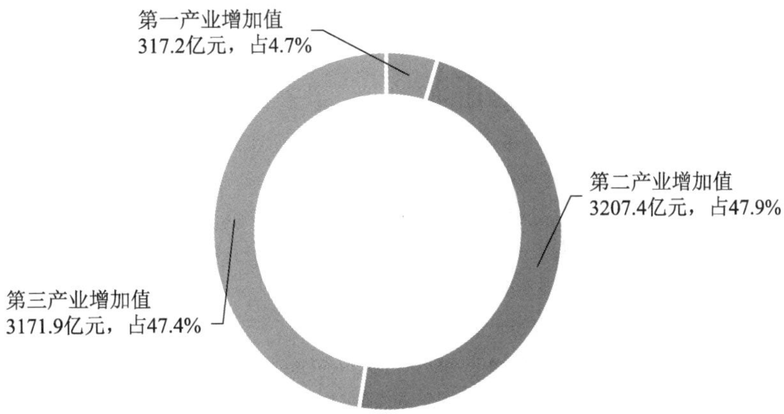

图 7-2-4　2021 年扬州市地区生产总值产业结构占比图

1. 农业经济保持稳定

2021 年，扬州市粮食播种面积 583.05 万亩，同比增长 0.2%；粮食平均亩产 492.18 公斤，下降 0.1%；粮食总产 286.97 万吨，增长 0.1%。全年猪牛羊禽肉产量 16.29 万吨，增长 2.7%。禽蛋产量 7.5 万吨，增长 31.5%。牛奶总产量 2.39 万吨，增长 13.6%。水产品总产量 40.3 万吨，增长 1.1%。

“十四五”时期，扬州市将以优化农业空间布局、保障粮食安全为目标，优化东部平原水网、西部丘陵、南部沿江三大农业功能板块，发挥不同区域的农业资源优势，推动农业差异化协同发展。

2. 工业生产保持稳步发展

2021 年，扬州市规模以上工业企业增加值增长 13%，其中轻工业增长 15%，重工业增长 12.4%。规模以上工业企业营业收入增长 19%，利润增长 53.1%。先进制造业产值增长 17.8%，对全部规模以上工业总产值的贡献率 56.3%，拉动全市产值增幅 11.8 个百分点。

“十四五”时期，扬州市将打造有鲜明标识度和持久竞争力的“323+1”产业集群，同时，适应化工新材料重大项目集聚、增长潜力巨大的新形势，着力打造化工新材料产业集群。力争到“十四五”末，先进制造业集群规模以上工业开票销售占全市规模以上工业比重的 70%以上。

3. 服务业保持稳增态势

“十三五”时期，扬州市现代服务业发展提质增效，服务业增加值年均增速超过 8%，服务业重点企业达 2000 家，服务业增加值占地区生产总值的比重较 2015 年提高了 3.8 个百分点，建成省市级生产性服务业集聚（示范）区 57 个，其中省级服务业集聚（示范）区 14 个。旅游业年总收入突破 1000 亿元。

“十四五”时期，扬州市将重点推进服务业重大项目建设、优势企业培育、集聚区提质增效、生产性服务业发展和两业融合、品牌标准赋能、物流降本增效、对外开放、服务业综合改革等八大任务，实施“三大计划”“两大工程”，全面提高现代服务业发展质量和工作组织程度，加快构建现代服务产业体系。

四、淮安市经济结构情况

初步核算，淮安市 2021 年实现地区生产总值 4550.13 亿元，按不变价格计算，比上年增长 10.0%，两年平均增长 6.5%。其中，第一产业增加值 423.32 亿元，占地区生产总值的比重为 9.3%，增长 3.4%；第二产业增加值 1889.21 亿元，占地区生产总值的比重为 41.5%，增长 9.8%；第三产业增加值 2237.60 亿元，占地区生产总值的比重为 49.2%，增长 11.6%（图 7-2-5）。三次产业增加值结构比例调整为 9.3∶41.5∶49.2。

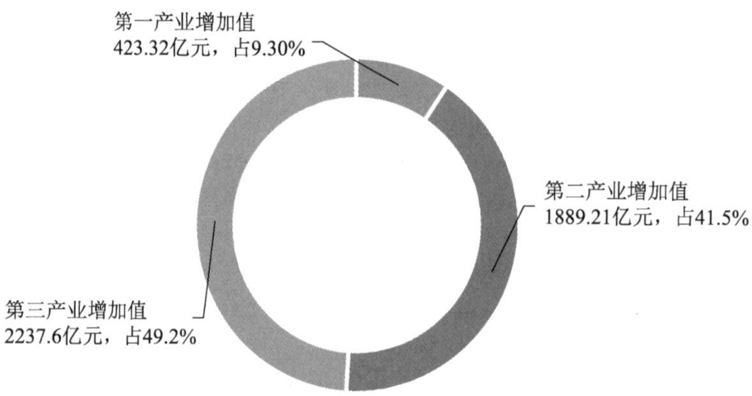

图 7-2-5　2021 年淮安市地区生产总值产业结构占比图

1. 农业生产总体稳定，粮食产量稳中有增

粮食生产持续丰收。2021 年全年粮食播种面积 1024.04 万亩，比上年增加 0.20 万亩。粮食总产量 491.72 万吨，比上年增加 1.37 万吨，增长 0.3%，连续五年实现增产。其中，夏粮产量 183.72 万吨、下降 0.6%，秋粮产量 308.01 万吨、增长 0.8%。

林牧渔业平稳增长。全年完成造林面积 3.56 万亩。年末生猪存栏 159.23 万头，比上年增长 8.3%。生猪出栏 243.74 万头，比上年增长 21.5%；家禽出栏 6991.52 万只，比上年增长 2.8%。猪牛羊禽肉产量 32.56 万吨，比上年增长 20.7%；水产品总产量 30.25 万吨，比上年增长 2.8%。

现代农业转型增效。实施投资超 3000 万元农业项目 154 个。新增优质食味稻 78 万亩、高效设施农业 6.1 万亩、高标准农田 49.5 万亩、千亩以上连片特色农业产业基地 22 个。盱眙现代农业产业园晋升国家级，红窑镇列入国家级农业产业强镇。

水利建设持续加强。全年累计完成水利投资 31.2 亿元。淮河流域重点平原洼地里下河洼地治理工程、南淮泗河治理工程、城根滩堤防薄弱段应急除险加固工程全部完成。洪泽湖周边滞洪区近期建设、鲍集圩堤防除险加固、古盐河治理、汪木排河治理、淮涟灌区现代化改造、渠北灌区现代化改造等一批水利重点工程全面实施。

2. 工业生产持续增长，主导产业支撑明显

工业生产加快恢复。全年规模以上工业总产值比上年增长 27.8%，两年平均增长 16.6%；工业增加值增长 14.6%，两年平均增长 9.5%。从三

大门类看，采矿业总产值增长 6.1%，制造业增长 28.1%，电力、热力、燃气及水生产和供应业增长 23.5%。绿色食品、新型装备制造、新一代信息技术三大主导产业总产值分别增长 16.9%、28.4%、33.6%，对全市工业总产值增长贡献度 54.3%。规模以上工业企业实现利润总额 180.39 亿元，比上年增长 24.5%，两年平均增长 11.7%；工业企业营业收入利润率为 5.87%，比上年提升 0.19 个百分点。

建筑业稳步发展。全年签订建筑合同额 1460.0 亿元，比上年增长 2.5%；实现建筑业总产值 1578.3 亿元，比上年增长 8.3%。建筑业企业房屋建筑施工面积 12651.4 万平方米、增长 12.3%，其中新开工面积 3233.8 万平方米、下降 10.6%。建筑业企业实现利润总额 74.4 亿元，增长 12.5%。

3. 服务业持续恢复，枢纽地位日益显现

2021 年淮安全市实现第三产业增加值 2237.60 亿元，同比增长 11.6%，对经济增长贡献率达 57.4%。其中，批发零售业、住宿餐饮业、房地产业、其他服务业保持较快增长，同比分别增长 11.0%、15.6%、14.2%、12.8%。

全年完成货运量 11974 万吨，货物周转量 411 亿吨千米，其中铁路货运周转量 16.63 亿吨千米，同比增长 34.1%；完成客运量 2901 万人次，旅客周转量 99.49 亿人千米，其中铁路客运周转量 71.49 亿人千米，同比增长 221.6%。接待境内外游客 3293.95 万人次，同比增长 49.4%；实现旅游业总收入 404.98 亿元，同比增长 51.8%。

五、芜湖市经济结构情况

2021 年芜湖市地区生产总值为 4302.63 亿元，比 2020 年增长 11.6%。分产业来看（图 7-2-6），2021 年芜湖市第一产业增加值为 169.58 亿元，占地区生产总值的比重为 4.0%；第二产业增加值为 2048.96 亿元，占地区生产总值的比重为 47.6%；第三产业增加值为 2084.09 亿元，占地区生产总值的比重为 48.4%。三次产业结构比例为 4.0∶47.6∶48.4。

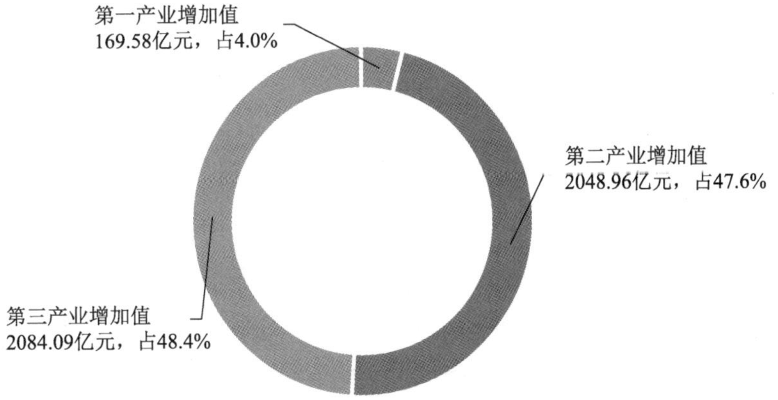

图 7-2-6　2021 年芜湖市地区生产总值产业结构占比图

1. 农业生产形势平稳，主要农产品产量全面提升

2021 年，芜湖市农林牧渔业总产值 309.78 亿元，比上年增长 7.9%；两年平均增长 5.1%。主要农产品产量中，粮食产量 138.76 万吨，增长 2.7%；蔬菜产量 172.08 万吨，增长 5.8%；水产品产量 17.83 万吨，增长 4.6%；肉类产量 17.71 万吨，增长 13.9%。

2. 工业经济持续发展，支柱产业、战略性新兴产业、高新技术产业实现较快增长

2021 年，芜湖市规模以上工业增加值比上年增长 14.1%，比全省高 5.2 个百分点；两年平均增长 9.3%。规模工业中，四大支柱产业增加值增长 17.6%。其中，汽车及零部件产业、材料产业分别增长 26.3%和 17.5%；战略性新兴产业产值增长 36.4%，高新技术产业增加值增长 21.3%，分别比全省高 7.6 和 5.8 个百分点。主要工业产品中，工业机器人、新能源汽车、光电子器件、锂离子电池等高新技术产品产量增幅在30%以上。1—11月份，全市规模以上工业实现营业收入5005.18亿元，同比增长20.8%。营业收入利润率为6.2%，比全省高0.1个百分点；其中制造业营业收入利润率为6.5%，比全省高0.5个百分点。

3. 服务业占比提升，增长贡献率不断提高

全年全市服务业增加值比上年增长11.7%，比全省高3.0个百分点；服务业占地区生产总值比重达48.4%，比上年提高0.3个百分点；服务业对地区生产总值增长贡献率达49.2%，比上年提高7.4个百分点。其中，住宿餐饮业增长22.7%，批发零售业增长14.3%，营利性服务业增长11.9%，非营利性服务业增长11.3%。

六、马鞍山市经济结构情况

根据安徽省地区生产总值统一核算结果，2021年马鞍山市地区生产总值为2439.33亿元，同比增长9.1%，两年平均增长6.3%。其中，第一产业增加值104.23亿元，占地区生产总值的比重为4.3%，同比增长6.7%，两年平均增长4.2%；第二产业增加值1206.26亿元，占地区生产总值的比重为49.4%，同比增长10.1%，两年平均增长7.2%；第三产业增加值1128.84亿元，占地区生产总值的比重为46.3%，同比增长8.3%，两年平均增长5.6%（图7-2-7）。

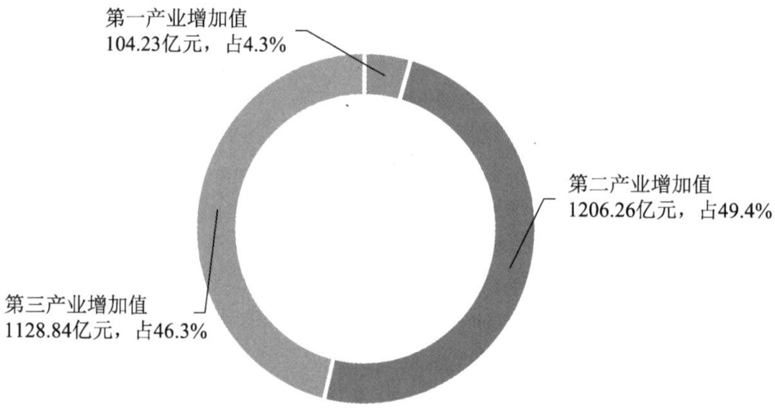

图7-2-7　2021年马鞍山市地区生产总值产业结构占比图

1. 农业生产平稳增长

全年实现农林牧渔业总产值180.79亿元，按可比价格计算，比上年增长8.5%。粮食播种面积17.67万公顷，增长0.4%；粮食总产量106万吨，增长1.2%；蔬菜种植面积2.8万公顷，增长5.3%；蔬菜产量85.6万吨，增长6.1%。

养殖业发展良好。全年肉类总产量9.1万吨，比上年增长16.2%。在畜禽产品中，生猪产能迅速释放，全市生猪出栏43.3万头，增长30.1%；禽肉产量5.1万吨，增长7.4%；禽蛋产量3.3万吨，下降1.6%；牛奶产量5.5万吨，增长42.1%。

2. 工业经济增长较快，建筑业平稳发展

按可比价格计算，全年规模以上工业增加值比上年增长12.5%。全市36个工业大类行业中，有25个行业实现增长，行业增长面69.4%。25个行业规模以上工业增加值增长17.8%，拉动全市规模以上工业增加值增长14.2个百分点。企业利润逼近200亿元大关。全年规模以上工业企业实现利润总额193.7亿元，增长21.3%，增速延续较高水平。

战略性新兴产业快速发展。全年战略性新兴产业产值比上年增长35.1%，八大战略性新兴产业全部增长。其中，涨幅靠前的行业有数字创意产业（61.9%）、生物产业（48.1%）、节能环保产业（45.8%）、新材料产业（44.7%）、新能源产业（35.4%）等。

工业企业产销衔接良好。全年规模以上工业企业产品销售率为97.5%，多数工业产品产量增长。

建筑业全年实现增加值229.55亿元，按可比价格计算，比上年增长7.7%。房屋建筑施工面积1397.7万平方米，房屋竣工面积339.4万平方米。

七、滁州市经济结构情况

根据地区生产总值统一核算结果，2021年，滁州市实现地区生产总值3362.1亿元，同比增长9.9%。其中，第一产业增加值287.9亿元，占地区生产总值的比重为8.56%，同比增长6.7%；第二产业增加值1644.8亿元，占地区生产总值的比重为48.92%，同比增长9.5%；第三产业增加值1429.4亿元，占地区生产总值的比重为42.52%，同比增长11.0%（表7-2-3）。三次产业结构调整为8.56∶48.92∶42.52（图7-2-8），其中工业增加值占地区生产总值的比重为39.2%。

表7-2-3　2021年滁州市地区生产总值构成及增长速度

指标名称	绝对额/亿元	占比/%	增速/%
地区生产总值	3362.1	100.0	9.9
其中：一产	287.9	8.56	6.7
二产	1644.8	48.92	9.5
三产	1429.4	42.52	11.0
其中：农林牧渔业	311.8	9.3	6.8
工业	1316.6	39.2	9.7
建筑业	328.9	9.8	8.7
批发和零售业	246.9	7.3	20.3
交通运输、仓储和邮政业	139.4	4.1	6.8
住宿和餐饮业	56.6	1.7	26.3
金融业	153.4	4.6	7.1
房地产业	229.4	6.8	9.4
其他服务业	579.1	17.2	8.8

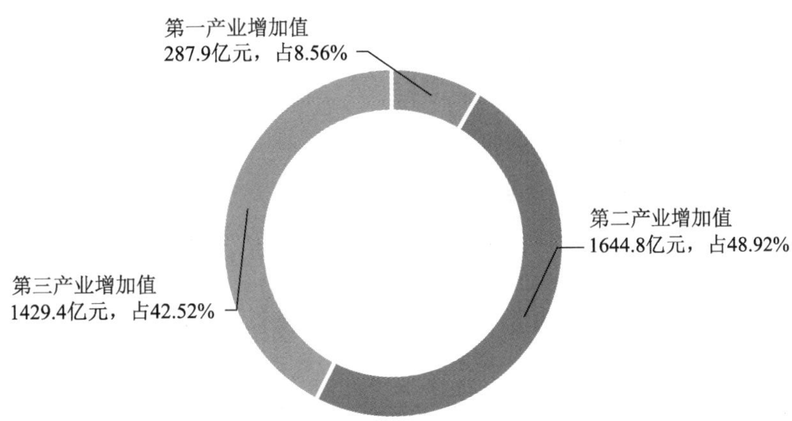

图7-2-8　2021年滁州市地区生产总值产业结构占比图

1. 农业生产平稳增长

据统计，2021年，滁州市农林牧渔业实现产值510.2亿元，同比增长8.5%，首超500亿元。全年蔬菜产量105.6万吨，同比增长5.1%；水果产量26.5万吨，同比增长4.7%；粮食产量470.4万吨，同比增长1.0%。

2. 工业建筑业生产形势平稳

2021年，滁州市规模以上工业增加值同比增长 10.7%，两年平均增长 9.1%。从高质量发展情况看，高新技术产业、战略性新兴产业保持较快增长。全市高新技术产业增加值同比增长 18.4%，增加值占全市规模以上工业增加值的 52.7%，高于全市规模以上工业增加值增速 7.7 个百分点；战略性新兴产业企业数达 450 家，产值累计增长 36.4%，产值总量占全部规模以上工业产值的比重为 43.4%，高于全市规模以上工业产值增速 16.7 个百分点。

规模以上工业中，36 个工业行业大类中 22 个行业增加值同比增长。其中，废弃资源综合利用业增长 106.0%，仪器仪表制造业增长 59.0%，金属制品业增长 38.0%，计算机、通信和其他电子设备制造业增长 35.1%，水的生产和供应业增长 34.0%，燃气生产和供应业增长 26.8%，酒、饮料和精制茶制造业增长 17.9%，电气机械和器材制造业增长 16.5%，电力、热力生产和供应业增长 13.7%。

2021 年末，亿元以上工业企业数达 531 家，工业总产值累计增长 35.3%，比全市平均增速高 15.6 个百分点，对规模以上工业增加值贡献率为 151.9%，拉动全市规模以上工业增加值增长 16.3 个百分点。

2021 年末，滁州市六大支柱产业规模以上工业企业 1386 家，企业数占全市规模以上工业企业数的 67.5%，增加值累计增长 13.4%，增加值总量占全部规模以上工业增加值的 70.7%，对规模以上工业增长的贡献率达到 84.8%，拉动规模以上工业增长 9.0 个百分点。

全年规模以上工业企业实现主营业务收入 3934.6 亿元，比上年增长 24.1%；实现利税总额 440.5 亿元，比上年增长 15.1%，其中利润 326.1 亿元，比上年增长 14.0%。

全年建筑业完成增加值 328.9 亿元，同比增长 8.7%。年末，资质以上建筑企业 641 户，全年共完成建筑业总产值 707.6 亿元，比上年增长 17.4%；实现利润总额 15.7 亿元，比上年增长 35.7%；完成房屋建筑施工面积 3101.4 万平方米，比上年增长 32.9%；其中当年新开工面积 1925.7 万平方米，比上年增长 30.8%；房屋竣工面积 1232.8 万平方米，比上年下降 3.1%。

八、宣城市经济结构情况

根据安徽省地区生产总值统一核算结果，2021 年宣城市地区生产总值为 1833.9 亿元，同比增长 10.1%。其中，第一产业增加值 172.0 亿元，占地区生产总值的比重为 9.38%，增长 7.0%，两年平均增长 4.6%；第二产业增加值 890.7 亿元，占地区生产总值的比重为 48.57%，增长 11.1%，两年平均增长 8.1%；第三产业增加值 771.2 亿元，占地区生产总值的比重为 42.05%，增长 9.8%，两年平均增长 6.0%（图 7-2-9）。2020 年地区生产总值相比 2011 年地区生产总值增长 2.39 倍，过去 10 年经济平均增长速度达 9.19%。

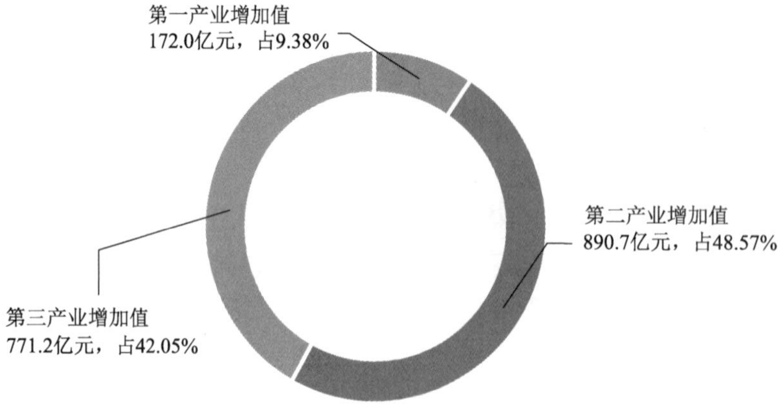

图 7-2-9　2021 年宣城市地区生产总值产业结构占比图

农业生产总体稳定，农产品保供基础扎实。全年农林牧渔业总产值301.9亿元，比上年增长8.8%。粮食播种面积330.0万亩，比上年增加2.9万亩；粮食产量128.7万吨，比上年增加2.0万吨。全年蔬菜产量57.5万吨，增长4.9%；油料产量6.7万吨，增长6.3%；茶叶产量3.7万吨，增长6.9%。全年肉类总产量31.5万吨，增长14.6%。其中，猪肉产量7.0万吨，增长31.3%；禽肉产量24.1万吨，增长10.6%。全年生猪出栏87.2万头，增长33.5%。

工业生产运行平稳，新兴产业增势良好。全年规模以上工业增加值比上年增长15.0%，比全省高6.1个百分点，居全省第4位；两年平均增长10.5%。分经济类型看，国有控股企业增加值增长17.0%，股份制企业增长14.7%，外商及港澳台商投资企业增长9.4%。分三大门类看，采矿业增加值增长22.4%，制造业增长14.0%，电力、热力、燃气及水生产和供应业增长26.2%。分行业看，35个行业中有26个行业保持同比增长，增加值占比前十的行业均保持增长。其中，通用设备制造业增加值增长17.5%，汽车制造业增加值增长18.8%，电气机械和器材制造业增加值增长27.7%。高新技术产业增加值增长14.4%，两年平均增长15.1%；占规模以上工业增加值的比重为56.1%，居全省第3位。战略性新兴产业产值增长35.6%，两年平均增长23.9%；占规模以上工业产值的比重为48.1%，居全省第4位。

1—11月，全市规模以上工业企业营业收入2024.4亿元，同比增长26.0%。利润总额133.6亿元，增长6.2%，两年平均增长11.1%。营业收入利润率为6.6%，高于全省平均0.5个百分点。

九、溧阳市经济结构情况

2021年，溧阳市实现地区生产总值1261.30亿元，按可比价计算增长10.1%。分产业看，第一产业增加值56.80亿元，占地区生产总值的比重为4.5%，同比增长2.7%；第二产业增加值648.81亿元，占地区生产总值的比重为51.4%，同比增长11.9%；第三产业增加值555.69亿元，占地区生产总值的比重为44.1%，同比增长8.8%。三次产业增加值比例为4.5∶51.4∶44.1（图7-2-10）。

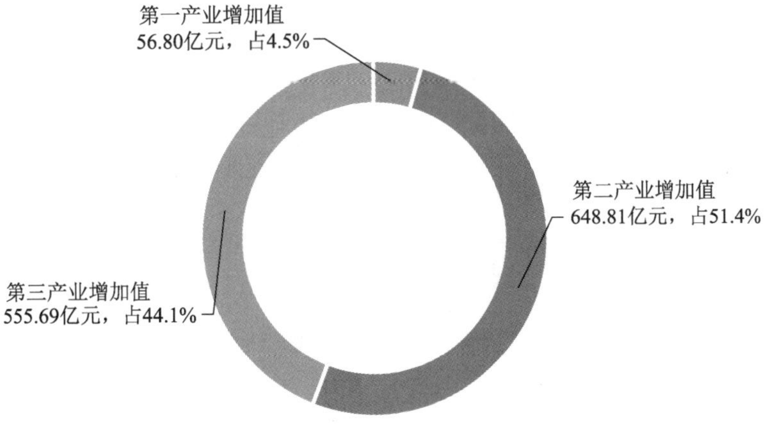

图7-2-10　2021年溧阳市地区生产总值产业结构占比图

2021年，溧阳市“四大经济”全产业累计完成增加值690.74亿元（合计数已剔除融合部分，下同），同比增长22.6%，占全市地区生产总值比重54.8%，较上年提高3个百分点。全产业实现营业收入2115.46亿元，同比增长5.2%，税收59.3亿元，同比增长20.8%。

1. 农业

2021年，溧阳市实现农林牧渔业总产值93.45亿元，同比增长3.3%。其中，农业50.29亿元，同比增长1.2%；林业1.08亿元，同比增长4.7%；牧业4.00亿元，同比增长16.8%；渔业33.27亿元，同比增长5.0%；农林牧渔服务业4.81亿元，同比增长4.0%。全市实现农林牧渔业增加值59.98亿元，同比增长4.4%。其中，农业37.08亿元，同比增长4.2%；林业0.4亿元，同比增长4.4%；牧业1.65亿元，同比增长15.4%；渔业17.7亿元，同比增长3.8%；农林牧渔服务业3.18亿元，同比增长4.8%。全年粮食播种面积82.46万亩，粮食总产量40.92万吨。2021年，全市农机总动力57.82万千瓦，农机专业合作社185家。

2. 工业

2021年，溧阳市工业总产值2267.49亿元，同比增长29.1%；营业收入2461.59亿元，同比增长27.8%；利税246.63亿元，同比增长31.1%；利润189.27亿元，同比增长32.5%。其中，规模以上工业总产值2112.80亿元，同比增长31.8%；营业收入2308.76亿元，同比增长30.2%；利税232.56亿元，同比增长33.9%；利润178.93亿元，同比增长35.3%。

3. 固定资产投资、建筑业与房地产业

2021年，溧阳市固定资产投资同比增长8.0%。其中，工业投资同比增长25.7%，服务业投资同比下降12.0%。5000万元以上项目投资额占比93.0%；高技术投资占比32%，较去年同期提升12.2个百分点。计划总投资10亿元以上项目（不含房地产）总数55个，同比增长48.6%；完成投资172.1亿元，同比增长58.3%，占固定资产投资额比重43.5%。

2021年，溧阳市拥有资质企业527家，其中，特级资质企业2家（龙海、天目），一级资质企业61家，二级资质企业276家，拥有各类资质1600项，是苏南地区资质门类最为齐全、综合率较高的建筑之乡。全市建筑业施工产值达1124亿元，同比增长12%；上缴税金27.5亿元，同比增长24.4%。

2021年，全市房地产开发完成投资同比下降4.4%。商品房销售面积115.31万平方米，同比增长12.6%。其中，住宅销售面积96.41万平方米，同比下降3.2%。房屋待售面积47.80万平方米，同比增长21.2%。

十、金坛区经济结构情况

2021年，金坛区实现地区生产总值1101.09亿元，按可比价计算，同比增长9.5%，两年平均增长7.5%，年均增速位列全市第一。近五年，全区地区生产总值总量连续跨上台阶，年均增长9.6%，增速始终保持在全市前列。

分三次产业看（图7-2-11），第一产业实现增加值40.63亿元，占地区生产总值的比重为3.7%，同比增长2.6%；第二产业实现增加值571.57亿元，占地区生产总值的比重为51.9%，同比增长10.3%；第三产业实现增加值488.89亿元，占地区生产总值的比重为44.4%，同比增长9.2%。三次产业增加值比例为3.7∶51.9∶44.4。

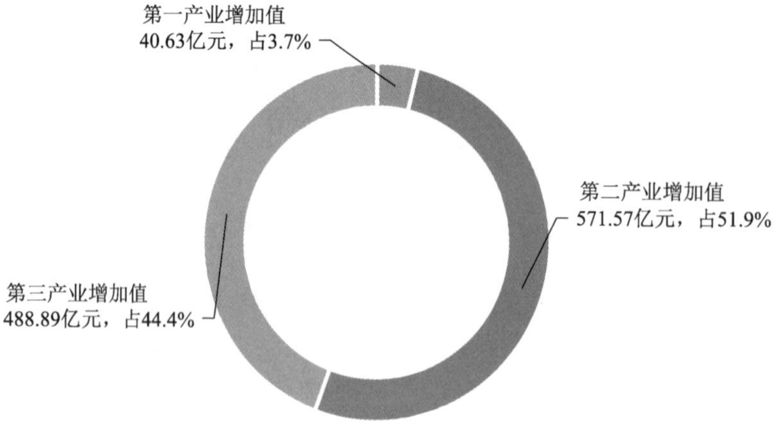

图7-2-11 2021年金坛区地区生产总值产业结构占比图

1. 农业和农村经济

农业生产总体平稳。全年实现农林牧渔业总产值75.06亿元，同比增长3.6%；实现农林牧渔业增加值46.25亿元，按可比价计算，同比增长2.7%。全年粮食总产量17.08万吨，较上年增加2519吨。其中夏粮总产量4万吨，较上年增加2498吨；秋粮总产量13.08万吨，和上年基本持平。

现代农业成效显著。金坛区粮食生产全程机械化水平达96.7%，特色农业机械化率达63.5%，位居全市第一。建成2家省级“全程机械化+综合农事”服务中心、5个常州市特色农业生产全程机械化示范基地。开展河蟹生产全程机械化、果茶生产关键环节机械化技术等试验示范，金坛渔业科技示范基地成功申报常州特色养殖全程机械化示范基地。

2. 工业和建筑业

工业经济快速发展。全年实现规模以上工业总产值1489.99亿元，同比增长36.2%；其中高新技术产业产值827.36亿元，同比增长31.4%，占规模以上工业的比重为55.5%。全年实现规模以上工业增加值395.37亿元，按可比价计算，同比增长17.0%。

支柱产业贡献突出。全年规模以上五大支柱产业实现产值1431.15亿元，同比增长34.5%。其中，装备制造、汽车及零部件、光伏新能源产业分别实现产值551.74亿元、319.05亿元和240.81亿元，同比实现两位数增长；化工及新材料和纺织服装产业分别实现产值214.45亿元、105.09亿元。

建筑行业运行平稳。全年资质以上建筑业企业实现施工产值430.34亿元，同比增长1.3%，签订合同额607.53亿元。全年建筑企业房屋施工面积3725.92万平方米，同比增长6.4%；按建筑业总产值计算的劳动生产率为29.5万元/人，比上年提高0.9万元/人。

3. 固定资产投资

项目投资步伐加快。全年全社会固定资产投资额同比增长7.2%，其中第二产业、第三产业分别增长8.3%和6.5%，第一产业下降50.9%。非制造业投资高速增长，全区非制造业投资完成额同比增长181.8%。计划总投资5000万元以下的项目支撑有力，项目数量与完成额呈现双增长趋势，分别增长92.0%和65.9%。南沿江高铁金坛站、河海大学新校区等52个政府投资项目累计完成投资58.39亿元。

招商引资不断突破。全年累计签约引进工业项目63个，协议投资总额553.36亿元。其中，供地项目33个，协议投资总额481.26亿元；外资项目10个，协议投资总额11.82亿美元；单体投资超5亿元或5000万美元项目22个。签约引进项目中“三新一特”（即新能源汽车、新一代移动通信、生物技术和医药、光伏新能源）产业项目协议投资额占比97.3%。

第三章 财政情况

第一节 南京都市圈财政情况

根据南京市统计局发布的南京都市圈获批一周年经济运行分析，2021 年南京都市圈经济社会发展持续向好，整体财政收入稳定增长。2021 年，南京都市圈实现一般公共预算收入 3836.95 亿元，占全国的比重为 1.9%，较上年下降 0.1 个百分点。都市圈一般公共预算收入中税收收入 3028.08 亿元，增长 7.6%，低于全国 4.3 个百分点。2021 年南京都市圈各市（区）一般公共预算收入情况见图 7-3-1。

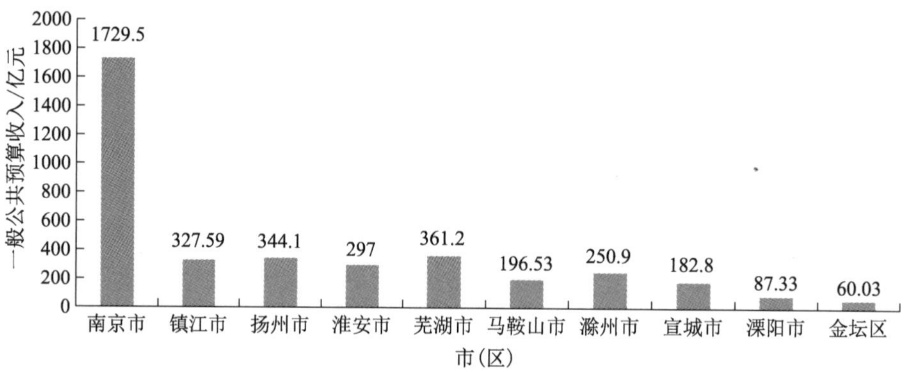

图 7-3-1 2021 年南京都市圈各市（区）一般公共预算收入情况

第二节 各市（区）财政情况

一、南京市财政情况

2021 年，南京市一般公共预算收入 1729.5 亿元，增长 5.6%，超年初预算增幅 0.6 个百分点。其中，税收收入 1473.3 亿元，增长 5.6%（两年平均增长 3.6%），税比 85.2%；非税收入 256.2 亿元，增长 5.8%（两年平均增长 11.5%）。支出 1817.7 亿元，增长 3.6%。分科目看，教育支出 322.7 亿元，增长 5.4%；社会保障和就业支出 223.9 亿元，增长 7.3%；卫生健康支出 150.3 亿元，增长 24.4%；城乡社区支出 220.8 亿元，下降 14.6%；交通运输支出 69.2 亿元，增长 48.6%。收入总来源 2617.8 亿元，总支出 2512.1 亿元，收支相抵，结转下年 105.7 亿元；市本级一般公共预算收入总来源 970.6 亿元，总支出 922.3 亿元，收支相抵，结转下年 48.3 亿元；江北新区一般公共预算收入总来源283亿元，总支出277.6亿元，收支相抵，结转下年5.4亿元。

2021年，南京市政府性基金预算收入总来源2940.4亿元，总支出2393.4亿元，收支相抵，结转下年547亿元；市本级政府性基金预算收入总来源1472.9亿元，总支出1182.9亿元，收支相抵，结转下年290亿元；江北新区政府性基金预算收入总来源422.7亿元，总支出408.7亿元，收支相抵，结转下年14亿元。全市国有资本经营预算收入23.7亿元，总支出23.7亿元；市本级国有资本经营预算收入12.4亿元，总支出12.4亿元；江北新区国有资本经营预算收入1.6亿元，总支出1.6亿元。全市社会保险基金预算收入548.1亿元，支出456亿元，当年收支结余92.1亿元，年末累计结余572.2亿元。

2021年，南京市的财政收入为1729.5亿元，与2020年同期相比增长了5.6%。其中，一般公共预算收入按照财政收入的高低，依次为江宁区（265.3亿元）、江北新区（215.27亿元）、鼓楼区（176.59亿元）、建邺区（161.66亿元）、栖霞区（151.76亿元）、秦淮区（110.52亿元）、玄武区（105.08亿元）、雨花台区（91.58亿元）、溧水区（81.88亿元）、浦口区（78.17亿元）、六合区（52.72亿元）、高淳区（43.04亿元）。

2021年，企业职工基本养老保险实行省级统筹，基金预决算由省统一编制。其他7个险种全部实行市级统筹，全市按照一个统筹区编制，具体包括职工基本医疗保险（含生育保险）、工伤保险、失业保险、城乡居民基本养老保险、城乡居民基本医疗保险、机关事业单位基本养老保险、失能人员照护保险（其中失能人员照护保险执行情况与全市相同）。市本级预算全市（市本级）社会保险基金收入548.1亿元，支出456亿元，当年收支结余92.1亿元，年末累计结余572.2亿元。

2021年，全市政府债务法定限额3208.9亿元，其中，市本级1269.9亿元，江北新区343.8亿元，其他各区共1595.2亿元。年末全市政府债务余额2890亿元，其中市本级1135.2亿元，江北新区322.8亿元，其他各区共1432亿元。市区两级政府债务余额均控制在法定限额内，全市政府债务率预计为62%。

二、镇江市财政情况

2021年，镇江市实现一般公共预算收入327.59亿元，比上年增长5.1%。其中税收收入256.05亿元，增长8.0%；非税收入71.54亿元，下降4.1%。从主要税种看，增值税增长5.4%；企业所得税增长21.6%，个人所得税增长16.1%。全年实现一般公共预算支出543.40亿元，增长8.9%。其中一般公共服务49.14亿元，增长9.9%；教育支出84.47亿元，增长4.2%；社会保障和就业支出65.77亿元，增长5.5%；医疗卫生支出37.82亿元，增长20.8%。一般公共预算收入和支出分项情况见表7-3-1。

市本级完成一般公共预算收入99.5亿元，增长1.2%，完成调整预算的99.1%。其中市直完成40.0亿元，增长1.3%；新区完成52.8亿元，增长0.6%；高新区完成6.7亿元，增长5.1%。按照现行财政体制，市本级一般公共预算收入加上级补助、下级上解等转移性收入，扣除上解上级、补助下级等转移性支出，安排一般公共预算支出192.3亿元（含新增一般债券安排的支出），增长0.2%，完成调整预算的93.9%。其中，市直完成134.3亿元，增长1.2%；新区完成52.6亿元，下降1.3%；高新区完成5.4亿元，下降8.5%。

表7-3-1　2021年镇江市一般公共预算收入和支出分项情况

指标	绝对值/亿元	比上年增加/%
一般公共预算收入	327.59	5.1
#税收收入	256.05	8.0
#增值税（50%）	113.92	5.4

续表

指标	绝对值/亿元	比上年增加/%
企业所得税（40%）	39.21	21.6
个人所得税（40%）	12.18	16.1
房产税	12.55	8.2
印花税	3.88	11.2
契税	27.24	41.1
一般公共预算支出	543.40	8.9
#一般公共服务	49.14	9.9
教育	84.47	4.2
科技	14.32	-13.8
社会保障和就业	65.77	5.5
医疗卫生	37.82	20.8
环境保护	13.98	-8.8

镇江市本级完成政府性基金收入约109.37亿元，增长21.0%，完成调整预算的100.2%。其中，市直完成69.6亿元，增长11.8%；新区完成39.1亿元，增长39.2%；高新区完成6664万元。按照现行财政体制，市本级政府性基金收入加上级补助、调入资金等转移性收入，扣除上解上级、补助下级等转移性支出，安排政府性基金支出约298.0亿元（含新增专项债券安排的支出），增长30.0%，完成调整预算的96.8%。其中，市直完成131.2亿元，下降27%；新区完成166.6亿元，增长239.8%；高新区完成1687万元，下降60.6%。各地政府性基金支出较上年变动较大，主要是省下达的新增专项债券规模较上年变化较大。

市本级完成国有资本经营预算收入6.4亿元，完成调整预算的100.0%。其中，市直6.1亿元，新区2313万元，高新区300万元。按照现行财政体制，市本级国有资本经营预算收入加上年结转、上级补助等转移性收入，扣除调出资金等转移性支出，安排国有资本经营预算支出7446万元，完成调整预算的65.2%。其中，市直7130万元，新区16万元，高新区300万元。

市本级完成社保基金预算收入96.2亿元，同口径增长19.4%，完成调整预算的123.2%。其中，市直完成95.0亿元，同口径增长19.4%；新区完成1.2亿元，同口径增长22.3%。市本级完成社保基金预算支出79.3亿元，同口径增长24.2%，完成调整预算的102.2%。其中，市直完成78.2亿元，同口径增长24.8%；新区完成1.1亿元，同口径增长6.2%。

截至2021年末，镇江市政府债务限额1974.4亿元，政府债务余额1918.3亿元，政府债务余额控制在限额内。截至2021年末，市本级政府债务限额1126.5亿元，政府债务余额1099.9亿元，政府债务余额控制在限额内。2021年市本级新增债券220.3亿元，主要用于公益性项目建设，其中，市直78.7亿元，新区140.6亿元，高新区1亿元。市本级再融资债券30.5亿元，主要用于置换存量债务，其中，市直22.7亿元，新区7.8亿元。

三、扬州市财政情况

2021年，扬州市一般公共预算收入344.07亿元，增长2%。其中，税收收入274.57亿元，增长3.8%；非税收入69.5亿元，下降4.6%；加上上级补助收入、下级上解收入、债务转贷收入、上年结转结余、动用预算稳定调节基金、调入资金等，一般公共预算总收入859.06亿元。一般公共预算支出684.87亿元，增长2.5%；加上补助下级支出、上解上级支出、债务转贷支出、年终结转结余等，一般公共预算总支出859.06亿元。一般公共预算收支平衡。

2021年，扬州市政府性基金预算收入658.99亿元，增长30.4%；加上上级补助收入、下级上解收入、债务转贷收入、上年结转结余、调入资金等，政府性基金预算总收入804.56亿元。政府性基金预算支出598.29亿元，增长4.4%；加上补助下级支出、上解上级支出、债务转贷支出、年终结转结余等，政府性基金预算总支出804.56亿元。政府性基金预算收支平衡。

国有资本经营预算收入5.77亿元，加上上年结余，国有资本经营预算总收入6.7亿元；国有资本经营预算支出3.33亿元，加上调出资金、年终结转结余，国有资本经营预算总支出6.7亿元。国有资本经营预算收支平衡。

社会保险基金预算收入175.93亿元（不含企业养老保险，企业养老保险由省级统筹，预算由省统一编制，下同），增长11.2%，加上上级补助收入、下级上解收入、上年结余，社会保险基金预算总收入381.96亿元；社会保险基金预算支出163.82亿元，增长16.3%，加上补助下级支出、上解上级支出、年终结余，社会保险基金预算总支出381.96亿元。社会保险基金预算收支平衡。

市级一般公共预算收入78.38亿元，增长5.6%；加上上级补助收入、下级上解收入、债务转贷收入、上年结转结余、动用预算稳定调节基金、调入资金等，一般公共预算总收入358.88亿元。一般公共预算支出191.29亿元，增长5.5%，加上补助下级支出、上解上级支出、债务转贷支出、年终结转结余等，一般公共预算总支出358.88亿元。一般公共预算收支平衡。

市级政府性基金预算收入264.14亿元，增长43.1%；加上上级补助收入、下级上解收入、债务转贷收入、上年结转结余、调入资金等，政府性基金预算总收入354.66亿元。政府性基金预算支出191.77亿元，增长5.1%；加上补助下级支出、上解上级支出、债务转贷支出、年终结转结余等，政府性基金预算总支出354.66亿元。政府性基金预算收支平衡。

市级国有资本经营预算收入2.75亿元，加上上年结余，国有资本经营预算总收入3.66亿元；国有资本经营预算支出2.11亿元，加上调出资金、年终结转结余，国有资本经营预算总支出3.66亿元。国有资本经营预算收支平衡。

市级社会保险基金预算收入106.78亿元，增长8.5%，加上上级补助收入、下级上解收入、上年结余，社会保险基金预算总收入254.97亿元；社会保险基金预算支出101.36亿元，增长19.8%，加上补助下级支出、上解上级支出、年终结余，社会保险基金预算总支出254.97亿元。社会保险基金预算收支平衡。

市本级一般公共预算收入41.68亿元，增长6.4%；加上上级补助收入、下级上解收入、债务转贷收入、上年结转结余、动用预算稳定调节基金、调入资金等，一般公共预算总收入323.94亿元。一般公共预算支出149.99亿元，增长4.2%；加上补助下级支出、上解上级支出、债务转贷支出、年终结转结余等，一般公共预算总支出323.94亿元。一般公共预算收支平衡。

市本级政府性基金预算收入185.4亿元，增长53.5%；加上上级补助收入、下级上解收入、债务转贷收入、上年结转结余、调入资金等，政府性基金预算总收入263.42亿元。政府性基金预算支出90.68亿元，增长20.3%；加上补助下级支出、上解上级支出、债务转贷支出、年终结转结余等，政府性基金预算总支出263.42亿元。政府性基金预算收支平衡。

2021年，扬州市地方政府债务限额为1084.1亿元，其中，一般债务限额446.8亿元，专项债务限额637.3亿元。截至年末，全市地方政府债务余额为977.7亿元，其中，一般债务余额412.9亿元，专项债务余额564.8亿元。债务率为80.6%，低于警戒线，风险总体可控。

2021年，市级地方政府债务限额为377.9亿元，其中，一般债务限额113.9亿元，专项债务限额264亿元。截至年末，市级地方政府债务余额为336.6亿元，其中，一般债务余额102.9亿元，专项债务余额233.7亿元。

四、淮安市财政情况

2021 年，淮安市实现一般公共预算收入 297 亿元，增长 12.4%，超年度人代会目标任务。加上上级补助、上年结转支出等，全市完成一般公共预算支出 613 亿元。其中，市本级实现一般公共预算收入 55.5 亿元，加上上级补助、上年结转支出等，完成一般公共预算支出 96.4 亿元；经济技术开发区实现一般公共预算收入 36.2 亿元，完成一般公共预算支出 32 亿元；工业园区实现一般公共预算收入 2.2 亿元，加上上级补助、上年结转支出等，完成一般公共预算支出 3.7 亿元；生态文旅区实现一般公共预算收入 8.7 亿元，完成一般公共预算支出 7.4 亿元。

市本级、经济技术开发区、工业园区、生态文旅区收入加上上级税收返还及转移支付收入和上年结转等，减去上解上级等支出后，与支出相抵保持平衡，以上具体情况见《淮安市 2021 年预算执行情况和 2022 年预算（草案）》。

2021 年，全市实现政府性基金收入（含国有土地出让金收入）397.3 亿元，完成政府性基金支出（含国有土地出让金支出）347.3 亿元。其中市本级实现政府性基金收入 83.8 亿元，完成政府性基金支出 73.5 亿元。

2021 年，全市实现国有资本经营预算收入 24 亿元，完成国有资本经营预算支出 10.4 亿元。其中市本级实现国有资本经营预算收入 1.3 亿元，完成国有资本经营预算支出 0.8 亿元。

2021 年，全市实现社会保险基金收入 385.3 亿元，完成社会保险基金支出 360 亿元。其中市本级实现社会保险基金收入 263.8 亿元，完成社会保险基金支出 247.8 亿元。

截至 2021 年底，淮安市地方政府债务限额 753.7 亿元，其中一般债务 416.7 亿元、专项债务 337 亿元；全市地方政府债务余额 692.6 亿元，其中一般债务 383.1 亿元、专项债务 309.5 亿元，均在省核定债务限额内。市本级地方政府债务限额 206.8 亿元，其中一般债务 99.5 亿元、专项债务 107.3 亿元；市本级地方政府债务余额 186.2 亿元，其中一般债务 85.6 亿元、专项债务 100.6 亿元。

五、芜湖市财政情况

2021 年，芜湖市一般公共预算收入 361.2 亿元，增长 9%，为汇编预算的 103.8%；加上级税收返还及补助收入 151.4 亿元、调入预算稳定调节基金和其他资金 38.6 亿元、上年结余收入 1.1 亿元、一般债券转贷收入 85.7 亿元，收入合计 638 亿元。全市一般公共预算支出 503.3 亿元，增长 3.6%，为汇编调整预算的 97%；加上解上级支出 25.2 亿元、一般债券还本支出 81.3 亿元、安排预算稳定调节基金 12.8 亿元，支出合计 622.6 亿元。收支相抵，滚存结余 15.4 亿元，全部结转下年。

市级（含市本级、皖江江北新兴产业集中区、经济技术开发区、三山经济开发区，下同）一般公共预算收入 133.7 亿元，增长 7.8%，为预算的 107.4%；加上级税收返还、补助及下级上解收入 171.6 亿元、上年结余收入 1.1 亿元、一般债券转贷收入 22.9 亿元、调入预算稳定调节基金及其他资金 15.5 亿元，收入合计 344.8 亿元。市级一般公共预算支出 185.9 亿元，与上年持平，为调整预算的 96.3%；加上解上级支出 22.1 亿元、补助下级支出 97.9 亿元、一般债券还本支出 20.9 亿元、安排预算稳定调节基金 10.9 亿元，支出合计 337.7 亿元。收支相抵，滚存结余 7.1 亿元，全部结转下年。

2021 年，芜湖市政府性基金预算收入 312.9 亿元，增长 81.2%，为调整预算的 111.1%；加上级补助收入 2.1 亿元、专项债券转贷收入 107.1 亿元、调入资金 2.3 亿元、上年结余 13.9 亿元，收入合计 438.3 亿元。全市政府性基金预算支出 359.7 亿元，增长 30.2%，为调整预算的 90.6%；加专项债券还本支出 31.6 亿元、调出资金 9.5 亿元，支出合计 400.8 亿元。收支相抵，滚存结余 37.5 亿元。

市级政府性基金预算收入 224.7 亿元，为调整预算的 109.3%；加上级补助收入 2.1 亿元、专项债券转贷收入 59.4 亿元、调入资金 0.2 亿元、上年结余 13.7 亿元，收入合计 300.1 亿元。市级政府性基金预算支出 210.9 亿元，为调整预算的 84.3%；加专项债券还本支出 19.1 亿元、补助下级支出 20.8 亿元、专项债券转贷支出 10.6 亿元、调出资金 3.5 亿元，支出合计 264.9 亿元。收支相抵，滚存结余 35.2 亿元。

2021 年，芜湖市国有资本经营预算收入 2.1 亿元，为预算的 119.4%；加上级补助收入 0.1 亿元，收入合计 2.2 亿元。全市国有资本经营预算支出 0.9 亿元，为预算的 64.3%，调出资金 1.1 亿元，结转下年 0.2 亿元，支出合计 2.2 亿元。收支平衡。

市级国有资本经营预算收入 2 亿元，为预算的 117.5%；加上级补助收入 0.1 亿元，收入合计 2.1 亿元。市级国有资本经营预算支出 0.8 亿元，为预算的 90.1%，调出资金 1.1 亿元，结转下年 0.2 亿元，支出合计 2.1 亿元。收支平衡。

2021 年，芜湖市社会保险基金预算收入 110 亿元，为预算的 106%；加上年结余 86 亿元，收入合计 196 亿元。全市社会保险基金预算支出 97 亿元，为预算的 102%。收支相抵，年终结余 99 亿元。

市级社会保险基金预算收入 94.2 亿元，为预算的 99.8%；加上年结余 62.5 亿元，收入合计 156.7 亿元。市级社会保险基金预算支出 89.9 亿元，为预算的 102.2%。收支相抵，年终结余 66.8 亿元。

2021 年，芜湖市地方政府债务限额 944.5 亿元，其中一般债务限额 411.2 亿元、专项债务限额 533.3 亿元。截至 2021 年末，全市地方政府债务余额为 919.1 亿元，其中一般债务余额 396.7 亿元、专项债务余额 522.4 亿元。市级地方政府债务限额 502.5 亿元，其中一般债务限额 179.5 亿元、专项债务限额 323 亿元。截至 2021 年末，市级地方政府债务余额为 497.6 亿元，其中一般债务余额 178.8 亿元、专项债务余额 318.8 亿元。全市及市级债务余额低于债务限额，债务风险总体可控。

六、马鞍山市财政情况

2021 年，马鞍山市一般公共预算收入 196.53 亿元，比上年增长 15.9%；加上级转移支付收入 92.18 亿元、债务转贷收入 104.38 亿元、上年结转收入 3.55 亿元、动用预算稳定调节基金和调入资金 52.05 亿元，收入总计 448.69 亿元。全市一般公共预算支出 287.32 亿元，比上年增长 8.5%；加上解上级支出 19.76 亿元、债务还本支出 101.17 亿元、安排预算稳定调节基金 22.35 亿元，支出总计 430.6 亿元。收支相抵，结转下年 18.09 亿元。

市级一般公共预算收入 83.94 亿元，完成预算的 105%，比上年增长 11.5%；加上级转移支付收入 92.18 亿元、下级上解收入 15.01 亿元、债务转贷收入 104.38 亿元、上年结转收入 3.1 亿元、动用预算稳定调节基金和调入资金 28.16 亿元，收入总计 326.77 亿元。市级一般公共预算支出 101.91 亿元，完成预算的 94.2%，比上年增长 6%；加上解上级支出 19.76 亿元、对下转移支付支出 79.7 亿元、债务还本支出 19.25 亿元、债务转贷支出 84.06 亿元、安排预算稳定调节基金 15.82 亿元，支出总计 320.5 亿元。收支相抵，结转下年 6.27 亿元。

市本级一般公共预算收入 42.8 亿元，完成预算的 107.1%，比上年增长 12.6%；加上级转移支付收入 92.18 亿元、下级上解收入 21.47 亿元、债务转贷收入 104.38 亿元、上年结转收入 3 亿元、动用预算稳定调节基金和调入资金 23.49 亿元，收入总计 287.32 亿元。市本级一般公共预算支出 58.59 亿元，完成预算的 92.4%，比上年增长 0.2%；加上解上级支出 19.76 亿元、对下转移支付支出 87.75 亿元、债务还本支出 7 亿元、债务转贷支出 96.51 亿元、安排预算稳定调节基金 12.87 亿元，支出总计 282.48 亿元。收支相抵，结转下年 4.84 亿元。

市级政府性基金预算收入 123.76 亿元，完成预算的 168%，比上年增长 56.2%；加上级转移支付收入 2.04 亿元、债务转贷收入 179.06 亿元、调入资金 0.99 亿元、上年结转收入 4.73 亿元，收入总计 310.58 亿元。市级政府性基金预算支出 114.2 亿元，完成预算的 87.5%，比上年增长 10.4%；加对下转移支付支出 18.98 亿元、债务还本支出 11.14 亿元、债务转贷支出 139.88 亿元、调出资金10亿元，支出总计294.2亿元。收支相抵，结转下年16.38亿元。

马鞍山市本级政府性基金预算收入114.5亿元，完成预算的184.3%，比上年增长86.2%；加上级转移支付收入2.04亿元、债务转贷收入179.06亿元、调入资金0.96亿元、上年结转收入4.63亿元，收入总计301.19亿元。市本级政府性基金预算支出92.67亿元，完成预算的85.5%，比上年增长34.6%；加对下转移支付支出22.3亿元、债务还本支出7.91亿元、债务转贷支出152.45亿元、调出资金10亿元，支出总计285.33亿元。收支相抵，结转下年15.86亿元。

市级国有资本经营预算收入8.7亿元，完成预算的86.2%，比上年增长332.8%；加上级转移支付收入-0.62亿元，收入总计8.08亿元。市级国有资本经营预算支出3.1亿元，完成预算的100%，比上年增长37.8%；加对下转移支付支出0.25亿元、调出资金4.73亿元，支出总计8.08亿元。收支相抵，保持平衡。

市本级国有资本经营预算收入6.75亿元，完成预算的82.9%，比上年增长235.8%；加上级转移支付收入-0.62亿元，收入总计6.13亿元。市本级国有资本经营预算支出2.49亿元，完成预算的100%，比上年增长10.7%；加对下转移支付支出0.25亿元、调出资金3.39亿元，支出总计6.13亿元。收支相抵，保持平衡。

市级社会保险基金收入103.27亿元，完成预算的99.2%，比上年下降6.6%；加上年结转收入30.63亿元，收入总计133.9亿元。市级社会保险基金支出101.5亿元，完成预算的102%，比上年下降0.4%；收支相抵，结转下年32.4亿元。

2021年，马鞍山市新增地方政府债务限额63.11亿元（一般债务3.62亿元，专项债务59.49亿元）。其中，市级新增地方政府债务限额30亿元（一般债务1.34亿元，专项债务28.66亿元）。市本级一般债务1.13亿元，专项债务19.32亿元。截至2021年底，全市地方政府债务余额625.32亿元。其中，市级248.2亿元（市本级173.51亿元、市属开发园区74.69亿元），县区377.12亿元。省核定马鞍山市地方政府债务限额为634.02亿元。其中，市级249.87亿元（市本级175.18亿元、市属开发园区74.69亿元），县区384.15亿元。全市和市级政府债务余额低于债务限额，债务风险总体可控。

七、滁州市财政情况

2021年，滁州市一般公共预算收入完成250.9亿元，增长11%；全市一般公共预算支出完成461.7亿元，下降0.3%，主要是按照国务院规定，市县财政国库集中支付结余不再按权责发生制列支（图7-3-2）。

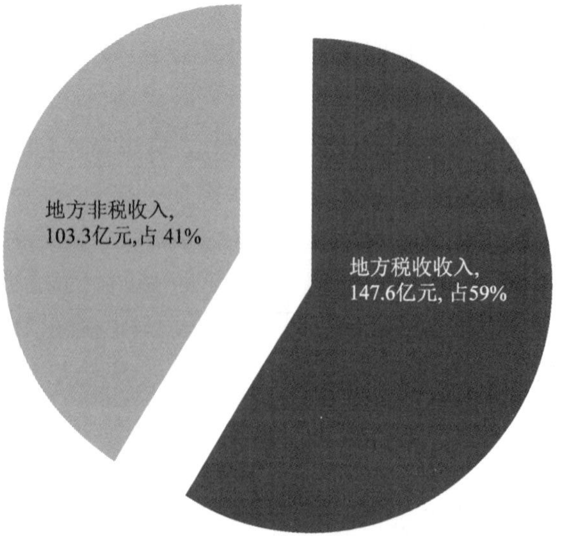

图7-3-2　2021年滁州市一般公共预算收入构成

滁州市本级（含市经开区和苏滁高新区，下同）一般公共预算收入完成 59.2 亿元，增长 12.6%；加上级补助收入 66 亿元、债务转贷收入 10 亿元、调入预算稳定调节基金 23.6 亿元、调入资金 8.7 亿元、上年结余 2 亿元、下级上解收入 3.9 亿元，收入合计 173.4 亿元。一般公共预算支出完成 98.1 亿元，增长 2.1%；加上解上级支出 5.3 亿元、补助下级支出 23.1 亿元、补充预算稳定调节基金 29.2 亿元、债务还本支出 9.2 亿元、年终结余 8.5 亿元，支出合计 173.4 亿元。

政府性基金预算收入完成 155.2 亿元，下降 2.4%，主要是土地出让收入减收；加债务转贷收入 67 亿元、上级补助收入 0.4 亿元、上年结余 56.5 亿元、调入资金 0.9 亿元，收入合计 280 亿元。政府性基金预算支出完成 171.7 亿元，下降 7.5%；加债务还本支出 12.3 亿元、补助下级支出 16.3 亿元、调出资金 3.5 亿元、年终结余 76.2 亿元，支出合计 280 亿元。

国有资本经营预算收入完成 0.5 亿元，下降 86.2%，主要是上年自来水厂股权转让一次性收入抬高基数；加上年结余等 1 亿元，收入合计 1.5 亿元。国有资本经营预算支出完成 0.5 亿元，下降 79%；加调出资金 0.7 亿元、年终结余等 0.3 亿元，支出合计 1.5 亿元。

社会保险基金预算收入完成 179.8 亿元，增长 21.5%；加上年结余 63.1 亿元，收入合计 242.9 亿元。社会保险基金预算支出完成 175.5 亿元，下降 0.5%；加年终结余 67.4 亿元，支出合计 242.9 亿元。

2021 年，市本级争取上级债券资金 65.9 亿元。其中，新增债券 47.7 亿元，再融资债券 18.2 亿元。当年偿还政府债务 21.4 亿元，支付政府债务利息 11.2 亿元。截至 2021 年底，市本级政府债务限额 360.4 亿元，债务余额 346.8 亿元，债务余额低于债务限额，债务风险总体可控。

八、宣城市财政情况

2021 年，宣城市一般公共预算收入 182.8 亿元，增长 8.5%；全市一般公共预算支出 315.2 亿元，下降 3%（剔除 2020 年中央直达资金和 2021 年市县级不再按权责发生制列支不可比因素，增长 4.4%）。市本级一般公共预算收入完成 29.9 亿元，增长 5%；市本级一般公共预算支出完成 64.5 亿元，增长 1.6%。

2021 年，宣城市政府性基金收入完成 120.9 亿元，增长 8.4%；全市政府性基金支出完成 195.8 亿元，增长 18.7%。市本级政府性基金收入完成 54.8 亿元，增长 21.6%；市本级政府性基金支出完成 80.3 亿元，增长 17.8%。

2021 年，宣城市社会保险基金收入完成 109.6 亿元，增长 26.9%；全市社会保险基金支出完成 106.6 亿元，增长 8.7%。市本级社会保险基金收入完成 13.4 亿元，增长 7.2%；市本级社会保险基金支出完成 12.1 亿元，增长 5.2%。

2021 年，宣城市国有资本经营预算收入完成 1.4 亿元，全市国有资本经营预算支出完成 0.9 亿元，调出资金 0.5 亿元。市本级国有资本经营预算收入完成 0.8 亿元，市本级国有资本经营预算支出完成 0.7 亿元，调出资金 0.1 亿元。

2021 年，宣城市政府债务限额 565 亿元，本年新增债务限额 85.5 亿元（含外债 0.4 亿元）。全市政府债务余额 536.2 亿元，其中，一般债务余额 201.2 亿元，专项债务余额 335 亿元。全市发行新增债券 85.1 亿元，其中，一般债券 3.2 亿元，专项债券 81.9 亿元。市本级政府债务限额 200.9 亿元，本年新增债务限额 24.6 亿元（含外债 0.1 亿元）。市本级政府债务余额 183 亿元，其中，一般债务余额 54.1 亿元，专项债务余额 128.9 亿元。市本级发行新增债券 24.5 亿元，其中，一般债券 0.5 亿元，专项债券 24 亿。

九、溧阳市财政情况

2021 年，溧阳市一般公共预算收入预算实际完成 873251 万元，比上年增加 135219 万元，增长 18.32%。其中，税收收入 760349 万元，比上年增加 126287 万元，增长 19.92%；非税收入 112902 万元，比上年增加 8932 万元，增长 8.59%。

2021 年，溧阳市一般公共预算支出预算实际完成1030836万元（不含上级专项，其中，市本级年初支出实际完成743263万元）。其中，一般公共服务支出118906万元，同口径比上年增加7569万元，增长6.79%，主要是人员支出增加和兑现外来员工留溧补贴；公共安全支出61550万元，与上年基本持平；教育支出227102万元，同口径比上年增加9882万元，增长4.55%，主要是教师待遇保障水平提高；科学技术支出28961万元，同口径比上年增加7251万元，增长33.4%，主要是企业扶持力度加大；文化旅游体育与传媒支出17654万元，与上年基本持平；社会保障和就业支出142327万元，同口径比上年增加5894万元，增长4.32%，主要是城乡居民养老保险提高标准；卫生健康支出98417万元，同口径比上年增加4122万元，增长4.37%，主要是城乡居民医疗保险补助增加和医疗系统补助增加；节能环保支出10197万元，同口径比上年增加254万元，增长2.55%，主要是污染防治费用增加；城乡社区支出90532万元，同口径比上年增加1906万元，增长2.15%，主要是城区公厕改造提升（新增债券1600万元）；农林水支出59429万元，同口径比上年增加3538万元，增长6.33%，主要是建设大溪水库大坝防渗处理等水利工程（新增债券2900万元）；交通运输支出15237万元，同口径比上年增加6641万元，增长77.26%，主要是建设蓄能电站大桥工程（新增债券6500万元）；其他支出27780万元，同口径比上年增加27124万元，较上年增幅较高，主要是债务化解支出增加。

2021年，溧阳市政府性基金收入预算实际完成2790718万元。收入增加的主要原因是土地出让价款增加。其中，国有土地使用权出让收入2779950万元，城市基础设施配套费收入4554万元，车辆通行费收入995万元，污水处理费收入5079万元。2021年政府性基金支出实际完成2808310万元（不含新增专项债券）。其中，国有土地使用权出让收入安排支出2516484万元，污水处理费安排支出4236万元，城市基础设施配套安排支出3017万元，债务付息及发行费用安排支出61058万元。

2021年，溧阳市国有资本经营收入预算为1997万元，支出预算为1997万元。实际完成国有资本经营收入为1997万元，支出为1997万元，完成年初预算的100%。

2021年，溧阳市社会保险基金收入预算实际完成427431万元。其中，企业职工基本养老保险基金收入200602万元；城乡居民基本养老保险基金收入56480万元；城乡居民基本医疗保险基金收入74840万元；工伤保险基金收入8943万元；机关事业养老保险基金收入78562万元；失业保险基金收入8004万元。2021年社会保险基金支出预算实际完成468572万元。其中，企业职工基本养老保险基金支出250812万元，城乡居民基本养老保险基金支出51849万元，城乡居民基本医疗保险基金支出68104万元，工伤保险基金支出12131万元，机关事业养老保险基金支出75994万元，失业保险基金支出9682万元。

十、金坛区财政情况

2021年，金坛区一般公共预算收入完成600323万元，同比增长7.5%。其中，税收收入形成一般公共预算收入496718万元，同比增长12.9%；非税收入形成一般公共预算收入103605万元，同比下降12.3%。全区一般公共预算支出完成902084万元，增长3.5%，增支30604万元。

按照现行省与市、县分税制财政管理体制结算的财力，加上上年结转、一般债券转贷收入、上级补助收入、调入资金，减去上解支出，全区一般公共预算可用财力为1055762万元，安排区镇两级一般公共预算支出902084万元、预算稳定调节基金29964万元、区镇两级财政滚存结余结转60214万元、地方政府一般债券还本63500万元。

2021年，金坛区政府性基金预算收入完成2495429万元，增收289569万元，增长13.1%。政府性基金预算支出完成2665763万元，增支482796万元，增长22.1%。政府性基金预算收入加上上年结转收入、专项债券转贷收入、上级专项转移支付收入，政府性基金预算可用财力为2914450万元，安排政府性基金预算支出2665763

万元、地方政府专项债券还本44230万元、调出资金192785万元、政府性基金预算结余结转11672万元。

2021年，金坛区国有资本经营预算收入完成26541万元，国有资本经营预算支出完成20691万元，国有资本经营预算结余5850万元调入一般公共预算统筹安排。

2021年，金坛区社会保险基金收入完成160914万元，增长3.7%。社会保险基金支出158698万元，增长13.8%。当年收支结余2216万元，年末滚存结余90689万元。

2021年，金坛区地方政府债务限额预计为1268100万元，根据预计数，地方政府债务余额控制在限额内。

第四章　金融情况

第一节　南京都市圈金融情况

2021年，面对复杂多变的国内外形势，金融系统在党中央、国务院的坚强领导下，深入贯彻落实习近平新时代中国特色社会主义思想，坚持稳中求进总基调，贯彻新发展理念，深化金融供给侧结构性改革，落实金融服务实体经济的根本要求，坚决打赢防范化解金融风险攻坚战，着力推进金融治理体系和治理能力现代化，为实现“六稳”和经济高质量发展营造了适宜的货币金融环境。

南京都市圈是我国最早启动建设的跨省都市圈，《南京都市圈发展规划》是全国首个国家层面批复的都市圈规划，南京都市圈建设者肩负着探索“跨省级行政区区域治理新模式”等艰巨任务。金融方面，2014年，苏皖两地10个社（区）金融创新合作联盟工作机制建立，区域金融合作进一步加强；2016年，新增挂牌上市企业突破百家，达114家，新增境内上市公司6家，新增证券市场融资额584.6亿元，均创历史新高；2018年，南京市金融业总资产近7万亿元，金融市场主要指标均约占江苏省的20%，金融产业绩效超过广州和成都，跻身全国前4位，金融首位度进一步强化；2020年，南京地区生产总值首次跻身国内十强，其中金融业增加值占比12.4%，举足轻重。同时，南京都市圈推动金融资本市场协同发展，推广“南京金服”平台在都市圈范围内应用，为都市圈企业提供路演、融资等综合金融服务。长三角一体化进程的加快，有利于南京更好地承载上海国际金融中心的溢出效应，有利于通过区域金融政策协同、改革协同和创新协同提升金融发展水平。南京都市圈发展规划的实施和江苏省“十四五”金融业发展规划提出的支持南京成为上海国际金融中心辐射苏皖赣等区域的“中继放大器”，将增强南京金融对周边区域的辐射和带动效应。

2021年2月，国务院出台《关于加快建立健全绿色低碳循环发展经济体系的指导意见》，明确要求大力发展绿色金融。同年9月，江苏省政府办公厅转发人民银行南京分行等13家部门单位联合制定的《关于大力发展绿色金融的指导意见》，明确全省绿色金融发展的思路、目标和任务。随后，江苏省内苏州、扬州、徐州等城市相应制定各自绿色金融发展的实施意见或工作方案。

2021年，南京都市圈10个市（区）金融规模稳步扩张，从存款看，年末南京都市圈金融机构本外币存款余额82941.76亿元，同比增长11.1%。从贷款看，年末南京都市圈金融机构本外币贷款余额78298.83亿元，同比增长14.2%；本外币贷款余额占全国的比重为3.9%，占比与上年同期持平。由表7-4-1可见，其中8个市（区）存款余额增幅达到两位数。在金融规模稳步扩张的同时，南京都市圈各市（区）保险业稳步增长（表7-4-2）。

表 7-4-1　2021 年南京都市圈各市（区）金融机构各项存款余额情况

市（区）	金融机构各项存款余额年末数/亿元	比上年增长/%
南京	44708. 68	11. 6
镇江	6692. 67	6. 4
扬州	8198. 32	8. 1
淮安	5404. 92	10. 4
芜湖	5254. 06	11. 5
马鞍山	3070. 69	11. 4
滁州	3569. 90	14. 1
宣城	2486. 40	14. 2
溧阳	1732. 20	13. 4
金坛	1509. 38	17. 9

表 7-4-2　2021 年南京都市圈各市（区）保费收入情况

市（区）	保费收入/亿元	比上年增长/%
南京	895. 44	0. 60
镇江	147. 56	3. 4
扬州	174. 00	1. 39
淮安	99. 96	4. 40
芜湖	90. 88	5. 10
马鞍山	50. 63	9. 70
宣城	59. 90	7. 80
溧阳	22. 34	33. 10
滁州	66. 70	6. 30
金坛	18. 21	3. 20

第二节　各市（区）金融情况

一、江苏省金融情况

2021 年，江苏省人社系统坚持以习近平新时代中国特色社会主义思想为指导，坚决贯彻落实中央和省委、省政府决策部署，坚持稳中求进工作总基调，扎实做好“六稳”“六保”工作，有效应对复杂多变外部形势和各项风险挑战，全年各项既定目标任务顺利完成，全省人社事业高质量发展取得积极成效，实现了“十四五”良好开局。

2021 年，江苏省金融信贷规模扩大。年末全省金融机构人民币存款余额 189433. 1 亿元，比上年末增长 9. 8%，比年初增加 16852. 9 亿元。其中，住户存款增加 7988. 8 亿元，非金融企业存款增加 4725. 6 亿元。2021 年末，金融机构人民币贷款余额 177970. 1 亿元，比上年末增长 15. 2%，比年初增加 23446. 8 亿元。其中，中长期贷款增加 17623. 8 亿元，短期贷款增加 3725. 3 亿元（表 7-4-3）。

表 7-4-3　2021 年末江苏省金融机构人民币存贷款情况

指标	绝对数/亿元	比年初增加/亿元	比上年末增长/%
各项存款余额	189433. 1	16852. 9	9. 8
# 住户存款	74361. 9	7988. 8	12. 0
非金融企业存款	68703. 9	4725. 6	7. 4
各项贷款余额	177970. 1	23446. 8	15. 2
# 短期贷款	49894. 4	3725. 3	8. 0
中长期贷款	116462. 2	17623. 8	17. 8
#消费贷款	51552. 7	6052. 7	13. 3
#住房贷款	42182. 2	4378. 6	11. 6

证券市场保持较快发展。2021 年末，江苏省境内上市公司 571 家，辅导企业数 380 家，省内企业通过发行、配股、增发、公司债在资本市场筹集资金 7578. 2 亿元。江苏企业境内上市公司总股本 4474. 4 亿股，比上年增长 6. 0%；总市值 75537. 5 亿元，比上年增长 20. 3%。年末全省共有证券公司 6 家，证券营业部 1035 家；期货经纪公司 9 家，期货经纪公司营业部 193 家；证券投资咨询机构 3 家。全年证券交易额 100. 2 万亿元，比上年增长 13. 0%。全年期货经营机构代理交易额 32. 7 万亿元，比上年增长 63. 4%。

保险业保持稳定增长。2021 年，江苏省保费收入 4051. 1 亿元，比上年增长 5. 2%。分类型看，财产险收入 1002. 2 亿元，增长 2. 3%；人寿险收入 2345. 0 亿元，增长 5. 5%；健康险收入 609. 6 亿元，增长 8. 8%；意外伤害险收入 94. 4 亿元，增长 10. 3%。全年赔付支出 1254. 8 亿元，比上年增长 18. 4%。其中，财产险赔付 625. 8 亿元，增长 12. 5%；人寿险赔付 257. 3 亿元，下降 8. 7%；健康险赔付 345. 4 亿元，增长 74. 4%；意外伤害险赔付 26. 3 亿元，下降 9. 3%。

2021 年，江苏金融业总体运行平稳，金融对实体经济支持力度稳固。货币信贷和社会融资规模合理增长，信贷结构不断优化，融资成本稳中有降，推动经济高质量发展取得明显成效。

金融支持经济社会发展力度持续增加。融资总量稳步增长，全年全省社会融资规模增量为 3. 4 万亿元，同比多增 867 亿元，增量占全国的 11%，同比提高 1. 4%。2021 年末，全省本外币贷款余额同比增长 15. 3%，高于全国 4%。融资规模稳中有进的同时，成本保持稳中有降，全年一般贷款、企业贷款、普惠小微贷款加权平均利率分别为 5. 16%、4. 6%、5. 24%，比上年分别降低 0. 12%、0. 13%和 0. 18%。

此外，金融服务实体经济更加精准。金融支持保市场主体成效显著，2021 年全年全省金融机构普惠小微贷款延期率为 78. 4%，发放普惠小微信用贷款占全部普惠小微贷款发放量的 25. 6%。金融支持重点领域力度进一步加大，年末本外币制造业贷款余额同比增长 14. 9%，比上年提高 4. 6%，连续 15 个月实现两位数增长。

在防范化解金融风险方面成效显著。江苏省通过做深做实金融委办公室地方协调机制，建立健全债券违约风险信息交流和跨部门债券领域风险防范处置机制，推动省级层面出台防范化解重大金融风险问责办法、债券市场“逃废债”等重大违法违规事件通报制度等政策文件。其中，江苏省通过持续强化金融机构风险管控，实现全辖较高风险金融机构清零。

金融改革创新持续深化。2021 年，南京印发《南京市“十四五”金融业发展规划》，推动成立南京自贸区金融发展和安全自律机制，促成全国首批区块链出口信保融资平台试点。

外汇管理和跨境人民币工作卓有成效。外汇管理工作有序推进，贸易外汇收支便利化试点业务量达上年的3倍。跨境人民币业务加快推进，经常项目和直接投资跨境人民币结算量同比增长26.5%。

金融管理和服务质量持续提高。支付利民成效显著，全年累计减免各类支付手续费约9.8亿元。开展金融科技赋能乡村振兴示范工程建设，打造江苏特色典型应用。经理国库扎实有力，全力保障国家减税降费政策落地生效，惠及817万纳税人。征信管理亮点突出，全省建成地方征信平台11家，促成企业获得融资6433亿元。试点开通企业自助征信查询服务，扩大个人自助服务覆盖范围，实现征信查询“舒心办”。

二、安徽省金融情况

2021年是实施“十四五”规划，开启经济强、百姓富、生态美的新阶段现代化美好安徽建设新征程的第一年，安徽省各级人力资源社会保障部门深入贯彻落实党中央国务院及省委、省政府决策部署，凝心聚力为群众办实事，锚定稳就业、保民生、强人才、治欠薪、防风险、促稳定等各项既定奋斗目标，圆满完成年度各项任务，实现“十四五”良好开局。

2021年，安徽省社会融资规模增量9712.1亿元，比上年增加460.3亿元。年末全省金融机构人民币各项存款余额66271.9亿元，比上年末增加6374.1亿元，增长10.6%，增速位列全国第3位、中部第1位；人民币各项贷款余额58151亿元，比上年末增加6630.5亿元，增长12.9%（表7-4-4）。

表7-4-4　2021年末安徽省金融机构人民币各项存贷款余额及增速

指标	年末数/亿元	比上年增长/%
人民币存款	66271.9	10.6
其中：非金融企业存款	17312.7	7.9
住户存款	34329.8	14.0
机关团体存款	9737.1	2.5
人民币贷款	58151.0	12.9
其中：境内短期	14061.9	6.9
境内中长期	39985.1	14.8
其中：企（事）业单位贷款	33594.6	11.9
住户贷款	24513.8	14.1

2021年，安徽省上市公司通过境内市场累计筹资662.9亿元，比上年增加311.3亿元。其中，首次公开发行A股18只（含1只首次在北京证券交易所公开发行股票），筹资117.5亿元；A股再筹资（包括配股、公开增发、非公开增发、认股权证）424.5亿元；上市公司通过发行可转债、公司债筹资120.9亿元。年末全省有A股上市公司149家，比上年增加23家，上市公司市价总值23042亿元，增长22.7%。

2021年，安徽省保险业原保险保费收入1379.7亿元，比上年增长6.1%。其中，财产险业务原保险保费收入436.8亿元，下降4.6%；人身险业务原保险保费收入942.9亿元，增长11.9%。赔款和给付519.3亿元，增长12.1%。其中，财产险业务赔款支出293.6亿元，增长7.8%；人身险业务赔款和给付支出225.7亿元，增长18.3%。

2021年末，安徽省高新技术企业贷款余额2804.27亿元；科技中小企业贷款余额475.54亿元，同比增长15.6%；专精特新“小巨人”企业贷款余额同比增长21.8%，企业获贷率达78.2%；绿色贷款余额为4214.91亿元，同比增长45.8%。

在金融支持科技创新方面，制度层面，人民

银行合肥中心支行、G60科创走廊地区人民银行、地方金融监管局出台《金融支持长三角G60科创走廊先进制造业高质量发展综合服务方案》。协同层面，人民银行合肥中心支行会同安徽省“四送一服”办优选83款科创金融产品，通过“安徽省中小微企业线上放贷中心”平台发布。同时，充分挖掘数据的授信价值，综合运用税务、水电、社保等数据信息，多家银行推出针对科创企业的纯线上信用贷款，如徽商银行“科技e贷”等。

在金融支持绿色低碳方面，安徽省各级人民银行充分发挥政策工具引导作用，设立绿色再贴现资金池，通过“优惠贴现+再贴现”政策组合，办理绿色资金池业务51.6亿元，惠及162家绿色企业及项目。兴业银行合肥分行等开办碳排放配额质押贷款、绿创贷等创新产品，碳中和债、可持续发展挂钩债券等创新债券品种也在该省相继落地。

三、南京市金融情况

2021年，在南京市委、市政府的坚强领导下，南京市全市上下坚持以习近平新时代中国特色社会主义思想为指引，深入学习贯彻习近平总书记对江苏工作重要讲话指示批示精神，深刻领会中央经济工作会议和省、市党代会部署要求，扛起“争当表率、争做示范、走在前列”三大光荣使命，坚持稳中求进工作总基调，立足新发展阶段、贯彻新发展理念、构建新发展格局，统筹疫情防控和经济社会发展，全市经济发展健康平稳，发展动能加快转换，城市品质不断提升，生态环境持续改善，改革开放深入推进，民生福祉更有质感，“强富美高”新南京现代化建设迈出坚实步伐，实现“十四五”发展良好开局，为全面建设人民满意的社会主义现代化典范城市打下了坚实基础。金融方面，南京市着力统筹金融发展与安全，聚力服务实体经济、防范化解金融风险，有力推动金融改革创新。2021年末，全市金融机构本外币存款余额44708.7亿元，同比增长11.6%。

南京市金融为实体经济高质量发展提供有力有效支持。信贷投放稳步增长，金融机构本外币贷款余额43305.4亿元，同比增长13.4%，新增信贷投放4165.4亿元，已经达到去年新增贷款总量的93%。通过持续实施企业上市“宁航行动”计划，2021年以来南京已新增上市公司14家，首发融资总额183亿元；上市公司通过定向增发、配股、发行公司债等融资超过400亿元。

不仅如此，南京金融机构在科技创新、绿色低碳、普惠小微等重点领域资金配置力度不断加大，增速均远高于平均贷款增速。截至2021年12月30日，中基协登记的存续私募基金管理人24577家，较2020年末增加16家，同比增长0.07%；存续私募基金124391只，较2020年末增加27539只，同比增长28.43%；私募基金管理规模19.78万亿元，较2020年末增加3.80万亿元，同比增长23.81%。“宁科贷”合作银行当年累计投放贷款近200亿元；南京地区绿色贷款余额达4587亿元，同比增长27%。全市新增普惠小微贷款超过800亿元。

南京还积极应对疫情影响保市场主体，市民营企业转贷基金免息政策延长至2021年底。截至12月末，市民营企业转贷基金已累计转贷超269亿元，惠及民营企业4106家，并服务专精特新企业高质量发展。

金融改革创新增强。比如，资本市场金融科技创新试点获得中国证监会批复，这是国家层面的金融改革在南京的首个创新试点。金融开放创新迈出新步伐，合格境外有限合伙人（QFLP）和合格境内有限合伙人（QDLP）试点在南京成功落地。首批3只QFLP试点基金规模折合人民币共约80亿元，江苏省首批3家QDLP试点基金管理机构有2家在南京，试点基金规模1.5亿美元。QFLP是指境外机构投资者通过QFLP试点将境外资本兑换为人民币投资于国内的私募股权投资市场的一种制度安排。从2020年开始，南京就紧跟国家最新政策，谋划和推进QFLP试点。2021年7月，南京正式推出了更贴合市场需求和境外投资主体特征的南京版QFLP试点办法，主要特点是准入更加灵活审慎，投资更加便利，监管更加精准高效。南京在一年内同步实施了QFLP试点和QDLP试点，目的是把南京打造成为境内外资本双向流动的新高地。

信贷规模持续扩大。2021年末，南京市金融机构本外币各项存款余额44708.68亿元，比上年末增长11.6%，比年初增加4652.23亿元，同比多增131.85亿元。其中住户存款10830.65亿元，比年初增加1129.45亿元。年末金融机构本外币各项贷款余额43305.40亿元，比年初增加5115.41亿元，增长13.4%。其中住户贷款15469.76亿元，比年初增加2015.36亿元（表7-4-5）。从贷款行业结构看，工业贷款3992.92亿元，比年初增加518.85亿元。全年新增上市公司15家，总数达到140家。

表7-4-5　2021年末南京市金融机构本外币存贷款情况

指标	绝对值/亿元	比上年末增长/%
金融机构本外币存款余额	44708.68	11.6
其中：住户本外币存款余额	10830.65	11.6
金融机构人民币存款余额	43524.28	11.4
其中：住户人民币存款余额	10636.78	12.0
金融机构本外币贷款余额	43305.40	13.4
其中：住户本外币贷款	15469.76	15.0
金融机构人民币贷款余额	42718.95	13.6
其中：住户人民币贷款	15469.30	15.0

保险业基本平稳。2021年，南京市实现保费收入895.44亿元，比上年增长0.6%。分类型看，寿险收入556.73亿元，增长0.3%；财产险收入205.57亿元，增长2.4%；健康险收入115.31亿元，下降1.0%；意外险收入17.84亿元，下降0.4%。

四、镇江市金融情况

2021年，镇江市金融存贷规模稳步扩大。年末金融机构人民币存款余额6692.67亿元，比年初增加400.62亿元，其中住户存款3093.96亿元，比年初增加329.61亿元。年末金融机构人民币贷款余额6958.27亿元，比年初增加852.85亿元，其中：短期贷款301.49亿元，比年初增加36.07亿元；中长期贷款1749.45亿元，比年初增加171.69亿元（表7-4-6）。年末全市拥有银行业金融机构35家，其中政策性银行1家，大型银行6家，股份制商业银行10家，城市商业银行2家，外资银行1家，农村合作金融机构10家，新型农村金融机构5家。

表7-4-6　2021年末镇江市金融机构人民币存贷款情况

指标	绝对值/亿元	比年初增减额/亿元
金融机构人民币存款余额	6692.67	400.62
# 住户存款	3093.96	329.61
非金融企业存款	2608.18	102.88
金融机构人民币贷款余额	6958.27	852.85
# 住户贷款	2050.94	207.76
企（事）业单位贷款	4904.74	643.10

证券市场保持较快发展。年末上市挂牌企业总数512家，其中当年新增129家。A股上市4家，新三板挂牌32家，江苏股权交易中心挂牌企业125家。

保险业保持稳定增长。年末拥有保险机构63家。全年实现保费收入147.52亿元，比上年增长3.4%。其中，寿险公司实现保费收入114.81亿元，增长3.9%；财产险公司实现保费收入32.71亿元，增长1.5%。全年赔付额40.56亿元，比上年增长10.4%。其中，财产险公司赔付21.10亿元，增长14.4%；寿险公司赔付19.47亿元，增长6.4%。

多年来，镇江大力实施产业强市、创新驱动、融合发展“三大战略”，科技创新取得了明显进步。镇江上下一心，突出创新第一动力，用好人才第一资源，做强数字经济关键增量，放大金融赋能效应，确保主要指标增幅高于江苏全省平均水平，全面落实稳定经济增长一揽子政策措施，加快推进项目工作提质增效，有效促进了产业链供应链巩固提升，充分激发了市场主体生机活力。

五、扬州市金融情况

2021年，扬州市坚持以习近平新时代中国特色社会主义思想为指导，全面贯彻党的十九大和十九届历次全会精神，深入学习贯彻习近平总书记对江苏工作重要指示精神和视察扬州重要讲话指示精神，全面落实中央、省委决策部署，积极应对疫情冲击、经济下行和要素制约等多重挑战，统筹疫情防控和经济社会发展，“十四五”发展实现良好开局，“强富美高”新扬州现代化建设迈出坚实步伐。

2021年末，扬州市金融机构人民币存款余额8198.32亿元，增长8.1%，其中住户存款4150.69亿元，增长12.2%。贷款余额7124.63亿元，增长13.5%。个人消费贷款1923.70亿元，增长9.5%，其中住房消费贷款1718.33亿元，增长8.9%（表7-4-7）。

表7-4-7　2021年末扬州市金融机构人民币存贷款情况

指标名称	余额/亿元	比上年/%
金融机构人民币存款余额	8198.32	8.1
# 住户存款	4150.69	12.2
非金融企业存款	2854.28	8.7
广义政府存款	1105.12	-6.8
金融机构人民币贷款余额	7124.63	13.5
# 住户贷款	2518.51	11.4
非金融企业及机关团体贷款	4605.66	14.6
票据融资	434.53	10.5
个人消费贷款	1923.70	9.5
# 住房消费	1718.33	8.9

2021年末，扬州市累计实现境内外上市企业23家，其中境内16家。全市证券资金账户数97.04万户，比上年增加11.13万户，增长13.0%。证券交易额18761.21亿元，比上年增加2473.54亿元，增长15.2%，其中A股交易额12646.35亿元，比上年增加693.42亿元，增长5.8%，占交易额的67.4%；基金交易额1966.52亿元，比上年增加989.67亿元，增长101.3%，占交易额的10.5%。

2021年，扬州市各类保险机构实现保费收入174亿元，增长1.39%。其中财产险保费收入39.27亿元，增长3.81%；寿险保费收入104.44亿元，下降1.04%；健康险保费收入25.33亿元，增长6.57%；意外伤害险保费收入4.95亿元，增长10.59%。累计赔付支出54.91亿元，增长

19.53%。其中财产险赔付支出27.01亿元，增长16.37%；寿险赔付支出13.86亿元，下降12.38%；健康险赔付支出12.44亿元，增长124.93%；意外伤害险赔付支出1.61亿元，增长15.41%。

六、淮安市金融情况

2021年，淮安市上下在市委、市政府的坚强领导下，坚持以习近平新时代中国特色社会主义思想为指导，深入贯彻落实党中央、国务院和省委、省政府各项决策部署，聚焦打造“绿色高地、枢纽新城”、全面建设长三角北部现代化中心城市，牢固树立“项目为王、环境是金”工作导向，坚持对标找差、补短强特、创新实干，统筹疫情防控和经济社会发展，经济运行稳定恢复、稳中向好，实现了“十四五”良好开局。金融方面，淮安市地方金融监管局认真落实市委、市政府关于优化营商环境的决策部署，聚焦主责主业，不断完善金融服务体系，构建融资对接平台，创新金融举措，持续优化营商环境；组织召开全市政银企信贷支持对接会，开展2021年金融服务面对面系列活动等特色专题对接活动，全力保障重大项目建设融资需求。

2021年，淮安市金融市场稳健运行。年末金融机构本外币存款余额5404.92亿元，比上年增长10.4%。其中，住户存款余额2365.95亿元，增长13.3%；企业存款余额1963.28亿元，增长9.2%。年末金融机构本外币贷款余额5537.38亿元，增长19.3%。其中，小微企业贷款1035.81亿元，增长19.5%；个体工商户经营性贷款280.60亿元，增长29.7%。保险行业平稳发展。全年实现保费收入99.96亿元，比上年增长4.4%。其中，财产险收入39.91亿元，增长2.75%；人身险收入60.06亿元，增长5.54%。累计赔付支出37.80亿元，增长15.1%。其中，财产险赔付支出26.94亿元，增长19.2%；人身险赔付支出10.86亿元，增长6.1%。

七、芜湖市金融情况

2021年，芜湖市在市委、市政府的坚强领导下，统筹推进疫情防控和经济社会发展，扎实做好“六稳”工作，全面落实“六保”任务，坚持立足新发展阶段，贯彻新发展理念，推动全市经济社会高质量发展，实现“十四五”良好开局。

在金融业方面，芜湖市2021年末金融机构本外币存款余额5254.06亿元，比年初增加541.10亿元。其中，非金融企业存款2153.95亿元，比年初增加261.25亿元；住户存款2520.73亿元，比年初增加256.45亿元。金融机构本外币贷款余额4716.30亿元，比年初增加206.21亿元。其中，短期贷款1089.56亿元，比年初增加197.54亿元；中长期贷款3113.28亿元，比年初增加428.07亿元。年末外汇存款余额8.51亿美元，比年初减少1.19亿美元；外汇贷款余额2.36亿美元，比年初增加2.19亿美元。在保险业方面，全年实现保费收入90.88亿元，比上年增长5.1%。其中，人身险59.74亿元，增长10.0%；财产险31.14亿元，下降3.1%。赔款及给付支出32.01亿元，其中人身险10.62亿元，财产险21.39亿元。

八、马鞍山市金融情况

2021年，马鞍山市金融市场运行稳中有升。年末全市金融机构人民币存款余额3070.69亿元，比上年增长11.4%；其中，单位存款1297.18亿元，增长9.3%。金融机构人民币贷款余额2536.66亿元，增长13.1%。其中，短期贷款607.99亿元，增长3.9%；中长期贷款1581.20亿元，增长13.7%。保险事业健康发展。全市各类保险机构30家。全年保费总收入50.63亿元，比上年增长9.7%。其中，财产险保费收入24.62亿元，增长25.6%；人身险保费收入26.01亿元，下降2.0%。

2021年，马鞍山市金融监管局积极提升金融服务。一是规范基金运行。充分发挥基金的杠杆撬动作用，出台市政府引导基金管理暂行办法，组建政府引导基金，开展存量基金规范管理，全市设立的各类基金共36支，其中2021年新成立的基金9支。基金总认缴规模371.71亿元，投资总额96.24亿元，投资项目总数124个，其中投资于本市的项目数量 22 个，投资金额 20.02 亿元，为地方经济发展发挥了很好的引导作用。二是实现数字赋能。搭建马鞍山中小微企业综合金融服务平台，提升金融服务实体经济的能力和水平。发布 21 家商业银行和 8 家融资担保公司的 101 个银行贷款产品和 22 个融资担保产品，截至年末，已通过平台申请贷款共计 2105 笔，总金额 33.78 亿元，已经落实贷款 28.97 亿元。三是支持乡村振兴。联合市有关部门印发《关于做好乡村振兴金融服务的实施意见》《金融支持巩固拓展脱贫攻坚成果全面推进乡村振兴的意见》，引导金融活水流向农业农村。四是发展绿色金融。学习杭嘉湖等地绿色金融发展经验，出台马鞍山市推动绿色金融发展的政策指引及实施意见，成立由市委、市政府主要领导任双组长的申报国家绿色金融改革创新试验区工作领导小组，高规格统筹推进马鞍山市绿色金融改革与发展工作。五是发挥担保作用。持续推进“科保贷”“税源贷”“固定资产投资贷”等政策性融资担保业务，11 月末全市新型政银担在保业务余额 73.93 亿元，1—11 月业务新增额 39.34 亿元，担保年化综合费率 0.66%。

九、滁州市金融情况

滁州市金融业务快速发展。2021 年末，全市金融机构人民币各项存款余额 3569.9 亿元，比年初增加 440 亿元，增长 14.1%。其中，境内非金融企业存款余额 854.4 亿元，比年初增加 93.9 亿元；境内个人存款余额 2072.2 亿元，比年初增加 270 亿元。年末，金融机构各项贷款余额 3416.4 亿元，比年初增加 398.7 亿元，增长 13.2%。从贷款期限看，短期贷款余额 950 亿元，比年初增加 58 亿元；中长期贷款余额 2262.8 亿元，比年初增加 350 亿元。

2021 年，全市新增鑫铂股份、超越科技、华塑股份、浩淼科技、三巽集团 5 家境内外上市公司，新增来安县斯迈特新材料 1 家“新三板”挂牌企业，新增省区域股权交易中心挂牌企业 90 家。2021 年末，全市有境内外上市公司 14 家，“新三板”挂牌企业 15 家，省区域股权交易中心挂牌企业 471 家。

2021 年末，全市共有财产险、人身险市级公司 44 家，其中财产险公司 22 家、人身险公司 22 家；全年保费收入 66.7 亿元（不包含天安财险、华夏人寿），同比增长 6.3%。财产保险保费收入 31.1 亿元，同比增长 3.2%。其中，机动车险保费收入 15.1 亿元，同比下降 10.6%；意外健康险保费收入 7.3 亿元，同比增长 10.9%；农业险保费收入 4.7 亿元，同比增长 39.8%。人身保险保费收入 35.7 亿元，同比增长 9.1%。其中，个人代理保费收入 25.4 亿元，同比下降 4.5%；银邮代理业务 9.3 亿元，同比增长 81.5%；续期业务 23.8 亿元，同比增长 4.0%。支付赔款（给付）25.9 亿元，同比增长 5.8%。其中，财产险赔款 20.5 亿元，同比增长 4%；人身险支付赔款（给付）5.4 亿元，同比增长 13.1%。缴纳各项税款 1.04 亿元；代扣代缴各项税款 1.5 亿元；保险消费者保单借款 5.1 亿元，同比增长 8.9%。

十、宣城市金融情况

2021 年末，芜湖市金融机构人民币各项存款余额 2486.4 亿元，比上年末增加 308.7 亿元，增长 14.2%。其中，住户存款余额 1514.0 亿元，增长 16.5%。人民币各项贷款余额 2050.8 亿元，比上年末增加 289.3 亿元，增长 16.4%。其中，中长期贷款余额 1353.3 亿元，增长 15.9%（表 7-4-8）。

表 7-4-8　2021 年末宣城市金融机构人民币存贷款情况

指标名称	余额/亿元	比上年增长/%
各项存款余额	2486.4	14.2
# 住户存款	1514.0	16.5
非金融企业存款	489.4	13.5

续表

指标名称	余额/亿元	比上年增长/%
广义政府存款	446.0	1.0
各项贷款余额	2050.8	16.4
# 住户贷款	1002.6	12.4
非金融企业及机关团体贷款	1048.2	20.6

2021 年，宣城市保险公司保费收入 59.9 亿元，比上年增长 7.8%。其中，财产险保费收入 23.9 亿元，增长 1.1%；人身险保费收入 36.0 亿元，增长 12.6%。赔付支出 24.5 亿元，增长 28.1%。其中，财产险赔付支出 16.6 亿元，增长 16.2%；人身险赔付支出 7.9 亿元，增长 63.3%。

十一、溧阳市金融情况

2021 年是“十四五”开局之年，面对国内外风险挑战增多的复杂局面，溧阳市全市上下贯彻党的十九大、十九届历次全会精神，坚持稳中求进工作总基调，科学统筹疫情防控和经济发展，呈现出加速崛起的强劲势头和令人期待的发展前景。

截至 2021 年 12 月末，溧阳市全辖金融机构本外币各项存款余额为 1732.20 亿元，比年初增加 204.31 亿元，较年初增长 13.4%。其中住户存款余额 879.15 亿元，较年初增长 13.9%。全辖金融机构本外币各项贷款余额为 1325.78 亿元，比年初增加 195.08 亿元，较年初增长 17.3%。年末共有银行 20 家，小贷公司 13 家，证券公司 5 家，保险公司 43 家。全年保费收入 22.94 亿元，同比增长 33.1%。

在绿色金融方面，为支持绿色产业发展和减轻企业负担，溧阳辖区所有银行主动承担了抵押、评估和保险费用。2021 年全年金融机构通过降低利率、主动承担担保抵押费等减轻企业负担约 1.8 亿元。2021 年，中行公司贷款整体加权定价为 4.32%，同比下降 0.34 个百分点，低于全国全年企业贷款加权平均利率。

十二、金坛区金融情况

2021 年，在金坛区委、区政府的坚强领导下，金坛全区上下锚定“最美新城区、最强增长极”全新目标，勇担“美丽常州　金坛样板”崇高使命，凝心聚力，砥砺奋进，坚定不移推动高质量发展，坚持巩固疫情防控和经济社会发展成果，经济运行稳中向好、社会事业蓬勃发展、民生福祉持续改善，“十四五”实现良好开局。

2021 年，金坛区金融市场运行稳定。年末金融机构人民币各项存款余额 1509.38 亿元，比年初增加 229.51 亿元，增长 17.9%。其中住户存款 562.84 亿元，较年初增长 9.1%；单位存款 946.55 亿元，较年初增长 24.0%。人民币各项贷款余额 1208.99 亿元，比年初增加 186.98 亿元，增长 18.3%。其中短期贷款 423.69 亿元，较年初增长 3.5%；中长期贷款 776.51 亿元，较年初增长 28.6%。

2021 年，金坛区保险业务平稳发展。全年实现保费收入 18.21 亿元，同比增长 3.2%。其中财险保费收入 6.14 亿元，寿险保费收入 12.07 亿元，同比分别增长 8.0%和 1.0%。全年各类保险理赔和给付支出 5.66 亿元，同比增长 11.9%。其中财险赔付支出 3.91 亿元，同比增长 26.3%；寿险赔付支出 1.75 亿元，同比下降 10.8%。

第五章　对外经济情况

第一节　南京都市圈对外经济情况

2021 年，南京都市圈外贸外资增势良好。2021 年上半年，南京都市圈实现进出口总额 4984. 44 亿元，同比增长 27. 3%，增速高出全国平均水平 0. 2 个百分点；都市圈占全国的比重为 2. 8%，与上年同期持平。其中，都市圈实现出口总额 3195. 41 亿元，同比增长 27. 9%，都市圈出口总额占全国的比重为 3. 2%。都市圈实现进口总额 1789. 03 亿元，同比增长 26. 1%，都市圈进口总额占全国的比重为 2. 2%。2021 年上半年，南京都市圈实际利用外资 106. 05 亿美元，都市圈占全国的比重为 11. 7%，较上年同期下降 2. 0 个百分点。都市圈实际利用外资同比增长 14. 1%，都市圈 10 个地区中有 9 个地区保持增长，仅金坛区下降 53. 1%。2021 年南京都市圈各市（区）利用外资情况见图 7-5-1。

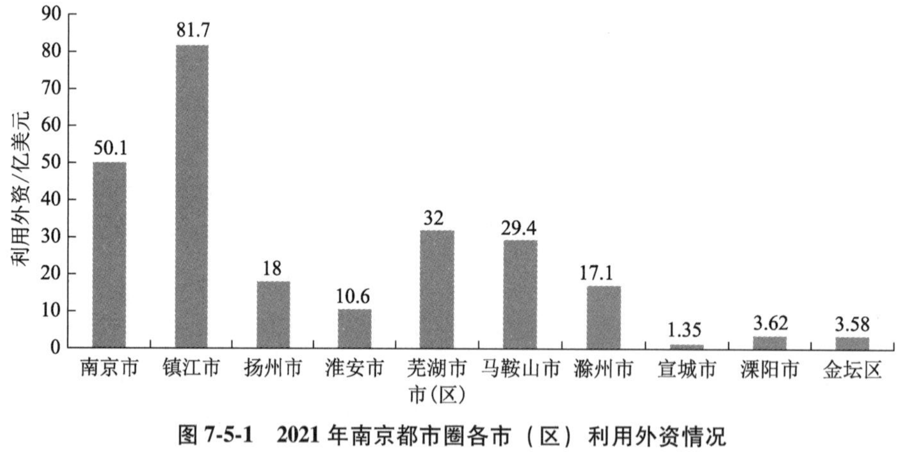

图 7-5-1　2021 年南京都市圈各市（区）利用外资情况

第二节　各市（区）对外经济情况

一、南京市外经情况

2021 年，南京市对外贸易增速较快。据海关统计，全年进出口总额 6366. 83 亿元，比上年增长 19. 2%。其中，出口 3989. 89 亿元，增长 17. 4%；进口 2376. 94 亿元，增长 22. 4%。从商品构成看，机电产品出口增长 9. 1%，高新技术产品出口下降 1. 0%；高新技术产品进口增长 12. 5%，农产品进口增长 33.1%，金属矿及矿砂进口增长 86.6%。从贸易方式看，一般贸易进出口总额增长 25.6%，加工贸易进出口总额下降 5.7%。从企业主体看，国有企业进出口总额增长 23.9%，外商投资企业进出口总额增长 5.9%；民营企业进出口总额增长 28.1%。

新兴市场份额提升。从市场结构看，新兴市场中，对拉丁美洲、非洲进出口总额分别比上年增长 38.0%、46.1%，二者合计占全市比重为 10.9%。对“一带一路”市场进出口总额增长 25%，占全市比重为 27.4%，较上年提升 1.3 个百分点。传统市场中，南京市对欧盟、东盟、美国、韩国、日本进出口总额分别比上年增长 12.7%、32.1%、12.6%、12.5%、21.3%，五者合计占全市进出口总额的 62.6%。具体如表 7-5-1 所示。

表 7-5-1　2021 年南京市对主要国家、地区贸易情况

国别和地区	出口额/亿元	比上年增长/%	进口额/亿元	比上年增长/%
合计	3989.9	17.4	2376.9	22.4
一、亚洲	1726.6	21.2	1304.5	18.6
#日本	183.4	21.3	289.2	21.3
韩国	278.7	17.8	414.4	9.2
#东南亚国家联盟	577.8	24.7	312.7	48.3
二、非洲	236.8	40.4	88.8	63.7
三、欧洲	863.0	9.5	533.2	15.4
#欧洲联盟	651.9	10.2	458.9	16.5
四、拉丁美洲	277.0	46.5	89.9	17.0
五、北美洲	784.9	7.8	168.9	41.3
#美国	713.8	10.1	106.3	33.2
六、大洋洲	101.6	3.0	188.2	50.7

实际使用外资实现突破。全年实际使用外资 50.14 亿美元，比上年增长 11.1%。分产业看，第二产业使用外资 13 亿美元，增长 101.7%，其中制造业使用外资 11 亿美元，增长 168.9%；第三产业使用外资 37.1 亿美元，下降 4.1%。全年吸收外商直接投资新设立企业 686 家，比上年增长 15.9%。新增合同外资 93.65 亿美元，比上年下降 39.0%。来自“一带一路”沿线主要国家实际投资 1.07 亿美元，比上年增长 20.8%。

对外投资总体平稳。全年新增境外投资项目 91 个，中方协议投资额 4.5 亿美元。受境外疫情影响，全市新签对外承包工程合同额 18.9 亿美元，比上年下降 12.8%；完成营业额 24.1 亿美元，增长 6.3%。在“一带一路”沿线 24 个国家，完成营业额 14.2 亿美元。全市服务外包执行额 196 亿美元，比上年增长 7.7%。

从外贸企业看，2021 年，南京民营企业表现抢眼，全年进出口总值增长 28.1%，高出全市增幅 8.9 个百分点，在全市进出口总值中占比 39.9%，超过外资企业（30.3%）和国有企业（29.7%），成为南京外贸的“头号主力”。

出口产品中，集成电路、液晶显示板、钢材等产品出口大幅增长。2021 年，全市机电产品出口 1933.8 亿元，增长 9.1%，占全市出口总值的 48.5%，其中，集成电路、汽车零配件和液晶显示板出口值分别增长 70.4%、34%和 42.5%。同期，纺织服装出口 502.2 亿元，增长 5.3%。此外，钢材出口 248.1 亿元，增长 125.9%。进口产品中，铁矿砂、农产品和煤炭进口快速增长，机电产品进口 1184.7 亿元，增长 11.6%，占全市进口总值的49.8%；铁矿砂进口221.7亿元，增长72.3%；农产品进口166.8亿元，增长33.1%；煤炭进口67.6亿元，增长285.7%。

面对外需增长乏力的困难和挑战，南京市充分发挥全国电子商务示范城市、国家级跨境电商综合试验区优势，加快外贸转型发展，抢先发力工业品跨境电商新赛道，构筑外贸竞争新优势。根据商务监测数据，2021年，南京市跨境电商累计进出口280亿元，同比增长51%，认定的跨境电商产业园、公共海外仓数量居江苏全省首位，外贸新业态发展走在江苏省前列。

（一）江宁区

江宁区位于南京市东南部，是国家重要的科教中心和创新基地，也是国家东部地区先进制造业基地、交通物流枢纽和空港枢纽。江宁是南京航空、航运、铁路、公路交通体系汇聚地，是南京对外沟通的重要枢纽。2021年，江宁区完成实际使用外资10.45亿美元，超额完成年度目标任务，全年实际使用外资总量继续保持全市首位，苏南26郊区（县）第2名；培育引进上美塑胶（南京）有限公司等5家外资企业跨国公司和功能性机构、研发中心，完成市目标任务。全区完成外贸进出口1533.7亿元，在全市的占比达24%，同比增长16.9%。其中，完成外贸出口1199.3亿元，在全市的占比达30.1%，同比增长23.9%，高于全市平均增幅6.5个百分点。外贸进出口、出口总额位居全市第一。

（二）栖霞区

2021年，栖霞区外贸进出口展现出强劲韧性，外贸稳增长态势得到进一步巩固，政策红利持续释放，市场主体活力增强，外贸进出口总额首次突破千亿元，达到1079.6亿元，交出一份亮眼成绩单。

“十四五”开局之年，栖霞区全力推动外贸稳增长，加强形势分析研判，精准有效做好服务，努力实现开局企稳，市场主体韧性和活力进一步增强。其中，重点外贸企业江苏开元医药“危中寻机”，积极开拓国际市场，依靠大数据选热品、抓机会、抢风口，开发了新的产品板块，实现了业务新领域的增量。江苏开元医药2021年实现外贸收入逾1.6亿美元，全年跨境电商渠道实现交易2340万美元，在阿里巴巴国际站外贸百团争霸赛中获得多项大奖。

不仅如此，顺应外贸创新这一趋势，栖霞区加快培育外贸新业态、新模式，集聚外贸发展新动能，充分发挥南京经济技术开发区、南京综合保税区、南京龙潭港等优势，致力于搭建更高平台、拓展更大空间，在跨境电商产业园建设、进口消费品集散等新业态上主动投入、积极探索。其中，八卦洲跨境电商产业园开园以来，积极打造以美妆为特色的跨境产业集聚，被授予“南京市跨境电商美妆产业示范园”荣誉称号。2021年11月，八卦洲跨境电商产业园和龙潭跨境电商产业园获评省级跨境电商产业园，八卦洲跨境服务产业有限公司韩国仓和南京惠而达供应链管理有限公司美国仓获评省级公共海外仓。2022年1月，南京进口消费品集散中心暨八卦洲跨境电商产业园开仓，实现内外贸有机融合。

此外，栖霞区在加快开拓新市场、加工贸易稳住外贸基本盘、自贸联动见成效等方面下足功夫，取得了显著成效，为2021年外贸成绩加分。

（三）江北新区

一直以来，南京江北新区积极打造对外开放贸易平台，推动内外贸协同发展。2021年，通过升级转型外贸业态、优化营商环境等举措，江北新区外贸大幅增长。1—9月，江北新区实际使用外资71131万美元，同比增长19.6%；1—10月，江北新区外贸进出口完成377.5亿元，同比增长37.5%，已完成全年任务的98.3%。这样的成绩，与江北新区的金融政策支持、企业的快速发展息息相关。

（四）鼓楼区

2021年，鼓楼区实际利用外资2.9亿美元。完成外贸进出口597.1亿元，增长17.4%。其中进口 165.6 亿元，增长 16.5%；出口 431.5 亿元，增长 17.8%。全区实现服务外包执行额 30.55 亿美元，其中离岸外包执行额 15.51 亿美元。

二、镇江市外经情况

2021 年，镇江市对外贸易恢复性增长。全年实现对外贸易进出口总额 129.13 亿美元，比上年增长 23.9%。其中进口总额 36.89 亿美元，增长 21.6%；出口总额 92.25 亿美元，增长 24.8%。一般贸易出口额 82.63 亿美元，增长 30.5%，占出口总额比重为 89.6%；加工贸易出口额 7.93 亿美元，下降 15.6%（表 7-5-2）。从出口市场看，对东盟出口额 13.09 亿美元，增长 28.3%；对欧盟出口额 15.18 亿美元，增长 25.3%；对美国出口额 19.71 亿美元，增长 15.0%；对韩国出口额 3.66 亿美元，增长 22.2%。对“一带一路”沿线国家出口额 31.63 亿元，增长 32.0%，占全市出口总额的比重为 34.3%。

表 7-5-2　2021 年镇江市对外经济情况

项目	单位	统计结果	同比增长/%
进出口总额	亿美元	129.13	23.9
# 一般贸易	亿美元	106.85	27.8
加工贸易	亿美元	14.62	15.2
# 进口总额	亿美元	36.89	21.6
# 一般贸易	亿美元	24.22	19.1
加工贸易	亿美元	6.69	102.7
# 出口总额	亿美元	92.25	24.8
# 一般贸易	亿美元	82.63	30.5
加工贸易	亿美元	7.93	-15.6
工商新注册企业数	家	85.00	25.0
新批千万美元以上项目	项	28.00	3.7
协议利用外资	万美元	163989.00	-15.7
# 第二产业	万美元	114782.00	5.0
实际利用外资	万美元	65073.00	7.6
# 第二产业	万美元	46384.00	20.0
服务外包合同额	万美元	377263.00	14.4
# 离岸服务外包合同额	万美元	131649.00	18.2
服务外包执行额	万美元	318809.00	12.0
# 离岸服务外包执行额	万美元	116760.00	13.5

利用外资规模保持稳定。2021 年，镇江市工商新注册外资企业 100 家，新批千万美元以上项目 34 项。实际利用外资 8.09 亿美元，增长 2.8%；协议利用外资 21.40 亿美元，下降 2.2%。全年服务外包合同总额 37.73 亿美元，比上年增长 14.4%；其中离岸外包合同总额 13.16 亿美元，增长 18.2%。执行总额 31.88 亿美元，增长 12.0%；其中离岸外包执行额 11.68 亿美元，增长 13.5%。

外贸经营主体活力有效激发。2021 年，镇江市民营企业进出口额 428.6 亿元，增长 12%，占镇江市外贸总值的 51.4%，持续稳居镇江市第一大外贸经营主体；外商投资企业进出口额 348.9 亿元，增长 21.8%，占 41.8%，活跃度明显提升；国有企业进出口额 56.9 亿元，增长 7%。

此外，机电产品出口、进口均保持良好增势，出口机电产品279.2亿元，增长13%，占镇江市出口总额的46.8%。其中，眼镜及其零件、汽车配件、手用或机用工具和电工器材四类产品出口增长率均超20%；进口机电产品70.3亿元，增长20.2%，占进口总额的29.5%。

三、扬州市外经情况

2021年，扬州市实现进出口总额969.1亿元，同比增长25.5%。其中，出口712.2亿元，增长22.8%；进口256.9亿元，增长33.7%。全市进出口、出口、进口增速分别高于全省8.3、4.2、18.8个百分点，其中进出口增速排名江苏全省第5位。从进出口主体看，民营企业进出口476.5亿元，增长31.2%；外商投资企业进出口311.8亿元，增长15.7%；国有企业进出口180.7亿元，增长29.5%。从贸易方式看，一般贸易进出口766.4亿元，增长29.8%；加工贸易进出口155.3亿元，增长7.6%。从出口市场看，欧盟、美国、澳大利亚、东盟和中国台湾依次实现贸易额163.6亿元、151.8亿元、92.1亿元、84.9亿元和56.1亿元，分别增长26.9%、33.4%、36.7%、12.2%和16.1%。全年对“一带一路”沿线国家进出口增长14.6%，对RCEP国家进出口275.6亿元，增长24%。

2021年，全市实际到账外资17.3亿美元，增长17.7%。从来源地看，亚洲国家（地区）外资15.8亿美元，增长24.9%，其中实际利用港资15.3亿美元，增长32.3%；实际利用南美洲外资4988万美元，下降34.8%；实际利用欧洲外资1477万美元，下降78.2%。新批外商投资企业173个，增长19.3%；新增协议外资57.4亿美元，下降0.5%。

2021年，全市对外投资总额3.06亿美元，下降47.4%，其中对外直接投资额0.92亿美元，对外承包工程完成营业额1.74亿美元，对外输出劳务人员实际收入3902万美元。新批境外投资项目16个，中方协议投资额4961.4万美元。

（一）邗江区

2021年，邗江区对外贸易稳步增长。全年实现进出口总额284629万美元，同比增长29.9%。使用外资逆势上扬。全年新设（含增资）外商投资企业44个，实际利用外资3.33亿美元，增长14.93%。“走出去”步伐稳健。全年完成对外投资总额6766万美元，新批对外直接投资项目7个，完成境外直接投资额1723万美元。

（二）江都区

2021年，江都区对外贸易持续增长。全年实现外贸进出口总额35.1亿美元，增长43.0%。对外投资总额1.31亿美元，占全市比重41.6%。新批境外投资企业4个；江都建设援建的坦桑尼亚达累斯萨拉姆大学中国图书馆项目斩获中国建设工程鲁班奖（境外工程）。此外，江都区利用外资稳步增长。实际到账外资3.01亿美元，增长111.2%。新注册20家企业，增资9家。新注册3000万美元以上外资项目8个。组织各类专题推介及项目签约活动26场；新签约坎德拉飞轮储能系统生产基地、创维“江都基地”等项目77个。

（三）高邮市

2021年，高邮市招商引资推进有力。组织开展“招商引资突击月”、“长三角招商周”、招商“攻坚月”等活动，强化小分队点对点招商成效，全年共外出招商368批次，组织开展专题招商推介5场。优化项目评审流程，创新项目分类管理，全年新签约项目151个，20亿元以上项目9个，累计外资到账16509万美元，超额完成扬州目标。在扬州“擂台赛”考核中，连续三个季度以第一名的成绩夺得红旗。

开放水平提升明显。2021年，全市实现进出口总额67380万美元，同比增长29%。服务贸易执行额9267万美元，同比增长18.5%。牵头举办“江苏优品·畅行全球”——扬州机械欧洲专场线上对接会，为50余家扬州机电企业搭建与欧洲优质客户线上洽谈合作平台；组织19家企业参加线上广交会。

（四）广陵区

2021年，广陵区外资外贸规模持续扩大。全年实现进出口总额 11.9 亿美元，比上年增长 31.6%，其中，出口总额 11.8 亿美元，进口总额 1.1 亿美元。全年实际利用外资 24151 万美元。

招商引资推进有力。实体化运作招商引资工作专班，组织季度“冲刺赛”，建立“红黄旗”制度，开展粤港澳大湾区产业合作洽谈、数字经济（杭州）招商推介会等各类招商活动 370 余次，成功签约万得数据二期、翰林亿讯、影石科技等 113 个项目，总投资约 341 亿元。

营商环境持续优化。制定优化营商环境任务清单、攻坚清单，出台应对疫情稳企发展“10 条”等惠企纾困政策，创成全市首个“获得电力”示范区。市场主体突破 9 万户，新登记法人企业 4011 家，新增“四上”企业入库 485 家。

（五）仪征市

2021 年，仪征市外资到账小幅下降。全市注册外资实际到账 23011 万美元，下降 8.0%。

（六）宝应县

2021 年，宝应县精心组织“烟花三月”节活动，全年开展各类招商活动 11 次。大力引导外资进入现代服务业、高端制造业、高新技术行业，新落户 3000 万美元以上项目 3 个。开展小型务实招商活动 36 场、“云签约”活动 12 场，新签约重大项目 27 个、亿元项目 52 个。

2021 年，宝应县对外投资总额 3666 万美元，下降 17.9%。全县实际到账外资 15043 万美元，增长 49.3%。实现进出口总额 95964 万美元，增长 29.8%。其中，出口总额 77624 万美元。

四、淮安市外经情况

2021 年，淮安市对外贸易再创新高。全年实现外贸进出口总额 59.9 亿美元，比上年增长 20.6%，进出口规模创历史新高。其中出口 43.6 亿美元，增长 27.0%；进口 16.3 亿美元，增长 6.2%。对外贸易结构不断改善，一般贸易进出口比上年增长 27.0%，占进出口总额比重 58.5%，较上年同期提升 3 个百分点。机电产品和高新技术产品出口保持较快增长，分别比上年增长 26.1%、17.3%。成功获批全国跨境电商零售进口试点城市，新培育跨境电商企业超 300 家，淮安电子商务现代物流园获评全市首家省级跨境电商产业园。

利用外资稳中提质。全年新设外资项目 165 个，比上年增加 19 个；协议外资 41.2 亿美元、增长 7.2%，实际到账注册外资 12.0 亿美元、增长 13.4%。外资重大项目取得突破，新设总投资 3000 万美元以上外资项目 89 个，较上年同期净增 20 个。台资项目加快集聚，新设及增资台资项目 41 个，实际到账台资 2.7 亿美元，比上年增长 49.2%。

园区平台优化提升。年末全市共有 1 个国家级经济技术开发区、1 个国家级高新技术产业开发区、7 个省级经济开发区，全市开发园区利用外资、外贸进出口总额分别占全市总量的 65%、90%。淮安台资集聚示范区、淮安经济技术开发区、淮安高新区 3 个平台创成江苏自贸试验区联创区，金湖经济开发区、洪泽经济开发区创成江苏省智慧园区，金湖经济开发区创成江苏省低碳能源装备特色产业创新示范园区。

2021 年，淮安市外贸在量增的同时实现了质的稳步提升。贸易方式更加优化，相较于加工贸易，一般贸易拥有更长的产业链、更高的附加值，一般贸易进出口达 226.5 亿元、同比增长 18.7%，占外贸进出口比重达 58.6%、提升 3.2 个百分点。贸易伙伴更加多元，淮安市同全球 175 个国家、地区开展贸易往来，与美国、韩国、中国台湾、中国香港贸易额均实现了 20%以上的增长；对“一带一路”沿线国家进出口达 118.1 亿元、同比增长 3.8%，占全市外贸比重超三成。市场主体更加活跃，淮安市有进出口实绩的企业达 1045 家。其中，民营企业进出口 236 亿元、同比增长 14.2%，高于全市外贸增速 1.8 个百分点，占淮安市外贸总值的 61%。新贸易业态蓬勃发展，淮安市对接海关系统和市综合服务平台跨境电商企业 16 家，建成海外仓 2 个，跨境电商 B2B 累计出口超 3200 万美元。同时，淮安市打通淮安—郑州—布达佩斯“区港联动+空空联运”通道，开通至越南全货机航线，年空运进出口货运量120吨、货值400万美元。

2021年，为应对严峻的疫情及外贸发展形势，淮安海关通过开展“服务企业半月谈”“三强三促”“海关政策宣讲县区行”等活动，持续优化口岸营商环境。同时，围绕市重点支柱产业企业，量身定制“两步申报”“两段准入”“抵港直装”“区港联动”等通关监管模式，助力企业紧抓“出口替代”契机，有针对性地推动优势产品扩大国外市场份额。2021年，淮安市主导产业中，电子信息产品进出口140.5亿元，同比增长4%；劳动密集型产品出口73.9亿元，同比增长13%。此外，出口化工品35.4亿元，同比增长19.1%；出口铝合金车身、橡胶轮胎等汽车零配件28.5亿元，同比增长3.8%；出口体育用品12.3亿元，同比增长36.8%。

五、芜湖市外经情况

对外贸易加快发展，出口增速大幅提升。2021年，芜湖市实现进出口总额115.27亿美元，比上年增长36.5%，比安徽全省高0.4百分点；其中出口75.78亿美元、增长55.8%，进口39.49亿美元、增长10.4%。

区域合作推深走实。长三角一体化进程提质提速，围绕城市能级提升、协同开放、科技共同体等九大合作领域，与上海松江区开展战略合作，G60科创走廊芜湖产创中心一期项目签约，首批入驻企业10家。扎实推进“五个区块链接”，构筑与沪苏浙多维度的合作体系，新达成城区合作5项、园区合作4项，获批首个“沪苏浙皖”共建计量技术规范。深度参与中部地区崛起国家战略，与河南南阳市缔结为友好城市，探索城市建设管理合作，推动社会事业共建共享。推进“一带一路”建设，首次发布“一带一路”跨座式单轨系统国际联盟标准，省内首条外贸直航班线芜湖—日本快运航线开通运营。实际对外投资4.8亿美元，同比增加22.4%，总量居安徽全省第一。

自贸区芜湖片区“试验田”作用凸显。一周年目标任务全面完成，注册企业超4000户，新签约项目201个，协议引资额1881亿元，进出口总额增长34.2%。推进以法定机构为目标的体制机制改革，4项制度创新事项入选安徽省首批10个标志性建设成果，洋山港—芜湖港“联动接卸”入选长三角一体化发展十大典型制度创新案例。B2B直接出口实现零的突破，出口海外仓落地。

江北新兴产业集中区建设加快推进。高质量编制江北“十四五”发展规划和有关专项规划。谋划布局江北大龙湾片区2021—2023年主干路网，总投资55亿元的城南过江隧道、总投资20亿元的湾谷科技园项目开工。安徽省公共卫生临床中心（芜湖）、青年创业城以及人才配套小区等一批重大项目加快推进。

六、马鞍山市外经情况

2021年，马鞍山市“双招双引”（即招商引资、招才引智）持续发力。全年实际利用外商直接投资29.37亿美元，比上年增长4.3%。实际利用省外亿元以上项目到位资金1389.6亿元，增长14.1%。引进亿元以上项目435个，其中，千羿工业互联网、泉峰智能制造产业基地等100亿元以上项目3个，中联重科、信义玻璃等50亿元以上项目11个，深马华东科技产业园、欧力高端植物基蛋白食用产品等20亿元以上项目43个。

对外贸易增长较快。2021年，马鞍山市实现外贸进出口总额73.68亿美元，比上年增长24.9%。其中，进口42.79亿美元，增长25.5%；出口30.89亿美元，增长24.2%。马鞍山市连续12年被海关总署认定为全国外贸百强城市。

从区域分布来看，2021年，慈湖高新区进出口31.8亿元，增长2.3倍；马鞍山经开区进出口14.3亿元，增长73.7%；马鞍山综合保税区进出口91.7亿元，下降27.4%。

从贸易方式来看，2021年，马鞍山市一般贸易进出口399.3亿元，增长38.3%，占比83.8%；加工贸易进出口59.7亿元，增长12.4%；保税物流进出口16.7亿元，下降72.7%。

从企业来看，2021年，马鞍山市外资企业进出口232.7亿元，增长39.3%，占比48.8%；民营企业进出口181.1亿元，下降12.4%；国有企业进出口62.7亿元，增长83.8%。

从产品结构来看，2021年，马鞍山市出口钢材45亿元，增长85.2%；出口集成电路10.9亿元，下降33.2%；出口液晶显示板5.2亿元，增长17.7%。

同期，马鞍山市进口铁矿砂195.7亿元，增长65.4%；进口集成电路28.3亿元，下降44.3%；进口二极管及类似半导体器件4.3亿元，下降25.4%。

从出口方向来看，2021年，马鞍山市对澳大利亚和巴西进出口分别达到138.5亿元和58.9亿元，分别增长48.2%和60.4%；对欧盟进出口26.5亿元，增长15.3%；对东盟进出口53.6亿元，增长4%；对美国进出口19.3亿元，下降16.3%。

七、滁州市外经情况

2021年，滁州市实现进出口60.2亿美元，增长55.7%，总量居安徽全省第5位，增速居全省第2位。其中出口49.8亿美元，增长70.5%，总量居全省第3位，增速居全省第2位。利用外资形势较好，全年全市实现外商直接投资17.1亿美元，增长7.0%，总量居全省第4位，增速居全省第9位。全年招商引资境内省外增长20.1%，来自长三角区域资金占境内省外引资总量的72.9%。

2021年，滁州市外贸主要有以下亮点：各外贸经营主体活力增强，民营企业表现尤其亮眼。滁州市民营企业进出口311.1亿元，增长50.6%，占滁州市进出口总值的80%；外商投资企业进出口77.1亿元，增长27.6%；国有企业进出口0.6亿元，增长4%。外贸“朋友圈”愈加稳固。滁州市外贸“朋友圈”辐射全球177个国家和地区，贸易额1亿元以上的有42个。滁州市对美国、欧盟（不含英国）、东盟进出口分别达到63.9亿元、61.8亿元、50.4亿元，分别增长37.8%、66.8%和62.2%。“滁州制造”量质齐升。2021年滁州市新型显示、家电、电子元件等高技术、高附加值产品出口强劲，全年出口高新技术产品130.8亿元，增长252.9%。

八、宣城市外经情况

2021年，宣城市外需市场规模扩大，利用外资平稳增长。全年进出口总额182.8亿元，比上年增长36.1%，比安徽全省高9.7个百分点，增速居安徽全省第4位。其中，出口168.4亿元，增长35.3%；进口14.4亿元，增长45.7%。从出口商品看，机电产品、高新技术产品分别增长32.1%、41.0%。对“一带一路”沿线国家和地区进出口44.2亿元，增长26.9%。其中，出口40.6亿元，增长25.8%；进口3.6亿元，增长69.1%。

全年新批外商投资企业21个。合同利用外资4.1亿美元，比上年增长3.4倍；实际利用外商直接投资13.9亿美元，增长7.6%。

全年实际对外投资0.94亿美元，比上年增长5.9%。其中，对“一带一路”国家和地区投资0.13亿美元，增长3.5倍。

2021年，面对国际疫情及中美贸易摩擦等复杂严峻的外贸形势，宣城市政府凝心聚力，多措并举“稳外贸”：

（1）下好先手棋，健全工作机制服务企业发展。建立“清单+订单”监测、市县联动、四方会商协作、金融服务、风险预警五大机制，对133家进出口超300万美元的重点企业订单逐月监测预判，掌握全市进出口发展趋势。制定重点进出口企业回转挖潜清单，相关部门开展包保服务，清单内42家进出口企业全年实现进出口近6亿美元，同比增长50%。全年共解决运输成本上升、融资需求、出口退税等各类问题百余个。

（2）培育新动能，抓好基地建设实现贸易产业融合。依托宣城市汽车零部件、卫浴、羽绒羽毛等进出口优势产业，发展壮大4个国家级外贸转型升级基地，预计2021年4个国家级基地实现进出口近8亿美元。宣州区卫浴基地成功引进浙江和广东等地29家卫浴及配套企业入驻；宁国市汽车零部件基地加快汽车零部件展示中心、公共保税仓、公共服务平台建设；广德市汽车零部件基地生产8000余种汽车动力及零部件产品；羽毛羽绒基地实现了从单一羽毛到羽绒被、羽绒服等系列羽毛制成品的出口。

（3）扩大朋友圈，助力企业参与国内国际双循环。共组织150余家企业参加广交会、进口博览会、消博会等线上线下展，全力帮助企业保市场保订单；组织16家进出口企业参加皖东南名品展，推动出口转内销。举办4场《区域全面经济伙伴关系协定》（RCEP）线上线下专题培训班，为企业用好RCEP国际规则提供支持。2021年宣城市与RCEP成员国家贸易进出口超5亿美元，与171个国家和地区实现贸易往来，呈现出欧美市场巩固、“一带一路”市场份额稳步提升的向好趋势。

（4）搭建新平台，全力为外贸企业纾困解难。为解决全市外贸发展中进口短板及中小进出口企业开拓国际市场缺资金、缺人才的堵点难点问题，推动成立安徽众投国际贸易有限公司，孵化培育有进出口资质但未开展进出口业务的企业，实现报关、报检、退税等一体化服务。目前已经代理出口300余万美元，完成塑料粒子和木材进口200余万美元。

（5）培育新业态，推进跨境电商发展增添发展动能。宣城市200多家进出口企业和各类跨境电商平台开展合作，已经形成汽车零部件、木塑地板、卫浴、纺织、羽绒等跨境电商产业集群。建成鸿乔斯跨境电商产业园，成功入驻15家跨境电商企业。加快推进跨境进口零售试点业务，推动跨境电商9710业务模式成功落地宣城市。2021年，全市跨境电商交易额7.3亿元，同比增长98.6%。

九、溧阳市外经情况

2021年，溧阳市外贸进出口总额113.20亿元，同比增长32.0%。其中：出口91.20亿元，同比增长28.9%；进口22.00亿元，同比增长46.8%。实际使用外资3.62亿美元，同比增长8.4%。

2021年，“农具特色小镇”南渡镇出口货值超13950万元，同比增长78.2%。其中KOMERI牌镰刀、锄把等农具产品在日本高端农具超市均占有一席之地。随着RCEP的实施，农具企业还将进一步降低成本。

溧阳是全国1599个革命老区县市之一，具有悠久光荣的革命历史。经过多年的产业布局和外贸拓展，革命老区老业态有突破，新业态也有发展。目前，众多新兴企业和智能制造产业园区积极“走出去”，正成为推动乡村振兴的重要力量。

汽车零配件产业是溧阳县域经济发展的四大支柱产业之一。当地企业江苏科华控股股份有限公司已是全球涡轮增压器零部件龙头企业，随着业务拓展，企业对自身信用形象要求越来越高。对于像江苏科华这样辖区内的优质企业，常州海关因地制宜开展“一对一”信用辅导，积极对标海关高级认证企业标准，提升了多家企业的信用等级，让企业轻松享受到AEO（Authorized Economic Operator，经认证的经营者）互认国海关给予的相应便利。成为海关高级认证企业后，江苏科华的海外客户合作意愿更强了。2021年，企业出口金额11.3亿元，同比增长34%。

近年来，为帮助革命老区发展，助力乡村振兴与百强县建设，常州海关不断加大对溧阳革命老区的扶持力度，助力革命老区外贸经济焕发新活力。2021年，溧阳市外贸进出口总值同比增长32%，首次突破百亿元，达113.2亿元。

十、金坛区外经情况

2021年，金坛区外经合作进展顺利。全年签约引进外资项目10个，投产开业的外商投资企业374家，实现实际到账注册外资3.58亿美元。中德（金坛）创新产业园被认定为中国（江苏）自由贸易试验区联动创新发展区，成为江苏省对德合作的又一高地，集聚速德、舒富、晟达等44家德语区企业，总投资额超过12亿欧元。牵线德国手工业行会（HWK）与金坛中专联合开办中德国际班，成功举办首届“对话德国——江苏德国合作交流大会”及“2021中德经济论坛暨德国慕尼黑推介会”。

对外贸易再创新高。全年实现外贸进出口总额272.90亿元，同比增长23.9%，占常州市的比重为9.1%，创下历史新高。其中出口212.90亿元，占常州市的比重为 9.7%，同比增长 31.7%，增速高于全市平均增速 9.4 个百分点，实现贸易顺差 152.9 亿元；进口 60.00 亿元，同比增长 2.4%。随着《区域全面经济伙伴关系协定》（RCEP）的正式生效实施，预计 2022 年将进一步利好金坛区进出口贸易形势。

园区实力持续提升。经开区 2021 年全年实现工业开票销售收入 806.00 亿元，规模以上工业总产值 701.96 亿元，工业实际投入 121.69 亿元，在省级经济开发区高质量发展综合考核评价中位列第一方阵，并获评第二批省级特色创新（产业）示范园区。华罗庚高新区全年实现工业开票销售收入 317.57 亿元，规模以上工业总产值 218.72 亿元，工业实际投入 106.11 亿元。高新区全力推进项目建设，中航锂电、贝特瑞、飞荣达等项目继续保持高投入强度，牛创新能源项目开启产线技改工作。

第六章　投资情况

第一节　南京都市圈投资情况

2021年，南京都市圈10个市（区）固定资产投资稳步回升，投资增幅均高于全国。分投资领域看，工业投资保持较快增长，都市圈10个市（区）中有9个市（区）的工业投资增幅高于全国；房地产开发投资趋于理性，都市圈10个市（区）中有5个市（区）的房地产投资增幅高于全国。2021年南京都市圈各市（区）投资增长情况见图7-6-1。

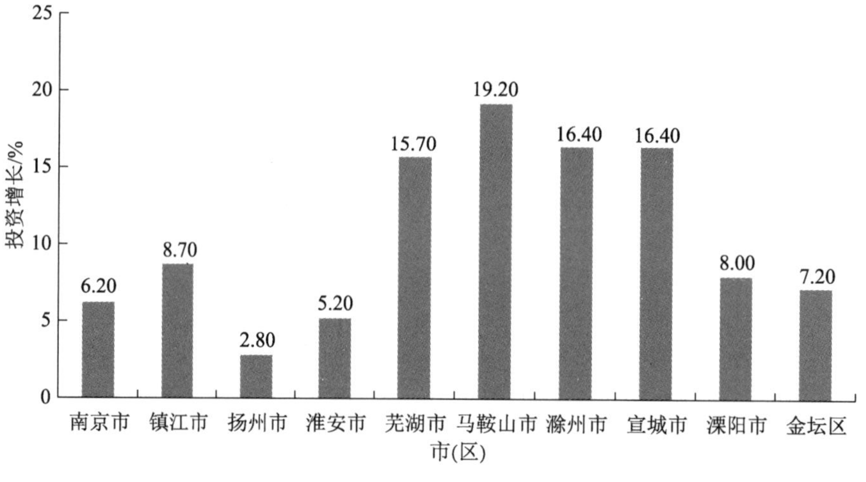

图7-6-1　2021年南京都市圈各市（区）投资增长情况

第二节　各市（区）投资情况

一、南京市投资情况

2021年，南京市完成固定资产投资5675.24亿元，比上年增长6.2%，增幅高于全国1.3个百分点，高于江苏省0.4个百分点。分产业看，第一产业完成投资12.6亿元，比上年下降24.4%；第二产业完成投资1055.86亿元，比上年增长13.4%；第三产业完成投资4606.78亿元，比上年增长4.2%。工业投资完成1056.97亿元，占全部投资的18.6%，增长13.5%。工业投资中，制造业完成投资934.09亿元，占工业投资的88.4%，增长13.3%；其中高技术制造业、工业技改投资分别增长28.6%、5.5%，占工业投资比重分别为55.8%、48.72%。高技术制造业投资中，电子及通信设备制造业、医药制造业、医疗仪器设备及仪器仪表制造业、信息化学品制造业投资分别增长33.2%、29.3%、26.2%、42.8%。2021年，南京市秦淮区全区固定资产投资同比增长8.6%。固定资产投资项目共195个，其中房地产项目35个、固定资产项目160个。2021年，南京市雨花台区全区全社会固定资产投资同比增长9.6%。其中，服务业投资同比增长9.3%。从所有制结构看，国有及国有控股经济投资同比增长49.4%；外商及港澳台经济投资同比下降96.9%；民间投资同比下降12.0%。2021年，南京市溧水区投资总量稳步增长，全年固定资产投资（不含农户）同比增长10.2%。按产业分类看，第一产业投资同比下降7.3%；第二产业投资同比增长12.6%，其中工业投资同比增长12.6%；第三产业投资同比增长9.1%。投资结构优化升级，全年高技术产业投资完成101.82亿元，占全社会投资的22.0%，占比较上年提高2个百分点。高新技术投资完成86.35亿元，同比增长14.9%。高耗能投资完成6.01亿元，同比下降33.7%。2021年，南京市栖霞区投资保持稳步增长，全区固定资产投资比上年增长9.5%。其中，工业投资比上年增长1.5%；工业技改投资占工业投资比重77.69%；高新技术产业投资比上年增长14.4%；第三产业投资比上年增长11.6%。2021年，南京市浦口区固定资产投资稳步增长。2021年，全区完成全社会固定资产投资579.19亿元，同比增长3.0%。分产业看，第一产业投资完成0.36亿元，同比下降71.7%；第二产业投资完成111.47亿元，同比增长29.7%；第三产业投资完成467.37亿元，同比下降3.1%。分领域看，工业投资同比增长30.1%；基础设施投资下降40.1%；房地产开发投资增长14.1%。

2021年，南京市完成房地产开发投资2719.80亿元，比上年增长3.4%，其中住宅投资1932.13亿元，增长3.7%。2021年商品房销售面积1510.95万平方米，比上年增长14.1%，其中住宅销售面积1371.39万平方米，增长13.0%。2021年末商品房待售面积274.39万平方米，其中商品住宅待售面积117.26万平方米，比上年减少28.31万平方米。新开工各类保障房682万平方米，基本建成保障房324万平方米，筹集保障性租赁住房4万套（间）、筹集市场化租赁住房8万套（间）。基础设施投资完成1180亿元，占全部投资的20.8%，增长13.2%。2021年，南京市秦淮区完成房地产开发投资149.78亿元，同比增长27.9%。2021年，南京市雨花台区商品房销售面积93.55万平方米，同比增长8.8%；商品房销售额281.42亿元，同比增长6.3%。2021年，南京市栖霞区房地产开发投资持续增长。全区房地产开发完成投资361.03亿元，比上年下降9.4%。施工面积1124.24万平方米，比上年下降1.5%。其中住宅施工面积733.74万平方米，比上年下降9.3%。新开工各类房屋面积219.79万平方米，比上年下降22.2%。其中住宅新开工153.09万平方米，比上年下降16.8%。全年房地产销售面积173.4万平方米，比上年增长25.4%；全年房地产销售额达492.96亿元，比上年增长27.7%。2021年，南京市浦口区房地产开发投资完成296.21亿元，同比增长14.1%；其中住宅投资227.10亿元，增长10.1%。全年商品房销售面积155.8万平方米，比上年增长2.6%；其中住宅销售面积150.03万平方米，增长2.0%。

二、镇江市投资情况

2021年，镇江市投资增速稳步提升。全年固定资产投资比上年增长8.7%，其中国有及国有控股投资下降13.3%，港澳台及外商投资增长18.9%，民间投资增长8.3%。分三次产业看，第一产业投资增长10.9%；第二产业投资增长22.0%，其中制造业投资增长24.3%；第三产业投资下降0.7%。全年分别完成高技术产业投资和工业技术改造投资192.50亿元、138.39亿元，分别占工业投资的38.0%、27.3%，分别增长22.3%、4.1%。2021年，镇江市丹阳市全市完成全社会固定资产投资232.57亿元，比上年增长12.2%；其中完成工业性投资133.72亿元，比上年增长

30.8%。全年完成规模以上固定资产投资218.66亿元，比上年增长18.8%其中完成工业性投资124.24亿元，比上年增长34.9%。在规模以上固定资产投资中，第一产业完成投资1.94亿元，比上年增长16.8%；第二产业完成投资124.24亿元，比上年增长34.9%；第三产业完成投资92.49亿元，比上年增长2.4%。在规模以上固定资产投资中，制造业完成投资118.11亿元，比上年增长33.8%，高技术产业完成投资34.14亿元，比上年增长21.9%，制造业投资、高技术产业投资占固定资产投资比重分别达到54.0%、15.6%，较2020年分别提高了6.1和0.4个百分点。2021年，镇江市扬中市固定资产投资稳步增长。全年完成固定资产投资108.77亿元，比上年增长18.1%。其中制造业投资73.4亿元，增长30.7%，占固定资产投资比重为67.48%；服务业投资34.43亿元，增长5.1%，占固定资产投资比重为31.66%。2021年，镇江市句容市固定资产投资稳步提升。全年实现固定资产投资271.17亿元，比上年增长10.3%。其中工业投资77.76亿元，增长31.4%；制造业投资61.19亿元，增长24.5%；高技术产业投资39.59亿元，增长52.6%。制造业投资、高技术产业投资占固定资产投资比重分别为22.9%、14.6%。

2021年，镇江市房地产市场稳定发展。全年完成房地产开发投资413.97亿元，比上年增长3.3%；其中住宅投资342.58亿元，增长1.1%。商品房施工面积2913.79万平方米，比上年增长1.4%；其中住宅施工面积2395.58万平方米，增长1.1%。商品房竣工面积377.55万平方米，比上年下降6.3%；其中住宅竣工面积325.40万平方米，下降0.1%。商品房销售面积695.05万平方米，比上年增长9.9%；其中住宅销售面积661.36万平方米，增长8.7%。商品房销售额611.22亿元，比上年增长6.6%；其中住宅销售额581.30亿元，增长5.2%。2021年，镇江市丹阳市全年完成房地产投资77.88亿元，比上年下降1.3%；完成商品房施工面积593.28万平方米，比上年增长25.3%，其中住宅470.13万平方米，比上年增长23.1%；完成商品房竣工面积63.97万平方米，比上年增长3.3%，其中住宅50.93万平方米，下降1.0%；全年实现商品房销售面积140.18万平方米，比上年增长7.0%，其中住宅面积135.61万平方米，比上年增长7.2%；实现商品房销售额110.98亿元，比上年下降6.0%，其中住宅销售额106.84亿元，比上年下降5.5%。2021年，镇江市扬中市房地产市场相对稳定，房地产行业下行压力进一步加大，行业及相关产业链均承受较大压力，但总体保持稳定发展态势。全市现有在库房地产企业34家，全年完成房地产开发投资29.76亿元，增长4.6%。完成商品房施工面积198.11万平方米，同比下降14%。商品房竣工面积30.12万平方米，同比下降43%。商品房销售面积50.62万平方米，增长17.2%；其中住宅销售面积40.56万平方米，同比下降1.55%。商品房销售额44.33亿元，增长27.1%；其中住宅销售额31.58亿元，同比下降3.66%。2021年，镇江市句容市房地产市场稳定发展，全年实现房地产开发投资120.09亿元，增长1.4%。房地产房屋施工面积1028.49万平方米，增长13.4%。房屋竣工面积117.37万平方米，增长61.1%。商品房销售面积222.66万平方米，增长4.5%。商品房销售额196.88亿元，下降2.4%。

三、扬州市投资情况

2021年，扬州市固定资产投资同比增长1.2%，其中第一产业投资下降26.5%，第二产业投资增长16.4%，第三产业投资下降6.8%。2021年，扬州市广陵区全年固定资产投资增长4.5%，第一产业投资增长39.8%，第二产业投资增长24.2%，第三产业投资下降1.1%。第二产业投资中，制造业投资增长23.4%。其中，工业技改投资增长28.3%，占工业投资比重为46.5%；高技术投资增长8.5%，占工业投资的15.4%。2021年扬州市江都区全年固定资产投资增长0.3%。从产业分布看，第一产业投资增长9.4%；第二产业投资增长29.2%，其中工业投资增长29.4%；第三产业投资下降15.2%，其中房地产投资增长

2.8%。高技术投资占全部投资比重为12.1%。2021年，扬州市邗江区投资增幅波动下行，全年固定资产投资下降5.4%。其中工业投资增长5.1%，第三产业投资下降8.8%。全年制造业投资增长6.7%，高技术制造业投资占工业投资比重为44%。房地产投资下降7.5%，房地产投资占全部投资的比重达41.8%。2021年，扬州市宝应县固定资产投资比上年增长4.6%。从产业分布看，第一产业投资下降24.7%，第二产业投资增长23.4%，第三产业投资下降17.1%；全年新增列入统一5000万元及以上项目249个。2021年，扬州市仪征市固定资产投资放缓，全年固定资产投资增长0.1%。其中第一产业投资下降20.0%，第二产业投资增长12.7%，第三产业投资下降6.2%。2021年，扬州市高邮市固定资产投资总体稳定，全市实现固定资产投资增长0.3%。分产业看，第一产业投资下降38.6%，第二产业投资增长12.1%，第三产业投资下降10%。

2021年，扬州市房地产开发投资完成841.68亿元，增长0.9%。商品房施工面积为3360.09万平方米，下降10.4%；竣工面积411.74万平方米，下降51.9%。全年商品房销售面积829.03万平方米，增长1.4%；商品房销售额923.33亿元，增长1.4%。2021年，扬州市广陵区全年完成房地产开发投资144.12亿元，比上年增长13.0%，其中完成住宅投资119.67亿元。房屋施工面积450.08万平方米，其中住宅施工面积334.42万平方米。商品房销售面积112.76万平方米，其中住宅销售面积99.80万平方米。商品房销售额156.64亿元，其中住宅销售额148.52亿元。2021年，扬州市江都区商品房销售面积126.35万平方米，增长11.8%；其中住宅销售面积70.69万平方米，下降30.2%，占全区商品房销售面积的55.9%。商品房销售额为108.86亿元，下降7.1%；其中住宅销售额77.33亿元，下降30.5%，占商品房销售额的比重为71%。2021年，扬州市邗江区房地产开发投资回落，全年完成房地产开发投资220.88亿元，同比下降7.5%。按工程用途分，住宅投资151.44亿元，下降5.6%；办公楼投资15.09亿元，增长65.3%；商业营业用房投资31.12亿元，下降23.7%。施工面积788.51万平方米，下降21.5%；其中新开工面积182.74万平方米，下降51.4%。房屋竣工面积53.48万平方米，下降85.4%。商品房待售面积109.57万平方米，下降54.9%。2021年，扬州市宝应县房地产开发投资项目47个，完成投资40.23亿元，比上年下降30.0%。从投资工程用途来看，住宅投资29.65亿元，下降38.0%；非住宅投资10.57亿元，增长10.1%。全县商品房竣工面积46.61万平方米，增长21.8%。2021年，仪征市固定资产投资放缓。全年固定资产投资增长0.1%。其中：第一产业投资下降20.0%，第二产业投资增长12.7%，第三产业投资下降6.2%。重大项目稳步推进。开展春季招商突击月、夏季产业链专题招商、流动红旗季度赛、四季度“百日冲刺”等活动，新签约亿元以上项目105个，新落户3000万美元以上外资项目14个。落实重大项目“一月一督察、一季一汇报、半年一开工”机制，开展“家家到”观摩活动，江扬电缆、质子医疗等列省项目进展顺利，63个列扬项目加快推进，111个项目参加集中开工。2021年，高邮市房地产开发投资增速平稳，全市实现房地产开发投资86.84亿元，增长6.4%。其中，住宅投资77.82元，增长18.7%；商业营业用房投资3.89亿元，下降65.4%；办公用房投资2.76亿元，增长173.3%；其他用房投资2.36亿元，下降38.4%。高邮市商品房竣工面积45.87万平方米，下降63.7%。

2021年，扬州市广陵区项目建设攻坚突破。大力推进“1135”重大项目工程，完成新开竣工亿元以上项目106个、5000万元列省投资库项目114个、市级重点项目38个、省重点项目5个。宝胜研发中心、明清古城保护暨文旅示范区2个列省重大项目以及壮利环保、三和四美等项目开工建设，福康斯环保发电机组等项目基本竣工，中铁宝桥智能车间等项目投产达效。2021年，扬州市江都区重大项目推进有力，长城整车及零部件、坎德拉飞轮储能等64个亿元以上项目成功签约，和光新材料、景特电子等23个项目通过市级新开工认定，英联易开盖、晶华新能源等19个项目通过新竣工认定，盈峰材料华东生产基地实现当年开工、当年竣工、当年投产。中远海运LNG船、诚德1422毫米以上无缝管线管、邵伯运河遗产保护3个列省重大项目均已开工建设。2021年，扬州市邗江区重大项目稳步推进。全年市级亿元以上重大项目投资计划60个，计划总投资559.1亿元，当年计划投资136.9亿元，全年完成投资157.2亿元，占年度投资计划的114.8%，已全部开工建设。2021年，扬州市宝应县新开工亿元以上工业项目21个、新竣工24个。维之恩精密轴承、虹途电子等11个重大项目开工建设，锡洲电磁线、国人5G射频滤波器等15个重大项目顺利竣工，宝胜系统集成、鼎钰玻璃等14个重大项目实现达产。2021年，扬州市仪征市重大项目稳步推进，开展春季招商突击月、夏季产业链专题招商、流动红旗季度赛、四季度“百日冲刺”等活动，新签约亿元以上项目105个，新落户3000万美元以上外资项目14个。落实重大项目“一月一督查、一季一汇报、半年一开工”机制，开展“家家到”观摩活动，江扬电缆、质子医疗等列省项目进展顺利，63个列扬项目加快推进，111个项目参加集中开工。2021年，扬州市高邮市5000万元及以上重大项目投资下降4.7%。全年新增列入统计5000万元及以上项目187个。新开工亿元项目115个，其中50亿元、30亿元项目各1个，10亿~20亿元项目4个；竣工亿元以上项目121个，其中10亿元及以上项目10个。实施计划总投资50亿元的智纬电脑精密组件项目、计划总投资33.5亿元的晶通集成电路封装产线项目、计划总投资15亿元的中节能高效太阳能电池一期厂房工程等一批重特大产业项目。

四、淮安市投资情况

2021年，淮安市投资结构持续优化。全年规模以上固定资产投资比上年增长5.2%，其中民间投资增长6.4%，占全部投资比重达81.2%。分类型看，房地产开发投资增长10.1%、项目投资增长3.6%。工业投资增长12.8%，其中制造业投资增长26.8%，电气机械和器材制造业，计算机、通信和其他电子设备制造业，仪器仪表制造业投资分别比上年增长76.1%、31.8%、127.5%。新招引亿元以上项目656个，比上年增加134个，其中50亿元以上工业项目9个，总投资202亿元的中天钢铁钢帘线、总投资120亿元的台华新材料等项目成功落地实施。2021年，淮安市清江浦区规模以上固定资产投资比上年增长15.2%，分类型看，项目投资增长4.4%、房地产开发投资增长25.2%。工业投资增长39.8%，其中制造业投资增长76.6%，制造业投资占全市制造业投资比重为5.4%。高技术产业投资占规模以上固定资产投资比重6.9%。新入库10亿元以上项目10个，其中3个50亿元项目已成功落地实施，分别为淮安运河港黄码港提升工程、益海嘉里淮安食品产业园、天鹏高效新型锂离子电池产业化项目。2021年，淮安市淮阴区全年规模以上固定资产投资同比增长1.1%。其中，固定资产项目投资同比下降0.5%，房地产开发投资同比增长6.0%。按产业划分，工业投资同比增长6.4%，制造业投资同比增长22.7%，高技术产业投资同比增长299.2%。2021年，淮安市涟水县投资规模不断扩大。全年实施500万元以上固定资产投资项目467个，其中5000万元以上投资项目242个。完成规模以上固定资产投资205.32亿元，增长14.4%。其中完成工业投资130.62亿元，增长34.7%。投资结构进一步优化。总投资中，第一产业投资13.72亿元，第二产业投资123.92亿元，第三产业投资67.68亿元，三次产业投资比例为8.0：59.5：32.5；制造业投资占第二产业投资的比重为90.6%，比2020年上升1.4个百分点；高耗能投资占项目投资比重为8.3%，比2020年下降2.3个百分点；民间投资占投资总额比重达到75%；高技术产业投资比重为17.3%。2021年，淮安市盱眙县投资结构更加优化。全年完成固定资产投资（含房地产）155.59亿元，增长17.1%。其中第一产业完成投资9.31亿元，第二产业完成投资107.59亿元，第三产业（不含房地产）完成投资14.16亿元，三次产业投资结构比为7.1：82.1：10.8。全年民间投资117.62亿元，民间投资占比89.74%。制造业投资占工业投资的比重为98.1%，工业技改投资占工业投资的比重为63.18%。

2021年，淮安市清江浦区实现商品房销售面积283.32万平方米，比上年增长38.4%；实现商品房销售额261.43亿元，比上年增长39.1%。2021年，淮安市淮阴区全年房地产开发投资同比增长6.0%，其中住宅用房投资同比增长14.2%。房地产销售面积102.5万平方米，同比增长30.7%。2021年，淮安市涟水县房地产企业全年实现商品房销售面积165.37万平方米，增长61.7%。2021年，淮安市盱眙县房地产开发投资有待提升，全年房地产开发投资下降20.1%。年末商品房施工面积352.1万平方米，下降3.75%；其中住宅施工面积316.34万平方米，下降2.38%。年末商品房竣工面积57.53万平方米，下降36.08%；其中住宅竣工面积53.8万平方米，下降33.87%。年末商品房销售面积105.29万平方米，增长9.06%；其中住宅销售面积92.71万平方米，增长11.63%。

五、芜湖市投资情况

2021年，芜湖市完成固定资产投资比上年增长15.7%。本年项目建成投产率42.5%，固定资产投资资产交付使用率71.0%。固定资产投资中，第一产业投资增长43.7%；第二产业投资增长19.6%，其中工业投资增长19.6%；第三产业投资增长11.1%。2021年，芜湖市镜湖区全年完成固定资产投资额同比下降12.2%，其中项目类投资同比下降31.5%。2021年，芜湖市弋江区全区固定资产投资比上年增长20.5%，其中战略性新兴产业投资增长24.3%，民间投资增长22.2%。项目建设稳步推进。2021年全区在建项目301个，其中亿元以上项目228个，10亿元以上项目51个。新开工项目176个，其中亿元以上项目133个，10亿元以上项目10个。2021年，芜湖市鸠江区全年完成全社会固定资产投资比上年增长20.3%。分产业看，第一产业投资增长141.4%，第二产业投资增长40.9%，第三产业投资增长8.3%。2021年，芜湖市湾沚区全年固定资产投资比上年增长24.0%。第一产业投资增长43.9%；第二产业投资增长31.1%，其中工业投资增长31.1%；第三产业投资增长16.3%。2021年，芜湖市繁昌区全区固定资产投资同比增长21.6%，比安徽省、全市分别高12.2和5.9个百分点；两年平均增长19.1%。分产业看，第一产业投资同比增长99.4%，第二产业投资同比增长9%，第三产业投资同比增长44.6%。分领域看，基础设施投资同比增长61.7%，工业投资同比增长9%。全年施工项目298个，比上年增加18个。其中，新开工项目155个，比上年增加19个；亿元以上项目205个，比上年增加68个。2021年，芜湖市南陵县完成固定资产投资增长19.4%。其中，第一产业投资下降10.1%；第二产业投资增长17.7%，其中工业投资增长17.7%；第三产业投资增长24.2%。2021年，芜湖市无为市全年完成固定资产投资比上年增长16.2%。其中第一产业完成投资增长13.8%，第二产业完成投资增长14.9%，第三产业完成投资增长17.4%。

2021年，芜湖市房地产项目投资同比增长6.5%。2021年，芜湖市镜湖区房地产开发投资增长13.6%。2021年，芜湖市鸠江区房地产投资增长3.1%。2021年，芜湖市湾沚区房地产投资项日增长19.0%。全年商品房销售面积为104.8万平方米，增长11.4%；商品房销售额65.0亿元，增长14.8%。2021年，芜湖市繁昌区房地产开发投资同比增长23.8%，商品房销售面积同比增长7.3%。弋江区商品房共成交15064套，成交面积为1610174平方米。成交量主要集中在弋江区和鸠江区，这与芜湖目前的市场情况密不可分，芜湖主力供应的土地和在售楼盘主要集中在弋江区和鸠江区。2021年，芜湖市南陵县房地产开发投资增长21.5%。全年销售商品房63.7万平方米，增长11.6%；商品房销售额406481万元，增长24.9%。2021年，芜湖市无为市房地产开发企业完成投资65.83亿元，下降4.1%；商品房销售面积91.9万平方米，增长15%。全年新开工亿元以上项目107个，比上年增加36个。

六、马鞍山市投资情况

2021年，马鞍山市固定资产投资增长较快，全年固定资产投资比上年增长19.2%。其中，第一产业投资增长62.4%，第二产业投资增长12.7%，第三产业投资增长23.8%。基础设施投资高速增长，全年基础设施投资比上年增长46.0%，增速比全市固定资产投资高26.8个百分点，拉动全市投资增长6.9个百分点。2021年，马鞍山市雨山区全年固定资产投资增幅达到16.5%。2021年，马鞍山市博望区固定资产投资平稳增长，全年固定资产投资同比增长6.6%。其中，第一产业投资增长较快，第二产业投资小幅下降，第三产业投资增长12%。2021年，马鞍山市当涂县固定资产投资平稳增长，全年全社会固定资产投资同比增长16.6%。其中，工业投资增长8.7%，技改投资增长19.4%。2021年，马鞍山市含山县全县固定资产投资（不含农户）比上年增长25.4%（不含巢马城际铁路项目投资额）。其中，工业企业技术改造投资增长33.9%，基础设施投资增长48.4%，民间投资增长13.5%。分产业看，第一产业投资增长249.4%，第二产业投资增长18.4%，第三产业投资增长30.5%。工业投资增长18.4%，其中制造业投资增长15.4%。2021年，马鞍山市和县全年固定资产投资比上年增长19.1%。其中制造业投资占比28.8%，较上年回落3.8个百分点；技术改造投资占比13.5%，较上年提高1.3个百分点。

2021年，马鞍山市重点项目建设提质提效。全年实施重点项目820个，完成投资1307.66亿元。其中，省亿元以上重点项目780个，蜂巢新能源动力电池、宝武马钢新特钢等267个项目开工建设，巢马高铁、瑞斯康达智能制造基地等337个续建项目加快推进，长钢140吨电炉炼钢工程、军瑶装配式建筑BIM构件等198个项目竣工投产。2021年，马鞍山市当涂县全年房地产开发完成投资13.2亿元，比上年增长1.4%。商品房销售面积24.03万平方米，增长3.7%；商品房销售额13.9亿元，下降1.9%；年末商品房待售面积13.5万平方米，下降4%。2021年，全县深入开展“项目攻坚年”活动，深化“七未”项目调度攻坚，加强项目全周期管理、全过程督办，成效显著。全县100个省市重点项目完成投资计划132%，井利电子、可尔海思等30个亿元以上项目建成投产，盐湖特立镁、恒丰汽车零部件等42个亿元以上项目开工建设。新签约亿元以上项目77个，常青轻量化、长源液压等8个20亿元以上项目成功落户。

七、滁州市投资情况

2021年，滁州市固定资产投资比上年增长16.4%。其中，500万元以上项目投资比上年增长16.7%。分产业看，第一产业投资增长162.8%，第二产业投资增长16.4%，第三产业投资增长15.3%。分行业看，制造业投资增长17.9%，批发零售业投资下降35%，房地产业投资增长15.8%，水利、环境和公共设施管理业投资增长19.4%，教育投资增长75.9%。2021年，滁州市琅琊区固定资产投资同比增长19.1%。其中，城镇项目投资下降51.3%，房地产投资增长93.5%。分产业看，第一产业投资增长126%；第二产业投资增长18.2%，其中，工业投资增长18.2%；第三产业投资增长20.1%。2021年，滁州市南谯区全区固定资产投资同比增长19.1%，增速比上年同期提高5.8个百分点。全区第三产业投资占全部投资比重达86.5%，拉动全部投资增长12.9个百分点。工业投资延续加快增长态势，全年同比增长67.9%，高于全部投资48.8个百分点。基础设施投资全年增长80.9%，增速比上半年提高118.9个百分点。1—12月，全区投资项目共193个，当年新增入库项目117个。其中本年新开工项目106个，较上年同期增加73个。新开工项目本年完成投资增长16%。2021年，滁州市来安县全年固定资产投资比上年增长19.6%，其中，500万元以上项目投资比上年增长12.1%；分产业看，第一产业投资增长37.0%，第二产业投资增长15.0%，第三产业投资增长12.9%。2021年，滁州市全椒县固定资产投资增长19.7%。其中，第一产业完成投资增长201.9%，占全部投资额的0.9%；第二产业完成投资增长 17.1%，占全部投资额的 32.1%；第三产业完成投资增长 20.6%，占全部投资额的 67.0%。第二产业中，技改项目投资增长 31.9%，电力、热力、燃气及水生产和供应业投资增长 389.5%。第三产业中，基础设施项目投资增长 31.4%。其中道路运输业增长 21.5%，水利管理业下降 8.0%，公共设施管理业增长 60.9%，房地产业增长 9.4%。2021 年，滁州市定远县完成固定资产投资较上年增长 15.3%，分产业看，第一产业投资比上年增长 42.3%，第二产业投资比上年增长 7.8%，第三产业投资比上年增长 17.5%。2021 年，滁州市凤阳县全年固定资产投资同比增长 17.8%。分产业看，第一产业完成投资同比增长 368.5%；第二产业完成投资同比增长 48.7%（全部为工业项目），其中工业技术改造投资同比增长 281%；第三产业完成投资同比下降 0.1%。从投资主体看，民营经济（含房地产投资）累计完成投资同比增长 25.4%，总量占全部投资的比重为 70.4%。2021 年，滁州市天长市全年固定资产投资比上年增长 19.1%，分产业看，第一产业增长 446.4%，第二产业增长 11.8%，第三产业增长 25.2%。2021 年，滁州市明光区全年固定资产投资比上年同比增长 12.0%，城镇投资增长 14.9%。分产业看，第一产业投资增长 178.3%；第二产业投资增长 22.9%，其中工业投资增长 22.9%；第三产业投资增长 3.9%。

2021 年，滁州市完成房地产开发投资 587.7 亿元，增长 15.8%。房屋施工面积 4077.9 万平方米，增长 12.9%，其中新开工面积 1018.5 万平方米，增长 1.8%；房屋竣工面积 642.4 万平方米，增长 58.9%。商品住宅销售额 733.2 亿元，增长 8.3%。2021 年，滁州市琅琊区全年完成房地产投资 76.5 亿元，同比增长 93.5%。房屋施工面积 461.9 万平方米，增长 62.4%。其中，新开工面积 117 万平方米，增长 298.7%；房屋竣工面积 57.8 万平方米，增长 226.2%。商品房销售面积 229.4 万平方米，同比增长 227.1%；商品房销售额 103.1 亿元，同比增长 115.4%。2021 年，滁州市南谯区全年完成房地产开发投资 87.1 亿元，增长 2.4%。2021 年，滁州市来安县全年完成房地产开发投资 69.2 亿元，增长 16.7%。房屋施工面积 499.1 万平方米，增长 2.6%。其中新开工面积 94.1 万平方米，增长 31.1%；房屋竣工面积 136.7 万平方米，增长 49.8%。商品住宅销售额 89.9 亿元，下降 5.4%。2021 年，滁州市全椒县房地产开发项目投资增长 9.4%。全县房地产开发经营企业房屋施工面积 643.1 万平方米、增长 13.6%；房屋竣工面积 41.4 万平方米、下降 10.2%。商品房销售面积 155 万平方米、增长 19.7%；商品房销售额 82.2 亿元、增长 10.9%；商品房销售均价 5306 元/平方米、下降 7.3%。其中，住宅销售均价 5283 元/平方米、下降 3.7%；商业营业用房销售均价 6386 元/平方米、下降 30.4%。2021 年，滁州市定远县完成房地产开发投资 385102 万元，比上年增长 11.8%。房屋施工面积 169.1 万平方米，增长 31.9%；其中新开工面积 54.1 万平方米，下降 50.1%。商品房销售面积 66.1 万平方米，增长 8.9%；商品房销售额 361999 万元，增长 9.5%。2021 年，滁州市凤阳县房地产投资完成 512150 万元，同比增长 3.5%。全年商品房销售面积 132 万平方米，同比增长 17.4%；商品房销售额 706311 万元，同比增长 15.2%。全年亿元以上项目 93 个，当年完成投资同比下降 4.1%。2021 年，滁州市天长市全年房地产开发投资 553002 万元，增长 22.1%；商品房销售额 787316 万元，增长 49.2%。2021 年，滁州市明光区房地产投资增长 6.1%。

2021 年，滁州市 500 万元以上固定资产投资施工项目 1777 个。其中，当年新开工项目 810 个，增长 30.6%；亿元以上项目 836 个，同比增长 23.5%；当年已投产项目 590 个。全市省重点项目新开工 384 个，竣工 202 个，均居安徽省第 2 位；续建和新开工项目共计 781 个，年度完成投资 1305.3 亿元，居安徽省第 4 位。2021 年，滁州市来安县全年 500 万元以上固定资产投资施工项目 224 个。其中，当年新开工项目 113 个，增长 73.8%；亿元以上项目 122 个，同比下降 3.9%；当年已投产项目 109 个。2021 年，滁州市全椒县万元以上项目投资增长 29.7%；5000 万元以下项目投资下降34.9%；民间项目投资增长25.5%；高技术投资增长403.9%。全县在库项目158个（不含房地产），较上年增加27个。其中5000万元以下项目39个，5000万元以上项目119个，亿元以上项目106个。全年新入库项目73个（含17个5000万元以下项目），达近三年项目入库数最高，完成投资额占项目投资总量的26.6%；亿元以上项目88个，完成投资额占项目投资总量的56.5%。2021年，滁州市凤阳县500万元以上项目投资同比增长24.1%。2021年，滁州市天长市全年固定资产投资施工项目354个，其中新开工项目165个。

八、宣城市投资情况

2021年，宣城市固定资产投资比上年增长16.4%，分产业看，第一产业投资增长1倍，第二产业投资增长14.1%，第三产业投资增长17.2%。工业投资增长14.3%，其中，制造业投资增长13.9%。民间投资增长11.6%，基础设施投资增长23.7%，社会领域投资增长4.0%。2021年，宣城市宣州区全年固定资产投资比上年增12.7%，其中，技术改造投资增长18.2%，民间投资下降1.3%。分产业看，第一产业投资增长1.2倍，第二产业投资增长15.8%，第三产业投资增长10%。分领域看，社会领域投资增长9.3%，基础设施投资增长18.6%，装备制造业投资增长15.3%。2021年，宣城市郎溪县全年固定资产投资增长19.5%，分产业看，第一产业投资增长52.7%，第二产业投资增长11.6%，第三产业投资增长30.1%。工业投资增长11.6%，民间投资增长11.7%，基础设施投资增长54.7%。2021年，宣城市广德市全年固定资产投资比上年增长16.7%。其中，工业技术改造投资增长18.1%，基础设施投资增长52.6%，民间投资增长14.7%。分产业看，第一产业投资增长44.7%，第二产业投资增长5.6%，第三产业投资增长7.2%。分行业看，工业投资增长5.6%，其中制造业投资增长3.7%。2021年，宣城市泾县全年固定资产投资比上年增长16.7%。其中，工业投资增长61.0%，基础设施投资增长5.3%，民间投资增长17.4%。分产业看，第一产业投资增长139.2%，第二产业投资增长61.0%，第三产业投资增长11.0%。2021年，宣城市绩溪县全年固定资产投资增长7.7%，其中工业固定资产投资下降3.3%。2021年，宣城市旌德县全年固定资产投资比上年增长20.5%。分产业看，第一产业投资增长39.2%，第二产业投资增长6%，第三产业投资增长93.1%。工业投资增长6%，其中，制造业投资增长32.4%。民间投资增长32.1%，基础设施投资增长278.1%。2021年，宣城市宁国市全年全社会固定资产投资增长17.0%。从三次产业看，第一产业投资增长1168.3%；第二产业投资增长24.3%，其中工业投资增长24.3%；第三产业投资增长9.7%。

2021年，宣城市房地产开发投资296.6亿元，比上年增长14.7%。商品房销售面积468.3万平方米，增长13.2%；商品房销售额305.9亿元，增长18.1%。年末商品房待售面积95.1万平方米，增长1.3%。2021年，宣城市宣州区全年房地产开发投资98.5亿元，比上年增长6.2%。商品房销售面积166.4万平方米，增长0.7%；商品房销售额103.4亿元，增长10.8%。年末商品房待售面积53.2万平方米，增长32.8%。2021年，宣城市郎溪县全年房地产开发投资29.65亿元，同比增长3.3%。全年房屋施工面积165.6万平方米，增长14.7%；商品房销售面积56.62万平方米，增长32.2%。商品房销售额34.9亿元，增长31.7%；其中商品住宅销售额32.6亿元。2021年，宣城市广德市全年房地产开发投资75.2亿元，比上年增长40.9%。商品房销售面积97.6万平方米，增长18.1%；商品房销售额68.3亿元，增长17.6%；年末商品房待售面积31.6万平方米，增长11.2%；房地产行业从业人员工资总额达7324.1万元，同比下降了6.5%。2021年，宣城市泾县全年房地产开发投资18.8亿元，比上年增长10.4%。商品房销售面积18.0万平方米，增长12.2%；商品房销售额14.0亿元，增长26.1%；年末商品房待售面积0.2万平方米，增长65.0%。2021年，宣城市绩溪县房地产投资增长14.6%，商品房销售面积增长32.2%。2021年，宣城市旌德县全年房地产开发投资6.75亿元，比上年增长20.1%。商品房销售面积14.03万平方米，增长3.2%；商品房销售额7.35亿元，下降5.1%。年末商品房待售面积3.9万平方米，增长142%。2021年，宣城市宁国市全年完成房地产投资51.9亿元，增长10.9%。商品房销售面积93.8万平方米，增长22.4%。

九、溧阳市投资情况

2021年，溧阳市固定资产投资同比增长8.0%。其中工业投资同比增长25.7%，服务业投资同比下降12.0%。5000万元以上项目投资额占比93.0%，高技术投资占比32%，较上年同期提升12.2个百分点。计划总投资10亿元以上项目（不含房地产）总数55个，同比增长48.6%；完成投资172.1亿元，同比增长58.3%，占固定资产投资额的比重为43.5%。

2021年，溧阳市房地产开发完成投资同比下降4.4%。商品房销售面积115.31万平方米，同比增长12.6%。其中，住宅销售面积96.41万平方米，同比下降3.2%。房屋待售面积为47.80万平方米，同比增长21.2%。

2021年，溧阳市拥有资质企业527家，其中特级资质企业2家（龙海、天目），一级资质企业61家，二级资质企业276家，拥有各类资质1600项，是苏南地区资质门类最为齐全、综合率较高的建筑之乡。全市建筑业施工产值达1124亿元，同比增长12%；上缴税金27.5亿元，同比增长24.4%。

十、金坛区投资情况

2021年，金坛区项目投资步伐加快。全年全社会固定资产投资额同比增长7.2%，其中第二产业、第三产业分别增长8.3%和6.5%，第一产业下降50.9%。非制造业投资高速增长，全区非制造业投资完成额同比增长181.8%。计划总投资5000万元以下的项目支撑有力，项目数量与完成额呈现双增长趋势，分别增长92.0%和65.9%。南沿江高铁金坛站、河海大学新校区等52个政府投资项目累计完成投资58.39亿元。

2021年，金坛区招商引资不断突破。全年累计签约引进工业项目63个，协议投资总额553.36亿元。其中，供地项目33个，协议投资总额481.26亿元；外资项目10个，协议投资总额11.82亿美元；单体投资超5亿元或5000万美元项目22个。签约引进项目中“三新一特”产业项目协议投资额占比97.3%。

第七章　发展新领域

第一节　南京都市圈发展新领域情况

南京都市圈是我国最早启动建设的跨省都市圈，《南京都市圈发展规划》是全国首个国家层面批复的都市圈规划。南京都市圈不断探索跨行政区域治理新模式，努力实现同城化发展，在数字经济、新基建等多个发展新领域为我国建设现代化都市圈积累经验、提供示范。南京都市圈为数字经济发展汇聚更多资源要素，伴随互联网、大数据、人工智能等新一代信息技术深度赋能传统产业和实体经济，南京都市圈各大城市及地区的支柱产业和先进制造业将加速产业链、供应链、价值链重构，迎来全面数字化转型升级。

南京都市圈8个设区市和1市（县级）1区产业发展成梯度分布，各市（区）产业各有侧重点，产业互补性强。南京作为中心城市，首位优势明显，科教资源丰富，第三产业发达，技术密集型制造业占优势；镇江、扬州、芜湖、马鞍山等制造业经济地位突出，尤其是资本密集型制造业占比较大；滁州、宣城等市农业基础雄厚，劳动密集型制造业占比较大，具体内容可见表7-7-1。

表7-7-1　南京都市圈各市（区）重点产业及新产业领域分布

市（区）	重点产业及新产业领域
南京	新型电子信息、绿色智能汽车、高端智能装备、生物医药与节能环保新材料；四大服务业主导产业：软件和信息服务业、金融和科技服务业、现代物流和高端商务商贸、文旅健康产业
镇江	船舶与海工装备业、半导体及通信业、数字创意产业、高技术服务业
扬州	装备制造业、绿色光电业、高端轻工业、港口物流业、建筑业
淮安	绿色食品、新型装备制造业、新一代信息技术产业
芜湖	电子电器、新型建材、生物制药、汽车产业
马鞍山	采矿业、机械加工制造业、食品
滁州	智能家电及电子信息产业、先进装备制造业、健康食品、新型化工、硅基材料、新能源新材料产业
宣城	汽车零部件及机械设备制造业、建材、农产品加工业、医药产业、化工产业、休闲观光旅游业
溧阳	动力电池、智能电网、汽车及零部件、农牧与饲料机械
金坛	装备制造、汽车及零部件、光伏新能源产业、化工及新材料、纺织服装产业

南京都市圈的建设成功开辟城市群联动、产业链协同、政策支撑互动、智力资源共享、交通禀赋互联的区域发展新格局，提升区域新发展领域中心能级新高度，并且取得一定丰厚的成果。

例如南京都市圈“8+2”成员共建“轨道上的都市圈”、优化都市圈公路网络、强化重大枢纽建设，交通基础设施互联互通水平大幅提高。2021 年，都市圈首条跨市域轨道交通线宁句城际建成通车，宁句同城化迈出实质性步伐。宁扬、宁马和宁滁三条城际轨道开工建设，“一日生活圈”“一小时通勤圈”加速形成。南京都市圈环线高速公路以及宁盐、宁广等项目正在深化研究，宁合高速改扩建工程、商合杭高铁芜湖长江公铁大桥、五峰山过江通道公路接线等建成通车，G312 宁镇段快速化改造等一批省际“断头路”“瓶颈路”工程加快推进。南京都市圈坚持“各扬所长、优势互补”“互利共赢、协同共进”基本理念，不断在各大新领域推进纵深合作。

第二节　各市（区）发展新领域情况

一、南京市发展新领域

根据 2022（第九届）江苏互联网大会发布的《2022 数字江苏发展报告》显示，截至 2021 年底，江苏全省数字经济规模超 5.1 万亿元，位居全国第二，占全国的 11.8%，数字经济核心产业增加值占地区生产总值比重达 10.6%。电子信息制造业、软件和信息技术服务业以及电信业收入分别达到 3.56 万亿元、1.15 万亿元和 1135.51 亿元，规模位居全国前列。5G 网络覆盖全省乡镇镇区以上区域，累计建设 5G 基站 13.1 万座，全省 5G 用户规模达到 3500 万。IPv6（Internet Protocol Version 6，互联网协议第 6 版）活跃用户数达 4327 万，南京市、无锡市入选 IPv6 技术创新和融合应用国家试点。建成 8 条国际互联网数据专用通道，数量位居全国第一。未来网络试验设施完成 33 个光传输网络节点建设。建成国家超级计算昆山中心，南京、扬州、苏州、无锡、南通等地被纳入“东数西算”全国一体化算力网络长三角国家枢纽节点集群。截至 2021 年底，全省电子信息领域高新技术企业超过 8000 家，面向移动通信、物联网、大数据等领域布局建设省级以上重点实验室、工程技术研究中心等各类创新服务平台 400 余家。省内包括南京等地 71 所本科高校共设置数字化相关本科专业点近 500 个，打造 30 个省级重点产业学院，教育链、创新链和产业链有效衔接、深度融合。

根据 2022 年江苏省统计局公布的全省 13 个设区市 2021 年数字经济核心产业增加值核算结果显示，南京市 2021 年数字经济核心产业增加值占地区生产总值比重为 15.9%，占比位列全省第一。近年来，南京市高度重视数字经济发展，陆续出台了《南京市数字经济发展三年行动计划（2020—2022 年）》等政策文件，成立市数字经济工作领导小组，由市委书记任第一组长、市长任组长，统筹推进全市数字经济发展工作，打造领先的数字经济名城。南京为积极打造软件名城提质升级全国示范，印发《南京市推进软件名城提质升级打造万亿级产业行动计划》——加快推进中兴通讯南京智能制造基地等重大项目，组织芯机联动对接活动，强化电子制造产业链协同发展。积极创建国家人工智能创新应用先导区，推动“区块链+行业应用”，前瞻布局未来网络、类脑智能、第三代半导体、量子信息、元宇宙等领域。2021 年，南京软件和信息服务集群、新型电力（智能电网）装备集群成功入围首批国家先进制造业集群。此外，出台《南京市制造业智能化改造和数字化转型实施方案（2022—2024 年）》，建成 3 个国家级智能制造示范工厂、106 个省级智能制造示范车间。中兴通讯滨江 5G 智能制造基地获评工信部 5G 十大应用案例。南京市获批全国资本市场金融科技创新试点，软件谷获评首批国家数字服务出口基地。2021 年，南京市建设信息基础设施、推进产业数字化、加快工业互联网创新发展、促进网络与数据安全能力建设等工作成效明显，获国务院督查激励。南京市一体化政务服务能力在全国 32 个重点城市中连续多年名列第二。

南京之所以能在数字经济领域一马当先，离不开强有力的数字基建。南京不仅持续加大集成电路、基础软件、工业软件等关键核心技术的协同攻关力度，进行基础性、通用性技术创新研发，还在5G、量子信息、高端芯片、高性能计算机、操作系统、工业互联网及智能制造等领域实现了科技成果转化。近年来，南京通过数字赋能，积极探索产业创新发展路径，构建产业数字生态，持续推动产业转型升级。

不仅如此，南京在新基建方面同样取得了不俗的成绩。2020年，南京市新基建和重大项目均超额完成年度投资计划。其中，新基建项目及新基建产业载体项目完成投资1128亿元，省级重大项目完成投资638.01亿元，市级重大项目完成投资2491.84亿元。2020年1—12月，南京市346个新基建项目及30个新基建产业载体项目完成投资1128亿元，超出年度计划10.4%。其中人工智能类项目、城际高铁及城市轨道交通类项目、5G网络设施类项目、新能源汽车及充电桩类项目、大数据中心类项目分别完成年度计划投资的121.1%、111.4%、106.9%、106.6%、106.3%。从所属板块看，雨花台区、建邺区、秦淮区投资进度分别达到125%、122%和120.5%。

此外，2020年南京市38个省级重大项目完成投资638.01亿元，完成年度计划的115.2%。370个市级重大项目完成投资2491.84亿元，完成年度计划的103.6%。从产业项目看，286个市级重大产业项目2020年共完成投资1861.46亿元，也超额完成年度投资计划，其中科创项目完成年度计划投资的113.8%，现代服务业项目完成年度计划投资的104.7%，现代农业项目完成年度计划投资的101.4%。2021年，南京市全市安排重大项目392个，全年总投资2418.39亿元。

二、镇江市发展新领域

2016—2020年，在数字经济发展领域，镇江市信息基础设施持续推进——光纤到户覆盖率100%，城市、农村均实现千兆宽带接入，4G网络全覆盖，5G网络实现主城区、重点工业园区和乡镇信号全覆盖，移动互联网IPv6用户数275万户；并完成6494个5G基站建设，成立全国首个物流行业工业互联网标识解析创新中心；信息基础设施投入持续加大、支撑能力逐步提升。

镇江市数字产业化质效也正在不断提升，产业规模不断提升。截至2020年底，镇江市数字产业化总规模629.5亿元，其中软件及互联网产业302亿元，电子信息产业292.6亿元，通信业34.9亿元。新增软件及大数据企业68家、省专精特新软件企业8家、中国互联网成长型20强企业1家（江苏全省仅有6家）。产业集聚发展态势逐步形成，拥有省级软件园区5家，市级软件园区10家，集聚企业600多家，加快推进句容（台湾）半导体产业园、镇江高新区半导体通信产业园、镇江新区集成电路产业园等一批园区载体，以及镇江数据湖产业园等一批信息化产业项目建设。

镇江市产业数字化进程进一步加快。累计创成省级示范智能车间19家，列江苏全省第4位；国家级智能制造工程项目3个，列全省第4位；省级智能工厂3家，列全省第3位；省级智能制造领军服务机构2家，“龙头企业带动，实现产业链智能升级”做法列入国家十大智能制造推广路径之一，智能制造示范效应显现。推动企业上云用数赋智，累计上云企业数达1万多家，省级星级上云企业数达334家；加快互联网标杆工厂建设，构建“网+云+端”三级工业互联网基础设施体系，高水平打造了电气、化工、物流、农机等6个省级工业互联网平台，列全省第5位，打造了8家省级工业互联网标杆工厂，列全省第4位。推进制造业两化融合，企业两化融合发展水平指数达60.7，达到集成互联阶段。服务业数字化转型不断深化。“互联网+”商贸、物流、文旅等新业态新模式层出不穷，电商示范创建等工作深入推进，涌现出如瑞祥、惠龙易通等一批具有较强竞争力的企业。推广景区智慧旅游应用项目，在全省率先建成镇江智慧文旅综合平台并投入运营，平台获评“2020年度江苏省智慧文旅示范项目”。农业数字化加速发展。累计创成省级数字农业基地41家。推广物联网技术应用，农业信息化覆盖率达66.6%，列全省第5位。农村电商蓬勃发展，2020年农产品电子商务销售额40.33亿元，同比增长46.2%。截至2021年底，镇江市拥有国家级电子商务示范企业2家，省级数字商务企业4家，省级电商示范企业8家，省级电商示范镇6个、示范村21个。

数字社会建设深入推进，不断深化“互联网+政务服务”，围绕推进政府治理体系和治理能力现代化的目标，构建“1+1+N”智慧镇江体系，持续完善政务云平台，建成市大数据共享交换平台。深入推进不见面审批，行政许可类事项不见面率提升至98.09%。行业监管和治理数字化水平进一步提升，基层网格化治理不断深化，获批全国市域社会治理现代化试点城市，“平安镇江”建设迈上新台阶。

三、扬州市发展新领域

在数字经济新领域下，扬州市紧抓发展新机遇，聚焦聚力产业科创名城建设，科创水平持续提升，并先后引进沈阳飞机设计研究所扬州协同创新研究院、中航机载系统共性技术工程中心、中航研究生院等一批高水平科创平台，国家创新型城市创新能力评价（2021年）跻身全国前30名；数字化转型步伐加快，数字经济核心产业增加值占地区生产总值比重超过9%，连续6届入围中国城市信息化50强。

为持续推进数字经济发展，扬州市下发《关于加快推进制造业智能化改造和数字化转型的实施意见》（简称“智改数转”实施意见）、《关于实施创新驱动发展战略加强产业科创名城科技支撑的政策措施》（简称“科技创新10条”）和两份红头文件。“科技创新10条”从企业、平台、揭榜挂帅项目、载体、成果转化、科技服务、国际合作、高新区、科技金融和创新生态10个方面提出了具体措施，其中，扬州对标先进地区，设立100亿元规模的市级科创基金、市财政给予重大科创平台最高1亿元建设运营费用支持、对离岸孵化器给予租金补贴等政策。“智改数转”实施意见提出实施“十大行动”，分级分类推动产业链、龙头骨干企业、中小企业“智改数转”，培育数字生态体系，夯实智能制造基础。扬州设立市级“智改数转”专项资金，每年确保市级“智改数转”专项资金不少于1亿元，重点支持工业企业智能化改造、工业互联网建设、智能装备研制推广、咨询诊断服务、标杆示范创建、领军服务商培育、园区数字化转型7个方面。另外，扬州市公布了2022年在科技创新和智改数转方面的目标：在科技创新方面，2022年要实现全市新认定国家高新技术企业600家以上，全社会研发投入增长10%以上；到“十四五”末，国家高新技术企业数突破3000家，全社会研发投入占地区生产总值比重达3.2%，高新技术产业产值占规模以上工业产值比重达50%以上。在智改数转方面，对照江苏省的“数字经济三年行动计划”，2022年全市要实施千项“智改数转”项目，覆盖千家规模以上工业企业；2023年实现规模以上工业企业“智改数转”全覆盖；2024年力争创成国家级智能制造先行区。

四、淮安市发展新领域

近年来，淮安市乘着“数字经济”建设东风，围绕“聚焦数字赋能、打造数字高地”，抢抓数字经济产业密集创新和高速增长战略机遇，积极推动数字技术在产业转型、城市治理、民生服务等领域协同应用，为高质量发展注入“智慧基因”。近年来，淮安市持续夯实数字经济发展基础，统筹布局5G基站、大数据中心、工业互联网等新型数字基础设施建设，全面推进“双千兆”宽带城市建设，加快实现千兆光纤网络、高速无线（5G）网络入户全覆盖——淮安全市5G基站规模已达到4000个，实现主城区、一般城区及县城的5G信号的连续覆盖，基本满足企业用户、个人用户对于5G物联网、5G个人通信的相关需求。

2021年以来，淮安市加快实施“智改数转”应用升级工程，推进互联网、大数据、人工智能和实体经济深度融合，实现高质量发展。淮安市大力推动数字产业化、产业数字化，鼓励本地IT企业参与行业数字化建设以及智慧城市数据治理、软件开发、硬件运维，促进大数据、物联网、区块链等一批新兴数字产业加快发展，不断丰富数字经济应用场景，推动数字产品制造业集聚成势。预计到 2025 年末，淮安市数字经济核心产业开票销售将突破 1000 亿元。

淮安市不仅将“数字”作为一种经济形态列为发展新领域，更是将其融入社会管理、居民生活。为提高公共服务品质、管理精细化程度，淮安充分运用现代技术手段打造了“i 淮安”，以数字化、智能化赋能社会治理。“i 淮安”上线以来，强化数据资源整合利用，实现医院就医、新生入学、健康码、一码识淮安、一码游淮安、一码住淮安等服务应用；淮安市坚持以数字化手段为牵引，全面深化“互联网+政务服务”，深入开展“放管服”改革，持续推进政务服务、公共服务和社会治理等领域数字化转型，各类政务服务实现“应接尽接”，实现全城通办、就近能办、异地可办，逐步建成“一网通办”“一网通管”的现代政府。同时，充分发挥市域社会治理现代化指挥中心城市数字大脑作用，围绕应急管理、城市管理、公共安全、基层治理、市场监管等领域，构建“全域可视、专题可研、隐患可防、实时可指、长效可治”的城市治理体系。此外，还围绕教育、医疗、交通、养老、社会保障等领域，建成便捷化、均等化的城市惠民服务体系，为市民提供“一站式、互动式、主动式”的高品质服务。

五、芜湖市发展新领域

工业互联网被认为是第四次工业革命的重要基石、制造业发展的新赛道。经过多年发展，已经形成一定规模制造业体系的芜湖推动新一代信息技术与工业经济深度融合，以工业互联网赋能传统制造业转型升级，推动产业整体向中高端迈进，在新一轮竞争中抢占发展先机，厚植发展新优势。

2021 年 3 月，芜湖市在安徽省率先出台《芜湖市工业互联网创新发展三年行动计划（2021—2023 年）》《芜湖市工业互联网创新发展标杆示范培育行动实施方案》，成立工业互联网专项工作领导小组，统筹谋划，围绕网络、平台、创新、生态、示范、安全 6 个维度，加快工业互联网创新发展，推动数字经济与实体经济深度融合，赋能千行百业数字化转型。

秉持开放理念，芜湖市着力构建开放共享的工业互联网产业生态体系，引进中国信通院、卡奥斯等一流智库和服务商，在安徽省率先组建“5G+工业互联网”产业发展联盟，集聚全市 68 家重点工业企业、科研院校、工业互联网服务商，共同探索芜湖工业互联网发展新模式、新机制。芜湖市遴选华为、中控蓝卓、安恒、腾讯等 70 家优质企业，建立安徽省首个市级工业互联网服务商资源池。

2021 年，芜湖市以工业场景为支点，对全市规模以上工业企业进行智能制造技改诊断，按照工业互联网标杆、智能化改造、数字化应用、精益化管理四大类场景，实施 100 家标杆示范培育行动，推动企业实施数字化改造，锻造一批工业互联网创新发展的“开路先锋”。

截至 2021 年 12 月底，首批 100 家标杆示范培育已完成，打造了 30 个可复制、可推广典型案例。2021 年以来，芜湖在省级以上各类场景、应用、案例、试点示范及赛事活动中获奖 45 次。其中，芜湖美的入选安徽省“5G+工业互联网”创新应用案例；国营芜湖机械厂、欧宝机电等 19 家企业入选省级工业互联网应用场景；海螺 5G 智慧水泥综合体入选中国工业互联网研究院赋能绿色低碳发展优秀案例；芜湖格力电器入选工信部工业互联网平台创新领航应用案例；芜湖经开区入选工信部首批工业互联网+园区试点示范。

2021 年 8 月，奇瑞汽车携手海尔卡奥斯，合作共建“海行云”工业互联网平台，打造“工赋芜湖”应用场景，成为汽车行业首个大规模定制工业互联网平台。正在建设的奇瑞超级智联工厂率先试点汽车行业大规模定制新模式，通过数字化制造体系的建设和应用，推动奇瑞和上下游企业数字化升级。

在推进工业互联网创新发展过程中，芜湖市致力于打造以综合服务平台为中枢、以双跨平台为引领，行业平台纵向连接、区域平台横向覆盖、企业平台典型示范的多层次平台体系。

芜湖市已建成5G基站5300个，登“云”企业达3384家，数量均位居安徽省第二，拥有国家级、省级及长三角G60科创走廊综合型、行业型、企业级等各类工业互联网平台31个。奇瑞“海行云”平台已实现对汽车和离散制造的全产业链、全场景覆盖和支撑，在汽车、新能源、电子信息等多个行业领域推广应用，接入设备31968台，赋能供应链企业398家，成为安徽省重点建设的三大“双跨”平台之一。

聚焦数字化管理、智能化制造、网络化协同、个性化定制、服务化延伸、平台化设计等六大应用模式，芜湖市发挥工业互联网的跨界效应，推动组织模式重构、业态重构，进一步挖掘数字价值。

成立仅10年的三只松鼠股份有限公司快速拥抱工业互联网浪潮，在打通食品制造业上下游产业链，重塑柔性化、个性化制造和服务体系的同时，帮助供应链企业实现数字化生产，累计服务企业756家，连接各大电商平台，实现服务化延伸，产品质量提升33.26%，成本降低约20%，新品研发周期减少15天。

芜湖信义玻璃加强数字化管理，采集浮法玻璃产业共7000多台设备及10万多个点位数据，打通了设备、工艺、视频、各信息化系统的数据，年节约成本超亿元。

芜湖市各大重点平台已培育工业App超过300个，内容涵盖采购供应、生产制造、运营管理和产品服务等多个方面。

六、马鞍山市发展新领域

马鞍山市实施创新驱动发展战略，以“数”“智”赋能产业高质量发展，加快转型步伐，打造“智造名城”，已推动互联网、大数据、人工智能等新兴技术与制造业深度融合，推进开展制造业高水平技改项目，2020—2022年累计实施亿元以上技改项目550个，实现技改投资年均增长17.5%。马鞍山市在安徽省率先开展智能制造标杆示范企业认定，打造智能制造公共服务平台，完成全市规模以上工业企业线上智能化诊断。支持企业打造典型工业互联网应用场景，深化行业示范应用，马钢智慧料厂、云轨信息公司“轨道交通客流大数据分析”等一批项目入选工信部各类试点示范。10年来，马鞍山市累计建成市级以上智能工厂、数字化车间和生产线165个，一批典型数字应用场景获评国家级试点示范。

向“智造”转型，马鞍山市大力培育创新主体，搭建创新平台，集聚创新要素。10年来，该市累计培育国家级专精特新“小巨人”企业13户、省级专精特新企业197户。现有省级以上研发机构近200家、高新技术企业700多家，规模以上工业企业研发机构覆盖率48.1%，居安徽全省首位。

此外，马鞍山市先后创新开展亩均效益评价、单位能耗产出效益综合评价和铸造产能综合评价等改革，引入优质项目，引导企业向智能化、绿色化转型。

七、滁州市发展新领域

滁州市积极贯彻落实数字中国和数字江淮建设总体部署，在数字经济发展新领域中不断创新政府管理、社会治理、便民惠企数字化水平。《2021年数字化转型百强城市名单》显示，滁州市位居全国第65位、安徽省第3位；同时在《2021年数字经济城市发展百强榜》中，滁州位居全国第85位、安徽省第3位。截至2021年，滁州市在“新基建”基础设施方面，开通5G基站2504个，启动政务云、数据中心、城市大脑建设，已上云124个业务系统，汇聚68.9亿条数据。打造“亭满意”数字政府，上线11万余件政务服务事项网上办。推广“皖事通App”，服务群众达3亿人次，安康码申领超510万个，核验5亿余人次。12345热线整合归并全市93个办理单位31条电话热线，为社会提供“一号答、一站式”客服服务。拓展“数字金融”信用服务，优化营商环境，创新“信用+电子保函”，节省企业保障金38.76亿元。接着，为推进“精细化”城市治理，“雪亮工程”整合滁州市6万路视频资源，构建滁州全市视频监控“一张网”。然后，开展滁州市地下管网监测，整合排水、供水、燃气、供热、桥梁等领域管线数据，普查600千米管线，守护“城市生命安全线”。此外，滁州市还开发“数字城管”监督指挥系统，实现城市精细化监督管理，已累计受理城市问题超30万件。为推动“数字化”产业转型，已建成智能工厂23个、数字化车间168个，实施“滁企登云”，推广工业机器人；建成电子商务产业园区10个，电子商务企业超1.5万家，年网销额超10亿元。

为持续推进数字经济发展进程，滁州市政府制定了以下发展建议与目标：

第一，规划数字经济“一张图”。制定数字经济发展规划，明确未来滁州市数字经济发展的目标、任务表及路线图。全力打造数字经济发展新高地，推动数字经济与实体经济深度融合。再建成和开通一批5G基站，打造企业内网改造典型案例，推广应用工业机器人，大力开展省、市两级智能工厂和数字化车间建设，建成一批示范场景。

第二，打造工业互联网“新高地”。一是加快数字化改造与产业融合。推进企业数字化改造，实现“数字生产”，加速企业ERP、MES、数字化设计工具等模块应用，实现“数字管理”。二是深入推进“企业上云”。鼓励工业企业实现业务系统向云端迁移；推动低成本、模块化工业互联网设备和系统在中小企业中的部署应用。

第三，树立示范引领“新标杆”。抓好数字经济示范项目建设，分行业、分领域建设一批高水平的数字经济与实体经济深度融合典型示范项目，形成一批可复制、可推广的融合技术、融合产品、融合模式和解决方案，带动技术更新、模式创新和产品供给革新。

第四，下好政策扶持“一盘棋”。利用工业强市和支持工业互联网发展专项资金，研究出台支持数字经济发展专项政策；利用现有的“三重一创”、科技创新、重大专项等资金渠道，大力支持数字经济发展核心技术研发、重大技术试验验证和创新成果转化及产业化。

八、宣城市发展新领域

2021年，宣城市认真贯彻落实党中央、国务院“建设网络强国、数字中国、智慧社会”重大战略部署及安徽省委、省政府“数字江淮”的工作部署，加快建设“数字宣城”工作领导小组办公室牵头抓总，围绕六个聚焦，推动“数字宣城”建设各项工作出实效。

第一，聚焦规划设计，明晰实施路径。编制“数字宣城”“十四五”发展规划，明确了未来五年“数字宣城”的工作目标和实施路径，明确到2025年底，打造“四个一流”的数字城市：全国一流的特色数字经济城市、长三角区域一流的数字融合城市、全省一流的高效数字治理城市、全省一流的精细数字服务城市。宣州区、郎溪县、广德市、宁国市、绩溪县、旌德县等地结合地方实际，出台了“十四五”期间数字城市建设五年规划。郎溪、宁国、绩溪谋划智慧城市专项债项目，启动申报专项债前期准备工作。出台了《2021年“数字宣城”建设工作要点》，明确了42项工作任务。

第二，聚焦基础设施，推进城市数字化。打造“城市大脑”“三台一座”。基本完成数据中台、智慧中台、业务中台建设，赋能应用场景建设。夯实“数字孪生”底座，实现1.5万个地址信息标注和搜索。“城市大脑”上线试运行。首批推出宏观决策、城市治理、政务服务、民生福祉、文化旅游等领域23个应用场景。系统上云扎实推动。建设政务综合云平台，设立同城灾备点，实现异网备份。扎实推动新建政务信息系统上云，出台制度，确保程序明确、流程规范。建成市数据共享交换平台，与省江淮大数据中心完成级联。通信基础设施建设加快。全市4G网络和光纤宽带覆盖率达99.9%，建成5G基站1840个，实现了全市核心城区、产业园区和所有乡镇5G网络的连续覆盖。

第三，聚焦创新发展，促进产业数字化。开展制造业数字化转型行动。全市38.4%的规模工业企业实施数字化改造，国家两化融合贯标评定企业达80家，企业“触网上云”1万余户。工业互联网上线运行。SAP工业互联网创智中心2021年8月初正式启用，宣城“工业大脑”9月份上线运行。培育工业互联网重点示范项目22个、优秀工业互联网服务商15个，联合溧阳在苏皖合作示范区共建工业互联网标识解析二级节点。推动数据产业集聚。大力开展“双招双引”，2021年1月至11月，大数据和软件信息服务产业新开工项目12个，投资额52.9亿元。全市数字经济产值突破400亿元，初步形成广德市PCB（印刷电路板）、宁国市电子元器件、宣城经开区光伏制造和锂电池产业集群。加快推进宣城大数据产业园、宣城宇呈“北斗AI空间信息采集”综合性互联网平台建设。国内领先的遥感和北斗导航卫星应用服务商航天宏图信息技术股份有限公司落户宛陵科创城。

九、溧阳市发展新领域

产业数字化和数字产业化已成为区域制造业高质量发展主攻方向。近年来，溧阳市紧紧围绕“长三角生态创新示范城市”的目标愿景，牢牢把握高质量发展要求，以供给侧结构性改革为主线，以智能制造为主攻方向，以工业互联网化提升为特色，驱动制造业不断做大规模、提升发展能级。溧阳市因制造业“智改数转”成效明显获2021年度省政府督查激励。

近年来，溧阳市积极推动互联网、大数据、人工智能与制造业深度融合，探索建立“政府补一点、服务商让一点、企业出一点”的联合激励机制，助推工业企业运用工业互联网新技术、新模式“上云上平台”，促进产业链协同发展。

为加速推动产业数字化转型，溧阳市还依托江苏省溧阳高新区、溧阳经开区、苏皖合作示范区社渚先导区等重点板块，建立智慧园区，全面高效地服务传统企业，打造良性循环的数字化生态。

近年来，在院士专家的指导和引领下，在市委、市政府的领导下，溧阳高起点谋划发展动力电池产业。历经5年多的发展，动力电池产业已集聚50余个产业链上下游企业。2021年，全市动力电池产业产值突破430亿元，增长112.6%，销售增长147.1%，入库税收增长281.3%，出货量占全省的50%以上。溧阳动力电池产业的迅猛发展得益于院士专家的鼎力支持，也因重视创新、尊重人才，吸引了更多人才、专业团队来溧阳施展抱负、成就梦想。

下一步，溧阳市将以工业强市为支撑，提升新型数字基础设施建设水平，深化云计算、大数据、人工智能、5G等新技术与制造业融合，推动工业互联网创新发展，促进产业链、供应链、价值链升级，发展壮大“2+2+X”先进制造业集群，打造产业结构优、“智改数转”广的江苏省制造业高质量发展示范区和长三角制造业生态创新示范区，为开启基本实现现代化国家新征程，全力打造长三角生态创新示范城市和“强富美高”新江苏“溧阳样板”提供高质量发展的制造业支撑和保障。

此外，面对国家“新基建、新型城镇化、重大基础设施”的战略调整，分析“国内循环为主，国内国际双循环相促进”的新形势，溧阳市委、市政府再次精准施策，科学把控，制定新的《精准扶持建筑业做大做强做优做精三年行动计划》，明确到2025年建筑业产值突破1500亿元，培养施工产值超200亿元的航母企业家，创国家级荣誉10项，进一步扩大“溧阳建筑”品牌影响。

十、金坛区发展新领域

2021年，金坛区聚焦“五新产业”，突出招引优质项目。全年累计签约引进项目57个，协议投资总额545.4亿元，其中，外资项目8个。中创新航四期项目超100亿元，东方日升二期、恩捷隔膜项目超50亿元，牛创新能源汽车、普洛斯物流园等3个项目超30亿元或3亿美元。完善重大项目决策论证和专班推进机制，构建重大项目招引、服务、推进的全周期管理模式。中创新航三期、蜂巢能源三期、贝特瑞高镍正极材料等项目加快推进，SK隔膜二期、常宝特种管材、联益光学等项目竣工投产。设立总规模100亿元的产业创新发展母基金，引进星纳赫等5支产业子资金，创新开展“园区保”等金融服务，加大对重要产业、重点项目和小微企业的支持力度。完成企业直接融资 339 亿元，蜂巢能源和中创新航双双获百亿级股权融资，连续刷新江苏省年度单笔最大融资纪录。

此外，金坛区在 2021 年完成构建“1+X+N”产业科创体系，华罗庚创新中心正式揭牌。成功举办中国数学会工作会议、第八届全国数论会议。364875 号小行星被命名为“华罗庚星”。新认定高新技术企业 106 家，永臻科技、久诺建材、鹿山新材料等 3 家企业入选江苏省潜在独角兽企业，创健医疗等 10 家企业获评省级专精特新“小巨人”企业，东方日升创成省级产业创新中心。世界首座非补燃压缩空气储能电站并网发电。加强与上海海洋大学、河海大学等高等院校的产学研对接，与江苏省产业技术研究院建立全面战略合作关系。落实“金礼遇·才无忧”人才服务政策，发放“金沙英才”服务卡 857 张，财政补助超 4 亿元。引育高层次人才 276 人，入选江苏省“双创计划”项目 2 个。

5G 作为支撑经济社会数字化、网络化、智能化转型的关键新型基础设施，在稳投资、促消费、助升级方面潜力巨大。以 5G 基站建设为首的“新基建”，正在为传统基建设施装上“大脑”，助力金坛区培植经济发展新动能。2021 年一季度，金坛区通信运营商累计完成新建 5G 基站 175 个，基本实现主城区、工业园区、重要景区 5G 覆盖。中国铁塔股份有限公司常州市分公司作为金坛区 5G 基站建设的主要承建方，从 2019 年下半年启动建设至今，已改造完成金坛区域内 5G 基站 700 余座，新建基站 105 座。

为充分利用现有市政设施，有效整合站址资源，在 5G 基站建设中，金坛区大力推行智慧杆（塔）综合利用和一杆多用，协调移动、电信、联通通信设备的布局管理，确保应用区域和场景实现网络连片优质覆盖，将基站建设“红利”辐射拓展至多个领域。有些基站布点在铁塔上面专门监测细颗粒物（$PM_{2.5}$）和可吸入颗粒物（PM_{10}）的设备，有的 5G 基站布有蓝天卫士和国土卫士的摄像头、高空监控，主要用于监控秸秆焚烧等情况。

提升生态环境治理效能，仅仅是 5G 基站建设场景化应用的一个切面。作为七大“新基建”的领头羊，5G 基站已经成为电信运营业、设备制造业和信息服务业快速发展的动力引擎，同时也是工业互联网、人工智能等领域的信息连接平台。

2021 年下半年，金坛区围绕南沿江高铁沿线的通信覆盖，已完成 70 个左右基站落地新建；运营商层面，完成近 200 个存量基站的改造。推动“5G+工业互联网”在更广范围、更深层次、更高水平上实现融合创新发展，以“新基建”带动产业集群升级，以产业赋能激发新业态潜力，金坛正在走上更加强劲、更有效率、更可持续的发展“高速路”。

第八章　新市场主体

第一节　南京都市圈新市场主体情况

近年来，中国持续深化“放管服”改革，不断优化营商环境，健全社会信用体系，着力培育市场主体、激发市场活力和创造力，取得了显著成效，为稳定就业、推动经济社会创新发展提供了坚实支撑。据统计，2013 年以来中国平均每年新增市场主体超过千万户，登记在册的市场主体总数由 2012 年底的近 5500 万户，增加到 2021 年底的 1.54 亿户，增长了 1.8 倍。其中，企业从 1300 多万户增加到 5100 万户，个体工商户从 4000 多万户增加到 1.03 亿户。

2021 年，在疫情反复冲击和经济下行压力加大的背景下，各地、各行业不断完善微观政策，帮助市场主体减负纾困、恢复发展，持续激发市场主体活力，市场主体总体呈现出数量持续增长和结构更加优化的趋势。据统计，2021 年我国新增各类市场主体 2887 万户，同比增长了 15.42%，日均新增市场主体 7.9 万户。另经测算，反映市场主体活跃度的主要指标净增新增比 2021 年均值为 68.1，较 2020 年（73.51）下降了 7.36%，但仍较 2019 年（61.67）高出 10.43%。上述指标从微观层面反映出 2021 年我国经济下行压力较大，市场主体优胜劣汰加速，以及新发展格局下我国市场主体的巨大韧性和发展活力。

从我国经济较发达的城市群来看，2012 年至 2021 年，珠三角城市群市场主体平均生存指数为 1.37，排名第一；长江中游城市群 2012 年至 2021 年市场主体的平均生存指数为 0.82，排名第二；成渝城市群 2012 年至 2021 年市场主体的平均生存指数为 0.67，排名第三。这些统计数据表明以上三个城市群较适于市场主体生存。

从各行业市场主体发展活力来看，批发和零售业主体数量和生存指数持续保持第一，第一产业市场主体活跃度最高，部分行业生存指数下降。

2021 年，我国各类市场主体新增商标数量、专利数量、软件著作权数量总体呈现持续上升态势，同比增速均超过 20%，表明我国企业知识产权创造、运用和保护意识与能力得到大幅提升。

自《南京都市圈发展规划》获批以来，都市圈各成员城市之间一体化程度不断加深，合作日趋紧密，都市圈经济总量持续增长，各项指标表现亮眼，中心城市综合承载能力不断提高。为了更好地推进创新融合，南京携手淮安打造宁淮智能制造产业园，携手镇江编制 G312 产业创新走廊发展规划，与扬州积极推动 G328 科创走廊前期研究。都市圈城市 33 家龙头企业积极参与开放供应链供需对接，南京、马鞍山、镇江、常州共同组织开展装备制造产业供应链对接活动。

2021 年南京都市圈各市（区）新登记市场主体数如图 7-8-1 所示。

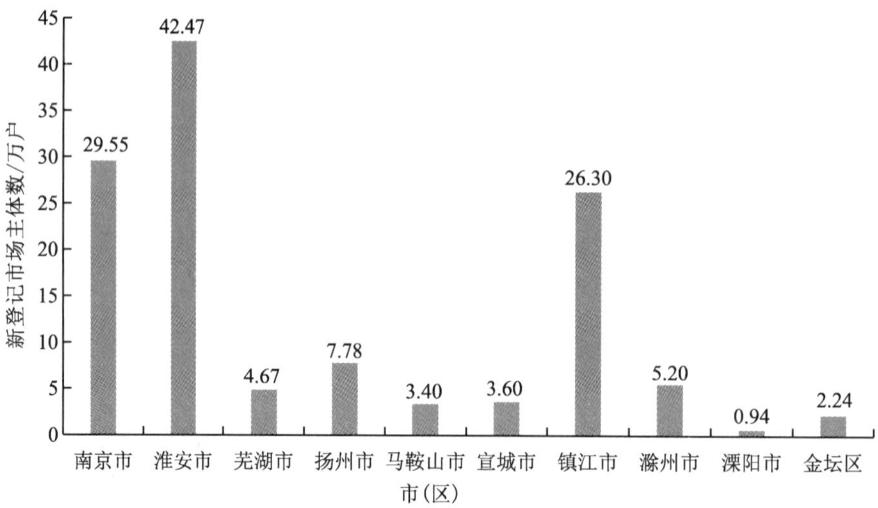

图 7-8-1　2021 年南京都市圈各市（区）新登记主场主体数

第二节　各市（区）新市场主体情况

一、江苏省新市场主体

2021 年，江苏省通过简政放权、放管结合，取消和下放了一批行政许可事项；放宽了小微企业、个体工商户登记经营场所限制；公共交通、路政管理、医疗卫生、养老等公共服务领域和政府部门数据也逐步实现安全有序开放。同时，江苏省坚持锐意改革、优化环境，激发市场主体活力展现出新成效。其中商事登记更加便捷高效，深化企业开办注销便利化改革，全省企业开办平均用时压缩至 1.5 天，简易注销公告时间从 45 天压缩至 20 天。江苏省营商环境的改变，最终都集中体现在市场的活跃度上，市场主体青山常在，经济就能生机盎然，市场主体是经济的力量载体，稳住了经济基本盘的微观基础，高质量发展也将更有底气、更有力量。十年来，江苏市场主体蓬勃生长，市场活力持续释放。数据显示，2021 年，江苏省全年新登记市场主体 258.5 万户，总量达 1358.9 万户，比 2012 年增加 800 多万户，江苏省新登记市场主体数、市场主体总数均列全国第二位。党的十八大以来，江苏对全国经济增长的贡献率超过 10%，展现出强劲韧性，为稳定全国发展大局发挥了重要的作用。

2021 年，江苏省市场监管工作表现亮眼，在国务院食安委食品安全评议考核中连续 4 年获得 A 等次，在首次全国知识产权保护检查考核中获得优秀等次。2021 年，江苏省组织 53 个行业组织、2268 个企业开展第六轮质量提升行动，公共服务质量连续 3 年在国家监测中名列前茅。除了产品质量，知识产权对企业的重要性也日益凸显。2021 年，江苏省查处知识产权侵权类案件 3908 件，案值 6176.06 万元，2 件案件入选全国知识产权行政保护典型案例。江苏省知识产权综合发展指数和知识产权保护社会满意度在全国名列前茅。此外，食品安全形势平稳向好、药品安全监管持续推进、特种设备安全水平稳步提升、工业产品质量安全基础不断夯实，江苏省“四大安全”监管取得新进展。

第一，2022 年，江苏省市场监管局将把“双稳双提”（“稳企强链、稳基惠民”和“监管提质、数字化提速”）作为工作主线，进一步深化营商环境改革、推进质量强省建设、守牢安全底线。不断优化营商环境，让企业“生得快”“活得好”。第二，江苏省将在全省范围内实施“一照多址”

改革。深化“不见面”审批，开展住所在线核验试点，积极探索智慧登记、智慧审批应用。全面推行涉企证照电子化，有序推进电子营业执照与电子印章同步发放。将“一网通办”延伸至变更、备案、注销等企业登记全过程。全面落实市场监管“免罚轻罚规定”，为广大市场主体营造宽松的发展环境。第三，江苏省市场监管局将贯彻落实《关于强化反垄断深入推进公平竞争政策实施的意见》，健全公平、透明、可预期的公平竞争市场规则。推进商业秘密维权联系点、保护示范点（基地）标准化建设，全面推广电子商务平台管理规范地方标准。推动线下实体店无理由退换货和消费投诉公示制度扩面提质，新增退货承诺企业8000家。第四，江苏省将高标准开展国家级知识产权保护示范区建设。聚焦群众反映强烈、社会舆论关注、侵权假冒多发的重点领域和区域开展知识产权保护专项执法行动。在食品药品安全方面，进一步完善“江苏冷链”系统功能，坚决防范进口冷链食品输入性风险；以婴幼儿辅助食品生产企业、三次以上抽检不合格食品生产企业、品牌连锁企业、电商平台企业等为重点，全面排查整治食品安全风险。

二、安徽省新市场主体

2021年，安徽省市场监管系统深化改革，优化服务，多项工作位居全国前列。全省市场监管部门认真落实省委、省政府工作要求，统筹发展和安全、效率和公平、活力和秩序、当前和长远，优化营商环境，激发市场主体活力，深入实施质量强省战略，加快知识产权强省建设，着力推进市场监管治理体系治理能力现代化，坚决守住市场监管领域安全底线，营造人民满意的市场环境，为加快建设现代化美好安徽贡献强大力量。

在优化营商环境方面，安徽省对中央及地方层面528项涉企经营许可事项分类实施改革，22个事项实现“跨省通办”或长三角“一网通办”，在全国率先出台“互联网+监管”风险预警信息处置办法。2021年，安徽省全年新登记各类市场主体113.62万户，同比增长8.46%。其中，企业40.15万户，同比增长14.77%。此外，企业在市场主体总量中占比提高到29.17%，结构优化，活力凸显，为稳增长、稳就业提供了基础支撑。全省市场监管部门践行“大市场、大质量、大监管”理念，在发展壮大市场主体、守牢市场安全底线、规范市场环境、强化质量工作、加强知识产权保护、提升监管能力等方面成绩突出，实现了“十四五”良好开局。

2021年，安徽省有力服务了全省疫情防控和经济社会发展大局，市场主体快速增长，市场秩序更加规范，营商环境进一步优化。打击侵权假冒工作连续三年获得国家考核优秀等次，“扫黄打非”工作获评全国先进，扫黑除恶专项斗争获评全国市场监管系统先进单位。同时，市场安全稳定向好。积极开展食品安全“雷霆”行动、校园食品安全督查和网络餐饮服务整治等专项行动，开展农村假冒伪劣食品集中治理行动以及药品安全“春风”等整治提升行动，全年没有发生较大以上食品药品、特种设备、产品质量安全事故。食品安全工作连续两年获得国务院考核A级等次。此外，安徽知识产权保护全面加强，有力促进了创新创造。全省每万人口发明专利拥有量达到19.9件，每万户市场主体有效商标注册量达到1747件。在第二十二届中国专利奖评选中，安徽荣获2项金奖、2项银奖、26项优秀奖，创历史最好成绩。

三、南京市新市场主体

2021年，南京市不断优化营商环境，激发市场主体活力。作为经济运行的“细胞”，市场主体是市场经济的微观基础和核心载体，是稳定宏观经济大盘的关键力量，往往对营商环境的优劣有着非常敏锐的“嗅觉”。

据南京市统计局数据显示，2021年南京新增各类市场主体29.55万户，同比增长19.9%；净增高新技术企业1300家，高新技术企业申报数、认定通过数均创历史新高。企业盈利能力持续提升，2021年规模以上工业企业实现营业收入比上年增长19.6%，利润总额增长51.1%，营业收入利润率达7.2%。

大企业相当于山峰，中小企业则是山脉的基底，稳住中小企业，让它们更好生存发展，至关重要。当前受大环境影响，经济发展面临需求收缩、供给压缩等矛盾，经济下行压力依旧存在，中小企业经营困难增多，营造良好营商环境是为企业纾困解难的必然要求。近年来，南京把优化营商环境作为加快政府职能转变、促进高质量发展的重要任务抓紧抓实。2018年以来，南京连续出台优化营商环境政策三个“100条”。南京持续推进营商环境建设，取得了国家级肯定，在国家营商环境评价中，南京市连续两年获得“标杆城市”称号。国务院发展研究中心对《优化营商环境条例》实施情况发布的评估报告中，南京市“一件事一次办”“企业家服务日”及“南京海关探索推进‘基础资质’‘特定资质’一次申报、一次办理”三项举措被点赞并在全国推广。2021年，南京出台了《南京市优化营商环境办法》，打造公平透明的法治环境。“南京市优化法治化营商环境”被中央全面依法治国办评为全国法治政府建设示范项目。同时，评估报告还发布了各地优化中小企业发展环境的经验做法，南京两项工作被“点名”。南京深入落实《保障中小企业款项支付条例》，切实维护中小企业合法权益，在全国首例判决一家机关单位按每日利率万分之五（即年息18%）向一家中小企业支付逾期利息。南京出台系列政策，以构建“十百千万”梯次发展的专精特新企业群体为目标，打造“六大工程”、实施“十条措施”，完善全周期、全要素企业培育体系，推动创新型企业厚积成势。通过中小企业发展环境评估排名得分可以了解到南京打造中小企业发展环境方面的成效，南京能够在历年评估中位居前列，说明系列政策取得了良好效果。

四、镇江市新市场主体

近年来，镇江市深化改革开放，发展活力加速迸发。纵深推进“放管服”改革。“放”的方面，新取消、下放市级权力事项391项，百项高频政务服务事项实现“一件事一次办”，健全减税降费、援企稳岗政策和资金直达等机制，2020年全年降低企业成本107.7亿元；“管”的方面，推行跨部门联合“双随机、一公开”监管，实施失信联合惩戒，严重失信企业数量首次实现下降；“服”的方面，组织多场企业家早餐会、座谈会，依法依规、合情合理、尽力而为帮助企业解决问题，帮助近千家企业修复信用。营商环境的优化，激发出创新创业活力，2020年，新登记市场主体数量同比增长12.8%。推动对外开放向高质量发展，国家级服务外包示范市排名跃升17位，完善“外商投资一卡通”政策，对外投资额增长104.5%，利用外资稳中提质，制造业利用外资占比高于江苏全省平均24.7个百分点，“信保+再贷款+出口贷款”模式入选商务部典型案例。2021年，镇江市创新动能加速成长，市场主体达到54.2万户，净增26.3万户，国家高新技术企业数量实现翻番。2021年，镇江新区全区新设市场主体6234家，同比增长10.77%。

五、扬州市新市场主体

2021年，扬州市大力推行住所登记制度改革，“一照多址”改革在全市全面推开。对特种设备安全隐患实行“真查全查、快整长治”，提前完成全市2089千米公用燃气压力管道排查整治工作，相关做法在江苏全省推广。制定出台《扬州市直销企业经销商分类监管的意见》，在全省率先实施直销企业经销商分类监管。公平竞争审查大数据监测评估平台上线运行，江都区武坚镇申报全国商业秘密保护创新试点。创新检验检测市场监管机制，探索开展“数字预判+现场精准”监管新模式。联合扬州市总工会，在全省率先开展“职工好食堂”标准化建设。探索加强新就业群体党建工作，揭牌成立中共扬州市外卖配送行业委员会。

2021年，扬州市新登记市场主体7.78万户，其中，新登记企业（含分支机构）3.51万户，新登记个体工商户4.27万户，新登记农民专业合作社92户。年末实有市场主体62.07万户，同比增长4.7%。其中，各类企业20.55万户，增长11.5%；个体工商户41.29万户，增长2.0%；农民专业合作社 0.23 万户，下降 32.3%。

六、淮安市新市场主体

近年来，随着“放管服”改革持续推进，淮安市市场准入门槛进一步降低，市场主体活力得到充分激发。2021 年，淮安市新登记市场主体 42.47 万户，同比增长 98.01%；新增注册资本 2294 亿元，同比增长 37.98%；市场主体总量达 103.87 万户，首次跃上百万级台阶，同比增长 47.44%；注册资本总额 18137 亿元，同比增长 13.95%。在市场主体培育中，淮安市注重“三个突出”：突出党建统领，“小个专”党建激活红色细胞，建成 9 个市县级“小个专”党建服务中心、53 个基层“小个专”党建工作指导站、3.06 万个“小个专”党组织，“小个专”党委荣膺全国“小个专”党建表现突出集体称号；突出改革创新，试点推广企业住所与经营场所分离登记改革，推进市场主体住所（经营场所）登记申报承诺制，推动市场监管领域“证照分离”改革；突出转型升级，设立“个转企”绿色通道、个性化服务等配套措施，推动形成个体工商户转型企业应转尽转、扶优汰劣、提质增效的良好发展态势。

淮安市市场监管部门强化“两反两保”，聚力聚焦“二个推动”，更大力度培育激活市场主体。推动出台一批配套政策制度，进一步优化企业开办流程，放宽住所经营场所准入条件，继续推进“一址多照”“一照多址”登记改革，降低企业准入成本，提高市场主体质量水平；全面推进“放管服”改革，推动办证便利化、政务服务高效化、行政审批精简化，继续释放改革开放红利。推动建立一体化信息服务平台，在市场监管一体化信息平台“五大板块”建成的基础上，深入推进平台二期建设，重点在场景应用、企业画像、风险预警、移动执法、网格化管理、智能终端应用和指挥调度一体化方面取得突破，实现服务效能和监管水平的双提升，推动现代化市场监管体系建设走在安徽全省前列。推动健全绿色通道，适时因需提供个性化菜单式服务，推动《市场监管服务企业、（项目）“一本通”》《企业负责人应知应会法规清单》落地生根、见行见效，让广大群众和企业一目了然拉清单，更便捷享受改革红利，市场监管部门“照单服务”办实事，更好释放政策红利。

七、芜湖市新市场主体

2021 年，芜湖市深入推进“证照分离”工作，破解“准入不准营”难题，有效激发市场主体活力。截至 2021 年 12 月末，芜湖市实有各类市场主体共 487996 户，同比增长 11.06%。其中企业实有 125859 户，同比增长 14.53%；全年新设 26686 户，同比增长 17.15%。个体工商户实有 359051 户，同比增长 9.99%；全年新设 62490 户，连续三个年度新增超过 6 万户。

芜湖市市场监督管理局窗口深入开展党史学习教育，为芜湖市各类市场主体提供优质高效、热情周到的一站式服务。一是在安徽省率先实现手机端智能审批“掌上办”，将企业开办电脑端服务系统整体功能重现到皖事通 App 中，包含企业设立登记、印章刻制、发票申领、社保登记、公积金开户、银行预约开户等环节，一部手机随时可办企业。目前芜湖市新办企业在线网办率达 98%。二是进一步扩容企业开办套餐，在企业开办系统内增加企业供水、供电、供气报装预约服务选项，通过将企业信息推送给供水、供电、供气公司，线下提供报装服务的方式，为新设企业提供更加便利、全面的政务服务。三是加大电子营业执照的推广和使用力度。目前芜湖市企业电子营业执照可用于企业登记全程网上办理电子签章、印章刻制备案和银行预约开户、申报企业年报、特种设备使用登记等。四是开展经营范围标准化登记工作，解决了申请人经营范围申请填报难、各地登记标准不一致等问题，极大地提高了填报、审批效率，方便了办事群众，减轻了窗口工作压力。五是在芜湖全市范围内各企业开办综合窗口根据企业申请，将免费邮寄集成了营业执照、发票、5 枚实体印章、法人一证通数字证书（含电子印章）、税务免费 UKey、“四送一服”双千工程等政策文件的免费企业开办大礼包，1 个工作日内即可完成企业开办环节。通过“政府买单”，实现“企业免单”，进一步降低创业成本。

同时，芜湖市市场监督管理局在自贸区内积极探索“一业一证一码”改革试点，通过将一个行业准入涉及的多个审批事项整合为一张行业综合许可证明，并在营业执照和行业综合许可证明上加载集成有效许可信息的二维码，实现行业经营许可信息一码覆盖。企业只需填报一张表、提交一套材料、申领一张综合许可证明即可开业。在安徽自贸试验区芜湖片区发出了安徽省第一张通过“一业一证一码”改革办理的营业执照和综合许可证明。截至2021年7月中旬，共为10户企业发放了营业执照和行业综合许可证明。

八、马鞍山市新市场主体

2021年以来，马鞍山市重视优化营商环境，营商环境是各类市场主体生存发展的土壤，好的营商环境能够激发市场主体活力，进而转变为生产力和竞争力。全市聚焦顶格战法，结合“我为群众办实事”实践活动，在全市组织开展“一把手走流程”专项行动。各县区、园区、市直部门主要负责人第一步就开始直接负责，采取多种有效方式“亲自办、陪同办、全程办”。同时建立了市政府领导参加企业接待日活动制度，每月安排一名市政府领导对省“四送一服”平台长期未办结问题及日常走访收集的疑难问题进行升级调度，帮助企业解决发展难题。

近年来，马鞍山市连续出台优化营商环境政策三个“100条”，接力实施优化营商环境政策1.0至3.0版本，紧盯南京市、“杭嘉湖”及国内标杆城市优化营商环境最新改革动向，聚焦企业开办、工程建设项目报建、获得水电气等19个营商环境重点领域，既精准对标国内一流，又体现本市特色，在“对标、创新、提升”上狠下功夫。

2021年4月7日，《马鞍山市优化营商环境100条（3.0版）》发布，主要内容包括企业开办、工程建设项目报建、获得电力等19项指标共100条内容。以安徽省确定的19个营商环境指标为模板，并融入南京“100条”及“杭嘉湖”等国内一流营商环境改革先进举措，更加突出“全生命周期服务”理念，坚持用户思维，注重客户体验，以企业和群众的需求为导向，以国内最优为标杆，推进运用“互联网+”和信息化破解体制机制障碍。

这些优化营商环境的活动，激发了马鞍山市经济高质量发展的新活力。2021年马鞍山市新发展内资企业数量11186户，同比增长8.26%；新发展注册资本651.08亿元，同比增长19.42%。全市新登记各类市场主体3.36万户（上年同期3.06万户，同比增长9.82%），其中企业11230户，个体工商户22212户，农民专业合作社108户。

九、滁州市新市场主体

2021年，滁州市市场监督管理局紧扣保市场主体这一工作主线，持续深化商事制度改革，不断释放“放管服”改革红利，滁州市市场主体继续保持增长势头。面对国内外不利因素挑战，滁州市不断创优营商环境，发展壮大市场主体，推深做实纾困惠企举措，为全市经济社会健康发展提供了有力支撑。滁州市市场监管部门对上市公司、招商引资等重点企业，实施“一企一策”“一业一策”服务，主动上门、量身定制“服务包”，将政策、技术、信息送上门。采取早餐会、座谈会、推进会、交流会等集中会商方式，对照各类承诺事项，明确专人负责、建立工作台账，确保各项政策措施落实落地。此外，滁州市市场监管局开展检验检测助企纾困“免申即享”服务，对个体工商户、小微企业等市场主体给予检验费用减免50%优惠，对压力容器检验等费用，在减免基础上再降低10%，对场（厂）内专用机动车辆检验等费用，在减免基础上再降低20%。

截至2021年12月31日，滁州市累计登记企业157157户，与上年同期相比，增长了14.19%。其中，内资企业26404户，与上年同期相比，增长4.67%；私营企业130753户，与上年同期相比，增长了16.33%。全市企业主体累计注册资本（金）达9694.5688亿元，与上年同期相比，增长了14.25%。其中，内资企业注册资本（金）为

3040.8720亿元，与上年同期相比，增长了14.74%；私营企业注册资本（金）为6653.6968亿元，与上年同期相比，增长了14.02%。

全市新登记企业19535户，与上年同期比增加了1472户，增长了8.15%；注册资金（出资额）为1209.0063亿元，与上年同期比增加了92.9431亿元，增长了8.33%；同期办理注销576户。从企业类型看，全年新登记国有企业6户，集体企业1户，有限责任公司（股份有限公司，含私营）18082户，合伙企业165户，独资企业1281户。从注册资本（金）方面看，国有企业0.8588亿元，集体企业0.01亿元，合伙企业131.053亿元，独资企业5.8579亿元，有限责任公司（股份有限公司，含私营）1071.2266亿元。

从产业分布情况来看，2021年度第一产业新登记1005户，占全部新登记企业的5.14%；注册资本（金）35.4545亿元，占全部新登记企业注册资本（金）的2.93%。第二产业新登记5938户，占全部新登记企业的30.4%；注册资本（金）433.7315亿元，占全部新登记企业注册资本（金）的35.88%。第三产业新登记12592户，占全部新登记企业的64.46%；注册资本（金）739.8203亿元，占全部新登记企业注册资本（金）的61.19%。

从区域来看，各县（市、区）企业发展不均衡，地区差别大。2021年度新设立企业户数最多的是天长市3279户，占全市新设立企业的16.82%，其次为凤阳县2698户、琅琊区2401户。截至2021年12月31日，实有企业最多的是天长市32071户，其次为凤阳县18764户、定远县17176户。

从新设立企业注册资本（出资额）来看，天长市为241.5530亿元，凤阳县为134.2777亿元，南谯区为134.0605亿元。截至2021年12月31日，实有企业注册资本（出资额）最多的是天长市为2104.6562亿元，其次为经济技术开发区1012.2578亿元、凤阳县1004.9631亿元。天长市无论是企业总数还是注册资本均排在全市首位，遥遥领先于其他县市区。全市经证监会批准，在主板公开发行股票的上市股份有限公司天长、明光、全椒、凤阳、来安、琅琊、经开、南谯区各有一户，苏滁、定远至今尚未实现零的突破。

从私营企业发展情况来看，私营企业保持强劲增势。截至2021年底，全市实有私营企业130753户，较上年增长了16.33%；注册资本（金）6653.6968亿元，较上年增长14.02%。全年新登记私营企业18357户，占新设立企业总数的93.97%；新登记私营企业注册资本（出资额）为818.3207亿元，占新设立企业注册资本（出资额）的67.69%。受政府各项扶持政策的影响，私营企业新开业户数仍呈上升势头。大规模私营企业户数增加明显，新增注册资本5000万元以上私营企业实有269户，位居安徽全省第四。私营企业投资的主要行业有批发和零售业4344户，建筑业3056户，制造业2482户。受新冠疫情影响，私营企业投资方向由传统的批发零售业、制造业逐渐向科研领域转型。

十、宣城市新市场主体

2021年，面对复杂严峻的国内外环境，宣城市上下在市委、市政府的坚强领导下，坚持以习近平新时代中国特色社会主义思想为指导，认真贯彻落实中央和省市决策部署，坚持稳中求进工作总基调，科学统筹疫情防控和经济社会发展，扎实做好“六稳”工作，全面落实“六保”任务，全市经济持续恢复向好，经济发展韧性和活力不断增强，高质量发展迈出新步伐，圆满完成年度预期目标，顺利实现“十四五”良好开局。

根据地区生产总值统一核算结果，2021年宣城市地区生产总值1833.9亿元，比上年增长10.1%，两年平均增长6.9%。其中，第一产业增加值172.0亿元，增长7.0%，两年平均增长4.6%；第二产业增加值890.7亿元，增长11.1%，两年平均增长8.1%；第三产业增加值771.2亿元，增长9.8%，两年平均增长6.0%。

市场主体持续增加，就业形势总体稳定。2021年年末各类市场主体达到28.1万户，全年新登记各类市场主体3.6万户，其中新登记企业超过1万户。全年新增“四上”企业514家，其中新增规模以上工业企业304家，规模以上服务业企业18家，限额以上批零住餐企业62家。2021年城镇新增就业人数5.42万人，超额完成年度目标任务；城镇登记失业率控制在2.13%。

十一、溧阳市新市场主体

2021年，溧阳市以防控新冠肺炎疫情为首要任务，以深化“放管服”改革为统领，以服务经济发展为主线，以强化市场监管为抓手，不断解放思想，真抓实干，取得了良好成效。在优化机制、稳定市场主体方面，溧阳畅通市场主体准入退出渠道，在全面实现企业开办事项全程网上办理的同时，围绕住所登记制度改革，实施“一址多照”、住改商、集群注册等改革措施，逐步降低市场准入门槛。2021年，溧阳有各类市场主体80447户，其中新增法人企业3333户，同比增长36%，市场主体发展综合指数位居地区前列。溧阳还开通企业注销网上服务专区，实行网上“一站式”注销服务。拓展企业简易注销程序适用范围，规范简易注销流程，其中简易注销公告期由45日压缩至20日，公告期压缩了55.6%。据统计，2021年，溧阳市已通过简易注销程序注销企业类主体645户，占全部注销企业的78.3%，简易注销已成为溧阳企业注销的主要途径。

在集成创新、激发市场主体发展方面，溧阳市持续提升重点领域简政放权实效，进一步优化工程建设项目联合验收，开辟出“一窗受理、并联审查、集中验收、限时办理、统一出件”的验收快捷通道，将验收整体时间压缩50%以上。同时深入推进“一件事”改革，改革后的“一件事”办理环节压缩64.3%、申报材料减少36.7%、办理时间缩减56.6%、跑动次数减少74.8%，切实解决了证明材料重复交、部门窗口往返跑的难题。

十二、金坛区新市场主体

2021年，金坛区市场活力不断激发。全年新设各类市场主体22412户，注册资金441.40亿元；年末共有各类市场主体80033户，注册资金3830.67亿元。江苏常宝普莱森钢管有限公司获评2021年常州市市长质量奖，正信光电科技股份有限公司、江苏金旺智能科技有限公司、同方威视科技江苏有限公司获评2021年常州市市长质量奖提名奖。东方日升（常州）新能源有限公司获评2021年金坛区区长质量奖，信维通信（江苏）有限公司、永臻科技股份有限公司、常州金坛江南制粉有限公司3家企业获评2021年金坛区质量管理先进单位。

第九章　重点产业

第一节　南京都市圈重点产业情况

作为一个跨省协作的都市圈，南京都市圈至目前定格为“8+2”格局：8个地级市（江苏省的南京、镇江、扬州、淮安，安徽省的芜湖、马鞍山、滁州、宣城）和江苏省常州市的溧阳市（县级市）、金坛区，总面积约6.6万平方千米。2021年，南京都市圈10个地区共实现地区生产总值46665.65亿元，较2020年增加4915亿元，总量占全国的比重为4.1%，有8个地区的地区生产总值增速高于全国，人均地区生产总值超过13万元；全年度都市圈规模以上工业企业营业收入48529.45亿元，增长22.2%；全体居民人均可支配收入增幅均达到或超过全国。

南京都市圈城市间产业分工协作，以市场需求和专业化分工协作为导向，促进城市功能互补、产业错位布局和特色化发展，形成以先进制造业为主体、服务经济为特色、现代农业为基础的现代产业体系。

第二节　各市（区）重点产业情况

一、南京市重点产业

南京是中国东部地区重要的中心城市，发展至今，南京已经形成了汽车产业、钢铁产业、电子信息制造业和石化新材料四大支柱产业。2021年全市实现地区生产总值16355.32亿元，比上年增长7.5%。一季度、上半年、前三季度和全年生产总值两年平均增速分别为8.6%、7.3%、5.8%和6.0%，全年平均增速较前三季度回升0.2个百分点，两年平均增速快于全国0.9个百分点，呈现高开稳走态势。人均生产总值达17452元，稳居全国大中城市前列。全市实现规模以上工业增加值3543.96亿元，增长10.0%，高于地区生产总值增速2.5个百分点。

2017—2020年，南京市汽车产业规模以上企业营业收入呈波动下降趋势，由2017年的1613.04亿元降至2020年的1210.33亿元，近两年同比下降幅度均超过15%，整体产业萎缩趋势明显。2016—2020年，南京钢铁产业规模以上企业产量稳定小幅增长，生铁产量由2016年的1480.98万吨增长至2020年的1744.42万吨；钢材、粗钢产量分别增长至1734.22万吨、1958.71万吨，2020年整体产量达到5437.35万吨，同比小幅增长2.97%。2016—2020年，南京电子信息制造产业相关规模以上企业营业收入呈现先降后升的趋势，2017年营业收入达到1568.82亿元，随后连续两年下降，2020年营业收入强势回升，规模达到1971.06亿元，同比上升45.1%。2016—2020年，南京相关石化新材料规模以上企业营业收入情况波动变化，2018年营业收入达到2207.16亿元，为近四年峰值。随后逐年下降，2020年营业收入降至1571.06亿元，同比下降11.0%。

二、镇江市重点产业

2021年，镇江市实现地区生产总值4763.42亿元，按可比价格计算，比上年增长9.4%。其中，第一产业增加值157.02亿元，增长3.4%；第二产业增加值2319.73亿元，增长10.7%；第三产业增加值2286.67亿元，增长8.6%。三次产业比例调整为3.3∶48.7∶48.0。全市人均地区生产总值达14.82万元，增长9.2%。全年规模以上工业高技术制造业增加值比上年增长10.7%，其中医疗仪器设备及仪器仪表制造业、计算机及办公设备制造业增加值分别增长13.2%、20.6%。高新技术产品产量增长较快，其中新能源汽车产量增长255.6%，单晶硅片增长79.7%，碳纤维增长126.2%。新增国家级专精特新“小巨人”企业6家，省级服务型制造示范企业5家。年末拥有省级智能工厂4家，省级智能车间87个。2021年镇江市重点工业产品产量情况见表7-9-1。

表7-9-1　2021年镇江市重点工业产品产量情况

产品名称	单位	产量	比上年增加/%
食醋	万吨	30.33	-5.4
复合木地板	万立方米	4274.20	-9.0
机制纸及纸板	万吨	257.82	0.4
冰乙酸	万吨	106.41	4.3
单晶硅片	万片	85512.00	79.7
水泥	万吨	1530.10	-1.3
钢材	万吨	565.17	12.6
铝材	万吨	87.31	22.3
金属切削工具	亿件	9.52	18.5
汽车	辆	6489.00	255.6
汽车仪器仪表	万台	172.46	18.3
电子元件	亿只	20.12	11.9
眼镜成镜	万副	1382.70	22.3
发电量	亿千瓦时	496.36	19.4
母线	万米	190.10	29.5

镇江市的工业主要有八大产业。一是化工产业。化工产业是镇江的支柱产业之一。镇江的化工企业主要集中在镇江新区化学工业园。规模较大的有镇江奇美化工、镇江联成化学、江苏镇钛化工、江苏正丹化学、索维尔（镇江）、索普化工、丹化科技、优利德（江苏）、道达尔润滑油（中国）、巴斯夫造纸化学品（江苏）等。二是装备制造产业，包括电气装备、汽车及零部件、船舶海工装备等。主要企业有大全集团、威腾股份、振光电力、亿能电气、现代重工（中国）电气、北汽蓝谷麦格纳汽车、大赛璐安全系统（江苏）、沃得农业机械、沃得重工、沃得植保机械、江苏柳工机械、新韩通船舶重工、镇江船厂、中船动力等。三是造纸和建材产业。造纸和建材是镇江的传统产业。主要企业有金东纸业（江苏）、江苏长丰纸业、江苏鹤林水泥、句容台泥水泥、建华

建材（中国）、镇江北固海螺水泥、镇江北新建材、丹阳双峰玻璃等。四是电力产业，包括火力发电和垃圾发电等。主要企业有华电江苏能源、江苏华电句容发电、江苏镇江发电、国家能源集团谏壁发电厂、国能江苏谏壁发电、镇江大港热电厂、光大环保能源（镇江）、句容绿色动力再生能源等。五是新材料产业，包括高性能铝合金材料、高分子复合材料和碳纤维材料等。镇江有全国最大的高温合金产业集群。主要企业有大亚科技、鼎胜新材、爱励铝业、东亚铝业、大力神铝业、图南股份、天工股份、山特维克、恒神股份、天奈科技等。六是新能源产业，包括太阳能光伏发电、动力电池、氢能等。主要企业有中节能太阳能科技（镇江）、华君电力科技（江苏）、力信（江苏）能源科技、孚能科技（镇江）、荣德新能源科技、江苏乐能电池、江苏环太集团、大全新材料等。七是生物医药产业。生物医药产业是镇江重点打造的战略性新兴产业，包括化学药、中成药、生物制药、医疗器械等。主要企业有江苏鱼跃医疗、江苏吉贝尔药业、江苏金斯瑞生物科技、江苏中兴药业、江苏海华生物、凯莱英制药（江苏）等。八是眼镜产业。镇江的丹阳是全国最大的镜片生产基地，规模较大的企业有海昌隐形眼镜、万新光学集团、明月镜片股份、江苏鸿晨集团、江苏淘镜公司、视悦光学公司、奥尔帝光学、江苏优立光学等。

三、扬州市重点产业

2021 年，扬州市实现地区生产总值 6696.43 亿元，按可比价计算，增长 7.4%。其中，第一产业实现增加值 317.18 亿元，增长 3%；第二产业实现增加值 3207.37 亿元，增长 9.2%；第三产业实现增加值 3171.87 亿元，增长 6.2%。工业对经济增长保持了高位支撑，特别在疫情后尤为显著。全市规模以上工业增加值同比增长 13%，增速从一季度低于省均 4.2 个百分点到全年高于省均 0.2 个百分点，全年位次比一季度提升 3 位。

扬州是国内知名的汽车及零部件产业基地，现有包括上汽大众、亚星汽车、潍柴专用车、九龙汽车、江淮汽车等在内的车辆生产企业 19 家，乘用车、商用车（客车、专用车、轻型货车）、新能源汽车等车辆产品众多，具备 70 万辆整车生产能力，年产（销）近 50 万辆；集聚了亚普部件、亚新科双环活塞环、奥力威传感等 250 多家规模以上零部件企业，产品涵盖汽车动力系统、底盘系统、车身内外饰、汽车电子电气等系列产品。

高端装备产业是扬州的传统优势产业，产业规模超千亿元。拥有 3 个国家火炬计划特色产业基地（数控金属板材加工设备、建材机械、硫资源利用）、2 个省新型工业化示范基地（数控金属板材加工设备、机械制造、数控成形机床）和 4 个省高端装备示范和特色基地（数控机床、精密液压、硫资源利用装备、节能环保装备），形成了数控机床及工业机器人、食品（饲料）机械、工程机械、节能环保装备、其他专用装备等特色产业。

新型电力装备（新能源）产业是扬州的传统优势产业，涵盖电线电缆、智能变配电、高电压实验装备、新能源等领域，2021 年实现开票销售超千亿元，现有规模以上企业 385 家（其中新能源企业 72 家）。

扬州微电子产业拥有 250 多家规模以上企业，半导体分立器件、无线射频标签、新型显示等细分领域在国内外形成了一定的比较优势。扬杰电子在国内半导体功率器件领域排名保持前两位。无线射频标签年产量保持了全球第二、亚洲第一。

扬州纺织服装产业 2021 年开票销售达 400 亿元，规模以上企业 224 家，形成了以化纤、羽绒、制服等为主导，以纺纱、针织品、无纺布等为补充，以互联网营销为特色的产品格局。

扬州已经形成了以化学药物、原料药、医疗器械等为主导，以生物医药、现代中药、保健品等为补充的产品格局。集聚了联环药业、优邦生物、江苏海明等一批知名企业，全行业拥有 30 个省级以上企业研发机构，2021 年开票销售过百亿元。

扬州为江苏省三大造船基地之一，船舶产业拥有中远海运重工、招商局金陵鼎新、新大洋造船、招商局金陵船舶、中船澄西等一批重点企业，年造船能力800万载重吨。

扬州拥有规模以上食品工业企业近百家，形成五大优势行业，包括以五丰富春、三和四美为代表的传统食品业，以顶津食品、青岛啤酒为代表的饮料制造业，以方顺粮油、名佳食品为代表的油米加工业，以戚五水产为代表的水产加工业，以完美日化、宝莲生物为代表的生物科技业。现有宝应生态有机产业基地、高邮禽蛋产业基地和菱塘清真产业基地3个食品特色基地。

航空产业是扬州“323+1”产业体系的重要一环，也是全市产业科创名城重点发展的产业方向。以沈阳飞机设计研究所扬州协同创新研究院、中航机载系统共性技术工程中心、中国航空研究院研究生院、扬州航空馆为代表的一批重点项目落户扬州，全市已形成了较为健全的航空产业体系。

四、淮安市重点产业

2021年，淮安市规模以上工业总产值同比增长27.8%，两年平均增长16.6%；工业增加值增长14.6%，两年平均增长9.5%。从三大门类看，采矿业总产值增长6.1%，制造业增长28.1%，电力、热力、燃气及水生产和供应业增长23.5%。分行业看，全市34个工业行业大类中，32个行业产值同比增长，行业增长面达94.1%。绿色食品、新型装备制造、新一代信息技术三大主导产业总产值分别增长16.9%、28.4%、33.6%，对全市工业总产值增长贡献度达54.3%。全市规模以上工业企业实现利润总额180.39亿元，同比增长24.5%，两年平均增长11.7%。规模以上工业企业营业收入利润率为5.87%，同比提高0.19个百分点。

绿色食品是淮安近年来着力打造的特色产业。淮安拥有规模以上食品工业企业153家，涵盖酒与饮料、肉与饲料、盐与调味品、淮味食品、现代食品和食品包装等门类，拥有双汇、苏食、旺旺、今世缘酒业、苏盐井神等骨干企业，2020年实现开票销售227.3亿元。

新型装备制造业是淮安传统产业之一，“十三五”以来，淮安大力推进特钢及高端装备制造、新能源汽车及零部件等主导产业发展取得初步成效。截至2020年底，集聚规模以上企业361家，实现规模以上应税企业开票587.6亿元，同比增长6.8%，比“十二五”末年增长54%，培育形成超亿元企业97家，超10亿元企业9家，产业规模居全市首位。

近年来，淮安把新一代信息技术产业作为支柱产业进行重点打造，抢抓珠三角、长三角地区产业转移机遇，加大招商引资力度，推动电子信息产业集群发展，先后成功引进总投资22亿美元的富士康、全球第一大线路板商——鹏鼎控股、全球第一大笔记本电脑键盘制造商——达方电子等一批知名企业。立足现有产业基础，淮安优先发展PCB（印刷电路板）、电子元器件、半导体封测等产业基础较好的领域，创新发展新型显示、5G等产业，持续提升优势产品技术水平、做大产业规模，将全市新一代信息技术产业打造成优势互补、链条互补、资源互补的产业生态圈。

五、芜湖市重点产业

芜湖是国家长江三角洲城市群发展规划的大城市、皖江城市带承接产业转移示范区的核心城市、合芜蚌国家自主创新示范区、皖南国际文化旅游示范区，是合肥都市圈、G60科创走廊的重要成员。

汽车产业作为芜湖的首位产业，拥有奇瑞、比亚迪等一批知名车企，吸引了一大批国外优质汽车零部件企业，还集聚了新能源和智能网联汽车配套企业超过300家。现如今，芜湖有以奇瑞系为代表的整车龙头企业，以中集瑞江、爱瑞特等为代表的专用车企业；有以比亚迪、杰诺瑞电控等为代表的“三电”企业，以忠旺铝材、明基隔膜等为代表的新材料企业；还有以雄狮科技、赛腾微电子等为代表的智能网联系统企业，以麦卡、易同等为代表的运营推广企业。2021年，芜湖汽车产量达81.40万辆，同比增长56.2%；汽车产业产值达1549亿元，同比增长32.4%。其中，新能源汽车产量9.56万辆，同比增长131.6%，产业链规模以上企业已有318户。

六、马鞍山市重点产业

2021年，马鞍山市实现地区生产总值2439.33亿元，比上年增长9.1%，增幅高于安徽全省0.8个百分点。其中，第一产业增加值104.23亿元，增长6.7%；第二产业增加值1206.26亿元，增长10.1%；第三产业增加值1128.84亿元，增长8.3%。

马鞍山市的工业主要包括五大产业。一是钢铁产业。钢铁产业是马鞍山的支柱产业，马钢集团已经成为中国宝武钢铁集团的控股子公司，具备2000万吨钢铁系列产品的生产能力，年产值超千亿元。其下辖马鞍山钢铁股份、安徽长江钢铁股份、马钢矿业资源集团、马钢集团姑山矿业、马钢集团南山矿业、马钢重型机械、马钢化工能源等几十家子公司。二是汽车及零部件产业。马鞍山是全国重要的专用汽车研发生产基地之一，龙头企业华菱星马生产的散装水泥车和混凝土搅拌车产销量稳居全国第一名。其他企业还有马鞍山吉利新能源商用车、马鞍山高博集团公司、马鞍山纳百川热交换器、马鞍山奥特佳机电、马鞍山凯马汽车零部件、安徽福马汽车零部件等。三是装备制造产业。装备制造业也是马鞍山的优势产业，包括冶金装备、轨道交通装备、机床刃具、泵阀铸件、除尘设备等。主要企业有马钢重型机械、泰尔重工股份、中冶华天、中钢天源、安徽天一重工、奥克斯智能电气、马鞍山博宇重机、安徽东海机床、安徽海立精密、安徽威达环保、同兴环保科技、三联泵业股份等。四是食品产业。食品产业是马鞍山的传统优势产业，包括乳制品、肉制品、酒类饮料和粮油加工等。主要企业有蒙牛乳业（马鞍山）、雅士利乳业（马鞍山）、青岛啤酒（马鞍山）、颐海（马鞍山）食品、马鞍山达利食品、马鞍山百瑞食品、马鞍山雨润食品、安徽雪润欧食品、金菜地食品等。五是电力产业。马鞍山是“皖电东送”的城市之一，依托安徽省丰富的煤炭资源和自身的区位优势，马鞍山相继建立了几个大型发电厂，主要企业包括国能神皖能源有限责任公司、皖能马鞍山发电、马鞍山当涂发电、光大生物能源（含山）等。

七、滁州市重点产业

党的十八大以来，滁州市抢抓长三角一体化发展、南京江北新区设立等国家战略机遇，以改革的思维破解发展难题，优化城市、交通等基础设施条件，“双招双引”做强主导产业链，在更大的发展格局中赶超、跃升。

2021年，滁州市全部工业实现增加值1316.6亿元，比上年增长9.7%。规模以上工业增加值比上年增长10.7%。在规模以上工业中集体企业、外商及港澳台商投资企业增长较快，增速分别为36.9%、28.3%。年末，全市六大支柱产业规模以上工业企业1386家，企业数占全市规模以上工业的67.5%，增加值累计增长13.4%，增加值总量占全部规模以上工业的70.7%，对规模以上工业增长的贡献率达到84.8%，拉动规模以上工业增长9.0个百分点，具体见表7-9-2。

表7-9-2　2021年滁州市支柱产业生产情况

支柱产业	企业数/个	累计占比/%	增速/%	对规模以上工业贡献率/%	拉动规模以上工业增长率/%
合计	1386	100.0	13.4	84.8	9.0
硅基材料产业	105	8.4	12.3	6.5	0.7
先进装备产业	623	28.5	14.0	24.7	2.6
智能家电产业	225	24.2	19.4	29.0	3.1
农副产品深加工产业	211	10.6	-1.3	-1.1	-0.1
新能源产业	65	12.1	43.7	25.5	2.7
新型化工产业	157	16.1	0.2	0.2	0.0

2021年，滁州市围绕建链、补链、延链、强链，创新建立光伏、半导体、汽车及装备制造等八大主导产业链链长制，实行“一套班子、一只基金、一个协会、一个研发平台”，坚持顶格战法，定期召开产业链链长会、企业家早餐会、双月座谈会，全力推动重点产业做大做强。截至2021年底，滁州市八大新兴产业在建项目235个、总投资额2283.06亿元；签约项目181个、总投资额2588.5亿元；在谈项目104个。近几年，滁州市累计引进亿元以上项目约1900个、百亿元项目近20个，支柱产业在安徽全省所占份额不断提升。2021年，滁州市共引进八大产业项目346个，占比68.9%，八大产业逐渐形成集聚、集群效应。

近年来，滁州经开区聚焦智能家电及电子信息、先进装备制造、绿色休闲食品、光伏新能源四大主导产业，在2021年规模以上工业总产值破亿元大关的成绩单上，四大主导产业占比高达87%，产业集聚成群的效应更加凸显。一是智能家电及电子信息产业。滁州经开区家电产业起源于20世纪90年代，如今已形成了以冰箱、洗衣机、空调和彩电四大家电为主导，以小家电为补充，家电装备、家电配套件协调发展的产业格局。近年来，园区家电产业陆续集聚了73家规模以上家电及配套工业企业，其中产值亿元以上企业31家，10亿元以上企业7家，百亿元企业2家，逐渐形成了以博世西门子、康佳、长电科技、东菱电器、立讯精密为代表的智能家电及电子信息产业，逐渐展示出新特点：以家电信息科技创新与服务平台为支撑，形成智能家电从装备制造到产品研发、设计、生产、检测、物流运输至线上线下销售一条龙的全产业链体系。二是绿色食品产业。2021年，规模以上食品企业产值同比增长32%；固定资产投资同比增长59.3%；新签约亿元以上项目6个，总投资近30亿元；2021年度“食安安徽”品牌认证评价结果中，以470分位居安徽全省8家园区（基地）第一名。三是光伏新能源产业。近年来，园区抢抓光伏及新能源产业发展机遇，以“‘双碳’目标”为引领，坚持“借光发展”，围绕光伏新能源产业开展招大引强，先后引进隆基乐叶、东方日升、天合光能等全球龙头企业，以及中信渤铝、福斯特、瑞达新能源等行业骨干企业，并吸引鸿展专用设备、川禾新材料等产业链关联项目相继落户，形成了滁州市光伏产业链核心环节的集聚，从电池到胶膜、边框和组件，高品质光伏产业链条在园区已经基本成形。四是先进装备制造产业。汽车及先进装备制造业是园区四大支柱产业之一，从零起步到奋力崛起走过了一段漫长的发展历程。近年来，经开区把招商引资作为“一号工程”，紧盯行业领军企业、龙头企业和关键配套企业，聚焦主导产业全力抓招商。先进装备制造产业聚集永强汽车、扬子客车等知名整车及专用车生产企业，配套企业达到100余家。

八、宣城市重点产业

2021年，宣城市的地区生产总值为1833.9亿元。制造业已成为全市经济发展的压舱石、吸纳就业的主力军、税收来源的主渠道。2021年，全市汽车零部件产业、新能源产业、节能环保装备产业三大主导产业增加值占全部规模以上工业的24.2%，较上年提高2.2个百分点；三大主导产业增加值增长27.2%，高于全部规模以上工业增速12.2个百分点。对规模以上工业增加值增长贡献率达40.9%，拉动规模以上工业增加值增长6.1个百分点。

宣城是全国最大的汽车橡胶零部件生产基地，龙头企业中鼎股份主营业务收入超过100亿元。其他企业还有亚新科密封技术、德特威勒密封技术、安徽美安密封件、安徽永茂泰、保隆（安徽）汽车配件、桑尼泰克、广德亚太汽车、安徽飞鹰汽车零部件、安徽拓盛汽车零部件、安徽得力汽车部件、安徽小小科技、鑫鸿交通工业（安徽）、安徽千缘模具等。汽车零部件依托宁国、广德、宣城经开区、郎溪等汽车零部件产业集群。按照“零部件—核心件—整车”推进路径，重点发展新能源汽车电机及部件、橡胶及轻量化材料核心关键零部件等。新能源产业聚焦长三角重要新能源产业基地发展目标，依托宣城经开区锂电池产业集群，重点发展三元锂电池、储能电池，重点打造以异质结、柔性铜铟镓硒薄膜为基础的光伏产业链。宣城装备制造产业包括电梯配件、电力设备、通用设备等。主要企业有安徽皖南电机、安徽卧龙泵阀股份、安徽黄山恒久链传动、安徽涌诚机械、安徽动力源科技、郎溪东奥输送装备、华菱精工、聚隆科技、华峰重工机械、拓山重工机械、祥利机械、莱恩电泵、锦成轴承等。节能环保装备依托泾县电机泵阀产业集群，重点发展永磁同步电机、混合励磁同步电机，着重发展在精细化工、污染治理等领域应用的中高端泵阀。

同时，化工医药和文旅产业也是宣城市的重要产业。化工医药产业主要企业有司尔特肥业、江南化工、广信股份、安徽立兴化工、宣城楷昂化工、宣城亨元化工、福元药业、红星药业、墨药股份、黄山胶囊、安徽美诺华药物化学、宣城美诺华药业、精方（安徽）药业股份、华源长富药业集团旌德制药等。文房四宝等文旅产业，依托宣纸集团、宣砚特色小镇、徽墨文化园、国家文房四宝质量监督检验中心等，推进文房四宝产业向特色化、集群化、品牌化发展。

九、溧阳市重点产业

“十三五”期间，溧阳市主动适应经济新常态，贯彻新发展理念，牢牢把握高质量发展要求，推动传统产业向先进制造经济进发，催生了动力电池、智能电网、汽车及零部件和农牧与饲料机械等“四大重点产业”。

溧阳市正在打造中国最具竞争力的动力电池、电动汽车及智能电网的产业集群，周边及长三角地区相关动力与储能电池上下游企业在前沿技术研发、高水平测试、诊断、失效分析、技术孵化等服务方面存在着潜在需求。因此，2017 年，溧阳市人民政府、江苏中关村科技产业园、中国科学院物理研究所三方共建了天目湖先进储能技术研究院。

智能电网产业是溧阳打造工业强市的关键一环、江苏省 100 个特色产业集群之一，截至 2021 年底，溧阳共有智能电网产业链企业 55 家，预计到 2025 年全市智能电网产业产值规模将超过 600 亿元。中广核兴安盟革命老区 300 万千瓦风电扶贫项目暨中国首个风电大基地项目、中国新能源行业首台 1000MVA/500kV 三相一体主变压器下线交付。该扶贫项目于 2019 年 5 月获国家核准，是国内首个风电大基地项目。2021 年 3 月，华朋集团获得该项目主变压器订单。此次下线交付的变压器是中国新能源行业首台 1000MVA/500kV 三相一体主变压器，也是中广核在新能源建设项目中最高电压、最大容量的变压器。

汽车零配件产业是溧阳县域经济发展的四大支柱产业之一。当地企业江苏科华控股股份有限公司已是全球涡轮增压器零部件龙头企业，随着业务拓展，企业对自身信用形象要求越来越高。对于像江苏科华这样辖区内的优质企业，常州海关因地制宜开展“一对一”信用辅导，积极对标海关高级认证企业标准，提升了多家企业的信用等级，让企业轻松享受到 AEO 互认国海关给予的相应便利。成为海关高级认证企业后，江苏科华的海外客户合作意愿更强了。2021 年，企业出口金额 11.3 亿元，同比增长 34%。

农牧与饲料机械产业是溧阳四大重点发展产业之一。作为溧阳农牧与饲料机械制造龙头企业，布勒（常州）机械有限公司 2019 年预计可实现产值 20 亿元，同比增长约 18%。布勒（常州）机械业内实力不可小觑的“中瑞混血儿”。其母公司瑞士布勒集团是世界著名的谷物加工设备企业，是粮食加工、食品加工和金属压铸等领域的全球领导者。2021 年，“农具特色小镇”南渡镇出口货值超 13950 万元，同比增长 78.2%。其中 KOMERI 牌镰刀、锄把等农具产品在日本高端农具超市均占有一席之地。随着 RCEP 的实施，农具企业还将进一步降低成本。

在一系列的政策扶持下，溧阳市四大重点产业持续发力，2021 年，累计实现产值 690.74 亿元，同比增长 22.6%，占全市地区生产总值的 54.8%。

围绕“四大经济”布局，推进项目攻坚，溧阳市时代新能源三期等 17 个投资 10 亿元以上重大项目加快建设，上汽时代和时代上汽、普莱德等20个重大项目建成投产。新投产动力电池生产线24条，实现产值55亿元。2021年，江苏省重大项目清单中涉及涵盖重点产业的重大项目，溧阳有7个。

十、金坛区重点产业

2021年，金坛区实现地区生产总值1101.09亿元，按可比价计算，同比增长9.5%。其中，第一产业增加值40.63亿元，增长2.6%；第二产业增加值571.57亿元，增长10.3%；第三产业增加值488.89亿元，增长9.2%。三次产业增加值比例为3.7：51.9：44.4。2021年，金坛区实现规模以上工业总产值1489.99亿元，同比增长36.2%。其中高新技术产业产值827.36亿元，同比增长31.4%，占规模以上工业的比重为55.5%。全年实现规模以上工业增加值395.37亿元，按可比价计算，同比增长17.0%。2021年，金坛区规模以上五大支柱产业实现产值1431.15亿元，同比增长34.5%，其中装备制造、汽车及零部件、光伏新能源产业分别实现产值551.74亿元、319.05亿元和240.81亿元，同比实现两位数增长；化工及新材料和纺织服装产业分别实现产值214.45亿元、105.09亿元。

金坛区是江苏省常州市智能制造装备产业集群核心承载区之一。近年来，金坛区采取多项措施推动智能数控装备及智能装备关键基础零部件产业稳步发展，相关集群建设取得积极成效。一是强化保障。贯彻落实智能制造装备产业集群试点方案，成立金坛区智能制造装备产业集群推进工作领导小组，从项目招引、产业培育、创新发展、体制机制改革、生态建设等方面，全面统筹推进集群发展相关工作。二是完善生态。2020年培育智能制造领域领军企业23家，配套企业236家，涵盖数控机床、智能检测设备、智能成套生产线等产业；创建省级以上创新孵化机构4家，集群核心承载区实现销售收入近650亿元。三是创新引领。成立龙头骨干企业独立研发机构，与江苏省产研院共建“联合创新中心”，加快建设河海大学产业技术研究院、南邮信息产业技术研究院等平台。2020年新增发明专利申请1029件，同比增长18.6%；新建省级以上研发机构6家。四是金融支撑。成立产业引导基金，引入股权资金40亿元，着力解决企业融资难题。

汽车及零部件产业是金坛区的支柱产业之一，特别是节能新能源汽车引领汽车零部件产业、绿色电源产业快速集聚。常州拥有整车生产企业6家如北汽、东风、车和家、众泰等，特种车生产企业5家，拥有规模以上汽车及零部件生产企业173家，已形成完整的产业链。常州市新能源整车发展迅猛，目前已经成为江苏省新能源整车布局较为密集的设区市。汽车及其零部件产业也是金坛目前发展最快的产业，从汽车内饰、动力系统、汽车电子到整车装配，产业链不断完善，产业集聚效益日益显著。伊思灵豪森（ISRINGHAUSEN，中德合资企业），是研发和生产商用车新型座椅系统及技术弹簧的全球领先企业。产品广泛用于卡车、客车及工程机械。遍布20个国家的50家工厂构成其主要的生产基地。金鹏汽车座椅有限公司创建于1990年，是中国汽车座椅的专业制造商，产品达到GB 15083、GB/T 13060等国家专业标准，并通过TS 16949质量体系认证和3C产品认证，现已出口到土耳其、澳大利亚、俄罗斯、美国等国家和地区；在国内已与合肥戴姆勒克莱斯勒、西安沃尔沃、扬州亚星等各汽车制造商配套。

金坛区新能源产业以光伏和电池储能发展为主。其中伏产业已形成完整的产业链。代表型企业有以天马光伏、海润太阳能为引领的十多家光伏企业。在国家新能源政策的大力推动下，新能源汽车市场从2015年开始大幅上量，以锂电为主的动力电池市场也随之呈现爆发趋势。金坛围绕中航锂电，重点引进电池隔膜材料、正负极材料、精密组件、系统集成等项目。2021年金坛区重大产业项目签约中，中航锂电四期项目获135亿元总投资。常州天马光伏电子有限公司，中国知名光伏组件生产企业之一，全自动生产流水线为提升产品质量打下了坚实的基础。目前公司已荣获2016中国光伏行业十大品牌影响力企业、2016领跑中国光伏行业最具创新力企业 50 强、2016 领跑中国可再生能源先行企业第一军团 100 强、2017 中国光伏电站供应链推荐供应商（单晶组件/多晶组件/户用分布式 EPC）等荣誉。海润太阳能电力（常州）有限公司主要经营单晶硅硅片、多晶硅硅片、太阳能电池片及电池组件、太阳能组件、光伏光电系统和光伏建筑一体化产品的研发等业务。公司以高效晶硅太阳能电池及高性能太阳能组件的研发和生产为基础，着力拓展全球光伏电站开发、建设与运营业务，是中国最大的晶硅太阳能电池生产企业之一，致力于发展成为全球领先的能源开发投资和光伏能源供应商。

近年来，金坛区积极打造生物医药创新载体，持续培育新医药产业，目前金坛区生物医药产业园已拥有规模以上企业近 30 家。从 20 世纪 80 年代开始，金坛区就培养和造就了一大批化工企业和化工人才，同时也留下了一块金字招牌——“新材料产业园”。2021 年，金坛区与华大签订合作协议，双方将共同建设“生产支撑—科学研究—产业孵化”三环联动的合成生物学创新中心。该平台主要围绕合成生物学关键技术开展相关科学研究，实现核心工具迭代升级，引领行业发展方向，引导产业化项目落户金坛。

迈进纺织服装产业新一轮变革期，金坛区实现了从传统服装业向智能制造的稳健飞跃。2021 年 12 月底，晨风集团股份有限公司接连斩获“江苏省民营企业文化建设示范单位”“江苏省纺织服装智能制造标杆企业”荣誉称号。以技术突破引领企业创新，晨风集团通过延展公司管理体系建设，持续推进行业交流、人才培养等多方互动，为国内外高校纺织服装专业的学生、独立设计师、品牌商、供应商的各层管理人员及新员工提供更具实践性的专业培训，构建了纺织服装发展一体化平台，为行业跨入智能制造领域提供了新思路。

第十章　战略性新兴产业

第一节　南京都市圈战略性新兴产业情况

南京都市圈连南接北、承东启西，地理位置特殊，城市类型丰富，是长三角带动中西部地区发展的重要传导区域，在国家长江经济带发展战略中具有重要地位。南京都市圈基础产业实力雄厚、金融体系完整、科教优势明显、文化底蕴深厚，是国家重要的基础产业、制造业、旅游业、金融业、科教和文化中心。

南京都市圈整体以实体经济为着力点，以提高供给体系质量为主攻方向，推进新兴产业规模化和传统产业高端化。围绕电子信息、生命健康、新材料、智能装备、节能环保、新能源汽车、智能家居等重点领域，强化区域优势产业协作，培育一批具有国际竞争力的万亿级、五千亿级产业集群。以资源整合、分工协作、链接融合为重点，推动中小城市融入中心城市产业布局，有序引导中小城市承接产业转移，推动制造业规模化、特色化、集群化发展。

第二节　各市（区）战略性新兴产业情况

一、南京市战略性新兴产业

南京加快谋划推动更多新项目、大项目、好项目，产业结构调整和转型升级向纵深推进，新兴动能培育壮大，高端产业增势迅猛，不断为高质量发展蓄势赋能。

新动能引领作用增强。先进制造业加速领跑，新型电子信息、绿色智能汽车、高端智能装备、生物医药与节能环保等规模以上制造业增加值合计增长 10.9%。2021 年，南京市高新技术产业产值占全市规模以上工业总产值比重达 55.1%，比上年提高 1.7 个百分点。规模以上高技术制造业增加值同比增长 15.5%，占规模以上工业比重为 27.7%，较上年提高 2.2 个百分点。软件和信息服务、智能电网产业入选首批国家先进制造业集群，数量居江苏全省第一。现代服务业发展加快，全年规模以上科技服务业、高技术服务业、数字经济核心服务业营业收入分别增长 15.3%、14.2%、17.0%。

新经济逆势上扬。随着信息技术迭代更新和产业变革速度加快，新经济、新业态、新模式不断涌现，呈现出数字化、知识化、平台化的趋势特征。2021 年，全市高新技术产业产值总量持续提升，规模达到 7800.6 亿元，占规模以上工业总产值比重过半。高新技术产业的八个行业产值均实现增长，其中主要行业新材料制造业产值同比增长26.5%。全市网络消费飞速发展，覆盖面不断拓宽。限额以上批发零售、住宿餐饮业通过公共网络实现零售额同比增长25.0%，占全市商品零售总额的比重为22.4%，比上年提升3.0个百分点。

高端产业增势迅猛。2021年，南京市始终坚持创新引领发展，科技创新不断驱动高端产业加快增长。规模以上装备制造业增加值增长13.6%，工业战略性新兴产业产值增长18.7%。新能源汽车、工业机器人、集成电路等高技术产品产量分别增长119.1%、122.5%、45.4%。优质项目蓄能发力，不断助推产业优化升级。全年新签约亿元以上项目中，八大产业链项目占60%，较上年提高15个百分点。全年高技术投资同比增长30.2%，占固定资产投资比重17.4%，比上年提升3.3个百分点。

2021年，南京市规模以上高技术制造业增加值同比增长15.5%，先进制造业增长10.9%，装备制造业增长13.6%，工业战略性新兴产业产值增长18.7%。新兴产业为南京制造加分，传统制造的转型升级则为经济发展开辟了广阔空间。“智改数转”，江苏是主战场，南京是生力军。江苏制造业增加值4.2万亿元，占全国的13.4%、占全球的约4%，占全省地区生产总值比重达到35.8%，占比为全国最高。“智改数转”核心就是制造数字化。数字经济赋能产业转型，成为经济发展的重要增量。各地纷纷发力数字经济，以巩固地位或实现弯道超车。消费互联网时代，南京没能占上风；数字经济时代，南京有条件形成高地。2021年全省大数据核心产业规模超1500亿元，全省大数据企业超6000家，全省累计培育省级软件企业技术中心64家。在这三大体现数字经济产业基础的数据中，南京占比均接近一半，居全省第一。

二、镇江市战略性新兴产业

近年来，在主动融入长三角一体化发展大局下，在“产业强市”战略基础上，镇江市重塑化工、造纸和建材、电力等传统支柱产业新优势，大力发展化学药、中成药、生物制药等战略性新兴产业，以江苏鱼跃医疗为代表的医疗器械企业成功脱颖而出。鱼跃医疗于1998年起步于镇江丹阳，如今已拥有中国最大的医疗产业集群。目前在北京、上海、南京、苏州、丹阳等地建立了十大研发中心、七大生产基地，形成了完整的全球研发、生产、营销、服务网络，服务于国内超过30万家医疗机构和90%以上的三甲医院，覆盖海外110多个国家和地区，惠及全球3亿家庭。

2021年12月，江苏省发改委下达2021年度省级战略性新兴产业发展专项资金及项目投资计划的通知批复，镇江市发改委组织指导申报的4个项目入围，将分别获得1600万元的省级专项资金支持。自2016年至2020年，镇江市已有14个项目共获得1.74亿元省战略性新兴产业专项资金。2021年入围的4个项目分别是江苏尚昆生物设备有限公司废水生物降解核心技术与关键设备的研发及产业化项目，江苏联博精密科技有限公司新能源汽车大众MEB驱动电机铁芯全自动智能化生产线（工业4.0生产线）项目，江苏新通达电子科技股份有限公司新一代汽车座舱电子产品生产平台建设项目，江苏希西维轴承有限公司高可靠、长寿命特种精密轴承的研发与生产项目。

“十三五”以来，镇江市重点围绕做大做强高端装备制造、新材料两大战略性产业，培育壮大新能源、新一代信息技术、生物技术与新医药等三大新兴产业，建设了一批具有镇江特色的新兴产业基地及园区，产业规模不断壮大，产业结构渐趋优化，创新能力不断提高，战略性新兴产业呈现出稳步增长态势，已成为推动全市经济和产业高质量发展的重要引擎。截至2020年底，全市拥有规模以上工业战略性新兴产业企业780家，战略性新兴产业增加值占地区生产总值比重超过15%。

产业是区域高质量发展的有力支撑，镇江高新区将加快培育新兴产业，在提升产业能级上发力，继续做好“引盘转升”四篇文章，围绕高新区“1+4”产业，做大做强船舶海工装备“一区一战略性产业”，加快培育智能制造、数字经济、5G、生命科学等战略性新兴产业，大力发展生产性、生活性服务业，加快构建以战略性新兴产业为先导、先进制造业为主体、现代服务业为支撑的现代产业体系。面对复杂多变的经济形势，镇江高新区始终将产业发展放在首位。坚持不懈全力推进重大项目建设，深化产业“三集”发展，一方面加快半导体产业园建设，另一方面健全完善产业园区市场化运作模式，推进高端装备产业园建设，通过“工业地产+市场化招商”模式，推动产业园区运作由“政府主导”向“市场主导”转变。

创新是引领区域发展的第一动力。镇江高新区作为国家级高新区，是镇江苏南国家自创区建设的引领区、示范区和辐射区，充分发挥优势，打造高新产业、高新企业、高端人才和新技术、新模式、新金融、新业态高度集聚的全市新经济发动机。镇江高新区努力在提升创新能力上发力，在更大范围、更高层次集聚创新要素资源，抓好孵化器、新型研发机构、公共服务平台等平台载体建设，加快培育高新技术企业，浓厚创新氛围，构建创新生态，推动更多人才、项目、成果向高新区集聚。为壮大创新主体，镇江高新区一方面提升存量，加大培育资金投入，强化引导激励，精心做好企业摸排和申报组织，另一方面做大增量，引进培育一批拥有核心技术、用户流量的创新企业，引进一批科技型初创企业、创新创业项目来孵化培育新产业，推进中小企业专精特新发展，培育一批高新技术企业和“隐形冠军”“单项冠军”。2017年以来，镇江高新区累计签约包括中船海工产业园、中集智能物流装备产业园、芯视达图像处理芯片项目等亿元以上项目85个，总投资超834.5亿元。

三、扬州市战略性新兴产业

2021年，扬州市战略性新兴产业规模持续壮大，占规模以上工业产值的比重达到37%。制定“产业强链”三年行动计划，建立重点产业链“十个一”推进机制，工业开票销售7444亿元，增长21.9%。其中，2021年，扬州经开区主导产业产值突破608亿元，战略性新兴产业产值和高新技术产业产值占比分别达到32%和62.6%左右。

《扬州市2021年市级重大项目清单》中，扬州市推进实施416个市级重大项目，总投资达5165.9亿元，年度计划投资达1143.5亿元。其中，战略性新兴产业项目60个，总投资961.8亿元；先进制造业项目126个，总投资613.8亿元；科技创新类项目24个，包括5个研发平台、19个科创园区，总投资320.3亿元；新型基础设施项目14个，总投资586.3亿元。

2021年，扬州市“323+1”产业集群规模总量占全部工业比重超70%，高端装备、电子信息、新能源、航空等产业增幅均达到25%以上。加快发展数字经济，提升江苏信息服务产业基地、扬州软件园等大数据平台质态，广陵新城入围省级软件名园培育试点。创新动能持续增强。持续壮大创新型企业梯队，出台推进高新技术企业高质量发展的若干政策，认定高新技术企业499家、国家科技型中小企业2471家，入选省潜在独角兽企业2家、瞪羚企业11家，获批国家级制造业单项冠军企业（产品）3家（项）、专精特新“小巨人”企业15家，新增省级企业技术中心50家，1个项目获国家科学技术奖、23个项目获省科学技术奖，全社会研发投入占比达2.55%。科创载体能级持续提升，江都获批筹建省级高新区，杭集高新区获批国家级消费品标准化试点，扬州大学科技园获批国家大学科技园，北京机电所精密成形技术创新中心、国汽轻量化技术研究院等科创平台成功落地，全市创新生态指数在长三角41个城市中列第11位，在省内列第5位。

战略性新兴产业代表新一轮科技革命和产业变革的方向，是落实供给侧结构性改革、培育经济发展新动能、获取未来竞争新优势的关键领域。2021年底，扬州市政府办公室印发《扬州市“十四五”战略性新兴产业发展规划》（以下简称《规划》）。《规划》提出，到2025年，全市战略性新兴产业规模以上企业达到1500家；战略性新兴产业工业总产值占规模以上工业总产值比重达到42%左右；高端装备、智能及新能源汽车、航空产业三大地标产业规模占战略性新兴产业比重达到

50%以上。到2025年，打造高端装备、智能及新能源汽车2个千亿级产业集群；新能源、数字科技、新材料3个500亿级产业集群；生物医药、航空产业2个百亿级产业集群。《规划》还指出，“十四五”期间，扬州将立足全市资源禀赋特点，聚焦产业协同、创新融合、设施联通，加快打造“一核引领、两带联动”的空间格局，进一步明确各县（市、区）、功能区具体产业布局。“一核”即扬州战略性新兴产业创新发展核，“两带”即沿G328战略性新兴产业发展示范带、沿G2战略性新兴产业发展示范带。

四、淮安市战略性新兴产业

近年来，淮安市围绕创建国家创新型城市，深入实施创新驱动发展战略，不断强化企业创新平台建设，着力培育双创示范基地，壮大战略性新兴产业规模，各项工作取得了一定成效。累计建成国家和省级创新平台47个，争取国家先进制造业和省级战略性新兴产业等专项扶持资金超3亿元，创成省级双创示范基地2个，培育省战略性新兴产业类“双创团队”1个。

淮安市以半导体、信息终端及配套、软件与互联网三大特色产业集群为基础，淮安市新一代信息技术产业已经初具规模。2017年，全市新一代信息技术产业实现开票销售225亿元，2020年达到400亿元，年均增长21%。

近年来，新落户淮安的36个10亿元以上项目中，新兴产业项目22个，占比超过60%；智能制造项目30个，总投资666亿元；节能环保和新能源项目35个，总投资210亿元，各县区工业项目往“更大、更新、更绿”方向发展的趋势日渐明显。此外，淮安还对带动产业上下游配套发展有重要作用的“强链、补链、延链”型项目青睐有加，以填补现有产业链的空白，招引上下游项目，进而带动全产业链的发展。

近年淮安抢抓数字经济产业密集创新和高速增长战略机遇，坚持把制造业智能化改造和数字化转型作为推动产业转型升级、工业高质量发展的重要抓手，各项工作扎实推进，取得了阶段性的成果。基础设施是数字经济发展的基础，也是经济发展的新引擎、新动能。淮安累计开通5G基站6200多个，实现了主城区全覆盖、高铁机场景区等重点场景深度覆盖、部分重要镇街区域覆盖，满足企业用户、个人用户对于5G物联网、5G个人通信的相关需求。聚焦四大主导产业，淮安深入开展百亿企业培育、重大项目攻坚和“千企技改”工程，2021年实施“智改数转”项目300多项，被评为省级督查激励事项——制造业“智改数转”成效明显地区。同时，淮安加快实施“智改数转”应用升级工程，推进互联网、大数据、人工智能和实体经济深度融合。

五、芜湖市战略性新兴产业

2021年1—10月，芜湖市战略性新兴产业、高新技术产业等继续保持强劲增长态势。战略性新兴产业增加值同比增长30%，高于规模以上工业增加值13.8个百分点，拉动全市规模以上工业增加值增长9.1个百分点。高新技术产业增加值增长24%，高于规模以上工业增加值7.8个百分点，高于安徽全省4.6个百分点，居全省第4位，保持2021年以来最好位次，拉动全市规模以上工业增加值增长11.8个百分点。

2019年，芜湖市城市创新能力居全国创新型城市第29位。2020年跃升4位，跻身25强。科技创新驱动力指数居长三角第6位，入选“科创中国”试点城市。2021年，芜湖市实现地区生产总值4303亿元，增长11.6%，增速居全省和长三角首位。战略性新兴产业产值增长36.4%，高新技术产业增加值增长21.3%。

2020年，为认真贯彻落实《安徽省人民政府关于加快建设战略性新兴产业集聚发展基地的意见》（皖政〔2015〕48号），芜湖市特制定了《芜湖市战略性新兴产业发展专项资金扶持政策》以支持芜湖市战略性新兴产业集聚发展基地（以下简称“基地”）建设，支持机器人及智能装备、现代农业机械、新能源汽车、航空、微电子及新认定的国家级、省级重大新兴产业基地（集群）升级，支持新型基础设施建设，加快建设以创新为引领的现代化产业体系。

航空航天产业是芜湖一个具有万亿级规模潜力的新兴产业。芜湖作为国家首批通用航空产业综合示范区，集聚规模以上企业 120 余家，涵盖了整机和无人机、航空发动机、螺旋桨、航电系统、航空部附件、临空经济、通航运营等产业板块，初步构建起特色鲜明、自主可控的航空产业链条，中电科钻石飞机出货量稳居全国第一。

同时，芜湖还是中国家电智能制造基地、国内一流的 3D 打印产业集聚区。微电子及第三代半导体产业加速成长，汇集启迪半导体、瑞迪微电子、天兵电子等企业，从材料到器件实现全线贯通，具备从材料、芯片到模块封装与测试的整体化解决能力。轨道交通装备产业龙头企业——中车浦镇阿尔斯通轨道交通产品走出国门。

六、滁州市战略性新兴产业

2021 年，滁州市高新技术产业增加值同比增长 18.4%，增加值占全市规模以上工业增加值的 52.7%；战略性新兴产业企业数达 450 家，产值累计增长 36.4%，产值总量占全部规模以上工业的比重为 43.4%。

2021 年，滁州市进一步加大高新技术产业投入力度，在全部新建项目中，新建高新技术产业项目占比在 40%以上，总投资额近 800 亿元。努力夯实创新基础，加快科技成果转化，加快培育新兴产业，光伏、半导体、智能家电、新能源电池等产业发展势头强劲。

滁州市优化创新生态，引导、鼓励企业建立科研、生产、市场相结合的科技成果转化运行机制，设立 2 亿元科技成果转化基金，目前累计投资 6 家企业、投资额 7250 万元；加快构建“创业投资+金融担保”科技金融服务体系，重点支持科技型中小企业转型升级，2021 年担保总额超 5 亿元。全市高新技术企业数达 794 家，位居安徽全省第三。

同时，滁州市与上海杨浦区政府签订协同创新合作协议，探索设立成果转化“双向飞地”，建立研发在杨浦、落地在滁州的合作模式；实施院士助滁行动及大院大所合作项目，已与 23 所知名高校建立合作关系，设立院士工作站 9 家，落户高层次人才团队 66 个。长光所滁州高端智能装备研究院、重庆科学技术研究院滁州分院、中关村协同发展创新中心等建成运营；加快推进贝克勒尔光伏研究院、南京大学新材料与能源技术研发中心等研发机构建设。连续两年在上海开展“揭榜挂帅”系列活动，发布企业关键核心技术需求，已有 43 项关键核心技术需求成功揭榜，金额超 1.2 亿元。

2020 年 12 月 29 日，中国共产党滁州市第六届委员会第十一次全体会议通过《中共滁州市委关于制定滁州市国民经济和社会发展第十四个五年规划和二〇三五年远景目标的建议》（简称《规划建议》）。《规划建议》提出，滁州要推进关键核心技术攻坚战。深度参与安徽科技创新攻坚力量体系建设，推进省科技重大专项、重大创新工程攻关等计划，加强战略性和基础性关键技术研发，鼓励实施前沿引领技术和基础研究专项、前瞻性产业技术创新专项，加大国家及省、市重大科技项目攻关，争取在先进装备、新型显示、集成电路、新材料、绿色能源、生物种业等领域一批“卡脖子”问题上作出积极贡献。大力发展战略性新兴产业。加快培育第三代半导体、量子信息、类脑芯片、下一代人工智能、靶向药物、免疫细胞治疗、干细胞治疗、基因检测等八大未来产业，布局区块链、氢能、石墨烯等前沿领域。推动互联网、物联网、大数据、人工智能、云计算、区块链同各产业深度融合，促进平台经济、共享经济健康发展。支持企业兼并重组，防止低水平重复建设。

七、马鞍山市战略性新兴产业

2021 年，马鞍山市新兴产业增势强劲。战略性新兴产业产值增长 35.1%，比全市规模以上工业总产值增幅高 6.4 个百分点；高新技术产业增加值增长 16.2%，比全市规模以上工业增加值增幅高 3.7 个百分点。5G 通信通讯、半导体、智能家电、新材料、高端数控机床、绿色食品等新兴产业正在马鞍山加快集聚；2021年一季度，全市战略性新兴产业产值同比增长47.8%，比全市规模以上工业总产值增速高11.1个百分点，八大战略性新兴产业全面增长。

马鞍山市经开区紧抓马鞍山城市轨道交通建设历史机遇，以轨道交通制造为基础，进一步提升“智能”水平，提升基地创新发展能力，推动基地实现高质量发展。马鞍山经开区先进轨道交通装备产业集聚发展基地（简称“马鞍山先进轨道交通装备产业基地”）是由安徽省政府于2015年9月份批准建设的首批14个战略性新兴产业集聚发展基地之一。在《关于省重大新兴产业基地2021年度考评结果的通报》中，马鞍山先进轨道交通装备产业基地被评为“A”级。2021年4月，蜂巢能源科技有限公司与马鞍山经开区签署合作协议，计划投资110亿元，建设新能源动力电池生产研发基地。项目建成达产后，预计可实现年产值约150亿元。

2020年以来，宝武马钢统筹推进以钢铁产业为基础，轨道交通、金属资源回收加工综合利用、冶金装备制造、设备远程运维、特种冶金材料、装配式建筑、矿产资源、长三角数据中心协同发展的“1+8”产业布局，全力打造“后劲十足大而强的新马钢”。以中国宝武重组马钢为契机，通过做大做强做优钢铁相关产业集群，聚力发展三大省级以上战略性新兴产业基地（集群），大力培育市级特色产业集群，加快形成规模体量大、专业化程度高、延伸配套性好、支撑带动力强的“1+3+*N*”产业集群（基地）。

同时，吉利汽车在马鞍山市投资200亿元，重点布局吉利新能源商用车运营总部及生产基地；奥克斯集团投资100亿元，布局全球最大生产基地；海底捞智慧工厂、蒙牛五期项目建设也在加快推进。

八、宣城市战略性新兴产业

2021年，宣城市战略性新兴产业产值、高新技术产业增加值占规模以上工业比重分别达47.2%（居安徽全省第4位）、57.5%（居全省第3位），较2012年分别提升33.9、26.2个百分点。

宣城市近年来聚力打造“四个特色之城”，把发展战略性新兴产业作为重要抓手，不断引进大项目、培育新企业、壮大新产业，集聚效应日益凸显，转型升级步伐大大加快。2021年，宣城市新材料产业实现产值350亿元，同比增长39.2%，占全市战略新兴产业比重30%，涌现出生信、瑞晶、杰蓝特等一批行业领军企业，新材料产业已成为宣城经济发展重要增长极。

为加快战略性新兴产业集聚发展，宣城市着力实施工业突破和转型升级，出台《战略性新兴产业集聚发展基地认定办法》，设立市战略性新兴产业集聚发展基地建设专项引导资金。同时建立市级战略性新兴产业集聚发展工程项目库，全力推进中鼎、益佳通、聚隆、保隆等一批基地核心企业的带动性、集聚性项目建设。截至2018年，纳入市战略性新兴产业项目库项目246个，2018年计划总投资182.65亿元。2018年4月，宣城市在全省率先出台《关于促进经济高质量发展的实施意见》，设立总规模50亿元的产业发展基金，其中20亿元战略性新兴产业集聚发展基地投资引导资金，支持省级宁国经开区核心基础零部件产业集聚发展基地和泾县高效节能电机等5个市级重大基地建设。

为推进工业加速迈向中高端，宣城市自2018年起着手实施“工业强市”等六大战略，全面实施中国制造2025宣城行动，以新型工业化为方向，构建“3+3”现代产业体系，即做大做强汽车及装备制造、新材料、食品医药三大主导产业，积极发展电子信息、节能环保和生产性服务业三大新兴产业和新型业态，不断推动战略性新兴产业加快向主导产业转变。一方面，大力实施“战略性新兴产业集聚发展工程”，力争用5年左右时间，战略性新兴产业企业数达500家，产值超千亿元基地1个、产值超500亿元基地3个至4个、产值超百亿元基地10个，产值占比达40%以上。另一方面，大力实施“百亿企业、千亿产业、千亿园区”工程，培育汽车及装备制造、新能源和新材料、食品医药和电子信息“3个千亿产业”，三大工业主导产业产值占比超过 70%。

近年来，宣城市宁国市经开区紧紧围绕“立足长三角，打造战略性新兴产业支撑基地”的发展定位，坚持规划引领，注重规模培育，突出“亩均效益”，通过聚力项目建设、双招双引、创新发展、要素破解等工作举措撬动基地产业提档升级，助力园区经济高质量发展。一是通过项目建设稳步推进。牢固树立“项目第一、项目为重、项目最急”的理念，创新体制机制，提升效率效能，推进项目建设。深化区域评估及“标准地”改革，缩短项目落地周期，强化成果运用，为企业减负。二是创新发展持续增强。不断优化科技创新平台建设布局，着力打造创新驱动发展引擎。基地省级及以上创新服务平台数量累计达 60 个，基地高新技术企业累计达 88 家；持续引导企业聚焦行业发展薄弱环节，加大技术研发投入和成果转化力度，不断提高企业自主创新能力，2021 年中鼎橡塑、中鼎密封件、保隆公司分别在 3 个项目上取得重大突破，填补了行业空白，解决了“卡脖子”关键核心技术。三是质量效益日益提升。坚持引导基地企业以质量为生命的价值导向，着力打造规范化、标准化、精细化、绿色化的生产经营模式，不断夯实企业品牌建设基础。2021 年，基地新增通过国家数字化转型新型能力 A 级评估企业 2 家，同时裕华电器和东方碾磨两家公司荣登 2021 年第三批国家专精特新“小巨人”企业榜单。

2021 年，宣州区战略性新兴产业产值增长 32%，两年平均增长 31. 1%，高新技术产业增加值增长 15%，两年平均增长 19. 8%。经开区高新产业增加值同比增长 19. 6%；战略性新兴产业产值同比增长 38. 3%。

九、溧阳市战略性新兴产业

“十三五”期间，溧阳市主动适应经济新常态，贯彻发展新理念，牢牢把握高质量发展要求，推动传统产业向先进制造经济进发，催生了以动力电池、智能电网、汽车及零部件和农牧与饲料机械等“四大重点产业”，构建了具有溧阳特色的产业体系，新兴产业比重不断加大。近年来，溧阳通过不断引入优质科创资源、布局创新链条、精准发力产业链、加快构建产业集群、营造一流创新生态等方式，推动创新链产业链融合发展，不断做大做强动力电池产业，以创新“金钥匙”打开高质量发展之“门”。溧阳动力电池产业由“零”起步，自 2016 年牵手宁德时代，布局落子首个动力电池项目以来，如今已集聚起 60 余个产业链上下游企业，覆盖除电池回收处理环节以外的全产业链，2021 年实现产业产值近 430 亿元，出货量占据江苏全省 50%、全国 20%，有望成为长三角地区规模最大、研发能力国内领先的千亿级动力电池产业基地。如今，溧阳已站上以新能源为代表的新兴产业风口，阔步迈向千亿级动力电池产业集群。

江苏卓高新材料科技有限公司主要从事中、高端锂电池用涂覆隔膜的研发、制造和销售，主要客户均为新能源业界领先企业，涂覆隔膜产品技术居于国内及国际领先水平。企业新建卓高新材料高安全性锂离子电池用功能涂层隔膜智能工厂项目，从事锂离子电池用功能涂层隔膜生产，已进入建筑工程阶段。企业充分发挥本地新能源产业集聚度高、发展迅速的优势，与产业链上下游企业开展更深合作，在激烈的竞争中掌握创新主动权、发展主动权，为实现“双碳”目标贡献力量。

十、金坛区战略性新兴产业

2021 年，金坛区实现地区生产总值 1101. 09 亿元，按不变价计算，同比增长 9. 5%，两年平均增长 7. 5%，年均增速位列常州市第一方阵。这是金坛区地区生产总值首次突破千亿元大关，实现历史性跨越，其中新兴产业支撑作用明显，高质量发展态势进一步显现。从产业分类看，2021 年，金坛区第一产业实现增加值 40. 63 亿元，同比增长 2. 6%；第二产业实现增加值 571. 57 亿元，同比增长 10. 3%；第三产业实现增加值 488. 89 亿元，同比增长 9. 2%。规模以上工业总产值 1489. 99 亿元，比上年增长 36. 2%，增速位居全市第一。从发展质量看，高新技术产业产值 827. 36 亿元，增长

31.4%，占规模以上工业总产值比重达55.5%；战略性新兴产业产值752.16亿元，增长42.7%，占规模以上工业总产值比重达50.5%，其中动力电池产业产值253.16亿元，增长246.6%，成为2021年金坛区工业经济高速发展的主要引擎。2021年，金坛累计签约引进项目87个，协议总投资额545.4亿元，其中外资项目8个，完成企业直接融资339亿元，江苏省独角兽企业蜂巢能源、中创新航双双获百亿级直融，接连刷新全省年度单笔最大融资纪录。此外，金坛还引进了北电爱思特、当升科技、恩捷股份、爱思开、贝特瑞等上下游关联企业。目前，全区新能源汽车产业链生产企业达110多家，已形成产业配套齐全、规模企业集聚的产业体系，有望成为金坛区首个千亿级产业。

2021年，金坛区完成高新技术企业认定106家、科技型中小企业认定202家；高新技术企业数量十年间增长7.6倍，近两年平均增幅34%。1—10月，认定国家科技型中小企业330家，同比增长63%；发明专利授权同比增长161%。2021年，全区新增发明授权402件，累计同比增加179.17%，增速位列常州第一；万人发明密度专利达24.52件。2021年，全区实现规模以上高新技术产业产值827.36亿元，是2012年的3.3倍；1—9月，新能源汽车、光伏、新一代信息技术产业总产值同比分别增加121.5%、26.5%、17.9%，“五新产业”成为全区科技研发投入和成果转化的主体。

常州斯威克新材料股份有限公司是一家专注于新材料研发、生产和销售的高新技术企业。近年来，公司加大研发力度，开发出一系列新品，与多家龙头光伏组件企业形成配套，产品市场占有率位居全球前列。公司2005年成立于深圳，2010年整体搬迁至江苏省常州市金坛区（常州基地），2020年底义乌基地投产。斯威克作为新材料行业的一体化解决方案的供应商，围绕客户的需求持续创新，与合作伙伴开放合作，并已发展为集研发、生产、销售于一体的综合性、创新性高新技术企业。斯威克经过十七年的深耕细作，在光伏封装材料领域和用于数码产品、新能源汽车等的电池软包封装材料领域均取得了优秀的成果。斯威克的核心产品包括抗PID EVA胶膜、白色EVA胶膜、共挤白色EVA胶膜、纯PO胶膜、共挤PO胶膜、反光贴膜、铝塑膜等一系列产品。其中光伏封装材料产品已经销往全球20多个国家和地区。

信维通信（江苏）有限公司专业从事射频新材料、无线充电材料及模组等研发及制造，拥有专利超百件。公司正利用厂区原有厂房投资建设毫米波天线模组项目，目前已完成中试线的搭建和部分生产线的建设。

第十一章　开发区发展

第一节　南京都市圈开发区发展情况

2021年，南京都市圈开发区经济发展情况良好，产值与2020年相比都有所增长。主要以增强产业集群竞争优势为导向，聚焦打造智能制造、新能源汽车、集成电路、生物医药等产业，优化调整都市圈内开发区、产业园区等优势产业平台，以产业链的延伸和融合，实现梯度升级的产业链协同发展之路，实现产业间的差异化的联动发展。充分利用都市圈各城市数字经济和制造业发展优势，充分发挥南京作为全国重要科技创新策源地作用和现代服务业的优势，协同推进都市圈的数字供应链建设，推动现代服务业与先进制造业深度融合，推动生产型制造向服务业制造转变，实现产业的高质量发展。

第二节　各市（区）开发区发展情况

一、南京市开发区发展

（一）全年财政收入完成情况

在经济增长、行业恢复、税收管理质效提升等有利因素带动下，2021年南京市开发区完成一般公共预算收入108.3亿元，增长11.4%。其中税收收入99.7亿元，占比92.1%；非税收入8.7亿元。完成政府性基金收入75.2亿元。其中国有土地使用权出让上级补助收入71.9亿元，占比95.6%；城市基础设施配套费收入3.3亿元，占比4.4%。

（二）全年财政支出完成情况

2021年，开发区完成一般公共预算支出33.6亿元。主要支出如下：城乡社区事务支出18.6亿元，占比55.4%；科学技术支出4.6亿元，占比13.7%；资源勘探信息等支出4.4亿元，占比13.1%；住房保障支出3.1亿元，占比9.2%；一般公共服务支出1.2亿元，占比3.6%；其他各项支出1.7亿元，占比5.0%。完成政府性基金支出74.8亿元。其中征地和拆迁补偿支出71.9亿元，占比96.1%；城市基础设施配套费支出2.9亿元，占比3.9%。

（三）收支平衡情况

一般公共预算：2021年，开发区一般公共预算当年体制分成财力为33.1亿元，加上结余结转0.1亿元、预算稳定调节基金4.5亿元、当年市转移支付指标3.6亿元，总财力为41.3亿元。一般公共预算支出为 33.6 亿元，财政结余结转为 7.7 亿元，其中市转移支付结转 0.1 亿元，安排预算稳定调节基金 7.6 亿元。

2021 年，南京市开发区政府性基金当年财力为 74.8 亿元。其中政府性基金转移性财力为 71.9 亿元，均为国有土地使用权出让收入；政府性基金本级财力为 2.9 亿元，均为城市基础设施配套费收入。政府性基金支出 74.8 亿元，收支相抵后，财政结余结转为 0。

（四）近五年发展情况

南京市第十四次党代会以来的五年，是南京经开区稳步提升的五年。产业发达、科创领先、兴业宜居，一座现代化产业新城正在崛起。地区生产总值超过 1200 亿元，经济规模实现倍增；争先进位再创新高，挺进国家级经开区前九；“工业经济主阵地”地位更加夯实，新型显示产值过千亿，6 家装备制造企业入围国家“单项冠军”，生物医药产值规模占全市四分之一，新能源汽车入围全市四大产业基地等。

二、镇江市开发区发展

镇江新区（镇江经济技术开发区）是国家级经济技术开发区，地处长三角都市圈重要城市镇江市的东郊，古称“宜”地，具有 3000 余年历史，区位优势明显，文化底蕴深厚，经济发展快速。是镇江“一体、两翼、三带、多片区”总体布局中的“东翼产业协同发展区”。它源于 1990 年 11 月 15 日成立的镇江市丁卯桥工业区。1992 年 5 月 24 日，镇江市丁卯桥工业区更名为镇江经济技术开发区。1992 年 9 月 24 日，成立镇江经济技术开发区大港地区。1993 年 10 月 16 日，设立江苏省镇江经济开发区，为省级开发区。该区由丁卯开发区和大港开发区两部分组成。1993 年 12 月 8 日，原镇江经济开发区（丁卯区）定名为“江苏省镇江经济开发区”，原镇江经济开发区（大港区）定名为“江苏省镇江经济开发区（大港区）”。1998 年 2 月 25 日，以大港、丁卯、化工三个片区为基础，建立镇江新区。1998 年 5 月 15 日，撤销镇江经济技术开发区、镇江经济技术开发区大港地区、镇江市沿江化工建设办公室，重新组建江苏省镇江经济开发区与镇江新区。2010 年 4 月，镇江新区升格为国家级经济技术开发区，下辖丁卯、大港 2 个街道和丁岗、大路、姚桥 3 镇，总面积 223 平方千米，城市建成区面积 59.6 平方千米，截至 2020 年末，镇江新区常住人口 26.4 万人。镇江新区政府驻地在镇江大港金港大道 98 号。

镇江新区产城融合，配套齐全，经济发达。2010 年升格为国家级开发区以来，坚持“实体为本、制造为魂”，聚焦新能源、新材料、航空航天、再生医学四大支柱性产业，配套四个产业园区、一个省级特色小镇和一个综合保税区。其中，新能源产业园是国内为数不多的国家级“新能源+分布式光伏”叠加示范区；新材料产业园为国家级新兴产业示范区，跻身中国化工园区 30 强；航空航天产业园是江苏省首个国家级航空产业示范基地；镇江再生医学小镇已创成江苏省第二批省级特色小镇。镇江新区注重发挥龙头企业的示范引领效应，全力培育“5311”千亿产业集群；注重追求双生融合，做优做强青创家园品质生活圈、城市公园文旅生活圈、滨江田园休闲生活圈“三圈三园”建设。2021 年，镇江新区地区生产总值增长 10.9%；工业应税销售实现 1104 亿元，增长 27%；规模以上工业增加值增长 13%；一般公共预算税收收入增长 9.4%，税占比提高 6.7 个百分点；进出口总额增长 11.4%；社会消费品零售总额增长 16.5%。

镇江新区区位优越，交通便捷，铁路、公路、水运、航空四通八达，立体化交通网络凸显。镇江新区地处长江和京杭大运河十字交汇处，因港而生，岸线资源优越，长江在镇江新区境内折而向北，大港片区沿江岸线长达 35.9 千米，良好的天然深水岸线达 17 千米，海拔 9~10.55 米（吴淞标高）。其中沿长江主航道岸线长 11.6 千米，夹江岸线长 24.3 千米。作为国家一类开放口岸、长江第三大港口、上海国际航运中心组合港，大港港区一、二期已建成 2.5 万吨级深水泊位 15 个，已实现与全球72个国家和地区的288个港口通航。镇江新区交通优势明显，有三大机场环绕、三条高速串联、铁路穿境而过，润扬长江大桥、五峰山长江大桥、镇江—泰州长江大桥三座大桥飞架南北、横卧长江，成为“立足苏南、辐射全国的立体式区域物流集散地”。镇江新区比邻上海都市圈，为南京都市圈的核心城市，作为长三角一体化、长江经济带战略核心区域，经济辐射效应显著，已有超过30家世界500强企业等国际知名企业，以及10余家中央企业在此落户。

镇江新区资源丰富，发展成本比较优势显著。新区生态资源优良，分布有大小山体10余座，包括圌山、青龙山、荞麦山、横山、烟墩山、银山等，山体面积达1300公顷。圌山植被状况良好，林相丰富，森林覆盖率27.4%，物种多样性丰富。区内现有存量可建设用地近万亩，最大连片地块面积达千亩，有七通一平的土地配套设施，可实现企业的快速进驻。新区成本优势明显，平均总建设、物流、人力、生活等各项成本，均低于周边苏南其他地区。新区坐拥高校资源，有8所高校、29所职业技术院校，平均每年产业人口导入超1万人，为企业发展提供保障。新区注重用政策吸引人才，用环境留住人才，正全力打造苏南地区人才高地。

镇江新区致力于打造方便快捷高效的服务高地。新区创新高效政务服务，努力实现“审批事项最少、办事效率最高、创新创业活力最强”目标。整合内部力量，实施6项区域评估共享，试点“拿地即开工”审批；“签约后即开办”，容缺预审、“限时联合验收”，“全链通”审批模式，实现从项目申请至正式开工建设，只需45天时间的“新区速度”；创新集成管理，提供24小时自助政务服务，企业一键诉求，网格员立即受理、一网通办，不见面审批事项占比超80%，让企业家安心经营，放心投资，舒心成长。镇江新区近10年来，吸引外资累计超过了100亿美元。

2021年，镇江新区实现地区生产总值可比价增长10.9%，固定资产投资增长18.1%，进出口总额增长11.4%，制造业外资增长8%（表7-11-1）。

表7-11-1　2021年镇江新区主要经济指标

指标	单位	2021年1—12月	
		累计	同比/%
一般公共预算收入	亿元	52.8	0.6
税占比	%	83.3	—
工业应税销售	亿元	1104.0	9.8
社会消费品零售总额	亿元	138.0	16.5
实际利用外资	万美元	28704.0	—
进出口总额	亿元	274.8	11.4
其中：进口	亿元	146.8	—
其中：出口	亿元	128.0	—

镇江新区认真贯彻落实党中央和省、市各项决策部署，聚焦“三高一争”奋斗目标，践行产业强市“一号战略”，在“四个排头兵”要求引领下，奋力打好提升产业能级、建强战略载体、紧抓“双碳”落地、推动共同富裕、统筹发展和安全“五大关键战”，全力推动经济社会各项事业平稳较快发展。

一是重大项目加速落地。立足新区实际，重点招引竞争性强、成长性好、综合效益高的优质项目，蓬勃生物、联博等一批项目签约落户。以项目服务网格推进重大项目建设，固定资产投资增幅和产业类投资、制造业投资、高新技术投资等指标保持全市前列。

二是产业转型脚步不停。紧抓“双碳”落地，推动企业技改升级，实施绿色改造项目27个，新增省级绿色工厂2家、市级绿色工厂4家，单位生产总值能耗下降率持续稳定在绿色区间；推进制造业数字化转型，新增省星级上云企业14家、省示范智能车间5家；成立心湖人才共享社区建设发展工作领导小组，深入调研周边产业、人才、载体发展需求，专题研讨拟定规划建设初步方案，着力打造辐射带动全区产业升级的重点片区。

三是创新要素加速集聚。聚焦科技创新与人才“两大高地”建设，放大产业集聚效应，招引落户科技类、孵化类项目，入选1个省级双创团队、5名省级双创个人、59名省级科技副总、12名市“金山英才”创新创业个人，62名市“169”人才；科技创新实力稳步提升，认定国家科技型中小企业385家、高新技术企业67家，新增省企业技术中心2个、市企业技术中心21个。

四是机制创新持续深化。创新推广“企业安全风险点管控责任手册”机制，形成企业层层分解、部门合力推进、领导责任明晰的风险管控和安全管理体系；数字融合打造现代化集成管理机制，在全市率先推行“项目网格”“一窗通办”“一网通办”改革，全力打造优化营商环境特色品牌；全面启动实施国企改革“三年行动”，推动国企优化资源配置、提升管理效能、做强主责主业。

三、扬州市开发区发展

扬州市经开区发布2021年成绩单，地区生产总值达658.5亿元，增长9.8%，分别高于国家、省、市1.7、1.2和2.4个百分点，一、二、三产增加值占比为0.2：59.7：40.1。经开区经济发展动力强、韧性足的特征持续显现，离不开经开区“点、线、面”结合，厚植产业根基和培强产业优势的全速出击。

从点开始，个体培育提质增效。全年新增规模以上工业、限上批零住餐、规模以上服务业、有资质建筑业房地产的“四上”企业147家，超额完成指标。中航宝胜海洋工程电缆、中集通华、赛夫华兰德、李尔汽车内饰、璨扬光电5家企业获批江苏省智能制造示范车间，截至2021年12月扬州经开区拥有省级智能车间20家，新获批数和总数均居全市首位。2021年获批国家科技型中小企业91家、省级研发机构5家，企业创新驱动与产业之间缔结越发紧密。海信、永丰余、中集通华获评省级绿色工厂，扬州美德莱医疗用品入选国家级专精特新“小巨人”企业，永道射频、惠通科技入选省级专精特新“小巨人”企业。

由线展开，产业集聚串珠成链。扬州经开区举行产业发展白皮书新闻发布会，聚焦打造“3+4+1”现代产业体系，即“绿色光电、汽车零部件、高档轻工”三大主导产业，“新能源、新一代信息技术、新材料、高端装备制造”四大新兴产业，以及现代服务业。高起点谋划组建汽车零部件产业园、绿色光电产业园、高档轻工产业园、新能源产业园、港口物流产业园、朴席智能制造产业园，挖掘现有龙头骨干企业发展潜力，吸引集聚更多上下游企业、关联配套项目，建设“园中园”，集聚产业特色，打造特色产业。

点线结合，造就了平面的构成。2021年，扬州经开区主导产业产值突破608亿元，战略性新兴产业产值和高新技术产业产值占比分别达到32%和62.6%左右；规模以上工业增加值增长16.6%，位居全市第一；固定资产投资完成188亿元，增长8.8%，增幅排名全市第三。高科技制造业、装备制造业、高技术服务业等领域生产和投资增速保持高水平，数字经济、绿色经济成为园区经济新动能。

2021年，扬州市经开区出台工业企业培大育强“211”五年行动计划、推动中小企业高质量发展政策意见、先进制造业招大引强扶持政策意见等多个产业发展政策，培育更优、更美产业生态环境，打造招商的热土、项目的高地、产业的平台、安商的家园。

四、淮安市开发区发展

2021年，淮安市经开区不等不靠，紧紧围绕市委、市政府的中心工作，攻坚克难、固优补短，各项工作显著提升，先后实现了开票超百亿企业零突破、企业上市零突破，全年实际利用外资达3.5亿美元。

2021年，经开区新获批省级企业工程技术研究中心6家、科技型中小企业入库260家，高新技术产业产值占规模以上工业产值比重达60%；2021年全年实施投资超3000万元以上重点技改项目9个，1—10月已完成投入14.89亿元，同比增长12.9%。“传统产业提升地、新型工业集群地、科技创新新高地”正在经开区逐渐形成。

经开区以打造“营商环境示范区”为目标，不断推出“硬核”举措：平台搭建上，坚持走集约高效之路，统筹推进PCB（印制电路板）产业园、智能制造产业园等建设，实现入园企业就地配套、优势互补，构筑项目集聚“强磁场”；政策扶持上，坚持以企业需求为导向，在企业更加可知可感的减税降费、产业基金等领域，拿出更多精准解渴的“干货”“硬招”，有效激发企业发展动力、创新活力；要素保障上，突出有保有压，对于符合产业规划的重特大项目，在环境容量、电力扩容、土地指标等资源要素分配上给予支持，提升要素资源的保供稳定和利用率；配套完善上，有效打造外贸公共服务平台、铸造中心、跨境电商综合试验区等关键性功能设施，积极引入周边高水平教育、医疗资源，提升园区吸引力、承载力。

此外，经开区在淮安市率先建立经济网格化服务体系，有效整合行政资源，为企业提供“全生命周期”服务。探索“共享员工”“速易贷”等创新举措，持续加大“放管服”、（产业工人队伍建设改革）力度，实现信息共享、资源共融，真正打通服务企业“最后一公里”。2021年以来，经开区已累计兑现各类奖励资金3485万元，通过区内金融控股平台累计为企业提供各类杠杆金融支持36.99亿元，为产业发展源源不断注入新动力。

五、芜湖市开发区发展

2021年，芜湖市开发区实现地区生产总值同比增长13.0%，规模以上工业产值同比增长29.0%，规模以上工业增加值同比增长17.1%，战略性新兴产业产值同比增长28.7%，高新技术产业增加值同比增长21.5%，社会消费品零售总额同比增长31.7%，批发业销售额同比增长29.0%，住宿业销售额同比增长30.0%，餐饮业销售额同比增长30.0%，进出口总额同比增长36.0%，固定资产投资同比增长21%。

2021年4月，获批芜湖经开化工园区；6月，获批“十四五”首批省级先进制造业和现代服务业融合发展试点区域；7月，成功筹建“维达智谷”；2021年获批国家级工业互联网+园区试点示范。

（一）高位推进“双招双引”，系统推动产业集聚发展

2021年以来，新开工亿元以上项目70个。其中5亿元以上项目8个，计划总投资258.6亿元；新签约亿元以上项目29个，总投资378.7亿元，其中10亿元以上重大项目6个，总投资321亿元；在谈重点项目55个，总投资超700亿元。总投资130亿元的奇瑞未来一工厂及发动机项目、总投资100亿元的信义江北光伏组件盖板项目、总投资50亿元的芜湖美的厨热智能家电产业园项目实现当年签约、当年开工。总投资150亿元的海创磷酸铁锂项目已经签约；总投资100亿元的道氏技术年产10万吨动力电池材料三元前驱体、总投资150亿元的莱宝高科第8.6代新型半导体显示器件等在谈项目推进签约。信义六期项目、长信科技年产1100万片高端触控显示模组及器件、人本集团轴承系列、方不圆智能装备制造、杭锅集团新能源环保装备研发制造基地等一批重大项目如期投产。

全面推动产业升级。围绕经开区“3+5”产业体系，制定扶持产业发展“1+2+7”系列政策，实施现代服务业及总部经济政策，推进重点技改项目双百工程，实施10亿元—20亿元—50亿元—100亿元以上和上市企业培育计划，打造具有核心竞争力、高成长的创新型企业。奇瑞汽车成为中国品牌乘用车第一个年出口超20万辆的车企，入选全国企业科技创新500强第21位。新增3家建

筑业企业，2021年经开区建筑业产值为11.4亿元，同比增长41%。倾力打造"维达智谷"，举办中国（芜湖）智能制造大会暨维达智谷揭牌活动，现场与联想、信通院、美云智数等首批10家国内知名工业互联网领域头部企业正式签约。2020年9月，瑞鹄模具在深交所成功上市，2021年5月，富春染织在上交所成功上市，目前正梯次培育映日科技、宏景电子、德仓光电、森思泰克等11家企业，力争"十四五"末上市。

（二）对标一流开发区建设，打造最优营商环境

精准高效做好企业服务。建立健全企业联系服务机制，将"四上"和战略性新兴产业、科技创新型等292家重点企业分为9个板块，实行三级联动工作机制，由党工委、管委会负责同志分别牵头包保，部门负责人日常走访，科级干部具体联系，128名干部与企业建立无间隙、无障碍、全天候对接跟踪服务，帮助企业协调解决各类问题和困难。

广泛激发创新创业活力。以创新驱动为战略，推动企业自主创新能力提升，大力发展高新技术企业，截至2021年底共有高新技术企业231家。持续搭建科技成果转化平台，鼓励企业通过产学研用等方式打造开放式研发平台，截至2021年底共拥有省级以上研发平台118家，其中国家级研发平台17家。有效发明专利拥有量6314件，万人有效发明专利拥有量达547.14件。

六、马鞍山市开发区发展

2021年，马鞍山市开发区实现同口径工业总产值650亿元，增幅12.1%；规模以上工业增幅13%；战略性新兴产业产值245亿元，增幅18%；固定资产投资156亿元，增幅8.7%；实际利用外资5.32亿美元，省外亿元以上项目到资188亿元；新增规模以上工业企业24家。

（一）坚持推进招大引强

编制"千亿级园区三年行动计划"，推行链长制招商机制。蒙牛集团与马鞍山市签订"双百亿基地"战略合作协议，吉利集团与华菱星马重组成立汉马科技，海底捞新增的智慧工厂、方便速食项目先后落地，经开区产业发展质量不断提升，三大主导产业产值总占比超93%。2021年以来新引进项目33个，其中投资110亿元的蜂巢动力电池项目、投资60亿元的格力产业园项目已正式落地，恩倍力抓斗抓具、汇源食品包装等20亿元以上项目正加紧建设；另有长城汽车核心零部件、卫龙食品、一重高端制造基地等20余个优质项目正紧密跟踪洽谈。

（二）聚力加快一体化发展

围绕三大主导产业，依托礼森（中国）智库、亚洲经济发展协会等平台资源，积极承接长三角产业转移，2021年以来引进长三角项目20个，占新引进项目总数的61%。马鞍山青浦工业园纳入全省首批省际产业合作园区，2021年3月签署合作共建协议，现已落户长材智能制造、御流智能包装、海底捞智慧工厂等项目9个，用地798亩，总投资89亿元。

（三）全面加快项目建设

出台《工业项目"标准地"改革工作实施意见》，建立"标准地"项目全周期闭环服务监管机制，2021年以来"标准地"出让13宗、1431.1亩，"标准地"项目建设周期较以往可缩短4~6个月。2021年新开工项目60个，竣工项目39个，其中：2020年10月底开工的蒙牛鲜奶项目于5月28日正式投产；2021年2月签约的蜂巢动力电池项目4月28日1GWH产线圆柱电池电芯产品下线，12月16日3GWH产线无钴电池和HEV电池产品下线；2021年7月22日签约的格力产业园项目即将于2022年1月开工。

（四）有效激发创新动能

以"招大引强"带动"招才引智"，以亩均效益评价倒逼"腾笼换鸟"、技改创新。颐海国际科技研发中心正式签约，格力"双碳"空调长三角

研究中心正在洽谈，以东科半导体为主体的马鞍山集成电路重点实验室已投入使用，北京交通大学三角研究院轨交分院正在加紧建设，上海交通大学金属基复合材料产业研究院、国家重点实验室轨交材料中心已全部建成，与安徽工业大学合作共建的大学科技园已启动建设；新引进各类高层次人才900余人，经开区人才公寓一期建成投入使用。

（五）加速推动产城融合

编制《金山产业（高铁）新城开发推进方案》，依托马鞍山高铁南站和宁马城际铁路，遵循TOD（Transit Oriented Development，交通引导开发）路径，采用“公共交通+”建设模式，以涉铁工程规划建设和环境综合整治为重点，按照“一年基础先行、三年初现雏形、五年展现风貌”的分步计划，全面启动金山产业（高铁）新城建设。

（六）持续优化营商环境

对标“杭嘉湖”营商环境标准，常态化推进“四送一服”，深化“放管服”“标准地”改革，全面推行“容缺受理+承诺办理”，互联网+政务平台入驻事项和一网通办率100%。领导班子定期走访、现场调度，帮助企业和项目解决实际困难90余个，以优质高效的服务保障园区企业和项目高质量发展。

七、滁州市开发区发展

2021年，滁州市经开区认真贯彻落实市委、市政府各项决策部署，聚焦“5688”奋斗目标和“五五”愿景，贯彻新发展理念，推动产业高质量发展，强化政策激励与科技创新，推动产业转型升级，工业经济提质增效迈上新台阶。园区规模以上工业企业总产值首次突破千亿元大关，同比增长25.6%，顺利实现“十四五”开局全年总体目标。

2021年受国内外疫情和宏观经济整体下行因素影响，企业普遍运行压力较大。为提高企业生产积极性，促进企业健康发展，滁州经开区加大政策扶持、激励力度，最大限度提振企业信心。集中力量支持优势产业、重点企业发展，推动形成市场竞争力强、辐射带动作用大的产业链和产业集群。其中，智能家电和电子信息、汽车及先进装备、绿色食品及农副产品深加工、新能源与新材料等主导产业产值均实现20%以上增长，为园区工业经济高质量发展提供有力支撑。同时，园区重点企业惠科光电实现15条生产线满负荷生产，全年产值首次突破百亿元；隆基乐叶、东方日升等光伏龙头企业，拉动福斯特胶膜、瑞达边框等关联企业纷纷落户园区，形成新的经济增长点；立讯精密、金锋馥输送机械、养元饮品、博西华电器、兴邦彩纤等骨干企业均实现同比增长20%以上，为园区工业经济发展作出突出贡献。据统计，2021年园区产值亿元以上工业企业达68家，其中10亿元以上企业15家，百亿元企业4家。

下一步，经开区将认真落实中央、省、市各项决策部署，全面落实《关于推进高质量发展的实施意见》，树牢“慢进是退、不进更是退”的紧迫感，锚定“5211”目标，助推园区实现高质量发展。

八、宣城市开发区发展

2021年1—11月，宣城市开发区规模以上工业增加值同比增长19.4%，一般公共预算收入同比增长18.2%，高新技术产业增加值同比增长19.6%；战略性新兴产业产值同比增长38.3%；固定资产投资同比增长12.6%，其中工业固定资产投资同比增长25.3%，技改投资同比增长34.7%。主要指标增速位居全市前列。一般公共预算收入同比增长15%以上；规模以上工业增加值增长16%以上；高新技术产业增加值增长20%左右；战略性新兴产业产值增长30%左右；固定资产投资增长10%以上。

（一）狠抓“双招双引”，产业集聚更加凸显

注重体量“抓大”。新签约项目96个（备案23个），协议引资270.1亿元，其中亿元以上项目

55个，5亿~10亿元项目6个，10亿元以上项目5个。总投资90亿元的华晟新能源10GW高效硅异质结项目、总投资20亿元的大巨龙环保装饰项目、总投资15.28亿元的铭博汽车产业园为经开区产业发展注入强劲动力。聚焦产业“强链”方面，强化产业链招商思维，围绕特色主导产业成立5个产业招商组，精准出击、靶向发力，重点做好产业关联度高、投资强度高、产出效益高项目引进，2021年新引进的96个项目主导产业契合率达到93.8%。突出创新“引才”方面，做到招商与“招才”并举，引资与“引智”并重，制定并落实人才发展重大战略，引进沪苏浙籍博士及副高级以上高层次人才20余人，留学归国人员1人，外籍专家2人。在推进光伏产业园项目建设中，成立先进光伏研究院，持续吸引和凝聚光伏技术顶尖人才逾260人，为打造成光伏行业新高地打下重要人才基础。

（二）狠抓项目建设，发展后劲持续增强

全力克服疫情雨情影响，实施“四抓四到位”推进项目建设。新开工项目60个，其中亿元以上项目50个；新竣工投产项目39个，其中亿元以上项目31个。对于新签约项目，无缝跟进衔接，明确各环节节点目标，推动尽快开工；对64个在建项目全部倒排工期，挂图作业、攻坚推进，协调解决矛盾问题110余件次，徽铝铝业退城进园、金绅士项目处置、仁和时代广场项目办证难等一批历史遗留问题得到化解。持续完善水电等生产配套，加快推进大豪水厂、增量配网一期项目建设。高效推进土地房屋征收，完成11个项目土地房屋征收任务，征收房屋9.26万平方米、土地1019.59亩。全力保障重大项目用地，新增工业建设用地1506亩。抓平台，促进落地再便捷。针对项目落地难问题，启动7.9平方千米长三角一体化产城融合、绿色低碳示范区建设，全力加快小微产业园、宇航智能产业园建设，积极引导中小型企业签约入驻标准化厂房，小微产业园入驻火爆、一房难求。

（三）狠抓精准帮扶，助力企业加快发展

实施政策扶持“组合拳”，全力支持企业发展，1—11月完成规模以上工业产值130.6亿元，同比增长29.2%（2020年全年规模以上工业总产值为109.3亿元，同比增长14.7%）。一是真金白银破解“融资难”。实施企业ABCD综合评价，为企业科学把脉、智能诊断，出台《宣城经开区工业企业“小升规”三年（2021—2023年）行动计划》《宣城经开区工业企业“培大育强”三年（2021—2023年）行动计划》等产业培育政策，差异化配置政策和要素资源，遴选第一批“培大育强”10家，“小升规”26家，给予更加精准和更大力度的政策支持。组建政策兑现办，实现政策兑现一门受理、一个口径，提升兑现效率，兑现各类奖补资金1.7亿元。创新推出“免申即享”兑现方式，为109家企业兑现811万元奖补。继续发挥应对疫情风险代偿资金池作用，协调商业银行开展“入园贷”“云税贷”“总对总”“科技贷”等贷款业务，抓好“政银担”“税融通”等担保服务，新增担保贷款2.18亿元，减免担保费用84.3万元。二是真情帮扶破解“发展难”。持续推动“四送一服”向纵深开展，实施“雇员联系企业”，常态化入企宣传、收集解决困难，协调解决联合飞彩车辆停放难、五行动力融资难等较为突出问题60余个。针对产业上下游信息不对称问题，积极发挥协调作用，促进企业间配套协作、融合发展，18家企业新达成了上下游配套合作。三是真招实策破解“用工难”。将招工与招商摆在同等重要位置，加强劳动力信息数据采集，建立企业用工总量、缺工数量和岗位要求数据库，出台《企业用工奖励补助暂行办法》，采用多种招工方式精准做好对接服务，召开企业用工座谈6次，组织线上线下招聘会19场，进厂直播招聘2场，共计为企业解决用工3500余人。

（四）狠抓民生福祉，保障和谐稳定发展

一是加大民生投入。巩固拓展脱贫攻坚成果同乡村振兴有效衔接，安排民生工程建设类项目

预算3464万元，较上年增长10.2%，实施82项民生工程建设项目，已完工76项，投入3500万元实施莲花塘小区片区、石板桥小区片区老旧小区改造。为4156名失地农民办理职工基本养老保险手续。继续做好定点帮扶泾县花林村、建设村工作。

二是完善公共服务。持续推进教育卫生领域配套建设，宛陵湖小学主体工程竣工验收，金坝中学报告厅和宿舍完成维修。飞彩街道团山社区市级示范社区养老服务中心正式运营。

九、溧阳市开发区发展

2021年，溧阳市开发区新能源汽车产业产值开票达300亿元，同比增长20%以上；智能家居产业产值开票达140亿元，同比增长25%以上；智能制造装备产业产值开票达100亿元，同比增长25%以上；新医药与生命健康产业产值开票达70亿元，同比增长25%以上。新增1亿元企业14家、5亿元企业3家、10亿元企业4家、20亿元企业1家、50亿元企业3家，重点培育一批高水平的科技型孵化企业及优质中小企业，进一步释放市场创新主体活力，做大做强新能源汽车、智能家居、新医药与生命健康、智能装备制造产业链条，提升核心竞争力。

持之以恒推进“雏鹰”“凤凰”“鲲鹏”三大行动计划。一是在规模以上、“独角兽”及“瞪羚”企业“雏鹰”提升行动方面：培育中小微企业向规模以上、“独角兽”及“瞪羚”发展，确保2022年新增规模以上工业企业不少于44家；培育“独角兽”“瞪羚”企业18家（含复评）。二是在上市企业“凤凰”提升行动方面：建立区内高成长企业的培育库，以科创板、创业板、新三板精选层上市为突破方向，聘请第三方证券服务机构加强指导，培育上市企业不少于5家。三是在总部企业“鲲鹏”提升行动方面：积极引导本地有实力的企业嫁接市外优质资源，以区域型、功能型、成长型总部企业为重点培育方向，分层分级为高成长及龙头型企业提供政策支持，全年力争创成3家以上。

以智能化、高端化、集群化为导向，高质量推动互联网、大数据深度融入制造业，鼓励企业实施内网改造、工业互联网进车间、融入行业互联网平台，推进“互联网+生产”深度融合，推进企业智能化改造50个，培育工业互联网平台或互联网标杆工厂3家，培育智能车间、工厂5家；培育省级以上专精特新、“小巨人”企业5家；强化政策的扶持力度，推动企业加大研发力度，新增市级以上“三站三中心”20家；以龙头企业、高成长企业为引领，助力企业数字化改造，聚集带动一批特色数字产业的集聚，加快应用场景和创新产品的拓展推广，形成具有国内国际竞争力、自主可控的智能产业集群，开发区争创省级数字化园区。

十、金坛区开发区发展

2021年，金坛区经济指标稳中向好。在疫情防控、能耗“双控”的多重因素影响下，经开区经济发展保持良好的运行趋势。1—12月，园区工业开票销售收入累计完成806亿元，工业实际投入累计完成121.7亿元，一般公共预算收入累计完成16.36亿元；园区综合实力不断提升，2021年，金坛经开区实现工业开票销售收入806亿元，在省级经济开发区高质量发展综合考核评价中位列第一方阵。

项目引进连续突破。聚焦“五新产业”“五型经济”，瞄准补链、强链、扩链开展精准招商。1—12月，共签约22个项目，协议投资总额220.125亿元。内资项目13个，协议投资总额144亿元；外资项目9个，协议投资总额11.7亿美元；签约项目中“五新产业”占比达98.6%。重大项目引进方面，完成50亿元以上项目1个，30亿元或3亿美元以上项目3个。

项目建设有序推进。截至2021年底，2020年签约的52个项目中，达区委开工标准项目45个，开工率86.5%；2021年以来新签约的22个项目中，达区委开工标准项目8个，当年签约当年开工率为36.36%。

园区坚持发挥创新驱动力，通过组织集中培训、定期上门指导等形式营造浓厚氛围，助力企业提升自身“硬核”实力。2021年以来，园区新增授权发明专利112件，鹿山新材料获评省知识产权战略推进计划项目，16家企业的30款产品获评常州市高新技术产品。蜂巢能源和埃马克获批省级工程技术研究中心，江苏索尔思等9家企业获批市级工程技术研究中心，亿晶、蜂巢、中盐成为华罗庚创新中心成员单位。

人才是第一资源，2021年以来，经开区坚持用“产业”聚“人才”，以“人才”兴“产业”，年内开展高层次人才摸排走访企业1000余家，收集整理高层次人才信息488条，其中入选龙城英才项目创业类人才11名，入选“龙城英才计划”顶尖人才1名、创新类人才1名，培养高技能人才286人，有效发挥产才融合的乘数效应。

同时，经开区加速平台建设、加大能级提升，致力于打造既可“抱团取暖”、也可“施展拳脚”的科创平台。推进国际工业城B区、C区和中国（常州）德国中心孵化中心等3个创新平台载体建设，其中，中国（常州）德国中心二期孵化中心已于2021年8月竣工，国际工业城B区已完成方案设计，正开展招商和招投标工作，国际工业城C区已完成施工图设计和招投标工作，为有效集聚创新资源提供平台支持。

此外，加大对德招商力度，加快打造形成德资企业集聚区。截至2021年底，中德（常州）创新产业园已集聚胜伟策、莱克勒、晟达、速德等46家德资企业，总投资额超过13亿欧元，涉及汽车零部件、装备制造、高端医疗器械等领域，与产业园核心产业和发展方向高度契合、同向而行。

积极申报并推进中德城镇节能示范项目建设，与德国国际合作机构（GIZ）、中节能咨询有限公司、德国能源署（DENA）签订谅解备忘录，明确合作实施示范项目，并就合作模式、合作期限等方面达成共识。与德国能源署、德国国际合作机构、中节能多次磋商，将金沙·紫东公寓4号楼、国际工业城C区5号厂房及中国（常州）德国中心1号楼作为中德城镇节能示范项目分期实施。邀请德国能源署节能设计领域的国内外专家作线上建筑节能设计培训，德国手工业行会（HWK）与金坛中专联合开办中德国际班，启动建设中德高技能人才培训认证基地、中德高技能人才交流中心为企业储备人才资源。2021年，中德（常州）创新产业园成功获批江苏自贸试验区联动创新发展区，并入选国家级中德智能制造合作方向12个试点示范。

第十二章　合作发展

第一节　南京都市圈合作发展情况

南京都市圈地处长江下游，横跨江苏、安徽两省，是连通东部中部两大板块、衔接长江淮河两大流域的枢纽区域，在长三角一体化发展乃至全国区域发展格局中具有重要的战略地位。2021年3月22日印发的《南京都市圈发展规划》中提出开放合作的重点是全方位服务国家重大战略实施，共建一批高水平开放平台和营商环境高地，合力打造“开放都市圈”。江苏和安徽省级层面就体制机制建设、重大政策制定、重大项目推进等，全方位、深层次支持这一跨省都市圈建设。据南京市发改委介绍，省际层面，不断推进宁滁结对合作帮扶，在顶山—汊河、浦口—南谯、江宁—博望等苏皖两省毗邻地区，推动跨界地区深度合作，宁博创智谷、南浦合作产业园等省际合作园区正在加快建设。在江苏省内，加快建设宁淮智能制造产业园；南京与镇江协同编制G312产业创新走廊发展规划，南京与扬州积极推动G328科创走廊前期研究，这两大新的科创走廊均已列入长三角创新主通道——沪宁产业创新带的范畴。

第二节　各市（区）合作发展情况

一、南京市合作发展

2021年2月，国家发改委正式复函同意《南京都市圈发展规划》。复函明确，把南京都市圈建设成为具有全国影响力的现代化都市圈，助力长三角世界级城市群发展，为服务全国现代化建设大局作出更大贡献。

《南京都市圈发展规划》正式批复以来举办的首届南京都市圈创新合作大会于2021年5月29日在镇江召开，以“共建共享，共融共赢”为主题，旨在推进长三角科技创新共同体建设，推动都市圈科技协同创新。会上发布了“南京都市圈创新合作（镇江）宣言”，由南京都市圈科技专委会牵头，都市圈10家科技局局长共同承诺，就完善创新合作机制、畅通合作渠道、共享创新资源，达成共建科技创新共同体、共享科技统计数据、推动技术市场互通、构建融合发展新格局、打造科技创新活动品牌、试点创新券通用通兑等六方面共识，同时一致同意将“南京都市圈创新合作大会”打造成都市圈科技创新活动品牌。会上介绍了“南京都市圈科技创新合作白皮书框架”，提出打造城市间重大功能性合作平台，推动产业转移发展等建议。随后倡议共建“南京都市圈科技创新智库联盟”，联盟由都市圈内高校、科研院所及高端科技服务机构等组成，围绕区域协同创新，开展前瞻性、应用性研究和相关咨询活动，促进都市圈协同创新与管理创新。以“共建共享，共融共赢”为主题，南京市联合都市圈成员举办首届南京都市圈创新合作大会暨高校院所走进镇江产学研对接活动，合力打造协同高效的区域创新共同体，取得一系列成果。一是完善都市圈创新合作协调机制。现场发布“南京都市圈创新合作（镇江）宣言”和“南京都市圈科技创新合作白皮书框架”，达成共建科技创新共同体、共享科技统计数据、推动技术市场互通、构建融合发展新格局、打造科技创新活动品牌、试点创新券通用通兑等六点共识；成立“南京都市圈科技创新智库联盟”，围绕区域协同创新，开展前瞻性、应用性研究和相关咨询活动，促进都市圈协同创新与管理创新。二是上线“南京都市圈科技创新生态图谱”。图谱作为在线展示、检索、链接一体化平台，全面涵盖都市圈各地高校院所、创新平台、重点企业、产业园区等科技创新资源，圈内各创新主体可以享受“同城待遇”，实现创新服务“24小时不打烊”。三是组织开展南京都市圈关键核心技术“揭榜挂帅”。发布南京都市圈“揭榜挂帅”关键核心技术需求榜单，共27项技术难题，悬赏总金额2900万元，邀请专业人才揭榜攻关，提升都市圈产业基础能力和产业链现代化水平。四是推动都市圈多方面合作落地。现场签署“南京都市圈外国人才来华工作许可互认框架合作协议”“南京都市圈伙伴园区共建框架合作协议”；一批产学研合作项目成功签约，南京邮电大学镇江研究院揭牌运行。

2021年11月30日，江苏省技术产权交易市场与南京市科学技术局联合举办“2021年J-TOP创新挑战季技术需求对接会——长三角（南京都市圈）科技合作项目”专场活动，积极探索以需求为导向的技术转移服务新路径，促进科技成果转移转化。

一是需求范围持续扩大。2021年J-TOP创新挑战季扩大了需求征集范围，主动积极靠拢“双碳”目标，活动现场发布了南京地区企业的242条技术需求，涉及电子信息、先进制造、新材料、生物医药、新能源等领域。二是张榜金额显著提高。张榜总金额超5700万元，其中，来自南京都市圈内的江苏奥利思特环保科技有限公司等3家企业现场发布了“废弃脱硝催化剂高附加值资源化利用”等需求，单项最高“悬赏”500万元征求解决方案。三是现场对接成果丰硕。南京都市圈共有8家企业与东南大学、中国药科大学等高校院所进行了合作项目现场签约，签约金额达2453万元。截至活动当天，2021年J-TOP创新挑战季在南京都市圈意向签约21个项目，合作金额3768万元。

2021年5月13日，在南京市江宁区司法局丹阳司法所，南京市江宁区和马鞍山市博望区在这里举行江宁—博望跨界一体化公共法律服务中心启用仪式，自江宁—博望跨界一体化示范区筹备运行以来，江宁区与博望区紧密合作、联动发展，高标准推进规划编制、基础设施、生态环保、产业协作、公共服务、社会治理等六个“一体化”建设。江宁—博望跨界一体化联合人民调解委员会同时揭牌。至此，皖苏两省正式开启了省际毗邻区域深度合作，共同为江宁区横溪街道全境以及博望区全域共566平方千米共建区群众提供司法服务。南京市江宁区司法局和马鞍山市博望区司法局在“积极推进江宁—博望等省际毗邻区域开展深度合作”的要求下，主动融入“江宁—博望跨界一体化发展示范区”建设，积极搭建司法行政跨界一体化服务平台，签订《江宁—博望司法行政一体化发展战略合作协议》，在江宁区司法局丹阳司法所设立江宁—博望跨界一体化公共法律服务中心、联合人民调解委员会，设立“远程会见室”，实现了两地服刑人员家属就地与江苏和安徽监狱服刑人员远程探视，初步形成了司法行政跨界一体化发展框架，服务范围包括江宁区横溪街道全境以及博望区全域共566平方千米共建区。2021年以来，江宁—博望跨界一体化公共法律服务中心倾心为两地群众办实事，共为两地群众提供法律咨询216人次，提供公证、司法鉴定指引、法律援助20人次，联合人民调解委员会调处各类矛盾 37 件，较好地维护了两地群众的合法权益。江宁—博望跨界一体化公共法律服务中心正式开启服务模式后，两地司法部门紧扣“跨界一体化发展”主题，就搭建司法行政跨界一体化服务平台、人民调解联调机制、法律服务行业交流合作、法律援助互帮互助机制、公证服务协作互促机制、社区矫正协作联防机制等 6 个方面加强深度合作，整合公共法律服务资源，实现“全业务”覆盖，为两地群众提供专业高效的法律服务，对发现或申请调解的纠纷进行登记、研判、处置，组织调解重大、跨区域的矛盾纠纷，为江宁—博望跨界一体化共建区高质量发展提供有力法治保障。

二、镇江市合作发展

镇江市始终牢记习近平总书记“镇江很有前途”的殷切期望，近年来，抢抓长江经济带、长三角一体化等战略机遇，主动融入南京都市圈，积极承接都市圈核心城市辐射，并将宁镇扬一体化作为镇江市推动南京都市圈发展的重要抓手强势推进。多年来，镇江市委、市政府高度重视都市圈发展，一以贯之、强势推进各层次、多领域的对接。2020 年南京都市圈党政联席会上，多个项目签约，都市圈成员将共同打造高质量发展区域增长极。其中，镇江市政府、镇江句容市政府及相关部门，签署了一系列合作框架协议。

秉持携手并进的理念，镇江坚定支持南京提升首位度，深度推进宁镇扬一体化，主动拥抱都市圈。发展都市圈，基础设施先行。加快南沿江、北沿江、宁淮铁路、扬镇宁马城际、宁宣黄高铁、滁马城际、宁马城际、宁滁城际、宁句城际等项目建设。推进宁和城际二期、宁溧城际东延至溧阳、宁句城际东延至金坛、连镇铁路南延等项目前期研究论证。加快推进江北新区至仪征轨道交通研究，加快实施“断头路”贯通工程，改造扩容“瓶颈路”。一批批基建项目紧锣密鼓推进，镇江在都市圈的路网纵横中血脉更畅通。连淮扬镇铁路已于 2020 年 12 月建成通车。由于地处江苏省铁路网的中轴线，连淮扬镇铁路的开通，可以促进苏北与苏南的紧密衔接，南京都市圈辐射力将大大增强。作为南京都市圈首条跨行政区域的市域（郊）铁路，宁句城际承载着句容融入南京、接力镇江的希望。宁句城际已于 2021 年 12 月 28 日开通运营。几乎与宁句城际同步开工，同样建设正酣，南沿江城际铁路正在加快推进全线路基、桥梁施工。该项目与扬马城际铁路并站，并与宁句城际句容站共同打造综合交通枢纽。既有立足当前的建设，更有放眼长远的谋划。润扬第二过江通道正处在工可阶段，一旦建成，将进一步完善南北交通基础设施，促进宁镇扬区域一体化发展。同时，加速推进 312 国道宁镇段快速化改造工程，力争近期完工，完善城际高快速路网体系，支撑宁镇扬一体化发展。

探索区域协同发展新路径。深化南北共建，加快宁淮特别合作区建设，支持南京江北新区与仪征深化产业合作。坚持政府引导、市场主导的原则，以合作示范区为引领，实质化推进 G312 宁镇产业创新走廊、G328 宁扬科创走廊建设，推动社会资本以市场化、法治化方式参与建设，联合打造一批产城融合、生态绿色的重大功能性合作平台。南京都市圈内部各城市产业关联度高、产业链互补性强、融合发展潜力大，深化新形势下产业链协同创新发展迫在眉睫。镇江决策层对此有着清醒而深刻的认知。作为连接南京和镇江的交通大动脉，G312 国道沿线生态环境优良、创新要素集聚，分布了两市大部分优质科创资源。通过创新资源对接融合，完全有条件将之打造成引领科技创新、促进产业协同的创新带，形成区域发展的创新策源地。伴随 2021 年 7 月宁镇扬党政联席会议的召开，主要领导的调研互访活动日益频繁，合力推进 G312 产业创新走廊的共识正在从构想一步步变成现实。也因此，基础设施层面的 312 国道宁镇段快速化改造，正是呼应这一计划的破题之举。按照“一体、两翼、三带、多片区”城市发展布局，镇江把 G312 产业创新走廊和示范区建设作为全市产业创新承载地和创新驱动主引擎，着力打造创新创业福地和高质量发展新增长极。承接产业辐射和创新溢出，镇江马不停蹄在行动。拓宽产学研合作渠道，2020 年高校院所走进镇江产学研合作大会举行，南京大学、东南大学、南京邮电大学等40多家高校院所，64支专家技术团队一同走进镇江，就技术、人才、成果开展现场对接，现场成功签约20个项目。事实上，跨链发展、协作发展，城市间的产业链对接已在润物细无声中展开。2021年9月底，首场以“宁镇同‘芯’　‘链’动发展”为主题的宁镇集成电路产业链对接活动在镇江成功举行。南京市的6家集成电路骨干企业和服务机构来镇江实地考察。新芯电子与镇江市江苏艾科半导体有限公司现场达成合作意向。

深化集成电路产业链供应链合作。句容市政府及都市圈相关区政府（开发区）共同签署《深化集成电路产业链供应链合作框架协议》，将按照集群化发展方向，推动资本、市场、技术等生产要素的融通发展，促进资源合理流动，提升产业协同水平。依托浦口集成电路产业高地的极化效应，强化招商协作，建立利益共享机制，形成集成电路产业区域发展新格局。

着眼优化营商市场环境，镇江推进市场监管执法联动机制，统筹配置执法资源，明确“线索移送、执法协助、执法联动、执法互认、信息通报”等工作机制，进一步深化区域执法协作。积极融入“一网通办”特色政务，加强各部门数据共享交换，实现了企业开办4个环节集成到网上“一点接入、并联办理”，让环境更好、服务更优。“含绿量”与“含金量”同样重要。强化水环境协同治理，2018年南京与镇江签订了《流域横向生态保护合作及跨界水环境区域补偿协议》。为进一步推动流域合作，双方2020年又达成跨界水体水质提升合作协议，推进生态环境保护区域合作，为两地进一步打破行政壁垒、实施跨界水体水质联防联治确立治水新思路。

三、扬州市合作发展

作为南京都市圈一员，扬州牢记习近平总书记“扬州是个好地方”的殷切期望，更加主动积极地融入和推动南京都市圈建设。聚焦融合发展，加快形成发展新格局。加快推进北沿江高铁、扬镇宁马城际、宁扬城际、江北新区—仪征轨道交通以及过江通道、扬泰国际机场二期等重大工程建设，打造通达都市圈。立足自身优势，突出做大做强“323+1”先进制造业集群，大力实施核心技术攻关、产业补链强链和智能改造升级工程，形成一批具有扬州标志的产业链；同时，加强与兄弟城市的协同发展，强化产业协作，打造产业配套都市圈。深度对接南京等科创资源，规划建设G328科创走廊，加快在科技研发、成果转化等方面开展合作，打造创新都市圈。聚焦共享发展，贡献扬州发展新作为。统筹推进长江大保护和南水北调东线清水走廊建设，确保一江碧水东流、一江清水北送。与都市圈兄弟城市相互输送客源、联合开展营销，实现抱团发展，共同打响“千年运河、大江风光”的旅游品牌。主动接受南京辐射，推动合作办医办学、设立分院分校、组建医疗教育集团，推进实施统一的基本医疗保险政策，更大范围推进以社会保障卡为载体的基本公共服务“一卡通”。聚焦特色发展，培育发展新优势。进一步扩大“世界运河之都”影响，深入挖掘大运河扬州段丰富的历史文化资源，加快构建以运河为主轴的全域文化旅游发展格局。进一步做大“世界美食之都”文章，联手打响淮扬美食品牌，打造一批美食集聚区和淮扬美食示范店，广泛开展美食交流推广活动。进一步放大“东亚文化之都”品牌，进一步深化与日本、韩国的传统友好合作，持续加强与东亚文化名城的常态化交流，规划建设“东亚文化产业合作（扬州）园区”。

2021年5月26日上午，2021年扬州（广陵）政银企合作发展大会暨扬州市科技金融协会成立大会召开，共形成91个政银企合作项目，资金总规模达到736亿元，其中现场签约28个项目、资金规模达590.87亿元，政银企合作签约的28个项目中，中国农业银行、中国建设银行、南京银行分别与广陵区政府签订战略授信协议，授信规模分别达到120亿元、100亿元、100亿元，分别授信支持广陵区的乡村振兴、园区“二次创业”、产城融合等。国家开发银行与广陵文旅开发集团签订古运河南门湾文旅项目融资协议，融资规模达到100亿元。此外，建设银行、中国银行、民生银行组成“银团”，支持广陵区现代农业科技园区示范区项目；中国银行、招商银行组成“银团”，支持广陵经济开发区科技人才大厦项目；工商银行、南京银行组成“银团”，支持广陵经济开发区（南区）产城融合片区提档升级项目。以上几家银行、三个“银团”放贷注资总规模达到26亿元。此外，会上有五家基金公司正式签约入驻扬州基金大厦，分别为金投嘉泰基金、华侨城（扬州）文旅新动能产业基金、东方嘉富基金、鲁信创投基金、未来资本基金，基金总规模达73.62亿元。2021年4月21日，扬州市基金大厦正式揭牌，已累计有11只基金签约入驻，规模近100亿元。“政银企合作发展大会，是广陵区扶持金融产业、优化营商环境、助力企业发展、助推转型升级的特色平台。”广陵区委常委、常务副区长王峰表示，今后，广陵区将持续以更大力度培育现代金融新业态，搭建投融资平台、创新融资手段，全力将广陵区建设成为具有强大资本吸纳能力、产融结合能力和创新转化能力的生态金融高地，为广陵区高质量发展提供充沛的金融活水。

四、淮安市合作发展

宁淮智能制造产业园位于淮安市盱眙县同创新城，是南京进入苏北的第一站，也是淮安融入南京都市圈发展的桥头堡。就在2021年《南京都市圈发展规划》获批5天后，江苏省委、省政府即批复支持宁淮智能制造产业园开展省级南北共建园区高质量发展创新试点。南京市把园区共建视为宁淮挂钩合作的先手棋、重头戏。2021年2月26日，南京市党政代表团赴淮安考察，重点推进宁淮智能制造产业园建设工作；5月20日，首批10个产业项目签约落户宁淮智能制造产业园，总投资额达53亿元；8月2日，淮安市在南京举行智能制造产业发展恳谈会。除了项目联动，还有人才共享，设立“人才飞地”便是一个新探索。即在南京江北新区研创园和南京软件谷科创城，建设运营首批宁淮科创走廊研发基地，为淮安具有科技、人才、研发等实际需求的高成长科技型企业服务。目前，宁淮科创走廊——软件谷基地已装修交付使用，总建筑面积约3000平方米，淮安共有7家优质企业入驻办公，其中4家是宁淮智能制造产业园首批入园企业。人才在南京，服务在淮安；研发在南京，生产在淮安。从“近邻”到“紧邻”，空间有距离，合作无障碍。在南京都市圈内，跨省产业协作亦是如此。从南京江北新区顶山街道到安徽省来安县汊河镇，一河之隔的地理位置让两地产业对接水到渠成，顶山—汊河跨界一体化发展示范区建设加速推进。淮安市致力于引导园区之间合作，聚焦产业协同发展，着力打造总部研发放江北新区，生产配套在汊河的产业生态。两地签署了《产业协同发展战略合作协议》和《技术平台合作协议》，揭牌江北新区—汊河生物医药产业合作区，完成南钢盛达、金三力橡塑等产业转移项目。其中，南京金三力橡塑有限公司是2009年落户在江北新区的项目，近年来因发展空间受限，产能受到影响，在了解相关招商政策后，该公司选择将部分生产基地转移到了安徽来安县。

五、芜湖市合作发展

近年来，合肥将新能源汽车作为重点培育的战略性新兴产业。合肥本就是老牌汽车工业城市，2009年成为我国新能源汽车“十年千辆”工程的第一批确定参与者之一，2010年江淮汽车首批591辆纯电动轿车在合肥示范运行。如今，合肥已集聚蔚来、江淮、大众汽车（安徽）、安凯、长安、奇瑞（巢湖）等新能源汽车企业120余家，形成涵盖整车、关键零部件、应用和配套的完整产业链。而芜湖作为安徽经济第二城，2021年规模以上工业增加值比上年增长14.1%，其中，新能源汽车、锂离子电池、工业机器人等增幅超30%。2021年7月9日，合肥市委领导与比亚迪公司董事长兼总裁商谈推动全面战略合作，比亚迪合肥项目当日签约，8月28日项目开建，比亚迪合肥项目总投资150亿元，一期项目达产后可实现年产值超过500亿元，预计可带动上下游产业链总产值1000亿元。比亚迪有关领导表示，比亚迪将按照既定规划，尽早投产达产扩能，加速形成从原材料供应，到关键零部件研发生产，再到整车设计制造的本地化全产业链，并抓紧谋划新的接续项目，助力合肥打造具有国际影响力的新能源汽车之都。安徽芜湖也与比亚迪紧密携手。2021 年，比亚迪投资总额达 200 亿元新能源动力电池及配件项目落户芜湖代管的无为市，“大手笔”布局 14 条年产 25 GWh 磷酸铁锂“刀片”电池生产线，打造长三角制造中心。在无为经开区，挂出了“比亚迪为家乡争光，家乡为比亚迪助力”的标语。当得知无为经开区计划修建一座综合型公园——福渡公园后，比亚迪方当即表示愿意义务承建，该公园面积 226 亩，概算投资 5434 万元。合肥和芜湖已有较好的新能源汽车产业链基础。除比亚迪电池项目外，芜湖还已落地了孚能科技动力电池、奇瑞“未来工厂”、奇瑞新能源汽车四期基地等项目。芜湖本土企业奇瑞集团已引来 32 家世界 500 强企业到芜湖投资，带动汽车及零部件企业近千家，产值超 1400 亿元。另外，长三角是新能源汽车产业的重镇，长三角城市汽车零部件供应能力和庞大消费市场等正吸引更多新能源汽车企业布局。比如，大众汽车在安徽布局了新能源板块。大众安徽综合实验中心研发测试场是大众汽车集团在中国首个专注于新能源汽车研发阶段功能和性能测试的专业测试场，目前已启动测试与验证工作，将于 2023 年竣工。此前，大众安徽还宣布，将投资超 200 亿元，在合肥经开区建设新能源汽车制造基地（一期），预计于 2023 年正式投产，最大年产量可达 35 万辆。

六、马鞍山市合作发展

2021 年 12 月 16 日，宁马新型功能区与江宁开发区共同签订江宁—博望“宁博创智谷”投资建设协议。该项目位于宁马新型功能区，总投资 50 亿元。协议约定，双方抓实合作共建举措，深化一体化成效。圈定南京市江宁区与马鞍山市博望区首个联合招引、总投资达 10.93 亿元的富时科创产业园项目入驻宁博创智谷，目前已保障该项目通过租赁厂房形式开展先期生产，在此基础上计划 3 年累计引进 1~3 家、6 年累计引进 4~8 家、8 年累计引进 10 家有影响力的跨国企业或国内知名企业投资入驻。协议明确，双方筑牢合作共保基础，夯实高质量支撑。对宁博创智谷内项目给予“就高不就低”最优政策支持，高标准保障江宁、博望两地联合招商项目落地建设。下一步，新型功能区将组织好 32 名机关干部加快组建项目工作专班，深入一线扎实开展“四送一服”，以博望区“1+*N*”人才政策为引领，计划建设 300 余套人才公寓，做好落地项目高水平人才承接。宁博创智谷是贯彻落实国务院《长江三角洲区域一体化发展规划纲要》，推动江宁、博望省际毗邻地区一体化高质量发展的重要实践，对两地抢抓长三角一体化发展战略机遇意义重大。根据协议，江宁区主导发展、博望区保障服务，以 50 亿元资金撬动省际毗邻地区 1000 亩区域内招商引资、项目运营、管理服务等功能建设，全力打造具有示范引领效用的高能级合作平台。

七、滁州市合作发展

2019 年 10 月，南京市浦口区与滁州市南谯区签订《浦口—南谯跨界一体化发展示范区共建框架协议》，启动 50 平方千米一体化示范区建设（其中浦口 11.5 平方千米，南谯 38.5 平方千米），重点围绕生态环境、基础设施、产业发展、社会治理、公共服务等“五个一体化”开展跨界合作共建。共建合作园区引入首个超 10 亿元项目产业先行，浦口南谯“牵手”发力一体化安徽滁州南谯经济开发区华瑞微半导体 IDM 芯片项目建设。华瑞微是一家从事芯片设计研发的企业，2018 年 5 月落户浦口高新区，主营芯片设计研发，2019 年末销售额便超过 1 亿元。

浦口与南谯跨界发展，是主动服从服务国家战略，积极把握自身优势，深入贯彻落实《长江三角洲区域一体化发展规划纲要》的具体实践。对于浦口高新区而言，如今，在招商引资的时候仿佛更有“底气”了。在一体化发展背景下，在园区等成熟地块共建产业园，不仅是一种探索，更是一种通过优势互补延伸产业链、促进产业转型升级的良性循环。浦口与南谯已经在产业、医疗、教育、党建等方面开展多种探索和实践，一张共建共享的网络已经在两地全面铺开。长三角一体化发展已让浦口与南谯两地紧密“牵手”，成为跨界一体化的新样本。

八、宣城市合作发展

作为安徽省内唯一与江苏、浙江两省相邻的地级市，宣城市全力打造现代产业、改革开放、城乡融合、生态文明、民生幸福新高地的步伐与长三角一体化发展的进程同频共振。依托区位、产业与生态优势，宣城市着力做大经济体量、深化区域协作、擦亮城市名片，推动以苏皖合作示范区为先导的“一地六县”合作区建设，深度融入长三角高质量一体化发展。以此为新起点，紧扣做“示范”，竭力创“品牌”，不断将苏皖合作示范区和“一地六县”合作区建设推向更深层次、更宽领域、更高质量。一要高标定位做示范，坚持把视野放宽、起点定高，加快形成一批显示度高、标志性强的工作成果，为全省融入长三角一体化高质量发展探索新经验、作出新贡献。二要强化产业做示范，坚持以优质项目为突破口，聚焦“2+8”特色优势产业，全力引进一批支撑性、引领性、带动性强的“引爆点”“压舱石”项目，打造宣城高质量发展的新兴增长极。三要深度融入做示范，全面学习链接沪苏浙先进理念、打法经验，在完善体制机制上大胆闯、积极试，加快推动宣城在长三角一体化发展中从“全面参与”迈向“深度融合”。四要创优环境做示范，持续完善“管委会+平台公司”模式，不断创优一流营商环境，吸引更多高端项目和人才纷至沓来。五要奋力拼搏做示范，争当发展的闯将、进取的先锋、破题的能手，不断描绘好示范区蒸蒸日上的动人画卷。

宣城市广德市紧扣苏皖合作示范区建设，积极参与长三角产业分工协作，有力推动县域经济提档升级。“十三五”期间，全市地区生产总值实现从184.6亿元到329.6亿元的跨越，年均增长率达8%，单位地区生产总值能耗下降17%。2021年税收位居安徽全省县域第六，规模以上工业企业位居全省县域第二，连续两年跻身全省制造业十强县，获评长三角一体化高质量发展示范园区，实现全国综合实力百强县再进位。党政主要负责人亲自拜访重要客商、调度推动重大项目、协调解决重大问题。坚持招商信息日汇总、周通报，重点突破10亿元以上项目。2019年以来，宣城市广德市新签约亿元以上项目261个。把控招商“准度”。建立投资项目负面清单，确定20类禁止准入项目。坚持工业项目准入业务科室初审、专业招商队二审、专家回访组三审、评审会定审四重审查模式。2021年1月至10月，累计186个工业项目通过评审。突出招商“精度”。与长三角（湖州）产业合作区签订合作协议，谋划举办对外招商推介会，探索开展联合招商。完成产业基金一期2亿元资金募集，吸引企业家投资。强化招商“浓度”。建成企业家群英馆，遴选29名企业家入馆，大力表彰以商引商成效卓越的功勋企业家。精准补链强链，把牢产业链条“关键环节”。精准施策补短板。创新人力资源和社会保障局局长直播带岗形式，组织乡镇夜市招聘等5类活动，招工3787人。出台《人才兴企二十条》政策，启动“百千万”聚才行动。目前，全市有省“115”产业创新团队3支、“特支计划”9人，省级博士后工作站8家、工程技术中心5家。集群发展增优势。以省级汽车及零部件产业集群和电子电路产业集群为龙头，提升产业集聚能级。2021年1月至9月，全市四大产业集群产值增幅达23%。建立专精特新企业培育库，按照梯度模式培育，实行动态管理。目前，全市拥有国家专精特新“小巨人”企业1家，省级冠军企业、中小企业31家。延伸链条强韧性。编制产业项目册和产业招商路线图，开发招商引资信息网络管理系统，自动生成信息线索区域分布图，为科学招商提供支持。全市汽车零部件产业生产发动机等零部件7000余种，涵盖汽车零部件40%产品，电子电路产业集群度位列全省第一。智能智造添动能。依托上海航天技术研究院603基地，打造52.84平方千米的千亿级长三角区域航天科技示范园区，吸引航菱科技等一批项目入驻。借助科大讯飞科研团队力量，搭建工业互联网平台，培育一批行业级、区域级工业互联网平台。强化要素保障，打造项目建设“重要引擎”。加强调度推进。实行5亿元以上项目每周跟踪调度、10亿元以上项目市级领导联系包保制。采用现场观摩和工作推进会方式，跟踪督查落后序时进度项目，及时向联系市领导、责任单位发放提示单，实行报账销号制度。2021年1月至10月，全市省级重点项目竣工17个，竣工率94.4%。保障项目用地。扎实推进“标准地”改革，全面开展9项区域评估工作，完善道路、污水、自来水及场地平整等。探索建立“标准地+承诺制”模式，明确产业准入、能耗、投入产出等控制性标准，让土地带上“标准”出让，实现“拿地即开工”。突出“亩产论英雄”，坚持盘活存量与做优增量并举，加快推进“两盘活两提升”。近年来，累计嫁接盘活土地187宗、面积7414亩，经开区连续6年居全省土地集约利用前五位。优化营商环境。开展“严整改、促服务、优环境”专项整治提升行动，提高政务服务质量，提升为企办事能力，推行延时服务“不打烊”、预约服务“不等候”、上门服务“不奔波”“三不”政务服务模式。坚持“企业吹哨、部门报到”，创新经开区企业家座谈机制，每月召开企业家座谈会2次，面对面倾听企业心声，解决企业发展问题。

九、溧阳市合作发展

溧阳自古以来就与南京都市圈各地山水相依、人文相亲、发展相连。多年来，溧阳大力实施接轨南京战略，在“积极对接—全面接轨—深度融入”的梯次转进中，扛起绿色发展的示范担当。2021年以来，溧阳在南京都市圈中功能定位愈加融汇，产业协同愈加融畅，创新合作愈加融合，平台支撑愈加融入，公共服务愈加融通。立足当下，着眼未来。溧阳将在深度融入南京都市圈上求突破，在推动实现从“县域经济”向“都市圈经济”迈进上求提升，奋力打造绿色崛起的县域样本，开启“强富美高”新溧阳现代化建设新篇章。2021年4月9日长三角“一地六县”文旅联盟高端对话暨精品线路发布会在溧阳举行。活动开辟了长三角省际毗邻区共创融合发展新天地。共创融合，就是要打造环境更友好、发展可持续、群众得实惠、政府有收益的幸福经济。站在区域合作发展的新起点，2021年溧阳市委、市政府提出，要全力以赴，把区域协作打造成溧阳高质量发展的生动名片，突破“县级行政层级思维”，锚定开放发展方向，以区域协作融入竞合发展。未来，溧阳在区域合作上，将树牢“争第一、成示范”的追求，抢抓沪苏湖、南沿江城际铁路通车机遇，进一步密切与上海的直接联系，深度融入南京都市圈，在争创区域协作范例的道路上越走越宽、越跑越快。

十、金坛区合作发展

2021年，金坛区重大项目建设不断掀起你追我赶、竞相发展的热潮。蜂巢能源三期项目主体厂房已经封顶。2021年10月9日，蜂巢能源与金坛签约投资建设四期项目，时隔2个月便正式开工奠基。蜂巢能源在原有三期的基础之上进一步扩大产能，投资150亿元，建设40 GWh的动力电池和储能电池工厂，同时建设总部大楼和研发中心。蜂巢能源无钴正极材料正式下线，全球首款无钴电池实现装车。蜂巢能源投资建设的一到四期项目，是观察金坛经济“进阶”的绝佳窗口。它的背后不单是个重大项目，而且是一个逐步完善的极具竞争力的新能源汽车产业链，一条零部件—正负极材料—隔膜—电池—整车生产相对完整的新能源汽车产业链条在金坛清晰可见。

第八篇

共享发展

第一章　城镇化建设

第一节　南京都市圈城镇化建设情况

城镇化是指人口持续向城镇集聚的过程，也指农村人口转化为城镇人口的过程。城镇化率是反映城镇化水平高低的一个重要指标，即一个地区常住于城镇的人口占该地区总人口的比例。

都市圈是城镇化发展到一定阶段的产物，南京都市圈是我国最早启动建设的跨省都市圈，主要包括南京市、镇江市、扬州市、淮安市、芜湖市、马鞍山市、滁州市、宣城市、溧阳市及金坛区。南京都市圈有关市县深入贯彻国家关于培育发展现代化都市圈的部署精神，强化规划编制实施，创新完善协作机制，推动重点领域取得突破，沿着同城化发展的轨道稳步前行。2021 年南京都市圈各市（区）城镇化水平如图 8-1-1 所示。

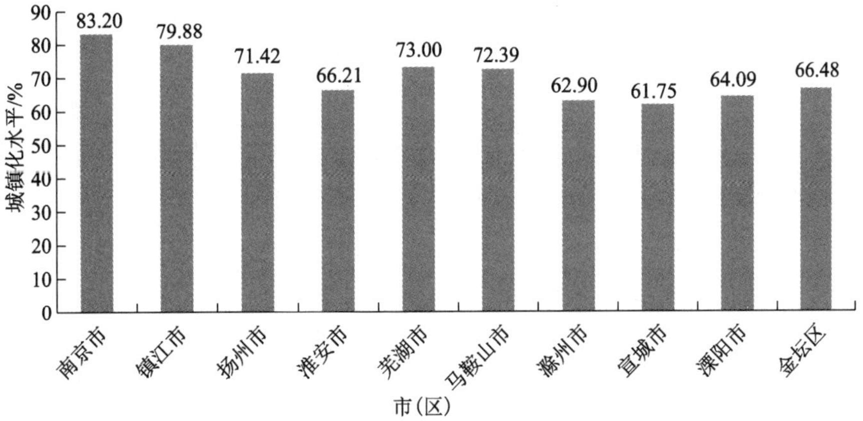

图 8-1-1　2021 年南京都市圈各市（区）城镇化水平

第二节　各市（区）城镇化建设情况

一、南京市城镇化建设

近年来，南京新型城镇化建设工作扎实推进，城乡融合发展不断深入。数据显示，2019 年，南京市常住人口达 850 万人，城镇化率 83.2%，比 2015 年提高 1.8%，位居全省第一。全市建设各类保障性住房 1514 万平方米，城镇常住人口保障性住房覆盖率已达 31.7%。

随着南京市经济社会发展及高铁、高速公路等交通网络快速发展，城镇人口规模迅速扩张。第七次人口普查数据显示，南京市城镇人口808.52万人，占比86.80%，比“六普”增加184.71万人。到2021年末，全市户籍人口733.73万人、常住人口942.34万人，人口密度为每平方千米1431人。其中城镇人口818.89万人，占比86.90%，与2020年年末相比增加9.94万人。城镇人口规模持续扩大，南京常住人口城镇化率居全省第一。

随着城镇配套建设大力实施，城中村、农村危旧房陆续改造，全市城镇化进程加速推进，城镇人口不断集聚且流动频繁，加速了人户分离人口的增多。人口迁徙流动，是全市城镇化率从2010年的78.5%上冲到2021年的86.9%的主要推进力。

“十三五”期间，南京城乡空间结构持续优化，多心开敞格局基本建立。加快建设江南、江北双主城，中心城区有效拓展，老城有机更新工作扎实推进，东山、仙林片区融入主城同城化发展，河西南部、南部新城等重点板块高标准打造。抢抓国家级新区和自贸试验区叠加机遇，南京江北新区核心区现代化门户形象初步彰显。实施东部崛起战略，紫东地区规划设计和资源整合工作统筹推进。六合、溧水及高淳副城加快高质量发展步伐，龙潭、桥林、汤山、禄口等新城中心初步成型。到2019年，南京建成区面积达823平方千米，比“十二五”末增加68平方千米，“南北田园、中部都市、拥江发展、城乡融合”的市域空间格局基本构建。“十三五”期间，南京实施新一轮环境综合整治，美化净化序化亮化城市空间，完成49条主次干道、261条背街小巷、920万平方米建筑立面、75.5千米河道岸线、910个老旧小区等整治工作，基础设施功能和宜居环境品质有效提升，城市面貌焕然一新。

2021年11月，南京市召开“十四五”重点专项规划系列专题新闻发布会（第十一场），南京市建委介绍《南京市“十四五”城乡建设规划》，计划至2025年全市累计建成美丽宜居乡村3000个左右、省级特色田园乡村100个左右，都市圈1小时（县级节点）通达实现度达80%，自然湿地保护率达69%以上。2020年，南京市城镇化率达到86.8%，进入城镇化发展的后期阶段。根据“十四五”城乡建设规划，南京市将从三个维度系统推进城市更新行动：第一维度是在宏观层面对我市城镇空间布局进行优化调整，打造精明增长、紧凑集约、组团式发展的城市布局。一要加快推进老城有机更新，控制开发强度和人口密度，疏解区域市场、仓储物流、教育医疗等非核心功能。二要促进“东西南北中”协调发展，打造江北、紫东、南部三个战略增长极，推动南北门户高质量崛起，加快河西、城南、东山、铁北等重点板块重大基础设施和公共服务体系建设，推动国际化高端化要素集聚。三要积极培育桥林、龙袍、滨江、禄口等产业新城，以及石湫、汤泉、淳化等特色小城镇，打造新型城镇化的发展重点和乡村振兴的重要节点，推动城乡融合发展。第二维度是在中观层面对建成区的基础设施、生态系统、宜居环境、城市风貌进行系统性整治、更新、修补，实现城市功能品质的再提升。为此，南京市城乡建设委员会按照市委、市政府的要求，安排历史文化保护传承、美丽街道、重点片区整治、老旧小区改造、亲水空间营造、绿化景观提升、转角空间打造等十个方面重点任务，系统推动南京城市功能再完善、城市品质再提升。第三维度是在微观层面对低效地块、既有建筑等存量空间，以土地整备、既有建筑“留改整拆”等方式，实现低效用地再开发、低效功能再盘活、老旧建筑再利用。因此，聚焦老旧小区、老旧街区、老旧厂区及历史地段。南京市建委在“十四五”规划中提出了一批具有典型示范效应的特色项目，将保护历史遗存、传承城市文化、激发商业活力、完善社区功能、打造包容环境与城市更新紧密结合，因地制宜探索城市更新改造策略。

二、镇江市城镇化建设

2021年末，镇江市户籍人口268.1万人、常住人口321.72万人，总人口比上年增加0.62万人，人口密度为每平方千米 838 人，其中城镇人口 256.99 万人，常住人口城镇化率 79.88%。2021 年，镇江市区实施城建项目 87 个，完成投资 70 亿元；新增 9 个省级美丽宜居城市试点项目，累计省级试点项目达 13 个；累计新建绿色建筑 780 万平方米，城镇绿色建筑占新建建筑比重 100%；沿金山湖 CSO 溢流污染综合治理项目大口径管道全线贯通，完成 9 条劣 V 类水体治理工作；拆除违建 1999 起，面积 17.79 万平方米；新增停车泊位 4603 个，新增共享单车、共享助力车 7700 辆；开展安全生产“百日攻坚”行动，累计开展安全检查 187 次，发现安全隐患 60 个，整改率 100%；丹徒区上党镇上会村东宝庄等 4 个村庄被命名为“江苏省特色田园乡村”；推动农村房屋安全隐患排查整治，排查农村房屋 414945 户，鉴定为 C、D 级危房 1898 户，其中 245 户已完成整治。2021 年新增各类城市绿地面积 315.6 万平方米，人均公园绿地面积 15.43 平方米；林木覆盖率、建成区绿化覆盖率分别达 25.6%、42.2%。全年全社会用电量 295.06 亿千瓦时，同比增长 10.5%，其中城乡居民生活用电量 34.92 亿千瓦时，同比增长 7.9%。

2021 年，国家发改委印发的《关于推广第三批国家新型城镇化综合试点等地区经验的通知》，将镇江市“实施固定资产投资项目碳排放影响评估制度，完成园区循环化改造”的经验做法列入推广名单。这是镇江市第二次被列入国家发改委新型城镇化综合试点经验名单。镇江市作为国家新型城镇化试点城市，始终坚持以绿色发展为主线，着力推动生态文明建设与新型城镇化紧密结合，生态城镇化建设成效显著。近年来，镇江市实施产业碳转型、项目碳评估、区域碳考核、企业碳管理的“四碳创新”联动机制。在产业转型中，园区由“散”变“聚”，产业由“低”变“高”，资源变“废”为“宝”。构建生态文明“四大机制”，即资源有偿使用机制、严格的环境准入机制、城市绿色低碳发展机制和生态文明管理机制。镇江市已在全国率先出台试行部门和企业双层碳统计制度，创成国家工业绿色转型试点城市，成为“中国制造 2025”试点示范城市。镇江市在全省率先实现省级以上经开区园区循环化改造全覆盖，镇江国家级经济技术开发区已创成全省首家国家级循环化改造园区，丹阳创成国家级循环经济示范市；在全国首创开发运营低碳城市建设管理云平台，成功打造上线全国第一朵“生态云”。

三、扬州市城镇化建设

截至 2021 年末，扬州市户籍人口 451.56 万人、常住人口 457.70 万人，总人口比 2020 年末增加 1.60 万人，人口密度为每平方千米 694 人。2020 年常住人口为 455.98 万人，与 2010 年相比增加 9.97 万人，增长 2.2%，比同年户籍人口多 1.27 万人，其中省外流入 26.12 万人，比第六次人口普查数据增加 12.06 万人，十年来首次呈现净流入趋势。其中主城区为人口净流入主阵地，市区人口净流入 30.82 万人。2019 年扬州城镇化率达到 68.2%，已进入快速城镇化中后期。2016 年以来扬州市城镇化率年均增长约 1.4%，增速较快。2020 年全市常住人口城镇化率首次突破 70% 大关，达 71.03%，高于全国 7.14%，与 2010 年相比提升 14.29%，增幅超过省 1.07%。2021 年，全市常住人口城镇化率 71.42%。十年间，扬州城镇化率相继突破 60% 和 70% 大关，城镇化将进入平稳发展阶段。

在城乡建设方面，2021 年扬州 328 国道快速化改造（仪征段）完成并通车，京沪高速改扩建、龙潭过江通道等加快实施，宁扬城际交通项目开工建设，北沿江高铁工程获批。新增城市道路 109 千米，江平快速路、运河快速路、江广快速路、润扬快速路全线贯通，城市快速内环全面形成。新建（提升）各类公园 306 个，改造老旧小区 214 个，棚户区改造新开工 6598 套、基本建成 8290 套。提档升级农贸市场 38 个。建成省级特色田园乡村 28 个、绿美村庄 214 个。新（改）建农村公路 1325 千米、农桥 423 座，县（市、区）实现省级“四好农村路”示范（达标）全覆盖。

扬州市委、市政府《关于深入推进美丽扬州建设的实施意见》（扬发〔2021〕60 号）提出：

（1）推进市域空间融合发展。完善和落实主体功能区战略，做好区域互补、东西整合等文章，形成美丽宜居城市、美丽特色城镇、美丽田园乡村、美丽集约园区有机贯通的空间形态。统筹全域国土空间保护、开发、利用、修复，形成网络化、多中心、开放式、集约型的国土空间总体格局。（2）强化城乡空间统筹联动。在区域间、城乡间破除边界限制，整合各类资源要素，统筹推进产业发展、基础设施、公共服务等建设。按照“控制增量、盘活存量、集约高效”的要求，控制建设用地增长。围绕新型城镇化和城乡融合发展要求，注重农业自身潜力挖掘，利用工业反哺农业，同时结合扩大农村就业与完善农业转移人口市民化政策机制，在美丽乡村建设和新型农业现代化建设基础上，统筹城乡发展规划、建设、管理，推动城乡发展和建设。

四、淮安市城镇化建设

截至2021年末，淮安市户籍人口555.26万人，其中男性284.07万人、女性271.19万人。常住人口456.22万人，比上年增加0.07万人，人口密度为每平方千米455人，其中城镇常住人口302.06万人，城镇化率66.21%。全市常住人口出生率5.37‰，死亡率8.07‰。

城乡建设是推动绿色发展、建设美丽淮安的重要载体。党的十八大以来，淮安城市框架全面拉大，城市能级不断提升，城乡融合加速推进，实现了城乡建设从“建形态”到“优品质”的跨越式发展，人民群众的获得感、幸福感和安全感显著提升。路网四通八达，畅享便捷出行方式。淮安着眼城乡融合发展，完成“两区一县”区划调整，啃下优化乡镇布局“硬骨头”，建成徐宿淮盐铁路、连淮扬镇铁路、淮安涟水国际机场、淮安新港、市区内环高架等一批具有关键性支撑、标志性意义的重大交通工程，确立了全国性综合交通枢纽城市定位。十年来，全市镇村公交覆盖率由25.2%提升至100%，全市清洁能源和新能源公交车占车辆总数的99.6%，占比全省第一，绿色出行服务品质不断提升。以“安居工程”为抓手，淮安直面老旧小区、物业管理、保障房等事关百姓安居的“急难愁盼”问题，以“钉钉子”精神集中攻坚，既立足解决具体问题，又着眼完善体制机制，筑牢安居保障体系。近5年来，全市累计改造老旧小区1847万平方米、惠及18万户居民，完成棚改项目169个、45万户群众出棚进楼。

淮安市淮安区石塘镇素有“淮上江南”之美誉，曾因党建工作“一队五组”服务群众声名远扬。该镇全面贯彻落实党的十九大精神，按照“党建引领、项目为王、发展为纲、民生为本、稳中快进”工作总基调，紧紧围绕“一带”“两轴”“三片区”的空间布局，奋力建设产业兴旺、生态宜居、乡风文明、治理有效、生活富裕的深度融合新型城镇化综合体。全镇现有列入统计企业29家，淮安区入库税金50强企业8家，已形成电子、化工、纺织、建材、农产品加工等为主导的产业集聚群。针对石塘镇现实情况，镇党委紧紧围绕统筹推进“五位一体”总体布局和协调推进“四个全面”战略布局，制定了“强队伍、增实力、树形象、促民生”的长远规划和发展思路，形成了“一带”“两轴”“三片区”的空间布局。该镇坚持“一切围绕项目干、一切围绕项目转”工作思路，项目建设持续突破。截至2019年6月底，已签约10亿元以上工业项目1个、1亿元以上项目1个；开工1亿元项目1个；在建1亿元以上工业项目4个、3000万元以上农业项目2个。根据农村自然环境、地域文化、村庄现状、公共服务、发展规划等诸因素进行综合考虑，为发展留足空间；通过加强乡村主导产业培育和发展现代规模农业，促进农产品深加工发展等，让村民在家门口就能就业；充分尊重地方风俗习惯，突出文化底蕴，丰富文化内涵，将文化元素、乡风乡情、区域特色和具有影响力的“老品牌”融入其中，并重点体现和保护；加强顶层设计和统筹规划，将国道233（集中居住点）与马甸收费站连接线运用52米宽景观大道进行无缝衔接，同步配套建设学校、医院、文化中心、污水处理站、垃圾分类站等基础设施，将文明城市创建、农村人居环境整治达标及“五好村庄”建设和农民住房条件改善有机结合；以“清洁家园大行动”为抓手，致力农村沟、渠、堤、林、路的全域整治，实现了庄台环境焕然一新和区域范围绿化、亮化、美化全覆盖；逐步在全镇各村（居）推行实施，实现滚动连片作业，都成立属于自己的土地流转合作社，共流转土地达 2000 余亩；强化村级资金、财务监管机制，推动全面从严治党向基层延伸，组织实施村级财务阳光监管，这一系列经验做法成为“试水之举”的成功典范，并全面加以推广。

五、芜湖市城镇化建设

党的十八大以来，芜湖市认真贯彻落实党中央、安徽省关于推进新型城镇化建设和城市可持续发展的一系列重大决策部署，抢抓新型城镇化政策机遇，加快打造省域副中心、建设人民城市的步伐。城镇化水平大幅提高，城市综合实力显著增强，城市公共服务能力明显提升，城市社会事业全面进步，城市居民生活质量进一步改善，人民群众的获得感、幸福感、安全感进一步提升。

2021 年末，全市常住人口 367.2 万人，比上年增加 2.6 万人，城镇化率为 73.0%，高于同期全省平均水平 13.6 个百分点，达到高度城镇化水平，城镇化率由 2012 年的全省第 3 位提升到 2021 年的第 2 位，比 2012 年提高 1.6 个百分点，领先全省水平。2021 年，芜湖市城镇常住人口 268.0 万人，与 2012 年的 207.8 万人相比，增加 60.2 万人，增长率为 29.0%，平均每年增加 6.7 万人。城镇常住人口呈现持续加速流入的态势，并由 2012 年的比城镇户籍人口多出 45.1 万人，提高至 2021 年的多出 63.3 万人。

2021 年末，市区建成区面积 252.9 平方千米，比 2012 年末增加 102.9 平方千米，增长 68.6%，年均增长 6.0%；实有城市道路面积 4828 万平方米，比 2012 年末增加 1854 万平方米，增长 62.3%，年均增长 5.5%。2021 年，全市城市供水总量 29564 万立方米，比 2012 年末增长 79.7%，年均增长 6.7%；城乡生活用电 28.79 亿千瓦时，比 2012 年增长 78.5%，年均增长 6.6%；天然气供气总量 50263 万立方米，比 2012 年增长 87.0%，年均增长 7.2%。“芜优出行”智慧停车平台上线，接入 7 万个泊位，推动解决停车难问题。2021 年末，城市绿化覆盖面积 155 平方千米，比 2012 年末增长 145.1%；建成区绿化覆盖率达到 46.23%，比 2012 年提高 6.53 个百分点；人均公园绿地面积 13.80 平方米，市区环境空气质量达优良的天数达到 310 天。城市人均居住面积 36.3 平方米，比 2012 年增加 4.5 平方米，增长 14.2%。

六、马鞍山市城镇化建设

2021 年，人口抽样调查数据显示，马鞍山市常住人口城镇化率为 72.39%，比 2020 年提高 0.7 个百分点，居安徽省第 3 位，比全省平均水平高 13.0 个百分点。全市常住人口 215.7 万人，其中城镇人口 156.1 万人，比上年增加 1.2 万人，增长 0.77%；乡村人口 59.6 万人，比上年减少 1.5 万人，下降 2.45%。

城乡功能品质优化升级。加强城乡国土空间规划管理，完成自然保护地整合优化和生态保护红线评估调整；重拳打击违法建设行为，累计拆除整治 34.1 万平方米。马鞍山市人民医院东院二期等 238 个项目加快建设，南部污水处理厂扩建等 168 个项目完工，重点人防工程建设得到加强；秀山新区城市功能日趋完善，采石河以南区域建设提速。在安徽省率先完成城区雨污分流改造，新建改建停车位近 3000 个。生活垃圾分类试点稳步推进。文明创建“六大攻坚行动”取得实效。当涂县入列全国新型城镇化示范县。乡村振兴战略深入实施。农业增加值增长 3%，新增新型农业经营主体 380 家、农村电商经营主体 250 家；生猪产能恢复到接近常年水平。建成高标准农田 7.3 万亩，实施农村公路扩面延伸工程 344 千米。开展农村饮水“水质提升年”行动，惠及 49.6 万人。“三大革命”“三大行动”纵深推进，建成美丽乡村省级中心村、示范村 51 个，农村人居环境整治三年行动通过验收，集体经济年经营性收入 10 万元以下的村全部消除。

2019 年 1 月 16 日，马鞍山市人民政府正式印发《马鞍山市主体功能区规划（2018—2025

年）》。明确确定了新型城镇与产业集聚重点开发区：包括当涂县、含山县、和县、市辖区部分地区以及国家级、省级开发园区（保税区），共23个乡镇、街道（开发园区、保税区）。全市新型城镇与产业集聚的重点地区，全市人口的重要承载区，支撑全市经济发展的重要增长极，承接产业转移的示范区、先进制造业和现代服务业集聚区、重要的科研教育和科技创新先导区、能源原材料基地和农产品加工的重要支撑区，具有国际竞争力的战略性新兴产业和高新技术产业的重点区域。新型城镇与产业集聚重点开发区指有一定经济基础、资源环境承载能力较强、发展潜力较大、集聚人口和经济的条件较好的地区。按照地区功能定位、产业发展方向，可将区域细分为主城片区、当涂片区、和县片区和含山片区。

七、滁州市城镇化建设

2021年末，滁州市户籍人口454万人，比上年减少0.6万人。常住人口399万人，常住人口城镇化率62.9%，比上年提高1.1个百分点。按常住人口计算，全市人口出生率7.55‰，比上年下降1.74个千分点；死亡率5.57‰，上升0.26个千分点；自然增长率1.98‰，下降2.01个千分点。

2021年，安徽省下达滁州市新开工棚户区改造任务22119套，基本建成任务8567套。2021年累计新开工棚户区改造24191套，占目标任务的109.37%，总量位居全省第二；累计基本建成10246套，占年度目标任务的119.6%。安徽省省下达滁州市2021年老旧小区改造任务53个、5156户、改造面积43.37万平方米，已全部完成。累计争取中央、省级财政补助资金及国家发改预算内配套资金共7561万元。老旧小区创建工作入选《全国文明城市创建实地点位治理案例汇编》。制定印发《滁州市申报国家历史文化名城工作方案》，对照方案逐步开展申名工作，力争到2026年底，主要申报指标达到国家历史文化名城标准。重点实施北大街、金刚巷两片历史文化街区保护性修缮工程，金刚巷35/37/39号历史建筑已于2020年动工修缮，现已基本完工；北大街B区新建片区已开工建设；北大街A区修缮片区和津浦铁路滁县站旧址公务楼修缮工作已进场施工。兰家巷地块现已完成征收，金刚巷东南侧多层房屋即将启动征收。全面开展历史建筑查缺补漏工作，2021年全市已确定历史建筑总数156处，并全部完成测绘挂牌工作。全面部署开展城市房屋安全专项治理，对中心城区和6个县城老旧危房及改扩建房屋展开“地毯式”排查。全市累计排查面积7611万平方米，经鉴定确认为危险房屋306幢，均已进行分类处置。同时，以全国自然灾害综合普查为契机，全力推进房屋建筑和市政设施调查工作。2021年，5个提供底图的县区均已开展外业调查工作，共完成房屋调查约12.3万栋。全面组织开展农村危旧房屋大排查，目前已排查590835户，农房排查完成率100%，累计排查存在安全隐患房屋1736户，已分类进行处置。全市343户农村危房改造任务已于7月底全部完工，提前完成年度农村危房改造任务。

滁州市和各县城累计征收房屋1300多万平方米，改造老旧小区156个，实施重点城建项目超2200个，完成投资超2500亿元；城区建成区面积从231平方千米扩展到291平方千米；常住人口城镇化率从49%提高到57%。建成了一批美丽乡村，打造了一批重点镇。高速公路通车里程580千米、在建187千米，均居全省第一；新增一级公路136千米，较“十二五”期间增长2倍；累计完成水利投资332亿元，总量稳居全省第一方阵。

八、宣城市城镇化建设

2021年末，宣城市户籍人口277.06万人，常住人口248.7万人；常住人口城镇化率61.75%，比上年提高0.93个百分点。随着广德的撤县设市，宣城成为全省三个拥有两个县级市的地级市之一，也为宣城城镇化水平的提高奠定了良好的基础。

近年来，宣城市以“落实五大发展行动计划，打造四个特色之城”为统领，不断加快新型城镇化建设步伐，推进新型城镇化工作取得显著成效。2017年初，为进一步明确任务，细化举措，压实责任，市政府出台文件，就推进新型城镇化工作，梳理了32项量化任务和89项定性任务，按照政府工作项目化、项目工作责任化的要求，明确了每项任务的牵头领导、牵头单位和协同单位，明确责任分工，实行台账管理，强化督查落实，严格奖惩问责。编制《宣城市“十三五”新型工业化发展规划》《中国制造2025宣城行动方案》。建立“十三五”工业重点项目库，谋划项目633个，总投资5000亿元。实施“千企升级”计划，实施新兴产业“双百项目”。完成《宣城市城市总体规划（2016—2030年）》编制并获省政府批准，明确了市域“三区两廊”的城镇空间结构和中心城区“双城双片，双源双廊”的空间结构。成立中心城市大建设指挥部，全面提高城市建设工作效率。统筹推进水阳江大道闭合段、宣城市人民医院改扩建、合工大宣城校区图书馆、特勤消防站、反恐训练基地、宣城市游泳馆、体育学校、全民健身中心、昭亭水厂二期城市备用水源等一系列拓功能、补短板城市建设项目加快实施。

九、溧阳市城镇化建设

2021年，溧阳市户籍人口78.55万人。年内出生人口4003人，人口出生率为5.096‰，死亡人口5511人，死亡率为7.015‰，户籍人口自然增长率为-1.919‰。全市常住人口80.43万人，人口密度每平方千米为524人，其中城镇人口51.55万人，城镇化率64.09%。

2017年1月，溧阳市人代会基本确立“一中心两副城”县域空间格局、“一核两区多基地”产业发展格局，促进了产业培育与深度城镇化协同互动，以“四大经济”为引领的经济体系成为推动人聚城兴的重要力量。2021年底，“四大经济”增加值占全市经济增加值的比重为54.5%。2020年，“三生共融”的“溧阳样本”入选生态环境部绿色发展案例，同时入选国家发改委城乡融合发展试验区、国家级新型城镇化建设示范县城，以及科技部县域创建国家级高新区试点，为新型工业化和新型城镇化融合发展探索路径。

近年来，溧阳坚持以人民为中心，坚定不移涵养“绿水青山”，生态文明建设实现新进步；调整变更部分行政区划，开拓天目湖生命康原，“一路两廊”勾勒公园城市框架，旧城更新扮靓了城市容颜，美丽乡村建设创出“溧阳样板”；大力引进省级优质公共服务资源，“五堂一站”微民生品牌为幸福加码，高水平全面建成小康社会，高质量完成“三城联创”既定任务，赢得了国家生态文明建设示范市、国家园林城市、全国“绿水青山就是金山银山”实践创新基地等诸多荣誉，蝉联“全国文明城市”殊荣，获评“中国最具幸福感城市”。农村宅基地制度改革持续深化，宅基地资格权“有偿退出”完成商品房、现金置换1.4万余户；作为江苏唯一入选国家发改委的全国新型城镇化建设直接联系点，与北京中关村共建高新区被国家发改委作为典型经验推广；溧阳高新区入选全国唯一县级以升促建国高新调研单位，创新驱动指数连续三年保持全省第一；农村公路管理养护体制改革试点不断深化。

2021年，国家发展改革委将江苏省溧阳市与中关村科技园区共建高新区列为新型城镇化试点示范等地区典型做法。一是依托宁德时代新能源锂离子电池长三角基地，强化产业链招商引资，引进超百亿元项目5个、50亿元项目5个、10亿元项目23个，项目总投资超过1000亿元，形成覆盖正极、负极、隔膜、电解液、电池芯等环节的动力电池完整制造链条。二是创新驱动，携手中国科学院物理所、东南大学、上海交通大学等，共建天目湖先进储能技术研究院、长三角物理研究中心等创新平台。三是抓牢高科技人才和项目，引进10名院士和一批行业顶尖的专家团队，助力企业关键共性技术研发。溧阳市高新技术产业开发区的国家高新技术企业从35家增至107家，专业人才达2万人，国家级科创平台达10家，省级部门认定的研发机构达80家。

十、金坛区城镇化建设

2021年末，金坛区户籍人口54.24万人，常住人口59.29万人，城镇化率为66.48%，较2011年末提高13.82个百分点；全区公路总里程达2181千米，金武快速路、G233金坛段、S265金坛段、长荡湖旅游大道、茅山旅游大道等一大批重点项目建成通车；丹金溧漕河改道提级，航道总里程达300.44千米；江苏省最大内河港金坛港建成投运；南沿江城际铁路率先在金坛开工建设，这条联通长三角沪宁两大最重要城市的城际大动脉，将极大加速金坛融入长三角一体化的步伐。

近年来，金坛城市发展大手笔投入、高标准谋划，一体推进“三城”（即金沙老城、钱资新城、科教名城）建设：金沙老城注重文脉传承与风貌提升，金沙老城雨污分流、老旧小区改造稳步实施，口袋公园扮靓老城风貌。金坛是半城半乡的新城区，这就决定了城市化是城乡融合乃至城乡一体的格局。2019年，金坛区跻身首批国家城乡融合发展试验区，经过两年多的夯基垒台、立柱架梁，已经有了一定基础，今后将借助试验的契机继续大胆闯、大胆试，让“都市里的村庄”和“拥有田野的城市”交相辉映，让“新时代鱼米之乡”的新画卷在金坛呈现。一是瞄准“农业强”，加快城乡融合先行区建设，大力发展高效精品农业和都市农业，扎实做好“一区多园、一镇一品”文章，推动农业功能向生产、生活、生态拓展，引导现代农业“接二连三”争创省级农业高新技术产业示范区。二是瞄准“农民富”，因地制宜做大村集体经济“蛋糕”，拓展农民收入来源渠道，坚定走好共同富裕之路。三是瞄准“农村美”，全面推进农村住房更新改造工程，大力整治提升农村人居环境，加快把规划发展村庄全部建成美丽宜居乡村。四是瞄准“农村文明程度高”，健全现代乡村社会治理体制，推动自治、法治、德治相融合，让崇德向善、勤劳致富在广大乡村蔚然成风。

2015年发布的《金坛市城市总体规划（2013—2030）》对一定时期内的城市性质、发展目标、发展规模、土地利用、空间布局以及各项建设的综合部署进行了规划设计，形成了城市建设和管理的法定依据以及其他规划编制的总纲领。在此指引下，按照产城融合的要求对全市各镇分别启动建设了2~8平方千米不等的工业集中区，目前各工业园区形态已基本形成，邻里中心、科技创业园等各项功能性配套正在加紧建设。对全市行政村进行了区域优化，经过撤并整合将157个行政村优化调整为97个，引导农村居民向城镇转移，达到了“工业化、城镇化”“两促进、两提升”的目的。

第二章　劳动就业

第一节　南京都市圈劳动就业情况

实施区域协调发展战略是新时代国家发展重大战略部署。为了深入贯彻党中央重大决策，抢抓长三角一体化发展上升为国家战略重大机遇期，立足人社职能深化落实历届南京都市圈党政领导联席会议的精神，共同推进都市圈协调一体化发展，在2019年与2020年，南京市人社局牵头组织南京都市圈各成员市（区）人社局分别在安徽省宣城市和江苏省镇江市召开两届南京都市圈人社局长联席会议。都市圈人社领域建立了一系列协同发展的合作体制机制，签署了《南京都市圈公共就业服务一体化发展合作协议》《南京都市圈工伤认定和劳动能力鉴定异地委托工作合作协议》《南京都市圈劳动关系领域战略合作协议》等一系列合作文件。近年来，南京人社局协同开展了相应的合作事项和交流活动，如：联合举办高校招聘、青年大学生创业大赛、技能大赛、人才交流等活动，实施社会保险服务和劳动关系调处、协办、快办等合作，有效推动都市圈人社领域一体化发展迈向实质。“十四五”时期，重点从以下四个方面协同推进更高质量人力资源和社会保障一体化发展。一是以推动区域一体化公共就业创业服务为重点，建立南京都市圈网上公共就业创业服务平台，加强就业创业服务合作，促进人力资源在区域城市间自由流动、稳定就业。二是以完善区域一体化社会保障服务机制为重点，协同建设南京都市圈社会保障公共服务标准体系，建立跨区域社会保障服务“一卡通”。三是以深化区域一体化人才交流为重点，打造都市圈人才一体化协调发展平台，深化人力资源服务产业园战略合作伙伴关系，致力提升都市圈人才吸引力和竞争力。四是以构建区域一体化劳动关系调处机制为重点，探索建立南京都市圈统一的劳动关系和谐创建标准，加强跨地区调解仲裁业务领域的合作，强化南京都市圈劳动保障监察执法协调处理，共同维护区域内劳动者合法权益。

第二节　各市（区）劳动就业情况

一、南京市劳动就业

2018年，南京市就业创业形势稳定，全年城镇新增就业人数31.05万人，城镇登记失业率为1.78%，实现再就业11.33万人，援助困难人员就业1.41万人，农村劳动力转移1.14万人次。新培育自主创业者3.74万人，其中大学生创业6595人。开展各类职业技能培训51.42万人次。

2020年，南京市城镇新增就业34.32万人，比2019年增加1.8万人。2020年末城镇登记失业率为1.71%。深入实施“宁聚计划”，2020全年新增就业参保大学生40.15万人，比上年增长2.6%。加大创业政策扶持力度，培育自主创业者4.59万人，大学生创业6787人，扶持农民自主创业6028人，创业带动就业19.79万人。

从2021年8月1日起，南京市月最低工资标准从2020元调整为2280元，非全日制用工小时最低工资标准从18.5元调整为22元。深化和谐劳动关系建设，新增20家江苏省优秀劳动关系和谐企业、188家南京市和谐劳动关系示范企业。规模以上企业劳动合同签订率达99.99%。大力推进企业集体协商，南京市累计审查集体合同13423份、审查企业工资集体合同12750份。南京市各级劳动保障监察部门主动监察用人单位9738户，书面审查用人单位97500户，共立案查处违法案件4494件，按期结案率100%，为2.3万名劳动者追发追缴工资、社保等待遇2.5亿元，劳动保障监察联动举报投诉平台按期运行率100%。全年各级劳动人事争议仲裁机构共接处各类劳动人事争议案件19530件，劳动人事争议仲裁结案率100%，劳动人事争议调解成功率81%，仲裁管理信息系统按期运行率100%。

2021年，南京市城镇新增就业34.52万人，实现再就业12.13万人，年末城镇登记失业率在江苏省定标准以内；培育自主创业者4.76万人，其中大学生创业6788人，创业带动就业19.98万人，扶持农民自主创业6283人；举办各类招聘会1787场、提供岗位82.36万个次，开发公益性岗位1069个；加强职业技能培训，全年开展各类补贴性职业技能培训128.58万人次；深入实施就业优先战略和积极就业政策，重点抓好高校毕业生、就业困难人员等群体就业；新增就业参保大学生41.04万人，离校未就业高校毕业生年末就业率达到97.99%；援助困难人员就业2.73万人，零就业家庭持续保持“动态清零”。

二、镇江市劳动就业

2017年，镇江市就业形势总体稳定向好。2017年末从业人员195.38万人，比上年增加0.16万人，其中第一产业21.22万人、第二产业84.14万人、第三产业90.02万人。2017全年新增城镇就业8.26万人，增长3.3%，城镇失业人员再就业人数3.43万人，新增转移农村劳动力1.02万人，城镇登记失业率1.82%。2017全年新增登记注册私营个体从业人员21.24万人，其中私营企业12.10万人、个体工商户9.14万人。

2018年末，镇江市从业人员197.22万人，比上年增加1.84万人，其中第一产业21万人、第二产业82.4万人、第三产业93.82万人。2018全年新增城镇就业8.35万人，城镇失业人员再就业人数3.40万人，新增转移农村劳动力0.99万人，城镇登记失业率1.78%。2018全年新增登记注册私营个体从业人员22.46万人，其中私营企业12.78万人、个体工商户9.68万人。

2019年末，镇江市从业人员197.87万人，比上年增加0.65万人，其中第一产业20.43万人、第二产业80.04万人、第三产业97.40万人。2019全年新增城镇就业7.84万人，城镇失业人员再就业人数3.26万人，新增转移农村劳动力0.58万人，城镇登记失业率1.75%。2019全年新增登记注册私营个体从业人员13.35万人，其中私营企业3.79万人、个体工商户9.56万人。

2020年末，镇江市从业人员199.39万人，比上年增加1.52万人，其中第一产业19.74万人、第二产业79.30万人、第三产业100.35万人。2020全年镇江市新增城镇就业人数5.84万人，新增城镇失业人员再就业人数4.84万人，新增就业困难人员再就业人数6217人。城镇登记失业率1.7%。全年扶持成功创业1.43万人，其中引领大学生创业2169人，扶持农村劳动力自主创业4068人。城乡劳动者职业技能培训4.03万人。2020全年新增登记注册私营企业从业人员3.98万人，个体工商户从业人员13.47万人。

2021年，镇江市就业形势总体稳定向好。2021年末，全市从业人员198.73万人，其中第一产业18.35万人、第二产业80.01万人、第三产业100.37万人。2021全年新增城镇就业人数5.97万人，新增城镇失业人员再就业人数 4.29 万人，新增就业困难人员再就业人数 2.97 万人，城镇登记失业率为 2.5%。全年扶持成功创业 1.8 万人，其中引领大学生创业 3062 人，扶持农村劳动力自主创业 5979 人；城乡劳动者职业技能培训 4.42 万人；全年新增登记注册私营企业从业人员 5.08 万人，个体工商户从业人员 9.42 万人。

三、扬州市劳动就业

2017 年，扬州市城镇新增就业 75339 人，新增转移农村劳动力 14300 人，期末城镇登记失业率 1.84%。城镇失业人员再就业 75186 人，就业困难人员再就业 5779 人。高校毕业生年末总体就业率 97.3%，扶持农村劳动力自主创业 5678 人。

2018 年末，扬州市就业人口 267.1 万人，第一产业就业人口 39.4 万人，第二产业就业人口 120.4 万人，第三产业就业人口 107.3 万人。失业保持较低水平，年末全市城镇登记失业率 1.78%，城镇新增就业人数 79103 人。全年新增转移农村劳动力 15200 人。城镇失业人员再就业 85772 人，城乡就业困难人员就业再就业 16142 人。

2019 年，扬州市就业人口 268.0 万人，其中第一产业就业人口 37.3 万人，第二产业就业人口 115.1 万人，第三产业就业人口 115.6 万人。城镇新增就业人数 8.74 万人，新增转移农村劳动力人数 1.58 万人，完成就业技能培训 6.28 万人次，创业带动就业 8.31 万人，城镇登记失业率 1.75%。

2020 年，扬州市城镇新增就业 6.01 万人，新增转移农村劳动力 1.24 万人，完成就业技能培训 7.2 万人次，创业带动就业 9.45 万人。期末城镇登记失业人数 2.57 万人，城镇登记失业率 1.77%，年末领取失业保险金人数 1.1 万人。

2021 年，扬州市一类地区月最低工资标准提高到 2280 元。截至 2021 年末，扬州市规模以上企业劳动合同签订率、已建工会企业集体合同签订率分别达到 99.9%、99.8%。累计审查企业集体合同 4239 份、企业工资集体合同 1865 份，分别覆盖职工 32.3 万人、16.7 万人。各级劳动人事争议仲裁机构接处劳动人事争议 9639 件，其中立案受理 2178 件，涉及劳动者 2178 人，按期结案率 99.27%，涉及经济标的 6415.2 万元。各类调解组织共调处案件 7461 件，调解成功率 87.56%。评定江苏省首批劳动人事争议金牌调解组织 2 家。各级劳动保障监察机构主动监察用人单位 3221 户，书面审查 8571 户用人单位，立案查处违法案件 819 件。通过劳动保障监察执法为 136 名劳动者补签了劳动合同，为 2476 名劳动者追发工资等待遇 1273.36 万元，其中为 996 名进城务工人员追发工资等待遇 503.73 万元。督促 37 户用人单位办理社会保险登记，为 189 名劳动者申报缴纳社会保险费 48.71 万元。2021 年全年采集就业岗位 13.44 万个，城镇新增就业 5.97 万人，年末城镇登记失业人数 3.48 万人，城镇登记失业率 3.03%。帮助城镇失业人员就业 4.1 万人，城乡就业困难人员再就业 2.2 万人，新开发公益性岗位安置就业困难人员 2777 人，城镇零就业家庭动态为零。新增转移农村劳动力 0.73 万人，累计转移 139.62 万人，转移率 77.19%。持续深化东西部劳务协作，累计吸纳 163 名中西部脱贫人口在扬稳定就业。组织青年（含高校毕业生）就业见习 3079 人。招募“三支一扶”高校毕业生 40 名，其中支教 6 名、支农 12 名、支医 5 名、帮扶乡村振兴 12 名、水利 2 名、就业和社会保障服务 3 名。离校未就业毕业生实名登记率和服务率均为 100%。离校未就业高校毕业生年末就业率 97.53%。举办“创响扬州”系列活动，发放富民创业担保贷款 54321 万元，各类创业补贴 1080 万元，支持 2.63 万人成功自主创业，其中引领大学生创业 0.42 万人，扶持农民创业 1.1 万人。开展补贴性职业技能培训 27.41 万人次，包含以工代训 20.03 万人次。城乡劳动者就业技能培训 4.15 万人次、创业培训 1.57 万人。

四、淮安市劳动就业

2017 年，淮安市城镇新增就业 9.12 万人；下岗失业人员再就业 5.75 万人，其中困难群体再就业 9345 人。年末城镇登记失业率 1.82%，保持在较低水平。新增转移农村劳动力 2.22 万人，城乡劳动者职业技能培训 3.39 万人，创业培训 3.08 万人。大力实施“创响淮安”主题行动，成功获批省级创业型街道（乡镇）13个、创业型社区（村）120个、创业型园区1个。

2018年，淮安市城镇新增就业9.24万人；下岗失业人员再就业6.27万人，其中困难群体再就业8562人。年末城镇登记失业率1.78%，保持在较低水平。新增转移农村劳动力2.61万人，城乡劳动者职业技能培训3.45万人，创业培训1.53万人。实施“创富淮安”行动计划，新增省级创业型街道（乡镇）43个、创业型社区（村）436个、创业型园区2个。

2019年，淮安市城镇新增就业8.26万人，城镇失业人员再就业5.96万人，城乡就业困难人员就业2.85万人，年末城镇登记失业率1.75%，保持在较低水平。新增转移农村劳动力2.72万人，完成城乡劳动者就业技能培训3.93万人，创业培训1.55万人，扶持城乡创业1.67万人，创业带动就业5.58万人。

2020年，淮安市城镇新增就业6.74万人，城镇失业人员再就业7.45万人，城乡就业困难人员就业2.49万人。2020年末城镇登记失业率1.76%，保持在较低水平。新增转移农村劳动力2.16万人，城乡劳动者就业技能培训4.24万人，创业培训1.69万人，扶持城乡创业1.67万人，创业带动就业5.71万人。

2021年，淮安市就业形势总体稳定。全年城镇新增就业6.85万人，城镇失业人员再就业4.53万人，城乡就业困难人员就业1.78万人，年末城镇登记失业率3.94%。完成城乡劳动者就业技能培训11.45万人，创业培训1.49万人，扶持城乡创业2.32万人，创业带动就业8.08万人。

五、芜湖市劳动就业

2017年末，芜湖市共有人力资源服务机构52个。2017全年新增城镇就业人员8.5万人，其中安置下岗失业人员1.42万人。企业新录用员工岗前培训1.54万人。城镇登记失业率3.05%。年末，企业职工基本养老保险（含离退休）参保人数83.80万人，比上年增加3.17万人；城镇职工基本医疗保险参保人数74.71万人，增加2.83万人；失业保险参保人数42.90万人，增加1.75万人；工伤保险参保人数42.27万人，增加1.1万人；生育保险参保人数43.60万人，增加1.72万人。城镇居民参加基本医疗保险参保人数104.51万人。城乡居民养老保险参保人数158.31万人；农民参加新型农村合作医疗207.16万人，参合率达121.1%。有5.2万城镇居民、6.8万农村居民享受最低生活保障。市区最低工资标准达到1350元/月，失业保险金标准达到1215元/月，企业离退休人员人均养老金水平提高125元/月。

2018年末，芜湖市共有人力资源服务机构57个。2018全年新增城镇就业人员9.21万人，其中安置下岗失业人员0.94万人。企业新录用员工岗前培训1.29万人。城镇登记失业率2.8%。2018年末，企业职工基本养老保险（含离退休）参保人数87.97万人，比上年增加4.17万人；城镇职工基本医疗保险参保人数77.86万人，增加3.15万人；失业保险参保人数44.87万人，增加1.97万人；工伤保险参保人数44.21万人，增加1.94万人；生育保险参保人数45.66万人，增加2.06万人。城镇居民参加基本医疗保险参保人数104.87万人。城乡居民养老保险参保人数158.13万人；农民参加新型农村合作医疗205.36万人，参合率达107.6%。有4.3万城镇居民、6.8万农村居民享受最低生活保障。市区最低工资标准达到1380元/月，失业保险金标准达到1242元/月，企业离退休人员人均养老金水平提高112元/月。

2019年末，芜湖市共有人力资源服务机构66个。全年新增城镇就业人员9.58万人，其中失业人员再就业0.65万人。企业新录用员工岗前培训1.69万人。城镇登记失业率2.51%。年末，企业职工基本养老保险（含离退休）参保人数92.42万人，比上年增加4.45万人；城镇职工基本医疗保险参保人数78.11万人，增加0.25万人；失业保险参保人数47.49万人，增加2.62万人；工伤保险参保人数46.79万人，增加2.58万人；生育保险参保人数48.30万人，增加2.64万人。城乡居民参加基本医疗保险参保人数304.30万人。城乡居民养老保险参保人数 157.89 万人。有 3.64 万城镇居民、6.49 万农村居民享受最低生活保障。市区最低工资标准达到 1380 元/月，失业保险金标准达到 1242 元/月，企业离退休人员人均养老金水平 2120 元/月，提高 89 元/月。

2020 年末，芜湖市共有人力资源服务机构 108 个。2020 全年新增城镇就业人员 6.9 万人，其中失业人员再就业 2.56 万人。企业新录用员工岗前培训 1.84 万人。城镇登记失业率 2.54%。2020 年末，企业职工基本养老保险（含离退休）参保人数 98.65 万人，比上年增加 6.23 万人；城镇职工基本医疗保险参保人数 86.88 万人，增加 5.1 万人；失业保险参保人数 51.5 万人，增加 4.01 万人；工伤保险参保人数 50.5 万人，增加 3.71 万人；生育保险参保人数 53.19 万人，增加 4.89 万人。城乡居民参加基本医疗保险参保人数 299.37 万人。城乡居民养老保险参保人数 157.28 万人。有 3.46 万城镇居民、6.46 万农村居民享受最低生活保障。市区最低工资标准达到 1380 元/月，失业保险金标准达到 1242 元/月，企业离退休人员人均养老金水平 2233 元/月，提高 113 元/月。

2021 年末，芜湖市共有人力资源服务机构 162 个。2021 全年新增城镇就业人员 7.6 万人，其中失业人员再就业 2.71 万人，城镇登记失业率 2.14%。企业新录用员工岗前培训 2.21 万人。年末，企业职工基本养老保险（含离退休）参保人数 104.53 万人，比上年增加 5.88 万人；城镇职工基本医疗保险（含生育保险）参保人数 90.88 万人，比上年增加 4 万人；失业保险参保人数 56.05 万人，比上年增加 4.55 万人；工伤保险参保人数 55.37 万人，比上年增加 4.87 万人。城乡居民养老保险参保人数 155.96 万人，基本医疗保险参保人数 288.73 万人，有 3.1 万城镇居民、6.3 万农村居民享受最低生活保障。芜湖市区月最低工资标准达到 1500 元，月失业保险金标准达到 1350 元，企业离退休人员月人均养老金水平为 2349 元，提高了 116 元。

六、马鞍山市劳动就业

2017 年，马鞍山市新增就业 5.78 万人，失业人员再就业 1.31 万人，“4050”人员等困难群体再就业 4879 人，城镇登记失业率 2.98%。城镇职工养老保险参保人数 59.42 万人，失业保险参保人数 26.33 万人，医疗保险参保人数 99.78 万人，工伤保险参保人数 30.83 万人，生育保险参保人数 59.44 万人。新型农村社会养老保险参保人数 94.97 万人，参保率 94.2%。被征地农民养老保障实现即征即保，参保人数 15.97 万人。

2021 年，马鞍山市全力服务经济社会发展大局，充分发挥职能作用，助力全市经济社会高质量发展。一是服务企业精准有力。支持宝武马钢公司实施共享用工推进员工转型发展，开发共享用工岗位 1979 个，已签约上岗 233 人。全面落实阶段性降低失业保险、工伤保险费率政策，全年市本级减征保险费 1.21 亿元，切实减轻企业负担。向 7430 户企业返还失业保险费 3911 万元，发放“留岗红包”补贴、中小微企业稳岗资金，鼓励支持企业稳定就业岗位。常态化开展线上、线下招聘活动 774 场，1.56 万家次企业提供岗位 27.57 万个，达成就业意向 2.64 万人。实施“聚马行动”计划，组织开展用工对接活动，吸引 210 余名外地人员来马就业。二是大众创业全力推进。完善创业担保贷款政策，全年扶持创业 2097 人，带动就业 6582 人。举办市第三届创业培训师资大赛，推荐 6 名创业者参加省“创业江淮”训练营，全年开展创业培训 5350 人。含山县国本农民工返乡创业园被认定为省级返乡农民工创业示范园。全市云平台创客注册 6873 人、企业注册 267 家。三是技工大市建设卓有成效。深入实施职业技能提升行动，开展补贴性职业技能培训 69526 人次，开展技能等级认定 2.1 万人，发放职业技能等级证书和职业资格证书 2.28 万本。新增省级技能大师工作室 6 个、江淮杰出工匠 2 人、安徽省技能大奖 6 人、省级安全生产和技能实训基地 1 个、省级技能大师工作室评鉴成果奖 3 个、省级“名师”30 人，评定市级技能大师工作室 10 个、第五届“马鞍山市首席技师”20 人。实施“皖厨”培育工程，首批遴选当涂大肉面等 4 个项目开展培育。成功举办市第九届职业技能竞赛，194 家企业的 810

名技术能手参加10个项目比赛，是马鞍山市历届职业技能竞赛中参赛人数最多、规模最大的一次竞赛。全年新增技能人才44749人，其中高技能人才15968人。四是人才引育力度加大。创新制定《马鞍山市促进市场化人才开发激励办法（试行）》，改革创新人才引进、评价、激励机制。新增省第八批学术和技术带头人及后备人选12人，评选认定第二批市学术和技术带头人20人。获批设立省级博士后科研工作站3家，举办1个国家级高研班和6个省级高研班。1个博士后领衔的创新创业项目获全省首届博士后创新创业大赛安徽赛区创业组唯一金奖，2个项目获第一届全国博士后创新创业大赛铜奖。全年新晋升职称专技人才8632人，为858家单位4883名“骏马”人才发放补贴，开展继续教育培训3.9万人，发放优才卡139张。五是人事管理不断健全。扎实开展事业单位公开招聘，全年招录事业单位工作人员880人。统筹做好县级以下事业单位管理岗位职员等级晋升工作，完善事业单位岗位设置和绩效工资管理。优先保障中小学教师待遇，扎实做好规范津贴补贴和编外聘用人员薪酬待遇管理相关工作。统筹推进表彰奖励工作，2人获评“全国脱贫攻坚先进个人”，28名个人和16个集体被授予安徽省脱贫攻坚先进个人、先进集体称号。配合市委组织部等部门做好建党100周年庆祝、表彰和“光荣在党50年”纪念章颁发工作。

坚持以人民为中心的发展思想，努力让人民群众获得感成色更足、幸福感更可持续、安全感更有保障。一是就业局势持续稳定。强化就业优先政策，着力稳定和扩大就业，持续筑牢民生之本，2021年城镇新增就业41942人。组织实施“万名学生进千企”系列活动，引导本地毕业生留马就业，全市驻马高校毕业生留马就业创业率达20.08%。组织开展春风行动、就业援助月等专项活动，持续加强重点群体就业援助，2734名就业困难人员实现再就业。二是社保体系不断完善。推进完善城镇职工养老保险省级统筹，持续推进机关事业单位养老保险制度改革。制定工伤预防五年行动计划，推进落实工伤保险省级统筹。深入实施全面参保计划，扎实开展“社会保险扩面提升行动”，新增参保3300户企业、24817人，全市城镇企业职工基本养老、机关事业单位养老、失业、工伤保险参保人数分别达65.64万人、7.47万人、28.80万人、32.09万人。各项社会保险待遇按时足额发放。三是收入待遇稳步增长。大力实施共享发展专项行动，持续推进城镇居民增收，2021年全市城镇居民人均可支配收入达56440元，总量居全省第1，增速排名全省第9。同步调整退休人员基本养老金。城乡居民养老保险基础养老金每人每月增加10元，惠及29.5万人。完成工伤认定2659件，开展劳动能力鉴定2505人次。全年发放失业保险金、失业补助金1.15亿元，代缴基本医疗保险费2713万元。四是民生工程有序实施。开发公益性岗位2981个、就业见习岗位1916个，安置困难人员就业1589个，安排957人参加就业见习。开展企业新录用人员岗前技能培训19689人、新技工系统稳定培养2715人。健全家庭经济困难学生资助体系，为8733人次兑现中职学校国家免学费补助，向1908人次发放中职学校国家助学金。全市城乡居民基本养老保险参保缴费51.99万人。

七、滁州市劳动就业

2021年，滁州市把稳定和扩大就业作为首要政治任务，坚持援企、稳岗、扩就业并举，将就业创业放在优先发展的位置；加速政策落地，稳住市场主体，夯实“稳”的基础，着力实现更高质量的就业。2021年，滁州市城镇新增就业11.14万人，各地均超额完成全年目标任务，其中南谯区、琅琊区完成较好。城镇失业人员再就业14202人，完成全年计划9300人的152.71%。各地均超额完成全年任务，其中来安县、定远县、凤阳县完成较好，完成率分别达238.92%、155.58%、150.83%。2021年，全市就业困难人员再就业人数4546人，完成全年目标计划2600人的174.85%。各地均超额完成全年目标任务，其中琅琊区、凤阳县、南谯区完成情况较好，完成率分别达317.42%、207.16%、176.43%。2021年，全市城镇登记失业率为2.52%，控制在4.4%的计划目标以内。8个县（市、区）均在控制线以内，其中南谯区、天长市、来安县城镇登记失业率低于全市。2021年，全市新增转移农业劳动力81865人，完成全年计划5.6万人的146.19%。各地均超额完成全年目标任务，其中全椒县、来安县、天长市完成率达150%以上。2021年，滁州市离校未就业高校毕业生就业帮扶任务数为5602人，各地均完成省厅下达目标任务，就业帮扶率达100%，高于90%的目标完成率。2021年，全市开发就业见习岗位1730个，完成全年计划1271个的136.11%，各地均完成全年目标任务，其中琅琊区、定远县、明光市完成率分别高达169.03%、155.63%、154.38%。2021年，全市开发公益性岗位2944个，完成全年计划2900个的101.52%，各地均完成全年目标任务，其中南谯区、定远县完成情况相对较好。2021年计划在全市设置高校毕业生基层特定岗位744个，现岗位留存人员744名，各地均已完成全年计划。2021年，全市帮助企业招工86514人，完成全年计划7万人的123.59%，各地均超额完成全年任务。其中，全椒县、凤阳县完成全年帮招任务130%以上。

滁州市明光市城镇就业基本稳定。2021年，滁州市明光市新增城镇就业11989人，完成年度目标任务的231%；累计使533名就业困难人员实现就业、1232名失业人员实现再就业，城镇登记失业率2.86%，低于4.4%目标要求；城镇调查失业率低于5%的预期目标，就业形势总体稳定。

八、宣城市劳动就业

2017年，宣城市城镇新增就业岗位5.95万人，失业人员再就业1.3万人，困难人员再就业0.14万人。年末城镇登记失业率3.03%。

2018年，宣城市城镇新增就业岗位6.1万个，失业人员再就业1.2万人，困难人员再就业1450人。年末城镇登记失业率3.08%。

2019年，宣城市城镇新增就业岗位5.8万个，失业人员再就业6527人，困难人员再就业2567人。年末城镇登记失业率2.72%，比上年降低0.36个百分点。

2020年，宣城市城镇新增就业4.5万人，比上年少增1.3万人。失业人员再就业1.3万人，比上年增长93.3%。困难人员再就业3140人，增长22.3%。2018年末城镇登记失业率2.7%。

2021年，宣城市城镇新增就业5.4万人，比上年增多0.9万人。失业人员再就业1.6万人，困难人员再就业0.6万人。年末城镇登记失业率控制在2.13%。

九、溧阳市劳动就业

2018年，溧阳市城镇新增就业人数15495人，城镇失业人员再就业2680人，就业困难人员再就业550人，新增转移农村劳动力1490人，支持成功自主创业2815人，引领大学生创业人数419人，扶持农村劳动力自主创业701人，城镇登记失业率1.82%。

2019年，常州市溧阳市城镇新增就业人数15600人，城镇登记失业率1.82%，城镇失业人员再就业2880人，就业困难人员再就业600人，支持成功自主创业2100人，引领大学生创业人数420人，扶持农村劳动力自主创业800人。

2020年，溧阳市城镇新增就业人数16012人，城镇失业人员再就业4322人，就业困难人员再就业964人，支持成功自主创业2031人，引领大学生创业人数361人，扶持农村劳动力自主创业788人，城镇登记失业率1.8%。

2021年，溧阳市城镇新增就业人数21600人，城镇失业人员再就业5128人，就业困难人员再就业1173人，支持成功自主创业1750人，引领大学生创业人数326人，扶持农村劳动力自主创业639人，城镇登记失业率1.5%。

十、金坛区劳动就业

2021年，常州市金坛区就业创业精准显效。举办线上线下各类人力资源招聘会70余场，开通企业“网络招聘直播间”，提供就业岗位3万余个，分批组织100余家重点企业前往陕西、贵州、河南等13个劳务合作基地开展劳务对接。发动金坛区121家人力资源机构、区外11家人力资源机构为企业招工3万余人。举办第二届“金创翼”创业大赛，支持成功自主创业1228人，引领大学生创业194人，创业带动就业4543人。组织531名应届大学生就业见习。启动“名校优才计划”，开展2021年“金沙乐业春季引才”巡回校园招聘活动，组织300余家企业先后到省内外70余所高校（高职院校）举办专场招聘，达成就业意向2000余人。举办第四届“金工匠”职业技能竞赛。成立常州工业职业技术学院金坛分院，组织金坛重点企业与常州高职院校人力资源合作对接。

第三章　居民收入

第一节　南京都市圈居民收入情况

2021 年，中国居民人均可支配收入 35128 元，同比增长 9.1%。分城乡看，2021 年中国城镇居民人均可支配收入 47412 元，同比增长 8.2%，扣除价格因素，实际增长 7.1%；农村居民人均可支配收入 18931 元，同比增长 10.5%，扣除价格因素，实际增长 9.7%。

自《南京都市圈发展规划》获批以来，都市圈各成员坚持合作共建，统筹推进疫情防控和经济社会发展各项工作，都市圈规模持续扩大，高质量发展稳步前行。2021 年南京都市圈居民收入稳步提升，消费持续恢复，10 个市（区）全体居民人均可支配收入增幅均达到或超过全国增幅，其中 7 个市（区）人均可支配收入超过全国水平，南京、金坛、镇江人均可支配收入分别为 66140 元、51004 元、50360 元，居都市圈前 3 位，溧阳、马鞍山、扬州、芜湖人均可支配收入超过 4 万元。2021 年南京都市圈各市（区）城乡居民收入情况如图 8-3-1 所示。

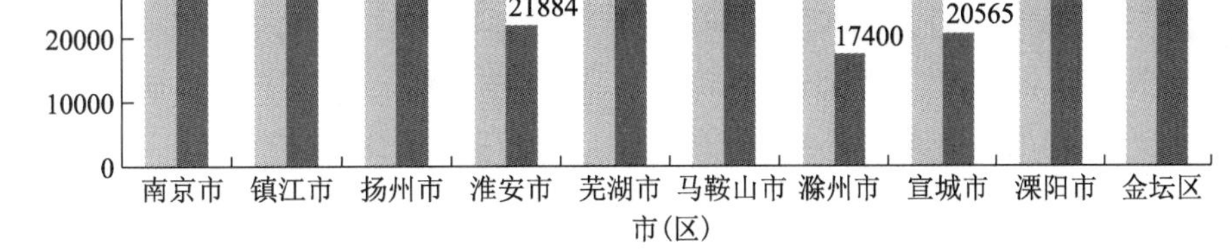

图 8-3-1　2021 年南京都市圈各市（区）城乡居民收入情况

第二节　各市（区）居民收入情况

一、南京市居民收入

2021年，南京市居民收入继续增长，全年全体居民人均可支配收入66140元，比上年增长9.1%。其中，工资性收入41414元，增长9.6%；经营净收入6954元，增长7.6%；财产净收入6865元，增长9.3%；转移净收入10908元，增长8.4%。按照常住地分，城镇居民人均可支配收入73593元，增长8.9%（表8-3-1）；农村居民人均可支配收入32701元，增长10.4%。

表8-3-1　2021年南京市分区城镇居民人均可支配收入

地区	2021年/元	2021年为上年%
全市	73593	108.9
玄武	81472	108.8
秦淮	74597	108.8
建邺	71718	108.9
鼓楼	80735	109.1
浦口	67910	108.7
栖霞	72059	109.4
雨花台	71663	109.1
江宁	70989	108.5
六合	66353	109.2
溧水	64859	108.6
高淳	65444	108.5
江北新区直管区	71313	109.5

注：浦口和六合收入不包含江北新区直管区部分。

目前，南京市共有11个市辖区，若把江苏省唯一一个国家级新区——江北新区也列入其中，则一共为12个区。从整体上来看，作为南京传统意义上的主城区，人均收入较高，虽然包括江宁在内的新兴市区人均收入总体较低，但是全部都在5万元以上，超过了省内人均收入。

玄武区人均收入最高，达到81472元，已经连续多年蝉联第一。从目前的经济发展水平来看，鼓楼区存在赶超玄武区的可能。2021年，鼓楼区的人均收入也在8万元以上，达到80735元，玄武区的领先优势仅有737元。同时期，鼓楼区人均收入的名义增速为9.1%，比玄武区高0.3个百分点，增量多出164元。

秦淮区、栖霞区、建邺区、雨花台区这四个主城区紧随其后，分列第3到第6的位置。这几年江北新区和江宁区发展很快，GDP总量也处于全市领跑地位。以江宁区为例，2021年其地区生产总值总量为2810.47亿元，位列第一。但江宁区在人均收入上并不突出，仅仅以60367元处于第8位。其主要原因在于江宁区庞大的人口基数，在第七次人口普查中，江宁区的常住人口为192.61万。南京六大主城区中，人口最多的鼓楼区为94.04万，最少的建邺区为53.43万。浦口、高淳、六合和溧水的人均收入在江宁区之后，都未到6万元，领跑的浦口区为55715元。其中，溧水区的人均收入仅为50865元，与主城区、江北新区及江宁区相比，这四地主要是生态绿色发展。

二、镇江市居民收入

2021年，镇江市常住居民人均可支配收入50360元，增长9.1%，其中，工资性收入31403元，增长8.6%；经营净收入6734元，增长8.9%；财产净收入4754元，增长10.3%；转移净收入7469元，增长10.1%。常住居民人均消费支出30780元，增长21.5%。按常住地分，全市城镇常住居民人均可支配收入59204元，增长8.5%，城镇常住居民人均消费支出33992元，增长19.8%。农村常住居民人均可支配收入31354元，增长10.4%，农村常住居民人均消费支出23876元，增长26.3%。

各区县情况如下：

2021年，第一强区京口区领跑，城镇常住居民人均收入高达59510元，年均增长7.2%，人均消费性支出36256元。润州区城镇居民人均可支配收入58145元，人均消费性支出36597元。镇江高新区城镇居民人均可支配收入57071元，人均消费性支出35177元。镇江新区城镇居民人均可支配收入57623元，人均消费性支出35157元。农村常住居民人均可支配收入31284元，人均消费性支出21928元。

丹徒区全体居民人均可支配收入45080元，同比增长9.1%，其中，工资性收入26899元，同比增长8.8%；经营净收入6046元，同比增长7.4%；财产净收入4611元，同比增长10.6%；转移净收入7524元，同比增长10.9%。全体居民人均消费支出29415元，同比增长23.8%。按常住地分，城镇常住居民人均可支配收入57971元，同比增长8.2%；城镇常住居民人均消费支出35918元，同比增长22%；农村常住居民人均可支配收入28258元，同比增长10.2%，农村常住居民人均消费支出20929元，同比增长26.3%。

丹阳市居民收入稳步提高。全市居民人均可支配收入48075元，同比增长9.4%，比上年提高4.9个百分点，两年平均增长7.0%。其中，城镇居民人均可支配收入59056元，同比增长8.7%，比上年提高5.3个百分点，两年平均增长6.0%；农村居民人均可支配收入32539元，同比增长10.3%，比上年提高4.2个百分点，两年平均增长8.2%。城乡居民人均可支配收入比1.82，同比缩小0.02个百分点。

扬中市全体居民人均可支配收入53719.5元，比上年增长9.3%。其中，城镇居民人均可支配收入65232.4元，增长8.6%；农村居民人均可支配收入35818.8元，增长10.3%。居民消费呈恢复性增长，人均生活消费支出30185.7元，增长22%。其中，城镇居民人均生活消费支出33486.6元，增长19.8%；农村居民人均生活消费支出25053.2元，增长26.2%。

句容市全体居民人均可支配收入44497元，同比增长9.39%。其中，城镇居民人均可支配收入57253元，人均消费性支出32034元；农村居民人均可支配收入28387元，人均消费性支出22253元。

三、扬州市居民收入

截至2021年末，扬州市户籍人口451.56万人，比上年下降0.69%。全体居民人均可支配收入42287元，绝对水平列全省第8位，同比增长8.9%，增幅列全省第13位。全体居民人均消费支出26083元，增长18.2%。其中，城镇常住居民人均可配收入50947元，同比增长7.9%；农村常住居民人均可支配收入27354元，同比增长10.2%。

截至2021年末，全市城乡基本养老、基本医疗、失业、工伤和生育保险参保人数分别为327.39万人、428.99万人、77.07万人、95.02万人和93.26万人。城乡低保月人均标准提高到740元，累计发放低保资金1.93万人次，共计1.16亿元。

扬州市下辖3区、1县，代管2个县级市。根据人均收入的高低，分别是邗江区（52983元）、广陵区（51242元）、江都区（42189元）、仪征市（40255元）、高邮市（35549元）、宝应县（32327元），详见表8-3-2。扬州各区县之间的人均收入差距还是很大的，区域经济发展不平衡的现状在短时间内难以消除。

表 8-3-2　2021 年扬州市分地区全体居民人均可支配收入和消费支出

单位：元

项目	全市	广陵	邗江	江都	宝应	仪征	高邮
可支配收入	42287	51242	52983	4218	32327	40255	35549
一、工资性收入	25429	31805	37548	25186	18895	27084	21257
二、经营净收入	6757	6584	8628	6868	5557	6907	6345
三、财产净收入	3369	4284	1236	3543	2522	1241	2511
四、转移净收入	6732	8569	5571	6592	5353	5023	5436
消费支出	26083	39132	37350	28075	20326	24432	24214
一、食品烟酒	7552	11007	10797	8037	6079	7158	6988
二、衣着	1996	2535	2266	2327	1554	2465	1793
三、居住	6045	7139	4821	6518	4358	4770	5437
四、生活用品及服务	1546	2398	2038	1519	1161	1931	1466

邗江区的人均收入位列全市第一，达到 52983 元。它作为扬州市的政府所在地，成为扬州市重点发展的区域。2021 年 4 月，邗江区集中签约了 45 个项目共 284.9 亿元，为拉动全区的经济发展汇入重要力量。在装备制造、汽车及零部件、生物健康领域取得不俗成绩，该三大领域在 2020 年的工业产值就达到 437.97 亿元。

除了邗江区以外，广陵区的人均收入也在 5 万元以上，达到 51242 元。这两个区是全市仅有的超过全省平均水平的地方。其余各区县的人均收入都在 4.3 万元以下。在典型的市区强、县域经济较弱的格局下，仪征市成为扬州县域经济发展的“领头羊”。

四、淮安市居民收入

2021 年，淮安市全体居民人均可支配收入 34731 元，同比增长 9.8%，两年平均增长 7.3%。其中，工资性收入 15989 元，增长 7.8%；经营净收入 5727 元，增长 10.4%；财产净收入 2051 元，增长 15.9%；转移净收入 3929 元，增长 11.9%。按常住地分，城镇居民人均可支配收入 43954 元，增长 9.0%，两年平均增长 6.2%；农村居民人均可支配收入 21884 元，增长 10.9%，两年平均增长 8.6%；城乡居民收入比值为 2.01，较 2020 年同期缩小 0.03 个百分点。

各区县情况如下：

2021 年，清江浦区全体居民人均可支配收入 50417 元，比上年增长 9.1%，排名全市第一。其中，城镇居民人均可支配收入 53106 元，增长 8.9%；农村居民人均可支配收入 27126 元，增长 11.1%。全体居民人均生活消费支出 26544 元，比上年增长 21.2%。其中，城镇居民人均生活消费支出 27308 元，增长 20.9%；农村居民人均生活消费支出 19963 元，增长 23.1%（表 8-3-3）。

表 8-3-3　2020—2021 年淮安市居民人均可支配收入（分地区）

单位：元

地区	全体居民		城镇常住居民		农村常住居民	
	2020 年	2021 年	2020 年	2021 年	2020 年	2021 年
淮安市	31619	34731	40318	43954	19730	21884
淮安区	27395	30237	34889	38148	20025	22268
淮阴区	27878	30714	37485	40896	18471	20503

续表

地区	全体居民		城镇常住居民		农村常住居民	
	2020 年	2021 年	2020 年	2021 年	2020 年	2021 年
清江浦区	46198	50417	48779	53106	24416	27126
洪泽区	31062	34116	40371	43911	21631	23989
涟水县	25820	28470	33413	36520	18422	20419
盱眙县	30258	33235	40531	44126	19933	22026
金湖县	31461	34539	40971	44552	21692	24035
开发区	46199	50246	46199	50246		

2021 年，金湖县全体居民人均可支配收入 34538.5 元，位居全市第二，同比增长 9.8%，增幅位居全市第四。其中：城镇居民人均可支配收入 44551.6 元，同比增长 8.7%，增幅位居全市第八；农村居民人均可支配收入 24034.8 元，同比增长 10.8%，增幅位居全市第五。农村居民人均可支配收入增幅比城镇居民人均可支配收入高 2.1 个百分点，城乡居民收入比为 1.85：1，比 2020 年缩小 0.04 个百分点，城乡居民收入差距进一步缩小。居民人均消费支出 23596 元，同比增长 21.2%，增幅位居全市第三。

2021 年，洪泽区居民收入稳步提高。全体居民人均可支配收入 34731 元，比上年增长 9.8%。其中，工资性收入 19466 元，增长 8.8%；经营净收入 7017 元，增长 10.3%。按常住地分，城镇居民人均可支配收入 43954 元，增长 9.0%；农村居民人均可支配收入 21884 元，增长 10.9%。城乡居民收入比值为 2.01，较 2020 年同期缩小 0.03 个百分点。全体居民人均消费支出 19857 元，比上年增长 20.7%。按常住地分，城镇居民人均消费支出 23920 元，增长 19.4%；农村居民人均消费支出 14197 元，增长 22.7%。

2021 年，盱眙县民生事业得到新提升。城镇居民人均可支配收入 41260 元，增长 5%；农村居民人均可支配收入 19750 元，增长 5.5%。全县 6.04 万低收入人口全部脱贫，18 个省市定经济薄弱村、68 个低收入村全部出列，在全市率先提前一年实现脱贫攻坚目标。

淮阴区民生改善取得新成效。2021 年新增财力 80%以上投入民生和社会事业，完成“为民办实事”项目 177 项。城乡居民人均可支配收入分别达 37775 元、18453 元，是“十二五”末的 1.44 倍、1.5 倍。

淮安区居民收入稳步增长。根据住户收支与生活状况调查，2021 全年全区居民人均可支配收入 30237 元，比上年增加 2842 元，增长 10.4%。按常住地分，城镇居民人均可支配收入 38148 元，比上年增加 3259 元，增长 9.3%；农村居民人均可支配收入 22268 元，比上年增加 2243 元，增长 11.2%。从收入构成看，工资性收入为主要收入，为 18701 元，占全部收入的 61.8%；转移净收入增长最快，增幅为 12.7%。全区居民人均消费支出 18791 元，比上年增长 21.4%。其中，教育文化娱乐类消费支出增速第一，增长 37.5%；食品消费支出比重略有下降，恩格尔系数为 30.4%。

涟水县全体居民人均可支配收入为 28470.5 元，比上年增加 2650.4 元，增长 10.3%。其中，城镇居民人均可支配收入 36520.4 元，比上年增加 3107.43 元，增长 9.3%；农村居民人均可支配收入 20418.7 元，比上年增加 1996.91 元，增长 10.8%。居民人均消费支出 17218 元，比上年增加 3023.8 元，增长 21.3%。其中城镇居民人均消费支出 21877.2 元，比上年增加 3595.2 元，增长 19.7%；农村居民人均消费性支出 12557.7 元，比上年增加 2346.7 元，增长 23.0%。

五、芜湖市居民收入

2021 年，芜湖市居民人均可支配收入 40501 元，比上年增长10.0%，排名居全省第3位。据抽样调查，全年城镇常住居民人均可支配收入48668元，增长9.2%；人均消费支出29205元，增长15.0%；人均住房建筑面积36.3平方米。农村常住居民人均可支配收入27202元，增长11.2%；人均消费支出16747元，增长14.7%；人均住房建筑面积44.2平方米。城镇居民的恩格尔系数为32.2%，农村居民的恩格尔系数为34.8%。

2021年芜湖市各区县居民人均可支配收入及其增幅如表8-3-4所示。

表8-3-4　2021年芜湖市居民人均可支配收入及其增幅

名称	全体居民人均可支配收入/元	增幅/%	城镇常住居民人均可支配收入/元	增幅/%	农村常住居民人均可支配收入/元	增幅/%
芜湖市	40501	10.0	48668	9.2	27202	11.2
湾沚区	36838	10.5	45802	9.4	29503	11.3
繁昌区	37276	10.6	45661	9.6	29361	11.4
南陵县	35737	10.2	43832	9.0	29508	11.0
无为市	33097	10.4	44368	9.3	24142	11.0
镜湖区	54303	9.1	54698	9.1	33344	11.2
弋江区	50932	8.9	50932	8.9	—	—
鸠江区	42831	9.9	49002	9.2	29191	11.3
三山开发区	35026	10.5	44266	9.0	29363	11.5
经开区	48663	9.5	48663	9.5	—	—

从表中可以看出，镜湖区居民人均可支配收入在全市排名第一，戈江区排名第二，这两个区居民人均可支配收入均超过5万元，鸠江区和经开区人均可支配收入在4万元以上，其他各区未超过4万元。

总体看来，2021年芜湖市经济发展稳中向好，高质量发展之路越走越快、越走越实。“创业芜优”、打造“宜业芜湖”促进人民城市建设等政策陆续出台，新一轮城镇居民增收举措密集落地，各级政府保基本民生力度持续加大，城镇居民收入水平稳步提升。

六、马鞍山市居民收入

2021年，马鞍山市在高质量发展中促进共同富裕，经济社会发展成果更多更公平惠及人民群众，城乡居民人均可支配收入稳步增加。全市城乡居民人均可支配收入46557元，比上年增长9.8%，全省排名第一。其中，城镇居民人均可支配收入56440元，增长9.0%；农村居民人均可支配收入28331元，增长11.5%。城乡差距进一步缩小，城乡居民收入比为1.99，比上年缩小0.05个百分点。

各区县情况如下：

2021年，和县全体居民人均可支配收入达33787元，增幅为10.2%，高于全市平均水平0.4个百分点，高于全省平均水平0.2个百分点。其中，城镇居民人均可支配收入为41489元，增幅为9.0%，增幅居全市三县三区第三；农村居民人均可支配收入为25250元，增幅为11.6%，高于全市平均水平0.1个百分点，高于全省平均水平1.1个百分点，增幅居全市三县三区第二。和县城乡居民可支配收入三项指标稳步增长。

2021年，含山县树牢高质量发展导向，制订《推动县域经济高质量发展工作方案》，聚焦县域经济高质量发展、民营经济、开发区建设、绿色智能铸造特色产业集群等重点工作，强化经济运行月度分析研判，有力有效实施激励政策举措，主要指标增幅好于预期、高于全市，城镇居民人均可支配收入40156元，增长9%；农村居民人均可支配收入24724元，增长10%。

2021 年，当涂县农村居民人均可支配收入达到 32292 元，同比增长 11.5%，增幅实现两位数增长，绝对值连续 19 年居全省县域第一。总量比全省和全市平均水平分别高出 13924 元和 3961 元，2021 年增速比全省平均水平高出 1 个百分点。

七、宣城市居民收入

2021 年，宣城市居民人均可支配收入 33720 元，比上年增长 9.7%，扣除价格因素，实际增长 8.9%。按常住地分，城镇居民人均可支配收入 46115 元，增长 9.5%，扣除价格因素，实际增长 8.7%；农村居民人均可支配收入 20565 元，增长 8.7%，扣除价格因素，实际增长 7.9%。城乡居民人均可支配收入比值为 2.24。

（一）宣州区

2021 年，宣州区城镇居民人均可支配收入增长 9.2%，高于全区地区生产总值增长 0.2 个百分点，高于全区地区生产总值两年平均增长 1 个百分点。

工资性收入稳定增长。宣州区扎实落实“六稳六保”任务，实现了经济稳定恢复，城镇居民收入稳定增长。2021 年城镇居民人均工资性收入 22407 元，同比增长 7.9%，两年平均增长 5.2%，占可支配收入的 48.1%；对收入增长贡献率为 42.0%，拉动收入增长 3.9 个百分点。

经营净收入持续恢复。区委、区政府坚持稳中求进工作总基调，统筹疫情防控和经济社会发展，全区经济实现稳步恢复。2021 年，全区城镇居民人均经营净收入为 15002 元，同比增长 8.4%，比上年提高了 3.9 个百分点；对收入增长贡献率为 29.6%，拉动收入增长 2.7 个百分点。

转移净收入快速增长。2021 年，城镇居民人均转移净收入为 6804 元，同比增长 16.0%，对可支配收入增长的贡献率为 23.9%，拉动城乡居民可支配收入增长 2.2 个百分点。转移性收入保持较快增长的主要因素：一是全区城乡居民基本医疗保障水平得到提升，医疗报销收入增长较快；二是城乡居民离退休、养老人员待遇得到提升；三是城镇外出从业人员寄回带回收入保持较快增长。

2021 年，宣州区城镇居民人均消费支出总额 32648 元，同比增长 12.1%。从支出结构看，占消费支出比重较高的是食品烟酒、交通通信、居住和教育文化娱乐，分别为 30.5%、20.5%、14.9%和 10.9%；其次是医疗保健、服饰、生活用品及服务、其他用品和服务，消费支出占比分别为 8.3%、6.2%、6.1%、2.6%。全区城镇居民恩格尔系数 30.5%，比上年下降 0.4 个百分点，体现了宣州区镇居民生活水平在不断上升。

（二）宁国市

2021 年，宁国市城镇常住居民人均可支配收入 50723 元，同比增长 9.0%，两年平均增长 7.3%；农村常住居民人均可支配收入 23162 元，同比增长 9.1%，两年平均增长 8.3%。

（三）其他各区

其他各区居民人均可支配收入稳步增长。

八、滁州市居民收入

2021 年，滁州市城镇居民人均可支配收入 39025 元，比上年增长 8.3%；人均消费支出 25072 元，比上年增长 7.1%。其中，食品支出 6798 元，增长 4.9%；衣着支出 1940 元，增长 9.0%；居住支出 5770 元，增长 3.0%；生活用品及服务支出 1702 元，增长 9.1%；交通通信支出 3109 元，增长 14.1%；教育文化娱乐支出 2930 元，增长 16.4%；医疗保健支出 2379 元，增长 1.0%；其他用品和服务支出 444 元，增长 14.6%。城镇居民恩格尔系数为 27.1%。

2021 年末，每百户城市居民家庭拥有家用汽车 50.3 辆，摩托车 15.8 辆，电冰箱 105.9 台，洗衣机 102.7 台，热水器 105.0 台，空调 222.9 台，彩电 167.4 台，照相机 11.9 台，计算机 55.2 台，固定电话 6.6 部，移动电话 285.1 部。

2021 年，农村居民人均可支配收入 17400 元，比上年增长 10.6%；农村居民人均消费支出 12988 元，比上年增长 7.1%。其中，食品烟酒支出 4426 元，增长4.9%；衣着支出794元，增长4.2%；居住支出2463元，增长10.0%；生活用品及服务支出741元，增长9.5%；交通通信支出1543元，增长2.0%；教育文化娱乐支出1622元，增长20.0%；医疗保健支出1175元，增长2.7%；其他用品和服务支出223元，增长1.8%。农村居民恩格尔系数为34.1%。

截至2021年末，每百户农村居民家庭拥有家用汽车23.5辆，摩托车41.5辆，电冰箱109.2台，洗衣机109.5台，热水器93.8台，空调153.7台，彩电146.1台，照相机0.9台，计算机15.3台，固定电话4.4部，移动电话315.3部。

琅琊区作为滁州市的主城区，在薪酬水平上要明显高于市内其他地区，最终以14896元的全区全体居民人均可支配收入遥遥领先。经开区和天长市的人均收入也在万元以上。其中，天长市以11139元位列第3位。来安县、南谯区、全椒县的人均可支配收入都在9000元以上，高于全市8863元的平均水平。其中，来安县的人均收入高于南谯区。具体来看，来安县在一季度的人均可支配收入为9579元，比南谯区的9457元多出122元。从城镇和农村居民人均收入看，来安县城镇居民人均收入抢眼，达到12945元，比南谯区多出千元水平。明光市、定远县、凤阳县的人均收入处于全市后列。凤阳县最低且仅有6700元，比全市平均水平要低2163元，整体民富水平是滁州市的短板，主要是因为其整体居民的薪酬水平不高造成的，近几年凤阳县加快提高转移性收入，提高了养老金的标准，人均收入也有了很大的进步。

九、溧阳市居民收入

2021年，溧阳市全体居民人均可支配收入为49521元，增长9.7%，全国排名第44位，增速位列常州第一。其中，城镇居民人均可支配收入为60560元，同比增长9.2%；农村居民人均可支配收入33371元，同比增长10.9%。城乡居民收入比为1.81，较去年缩小0.03。

溧阳市居民收入保持稳定增长主要得益于以下几点：

（1）全力抓好经济运行，呈现稳中提质新态势。坚持用稳增长的硬措施落实好促发展的硬道理，经济运行稳中有进、稳中提质、稳中向好。**多措并举稳定增长**。在常州率先推出“春节暖心惠企政策大礼包”鼓励外来员工留溧过年，一揽子实打实的暖心举措广受好评。**工业经济运行稳中有进**。实施工业经济跃升行动，全年新增规模以上工业企业120家，新增销售超亿元企业58家。规模以上工业产值、工业应税销售收入分别增长31.8%和37.5%。江苏上上电缆集团应税销售突破300亿元，连续三届获评“中国质量奖提名奖”。江苏时代新能源科技有限公司（以下简称“江苏时代”）应税销售收入突破200亿元。“四大重点产业”产值增长62.5%、高于规模以上工业产值30.7个百分点。其中动力电池产业产值、销售、入库税收分别增长134.5%、162.6%、336.2%，出货量占全省的50%以上，工业入库税收增长30.9%。纳税超亿元企业20家，江苏时代、金峰集团纳税超10亿元。规模以上工业亩均产值、亩均税收分别增长19.5%、19.4%，规模以上工业总产值能耗同比下降27.7%。**现代服务业稳中提质**。重磅推出南京都市圈“惠”游溧阳活动，卓有成效地举办茶叶节暨旅游节、丰收节、迷笛音乐节等系列文旅活动。茶旅融合跻身全国县域十强。入选首批省级文旅消费试点单位，天目湖夜间文旅消费集聚区入选省级建设单位。天目湖旅游度假区入选国家级森林康养试点建设基地。牛马塘村、塘马村、杨家村获评省乡村旅游重点村。建筑业保持良好态势。建筑业施工总产值1124亿元、入库税收27.5亿元，分别增长12%和24.4%。现代农业稳产增效。粮食生产再获丰收，新增4个省现代农业产业技术体系基地、1个区域公用品牌、9个省级“一园两基地”。**持之以恒聚焦创新**。深入实施创新驱动发展战略，高新技术产业产值增长53.7%，搭建重大科技创新平台4家，新认定国家专精特新“小巨人”企业3家、省级以上“三站三中心”12家。中南生物夺得省科学技术一等奖，安靠智电荣获首届省科技创新发展奖。“名城名校合作行·创新创业赢未来”活动成效明显。

18位两院院士和27位知名专家学者为溧阳高质量发展献计出力。入选全省首批创新型示范县。**强化要素激发活力。**初步完成国土空间规划编制；向上争取用地指标5000余亩。向上争取各类地方政府债券资金76.91亿元。其中新增债券62.61亿元，占全常州争取总额的30.2%。全辖金融机构本外币各项贷款新增195.08亿元，余额达1325.78亿元。完成白鹤滩——江苏特高压直流输电工程（溧阳段）和龙政直流线路迁改，全力保障企业正常生产用电用能，天然气供应量增长35%。“招工引匠”扎实推进，招引劳动力3万余人，有效缓解企业“用工难”。

（2）持续突破重点项目，掀起固本强基新热潮。坚持把项目建设作为推动发展的第一引擎，依靠项目增量的投入、内涵的深化，厚植加速崛起的基础。**项目建设持续加力。**完善市领导挂钩服务项目制度，每月组织重大项目集中开工活动，全力以赴推动项目早开工、快建设、早达产。入选省级重大项目7个、常州市级重大项目15个。江苏时代（四期）当年开工、当年首批产品下线，时代上汽（二期）、德龙冷轧等重大项目当年签约、当年开工，赛得利、曹山未来城等一批项目加快推进，璞泰来（二期）等重点项目竣工达产。全社会固定资产投资增长8%，工业投入增长25.7%。**载体建设提档升级。**中科院物理所长三角研究中心揭牌投用，重庆大学智慧城市研究院、东南大学溧阳基础设施安全与智慧技术创新中心、上海交通大学溧阳智能制造研究院等高端科研载体相继落户。经济开发区全省综合发展排名较上年跃升11位，苏皖合作示范区加快建设，现代农业产业园雏形初显。**打造一流营商环境。**大力创建新时代“两个健康”先行区，举办企业家焦尾琴沙龙，深入开展企业大走访和政银企对接活动，积极帮助企业排忧解难。全面落实助企纾困政策，减税降费8.5亿元。深化“放管服”改革，落实“一网通办”，创新“省内通办”“跨省通办”，“1230”限时办结率达99.5%。强化企业“全生命周期”服务，推行重点工业项目“联合竣工验收”，公共资源交易中心跻身全国十佳，营商环境持续优化。

（3）大力推进城乡统筹，焕发欣欣向荣新气象。坚持把公园城市建设寓于城乡融合发展之中，省级美丽宜居城市试点建设不断深化。**城市品质持续提升。**天目湖生命康原建设全面推进，完成“溧阳十二望楼景观廊”方案设计，焦尾琴公园隧道双线贯通，“溧阳1号公路”品质持续提升，景詹沙河大桥成为网红打卡点。溧阳港全面启动建设，溧高高速、南部山区旅游道路等骨干道路建成通车。宝塔湾遗址公园建设如火如荼，危旧房变身“口袋公园”。开展违法建设、违规停车等专项整治，拆除违建26.3万平方米，城区新增停车泊位1000余个。城乡一体化管理量质并进，城市长效管理考核稳居常州第一，园林绿化管理精细化水平位居全省前列。**乡村建设成效显著。**深化美意田园行动，持续提升农村人居环境，李家园村、里方村、上桂林村、钟家村获评省级特色田园乡村，省级特色田园乡村达11个，总数保持全省第一方阵。全省城乡公交一体化暨绿色出行创建工作现场会在溧举办，城乡居民公交出行享受同等待遇，日均客流量增长26.8%。城乡供水一体化让偏远山区群众都喝上放心水、优质水。高质量完成村（社区）“两委”换届。**生态文明进程加快。**深入开展突出环境问题整改“百日攻坚”，打好污染防治攻坚战考核位居常州前列。对挥发性有机物排放重点企业推行“一企一策”综合整治，全市$PM_{2.5}$平均浓度为31.9μg/m^3，空气优良天数比例86.6%，两项指标均创新世纪以来最好水平。大力推动金峰、天山运输廊道建设。全面提升固废污染防治能力。持续推进天目湖流域污染控制与水质提升，国省考断面水质优Ⅲ比例保持100%。

（4）始终聚焦民生短板，开启和谐稳定新局面。聚力“实事百件践初心”，扎实开展“两在两同”建新功行动，人代会确定的民生实事项目高质量落地，民生支出占一般公共预算支出比重达78%。**社会保障稳步提升。**全力以赴稳就业，城镇登记失业率2%以下。全省首创低保边缘家庭结对帮扶，低保标准提高到940元/（人·月），农村特困人员供养标准提高到 1222 元/（人·月）。被确定为全民医疗保障规划实施国家联系点。在建安置房 129 万平方米，竣工 63 万平方米。新增各类保障性租赁住房 5367 套。**社会事业全面进步。**落实“双减”政策初见成效，加快推进 23 所学校建设，新增学位超 3500 个。与南师大共建附小附幼，溧阳中专成为江苏联合职业技术学院办学单位。省人民医院溧阳分院普外科建成全市首个省级临床重点专科，省中医院溧阳分院新院区建设进展顺利，改扩建 4 家乡镇卫生院，新建 26 个标准化村级卫生室。**社会大局平稳有序。**毫不松懈、从严从紧抓好常态化疫情防控，筑牢“外防输入、内防反弹”的铜墙铁壁。扎实做好建党 100 周年安保维稳，“平安溧阳”建设、“八五”普法深入开展，竹箦派出所被公安部荣记集体一等功，市交警大队被授予“全国公安机关成绩突出交警大队”。信访积案“百案攻坚”成效显著，获评全国信访工作“三无”县，王颖同志荣获全国“最美公务员”。高质量推进省级安全发展示范城市创建，开展安全生产隐患整治“百日攻坚”，实施“危污乱散低”企业出清提升行动，安全生产形势持续稳定向好。同时，人民武装、退役军人事务、供销合作、妇女儿童、审计、统计、民防、气象、住房公积金、邮政、通信、海关、烟草、盐务、防震减灾、消防救援、新闻出版、民族宗教、地方志、科普、红十字、外事、侨务、台湾事务、慈善、老龄、残联、对口支援等工作取得新成绩。

十、金坛区居民收入

根据城乡一体化住户调查数据显示，2021 年，在经济发展和各类增收政策的带动下，金坛区全体居民人均可支配收入首次突破 5 万元，达 51003.9 元，同比增长 9.7%，增速连续四年位列常州市第一，比经济增长速度高 0.2 个百分点。

2021 年，金坛区城镇居民人均可支配收入首次突破 6 万元，为 62315.7 元，同比增长 9.1%。城乡收入差距持续缩小。金坛区农村居民人均可支配收入 33795.9 元，同比增长 10.7%，增速高出城镇居民收入 1.6 个百分点。城乡收入比为 1.84，较 2020 年缩小 0.03。

金坛区居民收入保持稳定增长主要得益于以下几点：

一是就业形势稳定。2021 年以来，金坛区积极落实各类稳岗政策，优化企业人才招引和用工服务，利用新媒体阵地，畅通招引人才快车道，同时扎实开展职业技能提升行动，总体就业形势稳定，工资性收入稳步增长。

二是营商环境优化。金坛区全面落实“532”发展战略，聚力推进“五大行动”，深化“放管服”改革，加大营商环境典型通报力度、难点堵点协调解决力度、重点项目服务保障力度，促使营商环境不断优化，进一步激发生产经营主体的活力。

三是社会保障完善。持续推进全民参保计划，开展参保精准扩面，重点推动企业职工应保尽保和新业态从业人员的参保扩面。全区企业职工基本养老保险净增参保 10288 人。深入实施工伤保险“同舟计划”，建筑业新开工项目工伤保险参保率达 100%。稳步提升社保待遇水平，城乡居民基础养老金标准从 280 元/月提高到 335 元/月，缴费满 15 年的从 310 元/月提高到 365 元/月；被征地农民养老补助金标准从 680 元/月提高到 760 元/月，惠及 10 万余人。实施社保精准扶贫，为 1554 名重残等四类人员建档立卡代缴居民养老保险。

第四章　社会保障

第一节　南京都市圈社会保障情况

2021 年，在以习近平同志为核心的党中央的领导下，全国人力资源社会保障系统坚持以习近平新时代中国特色社会主义思想为指导，全面贯彻党的十九大和十九届二中、三中、四中全会精神，认真落实党中央、国务院决策部署，提高政治站位，强化使命担当，砥砺实干、锐意进取，圆满完成全年目标任务。

2019 年以来，南京都市圈各成员人社部门围绕“共建、共享、一体化”发展目标，不断创新合作机制、加大合作力度、拓宽合作领域、提升合作水平。特别是新冠肺炎疫情发生后，各成员人社部门扎实做好“六稳”（稳就业、稳金融、稳外贸、稳外资、稳投资、稳预期）工作；认真落实“六保”（保居民就业、保基本民生、保市场主体、保粮食能源安全、保产业链供应链稳定、保基层运转）任务，创新施策、互通有无、和衷共济，为区域内众多企业尽快复工达产、助推区域经济快速恢复平稳运行做出了贡献，取得了显著成效。下一步，都市圈各人社部门将聚力一体化、聚焦高质量，大力构建都市圈人社协同发展新格局。坚持区域一体化高效协同长远发展，推动区域一体化公共就业创业服务，完善区域一体化社会保障服务机制，打造区域一体化人才交流合作平台，构建区域一体化劳动关系调处机制。

2021 年，南京都市圈 10 个市（区）积极为人民服务，进一步整合都市圈文旅资源，创新优惠举措。由图 8-4-1 可见，2019—2021 年，南京市、扬州市、马鞍山市、滁州市、芜湖市、宣城市、溧阳区的基本养老保险参保人数稳步增长。镇江市、淮安市 2021 年参保人数略有下降。

2019—2021 年南京都市圈各市（区）基本养老保险参保情况如图 8-4-1 所示。

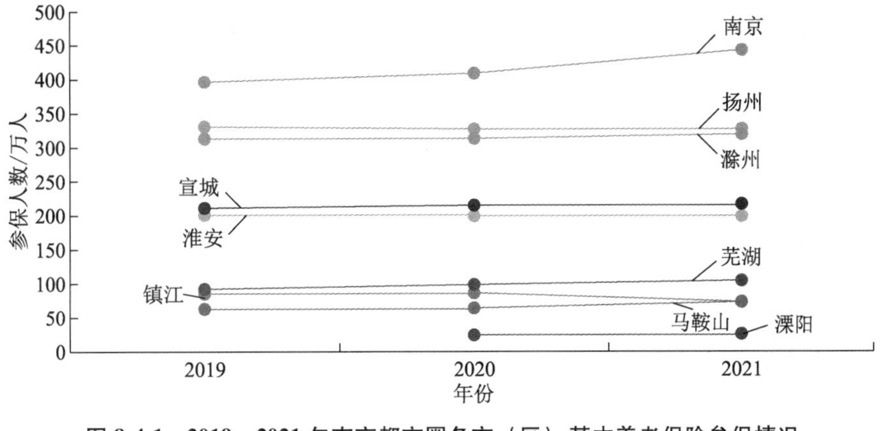

图 8-4-1　2019—2021 年南京都市圈各市（区）基本养老保险参保情况

第二节　各市（区）社会保障情况

一、江苏省社会保障

2021 年，江苏省全省人社系统坚持以习近平新时代中国特色社会主义思想为指导，坚决贯彻落实中央和省委省政府决策部署，坚持稳中求进工作总基调，扎实做好“六稳”“六保”工作，有效应对复杂多变的外部形势和各项风险挑战，全年各项既定目标任务顺利完成，全省人社事业高质量发展取得积极成效，实现了“十四五”良好开局。

（一）社会保险

全年基本养老、失业、工伤保险基金总收入 5112. 92 亿元。基金总支出 4623. 23 亿元。

1. 养老保险

（1）企业职工基本养老保险

年末，全省企业职工基本养老保险参保人数 3313. 47 万人，其中在职职工 2419. 94 万人，离退休人员 893. 53 万人。企业退休人员基本养老金平均增幅 4. 9%左右，年末纳入社区管理企业退休人员 893. 29 万人。

企业职工基本养老保险基金收入 3338. 06 亿元，其中征缴收入 3149 亿元。基金支出 2925. 1 亿元，其中基本养老金支出（含丧葬抚恤补助）2859. 5 亿元。净上解中央调剂金 201. 87 亿元，基金累计结余 4222. 39 亿元。

（2）机关事业单位基本养老保险

年末，全省机关事业单位基本养老保险参保人数 296. 34 万人，比上年末增加 7. 9 万人，其中在职职工 187. 62 万人，退休人员 108. 72 万人，分别比上年末增加 5. 88 万人和 2. 01 万人。

机关事业单位基本养老保险基金收入 1047. 12 亿元，其中征缴收入 561. 93 亿元。基金支出 1074. 11 亿元。基金累计结余 193. 12 亿元。

（3）城乡居民基本养老保险

年末，全省城乡居民基本养老保险参保人数 1262. 23 万人，比上年末减少 42. 77 万人，领取基础养老金人数 1093. 42 万人，比上年末减少 2. 01 万人。

城乡居民基本养老保险省定基础养老金最低标准调整为每人每月 173 元，比上年增加 13 元。为 73. 05 万名困难人员代缴城乡居民基本养老保险费 1. 39 亿元。

城乡居民基本养老保险基金收入 503. 58 亿元，其中个人缴费 127. 09 亿元。基金支出 398. 43 亿元。基金累计结余 893. 41 亿元。

2018—2021 年江苏省城乡居民社会养老保险情况如表 8-4-1 所示。

表 8-4-1　2018—2021 年江苏省城乡居民社会养老保险情况

年份	城乡居民社会养老保险参保人数/万人	城乡居民社会养老保险实际领取待遇人数/万人	城乡居民社会养老保险基金收入/亿元	城乡居民社会养老保险基金支出/亿元	城乡居民社会养老保险累计结余/亿元
2021		1093. 42	503. 58	398. 43	893. 41
2020	2400. 4	1095. 4	452. 6	354. 2	788. 3
2019	2336. 9	1098. 2	357. 3	305. 5	689. 8
2018	2325. 4	1093. 6	348. 6	276. 7	638. 0

（4）企业年金和职业年金

年末，全省企业年金建立企业账户数 4694 个，职工账户数 69. 32 万个，比上年末分别增长 28. 7%和 13. 6%。基金资产金额 698. 67 亿元。

职业年金基金实账缴费收入 458.76 亿元，基金投资收益 74.09 亿元。基金支出 21.26 亿元，基金实账累计结余 1577.07 亿元。

2. 失业保险

年末，全省失业保险参保人数 1989.41 万人，比上年末增加 98.54 万人。

全年发放失业保险金 64.23 亿元、失业补助金 26.08 亿元，分别惠及 64.05 万人、85.15 万人。

失业保险基金收入 135.95 亿元，其中征缴收入 128.31 亿元。基金支出 137.22 亿元。基金累计结余 248.31 亿元。

3. 工伤保险

年末，全省工伤保险参保人数 2342.46 万人，比上年末增加 211.61 万人。

全年认定（视同）工伤 14.92 万件，比上年增加 2.3 万件。劳动能力鉴定 10.98 万件，达到伤残等级 8.92 万人，分别比上年增加 2.03 万件和 0.75 万人。享受工伤保险待遇 16.42 万人，比上年增加 1.24 万人。

工伤保险基金收入 88.21 亿元，其中征缴收入 84.48 亿元。基金支出 88.37 亿元。基金累计结余 121.02 亿元。

江苏省人社局组织实施全国脱贫攻坚表彰评选推荐工作，省 27 个先进集体、37 名先进个人受党中央、国务院表彰，其中 1 名同志获“全国脱贫攻坚楷模”荣誉称号。组织实施全省脱贫攻坚暨对口帮扶支援合作评选表彰工作，308 个先进集体、544 名先进个人受省委、省政府表彰。组织实施省部级表彰评选推荐 16 项、市厅级表彰评选 14 项。

（二）系统行风和基础建设

2021 年，江苏省实施“人社服务快办行动”，14 个事项逐步实现“打包办”。大力推进“减证便民”，行政许可事项办理时限压缩 50%以上，30 个高频政务服务事项实现“跨省通办”。建成全省五级人社机构、四大业务板块互联互通的一体化信息平台，人社全业务 377 个事项、116 个查询服务实现“一网通办”。

全省人力资源服务机构 5175 家，其中公共人力资源服务机构 152 家，社会经营性人力资源服务机构 5023 家，年营业额 1853 亿元。人力资源服务业专职从业人员 8.97 万人，为 116.3 万家次用人单位、1174.2 万人次劳动者提供各类人力资源服务。

社会保障卡持卡 9243.7 万人，常住人口电子社保卡持卡覆盖率 42.4%。12333 咨询热线提供综合咨询服务 2732.84 万人次，综合咨询服务满意度 92.3%。

二、安徽省社会保障

2021 年是实施“十四五”规划，开启经济强、百姓富、生态美的新阶段，是现代化美好安徽建设新征程的第一年，安徽省各级人力资源社会保障部门深入贯彻落实党中央国务院及省委省政府决策部署，凝心聚力为群众办实事，锚定稳就业、保民生、强人才、治欠薪、防风险、促稳定等既定奋斗目标，圆满完成年度各项任务，实现“十四五”良好开局。

（一）就业和城镇居民增收

2021 年，安徽省帮扶市场主体纾困解难，全年累计向 21.58 万户中小微企业拨付工业企业结构调整专项奖补资金 4.6 亿元，向 14.95 万户用人单位返还失业保险费 6.2 亿元。促进重点群体就业创业，全省离校未就业高校毕业生就业帮扶率达 99.82%；有就业意愿的退捕渔民转产就业率、参保率动态实现 100%；全年引导 186.96 万名脱贫人口务工就业；累计开发就业困难人员公益性岗位 5.47 万个，组织青年就业见习 2.84 万人；发放创业担保贷款 82.4 亿元，带动就业 9.7 万人。

（二）社会保险

2021 年，安徽省基本养老保险、失业保险、工伤保险基金收入合计 2290.64 亿元，比上年增加 552.26 亿元，增长 31.77%；基金支出合计 1916.26 亿元，比上年增加 160 亿元，增长 9.11%。全面落实阶段性降低失业、工伤保险费率政策，全年减征失业、工伤保险费 52.67 亿元。

安徽省大力推进全民参保计划，引导、鼓励中小微企业从业人员、新业态就业人员、进城务工人员等群体参加城镇职工养老保险，落实各项社会保险参保补贴政策，推动就业困难人员、下岗失业人员、残疾人员等群体持续参保缴费；社会保险覆盖面进一步扩大，全省职工基本养老、城乡居民养老、失业、工伤保险参保人数大幅增加。

1. 养老保险

截至 2021 年末，全省参加基本养老保险 4841.78 万人，比 2020 年末增加 68.14 万人。全年基本养老保险基金收入 2227.93 亿元，支出 1861.02 亿元，年末累计结余 2814.43 亿元。

（1）城镇职工基本养老保险

截至 2021 年末，全省参加城镇职工基本养老保险 1384.18 万人，比 2020 年末增加 100.63 万人。其中，参保职工 1003.15 万人，离退休人员 381.02 万人，比 2020 年末分别增加 88.76 万人、11.87 万人。2021 年城镇职工基本养老保险基金收入 1969.87 亿元，基金支出 1703.94 亿元，年末累计结余 2124.69 亿元。2021 年，安徽省企业职工基本养老保险基金中央实际调剂比例为 4.5%，基金调剂净收入 4.19 亿元。

（2）城乡居民基本养老保险

截至 2021 年末，全省参加城乡居民基本养老保险 3457.6 万人，比 2020 年末减少 32.49 万人。其中，实际领取待遇人数 913.77 万人。为全省 136.2 万名特殊困难人员代缴城乡居民养老保险费 2.2 亿元。养老保险金月人均水平 138.31 元，比上年增长 7.63%。全年城乡居民基本养老保险基金收入 294.75 亿元，基金支出 157.19 亿元，年末累计结余 726.22 亿元。

2018—2021 年安徽省城乡居民社会养老保险情况如表 8-4-2 所示。

表 8-4-2　2018—2021 年安徽省城乡居民社会养老保险情况

年份	城乡居民社会养老保险参保人数/万人	城乡居民社会养老保险实际领取待遇人数/万人	城乡居民社会养老保险基金收入/亿元	城乡居民社会养老保险基金支出/亿元	城乡居民社会养老保险累计结余/亿元
2021	3457.6	913.77	294.75	157.19	726.22
2020	3490.1	914.80	254.00	147.10	588.60
2019	3501.7	922.50	224.90	141.10	481.80
2018	3487.8	923.50	215.60	139.30	398.00

（3）企业年金和职业年金

截至 2021 年末，全省有 2369 户企业建立了企业年金，参加职工有 61.90 万人，企业年金基金累计结余 475.93 亿元；全省共有 28224 家机关事业单位 144.75 万名职工参加职业年金，设有 11 个职业年金计划承担全省职业年金基金投资运营。2021 年，全省新增投资缴费资金 98.72 亿元，当年支付职业年金待遇 5.92 亿元，当年基金增值 24.19 亿元，期末投资资产净值 413.65 亿元。

2. 失业保险

截至 2021 年末，全省参加失业保险 616.56 万人，比 2020 年末增加 52.32 万人；全年共为 15.64 万名失业人员发放不同期限的失业保险金 11.72 亿元。人均失业保险金每月 1291.69 元，比上年增长 0.46%。全年共向 27.27 万人发放失业补助金 3.23 亿元，为 15.22 万领取失业保险金人员代缴基本医疗保险费 2.49 亿元，向 14.95 万户用人单位稳岗返还 6.2 亿元，惠及职工 389.11 万人；发放技能提升补贴 2.05 亿元，惠及职工 12.66 万人。全年失业保险基金收入 40.39 亿元，基金支出 26.54 亿元，年末累计结余 87.59 亿元。

3. 工伤保险

截至 2021 年末，全省参加工伤保险 718.05 万人，比 2020 年末增加 34.19 万人，其中农民工参加工伤保险175.6万人；全省新开工工程建设项目工伤保险参保率达90%以上。全年认定（视同）工伤4.87万人，评定伤残等级2.98万人，享受工伤保险待遇7.44万人。伤残津贴、供养亲属抚恤金每月人均分别为3414元、1287元，比上年增长5.62%、4.23%。全年工伤保险基金收入24.67亿元，基金支出29.42亿元，年末累计结余32.75亿元。

（三）系统行风和基础建设

2021年，安徽省深入推进人社系统行风建设，组织实施“四进一促”稳就业、提高退休人员社保待遇等12件实事，认领国家行政审批和公共服务事项169项全部实现进大厅办理。省本级权责事项清单由26项减至22项，行政权力中介服务事项清单归零，持续深化人社简政放权，全省人社系统证明材料告知承诺事项增加至31项，涉企经营许可事项3项。“安徽人社”微信公众号获评2020年度省政务服务新媒体“创新力”榜单前10强。举办人社系统窗口单位技能练兵比武全省赛，承办全国人社系统窗口单位技能练兵比武总决赛，安徽省代表队荣获总决赛团体第一名、一等奖。

2021年，安徽省人社局积极开展社保卡发放工作，推进电子社保卡签发，拓展社保卡应用。全省社保卡持卡人数达6066.9万人，常住人口覆盖率达90%以上，居民服务“一卡通”应用涵盖全省95项人社服务事项、21类101项惠农补贴，实现21项应用事项长三角区域“一卡通”，在交通出行、旅游观光、文化体验等领域得到较好应用拓展，受到人社部肯定。全省12333咨询热线共受理来电525.5万个，同比增长16%，综合接通率达89%。

（四）打好人社领域扶贫攻坚战

安徽省人社局深入推进“三支一扶”就业扶贫问题。2021年，安徽脱贫人口年人均纯收入达13618元，增长16.8%，高于全省农村居民人均可支配收入增幅6个百分点。在全省上下的共同努力下，安徽省历经8年精准扶贫、5年脱贫攻坚，如期高质量打赢脱贫攻坚战，交上了一份“皖”美答卷。脱贫攻坚期间，安徽省有扶贫开发任务的县（市、区）70个，其中国家级贫困县20个、省级贫困县11个；2014年建档立卡贫困村3000个、贫困人口188万户共计484万人，贫困发生率9.1%。2021年，全省脱贫人口年人均纯收入达13618元，增长16.8%，高于全省农村居民人均可支配收入增幅6个百分点；3000个脱贫村村均集体经济收入44.42万元，增长31.3%。在强化产业帮扶方面，进一步提高财政衔接资金用于产业发展的比重，加强光伏扶贫电站的运维管理，截至4月底，全省光伏扶贫电站累计发电115.63亿千瓦时，居全国前列。强化就业帮扶，持续加强外出务工就业服务、技能培训、就业帮扶车间等载体建设、开发乡村公益性岗位安置就业等举措，目前全省脱贫劳动力、监测对象实现就业194.33万人。累计开发乡村公益性岗位24.83万个，安置23.47万名脱贫人口就地就近就业。强化金融帮扶，2021年新发放脱贫人口小额信贷7.6亿元，累计发放脱贫人口小额信贷467.6亿元，居全国前列。强化低收入人口帮扶，探索建立“农户主动申报、系统主动预警、基层主动核实”发现机制，健全完善农村低收入人口基础数据库，确保帮扶对象及时发现、及时纳入、及时帮扶。同时，落实社保扶贫政策。全面落实城乡居保扶贫政策。认真落实人力资源社会保障部、国务院扶贫办出台的《关于切实做好社会保险扶贫工作的意见》和安徽省人社厅制订的《关于贯彻落实社会保险扶贫工作的实施意见》的精神，积极推动国家和省社会保险扶贫政策落地，确保符合参保条件的贫困居民全部纳入城乡居保。“十三五”期间，全省共有127.5万建档立卡贫困人口纳入了低保、特困供养救助范围，用于社会救助方面支出资金达到620多亿元。

三、南京市社会保障

2021年，南京市人社系统深入贯彻党的十九大及十九届历次全会精神，认真落实习近平新时代中国特色社会主义思想和习近平总书记视察江苏重要讲话指示精神，紧紧围绕推动“强富美高”新南京建设，全力做好“六稳”“六保”工作，致力惠民生、促发展、防风险、保稳定，高质量完成各项目标任务，实现了“十四五”良好开局。

（一）收养性社会福利单位情况

2021年南京市收养性社会福利单位情况如表8-4-3所示。

表8-4-3　2021年南京市收养性社会福利单位情况

收养性社会福利单位类别	机构数/个	就业人员/人	年末床位数/张	年末在院总人数/人	老人/人	女性/人	康复和医疗门诊人次/人次
社会福利院	9	711	4359	2358	975	1013	20394
儿童福利院	3	228	1072	619		227	
社会福利医院	1	557	1115	1115	491	376	4603
农村老年福利机构	42	629	8142	2736	2712	376	1541
合计	55	2125	14688	6828	4178	1992	26538

（二）社会保障情况

全年，南京市基本养老、失业、工伤保险基金总收入752.73亿元，同比增加254.82亿元，增长51.2%。基金总支出605.61亿元，同比增加17.4亿元，增长3%。

1. 基本养老保险

2021年末，全市基本养老保险参保人数442.93万人，比上年末增加34.19万人，其中企业职工基本养老保险372.94万人，机关事业单位基本养老保险16.46万人，城乡居民基本养老保险53.53万人。享受基本养老保险待遇人数172.86万人，比上年末增加4.82万人，其中企业职工基本养老保险108.34万人，机关事业单位基本养老保险9.82万人，城乡居民基本养老保险54.7万人。全市基本养老保险基金总收入709.35亿元，同比增长49.4%；基本养老保险基金总支出566.43亿元，同比增长5.6%。

2. 失业保险

2021年末，全市失业保险参保人数345.89万人，比上年末增加16.65万人。全市失业保险基金总收入27.52亿元，同比增长36.7%；失业保险基金总支出28.1亿元，同比减少33.2%。全市失业金待遇支付水平最低为1478元/月，最高为2280元/月。

3. 工伤保险

2021年末，全市工伤保险参保人数395.18万人，比上年末增加54.82万人。全市工伤保险基金总收入15.86亿元，同比增长418.1%；工伤保险基金总支出11.08亿元，同比增长15.5%。根据南京统计局的数据，2021年，南京企业退休人员（不包括机关事业单位人员）养老金标准提高到3282元/月，比2020年提高了94元/月，比2019年提高了219元/月，持续位居江苏省前列。由此可见，南京社保待遇水平稳步提高。

（三）基础建设

2021年末，全市共有街道（镇）人力资源和社会保障服务所102个，社区（村）人力资源和社会保障服务站1247个，配备工作人员3305人，标准化街道（乡镇）平台建成率达100%，标准化社区（村）平台建成率达100%。

2021年末，全市人力资源服务机构1150个，其中公共人力资源服务机构26个，社会经营性人力资源服务机构1124个，它们为用人单位提供各类人力资源服务。全年社会保障卡新制卡发放334万张，全市累计持卡人达1284万人，社会保障卡持卡人口覆盖率达99.9%。12333热线服务总量510.1万人次，综合咨询服务满意度92.4%。受理“12345”诉求工单30225件，按时办结率100%，人社政务服务好评率达99.9%。

自2019年起，以深化系统行风建设为抓手，深入推进“减证便民、拓福创优、现时提效”三行行动，进一步简流程、优服务，致力于打造南京人设“宁满意”品牌，受到服务对象的好评。到2020年底，深度“一网通办”的事项数翻两番；到2021年，重点领域和高频事项全部实现“十个一”（一网通、一门通、一证通、一指通、一城通、一机通、一照通、一链通、一栏通、一事通），“宁满意”成为社会认可、全国有影响力的政务服务品牌。

四、镇江市社会保障

2021年，镇江市民生保障水平持续提高，全年完成一般公共预算民生类支出404.53亿元。全市职工最低工资标准为2280元/月，城乡居民基础养老金标准提高至每人每月210元，城乡最低生活保障标准提高至每人每月820元，失业保险金最低标准提高至每人每月1230元。全市有1.12万户、共计1.64万人享受低保，全年发放低保金1.28亿元。年末全市基本养老保险参保人数73.51万人；城镇职工基本医疗保险参保人数110.70万人，比上年增加4.32万人；失业保险、工伤保险、生育保险参保人数分别为58.01、70.19、66.71万人。年末全市共有养老机构150个，养老机构床位数18622张，共建成街道老年人日间照料中心30家，实现街道老年人日间照料中心全覆盖，城乡标准化社区居家养老服务中心覆盖率分别达81%和53%。福利彩票2021全年销售2.27亿元，同比下降10.8%。

五、扬州市社会保障

2021年，扬州市继续实施阶段性降低失业保险费率政策，全年为全市参保单位节省失业保险费累计2亿元；大力贯彻执行稳岗返还政策，全年向2.1万家企业发放稳岗返还0.89亿元。全市审核就业困难人员灵活就业社保补贴5.8万人，补贴资金约2.9亿元，同时发放企业吸纳就业困难人员社保补贴127家，惠及1066人，补贴资金830.13万元；发放小微企业吸纳高校毕业生社保补贴29家，惠及140人，补贴资金73.89万元，通过政策落实，鼓励企业积极吸纳就业困难人员就业再就业。

此外，在促进高校毕业生就业方面，扬州市对5259名离校未就业高校毕业生实名制调查登记率达100%，省内就业率为97.53%。对未就业人员进行公共就业服务达4962人次。为该市49名2021届困难家庭毕业生补发求职创业补贴7.35万元，为1906名困难家庭毕业生发放求职创业补贴285.9万元。在推动失业人员再就业方面，适时调整失业保险金上下限标准，发放失业保险金2.2万人，共2.1亿元，医保补贴2855万元，发放动态物价补贴64万元。全年城镇新增就业5.97万人，新增转移农村劳动力0.73万人，完成就业技能培训4.15万人次，创业带动就业9.45万人。期末城镇登记失业人数3.48万人，城镇登记失业率3.03%，年末领取失业保险金人数2.26万人。

2021年末，扬州市城乡基本养老、基本医疗、失业、工伤和生育保险参保人数分别为327.39万人、428.99万人、77.07万人、95.02万人和93.26万人。城乡居民基本养老保险基础养老金最低标准由每人每月175元提高到205元。城乡居民医保人均财政补助最低标准提高到每人每年620元。试点实施长期护理保险制度，新增颐养示范社区29个，建成区域性养老服务中心6个。扬州城乡低保月人均标准提高到740元，累计发放低保资金1.93万人次共计1.16亿元。

六、淮安市社会保障

2021年，淮安市社保体系不断完善。年末全市城乡居民基本养老保险参保人数198.68万人，比上年减少0.59万人。职工养老保险参保人数129.76万人（含离退休待遇领取人数），比上年减少16.68万人；工伤保险参保职工人数71.92万人，比上年增加9.13万人；失业保险参保人数56.21万人，比上年增加2.23万人；无雇工的个体工商户、灵活就业人员企业职工基本养老保险参保人数21.64万人。全年共支付企业离退休人员养老金101.50亿元，养老金按时足额100%社会化发放。

2021年，淮安市坚决贯彻落实中央和省委各项决策部署要求，紧扣高质量发展主线，践行新发展理念，坚定信心、铆足干劲，提振精神、锐意进取，以保发放、惠民生、促统筹、防风险、优服务、强宣传为重点，扎实做好社会保险经办各项工作，确保“十四五”开好局、起好步。一是淮安市人社局改革落地显成效。优化整合原社保、机保、农保、工保四家单位，组建市社会保险基金管理中心，实现“四险合一”大统筹经办新模式。通过整合改革，市直社保经办机构从“单打独斗”转为“抱团取暖”，达到资源整合、信息共享、业务联动、协同处理的预期效果，理顺了市直社保管理体制，优化了办事环节，初步形成便民、高效的大社保经办服务体系。市社会保险基金管理中心自2021年6月1日组建运行以来，各项工作正常运转，体制机制建立健全，业务经办质效提升显著，机构、职能、人员均实现了从“物理整合”到“化学融合”。成功上线省人社一体化信息平台，同步实施综合柜员制，整合优化社保、就业、社保卡发放等服务事项；成立淮安市人社一体化服务中心，设置5个咨询引导窗口、12个综合业务受办窗口和6个业务专窗，以及养老、工伤业务专区和自助服务区，实现“前台综合受理、后台分类审批、综合窗口出件”的经办新格局；推行“退休一件事”，为参保职工提供养老退休审批及待遇核定、医保退休审批、住房公积金提取等集成申办服务，减少重复填报信息30余项，办事环节从7项压减至1项，极大提升了群众的办事满意度。二是惠民政策落实处。圆满完成2021年度退休人员基本养老保险待遇调整工作，全市为35.92万名企业退休人员调整发放养老金2.69亿元，调整后月人均增加养老金124.61元；全市5.92万名机关事业单位退休人员月人均增加养老金216.87元，人均待遇水平达6053.33元；认真做好“2021年为民办十件实事”，城乡居民基础养老金标准实现“十连增”，提高至180元，累计增发基础养老金1.7亿元，人均待遇水平达207.36元；稳定延续执行困难群体城乡居民基本养老保险扶持政策，全市为6.3万名困难群体代缴城乡居保养老保险费736万元，为5.8万名困难群体发放基础养老金1.22亿元；为2846名退捕渔民代缴保费3418.05万元，为730名退捕渔民发放养老补助金524.28万元；做好县区新增地块被征地农民社会保障审核工作，将6952名新增被征地农民全部纳入城乡基本养老保险体系，实现应保尽保；扎实推进工伤保险市区统筹，加强部门协作，持续推动全市危化品行业和建筑业等高风险领域工伤保险应保尽保，全市建筑业新开工项目工伤保险参保率超90%；阶段性降低工伤保险费率，为5.7万户参保企业减免费用751.86万元；完成2020年工伤保险定期待遇调整和补发工作；对30家申评机构综合评估考察，与25家医疗机构、12家康复机构、1家辅助器具配置机构签订服务协议；依托一体化平台开展工伤医疗智能审核、服务机构监管，11家协议医疗机构上线运行实现联网结算；坚持工伤预防和康复并举，建立健全工伤预防、补偿和康复相结合的工伤保险体系，全市工伤康复215人，工伤预防培训3627人；做实第七轮企业退休人员免费体检工作，提高体检标准，升级基础性体检项目，严格机构准入，采用公开招标方式，广泛吸纳有资质、硬件条件优良的体检服务机构参与其中，涵盖公办医院、民营体检机构、社区医院等各种类型，2021年已开展免费体检人数1.5万人。三是淮安人社局还为基金安全筑防线。仔细梳理排查所有业务经办流程和风险点，绘制《征缴管理业务流程图》《关系转移业务流程图》《待遇支付流程图》《社会化管理服务业务流程图》等，明确风险等级及相应风控措施；常态化开展社保经办机构内部审计，印发了《关于加强社会保险基金风险防控工作的通知》《内部控制管理与监督检查制度》，综合运用“日常+重点”手段，全面加强基金内部控制管理与监督，机构整合以来开展重点检查4次，提交整改意见通知书4份；扎实开展风险排查，按照部、省社保基金管理风险排查要求，强化全市社保经办风险防控工作督查指导，研究制订实施方案，举办专题培训班，持续推进风险防控措施“进规程、进系统”；重点针对数据稽核、“三个全面取消”、一次性补缴、关系转移、大额支付、账户管理、业务权限管控、城乡居民养老保险等开展检查评估，力求工作取得实效；

针对线下经办业务，积极向省一体化系统开发组提出功能完善需求，对企保、机保和工伤新增业务，一律通过系统线上经办，对工伤保险重点业务和岗位风险认真开展自查，实行经办管理“全流程体检”。四是淮安市人社局经办服务提质效。认真贯彻落实《服务管理提升年实施意见》，开展“八大行动”，不断改进工作作风，深化行风建设，优化营商环境；结合“人社服务快办行动”，持续优化社保经办服务，进一步整合事项、优化流程、精简材料、压缩时限，规范落实社保服务告知承诺制，全力推进社保经办模式提档升级，全年窗口办理各类社保就业事项 76 万件，群众满意率 96%以上；积极应用信息化手段开展养老保险待遇领取资格认证；全市联动开展“关爱老年人，社保有温度”活动，组织志愿者向老年人普及利用智能手机 App 开展领取养老金资格认证，帮助老年人跨越“数字鸿沟”，10.84 万人通过手机完成养老、工伤保险待遇领取资格认证；全面实施社保经办服务“好差评”，以“数据多跑路、群众少跑腿”为目标，持续打通信息壁垒，推动与公安、民政、司法等部门的政务数据共享应用，建立电子证照库系统，进一步提升群众办事满意度。

七、芜湖市社会保障

2021 年，芜湖市人力资源和社会保障局统筹推进建立覆盖全市城乡的多层次社会保障体系，贯彻实施养老保险全国统筹办法和全国统一的养老、失业、工伤保险关系转续办法，贯彻执行养老、失业、工伤等社会保险及其补充保险政策和标准，组织拟订养老、失业、工伤等社会保险及其补充保险基金管理和监督制度，编制相关社会保险基金预决算草案，会同有关部门实施全民参保计划并建立全市统一的社会保险公共服务平台。2021 年末全市城镇职工基本养老保险参保人数 115.77 万人，基金收入 121.25 亿元，支出 122.43 亿元；城乡居民基本养老保险参保人数 155.96 人，基金收入 24.23 亿元，支出 24.23 亿元。失业保险参保人数 56.05 万人，基金收入 3.06 亿元，支出 1.87 亿元。工伤保险参保人数 55.37 万人，基金收入 1.25 亿元，支出 1.94 亿元。

八、马鞍山市社会保障

2021 年，马鞍山市社会保障体系逐步完善。全年新增就业 4.19 万人，下岗失业人员再就业 0.64 万人，“4050”人员等困难群体再就业 0.27 万人；城镇登记失业率 2.47%，保持在 3%以下低水平。城镇职工养老保险参保人数 73.11 万人，失业保险参保人数 28.80 万人，工伤保险参保人数 32.09 万人。城镇居民医疗保险参保人数 161.74 万人，新型农村社会养老保险参保人数 91.71 万人，参保率 99.35%。被征地农民养老保障实现即征即保，参保人数 18.21 万人。城镇职工养老保险待遇实现“十七连增”。

此外，马鞍山市社会福利事业持续推进。全年城乡最低生活保障救助 73.9 万人次，支付低保金 3.96 亿元；新增养老机构项目 4 个、社会收养性福利床位数 2.1 万张，接受社会捐赠 1053.1 万元；城镇拥有各种社区服务设施 537 处，便民利民服务网点 825 个；福利彩票销售 1.61 亿元，筹集福利彩票公益金 0.53 亿元。从 2021 年 7 月起，提高全市城乡居民养老保险基础养老金标准，每人每月增加 5 元，惠及 29.5 万人，年增发养老金约 1800 万元。

九、滁州市社会保障

2021 年末，滁州市基本养老保险参保人数 319.3 万人，其中企业职工养老保险参保人数 59.3 万人，机关事业养老保险参保人数 12.9 万人，城乡居民养老保险参保人数 247.2 万人。全市城镇职工医疗保险参保人数 57.7 万人，城乡居民基本医疗保险参保 362.1 万人。失业保险参保人数为 27.9 万人，工伤保险参保人数为 37 万人。

2021 年，城市低保人数 2.2 万人，累计救助 27.3 万人，发放救助金 1.5 亿元，人均救助 545 元；农村低保人数 11 万人，累计救助 132.6 万人，发放救助金 5.9 亿元，人均救助 442 元。

2021 年末，全市已建工会组织数 7234 个，发展会员 41.5 万人。“两节”期间全市工会共筹集送温暖资金 1085.3 万元，帮扶慰问困难职工 9430 户，发放资金 447.2 万元。2021 年度，省总下拨全市中央财政专项帮扶资金 529 万元、省财政专项帮扶资金 131 万元、省财政送温暖资金 20 万元、省总工会经费 27 万元、安徽移动助学资金 2.5 万元、省总工会常态化送温暖资金 7.9 万元。全市使用中央财政专项帮扶资金 529 万元，帮扶困难职工 741 户；使用地方帮扶资金 570.6 万元，帮扶困难职工 3991 户。经过排查摸底、精准识别并报省总工会及市民生办批准，2021 年滁州市城市困难职工帮扶纳入民生工程任务是 280 户，截至年底已完成帮扶 1150 户，完成率为 410.7%。其中，困难职工生活救助实际救助 726 人（任务数为 87 人），完成率为 834.48%；实际子女助学救助 169 人（任务数为 97 人），完成率为 174.2%；实际医疗救助 255 人（任务数为 96 人），完成率为 265.6%。全年滁州市帮扶慰问（困难）全国劳模 47 人，发放慰问款 39.5 万元（中央财政）；帮扶省部级劳模（全国五一劳动奖章获得者）383 人，发放慰问款 120.75 万元（省财政）。县级以上春蕾计划全年筹资 77.9 万元，资助大学、大专和中小学生 348 人。

2021 年末，全市共有养老服务机构 160 个，床位 22669 张。城镇社区各种养老服务设施 1160 个；城镇社区公共服务设施 2730 个，农村社区公共服务设施 7265 个。农村特困供养人数 2.2 万人，比上年末下降 2.9%。2021 年全年福利彩票销售总额达 2.87 亿元。

十、宣城市社会保障

2021 年末，宣城市参加城镇职工基本养老保险 71.1 万人，比上年增加 3.4 万人；参加城乡居民基本养老保险 145.6 万人，比上年减少 1.7 万人。参加城镇职工基本医疗保险 46.8 万人，增加 4.1 万人；参加城乡居民基本医疗保险 222.1 万人，减少 6.2 万人。参加失业保险 29.2 万人，增加 4.5 万人。参加工伤保险 37.2 万人，增加 2.1 万人。参加生育保险 34.7 万人，增加 2.9 万人。年末全市共有 0.9 万人享受城市最低生活保障，6.1 万人享受农村最低生活保障。

2021 年，全市共有提供住宿的各类社会服务机构 178 个，其中养老机构 162 个，儿童服务机构 16 个。社会服务床位 19837 个，其中养老服务床位 19571 个，儿童服务床位 266 个。年末共有社区服务站 861 个。

十一、溧阳市社会保障

2021 年，溧阳市城镇职工基本养老、医疗和失业“三大保险”综合覆盖率均超 98%。城镇企业职工基本养老保险参保 19.14 万人，新增参保人数 0.9 万人，城乡居民养老参保 6.7 万人；城镇职工基本医疗保险参保 26.79 万人，居民基本医疗保险参保 47.19 万人；失业保险参保人数 13.81 万人；工伤保险参保 23.5 万人，生育保险参保人数 16.02 万人。全市共有农村特困对象 1799 人，其中集中供养 423 人、分散供养 1376 人。

十二、金坛区社会保障

金坛区民生工程扎实推进。2021 年，金坛区实现一般公共预算支出 90.21 亿元，同比增长 3.5%，其中社会保障和就业、卫生健康、交通运输等民生支出分别为 19.38 亿元、9.07 亿元和 2.47 亿元，同比增长 30.1%、7.6%和 30.9%。完成改造提升文化一村（一期）、河滨（含北戴）小区 2 个老旧小区，涉及 93 栋 2561 户居民。深入推进棚户区改造，全年新开工棚户区改造九洲里花园四期等项目 1083 套，基本建成连珠水苑一期等项目 3010 套。

社会保障更加完善。持续推进全民参保计划，开展参保精准扩面，重点推动企业职工应保尽保和新业态从业人员的参保扩面。全区企业职工基本养老保险净增参保 10288 人。深入实施工伤保险“同舟计划”，建筑业新开工项目工伤保险参保率达 100%。稳步提升社保待遇水平，城乡居民基础养老金标准从 280 元/月提高到 335 元/月，缴费满 15 年的从 310 元/月提高到 365 元/月；被征地农民养老补助金标准从 680 元/月提高到 760 元/月，惠及十万余人。实施社保精准扶贫，为 1554 名重残等四类人员建档立卡代缴居民养老保险。

第五章　文化事业与文化产业

第一节　南京都市圈文化事业与文化产业情况

在《南京都市圈发展规划》中明确提出，都市圈建设要“坚持以人民为中心，推动教育医疗文化等优质服务资源一卡通共享，扩大公共服务辐射半径，加快社会治理一体化发展，推动优质公共服务一体化、连锁化供给，共同打造幸福都市圈”。

近年来，南京都市圈内各地区在经济发展的基础上，都极力推动文化事业的发展。

第二节　各市（区）文化事业与文化产业情况

一、南京市文化事业与文化产业发展

（一）南京市文化事业快速发展

作为六朝古都的南京，在文化方面的发展向来不容小觑，近10年来，南京交上了一张完美的答卷。从2011年到2021年，南京文化产业增加值从262亿元增长到1063.99亿元，占全市地区生产总值的比重从4.26%增加到6.5%，文化产业发展水平指数、发展指数和综合指数三项指标均名列全省第一。

1. 举旗定向的思想引领更加有力

编印43万余册学习“口袋读本”，学好用好《习近平谈治国理政》（1—4卷）等重要著作，引导全市党员干部学懂弄通做实。

打造“梧桐论语”理论宣讲品牌，创新办好理论宣讲节目《思想的力量》等，不断推动党的创新理论深入人心。

高质量开展党史学习教育、“四史”宣传教育，协调推动全国首个市级红色资源保护利用条例出台实施，加强对全市160余处红色资源点的保护传承利用，上线“中国南京红色在线平台”，推出“红色研学”课程，赓续红色血脉，传承红色基因。

2. 崇德向善的文明之风更加充盈

扎实推进道德风尚高地建设，2017年以来，涌现出全国道德模范钱七虎、邱海波等一批典型，选树时代楷模等国家级重大典型6人次。

加强未成年人思想道德建设，扎实开展“新时代好少年”学习宣传，完成206家乡村“复兴少年宫”建设。

常态化开展文明城市创建，先后荣膺第五届、第六届全国文明城市称号，在2021年全国文明城市复查测评中，位列全国同类城市第三。

不断深化“志愿之城”建设，20个志愿服务典型被评为“全国学雷锋志愿服务‘四个100’先

进典型”，开展各类文明实践活动近20万场，受众超2000万人次。

3．高品质的文化供给更加充足

近年来，南京市推出大型民族交响乐《人间正道是沧桑》、大型交响组歌《雨花台——信仰的力量》、民乐《国之当康》、话剧《鸽子》、京剧《梅园往事》、越剧《凤凰台》、广播剧《寻找保尔》等一批优秀作品。

南京文化艺术节、南京戏剧节、南京森林音乐会品牌影响不断提升，成功承办第30届中国戏剧梅花奖颁奖活动。自2015年起，南京森林音乐会已成功举办7届，成为南京独有的闪亮文化标签，也成为长三角地区最具品牌影响力的文化盛事之一。

建成1个国家级文化科技融合示范基地，12个国家级、30个省级、103个市级文化产业园区，打造“中国（南京）文化和科技融合成果展览交易会”“南京创意设计周”等特色会展品牌。

此外，南京不断夯实阵地基础，覆盖城乡的四级公共文化服务设施网络基本建成。目前，南京市文化馆和金陵图书馆均为国家一级馆；12个区共建有文化馆12个、公共图书馆13个；全市101个街镇全部建有综合文化站，1214个村（社区）实现了综合文化服务中心全覆盖。

在体育事业发展方面，南京在全省首批建成城市社区“10分钟体育健身圈”，截至2021年底，全市人均公共体育场地面积达3.93平方米，位居全省第一。同时积极推进各级各类体育场馆“低免”惠民开放，开发建设“宁体汇”平台，线上服务场馆达345家，累计惠及546万人次，运营模式被国家体育总局在全国推广。

4．文化传播的品牌影响更加彰显

参与举办4届“一带一路”青年创意与遗产论坛，加强与“一带一路”沿线国家和地区在青年、媒体与智库等领域的文化交流与合作。

2014年以来举办4届南京历史文化名城博览会，2015年起连续举办“中国南京周活动”，推动文化交流互鉴和南京城市形象传播。

做好每年“12·13”国家公祭活动保障服务和宣传教育工作，依托国际和平城市品牌，持续做好南京大屠杀史实研究、史料外译和对外传播，设立国内首个联合国教科文组织“和平学”教席，成功举办两届南京和平论坛。

2019年成功入选联合国教科文组织“创意城市网络·文学之都”以来，连续实施南京文学作品翻译资助计划，打造国际驻地作家线上交流平台并被联合国教科文组织作为经典案例向创意城市网络推广。

2011—2021年，是南京文化自信不断增强、文化建设成果丰硕、文化发展繁荣兴盛的十年。未来南京市将加快推动文化高质量发展，着力提高社会文明程度，着力提升公共文化服务水平，着力健全现代文化产业体系，着力加强对外文化交流和多层次文明对话，更好地放大古今交融的城市文化特色，提升历史文化名城世界影响力，为建设人民满意的社会主义现代化典范城市提供更加有力的文化引领和支撑。

（二）南京市文化产业占比不断提升

2021年，南京市文化产业增加值达1063.99亿元，成功迈过“千亿关”。近年来，南京出台了推动文化产业高质量发展、文化建设迈上新台阶的系列文件，不断构建全面支撑南京文化产业发展的政策体系。面对疫情冲击，南京又推出了“文化产业‘援企四策’”“文化金融‘稳企意见’”等系列举措，加快推动南京文化产业强劲复苏。

1．供需“齐头并进”，发展“蹄疾步稳”

发展再上新台阶的背后，南京文化产业自有“创新经”。

数字化新动能成为新抓手。近年来，南京接连出台了《数字经济发展三年行动计划（2020—2022年）》《关于促进南京市数字文化产业高质量发展的实施方案》《关于培育新业态拓展新消费促进南京市文旅产业高质量发展的实施意见》等政策文件，推动文化产业“上云用数赋智”，重点打造创意设计、网络文学、数字文旅、现代演艺、数字场景、影视动漫、数字文化装备等7个优势业态，同时，在全国率先开展数字文化产业的标准试定和产业研究，制定“20+28”行业体系。

数字化已成为南京文化产业新增长极。据南京市统计局提供的相关信息显示，2021年末，以互联网为基础的数字出版、动漫、多媒体等16类文化新业态的规模以上文化企业实现营业收入1420亿元，占全部规模以上文化企业营业收入比重超40%，同比增长19.3%，营业利润、应交增值税等主要经济指标继续呈现两位数高速增长。

服务新手段也在不断跟进。“南京文化融合创新服务平台”线上赋能，南京创意设计周、动漫创投大会、两岸博物馆IP论坛等活动线下“接力”，汇集创意智慧，激发内生动力。召开融资需求对接会，与南京联合产权（科技）交易所创新研发文旅企业“股权质押贷款产品”，组织开展2021国家文化出口重点企业和项目、国家文化产业发展项目库2021年度项目、南京市数字经济专项资金、数字经济应用场景项目等相关申报工作，上报推荐“全国文化企业30强”，服务手段频频“上新”，助力企业快速发展。

全市市级以上各类文化产业园区达到145个，2021年新认定数字文化园区9家。2021年，全市重点文化产业园区入驻企业数同比增长72.3%，吸纳就业人数同比增长19.8%。D9街区、银杏里等艺术街区相继建成开放，江北新区南京美术馆、德基美术馆相继落成，让文化艺术深入街巷，提升城市格调。

南京市不断创新供给模式。自2016年起，每年持续投入1500万元用于演出剧目政府补贴，带来全市文化演出剧目票房每年30%以上的增长，大量北上广深演出机构频繁进入南京。2021年，南京又每年追加投入500万元用于文旅展陈政府补贴。“看好戏到南京”新潮流在长三角一带隐隐形成。

2. 创新“一子落”，产业“满盘活”

成果接连涌现的背后，是南京数年对产业创新的长期布局。

以“全国重要文化创意中心”和“国家文化科技融合示范中心”为目标，南京将文化产业纳入全市“4+4+1”主导产业体系，把“文化科技融合”写入市委1号文件。确立了南京高新区、建邺区新城科技园等5家示范分基地，形成一条纵跨长江南北、紫金山内外的城市“文化外环”。同时，在2013年成立全国首家综合性文化金融公共服务平台——南京文化金融服务中心基础上，2018年，南京又启动了“梧桐计划”文化金融生态创新服务体系，为文化项目提供金融支持。

南京文化创意产业交易会升级为中国（南京）文化科技融合成果交易会，成为全国率先打造的文化科技融合服务平台；南京市文化产业创意资源共享会、南京文化产业招商推介会，为文化和科技企业搭建高层次、综合性文化交流展示平台；上线南京市文化产业“云上招商平台”，打造文化产业招商资源综合信息化服务平台。

近年来，南京一边拥抱生长根脉，一边不断推动优秀传统文化创造性转化、创新性发展，山水资源和文化遗存转化为产业升级的“地利”。南京在保护传承中挖掘长江文化内涵，在生态修复中彰显长江文化特质，在文旅融合中提升长江文化价值，在城市更新中注入长江文化活力，积极探索长江文化保护利用，敬畏历史、敬畏文化、敬畏生态，大力保护传承弘扬长江文化，努力成为长江国家文化公园中的璀璨明珠。近年来，南京紧盯时序推进重点项目建设及大运河沿线历史文化风貌保护，创排演出主题戏曲，编纂出版丛书，打造无想水镇、飞燕文化产业街区等大运河特色产业集群。

3. 立足战略“支点”，蓄势“新赶考”

南京文化产业未来发展既有国家层面的宏观机遇，也有自身层面的微观机遇。第一，“双碳”战略的实施，让城市迎来了产业调整机遇期，文化产业作为“无烟工业”，发展前景可期；第二，文化强国建设过程中，人民群众对高品质文化消费需求强烈，市场空间广阔；第三，南京高校资源众多，随着各种高素质高能力人才不断成长，将给产业发展带来源源不断的创造活力；第四，数字经济的蓬勃兴起，也将成为文化产业新业态诞生的“催化剂”，促进文化产业转型升级，开拓新生长空间。

作为首批国家历史文化名城之一，南京历史悠久、文化灿烂、自然资源禀赋独特，同时，地处“一带一路”交汇点、长江经济带关键节点、长三角地理中心，兼具国家级新区与自贸试验区等开放平台；“米”字形高铁网络、国际性综合交通枢纽、南京都市圈发展规划获批等一系列大事要事，推动南京加快成为全国承东启西的双向开放门户。

南京从“源头创新”入手，搭建创新平台，为企业和人才厚植创新沃土，推进融合创新，完善产品服务创新，同时让文化产业发展红利惠及百姓，让南京成为“本地人满意，外地人向往”的文化之城。

多重重大战略在南京密集交汇叠加，意味着南京既要注重融入长三角一体化发展趋势，也要扛起作为中心城市的使命担当，引领带动周边城市协同发展，扮演好“枢纽”和“领头羊”的角色。

二、镇江市文化事业与文化产业发展

镇江市文化事业发展较好。2021年，全市有文化事业机构108个，其中艺术事业机构（艺术表演团体、艺术表演场馆）8个，图书馆9个，博物馆14个，群众文化事业机构67个，其他文化事业机构10个。全市文化事业工作人员1091人，其中艺术事业232人，图书馆123人，博物馆288人，群众文化事业312人，其他文化事业136人。

（一）文化事业亮点纷呈

（1）高标准创成国家公共文化服务体系示范区，公共数字文化服务效能位列全省第一。全市7家文化馆均顺利通过第五次全国文化馆评估定级，被评为国家一级馆。丹阳市云阳街道获评“中国民间文化艺术之乡”。

（2）艺术创作生产成果丰硕，扬剧《茶山女人》荣获江苏省“文华大奖”，领衔主演龚莉莉荣获“表演奖”，作曲王啸冰荣获“音乐奖”。小扬剧《革命媳妇》荣获“优秀节目奖”。

（3）扎实开展庆祝建党100周年系列活动，开展“四百”红色系列活动6300余场。协调中共中央庆祝中国共产党成立100周年文艺演出《伟大征程》20532套舞台群演服装制作，为演出成功贡献镇江力量。

（4）促进文旅产业发展。启动“文旅‘镇’加速”服务品牌建设，举办镇江、玄武文旅招商推介会暨战略合作签约仪式，两地20家单位签署12项战略合作协议。

（5）促进文旅消费。启动文旅消费优惠券发放暨夜经济品牌活动，发放8000万元的文旅消费优惠券。高质量举办第十五届中国镇江金山文化艺术·国际旅游节，精心策划“幸会舞台”“全民派对”“寻魅镇江”“焕彩之城”四大板块61项子活动。润州区、镇江新区创成省级文化和旅游消费试点单位，西津渡创成省级夜间文化和旅游消费集聚区，第一楼街入选第二批省级夜间文旅消费集聚区建设单位。高质量承办江苏省“水韵江苏·有你会更美”文旅消费推广第一季成果发布暨第二季启动仪式，联合镇江市旅游协会成功举办第二届长三角自驾游产业发展大会暨2021中国大运河“驰骋文旅”启动仪式。

（6）推动全域旅游发展。编制《“三山一湖一渡”旅游规划》，印发《“宜游镇江”三年行动计划（2021—2023）》，牵头组织“宜游镇江”建设。丹徒区、润州区均已通过省级全域旅游示范区创建会议评审。积极打造“中国休闲城市”，镇江西津渡历史文化街区入选首批省级旅游休闲街区，句容宝华山千华古村民俗文化街区入选培育单位名单。

（7）大力发展乡村旅游，举办第三届美丽镇江乡村游嘉年华，镇江市入选世界乡村旅游产业示范城市，句容市天王镇入选世界乡村旅游产业示范乡镇。句容市茅山镇创成全国首批乡村旅游重点镇全省仅4家；丹阳市柳茹村、句容市陈庄村等5家创成省乡村旅游重点村。丹徒“又见浮玉”民宿入围全国首批乙级民宿候选名单。

（8）加快推进旅游市场信用体系建设，镇江市入选首批全国文化和旅游市场信用经济发展试点（全国共 14 个地区），成为江苏省唯一上榜地区。

（9）推动文化遗产创新性发展，全市 28 处不可移动文物和 122 件（套）可移动文物被列入江苏省第一批革命文物名录。考古前置工作服务经济建设成效显著，镇江市文物局全年共受理考古调查勘探项目 113 个，文物资源区域评估项目 10 个，总涉及土地面积超过 88 平方千米，为经济发展提供基础性保障。句容空青山宋墓再登央视《探索·发现》栏目。“非遗进西津渡景区项目”“非遗进宝华山景区项目”成功入选首批江苏省“无限定空间非遗进景区试点项目”，中国醋文化博物馆入选首批 10 个江苏省非遗旅游体验基地。

（10）城市影响力不断提升。镇江市入选 2023 年“东亚文化之都”候选城市，成为江苏省唯一入选城市。召开文化旅游日本（东京）、韩国（首尔）线上推介会，与日、韩当地签署《东亚文化互促互进长期合作备忘录》。

（二）文化服务体系提升完善

2021 年末，全市共有艺术表演团体 5 个，文化馆 8 个，公共图书馆 9 个，文化站 59 个，博物（纪念）馆 14 个，美术馆 2 个。年末拥有省级以上文保单位 67 处，其中全国重点文保单位 13 处。

第一，高标准创成国家公共文化服务体系示范区。镇江博物馆新馆、镇江市美术馆新馆、扬中市文化馆新馆建成并对外开放。公共数字文化服务效能位列全省第一，“文化在线”公共文化服务产品供给新模式被评为“2021 年度江苏省智慧文旅示范项目”。全市 7 家文化馆均顺利通过第五次全国文化馆评估定级，被评为国家一级馆。13 个场馆入选江苏省最美公共文化空间，19 支团队入选全省优秀团队培育对象，位列全省第三。丹阳市云阳街道获评“2021—2023 年度中国民间文化艺术之乡”。

第二，扎实推进公共文化领域考核考评。努力提高全省高质量考核人均接受文化场馆服务次数，顺利通过省厅调研和实地检查。提高全市基本公共文化服务满意度，97.83%的群众对镇江市公共文化服务表示“满意”或“比较满意”，创近年来最好成绩。民生实事项目顺利推进，高质量完成京口闸遗址保护工程和镇江博物馆改造工程，全市 10 个智慧广电乡镇（街道）建设任务全面完成。支持经济薄弱地区“送戏下乡”28 场。超额完成文化惠民活动，共开展“文心”系列活动 167 场、全民艺术普及活动 602 场，分别完成目标任务的 139%、120%。

第三，公共文化服务产品供给丰富。扬剧《茶山女人》荣获江苏省“文华大奖”，领衔主演龚莉莉荣获“表演奖”，作曲王啸冰荣获“音乐奖”。小扬剧《革命媳妇》荣获“优秀节目奖”。创新开展“我们身边的场馆——从小爱场馆”文化活动 1124 场，全市各级场馆开展社教活动 7355 场。举办第二届镇江市群星奖舞台艺术类作品评选，开展“村（社区）文艺播种计划”2496 场，开展“千场文化活动进农村”6825 场。举办老年艺术大学培训，两学期共开设 35 个班级。举办“淘文化网——庆祝建党 100 周年专题演出”60 场，吸引 4 万多名现场观众和 61.4 万网民观看。

第四，推动产业招商和项目建设。启动“文旅‘镇’加速”服务品牌建设，举办镇江、玄武文旅招商推介会暨战略合作签约仪式，两地 20 家单位签署 12 项战略合作协议。排定 28 个市级重点文旅项目，在建 36 个文旅项目。镇江傲游网络科技有限公司入选 2021—2022 年度国家文化出口重点企业，镇江电竞文创产业基地项目等 2 个项目入选全省重点文化和旅游产业项目。

第五，促进文旅消费。2021 年末，全市拥有 A 级景区 20 个，其中 AAAAA 级景区 2 个，AAAA 级景区 7 个，AAA 级景区 11 个；拥有省级度假区 2 家，省星级乡村旅游区 72 家；拥有星级旅游饭店 22 家，旅行社 121 家，其中星级旅行社 35 家。全年实现旅游总收入 776.4 亿元。启动文旅消费优惠券发放暨夜经济品牌活动，共发放优惠金额超 8000 万元的文旅消费优惠券。发布“镇江夜美好”系列夜经济品牌，组织开展夜经济“八大主题”征集评选活动。润州区、镇江新区创成省级文化和旅游消费试点单位，西津渡创成省级夜间文化和旅游消费集聚区，第一楼街入选第二批省级夜间文旅消费集聚区建设单位，西津渡、千华古村积极开展省级文旅消费便捷支付示范区建设工作。

第六，服务企业发展。推动文化旅游产业融合发展，句容市入围首批省级文化和旅游产业融合发展示范区建设单位名单，京口区大禹山创意新社区入选省级文化产业示范园区创建单位，句容江苏容酒文化旅游体验园、丹阳堂皇健康睡眠科技园被评为江苏省工业旅游区。召开2021年省级文化和旅游产业扶持政策培训会，为中国米芾书法公园等10个项目争取省级专项资金700万元。与11家金融机构签署市财政金融“助力贷”产品合作协议，缓解企业融资困难。为高铁镇江站与旅行社团体票营销搭建平台，有效解决旅行社团体票购票难问题。

（三）文化产业稳步发展

2021年末，全市规模以上文化企业营业收入349.08亿元，其中丹阳市规模以上文化企业实现营业收入86.49亿元，增幅81.39%，位列全市第一，新增规模以上文化企业18家，为镇江市文化产业高质量发展做出了积极贡献。全市文化及相关产业增加值为244.35亿元，同比增长13.07%，占全市GDP的比重为5.13%，位列全省第五。2021年末，江苏省文化及相关产业增加值为5800亿元，占全省GDP的比重为5.01%。镇江市文化服务体系不断完善，年末有线电视用户59.82万户，其中数字电视用户59.34万户。高质量举办第十五届中国镇江金山文化节·国际旅游节，精心组织多板块各类活动61项。镇江市入选2023年“东亚文化之都”候选城市，是江苏唯一入选城市。镇江悦乐网络科技有限公司入选2020—2021年度江苏民营文化企业30强。镇江市国家高新区的镇江电竞文创产业基地等2个项目入选2021年江苏省重点文化和旅游产业项目。镇江市大禹山创意新社区成功入选江苏省2021年度16家省级文化产业示范园区创建单位。

三、扬州市文化事业与文化产业发展

扬州成功加入联合国教科文组织创意城市网络，成为国内第4个“世界美食之都”。自扬州成功加入联合国教科文组织创意城市网络，成为国内第4个“世界美食之都”以来，扬州市委、市政府高度重视，把“世界美食之都”建设作为推动扬州“好地方”建设的重要抓手，深化全市优势资源的统筹规划，夯实与擦亮“美食之都”品牌，打造扬州市餐饮行业提升新起点、产业融合新亮点、城市品牌营销新热点。成为联合国教科文组织“创意城市网络”成员，荣获“世界美食之都”称号，对扬州而言是一种机遇，更是一种承诺和使命。

江苏省大运河世界文化遗产监测管理平台正在由扬州建设运营。江苏省大运河世界文化遗产监测管理平台是全国首个省级大运河遗产监测管理平台，该平台是一项现代科技监测项目，由省大运河文化带建设工作领导小组、省人民代表大会常务委员会研究立项，省文旅厅（省文物局）指导支持，扬州市世遗办（大运河遗产保护管理办公室）具体实施运营，2021年底通过省级专家验收并投入使用，在全国具有示范推广作用。

近年来，作为大运河联合申遗和遗产保护的牵头城市，在践行运河文化可持续发展理念方面，尤其是与国际组织、全球运河城市交流合作以及传承研究运河文化、促进运河文化宣传教育方面，扬州坚持“一届一主题一特色”，已成功举办15届世界运河城市论坛，致力打造“世界运河城市论坛”品牌。利用世界运河历史文化城市合作组织（WCCO）设在扬州的优势，促进国际运河城市文化交流。在运河文化传承研究、宣传教育方面，扬州积极推动“中国大运河学会”筹建工作，积极开展运河文化宣传教育活动，深入开展运河文化学术研究活动及一系列学术研讨会。

扬州市广陵区荣获江苏省首批文化和旅游消费示范单位。广陵区顺势而为开展文旅活动，在皮市街、仁丰里、小秦淮河策划、举办以“唤·醒咖啡文化节”“夏日书香夜市”“非遗民俗文化节”“绿杨市集”为代表的系列文旅消费活动，并注意在市集活动中适时发放专项文旅消费券，既提升了人民群众的获得感、幸福感，也得到了央视等多家主流媒体多次深度关注。相关活动有效促进了古城街区和现代消费理念的有机融合，展现了广陵在全省文旅消费市场的多元 IP 形象。

瘦西湖成功入选第二批国家级夜间文化和旅游消费集聚区，蜀冈—瘦西湖风景名胜区入选省级文化和旅游消费示范单位。景区紧扣扬州“建设世界级景区”的目标定位，整合最优质的旅游资源，突出景城一体、融合发展，在旅游交通、旅游景点、旅游线路等方面加强与城市体系全面衔接。不断丰富“夜游、夜市、夜演”新业态，开发更具景区特色的文创产品，以优质服务、满意口碑满足世界游客对扬州景区的向往。通过全力打造缤纷“旅游带”助力“古运河重生”。围绕三个“国家级”创建，擦亮“三都”金字招牌，全力以赴推进大运河文化旅游度假区创成国家级旅游度假区、推进运河三湾创成 AAAAA 级景区、推进瘦西湖“二分明月”创成国家级夜间文旅消费集聚区，推动景区文旅产业转型升级、提质增效。

扬州市的文化企业数量从 2012 年的 4869 家增长到现在的 12664 家，规模以上文化企业的数量从 2016 年的 326 家增长到现在的 686 家，实现了“翻一番”的目标。全市文化及相关产业增加值从 2012 年的 114 亿元增长到 2021 年的 326 亿元，占地区生产总值的比重从 3.91%提升到 4.88%；旅游业总收入从 2012 年的 435 亿元增长到 2019 年的 1010 亿元。十年来，扬州坚持持续打造具有“扬州特色、中国风韵、国际影响”的文旅产业体系，文化和旅游产业已成为扬州市的支柱产业和“拉动消费、促进经济”的新动能引擎。

2021 年，扬州市净增规模以上文化产业单位 192 家（其中新增 211 家，退库 19 家），位列全省第四（新增数量较多，主要得益于“四上”企业申报）；全年共计有规模以上文化产业单位 701 家，总数位列全省第六。

四、淮安市文化事业与文化产业发展

近年来，淮安市盘活文化资源，以文化对接产业，促进文旅深度融合，浓墨重彩书写着以文兴业的大文章。

风景秀丽的淮安运河畔，矗立起两道巨大的闸门，这是已封顶的板闸遗址公园主体建筑。2021 年底，公园完成所有建筑封底，古河道支护桩施工，2022 年 7 月开园。建成开放后，游客可通过充满科技气息的文旅体验，感受淮安与大运河同生共长的沧桑变化。

作为大运河连接淮河、长江、黄河的重要节点，淮安市围绕大运河文化带、长三角一体化、淮河生态经济带等重大战略，促进文化产业发展。依托丰富的运河文化元素，淮安市规划“五园三带十点”文化公园空间布局，重推大运河百里画廊建设，创新建设中国水工科技馆、板闸遗址公园等地标性建筑，精心绘制如意安澜、泱泱治水、传世古堰、湖山胜境“淮上四卷”；整合淮扬菜、白马湖、里运河等生态文旅资源，优化重组市文化旅游集团，2021 年创成“世界美食之都”；挖掘独特的西游文化，组建西游产业集团，打造西游主题乐园；2021 年，淮安方特东方欲晓主题公园正在加紧建设，开园营业后将成为江苏省地区首座以红色文化为主题的大型高科技主题公园。

伴随着文化产业政策的不断完善，淮安市各类文化市场主体不断发展壮大。在文化产业细分领域，培育了一批行业领军、“小巨人”企业。目前，淮安市共有 2 家企业上榜江苏民营文化企业 30 强，有 14 家企业先后被评为江苏省重点文化科技企业。其中，江苏共创人造草坪有限公司的产品销往全球，市场占有率超 15%，于 2020 年成功在 A 股主板上市。2021 年，该公司全年实现营业收入 230166 万元，同比增长 24.39%，经营业绩实现稳步增长。

为推动文化产业品牌化、集聚化发展，淮安市积极加强载体建设，建成省级文化产业示范园区 3 家、示范基地 2 家，打造市级文化产业示范园区 7 个、示范基地 27 个，1 家企业荣获国家文化出口重点企业称号。逐步形成印刷包装、文教玩具制造、户外休闲用品制造等文化产业主链和文化创意设计、文化智能制造、数字文化等新兴业态共同稳步发展的良好局面，淮安市文化产业发展“四梁八柱”和“路径导航”基本形成。

近年来，淮安市文旅融合程度不断加深，积极打造华强方特、西游乐园、龙宫白鲸等文旅融合区域IP，洪泽龟山村“水产渔业+民俗节庆+民宿”、蒋坝镇“旅游+湖鲜+节庆”、涟水今世缘酒文化工业旅游等特色文旅IP。2021年淮安市旅游业总收入404.98亿元，同比增长51.8%。文化产业已深度融入淮安市经济社会发展，助力提升淮安市城市竞争力。

百舸争流千帆竞，以文兴业正当时。淮安市将始终贯彻落实习近平总书记关于文化产业高质量发展的重要指示精神，围绕市第八次党代会提出的“以文化人、以文塑城、以文兴业”战略部署，推进文化产业大发展，为聚焦打造“绿色高地、枢纽新城”，全面建设长三角北部现代化中心城市点燃强力“绿色引擎”。

五、芜湖市文化事业与文化产业发展

2021年，芜湖市规模以上文化产业企业发展态势良好，主要指标保持较快增长，增幅快于全国、全省平均水平。

2021年，芜湖市规模以上文化及相关产业企业205户，比上年增长8.5%，高于全省平均水平2.5个百分点；实现营业收入246.9亿元，比上年增长19.5%，增速居全省第2位，分别高于全国、全省平均水平3.5个百分点、11.4个百分点；其中，文化服务业实现营业收入180.13亿元，占全部企业的73.0%，成为芜湖市文化产业的重要支撑，比上年增长24.0%，增幅分别高于全国、全省平均水平7.7、12.8个百分点。

2021年，芜湖市大力推进文化旅游广播电视新闻出版高质量融合发展。

（一）深入推进“双招双引”工作

根据市“双招双引”工作要求及任务分工，成立了市文化和旅游局数字创意和文旅产业“双招双引”工作领导小组、产业链招商领导小组，制定了《芜湖市文旅体产业链招商工作方案》《芜湖市文旅体产业链2021年度工作计划》《芜湖市文化和旅游局产业链招商工作方案》。组织赴北京、上海、无锡、郑州、武汉等地开展邀商招展工作，拜访、接待了乐堂集团、华夏航空、卓尔智城集团有限公司、安徽新华传媒股份有限公司等14家企业，为企业详细介绍芜湖市经济社会及文旅产业发展情况、美好前景、扶持政策等，邀请企业来芜投资创业。积极争取，成功入选第一批国家文化和旅游消费试点城市，构建线上线下相融合、数字化消费为特色的文旅消费新模式。扎实推进“四送一服”，组织召开芜湖市文化旅游业发展座谈会，为企业详细解读芜湖市最新的文化旅游业扶持政策。

（二）强力推进重点文旅项目建设

全方位开展芜湖市文旅新业态资源调查工作，梳理拟推荐进入省第三批“512”重点项目库8个项目，全市现有省“512”重点项目库项目11个。总投资3亿元的途居马仁山房车露营地项目一期已建设完成，投入试运营。指导方特旅游区、马仁奇峰景区、大浦乡村世界、芜湖古城等重点景区推出新产品、提供新体验、满足新需求，完善雕塑公园、汀棠公园、雨耕山、范罗山等综合性节点的文旅功能。开展全市工业遗存调查工作，通过摸清底数、建立清单、评估价值、建设数据库、编制调查报告等途径，加快推进芜湖市工业遗存保护利用，探索工业遗存的文旅创新发展新路径。持续推进全市红色文化实践基地创建工作，推动红色文化旅游进一步发展。

（三）统筹推动乡村旅游示范发展

以乡村振兴为统揽，深化乡村旅游集聚发展，积极整合优化乡村特色文化旅游资源，持续推进10个乡村旅游集聚区、4条精品线路建设发展，推动全域旅游廊道建设。以庆祝建党100周年为主题，将红色文化资源与绿色生态资源相结合，策划推出了乡村旅游学习体验线路，让游客在望山见水的旅途中了解党的光荣传统、宝贵经验和伟大成就，助力乡村振兴，得到上级文化旅游部门认可，芜湖市参与策划推出的“山水田园风情、欢乐皖江水韵、徽风皖韵诗意、不忘初心红色”4条精品乡村游路线，入选文化和旅游部联合国家发展改革委推出的“体验脱贫成就·助力乡村振兴”乡村旅游学习体验线路。对全市范围内休闲农业与乡村旅游发展成效显著的精品线路和集聚区兑现示范激励资金，立项全市首个旅游类市级地方标准——《芜湖市乡村旅游集聚示范区评定标准》，现已进入标准送审阶段。南陵县霭里村、湾沚区珩琅山村获评全国第二批乡村旅游重点村，全市获评首批安徽省特色旅游名镇6家，首批省特色旅游名村10家，首批省级休闲旅游示范点17家。

（四）不断完善公共服务基础设施

按计划全面推进全市应急广播体系建设，已完成9个县市区级平台建设和无为市20个镇（街道）、276个行政村（社区）的前置终端、2860个终端建设；完成繁昌区7个乡镇前置平台、95个村级前置平台、1223个应急广播接收终端建设。协调、配合有关部门开通了芜湖市区至湾沚区西河古镇、方特旅游区至繁昌区马仁奇峰景区的城际旅游公交，目前全市共有6条旅游专线串联和畅通了宣城市十大乡村旅游集聚区和4条精品旅游线路。启动芜湖市全域旅游交通指示标牌规划工作，进一步增强旅游景区可进入性，提升旅游交通指示标牌的旅游公共服务功能，推进全域旅游发展。

（五）广泛开展群众性文化活动

以庆祝中国共产党成立100周年为主题，策划推出百剧盛典颂党恩、百书传承红色情、百展巡回放光辉、百画共绘中国梦、百歌唱响祖国颂、百课传扬党恩情、百人同行红色路等“七个一百”文旅活动，各项活动按计划有序推进。聚力指导帮助全市各级各类文化单位围绕建党百年开展了“徽风皖韵话筝程”古筝专场音乐会、“‘弋’起唱永远跟党走”群众歌咏大会、“我与党旗合张影”等系列文化活动，线下线上累计参与人数200万人次，极大丰富了群众精神文化生活。举办“乡村春晚”9场，其中南陵县许镇镇奎湖村“村晚”作为全省唯一、全国15个特色“村晚”示范展示活动之一，亮相央视等国家级媒体；选送国家级非遗项目“无为鱼灯”参加文化和旅游部“非遗过大年 文化进万家”活动；积极筹划文化和自然遗产日芜湖主场活动和耿福兴、芜湖铁画参加“根与魂”安徽非遗澳门展演等活动；积极组织“镜湖区铁画艺术之乡”等5个项目申报“安徽民间文化艺术之乡”。举办了“乡音·乡约——冬之梦”“大地欢歌幸福来——春之韵”“文化惠民 月月有戏”“建党百年 致敬红船”红色主题诗歌朗诵、“百人红色宣讲团选拔赛”等各类文旅活动、演出10余场。

（六）大力加强文艺精品创作

以歌颂中国共产党成立100周年为主题，积极开展文艺精品创作，取得了丰硕成果。黄梅戏《两棵枣树》、庐剧《各有妙招》入选2021年度省戏剧创作孵化计划；组织报送《党旗放光芒》《欢乐芜湖 颂扬党恩》《唱支山歌给党听》等24部市级重点文艺作品。

（七）积极开展文旅惠民活动

指导全市公共文化场馆主动适应互联网发展，积极推进数字文化馆建设，优化“互联网+文化民生工程”服务平台，让文化惠民工程更加便民乐民、以文化人、增添亮色。安排专项资金及时谋划部署“冬游芜湖 欢乐过大年”和“留在芜湖过大年 欢欢喜喜游江城”文旅消费活动，满足人民群众就地过年基本服务保障，活跃文旅市场，扩大文旅消费。2021年春节假日期间，全市累计发放文旅惠民补贴704.8万元，惠及消费者59.32万人次，带动文旅消费2848.67万元。制定了《芜湖市2021年文化惠民工程实施方案》。截至5月底，送戏进万村演出已开展463场，完成率66%。组织芜湖新华书店有限公司率先在全市开展与村级党组织结对共建农家书屋活动；在全市部署开展“看电影 学党史”——庆祝中国共产党成立100周年优秀国产影片主题展映活动；截至6月1日，全市完成农村电影公益放映3928场次，完成年度计划的46.5%。

（八）加强对外交流合作，积极主动融入长三角

着眼于打造长三角文化旅游新热点城市、提升“欢乐芜湖”影响力，芜湖市积极主动与上海、嘉兴、湖州等长三角城市对接，加速融入长三角，共同策划举办了上海市民文化节芜湖分会场、第十届中国花博会（上海）等重大活动，作为省内唯一受邀城市参加首届上海旅游产业博览会。策划“欢乐芜湖”亮相上海东方卫视都市频道《星旅途》，半小时节目全方位介绍芜湖丰富的文旅资源。在省文化和旅游厅指导下，联合安庆、铜陵、池州、马鞍山等皖江4市联合开展“美好安徽 欢乐皖江游”活动，承办了“美好安徽 欢乐皖江游”活动启动仪式，大力促进了皖江地区合作交流，扩大了“欢乐皖江”知名度和影响力。创新谋划以阅读人文历史景观为主线的“阅·芜湖”系列活动，该活动进入全省“春游江淮请您来”系列文化旅游宣传推广活动。利用“欢乐芜湖”微信公众号、微博、抖音、今日头条号打造网络宣传矩阵，多维度、多渠道地宣传芜湖城市文旅形象，不断提升“欢乐芜湖”在长三角的关注度和吸引力，有效提振芜湖文旅市场复苏信心。

六、马鞍山市文化事业与文化产业发展

（一）公共服务创新发展再上台阶

一是制定《关于推进国家公共文化服务体系示范区创新发展的实施意见》，推进国家公共文化服务体系示范区创新发展，做好国家公共文化服务体系示范区复查迎检工作。

二是按照“一场两堂三室四墙”“七个一”“八个有”的模式推进村（社区）综合文化服务中心建设，全市已建成46个乡镇（街道）和509个村（社区）综合文化服务中心，覆盖率均达到99%。

三是大力实施乡镇（街道）“114861”工程和农村文化“121616”工程，丰富公共文化产品和供给，共开展各类文体活动1.4万余场次，惠及群众280余万人次。

四是提升民生工程建设成效，全市65个公共文化场馆共免费接待观众300余万人次；举办非遗民俗、展览、讲座、培训、文艺演出等各类线上线下文化活动600余场次，受益群众60余万人次；“送戏进万村”演出469场。

五是完成2021年农家书屋出版物补充工作和数字农家书屋建设100%全覆盖。全市共计395个行政村农家书屋，每个点配送图书67册，累计配送26465册，价值58.6万元。每个农家书屋都配送了重点主题出版物，设立习近平新时代中国特色社会主义思想丛书专柜及党史教育专柜，让农家书屋成为农村查阅政治理论丛书及党史教育丛书的资料中心。

（二）群众文化活动丰富多彩

一是举办第33届马鞍山李白诗歌节。本届诗歌节围绕中国共产党成立100周年的“主题红色”和推进长江大保护促进经济社会绿色转型发展的“生态绿色”，以“诗润生态福地 相约智造名城”为主题，重点突出“长江文化”和“诗歌文化”两条主线，举办全国诗歌征集活动、“诗歌的样子”书画创作大展等8项活动，发布12项重要成果，吸引线上线下近1600万人次参与，进一步扩大了马鞍山在国内外的覆盖面和影响力。

二是开展春节“文化进万家·云上过大年”群众文化活动。共计开展111场次，参与146346人次，其中，线上参与138520人次，线下参与13793人次；公共图书馆线上服务89128人次，文化馆线上服务71630人次，文化站到站3984人次。

三是开展“百场文艺下基层”公益性文艺演出。2021年已按计划完成200场演出，观众人数共计5万余人。

四是开展“千场讲座下基层”志愿服务活动。组建300余人“千场讲座下基层”公益服务讲师团，为基层群众送去艺术普及、农业技术、家庭教育等主题讲座（培训）1000场。

（三）文艺精品创作硕果累累

一是围绕建党100周年共创作大型剧目2部，

小型剧（节）目、小戏、小品、歌曲类20余个。

二是新创儿童剧《小江豚归来》6月1日在马鞍山大剧院首演，现代庐剧《红叶颂》于6月18日在和县剧院完成首演。

三是含弓戏《碧血丹心》《脱贫上岗》已完成创排纳入百场文艺下基层演出。四是围绕“艺心向党 礼赞百年”活动主题，举办2021年全市小戏小品大赛，共30个经典小戏、小品剧目参赛。

（四）文化旅游项目加快推进

一是2021年全市重点文旅项目建设计划调度32个，总投资741.2亿元，计划投资25.16亿元。其中续建项目15个，新开工项目6个，已签约项目7个，谋划项目4个。凌家滩考古研学小镇、祥云涧、林散之艺术广场、大青山滑翔基地、人体博物馆、采石旅游码头等重点项目建设稳步推进。

二是多次与南京旅游集团等长三角文旅企业对接，就长江东岸整体托管事宜、“诗仙·桃花源演艺项目”、滨江托管及水上度假乐园项目、采石特色小镇等项目进行深入洽谈。

三是举办2021马鞍山（合肥）文化旅游推介会、2021马鞍山（上海）文旅推介会和参加2021第十届南京国际度假休闲及房车展览会，向合肥都市圈、南京都市圈以及长三角地区推介了马鞍山市文旅资源，面向合肥、南京市场，发布了马鞍山旅游年卡同城化销售政策及免费畅游马鞍山八大景区相关福利。

四是积极推进凌家滩国家遗址考古公园建设，对凌家滩遗址红烧土遗迹、凌家滩遗址研学小镇工地遗址进行了考古发掘，发掘面积1000平方米；协调开展含山县两处县保、马钢9号高炉迁移异地保护等工作。

（五）应急广播体系建设全力推进

一是市级应急广播平台和各区（开发园区）应急广播系统已基本建设完成，并于2021年5月18日正式投入试运行，目前正在按照省局安排进行与省平台的对接测试工作。

二是各县已基本完成系统建设，全市共建成市级平台1个、县（区）级平台9个、乡镇（街道）级平台49个、户外终端5377个。

三是深入开展“非法卫星地面接收设施专项治理”和“黑广播专项整治工作”，发放各类宣传品61000余份，悬挂横幅300余条，组织集中行动65次，出动执法人员280余人次，检查销售场所103个，查处非法销售点位11个，收缴、拆除非法设备4200余套，先后组织4次集中销毁行动，销毁非法设备2300余套。加强“黑广播”监听监测，共计发现并拆除“黑广播”设备5套。

（六）文化旅游市场管理不断加强

实施日常巡查和“双随机”抽查机制，共出动检查人员4044人次，检查经营单位1516家次，受理举报26件，接受市民咨询70次，为游客挽回经济损失19020元。共立案调查8件、办结8件，罚款18136元。文化与旅游局文化市场综合执法支队先后荣获2019—2020年度全国“青少年维权岗”“马鞍山市先进基层党组织”等称号。

七、滁州市文化事业与文化产业发展

近年来，滁州市以建设“文化强”“旅游强”“新闻出版强”“广播影视强”为目标，统筹发挥文化、旅游、新闻出版、广播影视业资源优势，推进文旅深度融合，推动行业高质量发展，为经济社会发展做出了积极贡献。

（一）文化惠民，传承非遗

目前，滁州市市县乡村四级公共文化服务体系全面建成，现有国家级文化遗产2项，国家级重点文保单位6个，文化事业快速发展，文物保护发掘不断加强，文化遗产利用发展持续增效。

以文旅融合为切入点，滁州市在全省率先探索实施“商业+公益”放映模式，在全国旅游重点村施集镇井楠村投资400多万元试点建设乡村影院，让农村群众真正享受到文化惠民的实惠。

目前，全市市县乡村四级公共文化服务体系全面建成，在全省率先开展公共文化基础设施“四个十工程”试点建设，建成全省首个“公益+

商业”模式乡村影院；共有国家一级图书馆5家、一级文化馆7家，总数居全省第一，“社会力量参与公共文化服务新路径”获评国家第四批公共文化服务体系示范项目，市图书馆成为全国首个实施外包服务地级市图书馆，并获评安徽省十大最美图书馆；直播卫星户户通14.3万户，建成农村应急广播17481套，总数居全省首位；村级综合性文化服务中心、农家书屋、公益电影覆盖率100%，累计开展“送戏进村”达1万场、放映公益电影12.5万场、阅读活动4.5万场；举办“出彩滁州人”演出季活动6届120余场，线上线下参与450多万人次，该项活动已经成为全市人气最旺、规模最大、持续时间最长、辐射范围最广的一个大型文化品牌。

在推进文化事业发展的同时，滁州市不断加强文物保护挖掘力度，持续推进文化遗产利用发展，让更多文物和文化遗产“活起来”。据市文旅局相关科室负责人介绍，全市现有国家级非物质文化遗产代表性名录项目2项、省级29项、市级59项。滁州市入选省级历史文化名城，遵阳街、北大街、金刚巷入选省级历史文化街区。凤阳县明中都皇故城入选国家级考古遗址公园，系全省首批和唯一。完成第一次全国可移动文物普查，目前登记可移动文物11699件（套），现有国家级重点文物保护单位6个、省级文物保护单位35个、市级文物保护单位34个、博物馆8个。

（二）以文促旅，以旅彰文

琅琊山、皇甫山、大柳草场等旅游景点风景优美，醉翁文化、大明文化、儒林文化等特色文化底蕴深厚，雷官板鸭、定远梅鱼、管坝牛肉等特色美食鲜香爽口。滁州山水相依、人杰地灵，孕育了丰厚的文化和旅游资源。

近年来，滁州市以市、县两级文化和旅游机构融合为契机，坚持“宜融则融、能融尽融、以文促旅、以旅彰文”的总思路，围绕机制创新、产业融合、产品供给等，推动文化旅游与相关产业全方位、多维度融合发展，新的旅游产业格局和发展态势初步形成。

全力打造“1号工程”。2021年8月底，全长420千米的江淮分水岭风景道主廊道建成贯通，沿线各类配套服务设施200多个（处）。2021年9月成功承办安徽第八届自驾游大会，围绕风景道推出的多条自驾游线路深受好评。这条串联20个旅游景区和35个国家级、省级乡村旅游品牌，沿线分布87个露营、民宿、网红打卡、美食体验等文旅新业态的首批省级旅游风景道，让众多本地及长三角地区游客可以就近享有优质的乡村旅游产品，感受慢生活的怡然自得。

文化旅游产业实现大发展，同样需要项目的支撑。近年来，滁州市坚持项目引领，实施旅游业“五个一批”建设工程，25个项目入选全省首批“512”重点项目库，数量居全省前列。

（三）以旅为媒，以文为介

为了让滁州的优质文旅资源更好地走出去，滁州市举办了丰富多彩的对外交流活动，仅面向合肥、南京两大都市圈及高铁沿线客源城市举办的推介会等专题活动就达50余场，180余家文旅企业、220种文旅产品走进国内国际大型展会、商贸等文旅交流推介活动，30余种文旅产品获得国家行业大奖。此外，举办了20多类2000多场次特色文旅宣传推广活动，并先后开通滁州文旅抖音、微博、微信、头条号，将FM105.4“滁州交通音乐广播”频率正式升级为“滁州旅游交通广播”，以靶向定位600万长三角自驾人群，出版发行《品游滁州》及《好味滁州》，制作完成滁州文旅宣传片《滁非绝色》《滁非有你》，举办“寻找滁州文旅之‘醉’”短视频大赛等。

八、宣城市文化事业与文化产业发展

（一）公共文化服务水平逐步提升

宣城市纳入民生工程免费开放的8个文化馆、8个图书馆、7个博物馆（纪念馆）、95个乡镇综合文化站，总计118个公共文化场馆，在做好防疫措施的前提下，已全部免费向公众开放，全市公共文化场馆免费开放服务质量进一步提升。已经建成基层综合文化服务中心861个，完成率99.53%；“送戏进万村”共计开展877场，完成率为110%。

（二）建党百年文化产品供给丰富多样

精心策划并开展“文化进万家·云上过大年”系列线上文化活动；组织举办中国共产党成立100周年藏书集报展、“红耀皖东南——宣城市革命文物图片展”“器以载道——中国历代文房器具展”“百姓百声颂百年——宣城市庆祝建党一百周年系列群众文艺活动”，宣城市庆祝中国共产党成立100周年广场舞集中展演、“风华正茂添壮志　浴血皖南留丹青——向阳烈士传略”宣讲活动等，市图书馆开展红色系列阅读推广活动，红色文化阅读体验专区建设完成，编目并上架800余册红色书籍。市三馆开展各类线上线下文化文艺活动1000余场，服务群众超30万人次。

（三）文艺创作创新争优

修订印发《皖南花鼓戏小戏孵化扶持办法》，启动实施第三期皖南花鼓戏小戏孵化计划；新创三部皖南花鼓戏作品入选2021年度安徽省戏剧创作孵化计划，分别为大戏《高高的云岭》、小戏《花堂春晖》和《河水清清》，已全部完成公演。红色题材大型皖南花鼓戏《高高的云岭》入选“安徽省庆祝中国共产党成立100周年优秀剧目展演”，并赴上海参加“戏韵流芳　风华百年——长三角G60九城市第三届民营院团优秀戏曲剧目展演”。组织开展濒危剧种（皖南花鼓戏）公益性演出，目前已完成20场。

（四）加强非物质文化遗产保护利用

开展“非遗过大年　文化进万家”宣传展示和民俗活动，秋千抬阁项目参加文旅部组织的“视频直播家乡年”活动，组织宣纸制作技艺和宣笔制作技艺参加第五届湘赣鄂皖四省非遗联展；组织宣城市宣笔制作技艺等7个非遗项目参加第五届中国非物质文化遗产传统技艺大展。组织宣城市红色基因非遗项目和传承人参加“非遗传承展绝艺　百年华诞颂党恩——庆祝中国共产党成立100周年非遗作品征集”活动。争取长三角非遗合作交流展示展演的国家级、省级非遗项目补助资金450万元，推荐29个项目申报第六批省级非物质文化遗产代表性项目，申创宣纸文化生态保护区获批。以“人民的非遗　人民共享”为主题的2021年“文化和自然遗产日”安徽省主场活动于6月10日在泾县成功举办；以“传承非遗　共享长三角”为主题的第二届长三角城市非物质文化遗产特展于9月底举办，从沪苏浙皖四省遴选57个非遗项目，现场展品1000多件，100余位非遗传承人现场技艺展示，体现非遗见人见物见生活的保护理念。

（五）加大文物保护工作力度

2021年，全市共争取省级以上文物保护项目13个，争取到位资金1488万元。全市文物保护工程有序推进，实施重点文物保护维修工程，项目开工率90%以上。开展革命文物保护利用“五个一”工程，公布全市革命文物名录，包括不可移动革命文物和烈士纪念设施55处，馆藏重点可移动革命文物255件（套）；在全市文物领域开展三项治理工作，联合市公安局情报大队进行了公安系统打击文物犯罪专项培训，联合市消防救援支队对全市55处革命文物进行消防安全大检查；开展节假日和汛期文物消防安全检查，排查文物保护单位42处，共查出安全隐患17处，督促相关责任人整改完成。组织对宣城市上海“飞地”白茅岭、军天湖农场两地文物资源进行全面调查，共发现文物遗存迹象30余处，登记文物点15处，涉及古墓葬、古遗址、近现代等门类。

（六）推进全域旅游示范区创建

完成《宣城市“十四五”文化旅游发展专项规划》编制工作，进一步明确了全市文化和旅游发展总体定位，提出了“十四五”发展目标及“一核三廊五板块”空间布局。制定《宣城市推进国家全域旅游示范区创建督查调研工作方案》，扎实推进全域旅游工作，创成安徽省首批特色旅游名镇8个、特色旅游名村13个、休闲旅游示范点33个；开展安徽省研学旅游基地、安徽避暑旅游休闲目的地等创建工作。促进景区品质提升，截至目前，全市A级景区共53家，其中AAAAA级旅游景区1家、AAAA级旅游景区22家、AAA级旅游景区22家、AA级旅游景区8家，积极推动云岭创建AAAAA级旅游景区；箐箐庄园、水东古镇已通过AAAA级旅游景区景观质量评估，积极指导十八湾景区准备AAAA级旅游景区景观质量评估申报材料，正在筹备AAA级旅游景区创建评审会。广德市笄山竹海入选十大“安徽避暑旅游休闲目的地”，中国（宣城）宣纸文化园研学旅游基地和泾县新四军军部旧址纪念馆研学旅游基地入选安徽省六大主题研学旅游示范基地。在新华网举办的“第八届文化和旅游融合创新论坛”上，宣城市被评为“2021红色旅游优选目的地”。

（七）文旅产业蓬勃发展

全市共确定41个文化旅游重点项目，总投资约260亿元，年度计划投资23.06亿元，1—10月份完成投资19.57亿元。18个项目入选第二批省级“512”重点项目，数量居全省第二；28个省级“512”重点项目2021年度计划投资16亿元，1—10月完成投资11亿元。根据工作要求，成立数字创意文旅产业推进组和“数字创意和文旅产业‘双招双引’暨文房四宝等文旅产业链工作领导小组”，编制《宣城市数字创意产业及文旅产业招商手册》，录入15个招商项目，总投资约118.3亿元，意向融资额46亿元；“翼天·宣城皖南诗画园”项目已与宣城市市政府签订框架性协议书，成片控制性规划正在编制中。

（八）多举措刺激文旅消费

印发《关于开展2021年度市级夜间文旅消费品牌申报工作的通知》，开展夜间文旅消费品牌创建工作；第七批省级文化产业示范基地宣城市（含广德）入选7家，位居全省第八。组织参加中国特色旅游商品大赛、第五届中国非物质文化遗产传统技艺大展暨安徽特色旅游商品及文创展、中国旅游产业博览会、2021安徽夜间文旅消费宣传推广大会等，宣城市安徽宣砚文化有限公司的宣品书房牌便携式防蒸发带盖墨海在中国特色旅游商品大赛获得全国银奖。组织参加以“走进诗和远方，惠享美好生活”为主题的第八届安徽文化惠民消费季活动。

（九）智慧旅游平台建设平稳推进

“诗意宣城”App开发完成，6月底正式上线运行；完成社保卡一卡通同城待遇试点单位建设，目前市博物馆已完成门禁系统改造，可实现持二代、三代社保卡和刷电子社保码直接通过闸机入馆参观，市图书馆借阅系统改造已完成，目前可支持扫电子社保码和安康码进行图书借阅。年内完成9个景区实时入园数据统计平台项目工作，完成“游安徽”三级联建工作。启动“智慧宣城”城市大脑应用场景建设工作，在敬亭山景区开展“危险区域自动预警”和“人员轨迹查找”场景建设工作；完成AAA级景区视频监控接入工作。

（十）文旅营销成效突显

2021年1月和4月，“中国文房　诗意宣城”两次亮相上海“外滩之窗”，进一步打响城市品牌，4月下旬在上海大世界举办2021首届长三角（宣城）文旅嘉年华活动。开展红色旅游系列宣传，推出宣城红色旅游宣传片《红色血脉　魅力宣城》和“红色宣城”宣传折页；“学党史铸铁军——寻红色足迹之旅”等五条精品红色旅游线路在安徽省文化和自然遗产日主场活动现场进行全媒体发布。联合宣城市广播电视台开展“踏春而来　乐游宣城”主题直播营销活动，组织开展第三届“春游江淮请您来”百家媒体旅游推介活动，开展“玩转G60畅游长三角”主题营销活动。联合泾县文旅局在商合杭高铁沿线杭州东站、合肥南站开展站内大屏宣传，在商合杭高铁合肥南所投放八组高铁头片宣传，进一步推出宣城市经典红韵行旅游线路及红色旅游资源。

九、溧阳市文化事业与文化产业发展

（一）溧阳文化事业与文化产业基本情况

近年来，江苏溧阳充分发挥文旅资源禀赋优势，主动适应经济高质量发展要求，在文化软实力、旅游吸引力和城市影响力等方面集中发力，先后创建成为国家全域旅游示范区、国家生态旅游示范区，多年蝉联“中国旅游竞争力百强市”，2021 年还入选首批省级文化和旅游产业融合发展示范区建设单位名单。

溧阳市以全域旅游撬动全域发展，围绕“三山两湖宋团城”，逐步走出了一条以“生态生产生活”相融为路径，以“全景全时全龄”共享为目标的全域旅游发展之路。

旅游与文化、体育、健康、科技等领域的融合发展持续加深，乡村旅游、研学旅游、体育旅游等新业态引领休闲经济升级；“溧阳 1 号公路”享誉全国，“清风朗月 · 溧阳茶舍”成为无数人追寻的诗和远方，拥有高层级乡村旅游重点村数量位于常州第一、全省领先。

文旅消费提质扩容，精准推出“南京都市圈惠游溧阳”活动，摘得全省文旅融合消费创新案例榜首；持续放大爱情泼水节、稻田音乐节、宋团城观灯节、迷笛音乐节等 30 余项品牌活动效应，不断催热文旅消费市场。成功创建为首批省级文化和旅游消费试点单位。

（二）溧阳文化事业与文化产业良好基础

一是文旅业态丰富多样。溧阳文旅产品品类齐全：既有天目湖、南山竹海这样的高等级景区，也有别桥原乡、礼诗荷韵这样的田园风光；既有御水温泉、美岕树屋这样的高端休闲度假产品，也有火车来斯、神马农场这样的童趣乐园；既能在“溧阳 1 号公路”畅行打卡，也能入住“溧阳茶舍”放空身心。

二是文旅品牌个性鲜明。培育了以“天目湖砂锅鱼头”“天目湖白茶”为代表的“天目湖”品牌系列产品，从严授权，精心维护，树立了可信赖的品牌形象。为了维护品牌声誉，叫停了市内所有砂锅鱼头类真空包装产品，彻底整治了市场乱象。近年来，围绕“美音自在溧阳”城市品牌，培育了“清风朗月　溧阳茶舍”“溧阳 1 号公路”等地方品牌，形成了独具个性的文旅消费品牌体系。

三是市场口碑深受好评。近年来，溧阳连续摘得全国文明城市、国家全域旅游示范区、全国“绿水青山就是金山银山”实践创新基地、国家生态文明建设示范市等“金字招牌”。天目湖御水温泉连续多年获评“全国十大温泉”，“1 号公路”获评全国“十大最美农村路”、蝉联网络投票全国第一，李家园村、庆丰村、礼诗圩村入选全国乡村旅游重点村。天目湖、新四军纪念馆获评全国研学旅行基地，溧阳文教书店获评“江苏最美书店”，天目湖酒文化博物馆是省内唯一获得备案的民间酒文化博物馆。2020 年，溧阳市入选中国乡村旅游发展名县案例。

（三）溧阳文化事业与文化产业主要工作

在溧阳市委、市政府的正确领导下，溧阳市文旅局认真履职尽责，各项工作迈上了新的台阶，特色亮点更加彰显。

溧阳市融媒体中心切实推进深度融合，构建起全媒体传播格局，打造出县级媒体融合的“溧阳样板”，成功实现主流声音、溧阳故事传得更开、更广、更深入和持续发展能力的大幅提升。2020 年溧阳融媒经营创收共计 5140 万元，比 2019 年翻了一番；2021 年再接再厉，营业收入近 7000 万元，比 2020 年增长 35%，一举扭转了改革转型前的经营颓势。2021 年，“新型传播平台建设”获评全省县级融媒体中心建设优秀案例；百集微纪录片《水西百忆》入选江苏省庆祝第 22 个中国记者节系列云展播、获评 2021 年江苏省“庆祝建党百年融媒体精品案例征集评选”活动“十佳案例”、2021 年长三角广播电视媒体融合优秀案例。

溧阳市执法大队充分发挥“净网先锋”和“净旅先锋”党建品牌，深入景区、社区、企业开展法治宣传活动，为文旅市场繁荣发展做出积极贡献。

溧阳市公共文化体育中心举办“童心向党，共绘百年”现场绘画活动，小画家们在画卷上描绘出美丽的图案既有对建党百年的讴歌，也有对美好生活和美丽中国梦的憧憬，抒发了对党、对祖国、对家乡的无限热爱。

溧阳市图书馆举办“春晖朗读”系列活动，通过观看纪录片和朗诵革命故事的方式，感受革命先辈追求理想、艰苦奋斗的革命精神。溧阳市博物馆举办“童心向党，薪火相传”研学活动，以体验为主题，融合歌曲快闪、情景剧表演、诗词朗诵等形式，在潜移默化中让红色基因代代相传，举办“丰碑·铭记·传承”图文展，展示抗战时期溧阳中共党组织的创立及发展进程，先烈英勇事迹和入党志愿书。

溧阳市木兰拳运动协会在溧阳市体育场举办“庆祝中国共产党成立100周年——百城联动、百首原创、百万同跳”大型排舞展演暨2021年溧阳市“红歌红舞颂党恩·扬帆启航新征程”木兰拳千人大会操活动，木兰拳爱好者们激情起舞，尽展风采，用最好的状态、最美的舞姿向中国共产党“百年华诞”献礼。

2021年，体彩公益金为溧阳市体育事业发展起到了很大的助推作用，体彩公益金主要用于群众体育，项目通过现场展示、媒体宣传等对体彩公益金进行了宣传，包括秩序册印制、活动现场标识牌、展架等，数十万人受益，成为弘扬体育文化、传承体育精神、促进体育事业发展的重要载体。

十、金坛区文化事业与文化产业发展

（一）文化事业蓬勃发展

以文化、体育两个高质量考核为抓手，不断完善公共文化服务体系。2021年以来，组织开展金坛区文化惠民“十个百”系列活动四百余场，金坛区图书馆、尧塘街道文体工作站入选2021年度江苏省“最美公共文化空间”。艺术精品创作硕果累累，两年来，在市级以上发表、展演、入选和获奖的各类优秀文艺作品累计达60余件。文化遗产保护卓有成效，目前金坛区共有文化遗产192个，非遗项目55个，其中国家级非遗5项（金坛刻纸、金坛抬阁、董永传说、金坛封缸酒酿造技艺、直溪巨龙）。

（二）旅游发展持续向好

2021年，茅山国际会议中心、柚山美丽乡村建设项目、上阮乡村旅游重点村改造提升项目、高铁枢纽金坛旅游集散中心等4个常州市级重点旅游项目计划投资1.9亿元，1—8月实际完成投资1.505亿元。2021年薛埠镇成功入选首批全国乡村旅游重点镇，柚山村、金牛村入选省乡村旅游重点村。2021年1—8月，金坛区旅游接待总人数428.19万人次，同比增长14.4%；实现旅游总收入52.72亿元，同比增长8.45%。成功举办2021年“中国旅游日”江苏省分会场活动、2021长荡湖籽虾节、2021美丽中国行·旅游高质量发展（金坛茅山）论坛暨全国主流媒体采风等活动。

（三）加大文化遗产保护与宣传力度

金坛是一座人文底蕴深厚、旅游资源丰富的江南名城，段玉裁、华罗庚等名人先贤弘扬了崇文尚德的城市精神；三星村遗址见证了史前文明的璀璨光辉；金坛刻纸、直溪巨龙、董永传说等非物质文化遗产传承了悠久绵长的历史文脉；两山两水六分田的自然禀赋造就了得天独厚的生态休闲旅游优势。近年来，金坛区文化遗产保护工作创造性转化、创新性发展取得了可喜的成绩。自启动非遗保护活动至今，全区共有非物质文化遗产项目55项，其中国家级5项、市级以上21项；非遗传承人86人，其中国家级传承人4人。2021年6月，金坛区“文化和自然遗产日”活动暨“江苏省无限定空间非遗进东方盐湖城景区试点项目”启动。

（四）文化赋能高质量发展

金坛将在“培育文明人”中“创建典范城”，高标准建成区新时代文明实践中心，围绕“金善金美”主题，精心打造文明实践品牌，让凡人善举成为“最美风景”。当前，在“国际化智造名城、长三角中轴枢纽”城市定位和“532”发展战略引领下，金坛确立了“美丽常州　金坛样板”的使命、“最美新城区、最强增长极”的定位，以及“五大行动”的具体措施。在加快建设“两湖”创新区新征程上，金坛正以奋进之姿，挺进主战场、勇当主力军。

第六章　教育发展

第一节　南京都市圈教育发展情况

南京都市圈教育一体化发展推进会于2021年5月11日在南京举行，会上都市圈各成员单位签订了《南京都市圈教育发展专业委员会2021—2025年教育工作合作协议》（简称《协议》），将在合作办学、研学教育等方面开展更进一步地合作。

《协议》中共有12项，包括组织召开年度南京都市圈教育合作交流会议，研究教育改革发展热点难点问题，确定教育合作重大项目，制定合作研究、开发、推广教育资源的相关制度和办法。以“深化义务教育领域教育合作办学”为例，要鼓励都市圈各城市间优质教育资源引入输出，采取教育集团、学校联盟、结对帮扶等方式，推进跨区域合作办学，提升区域教育一体化建设水平。

《协议》提出，加强南京都市圈内苏皖教育府际合作和校际合作，建立健全合作机制，每年推荐5~10所学校展开苏皖校际教育交流合作。深化义务教育领域教育合作办学，积极参与跨界一体化发展示范区建设，鼓励都市圈各城市间优质教育资源引入输出，采取教育集团、学校联盟、结对帮扶等方式，推进跨区域合作办学，提升区域教育一体化建设水平。

《协议》提到开展青少年综合实践交流活动，利用都市圈内丰富的生态文明、历史文化、红色教育等教育资源，开展理想信念教育、社会主义核心价值观教育、中华优秀传统文化教育、生态文明教育、心理健康教育等主题社会实践活动，推进都市圈中小学学生开展社团交流、夏令营和跨市研学旅行等活动。

第二节　各市（区）教育发展情况

一、南京市教育发展

2021年，南京市教育事业全面发展。全市在宁普通高等学校53所（不含部队院校），在校学生（不含研究生）77.85万人，比上年增加2.14万人。在宁高校及研究生培养机构在学研究生17.79万人，比上年增加1.69万人。普通中学264所，在校学生28.85万人，比上年增加1.30万人；中等职业学校22所，在校学生6.17万人，比上年增加0.14万人；特殊教育学校15所，在校生0.18万人，与上年持平；小学392所，在校学生50.01万人，比上年增加2.91万人；幼儿园1035所，在园儿童28.34万人，比上年增加0.49万人。新改扩建幼儿园30所，新开办义务教育学校12所。新增基础教育学位超过3万个。全市义务教育学校标准化达标率达100%。

“十三五”以来，南京以办好人民满意的教育为目标，认真贯彻落实《南京“十三五”教育发展规划》，深化教育体制改革，持续完善各类教育体系，强化师资队伍建设，努力提升教育质量，推动教育事业高质量发展。截至2020年底，南京累计建有各级各类学校1769所，较“十二五”末增加194所，年平均增长2.94%；在校生总数达231.84万人，较“十二五”末增加47.67万人，年平均增长5.92%；现有专任教师14.17万人，较“十二五”末增加2.30万人，年平均增长4.53%。在全省教育现代化监测中，连续五年保持全省第一。**各类学校优质发展，入升学率保持稳定。**一是大力实施学前教育“增量、提优、普惠”三项工程，持续加强省优标准幼儿园建设。二是规划、调整、优化义务教育学校布局，保证适龄儿童全面就近入学，九年制义务教育巩固率达100%。三是积极推进高中阶段教育特色发展，建设综合改革、学科创新、普职融通、国际交流等方面特色鲜明的高品质高中。五是推动高等教育内涵发展，坚持部省、省市共建，服务全市经济社会发展。六是积极开展成人高等教育，提高他们科学文化素质，提升市民受教育年限，6所成人高等教育学校累计毕业35.59万人。**经费投入持续加大，预算收入逐年增长。**一是从预算收入看，“十三五”市属各级各类学校教育经费预算收入累计达到1569.83亿元，年平均增长12.84%。二是从实际支出看，“十三五”各级各类学习累计支出1546.57亿元，年平均增长12.71%。**学校基础设施不断加强，教学条件持续改善。**五年来，从普通高校、普通中小学、中等职业学校及特殊学校教学设施的统计来看，一是占地面积扩大，占地总面积达到8036.16万平方米，较“十二五”末增加440.03万平方米，占地面积年均增长14.18%。二是房屋面积扩容，建有教学及辅助用房共计2255.36万平方米。三是计算机存量增加，使用教学用计算机68.5万台，较2016年增长17.54万台。四是图书资料丰富，各级各类学校存有一般图书和电子图书分别达到18.69亿册、37.24亿册，较“十二五”末有大幅度提升。**实施教育帮困助学，补助标准不断提高。**“十三五”以来，南京认真做好困难学生的帮扶工作，积极落实助学补助，教育帮困基金共计支出4.18亿元，年平均增长12.82%。**支持社会多元办学，民办学校有序发展。**支持社会力量利用非国家财政性经费举办非营利性学校，“十三五”以来南京民办学校有序发展，截至2020年底，全市民办学校、幼儿园共计448所，占全部校（园）的25.33%，较2016年增加49所。

二、镇江市教育发展

2021年，镇江市教育事业全面发展，全市有各类学校（不含幼儿园）244所，在校学生47.89万人。由表8-6-1可见，镇江市各类学校有专任教师3.06万人，其中普通高校0.64万人，普通中专0.19万人，普通中学1.07万人，技工学校0.06万人，小学1.09万人，特教0.02万人。2021年末，共有普通高校9所，其中，本专科教育招生4.75万人，在校生14.43万人，毕业生4.04万人；研究生教育招生0.59万人，在校生1.72万人，毕业生0.38万人。中等职业学校6所，在校生2.00万人。普通中学110所，在校生11.44万人。小学111所，在校生16.85万人。九年义务教育巩固率100%，高中阶段教育毛入学率100%。全市共有幼儿园284所，比上年增加11所，在园幼儿8.43万人。

表8-6-1　2021年镇江市各类学校基本情况

指标	学校数/所	专任教师数/人	招生数/人	在校生数/人	毕业生数/人
普通高校（机构）	9	6413	53441	161413	44288
#普通高校	9		38465	127199	29648
中等职业学校	6	1873	6493	20020	5543

续表

指标	学校数/所	专任教师数/人	招生数/人	在校生数/人	毕业生数/人
普通中学	110	10727	38954	114356	34584
#高中阶段	19	3909	14101	41518	11826
#初中阶段	91	6818	24853	72838	22758
技工学校	3	575	4699	13954	2217
普通小学	111	10872	29705	168539	24744
特殊教育学校	5	166	117	634	110
幼儿园	284	6169	25322	84315	29017

数据来源：《镇江统计年鉴 2022》。

2021 年，镇江各地积极推进“五育并举”，学校的教育课堂更加活跃，从市委书记到教育局长、校长，都纷纷走上讲台，与师生们互动交流。

作为江苏省“双减”工作试点城市，镇江市积极履行省“双减”工作先行先试要求，全力推进“双减”工作不断走深走实。镇江市先后出台了课后服务、五项管理等系列文件，规范学校办学行为，细化学生作业、考试、睡眠等管理要求，开展课后服务优秀案例评比，全市有 90% 以上的学生参加校园课后服务。组建学科骨干教师团队为学生常态化学习提供在线“志愿导学”答疑服务，启动“研学课堂”实验改革，积极探索减负增效路径，学生和家长对“双减”工作的满意度分别为 97.84% 和 97.95%。

在新高考与“双减”背景下，丹阳市深入推进中小学课堂教学内容、教学方式、教学评价等改革，全面推行“三原则 八要素”课改要求，聚焦学生核心素养的提升，培养学生解决问题的真能力和真本领。全市中小学积极构建集团大集备、学科集备、个人二次备课三级教研机制，持续推进说课、上课、评课“三课”比赛，充分挖掘好课、好课例、好课型“三好”典型，着力打造品位、品质、品牌“三品”课堂，不断提高课堂教学质量。

扬中市以“三个推进”为抓手，不断加强扬中高品质高中建设，强化拔尖创新人才培养，系统化提升高中教育教学质态。实施高品质教研，创新开办初高中衔接“英华班”，大力实施一日一研、一课一研、一专题一教研，省扬高中“面向全体：高中数学差异化学习空间的建构”项目获江苏省基础教育类教学成果一等奖。加大对为质量提升做出贡献的集体和个人的表彰奖励力度，激发广大高中教育工作者的工作热情。

为鼓励句容籍优秀高中生报考省定向乡村师范生，句容市对高考成绩超出本一分数线 10 分、20 分、30 分学生分别奖励 4 万、5 万、6 万元，分四年发放。截至 2021 年，累计发放 150 多万元。2021 年录取的定向师范生最高分超特殊类型招生控制线 89 分，超过特殊类型招生控制线的人数占比达 96.67%。

丹徒区成立了家庭经济困难学生帮扶总站，协调、统筹帮扶具体工作。方案中明确了各成员单位的任务职责，包括家庭经济困难学生的认定、帮扶财政资金落实、心理健康志愿服务等；丰富了政策帮扶、结对帮扶、个案帮扶、项目帮扶等 10 种帮扶形式。

镇江教育在 2021 年的发展成果为“十四五”教育事业发展奠定了良好的基础。

三、扬州市教育发展

2021 年，扬州市共有普通高校 8 所，普通高等教育招生 3.82 万人，在校生 12.04 万人，毕业生 2.6 万人，其中研究生教育招生 0.45 万人，在校生 1.3 万人，毕业生 0.25 万人。高等教育毛入学率达 66.5%，比上年提高 0.7 个百分点。高中阶段教育毛入学率达 100%。中等职业教育在校生

2.94万人（不含技工学校）。特殊教育招生0.02万人，在校生0.1万人。全市小学在校生22.78万人，普通中学在校生17.61万人。在园幼儿10.96万人，比上年减少0.55万人。学前三年教育毛入园率达99.5%。

2021年，根据教育发展需求，扬州市结合实际情况制定了中小学（幼儿园）年度建设计划，规划启动新（改、扩）建幼儿园20所、义务教育学校5所、高中学校3所，总建设面积39.59万平方米，总投资34.79亿元。截至2021年12月底，28所学校建设工程已全面启动。广陵实验高中、宝应县曹甸高中体艺馆建设顺利竣工。

2021年4月，扬州市召开了全市义务教育高品质发展现场推进会，印发了《关于深化改革强化管理促进义务教育学校高品质发展的实施意见》，其目的就是扎实推进扬州义务教育高质量发展。2021年全年扬州市教育局紧紧围绕“提升教育教学质量，促进学生全面发展”这一核心，出台一系列指导意见，研制课后服务、作业管理评价办法等相关考核机制，努力实现“三提三减”，即：提升课堂教学质量，减轻课后负担；提升作业设计质量，减少作业数量；提升课后服务质量，减轻家长负担。同时，坚持五育并举，开发丰富多样的课程，将“五个一百工程”、青少年苗壮成长工程、科技教育与课后服务有机结合起来，开展丰富多彩的科普、文体、艺术、劳动、阅读、影视欣赏、兴趣小组及社团活动，进一步打造扬州“一文一武一科技”育人品牌，最大限度地满足学生的多样化需求，全面提升学校育人水平。

在减轻校外培训负担方面，扬州市主要强化校外培训机构规范管理，通过三项举措规范管理全市培训机构：一是坚持从严审批机构。按照国家要求，不再审批新的面向义务教育阶段学生的学科类校外培训机构，引导学科类培训机构向非学科类机构转型。调整校外培训机构管理联席会议成员单位，联合其他主管部门对非学科类培训机构按照体育、文化艺术、科技等类别摸排、治理。二是严禁资本化运作。对扬州市现有的全国连锁型上市校外培训机构进行清理整治，让良心的产业真正回归教育的本质。三是开展校外培训机构疫情防控验收。在规范治理的同时加强校外培训机构疫情防控管理，为全市师生营造健康、安全的学习环境。

四、淮安市教育发展

2021年，全区范围内（含市直学校）共有中小学及幼儿园115所，其中幼儿园62所、小学21所、小学教学点2所、初级中学15所、九年一贯制学校7所、高级中学6所、十二年一贯制学校1所、特殊教育学校1所；在校（园）学生数112609人，其中学前幼儿20112人、小学学生53011人、初中学生23142人、高中学生16043人、特殊教育301人；专任教师8321人，其中学前教师1475人、小学教师3428人、初中教师2042人、高中教师1322人、特殊教育教师54人。

2021年，淮安市教育系统将党史学习教育与“两在两同”建新功行动紧密结合，与开展“我为群众办实事”实践活动有机结合，优化资源答好“建设卷”，强化队伍答好“人才卷”，丰富内涵答好“育人卷”，提升质量答好“发展卷”，人民群众的教育获得感、满意度不断增强。一年来，全市教育系统开展“学党史、跟党走，为中华之崛起而读书”主题教育活动，举办“十大红色活动”，组织“百名书记领衔千堂党史思政课”活动。成功承办“红色基因代代传”全国青少年诵读党史故事启动仪式。新安旅行团历史纪念馆被授予“全国爱国主义教育示范基地”和“全国青少年教育基地”，“新旅”光荣传统进入全国全省“开学第一课”。精心拍摄的《薪火铸丹心》党史学习教育专题片在“学习强国”学习平台和全市学校播放。扎实开展“两在两同”建新功行动，以解决教育发展关键事、基层困难事、群众关心事为抓手，发挥领导干部示范带头作用、党员先锋模范作用，涌现出40名教育系统党员先锋。

2021年7月，中共中央办公厅、国务院办公厅印发了《关于进一步减轻义务教育阶段学生作业负担和校外培训负担的意见》，市委、市政府主要领导多次作出批示，对推进“双减一规范”提出明确要求。市委、市政府出台实施方案，建立市级联席会议机制，成立工作专班，形成治理合力。淮安市着力构建具有淮安特色的“5+2”课后服务体系，实现义务教育学校100%开展课后服务、100%满足有需求的学生。开展校外培训机构综合治理，学科类培训机构数量压减率95.67%，营转非率100%，校外培训热度大幅下降。规范民办义务教育发展，理顺体制机制，有序推进“一校一策”。

2021年10月，经国务院学位委员会审议批准，淮阴师范学院成功获批硕士学位授予单位，同时获批教育硕士、生物与医药硕士学位授权点；淮阴工学院成功获批硕士学位授予单位，同时获批材料与化工硕士、交通运输硕士和农业硕士学位授权点。此次获批硕士学位授予单位及硕士学位授权点，是淮安市高等教育发展的历史性突破，具有重要的里程碑意义。

2021年，淮安市启动实施职业教育“七项聚焦”、小学教育“八项培育”、初中教育“九项举措”、普通高中质量提升“十项行动”和县域高中振兴计划。创建省市优质幼儿园25所，全市普惠性幼儿园占比达97%。实施内涵质量提升工程，深化“广德育”“广阅读”“广教研”建设工程和“融学课堂”教学改革，评选市级“周恩来班”315个。大力推进基础教育学校建设，2021年全市共启动实施60个中小学和幼儿园建设项目，全部建成后可增加学位6.21万个。科学编制城区中小学和幼儿园布局规划，出台全市居住小区配套建设幼儿园实施办法。加大产学研合作力度，组建淮扬菜、AO史密斯等4个产业学院。

2021年，淮安市成立首批41个“教育名师工作室”，充分发挥教育名师工作室领衔人的示范引领带动作用，不断培养名师、发展名师、造就名师，巩固和扩大全市教师队伍建设的中坚力量。加大教育高层次人才培养力度，实施“雏鹰计划”，开展优秀校（园）长培育工程，加强师德师风建设，促进交流互动，让更多的优秀人才投身淮安教育事业。

五、芜湖市教育发展

2021年，芜湖市教育事业健康发展。全年新成立优质学校（幼儿园）教育集团27个，优质学校办分校（分园）100所。公办幼儿园在园幼儿占比过半，普惠性幼儿园覆盖率达86.8%。出台婴幼儿照护奖补政策，设立托位数6300个。完成105个农村中小学校舍维修改造项目、3个高中办学条件改善项目。推动“双减”工作落地。全面实施中小学“三心工程”，课后服务惠及全市22万学生。坚持职业教育改革创新，113个项目入选安徽省职业教育创新发展试验区项目培育库。实施文化惠民工程，打造“书香芜湖”系列阅读品牌，建成“芜湖书房”15座。

2021年，芜湖市教育局坚持五育并举，扎实推进教育高质量发展。主要体现在以下方面：

（1）坚持“五育并举”，扎实推进基础教育高质量发展

一是教育事业发展收获累累硕果。新建14个公办幼儿园。实施29个义务教育薄弱环节改善与能力提升项目。完成105个农村中小学校舍维修改造项目、3个高中办学条件改善项目。中心城区新建6所学校并投入使用，芜湖二中西洋湖校区投入使用。大力推进中心城区跨区域集团化办学，新成立优质学校（幼儿园）教育集团27个，优质学校办分校（分园）100所，芜湖一中教育集团领办鸠江区皖江小学、弋江区延安小学、二十四中和弋江小学、弋江中学，安师大附外教育集团领办鸠江区鸠兹小学，安师大附小教育集团领办鸠江区大阳埠小学。繁昌区创建国家义务教育优质均衡发展县（区）工作在全省率先接受省级督导评估。芜湖市教育局被安徽省委、省政府表彰为省脱贫攻坚先进集体、被芜湖市委市政府表彰为市三大攻坚战先进集体。

二是立德树人任务得到有力落实。芜湖市委、市政府出台《关于全面加强新时代大中小学劳动教育的工作方案》，目标是用3~5年时间，积极构建大中小学劳动教育有效衔接、学校家庭社会“三位一体”协同推进、德智体美劳“五育”融合

发展的劳动教育体系。实施中小学校教育教学质量监测，从德智体美劳五个方面全面监测学校教育质量，将劳动、艺术、体育均纳入综合评价体系。开展芜湖市中小学春季学生心理健康教育专项行动，实行心理健康教育“双一百”工程。编写家庭教育系列读本，0~6岁读本《孩子，我陪你长大》已出版发行。市少年宫合唱团在2021年中国青岛合唱大会获“杰出贡献合唱团队”称号。

（2）站稳人民立场，以“建设人民城市”为目标办人民满意的教育

一是教育改革取得重大突破。大力推动“双减”工作落地见效，全面实施中小学教育服务综合改革“三心工程”，全市中小学校全面开展课后服务工作，逾16万名中小学生享受到“三心工程”暖心惠民服务。创新课后服务体系，推出义务教育阶段学生“悦成长”系列课程，开展中小学“明日行知 青悦课堂”大学生志愿者课后服务项目，建立芜湖市“紫云英人才计划”和“行知计划”，招引和培育青年人才扎根创业、建功立业的“强磁场”和“实验田”。提出芜湖市基础教育改革发展“十二条”重点任务，围绕老百姓的操心事、烦心事、揪心事，坚持问题导向，破解教育难题，回应社会关切，净化教育生态，推动教育高质量发展。全面规范校外培训行为，开展20余次“双随机、一公开”联合抽查，责令问题机构限期整改，公布《校外培训机构白名单》275家和无办学资质的《校外培训机构黑名单》281家。加强中小学生作业、睡眠、手机、课外读物、体质健康等五项管理，深化育人方式改革。以市委办、市政府办名义出台《关于深化新时代教育督导体制机制改革的实施方案》，确立深化新时代教育督导体制机制改革目标，推动芜湖教育事业高质量科学发展。

二是加快构建现代化职业教育体系。着力实施《芜湖中等职业教育高质量发展十大攻坚行动》，推进职业教育高质量发展。修订《芜湖市职业教育校企合作促进办法（试行）》，113个项目入选安徽省职业教育创新发展试验区项目培育库，6个项目入围“振兴杯”全国青年职业技能大赛国赛，5家单位被评为安徽省第三批校企合作示范基地，5所学校被评为安徽省第二批校企合作示范学校。开设飞机维修、新能源汽车维修、跨境电子商务等11个新专业，组织中职宣讲团到全市183所初中学校进行宣讲。

三是以教育信息化促进教育现代化。实施芜湖市“人工智能+教育”因材施教创新示范项目，积极构建“1452”（即打造1个“互联网+教育”平台，服务“学生、家长、教师、管理者”4类用户，覆盖5类智慧学校核心场景应用，强化总集成、总服务2项支撑）教育信息化芜湖模式。全市72.5%的乡村中小学已建成智慧学校。镜湖区获评全国网络学习空间优秀区域、市田家炳实验中学获全国网络学习空间优秀学校称号。大力推进“阳光云课”工程，构建基于大数据的“五育并举”的区域教育数字资源中心，促进优质教育资源普惠共享，向全市中小学生推送约6000节教学视频，“阳光云课”教学视频累计收看2623.6万次。

（3）夯实人才支撑，推动教育人才队伍建设迈向新高地

一是实施“行知计划”。圆满完成芜湖市教师队伍建设“5151”工程、教师能力提升工程等。制定《芜湖市教育高层次人才引育实施办法（“行知计划”）》，计划未来五年内，从市外引进50名教育高层次人才；分层培养20名教育家型教师、校长（含幼儿园园长），300名卓越教师，1000名中小学市级骨干教师，并给予相应的项目经费和个人补贴支持。通过创新形式、简化程序、政策激励，为教育人才赋能，激发队伍活力。市委、市政府举行“畅聊早餐会”教育专场，市委、市政府主要领导与教师代表面对面交谈。

二是加大人才引进力度。积极到全国重点院校进行政策宣讲，全年引进29名教育人才，其中D类以上人才9名（含B类人才1名，C类人才1名），E类人才20名（含国家公费师范生6名，国家、省重点院校直选优秀应届毕业生14名）。强化人才培养，开展教育高层次人才第一批项目评审工作，申报73个研究项目，推动宣城市教科

研水平不断提升。评选通过146名市级骨干教师和12名卓越教师。

三是加强师德师风建设。开展“为党育人、为国育才”主题教育活动和“寻找江城最美教师，共筑芜湖教育脊梁”教师节庆祝活动。持续开展师德师风治理专项行动，开展师德师风治理明察暗访183次，受理群众举报44件，查实违反师德师风行为6件，责令检查1人，通报批评1人，警告1人，记过1人，党内警告2人。

（4）深化交流合作，积极融入长三角教育一体化发展

进一步加强与长三角一体化四地教育联盟的合作交流，在推进教育综合改革、创新育人方式、提升基层党建水平等领域开展深度合作。积极参与南京都市圈和合肥都市圈教育合作交流。芜湖市教育局应邀参加第十八届上海教育博览会，通过特色鲜明而富有创意的展区设计、丰富多彩的内容呈现，凸显“信仰成就梦想，教育点亮人生”的展区主题，充分展示了芜湖教育坚持立德树人、传承红色基因的积极成效，以及加快推进教育现代化的探索实践；市教育局同志受邀做客教博会“话使命，谈育人”上海教育大直播，介绍芜湖“积极融入长三角，办人民满意的教育”的生动实践，获得广泛关注与好评；选派多位校长参加长三角名校长联合培训，与江浙沪互派多名优秀后备干部赴优质学校进行双向挂职锻炼；发挥华东师范大学长三角职业教育发展研究院（芜湖中心）作用，为芜湖市职业教育发展面临的关键问题提供智库支持。

六、马鞍山市教育发展

2021年，马鞍山市教育事业不断进步。全年财政用于教育的支出共计40.37亿元。全市高等院校6所；中小学及其他各类学校606所，其中幼儿园300所，小学188所，特殊教育学校4所，普通中学105所。所有学校中，省一类幼儿园10所，省示范高中11所，省特色初中1所，省特色小学2所，国家重点职业学校5所。中小学及其他各类学校在校学生30.59万人、教职工2.56万人，高中阶段教育毛入学率107.87%。马鞍山师范高等专科学校挂牌滨江校区。马鞍山理工学校、马鞍山幼儿师范学校等4所中职学校通过全省首批办学水平评估。

（1）学前教育

全市共有幼儿园300所，在园幼儿6.06万人，公办园在园幼儿占比为50.19%，学前三年毛入园率107.37%，公办园和普惠性民办园占比84.72%。幼儿教师4060人，生师比为15：1。全市幼儿园校舍建筑面积为55.1万平方米，在园幼儿人均占有校舍9.1平方米。

（2）义务教育

全市义务教育有小学188所，在校生11.97万人，小学适龄儿童毛入学率101.61%；有初中86所，在校生5.82万人，初中适龄人口毛入学率113.38%。小学教师有7729人，生师比为15：1；初中教师有5220人，生师比为11：1。

全市小学校舍建筑总面积为89.8万平方米，小学生人均占有校舍7.5平方米。全市初中校舍建筑总面积105.8万平方米，初中生人均占有校舍18平方米。

（3）普通高中教育

全市共有普通高中学校19所，在校生3.66万人。教师2940人，生师比为12：1。

全市普通高中校舍建筑总面积104.5万平方米，普通高中生均校舍建筑面积为28.6平方米。

（4）中等职业教育

全市有中职学校9所（其中马鞍山卫生学校、马钢卫校、和县机电工程学校等3所学校已停止招生），技工学校2所。在校生3.05万人（技工学校7187人），全日制学生1.21万人，教师1274人。

全市中等职业学校校舍学校产权建筑总面积54.8万平方米，中等职业学校生人均校舍建筑面积为18平方米。

（5）民办教育

全市共有民办高校2所，民办中小学14所，民办幼儿园171所。

（6）特殊教育

全市共有特殊教育学校 4 所，其中市区 1 所、含山县 1 所、和县 1 所、当涂县 1 所，在校生共计 386 人。教师 79 人，生师比为 5∶1。

2021 年，马鞍山市推动长三角教育一体化发展情况如下：

（1）推进教育合作制度化

一是明确工作方案。调整市教育局推进长三角更高质量一体化发展工作领导小组。制定下发《市教育局推进长三角教育一体化发展实施方案》，明确主要思路，确定具体措施，制定任务清单，推进长三角更高质量一体化工作全面开展。二是签订合作协议。2021 年，市教育局与长三角地区教育局先后签订了《长三角大中小学思政课一体化建设联盟合作协议》《南京都市圈教育发展专业委员会 2021—2025 年教育工作合作协议》等。三是结成友好学校。市二中、红星中学等 2 所普通高中和工业学校、皖江职业教育中心学校等 2 所中职学校对口与金陵中学、第一中学、南京市高等职业技术学校、金陵高等职业技术学校等 4 所优质学校结成“友好学校”并签订合作协议。另外，含山电子工程学校与上海信息技术学校签订友好合作框架协议。

（2）推进教育交流多样化

一是坚持请进来。2021 年，先后邀请 10 余名教师、专家来马鞍山市授课，近 600 名教师参与活动，进一步推进了南京都市圈教育的合作与共享。同年 7 月，“2021 年中国长三角校长高峰论坛”联合采访团一行 19 人，到马鞍山市八中教育集团进行了主题为“全面育人——新时代基础教育评价改”的集中采访。二是主动走出去。主动加入长三角中小学党建工作联盟、长三角地区中等职业教育一体化发展名师工作室、长三角大中小学思政课一体化建设联盟。2021 年 5 月，马鞍山市特教学校组织安徽省皖江片 16 所特教学校共 26 位教学管理干部到上海学习交流。2021 年 5 月，博望区组织中小学教师代表 40 余人，参加南京市江宁区 2021 年生涯规划教育主题班会课大赛决赛观摩活动。三是努力招过来。含山县引进优质资源举办安师大附属含山实验小学，含山县育才实验学校二期项目也投入建设。

（3）推进教育发展一体化

一是加强研修教研。做强本地教育，遴选长三角教育管理干部挂职和骨干教师研修基地 11 所。积极报送评价改革案例，报送的案例被评为“2021 中国长三角地区教育评价改革优秀案例”。马鞍山市 3 名选手代表安徽省参加长三角班主任基本功大赛并取得优异成绩。积极参加长三角德育创新论坛并在校长论坛上做主题发言，共 1 个实践研究成果和 4 个德育创新案例获表彰。成立“宁博教研工作站—黄德忠名师工作室”。二是推动双向交流。自 2013 年以来，马鞍山市每年坚持安排中小学校长赴南京市、上海市静安区、宁波市等地挂职锻炼学习一个月。2021 年，选派 4 名干部和教师赴长三角地区挂职学习，12 所成果推广园园长及教师代表 15 人赴南京实验幼儿园跟岗学习一周。沪苏浙及省内其他地市 7 人来马鞍山市挂职学习，南京市 11 名特殊教育研究专家到马鞍山市开展孤独症教育专题研修活动。三是扎实推进重点项目。制定示范区教学成果推广应用三年工作计划和年度计划。落实学前教育领域 12 所示范校与南京实验幼儿园结对，打造学前教育“空中课堂”，先后召开 6 次工作推进会、课题论证会，编印简报 15 期。

七、滁州市教育发展

2021 年，滁州市各级各类学校（不含高等教育）共有 1123 所，在校生 59.7 万人，教职工 4.8 万人，专任教师 4.0 万人。其中幼儿园 622 所，在园幼儿 12.3 万人，教职工 1.3 万人，专任教师 0.8 万人；小学 225 所，在校生 24.5 万人，教职工 1.3 万人，专任教师 1.5 万人；普通中学 261 所，在校生 18.8 万人，教职工 2.0 万人，专任教师 1.6 万人；中等职业教育学校 9 所，在校生 4.0 万人，教职工 0.2 万人，专任教师 0.2 万人。特殊教育学校 6 所，在校生 820 人，教职工 152 人，专任教师 133 人。

2021 年，滁州市优化教育布局，新增公办幼儿园13所，新建、改扩建中小学校14所，推动滁州职业技术学院、城市职业学院全面建成地方技能型高水平大学。

2021年，学前教育普及普惠发展。始终坚持“幼有所育”，积极构建公益普惠的学前教育公共服务体系，大力提升学前教育办学水平，加快补齐学前教育发展短板。

义务教育优质均衡发展。近年来，市、县政府全力保障教育投入，中小学校办学条件得到明显改善，办学水平和教育质量不断提高，校际差异系数逐步缩小，全市县域义务教育均衡发展水平得到整体提升。2021年全面推开滁州中小学课后服务改革。滁州共有60893名中小学生参与课后服务，占在校学生数的92.15%，做到所有小学、初中全覆盖，有需要的学生全覆盖，家长满意率达到98%。中小学课后服务以手球、篮球、科学、手工、绘画、心理健康辅导等为特色，部分学校组成了校级兴趣小组，如校足球队、合唱团、韵律健美操、写生小组等。

普高教育特色多样发展。重点打造普通高中特色多样办学。

中职教育产教融合发展。在安徽省职业院校技能大赛中职组比赛中连续7年团体总分位居全省前3名；中职毕业生就业率稳定在98%以上，其中70%以上在滁州当地就业，毕业生企业满意度达88.26%；每年开展大规模的校园招聘会10余次，为20余家大型骨干企业输送6120人；安徽滁州职教集团成功创建安徽省示范职业教育集团，入选全国示范性职教集团（安徽仅入选3家）；滁州市机电工程学校等12所职业院校共17个项目被教育部列为第二批“1+X”证书试点项目；推进中职质量提升工程，任务完成率100%，位居全省第一；建成省示范特色校6所、省示范专业17个、省示范实训基地17个、省名师工作坊11个、省现代学徒制试点校2个、省大赛基地2个；创建3个第二批省级校企合作示范实训基地建设项目、省级校企合作典型示范校3所，企业建立兼具生产与教学功能的公共实训基地9个。

智慧教育持续探索创新。积极实施“教育信息化跨越发展工程”，编制完成《滁州市智慧学校建设总体规划（2018—2022年）》；建设省级智慧学校示范校和实验校26所，乡村中小学智慧学校95所，城镇中小学智慧学校71所，优先推进贫困地区（定远县）教学点智慧课堂建设，率先实现省级贫困地区教学点智慧课堂全覆盖；全市先后试点建设“同步课堂”“在线课堂”200个。录播教室、智慧课堂、电子阅览室、校园科技馆、3D创客实验室等信息化试点项目和特色功能室在各县（市、区）纷纷落地生根，形成特色；积极探索区域信息化共建共享机制，全市基础教育信息化发展综合水平居全省前列；以“同步课堂”（在线课堂）为抓手，着力缩小城乡间教育差距，促进优质教育资源共享；采取“线上+线下”相结合的“教—学—研”模式，全面提升教师信息化素养。

八、宣城市教育发展

2021年末，宣城市有中等职业教育学校11所，在校生2.6万人，毕业生0.7万人；普通高中21所，在校生3.5万人，毕业生1.1万人；初中126所，在校生6.9万人，毕业生2.1万人；小学136所，在校生13.2万人，毕业生2.3万人；幼儿园396所，在园儿童7.0万人。高中阶段毛入学率、初中阶段适龄入学率、小学学龄儿童入学率均达到100.0%。合肥工业大学宣城校区招生2676人，在校生9347人，毕业生2198人。宣城市职业技术学院招生3702人，在校生8542人，毕业生2772人。

2021年，宣城市教育发展具体情况如下：

（1）扎实推进学前教育普及普惠发展

一是实施学前教育促进工程，2021年投资2431万元，建设公办幼儿园7所，资助幼儿1549人次，培训幼儿教师490人次。二是组织开展学前教育工作调研，推动落实大力发展普惠性幼儿园若干措施，督促指导宣州区推进幼儿园“民转公”。三是印发《宣城市推进幼儿园与小学科学衔接攻坚行动实施方案》，全面推进幼儿园和小学实施入学准备和入学适应教育。四是巩固无证幼儿园治理工作成果，并纳入2021年市政府教育体育目标任务，定期进行回访检查。五是积极创建国家学前教育普及普惠县，绩溪县县域学前教育普及普惠发展已经接受国家评估组实地核查。初步规划宣州区和宁国市于2022年，广德市于2023年，郎溪县、泾县、旌德县于2024年接受国家认定。

（2）持续推进义务教育优质均衡发展

一是实施义务教育薄弱环节改善与能力提升工程，义务教育薄弱环节改善与能力提升中央资金土建项目有18个，面积33890平方米，投入资金1803万元。二是召开全市教育高质量发展推进会、全市推进基础教育高质量发展现场会，推动持续做好义务教育阶段学校标准化建设任务。三是广德市争创国家义务教育优质均衡发展县（市），完成县级自评和市级复核，接受省级评估。四是开展控辍保学行动，对春、秋两季学期全市义务教育阶段学生返校情况进行排查，全市义务教育阶段适龄儿童少年无因疫因灾因贫失学辍学。五是总结全市义务教育阶段教育集团办学经验，省教育厅作为典型案例予以推广。六是积极争创国家义务教育优质均衡发展县，广德市率先争创国家义务教育优质均衡发展县（市），完成县级自评和市级复核。初步规划广德市于2022年，郎溪县、泾县于2024年，绩溪县、旌德县于2025年，宁国市于2027年，宣州区于2030年通过国家验收。

（3）全力推进“双减”工作落地见效

一是建立工作机制。市委、市政府听取全市“双减”等教育重点工作汇报，市委教育工作领导小组成立“双减”工作专门协调机制，市教体局建立了全市“双减”工作分层调度机制，形成市、县、校立体调度模式。组建工作专班，层层建立全市“双减”工作微信群，做到“上传下达不过夜”，全市上下快节奏推进。建立24小时调度微信群，随时直接调度、通报“双减”工作，严格落实半月报、周报、日报制度，建立监测台账。二是落实校内重点任务。全面推进“五项管理”（即加强手机管理、加强作业常规管理、落实睡眠管理、加强读物管理、加强体质管理），多部门联合印发《宣城市中小学生课后服务工作实施方案》，全市所有小学、初中学校均落实作业管理制度，严控作业总量和时间。拟定课后服务方案，全市课后服务覆盖率、服务时长达标率均为100%；参加课后服务的学生15.6万人，参与率97.82%；参与教师1.2万人，参与率93.05%。三是落实校外治理任务。成立工作专班，坚持在夜间、节假日、周末对校外培训机构开展突击检查。强化政策宣传，完成学科类培训机构“营改非”工作，全市学科类校外培训机构由“双减”前的282家压减为13家，有78所学科类培训机构转型为非学科类培训，191所学科类机构关停，资金监管率达100%，规范合同文本使用率100%，无欠薪现象。泾县、绩溪县、广德市学科类培训机构清零。教育部“双减”改革快报多次刊登宣城市经验做法。

（4）合力推动义务教育优化结构

一是明确工作目标。市委教育工作领导小组召开专题会议，全面启动优化义务教育结构、规范民办义务教育专项工作，围绕“严格控制增量，逐步消化存量”的总目标，确定到2022年10月全市民办义务教育在校生规模控制在规定数量以内。二是压实工作责任。市教育体育局成立规范民办义务教育专项工作领导小组和工作专班，建立定期报告、工作调度和督导检查制度。各县市区分别成立专项工作领导小组，教育、发改、财政、人社、自然规划等部门组建工作专班。三是制订工作方案。全面摸清全市民办义务教育学校办学条件和在校生规模，制订《宣城市规范民办义务教育发展专项工作方案》。各县市区按照政策部署，“一县一策”编制规范民办义务教育专项工作实施方案，“一校一案”制定操作细则。四是落实工作举措。开展民办学校贯彻落实党的教育方针专项行动，通过加快公办义务教育学校建设、依法依规核减民办义务教育学校招生计划、规范民办义务教育学校办学行为等方式，于2021年秋季全市公办义务教育学校增加在校生2000余人，民办义务教育学校减少在校生600余人。

（5）推动普通高中多样化特色发展

一是推进新高考综合改革平稳落地，高一年

级全面使用新教材，实施高中新课程改革，加强学生发展指导，有序推进选科走班。二是研制 2021 年普通中小学招生入学工作方案，稳妥化解部分学生家长信访矛盾，稳步实施普通高中招生范围及规范招生行为调整，普通高中招生录取工作总体平稳有序。三是全力推进普通高中大班额巡视整改工作，累计消除实际在校生大班额 197 个。

（6）着力提升中职学校办学质量

一是完成达标示范建设整改销号工作，制订督查计划，并调整达标示范工作在县市区政府目标管理考核和党政领导干部考核中的权重。二是 7 所学校通过 B 类学校办学水平评估，被认定为合格中职学校。三是完成中职学校“双师型”教师认定工作，共认定 111 位“双师型”教师。四是完成深化新时代教育评价改革试点项目申报工作。五是举办第 13 届全市中职学校学生技能大赛，参加了全国职业学校技能大赛安徽省选拔赛，两个赛项进入国赛。六是完成全市中职学校专业设置和办学资质清查工作，部署了第二批现代学徒制试点工作。七是举办 2021 年职业教育活动周，开展了第 12 届职教情文艺汇演和第 4 届职业素养大赛。

（7）努力办好特殊教育

一是联合市残联对 2021 年适龄残疾少年儿童受教育情况进行核查，全市现有适龄残疾少年儿童 1301 人，已入学残疾少年儿童 1254 人，其中在特殊教育学校就读的有 318 人、随班就读的有 652 人、送教上门的有 274 人、其他的有 10 人（均在外地入学），缓学的有 26 人，未入学残疾少年儿童 21 人均为重度残疾，无就学能力。二是申请省级以上特殊教育转移支付资金 130 万元，进一步改善特殊教育学校办学条件，提升普通学校随班就读保障能力。三是组织开展 2021 年残疾少年儿童义务教育入学安置情况摸排统计，全市 2021 年秋季应入学适龄残疾少年儿童有 109 名，义务教育安置了 80 人，学前教育、康复机构安置了 23 人；残疾人教育专家委员会鉴定不具备接受教育能力 4 人，延缓入学 2 人。

（8）持续推进教育信息化

一是加快基础设施建设。宣城市普通中小学宽带接入率、校园网建有率、班级多媒体覆盖率均实现 100%，在全省率先完成联网攻坚任务，各项教育信息化指标保持全省第一方阵。二是加快智慧学校建设。全市目前建成智慧学校（教学点）162 所，实现乡村中小学、教学点智慧学校建设全覆盖。三是推进教学应用常态化。组织开展中小学信息技术应用能力提升工程 2. 0 培训和信息化应用专题培训，中小学多媒体教学实现常态化应用，智慧课堂开课学科数和校均开课率均处全省前列。四是实施智慧学校达标提升项目。聚焦省政府下达的“实现教学点智慧课堂全覆盖，乡村普通中小学全部达到智慧学校建设要求，城镇中小学基本建成智慧学校，高中全部建成智慧学校”的目标，市政府常务会研究通过《宣城市智慧学校达标提升项目建设方案》，落实全面提升全市中小学教育教学信息化水平。

九、溧阳市教育发展

2021 年，溧阳市共有各类学校 153 所，学生数 98849 人（含幼儿），专任教师 7780 人（含编外）。其中中学 33 所，包含完中 1 所、高中 6 所（含民办 1 所）、初中 26 所，高中在校学生 10663 人，初中在校学生 19299 人；小学 44 所（含特教学校 1 所），在校学生 42617 人；中专 2 所，在校学生 4446 人；幼儿园 72 所，其中民办幼儿园 23 所，在园幼儿 21675 人。另有青少年活动中心 1 所。全市高考本科总上线率达 93. 55%。

2021 年，溧阳市首次公开招聘 247 名备案制幼儿园教师，招聘中小学新教师 61 人，参与“县管校聘”流动教师人数 341 人；出台了《溧阳市优秀教育人才管理考核办法》《溧阳市 2021 年普通高中优秀毕业生报考师范专业试点工作实施办法》；组建溧阳市教育系统干部培训班，开展名师成长工作室、名师成长营、乡村骨干教师培育站等；同时，积极开展公民办幼儿园结对帮扶集团化管理试点工作，推进“5+2+1”课后服务；在首次新高考模式下，高考成绩取得“开门红”。

在疫情背景下，溧阳市教育局认真做好疫情常态化防控管理，制定《溧阳市学校和学科类培训机构防控体系工作指南》，设置 82 个直播教室；利用“溧阳市校园安全督查平台”加强对学校安全工作的领导与监督，依托“常州市学校安全教育平台”全面推进安全教育培训，实地督查校车运行情况、深入推进明厨亮灶、强化危化品管理等工作；成立“校外培训机构专项督查”工作专班，严格落实学科类校外培训机构规范治理。社渚中心小学被授予江苏省教育系统先进集体称号，8 所学校获评江苏省文明校园，4 所学校创建“常州市平安校园”。

十、金坛区教育发展

2021 年，金坛区教育事业成果丰硕。2021 年末，金坛区拥有各级各类学校 109 所，在校学生 69442 人，专任教师 5474 人。教师中有 3 人在常州市班主任基本功竞赛中获一等奖，有 4 人获二等奖；新增常州市中小学特级班主任 2 人、高级班主任 5 人、骨干班主任 11 人。全区小升初考生 3A 率达 30%；中考 640 分以上 73 人，600 分以上 767 人，均创历史新高；高考 600 分以上 51 人，高分段较 2020 年有较大增幅提升，本一（特招）达线 753 人，达线率 60%，较 2020 年增加 5 个百分点。省华中本一达线率首次破八，达 83%。

2019 年以来，金坛区累计投入 40.3 亿元，同步实施城区学校新建、改扩建工程和农村学校整体改造、薄弱环节改善与能力提升工程。三年累计一般公共预算教育支出 36.69 亿元、生均一般公共预算教育支出 5.91 万元，实现了两个“只增不减”。全区 1.4 万余名外来务工人员随迁子女 100%在公办学校就读，享受同城、同等待遇。

深化综合改革，优化办学模式，创新机制促品质提升。锚定高质量发展总体目标，加强顶层设计，全面推进集团化办学和城乡联盟办学机制，确立质量绿色发展、内涵提升、全面崛起的“三步走”规划。按每年不低于 1000 万元的标准设立人才引育专项资金，聚焦全区师资水平整体提升，聚力高素质教育人才培养。三年累计有 16 名教师在全国和江苏省青年教师教学基本功、评优课中获一等奖。

破解热点难点，提高治理能力，苦干实干提创建成效。聚焦大校额、大班额等难点、堵点问题，逐校分析原因，制订时间表和路线图，有序推进问题整改。全面实施中小学内涵发展项目和校园文化提升工程，全面落实“双减”政策，区域化推进课堂教学转型升级，整体提升全区教育教学质量。三年累计投入 6.46 亿元专项资金，确保义务教育保障水平全面达标。

第七章　医疗卫生

第一节　南京都市圈医疗卫生情况

《南京都市圈发展规划》中提出，要统筹推进都市圈医疗卫生资源优化布局，打造健康都市圈，让南京都市圈的患者可以通过预约挂号平台预约各大医院的专家号，在家点点鼠标即可查阅医院检查结果，足不出城请专家远程医疗会诊，跨省异地就医联网结算，减少两地奔波。2010 年南京市正式建成统一预约挂号平台，之后，镇江、扬州、滁州、宣城、芜湖、马鞍山、淮安等城市陆续接入。目前，南京都市圈统一预约挂号服务平台接入医院数量达 163 家，开放预约的科室达到 11484 个。南京都市圈的患者可以通过 12320 电话、微信公众号、App、网站来预约各大医院的专家号。除了足不出户网上预约，南京都市圈建成医学检验报告查询系统，市民可以登录南京 12320、健康南京等网站异地查询医检报告。截至 2021 年 5 月，南京、镇江、扬州、芜湖等 4 个城市的医院已向南京市卫生信息平台累计上传各类医学医检报告近 2 亿份，推动了各家医院检验结果的共享和互认。都市圈城市医院之间将更加深入开展专业交流与合作，全面持续推进互联网医院的建设和有效运行，为都市圈城市群众提供优质、高效的医疗卫生服务。

第二节　各市（区）医疗卫生情况

一、南京市医疗卫生

2017 年，南京市拥有各类卫生机构 2340 个，其中医院、卫生院及社区卫生服务中心共 358 个，疾病预防控制中心 17 个，妇幼卫生保健机构 14 个。各类卫生机构拥有床位 5.22 万张，其中医院、卫生院床位共 4.74 万张，分别比上年增加 0.24 万张、0.23 万张。各类卫生机构共有卫生技术人员 7.61 万人，其中执业（含助理）医师 2.81 万人，注册护士 3.44 万人，分别比上年增加 0.54 万人、0.28 万人、0.23 万人。累计建成社区卫生服务中心（卫生院）138 个、社区卫生服务站（村卫生室）667 个。社区卫生服务城市人口覆盖率达 100%。

2018 年，南京市卫生事业稳步发展。市中医院新院、鼓楼医院江北国际医院建成运营，基层医疗机构医联体实现全覆盖。据卫计委统计，2018 年末南京市拥有各类医疗卫生机构 2801 个。其中医院、卫生院及社区卫生服务中心 360 个，疾病预防控制中心 17 个，妇幼卫生保健机构 14 个。各类卫生机构拥有床位 5.5 万张，其中医院、卫生院床位共 5.0 万张。各类卫生机构共有卫生技术人员

8.41 万人，其中执业（含助理）医师 3.16 万人，注册护士 3.83 万人。南京市累计建成社区卫生服务中心（卫生院）138 个、社区卫生服务站（村卫生室）680 个。社区卫生服务城市人口覆盖率达 100%。

2019 年末，南京市拥有卫生机构 2571 个（不含农村社区卫生服务站、村卫生室）。其中医院、卫生院共 264 个，妇幼保健院（所、站）14 个，专科疾病防治院（所、站）5 个。各类卫生机构拥有床位 5.90 万张，其中医院、卫生院床位共 5.41 万张。各类卫生机构共有卫生技术人员 9.39 万人，其中执业（含助理）医师 3.57 万人，注册护士 4.2 万人。累计建成农村社区卫生服务站、村卫生室共 672 个。新建 18 个紧密型医联体。

2020 年末，南京市拥有卫生机构 2769 个（不含农村社区卫生服务站、村卫生室）。其中医院、卫生院共 286 个，妇幼保健院（所、站）14 个，专科疾病防治院（所、站）5 个。南京市各类卫生机构拥有床位 6.29 万张，其中医院、卫生院床位共 5.82 万张。各类卫生机构共有卫生技术人员 9.96 万人，其中执业（含助理）医师 3.78 万人，注册护士 4.55 万人。累计建成农村社区卫生服务站、村卫生室共 670 个。建成 25 个紧密型医联体。

2021 年末，南京市拥有卫生机构 3450 个，其中医院 277 个、社区卫生服务中心 118 个、卫生院 15 个，妇幼保健院（所、站）14 个，专科疾病防治院（所、站）5 个。南京市各类卫生机构拥有床位 6.61 万张，其中医院床位 5.97 万张、社区卫生服务中心床位 3637 张、卫生院床位 739 张。南京市各类卫生机构共有卫生技术人员 10.46 万人，其中执业（含助理）医师 3.93 万人，注册护士 4.79 万人。

二、镇江市医疗卫生

2017 年末，全市拥有各类卫生机构 984 个，其中医院 50 个，卫生院 50 个，社区卫生服务中心 35 个，卫生防疫防治机构 7 个，妇幼保健机构 7 个，村卫生室 305 个。各类卫生机构拥有床位 15169 张，其中医院、卫生院共 12734 张，社区卫生服务中心 1484 张。2017 年末拥有卫生技术人员 20368 人，其中执业（含助理）医师 8074 人，注册护士 8688 人。全市医疗机构全年总诊疗 2437.42 万人次。公立医院改革不断深化。组织开展以全市公立医疗机构为主体的药品集中采购，推进“两票制”改革，减少药品流通环节，降低药品价格。不断完善“三位一体”医疗损害赔偿救助机制，全市一级以上公立医疗机构参加医疗责任保险或风险互助金达 100%。

2018 年末，镇江市拥有各类卫生机构 972 个，其中医院 50 个，卫生院 49 个，社区卫生服务中心 35 个，卫生防疫防治机构（疾病预防控制中心）7 个，妇幼保健机构 7 个，村卫生室 308 个。各类卫生机构拥有床位 15623 张，其中医院、卫生院共 13163 张，社区卫生服务中心 1511 张。2018 年末拥有卫生技术人员 21080 人，其中执业（含助理）医师 8200 人，注册护士 9183 人。全市医疗机构全年总诊疗 2445.96 万人次。疾病预防控制中心卫生技术人员 322 人，妇幼卫生保健机构卫生技术人员 1548 人。

2019 年末，镇江市拥有各类卫生机构 1013 个，其中医院 53 个，卫生院 41 个，社区卫生服务中心 33 个，卫生防疫防治机构（疾病预防控制中心）7 个，妇幼保健机构 7 个，村卫生室 311 个。各类卫生机构拥有床位 15844 张，其中医院、卫生院共 13429 张，社区卫生服务中心 1453 张。2019 年末拥有卫生技术人员 21691 人，其中执业（含助理）医师 8469 人，注册护士 9556 人。全市医疗机构全年总诊疗 2545.8 万人次。疾病预防控制中心卫生技术人员 327 人，妇幼卫生保健机构卫生技术人员 1555 人。

2020 年末，镇江市拥有各类卫生机构 1052 个，其中医院 53 个，卫生院 37 个，社区卫生服务中心 30 个，卫生防疫防治机构（疾病预防控制中心）7 个，妇幼保健机构 7 个，村卫生室 315 个。各类卫生机构拥有床位 1.73 万张，其中医院 1.24 万张，卫生院 0.19 万张，社区卫生服务中心 0.16 万张。2020 年末拥有卫生技术人员 2.23 万人，其中执业（含助理）医师 8965 人，注册护士 9678

人。新冠肺炎疫情期间，镇江市共派出 4 批共 77 名医务人员驰援湖北，为全国抗疫大局做出了镇江贡献。2020 年，基本医疗保险实现市级统筹，医保目录新增药品平均降价 60%以上，市级医疗保障四级服务体系做法在全国推广，省级卫生村实现全覆盖，获评蝉联全国卫生城市。

2021 年末，镇江市拥有各类卫生机构 1092 个，其中医院 57 个，卫生院 37 个，社区卫生服务中心 31 个，卫生防疫防治机构（疾病预防控制中心）10 个，妇幼保健机构 8 个，急救中心（站）2 个，采供血机构 2 个，卫生监督所 7 个，医学在职培训机构 1 个，各类门诊部、诊所、卫生所、医务室、村卫生室、卫生服务站 926 个，其他卫生机构 11 个。各类卫生机构拥有床位 1.77 万张，其中医院有 1.30 万张，卫生院有 0.18 万张，社区卫生服务中心有 0.16 万张。年末，全市拥有卫生工作人员 2.8 万人，其中卫生技术人员 2.29 万人，其中执业（含助理）医师 9082 人，注册护士 9980 人。全年共投入 7269 万元完成市传染病医院改造，全市累计接种新冠疫苗 626.33 万剂次，人群覆盖率达 88.6%。全市 731 个村（居）民委员会全部设置公共卫生委员会。全年共引进 6 个医学领军人才团队、22 名医学博士，新建 2 家农村区域性医疗卫生中心、4 家省社区医院，新增国家服务能力推荐标准达标基层机构 6 家。

三、扬州市医疗卫生

2017 年末，扬州市共有各类卫生机构 1756 个，其中医院、卫生院共 140 个。各类卫生机构拥有床位 22765 张，其中医院、卫生院床位共 19864 张。全市共有卫生技术人员 26784 人，其中执业（含助理）医师 10868 人，注册护士 11337 人。18 家农村区域性医疗卫生中心全面建成使用，115 家基层医疗卫生机构全部参与医联体。迁建宝应、江都人民医院，新建高邮人民医院东院。

2018 年末，扬州市共有各类卫生机构 1813 个。其中医院 80 个，疾病预防控制中心 7 个，妇幼卫生保健机构 8 个。各类卫生机构拥有床位 23355 张，其中医院拥有床位 17119 张。全市共有卫生技术人员 34255 人，其中执业（含助理）医师 11209 人，注册护士 11659 人疾病预防控制中心卫生技术人员 406 人，妇幼卫生保健机构卫生技术人员 1278 人。

2019 年末，全市共有各类卫生机构 1890 个，其中医院 76 个，疾病预防控制中心 7 个，妇幼卫生保健机构 8 个。各类卫生机构拥有床位 24994 张，其中医院拥有床位 17788 张。全市共有卫生技术人员 29406 人，其中执业（含助理）医师 12557 人，注册护士 12109 人。医院有卫生技术人员 15688 人，疾病预防控制中心卫生技术人员 487 人，妇幼卫生保健机构卫生技术人员 1307 人。

2020 年末，扬州市共有各类卫生机构 1964 个，其中医院 91 个，疾病预防控制中心 7 个，妇幼卫生保健机构 8 个。各类卫生机构拥有床位 26316 张，其中医院拥有床位 18906 张。全市共有卫生技术人员 30964 人，其中执业（含助理）医师 13203 人，注册护士 12800 人。医院有卫生技术人员 16870 人，疾病预防控制中心卫生技术人员 569 人，妇幼卫生保健机构卫生技术人员 1302 人。2020 年扬州市共有乡镇卫生院 53 个，床位数 4333 张，乡镇卫生技术人员 5154 人，乡村医生 1538 人。

2021 年末，扬州市拥有各类卫生机构 1899 个，其中医院 96 个，疾病预防控制中心 7 个，妇幼卫生保健机构 8 个。各类卫生机构拥有床位 26950 张，其中医院拥有床位 19576 张。全市共有卫生技术人员 31898 人，其中医院卫生技术人员 17836 人，疾病预防控制中心卫生技术人员 658 人，妇幼卫生保健机构卫生技术人员 1313 人。扬州市共有乡镇卫生院 53 个，床位数 4395 张，乡镇卫生技术人员 4936 人，乡村医生 1415 人。

四、淮安市医疗卫生

2017 年，淮安市共有各类卫生机构（不含村卫生室）754 个，其中疾病预防控制机构 8 个，卫生监督机构 8 个，综合医院 38 个，专科医院 14 个，中医院 6 个，妇幼保健机构 8 个，卫生院 125 个，社区卫生服务中心（站）84 个。各类卫生机构实有床位 28647 张，其中医院 17876 张，卫生院 8359 张。全市有卫生技术人员 3.23 万人，其中执业（含助理）医师 12684 人，注册护士 14518 人。疾病预防控制机构卫生技术人员 407 人，卫生监督机构卫生技术人员 163 人，妇幼卫生保健机构卫生技术人员 1725 人。2017 年建成全国百佳乡镇卫生院 2 个、全国百强社区卫生服务中心 1 个，成功创成“全国创建幸福家庭活动示范市”。

2018 年，淮安市公立医院综合改革获国务院表彰。全市卫生资源总量不断增加，共有各类卫生机构（不含村卫生室）804 个，其中疾病预防控制机构 8 个，卫生监督机构 8 个，综合医院 38 个，专科医院 19 个，中医院 6 个，妇幼保健机构 8 个，卫生院 129 个，社区卫生服务中心（站）80 个。各类卫生机构实有床位 29417 张，其中医院床位 18597 张，卫生院床位 8372 张。全市有卫生技术人员 3.43 万人，其中执业（含助理）医师 13394 人，注册护士 15484 人。疾病预防控制机构卫生技术人员 405 人，卫生监督机构卫生技术人员 159 人，妇幼卫生保健机构卫生技术人员 1858 人。

2019 年，淮安市共有各类卫生机构（不含村卫生室）768 个，其中疾病预防控制机构 8 个，卫生监督机构 8 个，综合医院 40 个，专科医院 20 个，中医院 7 个，妇幼保健机构 8 个，卫生院 128 个，社区卫生服务中心（站）75 个。各类卫生机构实有床位 30376 张，其中医院有 19996 张，卫生院有 8190 张。全市有卫生技术人员 3.6 万人，其中执业（含助理）医师 14579 人，注册护士 16468 人。疾病预防控制机构卫生技术人员 413 人，卫生监督机构卫生技术人员 171 人，妇幼卫生保健机构卫生技术人员 1957 人。每千人常住人口拥有执业（含助理）医师 2.96 人、注册护士 3.34 人、床位 6.16 张。

2020 年，淮安市共有各类卫生机构（不含村卫生室）852 个，其中疾病预防控制机构 8 个，卫生监督机构 8 个，综合医院 40 个，专科医院 17 个，中医院 7 个，妇幼保健机构 8 个，卫生院 122 个，社区卫生服务中心（站）83 个。各类卫生机构拥有床位 30430 张，其中医院 19815 张，卫生院 8184 张。全市卫生技术人员 3.7 万人，其中执业（含助理）医师 14632 人，注册护士 16697 人。疾病预防控制机构卫生技术人员 550 人，卫生监督机构卫生技术人员 176 人，妇幼卫生保健机构卫生技术人员 2012 人。

2021 年，淮安市共有各类卫生机构（不含村卫生室）884 个，其中疾病预防控制机构 8 个，卫生监督机构 8 个，综合医院 37 个，专科医院 17 个，中医院 7 个，妇幼保健机构 8 个，卫生院 109 个，社区卫生服务中心（站）79 个。各类卫生机构实有床位 30222 张，其中医院有 18918 张，卫生院有 8591 张。全市卫生技术人员 3.69 万人，其中执业（含助理）医师 14429 人，注册护士 16724 人。疾病预防控制机构卫生技术人员 615 人，卫生监督机构卫生技术人员 196 人，妇幼保健机构卫生技术人员 2060 人。每千人常住人口拥有执业（含助理）医师 3.16 人、注册护士 3.67 人、床位 6.62 张。

五、芜湖市医疗卫生

2017 年末，芜湖市拥有各类卫生机构 715 个（不含村卫生室），其中医院 83 所，基层医疗卫生机构 588 所，专业公共卫生机构 36 所。基层医疗卫生机构中，社区卫生服务中心（站）126 所，乡镇卫生院 58 所，门诊部 43 所，诊所、卫生所和医务室共 361 所。专业公共卫生机构中，疾病预防控制中心 9 所，卫生监督机构 9 所，妇幼保健机构 8 所，专科防治机构 7 所，急救中心 1 所，采供血机构 1 所。各类卫生机构拥有床位 20342 张，其中医院 17226 张。全市卫生技术人员 21694 人，其中执业（含助理）医师 8291 人，注册护士 9944 人。

2018 年末，芜湖市拥有各类卫生机构 757 个（不含村卫生室），其中医院 81 所，基层医疗卫生机构 635 所，专业公共卫生机构 34 所。基层医疗卫生机构中，社区卫生服务中心（站）136 所，乡镇卫生院 55 所，门诊部 54 所，诊所、卫生所和医务室共 390 所。专业公共卫生机构中，疾病预防控制中心 9 所，卫生监督机构 9 所，妇幼保健机构 8 所，专科防治机构 6 所，急救中心 1 所，采供血机构 1 所。各类卫生机构拥有床位 21448 张，其中医院有 18355 张。全市有卫生技术人员 22527 人，其中执业（含助理）医师 8885 人，注册护士 10201 人。

2019 年末，芜湖市拥有各类卫生机构 734 个（不含村卫生室），其中医院 79 所，基层医疗卫生机构 618 所，专业公共卫生机构 35 所。基层医疗卫生机构中，社区卫生服务中心（站）131 所，乡镇卫生院 52 所，门诊部 71 所，诊所、卫生所和医务室共 364 所。专业公共卫生机构中，疾病预防控制中心 9 所，卫生监督机构 9 所，妇幼保健机构 9 所，专科防治机构 6 所，急救中心 1 所，采供血机构 1 所。各类卫生机构拥有床位 21700 张，其中医院 18611 张。全市卫生技术人员 22864 人，其中执业（含助理）医师 9052 人，注册护士 10532 人。

2020 年末，芜湖市拥有各类卫生机构 973 个（不含村卫生室），其中医院 101 所，基层医疗卫生机构 829 所，专业公共卫生机构 35 所。基层医疗卫生机构中，社区卫生服务中心（站）141 所，乡镇卫生院 52 所，门诊部 106 所，诊所、卫生所和医务室共 530 所。专业公共卫生机构中，疾病预防控制中心 9 所，卫生监督机构 9 所，妇幼保健机构 9 所，专科防治机构 6 所，急救中心 1 所，采供血机构 1 所。各类卫生机构拥有床位 26954 张，其中医院有 23210 张。全市有卫生技术人员 25594 人，其中执业（助理）医师 10555 人，注册护士 11666 人。

2021 年末，芜湖市拥有各类卫生机构 1037 个（不含村卫生室），其中医院 97 所，基层医疗卫生机构 897 所，专业公共卫生机构 36 所。基层医疗卫生机构中，社区卫生服务中心（站）136 所，乡镇卫生院 53 所，门诊部 133 所，诊所、卫生所和医务室共 575 所。专业公共卫生机构中，疾病预防控制中心 10 所，卫生监督机构 9 所，妇幼保健机构 9 所，专科防治机构 5 所，急救中心 1 所，采供血机构 2 所。各类卫生机构拥有床位 27586 张，其中医院有 23670 张。全市有卫生技术人员 27650 人，其中执业（含助理）医师 11312 人，注册护士 12895 人。

六、马鞍山市医疗卫生

2017 年，马鞍山市拥有卫生机构 989 个，其中医院、卫生院共 102 个，社区卫生服务机构 108 个，标准化村卫生室 429 所，床位 9322 张；全市卫生技术人员 1.25 万人。以乡镇为单位，四苗、五苗接种率 99.54%，乙肝疫苗首针接种率 99.99%。

2018 年，马鞍山市拥有卫生机构 1016 个，其中医院、卫生院共 102 个，社区卫生服务机构 100 个，标准化村卫生室 434 所，床位 9636 张；全市卫生技术人员 1.31 万人。以乡镇为单位，四苗、五苗接种率 99.58%，乙肝疫苗首针接种率 95.47%。

2019 年，马鞍山市拥有卫生机构 1022 个，其中医院、卫生院共 102 个，社区卫生服务机构 96 个，标准化村卫生室 434 所，床位 1.04 万张；全市卫生技术人员 1.39 万人。以乡镇为单位，四苗、五苗接种率 99.71%，乙肝疫苗首针接种率 99.93%。

2020 年，马鞍山市拥有卫生机构 1069 个，其中医院、卫生院共 106 个，社区卫生服务机构 97 个，标准化村卫生室 430 所，床位 1.46 万张；全市卫生技术人员 1.45 万人。以乡镇为单位，四苗、五苗接种率 99.62%，乙肝疫苗首针接种率 99.94%。市人民医院东院开诊运营。

2021 年，马鞍山市拥有卫生机构 1051 个，其中医院、卫生院共 103 个，社区卫生服务机构 97 个，标准化村卫生室 430 所，床位 1.48 万张；全市卫生技术人员 1.52 万人。以乡镇为单位，四苗、五苗接种率 99.61%，乙肝疫苗首针接种率 99.91%。贫困人口大病专项救治率达 98.37%。12 家医养结合机构获评省级医养结合示范创建单位。

七、滁州市医疗卫生

2017 年末，滁州市拥有卫生机构 1638 个，其中医院、卫生院共 164 个，疾病控制中心 8 个，妇幼保健机构 7 个。全市卫生机构拥有床位 18279 张，比上年增长 5.6%，其中医院、卫生院拥有床位共17514张，比上年增加916张。卫生机构从业人员2.3万人。其中医院、卫生院技术人员共1.6万人，执业医师6625人，注册护士7602人，卫生防疫人员199人，全市参加新型农村合作医疗人数达到339.9万人，参合率100.56%。

2018年末，滁州市拥有卫生机构1592个，其中医院、卫生院共170个，疾病控制中心8个，妇幼保健机构9个。全市卫生机构拥有床位19159张，比上年增长4.81%，其中医院、卫生院拥有床位共18370张，比上年增加856张。卫生机构从业人员2.4万人。其中医院、卫生院技术人员共1.8万人，执业医师6840人，注册护士8059人，卫生防疫人员194人。

2019年末，滁州市拥有卫生机构1726个。其中医院、卫生院共182个，疾病控制中心8个，妇幼保健机构9个。全市卫生机构拥有床位21633张，比上年增长12.9%，其中医院、卫生院拥有床位共20825张，比上年增加2455张。卫生机构从业人员2.8万人。其中医院、卫生院技术人员共1.9万人，执业医师8289人，注册护士10691人，卫生防疫人员170人。

2020年末，滁州市拥有卫生机构1868个。其中医院、卫生院共172个，疾病控制中心8个，妇幼保健机构9个。全市卫生机构拥有床位共26295张，比上年增长21.6%，其中医院、卫生院拥有床位共25226张，比上年增加4401张。卫生机构从业人员3.1万人。其中医院、卫生院技术人员共2.1万人，执业医师10118人，注册护士12958人，卫生防疫人员211人。

2021年末，滁州市拥有卫生机构1911个。其中医院、卫生院共165个，疾病控制中心9个，妇幼保健机构9个。全市卫生机构实有床位共26027张，比上年减少1%，其中医院、卫生院实有床位共24967张，比上年减少259张。卫生机构从业人员3.32万人。其中医院、卫生院技术人员共2.32万人，执业医师7215人，注册护士11506人。

八、宣城市医疗卫生

2017年末，宣城市拥有卫生机构436个（不含村卫生室），其中医院46个，卫生院83个，社区卫生服务中心（站）69个，妇幼保健院（所、站）8个，疾病预防控制中心8个。全市专业卫生技术人员12751人，其中执业医师4416人、执业助理医师928人，注册护士5857人。卫生机构共有床位12751张。新型农村合作医疗参合人数227.3万人，参合率为102.3%。

2018年末，宣城市拥有卫生机构442个（不含村卫生室），其中医院47个，卫生院82个，社区卫生服务中心（站）67个，妇幼保健院（所、站）8个，疾病预防控制中心8个。全市专业卫生技术人员14316人，其中执业医师4566人，执业助理医师940人，注册护士6220人。卫生机构共有床位14127张。

2019年末，宣城市拥有卫生机构448个（不含村卫生室），其中医院50个，卫生院82个，社区卫生服务中心（站）22个，妇幼保健院（所、站）8个，疾病预防控制中心8个。全市卫生技术人员14645人，其中执业医师4750人，执业助理医师909人，注册护士6435人。卫生机构床位14533张，其中医院、卫生院床位共1395张。

2020年末，宣城市拥有卫生机构609个（不含村卫生室），其中医院61个，卫生院82个，社区卫生服务中心（站）23个，妇幼保健院（所、站）8个，疾病预防控制中心8个。全市卫生技术人员20344人，其中执业医师5472人，执业助理医师1129人，注册护士7625人。卫生机构床位15759张，其中医院床位12576张，卫生院2474张。

2021年末，宣城市拥有卫生机构1435个，其中医院59个，基层医疗卫生机构1346个，专业公共卫生机构29个。基层医疗卫生机构中，卫生院80个，社区卫生服务中心（站）85个，村卫生室832个；专业公共卫生机构中，疾病预防控制中心8个，妇幼保健院（所、站）8个，专科疾病防治院（所、站）2个，卫生监督所8个。全市卫生技术人员17759人，其中执业医师5808人，执业助理医师1085人，注册护士8121人。各类医疗卫生机构有床位15891张，其中医院有12184张，卫生院有3131张，社区卫生服务中心有437张。2021年医疗卫生机构总诊疗1963.8万人次；全市拥有提供新冠病毒核酸监测服务机构28个，全年检测181.6万人次。

九、溧阳市医疗卫生

2018年，常州市溧阳市拥有各级各类卫生机构273家，其中综合医院12家、中医医院1家、专科医院2家、乡镇卫生院17家、厂矿医务室（个体诊所）76家、村卫生室148家、公共卫生机构16家、医学在职培训机构1家。各级各类医疗卫生机构实有床位3780张，卫计从业人员6077人，其中执业（含助理）医师2053人、注册护士1985人。

2019年，常州市溧阳市拥有各级各类卫生机构293家。其中综合医院（含妇保院、护理院）15家，中医医院1家，专科医院3家，乡镇卫生院17家（不包含中医院泓口分院），厂矿医务室（诊所、门诊部、卫生站）100家，村卫生室（社区卫生服务站）156家。各级各类医疗卫生机构实有床位3934张，卫计从业人员6407人，其中执业（含助理）医师2130人，注册护士2150人。

2020年，常州市溧阳市拥有各级各类卫生机构300个，其中市级以上公立医院2个，民营医院14个，乡镇卫生院17个，其他社会医疗机构105个，村卫生室（含社区卫生服务站）156个。全系统卫健从业人员6642人，其中卫技人员5247人，每千人常住人口执业（含助理）医师数2.88人，每万人常住人口全科医生数5.75人，每千人常住人口医疗卫生机构床位数5.46张。

2021年，常州市溧阳市拥有各级各类机构296个，其中市级以上公立医院2个，民营医院14个，乡镇卫生院17个，其他社会办医疗机构102个，村卫生室（含社区卫生服务站）156个。溧阳市三级综合性医院1个，专科医院3个，二级综合性医院3个。全系统卫健从业人员6959人，其中卫技人员5527人，每千人常住人口执业（含助理）医师数2.96人，每万人常住人口全科医生数5.75人，每千人常住人口医疗卫生机构床位数5.58张。

十、金坛区医疗卫生

2018年末，常州市金坛区拥有各级各类卫生机构206个，其中区属医院3个，卫生院12个，城市社区服务中心2个，民营医院7个。实际开放床位2660张，每千人拥有床位4.74张。拥有卫生技术人员3152人，其中执业（含助理）医师1392人，注册护士1398人，每千人拥有医生数2.48人，每千人拥有护士数2.49人。全年各级医疗机构门急诊246万人次，住院7.4万人次。深入推进公立医院改革，区人民医院和区中医医院实现了临床路径的信息化管理，2018年公立医院门诊均次费用同比下降0.9%，住院均次费用增幅低于5%。医疗服务质量得到新提升，区人民医院创建成三级综合医院，金城镇卫生院和直溪中心卫生院创建成二级综合医院，直溪、薛埠、尧塘中心卫生院被列为农村区域医疗卫生中心。

2019年末，金坛区拥有各类卫生机构216个，其中区属医院3个，卫生院12个，城市社区服务中心2个，民营医院8个。全区拥有卫生技术人员3824人，其中执业（含助理）医师1596人，注册护士1828人。金坛区人民医院心内科被常州市确认为常州市临床重点专科，区中医医院成功申报心血管介入项目新技术准入并完成限制性医疗技术的备案工作。构建以县级医院为龙头，农村区域医疗中心为骨干，乡镇卫生院为支撑，村卫生室为基础的上下联动、分级分工、运行高效的分级诊疗服务新体系。为深入开展“进一步改善医疗服务”活动，着重在分时段预约诊疗、专家门诊“全日制”、远程医疗服务、多学科联合诊疗、日间医疗服务等方面加大推进力度，完善血液安全预警和应急保障机制，顺利完成“全国基层中医药工作先进单位”复审迎评工作。金沙医院2019年被确认为二级中医骨伤医院创建单位。

2020年末，金坛区拥有各类卫生机构212家，其中区属医院3家、卫生院12家、城市社区服务中心2家、民营医院8家。全区拥有卫生技术人员3926人，其中执业（含助理）医师1627人，注册护士1850人。金坛区人民医院新院区于2020年12

月 12 日正式启用，金坛妇幼保健医院改扩建项目完成主体工程并进行室内设备安装。新组建人民医院——金城镇卫生院、中医医院——薛埠中心卫生院 2 家紧密型医共体。金坛区深入推进家庭医生签约服务，借助县域内医共体建设平台，利用核心医院专家团队的技术力量建立协作联动机制，参与家庭医生签约服务。家庭医生签约服务模式由以户签约转变为以人签约，在稳定签约数量的基础上，加强对续约人群的签约。家庭医生签约服务续约率 85. 2%，重点人群签约覆盖率 81. 5%，特殊人群签约 14137 人，做到应签尽签。积极应对新冠肺炎疫情，购买疫情防控应急设备 320 台（套），建设了标准化发热门诊 6 个，建设 PCR 实验室 2 个，购置 7 台 PCR 检测仪，其中疾控中心 3 台，区人民医院 2 台，区中医医院 2 台；培训了 46 名核酸检测人员并取得检测资质。2020 年，金坛区卫健系统张俊东援鄂所在社区防控小分队受到国家卫健委集体表彰，吕云磊和丁东亮荣获省委、省政府授予的“江苏省抗击新冠肺炎疫情先进个人”称号。

2021 年末，金坛区拥有各类卫生机构 221 家，其中区属医院 3 家、卫生院 12 家、城市社区服务中心 2 家、民营医院 8 家。全区拥有卫生技术人员 3981 人，其中执业（含助理）医师 1692 人，注册护士 2002 人。“院府合作”正式达成，与上海一院签约合作共建金坛第一人民医院，为百姓提供更高端优质的医疗服务，提档家庭医生签约服务能力，共组建高效率的家庭医生团队 99 个，金坛区总签约 220314 人。

第八章　体育发展

第一节　南京都市圈体育发展情况

2021 年，我国体育事业蓬勃发展。截至 2021 年末，全国共有体育场地 397.1 万个，体育场地总面积 34.1 亿平方米，人均体育场地面积 2.41 平方米，在 2020 年人均体育场地面积 2.20 平方米的基础上又有提升。全年我国运动员在 16 个运动大项中获得 67 个世界冠军，共创 12 项世界纪录。在第 32 届奥运会上，我国运动员共获得 38 枚金牌，奖牌总数 88 枚，位列奥运会金牌榜和奖牌榜第二。全年我国残疾人运动员在 5 项国际赛事中获得 110 个世界冠军。在第 16 届残奥会上，我国运动员共获得 96 枚金牌，奖牌总数 207 枚，第五次蝉联金牌榜和奖牌榜第一位。

2021 年，南京都市圈在党中央的领导下，致力于放大南京建设世界体育名城效应，建立都市圈体育产业联盟，推动联合举办各类重大体育赛事，加强筹备活动的合作与交流；建设体育公园，打造全民健身新载体；推进健康服务产品共享，积极支持品牌康养机构、产业资本开展合作，建设康养服务业集聚区和养老养生基地。其中，体育彩票作为体育产业的一项支柱性产业，为我国体育事业的发展提供了良好的资金保障。2021 年中国体育彩票销售额呈现回升趋势，体育彩票销售额为 2310.3 亿元，较 2020 年增长 415.67 亿元。从各省市体育彩票销售额来看，2021 年中国体育彩票销售额排名第二的是江苏，体育彩票销售额为 183.17 亿元，南京都市圈各市（区）体育彩票销售额如图 8-8-1 所示。

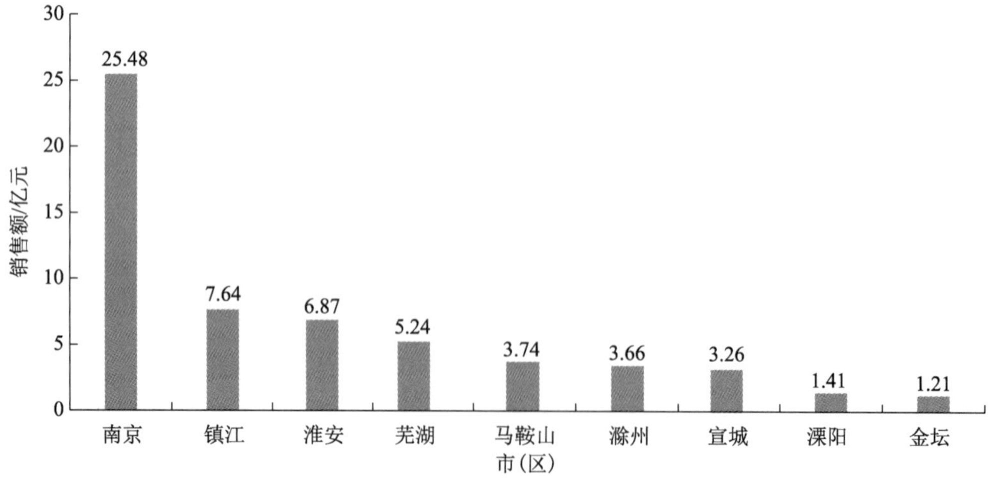

图 8-8-1　2021 年南京都市圈各市（区）体育彩票销售额

第二节　各市（区）体育发展情况

一、江苏省体育发展

“十三五”期间，江苏省体育系统坚持以习近平新时代中国特色社会主义思想为指导，顺利完成了“十三五”规划确定的主要目标和任务，人民群众体育获得感和满意度不断提升，体育服务高质量发展成效明显，全省体育事业呈现稳中有进、向上向好的发展局面。具体成果有以下几个方面。

公共体育服务水平明显提升。江苏省率先建成了以省为单位的公共体育服务体系示范区。全民健身场地与设施持续完善，形成了覆盖城乡、功能齐全的“省市县乡村”五级体育设施网络。建成健身步道 1.2 万余千米，体育公园（广场）1016 个，全省人均体育场地面积 3.15 平方米，较“十二五”末上升 56.7%。全民健身活动蓬勃开展，由体育社会组织举办有规模的赛事活动共计 63826 项次，参与总人数 2510 万余人次，全省经常参加体育锻炼人数比例达 40.3%，较“十二五”末提升了 5.3 个百分点。在全国率先实现县域国民体质监测中心全覆盖，国民体质合格率达 93.1%，较“十二五”末提升了 1 个百分点；建成省级国民体质监测与科学健身指导平台，社会体育指导员达 30 万人。体育社会组织网络不断健全，共有县级以上体育社团 4571 个、民办非企业单位 3562 个，自发性健身团队和全民健身站点发展迅猛。

竞技体育综合实力位居前列。江苏省坚持举国体制与市场机制相结合，优化运动项目布局，推动开放竞争办队，引导职业体育发展，采取与市县、高校、企业、协会联合办队形式共建 34 个项目，与国家体育总局相关项目管理中心和单项体育协会联办共建 6 个夏季项目国家队和 4 个冬季项目国家集训队；全省共有 21 家职业体育俱乐部，女排、男排、女足、男足均获得了优异成绩。参加全国综合性运动会成绩位居全国第一方阵，江苏省运动员在第 31 届奥运会上获得 3 金 2 银 3 铜，在第 18 届亚运会上获得 15 金 14 银 12 铜，在第 13 届全运会上获得 35 金 26 银 45 铜和“体育道德风尚奖”。扎实推进反兴奋剂斗争，研发推广“纯洁体育 App”平台，不断健全全覆盖、全周期、常态化、制度化教育预防体系。

江苏省青少年体育持续加强。体教融合不断深化，省体育局联合省教育厅每年对 4 万余名学生进行体质健康监测和科学健身指导，继续深入实施中小学生体质健康报告书和高校毕业年级大学生国家学生体质健康等级证书制度。每年举办青少年阳光体育运动联赛赛事近 100 项次、参赛运动员超过 2 万人次。积极开展青少年体育训练营和“小巨人优苗”培训，创建国家级高水平后备人才基地 26 家，国家级体育传统项目学校 23 家，国家级青少年体育俱乐部 250 家，遴选 722 所体育特色传统学校。在第三届青年奥林匹克运动会上，江苏省运动员获得 2 金 1 银 5 铜；在第二届全国青年运动会上，共获得 130 金 85 银 98 铜，奖牌数和金牌数分别列全国第一、第二；在第十三届全国学生运动会上，共获得 40 金 40 银 39 铜，成绩列全国第三。校园足球工作成效明显，创建青少年校外足球活动中心 15 个、全国青少年校园足球特色学校 1922 所、全国青少年校园足球试点县（市、区）9 个。

体育产业方面量质并进。省体育产业发展专项资金累计安排 4.96 亿元支持 571 个项目，带动社会投资 167.71 亿元，财政投入乘数达 1∶33.8。创建 28 个国家级体育产业基地、102 个省级体育产业基地、4 个国家级运动休闲特色小镇试点项目、3 个体育类省级特色小镇。认定三批 43 家体育服务综合体。南京、苏州、常州成功入选首批国家体育消费试点城市。江苏体育产业总规模从 2016 年的 3154.09 亿元增长到 2020 年的 4881.80 亿元，年均增长率为 11.7%。2020 年全省体育产业增加值1641.79亿元，占全省GDP的1.60%。全省体育彩票累计实现销售1088.24亿元，募集公益金277.72亿元，上缴偶得税14.86亿元。

体育竞赛繁荣发展。坚持政府监管与行业自律相结合，加大分级分类管理，强化事中事后监管，体育赛事活动监管服务水平持续提升。成功举办国际性赛事366场及全国性赛事578场，办赛数量和质量位居全国前列。马拉松及相关运动在中国田径协会的认证赛事和标牌赛事中位列全国第一，其中扬州鉴真国际半程马拉松、苏州环金鸡湖国际半程马拉松、无锡马拉松、南京马拉松和常州西太湖国际半程马拉松等成为世界田联标牌赛事，环太湖国际公路自行车赛成功提升为国际自盟UCI2.PRO级别。成功举办第十九届省运动会、第一届省智力运动会等全省综合性赛会。

体育科教方面成果丰硕。江苏省坚持科教兴体，南京体育学院、省体科所共获批国家级科研项目23项、省部级科研项目98项，获省部级及以上科研奖励28项，授权专利等知识产权56项。南京体育学院获批省“运动与健康工程”协同创新中心培育点、“运动训练与康复”省重点实验室等科研平台。体育科学刊物影响力逐步提升，《体育与科学》期刊入选CSSCI来源期刊，《体育学研究》期刊入选CSSCI扩展版来源期刊。先后成立省公共体育发展研究院、省体育产业研究院等体育智库，积极推进公共体育政策咨询、体育产业发展等决策咨询研究。完善省体育局重大体育科研课题管理办法，先后立项课题69项。成功举办五届国际运动康复大会和第十一届全国体育科学大会。运动员文化教育进一步加强，整体文化水平和学历层次明显提升。

2021年，江苏省体育事业继续蓬勃发展。群众体育和竞技体育、体育事业和体育产业协调发展，江苏健儿在东京奥运会和第十四届全运会上取得优异成绩。在东京奥运会上2人次获2枚金牌、6人次获5枚银牌、2人次获2枚铜牌，创1项世界纪录，创1项奥运会纪录。在第十四届全运会上获得42枚金牌、35枚银牌、39枚铜牌，破2项全国纪录。在其他世界最高水平比赛（除奥运会外）中，7人次获3枚金牌、5人次获3枚银牌、3人次获3枚铜牌。

二、安徽省体育发展

在“十三五”期间，2019年安徽省体育产业总产出为1186.4亿元，增加值为437.6亿元，占该年全省GDP比重达1.18%，自2015年以来名义平均增长率达35%以上。在以三大球为代表的职业体育层面，来自安徽省的职业俱乐部可谓屈指可数。个人运动项目方面，虽然安徽省举重运动员孟苏平曾在2016年里约奥运会上摘得金牌，但整体而言仍与国内强省有较大差距。特别是在2020年东京奥运会各省奖牌榜上，山东省、浙江省分别以7枚金牌并列第一，但安徽省的表现并不尽如人意。因此敢于正视与体育强省之间的差距，安徽省迈出了改变现状的第一步。

2021年，为深入贯彻落实《安徽省体育事业发展“十四五”规划和2035年远景目标》，安徽省人民政府9月18日正式发布《关于体育强省建设方案的通知》，通知中公布了18项重点任务，计划到2025年安徽省体育综合实力和社会影响力与省经济社会发展水平相适应，进入全国第一方阵；安徽全省体育产业总规模超过2200亿元的总体目标。

“十四五”期间，安徽省计划分三阶段实现安徽体育的“三级跳”。即从现在起到2025年，主动融入长三角一体化发展，走进全国第一方阵，体育综合实力与省经济社会发展水平相适应；到2030年，基本建成体育强省，走近全国前列，体育成为促进安徽经济社会发展的重要动力；到2035年，建成体育强省，体育成为新阶段现代化美好安徽的标志性事业，体育治理体系和治理能力基本实现现代化。

三、南京市体育发展

“十三五”以来，南京先后举办了世界轮滑运动会、世界女排联赛总决赛、羽毛球世锦赛、篮球世界杯分站赛等国际顶级赛事，获得了世界室内田径锦标赛承办权。实现了城市社区“10分钟体育健身圈”全覆盖，全市经常参加体育锻炼人数占比 44.65%，国民体质合格率持续保持 95%以上。新增了惠若琪、张常宁等 5 名世界冠军，在第十三届全运会、第二届青运会上争金夺银。南京体育产业发展势头良好，市民体育消费活跃，体育消费新场景不断涌现。2020 年，南京以总分第一入选首批“国家体育消费试点城市”，体育产业总规模超 1000 亿元，全市目前共有体育产业单位近 8000 家，各类国家体育产业示范基地 9 个，省体育产业示范基地 21 家，省体育服务综合体 7 家。南京同时也是培养体育专业人才的沃土，各类国际赛事在南京成功举办，为城市储备了一批拥有丰富赛事经验的专业人才团队，在校本、硕、博各类体育类人才近万人。

江苏在全国率先提出并建成城市社区“10 分钟体育健身圈”，率先实现行政村体育设施全覆盖。南京市也正在加快构建更高水平的全民健身公共服务体系。截至 2021 年底，南京市人均公共体育场地面积达 3.93 平方米，位居全省第一。全市共建 7451 个晨晚练点、940 片足球场地、3924 千米健身步道，建成各类体育公园 103 个。

近年来，南京通过持续举办国际国内赛事，城市活力不断提升。2021 年，南京举办五项重点赛事，包括 2021 年南京街舞世界杯暨首届亚洲街舞锦标赛、2021 中国电子竞技娱乐大赛，以及三项南京本土赛事品牌——南京马拉松、“不止骑”环南京自行车赛、南京“名城名校”大学生赛艇邀请赛。通过各类赛事，不断丰富和满足南京体育文化需求，提振体育消费。

四、镇江市体育发展

2021 年，镇江体育人从江苏省百年体育发展史中汲取奋进力量，把满足人民群众追求美好生活的体育需求作为出发点和落脚点，统筹抓好疫情防控和事业发展，推动体育工作的发展。全年全市发展等级裁判员 447 人，其中女性 164 人；专职教练员 164 人，其中女性 38 人；公共体育运动场地 147 个，使用 3.25 万场次；有少儿业余体校 6 所，在校学生 896 人。

群众体育方面：镇江市共新建 5 个镇（街道）及以上规模体育公园、30 千米健身步道、334 套健身路径，其中，体育会展中心门球场是市区第一片四连片门球场，西津渡滨江体育公园是第一个足球主题公园，合山公园健身广场是第一个通过市政协协商议事建成的体育锻炼场所。年均 200 多场次的全民健身赛事活动，营造出浓厚的全民健身氛围。镇江市老年人体育协会、丹阳市社会体育指导员协会和句容市门球协会被评为 5A 级社会组织。丹徒区世业镇卫生院被评为 2021 年度省运动促进健康中心试点单位。

竞技体育方面：成功举办镇江市第十六届运动会。2021 年是第十六届市运会举办之年，本届市运会以“全民动起来镇江跑起来”为主题，42 项比赛线上线下相结合，吸引近万市民、5000 余名学生参与。镇江籍学生连续两年在全省大一新生身体素质测试中名列第一。镇江选手在 2021 陕西全运会上取得 4 金 2 银 1 铜的历史佳绩。参加江苏省级比赛获奖牌 81 枚，其中金牌 28 枚、银牌 20 枚、铜牌 33 枚。改造后的健康路体育公园乒乓馆、羽毛球馆、击剑馆、体能训练馆为运动员训练提供了更好环境。体育会展中心被确定为省公共体育场馆开放使用第一批综合试点单位。

体育产业方面：丹阳市被认定为首批省级体育消费城市试点单位，扬中市奥体中心创成省第四批体育服务综合体。镇江体育彩票销售保持增长势头，在政策调控背景下，实现总销量 7.64 亿元，市场份额全省第二，也是全省 4 个实现正增长的城市之一。镇江体育产业发展有限公司作为市属国有企业，2021 年营业收入和净利润同比增长分别为 3%和 26%，实现了社会效益和经济效益的“双丰收”。

体育文化方面：依托“智慧赋能”，“体育大市口”步入“快车道”。集中力量打造上线了“体育大市口”智慧体育服务平台，该平台采用了“体育+金融+互联网”的创新模式，首批上线功能包括场地预定、线上直播、赛事报名、消费券发放等十大板块。截至 2021 年底，平台已入驻 17 家体育场馆、41 家体育社会组织，访问用户近 14 万人。

五、扬州市体育发展

2021 年，扬州市体育局以“喜迎党的百年华诞”为契机，创新开展“5 个 100”系列活动，完成体育康复医院惠民行动、体质测试科学健身“三进”行动、弘扬“红船精神”服务世园会志愿行动等 12 项民生实事，不断推动党史学习教育走深走实，取得良好成效。

群众体育方面：2021 年扬州疫情发生后，市体育局及时采取公共体育场馆关停管控、赛事活动缓办指导、体育社团联防联控等应对举措，全市体育系统未发生一例疫情。体育系统干部职工奔赴 50 余个小区参与志愿服务共计 3197 人次，体育社团 654 人进入近百个社区参加志愿服务。倡导市民居家健身，编印《居家健身方法汇编》并录制科学健身视频 70 期，邀请东京奥运会冠军张雨霏、扬州籍球员吉翔等 20 余名体育界知名人士为扬城百姓加油鼓劲。此外，2021 年 3 月 31 日，国家发改委会同国家体育总局，在扬州市召开推动构建更高水平全民健身公共服务体系专题座谈会，扬州体育融合发展的生动实践获得一致好评。2021 年，扬州在全省率先构建体卫融合四级体系，建成扬州市体育康复医院并列为 5 家省级运动促进健康中心试点建设单位之一。

竞技体育方面：在 2021 年举行的第十四届全运会上，扬州运动员奋力拼搏，夺得男子团体蹦床、垒球、男子手球、棒球、男子链球、女子摔跤等 6 枚竞技体育项目金牌和围棋 1 枚群众体育项目金牌，超额完成预期目标。其中链球和摔跤个人项目夺金，打破扬州一直以集体项目为主要夺金点的局面，体现出扬州竞技体育人才培养、训练水平和参赛经验的同步提升。

体育产业方面：2021 年 3 月 17 日，中国田径协会与扬州市人民政府战略合作协议签约仪式在北京举行。双方以扬州市举办 2022 年世界田联半程马拉松锦标赛为契机，围绕提升田径项目竞技综合实力、发展群众体育事业、加快田径产业发展步伐、促进田径体育文化发展、深化田径项目体育对外交流等多方面展开合作，共促田径事业发展。是日，“世马”倒计时一周年新闻发布会在北京举行，世界田联主席塞巴斯蒂安・科给扬州发来贺信，中国田径协会、江苏省体育局和扬州市人民政府三方表示将对标国际赛事，践行申办承诺，精心筹办，向世界田联、中国田协交上一份满意的答卷。3 月 27 日，“世马”倒计时一周年健身跑活动在三湾生态公园举行。“体企融合”项目内涵不断深化，在全省率先成立市级体育产业商会。扬州体育助力城市社会治理现代化建设，体育社团“百团万员进网格”活动获评“社会治理创新十大项目”，市太极拳协会项目获评“社会治理创新优秀项目”。此外，为推动扬州棒球项目高质量发展，4 月 16 日，中国棒球协会、扬州市体育局和仪征市人民政府在仪征举行签约仪式，三方共建中国青少年棒球项目，正式揭牌“中国青少年（U14）棒球队训练基地”。继 2018 年中国青年女子（U19）垒球队训练基地之后，扬州市再添一个国家级训练基地，扬州也成为全省乃至全国为数不多的拥有两个国家级训练基地的城市。

政策方面：2021 年，扬州市体育局与市发改委联合印发《扬州市“十四五”体育发展规划》，明确“十四五”期间扬州将以体育融合发展为根本路径，深入实施全民健身国家战略和体育强国战略。随后，扬州市政府印发《扬州市全民健身实施计划（2021—2025 年）》，明确扬州将构建更高水平的全民健身公共服务体系，初步形成具有“扬州标识”的全民健身样板。

六、淮安市体育发展

群众体育方面：淮安市强化体育设施建设，近年来，因地制宜，将许多废地打造成了体育休闲公园，既美化了市容市貌，又便民利民，一举多得。2021 年，淮安市新建体育公园 20 个、健身步道 125 千米、星光夜光步道 3 千米，举办科学健身大讲堂 106 场、体育类项目培训 103 场、群众体育活动 1022 场。截至 2021 年底，淮安市利用城市废地、空闲地建设各式体育公园 170 个。体育公园包括健身步道建设，已连续四年纳入市政府“为民办十件实事”项目。淮安市深入贯彻落实全民健身国家战略，推进全民健身和全民健康深度融合，紧紧围绕人民群众日益增长的多样化、多层次的体育健身需求，不断夯实基础，改革创新，加大全民健身场地设施建设力度，提升人民群众的幸福感和获得感。为鼓励社会力量积极参与公共体育服务，为人民群众提供更加方便、完善、优质的全民健身赛事活动，推动全民健身赛事活动社会化发展，淮安市还投入124万元购买了23项公共体育服务，投入2844.65万元用于体育设施建设，促进全民健身与全民健康深度融合。此外，淮安市群众体育蓬勃发展。2021年8月8日是我国第14个“全民健身日”，淮安市以此为契机，围绕“同心向党，悦动淮安”体育主题品牌，在8月8日前后，分别组织开展广场舞、瑜伽、剑道、健步走、门球等多项线下赛事活动，配合2021年市第五届全民健身运动会、市第八届残疾人运动会等线上线下赛事，以更绿色的运动载体、更丰富的赛事活动、更广泛的群众参与，促进群众科学健身，营造更加浓厚的全民健身社会氛围。

竞技体育方面：淮安市不断放大体教融合资源，完善体育后备人才培养体系。通过实施县级业余训练“5621”［每个县（市、区）至少推动5个运动项目，2个项目至少布局6所小学、2所初中、1所高中］布局计划，聚焦打造“县区有特色、学校有品牌、学段有衔接”的体育特色学校发展格局，进一步拓宽了优秀体育苗子选拔和输送渠道。目前，淮安市在训项目（大项）已发展到36个，常年在训运动员达6000余人，注册运动员达3100余名；创成国家级高水平体育后备人才基地1所、国家级高水平体育后备人才单项基地2所、省级高水平体育后备人才单项基地4所；投资5.5亿元新建市体校新校区，改善办学条件，提升办学质量，市体校成功创建江苏省中等职业特色学校。52名运动员参加第十四届全运会，获得4枚金牌、5枚银牌、5枚铜牌。

体育产业方面：越来越多的知名赛事在淮安举行，如2021年中国·淮安大运河铁人三项赛、全国第十四届运动会田径（场地）资格赛、2021年全国蹦床冠军赛暨第14届全运会资格赛等国家高水平体育赛事。近年来，市体育局建立健全有利于体育产业健康发展的体制机制，大力发展体育产业，为淮安市体育事业全面发展提供有力保障。为帮助体育企业解决实际困难，有序促进淮安市体育企业复工复产，市体育局推出十条举措帮助企业纾困解难，淮安市共有30家企业参与申报省级体育产业引导资金。此外，市体育局依托淮安水上运动丰富资源，谋划组织体育企业联合举办“体育促消费”“青少年体育培训补贴展示”等系列活动，提供专题服务，鼓励指导各类体育经营单位通过发放消费体验券、打造健身公益课堂等多种形式激发体育市场活力，提振体育消费热情。加快赛事资源与体育旅游资源的整合，建立以赛事促进体育旅游、以体育旅游加速赛事发展的机制。

政策方面：2021年，淮安市体育局通过注重政策引领、强化设施建设、深化“体育+”融合等途径，切实加强全民健身工作。提请市政府印发《淮安市“十四五”体育事业发展规划》，会同自然资源和规划部门修订《淮安市中心城区体育设施布局规划》，加强体育发展政策保障，实现体育事业的顶层规划设计和统筹推进；着力营造舒适宜人和谐的生活空间；积极推进体卫融合工作，在建成1所省级运动促进健康中心建设试点单位的基础上，今年还将在淮安市建设10个市级运动促进健康中心，采用科学运动和精准医疗相结合的模式，向群众提供优质高效的运动促进健康服务。

七、芜湖市体育发展

竞技体育方面：2021年，芜湖市运动员在省级以上国内外重要赛事中共获得奖牌307枚，其中金牌100枚。向省级及以上专业队和体育院校输送运动员102人，审批二级运动员129名、二级社会体育指导员113名。

群众体育方面：芜湖全市举办全民健身活动3000次，参加活动人员60万人次。全市共有体育场地9115个，人均场地面积2.14平方米。2021年以来，芜湖市体育局以积极创建全国全民运动健身模范市为抓手，将体育工作与“人民城市”

建设有机融合，构建“处处可健身”的高品质运动空间，让全民健身更普及、更亲民、更深入。2021 年全市已建成 190 个全民健身场地设施（任务 178 个）。持续做好公共体育场馆免费或低收费开放工作，每天在市奥体公园参加健身人数超过 4000 人次，全年已超 100 万人次。

体育文化方面：芜湖市体育局努力在市民中倡导“天天想健身”的现代化生活方式。全市举办新年登高、“跑遍中国·美好安徽”芜湖马拉松线上赛、“相约红杨·放飞心灵”户外主题活动、市直机关第七届职工运动会、“同心”运动会等全民健身活动 3000 余次，参加活动人员近 60 万人次。其中，5 月 9 日成功举办“我要上全运”全国社区运动会（试点赛区）暨芜湖市首届“乐动芜湖”社区运动会，来自奥园社区的 300 余位运动爱好者参加了本届运动会的首场比赛。这也让芜湖成为全国首个开赛的试点赛区。9—11 月又成功举办了我市历史上规模最大、项目最多、参与人数最多的芜湖市第十四届运动会，设青少年部、群体部、残运特奥部，共 55 个大项、690 个小项。同时市体育局积极组织参加了第十四届全国运动群体部 10 个项目的选拔赛，最终有 53 名运动员代表安徽参加龙舟、健身秧歌等 6 个项目的全运会决赛，获得 2 个群众展演三等奖（弋江区健身秧歌与南陵县籍山镇二十四式简化太极拳）。2021 年，芜湖市获“全国围棋之乡”荣誉称号，入选“国家智能社会治理实验基地”（体育特色）。另外，市体育局还积极培育“人人会健身”的高水平健康素养，加强科学健身宣传，普及科学健身知识和技能，增强群众健身意识，推动形成“晒运动”“晒健康”的新潮流，鼓励群众在运动中展示自我。2021 年新成立市级单项体育协会 3 个、俱乐部 1 个；培训审批二级社会体育指导员 113 名、一级社会体育指导员 41 名；积极开展科学健身指导 10 万余人次。

八、马鞍山市体育发展

2021 年，马鞍山市体育局认真贯彻市委、市政府和省体育局工作部署，努力克服新冠疫情带来的不利影响，以推进体育强市建设为主线，积极推动全民健身与全民健康深度融合，广泛开展全民健身运动，全力推进青少年体育后备人才培养，积极推动体育产业创新发展，全市体育领域各项工作协调推进。

群众体育方面：马鞍山市积极推进体育设施建设，积极争取上级资金，市慈湖河体育公园争取国家预算内资金 1780 万元，和县体育公园争取省体育强省资金 249 万元。市体育馆新建了一片七人制笼式足球场，一个小型室内共享健身房。市体育运动学校项目主体结构完工封顶。按时按量完成省体育局下达的全民健身设施任务，2021 年各类全民健身设施任务 137 个，超额完成了 111 个场地的建设任务。结合全市老旧小区改造推进全民健身设施进小区工作。截至 2021 年 11 月底，全市人均体育场地面积 2.4 平方米。

竞技体育方面：为提升办赛水平，马鞍山市举办承办了第十四届全运会篮球女子 U19 资格赛、和县长三角山地马拉松赛、第九届马鞍山体育舞蹈公开赛暨长三角体育舞蹈邀请赛、2021 年安徽省体育行业职业技能大赛、“力拔山兮”首届中国拔河运动文化交流大会暨全国拔河精英赛等大型赛事，吸引了近 4000 名运动员参赛。此外还举办了世界健身日、青少年足球邀请赛、雨山区登山赛等赛事活动，群众参与运动健身和体育消费的热情高涨。在 2021 年第十四届全国运动会中，孟苏平等 23 名马鞍山培养输送运动员获得银牌 1 枚、铜牌 2 枚，群众项目获得银牌 1 枚、铜牌 1 枚。

体育文化方面：马鞍山市推进体教融合，深化青少年体育后备人才培养模式，继续发挥市体校主阵地作用，强化市体校功能作用，加强干部队伍、教练员队伍建设，推进社会力量参与青少年体育后备人才培养力度。推进体教融合，联合市教育局出台体教融合相关文件，积极贯彻落实教育“双减”工作要求，强化学校体育工作，按照省局部署要求加强对校外体育类培训机构监管，在资金、技术等方面支持体育传特校及青少年体育俱乐部发展。拓展体教融合方式方法，和当涂县护河中学、团结街小学合作推进田径、激光枪项目，深化推进和安工大篮球、橄榄球、水上、摔跤等项目合作。

体育产业方面：一是体育产业规模不断扩大，全市体育产业名录库入库体育产业法人单位 394 家、个体工商户 850 家，全市体育产业产值约 60 亿元。二是体育制造业竞争力增强，海达服饰有限公司实现营业收入近亿元并获评省级体育产业基地，三才体育用品有限公司“三段式羽毛球推广应用”项目成功获评国家级体育产业示范项目。三是体育培训市场快速发展，全市登记在册的培训机构 65 家，从业人员 500 多人，年培训各类人员 12 万多人。四是竞赛表演业稳步提升，每年开展千人以上活动 15 场，参加人员 5 万多人，带动各类消费 3000 多万元，赛事经济撬动效应逐步显现。五是体育彩票销售持续提升，坚持公益彩票、责任彩票原则，全年销售体育彩票约 3. 7 亿元。六是切实抓好安全生产，坚持“管行业必须管安全，管业务必须管安全，管生产经营必须管安全”的原则，聚焦体育场馆运营、重大体育赛事、高危运动项目等体育行业重点领域，扎实推进安全生产执法专项行动，规范体育市场秩序、加强行业监管。完善单位安全生产主体责任和部门行政监管责任，实施“双随机、一公开”，对经营游泳、攀岩、潜水、滑雪等高危险性体育项目单位进行常态化监管，召开 2021 年全市体育系统安全生产监管工作会议，传达体育总局、省体育局赛事安全管理工作会议精神，推进全市体育系统安全生产专项整治工作。

九、滁州市体育发展

2021 年，滁州全市组织开展各类群众体育活动 976 场次，组织千人以上群体活动 10 场次。2021 年新增体育场地 813 个、面积 58. 9 万平方米。截至 2021 年底全市共有体育场地 13694 个、面积 895. 9 万平方米，人均体育场地面积 2. 25 平方米。新成立体育社团 13 个，共有体育协会数 182 个、俱乐部 59 个。2021 年新增社会体育指导员 1037 个，截至年底，共有社会体育指导员 12577 人，其中国家级 66 人，一级 1240 人，二级 1320 人，三级 9951 人。

2021 年，滁州全市共有国家级体育传统特色学校 122 所，国家级特色幼儿园 20 所，省级体育传统项目学校 17 所，市级体育传统特色学校 171 所。国家级青少年体育俱乐部 12 所，省级青少年体育俱乐部 25 所。全年输送体育后备人才 53 人。举办中小学体育比赛 12 次，开展传统体育进校园活动 32 场次，开展扶贫定点帮扶活动 2 次。承接了 2021 年安徽省青少年锦标赛排球、足球、手球、体操共 15 个比赛项目，组织了 59 支代表队 1082 人参加比赛，共获得金牌 71 枚、银牌 60 枚、铜牌 84 枚。

十、宣城市体育发展

2021 年，宣城市开展阳光体育运动。一是举办宣城市青少年乒乓球、羽毛球、篮球、跆拳道、幼儿体操等 5 项青少年体育赛事，参赛运动员 1597 名，新注册青少年运动员 898 人。二是组织 123 名运动员参加篮球等 11 个项目 2021 年安徽省青少年单项锦标赛，获得奖牌 14 枚，73 人次取得前八名的优异成绩。三是开展“奔跑吧 · 少年”儿童青少年主题健身活动，目前全市共有 4. 68 万名儿童青少年参与活动。四是完成 2020 年度体育传统项目学校年度评价工作，指导市本级青少年体育俱乐部开展青少年运动技能培训，累计培训青少年 7000 人次。此外，宣城市积极开展 2021 年体育强省建设专项资金支持项目的申报工作，共争取省建设专项资金 650 万元；开展全市体育设施项目建设规划，各县市区按程序进行体育设施新建、维护和更换项目招标和建设工作，完成 2021 年全市体育设施建设任务 126 项。

2021 年，宣城市举办市第三届全民健身运动会。市第三届全民健身运动会于 2021 年 10 月 16 日开幕、10 月 19 日闭幕，是宣城市迄今为止最大规模的群众性综合运动会，共有 7 个县（市、区）和 84 个市直单位约 7600 名运动员参加了 20 个大项 179 个小项比赛。

2021 年，宣城市教育体育发展虽然取得了一些成绩，但与新时期人民群众的需求还有差距，主要表现为教育投入还有不足，优质教育资源还不够均衡，教育发展还不平衡、不充分，公共体育设施建设还有缺口等。

十一、溧阳市体育发展

体育产业方面：溧阳市成功举办了2021中国·溧阳1号公路红色传承风光跑、乐钓嘉年华全国钓鱼比赛、2021全国桨板锦标赛、2021中国国际标准舞（体育舞蹈）青少年锦标赛等一系列国内重大体育比赛。举办第九届运动会暨第六届全民健身节，共有1.5万多名运动员参加40多个大项300余个小项比赛。

群众体育方面：2021年，溧阳市推动全民健身场地设施智慧化升级，建成溧阳市埭头镇埭头村、金坛区东城街道中塘村、新北区魏村街道临江社区等10个二代智慧健身器材示范点。二代智慧健身器材配备智能语音系统和显示屏，只要市民在器材上运动5~10秒就能启动智能系统，语音播放使用相应器材的动作要领和运动指标；器材屏幕显示日期、运动时间、运动次数、运动卡路里及使用方法动画演示等，市民可以通过手机微信小程序显示和统计运动数据，引导科学健身。

十二、金坛区体育发展

2021年，金坛全区贯彻“文化+”“体育+”“旅游+”战略，开展各类体现文体旅融合的赛事活动，举办2021金坛茅山山地半程马拉松赛，承办2021年江苏省青少年田径中长跑竞走项群赛。推动体育高质量发展，完成20个全民健身场地、1家体育公园和2千米健身步道的民生实事项目建设，人均体育场地面积进一步提高。开展全民健身赛事活动，成功举办文体惠民城乡行、国家体育锻炼标准达标测验、体育四季联赛，组织参加江苏省健身气功·八段锦网络公开赛，全民健身形式更加丰富多样。

第九篇

绿色发展

第一章 生态环境质量

第一节 南京都市圈生态环境质量情况

根据《南京都市圈发展规划》，各城市坚持共抓大保护、不搞大开发，把保护修复长江生态环境摆在压倒性位置，共同加强生态保护，协同推动环境治理，切实提升整体生态环境质量，打造绿色都市圈。

近年来，都市圈城市坚持生态优先、绿色发展，南京市与马鞍山市建立“石臼湖共治联管水质改善工作机制”，与镇江、常州等市签署流域横向生态保护合作及跨界水环境区域补偿协议，共同签订《南京都市圈环境安全联防联控合作协议》，加强生态空间共保，推动环境协同治理，夯实绿色发展生态本底。

都市圈城市共同加强生态保护，共建“一带三片”区域生态格局，“一带”即打造长江生态保护带，“三片”即东北部水网、西部江淮丘陵、南部江南丘陵三片生态保护区域。同时，共同改善区域大气环境质量，推进跨界水环境协同治理，统筹推进固体废物污染防治，共育绿色低碳发展方式，持续改善区域环境质量。生态环境水平提高，重点在共保联治，难点也在共保联治。根据《南京都市圈发展规划》，都市圈城市将完善跨区域生态环境监管体系，建立健全监测数据集成共享机制，推进环境质量监测预报预警合作，建立临界市区县级生态环境协作和跨省联防联控机制，推进信息共享、环保标准协调和联合监管惩戒。同时，健全环境风险协同应对机制，健全生态补偿和环境损害赔偿机制，促进区域生态网络基本形成、山水林田湖草系统治理成效显现、突出环境问题得到有效治理、区域水环境质量明显改善，地级及以上城市空气优良天数比例达到85%以上。2021年南京都市圈各市（区）空气质量天数达标率如图9-1-1所示。

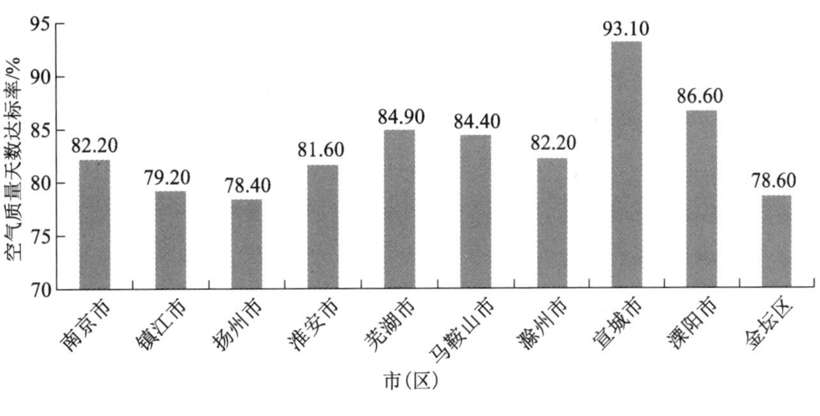

图9-1-1 2021年南京都市圈各市（区）空气质量天数达标率

第二节　各市（区）生态环境质量情况

一、南京市生态环境质量

2021年，全市环境质量稳中向好。空气环境质量优良率为82.2%，国、省考水环境断面水质优良比100%，全市主要集中式饮用水源地水质优良比例为100%，声环境质量和辐射环境质量保持稳定。

根据实况数据统计，南京市环境空气质量达到二级标准的天数为300天，同比减少4天，达标率为82.2%，同比下降0.9个百分点。其中，达到一级标准天数为91天，同比减少6天；未达到二级标准的天数为65天（其中，轻度污染61天，中度污染4天），主要污染物为O_3和$PM_{2.5}$。各项污染物指标监测结果：$PM_{2.5}$浓度年均值为29 μg/m^3，达标，同比下降6.5%；PM_{10}浓度年均值为56 μg/m^3，达标，同比持平；NO_2浓度年均值为33 μg/m^3，达标，同比下降8.3%；SO_2浓度年均值为6 μg/m^3，达标，同比下降14.3%；CO日均浓度第95百分位数为1.0 mg/m^3，达标，同比下降9.1%；O_3日最大8小时浓度值超标天数为52天，超标率为14.2%，同比增加2.2%。

全市水环境质量持续优良。纳入江苏省“十四五”水环境考核目标的42个地表水断面水质全部达标，水质优良（《地表水环境质量标准》Ⅲ类及以上）比例为100%，无丧失使用功能（《地表水环境质量标准》劣Ⅴ类）断面。全市主要集中式饮用水源地水质继续保持优良，逐月水质达《地表水环境质量标准》Ⅲ类及以上，达标率为100%。

全市区域噪声监测点位534个。2021年，城区环境噪声均值为53.9 dB，同比持平；郊区环境噪声均值为52.2 dB，同比下降0.6 dB。全市交通噪声监测点位247个。2021年，城区交通噪声均值为67.6 dB，同比下降0.1 dB；郊区交通噪声均值65.8 dB，同比上升0.5 dB。全市功能区噪声监测点位28个。2021年，昼间噪声达标率为97.3%，同比下降1.8%；夜间噪声达标率为93.8%，同比持平。

全市8个电离辐射监测点，瞬时γ辐射空气吸收剂量率平均值为67.6 nGy/h，均在江苏省辐射环境本底值范围内。5个电磁辐射监测点，综合场强平均值为1.13 V/m，远低于《电磁环境控制限值》（GB8702—2014）规定的限值标准（12 V/m）。

二、镇江市生态环境质量

2021年，镇江市环境质量总体继续改善。生态环境部门紧紧围绕持续改善环境质量中心任务，聚焦破解群众关心关注的突出环境问题，深入打好污染防治攻坚战，全力服务社会经济高质量发展。

在空气环境方面，2021年，全市环境空气中的SO_2、NO_2和$PM_{2.5}$浓度同比均有所降低，CO浓度同比持平，O_3和PM_{10}浓度同比均有所上升。其中，市区$PM_{2.5}$年均浓度同比下降5.3%，完成年度目标。市区环境空气质量优良天数比例为79.2%。

在水环境方面，全市地表水环境质量总体为优。列入《江苏省水污染防治工作计划》地表水环境质量考核的10个国控断面中，水质符合《地表水环境质量标准》（GB 3838—2002）优Ⅲ类断面占比为100%，水质考核达标率为100%，居全省第一。省控45个断面中，优Ⅲ类断面占比为95.6%，居全省第二。城市污水处理率为96.3%。

在土壤环境方面，全市21个国家网基础点位监测结果表明，土壤环境质量总体良好，属于清洁水平，所有点位污染物含量均未超过风险筛选值。2021年监测点位低于风险筛选值比例为100%。

三、扬州市生态环境质量

2021年是污染防治攻坚战从“坚决打好”到

"深入打好"起步之年，扬州市生态环境系统坚持生态优先、绿色发展，统筹做好疫情防控和环境安全，在解决各类生态环境问题的同时，协同推进经济高质量发展和生态环境高水平保护，实现了"十四五"生态环境保护的良好开局。

2021年，扬州市区环境空气有效监测天数365天，优良天数286天，优良天数比例为78.4%，同比下降1.4%。全年共出现79个污染天，其中以O_3为首要污染物的天数为54天，以$PM_{2.5}$为首要污染物的天数为17天，以PM_{10}为首要污染物的天数为6天，以NO_2为首要污染物的天数为2天。被O_3污染的天数占比达到68.4%。市区环境空气中的$PM_{2.5}$年均浓度为33 μg/m^3，同比下降8.3%，实现2017年以来"五连降"，首次进入国家空气质量二级标准城市行列；PM_{10}年均浓度为62 μg/m^3，同比下降1.6%；O_3日最大8小时浓度滑动平均值的第90百分位数为176 μg/m^3，同比持平；NO_2年均浓度为31 μg/m^3，同比下降3.1%；SO_2年均浓度为9 μg/m^3，同比上升12.5%；CO浓度日均值第95百分位数为0.9 μg/m^3，同比下降10.0%。

2021年，江都区有效监测天数364天，优良天数比例为80.5%，$PM_{2.5}$年均浓度为31 μg/m^3；仪征市有效监测天数365天，优良天数比例为81.1%，$PM_{2.5}$年均浓度为30 μg/m^3；高邮市有效监测天数365天，优良天数比例为83.3%，$PM_{2.5}$年均浓度为33 μg/m^3；宝应县有效监测天数365天，优良天数比例为81.1%，$PM_{2.5}$年均浓度为32 μg/m^3。

2021年，扬州市15个国考断面水质达标率为100%，优Ⅲ类比例为86.7%，达到当年省定86.7%的工作目标，无劣Ⅴ类断面；47个省考断面水质达标率为97.9%，优Ⅲ类比例为93.6%，达到当年省定87.2%的工作目标，无Ⅴ类及劣Ⅴ类断面。2021年，扬州市有10个县级以上集中式饮用水源地列入考核。各饮用水源地水质达标率100%，水源地水质达到Ⅱ类标准比例为70.0%。

2021年，高邮市、扬州市区（广陵、邗江）、江都区、仪征市昼间区域环境噪声平均等效声级分别为54.3 dB、53.0 dB、50.5 dB、50.2 dB，均为二级（较好）；宝应县昼间区域环境噪声平均等效声级为55.3 dB，为三级（一般）。2021年，扬州市共设置34个国、省控土壤监测点位，其中28个点位各项监测因子浓度符合农用地风险筛选值，6个点位各项监测因子浓度符合农用地土壤污染风险管制值。

2020年，扬州市生态环境状况指数为68.01，生态环境质量等级为良，生物多样性较丰富，植被覆盖度较高。生态环境状况指数同比上升了1.13，植被覆盖指数略有降低，水网密度指数显著升高，其他指数基本稳定。各县（市、区）生态环境质量等级均为良，其中宝应县生态环境质量相对较好，其次为高邮市、江都区、市区（广陵、邗江）和仪征市。与上年相比，宝应县、仪征市、江都区生态环境状况略有变好，其他县（市、区）生态环境状况无明显变化。

四、淮安市生态环境质量

2021年，淮安全市环境空气质量持续改善，主要污染因子中$PM_{2.5}$年均浓度持续下降，PM_{10}、SO_2、NO_2、CO和O_3等污染物浓度均达到国家二级标准，全市7个县区中有4个达到国家空气质量二级标准。

2021年，淮安市空气优良天数为298天，优良率为81.6%，较2020年优良天数增加4天，优良率上升1.3%，为2013年以来最优。各县区优良率介于81.9%~84.1%，盱眙县最高，清江浦区最低。2021年，全市$PM_{2.5}$、PM_{10}、SO_2、NO_2年均浓度分别为36 μg/m^3、67 μg/m^3、6 μg/m^3、25 μg/m^3；CO和O_3浓度分别为1.0 μg/m^3、153 μg/m^3。与2020年相比，$PM_{2.5}$、SO_2降幅分别为14.3%、11.4%，PM_{10}同比升高6.3%，NO_2、CO同比持平。

2021年，淮安全市水环境质量显著提升，国省考断面水质达到省级考核目标要求。主要河流水质状况稳中向好，河流整体污染程度有明显好转；集中式饮用水源地水质优良；地下水水质保持良好。纳入"十四五"国家地表水环境质量考核的11个断面达标率为100%，年均水质达到或好于《地表水环境质量标准》（GB3838—2002）Ⅲ类标准的断面有9个，其中Ⅱ断面有3个，优Ⅲ比例为81.8%。纳入江苏省“十四五”水环境质量目标考核的57个省考断面，在总数将近翻番的情况下，年均水质均在Ⅳ标准以上，其中达到或好于Ⅲ类标准的断面有51个，优于Ⅲ类水质以上比例为89.5%，达标率为98.2%。全市城镇饮用水以集中式供水为主。2021年，全市11个县级及以上城市集中式饮用水源地，取水总量约为37463万立方米。依据《地表水环境质量标准》（GB3838—2002）评价，全市县级及以上在用城市集中式饮用水源地均达到Ⅲ类标准，达标率100%。

2021年，淮安全市土壤环境质量总体较好，32个土壤环境质量监测点位污染物含量均未超过《土壤环境质量农用地土壤污染风险管控标准（试行）》（GB 15618—2018）风险筛选值。主要河流及湖泊底质总体环境较好，23条河流共35个点位、洪泽湖3个点位、白马湖1个点位、化农水库1个点位、龙王山水库1个点位，全部满足低风险农用地标准。

五、芜湖市生态环境质量

2021年，芜湖市深入贯彻习近平生态文明思想，认真贯彻落实党的十九届六中全会精神和省、市党代会精神，以持续改善生态环境质量为核心，坚持问题导向、环保为民，突出精准、科学、依法治污，各项工作稳步推进，并取得积极成效。全市$PM_{2.5}$平均浓度33.8 μg/m^3，空气优良率达84.9%，全年无重度污染天气。10个国考断面水质优良比例达100%，县级以上集中式饮用水源地水质达到或优于Ⅲ类的比例达100%。

根据《环境空气质量标准》（GB 3095—2012）进行评价，芜湖市全年环境空气优良天数为310天（其中，优100天，良210天），达标率为84.9%，污染天数为55天（其中轻度污染50天，中度污染5天），无重度污染和严重污染天气。2021年，芜湖市以NO_2为首要污染物的天数为24天，占比9.1%；以O_3（日最大8小时浓度平均值）为首要污染物的天数为123天，占比46.4%；以PM_{10}为首要污染物的天数为57天，占比21.5%；以$PM_{2.5}$为首要污染物的天数为69天，占比26%。各项污染物指标监测结果：$PM_{2.5}$浓度年均值为33.8 μg/m^3，同比下降3.4%；PM_{10}浓度年均值为57 μg/m^3，同比上升14%；NO_2浓度年均值为32 μg/m^3，达标，同比下降13.5%；SO_2浓度年均值为9 μg/m^3，与2020年持平；CO第95百分位数年均值为1.1 mg/m^3，同比下降8.3%；O_3日最大8小时浓度第90百分位年均值为152 μg/m^3，同比上升8.6%。芜湖市连续两年各项污染物指标均达到环境空气质量二级标准。

芜湖全市“十四五”列入国家水质考核断面的共有10个，根据《地表水环境质量标准》（GB3838—2002）进行评价，10个国考断面水质优良比例达100%。市级集中式饮用水源地共6个（芜湖市二水厂（长江）水源地、芜湖市四水厂（长江）水源地、芜湖市漳河备用水源地、湾沚区自来水厂（青弋江）水源地、繁昌区新港自来水厂（长江）水源地、芜湖市三山水厂繁昌芦南水厂（长江）饮用水水源地），取水口位于长江、青弋江和漳河，按每月对水源地开展的61项指标检测结果评价，水源地总体水质符合《地表水环境质量标准》（GB 3838—2002）Ⅲ类标准，满足生活饮用水源地水质要求，水质达标率为100%。县级集中式饮用水源地共3个（无为市自来水公司（长江）水源地、南陵县二水厂（青弋江）水源地、无为市西河备用水源地），取水口位于长江、青弋江和西河，按每季度对水源地开展的水质61项指标检测结果评价，水源地总体水质符合《地表水环境质量标准》（GB 3838—2002）Ⅲ类标准，水质达标率为100%。

2021年，芜湖市区道路交通噪声监测等效声级平均值为67.6 dB，低于国家规定的标准2.4 dB。根据道路交通噪声强度等级划分，芜湖市道路交通噪声强度为一级，芜湖市的道路交通声环境质量为优。2021年，芜湖市声环境平均等效声级为58.2 dB。2021年共设监测点10个，其中1类标准适用区设监测点1个，2类标准适用区设监测点 5 个，3 类标准适用区设监测点 2 个，4 类标准适用区设监测点 2 个。芜湖市各功能区的环境噪声声级大致是随着 1 类标准适用区<2 类标准适用区<3 类标准适用区<4 类标准适用区依次递增，这一点和功能区的区域功能划分是完全一致的。

土壤环境质量动态更新建设用地土壤污染状况调查名录和污染地块名录，共 61 个地块纳入全国污染地块土壤环境管理系统，其中 54 个地块已完成调查并移出调查名录。市自然资源和规划局全年共组织评审了 40 个地块土壤污染状况调查报告。

六、马鞍山市生态环境质量

2021 年，马鞍山全市空气质量指数（AQI）范围在 23～173，空气质量状况为优的天数有 83 天，为良的天数有 225 天，环境空气质量达标天数比例为 84.4%（按有效天数计算）。$PM_{2.5}$ 浓度年均值为 34.6 μg/m^3，首次达到国家二级标准；PM_{10} 浓度年均值为 60.9 μg/m^3，达到国家二级标准限值；SO_2 浓度年均值为 9 μg/m^3，达到国家一级标准限值；NO_2 浓度年均值为 33 μg/m^3，达到国家一级标准限值；CO 日均值第 95 百分位浓度为 1.2 mg/m^3，达到国家一级标准限值；O_3 日最大 8 小时浓度平均值第 90 百分位为 159 μg/m^3，达到国家二级标准限值；酸雨频率为 0.9%，降水 pH 值年均值为 6.4。

2021 年，马鞍山全市地表水国控监测断面 10 个，总体水质状况为良好。其中，优于Ⅲ类水质以上比例达 100%。长江马鞍山段 2 个监测断面水质达到《地表水环境质量标准》（GB 3838—2002）中的Ⅱ类，水质状况为优。

2021 年，马鞍山全市道路交通噪声昼间平均等效声级为 67.4 dB，同比上升 1.6 dB，城市昼间道路交通噪声等效声级范围在 59.0～76.1 dB，昼间道路交通声环境强度为一级“好”。2021 年，全市区域环境噪声昼间平均等效声级为 55.0 dB，同比上升 1.0 dB。昼间区域环境噪声等效声级范围在 43.4～70.1dB，昼间区域声环境总体水平为二级“较好”。

2021 年，马鞍山市全力打好“三大保卫战”，强力推进生态环境突出问题整改，“2+6+N”问题实现“清零”，以减污降碳协同增效为总抓手，持续加强温室气体排放管理，启动碳达峰行动方案编制，马鞍山市组织全市 18 家省级重点企业和 34 家市级重点企业开展碳排放报告核查。深入推进挥发性有机物污染整治，编制重点化工园区（工业园区）优化治理 VOCs“一园一案”6 个、重点企业优化治理 VOCs“一企一案”195 个，排查问题企业 248 家，完成 VOCs 治理项目 53 个。加快马钢等钢铁行业 26 个超低排放项目改造，大力推进秸秆禁烧。2021 年，$PM_{2.5}$ 浓度累计均值为 34.6 μg/m^3，同比下降 1.7%，优良天数比例为 84.4%，优于省政府考核目标 4.8%，空气质量自有监测数据以来首次达到国家二级标准。空气质量稳居全省前 5 位，优良天数增加 65 天。打好碧水攻坚战。健全地表水质量考核及生态补偿机制，按月对县区、园区水环境质量进行排名，进一步压实工作责任。建立水质监测制度，实行一河一案、精准施策。加强饮用水源地保护，3 个县级及以上水源地水质达标率均为 100%。全市 10 个国控断面水质稳定达标。31 个乡镇政府驻地生活污水处理设施全部建成并投入使用。35 条黑臭水体全面消除黑臭，5 个国控断面水质全部达到Ⅲ类及以上标准。建成全省首个一般工业固废处置填埋场，危废安全处置率为 100%。向山地区综合整治全面启动。在全省率先推广“环保管家”模式。$PM_{2.5}$ 平均浓度较五年前下降 38.1%。打好净土持久战，加强污染地块管理，对 66 处建设用地土壤污染状况调查名录进行动态更新，督促 54 家土壤污染重点监管单位完成污染隐患排查。积极推进“无废城市”创建，对 300 余家危险废物产生企业及处置企业实行现场“六查”（即查项目环评、查贮存场所、查中间产物、查豁免条款、查利用处置、查规范化管理），有效防范危险废物非法转移处置。成为国家森林城市、全国首批黑臭水体治理示范城市。薛家洼旧貌换新颜，长江经济带生态环境突出问题整改现场会在马鞍山市成功举办。

七、滁州市生态环境质量

根据《环境空气质量标准》（GB 3095—2012）的规定，参加评价的污染指标为 6 项。2021 年，滁州市 SO_2 浓度年平均值为 8 μg/m³，符合一级标准 20 μg/m³ 的要求；NO_2 浓度年平均值为 28 μg/m³，符合一级标准 40 μg/m³ 的要求；PM_{10} 浓度年平均值为 63 μg/m³，符合二级标准 70 μg/m³ 的要求；$PM_{2.5}$ 浓度年平均值为 35 μg/m³，符合二级标准 35 μg/m³ 的要求；NO 浓度年平均值为 1.0 mg/m³，符合一级标准 4 mg/m³ 的要求；O_3 日最大 8 小时浓度平均值为 159 μg/m³，符合二级标准 160 μg/m³ 的要求。2021 年，滁州市市区环境空气质量总体良好，全市环境空气质量符合《环境空气质量标准》（GB 3095—2012）一级标准的天数为 79 天，符合二级标准的天数为 221 天，符合一、二级标准的天数总计为 300 天，在全年中占比 82.2%。全年轻度污染 55 天，中度污染 9 天，严重污染 1 天，污染天数占比 17.8%。

2021 年，滁州市 3 个市级饮用水水源地水质达标率 100%，13 个县级水源地及县级备用水源地的水质达标率为 100%。

2021 年，滁州市建成区共布设 7 个功能区噪声定期监测点，7 个功能区全年昼间达标率为 92.9%，夜间达标率为 75.0%。2021 年平均等效声级为 65.2 dB，监测点达标率为 100.0%，整体道路交通噪声环境为好。2021 年昼间对滁州市建成区按 500 m×500 m 的网格布设了 115 个测点，等效声级平均值为 55.9 dB，符合《声环境质量标准》（GB 3096—2008）中 2 类区（居住、商业、工业混杂区）环境噪声标准。

八、宣城市生态环境质量

2021 年，宣城市环境空气质量持续改善，空气质量排名全省第二；全市地表水环境质量稳定为优；县级以上集中式饮用水源地水质达标率 100%；城市区域声环境质量和道路交通噪声持续较好；辐射环境质量总体稳定，生态环境状况持续为优。

2021 年，宣城市区空气质量优良天数比例为 93.1%，同比上升 0.5%，$PM_{2.5}$ 浓度为 30 μg/m³，同比下降 9.1%，市区空气 6 项主要污染物浓度连续两年均达到环境空气质量二级标准。上半年，全市空气质量排名进入全国重点城市前 20 位。$PM_{2.5}$ 平均浓度、空气质量优良天数比率分别较 2016 年末下降 39.2%、上升 12.6%，创有监测记录以来最好水平。流域水生态环境质量改善明显。各县市区空气质量优良天数比例在 82.6%～98.6%，旌德县空气质量优良天数比例全市最高，达 98.6%；旌德县空气中 $PM_{2.5}$ 浓度全市最低，为 20 μg/m³。

2021 年，宣城市水环境质量总体为优。全年全市国控断面从 7 个增加至 16 个，水环境质量排名从 2020 年全省第 8 位跃居全省第 4 位，水质指数改善跃居全省第 3 位，进步明显。受污染地块安全利用率 100%。国控断面Ⅰ～Ⅲ类水质断面占 100%，同比上升 5.9%；青弋江水系、水阳江水系、新安江水系水质为优，太湖水系水质总体良好，南漪湖总体水质为良好。全市 2 个地级城市集中式饮用水源地和 12 个县级城市集中式饮用水源地及备用水源地达标率 100%。

2021 年，宣城市昼间平均等效声级为 56.7 dB，昼夜间道路交通噪声加权平均等效声级为 63.5 dB，功能区声环境质量达标率为 100%。

2021 年，宣城市辐射环境质量总体稳定，环境电磁辐射水平总体情况较好，环境电离辐射水平处于正常本底水平。

2021 年，宣城市开展监测的 14 个村庄的空气质量优良天数比例为 93.5%，10 个县域地表水监测点位水质全部为Ⅰ～Ⅲ类，56 个“千吨万人”水源地水质全部达标。宣城市生态环境状况持续为优，生态环境状况综合指数（EI）为 80.5，居全省第三。

2021 年，宣城市郎溪县首创首成省级生态文明建设示范县。宣城市成为全省唯一一个地级“国家生态文明建设示范市”、全省唯一一个省级“生态文明创建全覆盖地级市”，为全省生态文明“国字号”创建成功最多地级市。支持重点项目、重点工程，为环境质量持续改善提供了坚强的资金保障，争取大气年度资金 7500 多万元，占全省年度大气项目资金 24%；争取水污染防治资金 3730 万元。深化环评审批制度改革，在全省首个实现“打捆+承诺制”审批。开启“环企直通车”，召开支持民营企业绿色发展座谈会，结对帮扶企业 100 家，累计走访企业 270 家次，收集问题 126 条，解决问题 95 个。加大环保管家服务力度，实现省级以上开发区“环保管家”服务全覆盖。成立“双招双引”工作专班，确定宣城市新能源和节能环保产业名录库。

九、溧阳市生态环境质量

2021 年，溧阳市环境空气中 $PM_{2.5}$、PM_{10}、SO_2、NO_2 年均浓度分别为 32 μg/m³、55 μg/m³、8 μg/m³ 和 27 μg/m³；CO 日均值的第 95 百分位数和 O_3 日最大 8 小时浓度滑动平均值第 90 百分位分别为 1.2 mg/m³ 和 154 μg/m³。全市空气质量优良天数 316 天，优良天数比例为 86.6%，其中达到Ⅰ级（优）的天数为 104 天，达到Ⅱ级（良）空气质量的天数为 212 天，空气质量为Ⅲ级（轻度污染）和Ⅳ级（中度污染）的天数分别为 47 天和 2 天，未出现重度污染。与上年相比，空气质量优良天数比率提升了 4.9%。2021 年，全市空气质量综合指数为 3.79。与上年相比，溧阳市环境空气质量综合指数降低 6.2%。其首要污染物是 O_3，其次是 $PM_{2.5}$。与上年相比，O_3、PM_{10} 和 CO 分指数在综合指数中的占比上升，$PM_{2.5}$、NO_2 和 SO_2 分指数在综合指数中的占比下降。

2021 年，溧阳市主要河流水质整体状况为优，均达Ⅲ类水质标准，Ⅲ类及以上水质断面比例同比持平，氨氮和化学需氧量两项主要污染物浓度逐年改善。监测的 8 条河流（丹金溧漕河、南溪河、北溪河、邮芳河、大溪河、北河、胥河和中干河）均符合地表水Ⅲ类标准，水质优良率达 100%。2021 年，溧阳市两个城市集中式饮用水源地取水总量为 5611 万吨，水质均达到地表水Ⅲ类标准，达标率持续保持 100%，总体水质状况良好。2021 年，溧阳市农村“千吨万人”饮用水水源地水质总体较好，吕庄水库达标率 100%。

2021 年，溧阳市区域环境噪声总体平稳，昼间平均等效声级为 55.0 dB。与上年相比，全市区域环境噪声声级平均值下降了 0.1 dB，略低于上年，处于较好水平。2021 年，溧阳市道路交通噪声监测点总数 25 个，监测路段总长 50.4 千米，平均车流量为 994 辆/小时，道路交通噪声声级平均值为 65.2 dB。与上年相比，全市道路交通平均车流量下降了 10.4%，噪声声级平均值下降了 1.5 dB。

2021 年，对溧阳市范围内 18 个国家网土壤基础点位和 9 个省控网土壤风险点位开展监测，溧阳市土壤环境质量总体状况较好。根据内梅罗污染指数评价，27 个点位中清洁和尚清洁比例分别为 88.9%和 7.4%。

2021 年，溧阳全市 $PM_{2.5}$ 浓度为 31.9 μg/m³，同比下降 9.4%，空气优良天数比例 86.6%（优良天数 316 天），两项指标均创 21 世纪以来最好水平，在常州各辖市区中排名第一。10 个国省控考核断面优Ⅲ比例 100%，其中大溪水库湖心、沙河水库库中符合Ⅱ类标准。持续开展天目湖水源地保护行动，精心治山理水，如今的天目湖森林植被覆盖率高达 95%，水质常年维持在Ⅱ类水标准。2021 年完成新增造林 500 亩，完成湿地修复 500 亩。

十、金坛区生态环境质量

2021 年，金坛区全区 $PM_{2.5}$ 年均浓度 34.2 μg/m³，达到国家二级标准，优良天数达 287 天。对 88 家重点挥发性有机物排放企业、12 家重点氮氧化物排放企业进行整治评估，完成 5 个码头堆场扬尘治理项目、50 个施工工地扬尘治理项目。强化 O_3 管控，对全区 100 家重点 VOCs 和 NO_x 排放企业进行摸底，推进企业整改并进行评估验收。对站点周边 3 千米范围内餐饮单位进行排查，并绘制餐饮污染地图，委托第三方机构定期清洗。推动清洁能源替代，13 家企业完成低挥发性有机物等原辅料源头替代。全区 $PM_{2.5}$ 浓度为 34.2 μg/m³，比 2020 年下降 5.8%，达到国家二级标准，实现了历史新低；优良天数为287天，优良率为78.6%，全市排名第二。

2016—2020年，金坛区投入78亿元实施综合整治，推动长荡湖由“生产型”湖泊向“生态型”湖泊转变；2017年全面推行河长制，设立区镇两级河长制办公室，落实三级河长260名，建立小微水体河长制体系，“绿水绕城”成为全区人民共享的生态红利。2021年，金坛区水环境质量5个国考断面达标率和优Ⅲ率均为80%，11个国省考断面达标率和优Ⅲ率均为90.9%。将区域断面考核纳入年度考核，设置32个考核断面，以考促治。编制生态净水规划初稿，盘活水系。对全区所有涉水工业企业开展排查，推动企业达标排放。对全区13条河道和9个湖泊库开展入河（湖）排污口排查，完成1314个疑似排口和308个敏感区的排查，确认排污口852个，已完成851个排口采样工作以及852个排口的溯源工作，并联合属地政府推动排污口整治。推动环境基础设施建设，完成金坛区第一污水处理厂达标尾水湿地净化与城市水体活水保质工程。11个国省考断面中有10个达标、10个优Ⅲ，达标率和优Ⅲ率均为90.9%，达到年度考核目标要求。

第二章 生态环境保护

第一节 南京都市圈生态环境保护情况

南京都市圈将坚持“绿色共保”的原则，积极践行“绿水青山就是金山银山”的理念，推进长江大保护和生态环境共保联治。坚持共抓大保护、不搞大开发，把保护修复长江生态环境摆在压倒性位置，共同加强生态保护，协同推动环境治理，切实提升整体生态环境质量，打造绿色都市圈。南京都市圈将强化共建“一带三片”区域生态格局。依托长江水体、洲滩湿地及临江丘陵，强化生态空间协同保护和修复，协同实施长江两岸造林绿化，合力打造长江生态保护带，共建东北部水网、西部江淮丘陵、南部江南丘陵三片生态保护区域。持续改善环境质量，强化大气污染联治，加强多污染物协同管理，共同改善区域大气环境质量。联合保护长江生态环境，推进跨界水环境协同治理，建立跨区域非法倾倒监管联动机制、源头追溯机制，统筹推进固体废物污染防治。加强生态系统碳汇功能建设，加快构建绿色产业体系，共育绿色低碳发展方式。建立健全共保联治机制，完善跨区域生态环境监管机制，统一布局、规划建设覆盖生态状况、环境质量、重点污染源的生态监测网络，推动各城市环保大数据有效集成、互联共享，推进环境质量监测预报预警合作，强化区域互查执法、临界生态环境协作和跨省联防联控。健全环境风险协同应对机制，严格防范区域环境风险，建立风险源管控清单，推动建立共同防范、互通信息、联合监测、协同处置的应急管理体系。健全生态补偿和环境损害赔偿机制，引导跨行政区的生态受益地区与保护地区之间开展多元化生态补偿，建立地区间资源有偿使用和排污权交易制度，探索建立跨区域环境损害赔偿制度。

第二节 各市（区）生态环境保护情况

一、南京市生态环境保护

2017 年，南京市全面推进“河长制”和“断面长制”，加强工业集聚区工业废水处理，完成南钢、南化等一批企业工业废水治理项目。清除建成区 109 条河道黑臭水体。城镇污水处理率达 94.5%，主要集中式饮用水源地水质达标率保持 100%。深化大气污染防治，全年 $PM_{2.5}$ 平均浓度同比下降 14.0%，空气质量达到国家二级标准天数为 264 天，达标率为 72.3%，同比提升 6.2%。推进特色田园乡村和美丽乡村建设，建成 180 个美丽乡村示范村。

2018 年，南京市持续开展“263”专项行动，即“两减六治三提升”专项行动。“两减”指减少煤炭消费总量和减少落后化工产能；“六治”指治理太湖及长江流域水环境、生活垃圾、黑臭水体、畜禽养殖污染、挥发性有机物和环境隐患；“三提升”指提升生态保护水平、环境经济政策调控水平、环境执法监管水平），实施滨江生态环境保护要点和长江岸线保护办法，打好水环境治理等“六场硬仗”，完成 2000 多个雨污分流片区建设，城北、江心洲等污水处理厂提标改造基本完成。建成区基本消除黑臭水体，22 个省考以上断面全部达标，5 个主要入江支流控制断面消除劣Ⅴ类。建成区绿地率达 40. 75%。2018 年空气质量达到国家二级标准天数 257 天，空气优良率为 70. 4%；$PM_{2.5}$ 平均浓度为 43. 5 μg/m³。全面实施农村人居环境整治，着力打造 6 个田园综合体、6 个省级特色田园乡村，完成市级 80 个美丽乡村示范村、100 个宜居村建设。

2019 年，南京市大力实施长江生态修复和保护，拆除取缔违规占用岸线项目 84 个，退出长江干流生产岸线 18 千米，沿江 1 千米范围内新增造林 6200 亩。完成主城 10 个片区、93 个老旧小区环境综合整治，实施 580 个片区雨污分流建设，新建 299 千米绿道，新改建 16 处游园绿地。全年新增造林面积 3. 27 万亩，林木覆盖率 31. 30%，建成区绿化覆盖率 45. 16%。22 个省以上地表水考核断面水质优良比例 100%，7 个省控入江支流断面全面消除劣Ⅴ类。落实治气 40 条攻坚措施，累计完成大气污染防治重点工程项目 148 项、VOCs 重点行业综合治理项目 112 项，全年空气优良率 69. 9%，$PM_{2.5}$ 平均浓度 40. 0 μg/m³，比 2015 年下降 29. 8%；修复污染地块 11 个。

2020 年末，南京市 150 个长江干流岸线利用项目清理整治全面完成，沿江绿化造林 7200 亩、修复湿地 3000 多亩，完成矿山生态修复 170 万平方米。新建城市绿道 215 千米。实施造林面积 3. 3 万亩，林木覆盖率 31. 61%。完成 31 项水环境治理、50 千米污水管网新改建工程。22 个国省考断面和 7 条省控入江支流水质稳定达标，国省考断面和省控入江支流水质均达Ⅲ类以上。城镇污水日处理能力突破 300 万吨。$PM_{2.5}$ 平均浓度 31. 3 μg/m³，同比下降 21. 4%。环境空气优良率 83. 1%，同比提升 13. 2%，超过年度目标 6. 3%。大气、水环境质量均列江苏省第一。

2021 年，南京市 28 条入江支流水质达标率保持 100%，水环境质量保持江苏省第一。空气质量达到良好以上天数 300 天，达标率为 82. 2%，$PM_{2.5}$ 平均浓度 29. 1 μg/m³，同比下降 8. 5%。2021 全年新增绿化造林面积 2000 亩，林木覆盖率 31. 9%。

二、镇江市生态环境保护

2017 年，镇江市生态环境整治取得新成效，全年新增绿化造林面积 1. 12 万亩，林木覆盖率达 25%。实施大气污染防治项目 330 项，整治黑臭水体 4 条。全面实施“263”专项行动，淘汰小燃煤锅炉 109 台，完成 7 台煤电机组的节能升级改造、8 台煤电机组的环保升级改造，减少化工企业 53 家。全面完成江苏省下达的主要污染物减排目标，单位 GDP 能耗下降 6. 6%。全年空气优良天数比例为 71. 5%，省考断面Ⅲ类水以上比例为 80%，$PM_{2.5}$ 浓度为 52 μg/m³，12 个镇、8 个村创成省首批生态文明示范镇、村。

2018 年，镇江市实施大气污染防治项目 411 项，燃煤锅炉整治 10 项。整治建筑工地 161 家、重点排污企业 69 家，分类治理“散乱污”企业（作坊）7811 家，对 172 家企业分类实施错峰生产。全年 $PM_{2.5}$ 平均浓度 54 μg/m³，同比下降 1. 8%；空气优良天数达标率 64. 4%，同比提高 0. 8%。大力推进水污染治理，全面落实河（湖）长制，整治入河排口 215 个，实施 61 个年度水污染防治项目和 28 个治理太湖项目。全年治理畜禽规模养殖场 585 家，其中已关闭 198 家，规模养殖场治理率达到 95. 0%。长江镇江水域非法采砂全面禁绝，完成江心洲水源地达标建设，长江豚类自然保护区问题整改到位。完成四明河等 5 条黑臭水体治理任务，全市地表水国考、省考断面水质优Ⅲ比例分别为 87. 5%、90%。

2019 年，镇江市 $PM_{2.5}$ 年均浓度 44.2 μg/m³，同比下降 14.7%，空气优良天数达标率 69.6%。全市地表水国考、省考断面水质优Ⅲ比例分别为 87.5%、94.7%。水污染防治和污染企业整治取得重大进展，全年实施水污染防治项目 59 项、太湖流域水污染防治工程 34 项，完成 28 条黑臭水体的整治。关停取缔“散乱污”企业 909 家，钢铁行业实现超低排放改造，完成 VOCs 治理项目 167 项。化工产业安全环保整治进一步提升，关停、转迁 9 家化工企业，取消丹徒经济开发区化工片区定位。长江岸线项目治理和苏南运河整治加快推进，长江和京杭运河干流水质稳定达到Ⅱ类和Ⅲ类水质。车船尾气和工地扬尘污染防治成果显著，淘汰国三以下老旧机动车 525 辆、老旧内河航运船舶 16 艘，新建 9 套港口岸电系统，111 个重点建筑工地和 43 个重点混凝土企业安装扬尘在线监测系统，建成区道路机械清扫率达到 90.4%。

2020 年，镇江市新增各类城市绿地面积 544.93 公顷，人均公园绿地面积 14.73 平方米。林木覆盖率、建成区绿化覆盖率分别达 25.4%、42.4%。全年国控站点 $PM_{2.5}$ 年均浓度为 38 μg/m³，同比下降 13.9%；空气优良天数占比 81.4%，同比提高 11.8%。2020 年，地表水国考断面、省考断面、主要入江支流断面、集中式饮用水源地的水质达标率、优Ⅲ比例均为 100%，国考、省考断面优Ⅲ比例分别同比提高 12.5%和 5.3%。集中式饮用水源地水质达标率 100%。全市累计建成国家级绿色工厂 18 家、市级绿色工厂 62 家。

2021 年，镇江市国控站点 $PM_{2.5}$ 年均浓度为 36 μg/m³，同比下降 5.3%；空气优良天数 79.2%，同比下降 2.2%。全年地表水国考断面、省考断面优Ⅲ比例分别为 100%和 95.6%，主要入江支流断面优Ⅲ比例为 93.8%，集中式饮用水源地的水质达标率为 100%。国考断面优Ⅲ比例同比持平。

三、扬州市生态环境保护

2017 年，扬州市扎实推进“263”专项行动，关闭搬迁禁养区内畜禽养殖场 844 家，超额完成省定 32 万吨减煤任务，关停化工企业 103 家，砖瓦行业专项整治取得进展，完成市区 27 条、县（市）9 条黑臭水体整治。江淮生态大走廊建设纳入国家《长江经济带生态环境保护规划》，27 项年度重点工程扎实推进，制定宝应、高邮江淮生态经济区建设“四个清单”。圆满完成江苏省环保督察迎检任务，按期落实 839 份环保信访件。全年 $PM_{2.5}$ 平均浓度为 54 μg/m³，较基准年 2013 年下降 22.9%，完成国家“大气十条”考核目标。创成国家水生态文明城市。32 个省考以上断面水质达标率 93.8%。仪征滨江水源地取水口整治到位。凤凰岛创成国家湿地公园。顺利通过国家节水型城市、国家森林城市复查。全市新增植树 569 万株、成片造林 3.05 万亩、永久性保护绿地 4 块。新增绿色建筑面积 191 万平方米。扬州环保产业园成为国家循环经济标准化试点。广陵区获得全国首批国土资源节约集约“四个创新”示范点称号。

2018 年，扬州市新增城市绿地 158.5 万平方米，新增植树 665 万株。林木覆盖率 23.1%，自然湿地保护率 51%，同比提升 1.8%。扬州市区空气优良率 66.6%，同比上升 4.1%；$PM_{2.5}$ 平均浓度为 49 μg/m³，同比下降 9.3%；全市 32 个省考断面水质达标率 93.8%，其中，优于Ⅲ类水比例 71.9%，无劣Ⅴ类断面，阶段性达到 2020 年水环境质量改善目标。紧紧围绕江淮生态大走廊规划建设的“八大工程”，全年完成 24 个重点项目，投资 27.24 亿元。“一带一廊”沿岸、高等级公路等重点交通干线沿线绿化率达 100%。宝应、邗江、仪征、高邮创成省级生态文明建设示范县区。全市创成示范乡镇 18 个、示范村 14 个。

2019 年，扬州市生态环境明显优化，全年 $PM_{2.5}$ 平均浓度为 43 μg/m³，同比下降 6.5%；空气质量优良天数 254 天，优良天数比例为 69.6%；9 个国考断面水质达标率 88.9%、32 个省考断面水质达标率 93.8%；土壤污染防治工作有力推进，化学需氧量、二氧化硫、氨氮、氮氧化物 4 项主要污染物减排和碳强度下降全面完成国家下达的任务。修复湿地 4500 亩，完成成片造林 4.34 万亩，市区新增绿地 147.3 万平方米。扬州市有林地面积

900.16百公顷，森林覆盖面积1355.44百公顷，森林覆盖率14.83%，林木覆盖率23.44%。全年关闭化工企业112家。高耗能投资同比下降22.7%，在建项目较同期减少45个。

2020年，扬州市$PM_{2.5}$年均浓度36 μg/m³，同比下降16.3%；空气优良率达80.1%，提高10.5%。完成横沟河、宝带河、小秦淮河、邗沟河等整治工程，建成区黑臭水体整治基本完成，省考以上断面水质优Ⅲ类比例达87.5%。新增城市绿地112万平方米，人均公园绿地面积达到19.57平方米，成片造林5.2万亩，修复湿地4735亩。森林覆盖率15.04%，林木覆盖率23.67%。单位GDP能耗完成江苏省定目标。

2021年，扬州市$PM_{2.5}$年均浓度33 μg/m³，同比下降10.8%；空气优良天数286天，空气优良率达78.4%，首次进入空气质量二级标准城市行列。地表水总体水质持续改善，长江扬州段、京杭运河扬州段、新通扬运河总体水质为优，北澄子河、仪扬河、三阳河总体水质为良好。15个国考断面水质达标率为100%，优Ⅲ类断面比例为86.7%。47个省考断面水质达标率为97.9%，优Ⅲ类断面比例为93.6%，扬州市县级以上集中式饮用水源地水质达到或优于Ⅲ类标准比例为100%，水质达到Ⅱ类标准比例为70.0%。新增城市绿地112万平方米，人均公园绿地面积达到19.57平方米，成片造林1.24万亩，修复湿地3580亩。林木覆盖率24.02%。单位地区生产总值能耗下降3.7%。

四、淮安市生态环境保护

2017年，淮安市和淮安区、淮阴区、洪泽区、盱眙县获得环保部正式复函，建成国家生态市、县（区）。启动新一轮生态示范创建，金湖县建成国家第一批生态文明建设示范县。全市设立自然保护区5个，其中省级自然保护区2个，自然保护区面积达7.09万公顷。市区空气质量优良天数248天，优良率67.9%；城市水域功能区水质优良率81.5%，集中式饮用水源地水质达标率100%；市区区域环境噪声平均等效声级55.0 dB，市区交通噪声平均等效声级66.9 dB，声环境质量等级为较好。化学需氧量、氨氮、二氧化硫和氮氧化物排放量分别同比削减1960吨、298吨、3205吨和2267吨。节能降耗成效明显，单位地区生产总值能耗下降率完成省定目标。

2018年，淮安市获批全国第一批生态文明先行示范区试点。全市累计建成国家生态乡镇85个，省级生态文明建设示范乡镇15个。全市设立自然保护区5个，自然保护区面积7.09万公顷。全市空气质量优良天数282天，$PM_{2.5}$平均浓度为50 μg/m³；集中式饮用水源地水质达标率100%；市区环境噪声平均等效声级53.9 dB，声环境质量等级较好。全年分别比上年削减化学需氧量、氨氮、二氧化硫和氮氧化物排放量2517吨、302吨、2031.51吨和3833.13吨。单位地区生产总值能耗下降率完成省定目标。

2019年，淮安市累计建成国家级生态文明建设示范县1个，省级生态文明建设示范县区2个、示范乡镇60个、示范村27个。全市划定生态空间保护区域56块，总面积2139.62平方千米，占国土面积比例21.34%。全年，全市空气质量优良率72.6%，高于全省平均值1.3%；$PM_{2.5}$平均浓度为44 μg/m³，同比下降10.2%。集中式饮用水源地水质达标率87.5%。市区环境噪声平均等效声级54.6 dB，声环境质量等级较好。单位地区生产总值能耗下降率完成省定目标。

2020年，淮安市累计建成国家级生态文明建设示范县1个，省级生态文明建设示范县区2个、示范乡镇（街道）68个、示范村（社区）40个。$PM_{2.5}$年均浓度连续5年持续下降，优良天数比例提升至80.3%；30个水环境国省考断面全部达到或优于省定考核要求，优Ⅲ比例达到90%，全面消除劣Ⅴ类；污染地块、受污染耕地安全利用率均达100%。农村生活污水处理设施覆盖率61.9%，危险废物处置能力提升至每年8.8万吨。化学需氧量、氨氮、二氧化硫、氮氧化物4项主要污染物减排完成省定任务。超额完成江苏省定全年煤炭削减任务。

2021年，淮安市生态环境持续改善，全市新创成省级生态文明建设示范区1个、示范乡镇（街道）9个、示范村（社区）15个。$PM_{2.5}$年均浓度为36 μg/m³，同比下降14.3%，优良天数比例81.6%，同比提升1.3%；全部消除劣Ⅴ类水体，57个水环境国省考断面优Ⅲ比例达到87.7%；农村生活污水治理行政村覆盖率71.9%。污染地块、受污染耕地安全利用率均达100%，危险废物处置能力提升至每年12.6万吨。

五、芜湖市生态环境保护

2017年，芜湖市拥有国家三级及以上环境监测站5个，其中二级站1个。市区环境空气质量达优良天数为249天，空气质量优良率为68.8%。饮用水源水质符合国家Ⅲ类标准。长江和青弋江干流芜湖段水质分别以Ⅱ类和Ⅲ类水质为主。森林覆盖率达到25.05%。

2018年，芜湖市拥有国家三级及以上环境监测站5个，其中二级站1个。市区环境空气质量达优良天数为248天，空气质量优良率为69.9%。饮用水源水质符合国家Ⅲ类标准。长江和青弋江干流芜湖段水质分别以Ⅱ类和Ⅲ类水质为主。森林覆盖率达到25.84%。

2019年，芜湖市拥有国家三级及以上环境监测站5个，其中二级站1个。市区环境空气质量达优良天数为260天，空气质量优良率为71.8%。饮用水源水质符合国家标准。长江和青弋江干流芜湖段水质均达标。

2020年，芜湖市拥有国家三级及以上环境监测站5个，其中二级站1个。市区环境空气质量达优良天数为323天，空气质量优良率为88.3%。饮用水源水质符合国家Ⅲ类标准。长江和青弋江干流芜湖段水质分别以Ⅱ类和Ⅲ类水质为主。

2021年，芜湖市拥有国家三级及以上环境监测站5个，其中二级站1个。芜湖市区环境空气质量达优良天数为310天，空气质量优良率为84.9%。长江和青弋江干流芜湖段水质均达到或好于地表水Ⅲ类标准。

六、马鞍山市生态环境保护

2017年，马鞍山市非煤矿山、沿江化工企业等重点领域问题整治成效明显。完成黑臭水体整治25个；新建地下综合管廊5千米、排水管渠234.2千米；空气质量优良率65.6%，城市饮用水水质达标率100%。

2018年，马鞍山市生态环境建设稳步推进，全年新建或改造绿色长廊40千米、长江防护带新造林180亩。$PM_{2.5}$平均浓度为44.9 μg/m³，空气质量优良率71.4%，城市饮用水水质达标率100%。新开工建设地下综合管廊1.64千米、污水管网42.42千米。完成黑臭水体整治28条，成功入选全国首批城市黑臭水体治理示范城市。

2019年，马鞍山市新建街头游园绿地11个。$PM_{2.5}$平均浓度为42.8 μg/m³，空气质量优良率70.7%。5个国控断面水质全部达标。清理疏浚雨污管网超900千米，城区33条水体消除黑臭。实施23千米长江东岸综合整治，长江东岸秀丽巨变，长江经济带生态环境突出问题整改现场会暨推动长江经济带发展领导小组全体会议在马鞍山市成功举办。

2020年，马鞍山市$PM_{2.5}$平均浓度为36.0 μg/m³，空气质量优良率88.3%。城区35条黑臭水体全面消除黑臭，5个国控断面水质全部达到Ⅲ类及以上标准。建成安徽省首个一般工业固废处置填埋场，危废安全处置率100%。

2021年，马鞍山市深入打好污染防治攻坚战，全面推行“环保管家”。$PM_{2.5}$平均浓度为34.6 μg/m³，同比下降1.7%；空气质量优良率84.4%。向山地区生态环境综合治理成功获批国家首批绿色生态办公区（EOD）试点项目。实施“五废共治”，提高固废综合利用处置水平，全市危险废物安全处置率100%。

七、滁州市生态环境保护

2017年，滁州市共有自然保护区2个，自然保护区面积24533公顷。当年人工造林面积14067公顷。年末，森林面积24.5万公顷，活立木总蓄积量1785万立方米，森林覆盖率18.0%。全市共有环境监测和监察大（支）队17个。全市环境污染治理投资5.8亿元。年末，共有污水处理厂

17座，城市污水处理率96.8%；全市年单位生产总值耗能同比下降5.4%。2017年滁州市市区环境空气质量总体上属于良好水平，全市环境空气质量符合《环境空气质量标准》（GB 3095—2012）一级标准的天数为44天，符合二级标准的天数为183天，符合一、二级标准的天数总计227天，占62.2%。全年轻度污染116天，中度污染16天，重度污染6天。

2018年，滁州市共有自然保护区2个，自然保护区面积22403公顷。当年人工造林面积14220公顷。年末森林面积48万公顷，活立木总蓄积量1936万立方米，森林覆盖率35.5%。滁州市共有环境监测站和监察大（支）队17个，环保专项资金1.55亿元。年末共有污水处理厂18座，城市污水处理率96.64%；滁州市年单位生产总值耗能同比下降6.08%。2018年滁州市市区环境空气质量总体上属于良好水平，全市环境空气质量符合《环境空气质量标准》（GB3095—2012）一级标准的天数为51天，符合二级标准的天数为199天，符合一、二级标准的天数总计为250天，占68.5%。全年轻度污染84天，中度污染23天，重度污染8天。

2019年，滁州市共有自然保护区2个，自然保护区面积22403公顷。当年人工造林面积6581公顷。年末森林面积48.5万公顷，活立木总蓄积量2060万立方米，森林覆盖率35.9%。全市共有环境监测站和监察大（支）队17个，环保专项资金1.45亿元。年末共有污水处理厂43座，城市污水处理率97.23%。全市年单位生产总值耗能同比下降6.16%。2019全年滁州市市区环境空气质量总体上属于良好水平，全市环境空气质量符合《环境空气质量标准》（GB3095—2012）一级标准的天数为48天，符合二级标准的天数为206天，符合一、二级标准的天数总计为254天，占69.6%。全年轻度污染92天，中度污染17天，重度污染2天。

2020年，滁州市共有自然保护区2个，自然保护区面积22403公顷，当年人工造林面积9833公顷。滁州市共有环境监测站和监察大（支）队17个，环保专项资金1.67亿元。年末共有污水处理厂55座，城市污水处理率97.15%；滁州市单位生产总值耗能同比增长6.8%。2020年，滁州市市区环境空气质量总体上属于良好水平，滁州市环境空气质量符合《环境空气质量标准》（GB3095—2012）一级标准的天数为71天，符合二级标准的天数为226天，符合一、二级标准的天数总计为297天，占比81.1%。全年轻度污染60天，中度污染9天，污染天数占比18.9%。

2021年，滁州市凤阳县按照《环境空气质量标准》（GB3095—2012），全县空气质量平均优良天数比例为85.5%。年末，森林面积40.8千公顷，当年造林面积426公顷，活立木总蓄积量438.8万立方米，森林蓄积量260.7万立方米。2021年，滁州市南谯区全区国土总面积1154.8平方千米，其中农用地149.15万亩，占84.43%；建设用地25.33万亩，占14.34%；未利用地2.18万亩，占1.23%。全年畜禽粪污综合利用率90%。年末，境内森林面积46867.83公顷，森林覆盖率为40.68%，当年造林面积662.5公顷，活立木总蓄积量3658593.11立方米。

八、宣城市生态环境保护

2017年，宣城市环境污染治理项目606个，总投资25.5亿元。建成区中噪声达标区108个，面积45.6平方千米。全市16个国省控地表水断面中Ⅰ~Ⅲ类水质断面占81.3%，其中国控断面水质断面比例为57.1%，县级及以上城市饮用水水源地水质达标率为100%。全年环境空气质量优良率为78.6%（其中优为76天），空气质量达标（API≤100）天数为287天。境内国家级自然保护区2个、省级自然保护区2个，国家森林公园5个，森林覆盖率59.3%。全年能源消费量614万吨标准煤，同比增长2.3%，单位地区生产总值能耗同比下降5.8%。宣城市创成第五届全国文明城市，新创省级生态村5个。

2018年，宣城市地表水国省控水质监测断面Ⅰ~Ⅲ类水质占76.5%，其中国控断面水质为55.6%，县级以上城市饮用水源地水源达标率为

90.9%，县级以上城市饮用水源地水量达标率为99.8%。全年空气质量达标（API≤100）天数为314天，空气质量优良率为86%（其中优为91天）。全年$PM_{2.5}$平均浓度为43.6 μg/m^3，居全省第三。宣城市有国家级自然保护区2个、省级自然保护区2个，国家森林公园4个、省级森林公园1个，森林覆盖率59.46%。新创省级生态建设示范县3个，省级生态村5个。全年能源消费量646.16万吨标准煤，单位地区生产总值能耗同比下降2.84%。

2019年，宣城市地表水国省控水质监测断面Ⅰ~Ⅲ类水质占87.5%，其中国控断面水质为75%，县级以上城市饮用水源地水源达标率达100%。空气质量优良率为90.1%（其中优级94天），同比提高4.1%。宣城市$PM_{2.5}$平均浓度为41 μg/m^3，同比下降1.2%。全市有国家级自然保护区2个，省级自然保护区2个；国家森林公园5个，省级森林公园8个。全年能源消费量675.15万吨标准煤，单位地区生产总值能耗同比下降3.05%。

2020年，宣城市地表水国省控水质监测断面Ⅰ~Ⅲ类水质占100%，国控断面水质达100%。县级以上城市饮用水源地水源达标率达100%。空气质量优良率为92.6%（其中优级122天），同比提高2.5个百分点。宣城市$PM_{2.5}$平均浓度为33 μg/m^3，同比下降19.5%。全年规模以上工业综合能源消费量（当量值）同比增长3.6%，单位工业增加值能耗同比下降2.4%。

2021年，宣城市人工造林面积900公顷。境内有4个省级以上自然保护区、13个省级以上森林公园、4个省级以上湿地公园、5个省级以上风景名胜区、1个省级以上地质公园。全年$PM_{2.5}$平均浓度为29.8 μg/m^3，同比下降9.4%。空气质量优良率为93.1%，同比提高0.5%。16个国控断面水质达标率93.8%，优良率100%。县级以上城市饮用水源地水源达标率达100%。

九、溧阳市生态环境保护

2018年，常州市溧阳市生态创建扎实推进，10月溧阳市成功上榜江苏省第一批省级生态文明建设示范县（市、区），12月溧阳市在广西南宁召开的中国生态文明论坛上被命名为第二批国家生态文明建设示范县（市、区）并授牌。全年溧阳市$PM_{2.5}$平均浓度为44.8 μg/m^3，同比下降1.3%；空气质量优良天数为251天，优良率为68.8%，同比减少48天，下降13.3%。集中式饮用水源地沙河水库、大溪水库水质达标率为100%，水源地水质状况持续良好。节能降耗常抓不懈。2018年溧阳市规模以上工业企业综合能源消费量478.53万吨标准煤，在规模以上工业产值增长14.7%的情况下，能耗同比下降3.2%。规模以上工业万元产值能耗为0.3799吨标准煤，同比下降15.6%。

2019年，常州市溧阳市空气优良天数280天，优良率为76.9%，同比增加6天，上升1.8%；$PM_{2.5}$平均浓度为40.6 μg/m^3，同比下降5.6%。全市集中式饮用水源地水质达标率为100%，6个“水十条”国考、省考断面达到或好于Ⅲ类水比例为100%。全年常州市溧阳市规模以上工业企业综合能源消费量462.57万吨标准煤，在规模以上工业产值增长18.1%的情况下，能耗同比下降8.1%。规模以上工业万元产值能耗为0.3155吨标准煤，同比下降22.2%。

2020年，溧阳市$PM_{2.5}$平均浓度为35.2 μg/m^3，同比下降12.3%；优良天数299天，同比增加19天，优良率82%。溧阳市6个地表水国省考断面优Ⅲ类比例为100%；天目湖饮用水源地水质达标率100%。成功创成全国第四批“两山”理论实践创新基地。完成新增造林3000亩，恢复湿地500亩。完成27个关闭矿山环境综合整治，完成49台生物质锅炉和83台天然气锅炉整治。2020年溧阳市规模以上工业企业综合能源消费量443.42万吨标准煤，在规模以上工业产值增长10.4%的情况下，能耗同比下降4.0%。规模以上工业万元产值能耗为0.2808吨标准煤，同比下降13.1%。

2021年，溧阳市$PM_{2.5}$平均浓度为31.9 μg/m^3，同比下降9.4%；空气优良天数比例86.6%（优良天数316天），两项指标均创21世纪以来最好水平，在常州各辖市区中排名第一。10个国省控考核断面优Ⅲ比例 100%，其中大溪水库湖心、沙河水库库中符合Ⅱ类标准；饮用水源地水质达标率 100%。全年完成新增造林 500 亩，完成湿地修复 500 亩。2021 年，溧阳市规模以上工业企业综合能源消费量 416. 33 万吨标准煤，在规模以上工业产值增长 31. 81%的情况下，能耗同比下降 6. 66%。规模以上工业万元产值能耗为 0. 197 吨标准煤，同比下降 29. 2%。

十、金坛区生态环境保护

2018 年，常州市金坛区“两减六治三提升”各项工作继续推进。全力推进水环境综合整治，密切关注饮用水源及河道水质情况，对全区饮用水源地水质、区域补偿、农灌水等 8 个断面 63 个主要监测项目开展例行监督监测，“水十条”4 个断面水质能稳定达到Ⅲ类水标准。实施大气污染防治攻坚行动，全力提升大气环境质量。全年 $PM_{2.5}$ 平均浓度为 45. 8 $\mu g/m^3$，空气质量优良天数为 238 天，优良率为 65. 6%。

2019 年，常州市金坛区生态环境持续好转。坚决打赢蓝天保卫战，完成 91 个废气整治项目，完成 18 家炉窑企业的整治。着力打好碧水保卫战，省太湖治理目标责任书中 4 大类 14 项均完成年度治理任务。扎实推进净土保卫战，完成重点监管企业自行监测和厂界周边环境土壤和地下水监测工作，强化对全区 14 家危险废物经营单位日常监管。加快生态修复与保护，成功争取省级山水林田湖草生态保护修复试点。全年 $PM_{2.5}$ 平均浓度为 41. 8 $\mu g/m^3$，空气质量优良天数为 279 天，优良率为 76. 6%。

2020 年，常州市金坛区生态环境持续优化，在坚决打赢蓝天保卫战的同时打好柴油货车污染防治攻坚战，全面开展清洁柴油车、清洁柴油机、清洁油品、清洁运输四大攻坚行动。深度治理工业大气污染，燃煤热电厂和水泥行业全部实行超低排放，严格管控各类扬尘。全面推行“绿色施工”，推行工地“一日四报”制度，严格落实建筑工地扬尘管理“六个百分百”。加强秸秆禁烧和综合利用，在全区范围内组织安装秸秆禁烧“蓝天卫士”，借力信息化手段推动秸秆禁烧精准管控，实现了国家、省卫星遥感监测和巡查“零”通报、“零”查处。全年 $PM_{2.5}$ 平均浓度为 36. 8 $\mu g/m^3$，同比下降 10. 9%；优良天数 290 天，比 2019 年同期增加 11 天，优良率为 79. 4%，同比上升 2. 8%。

2021 年，常州市金坛区对 88 家重点 VOCs 排放企业、12 家重点 NO_x 排放企业进行整治评估，完成 5 个码头堆场扬尘治理项目、50 个施工工地扬尘治理项目，开展“清洁城市行动”，加强道路保洁。全年金坛区 $PM_{2.5}$ 年均浓度为 34. 2 $\mu g/m^3$，同比下降 5. 8%；优良天数达 287 天。金坛区水环境质量 5 个国考断面有 4 个达标，均为优Ⅲ，达标率和优Ⅲ率均为 80%；11 个国省考断面有 10 个达标，均为优Ⅲ，达标率和优Ⅲ率均为 90. 9%。

第三章　美丽都市圈建设

第一节　南京都市圈美丽区域建设情况

2021 年是“十四五”的开局之年，南京都市圈坚持“绿色共保”的原则，积极践行“绿水青山就是金山银山”的理念，推进长江大保护和生态环境共保联治，通过以下 4 个方面建设美丽都市圈。

1. 共建“一带三片”区域生态格局，打造长江保护带

“十四五”期间，南京都市圈坚持共抓大保护、不搞大开发，把保护修复长江生态环境摆在压倒性位置，共同加强生态保护，协同推动环境治理，切实提升整体生态环境质量，打造绿色都市圈。南京都市圈将强化共建“一带三片”区域生态格局。依托长江水体、洲滩湿地及临江丘陵，强化生态空间协同保护和修复，协同实施长江两岸造林绿化，合力打造长江生态保护带，共建东北部水网、西部江淮丘陵、南部江南丘陵三片生态保护区域。

2. 实施长江“十年禁渔”，合力严管生态保护红线

“十四五”期间，南京都市圈将合力严管生态保护红线。实施长江“十年禁渔”，加强自然保护地生态保护建设，维护和保育生物多样性。加强长江河湖、湿地保护，严控水面开发、严禁非法占用河道。加强风景名胜区、地质遗迹保护区等的利用管理，严控蓄滞洪区、行洪区及其他生态敏感区域人工景观建设。共建共保跨界重要生态功能区，开展林长制试点，探索实施跨界山体湖泊的协同治理，实施退圩还湖工程。

3. 水、气、固体污染防治，持续改善环境质量

“十四五”期间，南京都市圈还强调要持续改善环境质量。强化大气污染联治，加强多污染物协同管理，共同改善区域大气环境质量。联合保护长江生态环境，推进跨界水环境协同治理。建立跨区域非法倾倒监管联动机制、源头追溯机制，统筹推进固体废物污染防治。加强生态系统碳汇功能建设，加快构建绿色产业体系，共育绿色低碳发展方式。

4. 推动环保大数据集成，建立健全共保联治机制

南京市将建立健全共保联治机制。完善跨区域生态环境监管机制，统一布局、规划建设覆盖生态状况、环境质量、重点污染源的生态监测网络，推动各城市环保大数据有效集成、互联共享，推进环境质量监测预报预警合作，强化区域互查执法、临界生态环境协作和跨省联防联控。健全环境风险协同应对机制，严格防范区域环境风险，建立风险源管控清单，推动建立共同防范、互通信息、联合监测、协同处置的应急管理体系。健全生态补偿和环境损害赔偿机制，引导跨行政区的生态受益地区与保护地区之间开展多元化生态补偿，建立地区间资源有偿使用和排污权交易制度，探索建立跨区域环境损害赔偿制度。

第二节　各市（区）美丽区域建设情况

一、南京市美丽都市圈建设

2021 年，南京市 28 条入江支流水质全部达标，其中 18 条省控入江支流水质均达Ⅲ类及以上水平，长江生态环境明显改善。

南京市按照“拆、截、清、修、引、测、管、景”八字整治路径，实施了 150 条黑臭河道整治，精准有效打赢黑臭水体攻坚战。

聚焦雨污分流、截流系统升级改造、生态环保清淤、水生态系统构建、活水畅流、岸坡生态化改造等环节，完成 230 条河湖水环境整治提升及重点入江支流治理，高效推进劣Ⅴ类水体歼灭战。

因地制宜在莫愁湖、南湖、月牙湖、北十里长沟等打造“草型清水态”生态自净系统。整治后的河湖水清岸绿，鱼翔浅底，面貌焕然一新。

统筹“城、镇、村”三大区域，聚焦“厂、网、片”三大方面，完成 20 余座污水处理厂新改扩建与提标改造，污水处理厂出水全部达一级 A 及以上标准，生活污水日处理能力实现倍增，由 2011 年的每天 166 万吨提升至 2021 年的每天 330 万吨。

修订南京市排水条例，出台南京市蓝线管理办法、河道管理工作意见，编制污水厂和管网建设、城市排水、主城区河道蓝线等专项规划，制定城市黑臭水体治理、水环境整治提升、雨污分流改造、清涵清管、幸福河湖建设等多项三年行动计划。

全面落实“河湖长制”，构建市、区、街道、社区 3000 余名的四级河湖长工作体系，严格落实河长履职办法，压实各级河长责任。实施最严格水环境区域补偿制度，按照“谁污染、谁治理，谁超标、谁补偿”的原则，对主要水体实行月度监测、年度补偿，且补偿标准逐年倍增，倒逼推动各区治水攻坚。

自 2013 年按新标准监测和评价空气质量起，南京市空气质量优良率由 2013 年的 55. 3%提升至 2021 年的 82. 2%，大幅提升 26. 9%；$PM_{2.5}$ 年均浓度由 2013 年的 77 $\mu g/m^3$ 降至 2021 年的 29 $\mu g/m^3$，下降幅度达 62. 3%。

2021 年，南京市功能区昼间噪声达标率为 97. 3%，夜间噪声达标率为 93. 8%，连续三年位列全国主要城市前列，其中 2020 年南京夜间声环境达标率位列直辖市、省会城市及计划单列市第一，获评全国夜间最安静城市。

2021 年，南京市生态空间保护区域面积占国土面积比例达 21. 6%。南京森林覆盖面积 296. 9 万亩，林木覆盖率由 2012 年的 28. 3%提高到 2021 年的 31. 9%。江宁、高淳、浦口和溧水获得国家生态文明建设示范区命名。

2021 年底，南京市建成区绿化覆盖率达 44. 96%、区绿地率达 40. 79%，人均公园绿地面积 16. 18 平方米，三项指标均位于全国同类城市前列。

2013—2021 年，南京市建成以滨江风光带绿道、环紫金山绿道等为代表的城市绿道，总里程达 1582 千米。初步建成沿江“绿色生态带”。近年来累计实施长江两岸绿化造林约 1 万亩，沿江造林面积位居全省第一。

2012 年以来，南京市新建并获批 1 个国家级和 6 个省级湿地公园。2016 年以来，累计完成湿地修复约 2 万亩，其中修复沿江湿地约 1 万亩。

加强长江江豚保护，南京市建立首个长江干流江豚原地应急救护体系。2021 年，长江江豚“水上—水下—岸线”综合监测技术在国内首创并应用。

探索示范园林绿化实用技术。南京市已有节约型园林绿化建设示范技术等近 60 个科研项目通过验收结题。

二、镇江市美丽都市圈建设

2021 年，镇江市美丽都市圈建设工作主要集中在以下几个方面：

一是提升长江两岸绿化造林质量。对已建成的长江生态廊道，通过调整结构、查漏补缺、巩固绿量等措施，进一步提升长江生态廊道建设质量。截至2021年底，全市长江沿岸1000米范围内提升森林质量2800亩。

二是加大湿地保护修复力度。全市修复湿地1307亩，湿地保护率42.41%，自然湿地保护率60.25%，湿地保有量4.18万公顷。积极落实长江大保护、太湖水环境综合治理、水污染防治、河（湖）长制等涉湿地保护目标任务。

三是有效开展长江江豚保护。规范自然保护区管理，全年共开展保护区巡护148个工作日，出动工作人员273人次，下发保护区管理行政许可、行政告知书四十余件。强化江豚保护宣传，举办2021年全国大学生江豚保护夏令营等活动，成立镇江市长江江豚保护联盟。

四是科学编制国土空间总体规划。初步划定城镇开发边界和永久基本农田，编制新增建设用地预下达指标分配方案，形成《镇江市国土空间总体规划（2020—2035）》成果方案，推动融合长江经济带发展。

三、扬州市美丽都市圈建设

2021年，扬州市美丽都市圈建设工作主要集中在以下几个方面：

不断优化发展空间格局，全力打造协同发展、城乡融合的“好地方”。以对接融入国省重大战略为牵引，在融入区域一体化发展上迈出新步伐，在推动沿江沿河联动发展上实现新突破，在促进城乡融合发展上展现新气象，加快推动形成区域合作、板块联动、城乡统筹发展的新格局。

持续厚植城乡生态底色，全力打造绿色发展、美丽宜居的“好地方”。坚定不移走生态优先、绿色发展道路，协同推进长江大保护和江淮生态大走廊建设，一体推进美丽宜居城市和美丽田园乡村建设，统筹推进生产方式转型和生活方式转变，建设人与自然和谐共生的现代化。

全面提升群众生活品质，全力打造共同富裕、人民幸福的“好地方”。对照“八个更”的要求，做大富民文章，做优利民文章，做足惠民文章，让百姓口袋更殷实、生活更舒适、心里更踏实，努力创造更多让人民群众看得见、摸得着、享受得到的共同富裕成果。

擦亮“三都”城市文化名片，全力打造文化繁荣、文旅共兴的“好地方”。进一步放大“世界运河之都”“世界美食之都”“东亚文化之都”的品牌效应，建设文明城市典范，彰显运河文化标识，丰富文化服务供给，推动文旅融合发展，加快把文化资源优势转化为经济发展优势。

完善市域社会治理体系，全力打造治理高效、活力彰显的“好地方”。以全国市域社会治理现代化试点为抓手，推动依法治市纵深发展，提升城市本质安全水平，增强城乡基层治理效能，打响社会治理“扬州工”品牌。

四、淮安市美丽都市圈建设

为落实绿色发展要求，抢抓长三角一体化发展、淮河生态经济带、大运河文化带等国家重大战略机遇，淮安市将构建好以下3个体系聚力打造“绿色高地”，推进淮安“绿色发展”。

坚持循环发展，构建生态产业体系。一是壮大优势产业。目前，为夯实“绿色高地、枢纽新城”产业基础，淮安市制定了培育壮大“333”重点产业发展规划蓝图，提出到2025年实施重大产业项目160个以上的目标。目前，淮安市“333”现代产业体系已初具规模。以淮安经济技术开发区为例，该区重抓电子信息产业生态化改造，重点以富士康（淮安）科技城为龙头，依托鹏鼎科技、富贵电子等重点配套项目，全面培育封装检测、电子研发、金融、物流、咨询等重点生产配套企业。二是集聚高端产业。正确处理好工业强市和生态优先、绿色发展的辩证关系，积极探索新型工业化“生态之路”，进一步提标准、优存量、扩增量，积极培育互联网经济、共享经济等新模式新业态，形成一批具有爆发力和引领力的新增长点，加快推动产业迈向中高端。三是培育特色产业。立足市情，注重做好“生态+特色”文章，大力发展凹土、龙虾、生态旅游等特色产业，最大限度发挥资源禀赋优势，实现经济效益、生态效益、富民效益最大化。此外，制定更清晰的环境准入制度。如金湖县的环境准入红绿灯制度，按照“红灯”“黄灯”“绿灯”三类列出环境准入的名单，并对三种项目分类管理，为金湖县合理合规地确定环境准入门槛提供依据，为推动金湖县高质量发展奠定基础。

坚持绿色发展，打造环境保护体系。一是加强科技支撑，增强环保能力建设。一方面，推进智能化平台建设。推进环保监测监控综合平台建设，实现线上平台区域废气排放监控溯源。如淮安经济技术开发区在盐化工集中区试点危废全过程监管平台建设，企业产生危废入库过磅时，数据自动上传危废管理平台，生成相应二维码，一站式管理。另一方面，加强综合管理制度创新。如淮安经开区与南大环规院等多家第三方机构对接，研究推进园区生态环境综合治理“环保管家”第三方托管。二是实行严格执法，有效遏制环境违法问题。一方面，完善执法联动机制，努力形成“党政齐抓共管，政府主导，企业主体、社会组织和公民共同参与”的环境治理体系。另一方面，强化日常环境监管并开展专项执法行动。三是坚持创新引领，构建多方共同参与的环境治理公益性综合服务平台。

坚持共享发展，打造生态人居体系。一是深入开展美丽乡村建设。推进农村人居环境整治。坚持项目跟着产业布、产业跟着项目走，确保农民群众有稳定收入、村级集体持续增收。同步推进衣食住行、水电路讯、医教文保等配套设施和公共服务，努力让搬迁群众生活更便捷、居住环境更美好、安居心情更舒畅。推进农业绿色发展，加大农业面源污染治理力度，探索建立农药废弃包装物回收处理机制，持续推进粮食绿色高质高效示范片创建和农作物绿色防控示范区建设。二是大力推广环保节能建筑。加大环保节能建筑材料在新建筑中的推广应用，鼓励有条件的项目按照三星级绿色建筑标准设计建造，争取新建民用建筑中绿色建筑比例达 100%。三是努力倡导绿色生活方式。倡导绿色消费，推广使用新能源汽车、新能源器具、节能型家电和节水型器具。倡导绿色出行，通过完善公交系统、科学进行道路规划、提高交通设施建设水平并强化行政执法等来推进中心城市的绿色出行。倡导绿色办公，营造节能减排、循环利用的办公环境。引导民众树立绿色增长、共建共享的理念，使绿色消费、绿色出行、绿色居住和绿色办公成为人们的自觉行动。

五、芜湖市美丽都市圈建设

2021 年，芜湖市坚持以习近平新时代中国特色社会主义思想为指导，以习近平生态文明思想为统领，坚持“生态优先、绿色发展”的战略部署，全面落实省委省政府《安徽省五大发展行动计划》各项重要举措，紧密结合安徽省实施绿色发展行动专项小组办公室制定的 2021 年度工作要点，全面开展绿色发展行动各项工作，具体如下。

（一）推动绿色产业规模化发展

《芜湖高新技术产业开发区绿色产业示范基地建设方案（2021—2025）》于 2021 年 5 月正式印发，该项工作要点的 2021 年任务已完成。

围绕该项工作，高新技术产业开发区积极搭建绿色发展促进平台，推进重点项目建设。“三湖一坝”项目持续推进，栈桥建设范围内的水面排水和清淤工作已启动，水生生物园示范点初步建成；芜湖高新区智能网联汽车小镇项目加快建设，小镇会客厅基本建成，项目一期已开工。同时，高新技术产业开发区加大绿色产业招商，不断提高绿色产业发展水平，总投资 70 亿元的奇瑞新能源四期项目、总投资 3.5 亿元的升能新能源汽车智能网联充电终端生产基地项目等相继签约落地；鼓励企业开展光伏项目建设，2021 年新增光伏备案 16 个，备案总容量 29.3 MW。

（二）推进长江经济带“共抓大保护”建设工程

《加快建设新阶段现代化美丽长江（芜湖）经济带行动方案》于 2021 年 4 月 26 日印发，该项工作要点的 2021 年任务已完成。

围绕该项工作，芜湖市先后印发《加快建设新阶段现代化美丽长江（芜湖）经济带行动方案》和《关于全面打造水清岸绿产业优美丽长江（芜湖）经济带的实施方案（升级版）》，深入贯彻落实《中共安徽省委、安徽省人民政府关于全面打造水清岸绿产业优美丽长江（安徽）经济带的实施意见（升级版）》（皖发〔2021〕19 号）的要求，围绕实施意见确定的目标任务，严把 1 千米、5 千米、15 千米“三道防线”，推进“禁新建、减存量、关污源、进园区、建新绿、纳统管、强机制”七大行动。

“禁新建”行动：目前，长江干流及主要支流 1 千米范围内共排查出已批未开工项目 11 个，已开工建设项目 12 个；经评估，依法停建搬迁 2 个。“减存量”行动：排查出“散乱污”企业 2833 家，目前已全部整治完成。“关污源”行动：城市建成区共有黑臭水体 82 条，已全部整治完成；长江干流 5 千米范围内共有畜禽养殖场 224 家；已完成整改 224 家；固体废物排查整治，共排查问题 43 个，已完成整改 43 个。“进园区”行动：搬迁企业进园区，新建项目进园区，加快开发区优化整合，持续推动传统产业转型升级。“建新绿”行动：对芜湖市城北圩长江岸线进行植树绿化生态整治修复，整治修复岸线区间约 20.65 千米，目前已完成长江干流岸线复绿共计 1.8 万亩。“纳统管”行动：芜湖市 10 个省级以上开发区，均有建成污水集中处理设施，环保设备运行全覆盖，环保数据监测全覆盖。“强机制”行动：积极推进与三峡集团在共抓大保护合作的工作，完成污水处理厂提标改造 6 座，新建日处理 6 万吨污水处理厂 1 座，启动 127 千米长的污水主干、次干管网建设。

另外，芜湖市聚焦长江经济带生态环境警示片反映的突出问题，坚持高标准、严要求整改，制定整改方案，对账销号。截至 2021 年底，6 个生态环境警示片反映问题全部完成销号。

（三）绿色发展项目完成情况

2021 年，芜湖市纳入省绿色发展行动项目库的重点建设项目共 32 个，其中年初纳入计划 29 个，11 月增补项目 3 个。安徽维清环境工程有限公司 200 吨/天污泥无害化处置及资源化利用项目计划 8 月开工，因疫情影响企业资金筹措困难，推迟至 11 月开工。所有计划开工项目均已开工。

2021 年，芜湖市绿色发展项目总投资 180.84 亿元，年度计划投资 49.50 亿元，实际完成投资 53.99 亿元，完成总投资计划的 109.07%。

六、马鞍山市美丽都市圈建设

2021 年，马鞍山市生态环境系统深入贯彻习近平生态文明思想和习近平总书记考察安徽重要讲话指示精神，认真落实省厅和市委市政府各项决策部署，全面完成污染防治攻坚目标任务，着力改善生态环境质量，大力推动生态保护修复，持续推进深化改革，积极服务全市高质量发展，促进经济社会发展全面绿色转型。

聚焦精准治污，深入实施生态环保提升行动，具体如下：

一是强化突出环境问题整改。以中央、省环保督察交办问题整改为重点，持续实行市级领导包保制度，并开展常态化督查，全年共督查问题点位 700 余个。452 个“1+1+*N*”突出生态环境问题已完成整改 435 个，240 个自然保护地问题已完成整改 206 个，圆满完成年度整改任务，其余问题均按序时进度推进。

二是深入打好污染防治攻坚战。稳步改善空气质量，启动碳达峰行动方案编制，组织全市 17 家省级重点企业碳排放报告核查。深入推进挥发性有机物污染整治，排查问题企业 278 家，完成 VOCs 治理项目 53 个。加快马钢等钢铁行业 26 个超低排放项目改造。持续提升水生态环境质量，强化地表水国控断面水质目标管理，全面实行“一断面一方案”。在全省率先开展省级以上工业园区排水管网排查，共排查管网 1165 千米，9 个省级以上工业集聚区污水处理设施配套率 100%。全面推进长江入河排污口排查整治，对全市 4815 个入河排污口进行溯源，溯源完成率为 99.83%。强化土壤污染防治，对 66 处建设用地土壤污染状况调查名录进行动态更新，督促54家土壤污染重点监管单位完成污染隐患排查。建立健全固体废物污染防控长效机制，对300余家危险废物产生企业及处置企业实行现场“六查”，有效防范危险废物非法转移处置。2021年，全市$PM_{2.5}$浓度均值为34.6 μg/m^3，同比下降1.7%，优于省政府考核目标4.2 μg/m^3，首次达到国家二级标准，为有监测数据以来历史最好水平；10个国控断面水质均值达标率、优良比例和3个县级及以上水源地水质达标率均为100%。

三是着力完善生态环境治理体系。全面启动“智慧环保”系统建设，全市已建成大气、噪声、地表水、辐射环境质量监测点67个、挥发性有机物（VOCs）自动监测站4个、空气小微站168个，实现对水、气、声、辐射等环境要素的实时监控。深化环保管家服务，在9个县区（园区）实现“环保管家”全覆盖，同步推进宝武马钢、入河排污口等市级专项环保管家，有效提升县区（园区）和企业环境管理水平。截至2021年底，已累计进行环境专家会诊160余次，形成环境管理建议700余条，排除企业环境隐患320余个。大力推行生态环境保护专项监督长制度，创新建立市、县（区）、乡镇（街道）、行政村（社区）四级环境监督长和6个专项领域、13个专门行业环境监督长。同时，依托城乡服务管理网格设置专职环境监督员，推行志愿环境监督员和第三方专业环境监督员等，逐步构建环境监督“四长三员”总体格局。截至2021年底，已落实市、县、乡、村四级环境监督长957人，环境监督员2327人，排查生态环境问题1065个，完成整改1055个，整改率达99%。

七、滁州市美丽都市圈建设

在安徽省森林城市名单上，滁州7个县（市、区）均名列其中，数量位于全省第一。目前滁州市拥有省级森林城镇78个、省级森林村庄433个，森林城镇数量全省第一，森林村庄数量在第一方阵。全市森林面积741.5万亩，森林覆盖率达36.62%，活立木蓄积量2160万立方米，城区绿化覆盖率42.93%。

绿水青山，就是金山银山。在森林这支如椽巨笔的描绘下，一幅绿色的山水画正在皖东大地徐徐展开。“十三五”期间，滁州市以习近平生态文明思想为指导，紧紧围绕生态强市战略，以林长制改革为抓手，扎实推进国家森林城市建设，已初步形成林水相映、林山相偎、林城相拥、林路相随、林村相嵌的森林生态网络。

造林绿化成效显著。“十三五”期间，滁州市先后实施退耕还林后续工程、长防林工程、千万亩森林增长工程、林业增绿增效行动、“三线三边”绿化提升行动、“四旁四边四创”绿化提升行动、国家储备林基地建设等林业重点工程。全市完成植树造林105.56万亩、森林抚育309.61万亩。扎实推进森林城市创建，围绕打造“江淮绿色门户、醉美山水亭城”发展战略，大力推进城乡绿化一体化建设，创建省级森林城市7个、省级森林城镇78个、省级森林村庄433个，森林长廊示范段406千米，义务植树3000多万株。城市建成区绿化覆盖率达到45.91%，绿地率42.86%，人均公园绿地面积19.47平方米。

林业改革不断深化。推深做实林长制改革，建立市、县、乡、村四级林长制体系，落实林长3166名，形成党政同责、部门联动的林业工作新格局，聚焦“五绿”，实施“五化”，推动生态保护修复和林业高质量发展。截至2020年底，市县级林长巡林调研1512次，协调解决问题1757个。全面完成国有林场改革，国有林场改革高标准通过国家验收。科学编制国有林场中长期发展规划，严格执行限额采伐制度，全面停止商业性采伐，森林资源得到有效保护。集体林权制度改革释放红利，全市集体林地120.83万亩，流转林地面积78.38万亩，流转金额超5.66亿元，林权抵押面积39.13万亩，贷款余额13.91亿元。林业经营主体蓬勃发展，培育林业企业157个、林业专业合作社477个、家庭林场221个和林业专业大户1264个，新型经营主体经营面积103.27万亩，产值48.58亿元，带动就业14.11万人。2021年7月，印发《关于建立“林长+”部门工作协调机制的意见（试行）》，建立了司法行政、项目建设、资源管护、森林防火、组织保障和督察考核等6项子机制。

森林资源得到有效保护。全市森林火灾受害率控制在0.5‰以内，未发生重大森林火灾和人员伤亡事故。严控森林资源消耗，强化征占用林地管理，坚决制止擅自改变林地用途和毁林开垦行为。狠抓林业有害生物防控，美国白蛾、松材线虫病防控成效明显。湿地保护管理日益严格，建成实施东陈圩湿地生态恢复、皇庆湖湿地公园、江巷水库等湿地修复工程，新增湿地面积4万亩，修复湿地4500亩，湿地保护率提高到46.76%。与南京市携手共建来安池杉湖湿地公园，成为跨省合作共建湿地公园典范。自然保护地管理全面加强，完善全市14处自然保护地规划编制（修编）、勘界立标。加大普法宣传力度，严厉打击涉林违法犯罪活动。

林业产业融合发展。林业产业基地不断壮大，结合乡村振兴战略、林业生态扶贫，坚定不移走生态惠民富民之路，加快全市林业产业转型升级，聚力发展“三树一苗”为主的林业特色产业。森林康养旅游产业引人注目，老嘉山森林公园晋升为国家级，来安池杉湖湿地公园获批“国家湿地公园试点”，全市拥有琅琊山、皇甫山等5个国家森林公园，池杉湖国家湿地公园1个等。加快林产品精深加工产业发展，以扬子地板、佳诺威木业为代表，形成一批板材加工的知名企业。大力发展林下经济，培养食用菌，林下养殖草丛鸡、爬山猪等特色农产品，林下经营面积90.4万亩，林下经济产值12.89亿元。林业龙头企业不断壮大，全市林业新型经营主体2525个，国家林业龙头企业1家、省林业产业化龙头企业41家、省级现代林业示范区10家、省级林业专业合作社15个、省级家庭林场4个。

森林文化不断完善。建成来安池杉湖湿地公园、明湖公园、国有林场场史馆、宪法主题公园等一批特色文化主题园，建成“八一林”“巾帼林”等各类纪念林基地186处，广泛开展“湿地日”“环境日”“爱鸟周”等生态文化活动，传播生态文化，弘扬生态文明。全面加强古树名木保护，全市277棵古树名木全部保护。开展古树名木专项普查，逐一分级编号，建立电子档案，颁发“身份证”，设立保护牌，实现编号管理。

科技兴林步伐加快。加强与高校、科研院所合作，搭建产学研合作平台，全市建立林业博士工作站6个、国家林木良种基地3个、林业科技专家大院43家、科研工作站12个。南谯区《麻栎炭用林培育技术规程》成为国家行业标准。成立智慧林业综合指挥中心，建成集营造林管理、林木采伐、资源监测、项目建设、森林防火、病虫害防治、林业产业发展等多功能大数据平台。林业综合治理体系不断完善，林业综合治理能力和水平不断提高。

八、宣城市美丽都市圈建设

2021年，宣城市实施绿色发展项目20个，总投资额378.18亿元，年度计划投资额9.1亿元，1—7月完成投资9.92亿元，占年度投资计划的109.01%，居全省首位，提前超额完成年度投资任务。

培育绿色制造。创建培育绿色工厂（园区），打造制造业绿色转型升级示范标杆。截至2021年8月底，创成国家级绿色工厂10家（全省第三）、国家级绿色设计产品33种（全省第二）、国家级绿色园区2个（全省第一）、全国绿色供应链管理示范企业1家。

实施绿色项目。围绕全面打造水清岸绿产业优美丽长江经济带，实施入河排污口排查整治、长江流域重点水域渔政执法保障工程等绿色发展项目；提升75个乡镇驻地污水处理设施污水收集处理率；对4家重点钢铁企业超低排放改造，实现清洁生产。

依托科技治污。建设大气全方位立体监测系统，重点污染源自动监控设备“安装、联网、运维管理”全覆盖，整合环保监控数据资源，实现生产全过程、排污全时段、时间全天候监控，已联网重点排污单位146家。1—7月，宣城市$PM_{2.5}$平均浓度为29.7 $\mu g/m^3$，同比下降4.8%，空气质量全省第二。

做优环保服务。开展“环企直通车”“优化环评审批”等 10 件实事，推进“全程网办”“随时办”“不见面审批”，建设项目环境影响报告表、报告书，3 个工作日内完成网络审查。实施首批打捆环评项目，节省环评编制时间 20 个工作，节省企业费用约 5 万元，压缩审批时间 11 个工作日。

九、溧阳市美丽都市圈建设

2021 年，溧阳市紧扣公园城市建设目标，优环境促提升，补短板展新貌，进一步提高城市建管水平。

一是“十二望楼”芳容初现。溧阳“十二望楼”设计方案征集研讨会、设计成果展成功举办，在全国范围征集望楼设计方案，宣传效果明显。完成“十二望楼”方案设计，森林廊道全线贯通，贯通绿道 43 千米，完成绿化建设 30 万平方米，其中燕山南路至天目湖大道区域（古县示范段）全面完成。

二是街景容貌愈发精致。完成燕山中路、南大街、锦绣路 3 条城区道路和 11 条集镇道路（各乡镇一条）精品街道建设，以点带面提升街景容貌。

三是生态绿道串联城乡。依托“十二望楼”“天目湖大道绿道”等大型绿化项目，实现城区绿道向旅游景区和乡镇村庄拓展延伸，并与老城区湾溪河、护城河等一批绿道资源无缝对接，近百千米城乡生态绿道形态初显。

四是停车设施提质增量。实施停车功能提质工程，公建停车场增设充电桩 161 个，城区新增机动车停车泊位 1159 个，对城区范围内的 12 个公共停车场进行了智能化改造并实施停车收费管理，利用价格杠杆，提高停车泊位周转率。

五是环卫设施提升完善。完成溧阳市垃圾填埋场浓缩液减量化工程，实施溧阳市垃圾转运中心渗滤液项目和生活垃圾填埋场整治封场修复工程，进一步提升垃圾处置能力。持续推进“厕所革命”，115 座城乡公厕（城区 57 座、农村 58 座）完成升级改造，实现“旧貌换新颜”。

六是绿化建设城乡一体。按期完成南航天目湖校区二期、上姚殡仪馆、迷笛音乐节等市级重点绿化工程，高质量实施上黄镇院落敞开绿化、上沛矿区环境综合整治等 12 项乡镇绿化工程，营造自然生态、美丽宜居的城乡人居环境。

十、金坛区美丽都市圈建设

一直以来，金坛区十分重视造林绿化工作，在“城乡联动，整体推动”方针的指导下，通过实施丘陵岗地复绿工程、长江中下游生态防护林体系建设工程、镇村绿化达标工程、绿色通道工程和经济林果基地、花卉苗木基地建设，有效构建了生态安全屏障。

通过大力开展造林绿化，保护森林资源，使林业逐步成为农村经济发展的重要产业之一，实现了林业生态、经济、社会三大效益并举。尧塘街道谢桥村是远近闻名的花木特色村，该村立足发展林业经济，让更多的村民富了起来。在模范的带动下，村民们纷纷加入种植花木的行列，如今全村人均年收入 3 万多元。谢桥村是金坛区林业经济发展的一个缩影。近年来，金坛区着力推进林业产业持续发展。依托一家国有林场和十大苗木基地，大力发展林业经济。通过实施低效林改造，补植价值高、景观好的树种，实现林业生产向森林旅游、休闲观光拓展。

金坛区还积极调优林业产业结构，采取纯林栽培、果茶间作，建薄壳山核桃特色村、油用牡丹特色区等模式，大力发展木本油料林。金坛区建成两大种苗繁育中心和 10 多家栽培示范基地、特色林果种植面积 4500 亩。薛埠创星家庭农场一直致力于发展林下经济，拥有 320 亩高效生态栽培基地。在林下套种油用牡丹、芍药、山栀子等中药，带动周边劳动力增收 10 万元。

在发展林业经济的同时，金坛区更加注重身边增绿，各级党委、政府积极组织动员广大群众开展全民绿化和全民义务植树活动，全民绿化意识和适龄公民义务植树尽责率大幅提高。结合城区绿化、镇村绿化建设等工程项目，金坛区加大了城镇绿地、休闲公园建设和村庄绿化力度。已建成省级村庄绿化示范村131个、省级标准化绿化示范村5个、省级森林生态示范村15个、省级绿美村庄16个。朱林镇红旗圩村通过省级绿美村庄建设，将村庄河道两侧进行绿化，也对村民家前屋后进行了美化。

2021年，金坛区完成营造林4855亩，林木覆盖率28.03%；完成湿地修复1152亩，自然湿地保护率80.61%。稳步推进林长制工作，在常州市率先实行“林长+检察长”制度，林长制工作经验在江苏省得到推广。

第四章　生态环境教育

第一节　南京都市圈生态环境教育情况

近年来，南京都市圈城市坚持生态优先、绿色发展。南京市与马鞍山市联合建立“石臼湖共治联管水质改善工作机制”，与镇江、常州等市签署流域横向生态保护合作及跨界水环境区域补偿协议，共同签订《南京都市圈环境安全联防联控合作协议》，加强生态空间共保，推动环境协同治理，夯实绿色发展生态本底。

根据《南京都市圈发展规划》，南京都市圈8市和1市（县级）1区进一步强化生态环境的共保联治，坚持共抓大保护、不搞大开发，把保护修复长江生态环境摆在压倒性位置，共同加强生态保护，协同推动环境治理，切实提升整体生态环境质量，打造绿色都市圈。

南京都市圈各城市将共同加强生态保护，共建“一带三片”区域生态格局，“一带”即打造长江生态保护带，“三片”即东北部水网、西部江淮丘陵、南部江南丘陵三片生态保护区域；依托长江水体、洲滩湿地及临江丘陵，强化生态空间协同保护和修复，协同实施长江两岸造林绿化，合力打造长江生态保护带，共建东北部水网、西部江淮丘陵、南部江南丘陵三片生态保护区域。南京都市圈合力严管生态保护红线。实施长江“十年禁渔”，加强自然保护地生态保护建设，维护和保育生物多样性。加强长江河湖、湿地保护，严控水面开发、严禁非法占用河道。加强风景名胜区、地质遗迹保护区等的利用管理，严控蓄滞洪区、行洪区及其他生态敏感区域人工景观建设。共建共保跨界重要生态功能区，开展林长制试点，探索实施跨界山体湖泊的协同治理，实施退圩还湖工程。

此外，南京都市圈还强调要持续改善环境质量。强化大气污染联治，加强多污染物协同管理，共同改善区域大气环境质量。联合保护长江生态环境，推进跨界水环境协同治理。建立跨区域非法倾倒监管联动机制、源头追溯机制，统筹推进固体废物污染防治。加强生态系统碳汇功能建设，加快构建绿色产业体系，共育绿色低碳发展方式。

根据《南京都市圈发展规划》，南京都市圈8市和1市（县级）1区建立健全共保联治机制。完善跨区域生态环境监管机制，统一布局、规划建设覆盖生态状况、环境质量、重点污染源的生态监测网络，推动各市（区）环保大数据有效集成、互联共享，推进环境质量监测预报预警合作，强化区域互查执法、临界生态环境协作和跨省联防联控。健全环境风险协同应对机制，严格防范区域环境风险，建立风险源管控清单，推动建立共同防范、互通信息、联合监测、协同处置的应急管理体系。健全生态补偿和环境损害赔偿机制，引导跨行政区的生态受益地区与保护地区之间开展多元化生态补偿，建立地区间资源有偿使用和排污权交易制度，探索建立跨区域环境损害赔偿制度。促进南京都市圈城市区域生态网络基本形成，山水林田湖草系统治理成效显现，突出环境问题得到有效治理，区域水环境质量明显改善，地级及以上城市空气优良天数比例达到85%以上。实现跨省同城化发展，还要爬上公共服务高水平便利共享之坡，率先实现基本公共服务均等化，劳动年龄人口平均受教育年限稳步提高，人均预期寿命达到80岁；爬上体制机制高水平改革创新之坡，多层次多领域协商合作机制更加健全，营商环境大幅提高，协同创新、园区共建、产业分工协作、生态补偿和环境损害赔偿、重大自然灾害防御、重大疫情防控和公共卫生应急管理等协调机制更加完善。

第二节　各市（区）生态环境教育情况

一、南京市生态环境教育

2021年，南京市生态环境局在全市范围内从优选择生态环境类或者具有生态环境内容、格调高雅及具有一定规模的单位及场所，并评定为南京市生态环境法治文化宣传教育基地。这些单位均常年免费开放，同时，定期开展法律咨询服务、法治文艺演出等法治文化活动，为培育公民生态环境法治理念和法治素养提供了“窗口”。2021年12月，南京市生态环境局举办了第一批南京市生态环境法治文化宣传教育基地授牌仪式，授牌给南京生态文明教育馆、南京市雨花台区普德村环保法制一条街、江宁水务集团江宁水-Park科技馆、南京高科环境科技有限公司新港污水处理厂共4家单位。截至2021年，南京市生态环境局、市文明办、市教育局、团市委、市妇联联合命名了两批南京市生态文明教育基地，涵盖自然环保类、环境治理设施类、场馆类和其他类等24家基地。

此外，为进一步引导全社会牢固树立生态文明价值理念，推动构建生态环境治理全民行动体系，南京市持续深入强化生态环境保护教育，具体如下：

一是拓展品牌项目，生态文明进校园展示新亮点。在义务教育“双减”背景下，多措并举实现生态文明学校教育“扩增”。积极组织推荐学校申报创建国际生态学校、绿色学校，引导学生积极参与自然笔记、水科技发明比赛、环保知识竞赛等生态文明教育竞赛，开展“长江小使者”“蔷薇花信”“苏小环”等生态文明教育活动。提升市级教育实践项目影响力，“环保小局长”突出示范性，“环境小记者”坚持体系化，“自然小课堂”“生态向学”扩大覆盖面，同时围绕大学生群体开展丰富多彩的环保文化节活动。

二是打造系列课程，生态文明教育突出新特色。推进生态文明教育进校园，既纳入国民教育总体系，又融入治污攻坚主战场。聚焦深入打好污染防治攻坚战、碳达峰碳中和、长江大保护、无废城市建设等生态文明建设重点工作和公众关心的环境问题，推出“生态向学　绿动南京”生态文明教育特色系列课程，纳入全市“双减”课程体系，为广大青少年儿童提供丰富多样的生态环境教育资源。

三是强化能力建设，生态文明教育师资强化新力量。构建新时期生态环境教育体系，强化能力建设，完善师资供给，逐步形成“智库、课程、师资”三位一体的发展格局。组建生态文明教育专家库，为课程建设、活动实践等提供智库支撑。建设生态文明教育讲师志愿服务队伍，面向全市生态环境系统招募一批讲师志愿者，深入社区、校园开展生态环境宣传教育和科学普及。组织开展生态文明教育能力提升培训，提高骨干教师、讲师志愿者和专业人员的教育能力水平和公共服务效能。

二、镇江市生态环境教育

2021年12月7日，为提升公众生态环境保护意识，鼓励公众积极参与生态文明建设，镇江市生态环境局和中节能太阳能科技（镇江）有限公司共同举办以“节能低碳　绿色发展”为主题的公众开放交流活动，组织企事业单位职工、学校学生、生态环保志愿者走进中节能镇江公司，“零距离”体验生态环保长廊，学习环保知识，了解企业环保工作动态。参观内容包含“十四五”时期战略规划以及节能降耗、绿色制造、碳中和、清洁生产、垃圾分类、固废及废水废气处理、土壤污染防治等内容，通过环保设施展示、交流互动等形式，打开大门让公众走近环保设施，不仅普及了环保知识，而且让更多的公众参与环境教育、了解环保知识。积极发挥镇江生态环境教育基地平台作用，履行社会责任，践行绿色发展理念。

镇江市教育系统以植树节为契机，通过活动“种绿”、爱心“培绿”和行动“护绿”，开辟“绿色课堂”，引导全市师生养成爱护自然、保护环境的意识，用自己的双手把祖国建设得更加美丽。各校通过校园网站、宣传橱窗、电子屏等宣传绿色环保政策，并与班级晨会、队会、国旗下的讲话等紧密结合起来，让绿色环保理念深入师生心中。镇江高职校从“我为身边人做事”着手，带领学生们走进社区、老旧街区等地开展义务清洁活动。部分学校开展了以植树、环保等为主题的班会、线上分享等活动。

三、扬州市生态环境教育

2019年11月19日，扬州市生态环境局召开新闻发布会，并在会上正式集中公布了8家生态环境教育基地。为了更好地发挥这些单位的环境教育功能，让公众更方便地走进它们，扬州市、生态环境局公布一批扬州市生态环境教育基地，集中向社会公开教育场所名称和联系方式。扬州市生态环境局坚持开展“公众看环保”活动，公众走进扬州环境监测站、环境基础设施单位和企业，这些单位成为面向公众普及环保知识、开展环境教育，提高社会公众环保意识的重要场所，使公众逐步增强环境保护意识，并养成对环境负责任的行为习惯，是推动公众参与环保的重要手段，也是完善公众参与环境保护的有效平台，在环境教育事业中发挥着重要作用。

扬州市环境保护教育基地于2020年被学会批准为中国生态学学会生态科普教育基地。该基地始建于2008年，位于扬州市邗江区杨庙镇，是省级特色产业园区，国家级高新区重要组成部分，重点打造了“生活垃圾”“餐厨垃圾”“建筑垃圾”“汽车拆解”“工业危险废物”“电子废弃物—贵金属回收”6条处理与综合利用的循环经济产业链和环境科技研发与孵化、生态环境文化挖掘与宣传的“5+2”产业格局。构建了“一园（一个国家级资源综合利用基地、国家级绿色园区、国家级水平的静脉园区）、两馆（生态文明展示馆、环境保护教育馆）、三线路（三条特色旅游线路）”生态环境科普工业旅游模式，以生态环境科普为重点，以环保企业参观为特色，以乡村体验为辅助，“园区+场馆”的生态环境科普形态实现了理论学习、现场参观、实际体验三重功能。扬州市环境保护教育基地整合入园企业现有环保展馆和观摩路线，按照“一园（静脉产业园区）、二馆（生态文明展示馆、环境保护教育馆）、三路线（生活垃圾、餐厨垃圾、危废处置）”的整体布局，开辟“工业旅游”线路，专题观摩“变废为宝”。扬州市环境保护教育基地利用不同的生态环境科普展示内容体系，集环保产业、科普宣传、教育理念、感受扬州生态文明于一体，满足“把生态环境教育纳入学前教育、中小学教育、高等教育、职业教育及领导干部培训之中”的总体要求。

2021年6月，扬州市江都区印发《2021年全区生态环境宣传教育工作要点》，探索建立符合现代传播方式的宣传方式，推动构建全民行动体系。

四、淮安市生态环境教育

2020年11月9日，淮安市召开首批生态环境教育实践基地授牌仪式暨环境基础设施开放新闻发布会，并为“淮安市生态环境教育基地”授牌。此次授牌的4家单位作为淮安市环境基础实施开放单位，长期以来高度重视生态环境保护工作，在履行好企业环保主体责任的同时，积极承担生态环境社会责任，结合单位资源特点，设计开发生态文明实践教育项目，组织开展社会公众生态文明教育体验和实践活动，具有较强的示范、辐射和带动作用。建立环境教育基地长效机制，实现“定期组织”到“常态开展”转变。着眼构建生态文明建设治理体系，建立健全环境基础设施开发及环境教育基地各方面制度，确保各项任务落在实处、抓在常处。建立激励机制、常态长效开展、政社联动、加强公众沟通，用“群众语言”讲好“环保故事”，从而赢得舆论上的广泛理解和大力支持。在开放活动过程中，开放单位要通过问卷调查、电话回访等形式，注重收集公众的意见和建议，改进工作，增进互信。在全社会倡导形成生态文明理念、绿色生活方式、文明健康习惯，不断提升生态优先、绿色发展的公众支持率、参与率、满意度。

近年来，淮安市继续加强环境基础设施公众开发及生态环境教育实践基地打造，实现“三个转变”。环境教育基地建设实现“环保设施开放”到“生态文明宣传阵地打造”的转变。近年来，淮安市在中央生态文明思想指引下，自觉践行新发展理念，坚持生态优先、绿色发展，持续放大生态资源优势，生态环境质量逐年改善。坚持将环保设施向公众开放作为接受社会监督，提升环保设施管理水平的重要途径，逐步形成生态环境部门引导推动、设施开放单位配合、环保社会组织合作的工作格局，全力做好环保设施和城市污水垃圾处理设施公众开放日活动。每两月组织一次“公众看环保”活动，涵盖中小学生、环境类专业大学生、环保志愿者、网络大V等近500人次参与。2020年6月，淮安市首次以“云直播”的方式，邀请多位知名大V走进环保设施和城市污水垃圾处理设施单位，通过在线直播的形式，用镜头带领公众了解污水净化、垃圾焚烧发电和废旧家电循环利用的全过程，让环保设施和公众真正实现“零距离”。环保设施向公众开放活动，推动了生态环境环保工作“接地气、连民心”，加快形成了全社会共同参与环境保护的良好氛围。环境教育基地建设实现“环保设施开放”到“体验和实践”的转变。环境教育基地建设是践行中央生态文明思想的具体体现，是展示淮安市生态环境保护建设成果与开展生态文明实践活动的重要场所，是向公众普及生态环境科普知识、宣传生态文明建设成就、提高公众生态文明素养、拓宽公众参与生态建设和环境保护的重要阵地。

五、芜湖市生态环境教育

2021年11月，芜湖市成立了由二十多个市直部门共同构成的生态文明建设示范市工作领导小组，通过高位统筹，强化组织保障，充分发挥领导小组的指挥协调作用，强力推动生态文明建设示范市创建工作的有序开展。南陵县、无为市、繁昌区生态文明建设示范创建工作也正在有序展开，芜湖市生态文明建设示范创建“五城同创”的良好局面初步显现。2021年下半年，芜湖市启动了《芜湖市生态文明建设示范市规划》编制工作，该规划从生态制度、生态环境、生态空间、生态经济、生态生活、生态文化六大领域引领生态文明建设示范创建。芜湖市继续深入开展污染防治攻坚战。以改善空气质量为核心，全面开展突出环境问题排查，坚持深度治理和科学管控“两手发力”、污染减排和环境扩容“双轮驱动”。

2021年，芜湖市坚持共建共享，加强生态文明宣传教育。充分调动群众的积极性和参与度，组织开展“6·5”世界环境日、“生物多样性日”等主题宣传活动，充分利用各类传播媒介，加强生态环保意识教育、普及生态科学知识。

六、马鞍山市生态环境教育

2021年4月，马鞍山市生态环境局开展“以生态环保宣教助力环境保护”全民行动——一是把握“四个聚焦”突出重点做好环境宣传工作。借助《马鞍山日报》、市广播电视台等主流媒体，扎实办好“环保园地”“生态福地马鞍山”“环保之声”专栏，运用政务微信、微博新媒体，拓宽正面宣传发声渠道，对市民关注的环境热点持续开展专题宣传。二是充分用好“五个载体”推动宣传工作扩大影响。以重大环保主题活动、绿色创建、学校环境教育、新闻发布会、马鞍山环保世纪行等为载体，组织开展“6·5”世界环境日、生物多样性日、全国低碳日等主题鲜明、内容丰富的环保主题活动。积极推进环境科学知识进校园、进课堂、进教材，组织全市各级绿色学校开展主题宣传及实践活动。制作车载公益广告、环保主题曲 MV、环保微视频、动漫作品等新媒体，倡导绿色健康生活。举办“生态文明知识微信答题活动”“童绘母亲河”等大型专题网络互动活动，参与人数 5 万余人。三是着力打造“四个平台”做强环保宣传教育合力。充分运用公众开放平台、政务新媒体平台、环境教育基地平台和环保培训平台，做好四类环保设施（监测、污水、垃圾、固废）向公众开放工作，通过科普展示、参观演示、现场讲解等形式，进一步普及环保科学知识，增强公众践行绿色生活的自觉性。

马鞍山市坚持优质、原创、亲民原则，持续提升原创度、传播度、联动度，塑造生态环境品牌形象，传递生态文明正能量。“马鞍山生态环境”为全国 392 个城市中整体运行效果较好的 20 个微信公众号之一，并且通过以下措施大力开展生态环境文明教育工作：一是唱响生态文明建设旋律。注重发挥联动宣传效应，与《中国环境报》、光明网、安徽卫视等权威媒体建立常态化合作机制，在外宣媒体发表生态环保类稿件 100 余篇；在《马鞍山日报》、马鞍山电视台、电台分别开设“环保园地”“生态福地马鞍山”“环保之声”专栏，大力宣传全市环保工作动态和成效，并对环保违法行为和突出环境问题公开曝光。强化舆情处置，推进省生态环境厅舆情信息日报办理回复和政务新媒体留言办理，今年以来，共接收处置舆情 27 件，处置率 100%，有效化解社会矛盾。二是筑牢网络宣传阵地。强化主题策划，开设专栏，开展网络互动，围绕生态环境保护中心工作，适时召开媒体见面会和新闻发布会，重大活动网络直播，重大节日、重要节点开设专版专访报道，开展体验式采访活动 6 次。应时应景地推出“6·5”世界环境日、环保设施“线上游”等系列专题作品 10 个，其中纪念“6·5”世界环境日暨马鞍山环保世纪行授旗仪式活动直播实现 8 万人实时观看，取得了较好的宣传效果。三是构建生态环境保护宣教大格局。建立多部门联合宣传机制，着力构建政府主导、部门协调、社会各界参与的“大宣教”工作格局。以生物多样性日、全国低碳日、全国科普日为主线，结合普法活动组织开展生态环境保护“六进”活动 7 次，提升企业环境安全责任意识和环境保护意识。推进环保设施向公众开放，线上通过搭建“VR 全景体验平台”，播放“线上游”科普视频，提升公众的参与感。2021 年以来，全市公众开放单位共计 7 家，线下开放 43 次，接待公众 1083 人次；线上开放 26 次，参与人数逾 8 万人次。

七、滁州市生态环境教育

滁州市在推进生态文明建设的过程中，坚持“绿水青山就是金山银山”的理念，不断加强宣传教育、污染防治、执法监管等工作，通过多种举措打造优美宜人的生态环境。滁州市大力开展各种形式的宣传活动，教育引导群众了解环保、关注环保、支持环保、参与环保，形成正确的舆论导向和舆论支持，努力争取社会公众对环保工作的理解和支持。2019 年上半年，共开展“世界环境日”“生物多样性日”“全国低碳日”“生态环境保护有奖知识问答”等生态文明主题宣传活动 30 余次，发放生态环境保护宣传资料 50000 余份。

为加强生态环境教育宣传，滁州市生态环境教育馆于 2019 年 5 月开始建设，2020 年已建成并正式投入使用。滁州市生态环境教育馆以“倡导生态文明，践行环保教育”为主题，利用“体感互动、屏幕投影、语音感知”等多种声光电技术，展示地球面临的危机，呼吁公众节约能源、保卫蓝天、清洁水源、治理土壤、减少噪音和辐射、变废为宝等，这些专题宣传活动不仅让公众了解生态环境保护知识，享受体验乐趣，更响应了“绿水青山就是金山银山”的号召。让在校学生通过参观学习，学会保护环境就要从保护身边的环境做起，选择低碳、生态环保的生活方式，向着生态文明新时代迈进，加快建设现代化新滁州。

滁州市扎实做好生态环境保护宣教工作：一抓新闻宣传，提高舆论引导能力。深化媒体合作，加大环境新闻报道力度，利用网络、报纸、微信等平台，大力宣传报道环境保护工作的新思路、新举措，及时在环保门户网站及区政府网站发布政策文件、法律法规、环保工作动态、科普知识等信息，提高全民参与环境保护意识。今年以来，共发布新闻稿件 30 余篇次，开展新闻报道专题采访 1 次。二抓活动载体，广泛动员公众参与。以环境保护宣教活动为重要手段，结合“6・5”世界环境日、节能宣传周、国家安全教育日、科技活动周等活动，创新工作思路，丰富活动内容，通过发放宣传资料、接受公共咨询等方式，向广大群众大力宣传环保法律法规、低碳生活和垃圾分类知识等，进一步提高群众的环保意识和环保理念，让广大群众在潜移默化中了解环保知识，树立环保理念，共同参与到生态环保事业中。2021 年以来，参与开展大型宣传活动 2 次，发放宣传资料 400 余份、环保袋 200 余个。三抓党建引领，促党建与业务共提升。围绕污染防治攻坚、普法宣教、秸秆禁烧等重点工作，深入企业、农村、社区等，组织开展主题鲜明、内容丰富的主题党日活动，创新宣传教育形式，开展“我为群众办实事”之送法进企业活动 2 次、进社区志愿服务活动 15 余人次，积极动员广大群众从自身做起，自觉地维护、建设良好的生态环境，形成全社会保护生态环境的浓厚氛围。2021 年 6 月，滁州市举行 2021 年纪念“6・5”世界环境日暨环保宣传周，共设置 50 多个宣传展台发放环保宣传手册。

八、宣城市生态环境教育

宣城市始终坚持实施“生态立市”发展战略，为了以生态文明示范创建为抓手引领全市各项生态文明建设工作，打造生态文明建设的宣城样板，宣城市委市政府做出创建国家生态文明建设示范市的重要决定。经过全市上下的艰苦奋斗、真抓实干和精诚合作，宣城于 2017 年首创首成第一批国家生态文明建设示范市，是当时全国仅有的 9 个地级市之一。同时宣城市始终坚持自下而上、由点到线、由线到面的工作原则，推行全域创建，各县市区在市委市政府的带领下，高度重视，扎实推进本地区的生态文明示范创建工作，全市上下硕果累累。截至目前，宣城仍是安徽省唯一的地市级“国家生态文明建设示范市”，也是安徽省唯一一个实现生态文明建设示范创建省级全覆盖的地区。

2020 年 3 月 4 日，为进一步牢固树立“绿水青山就是金山银山”理念，全面部署 2022 年环境宣传教育工作，宣城市召开生态环境保护宣传教育工作会议。市生态环境局副局长章传跃主持会议并讲话，会议通报了 2021 年宣城市环境宣传教育工作的进展情况，部署了 2022 年宣传教育重点工作安排；会上，广德市生态环境分局围绕志愿服务活动、绩溪县生态环境分局围绕政务信息报送、市经开区分局围绕环保设施公众开放作经验交流发言。会议指出，要认真学习、深刻领会、全面贯彻中央、省、市关于生态环境保护宣教工作的决策部署，推动生态环境宣教工作迈上新台阶。具体而言，一是宣传好习近平生态文明思想；二是宣传好深入打好污染防治攻坚战的举措成效；三是宣传好生态环保铁军的精神风貌。会议强调，当前和今后一个时期，生态环境宣教工作的重点任务就是深入宣传贯彻习近平的生态文明思想，着力推动生态环境治理全民参与，为持续改善生态环境、建设美丽宣城营造良好的社会氛围。全市生态环境系统应持续推进新闻宣传，唱响生态文明建设主旋律；创新开展社会宣传，传播生态价值理念；广泛动员社会参与，构建全民行动体系。

九、溧阳市生态环境教育

2021 年 1 月，溧阳生态环境局和市教育局联合组织开展学校实验室废弃化学品清零行动。全市学校实验室废弃化学品清零行动，从前期排查、分类统计、备案、收储到清运处置历时 1 个多月，全市 24 所中小学校实验室废弃化学品全部实现清零，共处置各类实验室废弃化学品 2256 瓶（约

2 吨），其他实验室废弃物约 1 吨。

2021 年 7 月，由江苏省环境保护宣传教育中心主办的“2021 年度江苏省中小学校生态环境教育工作骨干交流座谈会”在溧阳召开。为贯彻落实原环境保护部等六部门共同制定并印发的《全国环境宣传教育工作纲要（2016—2020 年）》，推动全省中小学校幼儿园环境教育工作持续发展，江苏省环境保护宣传教育中心自 2017—2020 年，已连续 4 年开展全省中小学校幼儿园生态环境教育工作骨干培训工作，累计培养中小学校幼儿园环境教育骨干 700 余名。其中，有来自生态环境系统、教育系统的环境教育工作者，更多的则是来自中小学校、幼儿园负责一线环境教育工作的骨干教师，有效提高了全省环境教育骨干队伍建设的科学性和系统性。期间，由江苏省生态环境厅牵头，在江苏省教育厅等有关部门的有效协同下，指导并推荐 50 所次中小学校幼儿园获得了国际生态学校绿旗荣誉。

十、金坛区生态环境教育

2021 年以来，金坛区全面推行“绿色施工”，加强生态环境教育工作，扫除盲区，精准施策，进行“四步普法”，致力做好生态环境文明建设。

一是倡导绿色出行，呵护绿色生态文明，在“世界水日”“世界环境日”等特定节日开展宣传《中华人民共和国环境保护法》《中华人民共和国旅游法》《中华人民共和国道路交通安全法》等法律法规系列普法活动；联合组织“助推绿色发展建设美丽金坛”河长制知识竞赛活动，以赛促学、以学致用；通过悬挂横幅、播放 LED 秸秆禁烧标语、发放致广大农民朋友的一封信等形式，走村入户，深入田间地头，宣传秸秆的绿色处理新途径，树立环保意识，形成“不能烧、不敢烧、不去烧”的良好氛围。

二是整治环境污染，提升绿色企业形象，兼顾经济与生态、开发与保护，金坛区法宣办联合绿协开展“环保知识宣传进企业”“行走的背包”活动，形成人人有担子、个个有责任、齐力共抓的保障机制，确保纵向到底、横向到边；积极开展“送法入企”普法活动，深入宣传《中华人民共和国环境保护法》《中华人民共和国污染防治法》等法律法规，对企业开展“应急法律知识”考试活动，用生态优势应对变局、开拓新局，切实维护群众环境权益。

三是宣传长江保护，打造绿色环保生活，加大长江流域生态环境保护宣传力度，积极落实长江禁捕退捕工作，开展“水润金坛 · 河你有约”河小青绿色巡河护河、《中华人民共和国长江保护法》普法讲座、制作法治书签等活动，实施“随手拍、随手捡、随手护”等“绿色微行动”，让“禁渔令”落地生效，传播绿色生态理念，助力金坛生态文明建设。

四是进行校园普法，践行绿色文明风尚，开展“平安护航”“禁毒进校园”“税启初心伴成长”等普法活动，采取课堂授课、升旗仪式上讲话、《绿色生活》报纸 DIY、法治手抄报等多种形式，宣传禁毒、垃圾分类、禁燃烟花爆竹等环保知识和法律法规，号召在校师生做好绿色文明新风尚的践行者和宣传员，维护青少年绿色健康教育资源，践行绿色文明新风尚。

第五章　生态环境法治

第一节　南京都市圈生态环境法治情况

2021 年，我国生态环境系统坚持依法行政、依法推进、依法保护，用法治的力量保护生态环境。“十四五”开局之年，要加强重要领域立法，健全国家治理急需的法律制度、满足人民日益增长的美好生活需要必备的法律制度，是新形势新任务对生态环境立法工作提出的新要求。

生态环境部印发的《关于深化生态环境领域依法行政持续强化依法治污的指导意见》，是生态环境系统推进依法治污的综合性文件，将生态环境保护工作全面纳入法治轨道。“十四五”期间，生态环境部将配合立法机关积极开展环境法典编纂的研究论证，科学整合生态环境领域的立法，构建源头严防、过程严管、责任追究的生态环境保护制度体系，推动环境治理体系和治理能力现代化。

2021 年 2 月 2 日，《南京都市圈发展规划》获国家发展改革委批复。南京都市圈坚持“绿色共保”的原则，积极践行“绿水青山就是金山银山”的理念，推进长江大保护和生态环境共保联治。“十四五”期间，南京都市圈将进一步强化生态环境的共保联治。要坚持共抓大保护、不搞大开发，把保护修复长江生态环境摆在压倒性位置，共同加强生态保护，协同推动环境治理，切实提升整体生态环境质量，打造绿色都市圈。南京都市圈将强化共建“一带三片”区域生态格局。依托长江水体、洲滩湿地以及临江丘陵，强化生态空间协同保护和修复，协同实施长江两岸造林绿化，合力打造长江生态保护带，共建东北部水网、西部江淮丘陵、南部江南丘陵三片生态保护区域。实施长江“十年禁渔”合力严管生态保护红线。

“十四五”期间，南京都市圈将合力严管生态保护红线。实施好长江“十年禁渔”，加强自然保护地生态保护建设，维护和保育生物多样性。加强长江河湖、湿地保护，严控水面开发、严禁非法占用河道。加强风景名胜区、地质遗迹保护区等的利用管理，严控蓄滞洪区、行洪区及其他生态敏感区域人工景观建设。共建共保跨界重要生态功能区，开展林长制试点，探索实施跨界山体湖泊的协同治理，实施退圩还湖工程。南京都市圈还强调要持续改善环境质量。强化大气污染联治，加强多污染物协同管理，共同改善区域大气环境质量。联合保护长江生态环境，推进跨界水环境协同治理。建立跨区域非法倾倒监管联动机制、源头追溯机制，统筹推进固体废物污染防治。南京市将建立健全共保联治机制。完善跨区域生态环境监管机制，统一布局、规划建设覆盖生态状况、环境质量、重点污染源的生态监测网络，推动各城市环保大数据有效集成、互联共享，推进环境质量监测预报预警合作，强化区域互查执法、临界生态环境协作和跨省联防联控。健全环境风险协同应对机制，严格防范区域环境风险，建立风险源管控清单，推动建立共同防范、互通信息、联合监测、协同处置的应急管理体系。健全生态补偿和环境损害赔偿机制，引导跨行政区的生态受益地区与保护地区之间开展多元化生态补偿，建立地区间资源有偿使用和排污权交易制度，探索建立跨区域环境损害赔偿制度。

第二节　各市（区）生态环境法治情况

一、江苏省生态环境法治

“十三五”时期，江苏省上下深入践行习近平生态文明思想，完整准确全面贯彻新发展理念，坚决打好污染防治攻坚战，实现了生态环境从严重透支到局部改善，再到全面好转的历史性转变，污染防治攻坚战阶段性目标任务高质量完成。2021 年，生态环境保护实现“十四五”起步之年开局良好，在环境法治的保障下，美丽江苏建设迈出坚实步伐。“十三五”期末，全省生态环境地方性法规共 11 件、省政府规章共 3 件、部门规范性文件共 16 件，设区市地方性法规共 26 件，生态环境法规制度体系初步建成。

制度设计方面。2020 年 1 月，颁布全国首部生态环境监测地方性法规《江苏省生态环境监测条例》，拓展了生态环境监测的定义，明确了生态环境部门对生态环境监测的统一监督管理责任，明晰了不同管理部门对环境监测机构的具体监管职责，确立了自动监测数据在环境执法中的法律地位；2020 年 11 月，颁布《江苏省水污染防治条例》，将河长制、水环境生态补偿机制、农业农村水污染治理等实践经验确立为法规制度，对水功能区划与水生态环境规划的编制进行规范，推进落实源头治理和“三水”统筹，“山水林田湖草是生命共同体”的理念更加彰显，填补了我省水污染防治领域总纲性地方立法的空白；2018 年 1 月，颁布《江苏省挥发性有机物污染防治管理办法》，加强对挥发性有机物重点污染源和无组织排放的监管。

优化营商环境方面。在生态环境立法领域深化“放管服”改革，推行“立改废”并举，为打好污染防治攻坚战和推动经济高质量发展提供法治支撑。对于公民、法人或者其他组织能够自主决定的、市场竞争机制能够有效调节的、行业组织或者中介机构能够自律管理的，减少行政干预。修订《江苏省机动车排气污染防治条例》《江苏省辐射污染防治条例》《江苏省长江水污染防治条例》等，取消了部分委托授权和备案要求、前置性条件以及省内流通限制。完善监管法规体系，把该管的事务管住管好。修订《江苏省企事业环保信用评价办法》，填补规范信息归集过程中人为延迟信息录入的漏洞；加大处罚力度，修订《江苏省大气污染防治条例》，加大对扬尘污染、露天烧烤、焚烧秸秆等违法行为的处罚力度。

2021 年，全省法院审结污染环境、破坏生态资源刑事案件 1195 件（含旧存），3415 人被判处刑罚，251 人被判处 3 年以上有期徒刑。其中，涉环境污染类案件 288 件，涉非法捕捞类案件 305 件，涉野生动物保护类案件 155 件。下一步，江苏高院将在线上线下发力，通过发布环境资源审判工作情况、通报重大典型案例、庭审直播、建设生物多样性司法保护馆等多种形式开展集中宣传，不断提升环资审判影响力，努力实现“审理一案、教育一片”社会效果，提升全社会环境保护意识。

二、安徽省生态环境法治

2021 年，安徽省生态环境厅推进法治政府建设，将法治建设与生态环境工作同谋划、同部署、同推进。不断完善法规制度体系，全面依法履行法定职能，持续加大生态环境执法力度，大力弘扬生态环保法治文化。安徽省生态环境法治建设在多方面取得成效。

生态环境法规制度体系不断完善。安徽省聚焦水、气、土、固体废物污染等热点问题，确立了以《安徽省环境保护条例》《安徽省大气污染防治条例》《巢湖流域水污染防治条例》《安徽省机动车排气污染防治办法》等构成的“61”地方性法规规章体系。《安徽省实施〈中华人民共和国土壤污染防治法〉办法》已提交省人大审议。《安徽省实施〈中华人民共和国水污染防治法〉办法》以及《安徽省实施〈中华人民共和国噪声污染防治法〉办法》等2件地方性法规的调研论证正稳步推进。地方环境标准方面，成立安徽省生态环境保护标准化技术委员会。制定出台《安徽省生态环境标准管理办法》《安徽省“十四五”生态环境保护标准制定清单》，明确生态环境保护标准制定工作中长期目标。组织制定《甘薯淀粉加工废水还田利用技术规范》《餐饮业环境保护技术规范》等25项标准。首次与沪苏浙联合制定《制药工业大气排放标准》等3项长三角一体化标准。生态环境损害赔偿方面，制定《安徽省生态环境损害赔偿实施办法（试行）》，实现全省16个省辖市案例实践全覆盖，累计办理199起赔偿案件，赔偿金额达2.2亿元。

简流程促进经济高质量发展。一是优化行政审批流程，40个事项全程网办，行政许可承诺办结时限压缩至法定时限30.3%，业务系统和政务系统关联事项实现一次跳转，一次登录，排污许可证实现长三角“一网通办”，环评审批、危废跨省转移、辐射安全许可证核发三个高频事项发布“一图读懂”，办件实现网上、现场、寄送、上门四种办理途径。拓展环评告知覆盖面，对医药制造业、研究和试验发展业、汽车制造业、交通运输业等37类的建设项目环境影响报告表实施告知承诺审批。将在中国自由贸易试验区推行的环评与排污许可“两证合一”改革，拓展到所有联动创新区，实现两项行政许可事项“一套材料、一口受理、同步审查、一次办结”。二是调整权责清单事项，对厅权责清单目录中权力事项进行动态调整，并将调整情况表及调整事项修订后的事中事后监管细则、公共服务事项服务指南予以公布，方便群众查询和监督。三是坚持复议为民定分止争，2021年来，共办理行政复议案件35件，案件办理过程中注重法律法规宣传，引导申请人自觉落实环保主体责任，督促基层生态环境部门规范行政行为。

优效能提升生态环境执法水平。一是加大执法力度。二是优化执法方式，发布第一、第二批《生态环境轻微违法违规行为免罚清单》，对115起轻微违法违规行为免予处罚，免罚金额762万元；推行执法正面清单制度，将2317家企业纳入正面清单管理，减少现场执法检查5687次。三是全面配合执法检查，2021年全国人大及省人大陆续开展《中华人民共和国环境保护法》《中华人民共和国长江保护法》及《安徽省环境保护条例》等执法检查。

环境法治宣传成效明显，安徽省制定出台《安徽省生态环境厅关于印发贯彻落实〈关于在全省开展法治宣传教育的第八个五年规划（2021—2025）〉工作举措的通知》，确定全系统“八五”普法目标任务。全面落实国家工作人员学法用法制度，常态化开展干部旁听庭审、任前考法、法治培训、以案释法等工作。同时紧扣“法治为民办实事”，坚持将精准普法作为治污源头，开展了“志愿普法行　送法进民企”“环企精准云普法”等工作，实现普法工作从“被动答题”到“主动服务”的顺向输出。此外，安徽省组织开展“法润江淮”法治文化作品创作和法治人物、法治事件遴选推荐；举办“共享法治阳光，共建美丽安徽——《中华人民共和国环境保护法》主题展览”，向社会公众全面宣传生态环境法律法规和我省污染防治攻坚战成效。

三、南京市生态环境法治

2021年，南京市生态环境法治工作有序进展。在统筹法治工作、开展法制审核、推进两法衔接、化解行政争议、加强法律服务、推动生态损害赔偿等方面取得新进展。但是，立法立标工作中存在短板，生态损害赔偿工作压力逐增，行政争议案件仍需压降。2021年，南京市生态环境局以制度建设为引领，以案例实践为抓手，以基地修复为载体，以部门协作为支撑开拓创新，着力构建符合我市实际情况的损害赔偿“南京样本”。通过与司法机关共建司法修复基地，运用生态环境保护的“行政+司法”模式，促进受损生态环境修复治理，推动损害赔偿工作向纵深发展。

在生态环境行政处罚方面，2021 年全市处罚案件立案数量、下达处罚决定书数量、处罚决定金额数量同比大幅增加，全市共立案 2417 件，同比增加 64%；下达行政处罚决定 2284 件，同比增加 61%，位列全省第一；处罚金额 1.24 亿元，同比增加 97%，位列全省第三。

四、镇江市生态环境法治

2021 年，镇江市生态环境局全力聚焦省市治污攻坚年度目标、重点项目、重点问题，在法治轨道上深入实施各项专项行动，推动环境质量改善。

2021 年，镇江市不断加强法治政府建设，强化法治保障。一方面，加强地方生态环境保护立法。镇江市生态环境局牵头起草完成了《镇江市扬尘污染防治条例（草案）》，《镇江市扬尘污染防治条例》于 2021 年 7 月 1 日起正式实行。此外，镇江市强化帮扶领导，精准服务企业发展。对全市 1200 多家重点排污企业，尤其是近三年被处罚企业存在的突出环境问题进行汇总，提出指导意见建议；市区联动开展排污许可证专项执法检查，组件专家团队下沉，针对企业可能存在的风险点，帮扶企业。编写企业守法告知书等普法资料，推出“一企一信”活动，对全市 1200 多家重点排污企业分门别类制定指导措施。开展“环保疫苗接种”等系列行动。截至 2021 年 11 月底，环保疫苗接种行动已开办 11 期，先后共帮扶企业 521 家次，解决企业环境问题 1611 个。此外，镇江市依法打好污染防治攻坚战。一是强化组织推进，开展“首季争优”“打好二季度翻身仗”“大气攻坚”“春夏攻坚”“奋战 60 天”等专项行动。二是落实抓总机制，治污责任再压实，围绕治污攻坚年度目标任务，细化分解工作调度体系，每月开展调度并录入监管平台。截至 11 月底，平台共收集问题线索 54638 条，已办结问题线索 54372 条，办结率为 99.51%。三是坚持攻坚克难，彻查彻改问题，攻坚重点断面水质提升和大气污染防治整治，紧盯水质不能稳定达标的国省考断面，监管帮扶并重，多措并举推动源头治理，成立水质提升工作专班，聘请专家对断面水环境存在问题进行专业化梳理排查，针对市裸地扬尘源防尘到位率排名全省倒数第一的情况，市攻坚办印发了《关于进一步厘清职能，扎实做好工地、裸地扬尘污染防治与管控工作的通知》和《镇江市港口环保驻点攻坚行动工作方案》。

镇江市强化执法监管，严格规范公正文明执法。一方面，加强执法规范化建设。严格落实《江苏省生态环境行政处罚裁量基准规定》，用“一把尺”的标准处罚区域内同类违法行为。严格落实执法公示制度，依托官方门户网站、“镇江生态环境”微信公众号平台等主动公开行政执法信息；严格执行执法全过程记录制度，推动全市生态环境部门应用统一的移动执法信息；严格落实重大行政执法决定法制审核制度，明确并发布审核目录。另一方面，建立环境执法“正面清单”。加强信用管理，根据《江苏省生态环境监督执法正面清单实施方案》及《关于印发〈镇江市生态环境监督执法正面清单实施方案〉的通知》要求，将 213 家单位纳入镇江市 2021 年第一批生态环境监督执法正面清单，并在官方网站进行发布，接受社会监督。深化生态环境损害赔偿制度改革。一是完善制度建设，制定出台了包括《生态环境损害赔偿资金管理办法》《生态环境损害事件报告办法》《生态环境损害磋商办法》等在内的配套文件；二是建立完善工作机制，制定了《生态环境损害赔偿工作规程》《生态环境损害赔偿案件分类办理指南》，明确了需要追究生态环境损害赔偿责任的情形；三是完善执法监督机制。镇江市深入推进法治宣传教育。建立“以案释法”机制，在“镇江生态环境”微信公众号设立“以案说法”栏目，公布全市上半年环境违法十大典型案件，发布涉嫌超标排放、露天喷漆、涉机动车检测行业等典型案例。此外，线下发力与线上突破相结合，利用“6·5”世界环境日广泛开展面向社会公众的生态环境普法宣传，利用国家宪法日开展宪法精神进机关活动，组织干部职工参与法律知识竞答，开展新修订的《排污许可条例》、生态环境损害赔偿等“云”培训，深入企业、园区开展宣传。开展互动式、体验式生态环境宣传教育，强化媒体合作，做强门户网站、双微新媒体宣传平台，聚焦中心工作、社会焦点、热点问题开展普法宣传，增进社会公众对环境保护工作的理解与支持。

五、扬州市生态环境法治

2021 年，扬州市生态环境系统认真落实市委、市政府和省生态环境厅决策部署，坚定政治站位，强化政治责任，统筹经济社会发展和生态环境保护，统筹疫情防控和环境安全，齐心协力、负重拼搏，“十四五”生态环境保护实现良好开局。

生态环境法治方面，全市生态环境执法系统紧紧围绕扬州好地方环境质量改善和年度目标任务，主要取得以下成效。一是环境执法力度显著增强。2021 年，面对新冠疫情导致环境执法工作停摆一个多月的不利影响，扬州市生态环境局通过建立违法线索发现机制、案件高效有力查办机制、执法保障机制、案件质量控制机制和执法统计考评机制，市执法局领导班子成员主动挂钩联系基层执法局（大队），坚持全市一盘棋思想，全面推动全市环境执法工作“强执法、补短板”，1—12 月全市共下达处罚决定书 749 件、罚款金额 5615.4 万元，分别同比上升 18%和 71%。二是环境信访工作稳定可控。2021 年，扬州迎来了建党 100 周年和省环保督察工作，在全市开展集中治理重复信访化解信访积案专项工作和突出环境信访“百日双百”攻坚专项行动，通过领导包案，加强督查考核，落实工作责任，及时依法依规化解、稳控了一批重点疑难信访，2021 年，省以上部门交办扬州市越级信访 130 件，同比下降 9.1%，未发生因环境信访引发进京非正常上访、个人极端事件和大规模群体性事件。

六、淮安市生态环境法治

2021 年，淮安市生态环境局法治政府建设工作在市委、市政府的坚强领导和依法治市办的具体指导下，以改善环境质量为中心，以解决突出环境问题为重点，积极推进生态环境领域依法行政，全力配合打好污染防治攻坚战，取得了以下成效。

积极协助各类法律规章的制定。积极配合省厅、市人大及相关部门开展对《淮安市市区停车场管理条例》《淮安市中心城区建筑垃圾资源化利用管理办法》《淮安市城乡网格化服务管理实施细则》《淮安市湿地保护条例》《江苏省乡村振兴促进条例》等十余部法律法规规章的修改与制订。

扎实开展环境行政执法工作。加大执法监管力度，严厉打击各类环境违法行为。先后开展水专项执法检查、气专项执法检查、机动车排放检验机构以及环境治理设施环保安全执法检查；以“2+*N*”机制为抓手，严格打击废水偷排直排、自动监测数据弄虚作假和危废非法处置“三类犯罪”。成立执法重案组，对重大案件实行“一案一组”，依法查处了浙江三门铝灰跨省倾倒等一批大案要案。推进部门联合双随机工作，与公安、交通、住建、城管等部门多次开展打击环境污染行为联合执法工作；加强在线监控，积极探索不接触的执法方式，对全市安装在线监控的企业进行摸底，严查超标排放、不正常运行在线监控设施等违法行为。全年累计下达行政处罚决定 864 件，罚款金额 5453 万元，移送公安行政拘留 7 起，涉嫌环境污染犯罪刑事移送 7 件，有力打击环境违法行为。

全面履行国家机关普法责任制，多法并举加强本业务普法宣传。筹划开展“6・5”世界环境日普法，印发《2021 年淮安市纪念六五环境日暨生态环境宣传月活动方案》，“6・5”世界环境日当天现场发放《生态环境保护法律法规汇编》200 余本，环保法规扑克牌 500 余副，环保袋 500 余个，各类宣传册 1000 余份。认真落实“以案释法”制度，2 月份以来坚持每周利用“263”微信公众号推送一个环保违法典型案例，9 月份向法治办报送的“洪泽特能生物质发电有限公司偷排高浓度废水案”入选向省司法厅报送典型案例。根据全市统一部署，认真开展宪法、《民法典》等各类主题法治宣传教育活动，积极组织本系统人员参加省、市网上法律知识答题竞赛。利用楼前电子屏、橱窗定期发布法治宣传内容，继续发挥“淮安环保263”微信公众号、“淮安生态环境”微博等网络平台，及时发布环保动态，普及生态法规。先后开展“大手拉小手，环保理念入童心”活动，开展“美丽淮安，青年争先”生态环境保护社会实践活动，在企业数量较多的工业园区专题举行生态环境领域安全生产暨环境法律法规宣讲活动，不断提高公民和企业主动守法、达标排放的环保意识。

七、芜湖市生态环境法治

2021年，芜湖市生态环境局落实生态环境损害赔偿制度，以“谁损害、谁赔偿”为根本原则，积极组织开展生态环境损害赔偿案件线索排查，2021年完成赔偿案件磋商18件，涉及赔偿金额3698万元，南陵“8・26”倾倒填埋固废案获评全省磋商典型案例。

扎实开展“绿盾2021”自然保护地专项行动，整改完成生态环境部卫星遥感所涉的全部点位问题。对淡水豚国家级自然保护区已整改验收的33个问题“回头看”，持续完善长效管控机制。全面启动生态文明建设示范创建，编制《芜湖市生态文明建设示范市规划》，稳步推进无为市、南陵县、繁昌区开展生态文明建设示范创建，湾沚区实现创建大满贯，南陵县“绿水青山就是金山银山”实践创新基地创建获推至生态环境部。

八、马鞍山市生态环境法治

2021年，马鞍山市生态环境局在市委、市政府的坚强领导下，在市委全面依法治市委员会办公室的业务指导和大力支持下，深入学习贯彻习近平法治思想，进一步提高执法能力，切实提升生态环境依法行政管理水平，取得了以下成效。

积极构建法治化营商环境。统筹推进疫情防控、经济社会发展和生态环境保护，全面落实新发展理念，充分激发市场主体活力，助力经济恢复发展，继续实施《环评审批告知承诺制改革试点实施细则》，对环境影响总体可控、受疫情影响较大、就业密集型等民生相关的行业，采用承诺告知审批方式。建立环境监管正面清单，坚持环境执法“三步走”，对环境违法和存在污染问题的企业严格实施警示约谈、挂牌督办、依法关停三步走措施。对无主观故意、轻微环境违法行为“首错不罚”。推进柔性执法，落实轻微违法行为免罚清单制度，已按程序办理轻微免罚案件2件。出台全面推行证明事项告知承诺制实施方案，进一步解决企业和群众办证多、办事难、来回跑等问题。认真编制目录清单，对涉及的政务服务事项的申请材料开展梳理核查，明确有2项政务服务事项2种申请材料实施告知承诺制。

突出工作重点，依法开展环境执法。深化“三大一强”专项攻坚行动。贯彻实施《中华人民共和国长江保护法》，开展长江流域入河排污口排查整治，深入推进长江经济带马鞍山段生态修复和环境治理，持续改善长江生态环境和水域生态功能。强化“两法衔接”工作力度。严格执行《马鞍山市行政执法机关移送涉嫌犯罪案件的规定》，推动行政执法与刑事司法无缝衔接，曝光盘景水泥公司篡改伪造监测数据典型案件，通过查办案件、以案释法，有力震慑打击环境违法行为。持续加大生态环境执法力度。全面落实“双随机、一公开”执法监管要求。统筹开展2021年度“双随机、一公开”工作，进一步完善双随机检查“一单两库”建设，规范“双随机”检查结果网上信息公开，不断加强市本级和各分局双随机检查工作督导调度，强化重点排污单位环境监管，深化部门联合“双随机、一公开”监管。2021年双随机检查961个（市本级64家）。强化执法严惩环境违法行为，2021年全市生态环境系统开展执法3216次，检查企业5745个，出动执法人员11750人次，使用移动执法2212次，下发《责令改正违法行为决定书》189件，下发《行政处罚决定书》93件，罚款金额862.4991万元，适用环保法配套办法18件，约谈有关单位及企业302个。持续做好生态环境信访工作。不断畅通信访举报渠道，在执法支队设立信访举报中心，及时分析研判舆情信息，建立交办转办、处理落实、跟踪反馈的闭环调处机制。2021 年，全市生态环境系统共受理环境污染投诉 2786 件，接待群众来访 46 批 80 人次，环境信访事项受理率 100%，办结率 99.4%，回访满意率始终保持在 96%以上，群众对生态环境的获得感和满意度不断提升。

九、滁州市生态环境法治

2021 年，滁州市生态环境局制定《2021 年滁州市生态环境局普法依法治理工作要点》和《滁州市生态环境局 2021 年“江淮普法行”活动方案》等，将习近平法治思想纳入“八·五”普法规划，为推动生态环境系统工作提供法治保证。印发《2021 年滁州市生态环境局“宪法宣传周”工作方案》。

滁州市围绕新阶段现代化新滁州建设，有效发挥法治固根本、稳预期、利长远的保障作用。根据市人大常委会办公室印发的《打好优化营商环境“组合拳” 对标开展规范性文件再清理工作实施方案》要求，及时清理《滁州市人民政府办公室关于印发滁州市重污染天气应急预案的通知》（滁政办秘〔2018〕188 号）等相关规范性文件，为持续优化营商环境提供法治保障。为进一步优化营商环境，主动提升服务意识，利用“环企直通车”“四送一服”、环评技术评估服务咨询平台等方式加强环评知识宣传。与市工商联共同建立了《支持服务民营企业绿色发展工作机制》，制定了《市工商联、市生态环境局服务民营企业绿色发展工作实施方案》，开展民营企业参加的直通环保对接会，听取企业的诉求和建议，帮助解决环保问题。开展“环企直通车”行动，与 100 个企业结对服务，重点关注传统产业、节能环保产业、战略性新兴产业等不同领域的重点企业，市县联动，帮助结对企业提升污染治理和绿色发展能力，同时以点带面，发挥结对企业集聚效应，引导行业绿色高质量发展。成立“四送一服”双千工程领导小组，统筹协调相关工作，及时研究解决重大问题。持续加强生态环境领域执法活动，截至 2021 年 11 月底，全市生态环境系统下达行政处罚书 183 件，罚款 2491.7292 万元，实施配套措施案件 40 件，其中查封扣押 29 件、停产限产 5 件、移送拘留 5 件，按日计罚 1 件，罚款 8 万元，依法及时从严惩治环境领域违法犯罪活动。

十、宣城市生态环境法治

2021 年，宣城市全面推进各类突出生态环境问题整改，深入打好污染防治攻坚战，生态环境质量不断提升，推动法治政府建设工作取得了明显成效。根据 2021 年统计调查结果，公众对宣城市生态环境质量改善满意程度达 94.14%、参与度达 97.84%，达到历史新高。生态环境保护实现“十四五”起步之年良好开局。

依法全面履行环境管理职能。扎实推进蓝天、碧水、净土三大保卫战，推进美丽长江经济带生态环境新一轮“三大一强”专项攻坚行动及突出生态环境问题整改，突出生态环境问题整改展现“新作为”。完成了中央、省生态环保督察迎检等任务，持续领跑安徽省生态文明创建，强化自然保护地监管，2021 年在安徽省率先实现生态文明创建省级全覆盖。逐步构建全市监测体系，区域环境执法力度持续增强，合理解决群众环境信访诉求，巩固秸秆禁烧成效，环境监测监管取得“新成效”。

强化环境执法监管。组织全市环境执法队伍对辖区内化工、涉危、涉重等环境风险较大的行业以及企业全面开展环境安全隐患排查，严防生态环境领域“黑天鹅”“灰犀牛”事件。对宣城市长江一二级支流入河排污口排查监测溯源，严格落实“双随机、一公开”执法检查制度，开展建设项目“三同时”检查，持续推进“散乱污”整治，严厉打击环境违法行为。每季度对全市二级及以上医疗机构开展常态化抽查检查，督促医疗机构落实“两个 100%”要求，服务全市疫情防控工作绝不放松。

十一、溧阳市生态环境法治

2021 年，在溧阳市委、市政府的领导下，在常州市生态环境局的指导下，溧阳市生态环境局坚持以习近平生态文明思想为指导，全面贯彻落实党的十九大和十九届五中、六中全会精神，认真实施蓝天、碧水、净土保卫战，全力以赴深入打好污染防治攻坚战，协同推进我市经济高质量发展和生态环境高水平保护。溧阳生态环境局紧紧围绕法治溧阳的工作大局以及各项重大环境工程建设项目，积极推行学法普法活动，规范行政执法行为，自觉接受社会监督，努力提高行政效能，依法行政的水平得到不断提高，有力促进了我局法治建设工作的开展，取得以下成效。

规范执法，完善行政执法程序。严格按照国家有关行政执法的有关规定开展环保行政执法工作，在处罚尺度上，严格按照《江苏省生态环境行政处罚裁量基准规定》的有关裁量标准进行处罚，制定《溧阳生态环境局行政处罚案件办理相关规定》（常溧环分党组〔2021〕5号），进一步明确执法，法规二级审核；对从轻、减轻、延期缴纳罚款，加处罚款的征收，与银行的衔接，案件会审人员的组成进行细化：规范化、可操作性。办理的行政处罚一般程序案件100%经法规科室进行合法性审查，并签署意见后才提交局案件审查小组进行研究，超过5万元罚款的重大案件提交常州市局会审小组进行讨论决定。与人民法院开展刑事司法衔接机制，严格行政执法，对在行政执法中发现的涉嫌犯罪情况，及时移交司法机关立案查处。2021年通过“两法衔接”信息共享平台，向公安部门移交涉嫌刑事案件1件。立案查处各类环境违法行为280件，下发行政处罚决定书130件，行政处罚额总数为1424.4779万元。其中，查封扣押30件，实施停产限产1件，移送环境违法行政拘留案件20件、涉嫌环境违法刑事案件1件。自成立溧阳市生态环境损害赔偿制度改革协调小组以来，积极会同市环境保护联动执法中心推动各项工作，目前已经启动4件，达成赔偿协议3份，收到赔偿金额共计47.1727万元。积极应对“源头治理、减污降碳”工作，将辖区内24个重点企业纳入2021年度清洁生产强制审核名单，预计投入资金853万元用于环境治理改造。

规范行政许可工作。积极与镇（区）、企业对接项目审批情况，主动对接建设单位、环评机构以及技术评估机构，搭建协调平台，加快环评及技术评估进度，提高项目审批效率。制定《建设项目内部管理规范及会审制度》，建立科室会商、小组会审和局党组会审三级会审制度，进一步提高建设项目环评审批的科学化、规范化水平，落实建设项目环境准入，严把建设项目环评审批关。严格执行《排污许可证管理条例》，严格把关排污许可证核发“关卡”，强化证后管理，推进联合监管。2021年以来，共审查及核发排污许可证143个、注销72个。

加强环境执法监管。一是聚焦规范执法，着力提升依法执法水平。积极配合上级生态环境部门的垂管改革，完成溧阳执法分局机构调整工作。积极推进执法所标准化建设，推动执法力量下沉。配备执法记录平板22个，执法记录仪33台，实现执法流程标准化、执法过程全录像，大幅提升行政执法规范。二是聚焦精准执法，着力提升执法效能。通过走出去和引进来，强化一线执法人员业务培训，提升问题发现能力和解决能力。在发挥传统“铁脚板”执法模式的同时积极推行“双随机、一公开”和“正面清单”制度，探索差异化执法。积极探索新冠疫情下的非现场执法，通过用电监控、在线监控等远程大数据分析，利用走航车、无人机等高科技设备精准溯源，在减少现场检查频次的同时，保持执法力度不减。2021年1—11月通过非现场执法的方式查处2起污染防治设施停运、3起机动车检测数据弄虚作假的环境违法行为，有效打击了违法者的侥幸心理，维护了溧阳经济的绿色发展。三是聚焦铁腕执法，着力打击环境违法。坚持24小时值班制度、节假日领导带班巡查制度，保持对环境违法行为高压态势，为溧阳经济绿色发展保驾护航。

十二、金坛区生态环境法治

2021年，金坛区生态环境局把“党建红”引领“生态绿”作为主线，把减污降碳作为关键抓手，把源头治理作为根本策略，攻坚克难、砥砺奋进，着力推动将绿水青山转换为生态富民、生态利民、生态为民。全区 $PM_{2.5}$ 平均浓度为 34.2 μg/m^3，比2020年下降5.8%，达到国家二级标准，实现了历史新低；优良天数为287天，优良率为78.6%，全市排名第二；11个国省考断面10个达标，10个优Ⅲ，达标率和优Ⅲ率均为90.9%，达到年度考核目标要求；成功创成第三批江苏省生态文明建设示范县（市、区）。获评区委、区政府“两个加快”全面决战工作先进集体、集体三等功以及全市推进“五大明星城”建设先进集体。

环境执法监管是生态环境部门的主责，金坛生态环境局通过不断严格执法责任、优化执法方式、完善执法机制、规范执法行为等方式，全面提高生态环境执法效能。提升监管“约束力”。强化区镇两级网格化监管执法责任体系，点对点信函板块党政主要负责人，提升板块生态环境政治自觉，并附各板块主要环境问题提醒函，督促板块全面落实生态环境保护的属地管理责任，推动解决区域性、行业性突出环境问题。实施“点穴式”“靶向性”执法，2021年以来，共开展现场检查2319厂次，完成双随机监察220家，立案调查各类环境违法行为140起，作出行政处罚决定书57起。

第十篇

南京都市圈发展研究

第一章　学术界主要研究成果

1. 强化南京的交通中心地位　促进南京都市圈生长发育，杨涛，杨绍峰，2002 年《现代城市研究》。

在分析都市圈形成的历史必然性以及交通发展对都市圈成长的促进作用基础上，提出南京都市圈交通建设的总体设想及具体规划，最后给出都市圈交通发展的对策建议。

2. 都市圈内部城市空间扩展机制研究——以南京都市圈中心城市为例，朱鹏宇，胡海波，2003 年《规划师》。

都市圈内部城市空间扩展的影响要素分别有自然限制要素、人文指引要素、交通诱导要素和经济指向要素，它们互相作用，形成矢量模式、覆盖模式和整合模式。南京都市圈的中心城市南京市的空间扩展课题探索出了一种综合型分析方法：建立合理的综合指标体系。运用这种方法进行研究，得出南京市应以向东、向南发展为主的结论。

3. 南京都市圈中心城市功能组织研究，官卫华，姚士谋，2005 年《规划师》。

南京综合竞争力不足、城市结构性矛盾突出、郊县经济基础薄弱，导致作为南京都市圈的中心城市功能发挥欠佳，应通过加快产业结构调整、升级，合理选择城市空间拓展模式，加快建设过江通道、快速通道，强化城市特色建设，创新制度、体制等措施强化和完善南京中心城市功能。

4. 区域一体化进程中城市旅游规模差异的演变及启示——以南京都市圈为例，侯兵，黄震方，周永博，2013 年《地域研究与开发》。

一体化是区域经济发展的必然趋势，区域一体化对城市旅游规模差异会产生深刻影响。运用区域规模差异的相关指标和位序规模理论，对南京都市圈建设 10 年（2001—2010）的城市旅游规模差异进行分析。结果显示：都市圈城市旅游总体发展态势不均衡，旅游规模的绝对差异明显，但相对差异呈缩小态势；城市旅游规模首位度异常明显，城市旅游规模符合位序规模分布规律。都市圈城市旅游的总体格局未发生显著变化，区域旅游亟须深化合作，寻求协同发展。基于这一前提，从完善地区间的利益协调机制、借力行政区划调整、打造跨地区的特色旅游线路、建立健全区域旅游协作渠道、塑造区域一体化旅游形象等角度提出促进区域旅游协同发展的思路。

5. 基于“核心—边缘”视角的区域旅游合作研究——以南京都市圈南京滁州为例，潘立新，吴必虎，晋秀龙，2014 年《经济问题探索》。

南京都市圈中的南京、滁州二市不仅跨市，而且跨省，经济上分属发达和欠发达地区，旅游合作具有典型性。基于“核心—边缘”理论，通过对比南京、滁州，分析了二市跨区域合作在政府合作意向、区位交通、旅游资源、经济联系等方面的优势和存在的问题，探讨了区域旅游合作理论的创新思路和对策，以期对当前蓬勃开展的相类似区域旅游合作实践有所启迪。

6. 乡村产业地域分异格局研究——以南京都市圈典型区域为例，孙伟，田秀琴，闫东升，吴加伟，王玥，2021 年《人文地理》。

文章以南京都市圈“东山—茅山”样带作为研究区域，基于乡村产业 POI 数据，利用圈层分析、核密度分析等方法，对乡村产业及其多样性分异格局进行研究。结果表明，当前农旅、文创等新产业新业态开始在乡村布局，在近郊区和乡镇中心周边组团集聚，沿交通放射布局特征明显，总体上呈现“距离衰减”趋势，且不同产业分布存在明显差异。分类研究发现，乡村产业呈现多样性特征且区域分异格局明显，其中近郊区及乡镇中心产业融合发展趋势明显，产业多样性较为明显；而远郊区及镇域边缘区产业类型相对单一，以农业生产为主导。结合实地调研与已有研究成果的探讨发现，乡村产业多样性格局演变是资源禀赋、内外部因素综合作用的结果。

7. 南京都市圈交通圈层演化特征实证研究，陈斌，杨涛，2006 年《现代城市研究》。

文章在调查南京都市圈交通设施、公共交通体系的服务水平，以及都市圈居民来宁的出行特征的基础上，分析南京都市圈现状的交通联系强度，将南京都市圈划分为主城、通勤圈、日常消费圈和辐射圈。通过分析各圈层的交通特征，明确南京都市圈交通系统尚处在发展的初级阶段，交通的发展水平与国外都市圈的差距还很大，提出南京都市圈现状交通特征及不足。

8. 新区域主义视角下的管治尺度构建——以南京都市圈建设为例，罗小龙，沈建法，陈雯，2009 年《长江流域资源与环境》。

在新区域主义的理论视角下，对南京都市圈的新区域实体和区域管治进行研究，指出南京都市圈是新区域主义在我国的一种表现形式。研究表明：① 南京都市圈实际上是一种新的区域管治模式，政府、企业、非政府机构成为决策制定的重要参与者。② 南京都市圈建设也涉及区域身份与发展愿景的构建，这是区域协调的起点。③在旅游和引资促销，以及交通网络建设上，南京都市圈内的城市合作不断加强。此外，南京都市圈的新区域主义不同于西方的市场主导的新区域主义。南京都市圈的新区域主义是由政府主导的，并有企业和非政府机构参与。研究指出，南京都市圈是在既有区域制度和政治地理上出现的新管治尺度，是一种新的区域管治模式。南京都市圈建设的有益经验将为和谐规划提供一些启迪。

9. 南京都市圈可持续发展研究，胡建渊，2005 年同济大学学位论文。

构建南京都市圈是提高南京城市竞争力、加快城市现代化进程的重要途径。本研究以科学发展观为指导，以生态城市和可持续发展为理念，重点分析了南京都市圈的现状，并从其内部结构及空间作用的角度出发进行综合分析，进而提出了南京都市圈的发展对策和建议。主要包括以下几部分内容：① 以时空跨度、产业转移及都市圈发展为出发点，在国内外有关研究现状的基础上进行分析，着重探讨了中国都市圈发展状况，介绍了都市圈研究的理论基础，包括区位理论、区域经济理论、城市带理论、可持续发展理论等。② 在上述理论基础的支撑下，对南京都市圈现状、空间结构及社会、经济、文化、环境和发展程度进行全面的分析。③ 应用多元统计中的主成分分析法对南京都市圈内的 6 个城市的综合实力进行综合对比分析，定量分析了南京都市圈的类型。④ 运用区域空间相互作用理论，分析南京都市圈内部城市之间的经济作用力及核心城市的引力半径，从时空角度分析南京都市圈内的区域空间特征及其发展变化规律，为区域发展战略的制定提供依据。⑤ 根据以人为本的社会—自然—经济和谐发展的原则及评价指标的易得性，从发展水平、能力、协调度三个方面建立南京都市圈的可持续发展评价指标体系，并使用 AHP（层次分析法）和 Delphi（德尔菲法）相结合的新方法确定指标体系权重，最后应用灰色评估模型确立南京都市圈的可持续发展能力。

10. 南京都市圈空间结构研究，张伟，2003 年《现代城市研究》。

在南京都市圈规划的基础上，重点研究了都市圈的空间结构，提出“核心圈层”式的都市圈空间结构，并提出重点发展“沿江城市带、宁淮—宁高城镇发展轴、宁合—宁句—宁滁城镇发展通道”的策略与要求，最后对都市圈的远景空间结构提出设想。

11. 南京都市圈汽车、船舶产业互动发展研究，张锋，张启祥，苏泽民，金勤，包国齐，2005 年

《南京财经大学学报》。

采取切实措施，把南京都市圈内有较好基础的现代汽车、船舶产业做大做强是南京都市圈区域经济发展的必然选择。南京都市圈有条件建成我国重要的汽车、船舶产业基地，应当选择“科学导引，抢抓机遇，发挥优势，外引内吸，合作重组，做大做强”发展战略。南京都市圈各市政府必须有所作为，重视优秀企业家的领军作用，共同推进科技进步和技术升级，构建都市圈合作发展平台，建立以汽车、船舶产业为基础的新技术项目联合体。

12. 南京都市圈石化产业发展对策研究，张为付，2005 年《南京财经大学学报》。

石化产业是南京都市圈的重要支柱产业，但就石化产业来说，南京都市圈内各城市的发展是极不平衡的。文章根据石化产业的行业分类首先分析了各城市石化产业的行业优势与劣势，认为南京市在基础化工和精细化工方面具有绝对优势，扬州市在中间品化工上具有优势，镇江市在医药化工上具有优势，安徽省的滁州、芜湖和马鞍山等三个城市仅仅在一些次要的行业上具有比较优势。文章最后对南京都市圈化工产业的发展提出了政策建议。

13. 基于时间可达性的城市吸引范围演变研究——以南京都市圈为例，韩艳红，陆玉麒，2014 年《人文地理》。

文章运用场强模型，在时间可达性的基础上研究了在不考虑权重和考虑权重两种情况下南京都市圈城市吸引范围的演变，在此基础上提出了南京都市圈的发展建议。得出的结论如下：① 城市的吸引范围与行政区范围不完全一致，城市吸引范围扩展至江北的沿江城市有芜湖和镇江。② 在不考虑权重的情况下，南京、芜湖的吸引范围总体扩大，扬州、镇江、巢湖、滁州、马鞍山的城市吸引范围总体缩小，淮安的城市吸引范围变化不大。③ 在考虑权重的情况下，南京和芜湖的城市吸引范围扩大，淮安、镇江、巢湖的城市吸引范围缩小，扬州、滁州、马鞍山的城市吸引范围波动缩小。南京的城市吸引范围占南京都市圈的绝对优势。④ 建议芜湖、马鞍山等沿江城市进一步完善过江通道，实现沿江城市的跨江发展；通过加快交通建设和淡化行政界限，增强城市间联系；根据城市吸引范围调整行政区划，如拆分巢湖并入芜湖、马鞍山等城市，句容并入南京市。

14. 南京城市圈随机聚集的分形研究，欧阳晓莹，柯长青，2005 年《安徽师范大学学报（自然科学版）》。

将分形理论与中心地理论相结合，研究了南京城市圈的分形结构。首先通过城市体系的聚集模型计算出南京城市圈的分维值；然后对测量的数据进行频率分布的特征参数计算，得出分形结构因子；最后对结果进行分析，向城市规划者提出若干可行性建议。

15. 南京都市圈文化产业与信息产业互动研究，崔向阳，2008 年《南京社会科学》。

在当今网络经济时代，文化产业与信息产业的关系日益紧密。文章研究了网络经济时代文化产业与信息产业互动关系的基本理论，总结和分析了南京都市圈文化产业与信息产业互动发展的总体情况、基本模式，以及存在的主要问题。基于以上研究，文章提出了构建南京都市圈文化产业与信息产业良性互动发展的政策建议：第一，促进信息产业与文化产业的融合，加快发展新型信息文化产业；第二，促进信息产业的发展，为信息文化产业的发展提供重要支撑。

16. 南京都市圈文化旅游空间整合研究，侯兵，2011 年南京师范大学学位论文。

文化已经成为现代旅游业发展的灵魂和动力，文化旅游是促进旅游产业内涵式发展，推动旅游产业转型与升级的重要依托。随着以交通基础设施和旅游服务体系建设为先导的旅游同城化趋势与区域旅游一体化进程的加快，旅游空间形态开始由知名景区、城市旅游向多目的地组合的区域空间转变。从地域组织的视角审视旅游业发展的载体和平台，都市圈已然成为一种重要的旅游目的地，在配置和整合市场资源、密切地区间的关系方面发挥着日益显著的作用。从文化的视角探讨都市圈旅游空间关系，将有利于都市圈效应的不断延伸和地区间的合作与分工，都市圈文化旅游空间的整合研究既突破了传统的文化旅游研究范式，也丰富了都市圈的理论体系和旅游地理学的研究范畴。文章在综述国内外已有相关研究的基础上，以南京都市圈为例，对都市圈文化旅游空间的构成要素及相互关系、整合思路进行了系统研究。

17. 南京都市圈文化产业竞争力研究，李程骅，孙龙，2008 年《学海》。

南京都市圈空间的一体化、文化资源的融合性及产业链基础，为文化产业的发展提供了优良的生态环境，并形成了以南京为核心的文化产业的三重圈层发展态势。在大力推进社会主义文化事业大发展的新要求下，都市圈内各城市要制定相应的文化产业政策，以达到资源的优化组合，提升都市圈整体的文化产业竞争力。

18. 铁路高速化时代的都市圈轨道交通线网战略研究——以南京都市圈轨道交通线网战略方案研究为例，杨涛，郜俊成，2010 年《现代城市研究》。

借鉴国际大都市圈轨道交通发展经验，依据南京都市圈自身发展条件、需求和规划意向，探讨提出都市圈轨道交通功能层次、体系结构、规划目标和都市圈不同层次轨道交通线网战略构想。

19. 南京都市圈空间结构的分形研究，尚正永，2009 年《统计与决策》。

为了定量分析南京都市圈空间结构的特征，文章通过计算集聚维数、网格维数和关联维数，从城镇要素空间相关性、城镇空间随机集聚的向心性和空间分布的均衡性三个方面，分析了南京都市圈空间结构的分形特征。

20. 南京都市圈文化产业与相关产业的互动研究，钱书法，崔向阳，刘志国，2009 年《南京财经大学学报》。

文章研究了南京都市圈的文化产业与主要相关产业的互动关系、作用机制和基本经验，提出了构建南京都市圈的文化产业与相关产业良性互动发展的政策建议：突出中心城市；推动产业融合；促进产业集聚；整合行政资源；构筑人才高地。

21. 构建南京都市圈金融网的设想，刘志友，2003 年《南京社会科学》。

金融是现代经济的核心，“金融圈”在南京都市圈建设中具有重要的地位，如何建设好南京都市圈金融网是研究重点。文章从建设南京都市圈金融网的有利和不利因素分析、构建金融网的设想及建设中应注意的几个问题等方面展开讨论，以推动南京都市圈建设。

22. 南京都市圈交通一体化及其对现代服务业的深刻影响与对策研究，王可侠，彭玉婷，2010 年《江苏社会科学》。

南京都市圈建立以来，加快了圈内交通的统一规划和建设，初步形成了交通一体化的发展格局。交通一体化的推进降低了交易成本，加速了生产要素的空间流动，促进了圈内资源整合，增进了产业分工和协作，给南京都市圈现代服务业的发展空间带来了成倍的放大效应。但都市圈现代服务业发展仍存在层次不够高、发展不平衡和产业联系不够紧密等问题。南京都市圈应通过交通一体化建设，依靠圈内核心城市的产业带动、各市之间的产业互补和生产性服务业的大力发展，构建新的经济分工体系，建设大网络的产业配套生产集群，加强区域合作与发展，从而促进现代服务业的进一步发展。

23. 基于旅游外汇收入视野的城市群空间差异研究——以南京都市圈为例，方法林，2013 年《开发研究》。

文章以南京都市圈 8 个市为研究单元，采用泰尔指数定量分析评价 2002 年至 2010 年南京都市圈涉外旅游经济时间尺度上的地带内、地带间和市际差异变化的空间结构特征，研究表明南京都市圈涉外旅游经济市与市间、地带间差异显著，地带内差异较小，市与市间差异表现在旅游外汇收入集中在南京、镇江、扬州三个市，地带间江苏四城市的旅游外汇收入比重远高于安徽四城市。研究揭示了南京都市圈涉外旅游经济发展的时空差异和变化规律，分析了影响南京都市圈涉外旅游经济空间差异的主要因素是旅游资源丰富、基础设施、区位因素、区域经济发展水平等，提出了南京都市圈涉外旅游经济区域协调和谐发展的建议。

24. 南京都市圈城际轨道交通系统制式问题探讨，张杰，2013年《城市轨道交通研究》。

为加强都市圈中心城与周边城镇之间的互动联系，南京都市圈规划了城际轨道交通线网。由于目前国内对都市圈城际轨道交通的制式选择尚存在不同见解，未形成定论，因此文章结合南京都市圈的发展规划，对南京都市圈城际轨道交通的功能定位、客流特征和运营时间目标这三个主要的制式影响因素进行了研究，在此基础上，探讨了适合南京都市圈城际轨道交通的系统制式。

25. 基于南京都市圈视角的滁州市承接产业转移研究，潘立新，吴必虎，2013年《经济问题探索》。

皖江城市带承接产业转移示范区是全国首个获批的国家级承接产业转移示范区，安徽滁州是其中重要“一翼”和“前沿”。在南京都市圈内滁州承接产业转移有地理位置、交通、自然资源、人力资源等优势，滁州承接南京的产业转移较多，对滁州市经济发展的软硬件条件、产业结构和就业、城市空间分布有较大影响。文章提出了滁州市应加大招商引资力度及创造优质服务环境，提升产业层次和提高对接产业的科技含量，充分利用优势条件加快宁滁同城化的建议。

26. 南京都市圈孵化器多尺度空间区位模式研究，贺志华，王兴平，2016年《规划师》。

在当前“大众创业，万众创新”的发展形势下，加快推进以科技企业孵化器为代表的众创空间建设对我国早日建成创新型国家具有重要意义。南京都市圈作为我国主要都市圈之一，是当下我国科技企业孵化器发展较快、发展模式比较有代表性的地区。文章主要从科技企业孵化器的空间角度出发，分别从区域、城镇和园区三个尺度及四个层面对科技企业孵化器多尺度的空间区位模式进行了详细研究，基本上揭示了南京都市圈科技企业孵化器空间区位模式及其特征，分析了影响多尺度空间区位模式产生的主要因素。

27. 都市圈经济形成中的政府定位——以南京都市圈为例，刘志甫，2010年《市场周刊》。

南京都市圈是我国目前最为成熟的都市圈之一，但是不可否认的是也存在很多问题。作为都市圈建设中的主要推动者和引导者的政府，如何在都市圈建设中做好自身定位，发挥好政府职能，采取有针对性的措施以促进都市圈的健康发展，使都市圈能够不断完善，真正成为一个对外竞争力强，内部分工合理、相互配合的成熟的一体化经济体，是一个现实的问题。

28. 南京都市圈城市居民休闲体育开展现状的调查与研究，李岩飞，2013年《南京体育学院学报（自然科学版）》。

以南京都市圈城市居民休闲体育开展情况为研究对象，通过文献资料法、问卷调查法、访谈法、逻辑分析法等研究方法，对南京都市圈城市居民休闲体育发展情况进行调查和分析。通过调查了解到，南京都市圈城市居民对休闲体育的需求较为迫切，并自觉自愿地参与一些个人或群体性的休闲体育项目。但居民工作压力大、缺乏技术支持、场地设施不健全等内外因素制约着南京都市圈城市居民休闲体育的发展。通过分析这些内外影响因素发现，南京都市圈大规模开展休闲体育活动是有群众基础和物质保障的，是现实可行的。相关部门应当给予一定的技术指导、政策支持、设施建设和配套管理，使南京都市圈城市居民休闲体育步入正轨，形成良性发展。

29. 基于微观基础的南京都市圈文化产业优化研究，张敏，2007年《南京财经大学学报》。

都市圈是现代都市发展过程中一种基本的空间组织形式，文章在都市圈的框架体系内分析了南京都市圈文化产业优化的影响因素，在此基础上构建了南京都市圈文化产业优化的指标体系，并借助实证研究的方法，指出南京都市圈文化产业发展存在的问题，针对实证研究的发现提出了南京都市圈文化产业实现优化的路径。

30. 南京都市圈经济一体化发展与优化对策研究，魏守华，钱非非，2021年《新金融》。

随着经济全球化与区域一体化发展的不断深

入，中国长三角地区正在形成“城市群—都市圈—中心城市—县城和小城镇”多层次空间格局，其中都市圈建设是关键环节。南京都市圈作为长三角城市群的一个重要组成部分，经济社会持续发展，一体化程度不断提升。在此背景下，文章以南京都市圈建设为例，从经济发展水平、产业结构演变、交通基础设施、创新能力、医疗教育等方面进行对比分析，深入剖析南京都市圈的产生背景、发展现状与现存挑战，由此提出未来都市圈经济一体化的发展方向与政策建议。这将有利于构建中国跨行政区都市圈治理新模式，为我国今后现代化都市圈发展提供一定的经验借鉴。

31. 地缘经济视角下的南京都市圈城市空间经济联系研究，夏永祥，曹玉华，2017 年《领导之友》。

强化都市圈各城市空间经济联系是破解南京都市圈发展瓶颈问题的重要途径之一。文章通过改进后的引力模型测算南京都市圈城市经济联系程度，并从地缘经济关系视角，分别以圈中 7 个城市为中心，采用欧氏距离法分析各城市的竞合关系，探讨南京都市圈各城市的相互作用类型。综合分析表明：南京都市圈以南京为核心，经济联系强度向外逐渐递减；南京的中心性作用明显；两省各城市之间的经济联系总体较弱；圈内各城市之间尚未形成良好的竞合关系，城市间产业结构趋同、分工不足、竞争有余，影响着都市圈区域整体实力的提升。最后从创新区域发展管理模式、要素整合和产业联动等方面给出促进南京都市圈各城市经济发展、提升区域一体化水平的建议。

32. 2006—2014 年南京都市圈对流层 NO_2 时空变化特征及污染源分析，高一博，张鑫，陶圣荣，许丹丹，张洪海，麻金继，2016 年《大气与环境光学学报》。

基于 OMI（Ozone Monitoring Instrument）卫星传感器监测得到的 2006 年 1 月至 2014 年 12 月南京都市圈对流层 NO_2 柱浓度数据和土地利用类型数据，利用余弦曲线函数和 HYSPLIT（后向轨迹模型），分析了研究区对流层 NO_2 时空分布特征及污染物的来源。研究发现，2006—2014 年南京都市圈对流层 NO_2 柱浓度呈现出逐年增长的趋势和冬高夏低的季节变化特征；研究区对流层 NO_2 污染物主要来自两个方面：大气气流的输送作用影响了研究区对流层 NO_2 季节性变化；不同的土地利用类型影响了南京都市圈的对流层 NO_2 柱浓度。

33. 南京都市圈产业效率演化及空间差异分析，臧磊，杨山，周蕾，2013 年《世界地理研究》。

都市圈是具有经济一体化趋势的地域空间组织形式，都市圈内部的产业效率状态是城市之间存在紧密联系的基础。文章采用 DEA（数据包络分析）法，对南京都市圈内六市四县及巢湖市市区的产业效率进行分析和空间刻画，结果表明：南京都市圈内产业效率的市域差异，呈现由“中心式结构”向“双核式结构”的过渡趋势，整体产业效率走向相对均衡发展，其中产业效率呈现“东高西低、南高北低”的状态；南京都市圈整体产业效率演化状态趋于增长，其中第二产业的产业效率演化在整个过程中处于主导地位；南京都市圈内的产业效率与其经济实力存在强正相关，经济实力时空格局与南京都市圈产业效率演变的格局基本一致。

34. 南京都市圈与安徽崛起的关系研究，吕连生，2012 年《科技创新与生产力》。

文章介绍了“十一五”时期南京都市圈建设对安徽融入长三角的历史贡献，阐述了合肥经济圈与南京都市圈的竞合关系，分析了“十二五”时期南京都市圈建设对皖江城市带发展的重大影响。

35. 近 15 年南京都市圈区域绿地变化研究，许浩，李欢欣，刘伟，2021 年《西北林学院学报》。

以 2003—2017 年时间段为例，基于 Landsat（陆地卫星）遥感影像，提取 2003 年、2008 年、2013 年和 2017 年 4 期区域绿地斑块，利用动态度、景观指数及变化程度等方法，从规模与格局的角度对南京都市圈区域绿地的变化特征进行分析，并利用 logistic 回归模型对影响区域绿地变化的驱动因素进行估算。结果表明：① 2003—2017 年，区域绿地面积不断减少，由 2003 年的

6090.33 km^2 减少至2017年的5577.92 km^2。其中，2008年前区域绿地规模变化较大，动态度为-1.55%，2008年后规模减速放缓，动态度为-0.09%。② 研究期内，区域绿地面积减少率位于70%~100%区间的单元数呈递减趋势，粗放式的区域绿地开发得到控制，但区域绿地总体稳定性不断下降。区域绿地面积增长率主要位于0~30%，面积总体增幅较小，增长率≥100%的单元分布离散，并呈现由山体周边向山体内部、沿江沿河处转移的特征。③ 区域绿地的斑块密度、形状指数不断增加，斑块大小中位数、连接度及聚集度总体下降。区域绿地在斑块特征上呈现小型化、破碎化，在空间分布上趋于离散的特征。④ 高程、第二产业占比、公路里程等因素是影响南京都市圈区域绿地演变的重要驱动力。

36. 基于波纹—溢出效应的区域城市房价时空联动性实证研究——以南京都市圈为例，周倩雯，邓小鹏，常腾原，2018年《建筑经济》。

引入波纹—溢出效应概念，使用平稳性检验、多变量Granger（格兰杰）因果检验和空间自相关性检验等方法探究南京都市圈六个城市房价的时空联动性。实证结果表明，南京都市圈各城市房价之间存在明显的波纹—溢出效应，其中南京是波纹效应的源点城市，其他城市房价之间也存在空间联动效应；在不同时间，各城市间房价的空间相关性有所不同，即存在时空联动性。

37. 南京—合肥双都市圈区域空间格局研究——基于城市流的视角，陈晓华，吴仕嫱，2021年《华东经济管理》。

文章以交通流、经济流、信息流三类城市流数据为支撑，综合运用城市引力模型、优势流分析法、场强模型及ArcGIS空间分析工具，分析南京—合肥双都市圈区域空间联系格局。研究发现：城市联系强度差异显著，呈南京、合肥双核引领的空间极化态势，形成了两主三副多节点的空间结构；城市联系主从关系明显，均以南京、合肥为首位联系城市，且南京影响力大于合肥；城市联系网络复杂性突出，表现为两极带动多中心化、网络联系东强西弱不均衡化等特征；城市辐射范围受行政区与城市实力的双重影响，城市辐射空间邻近效应及空间叠加效应显著，双圈交汇区发展潜力巨大。应从制定区域整体发展战略、完善一体化交通网络、建立科技创新联动机制及深化区域产业分工合作等层面，促进南京—合肥双都市圈协同发展。

38. 南京都市圈县域经济竞争力比较研究——以宁镇扬为例，周长富，贾小芳，2009年《南京财经大学学报》。

县域经济作为国民经济的基本经济单元，与整个国家的经济和社会发展息息相关。文章通过构建宁、镇、扬三市的县域经济竞争力评价指标体系，运用因子分析法研究了宁、镇、扬县域经济的竞争力，分析不同县域经济竞争力存在差异的原因。结果表明，宁、镇、扬三市不同县域的差距较大，其中丹阳市竞争力最强；而经济发展竞争力和文化科技竞争力的差异是造成这种差距的主要原因。

39. 中心城市创新首位度提升研究——以南京都市圈为例，徐德，陈从建，2020年《现代城市研究》。

南京市是国家重要中心城市、江苏省会城市和长三角特大城市，但城市首位度不高。文章通过对南京都市圈的城市规模、综合经济、科技人才、产业发展、公共服务和对外开放的分项首位度进行综合研究发现，南京都市圈城市规模分布属于中度首位分布。应围绕战略统筹规划创新、资源协同融合创新、产业集群政策创新、基础设施建设创新和智慧城市整合创新等策略，提升南京都市圈中心城市的创新首位度。

40. 南京都市圈汽车产业集群发展的战略思考，梅强，贡文伟，江心英，2006年《市场周刊》。

文章分析了南京都市圈汽车产业发展现状，针对存在的问题和制约因素，阐述了发展汽车产业集群的必要性和可行性；提出了南京都市圈汽车产业集群的发展路径、战略目标及促进都市圈汽车产业集群发展的策略。

41. 南京都市圈旅游资源功能分区及配置研究，汤云云，张杉，2016年《怀化学院学报》。

在调查南京都市圈旅游资源丰富情况的前提下，对都市圈旅游资源进行分类和评价，在此基础上，进行都市圈旅游资源功能分区：“一核、一带、三点”——以南京为核心，包括长江旅游带以及滁州旅游点、淮安旅游点、宣城旅游点。结合功能区的划分，依据都市圈内各城市与南京的距离及其自身旅游特色，进行旅游资源配置。总体上可将南京都市圈旅游资源配置为三个圈层：第一圈“梦幻都市旅游圈”，以南京为中心，包括滁州、马鞍山；第二圈“古味江南、醉美田园旅游圈”，包括扬州、镇江、芜湖三市；第三圈“人文情、山水画旅游圈”，将淮安、宣城两市纳入其中。

42. 南京都市圈快递企业区位与快递网络的空间分析，王宁，2016 年上海师范大学学位论文。

随着我国电商行业的不断发展壮大，快递需求不断扩大，快递业对经济发展的带动作用越来越强，这给快递企业带来了较大的发展机遇，同时也对快递业服务质量提出了更高的要求。快递企业网点的数量与分布直接影响着快递企业的营运模式和服务质量，因此，研究快递企业网点布局及快递网络的空间格局对快递企业的发展有着举足轻重的作用。南京都市圈的快递业发展处于我国快递业发展的较高水平，但仍存在快递延误、配送不及时等问题。研究南京都市圈快递企业的网点布局及其影响因子具有一定的理论意义与实际应用价值。文章以南京都市圈为研究范围，选取综合实力较强的申通、圆通、中通、韵达、天天和百世汇通六家快递企业作为样本，对南京都市圈快递企业网点进行定性与定量探讨。

43. 基于中心城市的南京都市圈旅游流与市场分析，殷果，黄震方，2010 年《商业经济研究》。

南京都市圈地跨江苏、安徽，包括南京、镇江、扬州、淮安、马鞍山、滁州、芜湖和巢湖。文章采用定性与定量分析方法，确定了都市圈旅游发展中心城市及各层级，并着力分析以中心城市为起、止点的旅游流及其影响因子，以及中心城市目标市场层级划分。研究表明，从旅游业综合现状和旅游流集散能力来看，南京都市圈各城市的发展具有一定程度的不平衡性。造成这一不平衡性的主要因素是各地的经济发展水平、旅游产业规模、旅游资源状况以及客源接待能力和盈利能力等。

44. 南京都市圈环境风险管控协作机制研究，黄琴，杨芬，戴婧，易芬，马宗伟，2021 年《环境监控与预警》。

区域环境风险具有显著外溢性，跨界环境风险损害时有发生，区域环境风险管控的协作机制亟待探究。文章在系统分析了南京都市圈环境风险管控面临的新挑战的基础上，借鉴国内外环境风险管控协作机制的实践经验，从执法机制、信息共享、应急预警、环境监测及生态补偿等方面，提出了南京都市圈建立环境风险管控协作机制的对策建议及其保障措施，为在都市圈一体化发展中实现生态环境安全水平同步提升，共建美丽都市圈提供思路。

45. 南京都市圈创新合作网络的时空演化研究，付晓宁，孙伟，2021 年《科技与经济》。

基于专利合作、专利转移、论文合作数据，采用社会网络分析方法对南京都市圈 2010 年和 2020 年的创新合作网络格局进行测度。结果表明：2010—2020 年，南京都市圈创新合作网络呈现出以南京为核心的单中心空间结构，镇江、扬州、马鞍山属于次级核心节点，其他城市为边缘城市，网络联系较弱；三种创新合作网络规模持续扩张，但不同网络扩张趋势不同，由强至弱依次为专利转移、专利合作、论文合作；南京都市圈创新合作网络已初具规模，但内部城市合作分工地位尚不明确，资源共享机制仍有待加强。

46. 南京都市圈一体化背景下市郊铁路发展研究，郜俊成，徐闯闯，彭佳，2018 年《交通与港航》。

近年来，南京都市圈一体化发展已经进入加速融合阶段，迫切需要以高效完善的都市圈轨道交通体系来支撑。文章首先对南京都市圈轨道交通现状及规划情况进行回顾与总结，借鉴国内外典型都市圈市郊铁路的发展经验，合理界定都市圈不同交通圈层范围，分析不同圈层交通需求特征，最后提出南京都市圈市郊铁路规划网络方案。

47. 一体化趋势下的南京都市圈综合交通体系构建研究，郜俊成，彭佳，徐闯闯，2018 年《交通与港航》。

近年来，南京都市圈圈层化、一体化发展态势愈加明显，如何在不同圈层构建清晰的交通体系，确保同城化圈层通勤交通快捷可靠、一体化圈层沟通便捷高效成为都市圈协同发展的关键。文章首先对都市圈的概念进行分析，结合南京都市圈的具体情况进行圈层划分，提出不同圈层的发展模式，并着重研究了一小时通勤圈轨道交通的发展模式与一日生活圈综合交通体系的构建和总体布局。

48. 南京都市圈交通一体化发展策略研究——以滁宁为例，於昊，罗葳，2018 年《交通与港航》。

滁州作为南京都市圈核心圈层城市之一，与南京日常联系越来越密切。文章在分析滁宁衔接交通设施现状、交通运行现状、交通联系方式结构比例变化原因的基础上，从都市圈交通需求特征的角度，分析未来滁宁交通一体化面临的特殊挑战，提出了滁宁交通一体化总体发展目标以及轨道交通、快速公交和道路系统一体化衔接对策。

49. 浅析地情研究成果与年鉴编纂创新的互动关系——以南京都市圈城市相关年鉴为例，罗志，2019 年《新疆地方志》。

编纂地方综合性年鉴是地方志事业的传统优势主业之一，地情研究也同地方志事业转型升级、“十业并举”密不可分。地方综合性年鉴可以通过专题、彩页、正文、附录等形式“潜移默化”地展示地情研究成果。具有时效性、资料性、实用性等优点的地方综合性年鉴，可以通过浓缩为地情手册或优化志书编纂等途径，融合地情研究成果，推进年鉴资源的转化和功能的提升。

50. 南京都市圈对滁州市城市发展影响研究，潘立新，林玉标，李养兵，王岽，2010 年《宿州学院学报》。

南京都市圈包括南京、镇江、扬州、淮安、马鞍山、芜湖、滁州、巢湖等 8 市。文章论述了都市圈内滁州市在区位、资源、产业、生态环境等方面的优势，分析了滁州市与南京市的关系，着重研究了南京都市圈经济结构调整和经济一体化，以及中心城市南京对滁州城市发展的影响，突出表现在工业、商业、交通、旅游、城市扩展、教育等方面，提出了滁州市应对东向发展战略、融入南京都市圈、接轨长三角、承接产业转移的措施，为滁州城市发展提供借鉴。

51. 基于大数据分析的南京都市圈出行特征研究，李剑锋，2017 年《科技创新与应用》。

目前国内对都市圈的研究和实践多为功能层面的研究，对都市圈地区交通需求的定量特征分析相对较少，研究方法以定性分析为主，缺乏量化的特征研究和数据支撑。文章首先梳理总结了国内外关于都市圈的基本概念及界定标准，在此基础上以南京都市圈为例，基于百度 LBS（位置服务）数据，提出了大数据筛选应用的分析处理流程，利用大数据分析研究了南京都市圈内部的出行分布关系和交通联系特征，划定南京都市圈的辐射影响范围，并对潜在的交通需求动因进行分析，揭示了都市圈内部交通出行的规律。

52. 南京都市圈城市联动发展研究，闫瑜，2016 年《合作经济与科技》。

文章以南京都市圈发展现状为背景，重点研究南京都市圈在发展过程中遇到的主要问题，分析制约南京都市圈发展的主要原因，并提出解决对策。

53. 基于多代理的单核心城市群融合度模型——以南京都市圈为例，王晋，朱英明，张惠娜，2018 年《天津科技》。

文章在多代理理论基础上，从物理学的原子角度对城市群进行了微观研究，提出了城市粒子的概念，描述了城市粒子的内部结构和交互规则。同时，提出了城市群融合度和切合度概念，定义了融合性城市群和切合性城市群，建立了单核心城市群融合度模型。以南京都市圈为例，根据 2014 年和 2015 年江苏省和安徽省统计年鉴数据进行实证，论证了单核心城市群融合度模型的有效性，揭示了南京都市圈融合发展方向和仍需解决的问题。

54. 南京都市圈体育旅游协同发展影响因素研究，孙艳芳，唐芒果，2016年《辽宁体育科技》。

文章采用文献资料法、实地调查法、访谈法、逻辑分析法等，分析了南京都市圈体育旅游协同发展的影响因素，得出产品结构因素、行政规划因素、地方利益因素、营销策略因素、人才资源因素等是南京都市圈在实施体育旅游协同发展中需要改进的重点，以期为南京都市圈体育旅游的发展提供理论基础。

55. 南京都市圈物流信息平台规划研究，唐成伟，王华，董昕灵，2009年《物流工程与管理》。

随着我国经济的快速发展和市场一体化进程的加速，区域经济竞争格局已经逐步形成。在此过程中现代物流的作用凸显，地位不断提升。文章在客观分析南京都市圈现代物流业发展现状基础上探讨了物流发展对信息化的需求。从提高区域物流信息化水平的角度出发，提出了南京都市圈物流信息平台规划模型。

56. 南京都市圈现代物流体系发展研究，吴志华，胡非凡，2011年《上海物流》。

南京都市圈位于中国三大都市圈之一的长江三角洲大都市圈内，是江苏省重点建设的三大都市圈之一（江苏三大都市圈：徐州都市圈，南京都市圈，苏锡常都市圈）。南京都市圈包括南京市、镇江市、扬州市、马鞍山市、滁州市、芜湖市的全部行政区域，淮安市的盱眙县、金湖县，巢湖市的市区、和县、含山县。它不是行政区划意义上的城市概念，而是一个被发达的交通网络紧密联系起来的城市群落，其实质是以南京为中心形成的一个经济区域带。

57. 区域一体化背景下的南京都市圈空间布局研究，毛克庭，2013年《城市建设理论研究（电子版）》。

文章以南京都市圈既有规划和相关研究为基础，针对当前区域一体化发展的总体要求，顺应南京都市圈多中心、网络化的发展趋势，分析南京都市圈现状空间特征，提出空间发展目标和布局策略，构建“一核、一带、一区、两片”的都市圈总体空间结构，通过建立主体功能分区、共建重点增长区域、协调跨界地区的发展等策略进一步促进南京都市圈的一体化发展。

58. 自媒体时代新生代农民工的信息素养研究——以南京都市圈为例，迟旭，舒柳，杨凤英，杜伟泉，2015年《青年与社会：上》。

伴随着自媒体时代的来临，人人都可以通过自有媒体发布信息。对于“80后”“90后”的新生代农民工而言，他们获取信息、发布信息的渠道也因此更加多元化。而信息素养是信息社会的重要概念，是衡量一个人信息化程度的重要标准。从技术层面来讲，信息素养反映的是人们利用信息的意识和能力；从人文层面来讲，信息素养也反映了人们面对信息的心理状态或者面对信息的素养。新生代农民工作为城市化进程中的主力军，是工业现代化建设的重要力量。文章作者通过问卷调查和无结构访谈的形式，了解新一代农民工的信息素养状况，根据出现的问题，有针对性地提出可行性建议，以帮助他们更好更快地融入城市生活，进一步获得社会认同，促进社会的和谐发展。

59. 南京都市圈综合实力评价与发展探讨，韩艳红，2015年《晓庄师范学院学报》。

文章借助SPSS（统计产品与服务解决方案的简称，英文全称为 Statistic Package for Social Science）软件分别计算了南京都市圈8城市和35县（市）的综合实力，研究表明，南京都市圈各城市的综合实力差距较大。实现南京都市圈的一体化发展，必须充分发挥中心城市的辐射作用，通过中心城市的发展，带动整个区域发展，周边城市则要努力实现与中心城市的无缝对接，充分接受中心城市的辐射。

60. 南京都市圈空间结构演变过程、机理与响应研究，韩艳红，2014年南京师范大学学位论文。

空间结构研究是区域研究的重要内容，主要聚焦区域空间结构的特点、规律和形成机理。南京都市圈空间结构的演变非常典型，因此，研究南京都市圈空间结构演变的意义深远。文章运用定性和定量相结合的方法，系统研究南京都市圈的形成过程，挖掘南京都市圈空间结构的演变，总结南京都市圈空间结构的演变规律和机理，探讨南京都市圈空间结构的演化方向，在此基础上探讨南京都市圈的优化思路。

61. 南京都市圈城市综合竞争力评估研究，陆陶，时尚，蒋韵文，2013年《改革与开放》。

南京都市圈是长三角地区中一个较为重要的整体区域，近年来，各方面的实力和重要性不断提升。文章根据目前已有的城市综合竞争力评价体系，基于南京都市圈的实际情况，构建了一个涵盖7个一级评价指标、50个二级评价指标的综合竞争力评价体系。文章收集和处理了南京都市圈7个城市的数据，利用SPSS软件对各个城市的数据采用因子分析法进行分析，得出南京都市圈7个城市的综合竞争力得分和排名，使各个城市了解自己在都市圈中所处的位置。

62. 关于镇江接轨南京融入长三角一体化高质量发展路径研究，李秋阳，2021年《产业创新研究》。

南京都市圈跨省共建，以南京为中心，商业金融、教育医疗服务、科创及宜居功能辐射苏皖城市，融合发展态势明显。镇江是南京都市圈和宁镇扬一体化战略的重要城市，在长三角一体化进程中不仅要着眼于自身快速健康发展，而且要承担起在“长江经济带”“一带一路”建设中做出应有贡献的重要使命，为新时期推动长三角高质量一体化发展贡献更多的“镇江力量”。

63. 基于南京都市圈的滁州市旅游发展研究，吴大明，张明珠，薛献伟，2016年《滁州学院学报》。

随着南京都市圈经济一体化进程的推进，开展区域旅游合作已成为必然趋势。文章在分析南京都市圈旅游业概况和滁州市旅游优势的基础上，提出了“成立专门机构，建立长期协调制度”“整合旅游资源，开发多条旅游线路”“推出整体形象口号，进行联合促销”“打造系列旅游品牌，全方位发展旅游业”等对策，希望滁州可以进一步加快融入南京都市圈旅游一体化的步伐。

64. 开放视角下滁州融入南京都市圈问题研究，夏岩磊，2012年《蚌埠学院学报》。

作为南京都市圈在皖东地区的重要组成部分，滁州是皖江城市带承接产业转移的头镇，区位优势明显。文章立足滁州融入南京都市圈的视角，考察“十一五”以来滁州城市经济发展取得的成绩，找出城市发展过程中存在的产业结构不合理、城镇化速度缓慢等多方面问题，提出应不断加大开放力度，在经济、环境、优势产业等多个领域高质量地融入南京都市圈的对策与措施。

65. FDI对南京都市圈国内投资的挤入挤出效应研究，时尚，陆陶，赵璧娇，2013年《科技论坛（下半月）》。

南京都市圈近年来发展迅速，对FDI（外国直接投资）的吸引力不断变大。文章以南京都市圈7个城市作为观测对象，建立面板数据模型，采用可行广义最小二乘法对模型进行估计，在此基础上检验FDI对南京都市圈国内投资的挤入挤出效应。研究表明，FDI对南京都市圈内的国内资本产生了明显的挤入效应。

66. 南京都市圈跨界地区的生态协调机制研究，施旭栋，徐婷，2017年《中文科技期刊数据库（文摘版）工程技术》。

随着全球一体化进程的加快，城市之间的跨界协调发展已经逐渐成为国内外研究的热点问题之一。生态协调是区域协调的一个重要方面，也是区域协调发展的基础。文章以“汤山—句容地区发展协调规划”为案例，在南京都市圈协调规划的背景下，通过对生态功能划分和区域生态空间管制的研究，对生态协调机制进行了探索。

67. 长三角都市圈发展新格局——南京都市圈功能变化与空间整合，张颢瀚，孟静，2007年《南京社会科学》。

在现代化与城市化的发展新阶段，要求城市间建立有机联系、等级结构合理的新型功能关系，区域发展的增长极也由单个城市扩展为城市集群。长江三角洲是中国现代化与城市化发展的先导区和动力区，随着空间的拓展，南京将成为长三角的中心区域之一。宁镇扬城市共同体的形成、南京都市圈的整合，对发挥南京的公共作用、增强南京自我发展能力，推动南京周边城市乃至整个长三角的发展均具有十分重要的意义。在城市整合过程中，主要遇到了行政区划限制较大、缺乏统一的政策机制、产业结构趋同等障碍。应以南京为主导，采取“核心+互补”的发展模式和圈层式组织方式实现城市间的整合，形成以南京为核心，由核心层、城区外围层、宁镇扬城市共同体、远距离辐射区共同组成的四大圈层式发展格局。

68. 国家战略实施背景下跨界都市圈空间协同规划创新——以南京都市圈城乡规划协同工作为例，官卫华，叶斌，周一鸣，王耀南，2015 年《城市规划学刊》。

在“一带一路”、长江经济带、新型城镇化和江北新区等国家战略实施以及南京都市圈城市发展联盟成立的新背景下，南京都市圈八市联合推进了都市圈城乡规划协同工作。通过深入分析当前区域规划协调的难点与矛盾，借鉴国外都市圈发展经验，明确了规划协调的目标与思路。在工作方法上，重在适应市场，构建起自下而上的规划协同工作新机制。而且，既强调各城市的独立性，又强调相互的协同性，共同达成区域协调的规划约定，确立了行动指南，创新了都市圈规划行为约束机制。在技术方法上，区域空间层面重在建立都市圈规划编制体系，增强规划的指导性和实施性；专项规划层面重在适应市场经济条件，厘清有关区域整体发展格局的综合交通、生态保护等城市外部空间规划条件；地区实施层面重在关注跨界地区的规划协调，明确分类管控及规划协调要点。以此对都市圈空间协同规划进行全新尝试，希望能为今后国家空间规划体系的完善提供借鉴。

69. 南京大都市圈区位功能及其发展策略，姚士谋，管驰明，范宇，2001 年《南京社会科学》。

南京不仅是江苏省的政治、经济、文化中心，也是长江下游仅次于上海的第二大经济中心，并成为长江流域四大区域经济的中心之一。在全球经济一体化的形势下，南京只有构建城市群式的大都市圈，才能加强其超越省际的区域经济中心的地位。文章着重从都市圈的空间区位和功能作用的角度分析南京的投资环境，进而对南京大都市圈的重点投资产业和空间发展前景做一些探讨。

70. 论基于宁合芜成长三角的南京都市圈构建，李平华，朱未易，2006 年《南京社会科学》。

都市圈有利于城市分工协作、城乡共同发展，有利于促进区域整体经济实力增强，是一种重要的空间经济组织形式。通过对比分析南京城市发展的优劣势以及对不同范围南京都市圈的评价，文章提出构建以宁合芜成长三角为基础的广义南京都市圈。在此基础上，提出以下建议：进行区域性空间规划，推进南京城市跨江发展，在都市圈内构建国家级物流中心，构建区域技术创新体系，加强产业分工与协作，建立生态环境保护圈，挖掘现有资源的商业价值，促进文化与旅游产业发展。这些措施将推动南京都市圈形成经济实力强大的有机整体。

71. 文化产业的创新与互动——2007 南京都市圈发展论坛综述，吴志华，颜天宝，2008 年《江淮论坛》。

“2007 南京都市圈发展论坛”于 2007 年 12 月 8 日在扬州召开，此次论坛的主题为“文化产业的创新与互动”。来自南京、扬州、镇江、泰州、滁州、芜湖、马鞍山、铜陵等城市的政府与企业家代表，以及南京都市圈内外的有关专家学者等 80 余人出席了本论坛，并就南京都市圈文化产业的创新与互动进行了热烈的讨论，提出了许多真知灼见。

72. 南京都市圈下扬—镇合并跨江融合发展浅议，陈广桂，陈云岳，2021 年《中国农业会计》。

“1+3”功能区的发展战略构想是江苏的顶级发展战略。文章从行政区划调整的角度出发，在剖析江苏省跨江融合及南京都市圈、宁镇扬一体化发展战略的基础上，提出了“扬州—镇江”一体化融合发展的必要性，并进一步论证了“扬州—镇江”跨江融合发展的可行性，得出“扬州—镇江”务必进行战略性行政区划合并的研究结论。

73. 积极推进南京都市圈的合作与发展，张锋，2003 年《科技与合作》。

21 世纪是城市世纪，中国的城镇化与美国的高科技被列为影响21世纪人类发展进程的两大关键因素。中国面临着巨大的社会变迁，未来几十年，中国将从一个以农民为主体的社会变成一个以市民为主体的社会。研究城市、经营城市、构筑城市群、打造都市圈，正成为引领全球经济与社会发展的大浪潮。进入21世纪，我国提出城市化战略。

74. 宣城加入南京都市圈的发展方略，汪世忠，2010年《金陵瞭望》。

安徽宣城处于南京一小时都市圈，只有尽快融入都市圈，才能从县域经济层面逐步缩小与发达地区的发展差距，从而奋力走在安徽东向发展和中部崛起的前列。

75. 关于“芜马铜”参与南京都市圈建设的思考，方元，2004年《企业技术进步》。

南京都市圈由南京及其周边100千米左右范围内的镇江、扬州、马鞍山、芜湖和滁州共六个城市组成，总面积3.5万平方千米，2000年总人口2000万人，国内生产总值2540亿元，城市化率47.6%，圈内各城市已形成较为紧密的经济、文化联系。目前，把南京都市圈的发展推向更高层次具有极其重要的意义。

76. 新时期的都市圈建设为郊区城市化带来新动力——以南京市江宁区为例，于春，朱振国，姚士谋，2002年《南京社会科学》。

我国的城市化水平已经跨越30%的“门槛”，21世纪将成为中国城市化加速发展的新世纪。在此背景下，中心城市的经济集聚职能、吸引力和辐射力不断增强。如何继续提升中心城市的地位、发挥在城市化进程中的带动作用、不断增强经久不息的生命力，成为我国新时期城市化面临的新问题。大城市都市圈建设和郊区城市化是这个过程中的两种有效途径。文章以南京江宁为例，经过实地调查和分析研究，认为大城市都市圈建设必然给郊区城市化发展注入新的活力，带来新的城市化动因，促进大城市的全面繁荣；并着重探讨了这种新的郊区城市化动力机制何在。

77. 城乡统筹背景下的大都市边缘区教育设施布局研究——以南京市江宁区小学布局为例，谢晖，王兴平，2008年《2008国际都市圈发展论坛论文集》。

文章首先对江宁区教育发展状况做了研究，其次分析了现行主要教育设施标准、配置模式及小学空间布局特征，最后对上述研究进行了总结并得出结论：以城镇人口分布为导向的教育设施布局模式具备一定的合理性。

78. 构建“南京一小时都市圈”，翟孝强，2004年《市场周刊：财经论坛》。

构建“南京一小时都市圈”是提高城市竞争力、加快城市化和城市现代化的要求。文章研究提出构建“南京一小时都市圈”的原因，并运用SWOT分析方法分析了构建“南京一小时都市圈”的优势、劣势、机遇和挑战，最后对构建“南京一小时都市圈”提出了一些建议。

79. 文化旅游区域协同发展的空间认知分异——以南京都市圈为例，侯兵，黄震方，陈肖静，范楚晗，2013年《旅游学刊》。

随着区域旅游竞合关系的演化，行政驱动对优化区域旅游空间关系的作用渐趋弱化，而地区间的文化影响机制相对稳定，文化资源和文化空间的跨行政区分布是一种普遍的空间现象，文化旅游已经成为推动区域旅游协同发展的重要动力。区域文化旅游的协同发展，要在整合行政资源的基础上，积极响应旅游地的公众认知和市场需求，实现区域旅游的协调和可持续发展。文章以南京都市圈为例，围绕区域文化旅游的发展状态、区域协同发展的现实基础和基本条件等设计调研项目，采用社会调查和定量分析相结合的方法，分析公众对区域文化旅游协同发展的认知和评价情况。研究发现，文化旅游区域协同发展的空间认知分异规律存在文化资源导向性、交通区位导向性和文化关联导向性的特征。这些特征有助于厘清政府主导的区域文化旅游发展思路，有助于旅游地文化旅游资源的有效整合和深度开发，进而有助于旅游地选择符合自身特点和发展阶段的区域文化旅游协同发展模式。

80. 南京都市圈生物制药产业竞争力综合评价，曾康宁，胡荣华，2006年《南京财经大学学报》。

生物制药作为一个新兴产业，发展受许多不确定性因素的影响，将属性理论评价模型应用于生物制药产业竞争力评价指标体系，对南京都市圈生物制药产业竞争力进行定量研究，并进行多层次综合评价，是属性方法应用的一种有益尝试，评价结果可以为南京都市圈各市的生物制药业的规划提供科学参考依据。

81. 南京市域轨道交通线网运营优化及发展规划研究，佘才高，2020 年《都市快轨交通》。

南京市域轨道交通线网历经近 10 年的发展，运营里程已达 200 千米，具有覆盖面广、互联度高、开放性强等显著优势。线网有力地支撑了城市空间的拓展，带动沿线城市的开发，提升了沿线居民的时空可达性，在南京都市圈同城化的进程中发挥着重要作用。值此长三角区域一体化发展新机遇之际，为高水平打造南京都市圈的综合交通体系，满足居民日益增长的高品质出行需求，市域轨道在后续发展中将着力提升线网的快捷性、灵活性和互动性，具体措施包括优化运营模式、完善网络布局、改善网络换乘衔接、审慎选择速度与制式、统筹沿线开发建设时序等。

82. 南京都市圈存在的问题及理论分析，刘志甫，2010 年《市场周刊（理论研究）》。

国内对都市圈的研究起步较晚，目前国内都市圈经济的发展很有生机，各个都市圈都在根据自身实际情况不断发展。虽然国外的研究和实践对于我国建设都市圈有一定的借鉴意义，但是由于各个都市圈具有其自身的特点，因此还存在差异性。南京都市圈是一个跨省界的都市圈，在自身发展中也面临很多问题。

83. 滁州至南京城际铁路交直流制式比选研究，周波，2020 年《铁道建筑技术》。

都市圈城际铁路采用交流制式还是直流制式是城际轨道交通工程前期研究中关键性的专题，直接决定项目的主要技术标准、建设规模和工程投资。文章结合南京都市圈内滁州至南京城际铁路项目的功能定位和工程特点，从速度目标值、车辆选择、行车组织、土建工程、供电系统选择、运营维护等方面对滁州至南京城际铁路选用交流制式、直流制式进行了逐一分析，最后推荐采用交流制式方案。该研究成果对国内类似都市圈城际轨道交通工程项目的交直流制式比选具有一定参考价值。

84. 南京都市圈建设中的政府对策，刘志甫，2007 年南京航空航天大学学位论文。

伴随经济一体化和全球化的发展，世界经济的网络化和相互渗透性也不断加强。跨界合作、经济互动是经济运行的新趋势新阶段。在一国范围内，区域经济一体化也日益加强。淡化行政区划的概念，加强彼此的互动和协调，已是各地区各城市发展的必然要求，在此前提下，都市圈经济应运而生。针对都市圈建设中面临的问题，政府方面应该如何做具有了研究价值。文章针对目前区域经济一体化的发展形势下我国所形成的都市圈经济的现状做了一定的分析，并以南京都市圈为例，分析研究了在都市圈建设中政府的对策问题。南京都市圈作为目前国内较为成熟的一个跨行政区的都市圈，在发展中面临的很多问题将是我国都市圈经济发展过程中所共通的，对于这些问题的研究具有一定程度的普遍性。作为都市圈发展主要推动者的政府，在都市圈建设中应该正确发挥自身作用，为都市圈的发展做出正确的决策和行为。因此，都市圈的建设对政府行使职能提出了更高的要求。文章从政府角度出发，对南京都市圈建设中政府应该做什么做了一定程度的对策研究。

85. 滁州市快速融入南京都市圈金融网的路径探析，韩慧霞，2014 年《滁州学院学报》。

南京都市圈金融网的建设对圈内成员的金融网发展具有重大的战略意义。滁州市自加入南京都市圈金融网以来，金融业增加值增长迅速。文章以滁州市的金融业增加值为研究对象建立模型，得出各因素对滁州市金融网建设的影响程度，并针对滁州市如何快速融入南京都市圈金融网提出了相关建议。

86. 关于南京都市圈城市建设互动发展的思考，丁昌华，2005 年《城市经济》。

都市圈是城市群的一种空间表现形式，是由核心城市及其周边城市和地域共同组成的联系紧密的一体化区域。经济全球化、区域经济一体化是21世纪发展的潮流。专家预言：21世纪将是都市圈的世纪，国家之间、区域之间、城市之间的竞争将是都市圈间的竞争。南京都市圈是江苏省三大都市圈之一，也是全国九大都市圈之一。其空间结构大致可分为“一个核心”和“两个圈层”。“一个核心”指的是包括南京主城和以主城为核心、半径约30千米范围的城镇和潜在的城镇发展地区。“两个圈层”即核心圈层和紧密圈层，核心圈层是与核心城市联系紧密、接受核心城市强烈辐射，城市间相互作用最强和最广泛的区域，包括核心城市和距核心城市中心约50千米范围内的城市（镇）的区域。

87. 南京都市圈建设中的合作与博弈分析，王安平，2013年《城市问题》。

区域经济关系主要体现为合作和冲突两个方面，减少冲突、加大合作是推进都市圈建设的基础。文章以南京都市圈为实证，基于博弈论视角，分析了各城市间的合作与冲突关系，认为“囚徒困境”博弈是目前都市圈建设中的主要掣肘，而根据“智猪博弈”模型，各城市采取“合作博弈”的方式是获得都市圈共赢发展的有效路径。在此基础上，以核心城市南京及其他中心城市为博弈方，构建了两个成员的合作博弈模型，进而探讨了实现南京都市圈区域经济整合与合作的现实路径。

88. 南京都市圈的构思，徐惠蓉，2002年《南京社会科学》。

构建南京都市圈是提高城市竞争力、加快城市化和城市现代化进程的要求。构建南京都市圈要遵循市场经济规律、区域共同利益原则，重视发挥特大城市的经济中心作用，重视都市圈内各城市规划的协调，启动交通网络建设，构建流通网络、信息网络、金融网络，发展旅游产业、文化产业，完善组织协调机构、机制。

锚定特色优势 聚力创新协同

——镇江融入南京都市圈路径对策研究

王甜　姚永康　张美娟
（中共镇江市委党校）

随着经济全球化和区域一体化的深入推进，长三角城市群和皖江城市带等区域发展战略的深入实施，以及都市圈城镇的快速发展和重大基础设施的建设，长三角区域空间格局重组进程明显加快，南京与周边城市同城化和一体化发展诉求日趋强烈。2000 年 7 月，江苏省提出打造以省会南京为中心的南京都市圈。2003 年 1 月，江苏省政府批准《南京都市圈规划（2002—2020）》，该规划荣获该年度建设部优秀城市规划设计一等奖。2021 年 2 月 2 日，国家发展改革委复函，明确同意《南京都市圈发展规划》，并请苏皖两省发改委认真组织实施。这是国家层面批复同意的第一个跨省都市圈发展规划，标志着南京都市圈建设上升到新的战略高度。南京都市圈的建设有利于全国区域协调发展总体战略的实施，有利于长三角一体化发展战略的实施，有利于提升南京的区域影响力。近 10 年来，南京都市圈规模经历了由“7”到“8”，再到如今的“8+2”的格局。2021 年，南京都市圈 10 个地区共实现地区生产总值 46665. 68 亿元，经济总量较 2020 年扩大 4915 亿元。南京都市圈生产总值占全国的比重为 4. 1%，占长三角的比重为 16. 9%。10 个地区中，8 个地区的地区生产总值增速高于全国。其中长江经济带、长三角一体化、宁镇扬一体化等重大战略机遇在镇江叠加，可以说镇江处于各区域协调发展城市群建设的核心位置，也同时为新时代镇江发展提供了宝贵的机遇与挑战。如何更好对接融入南京都市圈，实现协同发展，助力区域经济协调共进大局，是现代化新镇江建设的一大时代命题。

一、镇江融入南京都市圈取得的成果

近年来，镇江以时不我待、只争朝夕的紧迫感，抢抓长江经济带、长三角一体化等战略机遇，主动融入南京都市圈，积极承接都市圈核心城市辐射，并将宁镇扬一体化作为镇江推动南京都市圈发展的重要抓手强势推进。从基础设施到产业集聚，从创新发展到公共服务，镇江立足新发展格局，以更深谋划、更活机制、更实行动，在推进区域互动融合中扬长补短、借势攀高，不断激发产业活力，持续提升城市竞争力，奋力跑出协同发展、合作共赢的加速度。

1. 互联互通持续“快进”

发展都市圈，基础设施先行。一批批基建项目紧锣密鼓推进，镇江在都市圈的路网纵横中交通更畅通。2020 年，连淮扬镇铁路镇江段全线贯通，这条铁路的贯通促进了苏北苏南的紧密连接以及连淮扬镇与上海、南京、杭州等长三角中心城市的“无缝对接”，南京都市圈辐射力将大大增强，镇江也将成为连接苏南苏北的重要枢纽，承载着更多发展机遇。2021 年底，宁句城际轨道交通正式通车。宁句城际打破行政边界，首次在江苏省内构建了跨市域的市域（郊）轨道层次，并且向上与城际线路在句容高铁站融合，向下与城市轨道交通、有轨电车、公交等在马群枢纽衔接，弥补了南京都市圈东部市域（郊）轨道层级的缺失。不仅如此，南京禄口机场在都市圈内的 7 个城市建立了异地候机楼，实现了航班查询、机票销售、异地候机服务的无缝对接。润扬第二过江通道和312国道宁镇段快速化改造项目加快推进。交通一体化发展进一步密切了镇江与都市圈内城市的互联互通，让“轨道上的都市圈”跑得更快。

2. 产业创新协同紧密

自融入南京都市圈以来，镇江始终认真履行都市圈建设主体责任，坚持共建共享，通过都市圈成员间的政策协定、合作交流等方式，使得都市圈内产业创新协同的齿轮咬合更加紧密。为了更好地推进创新融合，南京与镇江协同编制G312产业创新走廊发展规划。不仅如此，都市圈城市33家龙头企业积极参与开放供应链供需对接，镇江与南京、马鞍山、常州共同组织开展装备制造产业供应链对接活动。句容与都市圈相关区域共同签署了《深化集成电路产业链供应链合作框架协议》，这将大大推动资本、市场、技术等生产要素的融通发展，促进资源合理流动，提升产业协同水平。2020年，以“宁镇同‘芯’‘链’动发展”为主题的宁镇集成电路产业链对接活动和宁镇两市集成电路、新能源汽车同“芯”活动，提升了宁镇两地产业链创新融合和协同发展水平。

3. 公共服务更加便捷

跨域公共服务协同发展是推进南京都市圈同城化高质量发展的必然趋势。近年来，南京都市圈聚焦群众“急难愁盼”，加速推动都市圈内优质公共服务资源共享，促进跨省、跨市公共服务更加便捷，合力打造宜居宜业的幸福都市圈。交通方面，实现了南京、镇江、扬州、马鞍山四市公交一卡通，扩大公交一卡通使用范围。社会保障方面，2021年发放的镇江第三代社保卡已经成为镇江市民融入南京都市圈的重要媒介。它可以更好地支持异地领取养老金、异地就医购药、异地乘坐公共交通、异地游览景区名胜等跨省跨市异地应用。医疗卫生方面，宁镇扬淮四市医疗保险结算平台与省医疗保险异地就医结算平台实现联网并投入使用。文化旅游方面，镇江适时开通世业洲至扬州的旅游直通车，句容市将“两山一湖”及散落在乡间的旅游景点有机串联，构建全域旅游交通网，不断加大向南京等城市的推介力度。

4. 生态环境共保联治

生态安全是都市圈发展的红线和底线。习近平总书记在《国家中长期经济社会发展战略若干重大问题》重要文章中指出：“城市发展不能只考虑规模经济效益，必须把生态和安全放在更加突出的位置……城市之间既要加强互联互通，也要有必要的生态和安全屏障。”《南京都市圈发展规划》明确将生态环境共保联治纳入协同发展的重点，始终坚持共抓大保护，不搞大开发，守好生态底线、红线，协同推动环境治理，签订了一系列联防联控、联保联治的协议，着力打造绿色都市圈。都市圈共抓生态保护，各沿江城市严格落实长江经济带发展负面清单制度，加快推进沿江工业布局调整，长江生态环境显著改善，主要流入长江的支流全部消除劣V类水体。在大气污染防治联防联控方面，都市圈十个市（区）共同签订了《南京都市圈大气污染防治联防联控合作协议》《南京都市圈水务（水利）框架协议》《南京都市圈长江流域禁捕退捕协作共管协议》，一份份协议的签订显示出南京都市圈在“水—土—气”等生态保护方面协同发展、协同治理的决心。

二、镇江融入南京都市圈面临的挑战

虽然南京都市圈建设为镇江的高质量发展提供了诸多战略机遇，但是在都市圈建设中，镇江也面临着诸多挑战。

1. 交通一体化有待优化

近年来，在南京都市圈各成员城市的共同努力下，圈内干线铁路、城际铁路、市域（郊）铁路和城市轨道建设项目有序开展。然而从镇江发展实际来看，当前镇江不仅面临着跨区域交通基础设施一体化的问题，也面临着辐射主城区及各县市区之间的交通设施优化的问题。以G312产业创新走廊为例，G312产业创新走廊是宁镇合作的重要载体，也是全国唯一连接两个大学城的快速通道，但是镇江高校园区的交通设施现状不尽如人意。园区主干道长香路等级偏低，公交车、共享单车及学校周边充电基础设施配套有待加强。虽然2021年新建的长风路全线通车，有效缓解了长香路的通行压力，但公共服务设施需求依然很大。镇江高校园区建成后将有10万师生入驻，服务人口近20万，出行问题将更为突出，会阻碍宁镇两地“园区共建”进程。

2. 产业对接切口亟待扩大

近年来，镇江与南京的产业对接已经从规划走向操作层面。镇江在“十四五”期间重点打造的四大主导产业集群和八条重点产业链建设中，产业链强链补链措施的首要方向，有一半是要与南京进行深度对接融合。南京市八大产业链中有七成与镇江“四群八链”重合。但是当前宁镇产业对接主要聚焦高端装备制造业、集成电路与新能源汽车等产业，对接切口还未达到最大化。因此，镇江应充分发挥自身优势，在新型电力（新能源）装备、汽车零部件、医疗器械和生物医药、新一代信息技术等主导产业链上加强与南京的对接协作，加速承接转化，实现强链补链。

3. 产业同质化竞争明显

南京都市圈从整体上来看呈现出产业互补的特点，但从各个城市的发展实际与侧重点来看，都市圈内产业同质化竞争依然存在。仅从“产业强市”中最为重要的制造业的发展现状看，常州、扬州的重点和优势制造业与镇江高度类似，两市“十四五”规划中涉及的重点产业链也与镇江有重叠。比如扬州提出的“323+1”产业集群方案涵盖了汽车及零部件、高端装备、新型电力装备、海工装备和高技术船舶、航空等产业。常州绘制的“2578”工业智造发展蓝图包括数字经济、高端装备、新能源、新材料、新能源汽车及汽车核心零部件、新一代电子信息技术、生物医药及新型医疗器械等产业。不仅如此，扬州自带的休闲式城市文化也与镇江类似。从近些年的实践看，苏南和部分苏中城市在高端人才和优质项目上对镇江的虹吸效应突出。如何避免产业过度竞争是南京都市圈高质量发展面临的一大挑战，正确处理竞合关系也是镇江融入南京都市圈必然面临的时代课题。

4. 辐射力与承接力提升紧迫

实现宁镇高质量协同发展的关键因素在于南京辐射带动能力与镇江承接能力的强弱。一方面，南京辐射溢出效应有限。目前，南京都市圈产业协同发展态势良好，成效初显，但与发达国家或地区的都市圈相比仍有较大差距。从国内来看，和其他区域中心城市相比，南京对周边城市产业发展的辐射效应与带动力相对较弱。如表10-1-1所示，2021年，南京地区生产总值约为1.64万亿元，低于苏州、成都、杭州、武汉等地区的生产总值。

表10-1-1　2021年五大区域中心城市地区生产总值

城市	苏州	成都	杭州	武汉	南京
地区生产总值/万亿元	2.27	1.99	1.81	1.77	1.64

从2021年全国省会城市经济首位度和人口首位度排名来看，南京的城市首位度、经济首位度、人口首位度亟待提高，中心城市首位度和省会城市功能亟待提升。未来，南京都市圈的高质量发展将是南京提升城市首位度的关键变量。另一方面，镇江承接辐射的能力还有待进一步加强。近年来，镇江重拳打造“产业强市”，优化营商环境，聚焦“四群八链”，深化创新协同、强链补链，但在城市功能提升方面仍有较大空间。受近年疫情冲击以及经济发展的历史因素影响，镇江负重前行，很多基础设施建设还不够完善，公共服务供给短板较为明显，吸纳就业、人口集聚等功能相对较弱。

三、镇江融入南京都市圈对策建议

2018年4月26日，习近平总书记在深入推动长江经济带发展座谈会上的讲话中强调：“沿江三大城市群在各自发展过程中能不能结合所在的区位条件、资源禀赋、经济基础，放在长江经济带高质量发展‘一盘棋’中研究提出差异化协同发展的新目标新举措？各大中小城市在明确自我发展定位和方向时能不能立足整个城市群的发展定位和方向，找到自己错位发展的重点方向，解决好同质化发展的问题？这些问题都有必要认真研究思考。推动好一个庞大集合体的发展，一定要处理好自身发展和协同发展的关系。”南京和镇江山水相邻，人文相亲，联系紧密，融合发展由来已久。在南京都市圈高质量发展进程中，镇江要取长补短，最大化承接辐射与溢出，在协同发展中激发产业活力，还需要在以下几个方面做足功夫。

1. 补足短板，畅达轨道交通

都市圈实现同城化的前提是交通通达。密切的交通网络是推进都市圈同城化的重要抓手，也是加强城市间要素流动的重要基础。镇江位于南京半小时通勤圈和上海一小时商务交往圈范围内，要在区域层面强化与都市圈大通道联系，参与新兴通道建设，以线带面，融入城市群。因此要加快推进南沿江铁路、扬镇宁马城际镇江至马鞍山段等项目建设；加快312国道、328国道、205国道等改建扩建，构建南京都市圈环线高速公路。为了迎接宁镇“主城对接”时代的到来，镇江要“以一隅谋全局”加速推进主城区及各县市区之间的快速通道的建设，加快实施“断头路”贯通工程，改造扩容“瓶颈路”。加速推进句容市宝华镇狮子山路、句容市宝华镇纬九路、句容市行香路西延、句容市宝华镇和平大道等道路项目工程实施进度，提升句容市域范围交通畅达性。此外，还要加快推进S243镇江段快速化建设，形成镇江至句容的快速联系通道，以更好辐射主城区。

2. 锚准定位，聚焦特色产业

习近平总书记强调，城市群在高质量发展“一盘棋”中要注重差异化协同发展。因此，镇江在南京都市圈建设中应锚准定位，聚焦镇江优势特色产业。《南京都市圈发展规划》中“专栏10 各城市产业发展重点”指出：“镇江：重点发展装备制造、新材料、现代旅游等特色产业，建设全国重要的高端装备制造和新材料产业基地、区域物流基地、技术研发基地、创意生活休闲中心。”规划中的镇江装备制造和新材料产业涉及镇江“四群八链”中的两大产业集群，也是镇江的主导产业和特色产业。当前，镇江市制造业正处在转变发展方式、优化产业结构、提升质量效益、转换增长动力的攻坚期，特别是企业的数字化转型面临诸多困难。镇江许多企业特别是中小企业数字化转型还处于萌芽阶段，数字技术助推产业转型发展的生态体系还没有建立，缺乏有效的资源整合和系统集成。有些企业对数字化转型的认识不足，普遍存在“重硬轻软”现象，数字化改造停留在设备更新上，后期的管理模式、生产模式转型还不够。由于复合型人才、资金和信息交流平台等方面的欠缺，企业满足不同需求层面的个性化服务供给不足。因此，镇江应该加强与南京都市圈各成员城市的合作，打造都市圈内沟通交流、资源共享的平台，引导行业龙头企业、装备服务商、互联网平台企业等跨界融合，促进都市圈内各个企业相互赋能。也可以组建混合所有制数字企业联盟，抱团发展，合力推进企业的数字化转型。新材料产业是镇江重点培育发展的三大新兴产业之一。但当前新材料产业面临核心技术亟待突破、创新水平有待提升、产业发展层次不高、创新要素作用发挥不明显等挑战。为此，镇江应积极寻求与都市圈内其他成员的产业合作，在载体平台搭建方面实现创新资源整合集聚和开放共享，强化协调联动，提高创新效能；不断完善对企业研发创新的政策支持，鼓励企业加大研发投入，引导社会资本支持重大研发和产业化项目落地。

镇江的旅游产业和养老产业作为镇江优势产业，是南京都市圈辐射镇江城区的重要手段。在文化旅游方面，要着力打造沿宁镇山脉区域文化旅游经济带，突出全域旅游发展理念，围绕栖霞山、宝华山风景区、十里长山、林场茶场、“水一方”万亩荷塘、湿地公园等生态和文化旅游资源，培育以生态休闲、农业观光、自然教育、文化康养为主要产品的生态文化旅游业。在康养产业方面，要着力打造长三角重要区域中心养老产业城市。江苏省是全国老龄化程度最高的省份，而镇江具备承接都市圈异地养老人群的区位、环境、价格等多种优势，应抓紧机遇，大力发展康养产业。

3. 造强磁场，聚力人才招引

人才是区域创新发展的最大刚需、最强引擎，是第一资源。近年来，城市间的人才竞争愈加激烈，镇江人才招引更是掏出家底，全力一搏。南京作为长三角特大城市、中国东部地区重要中心城市和南京都市圈核心城市，科教资源丰富，人才总量和密度位居全国前列。而南京都市圈的同城化发展可以促进人才等要素的自由流动，为新时期镇江引才聚才提供了重大的发展契机。2021 年，镇江发布《关于实施人才“镇兴”行动建设人才集聚福地的若干意见》，深入实施了“金山英才”计划和大学生“聚镇”计划，为人才提供了“政策一本通”“服务一窗办”“权益一码清”等精准服务。人才新政“给待遇、给尊重、给环境”力度空前，吸引了众多意向来镇发展的各类人才，“人聚镇江 · 才享荣光”成为城市鲜亮品牌。人才招引很重要，留住人才也很重要。从南京都市圈发展实际来看，未来随着两地协同发展的不断深入，留住人才的关键在于人才服务与相关配套的完善。另外，也可以大力推动人才共享，通过打造“人才飞地”，使人才即使不在镇江也可以为镇江的产业经济服务。比如，2021 年淮安市洪泽区创新用人方式，坚持“不求所有，但求所用”原则，联合南京软件谷科创城探索创建了淮安首个“人才飞地”：南京软件谷洪泽工业园双向离岸创新中心——洪谷研发中心，形成了“孵化在飞地，产业化在本地，研发在飞地，生产在本地，前台在飞地，后台在本地”的企业发展新模式。

4. 主动出击，深化融合创新

产业强市、创新驱动、融合发展，是镇江实现“跑起来”的战略路径。近年来，镇江在创新驱动、引领产业发展方面取得显著成效，但在创新载体建设、创新主体培育、创新管理机制完善等方面相较于周边城市，存在一定差距。因此，镇江应紧抓南京都市圈发展契机，推动科技创新与产业发展深度融合，促进人才流动和科研资源共享，整合区域创新资源，打造区域创新共同体。其中，G312 产业创新走廊是宁镇两地创新融合的重要窗口，是镇江“十四五”时期最重要的产业发展抓手。G312 产业创新走廊为宁镇合作提供了一个重要载体，有利于两地经济结构转型，迈向创新驱动，使之成为两地高质量发展的重要策源地。因此，要布局好、培育好叠加型产业链和创新型产业集群，打造推进“一号战略”的重要载体和新增长极。一要重视深化完善规划，重点在促进产业和资源要素融合等方面下功夫深入研究，形成高质量的区域规划；二要重视产业能级提升，紧扣“四群八链”布局和南京都市圈融合培育产业链，提高产业能级；三要重视创新生态构建，创新资源要素整合，推动产业有机融合；四要重视重点片区发展，将产业创新走廊建设与重点片区、开发园区的整合优化进行整体谋划；五要重视要素资源保障，将有限的资源和要素集聚整合，充分发挥集聚效应。

5. 持续探索，推动协同治理

同城化的发展需要协作治理。镇江为更好地融入南京都市圈，在法治化、数字化等协同治理方面下足了功夫。2021 年 9 月 14 日，《南京都市圈网络交易监管联盟备忘录》网签成功。这将促使长三角地区一体化合作更加常态化、信息化，更具开放性，使监管更加有力。2021 年 10 月 27 日，《镇江市人民代表大会常务委员会关于加强跨市域轨道交通运营和执法管理若干问题的决定（草案）》获得通过。此次协同立法是实质推进跨市域制度协同的务实之举，有助于进一步强化跨市域城市治理现代化的法治支撑，不断提升南京都市圈一体化高质量发展水平。然而都市圈协同治理是一个系统性工程，应积极探索社会各个方面的协同治理。比如在疫情防控方面，应进一步健全疫情联防联控机制，都市圈各城市要统一疫情防控政策标准，建立健康码、行程码、核酸检测结果互认机制，避免“一刀切”和层层加码，保障人畅其行、物畅其流。在生态治理方面，要做好生态空间规划，全面加强生态治理与保护，健全跨区域生态治理的法律法规体系和生态补偿机制。

南京都市圈视阈下打造宁马城际沿线科创走廊的路径研究

沈　洁

（中共马鞍山市委党校）

随着南京都市圈交通一体化水平的快速提高，区域内城际铁路、轨道交通、高速公路构成的交通廊道，逐渐成为都市圈城市之间探索创新、产业、政策、人才、场景、生活服务等一体化的最佳空间载体。打造宁马城际沿线科创走廊（以下简称科创走廊），本质上是推进南京都市圈一体化高质量发展的重大举措，既有利于强化科技在城市现代化建设中的核心地位和支撑作用，亦有助于实现都市圈城市间更高层次的共生与共享。

一、马鞍山积极推动科创走廊建设的探索与成效

马鞍山以深度融入南京都市圈为主战略，深化宁马合作，积极推进科创走廊建设，加快推进宁马产学研用深度融合、人才团队落地落户、创新要素集聚集成和科研成果转移转化，宁马融合发展卓有成效。

1. 勇于突破，科创走廊建设稳步推进

马鞍山通过与长三角发达地区的科创合作，集聚了一批优质创新资源、平台载体和优势产业。马鞍山慈湖高新区设立了东南大学国家大学科技园双创基地（马鞍山）暨东南大学校友经济产业园先导区（马鞍山），位于慈湖高新区的金星钛白公司与南京理工大学等高校开展产学研合作，推动了企业的产线和产品更新。马鞍山市科技部门积极对接南京市科技局等部门、载体和单位，促成了企业与南京都市圈内多个创新项目签约合作。其中，华星化工、泰尔重工等企业与南京大学、南京航空航天大学等知名高校开启了合作。

2. 政策引导，推动成果转化双向贯通

马鞍山市印发了《马鞍山市支持“研发飞地”建设实施办法（试行）》，鼓励本地企业在将人才请进来的同时，能够主动走出去，在大城市构建研发中心，在长三角科技资源发达城市建立“研发飞地”，把研发种子种在马鞍山之外，在马鞍山收获实业成果。截至2021年底，马鞍山市已有10余家企业先后在南京、上海等地建立了“研发飞地”，汇聚了南京、上海的一批高层次人才团队，探索出了一条以“研发飞地”聚人才、强创新的发展之路，开创了柔性用才的新模式，开辟了高端引才的新路子。

3. 搭建平台，促成科创主体供需对接

近三年来，马鞍山市科技部门积极对接南京、上海的科技部门和载体单位，签订了《南京都市圈技术转移联盟框架合作协议》，加强了创新平台建设，畅通了创新协作渠道。马鞍山市科技部门借助线下及线上平台，组成专业团队，发放调查问卷，凝练创新需求，组织各类科技要素对接活动，使本地企业的技术需求得以对接长三角地区的高校院所。马鞍山市在“合作协议”的引导下，促成了一批本土企业与南京知名大学的合作。据不完全统计，马鞍山现有60多家企业与宁沪等地的高校院所建立了紧密合作关系。马鞍山市还依托长三角科技资源共享服务平台，开辟了马鞍山专窗，及时发布大型成套仪器设备、科技专家、服务机构等重要信息，帮助本市高新技术企业扩

大要素获取半径，助力企业融入南京都市圈科创共同体。

二、 马鞍山推进科创走廊建设面临的制约因素

马鞍山在推进科创走廊建设过程中，依然面临许多制约因素。

1. 科创布局的集中度有待提升

目前，马鞍山与南京都市圈城市科创合作的空间散布在各企业及园区，在空间结构上需要打造一个与南京科创资源集聚集群、相互作用的重点地带，从而以点带面，构建宁马创新合作“一盘棋”的整体优势。

2. 科创机制的统筹度有待提高

政府推动科创一体化的统筹机制仍需要加强，以破除条块分割、部门掣肘、力量分散、政策冲突等体制机制瓶颈，避免在实际工作中出现科技创新、人才招引与城市功能提升“两张皮”的现象。

3. 科创资源的融合度有待加强

都市圈内“隐形围墙”的存在，抑制了科创一体化的活力，加大了科创一体化的成本。如何加强都市圈内人才和技术交流的深度，如何增强长期性、交互性、制度性的创新互动和共享，尤其是如何将高校和科研院所创新成果的跨区域转化推深做实，均有待于进一步破题。

4. 科创收益的分享度有待突破

区域创新一体化的利益共享和分配机制仍在探索中，导致各城市的创新要素主要是为地方服务，不能为区域服务，区域内的创新资源无法实现合理流动和迅速集结，创新资源不能高效对接，更不能有效配置。

三、马鞍山打造科创走廊的意义及对策建议

（一）打造科创走廊的现实意义

交通的速达具有两面性，既可能加强中心城市的溢出效应，也可能增强中心城市的虹吸效应。20 世纪 90 年代，由于旧金山的硅谷对科技企业和人才的强大虹吸作用，其周边城市一度出现了大批办公区域空置的情况。之后，周边地区的政府通过制定优惠政策、开发与硅谷互动创新的空间，才扭转了这一局面，最终实现了周边地区与硅谷的共同发展。在商业成熟度不高、科创服务业缺乏的情形下，马鞍山通过打造科创走廊，可以将南京的优质创新人才及项目嵌入马鞍山的交通主动脉，形成宁马间高质量发展的“连绵地带”，这是马鞍山实现持久高质量发展的动力保障。

科创走廊是以交通干线为主轴，以创新创业为主题，以科创+产业为抓手，以打造高等级产业集群、促进跨区域协调联动、塑造产城融合典范为目标的空间布局。打造科创走廊的现实意义体现在以下四个方面：一是科创走廊是落实创新驱动战略的先行先试走廊，有着极强的示范带动效应。通过研发在廊道、成果转换和生产制造在全市的工作格局，科创走廊能够带动全市域经济的高质量发展。二是科创走廊是创新创业的大舞台、育木成林的产业孵化器。通过引导廊道内的创新创业主体围绕创业驿站—众创空间—孵化器—产业园的链条逐级做大做强，能够促进新兴产业蓬勃涌现，推动城市产业接续发展。三是科创走廊的核心内容是建设跨区域的创新共同体、提升创新联动水平，因此能够促进科创资源和创新活动沿廊道轴线快速扩散，形成区域之间创新一体、产业协同的空间格局。这是最高层次的一体化形态。四是科创走廊不是通过另起炉灶、大拆大建形成的，而是顺应交通动脉、通过丰富现有廊道功能而建成的，因此能够迅速激活廊道两侧的存量资源，焕发老城区的活力，降低科创走廊建设成本，缩短开发周期，使马鞍山的创新工作由园区模式快速升级为“城区模式”。

（二）打造科创走廊的对策建议

随着宁马城际铁路的加快推进，马鞍山对宁马城际沿线的空间布局开展了系统性、前瞻性的研究与规划。目前，创新片区的营造正在成为各大城市关注的战略重点，马鞍山应当以打造宁马城际科创走廊为契机，用抓平台的智慧来聚产业、

谋创新、促一体，使科创走廊成为同城化的最新实践，将宁马一体化推入更高层级。

1. 立足顶层设计，做好示范带动

为解决科创走廊跨行政区域、管理主体和管理层级多、统筹协调难度大等问题，建议把理顺体制机制作为廊道建设第一步，充分调动各方的建设积极性。例如，G60 科创走廊由《长江三角洲区域一体化发展规划纲要》这一国家级规划予以保障，并由国家部委统筹、三省一市参与的 G60 科创走廊建设专责小组和联席会议进行事务协调；杭州城西科创大走廊成立大走廊规划建设领导小组及办公室，进行实体化运作；杭州、宁波、温州三市的科创走廊获得省级层面规划支持，成立以省直相关单位为成员的联合开发建设领导小组。

宁马科创走廊属于跨省界廊道。因此，马鞍山必须与南京达成共识，同时争取省级政府部门乃至国家部委的支持，加强与南京发改、科技、规划等部门的沟通与对接，早日启动科创走廊的规划编制工作。宁马城际（马鞍山段）沿线汇集了慈湖高新技术产业开发区、数字硅谷国际产业园、正崴科技园、安徽工业大学等产学研机构，既有较成熟的园区，又有闲置的办公楼宇及尚未开发的优质地块。根据马鞍山“十四五”产业规划，在这一廊道主要布局钢铁新材料、智能装备、节能环保、电子信息等产业的研发与制造项目，建成几个具有示范价值的宁马创新合作驿站，充分发挥其示范带动效应，探索总结相关经验。

2. 摸排沿线资源，整体统筹推进

以提高经济质量为目标，以编制廊道规划为契机，切实提高宁马城际沿线地区的土地集约利用水平。首先要摸清家底。由马鞍山各区县对宁马城际沿线的园区、商业或办公楼宇的利用率与经济效益情况，以及住宅和公共服务资源的供给情况进行基础数据的收集，摸清家底，知己知彼，找准合作目标和重点。其次要实施智能化管理。依据“基础数据→主题库→廊道数据平台”的流程汇集到市级部门，推进廊道建设的市级统筹、智能化管理。在此基础上，市政府要重点做好“三统”工作。

一是统规划。在编制“科创走廊”总体规划前，广泛征求各方面意见，凝聚共识。依托国土空间总体规划，按照城市总体规划、土地利用总体规划，制订“科创走廊”空间规划，在此基础上，制订各节点、各板块的控规和建设性详规，强化规划的引领作用，加强纵向指导。

二是统资源。市政府及其职能部门按照国家土地政策，参照亩均效益、“标准地”等土地出让规定及其评价指标体系，统筹廊道资源，盘活存量资产，释放增量。对于新增用地项目，按科创廊道的“标准地”出让，原则上采取先租后让的方式分阶段出让，注重项目投资、科技产出和人才团队的发展情况监测。

三是统政策。对外，要重点推进与南京创新创业政策的一体化。凡是入驻科创走廊（马鞍山段）的南京科创企业和人才，均可以同等享受马鞍山本土的科技、人才政策。对内，要形成走廊区域的无差异政策环境。走廊沿线各区县在土地利用、人才流动、资源共享等方面，要按照统一政策推进，避免内部博弈。

3. 依托廊道空间，深化产业合作

科创走廊不仅是创新协作的廊道，也是产业合作的空间。南京的创新资源丰富，马鞍山应借助南京现有科技优势，在科创走廊内加快制造业与南京科创资源的融合，从三方面推进马鞍山产业的转型升级。

第一，南京提出构建“4+4+1”主导产业体系，这与马鞍山所布局的“1+3+N”产业体系（钢铁、智能装备、节能环保、轨道交通、生物医药、电子信息）多有契合。马鞍山要重点关注南京各园区的产业发展趋势和科技创新成果，通过积极宣传推介并营造良好的营商环境，促成南京的产业项目在宁马科创走廊落地转化，让科创走廊成为南京产业园区在马鞍山的子园、分园或“伙伴园”。

第二，产业一体化的本质是合作，马鞍山应以宁马科创走廊为平台，促进马鞍山制造企业与南京科研院所、高校等产学研合作，在科创走廊内为南京的科创成果在马鞍山进行转化提供合作机会，形成研发在南京、制造在马鞍山的一体化发展格局。对于马鞍山正在着力发展而自身又缺乏研发能力的新兴产业，如生物医药、电子信息等，以这种方式推进是一条行之有效的路径。

第三，在与南京的产业协同方面，马鞍山要在产业发展中加大对人力资本和科技开发的投入，缩小与南京产业层级的差距，提高科创走廊内双方对接合作的成功概率，不断提高马鞍山制造企业的产品加工和技术创新水平。一方面，加快钢铁产业的创新合作，深化马钢与南京钢铁企业及高校科研院所的合作；另一方面，以马鞍山慈湖高新区化工产业的升级改造为重点，深化与南京化工企业及相关科创资源的合作。

4. 优化空间布局，助力创新创业

借力南京丰富的科创资源，发挥马鞍山创新要素资源的部分比较优势，做到优势互补，融合发展。科创走廊建设只有优化空间布局，强化服务功能，提升服务品质，才能有利于创新创业要素的集聚，实现马鞍山市经济的集聚集约发展。

一是科学规划创新平台。加强重点板块、核心区块的产业布局、规划设计和设施建设，集中力量在核心区块内打造一批充满活力、具备潜力的科技孵化器、科技创业园、产业创新综合体，深化与南京高校、科研院所的校地合作。重点在科创走廊引入南京大院大所的重点实验室及技术中心，同时布局一批中小型创新驿站，为各类创新人才和科创机构提供低成本、高品质的服务场所。尤其应当以青年创业人才为主要服务对象，为他们提供紧邻创新办公场所的青年公寓，以及提供集研发办公、资源共享于一体的综合创业服务平台。

二是合理设置“科创网点”。沿城际铁路在主城区及门户枢纽的快速主通道两侧布局若干“科创网点”。网点的布局选址要高度关注交通的畅达性，优化廊道内的生产服务功能，提升生活环境品质。推动主城区的优质教育资源、医疗资源等向创新创业的企业倾斜，大力引进为科创企业服务的会展、咨询等各类新业态，完善配套零售、餐饮、休闲等生活设施，提升科创走廊的公共服务水平，为创新创业人才提供便利服务。

三是注重发挥生态优势。确立绿色发展理念，处理好建设与保护的关系。科创走廊建设坚持生态优先、绿色发展，注重保护自然生态，科学高效保护和利用好廊道内的自然资源。引山、秀水、布景，适度拓展休闲游憩功能，推进科创走廊沿线的自然景观延伸和人工景观美化，将科创带建设成自然和人文共融的宜居宜业之地。

滁州深度融入南京都市圈一体化高质量发展路径研究

宋迎迎[1]　杨　磊[2]

（中共滁州市委党校[1]　滁州市发展和改革委员会[2]）

都市圈作为城市群的重要组成部分，是推动区域经济一体化发展的重要单元。党的二十大报告明确提出："以城市群、都市圈为依托构建大中小城市协调发展格局。"南京都市圈作为长三角城市群重要一员，其重要性与影响力在不断提升。《南京都市圈发展规划》提出："把南京都市圈建设成为具有全国影响力的现代化都市圈，助力长三角世界级城市群发展，为服务全国现代化建设大局作出更大贡献。"滁州作为南京都市圈成员城市，近年来抢抓长三角一体化发展战略机遇，与南京同城化进程持续加快，经济社会发展也取得长足进步，地区生产总值先后突破 2000 亿元、3000 亿元大关，经济总量冲进并站稳安徽省第三位，实现了从安徽省总量第一方阵、人均靠后到总量第三、人均第一方阵的历史性转变。在《南京都市圈发展规划》获批的背景下，研究滁州如何抓住机遇深度融入南京都市圈，更高水平推进"产业共兴、科创共荣、绿色共保、民生共享、制度共建"一体化高质量发展，对于提升滁州的整体实力和竞争力，打造南京都市圈的强劲增长极，助力长三角更高质量一体化发展具有十分重要的现实意义。

一、滁州深度融入南京都市圈一体化高质量发展取得的成效

1. 建立共商共议的协作机制，一体化的合作路径逐渐清晰

在南京都市圈合作框架下，滁宁围绕"共建、共享、同城化"发展目标，构建都市圈决策层、协调层、执行层三级运作机制。两市签署共同落实长三角区域一体化发展战略合作框架协议及顶山—汊河、浦口—南谯新型功能区合作协议等"1+2"框架协议，联合成立宁滁省际毗邻地区新型功能区建设工作领导小组，每年召开宁滁党政会商会，协调推进重大事项。

2. 主动承接产业转移，协同协作的产业联系更加紧密

滁宁积极推动产业链、供应链协同配套，建立产业协同发展合作机制。滁州每年承接南京转移亿元以上项目数约占全市 17%，浦口—南谯合作产业园纳入江北新区集成电路产业集群规划建设区，来安与江北新区生物医药谷合作共建生命健康产业园，滁宁两地在集成电路、生命健康、装备制造等领域产业关联度持续提升。

3. 坚持交通共联，互联互通的交通网络更加完善

滁宁互联互通的城际铁路、高速公路、国省干线、快速通道等交通基础设施建设不断加快，内联成环、外联成网的滁宁半小时通勤圈已经形成。谋划滁宁一体化协同发展交通重点项目近 30 个。合新高铁、宁淮铁路加快建设；宁滁城际铁路滁州段一期、二期土建工程基本完工，南京段启动建设；宁滁蚌、宁天城际二期、南京—乌衣—滁州市域铁路列入国家相关规划；来六高速滁州段加快施工，禄口—全椒、盱眙—明光、金湖—天长—仪征等高速公路加快前期工作；开通

至南京公交班线 5 条，实现一卡通。

4. 坚持环境共保，生态新屏障加快构建

通过强化滁宁污染源环境监管协同，深化跨界流域横向生态补偿机制，有效推进南京都市圈生态保护合作。滁宁两市先后签订了滁河流域水污染联防联控、大气污染联防联控、长江禁捕退捕协作共管等协议，联合推行河湖长制，联合开展巡河巡湖等，生态环境协同治理机制逐步形成并日趋完善。

5. 注重民生共享，共建共享的公共服务更加便利

坚持把加强公共服务对接合作贯穿于融入南京都市圈发展全过程，持续推进滁宁公共服务一体化。一是加强公共卫生合作。滁州与长三角医疗机构合作项目 139 个，滁州有 12 家二级以上医院与南京开展合作，加入南京医院集团 2 个，建立医联体 19 个，成立专科联盟超过 60 个。二是深化教育合作。南京琅琊路小学等四所中小学在滁州设立分校，滁州市机电工程学校与南京高等职业技术学校签订合作协议，南京信息工程大学金牛湖校区一期建成，4000 名学生已入学。三是推进文化旅游合作。滁州每年在南京举办“醉美滁州亭好滁州”滁州市文旅推介会，滁宁共同开展自驾游推广活动，共推自驾游精品线路。四是开展政务服务合作。推进滁宁政务服务同城化，确定 44 项跨省通办事项。此外，滁宁两市在疫情防控、生态环保、平安建设等领域合作不断深化，区域社会事业整体水平进一步提升。

二、滁州深度融入南京都市圈一体化高质量发展存在的主要问题

一是规划衔接不够紧密、合作对接不够深入的问题依然存在。二是区域协同创新能力有待提升，科技资源共享不足、科研机构合作不畅等问题亟待解决。三是生态环境联保共治尚存在难点堵点，基础设施互联互通一体化程度还有待提高。

三、滁州深度融入南京都市圈一体化高质量发展的路径建议

1. 聚焦优化顶层设计，推动制度空间一体化

一要加强政策协同和规划衔接。当前南京都市圈面临的基础设施互联互通不够、空间开发欠缺协调、产业同质化竞争等问题，很大程度上是因为南京都市圈各城市长期以来受行政区划限制，基于自身利益考虑，分头编制规划，致使规划之间的衔接不够。推动南京都市圈一体化高质量发展，必须加强统一顶层设计和多主体参与相结合，尽快构建科学完善、覆盖全域的规划体系，以规划先行推动解决区域发展合作面临的重大问题。在政策协同和规划衔接上，滁州应主动对接、高位推进，在战略定位、空间结构、交通网络、产业布局、生态建设等方面实现规划对接、联动共进。二要更高效率落实合作共建机制。推动南京都市圈一体化高质量发展，必须强化全面深化改革的动力引领作用，以一体化的思路加快破解行政壁垒和体制障碍，建立健全常态化协商机制，以及成本共担、利益共享机制，形成要素流动自由、产业分工合理、空间开发相对均衡、基本公共服务便利共享、人与自然和谐共生的发展格局。滁宁双方以顶山—汊河、浦口—南谯两个省际毗邻地区新型功能区建设为突破口，以点带面探索建立产业协同发展、科技协同创新、基础设施互联互通、公共服务共享、生态环保共治等一体化新机制。

2. 聚焦产业承接合作，推动经济空间一体化

根据区域比较优势理论，不同区域内部的要素禀赋不同带来的比较优势差异，客观上要求各区域充分利用自身的优势资源来发展优势产业，通过产业分工创造更高的经济效益。都市圈的形成有利于打破固有的资源要素瓶颈，实现资源共享、优势互补和产业联动。在产业结构上，滁州作为安徽东向发展的桥头堡，与南京都市圈的产业发展具有较强的互补性。比如，滁州的产业结构是“二三一”的三次产业结构，优势产业主要集中在智能家电、先进装备制造、硅基材料、农副产品深加工、新能源和新型化工等传统制造业。而南京的产业结构是“三二一”的三次产业结构，优势产业主要集中在新型电子信息、软件和信息服务、高端智能设备、新能源汽车、生物医药、金融和科技服务等先进制造业和现代服务业。滁

州应在产业规划上加强与南京都市圈的衔接，完善产业协作机制，立足于现有产业基础条件和空间地理优势，以集群化、规模化、高端化为主攻方向，坚持错位发展、配套发展，主动承接南京都市圈产业转移，打造一批具有核心竞争力的特色产业集群。以“3+3”省际合作平台为主攻方向，积极探索成本共担、利益分享的园区合作共建体制机制，聚力打造南京市产业配套协作区。例如，近年来滁州充分发挥资源禀赋优势，坚持市场逻辑、资本力量、平台思维，超前布局，光伏产业从无到有、逐步发展壮大。滁州将光伏产业列为全市八大新兴产业的领军产业，由市委书记亲自挂帅，组建工作专班，顶格倾听、顶格协调、顶格推进，瞄准石英砂下游光伏玻璃与光伏组件产业，梳理招引目标清单、组建专业招商队伍、打造专业园区平台、完善跟踪服务机制，全力招引一批光伏产业细分领域头部企业，培育一批龙头企业，招引一批重大项目。目前，滁州已建立硅片、光伏玻璃、光伏电池、光伏组件、逆变器、光伏边框、封装胶膜、光伏背板等日趋完整的产业链。

3. 聚焦区域协同创新，推动创新空间一体化

创新是引领经济发展的第一动力，是建设现代化经济体系的战略支撑。都市圈的形成有利于促进各创新要素在区域内流动、聚集、共享并形成区域创新体系，是实现新旧动能转换和提升区域整体竞争能力的重要动力。作为南京都市圈的中心城市，南京科教资源丰富，创新能力较强，特别是近年来持续推进创新名城建设，必然给周边城市带来辐射和示范效应。滁州可借此契机，以创建国家创新型试点城市为引领，加强与南京都市圈的科技交流与合作，把科技创新作为推动经济高质量发展的“先手棋”。一要加强创新政策衔接。滁州应对标南京都市圈内的先进地区，在鼓励各类主体创新、激励人才创业、促进科技成果转移转化、推动产业创新发展等方面加强与南京都市圈的政策衔接，制定并完善一批鼓励科技创新的配套政策措施，不断优化科技创新的政策环境。二要打造协同创新平台。通过优化“双创”环境，吸引南京都市圈内企业、高校、科研院所在滁州建立企业技术中心、工程研究中心、实验室。三要促进科技成果转移转化。按照“科创+产业”的发展思路，加强与南京都市圈内创新主体的深度对接合作，推动科研成果在滁州落地生根。四要吸引一批创新人才。完善科技创新体制机制，联合培养、引进一批高层次创新人才和创新团队，充分激发人才的创新创业活力。可借鉴杭州都市圈关于“创新飞地”建设的创新性举措，利用中心城市的创新要素，有效弥补人才招引短板。例如，为留住一流人才，绍兴诸暨市在杭州设立一块“创新飞地”——“诸暨岛”，“岛”内的企业都是具有较强自主创新能力的科技型企业，并集聚了大量研发创新人才，利用杭州滨江区国际化的配套环境实现“借鸡生蛋”。同时，60千米之外，诸暨开发区在当地建设“杭州港”，为滨江“诸暨岛”企业集中提供产业化落地空间。自2017年诸暨在杭州、诸暨两地兴建“诸暨岛—杭州港”以来，短短5年间，“诸暨岛—杭州港”已汇聚80多家企业、22名省级以上人才，带动两地1000余人就业，引进国家高新技术企业42家，促成杭州15家企业在诸暨设立生产基地，28家企业在诸暨实现产业化，形成了研发孵化在杭州、产业转化在诸暨，工作生活在杭州、创业贡献为诸暨的异地聚才新模式。

4. 聚焦环境共保联治，推动生态空间一体化

生态环境共保联治体现的是绿色发展，保护生态环境就是保护生产力，改善生态环境就是发展生产力。近年来，南京都市圈高度重视生态环境的保护和修复工作，深入推进生态空间的共保联治，签署了《南京都市圈环境安全联防联控合作协议》，持续开展区域生态环境治理，加快打造绿色生态体系，都市圈生态环境保护取得初步成效。一要共划生态红线，守住区域环保底线。滁州应严把生态红线区域项目准入关，除重大基础设施项目外，严禁其他项目建设，确保生态红线功能不下降、面积不减少。二要全面推行生态补偿机制。建立并完善南京都市圈环境空气质量、地表水生态补偿和饮用水源生态保护补偿机制，积极推动滁河等跨省生态补偿机制试点，实现重要区域生态保护补偿全覆盖。三要健全区域环境治理联动机制。联合推进跨界断面水质联合检测和水环境质量信息共享制度，建立重点区域环境风险应急共享平台，加强跨界环境污染纠纷处置和应急联动，共建绿色美丽南京都市圈。

5. 聚焦基础设施互联互通，推动自然空间一体化

基础设施是助推区域经济发展的重要支撑。基础设施互联互通能够将都市圈内不同行政区域的市场紧密联系起来，促进人、物、资金、信息等资源要素自由流通，进而降低相互之间的交易成本。一要建设一体化现代综合交通体系。滁州应着眼于推进基础设施一体化，在公路、水路、轨道等交通基础设施上全面加快与南京都市圈互联互通，打通省际“瓶颈路”和“断头路”。具体来看，要加快推进北沿江高铁合宁段、宁淮、沿淮、滁宁城际等一批高铁、轨道交通项目建设，建设“轨道上的都市圈”。加快明光—盱眙、来安—六合、金湖—天长—仪征等高速公路建设，建设“公路上的都市圈”。加快滁州（清流）港、明光新港、全椒新港等港口建设，提升水运通江达海水平，建设“航道上的都市圈”。二要加强5G、数据中心、工业互联网等新型基础设施建设，推动数据信息互通共享。滁州应抓住数字经济带来的新机遇，在互联网、人工智能、生命健康等新兴业态领域加强与南京都市圈其他各成员城市的分工协作，促进优势互补。

6. 聚焦公共服务共建共享，推动社会空间一体化

都市圈建设的最终目标是要不断增强区域内人民群众的获得感、幸福感、安全感。因此，增加公共服务供给、提高公共服务的共建能力和共享水平，是都市圈建设的一项重要内容。国家发改委在《关于同意南京都市圈发展规划的复函》中明确指出“着力推动公共服务共建共享”。一要推进公共服务标准化建设，提升公共服务便利化水平。滁州应在公共服务标准制定上对标南京都市圈先进地区，加快公共服务制度接轨，促进基本公共服务均等化、普惠化、便捷化，努力缩小与南京都市圈先进地区的差距。二要推进教育、文化、卫生等资源共建共享。按照平等互利、共建共享的原则，积极推动与南京都市圈其他城市在教育、医疗、文化、社会治理等领域的交流与合作，扩大优质公共服务资源供给，打造一体化基本公共服务体系。

第二章　南京都市圈论坛

第一节　第一届南京都市圈发展论坛

一、论坛基本情况

2021 年 12 月 26 日，以“建设现代化都市圈典范　服务构建新发展格局”为主题的南京都市圈发展论坛在南京市委党校成功举办。此次论坛由中共南京市委党校主办，南京新时代中国特色社会主义发展研究院、南京市委党校科研处和《中共南京市委党校学报》编辑部承办。论坛分为线下和线上两个会场，南京都市圈各党校、高校、党政机关、社科院（联）等单位的专家学者共70余人参加了线上线下研讨，为南京都市圈发展建言献策。

安徽省委党校和江苏省委党校有关领导出席，他们在致辞中指出，南京都市圈发展是一项重大国家级战略，南京都市圈连通我国的东部、中部两大板块，衔接长江、淮河两大流域，在长三角一体化发展乃至全国区域发展格局中具有重要的战略地位，是我们国家规划建设的第一个跨省都市圈。推动南京都市圈建设发展正是学习贯彻习近平总书记重要讲话精神的生动实践，是推动长三角区域一体化发展的重大举措，意义重大。办好南京都市圈发展论坛既是党校人的研究任务和党校作为研究智库的使命，也为高校、社科研究机构、新型智库等各方交流搭建了一个共同成长的平台。把南京都市圈建设成为都市圈典范，可为其他地区及我国更大范围的区域协调发展提供经验借鉴。

二、论坛获奖论文

为深入贯彻长三角区域一体化发展国家战略，强化南京都市圈协调联动，中共南京市委党校倡议发起并与都市圈各党校联合举办了以“建设现代化都市圈典范 服务构建新发展格局”为主题的南京都市圈发展论坛。论坛征文启事发出后，社会各界广泛关注与积极响应，共收到来自党校、高校、社科研究机构、党政机关、新型智库的专家学者的来稿 70 多篇。经组织专家两轮评审，共评选出一等奖论文 2 篇、二等奖论文 5 篇、三等奖论文 10 篇及优秀奖论文 13 篇（获奖名单见表 10-2-1）。希望各方继续努力，共同在长三角区域一体化新征程中争创南京都市圈发展新优势，为把南京都市圈建设成为有全国影响力的现代化都市圈典范贡献智慧和力量！

表 10-2-1　第一届南京都市圈发展论坛征文获奖名单

获奖等次	序号	标题	作者	作者单位
一等奖（2 篇）	1	南京经济增长韧性测度、支撑及提升路径	韩磊	江苏省战略与发展研究中心宏观经济研究所
	2	对“十四五”时期马鞍山推进宁马产业联动的若干思考	沈洁	马鞍山市委党校

续表

获奖等次	序号	标题	作者	作者单位
二等奖（5 篇）	3	南京都市圈发展战略下江北新区提升区域辐射力的路径	叶南客、吴海瑾、曾盛红	南京市社会科学院城市发展研究所
	4	南京都市圈产业合作园高质量发展研究：模式、经验与建议	王先柱、黄河	安徽工业大学商学院
	5	南京都市圈产业一体化视角下的产业协同度评估	陈芳英	中共芜湖市委党校
	6	淮安融入南京都市圈一体化发展之路径选择	李伟	中共淮安市洪泽区委党校
	7	现代都市圈的发展维度与路径探索——以南京为例	刘柳	中共南京市委党校
三等奖（10 篇）	8	着力打造“江宁—博望”省际同城化发展示范区	周鹏	中共马鞍山市委党校
	9	宁滁省际毗邻区建设中的规制冲突	刘兵	中共滁州市委党校
	10	南京都市圈协同创新研究	陶性铭、王爱民、潘琪	南京市科技信息研究所
	11	滁州融入大江北的历史考察及展望	朱晓俊、周智朝	滁州学院
	12	打造南京都市圈高质量发展新增长极的路径探索——以常州市金坛区为例	马丽	中共常州市金坛区委党校
	13	生态文明视域下的南京都市圈大气污染联防联控联治研究——以南京、镇江、扬州为例	英震	中共扬州市委党校
	14	长三角一体化示范区的发展情况及对南京都市圈跨界一体化示范区建设的启示	朱颂楠	南京市人民政府驻上海办事处
	15	宣城融入南京都市圈加快区域中心城市建设	伍万云、侯正茂	中共宣城市委党校
	16	南京都市圈协同发展探析	陶训健	中共马鞍山市和县县委党校
	17	科学把握习近平城市群建设理念，助跑镇江融入南京都市圈	王甜	中共镇江市委党校
优秀奖（13 篇）	18	推进生态环保协同发展　构建绿色南京都市圈	隋林林	中共扬州市委党校
	19	栖霞区人工智能产业高质量发展的战略思考	蒋殿浦、郑琼洁	中共南京市栖霞区委党校
	20	打造“放管服”改革的“升级版”“补丁包”	玄冬冬	中共南京市栖霞区委党校
	21	长江三角洲区域一体化发展战略进展与展望	黄向梅	中共南京市委党校
	22	人民中心视角的全要素智慧网格治理路径探析	孙丽莎	中共南京市雨花台区委党校
	23	加强城市社区协商民主在城市治理中的实践作用研究	高建树	中共南京市鼓楼区委党校
	24	长三角城市群国际消费中心城市竞争力评价	张淑萍	中共南京市委党校
	25	发挥栖霞区位优势，实现长江岸线资源优化利用的思考	朱慧、黄旭	中共南京市栖霞区委党校
	26	以藏富于民的理念务实推进乡村共同富裕工作	张永年	中共南京市高淳区委党校
	27	建设现代化都市圈典范的几点思考	黄科	中共南京市委党校
	28	关于加强鼓楼区历史文化保护与利用	单友方、倪霞	中共南京市鼓楼区委党校
	29	南京都市圈背景下江宁区提升链接辐射能力的对策研究	宋费佳、张永军	中共南京市江宁区委党校
	30	深化“四大高地”建设，提升南京城市首位度	王爱芳	中共南京市秦淮区委党校

三、论坛入选论文

第一届南京都市圈发展论坛入选论文见表 10-2-2。

表 10-2-2　第一届南京都市圈发展论坛入选论文

作者	文章题目
叶南客、吴海瑾、曾胜红	“南京都市圈”发展战略下南京江北新区提升区域辐射力的路径
汪华	关于构建新发展格局背景下都市圈建设的路径选择
王爱芳	深化“四大高地”建设，提升南京城市首位度
颜桂丽	南京都市圈发展的难点与路径思考
高建树	加强城市社区协商民主在城市治理中的实践作用研究——以南京市鼓楼区为例
单有方、倪霞	关于加强鼓楼区历史文化保护与利用
张卫东	江苏推进省域社会治理现代化研究——基于南京建邺区网格化社会治理的实践
孙丽莎	人民中心视角的全要素智慧网格治理路径探析——以南京市雨花台区孙家社区为例
孙丽莎	中国（南京）软件谷经济专属网格治理实践与探索
陈冰玉、孟星宇	基层整合审批服务执法力量改革的栖霞实践与思考
玄冬冬	打造“放管服”改革的“升级版”“补丁包”——栖霞区政务服务“一件事”改革的实践与思考
蒋殿浦、郑琼洁	栖霞区人工智能产业高质量发展的战略思考
谢瑶、祁林	栖霞山文化休闲旅游度假区高质量发展——理念与路径研究
王政昱、朱晓伟	一体化视角下的南京都市圈警务合作机制问题研究
朱慧、黄旭	发挥栖霞区位优势，实现长江岸线资源优化利用的思考
宋费佳、张永军	南京都市圈背景下江宁区提升链接辐射能力的对策研究
吴瑞婧	在新发展理念指引下溧水高质量发展的实践与探索
戴洋洋	南京都市圈一体化背景下的乡村治理
张永年	以藏富于民的理念务实推进乡村共同富裕工作
赵敏	都市圈一体化背景下南京“夜经济”发展对策研究
陈志发	南京江北新区开放创新发展研究
杜栋	城市群建设与构建双循环新发展格局
杜栋	在长三角一体化发展大背景下高质量建设南京都市圈
张淑萍	长三角城市群国际消费中心城市竞争力评价
黄向梅	长江三角洲区域一体化发展战略进展与展望
刁化功	绿色金融创新养护南京都市圈的青山绿水
韩磊	南京经济增长韧性测度、支撑及提升路径
刘柳	现代都市圈的发展维度与路径探索——以南京都市圈为例
黄科	建设现代化都市圈典范的几点思考
陶性铭、王爱民、潘琪	南京都市圈协同创新研究
南京市人民政府驻上海办事处	长三角一体化发展情况及对南京都市圈跨界一体化示范区建设的启示

续表

作者	文章题目
盛玉全	加强南京都市圈党校（行政学院）系统合作助力都市圈发展
郭杰	都市圈投融资模式的国际借鉴
万建鹏、苏丽莉、刘凯	南京都市圈轨道交通项目共建模式分析——以宁句城际为例
王甜	科学把握习近平城市群建设理念，助跑镇江融入南京都市圈
韩永平、范习岭、邵兴华	提升“好地方”扬州的市民文明素质——以高邮市为例
陈留俊	以“五大发展理念”推动大运河再出发
李翔宇	新发展理念下数字经济与实体经济深度融合研究——以江都区为例
英震	生态文明视域下的南京都市圈大气污染联防联控联治研究——以南京、镇江、扬州为例
隋林林	推进生态环保协同发展　构建绿色南京都市圈
张彩莲	发展休闲农业 助力南京都市圈——以扬州市江都区为例
周娟	扬州运河文旅融合发展研究
李伟	淮安融入南京都市圈一体化发展之路径选择
张娟娟	洪泽区打造长三角地区知名党性教育基地的对策
沈洁	对“十四五”时期马鞍山推进宁马产业联动的若干思考
王春祥	以党的建设高质量引领新时代长三角一体化发展高质量
杨术	新时代国家战略视域下南京都市圈区域战略价值
周鹏	着力打造“江宁—博望”省际同城化发展示范区问题研究
陶训健	南京都市圈协同发展探析
王先柱、黄河	南京都市圈产业合作园高质量发展研究：模式、经验与建议
刘兵	宁滁省际毗邻区建设中的规制冲突
吕小瑞	滁州市产业链精准招商策略研究
郑明明	南谯区多措并举加速融入长三角交通一体化
秦德高	长三角一体化视野下的南京都市圈城市发展突破口探索
宋迎迎	长三角一体化发展战略下安徽科技创新体系建设路径研究
朱晓俊、周智朝	滁州融入“大江北”的历史考察及展望——基于制度变迁的视角
陈芳英	南京都市圈产业一体化视角下的产业协同度评估
陈冬梅、古朝霞、夏源、张宝杰	南京都市圈视角下芜湖人才开发培养一体化路径探究
占金云	南京都市圈背景下基层干部参与社会治理作用发挥研究——以芜湖市繁昌区社会治理实践为例
牛艳秋	区域文化促进基层社会治理研究——以安徽省芜湖市为例
汪漪	现代化建设视角下基层矛盾纠纷的化解机制与优化路径研究——以安徽芜湖为例
吴灵	省域副中心城市提高人才集聚度何以可能？——以芜湖市引才机制市场化改革为例
伍万云、侯正茂	深化体制机制创新 嵌入南京都市圈一体化共同体
张美美	重振宣城文化地位，打造文化名市
马丽	打造南京都市圈高质量发展新增长极的路径探索——以常州市金坛区为例

续表

作者	文章题目
陶华美、张鸿浩、丁晓娟、盛浩伟	县域融入南京都市圈生态环境共保联治路径研究——以溧阳市生态环境保护为例
韩信、陆峰、匡贤明	雾霾污染影响城镇化了吗？——来自中国地级市的经验证据
王霞	“双碳”目标下推进南京都市圈生态环境共保联治的融合路径探析

第二节　第二届南京都市圈发展论坛

一、论坛基本情况

2022 年 8 月 27 日，由江苏省社科联、南京市委党校共同主办，南京新时代中国特色社会主义发展研究院承办的 2022 年江苏青年智库学者沙龙暨第二届南京都市圈发展论坛在南京市委党校举行。

论坛聚焦“联通 · 沟通 · 畅通——以同城化合力释放都市圈潜能”主题，现场发布《南京都市圈发展报告（2022）》。

作为全国都市圈的先行者，南京都市圈已走过 20 多年的发展历程，在长三角一体化发展乃至全国区域发展格局中的重要战略作用日益凸显。2021 年 2 月，《南京都市圈发展规划》正式获得国家发改委复函同意。由此，南京都市圈成为我国最早启动、首个获得国家层面批复的跨省域都市圈，横跨苏皖两省 8 个地级市和 2 个区（市），肩负起“跨区域协调”的探索之责。

来自省内外的 5 位知名专家学者作主旨演讲。与此同时，本次论坛还专门设立“学者论坛”和“工作论坛”两个平行分论坛。来自全国的 70 多位专家学者通过线下线上相结合的方式参与“学者论坛”，南京都市圈毗邻区的 10 位实践工作者参与“工作论坛”。

二、论坛获奖论文

经组织专家匿名评审，共评选出一等奖论文 2 篇、二等奖论文 4 篇、三等奖论文 6 篇及优秀奖论文 12 篇（获奖名单见表 10-2-3）。

表 10-2-3　第二届南京都市圈发展论坛征文获奖名单

获奖层次	序号	标题	作者	作者单位
一等奖（2 篇）	1	南京都市圈产业协同发展研究	温李庆、顾巍巍、班鸣	南京市宏观经济研究中心
	2	南京中长期经济发展趋势特征及数量测度	刘红霞、韩磊	江苏现代化决策咨询工作室
二等奖（4 篇）	3	南京都市圈与京阪神都市圈的比较及实践意义	潘艺心	中共无锡市委党校
	4	都市圈城际铁路对其产业发展的影响及对策研究	伍笛笛、高洁、李双强	中共成都市委党校
	5	南京都市圈毗邻地区的社会治理一体化研究	任克强、卢义桦、余婕	南京市社会科学院“街镇治理效能博士工作站”
	6	国家中心城市的指数分析与建设进路	吴正海	中共西安市委党校
三等奖（6 篇）	7	南京都市圈跨城区社会联系度研究——基于 2022 年春节期间百度迁徙大数据	吴义东、厉诗辰、王先柱	安徽工业大学商学院
	8	江苏加快推进县域城乡融合发展的创新路径研究	李玉才	淮阴师范学院马克思主义学院
	9	南京都市圈区域立法协同一体化研究	董浩洋	南京大学法学院

续表

获奖层次	序号	标题	作者	作者单位
三等奖（6篇）	10	深度融入南京都市圈　共建G328产业创新走廊	刘凤祥	中共扬州市委党校
	11	南京都市圈人才一体化发展研究	司海燕、张玉枚	中共镇江市委党校
	12	推进宁滁省际毗邻区域一体化发展研究	吕小瑞、杨磊	中共滁州市委党校
优秀奖（12篇）	13	新时代城市基层治理法治化之困境与出路	马俊	中共合肥市委党校
	14	南京都市圈公共阅读服务体系建设研究	徐昊丰、张恺	金陵图书馆
	15	用江南文化为南京都市圈增添更多美丽色彩	余大庆	中共苏州市委党校
	16	聚“江河湖海”之力全力做大做强苏锡常都市圈	王锋	中共江阴市委党校
	17	对宁马城际沿线规划建设“科创大走廊”的分析与思考	沈洁	中共马鞍山市委党校
	18	以南京都市圈建设推进养老服务区域一体化	孟荣芳	中共南京市委党校
	19	都市圈一体化发展背景下“马太效应”的问题成因与对策建议	英震	中共扬州市委党校
	20	疫情防控常态化下苏锡常都市圈一体化联防联控机制建设研究	殷凡越、唐雨雪	中共无锡市梁溪区委党校
	21	都市圈一体化背景下溧阳休闲产业融入南京发展策略研究	盛浩伟	中共溧阳市委党校
	22	大数据赋能长株潭都市圈高校人才协同培养研究	李青利	中共株洲市委党校
	23	滁州深度融入南京都市圈一体化高质量发展路径研究	宋迎迎	中共滁州市委党校
	24	南京都市圈省际毗邻地区产业协同发展路径研究	徐瑞、丁兴桥	江苏省生产力促进中心

三、论坛入选论文

第二届南京都市圈发展论坛入选论文见表10-2-4。

表10-2-4　第二届南京都市圈发展论坛入选论文

作者	文章题目
沈洁	对宁马城际沿线规划建设“科创大走廊”的分析与思考
汪晓梦	合肥与长三角主要城市科技创新环境评价研究
李青利	大数据赋能长株潭都市圈高校人才协同培养研究
朱琳、傅伟明	全力打响“人到苏州才有为”品牌的创新实践与启示
司海燕、张玉枚	南京都市圈人才一体化发展研究
彭萌萌	苏州促进区域政策协同支撑长三角一体化高质量发展研究
朱明刚、陶训健	基于南京都市圈探析和县县域经济高质量发展
宋迎迎	滁州深度融入南京都市圈一体化高质量发展路径研究

续表

作者	文章题目
朱慧、方宏伟	南京健全以企业为主体的关键核心技术协同攻关机制对策研究
温李庆、顾巍巍、班鸣	南京都市圈产业协同发展研究
伍笛笛、高洁、李双强	都市圈城际铁路对其产业发展的影响及对策研究——以成都都市圈为例
陶训健	基于南京都市圈探析和县蔬菜产业发展
盛浩伟	都市圈一体化背景下溧阳休闲产业融入南京发展策略研究
孟荣芳	以南京都市圈建设推进养老服务区域一体化
李富慧	文旅融合发展存在问题及其路径优化研究——以南京外秦淮河为例
施南奇	苏锡常都市圈高职院校发展的现状、特点与启示
孙维红	弘扬包公精神 打造廉洁文化生态圈
盛玉全	加强南京都市圈党校（行政学院）系统合作用好圈内红色资源路径探析
徐昊丰、张恺	南京都市圈公共阅读服务体系建设研究
余大庆	用江南文化为南京都市圈增添更多美丽色彩
孟祥丰	校地协同共育驻村文旅师运行机制探索研究——以无锡市为例
李玉才	江苏加快推进县域城乡融合发展的创新路径研究
王秀珊	红绿融合的地方实践研究——以株洲市为例
赵建中	简论南京都市圈生态环境共保联治
吴义东、厉诗辰、王先柱	南京都市圈跨城区社会联系度研究——基于2022年春节期间百度迁徙大数据
董浩洋	南京都市圈区域立法协同一体化研究
马俊	新时代城市基层治理法治化之困境与出路——基于对合肥市部分街道的调查
牛艳秋	党建引领基层社会治理创新研究
殷凡越、唐雨雪	疫情防控常态化下苏锡常都市圈一体化联防联控机制建设研究
殷亚伟	城市社区治理的历史进路与镇江实践
孙丽莎	“有事好商量”协商议事平台融入基层社会治理的调研和思考——以南京市雨花台区为例
高洁、伍笛笛、张莹琳	成都外环铁路对成都都市圈产业发展的影响研究
郭杰	关于宁镇扬基础设施一体化建设的几点思考
刘凤祥	深度融入南京都市圈　共建G328产业创新走廊
潘艺心	南京都市圈与京阪神都市圈的比较及实践意义——以都市圈轨道交通网为中心的考察
任克强、卢义桦、余婕	南京都市圈毗邻地区的社会治理一体化研究
徐瑞、丁兴桥	南京都市圈省际毗邻地区产业协同发展路径研究
吕小瑞、杨磊	推进宁滁省际毗邻区域一体化发展研究
李加稳	都市圈协同发展视角下推进苏皖省际毗邻地区产业发展研究
刘红霞、韩磊	南京中长期经济发展趋势特征及数量测度
范文国	徐州都市圈协同发展机制存在的主要问题及其应对之策
英震	都市圈一体化发展背景下“马太效应”的问题成因与对策建议——以南京、镇江、扬州为例

续表

作者	文章题目
黄科	南京建设现代化都市圈典范的思考
郭格	西安都市圈中心城市能级发展的对策思考——基于西安与南京的数据分析
吴正海	国家中心城市的指数分析与建设进路
刘兵	都市圈框架中顶山—汊河跨界示范区建设的博弈策略及机制融合
蔡小柳	南京都市圈和苏锡常都市圈之比较研究
王锋	聚“江河湖海”之力全力做大做强苏锡常都市圈
程明、陈兆清	我国城乡融合发展水平测度与空间演化格局研究——来自2015—2019年省级数据实证分析
伍万云、侯正茂	南京都市圈视域下生态环境联保共治研究
张霁莹	全周期管理视角下提升基层治理能力的思考
张天娇	文化服务都市圈建设对策研究——以南京市建邺区公共文化人民创新机制为例
张冬清、王莉榕、陈岩	以数字经济赋能建邺区经济社会高质量发展的研究与思考

第十一篇

长三角地区六大都市圈比较

第一章　南京都市圈与长三角地区发展

第一节　长三角地区经济发展总体情况

自2018年长三角一体化发展上升为国家战略以来，沪苏浙皖三省一市地区生产总值占全国比重逐年上升，2021年长三角地区生产总值占全国的24.1%，正加速成为我国发展强劲活跃增长极。以长三角一体化发展为背景，南京都市圈必将获得更加广阔的空间。

据统计，2021年长三角地区生产总值为27.6万亿元，在全国占比达到24.1%，研发经费投入在全国占比达到29.8%，进出口总额达到14.1万亿元，占全国的36.1%，同比2018年增长了27.7%。长三角全域固定资产投资同比增速达到8.1%。长三角地区的工业增加值、社会消费品零售总额和地方一般公共预算收入在全国占比都达到四分之一以上，分别为25.6%、25.3%和26.6%。2021年，南京都市圈十个市（区）地区生产总值为46665.68亿元，占整个长三角地区生产总值的16.9%。

长三角科技创新共同体正加快建设，科技部与三省一市建立了“4+1”工作机制，编制实施了《三省一市共建长三角科技创新共同体行动方案（2022—2025年）》。2021年长三角地区高新技术企业达到92600多家，三年间增长了108%。

当前，长三角产业优势集群正在加速形成。长三角集成电路产业规模占全国的60%、生物医药和人工智能产业规模均占全国的1/3、汽车产量占全国的1/4、新能源汽车产量占全国的38%。

如今的长三角，绿色生态持续向好，生态安全屏障更加牢固。2021年长三角水质优良断面比例较2018年上升9.6个百分点，达到89.1%。2021年长三角 $PM_{2.5}$ 平均浓度为31 $\mu g/m^3$，较2018年下降26.2%。围绕“数字长三角”建设，目前三省一市已经累计建成了5G基站达43万个，占全国比重约四分之一。

作为外向型经济的典型区域，长三角近几年来进一步深化开放合作，持续优化区域营商环境，国际竞争合作新优势不断增强。2021年5月，长三角自由贸易试验区联盟成立。2021年沪苏浙皖自贸试验区货物进出口总额3.1万亿元，占全国自贸试验区的46.2%，实际使用外资总计1042.6亿元，占全国自贸试验区的48.9%。

一、长三角地区生产总值总体情况

2016—2021年长三角地区生产总值总体情况如图11-1-1所示。2021年，上海、江苏、浙江、安徽四地地区生产总值总量超27万亿元，占全国的24.1%，与此同时，四地增速一律跑赢或持平于全国平均增速。

2021年全年上海完成生产总值43214.85亿元，江苏完成116364.2亿元，浙江完成73516亿元，安徽完成42959.2亿元。2021年全国国内生产总值为1143670亿元。因此，2021年全年长三角地区生产总值占国内生产总值的比例约为

24.13%，其中上海约占3.78%，江苏约占10.17%，浙江约占6.43%，安徽约占3.76%。

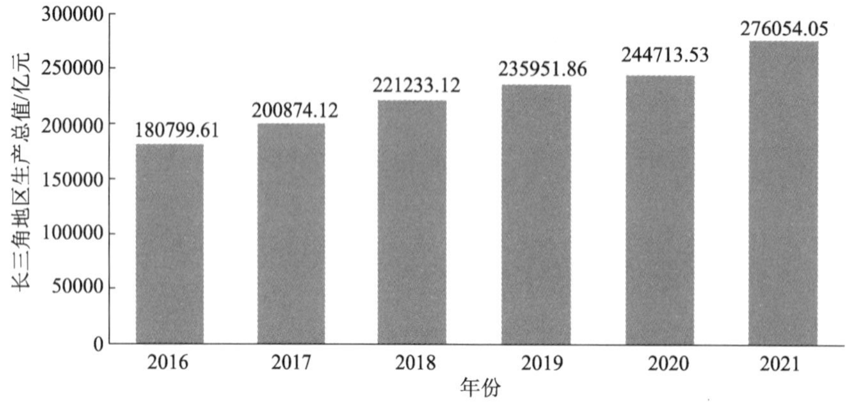

图 11-1-1　2016—2021 年长三角地区生产总值总体情况

二、上海、江苏、浙江和安徽地区生产总值情况

2021年和2020年长三角地区三省一市地区生产总值情况见表11-1-1。2021年和2020年长三角地区三省一市地区生产总值情况对比见图11-1-2。

表 11-1-1　2021 年和 2020 年长三角地区三省一市地区生产总值情况

地区	2021年地区生产总值/亿元	2020年地区生产总值/亿元	增量/亿元	增长率/%
上海	43214.85	38700.58	4514.27	8.1
江苏	116364.20	102718.98	13645.22	8.6
浙江	73516.00	64613.34	8902.66	8.5
安徽	42959.20	38680.63	4278.57	8.3

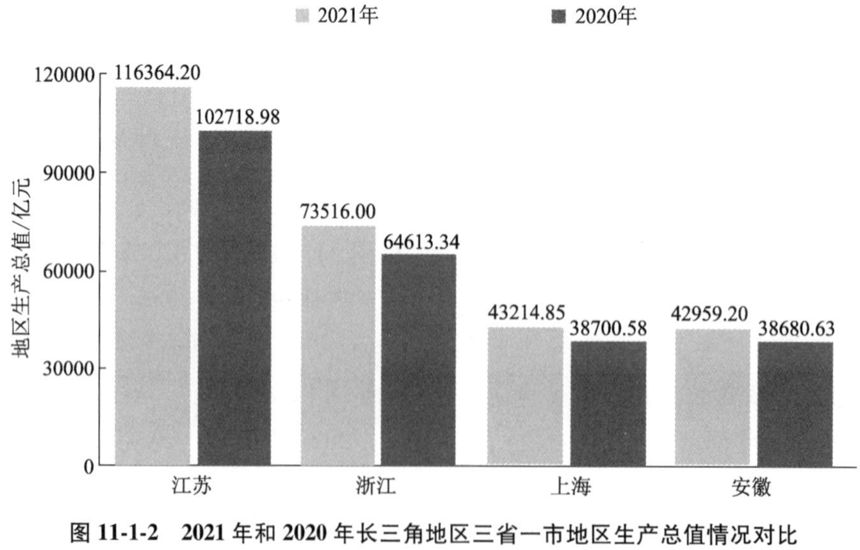

图 11-1-2　2021 年和 2020 年长三角地区三省一市地区生产总值情况对比

2021年上海市地区生产总值43214.85亿元，按可比价格计算，比上年增长8.1%，两年平均增长4.8%。分产业看，第一产业增加值99.97亿元，同比下降6.5%，两年平均下降7.4%；第二产业增加值11449.32亿元，同比增长9.4%，两年平均增长5.3%；第三产业增加值31665.56亿元，同比增长7.6%，两年平均增长4.7%。第三产业增加值占全市生产总值的比重为73.3%。

2021年上海市规模以上工业增加值比上年增长11.0%，两年平均增长6.2%；规模以上工业总产值39498.54亿元，同比增长10.3%，两年平均增长6.0%。全年全市35个工业行业中有28个行业产值实现增长，增长面为80.0%。其中，汽车制造业、专用设备制造业、电气机械和器材制造业增长较快，产值同比增速分别为21.1%、19.7%和15.1%，两年平均增速分别为15.0%、9.5%和9.9%。

2021年上海市工业战略性新兴产业总产值16055.82亿元，比上年增长14.6%，两年平均增长11.7%。其中，新能源汽车、新能源和生物产值同比增速分别为1.9倍、16.1%和12.1%，两年平均增速分别为1.8倍、12.2%和7.4%。

2021年，江苏省全年实现地区生产总值116364.2亿元，迈上11万亿元新台阶，比上年增长8.6%。其中，第一产业增加值4722.4亿元，增长3.1%；第二产业增加值51775.4亿元，增长10.1%；第三产业增加值59866.4亿元，增长7.7%。全年三次产业结构为4.1：44.5：51.4。全省人均地区生产总值137039元，比上年增长8.3%。经济活力增强，全年非公有制经济实现增加值87622.2亿元，占地区生产总值比重达75.3%，比上年提高0.4个百分点；私营个体经济增加值占地区生产总值比重达53.2%，民营经济增加值占地区生产总值比重达57.3%。年末工商部门登记的私营企业357.4万户，全年新登记私营企业64.0万户；年末个体经营户951.0万户，全年新登记个体经营户184.8万户。区域经济发展支撑有力，扬子江城市群对全省经济增长的贡献率达76.9%，沿海经济带对全省经济增长的贡献率达18.1%。

2021年，浙江全省生产总值为73516.0亿元，按可比价格计算，比上年增长8.5%。分产业看，第一、二、三产业增加值分别为2209亿元、31189亿元和40118亿元，比上年分别增长2.2%、10.2%和7.6%，与2019年相比，两年平均增长分别为1.7%、6.5%和5.9%。一季度、上半年、前三季度全省生产总值同比分别增长19.5%、13.4%和10.6%，两年平均增长分别为6.2%、6.8%和6.4%。全省人均地区生产总值为113032元（按年平均汇率折算为17520美元），比上年增长7.1%。经最终核实，2020年，全省生产总值为64689亿元，按可比价格计算，比上年增长3.6%，三次产业增加值结构为3.3：40.8：55.9。

2021年，安徽全省生产总值42959.2亿元，比上年增长8.3%，两年平均增长6%。三次产业协同发展，第一产业增加值3360.6亿元，增长7.4%；第二产业增加值17613.2亿元，增长7.9%，其中工业增加值13081.7亿元、增长8.9%，制造业增加值11354.1亿元，占全省生产总值比重为26.4%、比上年提升0.6个百分点；第三产业增加值21985.4亿元，增长8.7%。三次产业结构由上年的8.4：40.0：51.6调整为7.8：41.0：51.2。预计全年全员劳动生产率132467元/人，比上年增加15463元/人。按常住人口计算，人均地区生产总值70321元（折合10900美元），比上年增加7910元。

2017—2021年长三角地区三省一市地区生产总值增长率情况如图11-1-3所示。2021年，三省一市地区生产总值增长率在8.1%~8.6%，上海增长率8.1%，江苏增长率8.6%，浙江增长率8.5%，安徽增长率8.3%。

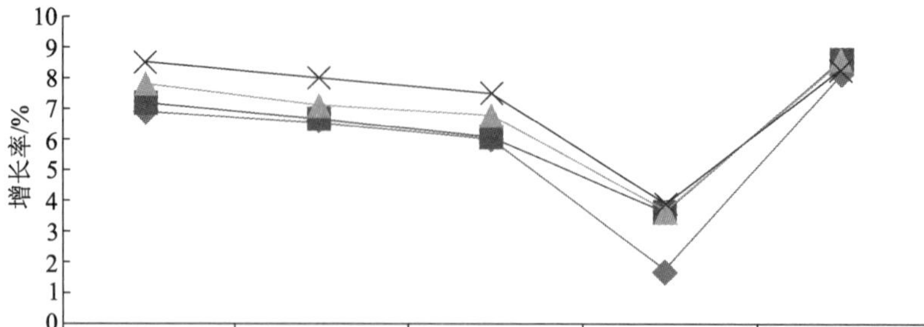

	2017年	2018年	2019年	2020年	2021年
上海市	6.9	6.6	6.0	1.7	8.1
江苏省	7.2	6.7	6.1	3.7	8.6
浙江省	7.8	7.1	6.8	3.6	8.5
安徽省	8.5	8.02	7.5	3.9	8.3

图 11-1-3　2017—2021 年长三角地区三省一市地区生产总值增长率情况

三、长三角地区各省辖市地区生产总值情况

2021 年长三角地区各省辖市地区生产总值情况见表 11-1-2。2021 年，长三角 40 个地级市地区生产总值前五名排次与上年保持一致，依次是苏州市（22718. 3 亿元）、杭州市（18109. 0 亿元）、南京市（16335. 3 亿元）、宁波市（14594. 5 亿元）和无锡市（14003. 2 亿元）。经济总量突破万亿规模，是衡量城市综合实力的重要指标，长三角第二梯队是除上海以外的其他 7 座万亿城市，其中包括副中心城市杭州、南京、合肥，以及传统经济强市苏州、宁波、无锡、南通。南京都市圈 8 个设区市中，只有南京市进入了前六名。

表 11-1-2　2021 年长三角地区各省辖市地区生产总值情况

排名	地区	2021 年地区生产总值/亿元	2020 年地区生产总值/亿元	实际增速/%	排名	地区	2021 年地区生产总值/亿元	2020 年地区生产总值/亿元	实际增速/%
1	苏州市	22718. 3	20170. 5	8. 7	15	泰州市	6025. 3	5312. 8	10. 1
2	杭州市	18109. 0	16106. 0	8. 5	16	台州市	5786. 2	5263. 0	8. 3
3	南京市	16335. 3	14818. 0	7. 5	17	金华市	5355. 4	4704. 0	9. 8
4	宁波市	14594. 5	12409. 0	8. 2	18	镇江市	4763. 4	4220. 1	9. 4
5	无锡市	14003. 2	12370. 5	8. 8	19	淮安市	4550. 1	4025. 4	10. 0
6	合肥市	11412. 8	10045. 7	9. 2	20	芜湖市	4302. 6	3753. 0	11. 6
7	南通市	11026. 9	10036. 3	8. 9	21	连云港	3727. 9	3277. 1	8. 8
8	常州市	8807. 6	7805. 3	9. 1	22	宿迁市	3719. 0	3262. 4	9. 1
9	徐州市	8117. 4	7319. 8	8. 7	23	湖州市	3644. 9	3201. 0	9. 5
10	温州市	7585. 0	6871. 0	7. 7	24	滁州市	3362. 1	3032. 1	9. 9
11	绍兴市	6795. 0	6001. 0	8. 7	25	阜阳市	3071. 5	2805. 2	9. 0
12	扬州市	6696. 4	6048. 3	7. 4	26	安庆市	2656. 9	2467. 7	6. 6
13	盐城市	6617. 4	5953. 4	7. 7	27	马鞍山市	2439. 3	2186. 9	9. 1
14	嘉兴市	6355. 2	5510. 0	8. 5	28	宿州市	2167. 7	2045. 0	8. 5

续表

排名	地区	2021年地区生产总值/亿元	2020年地区生产总值/亿元	实际增速/%	排名	地区	2021年地区生产总值/亿元	2020年地区生产总值/亿元	实际增速/%
29	蚌埠市	1989.0	2082.7	-2.1	35	舟山市	1703.6	1512.0	8.4
30	亳州市	1972.7	1806.0	8.6	36	淮南市	1457.1	1337.2	5.7
31	六安市	1923.5	1669.5	11.0	37	淮北市	1233.0	1119.1	3.4
32	衢州市	1875.6	1639.0	8.7	38	铜陵市	1165.6	1003.7	7.2
33	宣城市	1833.9	1607.5	10.1	39	池州市	1004.2	868.9	10.2
34	丽水市	1710.0	1540.0	8.3	40	黄山市	957.4	850.4	9.1

四、长三角地区各县（市）地区生产总值情况

2021年长三角地区各县（市）地区生产总值情况见表11-1-3。2021年，长三角地区各县（市）地区生产总值前十名依次为昆山市（4748.06亿元）、江阴市（4580.33亿元）、张家港市（3030.21亿元）、常熟市（2672.04亿元）、慈溪市（2379.17亿元）、宜兴市（2082.17亿元）、义乌市（1730.16亿元）、太仓市（1574.05亿元）、诸暨市（1546.62亿元）、余姚市（1441.50亿元）。各县（市）地区生产总值较去年均有不同程度的增长。南京都市圈的县（区）中，溧阳市位列第十八名。

表11-1-3　2021年长三角地区各县（市）地区生产总值情况

单位：亿元

排名	地区	地区生产总值	排名	地区	地区生产总值	排名	地区	地区生产总值
1	昆山市	4748.06	19	温岭市	1256.96	37	长兴县	801.39
2	江阴市	4580.33	20	海宁市	1196.30	38	嘉善县	789.26
3	张家港市	3030.21	21	沭阳县	1162.10	39	新沂市	781.43
4	常熟市	2672.04	22	瑞安市	1148.98	40	长丰县	761.94
5	慈溪市	2379.17	23	靖江市	1142.38	41	句容市	736.75
6	宜兴市	2082.17	24	桐乡市	1141.69	42	东阳市	730.84
7	义乌市	1730.16	25	邳州市	1108.20	43	永康市	722.23
8	太仓市	1574.05	26	兴化市	1020.94	44	玉环市	711.39
9	诸暨市	1546.62	27	肥西县	1018.70	45	睢宁县	675.81
10	余姚市	1441.50	28	东台市	986.10	46	象山县	669.76
11	乐清市	1433.48	29	高邮市	929.31	47	建湖县	665.50
12	如皋市	1432.41	30	沛县	926.36	48	射阳县	663.31
13	启东市	1345.94	31	仪征市	910.71	49	嵊州市	658.39
14	海安市	1343.09	32	平湖市	907.50	50	涟水县	650.48
15	丹阳市	1324.01	33	宝应县	841.41	51	阜宁县	645.45
16	泰兴市	1273.44	34	宁海县	840.10	52	东海县	632.85
17	如东县	1272.24	35	临海市	819.87	53	天长市	622.50
18	溧阳市	1261.30	36	肥东县	811.40	54	海盐县	621.56

续表

排名	地区	地区生产总值	排名	地区	地区生产总值	排名	地区	地区生产总值
55	德清县	615.50	88	界首市	387.60	121	东至县	243.30
56	平阳县	600.51	89	金湖县	386.51	122	含山县	233.02
57	泗阳县	596.31	90	广德市	380.70	123	潜山市	230.10
58	泗洪县	584.42	91	利辛县	366.80	124	歙县	225.00
59	无为市	577.76	92	江山市	365.75	125	金寨县	224.80
60	安吉县	566.33	93	来安县	362.70	126	郎溪县	208.50
61	滨海县	565.14	94	舒城县	357.37	127	太湖县	204.30
62	扬中市	550.77	95	定远县	356.83	128	望江县	202.30
63	丰县	550.00	96	怀远县	356.30	129	霍山县	193.19
64	庐江县	547.20	97	凤台县	340.32	130	枞阳县	188.30
65	濉溪县	540.78	98	天台县	339.55	131	常山县	187.58
66	岱山县	530.80	99	怀宁县	330.90	132	开化县	169.44
67	巢湖市	523.10	100	南陵县	320.70	133	青阳县	164.37
68	当涂县	521.00	101	三门县	319.50	134	龙泉市	161.76
69	新昌县	517.40	102	和县	317.50	135	遂昌县	153.00
70	太和县	508.70	103	阜南县	315.70	136	泾县	147.90
71	盱眙县	501.94	104	全椒县	315.30	137	磐安县	133.86
72	永嘉县	486.34	105	武义县	313.25	138	泰顺县	132.41
73	颍上县	465.00	106	灵璧县	313.00	139	休宁县	131.06
74	凤阳县	458.50	107	固镇县	295.93	140	岳西县	129.25
75	灌南县	452.57	108	龙游县	288.10	141	松阳县	129.08
76	兰溪市	448.02	109	泗县	287.74	142	嵊泗县	122.60
77	响水县	446.33	110	仙居县	282.84	143	文成县	116.52
78	临泉县	433.50	111	缙云县	273.93	144	绩溪县	101.30
79	宁国市	431.70	112	明光市	273.40	145	云和县	98.06
80	建德市	430.60	113	青田县	273.00	146	祁门县	87.79
81	蒙城县	428.79	114	霍邱县	269.40	147	庆元县	85.16
82	灌云县	424.02	115	五河县	263.00	148	景宁自治县	80.67
83	桐城市	419.10	116	浦江县	262.30	149	旌德县	61.90
84	萧县	417.19	117	淳安县	255.17	150	黟县	51.00
85	涡阳县	415.60	118	砀山县	254.50	151	石台县	32.19
86	桐庐县	413.90	119	宿松县	254.30			
87	苍南县	399.62	120	寿县	243.80			

第二节　长三角地区第一产业发展情况

一、长三角地区第一产业发展总体情况

2017—2021 年长三角地区第一产业产值情况如图 11-1-4 所示。2021 年，长三角地区第一产业产值较上年有所增长，第一产业产值为 10391.97 亿元，较上年名义增长 3.9%。

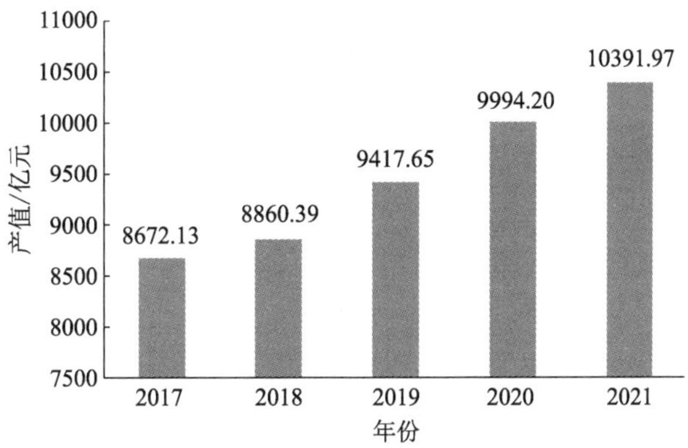

图 11-1-4　2017—2021 年长三角地区第一产业产值情况

二、上海、江苏、浙江和安徽第一产业发展情况

2017—2021 年上海、江苏、浙江和安徽第一产业产值情况如图 11-1-5 所示。2021 年，长三角三省一市第一产业增加值分别为，江苏 4722.40 亿元，比上年增长 3.1%；安徽 3360.60 亿元，比上年增长 7.4%；浙江 2209.00 亿元，比上年增长 2.2%；上海 99.97 亿元，比上年下降 6.5%。

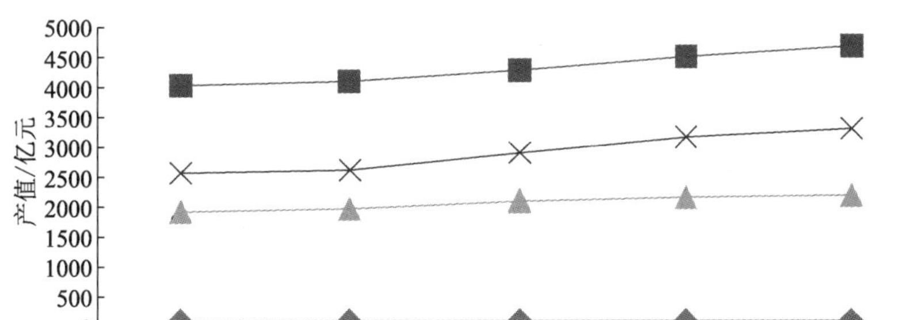

	2017年	2018年	2019年	2020年	2021年
上海市	110.78	104.78	107.06	103.57	99.97
江苏省	4045.16	4141.71	4297.24	4536.72	4722.40
浙江省	1933.92	1975.89	2097.38	2169.23	2209.00
安徽省	2582.27	2638.01	2915.97	3184.68	3360.60

图 11-1-5　2017—2021 年上海、江苏、浙江和安徽第一产业产值情况

三、长三角地区各省辖市第一产业发展情况

2021 年长三角地区各省辖市第一产业产值情况见表 11-1-4。2021 年，长三角地区农业生产保持平稳，种植业结构持续优化，现代农业发展较快。40 个地级市的第一产业产值大都保持平稳增长。排在前五位的依次是徐州市（743.34 亿元）、盐城市（735.80 亿元）、南通市（485.02 亿元）、淮安市（423.32 亿元）和阜阳市（417.30 亿元）。

表 11-1-4　2021 年长三角地区各省辖市第一产业产值情况

单位：亿元

排名	地区	总值	排名	地区	总值
1	徐州市	743.34	21	绍兴市	227.00
2	盐城市	735.80	22	苏州市	189.70
3	南通市	485.02	23	宣城市	172.00
4	淮安市	423.32	24	芜湖市	169.58
5	阜阳市	417.30	25	温州市	166.90
6	连云港市	398.13	26	常州市	166.90
7	宁波市	356.10	27	舟山市	158.40
8	宿迁市	353.03	28	镇江市	157.02
9	合肥市	351.05	29	淮南市	150.70
10	杭州市	333.00	30	金华市	150.30
11	宿州市	332.10	31	湖州市	148.60
12	泰州市	318.13	32	嘉兴市	132.00
13	扬州市	317.18	33	无锡市	130.33
14	南京市	303.94	34	丽水市	107.80
15	台州市	303.90	35	马鞍山市	104.23
16	滁州市	287.90	36	池州市	94.20
17	蚌埠市	272.40	37	衢州市	87.10
18	亳州市	271.40	38	淮北市	86.30
19	六安市	255.90	39	黄山市	72.30
20	安庆市	253.16	40	铜陵市	59.20

四、长三角地区各县（市）第一产业发展情况

2021 年长三角地区各县（市）第一产业产值情况见表 11-1-5，大部分县（市）第一产业产值总量上升，个别县（市）数据暂缺。排名前十位的依次是邳州市、东台市、兴化市、沛县、睢宁县、射阳县、沭阳县、临泉县、如东县、高邮市。

表 11-1-5 2021 年长三角地区各县（市）第一产业产值情况

单位：亿元

排名	地区	总值	排名	地区	总值	排名	地区	总值
1	邳州市	165.03	35	灵璧县	67.48	69	淳安县	40.42
2	东台市	142.90	36	肥西县	67.00	70	常熟市	39.68
3	兴化市	141.27	37	阜南县	66.10	71	舒城县	39.07
4	沛县	123.36	38	蒙城县	65.77	72	江阴市	38.30
5	睢宁县	113.28	39	泗县	65.59	73	建德市	37.81
6	射阳县	111.80	40	涡阳县	64.50	74	南陵县	37.60
7	沭阳县	110.33	41	霍邱县	64.30	75	嵊泗县	36.70
8	临泉县	96.90	42	太和县	63.40	76	三门县	36.63
9	如东县	96.04	43	庐江县	63.00	77	桐城市	36.60
10	高邮市	93.35	44	慈溪市	60.95	78	当涂县	36.07
11	新沂市	93.17	45	无为市	58.97	79	岱山县	35.60
12	东海县	92.19	46	寿县	58.80	80	东至县	35.30
13	宝应县	89.96	47	濉溪县	58.44	81	望江县	34.99
14	泗洪县	88.70	48	响水县	57.92	82	界首市	34.70
15	启东市	88.66	49	利辛县	56.80	83	太湖县	33.19
16	温岭市	85.71	50	溧阳市	56.80	84	枞阳县	32.20
17	固镇县	85.40	51	句容市	55.54	85	昆山市	31.18
18	象山县	85.39	52	临海市	54.16	86	潜山市	30.94
19	如皋市	82.22	53	诸暨市	53.59	87	全椒县	30.00
20	肥东县	82.21	54	宿松县	52.70	88	和县	29.90
21	灌云县	82.10	55	丹阳市	52.52	89	张家港市	29.75
22	怀远县	81.50	56	余姚市	50.68	90	苍南县	29.35
23	长丰县	81.22	57	宁海县	50.67	91	广德市	28.60
24	盱眙县	77.29	58	宜兴市	49.92	92	安吉县	27.87
25	海安市	76.10	59	金湖县	49.45	93	来安县	27.70
26	阜宁县	75.45	60	凤阳县	47.07	94	宁国市	27.40
27	萧县	74.40	61	巢湖市	46.80	95	瑞安市	27.23
28	涟水县	74.37	62	砀山县	44.70	96	金寨县	27.00
29	泗阳县	74.36	63	明光市	43.80	97	怀宁县	26.60
30	定远县	73.65	64	嵊州市	41.81	98	德清县	26.40
31	泰兴市	71.48	65	天长市	41.70	99	桐庐县	26.11
32	五河县	70.90	66	长兴县	41.26	100	兰溪市	26.07
33	灌南县	70.09	67	玉环市	40.92	101	靖江市	25.98
34	颍上县	69.40	68	凤台县	40.65	102	桐乡市	25.95

续表

排名	地区	总值	排名	地区	总值	排名	地区	总值
103	义乌市	24.58	120	岳西县	18.38	137	永康市	9.21
104	嘉善县	24.31	121	扬中市	17.51	138	旌德县	8.90
105	含山县	24.24	122	仙居县	16.86	139	祁门县	8.37
106	太仓市	23.98	123	龙泉市	16.86	140	常山县	8.30
107	仪征市	23.84	124	休宁县	16.32	141	庆元县	7.45
108	新昌县	23.58	125	武义县	16.12	142	景宁自治县	6.90
109	霍山县	22.80	126	天台县	16.12	143	石台县	5.46
110	平阳县	22.47	127	龙游县	15.23	144	云和县	5.19
111	江山市	22.45	128	平湖市	15.10	145	黟县	4.98
112	乐清市	22.20	129	绩溪县	14.90	146	建湖县	暂无
113	泾县	21.10	130	青阳县	14.27	147	青田县	暂无
114	歙县	20.95	131	松阳县	13.94	148	文成县	暂无
115	郎溪县	20.00	132	开化县	13.59	149	滨海县	暂无
116	海宁市	19.42	133	遂昌县	13.31	150	丰县	暂无
117	东阳市	18.75	134	缙云县	12.56	151	浦江县	暂无
118	海盐县	18.74	135	磐安县	12.51			
119	永嘉县	18.42	136	泰顺县	10.74			

第三节　长三角地区第二产业发展情况

一、长三角地区第二产业发展总体情况

2017—2021 年长三角地区第二产业产值情况如图 11-1-6 所示。2021 年，长三角三省一市供给侧结构性改革持续深化，规模以上工业企业产能利用率提升；先进制造业增势良好，数字经济引领增长。2021 年，长三角地区第二产业产值达到 112026.92 亿元，较上年名义增长 16.1%。

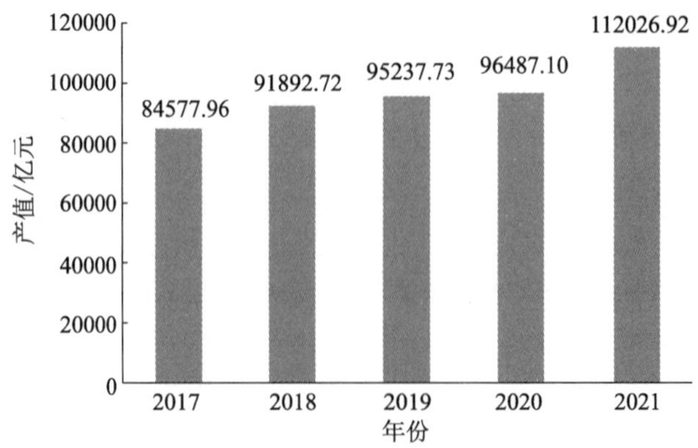

图 11-1-6　2017—2021 年长三角地区第二产业产值情况

二、上海、江苏、浙江和安徽第二产业发展情况

2017—2021 年上海、江苏、浙江和安徽第二产业产值情况如图 11-1-7 所示。2021 年，长三角三省一市第二产业增加值分别为，江苏 51775.40 亿元，比上年增长 10.1%；浙江 31189.00 亿元，比上年增长 10.2%；安徽 17613.20 亿元，比上年增长 7.9%；上海 11449.32 亿元，比上年增长 9.4%。

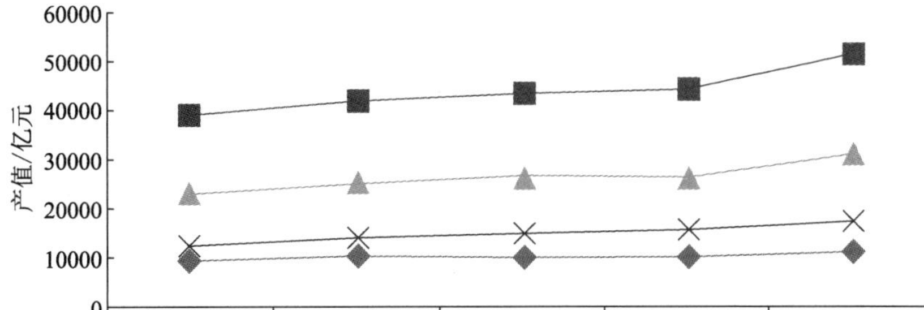

	2017年	2018年	2019年	2020年	2021年
上海市	9525.89	10360.78	10193.60	10289.47	11449.32
江苏省	39124.11	42129.37	43507.53	44226.43	51775.40
浙江省	23246.72	25308.13	26566.60	26299.51	31189.00
安徽省	12681.24	14094.44	14970.00	15671.69	17613.20

图 11-1-7　2017—2021 年上海、江苏、浙江和安徽第二产业产值情况

三、长三角地区各省辖市第二产业发展情况

2021 年长三角地区各省辖市第二产业产值情况见表 11-1-6。2021 年，长三角地区各省辖市第二产业产值均有不同幅度的增长，江浙两省第二产业优势比较明显。40 个地级市的第二产业产值排在前五位的依次是苏州市（10872.80 亿元）、宁波市（6997.20 亿元）、无锡市（6710.50 亿元）、南京市（5902.65 亿元）和杭州市（5489.00 亿元）。

表 11-1-6　2021 年长三角地区各省辖市第二产业产值情况

单位：亿元

排名	地区	总值	排名	地区	总值
1	苏州市	10872.80	13	温州市	3193.30
2	宁波市	6997.20	14	泰州市	2918.59
3	无锡市	6710.50	15	盐城市	2686.10
4	南京市	5902.65	16	台州市	2543.00
5	杭州市	5489.00	17	镇江市	2319.73
6	南通市	5357.93	18	金华市	2208.70
7	常州市	4198.90	19	芜湖市	2048.96
8	合肥市	4171.21	20	淮安市	1889.21
9	嘉兴市	3453.80	21	湖州市	1865.00
10	徐州市	3376.02	22	滁州市	1644.80
11	绍兴市	3228.00	23	连云港市	1625.76
12	扬州市	3207.37	24	宿迁市	1613.47

续表

排名	地区	总值	排名	地区	总值
25	马鞍山市	1206.26	33	亳州市	681.40
26	安庆市	1162.36	34	蚌埠市	673.60
27	阜阳市	1151.20	35	丽水市	637.30
28	宣城市	890.70	36	淮南市	594.90
29	衢州市	811.10	37	铜陵市	577.10
30	宿州市	768.60	38	淮北市	514.30
31	舟山市	754.70	39	池州市	462.20
32	六安市	745.50	40	黄山市	343.30

四、长三角地区各县（市）第二产业发展情况

2021年长三角地区各县（市）第二产业产值情况见表11-1-7，大部分县（市）第二产业产值总量较上年有所增加，排在前十位的依次是昆山市、江阴市、张家港市、慈溪市、常熟市、宜兴市、余姚市、太仓市、诸暨市和海安市。

表11-1-7　2021年长三角地区各县（市）第二产业产值情况

单位：亿元

排名	地区	总值	排名	地区	总值	排名	地区	总值
1	昆山市	2462.74	20	桐乡市	564.33	39	天长市	376.50
2	江阴市	2383.33	21	温岭市	559.22	40	海盐县	365.17
3	张家港市	1550.88	22	义乌市	554.17	41	临海市	363.18
4	慈溪市	1455.33	23	平湖市	548.30	42	德清县	355.60
5	常熟市	1341.71	24	瑞安市	533.34	43	东台市	353.60
6	宜兴市	1086.11	25	沭阳县	492.04	44	长丰县	330.39
7	余姚市	885.23	26	仪征市	483.77	45	东阳市	328.73
8	太仓市	782.38	27	高邮市	468.26	46	句容市	313.00
9	诸暨市	734.51	28	邳州市	444.84	47	新沂市	297.87
10	海安市	725.94	29	嘉善县	441.38	48	嵊州市	294.64
11	如皋市	707.60	30	肥西县	434.16	49	平阳县	289.80
12	海宁市	692.03	31	宁海县	429.40	50	扬中市	289.07
13	丹阳市	689.89	32	宝应县	403.91	51	无为市	284.02
14	乐清市	672.23	33	长兴县	402.49	52	象山县	281.32
15	启东市	656.96	34	兴化市	397.50	53	涟水县	278.66
16	溧阳市	648.81	35	岱山县	393.90	54	安吉县	274.24
17	泰兴市	639.77	36	永康市	393.84	55	肥东县	272.37
18	如东县	632.78	37	沛县	390.61	56	睢宁县	271.28
19	靖江市	621.78	38	玉环市	380.14	57	当涂县	268.58

续表

排名	地区	总值	排名	地区	总值	排名	地区	总值
58	阜宁县	266.31	90	苍南县	150.81	122	青阳县	70.50
59	濉溪县	265.20	91	涡阳县	148.70	123	淳安县	63.70
60	东海县	263.30	92	全椒县	138.40	124	寿县	63.10
61	新昌县	260.99	93	天台县	137.52	125	开化县	62.88
62	泗阳县	252.98	94	南陵县	137.32	126	泾县	61.00
63	宁国市	252.60	95	和县	129.10	127	遂昌县	58.79
64	射阳县	240.10	96	缙云县	125.67	128	龙泉市	57.24
65	兰溪市	230.70	97	仙居县	114.36	129	磐安县	54.90
66	巢湖市	230.30	98	郎溪县	113.20	130	枞阳县	54.10
67	泗洪县	226.12	99	定远县	112.91	131	休宁县	51.93
68	界首市	223.60	100	蒙城县	111.66	132	五河县	50.70
69	永嘉县	217.54	101	利辛县	110.70	133	松阳县	49.04
70	建德市	217.09	102	东至县	108.10	134	云和县	48.28
71	桐城市	213.20	103	临泉县	106.60	135	绩溪县	46.50
72	太和县	211.30	104	青田县	106.60	136	泰顺县	46.10
73	灌南县	210.82	105	金寨县	100.40	137	岳西县	43.78
74	响水县	203.95	106	潜山市	99.02	138	庆元县	29.79
75	凤阳县	202.59	107	宿松县	97.70	139	祁门县	28.43
76	庐江县	197.70	108	含山县	97.02	140	旌德县	25.70
77	颍上县	191.40	109	固镇县	95.09	141	嵊泗县	25.10
78	盱眙县	188.41	110	阜南县	94.00	142	景宁自治县	18.25
79	广德市	188.20	111	霍山县	85.60	143	黟县	17.06
80	凤台县	177.61	112	常山县	85.41	144	石台县	7.74
81	来安县	176.20	113	歙县	84.78	145	桐庐县	暂无
82	萧县	175.60	114	怀远县	84.00	146	龙游县	暂无
83	怀宁县	170.50	115	霍邱县	83.40	147	文成县	暂无
84	舒城县	169.31	116	望江县	83.24	148	建湖县	暂无
85	江山市	167.83	117	泗县	82.86	149	滨海县	暂无
86	武义县	157.96	118	明光市	78.40	150	丰县	暂无
87	金湖县	157.23	119	灵璧县	75.70	151	浦江县	暂无
88	三门县	154.45	120	砀山县	74.30			
89	灌云县	152.50	121	太湖县	73.21			

第四节　长三角地区第三产业发展情况

一、长三角地区第三产业发展总体情况

2021 年，服务业受新冠肺炎疫情的影响较大，除了上海，长三角地区多个城市和省份的三次产业结构改变了此前的“二产比重下降、三产占比上升”，而呈现“二升三降”。2021 年浙江第一、二、三产业增加值占地区生产总值的比重分别为 3. 0%、42. 4%和 54. 6%，上年的三次产业结构则为 3. 3：40. 9：55. 8。2021 年安徽第一、二、三产业增加值占地区生产总值的比重分别为 7. 8%、41. 0%和 51. 2%。与上年相比，第二产业比重提高 1 个百分点，第三产业比重下降 0. 4 个百分点。但 2021 年长三角地区三省一市第三产业产值较上年仍有较大幅度增长，见图 11-1-8。

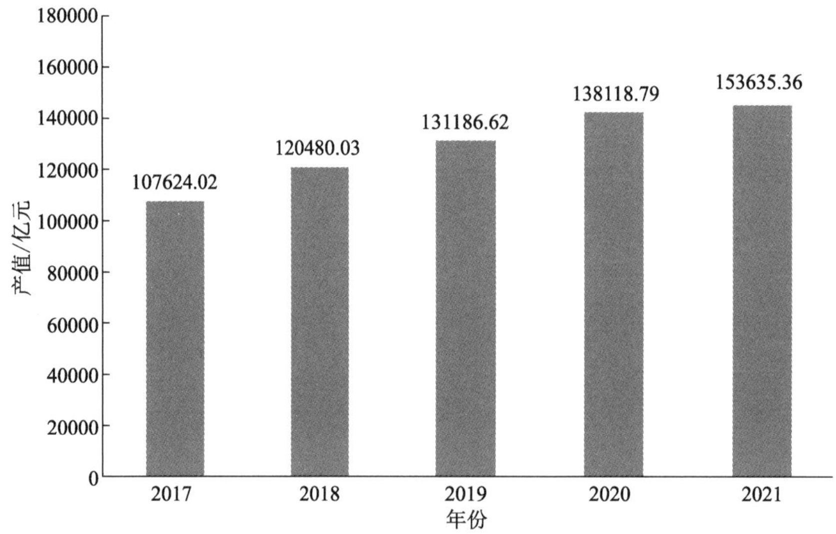

图 11-1-8　2017—2021 年长三角地区第三产业产值情况

二、上海、江苏、浙江和安徽第三产业发展情况

2017—2021 年上海、江苏、浙江和安徽第三产业产值情况如图 11-1-9 所示。2021 年，长三角地区三省一市第三产业产值较上年均有不同程度的增长，增加值分别为，江苏 59866. 40 亿元，比上年增长 7. 7%；浙江 40118. 00 亿元，比上年增长 7. 6%；上海 31665. 56 亿元，比上年增长 7. 6%；安徽 21985. 40 亿元，比上年增长 8. 7%。

长三角地区服务业企业 100 强实现营业收入 88178. 60 亿元，增长 5899. 80 亿元，增长率达到 7. 17%。其中，新兴产业成为业绩增长的重要动力。

互联网服务行业营收超过 1 万亿元，大幅增长 37%，长三角百强排名超过商业银行业，成为长三角百强第六大行业；集成电路行业的头部企业处于高速增长周期，增长率超过 20%，已经成为长三角经济发展中快速增长的企业群体；医药和医疗器械行业也保持 10%以上的较高增速，其中上海医药、扬子江、恒瑞医药都保持了较高的增速。新能源汽车业务已经处于较快增长的通道中，对行业的产品结构调整发挥了重要作用。这一现象说明，上海、江苏、浙江、安徽正在实施的新兴产业发展规划成效初显。

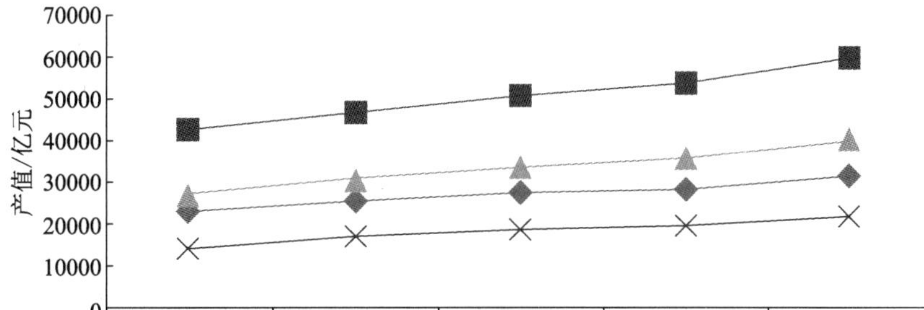

	2017年	2018年	2019年	2020年	2021年
上海市	23288.34	25546.26	27686.89	28307.54	31665.56
江苏省	42700.49	46936.47	50852.05	53955.83	59866.40
浙江省	27222.48	30718.83	33687.76	36031.16	40118.00
安徽省	144412.71	17278.47	18959.92	19824.26	21985.40

图 11-1-9 2017—2021 年上海、江苏、浙江和安徽第三产业产值情况

三、长三角地区各省辖市第三产业发展情况

2021 年长三角地区各省辖市第三产业产值情况见表 11-1-8。2021 年，长三角地区 40 个地级市第三产业产值持续增长，其中杭州市第三产业的优势比较显著。排在前五名的依次是杭州市（12287.00 亿元）、苏州市（11655.80 亿元）、南京市（10148.73 亿元）、宁波市（7241.60 亿元）、无锡市（7162.41 亿元）。

表 11-1-8 2021 年长三角地区各省辖市第三产业产值情况

单位：亿元

排名	地区	总值	排名	地区	总值
1	杭州市	12287.00	18	镇江市	2286.67
2	苏州市	11655.80	19	淮安市	2237.60
3	南京市	10148.73	20	芜湖市	2048.96
4	宁波市	7241.60	21	宿迁市	1752.51
5	无锡市	7162.41	22	连云港市	1704.03
6	合肥市	6890.54	23	湖州市	1631.30
7	南通市	5184.00	24	阜阳市	1503.00
8	常州市	4441.80	25	滁州市	1429.40
9	温州市	4232.40	26	安庆市	1241.36
10	徐州市	3998.08	27	马鞍山市	1128.84
11	绍兴市	3340.00	28	宿州市	1067.00
12	盐城市	3195.50	29	蚌埠市	1043.00
13	扬州市	3171.87	30	亳州市	1019.90
14	金华市	2996.40	31	衢州市	977.50
15	台州市	2939.20	32	丽水市	964.90
16	泰州市	2788.54	33	六安市	922.10
17	嘉兴市	2769.60	34	舟山市	790.50

续表

排名	地区	总值	排名	地区	总值
35	宣城市	771.20	38	黄山市	541.80
36	淮南市	711.50	39	铜陵市	529.30
37	淮北市	622.40	40	池州市	447.80

四、长三角地区各县（市）第三产业发展情况

2021 年长三角地区各县（市）第三产业产值情况见表 11-1-9，排名前十位的依次是昆山市、江阴市、张家港市、常熟市、义乌市、宜兴市、慈溪市、太仓市、诸暨市和乐清市。

表 11-1-9　2021 年长三角地区各县（市）第三产业产值情况

单位：亿元

排名	地区	总值	排名	地区	总值	排名	地区	总值
1	昆山市	2254.14	25	靖江市	494.62	49	睢宁县	291.26
2	江阴市	2158.70	26	东台市	489.60	50	玉环市	290.33
3	张家港市	1449.58	27	海宁市	484.85	51	平阳县	288.24
4	常熟市	1290.65	28	兴化市	482.17	52	庐江县	286.40
5	义乌市	1151.41	29	肥东县	456.83	53	东海县	277.36
6	宜兴市	941.54	30	沛县	412.39	54	巢湖市	269.70
7	慈溪市	862.89	31	仪征市	403.10	55	泗洪县	269.60
8	太仓市	767.69	32	临海市	402.53	56	泗阳县	268.97
9	诸暨市	758.53	33	新沂市	390.39	57	安吉县	264.22
10	乐清市	739.06	34	东阳市	383.35	58	蒙城县	251.35
11	如皋市	642.59	35	句容市	368.21	59	永嘉县	250.38
12	温岭市	612.04	36	高邮市	367.70	60	扬中市	244.19
13	启东市	600.32	37	宁海县	360.03	61	海盐县	237.65
14	瑞安市	588.41	38	长兴县	357.64	62	盱眙县	236.24
15	丹阳市	581.17	39	长丰县	350.33	63	无为市	234.77
16	泰兴市	562.19	40	宝应县	347.54	64	太和县	233.90
17	沭阳县	559.73	41	嘉善县	323.57	65	德清县	233.50
18	溧阳市	555.69	42	嵊州市	321.95	66	新昌县	232.83
19	桐乡市	551.41	43	永康市	319.19	67	临泉县	230.00
20	如东县	543.42	44	射阳县	311.50	68	苍南县	219.47
21	海安市	541.05	45	阜宁县	303.69	69	濉溪县	217.14
22	肥西县	517.50	46	象山县	303.04	70	当涂县	216.33
23	余姚市	505.59	47	涟水县	297.45	71	凤阳县	208.87
24	邳州市	498.35	48	平湖市	294.40	72	颍上县	204.30

续表

排名	地区	总值	排名	地区	总值	排名	地区	总值
73	天长市	204.30	100	五河县	141.30	127	青阳县	79.60
74	涡阳县	202.40	101	泗县	139.29	128	泰顺县	75.57
75	利辛县	199.30	102	武义县	139.17	129	郎溪县	75.30
76	兰溪市	191.26	103	缙云县	135.69	130	岳西县	67.09
77	怀远县	190.70	104	砀山县	135.50	131	磐安县	66.45
78	灌云县	189.42	105	怀宁县	133.80	132	松阳县	66.11
79	天台县	185.91	106	界首市	129.20	133	泾县	65.80
80	响水县	184.46	107	三门县	128.42	134	休宁县	62.81
81	金湖县	179.83	108	凤台县	122.06	135	嵊泗县	60.80
82	建德市	175.70	109	寿县	121.90	136	景宁自治县	55.48
83	江山市	175.47	110	霍邱县	121.60	137	祁门县	50.99
84	灌南县	171.66	111	歙县	119.27	138	庆元县	47.93
85	定远县	170.28	112	固镇县	115.44	139	云和县	44.60
86	灵璧县	169.80	113	含山县	111.75	140	绩溪县	39.90
87	萧县	167.20	114	宿松县	103.90	141	黟县	28.96
88	广德市	163.90	115	枞阳县	101.90	142	旌德县	27.30
89	来安县	158.80	116	岱山县	101.90	143	石台县	18.99
90	和县	158.50	117	潜山市	100.13	144	建湖县	暂无
91	青田县	156.24	118	东至县	99.90	145	浦江县	暂无
92	阜南县	155.60	119	太湖县	97.85	146	龙游县	暂无
93	宁国市	151.70	120	金寨县	97.40	147	文成县	暂无
94	仙居县	151.62	121	常山县	93.87	148	丰县	暂无
95	明光市	151.10	122	开化县	92.97	149	滨海县	暂无
96	淳安县	151.05	123	龙泉市	87.66	150	桐城市	暂无
97	舒城县	148.99	124	霍山县	84.80	151	桐庐县	暂无
98	全椒县	146.90	125	望江县	84.03			
99	南陵县	145.80	126	遂昌县	80.90			

第五节　长三角地区财政收入情况

一、长三角地区财政预算收入情况

2017—2021 年长三角地区财政预算收入情况如图 11-1-10 所示。2021 年，长三角地区一般财政预算收入稳定增长，其中江苏省财政收入突破万亿元，三省一市合计达 29548.20 亿元。

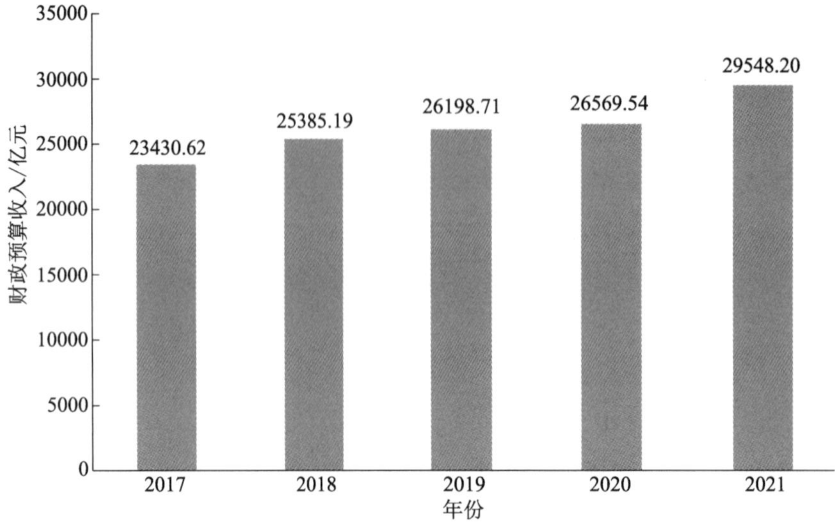

图 11-1-10　2017—2021 年长三角地区财政预算收入情况

二、上海、江苏、浙江和安徽财政收入情况

2017—2021 年上海、江苏、浙江和安徽一般财政预算收入情况如图 11-1-11 所示。2021 年，江苏财政收入突破万亿元，全年完成一般公共预算收入 10015. 20 亿元，比上年增长 10. 6%。其中税收收入 8171. 30 亿元，增长 10. 2%，占一般公共预算收入比重达 81. 6%，继续保持较高水平。上海全年完成地方一般公共预算收入 7771. 80 亿元，比上年增长 10. 3%；非税收入占全市地方一般公共预算收入比重为 15. 0%。浙江全年完成一般公共预算收入 8262. 57 亿元，增长 14. 0%。其中税收收入 7172. 00 亿元，增长 14. 5%，占一般公共预算收入的 86. 8%。安徽全年完成一般公共预算收入 3498. 20 亿元，比上年增长 8. 8%，其中税收收入 2389. 9 亿元，增长 8. 7%。

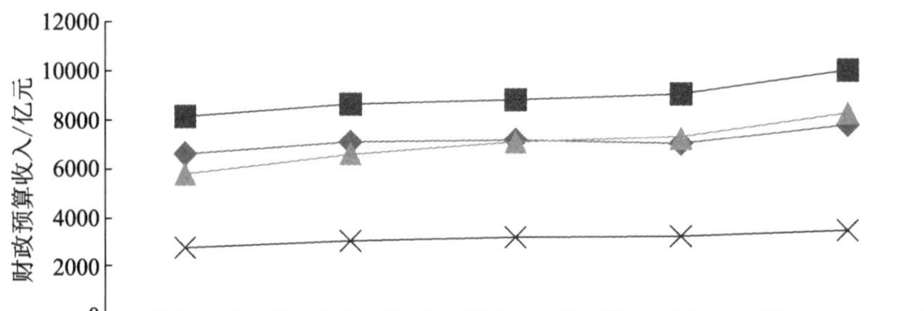

	2017年	2018年	2019年	2020年	2021年
上海市	6642.26	7108.15	7165.10	7046.30	7771.80
江苏省	8171.53	8630.16	8802.36	9058.99	10015.20
浙江省	5804.38	6598.21	7048.58	7248.24	8262.57
安徽省	2812.45	3048.57	3182.71	3216.01	3498.20

图 11-1-11　2017—2021 年上海、江苏、浙江和安徽一般财政预算收入情况

三、长三角地区各省辖市地方财政收入情况

2021 年长三角地区各省辖市一般财政预算收入情况见表 11-1-10。2021 年，长三角地区各省辖市财政金融运行平稳，一般财政预算收入保持增长，排名前五位的依次为苏州市（2510. 00 亿元）、杭州市（2386. 60 亿元）、南京市（1729. 50 亿元）、宁波市（1723. 10 亿元）、无锡市（1200. 50 亿元）。

表 11-1-10　2021 年长三角地区各省辖市一般财政预算收入情况

单位：亿元

排名	地区	总值	排名	地区	总值
1	苏州市	2510.00	21	淮安市	297.02
2	杭州市	2386.60	22	连云港市	274.80
3	南京市	1729.50	23	宿迁市	267.82
4	宁波市	1723.10	24	滁州市	250.86
5	无锡市	1200.50	25	马鞍山市	196.53
6	合肥市	844.22	26	阜阳市	189.61
7	南通市	710.20	27	宣城市	182.80
8	常州市	688.11	28	舟山市	180.70
9	嘉兴市	674.80	29	蚌埠市	167.30
10	温州市	657.55	30	丽水市	163.97
11	绍兴市	603.80	31	衢州市	163.93
12	徐州市	537.31	32	安庆市	156.09
13	金华市	492.32	33	宿州市	147.87
14	台州市	455.43	34	六安市	147.50
15	盐城市	451.01	35	亳州市	140.30
16	泰州市	420.29	36	淮南市	109.61
17	湖州市	413.52	37	铜陵市	93.50
18	芜湖市	361.20	38	淮北市	88.75
19	扬州市	344.07	39	黄山市	88.29
20	镇江市	327.59	40	池州市	84.28

四、长三角地区各县（市）地方财政收入情况

2021 年长三角地区各县（市）一般财政预算收入情况见表 11-1-11，大部分县（市）较上年有所增长，排在前十位的依次为昆山市（466.90 亿元）、江阴市（273.94 亿元）、张家港市（264.13 亿元）、常熟市（230.80 亿元）、慈溪市（225.27 亿元）、太仓市（190.03 亿元）、宜兴市（142.39 亿元）、余姚市（129.72 亿元）、义乌市（127.49 亿元）、海宁市（114.40 亿元）。

表 11-1-11　2021 年长三角地区各县（市）一般财政预算收入情况

单位：亿元

排名	地区	总值	排名	地区	总值	排名	地区	总值
1	昆山市	466.90	6	太仓市	190.03	11	桐乡市	109.31
2	江阴市	273.94	7	宜兴市	142.39	12	诸暨市	100.20
3	张家港市	264.13	8	余姚市	129.72	13	乐清市	97.01
4	常熟市	230.80	9	义乌市	127.49	14	平湖市	96.58
5	慈溪市	225.27	10	海宁市	114.40	15	泰兴市	93.12

续表

排名	地区	总值	排名	地区	总值	排名	地区	总值
16	溧阳市	87.33	51	平阳县	42.00	86	浦江县	24.09
17	瑞安市	84.25	52	永嘉县	41.34	87	霍邱县	23.73
18	东阳市	83.38	53	高邮市	39.00	88	庐江县	23.70
19	德清县	83.25	54	建德市	38.50	89	萧县	23.54
20	嘉善县	82.83	55	桐庐县	38.40	90	定远县	23.45
21	长兴县	82.75	56	扬中市	38.01	91	濉溪县	23.40
22	温岭市	80.38	57	宁国市	35.19	92	南陵县	23.33
23	启东市	77.80	58	兰溪市	34.67	93	龙游县	23.00
24	如皋市	77.80	59	建湖县	34.50	94	来安县	22.83
25	靖江市	76.00	60	当涂县	34.07	95	天台县	22.74
26	丹阳市	71.11	61	射阳县	33.87	96	全椒县	22.68
27	永康市	71.04	62	丰县	33.02	97	凤台县	21.99
28	海安市	69.50	63	广德市	32.64	98	仙居县	21.81
29	宁海县	68.66	64	泗阳县	32.00	99	太和县	21.66
30	如东县	68.50	65	泗洪县	31.80	100	郎溪县	21.50
31	临海市	66.02	66	阜宁县	30.40	101	盱眙县	20.60
32	安吉县	65.83	67	苍南县	30.18	102	舒城县	20.40
33	海盐县	63.90	68	三门县	30.14	103	明光市	20.35
34	沭阳县	62.00	69	颍上县	30.08	104	岱山县	20.31
35	东台市	60.26	70	东海县	30.00	105	界首市	20.12
36	肥西县	59.03	71	武义县	29.56	106	青田县	20.02
37	象山县	57.89	72	无为市	28.75	107	缙云县	20.00
38	句容市	57.64	73	凤阳县	27.91	108	涡阳县	19.86
39	肥东县	55.75	74	灌南县	27.20	109	桐城市	19.67
40	玉环市	52.63	75	滨海县	26.56	110	临泉县	19.50
41	嵊州市	52.03	76	涟水县	26.49	111	寿县	19.06
42	沛县	50.74	77	蒙城县	26.49	112	利辛县	18.01
43	长丰县	49.88	78	淳安县	25.94	113	金寨县	17.31
44	仪征市	48.20	79	江山市	25.63	114	固镇县	17.00
45	邳州市	47.34	80	巢湖市	25.52	115	泾县	16.24
46	兴化市	46.16	81	灌云县	25.33	116	和县	16.00
47	新昌县	44.95	82	金湖县	25.30	117	泰顺县	15.88
48	天长市	44.09	83	响水县	25.30	118	含山县	15.73
49	新沂市	43.71	84	宝应县	25.14	119	灵璧县	15.60
50	睢宁县	42.69	85	怀远县	25.00	120	怀宁县	15.16

续表

排名	地区	总值	排名	地区	总值	排名	地区	总值
121	阜南县	15.08	132	文成县	11.75	143	绩溪县	8.70
122	霍山县	15.03	133	枞阳县	11.21	144	太湖县	8.50
123	常山县	15.00	134	开化县	11.07	145	望江县	7.95
124	五河县	14.87	135	青阳县	10.71	146	岳西县	6.87
125	泗县	14.55	136	龙泉市	10.47	147	旌德县	6.75
126	歙县	14.04	137	潜山市	10.44	148	祁门县	5.87
127	景宁自治县	13.69	138	休宁县	10.01	149	庆元县	5.36
128	砀山县	13.43	139	宿松县	9.69	150	黟县	4.19
129	遂昌县	13.04	140	松阳县	8.93	151	石台县	2.39
130	磐安县	12.96	141	溧泗县	8.81			
131	东至县	12.00	142	云和县	8.79			

第六节　长三角地区城镇居民人均可支配收入情况

一、上海、江苏、浙江和安徽城镇居民人均可支配收入情况

2017—2021 年上海、江苏、浙江和安徽城镇居民人均可支配收入情况如图 11-1-12 所示。

2021 年，上海作为我国第一大城市，其经济发展水平远超苏浙皖三省，不仅在长三角领跑，甚至在全国也处于领跑位置。2021 年上海市人均可支配收入达到 78027 元，是同期全国人均可支配收入（35128 元）的 2.2 倍，在 31 个省份中继续名列榜首。2021 年上海市居民人均可支配收入比上年增长 8.0%。其中，城镇常住居民人均可支配收入为 82429 元，增长 7.8%。

2021 年浙江省全体居民人均可支配收入为 57541 元，在长三角地区仅次于上海市，全年全体、城镇及农村居民人均可支配收入分别为 57541 元、68487 元和 35247 元，分别比上年名义增长 9.8%、9.2% 和 10.4%，两年平均增长分别为 7.4%、6.7%和 8.6%；扣除价格因素实际增长分别为 8.2%、7.6%和 8.9%，两年平均实际增长分别为 5.4%、4.8%和 6.4%。城乡居民人均可支配收入比值为 1.94，比上年缩小 0.02。全省居民人均可支配收入中位数为 51746 元，增长 12.2%。

2021 年江苏省居民人均可支配收入 47498 元，比上年增长 9.5%。其中，工资性收入 26721 元，增长 8.4%；经营净收入 6215 元，增长 9.0%；财产净收入 5316 元，增长 12.2%；转移净收入 9247 元，增长 11.5%。按常住地分，城镇居民人均可支配收入 57743 元，增长 8.7%。

2021 年安徽省居民人均可支配收入为 30904 元，是长三角唯一低于全国平均水平的省份，是同期上海市居民人均可支配收入的 39.6%、浙江省居民人均可支配收入的 53.7%、江苏省居民人均可支配收入的 65.1%，但是从居民人均可支配收入增长速度来看，安徽省却是最高的，2021 年安徽省居民人均可支配收入同比增长 10%，略高于浙江省、江苏省，远高于上海市，表现远好于地区生产总值层面，基数较低、增长较快的趋势依然比较明显，未来有望持续缩小与江浙沪的差距。全年全省居民人均可支配收入 30904 元，比上年增长 10%，扣除价格因素实际增长 9%。城镇居民人均可支配收入 43009 元，增长 9%，扣除价格因素实际增长 8%。

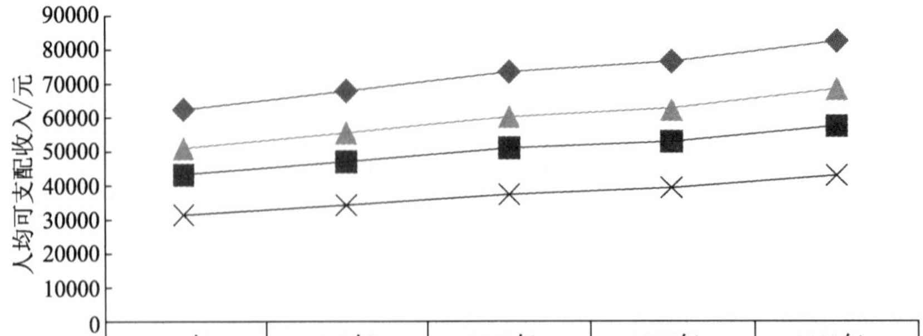

	2017年	2018年	2019年	2020年	2021年
上海市	62596	68034	73615	76437	82429
江苏省	43622	47200	51056	53102	57743
浙江省	51261	55574	60182	62699	68487
安徽省	31640	34393	37540	39442	43009

图 11-1-12　2017—2021 年上海、江苏、浙江和安徽城镇居民人均可支配收入情况

二、长三角地区各省辖市城镇居民人均可支配收入情况

2021 年长三角地区各省辖市城镇居民人均可支配收入情况见表 11-1-12，排在前五位的分别是苏州市（76888 元）、杭州市（74700 元）、宁波市（73869 元）、南京市（73593 元）、绍兴市（73101 元）。

表 11-1-12　2021 年长三角地区各省辖市城镇居民人均可支配收入情况

单位：元

排名	地区	总值	排名	地区	总值
1	苏州市	76888	17	衢州市	54577
2	杭州市	74700	18	泰州市	53818
3	宁波市	73869	19	丽水市	53259
4	南京市	73593	20	合肥市	53208
5	绍兴市	73101	21	扬州市	50947
6	无锡市	70483	22	芜湖市	48668
7	嘉兴市	69839	23	宣城市	46115
8	温州市	69678	24	铜陵市	44454
9	舟山市	69103	25	淮安市	43954
10	台州市	68053	26	盐城市	43787
11	湖州市	67983	27	蚌埠市	42656
12	金华市	67374	28	黄山市	41882
13	常州市	65822	29	淮南市	41375
14	镇江市	59204	30	徐州市	40842
15	南通市	57289	31	连云港市	39862
16	马鞍山市	56440	32	淮北市	39688

续表

排名	地区	总值	排名	地区	总值
33	安庆市	39416	37	亳州市	37319
34	滁州市	39025	38	宿州市	37278
35	池州市	38756	39	六安市	36793
36	阜阳市	37379	40	宿迁市	35056

三、长三角地区各县（市）城镇居民人均可支配收入情况

2021 年长三角地区各县（市）城镇居民人均可支配收入情况见表 11-1-13，排在前十位的依次为义乌市、玉环市、江阴市、张家港市、昆山市、诸暨市、常熟市、太仓市、瑞安市和乐清市。

表 11-1-13　2021 年长三角地区各县（市）城镇居民可支配收入情况

单位：元

排名	地区	总值	排名	地区	总值	排名	地区	总值
1	义乌市	86628	24	宜兴市	66527	47	启东市	54910
2	玉环市	81806	25	象山县	66425	48	天台县	54800
3	江阴市	78415	26	永康市	65869	49	海安市	54799
4	张家港市	77939	27	安吉县	65750	50	青田县	54651
5	昆山市	77699	28	扬中市	65232	51	苍南县	54498
6	诸暨市	77473	29	东阳市	64338	52	如东县	54090
7	常熟市	77325	30	临海市	62993	53	如皋市	53735
8	太仓市	76733	31	桐庐县	61982	54	泰兴市	53616
9	瑞安市	73762	32	岱山县	61759	55	淳安县	53002
10	乐清市	73287	33	嵊泗县	61456	56	缙云县	52264
11	海宁市	73003	34	溧阳市	60560	57	仪征市	52037
12	海盐县	72239	35	建德市	60183	58	兰溪市	51857
13	平湖市	71814	36	丹阳市	59056	59	云和县	51103
14	余姚市	71548	37	平阳县	58224	60	宁国市	50723
15	慈溪市	71145	38	靖江市	57787	61	广德市	50249
16	温岭市	71025	39	江山市	57279	62	武义县	49702
17	嘉善县	70428	40	句容市	57253	63	仙居县	49620
18	宁海县	69995	41	永嘉县	56991	64	兴化市	48644
19	嵊州市	69692	42	龙游县	56738	65	肥西县	47595
20	新昌县	68710	43	遂昌县	55720	66	当涂县	47507
21	德清县	68619	44	三门县	55072	67	文成县	47507
22	长兴县	68444	45	浦江县	55066	68	磐安县	47358
23	桐乡市	68153	46	龙泉市	54915	69	松阳县	47041

续表

排名	地区	总值	排名	地区	总值	排名	地区	总值
70	庆元县	47034	98	界首市	39169	126	灌南县	35217
71	泰顺县	46769	99	宝应县	38698	127	定远县	34916
72	东台市	46731	100	桐城市	38684	128	望江县	34679
73	常山县	46653	101	射阳县	38522	129	沭阳县	34604
74	景宁自治县	45574	102	固镇县	38297	130	泗阳县	34351
75	肥东县	45082	103	休宁县	38295	131	临泉县	34304
76	高邮市	45066	104	歙县	38272	132	舒城县	34287
77	郎溪县	44990	105	祁门县	38262	133	阜南县	34192
78	金湖县	44552	106	潜山市	38183	134	泗县	33864
79	无为市	44368	107	滨海县	38141	135	睢宁县	33788
80	盱眙县	44126	108	泾县	37748	136	石台县	33683
81	南陵县	43832	109	怀远县	37700	137	灵璧县	33631
82	开化县	43746	110	蒙城县	37555	138	太湖县	33597
83	长丰县	43043	111	五河县	37431	139	泗洪县	33489
84	巢湖市	42984	112	太和县	37256	140	涡阳县	33124
85	建湖县	42700	113	黟县	37231	141	灌云县	33098
86	和县	41489	114	颍上县	37050	142	旌德县	32909
87	天长市	41279	115	东至县	36865	143	岳西县	32724
88	邳州市	41055	116	阜宁县	36589	144	宿松县	32711
89	绩溪县	41013	117	全椒县	36533	145	霍邱县	32361
90	来安县	40588	118	涟水县	36520	146	枞阳县	32353
91	庐江县	40334	119	利辛县	36438	147	响水县	32313
92	凤台县	40301	120	霍山县	36264	148	凤阳县	32035
93	含山县	40138	121	新沂市	36255	149	金寨县	31671
94	怀宁县	39917	122	濉溪县	35990	150	寿县	31647
95	青阳县	39668	123	砀山县	35908	151	丰县	暂无
96	沛县	39558	124	明光市	35446			
97	东海县	39504	125	萧县	35329			

第七节　长三角地区农村居民人均可支配收入情况

一、上海、江苏、浙江和安徽农村居民人均可支配收入情况

2017—2021 年上海、江苏、浙江和安徽农村居民人均可支配收入情况如图 11-1-13 所示。2021 年，长三角地区三省一市的农村居民人均可支配收入增长速度均高于城镇居民人均可支配收入增长速度，可以说是齐头并进，城乡居民人均可支

配收入之间的差距持续缩小，农村居民人均可支配收入水平正在以较高的速度增长，而这也符合走向共同富裕的大环境及主题。2021 年长三角三省一市农村居民人均可支配收入最高的为上海市，农村居民人均可支配收入 38521 元，增长 10.3%；其次是浙江省，农村居民人均可支配收入 35247 元，增长 10.4%，扣除价格因素实际增长 8.9%；江苏省排名第三位，农村居民人均可支配收入 26791 元，增长 10.7%。城乡居民收入差距进一步缩小，城乡居民收入比由上年的 2.19∶1 缩小为 2.16∶1。

2021 年安徽省农村居民人均可支配收入 18368 元，比上年增长 10.5%，扣除价格因素实际增长 9.8%。

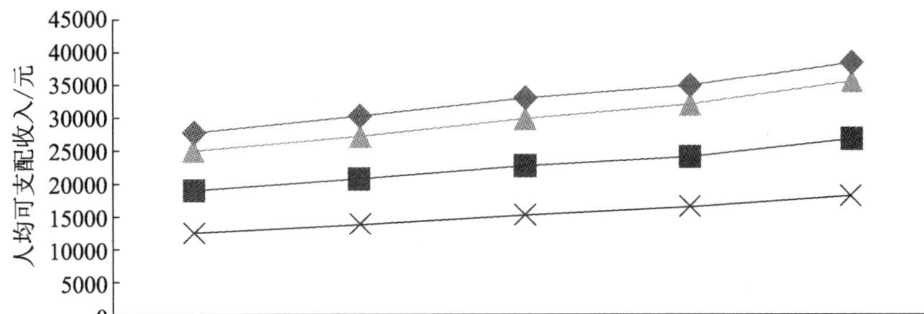

	2017年	2018年	2019年	2020年	2021年
上海市	27825	30375	33195	34911	38521
江苏省	19158	20845	22675	24198	26791
浙江省	24956	27302	29876	31930	35247
安徽省	12758	13996	15416	16620	18368

图 11-1-13　2017—2021 年上海、江苏、浙江和安徽农村居民人均可支配收入情况

二、长三角地区各省辖市农村居民人均可支配收入情况

2021 年长三角地区各省辖市农村居民人均可支配收入情况见表 11-1-14，排在前五位的均属于浙江省辖市，分别是嘉兴市（43598 元）、宁波市（42946 元）、舟山市（42945 元）、杭州市（42692 元）、绍兴市（42636 元）。

表 11-1-14　2021 年长三角地区各省辖市农村居民人均可支配收入情况

单位：元

排名	地区	总值	排名	地区	总值
1	嘉兴市	43598	11	台州市	35419
2	宁波市	42946	12	金华市	33709
3	舟山市	42945	13	南京市	32701
4	杭州市	42692	14	镇江市	31353
5	绍兴市	42636	15	衢州市	29266
6	苏州市	41487	16	南通市	29134
7	湖州市	41303	17	马鞍山市	28331
8	无锡市	39623	18	泰州市	27401
9	温州市	35844	19	扬州市	27354
10	常州市	35822	20	芜湖市	27202

续表

排名	地区	总值	排名	地区	总值
21	合肥市	26856	31	池州市	19168
22	丽水市	26386	32	铜陵市	18992
23	盐城市	26049	33	滁州市	17400
24	徐州市	23694	34	安庆市	16975
25	淮安市	21884	35	亳州市	16769
26	宿迁市	21577	36	淮南市	16706
27	连云港市	21373	37	淮北市	16504
28	宣城市	20565	38	六安市	16003
29	黄山市	20298	39	宿州市	15913
30	蚌埠市	19538	40	阜阳市	15874

三、长三角地区各县（市）农村居民人均可支配收入情况

2021年长三角地区各县（市）农村居民人均可支配收入见表11-1-15，排在前十位的均属于浙江省辖县（市），依次为诸暨市、义乌市、海宁市、慈溪市、海盐县、嘉善县、平湖市、桐乡市、余姚市和岱山县。

表11-1-15　2021年长三角地区各县（市）农村居民人均可支配收入情况

单位：元

排名	地区	总值	排名	地区	总值	排名	地区	总值
1	诸暨市	46535	18	张家港市	41859	35	溧阳市	33371
2	义乌市	46121	19	太仓市	41446	36	丹阳市	32539
3	海宁市	45415	20	嵊泗县	41442	37	当涂县	32292
4	慈溪市	44862	21	宁海县	39836	38	江山市	31730
5	海盐县	44486	22	温岭市	39667	39	三门县	30944
6	嘉善县	44324	23	安吉县	39495	40	启东市	30710
7	平湖市	43914	24	瑞安市	39424	41	青田县	30508
8	桐乡市	43709	25	象山县	39077	42	龙游县	30045
9	余姚市	43428	26	桐庐县	37951	43	靖江市	29964
10	岱山县	43048	27	嵊州市	37876	44	东台市	29741
11	德清县	42548	28	东阳市	37717	45	平阳县	29703
12	江阴市	42519	29	新昌县	36269	46	南陵县	29508
13	昆山市	42420	30	宜兴市	36017	47	永嘉县	29185
14	长兴县	42110	31	永康市	35869	48	天台县	28909
15	乐清市	41991	32	扬中市	35819	49	肥西县	28864
16	常熟市	41986	33	临海市	35367	50	句容市	28387
17	玉环市	41871	34	建德市	33807	51	龙泉市	28380

续表

排名	地区	总值	排名	地区	总值	排名	地区	总值
52	苍南县	28321	86	广德市	23312	120	霍山县	17753
53	肥东县	28208	87	开化县	23165	121	来安县	17338
54	海安市	28104	88	宁国市	23162	122	界首市	17315
55	浦江县	28014	89	磐安县	22992	123	蒙城县	17221
56	泰兴市	27658	90	泰顺县	22789	124	绩溪县	17055
57	仙居县	26956	91	滨海县	22704	125	旌德县	16492
58	常山县	26901	92	文成县	22580	126	濉溪县	16391
59	如东县	26435	93	庆元县	22563	127	砀山县	16288
60	缙云县	26422	94	新沂市	22560	128	枞阳县	16230
61	巢湖市	26394	95	东海县	22269	129	定远县	16206
62	仪征市	26376	96	盱眙县	22026	130	太和县	16188
63	如皋市	26280	97	沭阳县	21828	131	明光市	16110
64	兴化市	25835	98	泗阳县	21591	132	舒城县	16059
65	兰溪市	25820	99	睢宁县	21449	133	颍上县	16030
66	建湖县	25815	100	泗洪县	21175	134	灵璧县	15973
67	宝应县	25788	101	黟县	20429	135	萧县	15820
68	长丰县	25746	102	涟水县	20419	136	潜山市	15756
69	高邮市	25732	103	青阳县	20121	137	涡阳县	15731
70	和县	25250	104	歙县	20114	138	利辛县	15549
71	遂昌县	25091	105	休宁县	20052	139	望江县	15382
72	射阳县	25072	106	祁门县	20028	140	凤阳县	15352
73	庐江县	25064	107	桐城市	20011	141	临泉县	15308
74	含山县	25050	108	灌云县	19977	142	泗县	15244
75	淳安县	24675	109	郎溪县	19856	143	宿松县	15188
76	云和县	24555	110	怀远县	19781	144	岳西县	15135
77	沛县	24461	111	固镇县	19768	145	阜南县	15119
78	天长市	24228	112	五河县	19660	146	太湖县	15109
79	无为市	24142	113	怀宁县	19292	147	金寨县	15018
80	景宁自治县	24069	114	东至县	19177	148	霍邱县	14985
81	金湖县	24035	115	灌南县	19131	149	寿县	14247
82	邳州市	23809	116	凤台县	18708	150	石台县	13869
83	武义县	23778	117	响水县	18562	151	丰县	暂无
84	阜宁县	23409	118	泾县	18429			
85	松阳县	23405	119	全椒县	17779			

第二章 六大都市圈基本情况

随着城镇化率进入下半场，近年来都市圈的建设受到广泛关注。各地纷纷针对都市圈展开规划和布局。

作为全国经济最活跃的地区，长三角共有六大都市圈，分别是上海都市圈、南京都市圈、苏锡常都市圈、杭州都市圈、合肥都市圈和宁波都市圈。

一、上海都市圈

（一）历史沿革

2016年8月22日，《上海市城市总体规划（2016—2040）（草案）》（简称“上海2040”）公示，提出上海与苏州、无锡、南通、宁波、嘉兴、舟山等地区协同发展，形成90分钟交通出行圈，突出同城效应。将在交通通勤、产业分工、文化认同等方面与上海关系更加紧密的地区纳入上海大都市圈的范围，积极推动上海大都市圈同城化发展。

2017年，《上海市城市总体规划（2017—2035年）》（简称“上海2035”）明确了上海至2035年并远景展望至2050年的总体目标、发展模式、空间格局、发展任务和主要举措，为上海未来发展描绘了美好蓝图。

2017年12月15日，国务院对《上海市城市总体规划（2017—2035年）》作出批复，批复称，上海的城市规划、建设与发展要立足国际国内和本地实际，主动服务“一带一路”建设、长江经济带发展等重大战略。

2021年9月14日，《差异化培育提升不同类型城市发展新动能》提出将上海打造成为卓越的“全球城市”。

2022年9月28日，由上海市人民政府、江苏省人民政府、浙江省人民政府联合编制并印发的《上海大都市圈空间协同规划》公开发布，这是沪苏浙两省一市深入落实长三角一体化发展国家战略的纲领性文件，也是全国首个跨区域、协商性的国土空间规划，规划范围包括上海、无锡、常州、苏州、南通、宁波、湖州、嘉兴、舟山在内的“1+8”市域行政区域。

（二）设立目标

1. 聚焦重点领域协同推进

为提升上海服务辐射能级，共推城乡区域协调发展，《长江三角洲区域一体化发展规划纲要》（下称《方案》）指出，持续深化上海“五个中心”核心功能建设，持续打响上海服务、上海制造、上海购物和上海文化等四大品牌，推进上海大都市圈协同发展和城郊融合型乡村振兴。

《方案》提出，要共建协同创新产业体系，集中突破一批关键核心技术，聚焦集成电路、人工智能、生物医药等重点领域，推动产学研用联合攻关，加快科技成果转移转化。

同时，要持续推进长三角G60科创走廊建设，提升制造业产业链水平，围绕长三角共同打造电子信息、生物医药、航空航天、高端装备、新能源和智能网联汽车、新材料等世界级制造业集群。

2020年1月11日，浙江省政协委员、之江实验室副主任袁继新在答记者问时表示，在科技创新领域，就是要打造长三角区域科技创新的共同体。因为在推进长三角一体化的高质量发展当中，创新驱动是核心的关键。

除此之外，《方案》还提出，要完善基础设施网络布局，共同提升互联互通水平，加快建设区域轨道交通网络，构建便捷高效的公路网络，提升上海航空枢纽辐射能力，强化国际航运枢纽港功能。推动重点领域智慧应用，聚焦社会治理、民生服务、产业融合等重点领域开展示范应用，发展“互联网+”“智能+”等新业态。提升能源服务保障水平，探索运用物联网、大数据、云计算等技术，加快提高能源综合效率和服务水平。

2. 环保、公共服务、对外开放全面推进

在环保方面，《方案》提出多项目标，首先要构建多元共生的生态系统，到2025年，上海市生态用地占陆域面积59%以上，森林覆盖率达到19%以上，湿地总面积保持在46.5万公顷。其次要强化水源地保护和防洪安全保障能力，加大跨界水环境污染综合治理力度。到2025年，主要河流断面水质达到或优于Ⅲ类的比例提升到35%，淀山湖水质达到Ⅳ类（除总氮达到Ⅴ类外）。最后还要深入推进大气污染联防联控、统筹固废处置设施布局和危废协同监管、健全生态环境保护协作机制。到2025年，全市细颗粒物（$PM_{2.5}$）平均浓度控制在33 $\mu g/m^3$以下。

为强化政策协同制度衔接，共享公共服务普惠便利，《方案》要求全面实施基本公共服务标准化管理，促进长三角全域基本公共服务水平大致相当。提升异地公共服务便捷度，争取实现全部统筹区和主要医疗机构两个全覆盖，完善异地就医协同监管体制和运行机制。

同时，还要共同营造良好就业创业环境，扩大优质教育资源供给、推动医疗卫生资源优化配置、加快推进区域养老服务合作、促进体育产业联动发展、提升区域文化协同发展能级、打造世界级高品质旅游目的地、合作提升社会治理共建共治共享水平。

围绕多层次资本市场建设，《方案》提出，上海将推动上海证券交易所加强服务基地建设，支持优质新型企业在科创板上市。支持依法合规发起设立主要投资于长三角的各类产业投资基金、股权投资基金。完善区域性股权市场。完善专项建设债券、绿色债券、自贸区债券、创新创业债券发行机制，推动区域专项债发行常态化、制度化。

《方案》还提出，上海将与浙江省共同建设期现一体化油气交易市场，合作建设国际油品交割基地。推动建设长三角产权交易共同市场，培育完善各类产权交易平台，探索水权、排污权、知识产权等初始分配和跨省交易制度，逐步拓展权属交易领域与区域范围。

此外，安徽也是长三角重要组成部分，并被赋予打造具有重要影响力的科技创新策源地、新兴产业聚集地和绿色发展样板区的战略使命。

3. 聚焦重点区域率先突破

《方案》还注重发挥自贸试验区临港新片区、长三角一体化发展示范区和虹桥商务区三大重点区域的引领带动作用，并提出了明确要求和任务。

为高水平建设示范区，《方案》从打造生态友好型一体化发展样板、创新重点领域一体化发展制度、加强改革举措集成创新等方面做出系列规划。如要求上海与江苏省、浙江省共同制定实施示范区饮用水水源保护法规，共同探索生态友好型高质量发展模式。

在高标准建设上海自贸试验区新片区方面，《方案》要求聚焦集成电路、人工智能、生物医药、航空航天等前沿领域，建立以关键核心技术为突破口的前沿产业集群；扩大电信、保险、证券、科研和技术服务等重点领域的投资自由。

此外，《方案》还要求高品质建设上海虹桥商务区，全力打造国际开放枢纽。对标国际最高水平，制定“虹桥标准”，大力发展高端会展业和配套专业服务业，培育具有世界影响力的品牌展会活动，打造长三角高端商务活动集聚区，提升上海虹桥商务区对示范区的服务功能。

目前，上海虹桥商务区依托虹桥综合交通枢纽，是服务长三角地区，服务长江流域的高端商务中心。未来，上海虹桥商务区将形成以总部经济为核心，以高端商务商贸和现代物流为重点，以会展、商业等为特色，其他配套服务业协调发展的产业格局。

二、南京都市圈

南京都市圈是以南京为中心的经济区域带，位于中国东部、长江中下游沿江城市地带核心地区，地跨苏皖两省，是中国第一个规划建设的跨省都市圈。南京都市圈成员为南京、镇江、扬州、淮安、芜湖、马鞍山、滁州、宣城和常州的溧阳、金坛，包含33个市辖区、11个县级市和16个县，总面积6.6万平方千米。

南京都市圈连南接北、承东启西，地理位置特殊，城市类型丰富，是长三角带动中西部地区发展的重要传导区域，在国家长江经济带发展战略中具有重要地位。南京都市圈基础产业实力雄厚、金融体系完整、科教优势明显、文化底蕴深厚，是国家重要的制造业、旅游业、金融业、科教和文化中心，历史上是吴楚文化的交汇地带、南北文化的交融区域，同时也是近代文明兴起之地，集历史、近代、现代特色文化于一身，融吴楚文脉、南北文化、中外文明于一体，具有兼容并蓄、富有活力和创新精神的多元文化特征。

1986年，国家计划委员会研究报告提出南京组织跨省经济圈试点，同年，“南京区域经济协调会”第一次会议召开，南京经济区成立。2000年7月，江苏省提出打造以省会南京为中心的南京都市圈。2003年1月，江苏省政府批准《南京都市圈规划（2002—2020）》。2021年2月，《国家发展改革委关于同意南京都市圈发展规划的复函》发布，南京都市圈成为中国第一个由国家发改委正式批复规划的都市圈。

三、杭州都市圈

（一）历史沿革

杭州都市圈是浙江省委、省政府提出着重建设的四大都市圈之一，其范围是以杭州市区为中心，湖州、嘉兴、绍兴、衢州、黄山市市区为副中心，杭州市域5县市及德清、安吉、海宁、桐乡、柯桥、诸暨等杭州相邻县市（区）为紧密层，区域总面积53441平方千米。

2007年5月，杭州都市经济圈第一次市长联席会议召开，标志着杭州都市圈启动建设。

2008年，杭州都市经济圈发展规划布局完成。

2010年，浙江省政府批复《杭州都市经济圈发展规划》。

2014年，国家发改委批复杭州都市圈为全国首个都市圈经济转型升级综合改革试点。

2016年，《长三角城市群规划》明确提出“一核五圈”，杭州都市圈为其中之一。

2018年10月，杭州都市圈第九次市长联席会议召开，浙江省衢州市、安徽省黄山市正式加入杭州都市圈。

2020年，在杭州都市圈市长联席会议上，杭州、湖州、嘉兴、绍兴、衢州、黄山六城市一致同意宣城市自2020年11月20日起成为杭州都市圈合作发展协调会观察员城市。

（二）功能定位

辐射杭州湾、接轨大上海，组团打造长三角“金南翼”。建设成为世界第六大城市群重要板块、亚太国际门户长三角城市群的有机组成部分、全国科学发展和谐发展先行区和浙江创业创新核心区。

（三）主要参与城市

规划中的杭州都市经济圈以杭州市区为中心，湖州、嘉兴、绍兴、衢州、黄山为副中心，杭州市域5县市及德清、安吉、海宁、桐乡、歙县等杭州相邻7县市为紧密层，规划的区域总面积为53239平方千米，面积约占长三角区域的三分之一。主要参与城市的简介见表11-2-1。

表 11-2-1　杭州都市圈主要参与城市简介

参与城市	城市简介
杭州市	杭州市，简称杭，浙江省省会，位于中国东南沿海、浙江省北部、钱塘江下游、京杭大运河南端，是浙江省的政治、经济、文化和金融中心，中国七大古都之一，中国重要的电子商务中心之一。 杭州以风景秀丽著称，素有“人间天堂”的美誉。市内人文古迹众多，西湖及其周边有大量的自然及人文景观遗迹。杭州是吴越文化的发源地之一，历史文化积淀深厚。其中，良渚文化、丝绸文化、茶文化，以及流传下来的许多故事传说成为杭州的文化代表。 杭州市域面积为 16596 平方千米，辖 10 个区、2 个县（桐庐、淳安），代管 1 个县级市（建德）。2021 年末常住人口为 1220 万人，杭州人多属江浙民系，使用吴语和徽语。杭州得益于京杭运河和通商口岸的便利，以及自身发达的丝绸和粮食产业，历史上曾是重要的商业集散中心。后来依托沪杭铁路等铁路线路的通车以及上海在进出口贸易方面的带动，轻工业发展迅速。
绍兴市	绍兴市是浙江省下辖的一个地级市、浙江第四大城市。2021 年末常住人口 533 万人。旧称会稽、山阴，简称越，是中国纺织业与小电机、节能光电工业的中心。绍兴是浙江的文化中心之一、首批国家历史文化名城之一，是有名的水乡、酒乡、桥乡，绍兴风景秀丽、人才辈出，古代越王勾践“卧薪尝胆”的故事更是家喻户晓。 绍兴纺织业、小电机、节能照明、生物酿造业极发达，纺织业出口产品占世界纺织面料交易额的 60%。另外，绍兴出产的黄酒（又称绍酒）更是闻名遐迩。根据酿制工艺和口感不同，绍兴黄酒又分加饭酒、花雕酒、善酿酒等。
嘉兴市	嘉兴市位于浙江省东北部、长江三角洲杭嘉湖平原腹心地带，是长江三角洲重要城市之一。2021 年末常住人口 551.6 万人。市境介于北纬 30°21′~31°2′与东经 120°18′~121°16′，东临上海，南倚钱塘江，北负太湖，西接天目之水，大运河纵贯境内。城市处于江、湖、河交汇之位，扼太湖南走廊之咽喉，与沪、杭、苏、湖等城市相距均不到百公里，区位优势明显。
湖州市	湖州市地处浙江省北部，东邻上海，南接杭州，西依天目山，北濒太湖，与无锡、苏州隔湖相望，是环太湖地区唯一因湖而得名的城市。2021 年末常住人口 340.7 万人，多为江浙民系，使用吴语。湖州是一座具有 2300 多年历史的江南古城，面积 5818 平方千米，有优美的自然景观和众多历史人文景观。湖州是以上海浦东开发开放为龙头的长江三角洲地区“先行规划、先行发展”的 14 个重点城市之一。改革开放以来，经济社会发展取得了优异的成绩。
衢州市	衢州为浙江省地级市，位于浙江省西部、钱塘江上游、金（华）衢（州）盆地西端，地理坐标为东经 118°01′~119°20′、北纬 28°14′~29°30′，总面积 8844.79 平方千米。衢州南接福建南平，西连江西上饶、景德镇，北邻安徽黄山，东与省内金华、丽水、杭州三市相交。下辖柯城区、衢江区、江山市、龙游县、常山县和开化县。2021 年末常住人口 228.7 万人。 衢州旅游资源丰富，有“神奇山水，名城衢州”之称。境内有江郎山、烂柯山、龙游石窟等 150 多处景点。1994 年被国务院列入国家级历史文化名城名单。2012 年、2013 年，连续两年入选中国十大宜居城市。2013 年，成为国家首批国家循环经济示范城市。2016 年 11 月，获得“全国十佳生态休闲旅游城市”荣誉称号。2017 年，在中国地级市全面小康指数排名中位列第 49 位；12 月，进入中国特色魅力城市 200 强。2018 年 12 月 15 日，在埃及开罗，衢州获得“国际花园城市”金奖。
黄山市	黄山市是安徽省省辖地级市，古称新安、歙州、徽州，地处皖浙赣三省交界处，被称为“三省通衢”，西南与江西省景德镇市浮梁县、上饶市婺源县交界，东南与浙江省衢州市开化县、杭州市淳安县及临安区为邻，东北与安徽省宣城市绩溪县、旌德县、泾县接壤，西北与安徽省池州市青阳县、石台县、东至县毗邻。1987 年撤销徽州地区，以境内山岳“黄山”之名设立地级黄山市，2021 年末常住人口 133.2 万人。 黄山市古称徽州，既是徽商故里，又是徽文化的重要发祥地，新安画派、新安医学、徽派建筑、徽州四雕、徽派盆景等影响深远，徽剧是京剧的前身，徽菜是中国八大菜系之一。黄山市境内的黄山为世界自然与文化双遗产，皖南古村落西递、宏村为世界文化遗产。
建德市（由地级杭州市代管）	建德市隶属于浙江省杭州市，位于浙江省西部、钱塘江上游，东与浦江县接壤，南与兰溪市和龙游县毗邻，西南与衢州市衢江区相交，西北与淳安县为邻，东北与桐庐县交界。 建德市总面积 2321 平方千米，占浙江省总面积的 2.28%，距杭州市高速公路里程 108 千米。2021 年末常住人口 44.4 万人。 建德市境域水系属钱塘江流域，有新安江及其支流寿昌江和兰江、富春江 4 条较大河流及 38 条中小溪流。境域山地和丘陵占全市总面积的 88.6%。北部和西部山岭由古生代到新生代的砂岩、石灰岩和页岩组成，南部为 200 米以下的丘陵。

续表

参与城市	城市简介
淳安县 （杭州市）	淳安县隶属于浙江省杭州市，位于浙江省西部，东与建德、桐庐接壤，南连衢州、常山，西与黄山休宁县、歙县毗连，北接临安。2021 年末常住人口 32.8 万人。 淳安县建置于 208 年，为划歙州（歙县）东乡、南乡而设，时称始新县和新定县。1958 年 10 月，撤销遂安县，遂安、淳安两县合并为淳安县。1963 年，淳安县划属杭州市，县人民政府驻千岛湖镇新安北路 18 号。 淳安县是著名国家级风景区千岛湖所在地，是浙江省面积最大的县，也是浙江省政府批准的革命老根据地县。
桐庐县 （杭州市）	桐庐隶属于浙江省杭州市，位于浙江省西北部，地处钱塘江中游，富春江斜贯县境；介于北纬 29°35′~30°05′和东经 119°10′~119°58′，东接诸暨，南连浦江、建德，西邻淳安，东北界富阳，西北依临安。全境东西长约 77 千米，南北宽约 55 千米，总面积 1825 平方千米。桐庐始建于公元 225 年，公元 621 年升为州府，1958 年分水并人，1960 年划属杭州。2021 年末常住人口 45.5 万人。 桐庐历史悠久、人文荟萃，素有“钟灵毓秀之地、潇洒文明之邦”的美誉。 桐庐县经济总量长期位居浙西地区各县（市）首位，是浙西地区经济实力第一强县，获“中国民营快递之乡”“国际花园城市”荣誉称号。
海宁市 （由地级嘉兴市代管）	海宁市位于中国长江三角洲南翼、浙江省北部，是浙北第一经济强县（市）。2021 年末全市常住人口 109.9 万人。海宁东距上海 100 千米，西接杭州，南濒钱塘江。1986 年撤县设市。海宁市人杰地灵、名人辈出，是王国维、徐志摩、金庸、蒋百里等名人的故乡；气候四季分明，是典型的江南水乡，素有“鱼米之乡、丝绸之府、才子之乡、文化之邦、皮革之都”的美誉。2010 年 11 月，经全国爱卫办考核组验收鉴定，海宁市被评为“国家卫生城市”。
桐乡市 （由地级嘉兴市代管）	桐乡位于浙江省北部杭嘉湖平原腹地，属于嘉兴五县市之一，1993 年 4 月撤县设市。东距上海 131 千米，北离苏州 74 千米，西邻杭州 65 千米，居沪、杭、苏金三角之中；境内地势平坦，河网密布，气候四季分明，自然环境优美，一派江南水乡景象，素有“鱼米之乡、丝绸之府、百花地面、文化之邦”之美称。2021 年末常住人口 105 万人。
安吉县 （湖州市）	安吉县位于浙江省西北部，地处北纬 30°38′、东经 119°53′，是长江三角洲经济区迅速崛起的一个对外开放景区，全县辖 16 个乡镇（开发区），面积 1886 平方千米，2021 年末常住人口 59.5 万人，城镇化率 61%。建县于东汉中平二年，至今已有 1800 多年历史，汉灵帝赐名“安吉”取自《诗经》“安且吉兮”。安吉经济发展迅速，竹制品、转椅、茶叶、笋制品、农用机动车、建材等产品都有上规模生产，拥有轻纺、造纸机械、食品、化工、矿产资源开发等门类齐全、上规模的基础工业，出口多种产品，涌现多种省优及部优产品、一批国优产品。
德清县 （湖州市）	德清县，取名于“人有德行，如水至清”，为浙江省湖州市管辖，位于长江三角洲杭嘉湖平原西部，地处北纬 30°261′~30°421′、东经 119°451′~120°211′，东望上海，南接杭州，北靠环太湖经济圈，西枕天目山麓。2021 年末常住人口 65 万人。 德清连年入围年度中国中小城市综合实力百强县，2013 年位居第 42 名，2014 年依旧入围前 50 名。 德清人生活安逸，德清被称为“生活慢城”，素有“名山之胜、鱼米之乡、丝绸之府、竹茶之地、文化之邦”的美誉。未来 5 年将全力打造成为“杭州城北后街”。
诸暨市 （由地级绍兴市代管）	诸暨位于浙江省中北部，北邻杭州，东接绍兴，南临义乌。2021 年末常住人口 121.5 万人。秦王政二十五年，设诸暨县，属会稽郡。诸暨历史悠久、人文荟萃，昔有钱塘名区之繁盛，是越国故地、西施故里，为古越民族聚居地之一、越王勾践图谋复国之所，也是於越文化的发祥地。诸暨是中国百强县市、浙江省首批科技强市、浙江省首批教育强市、中国袜业之都，年产袜子 170 多亿双，产量占全国的 70%、全世界的 35%以上。诸暨在 2013 福布斯中国最富有的 10 个县级市中排名第 2 位，经济实力在杭州都市圈县级市中排名首位。
歙县 （黄山市）	歙县，古称歙州、徽州府，位于安徽省最南端，北倚黄山，东邻杭州临安区，南接淳安千岛湖，徽州六县之一，是古徽州府治所在地，是徽州文化和国粹京剧的发源地，也是徽商、徽菜的主要发源地。歙县为文房四宝之徽墨、歙砚的主要产地，被授予“中国徽墨之都”“中国歙砚之乡”“徽剧（徽班）之乡”“中国徽文化之乡”“中国牌坊之乡”荣誉称号。2021 年末常住人口 36.3 万人。 歙县于 1986 年被授予“国家历史文化名城”称号。歙县（徽州）古城与云南丽江古城、山西平遥古城、四川阆中古城并称为中国保存最完好的四大古城，素有“东南邹鲁”“徽商故里”“文物之海”“程朱故里”“礼仪之邦”等美称。2014 年歙县古徽州文化旅游区入选国家 AAAAA 级旅游景区。

（四）发展目标

杭嘉湖平原是中国商品粮基地，自六朝以来便是中国皇室和军队用粮的主要来源地。杭嘉湖平原也是杭州龙井等名茶的原产地，此地又以丝绸生产加工闻名，杭州、湖州（尤其是南浔、双林、菱湖等镇）是著名的生丝产地和丝绸加工地点，太湖水产丰富。近代以来，此地工业迅速发展，现已建成完善的工业体系，国营、民营、外资企业数量众多、实力雄厚。

杭州都市圈的发展总体思路：以习近平新时代中国特色社会主义思想为指导，以浙江省委、省政府提出的建设杭州都市经济圈决策部署为要求，以体制机制创新为动力，突破行政区域局限，加强杭州与湖州、嘉兴等周边地区的合作交流，推进规划共绘、交通共联、市场共构、产业共兴、品牌共推、环境共建、社会共享，进一步提升杭州在区域整体联动发展中的核心作用，强化中心城市的集聚力、辐射力和带动力，使杭州都市经济圈真正成为长三角的“金南翼”、浙江省高新技术研究开发与产业化的核心区、现代服务业发展的集聚区。

（五）发展基本要求

坚持互惠多赢、共同发展。确立杭州都市经济圈共同体意识，着力突破行政体制壁垒，建立杭湖嘉绍地区互利、互补、互惠关系，通过合作交流，协商解决单个城市难以解决的重大问题，实现共同发展。坚持政府推动、市场运作。

发挥政府引导作用，通过实施规划引导跨区域重大项目建设，搭建联动发展平台，推动杭州都市经济圈的合作与交流；同时，充分发挥市场机制在都市经济圈发展中的资源配置作用。坚持协同联动、优势互补。明确各城市在都市圈中的地位与资源优势，合理分工、功能互补、错位发展。杭州依托周边城市资源，不断增强中心城市的集聚和辐射能力；周边城市则主动承接中心城市的辐射，凭借大都市的外溢效应，借梯登高、借船出海、借势发展特色产业。坚持统筹谋划、循序渐进。以思想观念认同为先导，以杭州都市经济圈的整体利益为出发点，以产业、设施、市场、体制、机制对接为重点，统筹安排，先易后难，有序推进，通过跨区域的重点领域、重点项目的合作，促进都市经济圈的建设与发展。

（六）交通建设

平原水陆交通发达，铁路以杭州为起点，沪杭、杭宣线分别贯穿平原东、西部，并与浙赣、皖赣、萧甬线联结；公路环连杭州、嘉兴、湖州3市，并伸展至山区和海边；水运具有重要地位。水陆航程总长3000余千米，沟通平原500余个集镇。

（1）铁路枢纽发展（表11-2-2）

表11-2-2　杭州都市圈的主要铁路车站

城市	铁路车站
杭州	杭州站、杭州东站、杭州西站、杭州南站、临平南站、富阳站、富阳西站、桐庐站、桐庐东站、千岛湖站
嘉兴	嘉兴站、嘉兴南站、海宁站、桐乡站、海宁西站、嘉善南站
湖州	湖州站、湖州南站、德清站、长兴站、安吉站、德清西站
绍兴	绍兴站、绍兴北站、绍兴东站、上虞南站、上虞站、诸暨站
衢州	衢州站、江山站、龙游站、常山站、开化站
黄山	黄山北站、黄山站、歙县北站、歙县站、三阳站

（2）城市轨道交通（表 11-2-3）

表 11-2-3　杭州都市圈的主要轨道交通线路

城市	轨道交通线路（已开通运营）
杭州	杭州地铁 1 号线
	杭州地铁 2 号线
	杭州地铁 3 号线
	杭州地铁 4 号线
	杭州地铁 5 号线
	杭州地铁 6 号线
	杭州地铁 7 号线
	杭州地铁 8 号线
	杭州地铁 9 号线
	杭州地铁 10 号线
	杭州地铁 16 号线
	杭州地铁 19 号线
嘉兴	杭海城际铁路
绍兴	绍兴轨道交通 1 号线
	绍兴轨道交通城际线

（3）水运交通系统联系（表 11-2-4）

表 11-2-4　杭州都市圈的主要港口

城市	港口
杭州	杭州港、萧山港、富阳东洲港、桐庐港（下洋州）、建德港（十里埠）
嘉兴	嘉兴港、乍浦港
湖州	湖州港
绍兴	绍兴港、上虞港
衢州	衢州龙游港
黄山	歙县深渡港

（七）公共旅游来往

杭州都市圈的主要景点见表 11-2-5。

表 11-2-5　杭州都市圈的主要景点

景点	景点概述
西湖	西湖，又名西子湖，位于浙江省杭州市西部西湖区，是世界文化遗产，江南三大名湖之一，首批国家重点风景名胜区，首批全国文明风景旅游区示范点，国家 AAAAA 级旅游景区，中国十大名胜古迹、中国主要的观赏性淡水湖泊之一，在中国的历史文化和风景名胜中占有重要地位。西湖以秀丽的湖光山色和众多的名胜古迹而成为闻名中外的旅游胜地，凭借着上千年的历史积淀所孕育出的特有江南风韵和大量杰出的文化景观而入选世界文化遗产，同时也是现今世界遗产名录中少数几个湖泊类文化遗产之一、中国唯一一处湖泊类文化遗产。出现于第五套人民币壹元纸币背面的三潭印月景观，体现着西湖在中国悠久文化中的重要地位。自古以来，便有多位文人雅士为之填词作诗："天下西湖三十六，就中最好是杭州。"
西溪国家湿地公园	国家 AAAAA 级旅游景区，位于浙江省杭州市区西部，距西湖不到 5 千米，是罕见的城中次生湿地。这里生态资源丰富、自然景观质朴、文化积淀深厚，曾与西湖、西泠并称杭州"三西"，是国内第一个也是唯一的集城市湿地、农耕湿地、文化湿地于一体的国家湿地公园。2009 年 11 月 3 日，浙江杭州西溪国家湿地公园被列入国际重要湿地名录。
千岛湖	国家 AAAAA 级旅游景区，位于浙江省淳安县境内，是 1959 年我国建造的第一座自行设计、自制设备的大型水力发电站——新安江水力发电站而拦坝蓄水形成的人工湖，是国家一级水体。千岛湖景区总面积 982 平方千米，其中湖区面积 573 平方千米，因湖内拥有星罗棋布的 1078 个岛屿而得名。
富春江	富春江两岸山色青翠秀丽，江水清碧见底，素以水色佳美著称，更兼许多具有浓郁地方特色的村落和集镇点染，使富春江、新安江画卷增色生辉。富春江一带昔有"小三峡"之称，"天下佳山水，古今推富春"。在支流胥溪注入处，有"子胥渡口""伍子胥别庙"等古迹。南朝梁文学家吴均在《与朱元思书》中描绘了富春江风景："自富阳至桐庐一百许里，奇山异水，天下独绝。"自下游建富春江水电站后，这一带淹为水库，泱泱江水，宛若明镜，两岸青山点点，"七里扬帆"成为当今严陵八景之一。
新安江	新安江素以水色佳美著称。沿江有白沙大桥、朱池、千岛湖、梅城、刘长卿别墅、双塔凌云、新安江水库等胜迹。新安江作为国家级风景名胜区，享有"奇山异水，天下独绝"之称。
莫干山	莫干山为天目山之余脉，位于浙江省北部德清县境内，是美丽富饶的沪、宁、杭金三角的中心，国家重点风景名胜区。因春秋末年吴王阖闾派干将、莫邪在此铸成举世无双的雌雄双剑而得名，是中国著名的度假、休闲旅游及避暑胜地。莫干山山峦连绵起伏，风景秀丽多姿，景区面积达 43 平方千米，它虽不及泰岱之雄伟、华山之险峻，却以绿荫如海的修竹、清澈不竭的山泉、星罗棋布的别墅、四季各异的迷人风光称秀于江南，享有"江南第一山"之美誉。
下渚湖	古称防风湖，位于德清县城武康郊区，中心湖区 1.26 平方千米，比西湖略小，湿地面积 5 平方千米。北依防风山，水源之一余英溪汇入东苕溪，属南太湖水系。很久以前，古运河曾从中穿境而过。传说当年大禹为表彰防风氏治水有功，特赐封山、禺山方圆百里，立为防风国，防风国为良渚文化的发祥地之一。下渚湖湿地公园有 160 余种鸟类栖居，其中属国家重点保护的野生鸟禽有 20 余种。
良渚古城遗址	良渚古城遗址，位于杭州市余杭区，是世界文化遗产，为全国重点文物保护单位，总占地面积 3 平方千米，始建于公元前 3300 年。
盐官古城	海宁盐官镇距杭州 50 千米，自古以来，每年农历八月十八日的钱塘江大潮都是天下奇观，每到这一天观潮的人人山人海，人潮也似海潮般汹涌澎湃。当大潮即将到来之际，只见远方天边似有一条银线汹涌而至，其声似万马奔腾，其势如排山倒海，雪浪凌空，洪流滚滚，气象万千。钱塘江大潮与壶口瀑布、黄果树瀑布并列，因此海宁盐官镇是中国观潮赏景的三大胜地之一。
江郎山	江郎山，世界自然遗产，古称玉郎山、金纯山，位于浙江省衢州市江山市石门镇境内。2010 年 8 月作为"中国丹霞"的系列提名地之一被列入世界自然遗产名录。 江郎山景区为国家级重点风景名胜区和国家 AAAAA 级景区，由三爿石、十八曲、塔山、牛鼻峰、须女湖（曾用名：青龙湖）和仙居寺等部分组成，面积 11.86 平方千米，景源类型以自然景观为主，同时也有丰富的人文景观。
西塘	西塘古镇为江南六大古镇之一，被称为"生活着的千年古镇"，位于江浙沪三省交界处的浙江省嘉善县，古名斜塘、平川。西塘全镇总面积 83.61 平方千米，其中古镇区面积 1.04 平方千米，人口近 8.6 万。西塘已被列入世界历史文化遗产预备名单，亦是中国首批历史文化名镇、国家 AAAAA 级景区。
乌镇	国家 AAAAA 级景区，全国 20 个黄金周预报景点及江南六大古镇之一。古称乌墩、青墩，具有 6000 余年的悠久历史。乌镇是典型的江南水乡古镇，素有"鱼米之乡，丝绸之府"之称。1991 年被评为浙江省历史文化名城，1999 年开始古镇保护和旅游开发工程。

续表

景点	景点概述
衢州府城	衢州府城坐落于浙江省，是素有“围棋仙境”“南孔圣地”之称的衢州市，也是当地历代政治中心所在地。古城位于衢江之滨，是钱塘江上游的明珠，是“四省通衢”的“东南锁钥”之地。古城共分峥嵘镇和鹿鸣镇两部分，是衢州历代的县治和府治所在地，也是一座府县二级衙门共城的城池和有着几千年历史的国家历史文化名城。
徽州古城	徽州古城，又名歙县古城，古称新安郡。位于安徽黄山市歙县徽城镇，总占地面积 24.7 平方千米。古城始建于秦朝，自唐代以来，一直是徽郡、州、府治所在地，故县治与府治同在一座城内，形成了城套城的独特风格。徽州古城是中国三大地方学派之一“徽学”的发祥地，被誉为“东南邹鲁、礼仪之邦”。 徽州古城分内城、外廓，有东西南北 4 个门。此外还保留着瓮城、城门、古街、古巷等。 城内景区包含徽园、渔梁坝、许国石坊、斗山街、陶行知纪念馆、新安碑园、太白楼等。徽州古城覆盖了新安理学、徽派朴学、新安医学、新安画派、徽派版画、徽派篆刻、徽剧、徽商、徽派建筑、徽州“四雕”、徽菜、徽州茶道、徽州方言等徽州文化。 徽州古城是保存完好的中国四大古城之一，1986 年被国务院列为国家历史文化名城，2014 年被列入国家 AAAAA 级景区古徽州文化旅游区的组成部分。

（八）战略交流

2014 年，杭州都市经济圈转型升级综合改革试点获批复设立，杭州都市经济圈范围包括杭州、嘉兴、湖州、绍兴四市。试点主要以经济转型升级为主线，以资源要素市场化配置改革为突破口，以激发市场主体活力、提升创新驱动能力、增强城市化发展潜力为关键，着力在重要领域和关键环节改革上取得实质性突破，在杭州都市经济圈率先建成充满活力、富有效率、更加开放、有利于科学发展的体制机制。

四、合肥都市圈

（一）历史沿革

2006 年，安徽省委、省政府在全省第八次党代会上明确提出合肥要“提高经济首位度，形成具有较强辐射带动力的省会经济圈”。

2007 年初，在安徽省十届人大五次会议上进一步确定“规划建设以合肥为中心，以六安、巢湖为两翼”的省会经济圈。

2008 年 5 月，安徽省政府颁布实施《安徽省会经济圈发展规划纲要（2007—2015 年）》。

2009 年 8 月，安徽省委、省政府下发了《关于加快合肥经济圈建设的若干意见》，正式将“省会经济圈”更名为“合肥经济圈”，同时把淮南市和桐城市纳入经济圈范畴。

2011 年 8 月，因巢湖市行政区划调整和定远县加入，合肥经济圈的范围发生了变化，包括合肥市、淮南市、六安市、桐城市和定远县。

2013 年底，合肥经济圈建设领导小组办公室会议研究决定，同意滁州市整体加入合肥经济圈。

2016 年 2 月，安徽省十二届人大六次会议上提出了推动合肥都市圈一体化发展战略，加快合肥经济圈向合肥都市圈战略升级，使合肥都市圈成为安徽省核心增长极乃至全国有重要影响力的区域增长极。

2016 年 5 月 11 日，国务院常务会议审议通过的《长江三角洲城市群发展规划》将合肥都市圈纳入，标志着合肥都市圈上升为国家发展战略。

2016 年 12 月 3 日，安徽省人民政府办公厅印发《长江三角洲城市群发展规划安徽实施方案》，提出扩容升级合肥经济圈，增加芜湖、马鞍山市，完善都市圈协调推进机制，建设合肥都市圈，形成区域增长新引擎。

2019 年 9 月 5 日，蚌埠市加入合肥都市圈。

（二）发展定位

合肥都市圈的战略定位为：构建以合肥为中心，安徽经济的重要增长极，全国有重要影响的都市圈。崇尚创新，注重协调，倡导绿色，厚植开放，推进共享。以新型显示、集成电路、软件、量子通信、云计算、大数据、电子专用设备、数字音视频等为重点，打造世界级电子信息产业集群、中国具有较大影响力的创新型都市圈。

（三）发展目标

按照规划，到2020年，合肥都市圈的经济规模将持续提高，占全省比重由2008年的36.37%提高到60%以上。

1. 具体规划

按照规划，到2020年，合肥都市圈总人口约为1500万人，城镇人口约为1300万人；2030年，合肥都市圈总人口约为1800万人，城镇人口约为1700万人。同时，城镇化水平在2020年达到80%～85%，2030年达到90%～95%。

根据规划，未来十年，合肥都市圈将形成“一区、五轴、三带、多组团”的城镇空间布局结构体系，远景由点—轴模式向网络化模式发展。

具体是，由合肥、芜湖、马鞍山三大城市中心城区以及环巢湖地区等组成的城镇密集区，成为聚合合肥都市圈区域发展的“心脏”；而东西向合巢芜发展轴、合巢马发展轴，实现交通一体化，全面优化该区域高铁、城际轨道交通、高速公路互联互通，与长三角核心区域无缝对接，三市打造国家级新区及合芜马自贸区。

2. 扩容目标

交通一体化目标是以城际快速交通系统建设为重点，加强运输组织和管理，全面提高综合运输能力，增强快捷便利性，尽快形成合肥都市圈“1小时通勤圈”和“1小时生活圈”，构筑交通网络化的现代交通体系。规划中拟定的近期重大行动计划包括打造合芜马都市区、融入长三角，滨湖滨江等地区综合开发、交通一体化、环巢湖都市生态旅游等。

（四）行政区划

合肥都市圈包括合肥市、芜湖市、马鞍山市、滁州市、淮南市、六安市、蚌埠市和桐城市，这些城市所辖区域见表11-2-6。

表11-2-6　合肥都市圈主要参与城市和辖区

城市	下辖
合肥	瑶海区、庐阳区、蜀山区、包河区、肥东县、肥西县、长丰县、庐江县、巢湖市
芜湖	镜湖区、弋江区、鸠江区、湾沚区、繁昌区、无为市、南陵县
马鞍山	花山区、雨山区、博望区、含山县、和县、当涂县
滁州	琅琊区、南谯区、天长市、明光市、全椒县、来安县、凤阳县、定远县
淮南	大通区、田家庵区、谢家集区、八公山区、潘集区、凤台县、寿县
六安	金安区、裕安区、叶集区、霍邱县、霍山县、金寨县、舒城县
蚌埠	蚌山区、龙子湖区、禹会区、淮上区、怀远县、固镇县、五河县

（五）旅游景点

合肥：三河古镇、逍遥津、包公园、合肥万达文化旅游城、巢湖风景名胜区、李鸿章故居、三国遗址公园、徽园、巢湖市冶父山、银山智人遗址、刘铭传旧居、冯玉祥旧居、渡江战役总前委旧址、渡江战役纪念馆、安徽博物院。

芜湖：芜湖米市，芜湖方特欢乐世界、梦幻王国、东方神话、水上乐园，大工山—凤凰山铜矿遗址，繁昌窑遗址，皖南土墩墓群，人字洞遗址，芜湖滨江公园，芜湖天主教堂，芜湖中山路步行街，芜湖古城。

蚌埠：淮畔观柳、双墩遗址、垓下遗址、涂山风景区、蚌埠闸风景区、安徽三汊河国家湿地公园、白乳泉、卞和洞、龙子湖公园、蚌埠大明皇家游乐世界、张公山公园、花鼓灯嘉年华、湖上升明月、淮河文化广场、津浦大塘、栖岩寺。

马鞍山：采石矶风景名胜区、李白墓园、濮塘风景区、和县香泉温泉度假村、朱然墓陈列馆、霸王祠、太湖山国家森林公园。

六安：大别山主峰、大别山（六安）国家地质公园、天堂寨、白马尖、九公寨、万佛湖、横排头、皖西大裂谷、佛子岭水库、昭庆寺、东石笋、毛坦厂明清老街、六安双塔。

淮南：八公山、寿县古城、上窑森林公园、龙湖公园、焦岗湖影视城、天宝双遗文化园、舜耕山。

滁州：醉翁亭、琅琊山、明皇陵、吴敬梓纪念馆、白鹭岛。

桐城：六尺巷、三道岩、桐城文庙、孔城老街、嬉子湖、龙眠山。

（六）交通运输

1. 公路

合肥都市圈内公路主要包括：合肥绕城高速、合宁高速（扩建中）、合淮阜高速、合安高速（扩建中）、北沿江高速（滁马高速、马巢高速、巢无高速）、溧马高速、芜合高速（扩建中）、宁芜高速、芜铜高速、溧芜高速、芜宣高速、芜黄高速。

2. 铁路

合肥都市圈内铁路主要包括：合福高铁（京福高铁）、沪汉蓉高铁、宁安高铁、正在建设的合安高铁、合连高铁、合芜杭高铁（商杭高铁）、皖赣高铁、规划的巢马城际、合马沪高铁、合巢芜宣城际等。

3. 地铁

（1）合肥地铁线路。

1号线：南北方向骨干线，起点位于合肥火车站北天水路，以地下线形式沿新蚌埠路向南，经北二环路，穿过合肥火车站，沿胜利路、马鞍山路向南，至望湖中路转向西，再向南沿佳洲路直穿高铁站，之后沿青海路、庐州大道、珠江路至线路终点徽州大道站。线路全长约28.99千米，全部为地下线。全线共设车站25座，全部为地下车站。2012年下半年开工，2016年12月26日开通运营。

2号线：东西方向骨干线，西起长江西路与长宁大道交叉口东侧，终点至长江东路与大众路交叉口西侧处。线路全长27.20千米。2013年开工，2017年12月26日开通运营。

3号线：西南东北方向骨干线，东北起于瑶海区相城路站，西南止于肥西县幸福坝站。2015年开工，2019年底正式运营。

4号线：2017年开工，2021年12月26日开通运营。

5号线：2017年开工，南段已于2020年12月26日开通运营，北段规划于2022年底开通运营。

（2）芜湖地铁线路。

1号线：线路走向为白马山站—芜湖南站—珩琅山路站—文津东路站—博览中心站—红花山路站—奥体中心站—环城北路站—鸠兹广场站—中山北路站—赭山公园站—赭山路站—赤铸山路站—天门山路站—天柱山路站—港一路站—武夷山路站—裕安路站—港湾路站—鞍山路站—龙山路站—衡山路站—泰山路站—华山路站—保顺路站。2016年开建，2019年底建成通车。

2号线：线路走向为江北火车站—纬三路站—经四路站—经三路西站—经三路东站—经二路站—商贸中心站—海事局站—北京路站—东郊路站—弋江路站—芜湖站—鸠江北路站—政务中心站—河清路站—海晏路站—方特乐园站—梦溪路站—育文学校站。2016年底开建，2020年建成通车。

3号线：从城东至三山区。2017年开工，规划2022年建成。

4. 航空

合肥：合肥新桥国际机场、合肥骆岗国际机场（2018年底复航）。

蚌埠：蚌埠滕湖机场（在建）。

芜湖：芜宣机场、芜湖三元通用机场。

5. 水运

芜湖港：芜湖港地处中国东部沿海经济发达地区，位于安徽省芜湖市。芜湖港是长江水运第五大港、煤炭能源输出第一大港和安徽省最大的货运、外贸、集装箱中转港，国家一类口岸，年通过能力5000万吨。现有码头55座，库场面积60多万平方米，拥有各类装卸设备200台（套）。芜湖港现已和长三角地区及世界上几十个国家建立了业务往来，主营货物装卸、仓储、中转服务、多式联运、集装箱装卸运输、物流配送、电子商务、实业投资。

蚌埠港：蚌埠港位于安徽省蚌埠市，是中国28个主要内河港口之一，淮河流域首个二类水运口岸。淮河主航道蚌埠段全长142千米三级航道，常年可通行1000吨级船舶，截至2018年，蚌埠港拥有生产性泊位57个，其中1000吨级码头泊位21个，500吨级码头泊位9个，泊位设计年综合通过能力1414万吨、集装箱5.52万标箱，另有15个1000吨级码头泊位正在建设中，建设后将新增年通过能力540万吨。配套建设前方临时堆场2.5万平方米，后方堆场5.8万平方米，道路5万平方米，生产生活辅助建筑物2.4万平方米，可满足集装箱年5.5万TEU（标准集装箱）装卸、转运、堆存的需要。

合肥港：合肥港是中国28个主要内河港口之一，地处长江、淮河之间，襟江拥湖，由南淝河、店埠河、派河、丰乐河、临湖、居巢、散兵、庐江8个港区组成，港口岸线总长75961米，港口已开发利用岸线10550米，共有码头107座、泊位245个，其中千吨级以上泊位33个，年综合通过能力5700万吨。合裕航道作为合肥通江达海的唯一“路径”，其地位和作用愈发重要。为切实解决合裕航道通航能力问题，合肥市计划投资6亿元将航道升级为三级的高等级航道，使千吨船舶可常年通航。目前，新建的裕溪闸复线工程正抓紧施工，合裕航道的疏浚准备也在有序进行当中。

马鞍山港：马鞍山港是长江十大港口之一，是我国重要的钢铁流通基地，距长江入海口仅320千米，通航条件好。马鞍山港具有明显的区域优势和良好的港口条件，沿江近海，疏运便利，承东启西，经济腹地广阔，是安徽的东大门，皖江的第一站。

（七）规划

合肥都市圈多次召开重大合作项目谋划工作会，围绕基础设施、产业、旅游、环境治理等方面，开展重大合作项目谋划工作。在重大制造业、战略性新兴产业项目布局上，优先向合肥经济圈倾斜。支持合肥经济圈各市加快电子信息、家用电器、汽车及零部件、装备制造、新能源、食品及农产品加工等领域重大项目和跨市产业链配套项目建设。支持智慧城市、动漫基地、物联网基地和电子商务基地建设。充分发挥合肥经济圈内国家级、省级开发区和现代农业示范区的产业承接作用，在交通和产业基础较好的集聚区设立共建园区。支持芜湖、马鞍山等地共建园区建设。

合肥经济圈各市加强在区际交通、通信、水利、生态环境保护等重大基础设施一体化建设方面的合作，实现跨行政区域基础设施的互联互通，共建共享，增强区域发展支撑力。

优先安排圈内各城市的高速公路、高速铁路、主要航道枢纽等重大交通基础设施。改造提升合肥连接芜湖、马鞍山及滁州等周边市（县）的快速公路网，全面对接江苏的南京等地区；规划建设都市圈环线畅通工程、合肥内环路高架及三环高架路，合肥绕城高速外扩，新建芜湖绕城高速环线（泰山路长江大桥、城南长江隧道）；实施江淮航运沟通，形成以合肥为核心的航运体系；加快各市（县）之间城际轨道交通线网建设。

合肥都市圈加快建立生态补偿机制，完善生态共建共保机制。加大对巢湖及长江水源地保护的有效投入。加大支持巢湖生态文明示范区建设力度。生态联保联防新格局形成，建成东部地区乃至全国的生态示范区。同时，优化合肥都市圈内土地利用空间格局，建立土地利用规划指标调剂、耕地保有量、基本农田保护面积易地代保，以及新增耕地指标有偿调剂使用制度。加大合肥航空港经济试验区土地政策支持力度。

五、苏锡常都市圈

苏锡常都市圈位于长江三角洲，包括苏州、无锡、常州三市。国家提出的《长江三角洲城市群发展规划》要求苏锡常都市圈全面强化与上海的功能对接与互动，加快推进沪苏通、锡常泰跨江融合发展。建设苏州工业园国家开放创新综合试验区，发展先进制造业和现代服务业集聚区，推进开发区城市功能改造，加快生态空间修复和城镇空间重塑，提升区域发展品质和形象。

（一）苏州市

苏州位于长江三角洲中部、江苏省东南部，地处东经119°55′~121°20′、北纬30°47′~32°02′，东傍上海，南接浙江，西抱太湖，北依长江，总面积8488.42平方千米。全市地势低平，平原占总面积的54.8%，丘陵占总面积的2.7%。境内河流纵横，湖泊众多，太湖水面绝大部分在苏州境内，全市水域占总面积的42.5%，是著名的江南水乡。

（二）无锡市

无锡，简称“锡”，古称梁溪、金匮，被誉为“太湖明珠”。无锡市位于长江三角洲平原腹地、江苏南部，是太湖流域的交通中枢，京杭大运河从中穿过。无锡北倚长江，南濒太湖，东接苏州，西连常州。

无锡自古就是鱼米之乡，素有布码头、钱码头、窑码头、丝都、米市之称，是中国国家历史文化名城。无锡是中国民族工业和乡镇工业的摇篮，是苏南模式的发祥地。无锡文化属吴越文化，无锡人属江浙民系，使用吴语。

无锡有鼋头渚、灵山大佛、无锡中视影视基地（三国城、水浒城、唐城）、梅园、蠡园、惠山古镇、荡口古镇、东林书院、崇安寺、南禅寺等景点，是中国优秀旅游城市。郭沫若曾用“太湖佳绝处，毕竟在鼋头”形容无锡太湖的风景。

（三）常州市

常州位居长江之南、太湖之滨，处于长三角中心地带，与上海、南京两大都市等距相望，与苏州、无锡联袂成片，构成苏锡常都市圈。常州是一座有着3200多年历史的文化古城。春秋末期（前547年），吴王寿梦第四子季札封邑延陵，常州开始了长达2500多年有准确纪年和确切地名的历史。西汉高祖五年（前202年）改称毗陵。西晋武帝太康二年（281年），改置毗陵郡。自此，常州历朝均为郡、州、路、府治所，曾有过延陵、毗陵、毗坛、晋陵、长春、尝州、武进等名称，隋文帝开皇九年（589年）始有常州之称。常州现辖溧阳一个县级市和金坛、武进、新北、天宁、钟楼五个行政区，总面积4373平方千米。

六、宁波都市圈

建设宁波都市圈是中共浙江省委、浙江省人民政府为建设宁波及浙东地区，立足长三角，打造“长三角南翼经济中心”的重要战略举措，有利于提升宁波市辖区城市地位和加快推进余姚、慈溪、奉化、象山、宁海同宁波市辖区一体化的步伐。坚持以宁波主城区为核心，进行一系列优化合作。

（一）基础条件

宁波，简称甬，是浙江省的副省级城市，浙江省的四大中心城市之一，计划单列市，有制定地方性法规权利的较大的市，全国历史文化名城。位于浙东、长江三角洲南翼，北临杭州湾，西接绍兴，南靠台州，东北与舟山隔海相望，全市总面积9365平方千米。在中央的文件中，宁波市分别被定义为浙江省经济中心和长三角南翼经济中心。宁波港是中国货物吞吐量第一大港口，集装箱吞吐量则位列全球第三。2013年，根据中港网发布的2013年全球十大港口货物吞吐量统计，宁波舟山港成为全球首个8亿吨港，货物吞吐量达到8.1亿吨，继续保持全球第一；而集装箱吞吐量亦达到1732.68万标箱，位列全球第六。

余姚市位于中国浙江省宁绍平原，地处长江三角洲南翼，县级市，东与宁波市江北区、鄞州区相邻，南枕四明山，与奉化、嵊州接壤，西连绍兴市上虞区，北毗慈溪市，西北于钱塘江、杭州湾中心线与海盐县交界。2013年，全市实现工业增加值413.52亿元，按可比价格计算，增长8.6%。其中规模以上工业企业实现增加值207.51亿元，增长7.6%。30个行业中22个行业同比上升。占比位列前十位的行业共完成规模以上工业增加值158.05亿元，占规模以上工业增加值的比重达76.2%，其中电气机械及器材制造业实现增加值47.76亿元，居各行业之首。全年规模以上工业企业实现总产值1209.48亿元，增长7.3%，其中新产品产值412.47亿元，增长19.8%；销售产值1166.32亿元，增长7.9%。全年规模以上工业企业实现主营业务收入1162.95亿元，增长7.9%；实现利税总额81.29亿元，增长3.5%，其中利润总额50.75亿元，下降0.2%。

慈溪，因治南有溪，东汉董黯“母慈子孝”而得名，地处东海之滨、杭州湾南岸，县级市。东离宁波60千米，北距上海148千米，西至杭州138千米，是长江三角洲南翼环杭州湾地区沪、杭、甬三大都市经济金三角的中心。慈溪蕴藏着丰富的海涂资源，围垦开发的海涂10余万亩，是浙江省土地后备资源最富足的地区。慈溪拥有悠久的青瓷文化，号称“海上陶瓷之路”发祥地，所产越窑青瓷奠定中国陶瓷“南青北白”的格局。慈溪也被称为“家电之都”，与青岛、顺德并称中国三大家电生产基地。慈溪是浙江省园林城市、全国文明城市、中国最具幸福感城市、中国大陆创新能力最强的县级城市、中国县域经济信息化试点县（市）、中国最具投资价值小城市、福布斯中国大陆最佳县级城市，福布斯中国十大最富有县级市之一。

舟山是浙江省辖地级市，地处东经121°30′~123°25′、北纬29°32′~31°04′，是中国两个以群岛建立的地级市之一，全市由1390个岛屿组成。舟山市总面积2.22万平方千米，是浙江省市辖面积最大、陆地面积最小的地级市。舟山是中国最大的海水产品生产、加工、销售基地，素有“东海鱼仓”和“中国渔都”之称。全市港湾众多、航道纵横、水深浪平，是中国屈指可数的天然深水良港。舟山旅游集海洋文化景观和佛教文化于一体，拥有普陀山、嵊泗等风景名胜，构成了“千岛之城”独特的山海风光。“港、景、渔”是舟山最大的海洋特色资源，有中国海鲜之都、海洋经济强市、海洋文化名城、海上花园城市、中国优秀旅游城市、国家级卫生城市之称。2011年6月30日，国务院正式批准设立浙江舟山群岛新区，舟山成为中国又一个国家级新区，也是首个以海洋经济为主题的国家级新区。

象山县是中国浙江省宁波市下辖县，位于东海之滨，居长三角地区南缘、浙江省东部沿海，位于象山港与三门湾之间，三面环海，两港相拥。唐神龙二年（706年）立县，因县城西北有山“形似伏象”，故名象山。由象山半岛东部及沿海608个岛礁组成，陆域1175平方千米，海域5350平方千米，海岸线长达800千米，占浙江省海岸线的六分之一。全县辖10个镇、5个乡、3个街道，户籍人口50.33万人。

宁海县位于中国大陆海岸线中段，浙江省东部沿海，象山港和三门湾之间，天台山、四明山山脉交汇之处，是计划单列市宁波市下辖县，国务院批准的第一批沿海对外开放地区之一。全县下辖11个镇、3个乡和4个街道办事处，人口58万，海岸线176千米，滩涂2.6万公顷，山林12万公顷，耕地3.5万公顷。

（二）发展规划

2016年6月，国家发改委、住建部正式对外发布了《长江三角洲城市群发展规划》（以下简称《规划》）全文。《规划》提出，优化提升长三角城市群，构建“一核五圈四带”的网络化空间格局，发挥上海龙头带动的核心作用和区域中心城市的辐射带动作用，依托交通运输网络培育形成多级多类发展轴线，推动南京都市圈、杭州都市圈、合肥都市圈、苏锡常都市圈、宁波都市圈的同城化发展。

《规划》明确，宁波都市圈的具体范围包括宁波、舟山、台州三市。高起点建设浙江舟山群岛新区和江海联运服务中心、宁波港口经济圈、台州小微企业金融服务改革创新试验区。高效整合三地海港资源和平台，打造全球现代化综合枢纽港、国际航运服务基地和国际贸易物流中心，形成长江经济带龙头龙眼和“一带一路”战略支点。

宁波都市圈建设行动方案明确方案的实施范围包括宁波、舟山和台州三地市域，并延伸至绍兴市新昌县、嵊州市等周边区域。近期目标到2022年，远期展望到2035年。宁波都市圈将努力构建“一主一副四片两带”的空间结构，即甬舟主中心、台州副中心，宁象三门片、岱嵊片、天仙临片、玉温片“四片”，以及义甬舟开放发展带和东部海洋海岛发展带。

方案明确，宁波都市圈有五大功能定位：全球综合枢纽、国际港航贸易中心、国家智造创新中心、亚太文化交往中心、幸福宜居美丽家园。构建五大体系：现代化产业创新体系、现代化开放体系、现代化交通体系、现代化文旅体系、现代化城市品质体系。建设三大区域一体化合作先行区：甬舟一体化合作先行区、甬台一体化合作先行区、甬绍一体化合作先行区。

根据行动方案，宁波都市圈将有一大批建设项目持续推进实施。

打造重大创新平台载体：大力推进前湾新区建设，加强沪甬合作。提升宁波甬江科创大走廊影响力和辐射力。支持舟山、台州等在宁波设立飞地孵化器、托管型孵化器等创新创业载体。谋划推进宁波国家高新区在都市区内异地设分区。争创杭州—宁波综合性新兴产业创新中心，共建国家集成电路及半导体材料产业基地。

培育一批万千亿级现代产业集群：聚焦新能源汽车、智能网联汽车、汽车关键零部件等重点领域，谋划建立智能网联汽车创新中心等创新平台。加快推进杭州湾新区纯电动汽车项目、梅山汽车车身部件项目、余姚领克整车项目等建设。支持宁波、舟山高水平建设全球海洋中心城市。加快建设宁波国家海洋经济发展示范区，联动台州湾区经济发展试验区，谋划共建区域性海洋科教中心。发展大宗商品交易、船舶交易、金融保险、海事仲裁、法律咨询、航运咨询信息等港航服务产业，推进舟山国际海事服务基地建设。

建设高端人才集聚高地：加快发展高水平研究型大学，重点支持宁波大学建设“双一流”大学，大力推进浙江大学宁波“五位一体”校区、中国科学院大学宁波材料工程学院、宁波海洋研究院、浙江大学海洋学院、浙江海洋大学、台州学院等建设，引进培养一批高层次学科带头人和创新团队。高水平建设浙江创新中心。探索在项目入驻、人才落户、购房资格、子女教育、医疗服务等方面给予舟山、台州、绍兴等地人才项目同城待遇。

深度参与“一带一路”建设：深入推进“一带一路”建设综合试验区，高标准打造 17+1 经贸合作示范区升级版，高水平举办中国—中东欧国家博览会，推动台州、舟山联动参与中国—中东欧国家博览会。发展总部经济，引导“抱团出海”在中东欧、东南亚等地新建一批境外产业园。

高水平建设浙江自由贸易试验区：加快浙江自贸区宁波片区建设，复制推广自贸区政策，使宁波都市圈成为进口商品的首选口岸。积极谋划自由贸易港，推动浙江自贸试验区台州市联动创新区建设。

发展更高水平的开放型经济：努力打造具有全球竞争力的枢纽型国际贸易中心，建设全国重要的进口商品集散中心和展销中心，共建宁波国家保险创新综合试验区、全国普惠金融改革试验区、台州小微企业金融服务改革创新试验区。

建设综合交通门户枢纽：加快国家级综合空港枢纽建设，系统谋划宁波栎社综合交通枢纽方案，谋划推进栎社机场四期，改造提升普陀山机场，推进台州机场改扩建。重点建设宁波临空经济示范区、舟山港综合保税区、台州高铁商务区、慈溪高铁新城、余姚高铁新城等区块。重点建设宁海物流园区综合货运中心、台州火车南站等综合货运枢纽，以及宁波南站、舟山白泉、台州高铁中心站等综合客运枢纽。加快建设宁波—舟山港口型国际物流枢纽，联动提升舟山江海联运服务中心能级。

构建都市圈对外便捷交通：重点建设通苏嘉甬铁路，谋划推进沪甬跨海通道（沪甬城际、G15 杭州湾二桥）、沪舟公铁两用跨海通道，争取甬台温福高铁、国铁沿海（甬台温）货运专线纳入国家相关规划。高标准规划建设杭绍甬、沪杭甬智慧高速公路，杭甬城际铁路。重点建设金甬铁路，谋划甬金高速扩容工程、四明山高速及金台城际铁路。

此外，还有构筑都市圈内部快速路网，优化

都市圈公交网络，强化其他基础设施共建，构建一体化旅游网络，推动文化产业联动发展，共同打造文旅体金名片，共同建设智慧城市，以实现同城化为方向，重点在教育、医疗、社保、就业等领域实现资源共建共享等。

（三）区域合作

宁波都市圈跻身长三角五大都市圈，这将加快提升宁波城市国际化水平，充分发挥宁波都市圈对长三角转型升级、创业创新的核心带动作用。宁波与舟山、台州地域相邻、人文相近、经济相融、文化相通，长期以来有着密切合作关系。在经济全球化和区域一体化深入演进的背景下，加快宁波都市圈建设有条件、有基础，可以实现资源互补、经济互动。

宁波具有国际大港资源和开放型经济优势，教育、创新、金融等服务功能相对突出；舟山港口岸线、旅游资源丰富，旅游、海运、渔业等产业发达；台州汽车摩托车、医药、塑料、家电等产业集群特色明显。宁波、舟山、台州三市共建宁波都市圈，区域合作必将向纵深推进，交通共联、市场共构、产业共兴、品牌共推、环境共建、社会共享。

《规划》着重提到了四条发展带，即沿海发展带、沿江发展带、沪宁合杭甬发展带、沪杭金发展带。其中，“沪宁合杭甬发展带”依托沪汉蓉、沪杭甬通道，发挥上海、南京、杭州、合肥、宁波等中心城市要素集聚和综合服务优势，积极发展服务经济和创新经济，成为长三角城市群吸聚最高端要素、汇集最优秀人才、实现最高产业发展质量的中枢发展带，辐射带动长江经济带和中西部地区发展。

《规划》提出，“沿海发展带”要坚持陆海统筹，协调推进海洋空间开发利用、陆源污染防治与海洋生态保护。合理开发与保护海洋资源，积极培育临港制造业、海洋高新技术产业、海洋服务业和特色农渔业，推进江海联运建设，打造港航物流、重化工和能源基地，有序推进滨海生态城镇建设，加快建设浙江海洋经济示范区。

宁波都市圈中的舟山，要探索建立舟山自由贸易港区。依托舟山港综合保税区和舟山江海联运服务中心建设，率先建立与国际自由贸易港区接轨的通行制度。高起点推进中意宁波生态园等的建设。加快各类海关特殊监管区域整合优化和开放平台创新升级，逐步将各类海关特殊监管区域整合为综合保税区。

（四）交通枢纽

《规划》明确，宁波要打造全国性综合交通枢纽。按照“零距离换乘，无缝化衔接”的要求，着力打造集铁路、公路、民航、城市交通于一体的综合客运枢纽，大力推进综合货运枢纽和物流园区建设。

强化宁波等干线机场能力，改扩建宁波栎社国际机场；强化宁波城市轨道交通网建设；建设上海—嘉兴—宁波铁路（含城际铁路）；建设舟山—宁波—金华铁路；建设甬台温高速复线三门湾段；推进杭甬运河航道整治；建设宁波梅山集装箱综合场站等铁路枢纽；推进宁波—舟山港煤炭、集装箱和矿石专用码头建设。

（五）发展前景

《规划》提出的宁波未来的发展前景更是令人期待。宁波加快创新型城市建设可期。《规划》提出，要建设以上海为中心、宁杭合为支点、其他城市为节点的网络化创新体系。明确集中打造宁波等创新节点，重点提升应用研究和科技成果转化能力。

宁波智慧城市建设可期。《规划》提出，协同推进宁波等智慧城市建设，统一建设标准，开放数据接口，推动政务、交通等方面的智慧化应用；开展宁波等智慧城市试点示范；大力支持宁波、台州等城市建设国家电子商务示范城市，完善移动电子商务产业链，培育一批具有国际竞争力的电子商务服务企业；加快大宗商品电子商务平台和行业性电子商务平台建设。

宁波能源行业迎来大发展可期。《规划》提出，推进宁波、舟山等原油储备基地建设，创建国家级石油储备中心，构建清洁、快速、便捷的油品供应体系；推进舟山、宁波（二期）等液化天然气（LNG）接收站项目；建设宁海抽水蓄能电站；适时建设浙江宁波、浙江舟山石化产业基地；推进长三角大型煤炭储配基地建设，重点建设宁波—舟山煤炭物流园区。

宁波生态环境更优美可期。《规划》明确，四明山—雁荡山共筑绿色生态屏障；推进杭州湾国家湿地公园生态系统修复及鸟类保护工程；对于杭州湾，上海、杭州、宁波、舟山、嘉兴、绍兴要联保共治，优化重化工业在沿湾地区的布局，控制围垦规模，加强岸线及湿地保护，提升入湾河流和排污口的水环境质量，重点保护海洋生态环境，共同打造生态海湾。同时，宁波市镇海区被《规划》列入危险化学品安全生产重点监管区域。

《规划》对宁波等城市在建设绿色城市、低碳城市方面也做了明确阐述：发展绿色能源，推广绿色建筑和绿色建材，构建绿色交通体系；严格城市规划管理，合理安排城市生态用地，适度扩大城市生态空间，修复城市河网水系，保护江南水乡特色，让人们“看得到风景、记得住乡愁”。

第三章　六大都市圈的比较

一、基本情况比较

由于六大都市圈所包括的城市不同，它们在人口、土地面积等方面存在着较大的差异。2021年长三角六大都市圈地区生产总值如图 11-3-1 所示。2020 年长三角地区六大都市圈的人口及成员城市如图 11-3-2 所示。

从经济体量、人口总量和辐射范围来看，上海都市圈无疑是长三角地区的龙头，共有 9 个成员城市，地区生产总值占到整个地区的 45%，人口总量也占到近 25%。

南京都市圈、杭州都市圈则在第二梯队，成员城市分别达到 8 个和 6 个，人口总量在 2500 万以上，地区生产总值分别约占到长三角的 24%和16%，各方面指标都比较均衡。

拥有 7 个成员城市的合肥都市圈，尽管人口总量不算少，但地区生产总值与南京都市圈、杭州都市圈有一定差距，并且辐射范围并未出省，仍以省内城市为主。

苏锡常都市圈和宁波都市圈的经济实力不容小觑，尤其是苏锡常都市圈的地区生产总值更是超 4. 5 万亿元。但值得注意的是，这两个都市圈均只有 3 个成员城市，辐射范围有限，并且几乎都处于上海都市圈的辐射范围内。

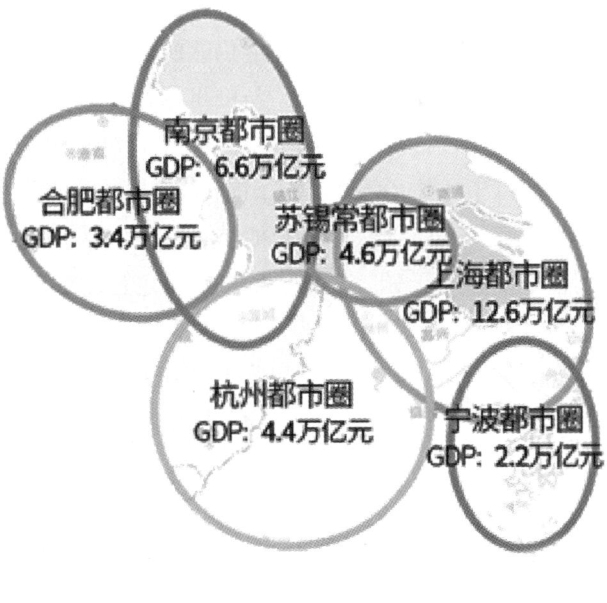

数据来源：各地统计局

图 11-3-1　2021 年长三角地区大都市圈地区生产总值数据

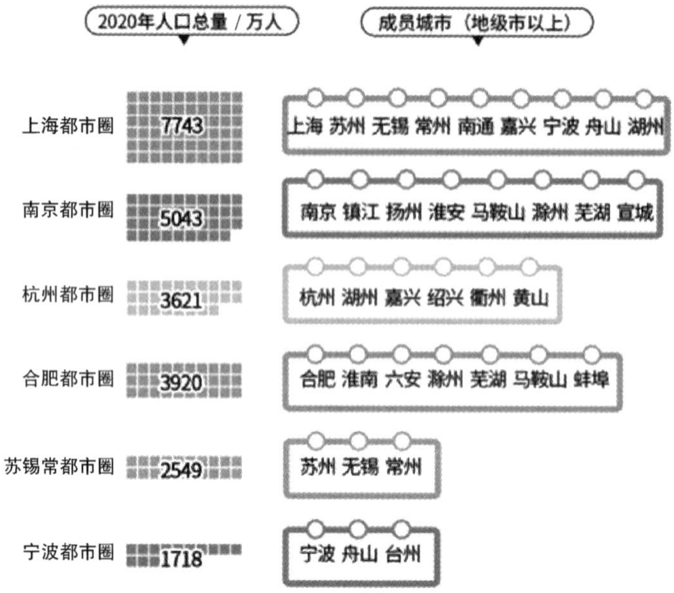

数据来源：各地统计局

图 11-3-2　2020 年长三角地区六大都市圈的人口及成员城市

与其他都市圈有着明显不同的是，苏锡常都市圈并没有明确的中心城市，其定位在于积极融入上海都市圈。因此，下文我们将苏锡常都市圈主要放在上海都市圈的范畴内进行讨论。

二、中心城市比较

理想情况下，都市圈中的核心城市与各节点城市共谋发展，能够形成更大的市场和经济规模，促进各经济要素的流动，从而带来更高质量的区域发展。伦敦、东京等国际大都市对其各自国家的国内生产总值贡献占比均达到 20%以上，中心城市的发达程度决定了都市圈的发展高度。

上海都市圈，其发展高度毋庸置疑地处于领先地位。中心城市上海综合实力、人口吸引力等，都与其他城市拉开较明显的差距（图 11-3-3）。

第二梯队的杭州都市圈和南京都市圈，中心城市则各有特点。

杭州不论是地区生产总值还是人口数量，在都市圈内的首位度都比较高。近几年，杭州的经济发展较快，互联网和数字经济的增长、宽松的落户政策也帮助杭州的人口突破千万。

杭州的弱项在于制造业略显动力不足。2020 年规模以上工业中，高新技术产业、战略性新兴产业、装备制造业增加值分别增长 8. 6%、8. 1%和 11. 8%，分别占规模以上工业的 67. 4%、38. 9%和 50. 6%。目前，杭州的制造业主要处于积极承接上海溢出的发展阶段。

2021 年南京都市圈获得批复成为国家级都市圈，不过，南京所在的江苏强市林立，虽然其在都市圈的地区生产总值首位度达到 25%，但人口首位度仍然低于 20%。

与杭州相比，南京除了在城镇化率和人均地区生产总值方面较有优势，制造业基础也更为丰厚。南京以先进制造业为主导产业之一，包括高端智能装备、生物医药与节能环保新材料、新型电子信息和绿色智能汽车。

不过，南京仍缺少一个可作为城市名片的产业和龙头企业。作为科教资源极为丰富的城市，南京的科技创新潜力也有待进一步释放。

合肥这座城市起步较晚，地区生产总值规模相对其他几个中心城市还有一定差距，但合肥近两年凭借做强汽车制造、装备制造产业和发展光伏、集成电路等新兴产业不断扩大自身的经济规模，在都市圈内的经济首位度达到 34%，人口首位度也达到 24%。作为安徽省省会，合肥如何夯实基础、发挥辐射带动作用值得进一步观察和期待。

计划单列市宁波一直以来都是全国乃至世界级港口城市、工业重镇，地区生产总值规模超过合肥。相对于宁波都市圈内的舟山、台州，宁波的经济和人口规模优势十分显著，首位度甚至都超过50%。但是，首位度过高也说明宁波都市圈尚处在都市圈形成的较早期阶段，中心城市的经济辐射力有限，未能充分带动其他城市。

作为都市圈中心城市，宁波存在服务业发展相对滞后，高校、医疗资源有限，高科技和排头兵企业较少等问题，相对几个省会城市城市能级还存在一些劣势。

近日，合肥、宁波都提出，到2025年全市服务业增加值力争达到万亿元，增幅超63%。未来这两座城市如何继续提升其经济辐射力，我们拭目以待。

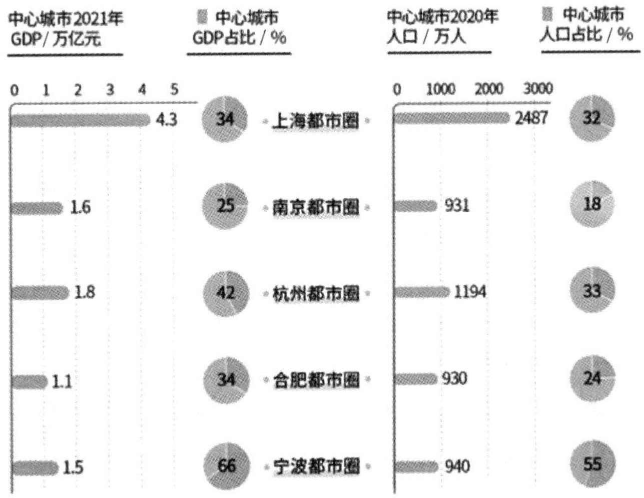

数据来源：各地统计局

图 11-3-3　长三角地区 5 个都市圈中心城市的首位度比较

二、产业发展比较

长三角地区5个都市圈中心城市的三产结构如图11-3-4所示。上海、南京、杭州三个都市圈，中心城市的产业发展水平都较高，结构上均以第三产业为主导，第一产业占比极低。而第三产业占比越高，也就越有利于中心城市发挥经济扩散效应，与都市圈内其他城市形成生产性服务业和制造业的分工。

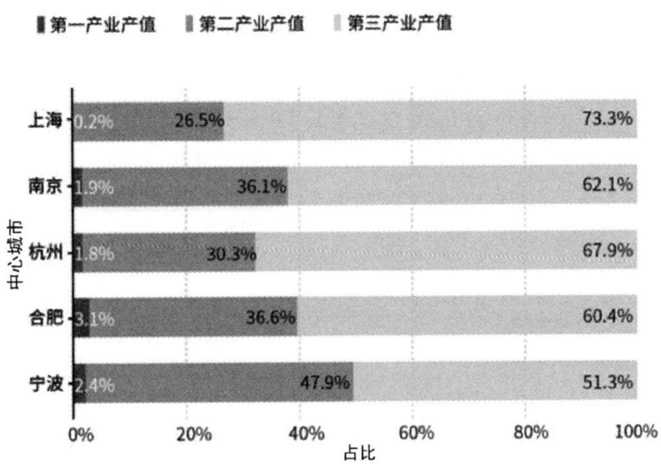

数据来源：各地统计局

图 11-3-4　长三角地区 5 个都市圈中心城市的三产结构

上海作为中心城市，拥有高度发达的现代服务业，周边的苏锡常、南通、宁波、嘉兴、湖州等城市则以制造业为主导产业。研发、设计、营销环节在上海，而制造生产环节在周边城市，已成为普遍现象。

都市圈内的苏锡常地区较早地接受了上海制造业的溢出效应，接受了较强的上海辐射。

近几年，随着与上海城际铁路、市域轨道的进一步规划和建设，南通、嘉兴等城市与上海的产业联系也越来越密切。

南京都市圈内的 8 个城市产业各有亮点，互补性强。南京以技术密集型制造业为主，智能电网、软件信息、集成电路等产业处于全国前列；镇江、扬州、芜湖、马鞍山则是资本密集型制造业占比较大；滁州、淮安、宣城三市农业基础雄厚，工业以劳动密集型产业为主。

在产业协同上，南京与扬州共同打造“宁扬绿色化工产业带”，加强在高性能合成材料、高端专用化学品等领域的合作；与淮安共建现代服务业集聚区；与滁州则加强制造业产业链分工协作，尤其是装备制造和汽车配件制造领域的分工协作。

杭州都市圈内，中心城市杭州的第三产业占比在 5 个都市圈的中心城市中仅次于上海，在数字产业、信息技术服务业上具有显著优势。

因此，数字产业的协作和引才模式是杭州都市圈的最大特点。2021 年，杭州都市圈成立数字协作联盟，衢州、德清、安吉、诸暨等城市纷纷在杭州建设科创、人才飞地，利用杭州的数字创新技术和人才资源赋能现代服务业和制造业。

旅游产业也是杭州都市圈的一个发展领域。杭州、嘉兴、黄山等城市旅游资源丰富，都市圈共同打造“99 玩一城，悠游都市圈”的旅游品牌形象。

合肥在其都市圈内的产业协作占绝对主导地位：六安成为合肥新型显示、电子信息产业的重要配套基地，淮南与合肥打造合淮产业走廊，滁州市的苏滁现代产业园积极承接京东方及其关联的家电等产业的配套企业，蚌埠则在新型显示、新一代信息技术等产业领域与合肥协同发展。

宁波都市圈内，宁波与舟山积极推进港口一体化和浙江自贸试验区的建设，在石化、螺杆塑机、粮油和海洋新兴产业上也有诸多融合协作；宁波与台州的产业协作主要集中在台州北部的三门区。三门的健跳港作为宁波舟山港的支线港，这几年发展提升较快。通过港口，三门牵手宁波江北区共建协同创新中心，加快引进信息技术、先进制造、大数据等产业人才。

后 记

随着中国经济全球化和区域一体化的持续推进，长三角城市群和皖江城市带建设等区域发展战略的深入实施，跨区域重大基础设施建设的加快，以及城镇化发展的加速，长三角区域空间格局重组进程明显加快，南京市与周边城市同城化、一体化发展趋势日益凸显。

2021 年 2 月 2 日，《南京都市圈发展规划》获得国家发展和改革委员会的正式批复。这是我国第一个由国家发展和改革委员会正式批复的、跨两个省级行政区的都市圈发展规划。3 月 22 日，江苏省人民政府、安徽省人民政府下发《关于印发南京都市圈发展规划的通知》。南京都市圈区域发展开启了新篇章。

南京都市圈位于中国东部、长江中下游沿江城市地带核心地区，以南京市为中心，地跨苏皖两省，是中国第一个跨省都市圈、长三角城市群六大都市圈之一。成员为江苏省的南京市、镇江市、扬州市、淮安市和常州市的溧阳市、金坛区，以及安徽省的芜湖市、马鞍山市、滁州市、宣城市，包含 33 个市辖区、11 个县级市和 16 个县，总面积 6.6 万平方千米。

南京都市圈连南接北、承东启西，地理位置特殊，城市类型丰富，是长三角带动中西部地区发展的重要传导区域，在国家长江经济带发展战略中具有重要地位。南京都市圈基础产业实力雄厚、金融体系完整、科教优势明显、文化底蕴深厚，是国家重要的基础产业、制造业、旅游业、金融业中心与科教和文化中心，历史上是吴楚文化的交汇地带、南北文化的交融区域，同时也是近代文明兴起之地，集历史文化、近现代特色文化于一身，融吴楚文脉、南北文化、中西文明于一体，具有兼容并蓄、富有活力和创新精神的多元文化特征。

南京都市圈的建设意义重大。

有利于全国区域协调发展总体战略的实施。我国区域协调发展的战略是：继续推进西部大开发，振兴东北地区等老工业基地，促进中部地区崛起，鼓励东部地区率先发展。南京都市圈连接东部与中部地区、衔接长江下游与中游的区位特点，使其在国家区域发展战略中具有特殊重要性。都市圈中的江苏 4 市从地缘上讲属东部的长三角地区，安徽 4 市属中部地区，这种城市组成属性使得南京都市圈一体化建设具有东中部互动合作的典型意义。同时，作为南京都市圈一体化发展重要内容的产业合作与优化整合，将促进产业由东部向中部有序转移，促进技术、资本等要素由中心城市向中小城市扩散，促进市场体系由区域中心向周边扩展，从而增强长三角对中西部地区的辐射带动作用，推动中西部地区发展开放和区域协调发展。

有利于长三角一体化发展战略的实施。2008 年国务院出台《关于进一步推进长江三角洲地区改革开放和经济社会发展的指导意见》，标志着长三角一体化已经成为国家战略。南京都市圈中的南京、镇江、扬州、淮安是长三角城市群重要成员，都市圈 8 市又同为泛长三角西部城市群——南京经济区成员。从本质上讲，南京都市圈是泛长三角地区的一个独立的城市群，同时也是长三角的有机组成部分。南京都市圈一体化建设的创新实践，将为长三角区域合作在体制创新、机制建设、产业合作、政策衔接等诸多领域提供先行先试经验，从而为加快长三角地区一体化发展提供新动力。

有利于提升南京的区域影响力。《关于进一步推进长江三角洲地区改革开放和经济社会发展的指导意见》提出“进一步提升南京、杭州等特大城市的综合承载能力和服务功能，扩大辐射半径”。南京作为区域中心城市的区位优势再次凸显。要将南京的潜在区位优势转化为现实区域影响力与综合竞争力，一方面要练好内功，加快南京经济发展，另一方面要用大区域的观点来谋划南京的发展，从全国、长江流域、东部地区、泛长三角的视角来审视南京的发展。从国内外区域经济发展的理论与实践看，城市群发展与建设已经成为提升国家竞争力、地区竞争力的重要方式与手段。推进南京都市圈一体化就是要在长三角地区打造具有较强国际竞争力、较优城市空间布局、较合理产业分工体系、较先进交通基础设施网络，对周边地区尤其是泛长三角西部地域具有辐射、服务、带动作用，在全国具有一定影响的城市群，并通过南京都市圈一体化建设来充分彰显南京作为国家区域中心城市的地位作用，充分发挥南京对苏北地区的带动作用、对泛长三角地区的辐射带动作用、对长江上中游的传导作用，在国家经济社会发展战略格局中承担更大责任、发挥更大作用。

南京都市圈的建设，还有利于支撑长三角城市群建设，助力长三角区域率先形成新发展格局；有利于接续带动皖江经济带和淮河经济带发展，促进东部地区和中部地区协同联动；有利于形成跨省级行政区区域治理新模式，为我国现代化都市圈建设积累经验、提供示范。

国家发展和改革委员会要求：起步阶段，南京都市圈要基本建成中国重要的高新技术与战略性新兴产业基地、长江国际航运物流中心、区域性金融商务集聚区；初步建成区域“协同创新”体系；建成对外便捷共享、区内无缝对接的交通网络体系，基本形成较为完善的都市圈高速和快速公路网络。中期阶段，要基本形成都市圈轨道网络；基本实现基础教育和基本医疗卫生体系均衡发展，建成基本均等、统筹统建的公共服务体系。成熟阶段，要争取建成对中西部地区具有较强辐射带动力的门户地区和具有较强竞争力的国家级都市圈。

在空间结构上，国家发展和改革委员会要求南京都市圈逐步形成一个核心、两个圈层的空间结构，重点发展一带一轴三通道。

一个核心：包括南京主城和以主城为核心、半径约30千米范围的城镇和潜在的城镇发展地区，即规划中的南京都市发展区。该区域是南京城市功能重组和集聚新兴城市功能的重点区域。

两个圈层：包括核心圈层和紧密圈层。

核心圈层：与核心城市联系紧密、接受核心城市强烈辐射，城市间相互作用最强、最广泛的区域。规划范围包括核心城市和距核心城市中心约50千米范围内的城市（镇）和区域，包括南京市、句容市、仪征市、马鞍山市、滁州市区、来安县、全椒县。

紧密圈层：与核心城市联系密切，接受核心城市的辐射，圈层地带节点城市具有相当的发展规模，且相互之间具有较强的经济社会联系的功能地域。规划范围为核心圈层外围、距核心城市中心约100千米范围内的城市（镇）和区域，包括镇江市、扬州市、芜湖市、滁州市的北部、淮安市的南部地区。

一带一轴三通道：（1）沿江城市带：包括南京、镇江、扬州、芜湖、马鞍山等5个设区市以及仪征、江都、当涂、和县等县（市）。（2）城镇发展轴：北从金湖、盱眙开始，经天长、南京、溧水至高淳。（3）三条通道：南京至句容并延伸到苏锡常都市圈环太湖地区、宜（兴）溧（阳）金（坛）丘陵山区通道，南京至滁州、明光、凤阳通道，南京至全椒、合肥通道。

在《南京都市圈发展规划》获批以后，社会各界广泛关注南京都市圈的发展与变化情况。政府职能部门、管理机构、高校、党校、科研单位及企业界，纷纷以决策咨询会、学术研讨会、企业战略高峰论坛等多种方式，对都市圈未来的发展问题进行了多层面、多角度的分析与研究，形成了大量富有建设性与指导作用的政策咨询报告、学术理论成果与企业战略报告。

在研讨过程中，各级各部门的领导与专家学者，都认为必须加快推进南京都市圈的数据库建设。为此，我们联合政府部门、研究机构与部分企业界的实际工作者、理论工作者和决策咨询研究学者，共同开展了有关南京都市圈的数据收集与整理研究工作。《南京都市圈创新与发展年鉴》就是在这一过程中形成的一项重要成果。

2023 年初出版的《南京都市圈创新与发展年鉴》，是 2022 卷，也是第一卷。以后我们将每年编辑出版一卷。

根据南京都市圈发展的实际和社会各界的关注情况，《南京都市圈创新与发展年鉴》主要包括以下内容：(1) 概况部分，主要介绍南京都市圈基本情况。(2) 总论部分，主要分析南京都市圈年度发展总体情况。(3) 分析解读南京都市圈各市（区）的“十四五”发展规划。(4) 重要政策研究，主要分析涉及南京都市圈发展的国家政策，以及都市圈各市（区）的相关政策。(5) 区域发展。(6) 创新发展。(7) 经济发展。(8) 共享发展。(9) 绿色发展。(10) 南京都市圈发展研究。(11) 都市圈比较研究，从长三角视阈研究南京都市圈发展问题，从上海都市圈、苏锡常都市圈、杭州都市圈、合肥都市圈、宁波都市圈视阈研究南京都市圈发展问题。

我们现有的研究是初步的、不很成熟，尚有待完善。今后，我们将结合南京都市圈的发展，认真广泛听取社会各界的诉求与建议，不断完善研究思路，优化研究的框架结构，进一步提高研究成果质量。

为更好地反映南京都市圈全面贯彻落实习近平新时代中国特色社会主义思想，践行“创新、协调、绿色、开放、共享”的新发展观，在年鉴的编写过程中，我们在编写体例上进行了部分创新，把南京都市圈作为一个整体，以时间为经，以区域发展、创新发展、经济发展、共享发展和绿色发展为纬，比较全面地研究了南京都市圈各市（区）在政府管理、经济发展、社会进步、文化发展与生态环境保护等方面开展的工作及取得的成效，力求最大限度地满足社会各界对本年鉴的使用需要。

在编写过程中，江苏省与安徽省的相关地区和部门的领导与专家，各地研究室、发展和改革委员会、科技局、统计局、党校、社科联、社科院、史志（方志）办的有关同志，不仅提出了非常好的建议与意见，还提供了大量的研究资料与研究成果，保证了我们的工作能够比较顺利地完成。江苏大学出版社克服疫情的影响，组织精干力量，千方百计全力以赴保障本年鉴的及时出版。在此一并表示衷心感谢！

编　者

2023 年 1 月 8 日